suhrkamp taschenbuch
wissenschaft 1357

AF706728

Die Hoffnungen, die sich gegenwärtig an die Einführung der neuen elektronischen Medien knüpfen, finden eine frappierende Entsprechung in der Begeisterung, mit der der Buchdruck im 15. und 16. Jahrhundert als Medium der Volksaufklärung, der Ersparung menschlicher Mühsal bei der Informationsgewinnung und bei der Lösung so ziemlich aller kommunikativen Probleme gepriesen wurde. Es spricht überhaupt vieles dafür, daß wir gegenwärtig, ohne es uns recht klarzumachen, dabei sind, Prozesse technischer und kultureller Innovation zu wiederholen, die sich bei der Einführung des Buchdrucks schon einmal zugetragen haben.

Das Buch nimmt sich vor, diese Wiederholungen aufzudecken. Da wir im Augenblick erst ganz am Anfang eines neuen Innovationszyklus stehen, mag es sein, daß wir aus der Rückschau auf die Gutenberg-Erfindung Hinweise auf die nächsten Phasen der gegenwärtigen Medienrevolution erhalten.

Michael Giesecke
Der Buchdruck in der frühen Neuzeit

Eine historische Fallstudie
über die Durchsetzung neuer Informations-
und Kommunikationstechnologien

Mit einem Nachwort
zur Taschenbuchausgabe 1998

Suhrkamp

Bibliografische Information der Deutschen Nationalbibliothek
Die Deutsche Nationalbibliothek verzeichnet diese Publikation
in der Deutschen Nationalbibliografie;
detaillierte bibliografische Daten sind im Internet über
http://dnb.d-nb.de abrufbar.

2. Auflage 2017

Erste Auflage 1998
suhrkamp taschenbuch wissenschaft 1375
© Suhrkamp Verlag Frankfurt am Main 1991
Suhrkamp Taschenbuch Verlag
Alle Rechte vorbehalten, insbesondere das der Übersetzung,
des öffentlichen Vortrags sowie der Übertragung
durch Rundfunk und Fernsehen, auch einzelner Teile.
Kein Teil des Werkes darf in irgendeiner Form
(durch Fotografie, Mikrofilm oder andere Verfahren)
ohne schriftliche Genehmigung des Verlages reproduziert
oder unter Verwendung elektronischer Systeme
verarbeitet, vervielfältigt oder verbreitet werden.
Printed in Germany
Umschlag nach Entwürfen von
Willy Fleckhaus und Rolf Staudt
ISBN 978-3-518-28957-0

Inhalt

Register

Vorwort

Merkwürdigerweise hat es der Buchdruck den Autoren von Anfang an nicht gestattet, über sich selbst und über die Welt in einem Werk in gleicher Weise Auskunft zu geben. Aus dem Temperament des Autors erwächst alle Schilderung der Welt in der schönen Literatur, so erwartet es die Buchkultur. Andererseits gehört die Biographie und zumal deren leidenschaftliche Seite nicht zur Sache der gedruckten Fachprosa. ›*Ich will aber diesmal meine eigene Gefahr als Angst, Sorge, große Arbeit, Hunger, Durst, Frost, Hitze, Schrecken ... lassen beruhen*‹, beschied sich schon im 16. Jahrhundert H. Bock in seinem botanischen Lehrbuch, ›*denn was haben andere Leute damit zu tun?*‹ Diese erwarteten von ihm, so nahm er an, Informationen über die Pflanzen und Tiere, nicht über seine Person – und er folgte dieser Erwartung gerne und mit einer gewissen Erleichterung.
Auch ich werde von meinen Gefühlen, die die Arbeit an diesem Sachbuch begleiteten, in den nachfolgenden Kapiteln nicht schreiben. Andererseits setzte ich ihrem unwillkürlichen Ausdruck wenig entgegen. Ich empfand sie immer als einen wichtigen Schlüssel zum Verständnis der Handlungsantriebe und der Utopien der Menschen in der Zeitenwende der frühen Neuzeit. So hat es während meiner Arbeit wiederholt Phasen gegeben, in denen ich mich den Menschen, mit denen ich mich beschreibend befassen wollte, sehr nahe fühlte, in denen meine Zeit mit der ihrigen zu verschmelzen schien. Meine Umgebung, Kollegen und Studenten sowie vor allem meine Kinder mit ihrem unerschütterlichen Bestehen auf dem Hier und Jetzt, sorgten dafür, daß diese Phasen nicht zu lange währten.
Die Affekte, die in mir bei der Lektüre der historischen Dokumente in der Identifikationsphase aufstiegen, habe ich zu bewahren gesucht, um sie dann, nachdem wieder eine nüchterne Distanz geschaffen war, aufmerksam zu analysieren. Oftmals ermöglichte mir erst der Umweg über diese, durch die geduldige Supervision meiner Frau unterstützte Analyse den Zugang zum Verständnis des Handelns und Erlebens der historischen Gestalten.
Die in diesem Buch mitgeteilten Informationen sind insoweit auf

mehreren Kanälen gewonnen und das Ergebnis des Wechselspiels zwischen einfühlender Identifikation und distanzierter Analyse. Die Berücksichtigung der affektiven Botschaften mag gegen die Gattungserwartung mancher Leser verstoßen, aber das Thema macht sie unumgänglich: Die scharfe Trennung der Gattungen und der Ruf nach einer Unterdrückung dieses Wechselspiels, nach einer durchgängigen ›unpersönlichen‹ Betrachtung und Beschreibung sind erst eine Reaktion der frühen Neuzeit auf die neuen Anforderungen, die der Einsatz der typographischen Medien für die Verständigung mit sich bringt. Jetzt, wo sich die Erfindung des Buchdrucks zum 550. Male jährt und die elektronischen Medien die Aufmerksamkeit unserer Sinne in eine andere Richtung lenken, steht einer Neubewertung der Kosten und Nutzen dieser Normen nichts mehr im Wege.

Wenngleich das vorliegende Werk nach altem Herkommen im Studierzimmer und in Bibliotheken, ohne größere Projektmittel und die Zuarbeit wissenschaftlicher Mitarbeiter entstand, so habe ich doch zahlreichen Institutionen und Personen zu danken, die sein Zustandekommen in der einen oder anderen Weise förderten.

Die Anfänge der Arbeit reichen in meine letzten Studienjahre am Germanistischen Seminar der TU Hannover zurück, deren Dozenten bereitwillig immer wieder Zeit für ein Gespräch über meine Ideen fanden. Das Evangelische Studienwerk Villigst förderte die ersten Studien durch ein Graduiertenstipendium. Mehr Gestalt gewann das Vorhaben in der Arbeitsgruppe ›Zwischen Linguistik und Geschichte‹ am Zentrum für interdisziplinäre Forschung der Universität Bielefeld. Quellenstudien, die durch ein Stipendium der Herzog August Bibliothek Wolfenbüttel ermöglicht wurden, ließen viele Hypothesen wieder in sich zusammenfallen, neue entstehen und gaben dem Projekt eine breitere empirische Basis. Die optimalen Arbeitsbedingungen, die mir die Fakultät für Linguistik und Literaturwissenschaft der Universität Bielefeld gewährte, erleichterten mir schließlich den Abschluß des Buches. Aus dem Forschungsetat der Fakultät standen mir in den vergangenen zwei Jahren Gelder für Bibliotheksreisen, Mikrofilme u. ä. zur Verfügung.

Ohne das Vertrauen von Otto Ludwig, Reinhart Koselleck, Sabine Solf und Paul Raabe sowie vor allem von Gert Rickheit, das sich in den verschiedenen Zeiten oftmals mehr auf meine Utopien denn auf realistische Programme stützen mußte, wäre ich im Interessenstreit um die Pfründe, für den ich kaum Talent mitbringe, vorzeitig auf der Strecke geblieben. Ohne die Diskussionen mit Peter Gross, Hans Ulrich Gumbrecht, Konrad Ehlich, Hans Strohner, Peter Finke, Kim Veltman und Georg Elwert hätte das theoretische Gebäude nicht die Breite gewinnen können, die es nun besitzt.

Besonders zu danken habe ich auch den Gutachtern meiner Habilitationsschrift, mit der dieses Buch in weiten Teilen übereinstimmt. Gert Rickheit, Dietrich Boueke, Wilhelm Voßkamp und Niklas Luhmann gaben mir durch ihre schnelle und gründliche Lektüre sowie durch ihre engagierten Kommentare noch einmal die Kraft für eine weitere Umarbeitung und Ergänzung. Beruhigt und angespornt hat mich Ende des Jahres die Auszeichnung meiner Schrift durch die Rheinisch-Lippische Universitätsgesellschaft.

Allen, die in den 13 Jahren, in denen ich – mit Unterbrechungen – an diesem Thema gearbeitet habe, am Tippen der Entwürfe und schließlich der Druckvorlage beteiligt waren, sei ebenfalls an dieser Stelle noch einmal ausdrücklich gedankt.

Eine große Erleichterung war in der Endphase für mich schließlich die umsichtige und ausdauernde Hilfe von Stefanie Schröder-Kiel beim Überprüfen der Zitate, dem Korrekturlesen und beim Anfertigen des Registers.

In einem der frühen Entwürfe zu einem Vorwort zu einem seiner Lehrbücher gibt A. Dürer den Wünschen und Hoffnungen, die er mit seinem Werk verband, mit den Worten ›*Hie wöll ich ein klein feuerle anzünden*‹ Ausdruck. Dieser Sinngebung schließe ich mich ebenso gerne an wie einer anderen, die vielen Autoren jener Zeit ganz geläufig war: ›*Zum Nutzen des teutschen Vaterlands*‹ oder der ›*teutschen Nation*‹ heißt es in zahlreichen Druckvorreden des 16. Jahrhunderts, mögen die Erzeugnisse der Druckkunst dienen.

Werther, im Dezember 1989

1
Einführung

1.1
Der Buchdruck als Katalysator kulturellen Wandels: Ziele und Aufbau des Buches

Unsere Kultur beginnt sich langsam als ein System zu verstehen, welches Informationen gewinnt, verarbeitet, reflektiert und anwendet und welches dabei auf materielle Medien angewiesen ist. Die Computerbildschirme vor Augen, die Rede von Datenerhebung und Datenschutz im Ohr, die Verkabelung bekämpfend oder herbeiwünschend, gibt es für uns kaum mehr ein Ausweichen vor der Erkenntnis, daß unser Handeln und Zusammenleben von den technischen Informations- und Kommunikationsmedien geprägt wird. Gerne möchte man wissen, auf was der unübersehbare kulturelle Wandel im Gefolge der Installierung der ›Neuen Medien‹ zusteuert. Bislang verfügen wir jedoch nur über ganz geringe Erfahrungen in der Abschätzung der Folgen der Implementierung von Informations- und Kommunikationstechnologien. Zudem spricht manches dafür, daß unsere Fähigkeiten, die Zukunft einigermaßen komplexer sozialer und technischer Bewegungen vorauszusehen, generell äußerst bescheiden sind.

In dieser Lage bietet es sich an, Erfahrungen über den Zusammenhang von Kultur- und Medienwandel und über die zu seiner Erforschung notwendigen Methoden und Modellvorstellungen erst einmal an historischen Gegenständen zu sammeln. Diese Arbeit wählt die Einführung des Buchdrucks im Europa der frühen Neuzeit als Untersuchungsfeld aus. Günstigere Ausgangsbedingungen als in diesem Fall lassen sich für ein Unternehmen, das sich vornimmt, die Ablaufphasen einer technischen Neuerung nachzuzeichnen, kaum vorstellen. Einerseits sehen wir den Vorgang aus genügendem Abstand. Trotzdem verfügen wir, im Gegensatz etwa zur Einführung der Alphabetschrift, über mannigfaltige Zeugnisse über die Erfindungs- und Ausbreitungsphase der Drucktechnik und auch über die Bewertungen der Zeitgenossen. Über die positiven Folgen dieser Innovation meinen wir mittlerweile gut unterrichtet zu sein, über ihre Kosten kann man sich jetzt, wo die ideologische Emphase auf andere, elektronische Medien übergeht, leichter als je zuvor kundig machen.

Zudem ist diese technische Innovation für die Sozial- und Geistesgeschichte von besonderem Interesse. Wenngleich alle Medien zu Katalysatoren der Veränderung sozialer Identitäten werden können, so wirken doch die Kommunikations- und Interaktionsmedien unmittelbar auf die Selbstbilder sozialer Gemeinschaften und auf ihre Vorstellungen von der Welt ein.

Ziel dieser Arbeit ist die Beschreibung der sozialen Gemeinschaft in einem Teil Europas im 15. und 16. Jahrhundert als ein Informations- und Kommunikationssystem, welches durch den Buchdruck als Schlüsseltechnologie hervorgebracht wurde. Die Einführung des Buchdrucks bedeutete die Umschichtung überkommener kommunikativer Verhältnisse. Die neue Technik übernimmt Aufgaben, die zuvor von anderen Systemen und Medien wahrgenommen wurden. Informationen mußten transformiert werden, damit sie von den typographischen Informationssystemen aufgenommen und weiterverarbeitet werden konnten. Es entsteht ein neuer Typus von Information, ›wahres Wissen‹. Zugleich treten Kommunikationsformen und Informationstypen, die vordem die soziale Gemeinschaft prägten, in den Hintergrund, werden vergessen.

Diese Veränderungen haben Auswirkungen auf die Selbstbilder der Menschen und ihre Vorstellungen darüber, was Wirklichkeit ist und welche Elemente derselben von Bedeutung sind. Manche dieser Auswirkungen werden von den Zeitgenossen thematisiert, viele andere, nicht minder wesentliche, nicht. Aber weil diese Modelle Verhalten steuern, lassen sich aus den Handlungen, welche in verschiedenen Quellen dokumentiert sind, Rückschlüsse auf die Programme ziehen.

Die Skizze der Fragestellung läßt auch die Grenzen der Arbeit hervortreten. Die Veränderungen in der frühen Neuzeit lassen sich auch anders systematisieren, auf andere Katalysatoren: Kreiselkompaß, Schwarzpulver, dynastische Veränderungen, Wirken außergewöhnlicher Persönlichkeiten usw., zurückführen. Da diesen ›Medien‹ nicht nachgegangen wird, bleiben viele Vorgänge, denen in üblichen Kultur- und Sozialgeschichten Aufmerksamkeit gezollt wird, im Hintergrund.

Es ist der Preis, der für jede Methode zu zahlen ist, daß viele Ideen und Fakten, die von allgemeinem Interesse sind, unter den Tisch fallen. Wo er mir besonders hoch zu sein schien, habe ich gelegentlich Exkurse eingeschoben oder gebe in Anmerkungen ausführlichere Hinweise auf weiterführende Literatur.

Das Typographeum als Informationssystem

Die Fachliteratur, die sich mit den Veränderungen der kommunikativen und kulturellen Verhältnisse in der frühen Neuzeit beschäftigt, ist für den einzelnen kaum mehr überschaubar. Eine Auswahl von Werken, die sich im engeren Sinne mit der Einführung und der Wirkungsweise der skriptographischen und typographischen Kommunikations- und Informationsmedien befassen, ist in einer Literaturliste am Ende des Buches zusammengefaßt. Trotz der Fülle der Literatur ist die Forschungslage unbefriedigend. Natürlich sind die Verhältnisse in der Renaissance kompliziert – aber sie werden in den Monographien vielfach auch in dieser Überkomplexität dargestellt.[1]

Was bislang ganz fehlte, ist eine einfache theoretische Modellierung des Phänomens ›Buchdruck‹, die den Leser nicht mehr mit seinen alltagsweltlichen Vorstellungen allein läßt.[2]

Die folgenden Kapitel leisten einen Beitrag zur Auffüllung dieser Lücke. Sie eröffnen eine alternative, nicht an klassischen buch-, literatur- oder sprachwissenschaftlichen, kulturhistorischen oder mentalitätsgeschichtlichen Paradigmen orientierte Sehweise auf die Umwälzungen in der frühen Neuzeit. Die Konzeptualisierung von Autoren, Typographeum, Buchhandel und Leser als hochgradig normierte bzw. hochtechnisierte Elemente in komplexen Informations- und/oder Kommunikationssystemen ermöglicht es, neue Zusammenhänge zwischen dem Aufkommen neuer Techniken und sozialen und psychischen Veränderungen zu sehen. Außer-

dem werden methodisch kontrollierte Vergleiche sowohl mit älteren als auch mit den modernen Medienrevolutionen möglich.
So ist aus der Betrachtung der verschiedenen Stufen, in denen sich die Einführung des Buchdrucks in die europäische Gesellschaft des 15. und 16. Jahrhunderts abwickelt, auch Nutzen für eine Analyse des ja noch gänzlich unabgeschlossenen Prozesses der Einführung der elektronischen Medien in der Gegenwart zu ziehen. Es zeigt sich nämlich, daß in den ersten Phasen dieser Implementationsprozesse der unterschiedlichen Medien ganz erstaunliche strukturelle Parallelen bestehen. Viele Utopien, die sich mit dem Buchdruck verbanden, decken sich nahezu wörtlich mit jenen, mit denen gegenwärtig die soziale Akzeptanz der elektronischen Datenverarbeitung und -vernetzung erhöht wird.[3] Es spricht weiterhin manches dafür, daß sich auch Fehleinschätzungen der frühen Neuzeit wiederholen und relevante Folgen der Einführung der neuen Medien so lange im Dunkeln bleiben, bis sie nicht mehr rückgängig zu machen sind. Dies betrifft zum Beispiel die Einschätzung der Möglichkeiten einer Kontrolle der Daten und des Informationsflusses unter den neuen Bedingungen, ein Kapitel, das für die typographischen Medien in diesem Buch unter der Überschrift ›Zensur‹ abgehandelt wird.
Für diese und ähnliche Problematiken will das vorliegende Buch ein medienkritisches Bewußtsein entwickeln.

Empirie und Theorie

Entgegen weitverbreiteter Vorurteile besteht gerade in Untersuchungen, die von Ideen auf hohem Abstraktionsniveau angeleitet werden, keine Notwendigkeit, auf eine detaillierte Analyse der Quellen zu verzichten. Als Quellen herangezogen und in Ausschnitten möglichst im Wortlaut vorgestellt werden zahlreiche typographische Informationen, ›Bücher‹, aus der frühen Neuzeit. Der »Einbau« der Zitate in den Text führt oft zu schmerzhaften Zerstückelungen. Wo mir die Äußerungen als paradigmatisch erschienen, habe ich sie in einem größeren Zusammenhang stehenlassen und in Abbildungen (Texttafeln) oder in den Anhang aufgenommen. Die Faksimiles erleichtern es zudem, die Interpre-

tation der ansonsten oft schwer zugänglichen Quellen kritisch zu verfolgen.
Da weniger das Weiterbestehen mittelalterlicher Strukturen als vielmehr deren kommunikative *Reformation* beschrieben werden soll, konnte – zumindest für den deutschsprachigen Bereich – auf lateinische Quellen weitgehend verzichtet werden.[4] Es gibt bis zur Mitte des 16. Jahrhunderts keine informationstechnische Innovation, bei der nicht (auch) auf die Volkssprache zurückgegriffen wurde. Das häufig zu hörende Argument, das volkssprachliche Schrifttum sei zahlenmäßig so gering gewesen, daß seine Wirkung nicht so erheblich sein könne, steht empirisch auf wackligem Grund und liegt neben der Fragestellung dieser Arbeit: Es geht hier um die Hefe, nicht um das Mehl.
Durchgängiges Ziel dieser Arbeit ist es, die Thesen möglichst quellennah zu entwickeln. Dazu werden die vorgestellten Textausschnitte eingehend im Lichte der kommunikationstheoretischen Annahmen interpretiert. Dies mag zuweilen dem Vorwurf Nahrung geben, daß nicht genügend repräsentativ gearbeitet wird. Diesem Vorbehalt kann ich wenig mehr entgegensetzen als den Hinweis auf die begrenzten Kapazitäten eines Einmannbetriebs in der Gründerzeit einer neuen Forschungsrichtung.[5] Natürlich sind die Belege aus einem größeren mir zur Verfügung stehenden Quellencorpus ausgewählt. Manches Mal werde ich Informationen als repräsentativ behandeln, die sich bei späterer Prüfung und aus der Sicht von Forschern, die einen etwas anderen Zugang gewählt haben, als einseitig und peripher herausstellen. A. Dürer hätte vermutlich geantwortet, dies sei das unvermeidliche Schicksal jedes Beitrags, der ›im truck‹ ausgeht. Nur so könnten andere Autoren zur Mitarbeit ›gereizt‹ und damit der typographische Informationskreislauf in Gang gesetzt werden.[6]

Erzählen, Beschreiben und Bewerten: Stil und Gliederung des Buches

Obwohl hinter dieser Arbeit ein klares systemisches Kommunikations- und Gesellschaftsmodell steht, so ist sie doch auf weiten Strecken eher erzählend aufgebaut. Erst wenn in dieser Weise genügend Stoff ausgebreitet ist, wird er – beschreibend – zu Modellen zusammengefaßt. Auf diese Weise kann das Buch vielleicht nicht nur denjenigen, die nach einer historischen Untermauerung ihrer Kommunikations-, Medien- und Sprachtheorien suchen, Fakten und Anregungen bieten, sondern auch einen breiteren, an der Kulturgeschichte unseres Landes interessierten Leserkreis ansprechen.

Das historische Geschehen wird immer wieder mit einer, schon in dieser Einführung angedeuteten, medienpolitischen Perspektive bewertet. Das Interesse, sich mit den Erfahrungen aus einer historischen Fallstudie über die Durchsetzung neuer Informations- und Kommunikationstechnologien in die aktuelle Diskussion um Computereinsatz und Verkabelung einzumischen, setzt sich deshalb an vielen Stellen der Arbeit in Form von Vergleichen und Ausblicken durch.

Ein kurzer Überblick über die Inhalte der einzelnen Kapitel mag die Orientierung erleichtern. Nach der Einführung in die Ziele und theoretischen Voraussetzungen des Buches in diesem Kapitel soll das Typographeum als ein informations- oder genauer: textverarbeitendes System in seinen verschiedenen Dimensionen beschrieben werden. (Kap. 2) Die vielfältigen materiellen Voraussetzungen des Buchdrucks werden betrachtet und die komplizierten Transformationsprozesse, die die Informationen beim Übergang vom Manuskript zum ausgedruckten Exemplar durchmachen, aufgewiesen. Damit treten die Unterschiede zwischen der typographischen und der vergleichsweise simplen skriptographischen Informationstechnologie klar vor Augen.

Im Anschluß kann die ›Sozialisierung‹ der Erfindung Gutenbergs durch einen Prozeß kollektiver Projektion behandelt werden. Was sich in jener Renaissance des 15. Jahrhunderts nämlich ebenfalls verändert, sind die Wunschobjekte der sozialen Gemeinschaft und die Intensität ihrer Bedürfnisse. Die Vorstellungen darüber, wovon die größten Gefahren ausgehen und welche Dinge die beste Bedürfnisbefriedigung ermöglichen, befinden sich in einem allgemeinen Umbruch.[7] Die Menschen sammeln sich um neue Totems und setzen sich neue Tabus. Manchmal stellt sich sogar der Eindruck ein, daß sich in den materiellen Verhältnissen weniger geändert hat als im Erleben der Menschen. Jedenfalls sprudeln die

Quellen, die Auskunft über neue soziale Wünsche geben, weit ergiebiger als jene, die über die Veränderungen der materiellen, technischen Ausstattung berichten.
Durchsetzen läßt sich von jeder Erfindung und Technik nur so viel, wie an ihr sozial akzeptiert wird. Das 15. Jahrhundert entwickelte zunächst nur Utopien über den Buchdruck als informationstransformierende Maschine – noch nicht solche über deren Vernetzungsmöglichkeiten. Erst im nächsten Kapitel wendet sich der Blick dann darauf, welche der sozialen Bedürfnisse durch die Anwendung der Informationsmedien befriedigt werden konnten. Geschildert wird der Einsatz der neuen Medien bis zum Tode Gutenbergs. Dabei kann auch vielen, von der Zeit zumeist nicht reflektierten Veränderungen in den kommunikativen Verhältnissen gegenüber dem Mittelalter nachgegangen werden.
In den letzten beiden Jahrzehnten des 15. Jahrhunderts hat sich das Typographeum einen festen Platz im sozialen Verhalten erobert. Es ist überall in Europa präsent. Eine Unzahl von Informationen wird von den verschiedensten Emergenzebenen auf das Niveau der typographischen Systeme transformiert. Man beginnt, die neuen Informationstypen und die Ansätze zu neuen Kommunikationsformen anderen Formen des Wissens und der Kommunikation vorzuziehen und diese Prämierung zu legitimieren. Diesen sich naturwüchsig vollziehenden Prozeß behandelt das vierte Kapitel.
Im 16. Jahrhundert setzt sich der ›freie‹ Markt als Vertriebsnetz für die typographischen Informationen durch. Dies ist eine welthistorisch neue und ganz unwahrscheinliche Form kommunikativer Vernetzung. Das fünfte Kapitel stellt die einzelnen Dimensionen des Kommunikationssystems – überwiegend beschreibend – dar.
Das sechste Kapitel befaßt sich, zurück- und vorausblickend sowie in systematisierender Absicht, mit der Produktion der Informationen, die in den neuen, nun weitgehend ausgereiften Netzen zirkulieren. Dazu wird die neuzeitliche Gesellschaft als ein informationsverarbeitendes System betrachtet, welches seine Entstehung zwar dem Prozessor ›Typographeum‹ und dem Speicher ›Buchmarkt‹ verdankt, dessen Charakterisitik sich aber nicht in diesen Elementen erschöpft. Die neue Vervielfältigungstechnik und der

Markt stellen auch andere Anforderungen an die Wahrnehmungs- und Beschreibungstätigkeit der Autoren. Es entstehen neue ›perspektivische‹ Erkenntnistheorien und ein neuer Typus von Information, die ›beschreibende Wissenschaft‹.[8] Diese Veränderungen erweitern die Anwendungsmöglichkeiten des Buchwissens und führen zu neuen Leserschichten.
Ein Vergleich der Grenzen der zeitgenössischen Selbstbeschreibung mit jenen der modernen Modellierung schließt das Buch ab (Kapitel 7).

Literaturnachweise – sowohl zeitgenössischer als auch moderner Autoren – erfolgen durchgängig vollständig in den Anmerkungen. Im Anmerkungsteil sind unten auf der Seite in eckigen Klammern jeweils die Seiten des Textteils angeführt, auf die die Fußnoten Bezug nehmen. Wird in einem Kapitel mehrfach aus ein und demselben Werk zitiert, so geschieht dies in Kurzform. Durch Nachschlagen im Personen- und Autorenregister läßt sich der vollständige Titel ggf. leicht auffinden. Eine Auswahlbibliographie faßt die wichtigste Literatur zum Themenkreis: ›Oralität‹, ›Schriftlichkeit‹ (›Literacy‹), ›Buchdruck und Kultur‹ zusammen. Zusätzlich ist ein Verzeichnis der verwendeten frühneuzeitlichen Quellen an das Werk angehängt. Hier finden sich ausführliche Angaben über Titel, Standorte, Auflagen, Faksimiles u. ä. Neben dem genauen Nachweis des benutzten Exemplars hat dieses Verzeichnis auch die Funktion, einen Eindruck von der Vielfalt und der Entwicklung der frühneuzeitlichen, vor allem deutschsprachigen Druckerzeugnisse zu geben. Neuauflagen über längere Zeiträume hinweg und an verschiedenen Orten sind selbst bei Werken, die heute kaum mehr bekannt sind, keine Seltenheit. Eine ausführliche Titelerfassung schien u. a. auch deshalb geboten, um dem Leser noch eine zusätzliche Vorstellung über den Inhalt der Werke zu geben, der im Text zu oft nur kurz behandelt werden konnte.
Nicht ins Quellenverzeichnis mitaufgenommen sind Titel, die ich nicht in einem Originalexemplar oder in einem Faksimile eingesehen habe.

1.2
Skriptographische und typographische Medienrevolution: Eine vernachlässigte Unterscheidung

Weder in unserer Alltagssprache noch in der Fachliteratur ist es üblich, handschriftliche und gedruckte Medien auseinanderzuhalten. Meist spricht man zusammenfassend von den ›schriftlichen‹ Texten, von ›der Schriftsprache‹ und von ›Schriftkulturen‹. Ein Hauptanliegen dieses Buches ist es, hier durch genauere Differenzierungen das Verständnis sowohl für die Eigenarten der beiden Medien als auch für deren Zusammenspiel zu wecken. Dies könnte am besten dadurch erfolgen, daß ausführlich diejenigen kommunikativen Strukturen, Prozesse und Selbstbeschreibungen dargelegt werden, die in der Zeit handschriftlicher (und oraler) Informationsverarbeitung herrschten. Viele Wandlungsprozesse würden für den Leser eindrücklicher, wenn er die Verhältnisse in den vorhergehenden Epochen ebenso präsent hätte wie jene in der Neuzeit.

Da eine solche Darstellung kaum weniger umfangreich ausfallen dürfte als jene der typographischen Medien, muß sie in diesem Buch unterbleiben. Ein wenig läßt sich dieser Mangel dadurch kompensieren, daß bei den Beschreibungen der Innovationen, die vom Buchdruck hervorgebracht werden, auch immer wieder Ausflüge in die Welt des Mittelalters unternommen werden. Aus diesen kontrastiven Vergleichen setzt sich im Verlauf der Arbeit schon sukzessive ein Bild über die Strukturen der literaten Kultur des Mittelalters zusammen.

Daneben soll aber vorab zumindest in einem kleinen Exkurs auf einige Unterschiede zwischen den skripto- und den typographischen Medien und Kulturen eingegangen werden.

Eine zusammenfassende Darstellung der Grundidee über die Strukturen skriptographischer Kulturen ist auch deshalb angezeigt, weil im Alltagsbewußtsein immer noch die Vorstellung vorherrscht, die Einführung der phonetischen Schrift habe die Informationsverarbeitungsprozesse in oralen Gesellschaften bereits so grundlegend verändert, daß die Durchsetzung des Buchdrucks

bestenfalls als eine quantitative Verstärkung schon längst vorhandener Strukturen gedeutet werden könne.[9]
Diese Mißdeutung liegt nahe, wenn man von den Erfahrungen ausgeht, die man mit dem Schriftgebrauch in vorwiegend typographisch geprägten Kulturen gemacht hat. Sie geht aber an der Realität älterer Gesellschaften, in denen skriptographische Medien die höchste Form der Technisierung des Informationsaustauschs darstellen, vorbei.

Die phonetischen Schriften als Bedingung leistungsstarker bimedialer Kommunikationssysteme

Die benutzerfreundlichsten skriptographischen Medien sind jene, die sich phonetischer Kodierungsprinzipien bedienen. Aber selbst die Einführung dieser Technologie, die zweifellos zu den größten Veränderungen im alltäglichen Leben der ursprünglich oralen Kulturen führte, vermochte die Dominanz oraler Kommunikation und Informationen für die gesellschaftliche Reproduktion und Selbstbeschreibung nicht zu durchbrechen. Der Grund hierfür liegt in der Tatsache, daß die phonetisierten skriptographischen Medien – weit mehr noch als die pikto- und logographischen Systeme – als eine Verstärkung der herkömmlichen Informationsverarbeitung entwickelt und eingesetzt wurden.
Die Rede von ›literaten‹ Kulturen ist eine ideologische Beschreibung, die von der modernen Forschung oft zu unkritisch übernommen wird. Jack Goody und Ian Watt und viele andere formulieren viel zu schwach, wenn sie sagen, die Schrift sei in vielen älteren Kulturen nicht als ein *»autonomes und unabhängiges Medium der Kommunikation«*, sondern nur als eine Gedächtnisstütze gebraucht worden.[10] Wenn die skriptographischen Medien tatsächlich über das Stadium der Protoschriften, die ohne soziale Standardisierung letztlich nur dem »privaten« Gebrauch einzelner oder bestenfalls kleiner Gruppen dienten, hinauslangten, so wurden sie als Verstärker der oralen Informationsverarbeitung und -verbreitung eingesetzt.[11] Aus diesem Grund erwiesen sich auch die Alphabetschriften den anderen Kodesystemen überlegen. Sie sind für jeden,

der mit den Programmen und Utopien der oralen Kultur vertraut ist, eine Verheißung – nicht weil sie etwas ganz anderes, sondern weil sie die Mängel des Bestehenden zu reformieren versprechen. Ihre Sozialverträglichkeit wird dadurch erzeugt, daß sie als Instrument der Optimierung traditioneller Kommunikationsformen dargestellt werden.

Im Gegensatz dazu tendiert die chinesische Silbenschrift etwa viel stärker dazu, sich von den oralen Kommunikationsformen zu trennen. Theoretisch besitzt sie wie auch andere komplizierte ältere Schriftsysteme eine größere Macht, autonome Kommunikationssysteme neben den oralen aufzubauen. Praktisch wurde diese Eigenschaft für schon ohnehin vorhandene Tendenzen zur Separierung von Eliten (›Priesterherrschaft‹) und zur Privatisierung bzw. Geheimhaltung von Informationen ausgenutzt. Dies setzt einer breiten Vergesellschaftung der Technik notwendig enge Grenzen.

Diese Einschätzung der ersten Phasen der Implementation bedeutet natürlich nicht, daß auf Dauer die skriptographische Technologie ohne tiefgreifenden Einfluß auf die sozialen Verhältnisse bleiben muß. Das Medium wirkt als Katalysator, und die Gesellschaften können die einsetzende Eigendynamik abblocken oder sie unterstützen. Im Gegensatz zu älteren Kulturen wurde für die griechische und römische Antike typisch, daß sie mit Energie Kommunikationssysteme aufbauten, in denen skriptographische und orale Medien miteinander kooperieren und so neuartige Rückkopplungsprozesse ermöglichen. Diese Verknüpfungen von Schrift und Rede in Unterricht, Politik, Jurisprudenz, Handel, Religion und Unterhaltung erleichterten selbstverständlich die phonetischen Kodierungstechniken. Mit ihrer Hilfe ließen sich Informationen vom Emergenzniveau des einen Mediums auf das des anderen mit weitgehend formalen – und das heißt einfachen – Prinzipien transformieren: Man ›lautierte‹ die schriftlichen Texte und ›buchstabierte‹ die Rede.

Aus dieser Perspektive betrachtet, macht es sogar Sinn, in jenen Gesellschaften den Höhepunkt der oralen Kulturentwicklung zu sehen. Durch den Einsatz des Schriftgebrauchs ließen sich die oralen Kommunikationsformen bis an die Grenze des Möglichen technisieren. Die minutiöse Vorbereitung auf die Rede, wie sie die klassische Rhetorik lehrt, liefert nur ein Beispiel für diese glückliche Zusammenarbeit.

An diese Tendenzen knüpfte man in Europa im Mittelalter an. Aber spätestens seit dem 13. Jahrhundert begannen sich die kompliziert ausbalancierten Gewichte in den Kommunikationssystemen zu verschieben. Unaufhaltsam setzte sich in immer mehr sozialen Zusammenhängen eine Prämierung und Ausweitung der Nutzung skriptographischer Medien durch. Wohlgemerkt: diese Schwerpunktverlagerung geschah noch immer im Rahmen der bimedialen Systeme. Selbst in den Institutionen, in denen der Schriftgebrauch am weitesten entwickelt war, wie in der Kirche, den Universitäten und den Verwaltungen der Städte, den Höfen und Großhandelshäusern, waren kaum kommunikative Prozesse denkbar, in denen nicht gesprochen, Bullen mit mündlichen Erläuterungen weitergegeben, die Thesen disputiert, Urkunden nach Diktat geschrieben und verlesen wurden usw. Briefe machten sich selten in Bahnen auf den Weg, die nicht schon lange zur Abwicklung anderer Geschäfte eingerichtet worden waren. So gesehen bleibt die Rede von skriptographischen Kommunikationssystemen für das europäische Mittelalter riskant. Sie ist berechtigt, wenn man auf die Dominanz eines Mediums in gemischten Kommunikationssystemen aufmerksam machen oder wenn man ideologische Prämierungen hervorheben will.

Etappen der Prämierung von Schrift und Visualität

Wann die skriptographischen Kommunikationsformen und die skriptographisch kodierten Informationen oralen Kommunikationsformen und Kodierungen vorgezogen wurden, ist eine empirische Frage, auf die es für die verschiedenen Kulturen und die unterschiedlichen Bereiche gesellschaftlicher Arbeitsteilung unterschiedliche Antworten geben wird. Wenn man überhaupt eine Verallgemeinerung wagen will, dann geht jene von Albert B. Lord in die falsche Richtung. Er wiederholt in seinem einflußreichen Werk ›*The Singer of Tales*‹ ein gewiß weitverbreitetes Vorurteil, das aber dennoch einer genauen Prüfung nicht standhält, wenn er schreibt: »*Wird in einer solchen [oralen] Kultur die Schrift eingeführt und denselben Zwecken dienstbar gemacht wie das mündlich vorgetragene erzählende Lied, wird sie für das Erzählen von Geschichten benutzt und ist sie so verbreitet, daß ein des Lesens fähiges Publikum vorhanden ist, dann sucht dieses Publikum seine Unterhaltung und Unterrichtung eher in Büchern als in den von lebendigen Menschen vorgetragenen Liedern, und die ältere Kunst verschwindet allmählich.*«[12] Diese Bevorzugung der Schrift haben wir in den vergangenen Jahrhunderten immer beobachten können, wenn orale Kulturen mit jenen der modernen Industrienationen in Berührung kamen. Dies bedeutet aber den Einbruch einer typographischen Informationstechnologie in die oralen Netze. So sehr Lords These für diesen Fall zutrifft, so wenig vermag sie den Kontakt zwischen literaten Kulturen, die ausschließlich über skriptographische Informationstechnologie verfügen, und den oralen Kulturen abzubilden. Die Einführung der Schrift führte weder praktisch noch im Bewußtsein der Zeitgenossen zur Verdrängung der oralen Formen der Abwicklung sozialer Geschäfte. Weiterhin verknüpfte man Wahrheit und Diskurs miteinander, die höchste, ›erhabenste‹ Form der Verkündigung göttlicher Weisheit blieb auch nach Thomas von Aquin die Predigt, der ›Ohren‹-Zeuge galt mehr als die Nachschrift, die sensomotorisch gespeicherten Künste verloren wenig von ihrem Ansehen an die Texte, und weiterhin ›verkündeten‹ die Stimmen der Natur, Gottes und seiner Stellvertreter, was für den Menschen orientierungsrelevant ist.[13]

Erst die Durchsetzung des Buchdrucks in der frühen Neuzeit führte zu anderen, nämlich zu den bis heute vertrauten Hierarchien. Erst im ausgehenden 15. und beginnenden 16. Jahrhundert wird die Abwertung oraler Informationen zu einer von breiten Schichten getragenen Erscheinung und beginnt jene nach perspektivischen Wahrnehmungsprinzipien gewonnene und in gedruckten Büchern gespeicherte ›visuelle‹ Information ihren Siegeszug. Diese als ›Wissen‹ bezeichnete und sowohl der ›Erfahrung‹ als der ›Kunst‹ gegenübergestellte Information ist die ›Wunschmaschine‹, von der man sich Aufklärung und bürgerliche Wohlfahrt versprach.[14] Wer von nun an äußere Stimmen von einem Sender hörte, der mit den Augen nicht zu sehen war, trat an den

Rand der sozialen Gemeinschaft oder wurde gar aus derselben ausgeschlossen, ›hospitalisiert‹. Aus den literaten Kulturen mit den eben beschriebenen bimedialen Kommunikationssystemen ist ein solches diskriminierendes Vorgehen ebensowenig bekannt wie aus den genuin oralen. Ebenso findet die Ablösung der diskursiven Wahrheitskriterien durch solche des Experiments – und damit der visuellen Überprüfung – erst im Zuge der typographischen Medienrevolution statt. Die in das gedruckte Buch transformierte ›Heilige Schrift‹ verkündet erst der Protestantismus als alleinige Quelle göttlicher Weisheit, und ebenso setzt sich auch die formale Dominanz der Schriftform gegenüber anderen Arten von Vertragsabschlüssen in Verwaltung und Recht erst in der Neuzeit durch.

Die Leistung und Wertschätzung, die der Handschrift vom modernen Alltagsbewußtsein zuerkannt wird, erbrachte bzw. erfuhr sie erst, als sie sich mit den typographischen Medien zu neuen Kommunikationssystemen zusammenschließen konnte. Durch die Ehe mit den typographischen Medien wurde es ihr auch erst möglich, sich aus ihrer Rolle als Magd der Rede herauszulösen.

Andererseits ist es natürlich richtig, wenn in den vielen Arbeiten zur Entstehung der Schriftreligionen und der griechisch-römischen Philosophie und Demokratie immer wieder betont wird, daß schon mit der Institutionalisierung der Alphabetschrift das Ohr als Erkenntnisorgan gegenüber den Augen an Bedeutung verliert. Diesen Vorgang meint McLuhan, wenn er davon spricht, daß die Schrift dem Menschen ›*ein Auge für ein Ohr gegeben*‹ habe.[15] Seit der Antike gibt es im Prinzip zwei Sensoren für die göttliche und für andere Offenbarungen, eben das Auge und das Ohr.[16]

Es kommt demnach alles darauf an, genauer zu bestimmen, welche Veränderungen hier die frühe Neuzeit gebracht hat.

Der Druck und die Technisierung des Sehens

McLuhan, Ong und viele andere beschränkten sich auf die Feststellung, der Druck habe die Wirkungen des Schreibens verstärkt: ›*Der Druck verhält sich zur Schrift wie das Automobil zum Pferdefuhrwerk.*‹[17] Dieses Bild trifft etwas Wahres. Für die neue Zeit ist nicht mehr das natürliche, nach individuellem Plan suchende, unbewaffnete Auge typisch, sondern ein soziales Organ, welches durch feste Normen und technische Geräte zu einer hochselektiven Informationsaufnahme genötigt wird. Galilei warnt seine Zeitgenossen eindringlich vor einer Verwechslung der einfältigen mit der neuen künstlichen Wahrnehmungsweise: *»Man glaube nicht«*, so schreibt er in seinen Betrachtungen zur Leistung des Kopernikus, *»daß es, um die tiefen Begriffe zu fassen, die in jenen Karten des Himmels geschrieben stehen, genügt, den Glanz der Sonne und der Sterne in sich aufzunehmen und ihren Auf- und Niedergang zu betrachten: denn dies alles liegt auch vor den Augen der Tiere und vor denen des ungebildeten Haufens offen zutage.«*[18] Nicht nur den Schriftgelehrten also, sondern auch den ungebildeten Menschen und sogar den Tieren offenbart sich die Welt durch die Augen. Für *›künstliche‹*, wissenschaftliche Erkenntnis ist mehr erforderlich als das, *»was der bloße Sinn des Sehens uns gibt«*. (Ebd. 53) Dieses ›Surplus‹ heißt bei Galilei experimentelle Methode, Verstand und – in diesem speziellen Fall – Fernrohr. Gefragt ist im Zeitalter der typographischen Kultur perspektivisches, einäugiges Sehen, erforderlich sind materielle Werkzeuge wie der Visierstab, Albertis ›vetro tralucente‹ (Glasscheibe), das Fernrohr und recht bald auch das Mikroskop.[19] Erst diese Mittel und die soziale Normierung des Erkenntnisvorganges ermöglichen intersubjektive Überprüfung und alle jene weiteren Merkmale, die in der Gegenwart von ›wahren‹ Informationen gefordert werden.

Differenz und Koexistenz von oraler und visueller Informationsgewinnung hat es in der Geschichte immer gegeben, auch vor der Einführung der Alphabetschrift. Gewiß hat diese zu einer Steigerung der Möglichkeiten geführt, Daten so zu speichern, daß sie visuell abgerufen werden können. Und dies wiederum dürfte die kulturelle Rolle des Auges aufgewertet haben. Zu einer Entgegensetzung von oralen und visuellen Medien und Formen der Informationsgewinnung und dazu, daß das Auge einen Ausschließlichkeitsanspruch für lebenswichtige kulturelle Informationen gewinnen konnte, ist es erst bei der Umstellung der Medien im Europa der frühen Neuzeit gekommen.[20] Doch dazu mehr im Kapitel 6.2 und 6.4.

Die Umwertung der Sinnesorgane und Medien schließt selbstverständlich ein Zusammenwirken des Buchdrucks mit den herkömmlichen handschriftlichen Formen der Informationsverarbeitung nicht aus. Im Gegenteil, die typographischen Kommunikationssysteme sind in vielfacher Hinsicht auf die skriptographischen Medien angewiesen und haben insofern die Rolle des Schreibens sogar enorm verstärkt.

Im Regelfall müssen beliebige Informationen, wenn sie ausgedruckt werden sollen, zuvor in Manuskriptform gebracht werden. Die Emergenz als skriptographische ist ein Durchgangsstadium für die Emergenz als typographische Information. Auch bei der Schaffung von kommunikativen Rückkopplungskreisen kooperieren die beiden Medien, wie im Verlauf der Arbeit an vielen Stellen gezeigt wird, in vielfältiger Weise.

Die Etablierung dieses neuen Typus eines bimedialen Kommunikationssystems führt nicht nur zur Trennung von skriptographischen und oralen Medien, von schriftlicher und mündlicher Informationsverarbeitung und -tradierung, er verhilft der Rede überhaupt zu einer neuen Form von Autonomie. Erst jetzt ist sie umfassend von einer Vielzahl von Aufgaben entlastet, die in der Geschichte immer wieder zu ihrer rituellen Standardisierung nötigten. Nicht mehr die Rede, sondern die typographischen Kommunikationsprozesse erfahren ein Höchstmaß an sozialer Normierung und Kodifizierung.

Die kommunikativen Verhältnisse in der modernen Gesellschaft stellen sich nach diesem Ausflug als ein hierarchisch verschachteltes Gefüge von unterschiedlichen Kommunikationssystemen dar. Erst bei diesem Typenreichtum und in diesem Stadium kommunikativer Differenzierung entwickelt die Handschrift jene ›Autonomie‹ und ›Leistung‹, die ihr in der Gegenwart nur zu oft als eine ontologische Eigenschaft zugeschrieben wird.

1.3
Medien und Informationssysteme: Theoretische und medienpolitische Perspektiven

Information und Materie: Philosophische Prolegomena

Information ist eine Eigenschaft von Materie; Kommunikation die Spur, die Energie hinterläßt. Deshalb sind Information und Kommunikation in dem gleichen Sinne unzerstörbare und unerschaffbare Grundgegebenheiten unserer Welt wie Materie und Energie. Aber sie lassen sich auch im gleichen Maße umformen wie jene. Beim Aufeinandertreffen verändern die unterschiedlichen Materieteile ihre Form, die Bewegung der einen verwandelt die Bewegung der anderen und umgekehrt: Der Hut, der die Düne hinuntertrudelt, hinterläßt Spuren im Sand. Der Sand speichert die Spur. Für einen Beobachter ist sie ein Kode, eine Sprache, die er lesen und das heißt, aus der er vielfach vermittelte Informationen entnehmen kann: Ist der Hut leicht, der Wind schwach und die Düne ein sanfter Hügel, so zeichnen sich andere Spuren ab als bei einem schweren Hut, den eine steife Brise vor sich hertreibt. Aber nicht nur die Düne, auch der Hut selbst und der Wind speichern Informationen über eine solche Begegnung. Je nachdem, wie stark der Wind und wie hart der Sand, werden sich seine Krempen mehr oder weniger beulen; und auch der Wind, die bewegten Gasmoleküle, ändern ihre Eigenschaften, je nachdem, auf welche Existenzform der Materie sie aufprallen. Diese Spiegelungen von Informationen unterschiedlicher Materien ineinander kann man als eine elementare Form eines Informationsaustauschs betrachten. Bei einer Berührung verändern die Eigenschaften, das sind die Informationen, der einen Materie die Eigenschaften der anderen. Sie bringen sich wechselseitig in eine andere Form, ›in-formieren‹ sich. Solche Verwandlungsprozesse laufen in unserer Welt unaufhörlich ab. Sie sind von Natur aus niemals einseitig und monokausal, sondern wechselseitig und rückgekoppelt. Informationsaustausch ist ein Resonanzphänomen.[21]

Ebenso wie die Materie in den unterschiedlichsten Formen auftritt, so emergiert auch die Information auf den unterschiedlichsten Ebenen. Sie erscheint als Eigenschaft der Steine, des Papiers, der Schallwellen, des Lichts usw. Die Sozial- und Geisteswissenschaften hinken freilich in der Beschreibung dieser Emergenz- oder Existenzformen der Information empfindlich hinter den Klassifikationen der Materie hinterher, die in den Naturwissenschaften schon gang und gäbe sind. Dies mag man auch daran ablesen, wie befremdlich zunächst der Versuch anmutet, einen Informationsbegriff einzuführen, der ein dem Materiebegriff vergleichbares Allgemeinheitsniveau besitzt.

Die in diesem Buch unternommenen Analysen zeichnet aus, daß sie ihre Gegenstände immer sowohl als Materie als auch als Information behandeln. Sie befassen sich sowohl mit den Sachen als auch mit den Ideen. ›Medien‹, ›Technik‹, ›Informations-‹ und ›Kommunikationssysteme‹ setzen sich sowohl aus Materie als auch aus Information zusammen. Sie sind informierte Materie oder materialisierte Information. Die Typik der Medienanalysen, wie sie in den Sprach- und Kommunikationswissenschaften, aber auch in den technischen Wissenschaften angestellt werden, scheint mir in dieser Ambivalenz ihres Gegenstandes zu liegen. Sie stehen damit in einem Feld zwischen den traditionellen Naturwissenschaften einerseits und den Geisteswissenschaften andererseits, die ihre Objekte klassischerweise entweder auf die Materie oder aber auf die Ideen zu beschränken trachten.

Prozessoren und Medien: Elemente der kommunikativen Welt und deren Beziehungen

Blickt das professionelle Auge eines Medienwissenschaftlers i. o. S. auf die Welt, so erscheint sie ihm als eine Ansammlung von materiellen Phänomenen, die Informationen in verschiedener Weise transformieren, und von solchen, die die Informationen nicht verändern, sondern konstant halten, sie speichern. Die ersteren Phänomene werden als Informationssysteme oder als Prozessoren, die letzteren als Informationsspeicher oder als Medien bezeichnet.

Die Vielfalt dieser ›kommunikativen‹ Welt besteht in der Vielzahl der unterschiedlichen Typen, die diese beiden Grundelemente ausbilden können und in der Vielzahl der Kombinationen, die zwischen ihnen möglich sind. Sowohl als Medien als auch als Prozessoren kommen alle Formen der Materie in Betracht: Ton, Luft, Licht, Tiere, Menschen, soziale Gemeinschaften oder auch komplexe technische Maschinen. Dringt man nämlich in die (chemische) Mikrostruktur von scheinbar so opaken Gegenständen wie einer Tonscherbe ein, so kann man auch hier sehen, wie sich die Erschütterungen von außen im Inneren fortsetzen, interne Strukturen neu (in)formiert werden. Erst die an den Rändern ausgelösten Effekte erscheinen uns als ›Keilschrift‹. Bei Lebewesen und bei technischen Instrumenten gibt es schon seit alters her wenig Scheu, sie als informationstransformierende und -speichernde Entitäten zu betrachten.
Struktur erhält die kommunikative Welt durch die – immer gegebene – Verknüpfung dieser Elemente, der Speicher und der Prozessoren. Dabei gehe ich von der Annahme aus, daß Prozessoren niemals direkt miteinander verknüpft sein können. Das Medium erscheint, wie es auch die Geschichte dieses Begriffs nahelegt, als die unausweichliche Umwelt (›ambiance‹) der Informationssysteme oder als Mitte, das ›Milieu‹, zwischen ihnen.[22] Andererseits können aber auch die Speicher nicht ohne dazwischengeschaltete Transformatoren hintereinandergekoppelt werden. Es macht m. a. W. nur Sinn, von Medien zu reden, wenn man zugleich auch die Prozessoren sieht, die an diese Medien anschließen. Umgekehrt braucht man Medien, um Phänomene als informationsverarbeitende Systeme identifizieren und beschreiben zu können.
Um noch einmal zu dem Eingangsbeispiel zurückzukehren: Der Hut zeigt sich nunmehr als Medium, welches zwischen dem Wind und den Dünen vermittelt. Gebrochen durch die materialen Eigenschaften des Hutes, eben seine Informationen, hinterläßt der Wind seine Spuren im Sand. Der Hut verformt sich, weil er als Medium zwischen dem Sand und der Windenergie vermittelt. Zugleich wirkt er aber auch auf die Luftmoleküle zurück. Der Physiker oder der Geograph mag sich für den Einfluß des Windes auf die Dünen interessieren, für den Kommunikations- und Medien-

wissenschaftler reichen solche bipolaren Relationierungen nicht aus. Er berücksichtigt zwei Prozessoren und ein Medium oder zwei Medien und einen Prozessor. Normalerweise interessieren ihn die Wechselwirkungen oder die Rückkopplungskreise zwischen diesen Elementen. Ein solcher Kreis wird sogar erst durch das Zusammenwirken von zwei Paaren von Elementen geschaffen.
Hinsichtlich der zu relationierenden Faktoren, so kann man zusammenfassen, gilt für ihn die Regel: nur Elemente unterschiedlicher Klassen (Speicher oder Prozessoren) schließen aneinander an. Ein Element kann sich, je nach der Spezifik seiner Art, mit mehreren anderen Prozessoren bzw. Speichern verkoppeln. Werden zwei oder mehrere Informationssysteme mittels geeigneter Speicher so zusammengeschlossen, daß ein Informationskreislauf entsteht, so spricht man von Kommunikationssystemen. Die Informationssysteme kann man, wenn man eine solche Ganzheit im Auge hat, ›Sender‹ und ›Empfänger‹ nennen, die Speicher ›Kommunikationsmedien‹. Komplexe Kommunikationsmedien, die selbst wiederum aus Verknüpfungen verschiedener Prozessoren und Speicher aufgebaut sind, sollen ›kommunikative Netze‹ heißen. Wie bei jenen Phänomenen, die man als Medien anspricht, so geht man auch bei Kommunikationssystemen davon aus, daß die Informationen im System erhalten bleiben und nicht nach außen abgegeben werden.

Information und Materie, Prozessoren und Speicher, mit diesen wenigen Begriffen kommt die Medienanalyse in den meisten Fällen aus. Dies ist allerdings nur bei einem strikt selbstreferentiellen, man kann auch sagen: zirkulären Aufbau der Theorie möglich. Zum einen ist der Forscher genötigt, auch seinen eigenen Forschungsprozeß mit diesen Kategorien zu erfassen, sich selbst als Prozessor oder als Medium, als Kommunikationssystem oder als Element von Informationssystemen zu betrachten. Zum anderen benutzt er diese Kategorien auch zur Beschreibung der Mikrostruktur der Elemente. Er geht, und damit knüpft er an eine sehr alte Idee an, von der Gleichartigkeit des Makrokosmos der kommunikativen Welt und des Mikrokosmos ihrer Elemente aus. Jedes Informationssystem besteht für ihn insoweit wiederum aus einer Kopplung verschiedenartiger Speicher- und Informationssysteme. Um bei dieser Beschreibung noch Mikro- und Makrokosmos, Teil und Ganzes auseinanderzuhalten, spricht man am besten immer dann von ›Kommunikations-‹ bzw. ›Informationssystemen‹, wenn man das Ganze fokussieren will und von ›Medien‹ bzw. ›Prozessoren‹, wenn man die Elemente dieses Ganzen im Auge hat.

Komplexität, Dynamik, Selbstreferenz und Differenzierung: Dimensionen der Systeme

Wie jeder Fotograf weiß, kommt er nicht umhin, sich auf eine bestimmte Entfernung zwischen seinem Gerät und dem Gegenstand festzulegen und das Objektiv entsprechend einzuregulieren. Will er ein gleichbleibend scharfes Bild und mehr Informationen, so kann er entweder näher an das Objekt herangehen oder sich von ihm entfernen, um auf diese Weise entweder die Konturen des Objekts oder aber dessen Umwelt besser ins Bild zu bekommen. Ähnlich geht auch diese Arbeit vor, indem sie gleiche Phänomenbereiche mehrfach aus unterschiedlicher Distanz beschreibt. Dem Drehen am Okular entspricht die Entscheidung für die Fokussierung entweder von Informationssystemen verschiedener Größenordnung oder von Medien bzw. von Kommunikationssystemen.
Neben der Entfernung kann aber, um bei dem Vergleich zu bleiben, auch noch die Tiefenschärfe gewählt werden. Das Instrument hierfür ist für den Informations- und Medienwissenschaftler die Systemtheorie. Sie gibt die möglichen Dimensionen an, die bei der Beschreibung ausgeleuchtet werden können. Vier Dimensionen reichen für ein kontrastreiches Bild aus.[23] In der Komplexitätsdimension werden die Elemente der Systeme und ihre Beziehung zueinander näher bestimmt. Informationssysteme bestehen mindestens aus drei verschiedenen Arten von Prozessoren: einem Sensor, der Informationen aufnimmt; einem Transformator, der die eingegebenen Informationen umwandelt und schließlich einem Effektor, der die veränderten Informationen abgibt. Zwischen diesen Prozessoren vermitteln (zwei) unterschiedliche Arten von Speichern. Zu einem System werden diese hintereinandergeschalteteten Elemente durch einen weiteren Prozessor, der Kontroll-

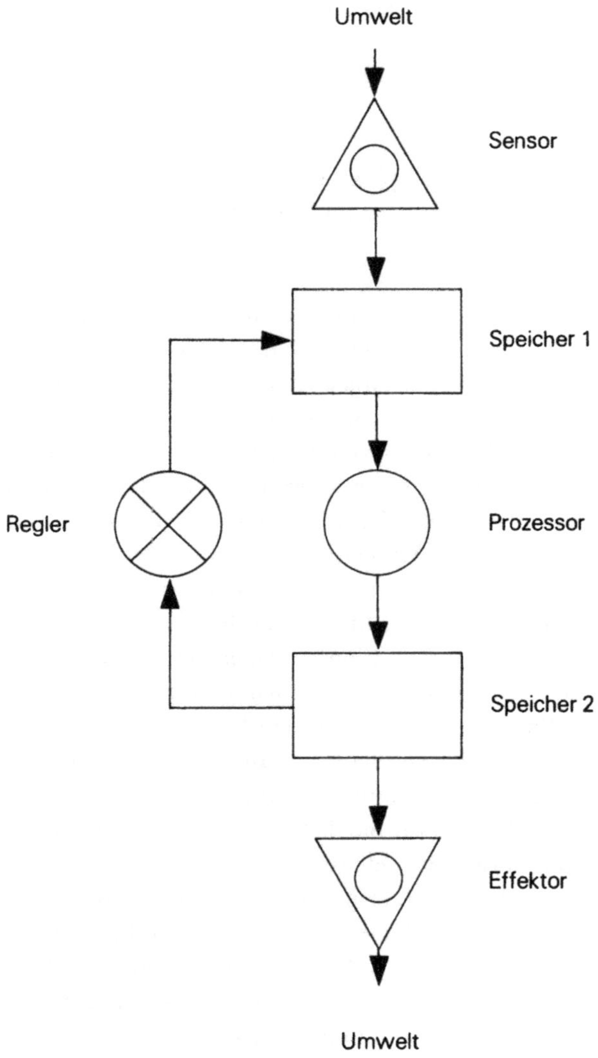

Abb. 1: Aufbau und Dynamik einfacher Informationssysteme

oder Regelungsfunktionen übernimmt.[24] Alle diese Elemente sind als ›Input‹, ›Prozessoren‹, ›Fest-‹ und ›Arbeitsspeicher‹, ›Steuerungseinheit‹ und als ›Output‹ aus der technischen Informatik bekannt. In der *Abb. 1* ist die allgemeinste Tektonik der Informationssysteme schematisch dargestellt.

In der dynamischen Dimension werden der Ablauf des Informationsflusses und die verschiedenen Stufen der Transformation der Information nachgezeichnet. Dieser Prozeß ist, beginnend beim Sensor und endend beim Effektor, durch Pfeile ebenfalls in der *Abb. 1* sichtbar gemacht.

An das kybernetische Paradigma knüpft man bei der Beschreibung der selbstreferentiellen, oder man kann auch sagen, der selbstregulativen Dimension an. Es geht hier um die Ermittlung der möglichen Korrekturschleifen und der Programme und Maximen, nach denen der Informationsfluß kontrolliert und Abweichungen reguliert werden. Die einfachste Form einer Kontrollschleife gibt die *Abb. 1* wieder.

Schließlich besitzen die Informationssysteme auch eine vielgestaltige Umwelt, von der sie sich unterscheiden und abgrenzen müssen, zu der sie aber auch zugleich bestimmte dauerhafte Beziehungen unterhalten. Diese Umwelt, die natürlich auch wieder aus Medien und Informationssystemen besteht, kann in der Differenzierungsdimension beschrieben werden.

Bei komplexen Informationssystemen, wie z. B. bei Menschen oder bei sozialen Institutionen, können die Vorgänge der Selbstregulation der Transformationsprozesse in dem System selbst noch einmal beobachtet, reflektiert und die Ergebnisse speziellen Speichern zugeführt werden. Solche Teilsysteme, deren Funktion die Überwachung und Selbstbeschreibung des Gesamtsystems ist, kann man Reflexionssysteme nennen.

Natürlich ist es auch möglich, die Medien in einer solchen mikroskopischen Perspektive als System, und zwar als ein Kommunikationssystem zu betrachten. In seinem Inneren wird man wiederum mehrere hintereinandergeschaltete Speicher und Prozessoren entdecken.

1.4
Information, soziale Systeme und kulturelle Evolution: Modelle für komplizierte Beziehungen

Die soziale Konstruktion von Information und Medien

Für den Menschen und für die soziale Gemeinschaft sind Information und Materie, Kommunikation und Bewegung gleichermaßen primär und real. Der ›Konstruktivismus‹ des Menschen liegt nicht in der Schöpfung, sondern in der Transformation sowohl von Materie und Energie als auch in jener von Information und Kommunikation sowie in der Schaffung spezifischer Verhältnisse zwischen diesen beiden in Form von Medien, Informationssystemen und Sprachen. Transformationen und Relationierungen, die der ›Mensch‹ in diesem Sinn in Gang setzt, kann man als ›kulturellen Wandel‹ oder als ›technischen Fortschritt‹ bezeichnen. Unter dem ›Menschen‹ wird hier ein Ensemble von informationsverarbeitenden psychischen, sozialen, biogenen, physiologischen und vielleicht noch weiteren Systemen verstanden, die miteinander kommunizieren. ›Kultur‹ erscheint als ein Supersystem – man könnte heute vielleicht sagen: als ein Ökosystem –, das menschliche, soziale, technische und vielleicht noch weitere Systeme miteinander verknüpft.[25] Gewohnheitsmäßig betrachtet man den Menschen als den zentralen Prozessor in diesem sowohl als Informations- als auch als Kommunikationssystem zu beschreibenden Zusammenhang. Die Umwelt, von der sich das kulturelle System, wie jedes andere auch, abgrenzt, kann man, um eine alte Opposition zu nutzen, ›Natur‹ nennen.

Da die Materie unendlich viele Eigenschaften besitzt und vielfältige Beziehungen eingehen kann, steht der Mensch immer einem Überangebot an Informationen und an potentiellen Elementen für sein kulturelles System gegenüber. Er muß für sich selbst immer wieder neu festlegen, welche Existenzweisen der Materie für ihn als Information und welche Bewegungen für ihn als Kommunikation von Bedeutung sein sollen. Die spezifische Auswahl, die eine

kulturelle Gemeinschaft getroffen hat, kann man als ›soziale‹ oder als ›kulturelle‹ Information und Kommunikation bezeichnen.
Diese soziale Normierung vollzieht sich immer als ein hoch selektiver Vorgang, der Licht und Schatten, Bewußtes und Verdrängtes, Demut und Gotteskomplex schafft.[26] Wegen der Endlichkeit der psychischen und sozialen Aufmerksamkeitsleistungen führt jede Prämierung eines Informationstyps zur Abwertung eines anderen.
Im Zuge einer solchen Umorientierung schwindet seit der frühen Neuzeit z. B. das Bewußtsein von der Endlichkeit von Materie und Information und von der kreisförmigen Geschlossenheit der Prozesse der Energieumwandlung und der Kommunikation. Wissenschaftler und Techniker entwickeln eine Methode, die aus den Kreisläufen materieller und informativer Prozesse Bogen herausschneidet, die so winzig sind, daß man sie sich als Geraden vorstellen kann. Indem man den segmentären Charakter ›vergißt‹, gewinnt man die Möglichkeit, die Gerade als Strecke mit einem klar definierbaren Anfang: Ursache und einem klar definierbaren Ende: Wirkung hinzustellen.[27] Diese als ›monokausal‹ oder ›linear‹ bezeichnete Wahrnehmungs-, Denk- und natürlich auch Handlungsnorm steigerte zweifellos die künstliche Kontrolle über die Transformationsvorgänge – aber eben nur über winzige Ausschnitte derselben. Sie minderte die Einsicht in die Rückkopplungsprozesse und in die Zirkularität der Prozesse in Natur, Gesellschaft und Psyche und in die Tatsache, daß der Mensch trotz aller Fluß-, Verhaltens- und Kommunikationsbegradigungen fest in diese Kreisläufe eingebaut bleibt.
Diese Vereinseitigungen lassen sich am leichtesten kompensieren, wenn man, wie es in dieser Arbeit geschieht, auf systemische und kybernetische Theorien bei der Modellierung von Kommunikationsprozessen und Medienentwicklungen zurückgreift. Diese Entscheidung erweist sich zusätzlich dann als günstig, wenn man sich mit Zeiten befaßt, die, wie das ausgehende Mittelalter, selbst keine linearen Modelle bei der Selbst- und Umweltbeschreibung bevorzugten.

Soziale und kommunikative Systeme: Stationen einer Abstraktion

In allen menschlichen Gemeinschaften, Zweierbeziehungen, Familien, Institutionen oder Staaten, spielen sich über kurz oder lang Verhaltensmuster ein. Alle Beteiligten erwarten sie bald mehr, bald weniger, einmal deutlich artikuliert, ein andermal kaum bewußt. Nur wenn solche Regelmäßigkeiten vorhanden und als Informationen bei den Beteiligten gespeichert sind, können diese Gemeinschaften sich erhalten und von ihrer Umwelt abgrenzen. Die gespeicherten Informationen wirken dann als Programme, welche das Handeln und Erleben der einzelnen und der Gemeinschaft koordinieren. Man kann diesen Informationstypus als ›software‹ bezeichnen. (Vgl. Abschn. 6.2) Wenn ein solcher Gleichklang hergestellt ist, spricht man davon, daß die Gemeinschaft eine Identität gefunden hat, die sie von ihrer Umwelt und den dort versammelten Identitäten unterscheidet. Diese Grenzziehung stellt immer eine Idealisierung dar, die von der Gemeinschaft und von deren Umwelt beständig reproduziert werden muß.

Soziale Systeme verfügen über die Möglichkeit, die Programme, nach denen sie funktionieren, zu reflektieren. Mehr noch, sie können über kurz oder lang gar nicht umhin, sich Bilder von sich selbst und von ihrer Umwelt und damit auch von anderen sozialen Identitäten zu machen. Alle diese Bilder oder Modelle reduzieren die Komplexität der materiellen sozialen Verhältnisse radikal.

Die relevanten Modelle, mit denen soziale Gemeinschaften sich und ihre Umwelt begreifen, erhalten einen Ausdruck in dem jeweils bevorzugten Kode. Der Ausdruck ›Nation‹ ist beispielsweise eine solche Chiffre für ein kompliziertes Modell, welches sich soziale Systeme von sich selbst gemacht haben. Mit diesem Kode werden zahlreiche Informationen aufgerufen, die aus unterschiedlichen Informationsquellen und -ebenen stammen und die von unterschiedlichen Instanzen reflexiv verknüpft wurden. Andere Arten der Emergenz und Kodierung dieses Modells wären nationale Symbole, Fahnen, Wappen, Hymnen oder auch ritualisiertes Verhalten.

Die vielfältigen Prozesse, in denen diese Programme und Selbstbilder aufgebaut und reflektiert werden, kann man zusammenfassend als ›*soziale* Kommunikation‹ bezeichnen.[28] Werden soziale Zusammenhänge in dieser Weise als Systeme behandelt, die Informationen aufnehmen, verarbeiten und die sich durch die kodierten Informationen steuern, so kann man von sozialen Informations- und Kommunikationssystemen sprechen. Sie erweisen sich so gesehen als das Produkt einer einseitigen, abstraktiven Betrachtung sozialer Systeme. Ihre Analyse setzt ein soziologisches Verständnis der sozialen Phänomene voraus.

Als Informationssysteme erscheinen in dieser Perspektive die Menschen, die Erfahrungen aufnehmen, speichern, reflektieren und weitergeben. Treten sie miteinander in Kontakt, so werden sie zu Sendern und/oder Empfängern oder Prozessoren (Reflektoren) von Erfahrungen und damit zu Elementen kommunikativer Systeme. Von ihren vielfältigen Fähigkeiten treten nur die Wahrnehmungs- und Denkleistungen sowie die reichhaltigen Möglichkeiten, Informationen darzustellen und anzuwenden, in den Vordergrund. Andere Eigenschaften, die für den den Menschen ja schon ebenfalls hoch selektiv behandelnden Soziologen noch von Interesse sind, treten für den Kommunikationsforscher in den Hintergrund.

Der Anstoß aus der Umwelt: Medien als Katalysatoren der Systemveränderung

Wenn nichts Besonderes passiert, reproduzieren sich die Menschen und die sozialen Systeme endlos im gewohnten Trott. Man verfährt im individuellen Tun und im Gemeinschaftshandeln nach Altvätersitte oder, modern gesprochen: nach den gespeicherten Programmen.

Gelegentlich kommt es aber dazu, daß neue Phänomene in der Umwelt auftauchen, wahrgenommen werden und damit in der einen oder anderen Form mit den bislang üblichen Programmen und Identitätsvorstellungen interferieren. Die Geburt eines Kindes ändert die Dynamik der Familie, die Einrichtung einer Stelle die Hierarchie im Betrieb, und das Versiegen der Wasserquelle nötigt

den Stamm zum Verlassen seiner angestammten Umgebung. So gesehen brauchen Umstrukturierungen eines Systems immer einen materiellen Anstoß von außen, aus der Umwelt.[29]
Als Katalysatoren solcher Umstrukturierungen kommen zunächst Menschen, soziale und die sogenannten ›natürlichen‹ Phänomene in Frage. Nun verändern sich die Natur und die anderen Umwelten sozialer Gemeinschaften nicht nur von selbst. In den letzten Jahrtausenden greift der Mensch mit immer stärkerer Intensivität in den Reproduktionszyklus seiner Umwelt ein. Er tut dies zum einen durch Selbstveränderung, aber zum Beispiel auch dadurch, daß er die Natur zu Werkzeugen umformt und diese dann wiederum auf dieselbe einwirken läßt. Die künstlichen Werkzeuge und die mit ihrer Hilfe produzierten Umweltveränderungen haben sich in der Geschichte ebenfalls als ein mächtiger Katalysator zur Veränderung sozialer Gemeinschaften herausgestellt. Von den einfachsten künstlichen Instrumenten, wie etwa einem »Speer«, angefangen, der noch fast Natur zu sein scheint, bis hin zu den komplexen Maschinensystemen, immer haben die Menschen ihre Lebensgewohnheiten ändern müssen, nachdem solche Instrumente einmal kontinuierlich angewendet wurden.
Wenn über Werkzeuge, Maschinen oder allgemein über Technik geschrieben wird, so bilden üblicherweise entweder der Mensch oder die sozialen Systeme den Ausgangspunkt der Betrachtung. Ihre Leistungen und Strukturen, so wird angenommen, werden durch die Technik verstärkt, entlastet, umgebildet o. ä.
Man kann aber auf der angesprochenen höheren Abstraktionsebene auch die sozialen Informations- und Kommunikationssysteme als Bezugsgröße wählen. Aus dieser Perspektive erweisen sich dann die Menschen, die sozialen Institutionen und deren technische Anlagen als Umwelt, die neben der Prozessor- auch Medienfunktion wahrnehmen kann. Vom informationstheoretischen Standpunkt aus gesehen, können alle Dinge, deren Speichermöglichkeiten von Prozessoren ausgenutzt werden, als Medien angesprochen werden. Solche neuen Speicherkapazitäten üben einen starken Reiz zur Bildung neuartiger Informations- und Kommunikationssysteme aus.
Anfangs scheinen alle sozialen Informationssysteme ausschließlich auf den Menschen für die Prozesse der Informationsauf-

nahme, -reflexion und -anwendung angewiesen zu sein. Allein die (kurzzeitige) Speicherung von Informationen vertraute man notwendigerweise von Anbeginn Medien, zuerst dem ›Lufthauch‹, den Tontafeln oder Felswänden und Baumrinden, an. Heute gibt es viele komplizierte soziale Zusammenhänge, in denen ganze soziale Institutionen oder aber technische Geräte auch die Funktion der Informationsaufnahme, -verarbeitung und -anwendung übernehmen können. Die automatische Zugauskunft oder die Zeitansage substituieren den leibhaftigen Experten. ›Datenverarbeitungsanlagen‹ können Informationen sortieren, Maschinen werden durch Sensoren und Programme gesteuert usw. Aber nicht nur die Informationssysteme als Teile der kommunikativen Systeme lassen sich technisieren – auch die Vernetzung der einzelnen Sender/Empfänger erfolgt durch immer aufwendigere soziale und technische Medien oder besser: Mediensysteme.

Indem technische Medien in den gewohnheitsmäßigen Gebrauch von sozialen Gemeinschaften übergehen, verlieren sie ihren Umweltcharakter und werden zu künstlichen Elementen derselben. Nach einer Weile erscheinen sie dem Menschen als so selbstverständlich, daß sie kaum mehr als sozialhistorische Errungenschaften erlebt werden.

Projektion und Kommunikation: Voraussetzungen und Folgen der Einführung technischer Medien

Damit Veränderungen in der Umwelt des Menschen oder der sozialen Gemeinschaften überhaupt die eigenen Programme und Selbstbilder beeinflussen können, müssen sie als Informationen ›wahr‹-genommen werden. Es ist dabei gleichgültig, ob die Erscheinungen letztlich als positive Entwicklungs- oder als negative Störfaktoren bewertet werden. Nur wenn man sie als Dinge auffaßt, die die Dynamik und Struktur der Systeme zu ›verbessern‹ versprechen, gibt man ihnen allerdings für gewöhnlich das Prädikat ›technische Errungenschaft‹ oder ›Werkzeug‹. Bei Umweltveränderungen, die erst in dem Augenblick wahrgenommen werden, in dem sie den Menschen oder die Gemeinschaft schon aus dem

Gleichgewicht gebracht haben, spricht man eher von ›Schicksalsschlägen‹ oder von ›Katastrophen‹.
Hier zeigt sich schon, daß es mit bloßer Wahrnehmung der ›Dinge‹ nicht getan ist. Soll Technik in soziale Systeme implementiert werden, so müssen beständig Informationen gesammelt und diese reflexiv verarbeitet werden. Man nimmt Informationen über die kunstvollen Anwendungsmöglichkeiten der Technik auf und paßt diese in die vorhandenen sozialen Programme ein. So gesehen setzt die Einführung aller Technik soziale Normierungsprozesse voraus und bringt sie zugleich in Gang. Diese Normierung erfordert auf allen Stufen Kommunikation. Sie vollzieht sich immer als ein kollektiver Projektionsprozeß. Die soziale Gemeinschaft muß Erwartungen in die Medien hineinprojizieren und einen zumindest latenten Konsens über dieselben herstellen.[30]
Einen Ausschnitt dieser Normierungsvorgänge, den man bei den sogenannten »Naturvölkern« beobachtet hat, nennt man ›Animismus‹. Die Industrienationen »beleben« nicht nur ihre natürliche Umwelt und beziehen sie damit in ihre soziale Wirklichkeit mit ein, sondern sie geben auch der von ihr mehr oder weniger umgeformten Natur eine Seele. Und zwar beleben sie diese nicht in einem bloß biogenen, sondern in einem zutiefst sozialen Sinn: Auf die technischen Instrumente und Prozesse werden Normen – Rollenerwartungen, Erwartungen über rollengebundene Aktivitäten, Ablauf- und Zielvorstellungen – ›übertragen‹, die auch für das Verhalten der Menschen in den betreffenden Gesellschaften gelten oder gelten sollen. Faktisch schreibt man damit den technischen Medien die Fähigkeit, Menschen ganz oder teilweise substituieren und sozial handeln zu können, zu. So ist man beispielsweise überzeugt, die Druckerpresse könne Wissen ›veröffentlichen‹, ›behalten‹, ›schaffen‹ und es ›unsterblich‹ machen. Aber schon mit einem so einfachen Instrument wie dem schon erwähnten ›Speer‹ verbindet sich die soziale Erwartung, daß er Tiere und Menschen töten kann.
Sollen die Erwartungen, die zunächst oft nicht mehr als eine vage Utopie darstellen, eintreffen, so setzt dies einen ›sachgemäßen‹ Gebrauch des Werkzeugs bzw. des technischen Systems voraus: Die Menschen müssen sich gemäß dem Programm und den sozialen Normen verhalten, die sie in die Technik hineinprojiziert und

in ihr vergegenständlicht haben. So wird schon die Armmuskulatur des ›Speerwerfers‹ – man sieht, wie das Instrument die Wort- und Subjektbildung bestimmt – zu immer gleichen, einseitigen Bewegungen trainiert. Schon dies ist Änderung des Menschen und der sozialen Gemeinschaft genug. Aber selten bleibt es bei solchen Wandlungen auf einem eher physiologischen Emergenzniveau. Durch die beständige Anwendung paßt sich der Speer in die Sozialstruktur der Gemeinschaft ein. Mindestens differenziert sich dadurch der Stamm in die Klasse der ›Speerwerfer‹ und in jene, die nicht mit dem Speer umgehen können oder sollen. Ob diese Zweiteilung mit traditionellen sozialen Mustern – etwa Krieger versus Nichtkrieger – konform geht oder ob sich andere Differenzierungen herstellen, ist eine empirische Frage. Je nachdem fallen die sozialstrukturellen Veränderungen mehr oder weniger gravierend aus.

Wird über die Einführung des technischen Instrumentes in der Gemeinschaft gesprochen und nachgedacht – was in der Regel eine gewisse Zeit braucht –, so ändert sich auch die Selbstbeschreibung von mehr oder weniger großen Teilen derselben. Der Speerwerfer mag sich von Anfang an in den Jagd- und Kampfsituationen mächtiger als sein nicht so gut bewaffneter Vorgänger gefühlt haben. Wenn über diese Gefühle genügend palavert wurde, so können sie sich zu sozialen Gewißheiten verdichten und zu Unterscheidungsmerkmalen zwischen sozialen Gemeinschaften hochstilisiert werden: Der speerbesitzende Stamm blickt auf den speerlosen herab. Seine Identität gründet nunmehr erheblich in seiner projektiven Identifikation mit einer Waffe. Auch die Einführung von Informations- und Kommuniktionsmedien im vorhin bezeichneten engeren Sinne kann die Menschen und sozialen Systeme verändern und neue Typen von Kommunikations- und Informationssystemen schaffen. So wirkt jedes Kommunikationsmedium auf die Sinnesorgane des Menschen ein, sozialisiert sie in unterschiedlichem Maße und verändert damit deren Verhältnis untereinander. Schon die Entscheidung des Menschen für die Schallwellen als primäres Kommunikationsmedium kann als eine Entscheidung gegen andere, ebenfalls mögliche Medien, die dann an andere Sinnesorgane angeschlossen hätten, angesehen werden. Als Effektor sozialer Kommunikation dienen nach dieser Prä-

ferenz die oralen Artikulationsorgane als Sensor, das ›äußere‹ und ›innere Ohr‹. Diese Organe werden in besonderer Weise kollektiv trainiert, ihre Produktions- bzw. Wahrnehmungsleistungen nach sozialen Programmen segmentiert und verfeinert. Der Geruchs- oder Tastsinn, der selbstverständlich ebenfalls geschult werden muß, entwickelt sich demgegenüber auch weiterhin stärker entsprechend den individuellen Vorlieben als nach den sozialen Normen.
Wenn man, wie Marshal McLuhan, von einem ursprünglichen harmonischen Gleichgewicht der Sinnesleistungen des Menschen ausgeht, dann muß jede Nutzung eines Mediums nicht nur als ein Optimierungs-, sondern auch als ein Destabilisierungsvorgang aufgefaßt werden.[31]

Steigerung und Unterdrückung: Die Ambivalenz des technischen Fortschritts

Bei distanzierter Betrachtung möchte man meinen, daß der Stamm, der begonnen hat, sich des Speers zu bedienen, nicht nur Grund hat, sich mächtiger, sondern zugleich auch ohnmächtiger zu fühlen. Jedes Stammesmitglied wird im Konfliktfall durch den nun effektiver bewaffneten Kollegen weit stärker bedroht als durch einen Faustkämpfer! Wenn aber in einem beliebigen historischen Fall dieses Ohnmachtsgefühl die Oberhand gewinnt, so wird man die Implementierung der neuen Technik stoppen oder sie entschieden begrenzen. Eine solche Haltung, die stärker auf die Kosten von Technisierung achtet, scheint für viele heute als ›traditionell‹ bezeichnete Gesellschaften, wie zum Beispiel für das alte China, typisch gewesen zu sein. Sie wird etwa von dem chinesischen Weisen Dschuang-Dsi repräsentiert, der vor zweieinhalb Jahrtausenden die Nutzung eines Ziehbrunnens mit den Worten ablehnte: *»Wenn einer Maschinen benutzt, so betreibt er alle seine Geschäfte maschinenmäßig; wer seine Geschäfte maschinenmäßig betreibt, der bekommt ein Maschinenherz. Wer aber ein Maschinenherz in der Brust hat, dem geht die reine Einfalt verloren. Bei wem die reine Einfalt hin ist, der wird ungewiß in den Regungen seines Geistes. Ungewißheit in den Regungen des Geistes ist* *etwas, das sich mit den wahren Sinnen nicht verträgt. Nicht daß ich solche Dinge nicht kennte, ich schäme mich, sie anzuwenden.«*[32] Und deshalb bewässert er seine Felder weiterhin – zwar nicht mit der Hand, aber – mit einem Eimer, den er nur durch seine Muskelkraft bewegt.

Soweit ich sehe, haben bislang alle Gesellschaften, die sich für die Nutzung einer bestimmten neuen Technik entschieden, die negativen Folgen ihres Einsatzes verdrängt: Entweder die Gesellschaft bemerkt die Verluste und setzt die Technik nicht ein, oder sie sieht (nur) die Vorteile, macht die wenigen Warner lächerlich oder bringt sie anders zum Schweigen und führt die Innovation dann durch.[33] Beide Wege führen zu massiven Abspaltungen im individuellen und sozialen Bewußtsein: Im ersten Fall verdrängt man die Wünsche und ihre mögliche Erfüllung, im zweiten die hervorgerufenen Ängste und die Kosten der Erfindung.

Auf Dauer wird es sich keine moderne Kultur leisten können, diesen unreifen Umgang mit Ambivalenzen fortzusetzen. Notwendig ist die Einsicht, daß kein Eingriff in ein einigermaßen komplexes System nur eine Wirkung und keine Rückwirkung zeitigt. Jedes System ist insofern geschlossen, als es nur über bestimmte endliche Ressourcen verfügt. Der Entwicklung eines Organs oder eines Bedürfnisses steht eine Verkümmerung und Vereinseitigung eines anderen gegenüber. Je gewaltiger die Versprechungen eines Mediums sind, um so gewaltiger fallen seine Zerstörungen auf einem anderen Felde aus. Die gewünschte Linearisierung sozialer und anderer Prozesse destabilisiert die Rückkopplungskräfte des Systems. Die Förderung einer Funktion bedeutet die (relative) Herabsetzung anderer. Die Bedingung größerer Speicherung eines Informationstyps ist das Vergessen von anderen. Erst wenn das Verständnis für diesen Zusammenhang gewachsen ist, besteht Aussicht auf eine aufgeklärte Diskussion und Entscheidung über das, was bislang nach einem, man könnte sagen, neurotisch erstarrten Entweder-Oder-Muster abläuft: technische Innovation.

Für ein solches Umdenken kann die Beschäftigung mit historischen Quellen nur förderlich sein. Daß ›die Geburt eines Dinges die Zerstörung eines anderen‹ mit sich bringt, diese u.a. Aristoteles zugeschriebene Erkenntnis blieb bis in das 16. Jahrhundert ein

Allgemeingut.[34] Die Verharmlosung des Zerstörungsaspekts technischer Innovationen besitzt demgegenüber eine vergleichsweise kurze Geschichte.

Die Erkenntnis, daß irgendwelche Medien auch Verluste an Komplexität und Störungen in der Dynamik der Systeme auf bestimmten Ebenen provozieren, braucht nicht zu heißen, daß die soziale Gemeinschaft ihre Einführung stoppt. Man kann wissen, daß die Alphabetschrift die auditive Diskriminierungsfähigkeit und damit den Anteil der hörbaren Umwelt auf Kosten zum Beispiel der zu ertastenden vergrößert – und sich trotzdem für dieses Medium und gegen piktographische Schriften entscheiden. Man kann wissen, daß die Entscheidung für die Prämierung von typographischen Informationen eine Entscheidung sowohl gegen taktile als auch gegen auditive Informationen ist – und trotzdem dafür sein. Aber man sollte Wege institutionalisieren, die es möglichst vielen Gesellschaftsmitgliedern erlauben, sich an dem Entscheidungsprozeß zu beteiligen. Wünschenswert ist, daß möglichst viele Daten sowohl über die erhofften als auch über die befürchteten Leistungen der zu implementierenden Technik vorliegen. Dazu muß sichergestellt werden, daß nicht systematisch ganze Klassen von Sensoren, nämlich die ›Kritiker‹, aus dem Prozeß der Sammlung von Informationen ausgeschlossen werden. Erst wenn auch ihre Daten vorliegen und sich die mutmaßlichen Rückkopplungseffekte des interferierenden Mediums abzeichnen – voraussehen lassen sie sich ohnedies nur begrenzt und für die nahe Zukunft –, liegen überhaupt die Voraussetzungen für eine Diskussion vor. Auch diese verlangt wieder Zeit – mehr Zeit, als »technisch« gesehen für die Entwicklung und den Einsatz der Medien vielleicht erforderlich ist. Wenn man sich andererseits klarmacht, daß sich unsere Gesellschaft verpflichtet hat, bei jedem noch so nebensächlichen Gerichtsverfahren sowohl die be- als auch die entlastenden Indizien zu sammeln und dann erst ein Urteil zu sprechen, wenn beide Datentypen ausreichend gewürdigt sind, dann wird ganz unverständlich, wieso bei grundlegenden Veränderungen sozialer Strukturen, wie sie die Implementation von neuen Medien nach sich zieht, überwiegend nur Informationen über die gewünschten Optimierungseffekte gesammelt werden. Wollte man die Rationalitätskriterien, denen wir uns ansonsten unterwerfen, wenn es um die Änderung mitmenschlicher Normen geht, auch im Bereich technisch katalysierter Veränderungen anwenden, so müßten sowohl Sprecher mit Daten über die erwünschten als auch Sprecher mit Daten über die befürchteten Folgen dieser Innovation auftreten. Und beide Seiten hätten für ihre Datenerhebung Anspruch darauf, daß ihnen ausreichende Mittel, Forschungsmittel, zur Verfügung gestellt werden. Von vornherein scheint jedenfalls nichts dafür zu sprechen, daß eine Seite beständig über den größeren Weitblick verfügt, während die andere mit Blindheit geschlagen ist.

Voraussetzung der skizzierten Ausweitung der in unserer Kultur ansonsten üblichen Rationalitätskriterien und Entscheidungsverfahren auf die Medienpolitik im weitesten Sinne dürfte unter anderem ein besseres Verständnis und vor allem Gefühl dafür sein, in welchem Maße die materiellen Medien soziale Strukturen hervorbringen und bestimmen. Der technologische Charakter sozialer und kommunikativer Strukturen und Prozesse wird zwar immer wieder betont, aber vielleicht nicht genügend erlebt.

1.5
Die Logik der Medien: Sozial- und Kommunikationssysteme als technologische Systeme

Von technologischen Systemen kann man sprechen, wenn man kulturelle oder soziale Gemeinschaften als Systeme betrachtet, deren Komplexität, Dynamik, Grenzen und Selbstrepräsentationen durch technische Medien geschaffen und aufrechterhalten werden. Man fokussiert bei diesem Herangehen nicht so sehr die menschlichen Prozessoren, sondern die künstlichen Medien, von denen man annimmt, daß sie den Anstoß zu der Systembildung gegeben haben und dessen Strukturen entscheidend bestimmen. Diese selektive Perspektive verdient die Bezeichnung ›medientheoretisch‹.

Da alle Kommunikation unabweisbar auf materielle Medien als Vernetzungsinstanzen angewiesen ist, lassen sich alle Kommunikationssysteme als technologische Systeme in dem hier bezeichneten Sinn verstehen. Kommunikationsforschung besitzt neben dem system- auch immer einen medientheoretischen Aspekt.

Systembeschreibung als Selbstsimplifikation

Die katalysatorischen und determinierenden Medien nennt man oft ›Schlüsseltechnik‹ oder ›-technologien‹. Viele Systeme beschreiben sich in diesem Sinne selbst als durch Technik bestimmte Systeme und benennen sich entsprechend: ›Industriebetrieb‹ oder ›-gesellschaft‹, ›Computerclub‹ oder ›Fernsehrunde‹, ›Röntgenabteilung‹ oder ›Fußballverein‹ usf. Das erste Wort des zusammengesetzten Ausdrucks hebt jeweils das Medium hervor, welches nach dem Verständnis des betreffenden sozialen Systems für sein Zustandekommen ursächlich ist. Bei anderen sozialen Gemeinschaften dürften es eher die außenstehenden Betrachter sein, die Systembildungen auf technische Medien zurückführen. So spricht die Wissenschaft von der ›Stein-‹ und der ›Bronzezeit‹, von ›Ackerbau-‹ und ›Viehzüchterkulturen‹, und es ist nicht immer sicher, ob

sich auch die anvisierten Kulturen selbst in dieser Weise beschrieben haben – oder ob sie andere Medien für relevanter hielten.
Das Bedürfnis nach Eindeutigkeit, das nicht nur den Wissenschaftler, sondern auch den Menschen im Alltag leitet, mag dazu geführt haben, daß die Identität von sozialen Systemen mit Vorliebe an ein einziges Medium gekettet wird. Natürlich verwenden die Kulturen der Bronzezeit neben der Bronze auch noch viele andere Materialien, und selbst in einem Fußballverein schart man sich gelegentlich auch um andere Medien. Trotzdem reduziert man die Identität dieser Gemeinschaften durch Akte der reflexiven Selbstsimplifikation auf ausschließlich ein katalysatorisches Medium. Man muß diesen Reduktionismus im Auge behalten, wenn irgendwelche sozialen Phänomene als technologische Systeme beschrieben werden.
Für die Modellbildung des Kommunikationsforschers erweisen sich die medientheoretischen Vereinfachungen als hilfreich. Es ist sinnvoll, Kommunikationssysteme durchgängig (zunächst) als technologische Systeme aufzufassen, welche durch ein einzelnes Schlüsselmedium bestimmt werden – und dies entspricht ja auch weitgehend dem gegenwärtigen Brauch. So unterscheidet man orale, skriptographische, typographische und elektronische Kommunikationssysteme und verwendet damit jeweils bestimmte Kommunikationsmedien als Unterscheidungskriterien. Bei der Analyse empirischer Phänomene zeigt sich dann immer, daß diese Systeme mit anderen mehr oder weniger eng vernetzt sind. Dem Beteiligten mag dies oft nicht so klar sein; zu den anspruchsvollen Aufgaben des Kommunikationsforschers gehört es, das Zusammenwirken von Kommunikationssystemen, die mit unterschiedlichen Medien arbeiten, aufzuzeigen.
Dies gilt auch für die typographische Kultur. Es handelt sich hierbei um ein Phänomen, in dem verschiedene Kommunikations- und Informationssysteme bzw. verschiedene Medien und Prozessoren zusammenwirken. Das Typographeum, welches im nächsten Kapitel beschrieben werden soll, und die typographischen Netze (Kap. 5) machen nur einen Teil dieses Supersystems aus.

Orale, skriptographische, typographische und elektronische Medien: Schlüsseltechnologien, die Kommunikationssystemen ihren Namen geben

Wichtige Typen von Kommunikationssystemen sind schon genannt: orale, skriptographische, typographische und elektronische Systeme.

Zur natürlichen Umwelt des Menschen gehörten von Anfang an nicht nur das Wasser und die belebte Erde, sondern auch die Luft. Indem die Menschen sich zu Gruppen zusammenschlossen, formten sie diese Umwelt oder dieses ›Milieu‹ nach eigenem Programm zu einem Kommunikationsmedium um. Sie dressierten ihren Zungenschlag so, daß die Luft in Schwingungen versetzt wurde und die Schallwellen als Brücke zwischen ihnen fungierten. Vermutlich zur gleichen Zeit nutzten sie auch andere Materialien: Steinwände, Tonvasen und später auch Pergament und Papyrus, um Informationen zu speichern und zu kommunizieren. Die materialen Eigenschaften der Medien gaben dabei den Rahmen für die Kodierungssysteme vor. Aus den einfachen bildhaften (piktographischen) »Sprachen« entwickelten sich durch Standardisierung der Kodierungsprinzipien schließlich verschiedene Schriftsysteme. Erst diese ermöglichen die Gestaltung komplizierter skriptographischer Informations- und Kommunikationsmedien: Bücher, Bibliotheken, Buchhandel, Boten-, Brief- und Urkundenwesen usw.

Während die sozialen Voraussetzungen für die oralen Kommunikationsmedien ausgesprochen gering sind: dauerhaftes Zusammenleben mehrerer Menschen und gewohnheitsmäßiger Umgang miteinander, verlangt der Einsatz skriptographischer Medien immer schon den Aufbau komplizierter sozialer Organisationen. Es müssen Spezialisten herangezogen und entsprechende Ausbildungsinstitutionen für diese geschaffen werden. Kontinuierliche Vernetzung erfordert die Einrichtung und Erhaltung von Straßen und ein ›freies Geleit‹ für Boten. Bestimmte Speicher müssen mit Autorität ausgestattet und Instanzen geschaffen werden, die die Mißachtung dieser Autorität strafen. Ansonsten bleiben sie private Gedächtnisstützen und gelangen nicht in den Rang z. B. einer

›öffentlichen‹ Urkunde und damit eines sozialen Kommunikations- und Informationsmediums.
Beim Aufbau der typographischen und elektronischen kommunikativen Netze erhöht sich dieser materielle und soziale Aufwand noch erheblich. Ganze Industrien sind erforderlich, um die entsprechenden technischen Instrumente zu produzieren und die kommunikativen Netze in Gang zu halten. Aufwendige technische Ausstattungen, Anschlußgeräte, werden oftmals für den einzelnen erforderlich, damit er sich überhaupt an die elektronischen Netze, sei es die drahtlose Fernsprechgemeinschaft oder die verdrahteten Telefon- und Computersysteme, anschließen kann.
Man kann vor diesem Hintergrund darüber streiten, ob es sinnvoll ist, schon die sogenannte ›Lautsprache‹ als technisches Medium zu bezeichnen: Letztlich wird hier die vorfindliche Natur nur nach Prinzipien moduliert. Wenn später Bücher geschrieben werden, so moduliert man die schon transformierte Materie: zum Beispiel das Papier oder Pergament. Da man zu dieser Transformation ebenfalls wiederum künstliche Medien: Griffel, Feder und Tinte u. ä., benötigt, bestehen die Kommunikationsmedien letztlich nicht mehr nur aus einzelnen zusammengesetzten Elementen, sondern aus – in diesem Fall sozial – integrierten Systemen.[35]

Von der mono- zur multimedialen Kultur

Die angedeutete Typologie der Kommunikationssysteme entspringt nicht dem Klassifikationstrieb eines distanzierten Beobachters. In ähnlicher Weise werden die Typen von den verschiedenen sozialen Gemeinschaften bei ihrer Selbstbeschreibung schon seit historischen Zeiten verwendet. Kulturen, die sich extensiv der skriptographischen Medien bedienen, grenzen sich beispielsweise als literate von den ›barbarischen‹ oralen Kulturen ab. Die ›aufgeklärte‹ neuzeitliche Gesellschaft hat sich das Buch und die marktwirtschaftliche Vernetzungsform als Identitätsmarkierer auserkoren, und in der Gegenwart spricht man von einer ›Computerkultur‹, wenn man sich von traditionellen Lebensformen abgrenzen will. Aber dies sind, wie schon angedeutet, Vereinfachungen, bei denen der Kommunikationsforscher nicht stehenbleiben kann.

Von Kommunikationssystemen sollte man nur sprechen, wenn tatsächlich Rückkopplungskreise vorliegen. Und diese Rückkopplungskreise bauen sich normalerweise unter der Nutzung von verschiedenen Medien auf. Im Gespräch von Angesicht zu Angesicht antwortet man auf die im oralen Medium geführte Information oftmals mit Kodierungen im gestischen oder mimischen Medium. Die literaten Kulturen der Antike und des Mittelalters bauen Kommunikationssysteme auf, die unabweisbar sowohl auf skriptographische als auch auf orale Medien angewiesen bleiben, um den Informationsfluß in Gang zu halten. Die typographischen Netze können gar nicht gefüttert werden, wenn die Informationen nicht zuvor handschriftlich niedergelegt sind. Und schließlich ist nicht zu erwarten, daß die elektronischen Medien ohne die systematische Nutzung der anderen Medien in leistungsfähige Kommunikationssysteme eingebaut werden können.

Vor dem Hintergrund dieser Betrachtung stellt sich die Mediengeschichte als eine Addition von immer mehr ausdifferenzierten Medien dar. Immermehr sozial normierte Transformationen von Informationen werden möglich und notwendig. Die Chancen für eine mediale Mischstruktur der Kommunikationssysteme steigen.

Diese Entwicklung wird allerdings durch die bislang praktizierte Medienpolitik weitgehend verschleiert. Mit monotoner Regelmäßigkeit führt die Einführung neuer Medien in der betreffenden Gemeinschaft zu ihrer Prämierung und zur Abwertung der Bedeutung anderer Kommunikationsformen. Bis zu einem gewissen Grade dürfte diese Emphase Vorbedingung für die Durchsetzung einer neuen Technik sein, die ja immer auf Kosten angestammter Privilegien anderer Techniken erfolgt. Gerade deshalb empfiehlt es sich aber vielleicht, im Rahmen einer alternativen Medienpolitik entschiedener darüber nachzudenken, ob es nicht sinnvoll ist, gegen das Ideal der medialen Monokultur jenes einer multimedialen Kultur zu setzen. Gesellschaftspolitische Voraussetzung für eine solche Gleichberechtigung dürfte eine Form von ›Minderheitenschutz‹ für die traditionellen Medien sein: Die neuzeitliche Buchkultur etwa hätte den Märchenerzähler besonders schützen und fördern müssen, um ein ausgewogenes Verhältnis zwischen den verschiedenen Medien herstellen und die Entfaltungsmöglichkeiten der menschlichen Sinne unterstützen zu können. Die soziale

Betonung einer Gleichberechtigung vielfältiger Medien motivierte zweifellos zur Nutzung bislang unbeachteter Rückkopplungsmöglichkeiten. Jede Etablierung neuer Kommunikationssysteme vergrößert die Chancen, die Einseitigkeiten der vorhandenen zu kompensieren.

Damit solche Chancen ergriffen werden können, müssen freilich die viel- und einseitigen Strukturen der herkömmlichen Kommunikationssysteme entschieden stärker ans Licht geholt und der Allgemeinheit vor Augen gestellt werden, als dies bis zum Augenblick der Fall ist. Die folgenden Kapitel weisen einen Weg für eine solche Aufklärung.

2.
›Van der boychdrucker kunst‹: Eine neue Informationstechnologie wird eingeführt

2.1
Die frühneuzeitliche Medienrevolution: Ein erster Blick auf ein überkomplexes Phänomen

Seit den dreißiger Jahren des 15. Jahrhunderts beschäftigte sich Johannes Gutenberg mit der Technisierung schriftlicher Informationsverarbeitung. Um die Mitte des 15. Jahrhunderts waren nicht nur seine Werkzeuge ausgereift, sondern es hatte sich auch eine wirkungsvolle Arbeitsorganisation eingespielt: Das Typographeum begann seinen Siegeszug. Billiger und schneller ließ sich mit seiner Hilfe der Schreibkram bewältigen, den bislang das Schreibhandwerk in seinen mehr oder weniger manufakturell organisierten Betrieben beschäftigt hatte.[1]
Der Druck von Ablaßformularen, Kalendern oder Briefen machte die Vorteile der automatischen Vervielfältigung einer breiteren Öffentlichkeit unmittelbar erfahrbar. Die traditionell literaten Schichten, die Kleriker und die Lehrer der ›freien Künste‹ konnten sich anhand der gedruckten Standardwerke ihrer Fachgebiete von den Möglichkeiten der neuen Kunst ein Bild machen.
Mit der Vollendung der zweiundvierzigzeiligen Bibel um die Jahreswende 1455/56 erwies sich die ›*adinventio artifiosa imprimendi*‹ (Kolophon des *Psalterium Moguntinum* von 1457) der handschriftlichen Datenverarbeitung nicht nur im Hinblick auf die Vervielfältigung, die ›*multiplicatio librorum*‹, sondern auch im Hinblick auf die kunstvolle Textgestaltung als ebenbürtig: Gutenberg und seinen Mitarbeitern war es gelungen, ›*ohne Hilfe eines Schreibrohrs, eines Griffels oder einer Feder*‹ ein ›*geschriftliches*‹ Werk zu schaffen, welches es in ›*künstlerischer Vollendung, Harmonie und Schönheit*‹ zumindest mit

der überwiegenden Mehrzahl der Werke auch talentierter Schreiber aufnehmen konnte.[2] Die Verknüpfung von Schrift- und Bilddruck eröffnete dem neuen Medium weitere Anwendungsbereiche und auch zusätzliche Benutzerschichten. Zunächst geschah dies auf der Basis des Holzschnitts (Blockbuch), aber schon in den siebziger Jahren integrierte man in den Bamberger Werkstätten von A. Pfister die Holzschnitte in die mit beweglichen Lettern gedruckten Vorlagen.[3]

Von diesem Zeitpunkt an gab es nur eine Einschränkung hinsichtlich der Daten, die durch die neue Informationstechnologie verarbeitet werden konnten: Alles, was gedruckt werden sollte, mußte schriftlich oder in Bildern vorliegen.

Man begnügte sich aber keineswegs damit, nur diejenigen Daten zu drucken, die man schon zuvor den antiken und mittelalterlichen Skriptorien anvertraut hatte. Vielmehr wurden auch Informationen mit der Absicht der technischen Vervielfältigung ›verschriftet‹, die zuvor niemals aufgeschrieben worden sind. Berufsgeheimnisse gab man preis; ausführlich schilderten Schichten und soziale Gruppen ihre Erfahrungen in Schrift und Bild, die bislang kaum alphabetisiert waren. Visuelle Erfahrungen, die zuvor nur im Gedächtnis gespeichert wurden, schrieb man nun auf und teilte sie anderen mit.

Diese Ausweitung der Themen, die Vergrößerung der Datensammlungen und ihre Veröffentlichung wird von den Zeitgenossen als ein ›Überhandnehmen der Neufündigkeit‹ bemerkt und entweder als Zeichen des Fortschritts begrüßt oder als Brechen mit alten Traditionen kritisiert. Die Argumente sowohl der Befürworter als auch der Gegner sollen später ausführlich ausgebreitet werden. (Vgl. Abschn. 2.6)

Gegen Ende des 15. Jahrhunderts wird an mehr als zweihundertundfünfzig Orten in Europa gedruckt. In vielen Städten arbeiteten nebeneinander zahlreiche Druckereien, so daß man mehr als 1100 Offizin mit wiederum oftmals mehreren Pressen gezählt hat.[4] (Vgl. Abschn. 3.1) Abgesehen von wenigen Ausnahmen, konnten sich in allen Städten Deutschlands Institutionen und natürlich auch Einzelpersonen der neuen Kommunikationsmedien bedienen. Die Zahl der im 15. Jahrhundert gedruckten Bücher, der sogenannten ›Inkunabeln‹, ist kaum überschaubar – von Druckerzeugnissen wie Formularen oder Handzetteln ganz zu schweigen.[5] Ob man nun zwanzig oder vierzigtausend verschiedene Drucke mit einer durchschnittlichen Auflage von einhundert oder dreihundert Exemplaren annimmt – in jedem Fall breiteten sich die Druckerzeugnisse von Jahr zu Jahr aus und gehörten bald zur alltäglichen Umwelt der Stadtbevölkerung. Wer wollte, konnte die neuen Medien an den Marktständen, Anschlagbrettern oder in der Kirche bestaunen.

Eingesetzt wurde die neue Informations- und Nachrichtentechnologie von Anfang an auch zu ideologischen, politischen und religiösen Zwecken. Diejenigen Kräfte, die sich für die Reformation der Papstkirche und die politische Autonomie einer deutschen Nation einsetzten, benutzten das neue Medium, um sich untereinander zu verständigen, ihre Ziele abzusprechen. Es ist kaum umstritten, daß die Flugschriften in den zwanziger und dreißiger Jahren des 16. Jahrhunderts zu ›Massenmedien‹ wurden. *»Luthers Flugschrift ›An den christlichen Adel deutscher Nation‹, mit einer ersten Auflage von viertausend Exemplaren am 18. August 1520 erschienen, war in fünf Tagen vergriffen (und erlebte vierzehn hochdeutsche sowie eine niederdeutsche, insgesamt also fünfzehn Ausgaben).«*[6] Von Luthers Neuem Testament erschienen in kurzer Zeit mehr als hunderttausend Exemplare und selbst die Luthersche Vollbibel wurde zwischen 1534 und 1626 vierundachtzigmal aufgelegt. Nicht nur die Kirche, die Gelehrten, die Städtebürger, Handwerker und Kaufleute, auch der gemeine Mann auf dem flachen Lande war von der neuen Technologie umgeben. Es konnte *»itzo nichts kundwirdigs inn der gantzen welt geschehen/es kumbt schrifftlich durch den Truck zu lesen«*.[7] Lautstark wurde deshalb auch von der Bevölkerung gefordert, sich an dieses neue Informationssystem anzuschließen:

»Der lust aber und nutz dieser kunst/ist so groß/daß es gleich ain wunder/wie sy so wenig leut lernen und können/dann was will man doch ainer sollichen kunst vergleichen/durch welche man alles in der welt erfaren/wissen/und ewig merken vn(d) behalten/auch andern/wie fern die von uns sein/one personliche beywesung und mündtliche anzaigung/zuowissen thuon kann? Ich geschweig viler anderer nutzbarkait/die in alle(n) leben und stande hierauß volgt/das schier niemandts jr geraten kann.«[8]

Die neuen Medien waren für manche Bereiche schon im zweiten Drittel des 16. Jahrhunderts von einem praktischen Hilfsmittel zu einer hochnotwendigen Technologie, zur Basis von Kommunikation und Informationsverarbeitung geworden. Formen der handschriftlichen Erfahrungsspeicherung und -weitergabe standen als Verlierer in dem Wettbewerb fest. ›*Lesen können*‹ meint nun, einen Netzanschluß an die neue typographische Datenverarbeitungsanlage zu besitzen. Und eben diesem Anschluß kann ›*schier niemand geraten*‹. Wer nicht alphabetisiert ist, hat sich abgekoppelt. Sinngemäß das gleiche gilt auch für die ›Schreiber‹: Wer seine Information nicht im Truck ausgehen läßt, sich nicht an das Netz des Buchhandels anschließt, hat die Zeichen der Zeit nicht erkannt. Mehr noch, wer seine Informationen für sich behält oder nur handschriftlich seinen Freunden, Familienangehörigen oder Kollegen mitteilt, wie dies in den vergangenen Zeiten üblich war, gilt nicht nur als antiquiert, sondern als gemeinschaftsschädigend. Man ›*verflucht*‹ diejenigen, ›*die den gemeinen nutz hindern und nicht fördern*‹, indem sie ihre Erfahrung ›*in truck ausgehen lassen*‹.[9] Man fühlt sich dem ›*nächsten und dem gemeinen nutz schuldig, was durch Gottes Gnade der eigenen Vernunft gegeben ist, an den Tag zu bringen*‹.[10] Ganz gleich, ob von ›*in truck geben*‹, ›*offentlich ausstreichen*‹, ›*ans Licht bringen*‹ oder von ›*in die gemein geben*‹ die Rede ist, immer wird damit das ›Füttern‹ der neuen typographischen Datenverarbeitungsanlage bezeichnet. Ohne diese neue Technologie ist eine Sozialisierung von Informationen, gesellschaftliche Kommunikation im 16. Jahrhundert nicht mehr denkbar.

Spätestens ab der Mitte des 16. Jahrhunderts schließlich gilt sie in Deutschland als Unterpfand der bürgerlichen Wohlfahrt und des Fortschritts von Wissen und Technik. Von einer nützlichen Möglichkeit ist sie zu einer nicht mehr wegzudenkenden Notwendigkeit geworden. Wissenschaft, bürgerliche Verwaltung, die Organisation der marktwirtschaftlichen Produktion und des Handels sind ohne sie ebensowenig vorzustellen wie die Verwirklichung der kultur- und bildungspolitischen oder der persönlichen Ideale der Zeit.

2.2
Der Buchdruck: High-Tech des 15. Jahrhunderts

Die frühe Neuzeit ist in Europa durch die Konkurrenz zweier Informationstechnologien bestimmt, der in Jahrtausenden vervollkommneten Schreibkunst, der ›*ars artificialiter scribendi*‹ und der ›*ars nova ingeniosa*‹, der Druckkunst. Die erstere verdankt ihre Spitzenprodukte nahezu ausschließlich den manuellen Fertigkeiten und dem ästhetischen Augenmaß des Menschen, des Schreibers. Die letztere substituiert zahlreiche menschliche Fertigkeiten und Fähigkeiten durch die Technik. Sie ist weniger eine im heutigen Sinne ›künstlerische‹ als vielmehr eine ›künstliche‹ Kunst. Und dieser Unterschied fiel schon den Zeitgenossen im 15. Jahrhundert auf.[11]

Welche Künstlichkeit, welche Werkzeuge und welche Arbeitsorganisation haben es vermocht, die oben skizzierten kulturellen Wandlungen in Gang zu setzen und bis auf den heutigen Tag in Bewegung zu halten?

Für die Druckerei werden, so schreibt Hieronymus Hornschuch zu Beginn des 17. Jahrhunderts, ›nicht schlechte‹, d.h. ›einfache‹, sondern »*kuenstliche vnd koestliche Werkzeug gebraucht*«.[12] In der Tat, die neue typographische Informationstechnologie muß für die Zeitgenossen eine unvergleichlich komplexe Kunst, eben eine ›*ars ingeniosa*‹, gewesen sein. Sie verlangte eine ungemeine Präzision bei der Herstellung der einzelnen Werkzeuge sowie bei der Abstimmung der Arbeitsvorgänge. Sie erforderte weit mehr technische Hilfsmittel als die Schreibstube, weit mehr Kenntnisse aus den verschiedensten Handwerken als andere Manufakturen. Und die Druckerei war eine ungemein kostenintensive Produktionsform. Bevor man mit der Arbeit anfangen konnte, mußten Summen investiert werden, die alle bis dahin in der Geschichte der Informationsverarbeitung üblichen Ausgaben um das Ein- oder vielleicht auch Vieltausendfache überstiegen. Denn mit der Anschaffung der Produktionsmittel war es ja nicht getan. Da sich der Druck nur bei massenhafter Erzeugung identischer Exemplare rentierte, mußte mit den herkömmlichen Verkaufs- und Vertriebsformen gebrochen werden. Man produzierte für den anonymen Käufer eines freien Marktes. Dies setzte eine kostspielige Lagerhaltung, erhöhte Transportkosten und vieles andere mehr voraus. Bis sich der Gewinn einstellte, verstrich viel Zeit.

Das hat zunächst Gutenberg selbst erfahren müssen. Als vermögender Bürger Straßburgs machte er sich an die Verwirklichung seiner Ideen, doch, wie es in einem zeitgenössischen Lied heißt, ›*ehe er kam zur Spur*‹, geriet er ›*drueber in Armut*‹.[13] 1455, nach der Übersiedlung nach Mainz, hatte er 1550 Gulden Schulden, hauptsächlich gegenüber seinem Kompagnon Johann Fust, so lautet jedenfalls die gegenwärtig verbreitetste Interpretation der Akten über den Prozeß, der gegen ihn wegen Zahlungsunfähigkeit angestrengt worden war.[14] Die Schuld, die übrigens eingetrieben werden sollte, nachdem Gutenberg schon erste Gewinne mit seinem Geschäft erzielte, hätte ausgereicht, um sich in Mainz in bester Lage ein stattliches Haus zu kaufen. Es spricht aber alles dafür, daß er sowohl dieses Geld als auch die hohen Beträge, die er schon in Straßburg von seinen dortigen Mitarbeitern, den Gebrüdern Dritzehn erhalten hatte, tatsächlich zur Finanzierung seiner ›High-Tech‹-Werkstatt verbrauchte. Noch 1472/73, also in einer Zeit, als die technische Ausstattung der Druckereien schon bald gewohnheitsmäßig hergestellt wurde, mußte das Kloster St. Ulrich und Afra in Augsburg über 700 Gulden für die Einrichtung eines bescheidenen Typographeums aufwenden.

Die Entwicklung des ›*Truckwercks*‹ war so gesehen alles andere als ein ›*glücklicher Fund*‹. Sie ist vielmehr das Ergebnis eines zähen jahrelangen Experimentierens, bei dem keinerlei Kosten und Unbill gescheut wurden und die ohne die Mitarbeit einer Vielzahl von Spezialisten, Graveure, Goldschmiede, Drechsler u. a. schwerlich zu einem erfolgreichen Abschluß gekommen wäre.

Den für die damalige Zeit außergewöhnlich hohen technischen, psychischen und sozialen Anforderungen, die der Aufbau eines Typographeums mit sich brachte, soll in den folgenden Abschnitten im einzelnen nachgegangen werden. Dies scheint angebracht, da uns heute, wo wir von Kind an mit den Erzeugnissen dieser Technologie umgehen, der Sinn für ihre Komplexität weitgehend abhanden gekommen ist.

2.3
›In arte secreti est‹: Quellen und Grenzen unseres Wissens über den frühen Buchdruck

Über die Wege und Irrwege, auf denen Gutenberg in jenen Jahrzehnten wandelte, ist viel spekuliert worden. Überlegungen vieler Forschergenerationen hat Aloys Ruppel 1939 in seinem Standardwerk über das ›Leben und Werk‹ Johannes Gutenbergs zusammengefaßt.[15] Die bis zum Ende der sechziger Jahre hinzugekommenen Erkenntnisse versammelt Hans Widmann in seinem Sammelband ›Der gegenwärtige Stand der Gutenberg-Forschung‹. Unlängst hat nun der Leipziger Buchwissenschaftler Albert Kapr eine einfühlsame Studie über die ›Persönlichkeit und Leistung‹ des Erfinders vorgelegt. Alle diese Werke müssen Archäologie betreiben, neue Funde zurückrechnen, wenige ältere Daten extrapolieren, denn die Quellen über den frühen Buchdruck bleiben dürftig. Es sind keinerlei Werkzeuge Gutenbergs oder seiner unmittelbaren Zeitgenossen überliefert. Ebenso fehlt es an sprachlichen Beschreibungen der Geräte und Arbeitsabläufe, selbst Abbildungen über Druckerpressen oder einzelne Werkzeuge suchen wir bis zur Wende zum 16. Jahrhundert vergeblich. Es lohnte sich für die ersten Druckergenerationen offenbar, ihr Fachwissen geheimzuhalten.[16] Selbstbewußt schreibt etwa der niederländische Drucker Johann Veldener 1476, daß die Druckkunst ›Geheimnisse enthalte, die er nicht preisgeben wolle‹.[17]

So kommt es, daß wir für die Wiegendruckzeit letztlich auf einzelne in Kolophonen, Gerichtsakten oder Briefen weit verstreute Äußerungen sowie auf die Deutung der Spuren angewiesen sind, die die Technik in den uns überlieferten Büchern hinterlassen hat. Diese ungelegene Situation ändert sich im 16. Jahrhundert. Unsere Museen bewahren Matrizen, Lettern, Handgießinstrumente und andere Utensilien aus jener Zeit auf.[18] Der Reigen der bildlichen Darstellungen beginnt im Februar 1499 oder 1500 mit einem Holzschnitt in einem ›*Totentanz*‹.[19] (*Vgl. Abb. 2*) Etwa aus der gleichen Zeit stammen auch Konstruktionszeichnungen der

Abb. 2: Die früheste Darstellung einer Druckerei in Europa: Holzschnitt aus dem ›Danse macabre‹, 1499/1500

Druckerpresse aus der Feder von Leonardo da Vinci.[20] Es folgen dann in nicht mehr unterbrochener Reihenfolge Abbildungen auf Druckermarken und an anderen Stellen in den gedruckten Werken.[21] Die sprachlichen Beschreibungen, etwa in Vanoccio Biringuccios Handbuch ›*De la pirotechnia*‹ (Venedig 1544), bleiben allerdings weiter mager.[22] Die früheste einigermaßen gründliche Darstellung über die Arbeitsabläufe beim Herstellen der ersten Druckwerke verdanken wir vermutlich Christoph Plantin, dem Begründer der bedeutenden Druckerdynastie in Antwerpen. 1567 erscheint bei ihm in französischer und in niederländischer Sprache ein längeres ›*Lehrgespräch für die Kinder*‹. Man nimmt an, daß sein Verfasser, Jacques Grévin, die darin enthaltenen Erläuterungen über den Buchdruck nicht allein, sondern mit Plantins Hilfe verfaßt hat.[23] Vielleicht schildert Plantin hier sogar selbst die Arbeitsgänge in seiner großen Offizin, in der damals mindestens 16 Druckerpressen aufgestellt waren. Die vielleicht erste detaillierte technische Zeichnung der ›Presse zur Buchdruckerei‹ (Torchio per stampar i Libri) enthält das ›*Novo teatro di machine ed edificii per varie e sicure operationi*‹ (Padua 1607 und 1656) des Vittoria Zonca.[24] Nicht für die Drucktechnik, wohl aber für einzelne Fragen der Arbeitsorganisation und insbesondere für das Korrektorenwesen ergiebig ist im deutschen Sprachraum erst die ›*Orthotypographia*‹ des Hieronymus Hornschuch, die zunächst (1608) in lateinischer und dann wenig später (1634) auch in deutscher Sprache in Leipzig erschien.

Ein wirkliches ›Handbuch‹ für den Buchdrucker erscheint erst 1683/84 in England: Joseph Moxons ›*Mechanick Exercises on the Whole Art of Printing*‹.[25] Vor allem zu Beginn des 19. Jahrhunderts ergießt sich dann eine Welle von Hand-, Lehr- und Wörterbüchern der Buchdruckerkunst über die europäischen Kernlande. Seitdem werden neue Erfindungen in diesem Gewerbe in den Fachbüchern kontinuierlich dokumentiert.

Blickt man auf diesen Quellenbefund zurück, so fällt auf, daß die ›*ars ingeniosa*‹ über einen Zeitraum von mehr als 200 Jahren auch eine ›*ars secreta*‹ gewesen ist. Jedenfalls gab man das Wissen über die Druckkunst nicht in jenem öffentlichen Medium weiter, welches sie selbst erzeugte. Vielmehr bleibt sie eine Kunst, die, wie freilich manche andere auch, beim praktischen Handeln in den Werkstätten vom Meister auf die Lehrlinge weitergegeben wird. Dies ändert sich erst im Zuge des Maschinisierungsschubes an der Wende zum 19. Jahrhundert. Zur internationalen Verbreitung jener ›grundlegenden Änderungen aller Elemente der Buchdrukkertechnologie und des Druckverfahrens‹, welche damals vorgenommen wurden, und zur Weiterbildung der Techniker benötigte man eine Vielzahl von Gebrauchsanweisungen, Tabellen, technischen Zeichnungen und Handbüchern.[26]

Wie aus den Relikten der alten Werkstätten und den Darstellungen hervorgeht, blieb also die Drucktechnologie von der Mitte des 16. Jahrhunderts bis zum Ende des 18. Jahrhunderts im wesentlichen unverändert. Mehr noch: Von einigen Einzelheiten abgesehen, spricht vieles dafür, daß sich schon Gutenberg der Geräte bediente, die wir aus dem 16. Jahrhundert kennen. Jedenfalls läßt sich die Qualität seiner Druckerzeugnisse, insbesondere natürlich jene der 42zeiligen Bibel, umstandslos erklären, wenn man die Verwendung der bekannten Handgießinstrumente und der Tiegelpresse unterstellt – nicht aber, wenn man von einem beliebigen anderen bekannten technischen Verfahren ausgeht. Da es andererseits unwahrscheinlich ist, anzunehmen, Gutenberg habe irgendeine andere ähnlich komplexe Technologie ersonnen, die dann aber für die Nachwelt vollständig verlorenging, geht die Forschung heute davon aus, *»daß zwischen etwa 1455 und 1500 keine wesentlichen technischen Fortschritte erzielt wurden und daß wir das Wenige, das wir aus den späteren Jahrzehnten aus authentischen Zeugnissen wissen, schon auf die früheste Zeit zurückprojizieren dürfen«.*[27]

Vor diesem Hintergrund mag einmal von dem ansonsten in diesem Buch gepflegtem Prinzip, historisch verallgemeinernde Aussagen zu vermeiden, wenn sie nicht durch Quellen belegt werden können, abgewichen werden. Es wird bei der folgenden Darstellung des Typographeums so getan, als ob sich die Zeugnisse des 16. und teilweise auch des 17. Jahrhunderts auf die Verhältnisse in der Inkunabelzeit verallgemeinern lassen. Nur an einzelnen Stellen wird auf vermutliche Verbesserungen gegenüber der Gutenberg-Zeit: Karrenmechanismus und Zweiphasendruck, Ersetzung der hölzernen Spindel, Tiegel und Bengel durch Metall, hingewiesen. Auf *eine* grundlegende Richtung in der Veränderung der Arbeitsorganisation soll allerdings vorab aufmerksam gemacht werden: Gutenberg behielt, als er sein komplexes Unternehmen anleierte und in Gang hielt, notgedrungen alle Fäden selbst in der Hand. Zwar halfen ihm verschiedene Handwerker, so etwa der Kistner Saspach beim Bau der Presse oder Hans Dünne beim Gravieren der Stempel, aber nur er allein hatte den Plan sowohl für das Gesamtvorhaben als auch für die einzelnen Arbeitsschritte und die Geräte in seinem Kopf. Später, nachdem sich die Buchdruckerei als eine manufakturielle Massenproduktion etabliert hatte, machten sich die einzelnen Zweige und Zulieferer derselben selbständig: Stempelschneider, Schriftgießer und bald auch die Farbhersteller arbeiteten separat in ihren Werkstätten; der Buchvertrieb trennte sich oftmals von der Produktion, so daß schließlich in den eigentlichen Offizin nur noch das Setzen, Pressen und das Korrekturlesen erfolgten.

2.4
Die allmähliche Technisierung des Informationsaustauschs: Vorläufer der Gutenberg-Technik und das Handgießinstrument

Anfangs stand den Menschen nur die naturgeschaffene Materie als Kommunikationsmedien zur Verfügung. Als solche eigneten sich insbesondere jene Stoffe, die sich durch den Menschen leicht und immer wieder in der gleichen Weise verändern ließen. So setzt jedes Sprechen die Gasmoleküle der Luft in geordnete Schwingungen, diese stoßen sich selbst an und transportieren so die informative Spur über eine gewisse Strecke und Zeit. Die Schwingungen können, weil sie eine Abweichung von einem ›Ruhezustand‹ oder wie der Kybernetiker sagt: von einem ›Sollwert‹ sind, von anderen menschlichen oder tierischen Prozessoren wahrgenommen werden. Die differenten Eigenschaften der ›Luft‹ erscheinen als Information.

Ein etwas komplizierteres Kommunikationsmedium als die Luft, welches aber ebenfalls schon von der sprichwörtlichen ›Urhorde‹ der Frühzeit benutzt wurde, bilden die Einritzungen oder Abdrucke auf festen Gegenständen. Sie werden durch Schreib- und Druckverfahren erzeugt, die als genetische Vorläufer der Gutenberg-Technik angesehen werden können. Hier setzt das Kommunikationsmedium schon die Einrichtung eines komplexen Systems, das selbst wieder aus Speichern und Prozessoren besteht, voraus: Wer einem anderen über solche Schriftzeichen etwas mitteilen will, muß sich zunächst zu einem Schreiber (Prozessor) machen, einen Griffel oder Stempel sowie ein weiteres geeignetes Medium zur Hand nehmen. So drückte man in den frühen Hochkulturen im Zweistromland mit einem Griffel Spuren in den weichen Ton, ließ ihn trocknen und erhielt auf diese Weise die Keilschriftentafeln. Zwischen den Sender der Botschaft und ihren Empfänger schiebt sich in diesem Fall also nicht nur die Tonplatte als kommunikatives Medium, sondern zusätzlich noch ein diese Platte erst erzeugendes informationsverarbeitendes System. Griffel und Ton müssen künstlich, mit Hilfe menschlicher Energie

zueinander in Beziehung gesetzt werden. Erst diese dritte Größe erzeugt den gewünschten ›Zusammenprall‹, bei dem sich die informativen Veränderungen der Eigenschaften der Stoffe ergeben. Normalerweise werden dabei von den Menschen nur die Spuren im Ton, die Schriftzeichen, als Information berücksichtigt. Die Benutzerspuren am Griffel bleiben unbeachtet.
Wird mit Feder und Tinte ›geschrieben‹, so tritt zwischen die beiden Medien Feder und Papier noch ein zusätzliches, drittes Element, welches die Funktion besitzt, die Spuren, die beim Aufeinandertreffen der Primärmedien entstehen, zu verstärken, sie für den Menschen leichter sichtbar zu machen. Eine solche Kontrastflüssigkeit ist auch die Druckerschwärze.
Man kann in diesen Fällen schon von einer Technisierung des Informationsaustauschs sprechen, weil die Menschen die in der Natur vorfindlichen Stoffe künstlich manipulieren. Sie reißen sie auseinander und fügen die unterschiedlichsten Stoffe nach ihrem Ermessen und mit der Energie ihrer Muskelkraft neu zusammen.
Eine weitere Technisierung des Informationsaustauschs erfolgte in dem Maße, in dem man versuchte, die Veränderungen der eingesetzten Stoffe immer genauer vorherzubestimmen und zu kontrollieren. Die Spuren, die durch die Beschleunigung des einen Mediums in dem anderen entstanden, sollten standardisiert werden. In der Regel setzt dies die Hinzuschaltung eines weiteren Mediums und eines weiteren Prozessors voraus. Ein bekanntes Verfahren auf dieser neuen Stufe der Technisierung und eine Voraussetzung des Buchdrucks ist der sog. Stempeldruck. Man nahm ein geeignetes Werkzeug zur Hand, gravierte damit einen Speckstein, einen Holzblock oder eine Bronzeplatte und benutzte diese ›Form‹ dazu, um ›Druck‹ auf ein weiteres, drittes Medium auszuüben.
Das zur Aufrechterhaltung dieser Kommunikationsform eingerichtete Informationssystem besteht also selbst schon aus drei unterschiedlichen Medien und zwei Prozessoren, dem Graveur und dem Drucker. Diese Prozessoren, die die Medien zueinander in Beziehung und in Bewegung setzen, bleiben auf dieser Entwicklungsstufe handwerklich geschulte Menschen. Dies ändert sich auch in anderen Druckverfahren der älteren Zeit nicht. Allerdings

ließ sich die Anzahl der Elemente jener Systeme, die zur Herstellung der Kommunikationsmedien eingesetzt werden, noch steigern.

Beim ebenfalls schon uralten Stoffdruck färbt man die Holzmodeln zusätzlich noch ein und drückt sie erst dann auf das Gewebe ab. Der Holzschnitt und der wohl erst im 15. Jahrhundert eingeführte Kupferstich funktionieren noch heute nach diesem Prinzip: aufwendiges Schneiden bzw. ›Stechen‹ einer Form, Einfärben der Form, Abdruck dieser Form auf Papier und Pergament. Ein Speicherelement spiegelt sich bei diesem komplexen Zusammenspiel in dem anderen: die Schärfe und Form des Messers im Holz, die Konturen des Holzstocks auf dem Papier. Die Druckstellen auf dem Papier werden ebenso wie die Konturen der Holzplatte durch die Farbe, die an beiden Medien klebt, sichtbar gemacht.

Ein Vorzug dergestalt technisierter Kommunikation liegt in der Leistungskraft der eingeschalteten Informationssysteme. Der Holzstock kann hundertfach eingesetzt werden, um Drucke auf Papier zu erzeugen. Es braucht jeweils nur frische Farbe und neues Papier hinzugefügt zu werden, um wieder neue, weitgehend identische Kommunikationsmedien zur Hand zu haben.

Die Schwachstelle in diesem Verbund bilden allerdings die Prozessoren, deren Aktivitäten sich nur bedingt normieren lassen. Die Konturen des Stempels oder des Holzstocks hängen von ihrem Geschick ab, der Farbauftrag mag heute so und morgen anders ausfallen und ebenso unterschiedlich kann der Preßdruck sein, den der Drucker jeweils ausübt.

Eine Möglichkeit, diese Unregelmäßigkeiten zu verringern, bietet eine weitere organisierte Teilung der Arbeit in den Informationssystemen.

Das Sandgußverfahren
und andere asiatische Drucktechniken

Vermutlich war es ein chinesisches Großreich, in dem die Holzschnitte zuerst gewohnheitsmäßig als Kommunikationsmedien eingeführt wurden. Zunächst scheint man keineswegs Bilder, sondern Schriftzeichen vermittels der Holzdrucktechnik vervielfältigt zu haben. Was zuvor mit der Hand geschrieben wurde, hob man nun Zeichen für Zeichen aus einer Holzplatte heraus. So gesehen handelt es sich hier um eine Technisierung der skriptographischen Informationsverarbeitung. Die ältesten chinesischen Blockdrucke, wie man diese Medien nennt, stammen aus der Zeit um 750 n.Chr., die ältesten japanischen entstanden nur wenig später.[28]

Die in Holz geschnittenen Texte ließen sich im Prinzip auch zerschneiden. Eine solche Sequenzierung bietet sich besonders bei logographischen Schriften und bei Silbenschriften an. So ist es nicht verwunderlich, daß wir aus dem Jahr 1314 eine Schilderung über den Druck mit einzelnen, beweglichen hölzernen Lettern aus der Feder des Chinesen Wang Cheng besitzen.[29] Schon einige hundert Jahre früher hatte man, an andere Traditionen anknüpfend, versucht, mit einzelnen Lettern aus Ton zu drucken.

Aus Südkorea weiß man, daß selbst die Verwendung von Metalllettern im 15. Jahrhundert durchaus üblich war. Sie wurden zumindest zum Teil im sog. Sandgußverfahren hergestellt. Zwischen 1495 und 1507 gab der koreanische Gelehrte Song-Hyon eine recht genaue Beschreibung dieser neuen Stufe der Drucktechnik:

»Zuerst wurden Lettern aus Buchsbaumholz geschnitten. Dies waren die Modelle. Dann holte man vom Meeresufer, wo das Rohr wächst, Schlamm, tat ihn in einen Trog und drückte die hölzernen Lettern hinein. So erhielt man die negative Matrize, die Gußform. Darüber wurde nun ein Deckel mit Öffnungen gelegt und flüssiges Kupfer hineingegossen. War es erkaltet, so hatte man Lettern. Zeigten sich Unregelmäßigkeiten, scharfe Kanten oder dergleichen, so wurde mit der Feile nachgearbeitet. Durch Bambusstäbe wurden die einzelnen Lettern in Reihen festgehalten, daß sie nicht durcheinandergeworfen werden konnten. Anfangs hatte man nicht gewußt«, was bei den unregelmäßigen Formen kein Wunder ist, *»wie man die Lettern seitenweise zusammenset-*

zen und befestigen sollte und hatte dazu um die aufgestellten Lettern eine Wachsplatte gegossen. Diese aber waren nicht fest genug, und so kam man dazu, sie in einen Bambusrahmen zu klammern.«[30]

Das technologische Prinzip ist beim Sandgußverfahren schon entschieden komplizierter als bei der Xylographie, den Blockdrukken: Zum einen benötigte man zwei zusätzliche Medien; neben Griffel, Stempel (Patrize) und dem Papier auch noch Sand und Kupfer- oder Bronzelettern. Zum anderen – und dies ist eine Folge der Differenzierung – erreichte man durch die Verwendung der Form eine stärkere Automatisierung des Prozessors. Die Gestalt der Lettern, und damit auch jene der Abdrucke auf dem Papier, ist von der Handfertigkeit des Gießers in geringerem Maße abhängig als die hölzernen Druckformen von der Fertigkeit des Formschneiders.

Das Handgießinstrument Gutenbergs und die Herstellung der Bleilettern

Es ist möglich, daß Gutenberg über den Höchststand an technischer Finesse, den man in Südostasien erreicht hatte, unterrichtet war.[31] Schwerer zu entscheiden ist, ob ihm diese Kenntnis gegebenenfalls hilfreich gewesen war oder ob sie ihn eher auf Abwege führte. Gutenbergs Neuerung und Leistung besteht in der gründlichen Verbesserung des Zusammenspiels der verschiedenen bei den bisherigen Druckverfahren eingesetzten Medien. Damit erreichte er zusätzlich eine erhebliche Vereinfachung, man kann auch sagen: Maschinisierung der menschlichen Arbeitskraft.

Dieser Fortschritt setzte, wie wir heute wissen, die Homogenität der Materie der Medien voraus. Gutenberg entschied sich für das Metall als Basis der Technisierung. Wie schon die kurze Schilderung des Entwicklungsgangs der Drucktechnik zeigt, ist eine solche Entscheidung damals keineswegs selbstverständlich gewesen. Jahrhundertelang experimentierte man unverdrossen mit Holz, Ton, Sand und daneben dann auch mit Bronze und Kupfer. Die größeren Maschinen, Hebekräne, Stampf- oder Windmühlen und selbst die Uhren wiesen in Gutenbergs Schaffenszeit überwiegend Holzkonstruktionen auf. Hätte sich Gutenberg an diese tönernen und hölzernen Vorläufer angelehnt, so wäre ihm vermutlich der

Abb.3: Historisches Handgießinstrument mit Stempel, Matrizen und Typen

Durchbruch nicht gelungen. Für seine Intuition spricht, daß er den Stoff auswählte, auf dem im Grunde die gesamte Industrialisierung in Europa bis in unser Jahrhundert hinein aufbaute, das Metall.

Alle wesentlichen Spiegelungsprozesse sollten sich zwischen härteren und weicheren Metallegierungen abspielen. Sowohl die Buchsbaumpatrize als auch die Sandform mußten deshalb durch metallische Medien ersetzt werden. Während für die Anfertigung von Eisenstempeln (Patrizen) im Prinzip alle Voraussetzungen gegeben waren, scheint man beim Schriftdruck mit Formen aus Metall bis dato nicht experimentiert zu haben. Gutenberg löste dieses Problem mit seinem sogenannten ›Handgießinstrument‹.

Die nebenstehende *Abb. 3* zeigt ein solches Werkzeug, wie es jahrhundertelang von den Schriftgießern verwendet wurde. Es besteht aus zwei holzverkleideten Metallhälften, die beim Zusammenfügen in ihrem Inneren einen vierkantigen, etwa 2,5 cm hohen Hohlraum freilassen. In diesen Hohlraum wird an der auf dem Foto nicht sichtbaren unteren Seite eine erhitzte Legierung aus Blei, Zinn und Antimon mit einem Gießlöffel eingefüllt. Auf der (sichtbaren) Oberseite schließt eine Matrize den Gießkanal ab. Eine gebogene Feder hält sie am Gießinstrument fest.
Als Matrize bezeichnet man jene Gußform in der Schriftgießerei, die die Sandform, wie sie von Song-Hyon beschrieben wird, ersetzt. Sie entsteht, indem man einen gravierten Metallstempel in einen Block aus einem weicheren Metall einschlägt. Eine solche Patrize und zwei unbearbeitete Matrizen sind auf der *Abb. 3* ebenfalls zu sehen.
Nach dem Erkalten der Bleilegierung werden die beiden Seiten des Instruments gelöst und die Rohtype herausgezogen. Die Rohtypen, von denen wir eine im Vordergrund der Abbildung sehen, mußten anschließend nachbehandelt werden: Man brach den Gießzapfen ab, schliff die Grate, glättete das Metall und brachte am Schaft der Lettern Signaturen an, die den Setzern eine Identifizierung erleichterten. Da wir wissen, daß die von Gutenberg verwendeten Lettern unterschiedliche Typendickten (-breiten) besaßen, muß die von ihm benutzte Gießform, ähnlich wie das älteste, uns wahrscheinlich aus dem Besitz des Stempelschneiders Claude Garamond († 1561) überlieferte Gerät, verstellbare Winkel besessen haben.[32]
Es handelt sich bei dem Handgießinstrument also nicht schlicht um eine starre und schon gar nicht, wie bei dem Sandgußverfahren, um eine nur einmal verwendbare, sondern um eine systematisch zu variierende ›Form‹: Wie bei den Pressen, die heute in jeder metall- oder plastikverarbeitenden Fabrik stehen, ließen sich die Gußformen austauschen und die Mächtigkeit der Produkte bestimmen. Noch weniger als beim Sandgußverfahren hängt bei dieser Technik die Eigenschaft des Produkts, der Letter, von der Geschicklichkeit des Menschen ab. Die Interferenz zwischen der Matrize und der Legierung wird automatisiert. Eben dieser Umstand und die Wiederverwendbarkeit der Form sicherten die

nahezu beliebige Reproduktion identischer Lettern und damit auch: der Informationen.
Techniker und Technikhistoriker haben keinen Zweifel, daß die Gießform der Kern der ›Erfindung‹ Gutenbergs ist.[33] Sie können hier vor allem deshalb so sicher sein, weil sich das Prinzip dieser Gießform in allen automatischen Maschinen wiederfindet, die bis in die Moderne hinein die materielle Produktion revolutioniert haben. Weil die Erfindung Gutenbergs »*zur Grundform jeder weiteren Mechanisierung*«, wie M. McLuhan es formulierte, wurde, deshalb konnte auch die typographische Informationsverarbeitung jene Macht und jenes Ansehen gewinnen, von dem in den weiteren Kapiteln des Buches die Rede sein wird.[34] Ohne jene ›Automaten, die identische maßgenaue Stücke unbegrenzt produzieren‹, ist weder die industrielle Massenproduktion noch der marktwirtschaftliche Verteilungsmechanismus denkbar.[35]
Wenn man die zeitgenössischen Quellen durchblättert, gewinnt man nicht den Eindruck, daß den Menschen diese technologische und ökonomische Dimension des typographischen Mediums klar gewesen ist. Gutenberg befaßte sich nicht mit Fragen, die seine Zeit erregten, löste keine Probleme, die den Kaufleuten und Handwerkern auf den Nägeln brannten.

Präzision und Spiegelung

Wenn in anderen Wirtschaftszweigen eine dem Schriftguß vergleichbare standardisierte Massenproduktion auftrat, so kam es dort jedenfalls nicht im selben Maße auf Präzision an. Natürlich waren die Heilsspiegel, die man ebenfalls in Formen goß und mit deren Herstellung Gutenberg in den dreißiger Jahren beschäftigt war, hochgradig normierte Produkte.[36] Aber letztlich machte es nichts aus, wenn der eine dicker ausfiel als der andere, hier eine Linie nicht gut ausgegossen war oder dort ein unebener Rand hervorragte. Sie wurden ja nicht wiederum als eine Form für eine erneute Produktion verwendet. Sie waren Endprodukte und keine Arbeitsmittel. Ganz anders bei den Lettern. Hier mußte eine zur anderen passen, denn ihre Synthese sollte ja wiederum als Druckform dienen. Die zusammengefügten Lettern schob Gutenberg

ebenfalls wieder in einen Automaten, nämlich in die Druckerpresse, fügte Farbe und Papier hinzu und preßte das Ganze zusammen. Auch dieser Abdruckautomat erforderte wenig Fingerspitzengefühl, dafür aber umso mehr Muskelkraft. Auch hier ließ sich der Druckvorgang beliebig wiederholen. Erst das Gleichmaß und die Harmonie des ausgedruckten Bogens war, wie wir noch sehen werden, der Sinn der ganzen Übung Gutenbergs.
Bis dahin mußten manche Umwege genommen werden – und eben diese charakterisieren gute ›Technik‹.[37]
Zunächst entwirft ein möglichst begabter Schreibkünstler (Kalligraph) ein vollständiges Alphabet mit großen und kleinen Buchstaben und allen Zusatzzeichen. Dies ist keine leichte Arbeit, denn ein ausgewogenes Schriftbild setzt eine feine Abstimmung der Proportionen der einzelnen Buchstaben und Buchstabenverbindungen voraus. (*Vgl. a. Abb. 17*)
Der Entwurf des jeweiligen Buchstabens, der praktischerweise auf Pergament oder Fettpapier ausgeführt wird, kann dann auf den Rohling der Patrize gelegt und abgepaust werden. Ein Graveur hebt anschließend die Konturen aus dem Metall heraus. Erst dann folgen die oben beschriebene Fertigung der Matrize und der Einsatz des Handgießinstruments. Um längere Texte drucken zu können, muß von allen Zeichen eine Vielzahl von Lettern gefertigt werden. Normalerweise kam man mit einem Alphabet auch gar nicht aus, sondern benötigte zusätzliche Auszeichnungstypen.
Alle diese Lettern müssen eine absolut identische Kegel- und Schrifthöhe besitzen. Gerät eine Type höher als die andere, so kann beim anschließenden Satz nicht Zeile gehalten werden: Die Buchstaben in einer Zeile ›wandern‹ nach oben oder unten. Finden sich in der nächsten Zeile ebenfalls solche Unregelmäßigkeiten, können sich die Fehler so potenzieren, daß am Ende kaum noch eine Zuordnung der Buchstaben zu Zeilen möglich ist: Der Text wird unleserlich. (*Vgl. Abb. 4*) Wenn man Stege (Durchschuß) zwischen die Zeilen legt, so treten bei ungleichen Typen die gleichen Probleme auf, die Song-Hyon für den Letterndruck in Korea beschrieben hat. Es entstehen Lücken, die Typen wackeln hin und her.
War andererseits der Rücken der Typen unterschiedlich lang

Die unregelmäſsigkeit dieſes ſatzes wird durch die typen der buchſtaben a und e verurſacht; ſie ſind zwar gröſser als die anderen lettern, bei genauer meſsung aber doch nur um dreizehn tauſendteile eines zolls. Dieſer verſchwindend kleine unterſchied wiederholt und vergröſsert ſich mit jeder zeile, bis der zuſammenhang der wörter und linien zum teil zerſtört wird. Wenn das gröſsere a und e noch zu einem dutzend linien verwendet werden ſollte, ſo wäre der leſer gar nicht mer im ſtande den ſatz zu leſen.

Abb. 4: Der Anspruch an Genauigkeit: Schriftbild beim Druck mit Typen von verschiedenem Kegel

geraten, so mochte die eine beim Druck das Papier durchstoßen, die andere dasselbe gar nicht erst berühren. Konnte man beim Abreiben der Druckformen mit der Hand, wie es in Südostasien früher üblich war, noch manche Unebenheiten ausgleichen, so war dies bei der mechanischen Tiegeldruckpresse, die Gutenberg einführte und die im Abschn. 2.5 genauer beschrieben wird, unmöglich. Einmal abgesehen davon, daß sich eine solche Form kaum gleichmäßig einfärben läßt, ›truckten‹ in einem solchen Fall eben nicht alle informativen Konturen. Die Folge wäre auch hier ein unleserlicher Text.

Man sieht, ohne eine geradezu zwanghafte Genauigkeit ließ sich die Gutenbergsche Idee nicht verwirklichen. Und diese feinmechanische Präzision, die zuvor nur gelegentlich im Kunsthandwerk gefordert war, ließ sich nur bei der durchgängigen Verwendung von Metall erreichen. Bei den geringen Kenntnissen, die man damals von diesem Werkstoff besaß, dürften seine Tücken Gutenberg auch noch lange Zeit beschäftigt haben, nachdem ihm seine Idee schon klar vor Augen stand. Die Lettern sollten hart, aber nicht zu spröde sein, damit sie dem Druck der Presse vielfach standhalten konnten. Andererseits mußte der Schmelzpunkt ihrer Legierung niedriger liegen als jener der Matrize. Diese wiederum mußte aus einem weicheren Metall als die Patrize hergestellt sein, um letztere nicht zu beschädigen und dennoch klare Konturen beim Abdruck zu ermöglichen. Man ahnt, wie leicht man sich bei diesen Interdependenzen verkalkulieren kann. Dabei sind die Folgelasten der Benutzung dieses Werkstoffs noch gar nicht berücksichtigt. Die Rohstoffe mußten immer wieder in gleicher Qualität und Zusammensetzung herbeigeschafft werden, Unreinheiten erschwerten die Einhaltung des geforderten Mischungsverhältnisses. Schließlich waren auch die traditionellen Tinten als Druckerschwärze unbrauchbar. Sie waren auf den Holzdruck oder die Feder, nicht aber auf die Vermittlung zwischen Metall und Papier abgestimmt. Nicht alle Mischungen aus Leinöl, Terpentin, Firnis, Pech, Eisenpyrit und anderen Stoffen erwiesen sich als geeignet. Manche verblaßten auf die Dauer oder griffen gar das Papier an – ein leidiger Vorgang, den man ›Tintenfraß‹ schimpft.

Dieser noch ganz flüchtige Ausflug in die technischen Voraussetzungen des Buchdrucks macht schon hinreichend deutlich, daß wir es hier nicht mit einem einfachen Prozessor, sondern mit einem hochkomplexen System zu tun haben, in dem Stoffe und Energien nach einem einheitlichen, durch den Menschen kontrollierten Prinzip zusammenwirken. Überblickt man den hier skizzierten Weg vom Schriftenentwurf bis zu den ausgedruckten Texten, so fällt die mehrfache Anwendung des Prinzips der mehrfachen Spiegelung informativer Muster ins Auge. Dieses Prinzip veranschaulicht die *Abb. 5*.
Aus einem Schriftmuster lassen sich durch Abpausen und Gravur identische, aber in Relation zum Original seitenverkehrte Muster auf vielen Patrizenrohlingen erzeugen. Durch Einschlagen der ausgeschnittenen Patrizen gewinnt man beliebig viele identische, seitenrichtige Matrizen. Eine Matrize ermöglicht den Guß beliebig vieler identischer, aber spiegelverkehrter Lettern. Diese schließlich erlauben den Druck von Texten mit Schriftkonturen, die im Idealfall mit jenen des Schriftmusterblattes identisch sind.
›Abpausen‹, ›Einschlagen‹, ›Gießen‹ und ›Drucken‹ sind Ausdrücke, die die materiellen Spezifikationen dieses Spiegelungsvorgangs bezeichnen. Wenn man diesen Vorgang nicht als einen Produktionsprozeß, sondern als Informationsaustausch betrachtet, dann erscheinen die ›Schriftmuster‹, ›Patrizen‹, ›Matrizen‹, ›Lettern‹ und ›Druckbogen‹ als Medien.
Schaut man sich die in der Abbildung mangels Raum nur ange-

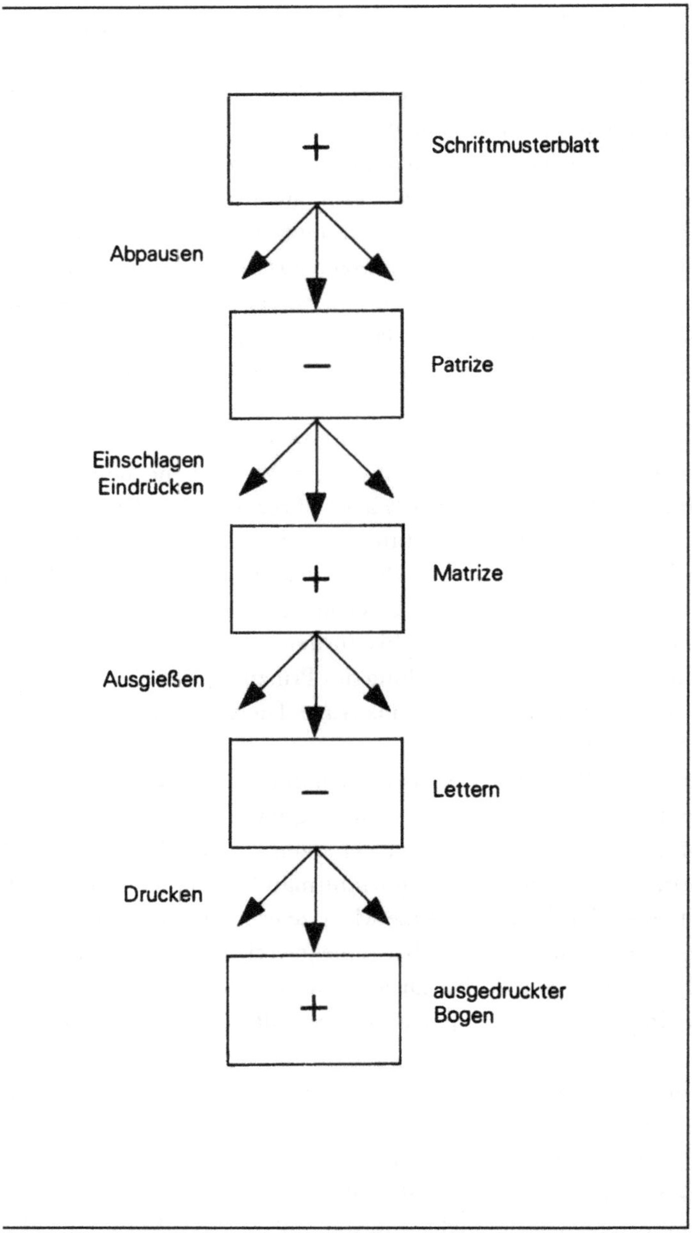

Abb. 5: Das informationstheoretische Grundprinzip der Gutenberg-Erfindung: die mehrfache Spiegelung informativer Muster

deutete Vervielfältigungspyramide an, so werden die Produktivität und Standardisierungskraft des Verfahrens unmittelbar einsichtig. Das Schriftmusterblatt erzeugt zahlreiche Patrizen, die Patrizen zahlreiche Matrizen, die Matrizen zahlreiche Lettern, die Lettern zahlreiche gedruckte Texte. Noch gar nicht berücksichtigt ist in der Abbildung, daß natürlich auch jedes einzelne Buch von vielen Lesern gelesen werden kann und bei diesen dann ähnliche kognitive Muster erzeugt.

Ökonomisch gesehen bedeutet diese Vervielfältigungspyramide, daß ein Schriftkünstler viele Stempelschneider, ein Stempelschneider zahlreiche Gießereien, eine Gießerei viele Druckereien und diese Druckereien viele Leser beliefern können.

Gutenbergs Genie liegt in diesem Punkt in seiner Sturheit. Viermal wiederholt er einen im Prinzip gleichen Vorgang, um sein Ziel zu erreichen.

Die Künstlichkeit dieses Spiegelungsprozesses liegt in seiner Einseitigkeit, also der Linearisierung der Bewegung und der Minimierung der Rückkoppelungseffekte. Durch die Auswahl geeigneter Stoffe und Relationierungsverfahren wird die Beeinflussung des Papiers durch die Patrize, der Patrize durch die Matrize, der Matrize durch die Letter, der Letter durch das gedruckte Papier – und des Papiers durch den Leser – so weit gesenkt, daß sie für den Menschen und seine Zwecke nicht mehr ins Gewicht fallen. Gutenberg nutzt, wie die meisten (Informations)Techniker nach ihm, nicht den Widerspiegelungs-, sondern nur den Spiegelungseffekt.

2.5
›Die Presse ist hier Schreiberin/ der Drucker ihre Seel'/ Als der sie rege macht‹: Das Typographeum als textverarbeitendes System

Der vorige Abschnitt hat das Phänomen des ›Druckens‹ als eine komplexe Form eines Informationsaustauschs behandelt und den historischen Vorläufern der dabei verwendeten Medien nachgespürt. Nun soll auf einem weniger abstrakten Niveau das gesamte ›Typographeum‹ als ein informations- oder genauer textverarbeitendes System betrachtet werden. Im Kern besteht seine Funktion darin, Daten, die in skriptographischen Medien aufgenommen wurden (Input), so zu transformieren, daß sich am Ende ihre Spuren in einem anderen Medium, eben in den ausgedruckten Texten, wiederfinden (Output).

Wie schon ein Blick auf den nebenstehenden Kupferstich einer kleinen Druckwerkstatt (*Abb. 6*) zeigt, wirken bei dieser Form der ›Textverarbeitung‹ Menschen und Maschinen nach einem komplizierten Ablaufschema zusammen:[38] Am Eingang im Hintergrund nimmt der Verleger ein Manuskript entgegen. An der Fensterseite stehen die Setzer vor ihren Setzkästen, rechts vom Gang sehen wir drei Drucker bei ihren unterschiedlichen Arbeiten an den Pressen. Vorne auf einem Regal liegt ein Stapel befeuchteter Papierbogen, die mit einem Gewicht gepreßt werden. Daneben sind die fertigen Druckbogen abgelegt. In den offenen Schubladen des Regals bewahrt man die Druckformen mit dem fertigen Satz auf. Die Abbildung zeigt noch nicht die ganze Komplexität des Geschehens. Die ausgedruckten Bögen müssen noch getrocknet, gefalzt und zusammengelegt werden. Außerdem greift an mehreren Stellen noch ein Korrektor in den Ablauf ein.

Von einer technischen Substitution menschlicher Fingerfertigkeiten und Energien, wie sie für die elektronischen Textverarbeitungssysteme unserer Zeit, die ja auch das Druckgewerbe gründlich verändern, typisch sind, ist das klassische Typographeum weit entfernt. Andererseits steht es diesem höher technisierten

Abb. 6: Die Arbeit im ›Typographeum‹: Kupferstich des Boetius nach einer Zeichnung von J. M. Richter

System aber zweifellos näher als die mittelalterlichen Skriptorien.

Die folgende *Abb. 7* stellt die verschiedenen Phasen der typographischen Informationsverarbeitung schematisch dar.[39] Sie sollen nun im einzelnen geschildert werden.

Die Eingabe von Informationen in das typographische System

Während der Mensch auf vielerlei Art Informationen aufnimmt, sind die von ihm künstlich geschaffenen sozialen und technischen Systeme in der Regel auf einen Empfangs- und Ausgabekanal spezialisiert. In die antiken Ratsversammlungen gaben die Patrizier ihre Meinungen mit mündlichem Vortrag ein, in den mittelalterlichen Skriptorien diktierte man ebenfalls meist laut, auch der

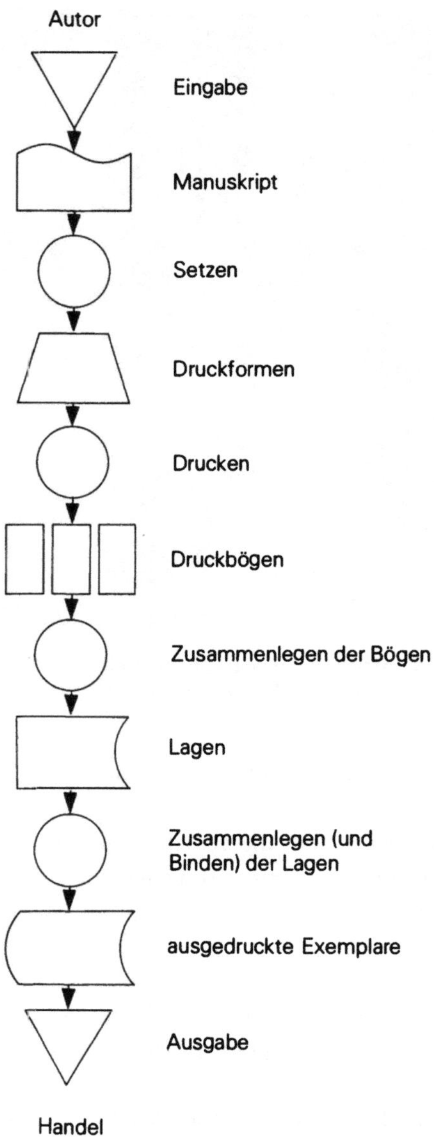

Abb. 7: Die dynamische Dimension des typographischen Informationssystems: schematischer Überblick

Rundfunk kann nur Töne weiterverarbeiten und die Schreibmaschine sowie die meisten Computer müssen mit den Fingern, taktil, bearbeitet werden. Kombinierte Lichtbild- und Tonaufnahmen und -weitergaben, wie sie für Tonfilm, Fernsehen und manche Datenverarbeitungsanlagen typisch sind, treten historisch gesehen erst in allerjüngster Zeit auf. Ansonsten sind sie dem wenig institutionalisierten Alltag vorbehalten.
Das Typographeum kennt ebenfalls nur eine Eingabeform, das Manuskript. Es setzt insoweit Schreibstuben, zumindest deren Minimalform, das Einmannskriptorium, voraus. Diese technologische Voraussetzung hat natürlich sozialhistorische Konsequenzen: In Kulturen, in denen die Skriptorien nicht weit verbreitet sind, kann es nicht zu einer stetigen Beschickung der Druckereien kommen. Je größer andererseits die Alphabetisierung, umso häufiger und intensiver läßt sich die typographische Datenverarbeitung nutzen.
Es verwundert insofern nicht, daß der Buchdruck seinen globalen Siegeszug gerade von den spätmittelalterlichen Städten des Oberrheins aus antrat und in der zweiten Phase in den oberitalienischen Städten so begeistert aufgenommen wurde. Diese sozialen Gebilde waren zur Aufrechterhaltung ihrer Verwaltung und Ökonomie auf Skriptorien in hohem Maße angewiesen.[40] Ihre Bewohner müssen entsprechend vergleichsweise hochalphabetisiert gewesen sein; zahlreiche skriptographische Textsorten boten sich für typographische Vervielfältigung geradezu an.
Die Abhängigkeit der typographischen Datenverarbeitung von der skriptographischen besteht übrigens sowohl im Hinblick auf die Eingabe- als auch auf die Ausgabefunktion: Die Produkte der Skriptorien und des Typographeums, die handgeschriebenen und die ausgedruckten Texte, sprechen bei Menschen die gleichen Sinne an und verlangen ähnliche Dekodierungsanstrengungen. Man unterscheidet deshalb normalerweise nicht zwischen der Rezeption handgeschriebener und jener typographisch erstellter Texte, beides läuft unter dem Oberbegriff ›Lesen‹.
Genauere historische und psychologische Untersuchungen zeigen dann freilich noch Differenzen. So weiß man etwa, daß vor der Einführung des Buchdrucks überwiegend ›lautierend‹ gelesen wurde. Man nutzte, wie heute noch jedes Kind beim ›Buchstabie-

ren‹ im Erstleseunterricht, die Artikulationsorgane im Dekodierungsprozeß. Die heute ganz übliche strikte Unterscheidung zwischen dem stillen ›Lesen‹ und dem ›Hören‹ war dem Mittelalter unbekannt. Wer las, der hörte auch. Wenn man andererseits von ›Hören‹ sprach, so konnte damit auch das Zuhören beim eigenen Lesen und natürlich erst recht beim ›Vorlesen‹ durch andere gemeint sein.[41]

Aus der eigenen Erfahrung werden außerdem die meisten wissen, daß die Lesegeschwindigkeit bei fremden handgeschriebenen Texten normalerweise weit geringer liegt als bei den gedruckten. Diese Differenz mag für Texte, die früher von geschulten Schreibern mit normierten Alphabeten ›gemalt‹ wurden, geringer gewesen sein. Kaum zu entziffernde Handschriften muß es aber, wie die vielen Klagen in der Literatur bezeugen, zu allen Zeiten gegeben haben.[42] Die heute von jedem Schulabgänger erwartete und anhand von gedruckten Texten geübte Lesegeschwindigkeit erreichte man vor der Ausbreitung des Buchdrucks wohl nur in Ausnahmefällen. Sie hat u. a. eine Zurückdrängung des Mitartikulierens und eine Konzentration auf die sehende Rezeption zur Voraussetzung.

Das Setzen: Ein kurzer Überblick

Das Manuskript dient in der typographischen Informationsverarbeitung als eine Art ›Arbeitsspeicher‹. Der Setzer benutzt es als ›Vorlage‹ für seine Arbeit und auch der Korrektor wird später mehrfach darauf zurückgreifen, um die ausgedruckten Texte mit ihm zu vergleichen.

Die Funktion dieser Arbeitsphase ist die Transformation der handschriftlichen Vorlage aus Papier in die metallische Druckform. Dabei analysiert der Setzer die informativen Muster des skriptographischen Mediums und vergleicht sie mit den technischen Möglichkeiten des Typographeums und seiner Maschinensprache. Dies führt zu neuen Sequenzierungen und anschließend auch zu andersartigen Synthesen.

Einen Überblick über die einzelnen Schritte dieses Informationsverarbeitungsprozesses gewährt das nebenstehende Schema (*Abb. 8*). Es beginnt mit dem ›Berechnen des Manuskripts‹.

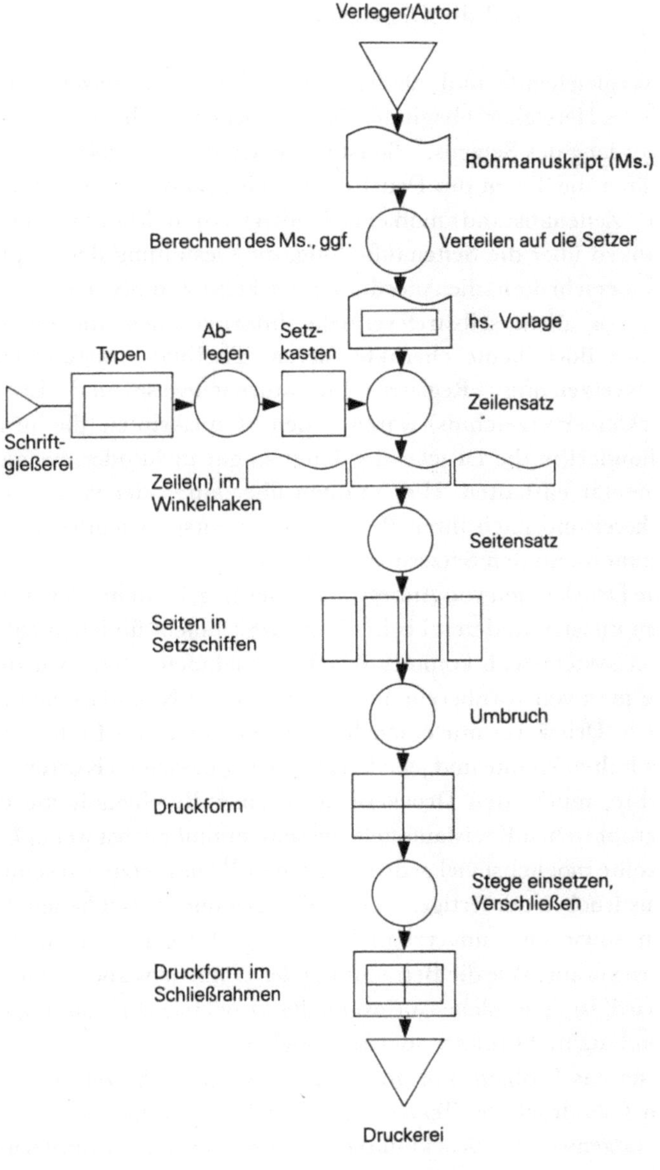

Abb. 8: Der Bleisatz: schematische Darstellung der dynamischen Dimension

Das Berechnen des Manuskripts und die Organisation des Satzes

Die vergleichende und planerische Aufgabe des Setzers (bzw. heute des Herstellers) beginnt schon vor dem eigentlichen manuellen Vorgang des Setzens.[43] So ist das Format des Buches festzulegen; über die Typen des Drucks, das Zeilenmaß und den Durchschuß (Zeilenabstand) muß entschieden werden. Man macht sich Gedanken über die Seitenaufteilung, die Gestaltung der Kapitel und Überschriften, die Anordnung der Fußnoten u.v.a.m.

Viele, vor allem selbstreferentielle Informationen, die ein gedrucktes Buch heute charakterisieren: Titelblatt, ausführliches Inhaltsverzeichnis, Register, Literaturnachweise und Errata (Druckfehlerverzeichnis) waren in den Manuskripten, die im 15. Jahrhundert in die Druckerei gelangten, gar nicht oder nur ganz rudimentär enthalten. Hier mußten über kurz oder lang in der Druckerei und nach ihren Prinzipien die entsprechenden Daten gesammelt und den Setzern vorgelegt werden.

Da die Druckereien von Anbeginn in aller Regel und im Gegensatz zu den meisten anderen bis in die Neuzeit hinein üblichen Informationssystemen als kommerzielle Unternehmen geführt wurden, stellte man von vornherein auch ökonomische Kalkulationen an. Da jede Druckerei nur einen begrenzten Vorrat an Lettern auf Lager halten konnte und jede Vergrößerung desselben Kosten verursachte, mußte den Druckereien an einer Beschleunigung des typographischen Kreislaufs gelegen sein: mit möglichst wenig Lettern sollte möglichst viel gedruckt werden.[44] Dies setzte ein schnelles Ausdrucken der fertigen Form, Säubern und Aufschließen derselben sowie eine unverzügliche Ablage der gerade benutzten Lettern voraus. Wie die Betrachtung des Umbruchs aber noch zeigen wird, ist eine solche Auflösung der Druckformen beim bogenweisen Satz nicht immer sogleich möglich.

Hier sei das Problem nur angedeutet: Wenn ein Setzer etwa bei einem Foliodruck der Textvorlage Zeile für Zeile folgen will, das Werk bogenweise gedruckt und diese in Fünferlagen (Quinternionen) zusammengelegt werden sollen, so müssen theoretisch erst alle 20 Seiten dieser Lage gesetzt werden, bevor mit dem Druck und anschließend an diesen dann mit dem Ablegen begonnen wer-

den kann. Der äußerste Bogen enthält bei dieser Anordnung nämlich sowohl die erste als auch die letzte Seite des Textes.
Wenn die Arbeit nicht unterbrochen werden sollte, dann empfahl es sich in der Druckerei, neben dem Letternmaterial für diese Lage auch noch einmal die gleiche Menge für die nächste Lage zur Verfügung zu halten. Ansonsten entstehen für den Setzer längere Zwangspausen, wenn der Drucker arbeitet und umgekehrt. Die Anforderungen an den Letternvorrat erhöhen sich noch dann, wenn man, was ja schon bei Gutenbergs Bibeldruck üblich war, mit mehreren Setzern arbeitsteilig vorgehen wollte.[45] Dann mußten für diese auch noch einmal gefüllte Setzkästen bereitgestellt werden.
Es gibt nun verschiedene Theorien darüber, wie die Setzer in der frühen Neuzeit vorgegangen sein könnten, um den skizzierten Aufwand an Lettern zu reduzieren.[46] In der Praxis laufen sie alle darauf hinaus, daß die Setzer im vorhinein errechneten, auf welche Seiten in etwa welche Textpassage des Manuskripts zu stehen kommt. Daß solche Berechnungen zumindest gelegentlich auch schon im 15. Jahrhundert vorkamen, belegt eine Handschrift, nach der 1485 in Haarlem ein Druck angefertigt wurde. In dieser Handschrift markierte man offenbar schon vorab jene Stellen, an denen der oder die Setzer neue Seiten beginnen sollten. Kam es beim Satz zu Schwierigkeiten, die geplante Einteilung einzuhalten, so scheint der damalige Setzer auch vor Eingriffen in den Text der Vorlage nicht zurückgeschreckt zu haben.[47]
In den Handbüchern zur Buchdruckerkunst späterer Jahrhunderte werden genauere Hinweise zur ›Berechnung des Manuskripts‹ gegeben. Selbst Tabellen, aus denen die Setzer entnehmen können, wie viele Manuskriptseiten jeweils wie viele Formen ergeben, fügt man diesen Werken bei. (*Vgl. Abb. 9*) Die Berechnungsmethoden, die auf Auszählen der Worte im Manuskript und auf dem Bilden von Durchschnittswerten beruhen, hier im einzelnen aufzuführen, würde zu weit führen.[48] Ziel der Berechnung ist es jedenfalls, eine Grundlage für die Entscheidung über Schriftgröße, Format, sowie über die Verteilung der Arbeit unter die Setzer und für die Auswahl der Satzabschnitte zu schaffen.
Diese mühevollen Kalkulationen konnten entfallen oder doch beträchtlich abgekürzt werden, wenn dem Setzer keine Manu-

Tabelle I.

Wenn 4 Seiten Manuscript 1 Form machen, so geben		Wenn 4 1/2 Seiten 1 Form machen, so geben	
Seiten	Formen	Seiten	Formen
1	1/4	1	2/9
2	1/2	2	4/9
3	3/4	3	2/3
4	1	4	8/9
5	1 1/4	5	1 1/9
6	1 1/2	6	1 1/3
7	1 3/4	7	1 5/9
8	2	8	1 7/9
9	2 1/4	9	2
10	2 1/2	10	2 2/9
20	5	20	4 4/9
30	7 1/2	30	6 2/3
40	10	40	8 8/9
50	12 1/2	50	11 1/9
60	15	60	13 1/3
70	17 1/2	70	15 5/9
80	20	80	17 7/9
90	22 1/2	90	20
100	25	100	22 2/9
200	50	200	44 4/9
300	75	300	66 2/3
400	100	400	88 8/9
500	125	500	111 1/9
600	150	600	133 1/3
700	175	700	155 5/9
800	200	800	177 7/9
900	225	900	200
1000	250	1000	222 2/9

Abb. 9: Das Berechnen des Manuskripts:
Tabelle aus dem ›Handbuch der Buchdruckerkunst‹ von B. Krebs, Frankfurt 1827

skripte, sondern schon ausgedruckte Bücher als Vorlage zugetragen wurden. In solchen Fällen ließ sich, selbst wenn man andere Schrifttypen als die Vorlage verwendete, der Umbruch sehr viel leichter und trotzdem genauer gestalten. Man sparte sich dann auch oftmals jene ärgerlichen Korrekturen, die anfallen, wenn etwa ein Setzerabschnitt nicht, wie errechnet, am Ende einer Seite endet, sondern in deren Mitte. Der freie Raum mußte in diesen Fällen durch eine Dehnung der vorstehenden und der nachfolgenden Texte geschlossen werden, was neben der Mühe auch Zeit und damit Geld kostete. Vor diesem Hintergrund werden die Klagen der Drucker über den Nachdruck in der frühen Neuzeit, auf die später noch eingegangen werden soll, verständlich.

Das Ablegen

Neben diesen Berechnungen und Planungen ist eine weitere Voraussetzung für einen reibungslosen Ablauf des Satzes ein fehlerlos geordneter Setzkasten. Ein solcher Setz- oder Schriftkasten soll zu Beginn des 17. Jahrhunderts, wie es in einem Lobgedicht heißt, ›gemeiniglich zweyhundertfach in sich begriffen‹ haben.[51] Später reduzierte man die Anzahl der Fächer.
Nur wenn in jedem dieser Fächer immer wieder dieselben Lettern in einer ›gleichsam mit Fleiß verwirrten Lage‹ (Krebs) zu liegen kamen, konnte der Setzer immer wieder die richtige Type leicht herausgreifen.
Die Einteilung des Setzkastens hat sich im Laufe der Zeit immer wieder geändert und sie ist auch in früheren Epochen in den verschiedenen Druckereien oft unterschiedlich gewesen. Außerdem variierte sie bei den verschiedenen Schrifttypen (Textura, Schwabacher, Antiqua usw.). Mit den 29 kleinen und der gleichen Anzahl großer Buchstaben unseres Alphabets hat die Anzahl der Fächer wohl nie übereingestimmt. Neben den Satz- und einigen Sonderzeichen enthalten die Setzkästen Ligaturen, d. h. Zusammenschlüsse zweier Buchstaben auf einer Letter. Hinzu kommt in früheren Zeiten ein kompliziertes System von Anschlußbuchstaben und Abkürzungszeichen. Blindmaterial in den verschiedenen Größen und Durchschuß gehören ebenfalls zum Zeichenreper-

toire der typographischen Maschinensprache. Bei aufwendigeren Druckunternehmen begnügte man sich nicht mit einer Schrifttype, sondern griff bei Überschriften, beim Kapitelanfang und zur Auszeichnung bestimmter Textpassagen auf weitere Setzkästen mit anderen Schrifttypen zurück. Beim Druck der 42zeiligen Bibel bspw. mußten sich die Setzer mit etwa 290 und bei jenem des Mainzer Psalters sogar mit 525 Typen herumschlagen.[50]
Zwar wurde dieser Aufwand von Gutenberg und Schöffer im Alltag für die normalen Druckerzeugnisse bald reduziert, aber es darf nicht übersehen werden, daß die Maschinensprache des Buchdrucks ein anderes Repertoire besitzt und deshalb zu anderen Sequenzierungen und Synthesen nötigt als dies in den Skriptorien der Fall gewesen ist. Diese Unterschiede zwischen den Kodesystemen des skriptographischen und des typographischen Informationssystems verringerten sich seit der frühen Neuzeit in dem Maße, in dem die ›Druckersprache‹ zu einer allgemein anerkannten Standardsprache geworden ist. Handschrift und ›Druckschrift‹ haben sich angenähert. Die Bezeichnung ›Schriftsprache‹ ist zum Oberbegriff für beide Kodesysteme geworden.
Wieviel Planung, Ausprobieren, ästhetisches Gefühl und vor allem sprachliches Wissen die Einrichtung der ersten Setzkästen Gutenberg und seine Zeitgenossen gekostet haben, kann man nur erahnen. Im Grunde mußte er sprachstatistische Forschungen sowohl über die lateinische als auch über die deutsche Sprache betreiben, um zu wissen, welche Buchstaben bei seinen Drucken am meisten gebraucht wurden. Diese benötigten nicht nur den größten Raum und zudem praktischerweise auch einen für die Setzerhand besonders leicht erreichbaren Platz, sie mußten ja schon in der passenden Anzahl von dem Schriftgießer geordert werden. Anderenfalls ging dem Setzer mitten in der Arbeit sein Vorrat etwa an ›a‹- oder an ›st‹-Typen aus.
Welche quantitativen Differenzierungen hier beim Schriftguß erforderlich sind, wird deutlich, wenn man sich einen ›Gießzettel‹ anschaut. (*Abb. 10*) Er enthält Angaben darüber, wie viele Buchstaben von einem Zentner Metallegierung zu gießen sind. Während von der Y-Majuskel nur 20 Typen gebraucht wurden, hat es sich offenbar als sinnvoll herausgestellt, vom ›n‹ (Minuskel) 6400, vom ›r‹ 4200 und vom ›e‹ sogar 12000 Exemplare zu

I. Giess=Zettel

auf einen Centner Perl Fraktur oder Schwabacher.

A	350	a	3000	ch	1900	1	600
B	310	b	1250	ck	450	2	500
C	280	c	300	ſt	1200	3	400
D	500	d	2500	ſi	800	4	380
E	400	e	12000	ff	350	5	400
F	280	f	900	fi	350	6	400
G	480	g	1650	fl	300	7	380
H	480	h	1600	ſſ	800	8	380
J	500	i	4500	ß	400	9	400
K	300	k	700	ll	500	0	600
L	300	l	1800	j	600		
M	350	m	2000	ä	800	Spatia	
N	320	n	6400	ö	600	12500	
O	380	o	2000	ü	600		
P	300	p	600	.	1500	Halbgeviert	
Q	50	q	150	,	2400		
R	360	r	4200	-	900	2400	
S	560	ſ	1650	:	350		
T	300	s	1500	;	300	Geviert	
U	280	t	3600	!	75	1100	
V	400	u	3000	?	180		
W	450	v	800	'	400		
X	50	w	1000	*	120		
Y	20	x	80	†	120		
Z	250	y	500	§	180		
		z	800	(	400		
				[	200		

Abb. 10: Statistische Annahmen über das Kodesystem: ein Gießzettel aus dem 19. Jahrhundert

erstellen. Diese Verhältniszahlen können nur das Produkt einer aufmerksamen Reflexion sprachlicher, genauer: drucksprachlicher Praxis sein. Vergleicht man weiterhin die Gießzettel, die für verschiedene Schriftarten aufgestellt wurden, so fallen Unterschiede in der Mengenanforderung für die einzelnen Buchstaben auf. Zum einen rührt dies natürlich daher, daß die unterschiedlichen Schriftformen unterschiedliche Mengen an Blei erfordern. Aber es differierte offenbar auch die Anzahl der Exemplare, die von den einzelnen Buchstaben in den verschiedenen Schriftarten gewünscht wurden. Dies mag daher kommen, daß die einzelnen Schriftarten regelhaft zum Satz von unterschiedlichen Textgattungen bzw. von unterschiedlichen Textsegmenten (Überschriften, Vorrede, Marginalien, Anmerkungen) benutzt werden. Zwischen diesen Gattungen und Segmenten variiert die Häufigkeit der einzelnen Buchstaben offenbar so erheblich, daß eine Differenzierung des Letternrepertoires sinnvoll wird.

In den Skriptorien oder in der mündlichen Rede gab es keinerlei Veranlassung, sich in dieser Weise statistisch mit dem Kodesystem zu beschäftigen. Der typographische Kode ist demgegenüber eine durch und durch künstliche, im vorhinein zu planende und metallisch zu konstruierende Sprache. Sie erheischt aus eben diesem Grunde in viel höherem Grade soziale Reflexion als dies bei allen vorangehenden Kodesystemen der Fall gewesen ist.

Wieviel Aufmerksamkeit auf den Umweg mit den Kodeelementen in der Druckerei zu lenken ist, wird weiterhin deutlich, wenn man sich die Maximen anschaut, die den Zeilensatz regeln.

Zeilensatz und Seitensatz

»Das Setzen ist ein Ausdruck, welcher mehrere Arbeiten so wol des Geistes als auch des Körpers in sich begreift«, heißt es in einem Handbuch der Buchdruckerkunst zu Beginn des 19. Jahrhunderts.[51] Der Setzer übernimmt mit anderen Worten manuelle Aufgaben, setzt die vielfältigen Werkzeuge in Bewegung und gibt ihnen damit ihren technischen Sinn. Zugleich lenkt und überwacht er den Prozeß.

Die routinisierten Handgriffe, die ihn vielleicht gelegentlich als Anhängsel der Werkzeuge erscheinen lassen, beschreibt der schon erwähnte anonyme Autor eines Lobgedichts auf die Buchdruckerkunst wie folgt:

»Wann sie [die Setzer] darnach wollen etwas
Mit jhrer Schrift machen fuerbaß/
So lesen solche [Lettern] sie auffs best/
In jhre Winckelhacken fest.
Wann sie alsdann ein Zeil geschlossn/
Hebens aus ins Schiff vnverdrossn/
Vnd treiben diß so lang und viel/
Biß sich die Column enden will.
Nachmals mit einer Schnur ausbind/
Schiests hurtig auff ein Brett geschwind/
So auff das Regal wird mit Fleiß/
Gesetzt nach ordentlicher Weiß.
Nach dem er dieses hat vollend/
Sich wieder zu dem Kasten wend/
Arbeitet fort wol an der Statt/
Biß er ein gantze Forme hat/
Legt Steg darumb/vnd loesets auff/
Mit einer Rahm schleust es zu Hauff/
Daß nicht ein Buchstab von dem alln
Sich kan bewegen/vnd ausfalln.
Dieses also geordnet ist/
Daß man die Schrifft hinder sich list/
Nemlich die aus dem Ertz ist gossn/
Darnach wanns ist zusam(men) geschlossn/
Kompt bald ein Drucker da behendt/
Vnd traegt die Form ins Fundament.«[52]

Im ersten Schritt nimmt der Setzer also eine Letter nach der anderen aus dem Setzkasten und fügt sie auf einem Winkelhaken zu einer Zeile zusammen. Voraussetzung für diese Tätigkeit ist neben den Lettern und dem Setzkasten also schon ein weiteres technisches Hilfsmittel, das von Gutenberg zu entwickeln war, ein ergonomisch gestalteter Winkelhaken. Diese Holzleiste mußte in einer

Hand zu halten und von dieser auch zu bedienen sein; die andere Hand wählte die Lettern aus.
Ob man anfangs schon mit Hilfe einer Setzlinie mehrere Zeilen übereinander auf dem Winkelhaken anordnen konnte, entzieht sich unserer Kenntnis. Jedenfalls wiederholte man den Vorgang des Zeilensatzes so lange, bis die gewünschte Seiten- oder Kolumnenlänge erreicht war. Die fertige Zeile bzw. die fertigen Zeilen legte man auf einem hölzernen Setzschiff, einem weiteren Element der technischen Grundausstattung einer Werkstatt, ab. Auf dem Holzschnitt aus dem Totentanz (*Abb. 2*) ist dieser Vorgang gut zu sehen. Das Satz- oder Setzschiff liegt neben dem Setzer auf der Setzbank.
Gutenberg hatte sich, wenn auch noch nicht in seinen ersten Drukken, so doch in seiner Bibel, um einen Zeilenausgleich und eine gleichmäßige Seitengestaltung bemüht. Gewiß ist es zutreffend, wenn Friedrich Bauer, der sich in vielen Schriften mit der Geschichte der Drucktechnologie befaßt hat, auch für diese Entwicklung technische Gründe annimmt. Gutenberg, so schreibt er, *»bestimmte die Zeilenbreite und die Kolumnenlänge durch den festen Rahmen seines Setzschiffes. Da die Grenze technisch nicht überschritten werden konnte, mußte sich der Satz dieser Grenze fügen.«*[53] Andererseits gab es natürlich vielfältige Möglichkeiten, sich diesen Grenzen zu fügen. Gut lesbare und gleichmäßig lange Zeilen zu erreichen, erforderte von den Setzern nicht nur eine genaue Kenntnis der technischen Möglichkeiten, sondern auch sprachliches Wissen und Geschmack. Die Worte mußten durch Spatien gleichmäßig abgesetzt, die im Manuskript kaum geregelte Orthographie und Interpunktion auf Dauer vereinheitlicht, Worte am Ende der Zeile sachkundig abgetrennt, Majuskeln sinnvoll eingesetzt und eine leserfreundliche Absatzstruktur geschaffen werden.
Welchen Eingriff dies in die ursprüngliche Textgestalt bedeutet und welche sprachliche Akrobatik hier den frühen Setzern oftmals abverlangt wurde, soll die *Abb. 11* verdeutlichen. Sie zeigt eine Textprobe eines Druckes des Gutenberg-Schülers Peter Schöffer. Wenn dieser Text ohne Zeilenausgleich und ohne Abkürzungen geschrieben wäre, dann läse er sich ungefähr so wie die Passage, die sich unter dem Druckfragment befindet. Leider kennen wir die Handschrift nicht, die dem Setzer 1459 vorlag. So wie die ›aufge-

vncti erãt vnctione tpali Iux illud. Nolite tangẽ
xpos meos. hoc aũt nomẽ xps nõ eſt ꝓpriũ nomẽ
ſaluatois. ſz eſt cõmunis nũcupacõ poteſtatis. eſt enĩ
cõmũe nomẽ dig̃tatis. Sed hoc nomẽ ihus ꝓpriũ
eſt vocablm pſonẽ ſaluatois. quo ab ãgelo gab'ele
in cõceptiõe vocatus ẽ. Euãgeliſta teſtãte. vocab̄
inqt nomẽ ei9 ihm. ⁊ ab homib9 in circũciſiõe. ¶ Et
nõ ꝙ ihus dicit hebraice meſſias grece xps ul' ſo=
ther. vel ſophir. latie vnctus ut pmiſſũ eſt. ul' ſalua=

a) Auszug aus einem Druck P. Schöffers, Mainz 1459

vncti erant vnctione temporali Juxta illud. Nolite tangere
christos meos. hoc autem nomen christus non eſt proprium nomen
ſaluatoris. ſed eſt communis nuncupacio poteſtatis. eſt enim
commune nomen dignitatis. Sed hoc nomen iheſus proprium
eſt vocabulum perſone ſaluatoris. quo ab angelo gabriele
in conceptione vocatus eſt. Evangeliſta teſtante. vocabis
inquit nomen eius iheſum. et ab hominibus in circumciſione. ¶ Et
nota quod iheſus dicitur hebraice meſſias grece chriſtus vel ſo=
ther. vel ſophir. latine vnctus ut praemiſſum eſt. uel ſalua=

b) Auflösung der vorstehenden Satzprobe

Abb. 11: Die Verwandlung eines Textes beim Zeilenausgleich

löste‹ Textpassage wird das Manuskript nicht ausgesehen haben: Auch dort dürften sich Abkürzungen und Auslassungen gefunden haben. Der ausgeschriebene ›Normaltext‹ stellt eher die beim Setzer wohl nur kognitiv repräsentierte Zwischenstufe zwischem dem Manuskript und dem Druck dar. In diese Form übersetzt er im Idealfall den Text, um ihn dann entsprechend der Maximen und Anschlußregeln mit dem zur Verfügung stehenden Raum für die Kolumnen und mit seinen eigenen ästhetischen Ansprüchen in Einklang zu bringen. Zu lang geratene Zeilen verkürzt er durch Abbreviaturen, zu kurz geratene ergänzt er durch Blindmaterial und – in der Frühzeit des Drucks – durch Verdoppelung von Buchstaben. Bei den meisten Druckern war es bis zum Ende des 18. Jahrhunderts üblich, unter die letzte Textzeile einer Seite eine Zeile mit Blindmaterial und an deren Ende das erste Wort der folgenden Seite, die sog. ›Kustoden‹, zu setzen. Auch an das obere Ende der Seite fügte man in einer sog. ›Kopfzeile‹ Metainformationen über den Text ein.

In der Frühdruckzeit, in der erhebliche Anstrengungen zur Kennzeichnung der Absatzstruktur getrieben wurden, mußte der Setzer oftmals aus Holz geschnittene große Zierbuchstaben, Initialen, in den Text einfügen. Dies bedeutete immer ein Umorganisieren des Satzes und einen erhöhten Einsatz von Blindmaterial. In den modernen Bibeldrucken findet man heute noch eine zusätzliche Möglichkeit der typographischen Textverarbeitung, die sogenannten ›Marginalien‹: Stichworte, Überschriften oder Kommentare, die, meist mit anderer Schrifttype, an den Rand der Seite gesetzt werden. Auch hierbei handelt es sich um metatextuelle Steuerungselemente. Sie sind freilich kein besonderes Kennzeichen der Typographie, sondern tauchen auch schon in mittelalterlichen Handschriften auf.

Diese kurze Einführung in die Aufgaben des Setzers mag schon ausreichend zeigen, wie wenig sich seine Tätigkeit auf die bloße Transkription des Manuskripts beschränkt. Er vermittelt vielmehr – mehr oder weniger geschickt – zwischen den Textverarbeitungsprogrammen des skriptographischen und des typographischen Informationssystems. Seine berechnenden und planenden kognitiven Leistungen ließen sich bis in die jüngste Zeit hinein kaum technisch substituieren. Die Transformation der informativen Muster bleibt wie in den Skriptorien in hohem Maße an einen psychischen Prozessor, den Menschen, gebunden. Sie ließ sich nicht automatisieren. In den technischen Instrumenten des Typographeums haben sich zwar Berechnungen und ästhetisches Gefühl vergegenständlicht, aber sie können letztlich weder wahrnehmen noch planen. Sie vereinfachen die Textherstellung, ersetzen viele Fingerfertigkeiten und standardisieren die übrigen, sie präformieren die kognitiven Leistungen des Menschen, aber sie belassen diese doch im Zentrum des Transformationsprozesses.

Diese Situation ändert sich in der Gegenwart mit der Entwicklung der Computertechnologie.[54] In dem Maße, in dem sie Einzug in das klassische Typographeum hielt und hält, zerbricht die eben beschriebene Struktur. Zeilenausgleich, Worttrennung und Layout werden dem Setzer durch automatische Programme abgenommen. Er braucht sich nur noch zwischen ›fertigen‹ alternativen Möglichkeiten zu entscheiden. Wenn schließlich die ›Parser‹, die eine beliebige Eingabesprache in die Sprache des technischen Systems übersetzen können, einmal funktionieren, wird eine weitere Bastion der psychischen Prozessoren fallen. Daß dieser Automatisierungsprozeß nicht ohne Verluste abgeht, braucht kaum betont zu werden. Die Kunst des Handsatzes besteht gerade darin, immer wieder von standardisierten Lösungen abzuweichen. Dagegen, daß sich diese Normverletzungen in einer Weise programmieren lassen, daß sie unserem Geschmack gefallen, sprechen bislang alle Anzeichen.

Der Umbruch

Die fertige Seite konnte Gutenberg beim Druck seiner Bibel vom Satzschiff gleich in die Druckform legen, verschließen und drucken lassen. Wie schon erwähnt, verkompliziert sich das Verfahren enorm, sobald man bogenweise druckt und beim Binden ineinanderlegen will. In diesem Fall muß viel Text auf Vorrat gesetzt und solange zur Seite gelegt werden, ehe man mit dem Umbruch beginnen kann. Wie viele Seiten hier zu setzen sind, hängt vom Format, der Art der Falzung und des Zusammenlegens ab.

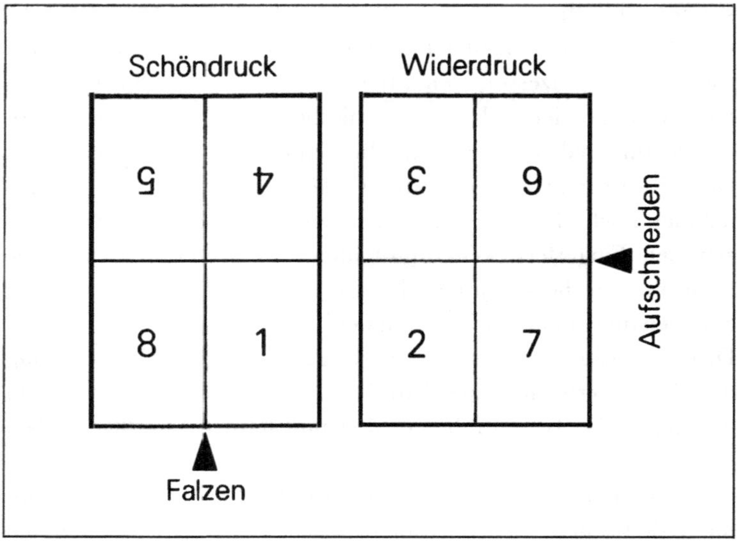

Abb. 12: Umbruch des Bogens beim Druck im Quartformat

Nehmen wir an, ein Buch soll im Quartformat erscheinen, bogenweise gedruckt und die Bögen später nicht ineinandergelegt, sondern nacheinander gebunden werden, so ergibt sich für den Setzer beim Umbruch die folgende Aufgabe: Er wird den Text zunächst soweit setzen, bis er 8 Seiten zusammenbekommt. Diese kann er dann auf den Schließstein legen und in der Weise anordnen, wie sie in der *Abb. 12* dargestellt ist. Es zeigt sich, daß die Seiten keineswegs in ihrer textgegebenen Reihenfolge in die Druckform wandern. Vielmehr kommt beim ersten Druckvorgang auf der sogenannten ›Schöndruckseite‹ des Bogens die Seite 1 neben der Seite 8 zu liegen. Erst wenn diese letzte Seite gesetzt ist, kann die Druckform also geschlossen werden.
Würde man in diesen Bogen noch einen zweiten oder gar dritten einlegen, was bei kleineren Werken das Binden durchaus erleichtert, so kommt neben der Seite 1 beim Umbruch Seite 16 bzw. 24 zu liegen. Entsprechend mehr Textseiten mußten also bei gleicher Satztechnik bewältigt werden, ehe zum Druck geschritten werden konnte.
Um bei dieser komplizierten Textorganisation nicht durcheinan-

derzukommen und um eine Orientierungsgrundlage für das spätere Zusammenlegen zu schaffen, signierte man die jeweils erste Seite eines Druckbogens mit Buchstaben in der Folge des Alphabets unterhalb des Textes. Seitenzahlen werden demgegenüber in Deutschland erst frühestens in der zweiten Hälfte des 16. Jahrhunderts häufiger gebraucht. Nach dem Umbruch hob man die, vermutlich mit Bändern zusammengehaltenen, gesetzten Seiten in den Schließrahmen. *»Der Schließrahmen ist«*, so heißt es 1567 bei Grevin/Plantin, *»aus sechs eisernen Schienen gebaut – vier bilden den Außenrahmen und zwei (kreuzweise) die innere Einteilung für vier Seiten –, aber das hängt vom Buchformat ab: Entspricht das volle Format nur einer Seite, so braucht man keine innere Einteilung.«*[55] Im nächsten Schritt wird die Druckform aufgefüllt und geschlossen. *»Das Schließen erfolgt«*, so schreiben Grevin/Plantin weiter, *»mit hölzernem Schließzeug (verschiedenen Stegen und Regletten) sowie Keilen, die den gesamten Satz von allen vier Seiten nach innen zusammenpressen. Vorher wird er sauber in der Höhe justiert.«* (Ebd.) Die mit Kopf-, Außen-, Fuß- und Bundstegen zusammengeschlossene Druckform kann dann die Setzerei verlassen und dem Drucker zur Aufbewahrung und/oder zum Druck übergeben werden.

Das Drucken und die Druckerpresse

Der Vorgang, der der neuen Technologie im 15. Jahrhundert den Namen gegeben hat, ist das ›Drucken‹.

In den Urkunden aus der Schaffenszeit Gutenbergs wird zusammenfassend vom ›*Truckwerck*‹ gesprochen, wenn die neue Technologie gemeint ist. In den lateinischen Quellen ist die Rede von der ›*ars imprimendi libros*‹. Die erste ausführliche gedruckte Würdigung der neuen Technologie in der *Kölnischen Chronik* trägt die Überschrift ›*Van der Boychdruckerkunst*‹. (Vgl. Anhang 1) Bei dieser letzten Bezeichnung ist es im deutschen Sprachraum bekanntlich geblieben.

Sie mag sich am Ende nicht ganz zu Unrecht durchgesetzt haben, obwohl das Handgießinstrument gewiß die originellere und in technologischer Hinsicht auch eine anspruchsvollere Erfindung gewesen ist als jene der Druckerpresse und obwohl das Setzen zweifellos mehr Zeit, menschliche Geschicklichkeit und Überlegung erfordert als das Drucken im engeren Sinne. Warum sprach und spricht man also nicht von der ›Setzerkunst‹?

Nun, auch diese Namengebung würde bedeuten, daß man aus der komplexen Technologie einen Abschnitt herausnimmt und ihn – pars pro toto – als Identitätsmarkierer nimmt. Die Umgangssprache war mit der Aufgabe überfordert, einen Oberbegriff für die vielen verschiedenartigen Vorgänge im Typographeum zu bilden. Dem außenstehenden Zuschauer mußte die Druckerpresse als die monumentalste Maschine in der Werkstatt sofort in die Augen springen. Und an diesen ersten Eindruck hat sich der Zeitgeist gehalten. Hinzu kommt noch, daß das wichtigere Handgießinstrument von den Verwaltern der neuen Technologie gegenüber der Öffentlichkeit besser versteckt werden konnte.

Aus kommunikationstheoretischer Sicht macht die Wahl des Ausdrucks ›Drucken‹ einen besonderen, guten Sinn. Mit ihm wird nämlich besser, als es die Bezeichnung ›Setzen‹ oder ›Satz‹ vermag, hervorgehoben, daß es in dieser Kunst um die Übertragung von Mustern von einem Medium auf ein anderes geht. Vermutlich schwingt sogar schon immer die Vorstellung mit, daß diese Übertragung beliebig wiederholbar ist. Man denkt beim Drucken an Vervielfältigung. Insoweit regt der Ausdruck ›Druckkunst‹ ähnliche Vorstellungen wie jene an, die heute die Generalmetapher ›Kommunikation‹ evoziert: Weitergabe und Verbreitung von Information. Das ›Drucken‹ bezeichnet einen Spezialfall von Kommunikation. Die Besonderung erfolgt, indem auf den technischen, materiellen Vollzug des Informationsaustauschs hingewiesen wird. Diese Materialität der Medien und der Informationsübertragung wird in den gegenwärtig herrschenden Kommunikationsvorstellungen allzuoft zurückgedrängt. An der uns in ihrer Materialität so vertrauten Druckkunst andererseits lohnt es sich, die informativen und kommunikativen Seiten neu zu entdecken.

In diesem Sinn soll nun zunächst das hauptsächlich technische Hilfsmittel des Druckvorgangs betrachtet werden.

Die Druckerpresse als Kommunikationsmedium

Die Druckerpresse erfüllt im Prinzip die gleiche Aufgabe wie das Handgießinstrument. Sie ermöglicht die exakte Spiegelung variabler Muster eines Mediums in einem anderen. Als Muster fungieren in diesem Fall nicht die Matrizen, sondern die in Druckformen zusammengehaltenen Bleilettern. Das Medium, auf dem Spuren hinterlassen werden sollen, ist das befeuchtete Papier. Als Katalysator zwischen den beiden Medien, als Kontrastmittel, tritt die Druckerfarbe auf. So gesehen erscheint die Druckerpresse als eine Transformationsmaschine für Informationen: Sie gewährleistet, daß informative Muster aus dem Blei- in das Papiermedium wechseln und zwar immer wieder mit genormter Präzision. Wenn in der Folge vom ›Drucken‹ gesprochen wird, so ist damit diese Form der Weitergabe von Informationen gemeint.

Das technische System, in dem dieser Vorgang abläuft, ist die Druckerpresse. Die materiell-technischen Aspekte ihres Aufbaus hat man an vielen Stellen ausführlich dargestellt.[56] Er braucht deshalb hier nur in aller Kürze skizziert werden. Wie so oft auf diesem Felde leistet die Betrachtung einer technischen Zeichnung gute Dienste.

Auf der Darstellung aus der Enzyklopädie von d'Alembert und Diderot (*Abb. 13* auf der folgenden Seite) erkennt man oben rechts das technologische Kernstück der Gutenbergschen Presse: eine Spindel mit Gewinde und Spitze, die durch eine Führung, die sog. ›*Büchse*‹, auf eine Eisenplatte, den Tiegel, gelenkt wird. Tiegel und Büchse sind mit den sogenannten ›*Klafterschnüren*‹ miteinander verbunden. Die Spindel selbst dreht sich in Holz- und später in Metallgewinden in dem Querbalken, der die beiden mächtigen senkrechten Ständer der Presse verbindet. Durch eine Bohrung in der Spindel wird ein Stab, der Preßbengel, gesteckt. Mit seiner Hilfe bewegt der Drucker die Spindel und damit auch den Preßtiegel auf- bzw. abwärts. Mit dieser mehrteiligen Konstruktion löste Gutenberg das technische Grundproblem des Preßvorgangs: Die Drehbewegung der Spindel darf sich nicht auf das Brett übertragen, welches das Papier auf die Druckform preßt. In diesem Fall verschiebt sich auch das Papier, der Druck verwischt.

Die Gegenseite des Preßtiegels bildet ein stabiler Holztisch. Auf

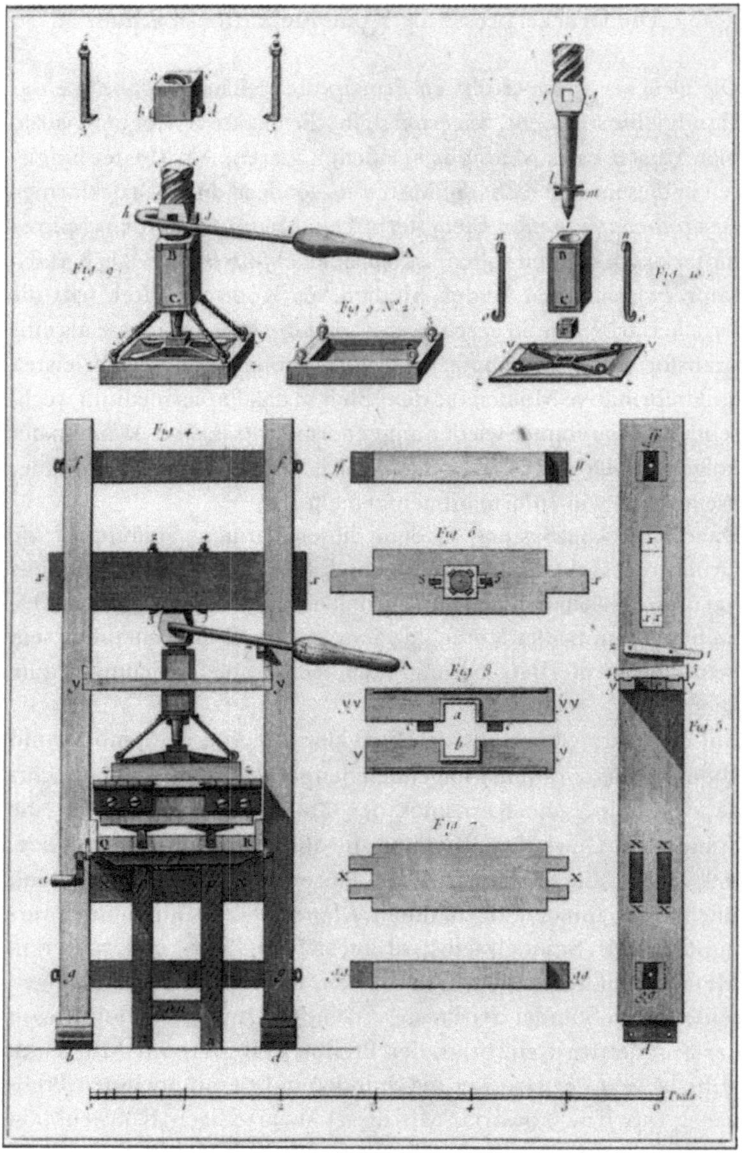

Abb. 13: Der Aufbau der Buchdruckerpresse: Kupferstich aus der Enzyklopädie von Diderot und d'Alembert, Paris 1769

ihm läuft in Schienen der Karren, auf dem die Druckformen eingesetzt werden. Schon zu Beginn des 16. Jahrhunderts hat man an die Stirnseite des Karrens mit Hilfe von Scharnieren einen Deckel angebracht, an dem man das zu bedruckende Papier befestigen kann. Man maskiert dann diejenigen Teile der Druckform, die nicht drucken sollen, mit Papier, klappt den Deckel herunter, fährt den Karren unter den Tiegel und kann dann durch einen ruckartigen Zug des Bengels ›drucken‹.
Später hat man an die freie Schmalseite des Deckels ebenfalls mit Scharnieren einen Rahmen angebracht, der jeweils nur die zu bedruckenden Teile des Papiers freiläßt, wenn er heruntergeklappt wird. Diese Konstruktion ist auf der *Abb. 6* gut zu erkennen.

Die Fachleute scheinen sich darin einig, daß Gutenberg in den fünfziger Jahren jeweils nur eine Folioseite in die Presse fuhr. Dieses Vorgehen bezeichnet man als ›Einphasendruck‹. Später legte man die Druckformen zweier (Folio)Seiten nebeneinander, fuhr den Karren ein, druckte zunächst die vordere Seite, hob dann den Tiegel wieder an, bewegte den Karren weiter und druckte dann die zweite Seite (Zweiphasendruck).
Mit welchem Mechanismus der Karren im 15. Jahrhundert bewegt wurde, weiß man heute nicht mehr mit Sicherheit. Schon auf dem Drucker-Signet des Jodocus Badius Ascensius von 1507 kann man aber erkennen, daß der Drucker den Wagen mit der linken Hand durch eine Kurbel bewegt, während er mit der rechten den Preßbengel bedient. Nachdem dieser Bewegungsmechanismus funktionierte, waren eigentlich bis ins 19. Jahrhundert hinein keine grundsätzlichen Verbesserungen an der Presse mehr möglich; immer mehr Holzteile wurden durch Eisenkonstruktionen ausgetauscht, aber das Prinzip blieb erhalten – *»weil keine andere technische Lösung (in Holz) denkbar ist«*, wie ein Fachmann auf diesem Gebiet, Claus W. Gerhardt, schreibt.[57]

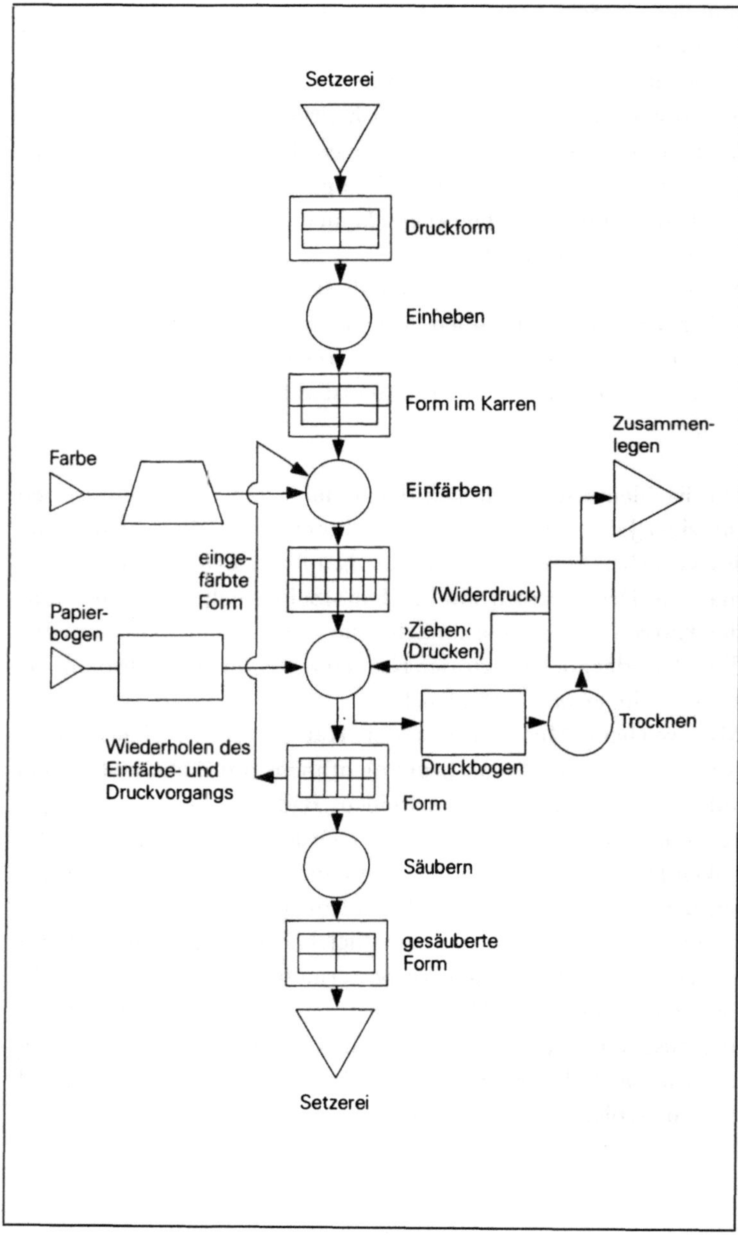

Abb. 14: Das Drucken: schematische Darstellung der dynamischen Dimension

Der Ablauf des Druckvorgangs

Das Geschehen an und um die Druckerpresse läßt sich in fünf Phasen gliedern: Einheben der Druckform, Auftragen der Farbe, das Drucken im engeren Sinne, in der Fachsprache ›Ziehen‹ genannt, das Säubern der Formen sowie das Anfeuchten und Trocknen der Papierbögen. Dieser Ablauf ist in der *Abb. 14* schematisch dargestellt.

Der Vorgang beginnt damit, daß der ›Preßmeister‹ die Druckformen entgegennimmt und sie in den Karren auf dem Tisch der Druckerpresse legt. Dort müssen sie so justiert werden, daß später die schon erwähnten Rähmchen genau auf die Stege der Form zu liegen kommen. Insbesondere beim Widerdruck, also beim Drukken der ›Rückseite‹ eines auf der Vorseite schon bedruckten Bogens, muß hier sehr gewissenhaft gearbeitet werden, damit die Kolumnen der Schön- und der Widerdruckseite genau ›aufeinander‹ zu stehen kommen. Während dieser Tätigkeit, die man als ›Registermachen‹ bezeichnet, und dem Befestigen der sauberen Papierbögen an dem Deckel kann eine zweite Person die Druckfarbe anmischen und sie auf dem Farbstein verteilen. Wenn wir den frühen Holzschnitten glauben dürfen, so sind an den Pressen von Anfang an zwei Handwerker beschäftigt gewesen.

Zum Einfärben der Form benötigt man zwei Druckerballen: Diese bestehen aus mit Leder überzogenen Stoffballen, die an Holzgriffen befestigt sind. Man nahm damit die Farbe vom Stein auf, *»verrieb sie – freihändig – durch Gegeneinanderdrehen und tupfte sie dann gleichmäßig auf den Satz. Mit Sicherheit hat dazu eine ganz besondere Fertigkeit gehört«*, bemerkt der Fachmann, *»denn selbst ein gut zugerichteter Druck kann durch zuviel oder zuwenig Farbe verdorben werden.«*[58]

Mangelnder Aufmerksamkeit beim Einfärben verdanken wir unsere Kenntnis über die Form der im frühesten Buchdruck verwendeten Lettern: Gelegentlich ›klebte‹ eine Bleiletter am Ballen fest, wurde aus dem Satz herausgerissen, blieb dann im Eifer der Akkordarbeit auf der Form liegen und wurde auf diese Weise mitgedruckt.[59]

Das arbeitsteilige Einfärben und das Anbringen der am Vortage befeuchteten Papierbögen kann man auf der *Abb. 6* gut beobachten.

Im nächsten Arbeitsschritt klappt man, zumindest seit dem 16. Jahrhundert, den Rahmen auf den Bogen und beides, Deckel mitsamt dem Bogen und dem Rahmen, auf die Form.[60]

Es folgt dann das eigentliche Pressen (Ziehen), das bei der Beschreibung der Druckerpresse in seinen beiden Phasen schon geschildert wurde.

Nachdem der Karren wieder ausgefahren und Deckel und Rahmen hochgeklappt sind, kann der bedruckte Bogen entnommen werden. Einfärben und Ziehen des Karrens wiederholt man so lange, bis die gewünschte Auflagenhöhe erreicht ist. Dieser Vorgang wird in dem Schema (*Abb. 14*) durch einen Rückkopplungskreis berücksichtigt.

Vermutlich hat man schon bald mehrere Bögen übereinander an dem Karrendeckel befestigt, so daß man nach der Abnahme des bedruckten Papiers sogleich wieder den Deckel schließen und in dem Druckprozeß fortfahren konnte.[61] Die abgezogenen Bögen wurden entweder zum Trocknen aufgehängt oder aber, wenn deren Rückseite noch bedruckt werden sollte, wieder in den Deckel geheftet.

Den letzten Arbeitsgang, das Ausheben und Säubern der Form, übernimmt wieder der Ballenmeister (Einfärber).[62] *»Wann nun ein Form ist außgedruckt/«* reimt der schon zitierte Bewunderer der Druckkunst, *»heiß Laugen man vom Fewer ruckt / Vnd waescht die Form fein sauber ab / Damit der Setzer sein Schrifft hab/«*.[63] Nur wenn die alte Farbe tatsächlich aus allen Winkeln der Letter herausgewaschen ist, ergibt sich auch bei ihrer erneuten Verwendung wieder ein klares Schriftbild.

Das Zusammenlegen

Die Druckfarbe mag, nachdem die Bögen drei oder vier Tage auf Leinen hingen, die zumeist oben in den Druckerstuben angebracht waren, soweit abgetrocknet gewesen sein, daß man an den nächsten Arbeitsschritt gehen konnte. Wenn es um seitenstarke Bücher ging, dann wird man die signaturgleichen Bögen zunächst so lange gestapelt und gepreßt haben, bis sich genügend Material angesammelt hat. Beim anschließenden Zusammenlegen kann die

Ernte der Planungsphase und des Umbruchs eingebracht werden: Die Bögen sind ja schon so gedruckt, daß nach dem Falzen, Zusammenlegen und ggf. Schneiden der Text fortlaufend gelesen werden kann.

Von der 42zeiligen Gutenberg-Bibel weiß man, daß sie in Quinternionen zusammengelegt wurde.[64] Je fünf in der Mitte gefalzte Bögen schob man ineinander und bildete dadurch eine ›Lage‹. Andere übliche Lagen nennt man Duernio, Triternio, Quarternio oder Sesternio. Sie bestehen aus zwei, drei, vier bzw. sechs Bögen oder aus vier, sechs, acht oder zwölf Blatt – wenn es sich um ein Folioformat und damit um eine einmalige Falzung des Bogens handelt. Auch beim Quartformat war es üblich, mehrere Lagen ineinanderzuschieben.[65] Bei kleineren Formaten plante man, wegen der begrenzten Falzungsmöglichkeiten, von vornherein auch das Einlegen von Halb- oder Viertelbögen ein. Diese Technik findet sich allerdings auch schon in der Handschriftenzeit.[66]

Texte, die nur aus einer Lage bestehen, lassen sich relativ leicht durch eine Fadenheftung zusammenbinden. Zahlreiche ›Broschüren‹ wurden auf diese Weise äußerst kostengünstig, gleichsam als Paperback, für den Markt zugerichtet. Pergament-, Papp- oder gar Lederdeckel konnten auf diese Weise eingespart werden. Manchmal bedruckte man die Umschlagseite mit einer Titelangabe; oftmals, wie z. B. bei einigen Ausgaben des ›*Büchleins von den gebrannten Wassern*‹ des Michael Schrick, ließ man die äußere Seite unbedruckt und begann auf der ersten Innenseite mit Titel und Text. Über diese billige Bindepraxis läßt sich schwer etwas Genaueres sagen, weil die überkommenen dünnen Exemplare in unseren Bibliotheken meist nachträglich in Sammelbände eingefügt wurden. Dies gibt ihnen ein dauerhafteres und zuweilen gewiß auch kostbareres Aussehen, als sie es vermutlich ursprünglich einmal besaßen. Jedenfalls gilt es zu bedenken, daß Druckerzeugnisse, die lagenweise oder doch nur mit einfacher Fadenheftung abgegeben wurden, rasch und wohlfeiler an den Kunden gebracht werden konnten, als dies bei den gebundenen Exemplaren der Fall ist, die wir gemeinhin im Auge haben, wenn wir von ›gedruckten‹ Büchern sprechen.

Vermutlich wurden anfangs die meisten ›Bücher‹ lagenweise (in Fässern) verpackt aus den Druckereien geschafft, transportiert und verkauft. Erst dem Käufer blieb es also vorbehalten, die Druckerzeugnisse zu binden.[67] Sein Geschmack und Geldbeutel bestimmte somit die endgültige Gestalt des Buches. Es gehört nicht viel Phantasie dazu, sich vorzustellen, wie viele ›Bücher‹ bei dieser Praxis niemals zusammengebunden wurden. Sie haben kaum Aussicht, überliefert und von den Sozialhistorikern der Buchgeschichte berücksichtigt zu werden.

Die Korrektur

Bei der bisherigen Schilderung der Dynamik des typographischen Geschehens wurde so getan, als ob in ihm keinerlei Störungen auftauchen. Eine solche Annahme ist natürlich unrealistisch und sie hat deshalb nie die Organisation des Druckablaufs beherrscht. Wie alle informationsverarbeitenden Systeme besitzt vielmehr auch das Typographeum selbstregulative Mechanismen.
Die meisten von ihnen werden ›nebenbei‹ eingesetzt: So überprüft etwa der Setzer die richtige Lage der – einseitig eingekerbten – Lettern im Winkelhaken mit dem Daumen während des Setzvorgangs, die Drucker bemerken schlecht abgezogene Bögen und legen sie beiseite, Umbruchfehler fallen den Gehilfen beim Falzen auf usf.
Darüberhinaus ist das Typographeum aber ein so komplexes System, daß es spezielle Teilsysteme ausbilden mußte, deren Funktion im wesentlichen nur in der Korrektur von Fehlern und Abweichungen von den idealen Programmen besteht. Das aufwendigste dieser Teilsysteme nennt man Korrektorat, seine ausdifferenzierten Funktionsträger ›Korrektoren‹.
Wenn man sich die dynamische Dimension der Informationsverarbeitung im Typographeum (*Abb. 7*) noch einmal anschaut, so stellt man fest, daß nahezu nach jeder Phase die logische Möglichkeit zur Selbstkorrektur gegeben ist. Welche dieser Möglichkeiten zu welchem historischen Zeitpunkt als Notwendigkeiten erkannt wurden und wie man im einzelnen in der Korrekturpraxis vorging, dies läßt sich heute nicht mehr mit letzter Gewißheit sagen. Uns liegen darüber aus dem 15. und selbst aus dem 16. Jahrhundert nur wenige und dann zum Teil widersprüchliche Nachrichten vor.

Die praktische Organisation des Korrekturgeschehens hängt, davon müssen wir ausgehen, von den Gegenständen und Umständen des Drucks ab. Bei Akzidenzdrucken wird sie anders ausgesehen haben als bei der juristischen Fachliteratur, bei letzterer wiederum anders als bei der volkssprachlichen Unterhaltungsliteratur. Große Druckereien konnten eher ein spezielles Korrektorat einrichten als die Winkeldrucker, wo sich die verschiedenen Funktionen in den Händen weniger Personen zusammenballten. Neben den ebenfalls zu berücksichtigenden regionalen Traditionen werden auch solche praktischen Fragen eine Rolle gespielt haben wie diejenige, ob der Verfasser eines Manuskripts am Druckort weilte oder nicht. Nur im ersteren Fall ließ er sich umstandslos in das Korrekturgeschehen einordnen.

Wegen dieser Unübersichtlichkeit kann es im folgenden nicht so sehr um die Schilderung historischer Einzelheiten gehen. Markiert werden sollen stattdessen die prinzipiell möglichen Eingriffsstellen des Korrektors und die bei diesen Eingriffen entstehenden Korrekturkreise. Dies ist in der *Abb. 15* geschehen. Bei der Beschreibung der selbstreferentiellen Dimension wird, wie auch bei jener der verschiedenen Phasen der dynamischen Dimension, angenommen, daß als Datenmaterial ein längerer Text, ein ›Buch‹, in das Informationssystem eingegeben und verarbeitet wird.

Korrektive Schaltkreise im Typographeum: Prüfung und Vorkorrektur

Die erste Möglichkeit, den Datenfluß im Typographeum zu korrigieren, besteht darin, die Eingabe eines Manuskripts oder Druckauftrags rückgängig zu machen.

Benjamin Krebs schreibt in seinem *Handbuch* hierzu: *»So bald ein Manuscript der Buchdruckerei überliefert worden ist, sollte es dem Hauptcorrector in die Hände gegeben werden, damit er solches ansehe; findet er es schlecht, so sollte es dem Verfasser wieder zurück gegeben werden, um es wieder durchzulesen oder es abschreiben zu lassen.«*[68] Aber selbst wenn das Manuskript im Prinzip akzeptiert ist, so müssen an ihm dennoch gewisse Veränderungen vorgenommen werden, damit es als Vorlage für den Setzer dienen kann.[69] Auf diese Form einer ›Korrek-

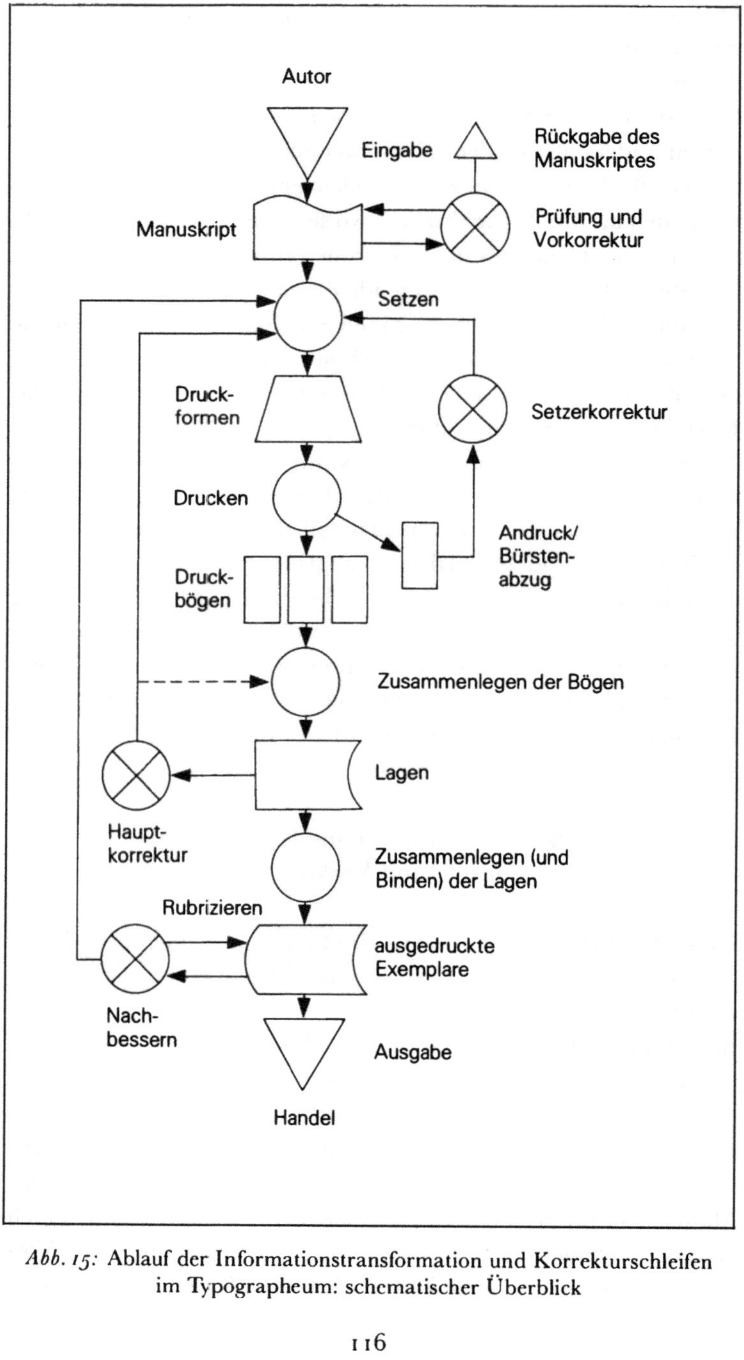

Abb. 15: Ablauf der Informationstransformation und Korrekturschleifen im Typographeum: schematischer Überblick

tur‹ wurde unter dem Stichwort ›berechnen‹ schon bei der Darstellung des Setzvorgangs kurz hingewiesen: Das Manuskript muß für die Bedürfnisse der gewählten Maschinensprache, des Umbruchs und des Layouts umstrukturiert werden. Diese ›Verbesserungen‹ sind in der *Abb. 15* als ›Vorkorrektur‹ berücksichtigt.
Der zweite Schaltkreis, die Satzkorrektur, ermöglicht die Überprüfung der fertigen Druckformen.
Diese Überprüfung setzt einen Probeabzug der Form voraus. Dieser kann durch Einfärben der Form, Auflegen eines Papiers und Abreiben desselben mit einer Bürste (Bürstenabzug), durch Einlegen der nur lose eingebundenen Form in eine Andruckpresse oder durch den ›Probedruck‹ in der normalen Presse erfolgen.[70] Das letztere Verfahren ist bei der schematischen Darstellung zugrundegelegt.
Grevin/Plantin schreiben über diese Korrekturphase: *»Der Setzer übergibt die fertige Form den beiden Druckern, die an der Presse arbeiten. Sie machen zunächst einen Andruck. Der Setzer muß dann die Form wieder aufschließen, falsche oder fehlerhafte Typen mit der Ahle herausholen und durch die richtigen ersetzen. Zwischenräume füllt er mit Ausschluß, Spatien oder abgebrochenen Typen. Dann justiert und schließt er die Form erneut.«*[71]
Selbst in einer so großen Druckerei wie derjenigen Plantins wird die erste Korrektur in der zweiten Hälfte des 16. Jahrhunderts also zunächst noch allein von dem Setzer ausgeführt. Es handelt sich demnach bei dieser Schleife um eine (Selbst-)Korrektur des Satzes durch den Setzer. Er wird sich hierbei weniger um den Inhalt als vielmehr um die Ausmerzung ›technischer‹ Schnitzer gekümmert haben: Umdrehen von Buchstaben – insbesondere Lang-s und o –, die im Satz auf dem Kopfe stehen, Auswechseln von Buchstaben, die, oft schon beim Ablegen, vertauscht wurden, Verbessern von Wortwiederholungen und -auslassungen vor allem am Zeilenbeginn usf.[72]
Die dritte Korrekturschleife, in dem Schema wird sie als ›Hauptkorrektur‹ bezeichnet, setzt nach dem Zusammenlegen der Lagen oder – bei kürzeren Schriften – des gesamten Textes ein. Sie kann sich, weil sie am Ende der typographischen Informationstransformation steht, auf alle Phasen des Ablaufs und damit auch auf die vorherigen Korrekturversuche beziehen. Zum Leidwesen der Setzer finden hier auch immer wieder Veränderungen des ursprüng-

lichen, vorkorrigierten Manuskripts statt. Die grundlegende Funktion dieser Phase ist aber, die normgerechte Anwendung der Maschinensprache des Buchdrucks zu überprüfen. So achtet der Korrektor zunächst auf eine einheitliche Orthographie. Dies empfiehlt sich zumal dann, wenn mehrere Setzer arbeitsteilig mit einem Text zu tun hatten. Des weiteren können in dieser Phase auch der Umbruch und die Einteilung der Lagen verändert oder Fehler beim Zusammenlegen rückgängig gemacht werden.

Dafür, daß die Hauptkorrektur erst beginnt, nachdem eine ganze Lage gesetzt und gedruckt ist, gibt es schon aus dem 15. Jahrhundert Hinweise.[73] Da nur bei dieser Arbeitsorganisation ein fortlaufender Text vorliegt, kommt auch nur für diesen Fall das von H. Hornschuch erwähnte Beschleunigungsverfahren für den Korrekturprozeß in Frage. Er spricht davon, daß ein ›Lector‹ das Manuskript laut vorliest und der ›Corrector‹ unterdessen den Text auf den (Probe-)Druckbögen mit dem Gehörten vergleicht.[74] Bei anderen Gelegenheiten dürfte es andererseits auch vorgekommen sein, daß ein Korrektor schon die Bürstenabzüge der Bögen erhält, um mit den einzelnen Schritten seiner Tätigkeit unverzüglich beginnen zu können.

Die vielfältigen Aufgaben der Hauptkorrektur scheinen schon frühzeitig die Einrichtung eines eigenen Korrektorats und seine Besetzung mit einer speziell ausgebildeten Person erforderlich gemacht zu haben. Peter Schöffer berichtet im Kolophon seiner Ausgabe der ›*Instutitiones*‹ des Justinian 1468 davon, daß er extra eine Person angestellt habe, um den Text dieses Werkes gewissenhaft korrigieren zu lassen.[75] Auch aus anderen Dokumenten weiß man, daß sich Verleger Gelehrte leisteten, die gleichsam als ›wissenschaftliche Berater‹ Editorenarbeit vornahmen und die Verleger bei schwierigen Texten berieten.[76] In dieser Eigenschaft werden sie vermutlich auch schon bei der Vorkorrektur eingespannt worden sein.

Wenn die Sachkenntnis vielleicht nur in wenigen Offizin von dem Korrektor gefordert wurde, so dürften gründliche Sprachkenntnisse jedoch unverzichtbar gewesen sein. In den meisten Druckereien arbeitete man zweisprachig und nahm Vorlagen sowohl in der lateinischen Sprache als auch in der Muttersprache entgegen.

Hornschuch, der in seiner Orthotypographia eine Vielzahl von Leistungsmerkmalen eines guten Korrektors auflistet, wettert des weiteren über die ›*Schande*‹, daß sich so wenige seiner Standesgenossen um die ›*Orthography oder rechte Schreiberey*‹ in der ›*teutschen Sprache*‹ kümmerten.[77] Ihm dünkt es »*gantz nuetz vnd nothwendig*«, daß sich die ›*Druckereyen*‹ vor »*Nachlaessigkeit/vnd Vnbestaendigkeit im Schreiben*« in ›*acht*‹ nehmen. (Ebd. 24) »*Denn was die gemeinen Schreiber anlanget*«, so vermeldet er sichtlich unzufrieden, scheint es sicher, »*daß sie dieses so viel achten werden/als der Mond des Hundes bellen*«. (a.a.O.) Wenn wir Hornschuchs Absichten richtig verstehen, so sollen die Korrektoren als Regulativ für den Sprachgebrauch nicht nur der Drucker, sondern auch darüberhinaus aller Schreiber wirken. Die von ihm – und von vielen anderen Zeitgenossen des 15. und vor allem des 16. Jahrhunderts – gewünschte Vereinheitlichung der vielen Kodes der verschiedenen Informationssysteme kann und soll seiner Ansicht nach von den Druckereien und in diesen von den Korrektoren ausgehen.[78]

Entsprechend dieser vielfältigen Korrekturaufgaben gibt es auch unterschiedliche Interventionsformen, die früher oder später in den Transformationsprozeß im Typographeum eingreifen und ihn somit mehr oder weniger weit zurückspulen. Größere Veränderungen an der Manuskriptvorlage, die in Form von Ergänzungen zum Probeabzug erfolgen, führen zum Neusatz ganzer Seiten oder Bögen. Der Druck kann, wenn der geplante Umbruch nicht mehr verändert werden soll, auf Doppel- oder Einzelblättern, sogenannten ›Kartons‹, ausgeführt werden, die man anschließend in die Lagen einfügt.[79] Anderenfalls müssen die Ergänzungen bzw. Streichungen von Seite zu Seite in den Druckformen schrittweise ausgeglichen werden. Dies funktioniert natürlich nur, wenn die Druckformen der verschiedenen Bögen noch vorhanden sind, der Satz noch nicht abgelegt ist. Kleinere Korrekturen ließen sich durch eine Erhöhung der Zeilenzahl auf der fraglichen Seite durchführen. So schwankt etwa in dem ›*Compendium librorum sententiarum*‹ des Johannes de Fontes die Anzahl der Zeilen pro Seite zwischen 35 und 41.[80] Man mag daraus ersehen, wie schwierig eine exakte Vorausplanung des typographischen Transformationsprozesses (anfangs) war.

Im Laufe des 16. Jahrhunderts entwickelten die Korrektoren ein eigenes Zeichensystem, um die Druckfehler des Setzers in unmißverständlicher Form auf den Rändern der Probedrucke anzuzeigen.[81]

In unserer Gegenwart erfolgt in guten Verlagen unmittelbar nach der Verlags- die Autorenkorrektur. Letztere dürfte im 15. und 16. Jahrhundert eher die Ausnahme gewesen sein. Hornschuch hält sie zu Beginn des 17. Jahrhunderts für überflüssig, mehr noch, für einen Mißtrauensbeweis gegenüber den ›*Correctoren*‹, die ohnehin ›*alles zwey= oder dreymal überlesen*‹.[82] Stattdessen sei es besser, wenn sich die Autoren die Abgabe lesbarer und fehlerfreier Manuskripte zur Aufgabe machten. Andererseits gibt es schon aus dem 15. Jahrhundert Beispiele für eine Autorenkorrektur. So schreibt Petrus Niger im Schlußwort seines 1475 bei K. Feyner in Esslingen gedruckten ›*Tractatus contra Judeus Perfidos*‹, er habe ›*sein Werk mit eigener Hand geschrieben und in seiner Gegenwart setzen lassen*‹.[83] Bei den damaligen Verkehrsverhältnissen scheint also jedenfalls die Anwesenheit des Autors am Druckort eine Voraussetzung für diese Form der Korrektur gewesen zu sein.[84]

Nun liest man in den Vorreden zu Drucken des 15. und 16. Jahrhunderts immer wieder, daß die Autoren nach der Drucklegung ihr eigenes Werk kaum mehr wiedererkannt hätten. L. Fries vermeinte nach Erscheinen seines ›*Spiegels der Arznei*‹ ein ›*Moerwunder*‹ geboren zu haben.[85] Otho Brunfels, der Herausgeber jenes Werkes, beteuerte, die Vorlage ›*lauter und wohlkorrigiert*‹ dem Drucker ›*überantwortet*‹ zu haben.[86] Er schreibt die Versäumnisse dem ›*Unverstand der ungelehrten Setzer und auch den unfleißigen Korrektoren*‹ zu. (Ebd.) Aus diesem Grund hält er es – gleich vielen anderen zeitgenössischen Autoren – für nötig, eine verbesserte Neuauflage zu veranstalten. Er hat sich dazu ›*mitsampt dem Trucker*‹ zusammengesetzt und das ›*Exemplar wider überlesen und gebessert*‹, um so die Fehler der ›*unberichten Setzer*‹ auszumerzen. (Ebd.)

Diese Äußerung von Brunfels mag man einerseits als Indiz dafür deuten, daß die Autoren tatsächlich erst das fertige Exemplar ihres Werkes zu Gesicht bekamen – andererseits zeigt sich hier eben auch eine weitere, die einzelnen Offizin überschreitende Korrekturmöglichkeit: der verbesserte Neudruck.

Wahrscheinlich ist allerdings auch für die frühe Neuzeit schon eine andere Form der Einbeziehung der Autoren: Man schickte ihnen den fertigen Druck und gab ihnen die Möglichkeit, Druckfehler auf einem gesonderten Bogen am Ende des Buches aufzulisten. Diese Druckfehlerberichtigungen sind ein Produkt der letzten noch zu behandelnden Korrekturschleife, des ›Nachbesserns‹.

Illuminieren, Rubrizieren und andere Formen der Nachbesserung

Der genetische Ursprung der in der *Abb. 15* als ›Nachbessern‹ bezeichneten letzten Korrekturschleife im typographischen Prozeß reicht bis in die Zeit der Handschriftenproduktion zurück. Damals wurden die fertigen Manuskripte von Buchmalern, manchmal auch vom Schreiber selbst, verziert, ›illuminiert‹. Den von den mittelalterlichen Prachthandschriften verwöhnten, zugegeben wenigen Augen erschienen die ausgedruckten Bögen in der Frühdruckzeit als kahl und unfertig. So stellte man Illuminatoren an, die die fabrikmäßig erzeugten Informationsmuster in hergebrachter handwerklicher Weise mit Miniaturen und Ranken verzierten. Es brauchte seine Zeit, bis eine der Industrieform angepaßte neue Ästhetik die Geschmacksvorstellungen ersetzte, die sich im Dialog zwischen den Skriptorien und ihren Auftraggebern entwickelt hatten.

Eine weitere Übergangserscheinung in den Offizin des 15. Jahrhunderts stellen die Rubrikatoren dar. Sie gingen den Text mit Feder und/oder Pinsel durch, fügten in Schönschrift Initialen ein und markierten mit zum Teil mehrfarbigen Strichen Satz- oder Sinngrenzen, Aufzählungen, Absätze u. ä. In vielen Drucken wurde nicht nur Raum für Miniaturen, sondern auch – und dies entschieden häufiger – für die Anfangsbuchstaben der Kapitel ausgespart. Sie konnten dann im nachhinein in mehr oder weniger aufwendiger Form durch einen Rubrikator eingefügt werden. Mit fortschreitender Entwicklung des Buchdrucks setzte man in diese Freiräume als Provisorium den fehlenden Buchstaben in Minuskelform. Der Text war dann leichter zu lesen, wenn die Vervollständigung per Hand ausblieb, was bei höheren Auflagen oft der Fall ist.

Da die Rubrikatorentätigkeit ohne eine Lektüre des Textes

unmöglich ist, lag es nahe, diesen Personenkreis auch für das Korrekturlesen zu gewinnen. Dies dürfte beispielsweise auch bei der Fertigstellung der Gutenberg-Bibel geschehen sein.[87] Erst später mag sich dann das Verhältnis umgekehrt haben; die spezifischen Aufgaben der Korrektoren traten in den Vorder- und die kalligraphischen der Rubrikatoren in den Hintergrund. Das Rubrizieren verlagerte sich im typographischen Prozeß nach vorne, wurde von der Vor- oder Hauptkorrektur übernommen und damit dann auch typographisch substituiert: Virgel, Rubrum und andere Sequenzierungsmarkierer der skriptographischen Textverarbeitung erscheinen im Bleisatz. Handschriftliche Nachbesserungen verschwinden im 16. Jahrhundert aus dem System der typographischen Informationstransformation. Dafür treten andere Formen des nachträglichen Korrigierens in den Vordergrund, die nicht mehr als Übergangserscheinung zwischen der alten skriptographischen und der neuen typographischen Technologie und Ästhetik zu verstehen sind. Die letzte Korrekturschleife erhält neue Protagonisten und Funktionen. Sie führt jetzt, wie die anderen Regulationskreise auch, zum Setzen zurück. Zu ihrer Grundfunktion wird, auch nach Einleitung des eigentlichen Auflagendrucks und nach dem Beginn oder gar dem Abschluß des Zusammenlegens noch Veränderungen an den Produkten zu ermöglichen.
Die einfachste Form einer solchen nachträglichen Veränderung ist die sogenannte ›Preßkorrektur‹. Bei ihr unterbricht man den Druck und korrigiert die übersehenen Fehler in den Druckformen. Dies führt dazu, daß aus einer Vorlage zwei oder mehrere, frühere und spätere, fehlerhafte und weniger fehlerhafte Druckvarianten entstehen.[88] Weiterhin kann es sich im Verlauf des Auflagendrucks herausstellen, daß es sinnvoll ist, die ursprünglich angepeilte Auflage zu erhöhen. Auch dies ist eine Form der Korrektur des typographischen Prozesses. Von ihr haben schon Gutenberg und Schöffer bei der Fertigstellung der 42zeiligen Bibel Gebrauch gemacht.
Es gibt noch eine ganze Reihe weiterer Faktoren, z. B. das Zerstören einzelner Lagen, die nach dem Anlaufen des Auflagendrucks zu einer Nachbesserung nötigen können. Wenn die ursprünglich verwendeten Druckformen zum Zeitpunkt dieser Ereignisse oder Entscheidungen schon abgelegt sind, wird ein Neusatz der ent-

sprechenden Druckformen erforderlich. In der Buchforschung spricht man von ›Zwitterdrucken‹, um die dann entstehenden Bücher zu charakterisieren.[89] Eine die Uniformität der typographischen Druckform nicht zerstörende und deshalb elegantere Form der Nachbesserung als die Preßkorrekturen sind die schon angesprochenen Druckfehlerverzeichnisse oder ›Errata‹. Sie werden auf Anweisung der Korrektoren, oft auch auf jene der Autoren, denen dann offenbar das schon fertige Werk zu einer letzten Durchsicht vorlag, an den Text angehängt.

»*O wievyl sollich Irrung in geschribnen bücher ich erfunden hab*«, klagt etwa H. Brunschwygk am Ende des von ihm verfaßten *Destillierbuchs* (Straßburg 1500, f. 004v), und führt dann zwei Spalten lang genau aus, welche Worte auf welchen Seiten in welchen Zeilen in seinem Buch ›*durch den Leser*‹ verändert werden sollen.

Der Charakter der Druckfehlerverzeichnisse als eine Korrektur der (Haupt)Korrektur der Korrekturen kommt auch in Johann Dietenbergers Bibelübersetzung aus dem Jahre 1534 zum Ausdruck. »*Was durch eilen im truock vbersehen ist /findest du am ende dieser bibel*«, heißt es in der Vorrede. Dort entschuldigt man sich dann beim ›aller guetigsten Leser‹: »*Wiewol wir mueglichen fleyss nit gespart / Diß werck ... on allen manngel ... zu trucken / so habe(n) wir doch nach außga(n)g [!] desselbige(n) / zum andern mal solchs widerum(b) zu überlesen / kein verdrieß gehabt / damit dem lesterrer / nit stat vnd raum gegeben werd / diß heylig buoch zu tadeln vnd zu straffen / Vnd haben die noetigsten vnd fürnemsten faehle oder jrru(n)ge / so bißweylen hierinne / von wegen / der kurtzen / angesprengten zeit / darinn diß buoch zuo tra(n)sferirn / zu corrigern / vnd zu trucken fürgenommen worden ist / hiernach volgend angezeigt.*«[90] Nach dieser Betonung der Selbstkorrektur folgt dann noch der Hinweis auf die Notwendigkeit einer weiteren Korrektur durch die Leser: »*Dann es ist vnmüglich das in solchen grossen büchern nit zu zeitten maengel vnd faehle solten übersehen / vnnd gespürt werden.*« (Ebd.) Selbst das Druckfehlerverzeichnis wird nicht alle Mängel ausräumen. Der Prozeß der typographischen Datenverarbeitung ist so komplex, daß auch mehrfache, institutionalisierte Korrekturvorgänge nicht alle ›Irrtümer‹ beseitigen können. So wird auch der Leser in die Korrekturschleife mit einbezogen.

2.6
›Dye unuyssprechlich nutze kunst boicher tzu drucken‹: Die soziale Umwelt und ihr Verhältnis zur neuen Informationstechnologie

Daß die Erfindung irgendeines Werkzeuges von den Mitmenschen bemerkt wird, ist an sich schon unwahrscheinlich. Daß ein neues Werkzeug zu einem Medium wird, welches das Leben größerer Gruppen von Menschen verändert, ist noch weit unwahrscheinlicher. Daß eine Maschine, wie es beim ›Truckwerk‹ der Fall ist, nicht nur die Identität einer Gesellschaft, sondern diejenige nahezu aller europäischer Kulturen und bald darüberhinaus auch diejenige weit entfernter Länder verändert, ist ein so unwahrscheinlicher Vorgang, daß er in der Menschheitsgeschichte nur wenige Parallelen hat.

In den folgenden Abschnitten soll den Kräften nachgespürt werden, die es vermochten, so hohe Unwahrscheinlichkeiten in Wahrscheinliches zu transformieren. Wie sich am Beispiel des Schicksals der Drucktechnologie in Südostasien zeigen läßt, besaß die ›Trukkerei‹ an sich keineswegs jene weltbewegenden Eigenschaften, die ihr in Europa im 15. und 16. Jahrhundert zugewachsen sind.

Will man die kulturelle Bedeutung dieser und jeder anderen Technologie abstecken, so muß man sich auch deren Umwelt zuwenden. Diese Umwelt besteht nicht nur aus anderen Werkzeugen, Technologien und Rohstoffen, sondern auch und vor allen Dingen aus einzelnen Menschen und sozialen Gemeinschaften. Welchen Entwicklungsweg irgendeine technische Erfindung beschreiten kann, hängt von den Reaktionen der Umwelt ab. Es sind die Wünsche der Menschen jener Zeit, die die Druckerpresse, die Lettern und die Bücher zu einem Medium der Veränderung kultureller Identitäten gemacht haben. Ihr Handeln setzte die Maschinen in Gang, schuf die Flut neuer Bücher, ungewohnte Kommunikationskanäle – und damit natürlich auch eine Reihe von unerwarteten neuen Problemen, die wiederum durch Technik gelöst werden mußten und die erneute Einstellungsveränderungen nach sich zogen.

Genaugenommen gehören nicht nur die Zeitgenossen des 15. und 16. Jahrhunderts zur Umwelt der typographischen Typologie, sondern auch die mittelalterliche Kultur. Auf diese historische Umwelt und damit auf das, was man gemeinhin als ›sozialhistorische Voraussetzungen des Buchdrucks‹ anspricht, kann hier nicht ausführlich eingegangen werden. Um hier gründlich zu werden, müßte man, wie schon im Abschnitt 1.4 angekündigt, sowohl die damaligen skriptographischen, oralen und anderen Formen der Informationsverarbeitung und Kommunikation als auch deren soziale Umwelt betrachten. Die Ergebnisse dieser Untersuchung wären mit der Beschreibung des Buchdrucks und seiner Zeit zu vergleichen.

Vermutlich zeigte sich bei diesem Vergleich, daß ältere Kommunikationsformen immer weiter differenziert, standardisiert und sozial organisiert wurden, bis so komplexe Technologien und kommunikative Vernetzungsformen entstanden, daß sie sich kaum mehr in ökonomischer Weise beherrschen ließen. Eine weitere extensive ›Verbesserung‹ traditioneller Formen der Informationsaufnahme, -kodierung, -speicherung und -weitergabe nach dem Muster ›Mehr-vom-selben‹ führte das Vorhaben ad absurdum.

Kein Fürst oder Bischof konnte sich mehr um die Verbreitung der zahlreichen, ihm zur Approbation übersandten Werke kümmern. Die eingefahrenen Veröffentlichungswege vermochten die Flut der Schriften nicht länger zu fassen. Die Konzilien als Produzenten mittelalterlicher Öffentlichkeit machten sich lächerlich, wenn sie so lange tagten, daß ihre Teilnehmer darüber hinwegstarben. Es half keinem Handwerk auf, wenn sich jeder Künstler sein eigenes Muster- und Rezeptbuch schrieb und dieses bestenfalls seinen Nachkommen zugänglich machte.

Auf der anderen Seite brachte die Ausdifferenzierung und Institutionalisierung der Kommunikationstechniken die Möglichkeit ihrer Technisierung mit sich. Man benutzte normierte Schriften, schrieb die Texte arbeitsteilig, verwendete mehrere Schrifttypen und standardisierte die einzelnen Gattungen. Diese Zergliederung komplexer Vorgänge schuf erst die kognitiven Voraussetzungen für eine technische Substitution der einzelnen Arbeitsgänge. Jene Höhepunkte kommunikativer und medientechnischer Differenzierung sind der Augenblick, in dem alternative Medien ihre Chance bekommen. Die Chancen können genutzt werden, wenn, wie im spätmittelalterlichen Europa, soziale Faktoren für eine Umorientierung auf neue Medien sprechen. Seit dem 12. Jahrhundert wuchs der Verwaltungsaufwand in den Städten beständig an, das Rechtsleben wurde zunehmend verschriftlicht, die Zusammenballung der Bevölkerung verstärkte sozialkritische Auseinandersetzungen und auch die Laien wollten in diesen ideologischen Diskussionen, die natürlich auch in der Schrift geführt wurden, nicht abseits stehen.[91] In vielen Bereichen der Wirtschaft ließ sich die geteilte Arbeit nur noch mit Hilfe von schriftlichen Programmen wieder zusammenführen. Überall wiederholte man immer wieder die gleichen Verwaltungsakte im schriftlichen Medium, so daß es sich lohnte, hier mit Vordrucken die Arbeit zu erleichtern, sie weiter zu normieren und damit auch die sozialen Prozesse überprüfbar zu machen. Da, wie die Analyse des Typographeums herausstrich, eine ausreichende Menge handschriftlich gespeicherter Informationen und eine breite Alphabetisierung eine Grundbedingung für den Buchdruck gewesen sind, traf die Gutenberg-Erfindung in Europa auf einen bestens vorbereiteten Boden.

Dieses soziale Umfeld muß in hellenistischer Zeit und in der römischen Antike gänzlich anders ausgesehen haben. Man weiß, daß es das Bedürfnis nach Vervielfältigung von Manuskripten und zur Standardisierung von Texten auch damals schon gab. Das Buchwesen in Rom scheint nach allem, was wir wissen, sogar entwickelter gewesen zu sein als jenes der mittelalterlichen Stadt. Schon gegen Ende des 5. vorchristlichen Jahrhunderts »*wurden Bücher neben anderen Waren übers Meer exportiert*«; es gab Massenanfertigungen von Büchern durch Schreiber, Buchläden und Buchsammlungen.[92] Selbst wenn die sagenhaften 120000 Rollen der Bibliothek von Alexandria übertrieben sind, so wäre noch 1/10 dieses Bestandes das Vierfache der vermutlich größten mittelalterlichen Bibliothek, jener der Pariser Universität.[93] Wir wissen weiterhin, daß zahlreiche technische Verfahren, auf die Gutenberg zurückgreifen konnte, nicht erst seit dem Mittelalter, sondern, wie der Stoffdruck, die Münzprägung, die Stempelgravur und vieles andere, schon seit Jahrtausenden bekannt gewesen sind. Und im Prinzip kann man natürlich nicht ausschließen, daß Gutenbergs Kunst oder ähnliche Druckverfahren schon in jener Zeit – und vielleicht später noch öfter an verschiedenen Orten der Erde – erfunden wurden. Aber sicher ist, daß diese Erfindung keine gesellschaftliche Resonanz gefunden hat. Die Verbesserung der Wasserversorgung und die Beheizung der Thermen spornte die Erfindergabe in der Antike mehr an als die Verbesserung der Druckverfahren und deren Anwendung auf die Manuskripte. Wenn die Gesellschaft sich mit Geld und Begeisterung der Technisierung einer Kommunikationsform hingab, dann der mündlichen. Davon zeugen die riesigen ›Theater‹ in den alten griechischen Städten und die umsichtige Anlage der Marktplätze, der Agorai. Die wenigen Ausnahmen von dieser Regel, etwa die Celsus-Bibliothek in Ephesus, müssen sich mit vergleichsweise bescheidenen Dimensionen begnügen. Die Masse der Bevölkerung verharrte letztlich in tiefem Mißtrauen gegenüber den skriptographischen Formen der Informationsverarbeitung.[94] Wer etwas auf sich hielt, überzeugte durch die Rede. Die Frage nach der ›Utilitas librorum‹ bewegte zwar auch in der Antike schon die Gelehrten, blieb aber selbst in deren Kreis unentschieden und scheint niemals zu einer breiten gesellschaftlichen Diskussion geführt zu haben.

Erst die Emanzipation der schriftlichen Medien von der Rede und ihre soziale Prämierung zunächst in einzelnen Institutionen und dann in immer breiteren sozialen Gruppen des europäischen Spätmittelalters schuf die Grundlage für ein schichtenübergreifendes Interesse an einer Technisierung der Kommunikation. Erst als die Schrift zu einer Alternative zur Rede geworden war, konnte auch der Buchdruck als ein Kontrapunkt zu beiden empfunden werden.

Der Buchdruck in China und Südkorea: Ein nützliches Werkzeug

Selbst dort, wo in alter Zeit Bücher gedruckt wurden, in China und in Südkorea, veränderten die technischen Innovationen nicht das soziale Gefüge, sondern stabilisierten es.

Xylographische Drucke religiöser Werke in hohen Auflagen sind in China seit der Regierungszeit von Ming Huang (712-756) bekannt.[95] Das gesellschaftliche Bedürfnis, das diese Drucke hervorbrachte, besaß damals schon eine ehrwürdige Geschichte. Es ging den Druckern und ihren Auftraggebern um die Verbreitung und ›Belebung‹ der Schriften einer religiösen Autorität, in diesem Fall von Konfuzius, und um die Autorisierung einer bestimmten Textvariante. Im Dienste einer solchen Standardisierung und einer zentralen Kontrolle der Informationsverarbeitung und des Nachrichtenwesens verblieb der Druck in China bis in die Neuzeit hinein. Er optimierte Möglichkeiten, die schon der skriptographischen Technologie innewohnen. Man konnte bei seiner Durchsetzung folglich auch an die Projektionen anknüpfen, die die Gesellschaft schon immer mit der Schrift verbunden hatte. Qualitativ andere Hoffnungen oder Ängste rief das Medium nicht hervor.[96]

Auch die technische Perfektionierung der Druckverfahren und die thematische Ausweitung der Informationen, die mit ihrer Hilfe verarbeitet wurden, änderten an dieser Grundausrichtung wenig.

1103 erschien eine technische Beschreibung des Tempelbaus mit holzgeschnittenen Zeichnungen und einem Umfang von tausendundachtundsiebzig Seiten. 1145 wurden diese ›Bauvorschriften‹ in abgeänderter Fassung erneut im Druck vervielfältigt. Der Druck dieses ersten Baubuches hat es ermöglicht, die Ausgaben der Baubehörden in dem riesigen chinesischen Reich zu überwachen, *»die Staatsausgaben zu kontrollieren«*.[97] Ein Anreiz für die Schaffung technischer Literatur, wie sie in Europa recht bald nach Einführung des Buchdrucks entstand, ging von jenem Werk nicht aus.

Auch in Korea, das wegen seiner geringeren Ausdehnung ganz andere Kommunikationsprobleme zu bewältigen hatte als das chinesische Großreich, besaß der Buchdruck bis zu seinem Reimport aus Europa nur eine sehr begrenzte Wirkung. Man nimmt an, daß in Korea zuerst 704 die Dharani Sutra mit einer Auflage von weniger als hundert Kopien gedruckt wurde. Bald weitete sich das kaiserliche Druckunternehmen gewaltig aus: die ›Tripitaka‹ wurde im 11. und 12. Jahrhundert bei einem Umfang von tausend Seiten mehrfach aufgelegt. Zuletzt standen 81258 Holzstöcke zur Verfügung. Vermutlich seit dem 13. Jahrhundert war man in der Lage, mit Hilfe von beweglichen Lettern, die im Sandgußverfahren hergestellt wurden, zu drucken. Aber auch diese technische

Erfindung mobilisierte keine revolutionären Phantasien: Die Druckerei – und es gab vermutlich im mittelalterlichen Korea immer nur eine einzige am Sitz des Herrscherhauses – blieb ein Mittel zur Zentralisierung von Information in der Hand des Königs. Er kontrollierte die Auflagenhöhe und die Institutionen, an die die Bücher verteilt wurden. Die private Produktion und der freie Handel und Verkauf von Büchern waren untersagt.[98]
Über den wohl typischen Einsatz der Technik und die Erwartungen, die sich mit ihm verbunden haben, unterrichtet uns Ri Kju-bo (1181-1241) im Nachwort zu einem Gesetzbuch. *»Zum Glück«*, heißt es dort, *»ist das Gesetzbuch nicht verloren gegangen. Es wurden davon mit metallenen Lettern 28 Exemplare gedruckt und an die Ämter zur Aufbewahrung geschickt.«*[99] In hohen Auflagen druckte man nur Geldscheine oder Einblattdrucke, ansonsten legten die Verwaltungsstrukturen die Auflagenhöhe fest. Wenn es nur 28 Gerichtsstellen gab, dann wurden eben nur 28 Gesetzbücher gedruckt. Der Buchdruck diente, wie schon jahrhundertelang zuvor das skriptographische Medium, der Technisierung der institutionellen Kommunikation. Der Alltag blieb von seinen Segnungen weitgehend verschont.

Auch die Wünsche, die sich mit dem Einsatz des Drucks verbanden, unterschieden sich kaum von jenen, die den Gebrauch der Schrift schon immer begleitet hatten. Weil das Gesetzbuch gedruckt wurde, deshalb wird es nicht mehr verlorengehen. *»Gedruckt für ewige Zeiten mit neu angefertigten Lettern«*, heißt es im Lied des Mönches Ch'üan 1239.[100] Möglich, daß man annahm, der Druck mache die Datenspeicherung über längere Zeiträume sicherer als die skriptographischen Medien, aber als Mittel gegen das Vergessen pries man auch jene schon von Anbeginn an. Und solange sich die Verteilernetze durch den Einsatz der Drucktechnik nicht änderten, blieb es letztlich auch gleichgültig, in welchem Medium man die Informationen ablegte. Weiterhin deponierte man die Gesetzbücher an den gewohnten Stellen (›Ämtern‹). Sie waren zwar standardisiert, aber wenn die Institutionen, in denen sie gelagert wurden, eingingen, dann bestanden auch für das Überleben der Texte nur geringe Erfolgsaussichten.
In Europa sprengte der Buchdruck, wie in den folgenden Kapiteln

gezeigt wird, die Grenzen der traditionellen Institutionen und damit auch der überkommenen skriptographischen Kommunikationsnetze. Der Typographie wurden quantitativ andere Fähigkeiten als dem Schriftgebrauch zugeschrieben und die sozialpolitischen Utopien, die sich an diese Technologie knüpften, fielen entschieden radikaler aus als die Hoffnungen, die in den Vor- und Schlußreden der Druckerzeugnisse in China oder Korea in jener Zeit geäußert werden.

Oft wird argumentiert, eine typographische Informationspolitik sei in Asien nicht ausgebaut worden, weil unüberwindliche Kodeprobleme bestanden hätten: Die chinesische Sprache – in der über lange Zeit hinweg auch in Korea gedruckt wurde – sei zu kompliziert, sie lasse sich nicht auf einen relativ kleinen Satz von Zeichen reduzieren, der für eine effiziente typographische Datenverarbeitung Voraussetzung ist. Gewiß kann nicht geleugnet werden, daß diese Sprachstruktur ein Hindernis bedeutet.[101] Aber die Durchsetzung der typographischen Kommunikation machte es in Europa erforderlich und möglich, ganz andere Hindernisse aus dem Weg zu räumen: Nicht nur wurden die sprachlichen Verhältnisse vollständig umstrukturiert – das Latein verlor seine Monopolstellung, es entstanden standardisierte Nationalsprachen mit schriftlicher und mündlicher Existenzform und die Stellung der Mundarten in der Hierarchie der Sprachen veränderte sich grundlegend – auch uralte religiöse Mythen wurden durch neue ersetzt, soziale Normen mit mehr als tausendjähriger Geltung zerschlagen, das Selbstbild des Individuums neu gezeichnet usw. Viel wahrscheinlicher ist vor diesem Hintergrund die Annahme, daß eine Gesellschaft, die sich Identitätsänderungen vom Einsatz der Drucktechnik verspricht, leicht auch Wege findet, Unzulänglichkeiten des Kodesystems zu überwinden.
Im mittelalterlichen China und Korea scheinen sich aber solche Wünsche nach Veränderung herrschender Verhältnisse, wenn sie denn überhaupt bestanden, nicht mit den Kommunikations- und Informationsmedien verknüpft zu haben. Und als es dann zaghafte Ansätze zu einer Umgestaltung der Informationspolitik durch den Einsatz des Drucks gab, da schuf man auch prompt ein neues Schriftsystem.

Kaum etwas könnte diese These besser belegen als die Anstrengungen des bedeutenden Reformkönigs Sejong, der zwischen 1419 und 1450 oder 51 in Korea regierte. Gemeinsam mit mehreren ausgewählten Gelehrten entwickelte er eine eigenständige, an keine vorhandenen Schriftformen anknüpfende phonetische Schrift.

1446 wurde sie gegen den Protest der eher an der chinesischen Kultur orientierten Intelligenz eingeführt. Wie aus der Einleitung des Erlasses und anderen Äußerungen des Königs und seines Sohnes hervorgeht, versprach man sich von der sogenannten ›Hangul‹-Schrift sowohl Erleichterungen bei der Alphabetisierung als auch bei dem Druck von Texten mit dem von diesem König und seinem Vorgänger Taejong bevorzugten Letternsatzverfahren. Sofort begann man, wichtige Texte in der neuen Sprache zu drukken. In der *Abb. 16* ist eine Seite eines religiösen Textes wiedergegeben, die mit einer Mischung aus Hangul-Typen und klassischen Ideogrammen noch in den 40er Jahren gedruckt wurde.[102]

Die aus ursprünglich 28 Zeichen aufgebaute Hangulschrift hat das umständlichere alte Kodesystem aber nicht verdrängen können. Über Jahrhunderte hinweg konkurrierten beide Systeme miteinander, mal dominierte das eine, mal das andere. Die Reform von oben in der ersten Hälfte des 15. Jahrhunderts führte auch nicht zu einer Umstrukturierung des nachrichtentechnischen Systems. »*Fast alle von Einzeltypen gedruckten Bücher*« wurden weiterhin »*durch den Königshof veranlaßt.*« Bis weit in das 19. Jahrhundert hinein blieb das Druckwesen »*ganz im Besitz der herrschenden Schicht.*«[103]

Sejongs Reformen gaben auch nicht den Anstoß zu allgemeinen Alphabetisierungskampagnen, wie sie das ausgehende 15. und das beginnende 16. Jahrhundert in einigen Ländern Europas und vor allem in Deutschland erlebte.[104] Die religiöse Elite verachtete die neue Schrift als ›Onmun‹, d.h. als Vulgär- oder Frauenschrift.[105] Beim ›gemein man‹ fehlte das ausgeprägte, keine Risiken scheuende Bedürfnis nach einem autonomen Zugang zu den gedruckten Daten, wie es aus den – oben zitierten – Äußerungen und dem Verhalten von Valentin Ickelsamer und seiner Zeitgenossen spricht. Die ›reformatorischen‹ Bewegungen des 15. und 16. Jahrhunderts in Deutschland gingen von der zentralen Bedeutung der Informationspolitik aus. ›Selber lesen‹ sicherte eigenes Urteilen

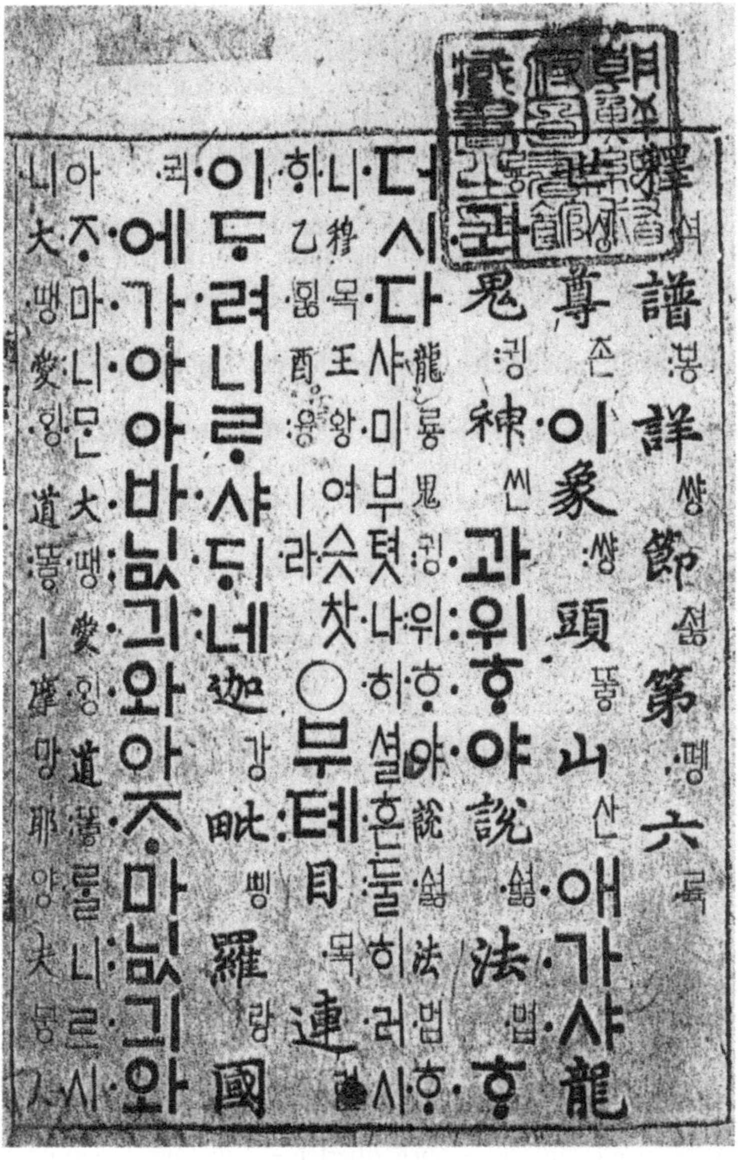

Abb. 16: Buchdruck mit beweglichen Lettern und Hangul-Typen in Korea im 15. Jahrhundert

und erst dieses versprach eine Befreiung aus der Vormundschaft traditioneller Eliten in den Gedanken und in der Tat. So stand die Drucktechnologie in Europa von Anfang an im Zentrum der Aufmerksamkeit der politischen Parteien. Sie war Ziel und zugleich Mittel sozialer Bewegungen. Und nur diese Aufmerksamkeit macht die, wie der Verlauf der Geschichte in Südostasien zeigt, ganz unwahrscheinliche und noch dazu ungemein rasche Aufnahme der ›ars nova ingeniosa‹ durch die Gesellschaften der frühen Neuzeit in Europa verständlich.[106]

Gutenberg selbst hat für seine damals noch ziemlich unklaren Vorstellungen über das ›Truckwerk‹ schon in der Straßburger Zeit von den verschiedensten Leuten Geld, viel Geld bekommen.[107] Sie mußten dabei auf seine Worte, seine Wunschvorstellungen, vertrauen. Von der Maschine selbst und der notwendigen Technologie war zu Beginn nahezu nichts und später, als Fust große Summen – man würde heute sagen ›Risikokapital‹ – in das Geschäft steckte, nur sehr wenig vorhanden. Alle diese Gelder waren Anleihen auf eine Idee und ihre Höhe sagt einiges über die Faszination aus, die von dieser Idee auf die Zeitgenossen ausging.

Es hat ganz den Anschein, als ob sie größer war als jene, die von der Computeridee Konrad Zuses in den vierziger Jahren unseres Jahrhunderts ausging.[108] Fachkollegen unterstützten die Entwicklung der Maschine zwar, aber sie wurde in Deutschland nicht als etwas wahrgenommen, mit dem man gesellschaftliche Wünsche erfüllen kann. Womöglich hätte man seine Arbeiten ganz vergessen, wenn nicht an anderen Orten, in Amerika und in England, vergleichbare Ideen entwickelt und entschieden gefördert worden wären. Die schnelle Ausbreitung der Computertechnologie hängt ähnlich wie jene der Typographie ganz entscheidend von dem Rang ab, den man dieser Technik bei der Erfüllung sozialer Utopien zuspricht.[109]

Dem Buchdruck brachte die Öffentlichkeit von den ersten sichtbaren Versuchen an große Neugier entgegen. Nicht nur die Mainzer Geschäftswelt und der Klerus bemühten sich um Kontakt mit Gutenberg, bald schon wurde man auch weiter entfernt auf die ›*ars impressoria*‹ aufmerksam.[110] 1458 beauftragte Karl VII. von Frankreich einen Angestellten seiner Münze, Nikolaus Jenson, damit, in

Mainz die ›*invention de imprimé par poincons et charactères curieux*‹ auszukundschaften, um ihre Einführung in Paris damit zu ermöglichen.[111] Die Erfindung wird – zuerst 1474 – in Chroniken verzeichnet, in Meisterliedern besungen, es entstehen Lobgedichte anläßlich des 50. Jahrestages des ›ersten gedruckten Buches‹; 1507 wird ein erster Gedenkstein zu Ehren Gutenbergs in Mainz errichtet, 1541 erscheinen Preisgedichte zur 100-Jahrfeier und 1640 schließlich wird das Erfinderjubiläum in aller Form, mit Festschriften und Festreden begangen.[112]

Was riß die Menschen in der frühen Neuzeit zu dieser Begeisterung hin? Was waren die Hoffnungen, die sich welthistorisch gesehen das erste Mal mit der ›Truckkunst‹ verknüpften und durch die erst der Weg für die nachfolgenden epochalen Veränderungen geöffnet wurde?

Dieser Frage wird in den folgenden Abschnitten ausführlich nachgegangen. Als Ausgangspunkt bieten sich die Antriebe des europäischen Erfinders des Drucks mit den beweglichen Lettern, Johannes Gutenberg, an. Er bildet gewissermaßen die früheste Umwelt der Drucktechnologie. Manche seiner Motive mögen sich freilich auch auf diejenige soziale Schicht verallgemeinern lassen, die ganz am Anfang mit seinen Büchern und mit der neuen Technologie zu tun hatte.

Gutenbergs Ziele: Eine Schönschreibmaschine ohne Schreibrohr, Griffel und Feder

Gerne wüßte man mehr darüber, was Gutenberg eigentlich erfinden wollte und welche Motive ihn dabei so beflügelten. Leider sind von ihm keine Zeugnisse über seine Intentionen überliefert. Man kann also nur spekulieren und sich dabei auf einige wenige ›äußere‹ Daten, Gerichtsprotokolle und die spärlichen Äußerungen von Zeitgenossen stützen. Wie nicht anders zu erwarten, gehen die nachträglichen Motivzuschreibungen auseinander. Am plausibelsten scheint es, wenn man sich Gutenberg als einen technisch – im neuzeitlichen Sinne – außerordentlich begabten, mit der neuen Warenökonomie vertrauten und zu großen finanziellen

Risiken bereiten Menschen vorstellt, der dabei von einer künstlerischen Idee besessen war, die im Grunde ganz in der mittelalterlichen Tradition steht.[113]

Ursprünglich scheint er angetreten, die zu seiner Zeit immer deutlicher sichtbar werdenden Mängel eines sehr alten Kunsthandwerks, der ›*ars artificialiter scribendi*‹, zu beheben. Die durch Mönche, Gelehrte, aber auch durch die gewerblichen Schreibmeister angefertigten Bücher waren, gemessen an mittelalterlichen Vollkommenheitsidealen, in ihrer Mehrheit durchaus nicht vollkommen. Darüber täuschen die heute vielfach reproduzierten Prachthandschriften, die von besonders talentierten Schreibern und Illuminatoren hergestellt wurden, leicht hinweg. Der Geschmack, die Buchstaben richtig zu proportionieren und sie zueinander in das rechte Verhältnis zu setzen, die Worte auf den Zeilen und die Zeilen auf der Seite so zu verteilen, daß ein Gott und den Menschen gefälliges Werk dabei herauskam, war durchaus nicht allen Schreibern und selbst den begnadeten unter ihnen nicht alle Tage gegeben. In der Regel beherrschten sie nur wenige ›Schriften‹, rasche Umstellung von einer Schriftgröße auf eine andere und erst recht von einer Schriftart auf eine andere war ihnen oft gar nicht möglich. Je mehr im Spätmittelalter unter Zeitdruck geschrieben, vor allem abgeschrieben, wurde, je mehr Menschen zur Feder griffen, die weder über eine gründliche Ausbildung noch über die genügende Muße verfügten, umso unerfreulicher wurde der Anblick der Texte und umso schwieriger ihre Entzifferung.

Sicherlich hatte Francesco Petrarca, als er aufseufzte: *»wer soll aber etwas ausrichten gegen die Unwissenheit und Trägheit der Schreiberlinge, die alles verdirbt und vermischt?«*, nicht nur die Form im Auge.[114] Aber die flüchtigen Abschreiber verdarben eben auch die Inhalte. Gutenberg müssen diese und ähnliche Klagen bestens vertraut gewesen sein. Mit einem Mittel gegen ›solche, denen es an Gelehrsamkeit fehlt‹ (Petrarca), mochte er zwar nicht aufwarten, aber er schickte sich doch wenigstens an, etwas gegen die störende Physis der Schreiberlinge und für eine bessere Textform zu tun. Petrarca ist 1366, als er über die ›*Heilmittel gegen Glück und Unglück*‹ nachsann, eine Antwort auf seine selbstgestellte Frage schuldig geblieben. Selbst was die Textform anging, durfte seine Zeit kaum auf eine durchschlagende Besserung hoffen.

Nun sind im Verlauf der Geschichte natürlich schon vor Gutenberg von verschiedener Seite Anstrengungen unternommen worden, die handschriftliche Kommunikationstechnologie zu verbessern. Für lange Zeit wegweisend waren etwa die Einführung der karolingischen Minuskel – ein hochgradig kodifizierter Kode – und die Schaffung entsprechender Ausbildungsinstitutionen.[115] Dies führte zu einer gewissen Standardisierung der schriftlichen Kommunikation. Die weitere Entwicklung ist dann wieder durch eine erneute Spezialisierung der ›Geschriften‹ für die verschiedenen Lebensbereiche gekennzeichnet. Kirche, Universitäten, städtische und überregionale Verwaltungen entwickelten unterschiedliche Schrift- und Ausbildungstraditionen.[116] Die entstehenden Ausbildungsprobleme versuchte man mit einer Technisierung des Schreibens, man kann auch sagen ›Taylorisierung‹, zu bewältigen. Zumindest die berufsmäßigen Kanzleischreiber lernten die ›Schriften‹ nicht mehr nebenbei im praktischen Werkunterricht, sondern in speziellen Unterrichtskursen. Die uns überlieferten frühen Schreibanweisungen, angefangen mit einer Berner Handschrift aus dem 9. Jahrhundert über die ›*Forma discendi*‹ des Reutlinger Schulmeisters Hugo Spechtshart (gest. 1360) bis zum ›*Modus scribendi*‹ aus der Abtei Melk (um 1440), geben Auskunft über die Prinzipien der Zerlegung der Schriften in Buchstaben und teilweise auch über die Handbewegungen, die erforderlich waren, um die einzelnen Buchstaben zu ›malen‹ und zu verbinden.[117]

Zu Beginn des 15. Jahrhunderts war jedenfalls das Schreiben ein technischer Prozeß, dessen einzelne Phasen gründlich reflektiert waren. Trotzdem, so konnte auch Gutenberg bemerken, ließen sich Harmonie und Ebenmaß durch eine Standardisierung der Schreibtätigkeit letztlich nicht erreichen. Seine Idee bestand nun darin, die schon standardisierte Schreibtätigkeit zu mechanisieren. *»Der Buchdruck, die erste vollständige Mechanisierung einer Handarbeit, zerlegt die Bewegung der Hand in eine Reihe von einzelnen Schritten, die wie die Drehung des Rades wiederholbar sind.«*[118]

Aber auch auf diese Idee war Gutenberg nicht als einziger gekom-

a) Ursprüngliche Formen

b) Nachträglich angefertigte Formen

Abb. 17: Das Kodesystem Gutenbergs:
der Typenapparat der 42zeiligen Bibel

men. In verschiedenen Ecken Europas, z. B. in Avignon und in den Niederlanden, versuchte man eine solche Mechanisierung durch die Verbesserung des Stempeldrucks, entweder in Holz oder in Metall, zu erreichen. Gutenberg zeichnete sich in seinem Vorgehen durch eine besondere Radikalität aus: Nicht nur die Hand und deren Schreibfunktion sollte durch ein Werkzeug substituiert oder verstärkt werden, sondern die ganze Person, der Schreiber sollte durch eine Maschine ersetzt werden.

Vieles spricht dafür, daß die aus den sechziger und siebziger Jahren des 15. Jahrhunderts belegten Hoffnungen auf eine schnelle Vervielfältigung (multiplicatio) und billige Herstellung eher ein willkommener Nebeneffekt dieser Maschine denn die ursprüngliche Intention von Gutenberg gewesen sind. Wenn es ihm primär auf eine Vervielfältigung von Handschriften – einen Kopierautomaten zu gemeinem Nutzen – angekommen wäre, hätte er es viel einfacher haben können. Statt der annähernd dreihundert verschiedenen Lettern, die er verwendete, um seine Bibel zu einem Werk zu stilisieren, das es mit jeder handschriftlichen Fassung aufnehmen konnte, hätte er leicht mit weniger als einem Viertel des Zeichenreservoirs auskommen können – wie recht bald seine Nachfolger.

Ein Blick auf die *Abb. 17*, die einen Ausschnitt aus dem Typenapparat Gutenbergs wiedergibt, zeigt, in welch vielen Varianten die einzelnen Buchstaben unseres Standardalphabets in diesem enthalten waren. Neben den vielen durch Querstriche oder Punkte über den Buchstaben gekennzeichneten Abkürzungen und den Ligaturen besteht das Kodesystem Gutenbergs nämlich auch aus einer Vielzahl von Nebenformen, Anschlußbuchstaben, ›spitzköpfigen‹ und ›überhängenden Formen‹. A. Ruppel hat in seinem großen Gutenberg-Buch eine Auswahl dieser Typen zusammengestellt und deren strukturelle Eigentümlichkeiten erläutert.[119] (*Vgl. Abb. 18*) Dank dieser zusätzlichen Formen wird es möglich, den Abstand zwischen den Buchstaben ungemein präzise zu variieren. Aber wozu diese Varianz?

Wenn man sich vergegenwärtigt, wieviel Mehrarbeit jede einzelne zusätzlich gegossene Letter zunächst bei der Herstellung und dann beim Setzen bedeutet, so drängt sich die Frage auf, warum es

1. Regelrechte Typen oder Hauptformen.

2. Anschlußbuchstaben, d. h. normale Typen, die seitlich abgefeilt wurden.

3. Spitzköpfige Formen, die mit dem zugespitzten Hauptbalken anfangen und für die eigene Stempel geschnitten wurden.

4. Nebenformen, d. h. doppelte, auch dreifache Darstellungen einiger Buchstaben in veränderter Zeichnung.

5. Ligaturen oder Doppelbuchstaben, d. h. zwei zu einer Type zusammengezogene Buchstaben.

6. Überhängende, d. h. über die Mittelzeile hinausragende Buchstaben, die oben eine rechts hin über den Kegel vorspringende »Fahne« haben.

7. Mit Kürzungszeichen versehene Buchstaben, deren Striche, Punkte, Häkchen auch zuweilen überhängend gegossen sind, auch Ligaturen mit Kürzungszeichen kommen vor.

8. Selbständige Kürzungs- und Satzzeichen.

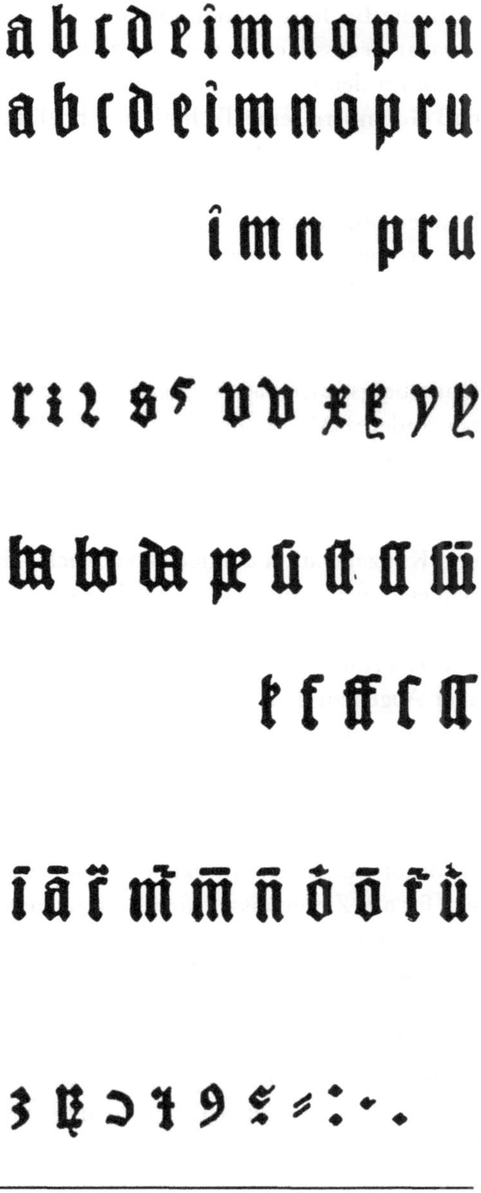

Abb. 18: Formen und Funktionen des Gutenbergschen Zeichenrepertoires

sich Gutenberg nicht einfacher gemacht hat. Billiger und schneller wäre die Buchproduktion geworden, wenn man auf die Vielzahl separat gegossener Lettern verzichtet hätte. Ähnlich rätselhaft bleibt für den neuzeitlichen Betrachter auf den ersten Blick auch, daß Gutenberg seine Technik so schnell auf jenes unvergleichlich monumentale Werk, das Alte und das Neue Testament, anwandte. Kalender, Lehrbücher und anderes, was uns heute viel leichter produzierbar, verkaufsträchtiger und publikumswirksamer erscheint, interessierten ihn nicht eigentlich. Vielleicht wäre ihm sogar der wirtschaftliche Ruin erspart geblieben, wenn er seinen Eifer in die Produktion solcher wohlfeiler Kleindrucke gesetzt hätte.[120]

Gutenbergs rätselhaftes Verhalten wird erklärbar, wenn man ihm ein anderes Motiv als jenes unterstellt, eine Art Photokopiermaschine zu schaffen, die schnell und billig Handschriften vervielfältigt. Zu suchen ist nach demjenigen Problem, für das Gutenbergs Vorgehen – Verwendung eines großen Zeichenrepertoires und Konzentration auf den Bibeldruck – die einfachste und überzeugendste Lösung darstellte. Dieses Problem ist die Verbesserung des Schreibens und die gesellschaftliche Durchsetzung dieser Verbesserung. Um die Überlegenheit der ›*nova ars scribendi*‹ vor aller Augen zu demonstrieren, war die ›Reproduktion‹ desjenigen Werkes, welches die Identität der mittelalterlichen europäischen Kultur wie kein anderes bestimmt hatte, gerade gut genug. An der Gestaltung der Bibel versuchten sich die besten Schreibmeister. Von ihr lagen zahlreiche Meisterwerke der skriptographischen Tradition vor. In der direkten Konkurrenz mit diesem Werk ließ sich für alle Zeitgenossen am überzeugendsten die Leistungsfähigkeit der neuen Kunst demonstrieren.[121] Und in diesem Meistersang blieb Gutenberg der Sieger.

Möglich war dieser Triumph seiner Schreibmaschine, weil er von vornherein nicht die Kopierpraxis und die Geschwindigkeit im Auge hatte. Unter jener Perspektive hat der Blockdruck eindeutig Vorteile: Man ›kopiert‹ die handschriftliche Vorlage – seitenverkehrt – auf eine geeignete Holzplatte und hebt die Buchstaben/Zeichen in der gewünschten Form aus dem Holz heraus. Druck und Vorlage liegen wie bei einem Faksimile nahe beieinander. Ist

einer Kultur diese Form von Ähnlichkeit wichtig, wie dies vermutlich bei den Chinesen über Jahrhunderte der Fall war, so wird sich das Bedürfnis nach beweglichen Lettern nicht durchsetzen.
Der Gedanke an bewegliche Lettern und damit an eine weit feinere Sequenzierung des Schreibens lag sehr viel näher, wenn man sich die Aufgabe stellte, jedes einzelne Zeichen, z. B. jedes einzelne ›A‹ in jedem Wort, auf jeder Zeile und auf jeder Seite eines Buches ›gleich‹ zu schreiben. Sollte ein beliebiges Wort auf der ersten Seite eines Buches genauso geschrieben werden wie auf der letzten, so war ein Ähnlichkeitsideal in die Welt getreten, an dem das Blockdruckverfahren scheitern mußte. Jeder Buchstabe muß dort – wie auch beim Stempelschnitt – von Hand in den Druckstock eingegraben werden und bei der Widerständigkeit des Materials ist nicht zu erwarten, daß dabei mehr Gleichmäßigkeit erreicht wird als in einer Handschrift. Die Gestalt der Buchstaben und die Abstände zwischen den Buchstaben und zwischen den Zeilen werden im Gegenteil vermutlich noch stärker variieren als bei geübten Schreibern.
Wenn Gutenberg unter einem ›besseren‹ Buch also einen Text verstanden hätte, welcher in sich selbst harmonisch konstruiert ist, so wäre er weder mit den traditionellen handschriftlichen Verfahren noch mit dem Block- oder Stempeldruck zufrieden gewesen. Ein ›besseres‹ Buch ist ein künstliches Buch. Ein künstliches Buch ist ein solches, das aus konstruierten Elementen aufgebaut wird, wobei auch die Relationen zwischen den Elementen wohlproportioniert sind. Der Regulation dieser Relationen dienen die meisten derjenigen Zeichen, die in Gutenbergs Setzkasten über das Standardalphabet hinausgehen. (*Vgl. Abb. 17 und 18*)
Nimmt man an, daß das Ideal einer ›künstlichen‹ Proportionierung der Textgestaltung Gutenbergs Grundidee gewesen ist, so werden die einzelnen Schritte seines alternativen Weges folgerichtig. Außerdem ordnet er sich mit diesem Ideal umstandslos in die über ganz Europa verbreitete Zeitströmung ein, der die Kunstwissenschaft den Namen ›Renaissance‹ gegeben hat. Er vollzieht auf dem Gebiet der Textgestaltung, was in seiner Zeit auch in der Architektur und Malerei anhebt. *»Schönheit (concinnitas) ist eine Harmonie aller Teile, in welchem Gegenstand sie auch erscheint, zusammengefügt mit solcher Proportion und Verbindung, daß nichts hinzuge-*

Altissimi presidio cuius nutu infantium lingue fi
unt diserte. Qui que niosepe puulis reuelat quod
sapientibus celat. Hic liber egregius. catholicon.
dnice incarnacionis annis M cccc lx Alma in ur
be maguntina nacionis indite germanice. Quam
dei clemencia tam alto ingenij lumine. dono que gra
tuito. ceteris terrarum nacionibus preferre. illustrare
que dignatus est Non calami. stili. aut penne suffra
gio. sed mira patronarum formarum que concordia ppor
cione et modulo. impressus atque confectus est.
Hinc tibi sancte pater nato cum flamine sacro. Laus
et honor dno trino tribuatur et uno Ecclesie lau
de libro hoc catholice plaude Qui laudare piam
semper non linque mariam DEO. GRACIAS

a) Faksimile

»Unter dem Schutz des Höchsten, durch dessen Gunst die Zungen der Unmündigen beredt werden und der oftmals den Geringen offenbart, was er den Weisen verbirgt, ist im Jahre der Menschwerdung des Herrn 1460 in Mainz, der Mutterstadt der glorreichen deutschen Nation, welche die Güte Gottes mit einer so hellen Erleuchtung des Geistes und gnädig vor allen Nationen der Erde auszuzeichnen und zu verherrlichen gewürdigt hat, dieses vortreffliche Buch Catholicon, nicht mit Hilfe von Schreibrohr, Griffel und Feder, sondern mit der wunderbaren Harmonie und dem Maß (Modul) der Typen und Formen gedruckt und vollendet worden. Darum sei Dir, Heiliger Vater, Dir, dem Sohn samt dem Heiligen Geist, dem Drei-Einigen und Einen Gott, Lob und Ehre dargebracht. Und Du, gläubiger Mensch des Universums, der Du nie aufhörst, die gebenedeite Maria zu loben, vereine Deinen Beifall mit dem Lob der Kirche für dieses Buch. Dank sei Gott.«

b) Übersetzung

Abb. 19: Die ästhetischen Intentionen Gutenbergs: das Kolophon des *Catholicons*, Mainz 1460

tan, weggenommen oder verändert werden könnte, ohne es zu verschlechtern«, so drückt L.B. Alberti in seinem Werk ›*De re edificatori*‹ (Florenz 1485) die Ideale der bildenden Künstler aus.[122] Dieses Arbeitsmotiv, diese *»Lehre wurde ad infinitum von Albertis Nachfolgern wiederholt – von denen nur Leonardo und Dürer als die berühmtesten genannt seien – und setzte dem älteren Postulat der Ähnlichkeit das der ästhetischen Auswahl entgegen und – zumindest soweit es auf ›Harmonie der Mengen‹, d.h. Proportion, ankommt – die der mathematischen Konstruktion.«* So hebt Erwin Panofsky die Bedeutung des Gedankens der Proportion für die Renaissance heraus.[123] In der Suche nach den ›*vera proporcione*‹ der ›*convenienza*‹ oder der ›*concinnitas*‹ treffen sich, von der italophilen Kunstwissenschaft unbemerkt, Gutenberg und Alberti, die *Ars nova scribendi* und die *Ars nova pingendi.*

Diese Annahme besitzt nicht nur logische und kulturhistorische Plausibilität. Zum einen wird sie zumindest indirekt von dem frühesten Dokument bestätigt, in dem wir einen Kommentar zur Gutenberg-Bibel finden. Als Enea Silvio de Piccolomini 1454 in Frankfurt die ersten Lagen des noch unfertigen Buches betrachten konnte, stach ihm zunächst die ›saubere‹ und ›korrekte‹ Schrift ins Auge. Ihn beeindruckte die Textgestaltung so, daß er in seinem Brief an den alternden Kardinal Juan de Caravajal diesem das Werk mit den Worten empfiehlt: *»Deine Gnaden würden sie mühelos ohne Brille lesen können!«*[124] Mehr Attribute waren in diesem Augenblick für die Verbreitung der Druckkunst offenbar nicht erforderlich.

Zum anderen weist die Buchforschung, wenn empirische Belege für die Intentionen Gutenbergs gesucht werden, immer wieder auf das rätselhafte Kolophon des *Catholicons* von 1460 hin.[125] (*Vgl. Abb. 19*) Sein Verfasser begründet nämlich die Besonderheit des neuen Verfahrens ausdrücklich mit dem Hinweis auf die ›*wundervolle Harmonie*‹ (concordia und proporcione), die mit den verwendeten neuen ›*Typen und Formen*‹ zu erreichen ist.[126] Offenbar übertrifft sie jene, die mit Schreibrohr und mit einem weniger großen technischen (›künstlichen‹) Aufwand zu erzielen ist. Und genau diese Überzeugung war es, die Gutenbergs Handeln als folgerichtig erscheinen ließ.

Rätselhaft ist diese Schlußschrift, weil sich ihr Verfasser nicht zu erkennen gibt. Es gibt aber keine Argumente, die gegen Gutenberg als Autor sprechen. Für ihn sprechen die geschilderten theoretischen Deduktionen über die Antriebe Gutenbergs. Für ihn spricht weiter der dem mittelalterlichen Geist verpflichtete Bescheidenheitstopos zu Beginn der Schlußschrift. Wenn sich die Offenbarung Gottes auf das Geschenk des Buchdrucks bezieht, und sich der Beschenkte – also Gutenberg – als ein ›Geringer‹ empfindet, dann ist es auch nur folgerichtig, daß er in der Tradition bleibt und seinen Namen nicht unter das Werk setzt. Mittelalterliche gläubige Demut verknüpft sich beim Verfasser des Catholicons mit Stolz und – wenn es sich denn um Gutenberg handelt – mit unbändiger Experimentierfreude. Wie ›*Curiositas*‹ und ›*Endlichkeitsdemut*‹ in eine Synthese gebracht werden können, hatte zu jener Zeit Nikolaus von Kues gezeigt.[127] Und von ihm weiß man, daß er mit ›dem Lob‹ für den Buchdruck in seiner Eigenschaft als Bischof und später als Kardinal nicht zurückgehalten hat. Vielleicht dachte Gutenberg bei diesen Worten an den Kusaner? Ein Exemplar des Catholicons ist jedenfalls irgendwie in die Hände des Kirchenmannes gelangt. Auf mögliche persönliche Beziehungen zwischen Gutenberg und Kues gehe ich später noch einmal ein.

Doch zurück zu den Fragen, warum sich mit dem Typendruck harmonischere Texte herstellen ließen und welche weiteren intellektuellen Voraussetzungen die neue Kodierungsform erforderte. Der Letternsatz setzt voraus, daß die ›Geschrift‹ als eine Kette von isolierbaren Zeichen interpretiert wurde. Ähnliche Zeichen mußten als Exemplar einer Art aufgefaßt werden. Für den Erfinder stellte sich die Aufgabe, ein solches Artmodell zu schaffen. Er schuf es in Form der ›Matrize‹, einer Gußform. Jeder einzelne Abguß einer Letter bedeutete dann eine Spezifikation dieses abstrakten Modells.

Sodann stellte sich das Problem der harmonischen Standardisierung der zahlreichen Artmodelle. Dieses Problem wurde gelöst, indem ein Typenrepertoire in Form von Stempeln (Punzen) geschaffen wurde. Jeder einzelne Buchstabe erscheint dann als ein Element dieses Systems von Punzen. So gesehen erweist sich das typographische Verfahren als ein solches, welches den einzelnen

Buchstaben (Letter) als ein Exemplar (unter beliebig vielen) eines Artmodells (Matrize) auffaßt, das selbst wiederum ein Element einer noch abstrakteren Art oder Gattung ist, eben der ›Schwabacher‹, ›Antiqua‹ oder anderer Typenrepertoires. Dieses hierarchische Denken auf verschiedenen Abstraktionsebenen ist jedenfalls eine logische Bedingung der Möglichkeit von Gutenbergs Erfindung.[128] Es steht im völligen Gegensatz zu dem mittelalterlichen Denken in ›Exempeln‹. Der einzelne Buchstabe ist nicht eine Imitation eines Musters, z. B. eines Textes eines Schreibmeisters, sondern eine künstliche, mechanische ›Realisierung‹ eines Artmodells. Auch jedes einzelne gedruckte Buch ist ein solches Exemplar einer Art, welche auf einem anderen Niveau emergiert als die Exemplare selbst: Die Buchexemplare liegen in Papier vor, die Druckformen aus Blei, die sie erzeugt haben, existieren nur für eine kurze Zeit. Das Buchexemplar verhält sich zur Druckform wie das Ding zu seinem Begriff. In bezug auf den Begriff sind die Dinge identisch. Die Möglichkeit einer solchen Hierarchisierung hat es für die mittelalterlichen Manuskripte nicht gegeben. Bestenfalls konnte man eine Handschrift zum primus inter pares erklären, sie als ein Musterexemplar behandeln, welches die anderen Abschriften mehr oder weniger gut imitierten.[129]

Der uns heute so selbstverständliche Gedanke der (materiellen) Vervielfältigung als Respezifikation eines Allgemeinen, z. B. einer Druckform, scheint für die Menschen im 15. Jahrhundert noch schwer faßbar gewesen zu sein. Noch 1485 werden alle Exemplare der ersten Ausgabe des Regensburger Meßbuches von mehreren Geistlichen einzeln mit der Druckvorlage verglichen. *»Es ergab sich«* in jener Zeit noch *»wie durch ein Wunder Gottes, daß in den Buchstaben, Silben, Wörtern, Sätzen, Punkten, Abschnitten und anderem, was dazu gehört, der Druck bei allen Exemplaren und in jeder Hinsicht mit den Vorlagen ... unseres Domes übereinstimmte. Dafür danken wir Gott«.*[130] Auch die 400 Exemplare eines Freisinger Meßbuches wurden 1487 kostenaufwendig von mehreren Personen durchgesehen. *»Man hat«*, so resümiert Ferdinand Geldner, *»offenbar 1487 in Freising noch nicht erkannt, daß man nur ein Exemplar hätte genau durchsehen müssen, um dann die wenigen Korrekturen mechanisch auch in die übrigen Exemplare zu übertragen.«*[131]

Vor diesem Hintergrund tritt die intellektuelle Leistung Gutenbergs noch deutlicher hervor: Er mußte diese kognitiven Barrieren vorab in seinen Überlegungen überwinden, um seine Erfindung planen zu können.

›Multiplicatio librorum‹: Das Lob der schnellen Vervielfältigung

Ganz gleich, welche Wunschvorstellungen Gutenberg getrieben haben: nachdem seine ›*Ars impressoria*‹ einmal in die Welt gesetzt war, verknüpften sich auch unerwartete Hoffnungen der Zeitgenossen mit der Maschine. Niemand hatte es mehr in der Hand, die Richtung zu bestimmen, in der die Erfindung ideologisch besetzt, sozialisiert wurde. In den ersten 30 Jahren nach der Inbetriebnahme der Mainzer Druckpresse schreibt man dem Medium insbesondere drei Fähigkeiten zu:

- die schnelle Vervielfältigung von Büchern,
- die Verbilligung der Abschriften und
- die Standardisierung von Texten.

Man sieht in der Erfindung ein Wundermittel, eine ›ars perpulchra‹, welche die Mängel des Abschreibewesens zu beheben versprach. Älteren Ansätzen, diese Mängel zu beheben, wie etwa der Taylorisierung des Abschreibens in den kommerziellen Schreibstuben der Fraterhäuser oder in anderen ›Kopieranstalten‹, ist das Truckwerk überlegen.[132] Mit der neuen Wundermaschine kann man ›an einem Tag mehr drucken als man früher in einem Jahr hatte abschreiben können‹.[133] Während die ersten Kommentare zur Druckkunst – etwa im Kolophon des *Psalterium Moguntinum* 1457 oder des *Catholicons* von 1460 – die Verbesserung des Schreibens loben, sind die Nachfolger von der Geschwindigkeit des Abschreibens (multiplicatio) und den sich daraus ergebenden kommerziellen Möglichkeiten fasziniert.[134] Man erkennt, daß es keine Schwierigkeit mehr ist, ›*300 Seiten pro Tag zu drucken*‹ und dies führt dazu, daß man ›*nunmehr für den Erwerb der Bücher weniger ausgeben muß als man früher für das Binden habe bezahlen müssen*‹.[135] »*Es gibt kein Buch mehr, daß ein Mensch, und wäre er auch noch so unbemittelt, ent-*

behren müßte« bemerkt Polydor Vergilius 1499.[136] Natürlich ist diese Äußerung auch am Ende des 15. Jahrhunderts noch eine – werbewirksame – Übertreibung gewesen. Andererseits hatten sich die Buchpreise aufgrund der großen Nachfrage und der raschen Ausbreitung der Druckereien in Deutschland in den 80er Jahren schon halbiert.[137]

Es ist schon angesprochen worden, daß die Standardisierung der Texte (Kopien) ein willkommenes Nebenprodukt der typographischen Vervielfältigung ist. Die Schaffung identischer Meß- oder Liederbücher muß für die Diözesen ein erhebliches Problem gewesen sein. Anders kann man kaum erklären, daß etwa auf der Synode von 1457 das *›Ändern des Textes von Missalien und Agenden bei Strafe der Exkommunikation verboten wurde‹*.[138] So ist es kein Wunder, daß weitsichtige Kirchenvertreter wie der schon erwähnte Bischof und spätere Kardinal Nikolaus von Kues die Erfindung der Druckkunst begrüßte und sie als das geeignete Medium betrachtete, die Vielfalt liturgischer und anderer Textfassungen zu reduzieren. Wenn andererseits von dem Kardinal überliefert wird, er habe den Buchdruck als *›heilige Kunst‹*, *›haec sancta ars‹*, seinem Papst empfohlen, so ist dies ein erneuter Beweis für die Fähigkeit des neuen Mediums, hochgespannte Erwartungen auf sich zu ziehen.[139] ›Nützlich‹ war das Vervielfältigungsverfahren gewiß, aber heilig?

Der Buchdruck als Quell göttlicher Weisheit

Daß man der Druckmaschine die Kraft der Vervielfältigung, der Verbreitung und der Vereinheitlichung von Informationen (Wissen) zuschrieb, mutet vergleichsweise nüchtern an, wenn man einen Blick auf die weitere Entwicklung der Wünsche wirft, die die Menschen in der frühen Neuzeit mit der neuen Technologie verbunden haben. 1488 preist Rolevinck die neuen Medien schon als *›die Kunst der Künste, die Wissenschaft der Wissenschaften‹*. Er fährt in seiner Chronik fort: *»Dank der Schnelligkeit, mit der sie gehandhabt wird, ist sie ein begehrenswerter Schatz an Weisheit und Wissen, nach dem sich alle Menschen aus natürlichem Trieb sehnen, der gewissermaßen aus tiefem, finsterem Versteck hervorspringt und diese Welt, die im Argen liegt, gleicherma-*

tuis ſtudiis, p̄ſertim ad te ſcribere. De ſtudi/
oꝝ humanitatiſ reſtitutoꝝ loquor. Quibuſ
(q̄tū ipſe coniectura capio) magnū lumē no
uoꝝ librarioꝝ genus attulit. quos nr̄a me/
moria (ſicut q̄dam equus troianus) quoquo/
uerſꝰ effudit germania. Ferūt enī illic, haut
procul a ciuitate Maguncia, Ioannē quendā
fuiſſe, cui cognomē bonemōtano. q̄ p̄mus oīm
impreſſoriā artē excogitauerit. q̄ nō calamo
(ut priſci q̄dem illi) neq̄ penna (ut nos fin
gimus) ſed æreis lr̄is libri fingunt̄. & q̄dem
expedite, polite, & pulchre. Dignuſ ſane hic
uir fuit! q̄ omēs muſæ, omēs artes, omīſq̄ eoꝝ
linguæ, q̄ libris delectant̄! diuinis laudibꝰ
ornent. eoq̄ magis dis, deabuſq̄ anteponāt!
quo ꝓpius ac p̄ſentius lr̄is ipſis, ac ſtudioſiſ
hominibus, ſuffragiū tulit. Si q̄dem deificant̄
liber & alma ceres. ille q̄ppe dona liei inue
nit, poculaq̄ inuētis acheloia miſcuit uuis.
hæc chaoniam pingui glandem mutauit ari/
ſta. Atq̄ (ut poeta utamur altero) prima ce/
res unco glebam dimouit aratro. prima de/
dit fruges, alimentamitia terris. At bone
mōtanus ille, lōge gratiora diuinioraq̄ in/
uenit. quippe q̄ lr̄as eiuſmoī exculpſit! q̄bus
quidquid dici, aut cogitari poteſt! propediē
ſcribi, ac trāſcribi, & poſteritatis mādari me/
moriæ poſſit. Neq̄ preſertim hoc loco nr̄os

a) Faksimile eines Auszugs aus einem Brief G. Fichets

Abb. 20: ›Sicut quidam equus trojanus‹: eine ambivalente Bewertung des Buchdrucks

»De studiorum humanitatis restitutione loquor. Quibus (quantum ipse coniectura capio) magnum lumen nouorum librariorum genus attulit quos nostra memoria (sicut quidam equus troianus) quoquoverso effudit germania. Ferunt enim illic haut procul a ciuitate Maguncia Ioannem quendam fuisse cui cognomen bonemontano qui primus omnium impressoriam artem excogitauerit qua non calamo (ut prisci quidem illi) neque penna (ut nos fingimus) sed aereis literis libri finguntur et quidem expedite, polite et pulchre [...] At bonemontanus ille, longe gratiora diuinioraque iuenit; quippe quid literas eiusmodi exculpsit quibus quidquid dici aut cogitari potest, propediem scribi, ac transcribi et posteritatis mandari memoriae possit.«

b) Transkription der Passage, die die Erfindung des Buchdrucks betrifft

»Ich spreche von der Erkenntnis des Menschen, der, wenn ich die Zusammenhänge recht verstehe, die neue Art der Buchherstellung große Helligkeit gebracht hat. Diese breitete sich zu unseren Lebzeiten von Deutschland her – wie einst das Trojanische Pferd – aus und zwar sagt man, daß dort, nicht weit von der Stadt Mainz, ein gewisser Johann, mit dem Beinamen Gutenberg gelebt habe, der sich als erster von allen jene Druckkunst ausdachte, bei der weder mit einem Schreibrohr – wie es vor Zeiten üblich war – noch mit einer Feder – wie zu unseren Zeiten –, sondern mit Buchstaben aus Erz die Bücher verfertigt werden – und dies schnell, sauber und schön. [...] Mehr noch, Gutenberg erfand weit göttlichere und dankenswertere Dinge, indem er Buchstaben (Lettern) in einer solchen Form schuf, daß mit ihnen von nun an alles, was gesagt oder gedacht (erfahren) werden kann, niedergeschrieben oder umgeschrieben (transcribi) und der Nachwelt überliefert werden kann.«

c) Übersetzung der transkribierten Passage

ßen bereichert und erleuchtet. Die ungeheuere Menge von Büchern, die einst in Athen oder Paris und an anderen gelehrten Stätten oder in geistlichen Bibliotheken nur ganz wenigen Gelehrten offenstand, breitet sich dank dieser Kunst nun überall aus, in jedem Stamm und Volk, in jeder Nation und Sprache, so daß wir jenes Wort wahrhaftig erfüllt sehen, das im ersten Kapitel der ›Sprüche‹ geschrieben steht: ›Die Weisheit predigt draußen und läßt ihre Stimme auf den Straßen erschallen.‹«[140]

Auch in Frankreich äußerte man die Hoffnung, daß die Druckkunst dem menschlichen Erkenntnisstreben ›*magnum lumen*‹, neue, größere Erleuchtung bringen werde.[141] (*Vgl. die Abb. 20*) Die ›*ars impressoria*‹ wird als eine Maschine beschrieben, die Wissen erzeugen, speichern und verbreiten kann. Obwohl dies gewiß von den Zeitgenossen nicht intendiert war, wird damit – zunächst möglicherweise nur auf der Ebene der Selbstbeschreibung – eine grundlegende Wandlung der erkenntnistheoretischen Tradition eingeleitet: Nicht mehr nur Gott und die menschliche Vernunft gelten als Erkenntnisorgane, ›*lumen supranaturalis*‹ bzw. ›*lumen naturalis*‹ als Erkenntnismedien, sondern auch die Druckerei wird zu einem Erkenntnisorgan, welches mit einem eigenen Licht, man könnte sagen, einem ›*lumen artificialis*‹, der Finsternis Schätze der Erkenntnis entreißt. Es findet also gleichsam eine Technisierung der Erkenntnis, der ›Illumination‹ oder der ›Aufklärung‹ statt.

Die schon in der Antike zur Erklärung der Erkenntnisleistungen herangezogene Lichtmetapher gewinnt neue Anwendungsgebiete und verändert damit ihre Bedeutung. Natürlich bleibt die Überzeugung, daß ›das Wort Gottes das wahrste Licht ist, das den ganzen Menschen erleuchtet‹, wie sie etwa Augustinus in seinen ›Bekenntnissen‹ formuliert, weiterhin in Geltung. Aber das Wort hatte in den letzten fünfzig Jahren des 15. Jahrhunderts eine Metamorphose durchgemacht, sich in einer Maschine vergegenständlicht, die selbst wieder aus sich heraus neue Worte und damit auch neue Erleuchtung produzieren konnte. Nicht mehr der Fleiß der Menschen wird als die Kraft gepriesen, die die ›humanistischen Studien‹ (Fichet) vorantreibt, sondern die Druckmaschine. Nicht nur die Kopisten, auch die Magister und Priester, die bislang besonders für die gesellschaftliche Wissensvermittlung privilegiert waren, werden durch die neue Technologie ersetzt. Diese ist nicht nur schneller, billiger, genauer und künstlerischer als die traditionellen oralen und skriptographischen Technologien, sie kann auch mehr und andere Informationen aufnehmen und diese dauerhafter speichern als es die ›auctoritas‹ vermochten. Wie ein Scheinwerfer richtet der Buchdruck sein Licht auf die schon vergessen geglaubten Worte und auf die Handschriften, die in den düsteren Winkeln der mittelalterlichen Schatzkammern verstaubten.[142] Die *»nymmer genuogsam gelobte kunst des Buochdruckens«*, so schreibt Sebastian Franck, hat *»die kostparn schaetz schrifftlicher kunst/* [die] *in dem grab der vnwissenheit lang zeit verborgen gelegen* [haben]*/ eröffnet ... und haerfür an das liecht«* gebracht. *»Wolt Got die kunst were auß vergunst zeitlicher erfunden/ so were on zweyfel etwa vil buecher / vnd die besten Plinij/ Titi Liuiy etc. nit also verdruckt vnd verloren worden. Durch dise kunst der Truckerey wirt der lang verschlossen prun(n) / goettlicher vn(d) vnaußprechlicher weißheit vnd kunst in die gemein außgeteylt.«*[143]

Mehr noch, manche Autoren, wie z. B. der bekannte Botaniker Otho Brunfels und Georg Agricola, dem wir die umfassendste Darstellung des Bergbaus in der frühen Neuzeit verdanken, sehen in der handschriftlichen Erfahrungstradierung einen Grund für den ›Abgang der Erkanntnis‹. Wissen, welches die ›Alten‹ in der Antike angehäuft hatten, ist nach ihrer Auffassung durch die Form, in der im Mittelalter Bücher aufbewahrt und weitergegeben wurden, so weitgehend verlorengegangen, daß es allein der ›göttlichen Vorsehung‹ zu verdanken ist, daß man überhaupt noch etwas von ihm weiß.[144]

Die Begeisterung und die Erleichterung über die Erfindung des neuen Informationsmediums, die aus diesen Worten spricht, vermag man eher nachzuvollziehen, wenn man sich vergegenwärtigt, mit welcher Unbarmherzigkeit das Damoklesschwert des ›Vergessens‹ über allen oralen Kulturen schwebt. Bemerkenswerterweise scheint diese Angst vor dem Verlust von Informationen – und damit von Kultur – auch durch die Einführung von skriptographischen Formen der Informationsverarbeitung kaum gemildert worden zu sein. Handschriften vermoderten in den Schatzkisten und -kammern, das ihnen anvertraute Wissen blieb nur wenigen zugänglich und der Verlust der Bücher scheint eine beständige Gefahr geblieben zu sein. Jedenfalls erlebten die Zeitgenossen des 15. und 16. Jahrhunderts die handschriftliche Erfahrungstradierung noch als ein ausgesprochen riskantes Unternehmen, das ganz ähnlich wie die Erfahrungstradierung von Angesicht zu Angesicht nur allzuoft scheiterte.

Dieser Befund sollte alle diejenigen nachdenklich stimmen, die schon in der Einführung der Schrift die Lösung des Problems des ›Vergessens‹, wie man es für die oralen Kulturen annimmt, sehen.

Diese These wurde schon in dem Exkurs im Abschnitt 1 mit einem kritischen Kommentar gestreift. Sie ist m. E. das Produkt einer der vielen Verzerrungen, die sich ergeben, wenn man aus der Perspektive einer typographischen Kultur versucht, die Leistungen der skriptographischen Medien in den älteren literaten Kulturen zu beschreiben. Im 15. und beginnenden 16. Jahrhundert war ein solcher Rückblick noch weitgehend unverstellt durch die Ideologie des typographischen Zeitalters. Die Menschen damals, die noch ganz von den Erfahrungen der bimedialen mittelalterlichen Kommunikations- und Informationssysteme geprägt waren, sahen, so zeigen diese und nachfolgende Äußerungen, erst in dem gedruckten Buch die Lösung für das Problem der dauerhaften Speicherung von Informationen.

Erst die Druckmaschine vermag Totes wiederzuerwecken und Gedanken und Autoren Unsterblichkeit (›inmortalitas‹) zu verleihen.[145] Der Traum vom ewigen Leben wird für ›sehr viele griechische und lateinische Autoren‹ und natürlich auch für die Autoren des 15. und 16. Jahrhunderts Wirklichkeit: Die Druckmaschine hat sie ›für alle Zukunft vor der Gefahr des Untergangs bewahrt‹.[146]

Diese Begeisterung bleibt nicht auf die Generation der Humanisten des frühen 16. Jahrhunderts beschränkt. *»Die Helden so laengst gstorben seyn / Habn in den Schriften Lebensschein«* heißt es zu Beginn des 17. Jahrhunderts in einem Gedicht, in dem der Buchdruck als ›edler Greiff‹ besungen wird.[147]

Wie konnte dieser Eindruck entstehen? Wußte man nicht doch – alle mündliche Tradition in Ehren – über viele Menschen aus biblischer Zeit im 16. Jahrhundert nur dank der überlieferten Steintafeln und Handschriften Bescheid? Es hat ganz den Anschein, als ob der Buchdruck das Konzept von ›Ewigkeit‹ und von ihrem Gegenteil, ›Vergänglichkeit‹, tiefgreifend verändert.

Noch bei Trithemius wird ewiges Wissen an die dauerhaften Eigenschaften des Mediums gebunden: Pergament sichert längeres Überleben als Papier! Je ›eherner‹ das Material, umso weniger ist die Botschaft der Vergänglichkeit preisgegeben. Eben deshalb galt der Spruch ›*Vox audita perit, litera scripta manet*‹ (Die Stimm' vergeht, die Schrift besteht). Deshalb gab Gott Moses seine Gebote auf Steintafeln, deshalb befahl er Jesaja, seine Worte auf Tafeln aufzuschreiben. Und der späteren Zeit war es ganz selbstverständlich, daß hier nicht die weichen Wachs-, sondern die ehernen Bleitafeln gemeint waren.[148]

Diese Koppelung der Ewigkeit an die Härte des Materials weicht im 16. Jahrhundert einer solchen an die ›multitudine‹, an die Häufigkeit und Verbreitung des Mediums. Mangelnde Härte kann durch Masse ersetzt werden. Das 16. Jahrhundert ›nimmt das Papier‹ auch für Botschaften, die der Vergänglichkeit trotzen sollen und *»was jhm an Staercke fehlt / ersetzt die Menge hier«*.[149] ›Die Menge‹, das sind die identischen Ausdrucke, die die Druckerpresse verlassen. Die Vorstellung, daß viel Papier unvergänglicher sein soll als weniges, leuchtet keinesfalls sofort ein, behält doch jedes einzelne Stück seine Anfälligkeit gegen Wasser, Sonne, die menschlichen Hände und anderes. Trotzdem, spätestens zu Beginn des 17. Jahrhunderts, scheint diese Neuargumentation allgemeine Verbreitung gefunden zu haben. *»Es ist vmb ein Verderben/«* so reimt M. P. Fleming von Hartenstein, *»So muß ein einzeln Ding/ wie starck es ist / doch sterben. Kein Ort ist gut dafuer / daß seiner Wunder Schein / Den er alleine hat / bey jhm kan sicher seyn(.) Wir setzen vnsern Baw an tausendt tausendt Enden / Mit leichter Mueh' vnd Kost. Wohin wir was versenden / Das mehret sich durch sich(.) Wir trawen vns der Welt / So gehn wir nicht eh' ein / biß sie zu Grunde felt.«* (Ebd.)

Wenn man Flemings Gedanken folgt, dann erhält der Glaube an die Kraft der Druckerei, Wissen unsterblich zu machen, tatsächlich kräftige Nahrung. Eine Botschaft allein ist, ganz gleich, welchem Medium man sie anvertraut, dem Untergang preisgegeben, nur ihre Vervielfältigung sichert ihr Überleben: ›Die Masse macht's!‹. Ja, sie stößt sogar eine Eigendynamik an, ›mehret sich durch sich‹. Ein solches Konzept dürfte in skriptographischen Kulturen weniger leicht Anhänger finden.

Vor diesem Hintergrund wird auch verständlich, warum der

Begriff *›gemein‹* im 15. und 16. Jahrhundert eine solche Bedeutung zu gewinnen vermochte. Das ›Gemein-machen‹ erscheint als Unterpfand der Ewigkeit. Man braucht nicht viel Phantasie, um sich vorzustellen, wie leicht diese Grundüberzeugung auch für andere, vor allem natürlich politische Zwecke ausgenutzt werden konnte. Auch auf dem Felde des politischen Kampfes steht dann die Masse, der gemeine Mann, der Ewigkeit und damit auch Gott und der Wahrheit näher als die wenigen Edlen, selbst wenn sie in ehernem Harnisch daherkommen. Die Argumentation wurde bekanntlich in der Neuzeit weiter ausgebaut: Demokratie führt zu stabilerem, dauerhafterem Zusammenleben als die Tyrannei.

Geht man von diesem Einstellungswandel aus, so versteht man auch besser, warum es in der frühen Neuzeit zu einer Abwertung der mittelalterlichen Leistungen und der skriptographischen Kultur kam. In jenen vergangenen Zeiten hatte man es, verglichen mit den modernen Maßstäben, eigentlich nicht auf Ewigkeit angelegt. Man behielt das Wissen über die Künste für sich, machte die Bücher nicht gemein, sondern ließ sie in den Schatztruhen verschimmeln. Das mußte zum Verlust von Wissen und zur Unterdrückung jeder kommunikativen Dynamik führen. In einer 1604 geschriebenen und kurz darauf veröffentlichten Schrift bemerkt Johannes Kepler zurückblickend: *»Denn wer ist so träge, daß er nicht bei der Geschichtslektüre gelernt hätte, daß die Welt seit der Zerstörung des ersten römischen Reichs, seit dem Barbareneinfall, gleichsam von tiefer Lethargie befallen ungefähr 1000 Jahre geschlafen hat mit dem Jahr 1450 aber, erweckt, zur früheren Lebendigkeit zurückgekehrt ist.«*[150] Als den wesentlichen Katalysator für *»den wunderbaren Wandel der Dinge seit 150 Jahren«* (ebd. 330) spricht auch er den Buchdruck an: *»Nach der Geburt der Typographie wurden Bücher zum Gemeingut, von nun an warf sich überall in Europa alles auf das Studium der Literatur, nun wurden so viele Universitäten gegründet, erstanden plötzlich so viele Gelehrte, daß bald diejenigen, die die Barbarei beibehalten wollten, alles Ansehen verloren ...«* (ebd.) *»Befreien wir nicht«*, fragt er weiter, *»alle alten Schriftsteller, soweit sie erhalten sind, durch die Buchdruckerkunst zum Tageslicht? ... Von Schriftstellern aber in allen Fakultäten wird besonders nach dem Jahr 1563 Jahr für Jahr eine größere Zahl gedruckt als es in den 1000 Jahren davor überhaupt gegeben hatte. Durch sie ist heute eine neue Theologie entstanden, eine neue Jurisprudenz, und die Paracelsisten haben die Medizin, die Kopernikaner die Astronomie erneuert.«* (ebd. 331/32)

Es spricht viel dafür, daß der Glaube an die Allmacht des Buchdrucks seinen Höhepunkt erst gegen Ende des 16. und zu Beginn des 17. Jahrhunderts in Deutschland erreicht. Und ähnlich scheint die Entwicklung in den anderen europäischen Ländern verlaufen zu sein. *»Und siehet man numehr«*, jubelt beispielsweise der Italiener Thomas Garzoni (1549-1589) *»welcher massen die finstere Macht der Unwissenheit / gleichsam durch einen hellen Sonnenschein«*, den Buchdruck nämlich, *»gaentzlich vertrieben worden / da hat die Liegen* [Lügen] *vnd der Betrug keinen Platz mehr / vnd weis man genugsam / welches weiß oder schwarz ist ... Diese Kunst lernet die Narren kennen / machet die Hoffertigen offenbar / die Gelehrten bekandt / nimmet die Unwissenheit hinweg / vnd erhebt die Tugend vnd Wissenschaft zum Leben«.*[151]

Je mehr Fähigkeiten der Maschine zugeschrieben werden, umso mehr rückt sie in den Mittelpunkt der gesellschaftlichen Aufmerksamkeit. In Vergessenheit gerät über ihre Leistungen, daß es die Menschen sind, die die alten Bücher hervorkramen oder neue schreiben, sie setzen, vervielfältigen, vertreiben und nicht zuletzt auch lesen müssen. Prämiert wird das Neue, das noch nie Dagewesene oder zumindest das, was dafür gehalten wird.

Dies bedeutete zugleich eine Abwertung des Alten, der kulturellen ›Barbarei‹, wie es Kepler ausdrückte, aber auch der Kunst des Schreibens und der Leistungen der Schrift. Zwar erwähnt Hans Sachs noch, daß ›vor Zeiten‹ *»allein durch schreibens Kunst ... der gedechtniß bestendigkeit erhalten / vnd alle Ding zu gedencken von nöten / von schaden deß vergeß errettet«* worden, doch er beeilt sich hinzuzufügen, daß die Erfindung des Schreibens *»aber keines wegs gegen diser zuvergleichen / so wir zu diser zeit* [mit der Truckerey] *vberkommen haben. Denn so jetziger zeit ein neuwe Matery zu schreiben erfunden ist / wirt in einem tag so vil Schrifft von einem Menschen gedruckt / als in etlichen Wochen von vilen geschrieben moecht werden.«*[152] Ähnlich läßt zur gleichen Zeit Nikodemus Frischlin Cicero in seiner Komödie ›Iulius Redivivus‹ ausrufen: *»Oh Götter, wieso bewundern wir noch Cadmus, der als erster die Buchstaben nach Griechenland gebracht haben soll?«*[153] Kein Wort davon, daß ›zu dieser Zeit‹, im 16. Jahrhundert, gewiß mehr mit der Hand geschrieben wurde, als in allen Zeiten zuvor, das Lob des Schreibens demnach mit größter Berechtigung hätte am lautesten gesungen werden können. Aber die Menschen hatten spätestens seit den 80er Jahren des 15. Jahrhunderts die ›Truckerei‹ zu ihrem Totem erkoren – wie in unseren Tagen die elektronische Datenverarbeitung zum Merkmal einer Zeitenwende gemacht werden soll. Und wie gegenwärtig auch, so war damals dieses Ziel nur durch einen gigantischen publizistischen und ideologischen Aufwand zu erreichen. Die Truckerei wurde Schritt für Schritt von einem treuen Helfer, der Kopiertätigkeiten und andere lästige Fertigkeiten den Menschen abnahm, zu einem eigenwilligen Subjekt, das handeln und erleben, erleuchten und Unsterblichkeit verleihen konnte. Bald überstiegen die Fähigkeiten, die in die Maschine hineinprojiziert wurden, diejenige jedes einzelnen Menschen: ganze soziale Institutionen wie die ›Unterweisung durch Lehrgespräche‹ oder die ›Verkündigung von Gottes Wort in der Predigt‹ konnten durch die Druckerei substituiert werden.

Will man den Siegeszug des Buchdrucks im Europa der frühen Neuzeit begreifen, so muß man die Projektionen der Zeit, wie sie sich in den vielen Zitaten ausdrücken, ernst nehmen. Was aus heutiger Sicht als überschwenglicher, überzogener Lobgesang erscheint, ist genau jene ›Argumentation‹, die damals erforderlich war, um aus einigen zusammengefügten Werkzeugen ›Unaussprechliches‹ werden zu lassen. Ohne diese bedingungslose Begeisterung für die neue Erfindung, die zugleich blind machte für so vieles andere, was in der Zeit vorging, hätte Gutenbergs Maschine vermutlich den gleichen geruhsamen Gang genommen wie die vergleichbaren Erfindungen in Asien. Damit technische Instrumente zum Katalysator sozialer Veränderung werden können, müssen sie, so scheint es, soziale Projektionen auf sich ziehen. Je totaler deren Anspruch – man kann auch sagen: deren Größenwahn – umso größere katalysatorische Effekte sind für die gesellschaftliche Evolution zu erwarten. Und schließlich, was den Überschwang des Lobgesangs angeht, so besteht guter Grund zu der Annahme, daß ihn die Zeitgenossen gar nicht bemerkt haben: Es gehört nicht viel Phantasie dazu, sich am Ende der 80er Jahre unseres Jahrhunderts vorzustellen, welche Verwunderung bei den nachfolgenden Generationen die Heilserwartungen hervorrufen werden, die in den 60er und 70er Jahren mit dem Ausbau der Atomenergie verknüpft wurden.

Der Strom der göttlichen Weisheit wird kanalisiert

Im gleichen Maße, in dem die Druckerei als eine Maschine gelobt wird, die Wissen aufbereiten, ans Tageslicht bringen und speichern kann, erkennt man auch kommunikative und interaktive Leistungen an der neuen Erfindung. Werner Rolevinck bedient sich der neuen Maschine, weil er ›*auf keinem anderen Weg so schnell und so leicht mit so vielen Personen kommunizieren*‹ kann.[154] Die Druckerei wird hier als ein Instrument wahrgenommen, welches den Schreiber mit vielen anderen Personen verbindet, ›vernetzt‹. Eine solche Kommunikationsmaschine hatte es bis zur Einführung des Buchdrucks nicht gegeben und es bleibt erstaunlich, daß man diese Zuschreibung so rasch akzeptierte. Im Gegensatz zu den meisten traditionellen ›Kommunikationssituationen‹ handelt es sich bei dieser Form der Vernetzung keineswegs um einen interaktiven Prozeß, sondern um einen höchst einseitigen Vorgang: Der Schreiber gibt seine Informationen in die neue Technologie: Verlagssystem, Druckereien und Buchhandel, ein. Sie werden dabei in gedruckte Buchexemplare transformiert und die Leser können diese Informationen an den verschiedensten Orten abrufen, indem sie ein Buch kaufen und es lesen. Vorstellungen darüber, wie sich Leser bei dieser Technologie an den Autoren wenden können, lagen zunächst nicht vor. Es ist deshalb nur folgerichtig, wenn immer wieder Bilder aus dem Bereich der Bewässerungswirtschaft herangezogen werden, um die kommunikativen Leistungen der neuen Technologie zu veranschaulichen. (Vgl. 5.4)

Daß erst durch die Druckkunst der bis dato verschlossene Brunnen göttlicher Weisheit und Kunst der Allgemeinheit ›ausgeteilt‹ wird, hatten wir schon bei Sebastian Franck (1531 op.cit., 207r) gelesen. Demnach stellte man sich – so kann man vermuten – die Informationsvermittlung wie einen Wasserstrom vor, der ausgehend von einem ›Brunnen‹ oder einem anderen Reservoir über sich verzweigende Kanäle zu den potentiellen Empfängern fließt. Naturgemäß ließ sich die Flußrichtung nicht umkehren. Aber dafür erhöhte sich durch die künstliche Regulierung, die Kanalisierung, die Flußgeschwindigkeit der Informationen und es blieb nicht mehr dem Zufall überlassen, wann und wo die ›*fruchtbare Zei-*

tung vom Himmel regnete‹.[155] Wer sich an das neue Versorgungsnetz anschließt, lesen lernt und Bücher kauft, bekommt regelmäßig und schnell – gleichsam auf Vorrat – das ›*unaussprechlich Nützliche*‹, Wasser bzw. Wissen, geliefert. Er ist nicht mehr gezwungen, sich seine Erfahrungen mühsam im praktischen Handeln zusammenzusuchen. Er hat Zugang zu ›fertigem‹ Wissen und das verkürzt seine Zeit. Einer der bedeutendsten Theoretiker der frühneuzeitlichen Medienrevolution, Ortolf Fuchsberger aus Tittmoning, drückt diesen Zusammenhang um die Mitte des 16. Jahrhunderts folgendermaßen aus: *»Dan(n) es ye vil laenger zu(o)geht / ein ding selb zu(o) erfahre(n) / dan(n) deß selben mit kurtze(n) worten von anderen vnderwißen zu(o) werden.«* Deshalb soll man jede Unterweisung, vor allem die durch Bücher, nutzen, um dadurch *»geschwindigkeit ... in kurtzer zeyt vorhin* [im vorhinein, d. h. auf Vorrat] *zu(o) erobern / vn(d) nachmals erst darin(n) geu(e)bt zu(o) werde(n)«*.[156]
Wie so viele neue Techniken ließ sich auch die Druckkunst vorzüglich damit legitimieren, daß sie menschliche Mühen verkürzt und zugleich soziale Prozesse – hier solche des Lernens oder der Sozialisation – beschleunigt.
Der Eindruck einer größeren Geschwindigkeit des typographischen Informationsumschlags rührt letztlich nicht nur aus der Aktivität der Drucker und der Produktivität ihrer Werkzeuge und Maschinen her. Er setzt sich vor allem deshalb in der frühen Neuzeit so rasch durch, weil ein Effekt hinzutritt, den man heute als ›Parallelverarbeitung‹ bezeichnet: Eben weil die Druckereien eine Vielzahl von identischen Informationen produzieren, deshalb können auch viele ›Benutzer‹ zugleich anfangen, mit diesen Informationen zu arbeiten. Die Simultaneität der Rezeption und Nutzung, also eine Aktivität der Leser und Käufer der Bücher, wird als beschleunigendes Moment wahrgenommen und dem ›Truckwerk‹ zugeschrieben.

Die metaphorische Verknüpfung von ›Kommunikation‹ und Bewässerung war zu jener Zeit schon uralt. Die christliche Gemeinschaft wird seit den Zeiten des Alten Testaments über die Taufe hergestellt, der Ausschluß aus dieser Gemeinschaft erfolgt durch Abkoppelung von dem Kommunikationsnetz, durch Exkommunikation. Weil das Wasser der Katalysator zur Bildung

der christlichen Sozialgemeinschaft ist, flieht der Teufel das Weihwasser.[157] Alle Mitglieder der Christengemeinde sind insoweit durch das Wasser mit Gott in Berührung gekommen. Er erscheint in dieser Konzeption als Ursprung des Wassers, als Quelle. Alle ›*Kunst und aller Verstand*‹ wurden den Menschen durch diesen ›*quellenden Brunn eingegossen*‹. Die ›*Gaben und Mittel, durch die solches geschieht*‹ sind freilich ›*in vieler Hinsicht unterschiedlich*‹, meint Fuchsberger in seiner ›*Leeskonst*‹ tiefsinnig.[158] Zu seiner Zeit klappt es mit dem alten Bild eines Gottes, der Glauben und Fruchtbarkeit gleich einer unerschöpflichen Quelle austeilt, nicht mehr. Die ›Truckerei‹ erscheint selbst als ein solcher Brunnen – samt des dazugehörigen Bewässerungssystems. Geschaffen ist er durch Gutenberg und die zahlreichen Drucker, Verleger, Buchführer und andere, gespeist wird er auf höchst menschliche Weise durch die Autoren. Welches Amt bleibt dann aber für Gott?
Letztlich nur dasjenige, den Menschen den Buchdruck zu schenken – und sich im übrigen aus den Prozessen der Wissensvermittlung und der sozialen Kommunikation zurückzuziehen.[159]

Der Buchdruck als allerletztes Geschenk Gottes

Es ist an sich nicht verwunderlich, daß die Gläubigen im 15. Jahrhundert an eine lange Tradition anschließen und den Buchdruck als Gottesgeschenk begrüßen – wie ihre Vorfahren schon die Einführung des Feuers oder der Schrift.[160] Angefangen bei dem Catholicon von 1460 dankt man in zahlreichen Kolophonen oder Vorreden in den Werken der Frühdruckzeit dem ›Vater, dem Sohn und dem Heiligen Geist‹ für die Gnade, die er den Menschen erwiesen hat, indem er ihnen den Buchdruck schenkte. Jede andere Haltung wäre für den mittelalterlichen Menschen erstaunlich gewesen: Das Lob der Druckkunst ist zugleich Lob des Schöpfers. In dieser Sichtweise erscheint Gutenberg als ein Medium, in dem und durch das sich der göttliche Wille ausdrückt. Die weitere Diskussion muß sich dann mit der Frage befassen, welcher göttliche Wille hinter diesem Geschenk oder diesem ›Zeichen‹ steht. Man beginnt, Gott Intentionen zuzuschreiben, die ihn dazu getrieben haben, gerade zu jener Zeit und gerade jener Nation ein solches Geschenk zu machen.

Anschaulich und ausgiebig wird solche Motivforschung am Ende des 15. Jahrhunderts in der ›*Kölnischen Chronik*‹ zusammengefaßt.[161] Unter der Überschrift ›*Von der Buchdruckerkunst. Wann, wo und durch wen die unaussprechlich nützliche Kunst, Bücher zu drucken erfunden wurde*‹ schildert der Autor zunächst, wie ›*in den letzten Zeiten Liebe und Aufrichtigkeit*‹ unter den Menschen nachgelassen, ›*Gierigkeit und Trägheit*‹ aber zugenommen habe. (Ein Faksimile dieser Passage findet sich im Anhang (1).) Insbesondere die Geistlichen seien ›zu strafen‹, die mehr an Fleischeslust denn an Seelenheil denken und dadurch ›*das gemeine Volk in große Verwirrung geführt haben*‹.

»Auf daß nun die Versäumnisse der Vorfahren, die schlechte Lebensweise und die Befleckung des göttlichen Wortes ... den guten Christen nicht zu sehr hinderlich und schädlich werde – und auch, damit sich niemand entschuldigen kann – hat der ewige Gott aus seiner unergründlichen Weisheit die löbliche Kunst erweckt, Bücher zu drucken und sie oft zu vervielfältigen, daß ein jeder Mensch nunmehr nach dem Weg der Seligkeit selber lesen oder Vorlesern zuhören kann. Was soll ich mich bemühen, zu schreiben und das Lob zu verbreiten, den Nutz, die Seligkeit, die aus dieser Kunst entspringt und entsprungen ist? Sie ist unaussprechlich! Das haben alle bezeugt, die die Schrift liebhaben. Gott hat sie allen Menschen gegeben: Den Laien, die Deutsch lesen können, den gelehrten Leuten, die die lateinische Sprache gebrauchen, den Mönchen und den Nonnen. Oh, wie viele Gebete, wie unzählig viele Offenbarungen werden aus den gedruckten Büchern geschöpft. Und wie viele köstliche und selige Mahnungen geschehen in den Predigten. Und das alles kommt aus der alles überragenden edlen Kunst ... kommt von denjenigen, die gedruckte Bücher machen oder bei ihrer Herstellung in der einen oder anderen Weise helfen.«[162]

Der Kern dieser ungemein massenwirksamen ideologischen Projektion ist: Gott hat sich der Druckerei bedient, um seine Lehre vorbei an den Geistlichen, die nicht mehr in seinem Namen, sondern gemäß ihrer eigenen ›Gier‹ handelten, direkt seiner Gemeinde zu verkünden. Zugleich nimmt er jedem – gleich, ob gemeiner Mann, Gelehrter, Mönch oder Nonne – die Möglichkeit, eigene Sünden mit dem Hinweis auf andere Menschen, nämlich die geistlichen Mittler, zu entschuldigen. Der Hinweis auf die ›Irrungen‹ der ›Prediger‹ ist keine Rechtfertigung mehr für den sündigen Lebenswandel der Gemeinde: Jeder kann nun selbst

lesen, was Gott in der Bibel oder durch andere Schriften verkündet hat – oder zumindest ist jeder in der Lage, zuzuhören, wenn andere aus diesen Schriften vorlesen.
Mit diesen Ansichten steht der Verfasser der Kölnischen Chronik nicht allein. Vielmehr zieht er nur in bewundernswert klarer Form Konsequenzen aus Anschauungen, die in den nieder- und oberdeutschen Plenarien und Erbauungsbüchern gang und gäbe waren. So heißt es z. B. in einem frühen Druck, der von Stephan Lanzkranna, Propst zu St. Dorotheen in Wien, verfaßten Schrift *›Der Seele Trost‹*: *»Darumb sollen die vaeter und die mueter ire kinder, die schuolmeister jre schueler die hauszwirt ir gesind, vorausz die oebersten ir underthan soeliche ding under weysen, oder darzuo halten*, daß sie es *›von jm selber‹ oder von anderen* [Laien] *leren und versteen, als vil iren standt zuo gehört.«*[163]
Das ›Selbstlesen‹ christlicher Schriften galt also schon im 15. Jahrhundert vielen als ein durchaus geeigneter Zugang zum Glauben. In Büchern wie dem *›Spiegel der Tugend‹* (Speygel der Dogede), Lübeck 1485, oder dem *›Speygel der Leyen‹*, Lübeck 1496, wird auf die Nachteile oraler Kommunikationssituationen wie der Predigt hingewiesen: Störung durch Nachbarn, Unruhe, Unverständlichkeit der Lesung und/oder der Auslegung usw. Diesen konnte man durch das Selbststudium geeigneter Druckwerke oder durch die Bibelstunde im kleinen Kreis entgehen. Eben deshalb wurde es, wie es in einer anderen niederdeutschen Schrift heißt, zur ›Sünde‹, wenn man sich nicht den durch das neue Medium nun für alle im Prinzip möglichen zusätzlichen Zugang zur ›Seeligkeit‹ verschaffte: *»Scheme dy du minsche«*, lautet die vielzitierte Passage, *»de du nicht kanst lezen in dissen dagen und vorsumest* [versäumst] *de salicheit diner zelen* [Seelen], *welker salicheit de du sughen machst uth der kunst, de gott din herre di in dinen daghen hefft geapenbared.«*[164]
Letztlich ermöglicht erst das neue typographische Medium diesen neuen Zugang des ›Selbstlesens‹. Die gedruckten Broschüren erscheinen als wohlfeile Ware, die jedermann zugänglich ist. Man bewundert sie als ein Medium, aus dem unmittelbarer authentischere Informationen abgerufen werden können als aus allen bislang bekannten. So wie heute die Bilder des Fernsehens als ›näher am Geschehen‹ gelten als die Rundfunknachrichten, so wähnte man sich in der frühen Neuzeit näher an Gottes oder anderer Auto-

ritäten Wort, wenn man ihre Botschaften gedruckt vor sich sah. Erst bei der Lektüre gedruckter Bücher hatte man das Gefühl, nicht mehr die Hilfe Dritter in Anspruch zu nehmen. *»Nunmehr kan jedermann von den Sachen reden vnd vrtheilen / da man zuvor nichts von hat wissen koennen.«*[165] Wer anderen zuhört, glaubt anderen, wer selbst liest, bildet sich sein eigenes, unabhängiges Urteil. Das eben ist der eigentliche Sinn, warum sich die Menschen mit der neuen Informationstechnologie vertraut machen: *›Ein jeder lernet das Lesen darum, daß er Gottes Wort und etlicher gottgelehrter Männer Auslegung darüber selbst lesen und desto besser darin urteilen kann‹.*[166] Weil das Urteil anderer obsolet geworden ist, muß der gemeine Mann selbst urteilen, und um dies zu ermöglichen, schenkte Gott den Menschen ein neues Informationsmedium, den Buchdruck.

Von diesem Stand der Argumentation ist es nur noch ein kurzer Schritt hin zu den reformatorischen Ideen von Martin Luther. Faktisch ist der geistliche Stand schon seiner angestammten Funktion enthoben, durch Druckerei und Buchhandel ersetzt. Luther braucht nur noch die Schlußfolgerungen aus diesem Vorgang zu ziehen und sie auf den Punkt zu bringen: *›Der Buchdruck ist das letzte und zugleich größte Geschenk [Gottes]. Durch den Buchdruck nämlich sollte nach Gottes Willen der ganzen Erde die Sache der wahren Religion im Vergehen der Welt bekannt und in alle Sprachen ausgegossen werden. Es ist gewiß die letzte, unauslöschliche Flamme der Welt.‹*[167] Von grundsätzlicher Bedeutung ist weniger, daß ›der liebe Gott dem heiligen Evangelium zu diesen letzten Zeiten‹ durch ›die Truckerkunst‹ Tür und Tor geöffnet hat, der Buchdruck also ein einzigartiges Kommunikationsmedium ist; auch nicht, daß die Autorität des römischen Papstes, wie Theodor Bibliander ausführt, durch die massenhafte Verbreitung des rechten Glaubens und durch die Aufdeckung falscher Lehrmeinungen der Altgläubigen geschwächt wird – der Punkt ist, daß sie zum *letzten* Geschenk erklärt wird.[168] Welche Überlegungen könnten Luther dazu geführt haben, ernsthaft eine solche Behauptung vorzutragen?[169]

Er brauchte zunächst nur die metaphorische Vergleichung der Druckerei mit dem ›*Brunn göttlicher Weisheit*‹ zu Ende zu bringen. Bis zur Ausbreitung des Buchdrucks gab Gott das Wasser (Wissen, Weisheit) tröpfchenweise. Durch sein ›*letztes Geschenk*‹ erhielten die

Menschen einen eigenen Brunnen, wurden von der göttlichen Wasserversorgung unabhängig. Sie können und müssen sich nun selbst versorgen. Dieser Autarkiegedanke wird dann wieder in die theologische Argumentation eingeführt, auf die Bibel angewendet und führt zum protestantischen Schriftprinzip: Die Schrift (der Brunnen) ist an sich klar, ›*sui ipsius interpres*‹. Es gibt keine weitere Instanz, die erforderlich wäre, um Weisheit zu schöpfen. Der Brunnen sprudelt von selbst, man muß nur noch trinken.

Vor diesem Wunschbild wird eher verständlich, mit welcher Hartnäckigkeit Luther darauf bestand, nur die ›Schrift‹ als Autorität und Verkündigungsmedium anzuerkennen. Es schien ihm ganz widersinnig, wo doch das Wasser (die Weisheit in den gedruckten Büchern) so reichlich den Menschen zufloß, noch nach anderen Bezugsquellen zu suchen. Dies mußte ihm als ein Verschmähen des Gottesgeschenkes, also als Sünde erscheinen. Und schließlich: Für denjenigen, der sich selbst versorgen kann, der autark geworden ist, sind weitere Geschenke nicht notwendig, im Gegenteil, sie zerstören nur die neue Ordnung.

Ganz anders die Konzeption der Altgläubigen. Hier behielt Gott, um im Bild zu bleiben, die Wasserversorgung fest in der Hand, benötigte weiterhin Staustufen und das erforderliche Personal, ließ die Gemeinde darüber im unklaren, ob und wann Wasser zugeteilt wird. So blieb das Wasser, die Schrift, dunkel und über seine Flußrichtung wurde an den Staustufen entschieden.

Der altgläubigen und der protestantischen Einschätzung des Buchdrucks liegen unterschiedliche informations- und kommunikationstheoretische Modelle zugrunde. Luthers Position ist durch eine bereitwillige und extensive Ausschöpfung der Möglichkeiten des neuen Mediums gekennzeichnet. Gott hat den Menschen als letztes Geschenk eine typographische Datenverarbeitungsanlage vermacht und sie zugleich mit seiner göttlichen Weisheit gespeichert. Alle notwendigen Informationen und Lehren können aus dieser Maschine abgerufen werden. Jedes Gemeindemitglied konnte und sollte sich an die neue Anlage anschließen und zuhause die Bibel selbst lesen. Die katholische Kirche akzeptierte die neue Maschine als Hilfsmittel zwar ebenfalls, widersetzte sich aber ihrem Totalitätsanspruch.[170] Neben dem Schriftprinzip hielt sie an den überkommenen Informationsquellen und Kommunikationsstrukturen fest, der mündlichen Überlieferung in der Nachfolge von Petrus, den Konzilien und den Heiligen als Verkündigungsmedien.

Auch in der protestantischen Auffassung blieb freilich noch viel Arbeit für die Geistlichen, das ›*ampt*‹ der Prediger. Sie mußten zuvörderst die Benutzer der komplizierten Informationstechnologie im Umgang mit der neuen Technik unterrichten. Deshalb mußten landesweit Schulen errichtet, katechetische Kurse ins Leben gerufen werden. Hier wurde Handbuchwissen für den Umgang mit den Ausdrucken gegeben, die Programme erläutert. Um zu verhindern, so argumentiert beispielsweise Jakob Andreae, daß »*ein gemeiner Laye* [. . .] *durch sein selbst eigen lesen in heiliger Schrifft / etwann in ein Irrthumb gerhaten moechte*«, besitze ein jeder Christ »*seine sechs Hauptstuck Christlicher Lehr / als ein gewisse Richtschnuor alles rechten vn(d) vnrechten verstands der heilige(n) Schrifft*«. Zu dieser Richtschnur gehören die zehn Gebote, die ›Artickel vnsers Christlichen Glaubens‹, das Vaterunser, die heilige Taufe, das heilige Nachtmahl – also die »*Schlüssel deß Himmelreichs / so Christus seinen Jüngern gegeben / vnd sie der Kirchen hinderlassen / nach woelchen sich alle außlegung der heiligen Schrifft richten muoß.*«[171]

Modern gesprochen, kam den protestantischen Geistlichen die Funktion einer Hilfe zur Selbsthilfe für die Laien zu. Das »*selbst eigen lesen*« der Schrift konnte und sollte den Gläubigen nicht mehr abgenommen werden.

Dank der neuen Medien bestanden keine technischen Beschränkungen mehr für den Zugang zur Bibel. Die Unterrichtung der Gemeinde im Umgang mit diesen expandierenden Medien wurde zu einer Hauptbeschäftigung der reformatorischen Intelligenz. Der auch als Autor mehrerer noch immer gebräuchlicher Kirchenlieder bekannt gewordene Basler Prediger Johannes Kolroß ist eines der besten Beispiele für eine vollkommene Reflexion und Realisierung dieses neuen Amtes:

»*DJewyl es Gott dem allmechtigen in diser letsten zyt also gefallen / die heylig gschrifft (sins goettlichen worts) dem einfaltigen leyen zuo heyl vnnd trost / ouch in verstaendiger vaetterlicher spraech / durch den truck an das liecht zekummen lassen*« – so analysiert er die neue Situation – »*Werdend nit wenig gereytzt jre kynd* [Kinder] . . . *in die tüdtsche schuol vnd leer zeschikken / ja ettlich der elltern selbs / ouch handtwercks gsellen / vnnd jungkfrowen*

(welche das wort Gottes behertzigt) tüdtsch schryben vnd laeßen zelernen / sich bemuehend / die zyt vsserhalb jrer arbeit / in erlustigung heyliger gschrifft nützlich zuouertryben [zu vertreiben].«[172]
Man besucht Alphabetisierungskurse nunmehr nicht mehr in berufsqualifizierender Absicht, sondern um in der Freizeit, der ›*Zeit außerhalb der Arbeit*‹, die Möglichkeiten der neuen Technologie nutzen zu können, das ›*göttliche Wort*‹ in gedruckter Form zu studieren. Und auch die Alphabetisierung soll ›*nebenbei*‹, entweder in früher Jugend oder bei den Erwachsenen am Abend, erfolgen und zwar eben durch das ›*selbs lernen*‹. Deshalb verfaßte Kolroß sein ›*Enchiridion*‹ und er erläutert schon auf der Titelseite: »*das ist / Handbuechlin tütscher Orthographi / hàchtütsche* [hochdeutsche] *spràch artlich zeschryben / vnd laesen /* « zu lernen.[173] Verständige Laien, die schon ›*ziemlich lesen*‹ können, sollen aus seinem ›*Büchlein soviel ihnen notwendig, ergreifen und selbst lernen*‹. (ebd. A 2r). Der neu erworbenen Autonomie der Gläubigen wird so weit als eben nur möglich, Rechnung getragen. Der Prediger erfüllt seine Aufgabe nunmehr ganz im Einklang mit der neuen Informationstechnologie: Er bedient sich des Drucks, um Aufklärung über den Umgang mit der Truckerey und ihrem Output zu schaffen. Kein Zweifel wird daran gelassen, daß das eigentliche Ziel des Handbuchs die Einführung in die Lektüre der Heiligen Schrift – oder besser des ›Heiligen Drucks‹ – ist. Es enthält ein »*Registerlin über die gantze Bibel*«, in dem erklärt wird, »*wie man die Allegationes vnd Concordantias / so im Nuewen Testament naeben dem text / vnnd sunst mit halben Latinschen worten verzeychnet*« sind, »*verston soll*«. (Titel) »*Dann so einer schon vil buecher hett / vnd noch* [weder] *die anzeygungen vnd einhelligkeyten heyliger schrifft / noch die Ciffer (so naeben dem Text an oertern verzeychnet) verstuende / wurd er wenig frucht mit jnen schaffen.*« (A 2r/A 2v) Den selbständigen Umgang der Gemeindemitglieder mit dem Druck der schriftlichen Überlieferung des göttlichen Wortes fruchtbar zu machen – diese Aufgabe wird fortan im ›*ampt*‹ der protestantischen Intelligenz breiten Raum einnehmen.
Während diese Aufgabe innerhalb der reformatorischen Bewegung kaum umstritten war, führte eine andere Frage, wer nämlich neue Daten in die große Informations- und Kommunikationsmaschinerie eingeben dürfe, zu heftigen Auseinandersetzungen.

Entgegen etwa dem Müntzerschen Flügel der Reformation setzte sich die Auffassung durch, daß für eine solche Programmierung eine Berufsausbildung mit abschließender Ordination notwendig ist. Auch die Predigt erhielt im Kontext dieser neuen Datenverarbeitungsanlage eine völlig neue Funktion: Sie schafft keine neuen Daten, sondern sie legt die gespeicherten Daten (nur) aus. Sie verkündet diejenigen Worte Gottes, die schon unter den Menschen, in dem neuen Speicher, sind. Die Bedingung der Möglichkeit, eine solche Trennung zwischen den Daten, der ›Schrift‹, und ihrer Auslegung vorzunehmen, war, daß man von der vollständigen Repräsentation der göttlichen Weisheit in der Anlage bzw. in der Bibel ausging. Nicht gespeicherte Wahrheiten – wie sie etwa im katholischen Traditionsprinzip vorgesehen sind – waren nicht zugelassen. Auch für die Zukunft konnten keine neuen Weisheiten – ex cathedra verkündet oder durch Heilige mitgeteilt – akzeptiert werden. Eben deshalb mußte Luther behaupten, daß es bis zum Jüngsten Tag keine neuen Geschenke mehr geben werde – der Speicher war bestückt und mußte ein für allemal ausreichen.

Die Metaphern werden lebendig

Es ist bemerkenswert, welche Eigendynamik die Metaphern entwickelt haben, die zum Lob des Buchdrucks von den Gläubigen in die Welt gesetzt wurden: Am Anfang stand der Vergleich der Druckerei mit einem göttlichen Geschenk, am Ende erscheint sie als ›Phänomen‹, welches alle Menschen, alle sozialen Institutionen, alle Handwerke, alles bisher Dagewesene überragt. Der einzige Vergleich, der noch möglich bleibt, ist jener mit Gott selbst – und wenn schon der Vergleich nicht gewagt wird, so rückt man die Druckkunst jedenfalls in seine unmittelbare Nähe. Es scheint, wenn schon nicht der Sinn, so doch das historische Schicksal von Gleichnissen zu sein, daß die beiden Seiten im Laufe der Zeit austauschbar werden. Ist nun der Buchdruck ein Geschenk göttlicher Weisheit oder die göttliche Weisheit nur noch der Output des Buchdrucks? Gottes Wort wird jedenfalls für viele im 16. Jahrhundert schon zu einem Synonym für die ›Schrift‹, jene wird den gedruckten Texten gleichgesetzt und alles zusammen erscheint als ein Synonym für ›Gott‹. Um die Frage, wie diese Vergleichungen im einzelnen auszuführen sind, entbrennt der Disput der Theologen.

In diesem historischen Prozeß ist das Buch von einem einfachen Instrument der Informationsspeicherung zu einem Teil eines komplexen Automaten, einer selbstregulierenden Informations- und Kommunikationsmaschine, geworden. Mit dieser neuen Informationstechnologie verknüpften sich vielfältige Hoffnungen auf neue Informationsquellen und neue zwischenmenschliche Kontakte. Im gleichen Maße verloren alte Informationsquellen und Kommunikationsformen ihre magische Kraft für einen Großteil der Bevölkerung. Die Verkündigungs-, Beicht- und Absolutionstechniken der Papstkirche veralteten moralisch und die früher in diese Institutionen hineinprojizierten Wünsche verschoben sich auf den Buchdruck.

Viele Streitpunkte zwischen den Alt- und den Neugläubigen sowie zwischen den zahlreichen Flügeln der reformatorischen Bewegung lassen sich als eine Auseinandersetzung um den Geltungsanspruch der neuen Medien reformulieren. Dabei ging es im 16. Jahrhundert nicht mehr um die Frage, ob der Buchdruck überhaupt eingeführt werden soll – selbst konservative Vertreter des alten Glaubens sprachen sich für die Nutzung des Buchdrucks aus –, sondern es drehte sich um die Klärung des Verhältnisses der neuen zu den traditionellen Medien, um die Frage, wie weit die kommunikative Vernetzung zu treiben sei, wie der Zugang zu der neuen Informationstechnologie zu regeln sei.

2.7
›Das edelste trojanische Pferd, das die Welt je gesehen und hervorgebracht hat‹: Kritische Stimmen zur Sozialverträglichkeit des neuen Mediums

Der Buchdruck, ein trojanisches Pferd? Einwände gegen die Einführung des Buchdrucks

Guillaume Fichet sprach in seiner Laudatio auf den Buchdruck davon, daß dieser sich von Deutschland aus wie jenes trojanische Pferd (*sicut quidam equus troianos*) ausgebreitet habe – wie ein Kampfinstrument also, das Sieger und Besiegte, Griechen und Trojaner schuf. (*Vgl. Abb. 20*) Sowohl in Troja als auch in den europäischen Ländern der frühen Neuzeit gab es Stimmen, die vor dieser neuen Kriegsmaschinerie, die in der Verkleidung eines altehrwürdigen Schlachtrosses daherkam, warnten. Viele sorgten sich um die in Jahrhunderten aufgebauten Mauern und Wege, die einzureißen bzw. zu verbreitern waren, wenn man der neuen Maschine, die da so prachtvoll einherkam, Einlaß verschaffte. Bekanntlich ging die Abwägung der Vor- und Nachteile der neuen Maschine in beiden sozialen Gemeinschaften zugunsten der Befürworter der neuen Technologie aus. Das Innere des Pferdes zeigte sich den Trojanern erst, nachdem sie ihre schützenden Mauern eingerissen hatten; die Kehrseite des Buchdrucks wurde erst richtig sichtbar, als er sich unumkehrbar durchgesetzt hatte.

Nun ist die Ilias – lange nach dem Fall Trojas – aufgeschrieben, Sieger und Besiegte sind genannt. Die Geschichte des Buchdrucks als ›equus trojanus‹ für die auf oralen und skriptographischen Informationsmedien basierende mittelalterliche Zivilisation wartet noch auf die Chronisten.[174] Bis vor kurzem war man in Europa gleichsam noch mit dem Niederreißen der Mauern und dem Hereinholen des Pferdes beschäftigt. Zu einer umfassenden Bestandsaufnahme der Verluste, die die Einführung des Buchdrucks den verschiedenen Lebensbereichen gebracht hat, sind wir bislang nicht gekommen. Anfangs fehlte ein distanzierter Standpunkt, von dem aus man sich einen Überblick über die einsetzenden Veränderungen verschaffen konnte, später, nachdem die Wandlungen selbstverständlich geworden waren, ist die Kenntnis um die Leistungen der verdrängten oralen und skriptographischen Traditionen abhanden gekommen.[175]

Will man eine solche Bestandsaufnahme beginnen, so empfiehlt es sich, bei den ältesten Überlieferungen anzusetzen, den Einwänden also, die die Zeitgenossen Gutenbergs und deren unmittelbare Nachfolger gegenüber der Druckkunst erhoben haben.

›Wenn nicht so groß wäre der Mißbrauch‹

Wenn Kritik am Buchdruck in der frühen Neuzeit geäußert wird, so zumeist als Einschränkung des Lobes, als warnender Zusatz zu einer ansonsten positiven Wertung der neuen Technologie. Aus der Perspektive des ausgehenden 16. Jahrhunderts formuliert Konrad Lautenbach etwa:

> *»Das sey nun gsagt von Truckerey,*
> *Welch billich wirdt genennet frey,*
> *Weil durch sie das rein Gottes Wort,*
> *Herfürbracht ist an manchem Orth.*
> *Durch sie all Künsten seyn gestiegen,*
> *Durch sie die Barbarey muß ligen.*
> *Kein edler Kunst, nützlicher auch,*
> *Wann nicht so groß wer der Mißbrauch.«*[176]

Johann Mathesius bemerkt im gleichen Sinn wenige Jahre früher:

> *»Und wenn die Buchdruecker nit auch boes,*
> *ketzerische Schandt und lesterbuecher*
> *gedruckt hätten, so koendte niemand dises*
> *schoene werck gnugsam preisen«.*[177]

Und nur um die Einschränkung dieses Mißbrauchs geht es in den verschiedenen Zensuredikten der geistlichen und weltlichen Instanzen.[178]

Interessant ist nun, daß man in der Anwendung der neuen Tech-

nologie die gleichen Gefahren wiedererkennt, die schon bei der Handhabung der alten Technologie, der handschriftlichen Informationsverarbeitung und -weitergabe, aufgefallen waren.
Die meisten Argumente gegen den Buchdruck sind alte Hüte, Wiederholungen von Ängsten, Warnungen und Ambivalenzen, die im abendländischen Europa schon seit Jahrhunderten geäußert wurden. Nur potenzieren sich mit der Einführung des neuen Mediums die Ängste, weil diese – in den Augen vieler Zeitgenossen – die Potenzen der skriptographischen Informations- und Kommunikationstechnologie ›auf wunderbare Weise‹ verstärken. Die Kehrseite der vielgelobten Kräfte des Buchdruckes ist eben, daß auch der Mißbrauch beflügelt wird. Die ›multiplicatio librorum‹ kann auch zu einer Multiplikation von Fehlern führen, wenn etwa schlechte Handschriften als Vorlage gewählt werden und die Setzer nachlässig gearbeitet haben. *»Diese Fehler könnten dann umso schwerer wieder aus der Welt geschafft werden, da die gedruckten Exemplare auch in den Fehlern völlig übereinstimmen. Sehr großen Schaden vermöge der Buchdruck dadurch anzurichten, daß das Gift von Irrtümern erfüllter Schriften sich leicht in der ganzen Kirche ausbreiten könne.«* So befürchtet schon ein anonymer Gutachter in einer ›heilsamen Anweisung, die Ausübung der Buchdruckerkunst betreffend‹ (*Avisamentum salubre quantum ad exercitium artis impressorii litterarum*), das wohl noch vor 1485 in Nürnberg erstellt wurde und in dem der Autor ausgiebig auf Zitate der Kirchenväter und angesehener Scholastiker zurückgreifen konnte, um seine Mahnung zu untermauern.[179]
Die Buchdrucker mußten auf diese auch in der Öffentlichkeit verbreiteten Sorgen reagieren. *»Niemand möge sich von Kauf dieser Bücher aus dem Grund abhalten lassen«*, schreibt Peter Schöffer in einem Prospekt über sein Verlagsprogramm schon 1472, *»weil sie durch Flüchtigkeitsversehen oder regelrechte Fehler entstellt sind ... Mit welch peinlicher Sorgfalt und Bemühung und mit wieviel geistiger und körperlicher Arbeit der Druck dieser Bücher verbessert und durchgesehen wurde, wird jedermann ... einsehen, sobald die Bücher erschienen sind.«*[180] Die Klage über die schlechte Qualität der Texte und die Unachtsamkeit der Autoren verstummte während des gesamten 16. Jahrhunderts nicht.
Häretische Anschauungen, die es immer gab und die sich auch immer wieder ausgebreitet haben, konnten sich nun, unterstützt

durch die neue Technologie, noch schneller und weiträumiger verbreiten.

»Yetzo aber«, beklagt denn auch rückblickend der katholische Theologe F. Staphylus in seiner Schrift *›Von der Teutschen Bibel verdolmetschung‹*, *»weil die Druckerey aufkommen / vnd die buecher leicht zubekommen seind / darzuo auch die Bibl inns teutsch verdolmetscht worden / so nimpt jm yetz mancher seltzamer kopff auß diser gelegenhait ein vrsach / die Bibl zulesen / vnd seines gefallens darinn zugruebeln, welche zweifels one nicht beschehe / wo die menig* [Vielzahl] *der teutschen Bibl nicht vrsach darzuo gebe«* (1562: 190v/190r). Die *›Multiplicatio librorum‹* oder die *›Vermennigfeltigung‹* der Bücher ist *›vrsach‹* der Verwirrung der Gemeinschaft der Gläubigen und schließlich ihrer Spaltung. Früher konnten sich kaum die *›reichen Pfarrer eine gantze geschriebene Bibel‹* leisten, heute besitzt sie angeblich selbst der *›arme ungelehrte Laie‹*. Den Traditionalisten graut es bei dem Gedanken, welche Schlüsse jener aus den heiligen Texten ziehen mag.

›Von vberflussz der buecher‹ und dem Überhandnehmen der ›nuw fundigkeit‹

›Es nimmt kein Ende mit dem vielen Bücherschreiben‹, klagt man schon im Alten Testament (Koheleth bzw. Ecclesiastes 12, 12). Der Prediger Salomon hatte mit diesen Worten freilich keine Kritik speziell am skriptographischen Medium im Auge, sondern ihm ging es generell gegen eine Überfütterung mit Wissen. *»Viel predigen macht den Leib müde«*, fährt er nämlich fort und bezieht damit auch die oralen Medien in seine Kritik ein.

Aber die Einführung der Schrift schafft natürlich zusätzliche Informationsmöglichkeiten und insofern wird sie seit altersher von jenen skeptisch bewertet, die mehr auf Kontemplation und Bewahrung denn auf Kreativität und Veränderung aus waren. Zurückhaltung gegenüber den Segnungen der Schrift begegnet uns nicht nur in der Antike und dann später im Kreise der Kirche, sondern auch bei so angesehenen und durchaus weltlich gestimmten Gelehrten des 14. Jahrhunderts wie F. Petrarca.

Am Kopf des 43. Kapitels seiner Schrift *›Von beiderlei Glück‹*, überschrieben mit *›Von vberflussz / menge und vile der buecher‹*, finden sich

Abb. 21: ›Kain zeit da mer buecher schreybens gewesen ist‹: Holzschnitt aus F. Petrarca, ›Von beiderlei Glück‹, 1539

gleichsam als Motto die folgenden Zweizeiler: *»Wenig kunst vnd buecher vil / Das ist der narren frewden spil.«* und *»Der darf nit vil der buecher hon / Der Christlich lebt vn(d) recht will thon.«*[181]
Über das Für und Wider dieser Gemeinplätze läßt er in diesem und in den folgenden Kapiteln den ›Freund‹ und die ›Vernunfft‹ disputieren. Gewiß, *»Buecher habend wol etwan(n) eine(n) zur kunst gebracht«*, antwortet die Vernunft auf die Bücherbegeisterung des Freundes, *»sie hond aber herwideru(m)b auch eine(n) wol vnsin(n)ig vn(d) doll gemacht / Wan(n) einer mer studirn will / da(n) er erwegen mag so gibts solchen lon/*[:] *de(r) versta(n)d vn(d) kopf ist eben wie dem mage(n) / wan(n) mans vberfült ... so kompt vndaewung ... darauß.«*[182] Und wie das Maßhalten beim Essen nicht jedermanns Sache ist, so auch beim Bücherkonsum. Aber nicht nur beim Verzehr, schon bei der Zurichtung des Mahls, der Bücher, liegt manches im argen. *»Dan(n) dise die guote buecher andern zuostellen vn(d) verkauffen sollen / haben gar kein fleiß mit / niemant thuot nichts darzuo ... es suocht yederman hierin(n) sein aige(n) nutz«!* (Ebd. f 44v) Die Begründung sieht

Petrarca weniger darin, daß viele Köche den Brei verderben, als vielmehr darin, daß sich die ständische mittelalterliche Ordnung auflöst. *›Selbst Bücher zu schreiben‹*, kritisiert die Vernunft als *›vnhaylpare kranckheit‹* (1532, f 58v) bzw. als *›gemaine sucht / die vil befleckt‹*. (1539, f 45r) *»yederman vndersteet sich des ampts* [!] *buecher zemachen«*, das *»aber* [nur] *wenigen verlihen«* ist. (ebd.) *»Yederman will yetz buecher machen / yederman will die freyhayt haben / so treibt ein narr jmmer den andern«*. (Ebd. f 46r) Deshalb ist *»kain zeit nie gewesen ... / da mer schreybens vnnd plauderens gewesen«*. (Ebd. f 45v) *Vgl. Abb. 21.*

Das Bücherschreiben gilt Petrarca ebenso wie seinen Zeitgenossen und seiner Nachwelt bis hinein in die Neuzeit als ein ›Amt‹, zu dem man ähnlich wie in den Predigerstand berufen sein muß. Wenn man in diesen Stand schon nicht hineingeboren wird, so muß man doch zumindest approbiert werden. Kein *»handtwerck (/) schmid / weber / pawr / ist nicht (/) er muoß zuur maisterstuck/prob vn(d) muster mache(n) / hie mag aber yederman schreibe(n)«* und, so fügt der Herausgeber 180 Jahre später hinzu, *»drucken / vn(d) andern exemplar vn(d) buecher vberlifern / sie seyen gerecht oder nit / hie gilt ein boeses falsches buoch gleich als wol gelde als ein wol vbersehens guots vn(d) corrigierts«*. (Ebd. f 44v) Niemand, auch nicht mehr die *›Oberherren und Aufseher‹*, die geistlichen und weltlichen Fürsten, achten darauf, daß *»allein buecher gemacht vn(d) außgeschribe(n) vo(n) sollichen leüte(n) wurden / die d(ieser) kunst ein volkom(m)enlich vn(d) ein bewertes wissen truege(n)«*. (a. a. O.)[183]

Die Auflösung der ständischen Ordnung macht sich auch auf dem Felde der Informations- und Kommunikationspolitik bemerkbar. Der Zugang zu den Speichern des Wissens bleibt nicht länger bestimmten Schichten vorbehalten. ›Selbst-schreiben‹ und ›selbstlesen‹ wird von einer ständischen zu einer ›gemeinen‹ Tätigkeit. Letztlich ist es diese Entwicklung, die Ängste erzeugt und den Boden bereitet für ein Mißtrauen nicht nur gegen die Vielschreiberei, sondern erst recht gegen das neue typographische Medium. Damit sich der Buchdruck durchsetzen konnte, mußten den Mitgliedern der Gesellschaft Eigenschaften allgemein zuerkannt werden, die zuvor nur bestimmten Schichten vorbehalten waren. Diese Veränderung der Selbstbeschreibung der Individuen und der Gesellschaft war gegen Ende des 15. Jahrhunderts noch längst nicht abgeschlossen.

Der Mainzer Domherr Bernhard von Breydenbach, der zur zweiten Generation derjenigen gehört, die die frühneuzeitliche Medienrevolution miterlebt haben, kann umstandslos an die Klagen seiner Vorgänger über die Informationsflut anknüpfen. *»Diß wol gehoffnet«*, schreibt er 1486, *»kom ich also vff myn meynu(n)g. daz mancherley vbu(n)g vn(d) gebruch sy menschlicher vernunfft vnd synn. vnd keyn end nuwer bucher zu machen ... wer das nit enweiß oder mercket vor ab ytz der zyt so nuw fundigkeit seer vberhandt nymmet. vnd eyn yeder in synem synn rich ist. meyn ich nyman mogen werden gefunde(n). der syner vernunfft mechtig ist. erkennet daz eß vor lang dar zu kommen ist. daz nach gemeynem spruch. wer alleyn den stilum* [Schreibstift] *oder die sunderlich wiß vnd form ym schriben gehalten. kan vmbwenden vnd versetzen. der bedu(n)cket sich eyn nuwe buch haben gemachet. welches nit alleyn geschicht yn den fryen oder naturlichen kuonsten. als yn gramatica lo(g)yca rethorica musica aritmetrica geometria astronomia vnd in gemeyner philosophy. ja auch der heiligen goetlichen geschrifft. vnd daz mee ist. bezügend sancto Jeronimo. So die artzit hantyren. daz der artzny ist. vn(d) die schmyd daz ynen zuo steet. deßglichen eyn jedes hantwerck. So ist alleyn die kunst der geschrifft besunder der heyligen. der sich all vnderstan. gelert vnd ungelert schriben gedicht vn(d) machen bucher das kleffig alt wib. der synnloß alt man. der swetzig sophist. ja all me(n)schen vermessen sich zuo schriben. zuo rysszen die geschrifft. vnd wollen anderen sagen daz sie selber nit wissen noch verstan ...«*[184]

Nicht allein in die klassischerweise auf Schriftgebrauch angewiesenen Institutionen, die Universität mit ihren Fakultäten und die Kirche, sondern auch in das Handwerk haben die neuen Medien, so stellt der aufmerksame Betrachter fest, Eingang gefunden.

Das Schreiben und Lesen von Druck-Erzeugnissen wird nicht mehr ausschließlich als Standesmerkmal oder als ein berufsqualifizierendes Merkmal, sondern als eine allgemeine Kulturtätigkeit erlebt – selbst von jenen, denen dies wie Breydenbach nicht ganz geheuer vorkommt. *›Alle Menschen vermessen sich zu schreiben‹*, dies ist am Ende des 15. Jahrhunderts nicht mehr bloß eine Schattenschrift an der Wand. Breydenbach malt hier keine drohenden Entwicklungen mehr aus. Er schildert Tatsachen. Gewiß, aus der Sicht der Moderne mag die Bücherflut gering, die Alphabetisierung noch ganz schichtenspezifisch erscheinen. Aber vom Turm des Mainzer Doms aus gesehen, war die soziale Umwälzung, die der Buchdruck so beschleunigt und unumkehrbar gemacht hatte, nicht zu leugnen. Es existierten im Prinzip keinerlei ständische Schranken für das Schreiben und Drucken und auch keine solchen für den Erwerb und die Lektüre der Drucke. Und auch in der Praxis mehrten sich die Schriften der ungelehrten Handwerker. Wie beschränkt in jenen Jahren auch immer, wer in den halbjährigen Schreib- und Lesekursen der Winkelschulen oder in den zünftigen Schreibschulen ›um ein geringes Geld‹ den Umgang mit den neuen Medien gelernt hatte, der nutzte sie auch als Informationsmedium. Approbiert war er damit im traditionellen Sinne nicht, ›litteratus‹ noch weniger. Aber die Diskrepanz zwischen den alten Wertvorstellungen und den neuen Möglichkeiten und Fakten schuf eben das Unbehagen, das sich bei von Breydenbach und vielleicht auch bei dem Übersetzer und Herausgeber Petrarcas in den dreißiger Jahren des 16. Jahrhunderts ausdrückt.

Vom Übel des Drucks volkssprachlicher Bücher

Das Unbehagen am ›Überfluß‹ der Bücher rief schon immer Gegenmaßnahmen hervor. Kirchliche Instanzen verboten der einen oder anderen Gruppe im Mittelalter des öfteren, ›neue Bücher‹ oder neue Bücherkommentare zu schreiben. *»Gesteigerte Bücherproduktion«*, meinte der Pariser Universitätskanzler und Konstanzer Konzilstheologe Johannes Gerson (1363-1429), *»leiste einer wachsenden theologischen Begriffsverwirrung Vorschub und bedrohe so die Geschlossenheit der kirchlichen Lehrtradition.«*[185] Wenn schon das Mittelalter Probleme hatte, mit den skriptographisch gespeicherten Informationen fertigzuwerden, so verwundert es nicht, daß die Renaissance das lawinenartige Anschwellen der Bücherflut im Gefolge des Buchdrucks mit Besorgnis betrachtete. Kritiker rechneten die Schwierigkeiten, die man ohnehin schon hatte, bei den Abschriften die Spreu vom Weizen zu trennen, auf die Druckwerke hoch – und es ist nicht verwunderlich, daß sie zu schlechten Prognosen bezüglich der Reinhaltung der rechten Lehre bzw. der besten Textzeugen kamen. Hinweise auf die grundsätzlich anderen Möglichkeiten, die die typographische Informationstechnologie zur Lösung dieser älteren Probleme bereitstellt, sucht man m. W. demgegenüber in der frühen Neuzeit vergeblich. Man sah, was ja auch nicht verwunderlich ist, die neuen Formen der Informationsverarbeitung und -verbreitung noch sehr stark vor dem Hintergrund der – eben zuweilen auch schlechten – Erfahrungen, die man in den Jahrhunderten der handschriftlichen Informationstechnologie gemacht hatte.

Zu diesen schlechten Erfahrungen zählte für die Papstkirche vor allem auch die Erfahrung mit Übersetzungen der Bibel und anderer Bücher in die sogenannten ›Volkssprachen‹. Nur spekulieren kann man darüber, ob schon die Übertragung der christlichen Lehre aus dem Hebräischen ins Griechische von kritischen Stimmen begleitet wurde und wenn ja, welche Argumente dann damals eine Rolle spielten. Besser belegt ist, wie sich Hieronymus durch seine Übersetzung der (griechischen) Bibel ins Lateinische die Kritik seiner Glaubensbrüder zuzog: *»noch in der zweiten Hälfte des 4. Jhs. erinnerten Kirchenlehrer wie Basilius und Gregor von Nazianz an die Bedeutungsenge und Wortarmut der lateinischen Sprache, weswegen sie für die Übersetzung der Bibel ungeeignet sei.«*[186]

Mit ähnlichen Argumenten ging man im Mittelalter gegen die Übersetzung der Heiligen Schrift und anderer theologischer Werke in französische, italienische, deutsche und andere Volkssprachen vor. 1485 – Kobergers neunte, (hoch)deutsche Bibel war schon ausgeliefert – drängte es den höchsten kirchlichen Würdenträger im Deutschen Reich, den Erzbischof von Mainz, Berthold von Henneberg, die bewährten Argumente gegen die Bibelübersetzung wieder ins Gedächtnis zu rufen und sie in einem förmlichen Edikt zu veröffentlichen.[187] *»Zugeben muß man doch«*, so heißt es dort, *»daß die Armut unserer* [deutschen] *Sprache in keiner Weise zureichend ist, und daß es nötig sein wird, unbekannte Begriffe frei zu schaffen, oder, wenn man bei alten Begriffen bleibt, der wahre Sinn entstellt wird – was wir bei den heiligen Schriften um der Größe der Gefahr willen besonders fürchten. Denn wer wird den Laien und ungelehrten Menschen und dem weiblichen Geschlecht, in deren Hände die Bücher der heiligen Wissenschaft fallen, das Verständnis verleihen, den wahren Sinn herauszufinden?«*[188]

Ähnlich hatte es schon in dem Nürnberger Gutachten gelautet: *»Achtet darauf, daß ihr diesem Übel des Druckes von Büchern, die aus den heiligen Schriften in die Volkssprache übersetzt sind, vorsorglich entgegentretet, denn diese Übersetzung zielt, wie gesagt wurde, auf die Schwächung der kirchlichen Hierarchie, auf die schwere Gefährdung des orthodoxen Glaubens,* *auf die Verwirrung der heiligen Kirche, auf die Verdammnis der Seelen und endlich auf die Vernichtung gleicher Weise der weltlichen wie der geistlichen Ordnungen ... In den Anfängen muß man aber Widerstand leisten, damit nicht durch Vermehrung der deutschsprachigen Bücher der Funke des Irrtums endlich sich zu einem großen Feuer entwickle ...«*[189]

Diese Argumentation war schon im Mittelalter nicht unumstritten. Im ausgehenden 15. Jahrhundert entwickelte sich eine öffentliche Diskussion dieser Thesen, in der beide Parteien den Buchdruck zur Verbreitung ihrer Auffassungen einspannten. Kaum verwunderlich, daß auch die Befürworter der Übersetzungsfreiheit auf Argumente zurückgriffen, die schon während der Slawenmission und dann von den Waldensern, den Beghinen und Begarden oder den Anhängern Wycliffs ins Feld geführt worden waren. Der – gewiß unter den Mönchen zu suchende – Verfasser der Kölner Chronik von 1499 beispielsweise relativiert jede Kritik am Einsatz der neuen Informationsmedien zunächst mit dem Hinweis, daß alle ›nützlichen und göttlichen Dinge Gegner‹ (*achtersprecher*) haben. (Vgl. im Anhang [1]) Auch der Buchdruck bleibe davon nicht verschont. Was ›*lehrreich und nützlich*‹ sei, solle man aber nicht ›*verbieten*‹, betont er – wohl auch mit Blick auf die Zensurbestrebungen in der Stadt Köln von 1475 und 1479. Das Argument, daß die Alphabetisierung von Laien und die Übersetzung von theologischen Texten in die Volkssprachen ›gefährliche‹ Halbbildung erzeuge und den Glauben schwäche, weist er entschieden zurück: *»Sij verstain niet all die hillige schrift in latijn / die sij kunne(n) lesen.«* Halbbildung gibt es bei den lateinkundigen Geistlichen genauso wie bei den Laien: *»Also geschiet ouch den die die selve schrifft geduytscht lesen. Wer wolden sij beyde vlijss ankeren / so sullen beyde d(ie) latijnsch in d(ie) duytsch groissen verstant ind suessicheit kriegen.«* (CCCXII r)
Für die Ungelehrten bringt es sogar noch mehr Nachteile, wenn sie die Bibel nicht lesen können, weil sie dann auf wichtige Glaubensfragen überhaupt nicht antworten können und sich deshalb zurückziehen und ›verschemt‹ werden. ›Unwissenheit‹ ist im Köln der Jahrhundertwende schon eher ein Makel denn ein Tor zur Seligkeit. Das weitere Argument, daß die Bibellektüre der Laien Irrglauben verbreite, widerlegt er in traditionellem Stil: ›Man hört und sieht nicht, daß die Ketzerei aus dem gemeinen Volk ent-

springt, wohl aber aus den vorwitzigen Gelehrten‹. ›Je gelehrter, je verkehrter‹ lautet die mittelalterliche Volksmeinung.

Dann gibt es noch diejenigen, *»die meyn(en) die* [Ver=]*maenichfeldigu(n)ge d(er) boicher sij schedelich. ich wolde gerne hoire(n) waru(m)b.«* Auch die Werke von Johannes Gerson und Johannes von Trittenheym (Trithemius), die er aufmerksam gelesen hat, haben in ihm keinen Zweifel an der neuen Nachrichtentechnik geweckt – oder ihn gar von der Überlegenheit der handschriftlichen Erfahrungstradierung überzeugen können.

Zum Abschluß seiner Erzählung über die *›boychdrucker kunst‹* verteidigt er deshalb auch den Fleiß der Drucker, Setzer und Korrektoren: Wenn die Kritiker dieser Kunst nur wollten, so könnten sie *»mit haluer arbeit so vill lere(n)* [lernen] */ in eynre kurtzer tzijt a(l)s vur* [vorher] *eynre mocht in vill iare(n). Ind dat kumpt van de(n) groissem vlijss ind dat in vijll wege / der genre* [derjenigen] */ die die boicher drucken. die vngelijch besser syn. dan vurmals gewest geschreuen syn.«* Die neuen Editionen übertreffen die Handschriften an Sorgfalt und Textgenauigkeit. Kritisieren kann diese neue Technik eigentlich nur derjenige, der *»die kunst niet lieffhaue(t) noch yr sele«*. Mit anderen Worten: Man muß seine Wünsche in das neue Medium hineinprojizieren, erst dann leistet es dem Einzelnen und der Gesellschaft gute Dienste: ›Für diejenigen, die die Kunst‹, die neuen Medien, ›liebhaben, ist nun eine angenehme goldene Zeit angebrochen, da sie den Acker ihres Verstandes mit so unzähligen wunderbaren Samen besäen und auch ihren Verstand durch so manche göttlichen Strahlen erleuchten lassen können‹. (ebd.)

Blickt man vom gegenwärtigen Standpunkt auf die Übersetzungskontroverse zurück, so fällt auf, daß sie trotz ihrer Vehemenz im Grunde nicht zu einer Auseinandersetzung mit den spezifischen Folgen des Buchdrucks führte. Das Mainzer Zensuredikt von 1485 setzt sich nicht mit dem neuen Medium auseinander, sondern es lenkt die Aufmerksamkeit auf eine traditionelle eingefahrene Problematik. Streng genommen ist es ein ›Übersetzungsedikt‹. Es befiehlt, *»daß man keine Werke, welcher Art sie seien, welche Wissenschaft, Kunst oder Erkenntnis sie auch immer betreffen, aus der griechischen, lateinischen oder einer anderen Sprache in die deutsche Volkssprache übersetze oder übersetzte Werke, unter welcher Abänderung oder welchem Titel auch immer, verbreite oder erwerbe, öffentlich oder heimlich, unmittelbar oder mittelbar,* *sofern nicht die zu druckenden Werke jeweils vor dem Druck, die gedruckten vor dem Vertrieb durch eigens dazu bestellte Doktoren und Magister der Universität in unserer Stadt Mainz bzw. solche in unserer Stadt Erfurt, durchgesehen und mit einem Sichtvermerk zum Druck oder Vertrieb freigegeben worden sind ...«*[190] Insoweit mag die Zensurmaßnahme eher einen Beitrag zur Normalisierung und zur Verharmlosung der neuen Technologie geleistet haben, Technologiekritik als solche hat sie gewiß nicht befördert. Schlimmstenfalls verschärft der Buchdruck altehrwürdige Probleme.

›Die freyen Künst seyn jetzt veracht, geschickligkeyt gring wirdt geacht‹

Ansätze zu einer radikalen kritischen Betrachtung der neuen Technologie, die sich nicht auf eine Extrapolation schon bestehender Entwicklungslinien und Risiken beschränkt, springen nicht ins Auge. Man muß sie suchen, nicht zuletzt wohl deshalb, weil uns gegenwärtig noch immer die notwendigen Kategorien fehlen.

Eine Fundgrube ist das schon zitierte, in Reimform gebrachte Gespräch der Marktschiffer. In dieser fiktiven Unterhaltung, die auf einem Schiff, eben dem Marktschiff, stattfindet, welches sich auf der Rückreise von der Frankfurter Buchmesse befindet, vertritt ein Brillenkrämer auf weite Strecken eine konservative, die mittelalterlichen Werte bewahrende Position:

> *»Vil lesen macht die Köpfe toll,*
> *Meins gleich* [Meinesgleichen] *sich dafür hüten soll.*
> *So hab ich all mein Tag gehört,*
> *je höher glert, je mehr verkert.«*[191]

Das Anhäufen von Informationen galt der Mehrzahl der Menschen im Mittelalter als ein gefährliches und verwirrendes Unterfangen. Nur für wenige Gruppen innerhalb der Geistlichkeit und für die (Universitäts-)Gelehrten tolerierte man es mit vielen Einschränkungen. Gewiß wurden die freien Künste, die Musen, geachtet, aber ihre Aneignung war kein allgemeines Bedürfnis und wurde auch nicht als solches propagiert. Nunmehr beobachtet der dichtende Stadtpfarrer Lautenbach eine völlige Umwertung der überkommenen Ideale. Das, was alle Tage galt, gilt nun nicht mehr und er läßt einen ›Studenten‹ antworten:

> *»Ich hab gsehen die nichts gelesen,*
> *Seyn doch Gecken und Lecker gwesen.*
> *Die freyen Künst seyn jetzt veracht,*
> *Geschickligkeit gring wirdt geacht.«*
> (Ebd.)

Zwar ist dieser Vers im einzelnen nicht leicht zu interpretieren. Die Tendenz scheint aber zu sein, daß das alte Sprichwort ›je gelehrter, je verkehrter‹ demontiert, geradezu umgekehrt wird. Nicht mehr die Gelehrten sind die nach Pfründen schielenden Gecken, die ernst zu nehmen dem ›Volksmund‹ schwer fällt, sondern diejenigen, die nichts gelesen und gesehen haben, werden zu komischen Figuren, die nichts zum Gemeinwohl beitragen. Es hat im 16. Jahrhundert nichts ›Verkehrtes‹ mehr an sich, wenn man Lesen und Schreiben lernt, sein Wissen in die Gemein gibt, aus Büchern geschöpftes Wissen anwendet. Diese Folge des Buchdrucks ist freilich keine Extrapolation einer mittelalterlichen Entwicklung mehr, sondern vielmehr deren Umkehrung. Und gleich die nächste Behauptung des ›Studenten‹ liefert ein weiteres Beispiel für eine grundlegende Änderung einer Entwicklungsrichtung: Sowohl die freien Künste als auch die Geschicklichkeit werden neuerdings gering geachtet. Der Buchdruck hat demnach zu einer Abwertung der freien, scholastischen Studien und zu einer Abwertung der Kunstfertigkeit, der motorischen Geschicklichkeit der Menschen geführt.[192]

Für die Abwertung scholastischer Gelehrsamkeit, die Kritik an ›Naristoteles‹ und an vielen anderen Autoritäten ist die Renaissance bekannt. Wenige Jahre vor dem Marktschiffergespräch war eine grundsätzliche Auseinandersetzung mit mittelalterlichen Idealen der Gelehrsamkeit und der Ausbildung erschienen, die *›drei Bücher von dem wahren Ursprung und Herkommen der freien Künsten‹*, herausgegeben von Samuel Siderocrat (Eisenmenger) aus Bretten. Der anonyme Autor, der als Anhänger des Paracelsus vorgestellt wird, kritisiert im ersten Buch das traditionelle Bildungssystem, in dem Sprachen mühsam aus der ›*grammatica*‹ gelernt werden. (Ebenda, 14) Das Studium der ›*Dialektik/Rhetorick/Arithmetick/Musick*‹ hält er für zeitraubend und wenig fruchtbar. Statt dessen plädiert er für einen ›*praktischen*‹ Unterricht in den ›*teutschen Schulen*‹ ›*ohn allen*‹ Rückgriff auf die freien Künste und die entsprechenden Ausbildungsinstitutionen.[193] Die Argumentation in diesem Werk ist typisch für die vielfältige zeitgenössische Kritik an den Absolventen von Lehranstalten, die nicht oder nur ungenügend auf die neue Informationstechnologie und deren Möglichkeiten umgestellt hatten.

Auf die Abwertung der Handfertigkeiten und die gleichzeitige Aufwertung von symbolischem, typographisch darstellbarem Wissen im Gefolge des Buchdrucks wird in dieser Arbeit noch ausführlicher eingegangen. Zeitgenössische Beobachtungen dieses kulturellen Wertwandels sind allerdings rar. (Vgl. Kap. 6.4 und 6.5)

Häufiger finden sich Betrachtungen über die Umkehrung einer anderen tragenden Wertvorstellung des Mittelalters: Wenn früher das Abschreiben von Büchern von den Gläubigen als ›*Gottesdienst*‹ erlebt und für die innere Einkehr benutzt wurde, so scheint für die Drucker eher die ›*Gier nach eitlem Ruhm oder Geld*‹ diesen – spirituellen – Antrieb zu ersetzen. (Mainzer Zensuredikt von 1485) Der Benediktiner Martin Movemius ist sichtlich irritiert von der Geschäftigkeit seines Freundes, des Basler Druckers und Verlegers Johannes Amerbach. In einem Brief läßt er diesen im Herbst 1496 an seinen Überlegungen über die Motive teilhaben, die Amerbach dazu bringen, ›*bei Tag und Nacht*‹ der Verlagsarbeit nachzugehen. »*Unaufhörlich bist du auf der Suche nach den Geheimnissen entlegener Schriften, und du tust gewiß recht daran, wenn du neu entdeckte Handschriften zum Druck bringst – weniger zu deinem persönlichen Nutzen als zur öffentlichen Erhöhung der römischen Kirche und zum Ruhme der deutschen Nation. Würdest du dies um des Gewinns willen tun . . ., so müßte ich dich der Habsucht bezichtigen. Es ist der Gipfel des Unsinns, Schätzen nachzujagen und dabei das Leben oder das Heil der Seele zu verlieren . . .*«[194]

Die Ersetzung von Kontemplation und Langsamkeit – dem müßigen Gang – durch Geldgier und Hast betrübt noch andere Kleriker, mit denen Amerbach in Briefwechsel steht. So schreibt der

Zisterzienser Conrad Leontorius von *»der mannigfaltigen und verwerflichen Hetze des Druckens, die fast für alle oberstes Gesetz ist«*.[195] Der Buchdruck hat die Multiplicatio librorum aus einer ganz in den Dienst des Glaubens gestellten Tätigkeit in einen integralen Bestandteil der neuzeitlichen Warenproduktion, der Kapitalakkumulation, verwandelt. Will man diese Folge des Buchdrucks loben, so muß man Abschied nehmen von einer jahrhundertealten Sinnstiftung und sich mit der Sinnstiftung der neuen Ökonomie anfreunden.

Es stimmt nachdenklich, daß auch so manches Kloster der ›neuen Hast‹ Einlaß in seine Mauern verschaffte.[196] So bestanden Skriptorium und Druckerei in dem Augsburger Stift Sankt Ulrich und Afra von 1471 bis 1476 nebeneinander. Gern wüßte man etwas über die Gedanken, die sich der Initiator dieser Klosterreform, Melchior von Stammheim, über die Folgen dieser ›Doppelherrschaft‹ für die Identitätsbestimmung der klösterlichen Gemeinschaft gemacht hat. Aber vermutlich war die Geschlossenheit der ideologischen Selbstbeschreibung des Klosters durch die Einführung der ›gewerblichen‹ Skriptorien im Spätmittelalter schon so weit aufgebrochen, daß sich diese Fremdkörper ohne große Anstrengungen integrieren ließen. Mehr Widerstand gegen die Etablierung der Druckereien scheint in Augsburg jedenfalls (1471) das Schreibergewerbe geleistet zu haben. Gerade diesem Gewerbe machte die neue Technologie auf einzelnen Gebieten Konkurrenz. Kurioserweise gelang es gerade Melchior von Stammheim, diesen Streit *»nach stadtbürgerlicher Weise unter sorgfältiger Abgrenzung der Belange aller beteiligten Gewerbe«* zu schlichten.[197]

›De laude scriptorum‹: Von der Konkurrenz alter und neuer Medien

Einer der wenigen, der im ausgehenden 15. Jahrhundert noch eine Lanze für die alten Medien brechen mochte, so muß man gerechterweise betonen, war ebenfalls ein Abt, Johannes Trithemius. Er veröffentlichte 1494 bei Peter Friedberg in Mainz ein Traktat mit dem Titel *»De laude scriptorum«* (Vom Lob der Handschriftenschreiber). Im 7. Kap. dieses Werks vergleicht er das skriptographische mit dem typographischen Medium und argumentiert vehement dafür, daß bei allen Leistungen des Drucks doch der oberste Rang in der Hierarchie der Informations- und Kommunikationsmedien der Handschrift zukomme. *»Gedrucktes aber, da es auf Papier steht, wie lange wird es halten?«* fragt er sich zunächst. *»Geschriebenes, wenn man es auf Pergament bringt, wird an die tausend Jahre Bestand haben ... wenn Gedrucktes in einem Band aus Papier an die zweihundert Jahre Bestand haben wird, wird es hoch kommen; indessen gibt es viele, die der Meinung sind, daß durch den Stoff an sich der Druck sich verbrauche.«*[198] Nun hätte Trithemius wissen können, daß durchaus nicht immer auf Pergament geschrieben und andererseits nicht ausschließlich auf Papier – sondern auch auf Pergament – gedruckt wurde. Andererseits ist nicht zu leugnen, daß in der Anfangszeit des Buchdrucks technische Schwierigkeiten, schlechte Mischungen der Druckerschwärze, zu ›Tintenfraß‹ und damit zur Vernichtung von Texten geführt haben. Die Stärke der Darlegungen von Trithemius liegt weniger in der Analyse der technischen Seite der neuen Maschine, als vielmehr in der Kritik ihres ideologischen Anspruchs. Die Propaganda für den Buchdruck konnte den Eindruck erwecken, als ob durch das Drucken das Schreiben von Büchern überflüssig würde. *»Aber wenn auch viele Bücher gedruckt vorliegen sollten, so werden sie doch niemals in dem Umfang gedruckt werden, daß man nicht immer etwas zum Schreiben finden könnte, was noch nicht gedruckt ist.«* (Ebd.) Handschriftliche Informationen emergieren auf einem anderen Niveau als die gedruckten. Druck baut auf Schreiben auf: Erst müssen Vorlagen (Manuskripte) gefertigt werden, ehe die typographische Informationsmaschinerie in Gang gebracht werden kann. Für manche Lebensbereiche bleibt allein die skriptographische Informationsverarbeitung sinnvoll.

In welchem Ausmaß sich unterdessen die Prämierung der neuen Informationstechnologien in der Gesellschaft verbreitet hatte, mag man einem anderen Argument des Sponheimer Abtes entnehmen: *»Ein von seinem Tun erfüllter Schreiber ...«*, beteuert er, *»läßt nicht zu, daß er, in seiner Tätigkeit gelähmt, unter dem Drucker steht. Er ist ein freier Mann, und er wird sich freuen, seinen Dienst in Freiheit zu tun. Denn er ist nicht weniger als ein Drucker, daß er gar seine Beschäftigung aufgeben müßte – nur weil jener druckt.«* (Ebenda) Offenbar hat es Stimmen gegeben, die solche Verteidigung erforderlich machte. Trithemius hat die ›Lähmung der Schreiber‹ wahrgenommen und das handschriftliche Hinarbeiten auf eine spätere typographische Veröffentlichung als eine Versklavung des Autors durch die Druckmaschine erfahren. In dieser Hinsicht freilich hat ihn die Geschichte überrollt: Nachrichtenwege, Textformen, Stilistik, die Strukturen der Sprache und vieles andere mehr werden in den nachfolgenden Jahrhunderten nicht nach den Bedürfnissen der ›Schreiber‹, sondern nach denen der Drucker umgestaltet. Trithemius scheint diese historischen Wandlungen in den folgenden Jahren bis zu einem gewissen Grade nachvollzogen und akzeptiert zu haben. Jedenfalls stimmt er schon 1506 in einem Brief an seinen Bruder und dann später in seiner Chronik des Klosters Hirsau (1515) in das Lob des Buchdrucks, die »*ars illa mirabilis et prius inaudita imprimendi et characterizandi libros*«, ein.[199]

Wie schon Hans Widmann in seinem Kommentar des ›Lobs der Schreiber‹ angemerkt hat, ist die dort vorgetragene ›rationale‹ Technikkritik wenig überzeugend. (a. a. O., S. 29) Nachdenklich stimmen kann aber, daß auch seine Ideologiekritik anscheinend so wirkungslos blieb – letztlich womöglich auch für Trithemius selbst. Den Schreibern versuchte er noch einmal einzuschärfen, ›*daß ihre Krone vor Gott nicht gemindert werden kann, wie unziemlich auch ein anderer sich verhalten mag*‹. Die anderen, das sind die Zeitgenossen, die ›*ihren Blick nur auf die Gegenwart richten*‹, sich von der Modernität und Geschwindigkeit der neuen Maschine blenden lassen. Dieser Verführung hält er die ganze christliche Tradition entgegen: »*Wir aber, meine Brüder, wollen im Blick auf den Lohn, den diese heilige Arbeit (istius sancti laboris) des Abschreibens in sich trägt, davon nicht ablassen ... mit geschriebenen Büchern nämlich lassen sich gedruckte niemals auf die gleiche Stufe stellen.*«[200] Dieser letzte Satz hätte mehr Aufmerksamkeit und eine tiefere theologische Diskussion verdient. Hätte man seine Bedeutung ausgeschöpft und akzeptiert, so hätte man schwerlich in gleichem Atemzug auch die Druckkunst zu einer ›*sancta ars*‹ erklären können.[201] Jedenfalls hat man damit faktisch die ursprüngliche Bedeutung der göttlichen Schreibkunst ausgehöhlt und einen Beitrag zu ihrer kulturellen Abwertung geleistet. Wenn Drucken und Schreiben nicht auf einer Stufe stehen, dann müssen sie wohl hierarchisch angeordnet sein. Trithemius' Versuch, die obere Stufe dem Schreiben vorzubehalten, erwies sich schon zur Zeit der Abfassung seiner Schrift als vergeblich – nicht zuletzt, weil die Kirche die spirituelle Bedeutung des Schreibens dem Komfort des Druckens geopfert hatte.

Die ›teuflische verdrueckung goetlicher wahrheit‹: Politik und neue Medien

Gegen Ende des 15. Jahrhunderts waren die überkommenen Formen der Informationsgewinnung, -speicherung und -weitergabe durch den Buchdruck in weiten Bereichen zerstört und durch neue ersetzt. Die Menschen in den kleineren und größeren Städten bemerkten nicht nur die Flut neuer Druckwerke und die Beschleunigung der Nachrichtenverbreitung, sondern auch die Demontage von Institutionen, die die Gesellschaft bislang getragen hatten. Wer gegen diese sozialen Veränderungen war und diese zudem irgendwie mit dem Buchdruck in Verbindung brachte, hatte alle Ursache, der neuen Technologie kritisch gegenüberzustehen. Aber selbst wenn man, wie der Mainzer Domdechant Bernhard von Breydenbach, gegen die Vielschreiberei und -druckerei zu Felde ziehen wollte, so kam man nicht umhin, seine Gegenpropaganda den neuen typographischen Medien anzuvertrauen. Und ebenso geschieht es, wie wir sahen, mit den Zensuredikten: auch sie werden ›im Druck‹ veröffentlicht, jenem Medium, dessen hemmungslose Ausbreitung sie begrenzen wollen. In diese paradoxe Situation konnten die Menschen der Jahrhundertwende nur kommen, weil der Buchdruck schon das gesamte mittelalterliche Prinzip der Sozialisierung von Informationen, der Veröffentlichung, über den Haufen geworfen hatte. Solange man sich ausschließlich der skriptographischen Informationstechnologie bediente, wurde immer vorab entschieden, welche Informationen ›sozialisiert‹ werden durften, sei es in Form von Büchern oder von Briefen (Urkunden). Man hatte Instanzen, die die Approbation und die Weitergabe von für wert erachtetem ›Wissen‹ organisierten. Dies entsprach in einem gewissen Sinne der mittelalterlichen städtischen Ökonomie, die im wesentlichen eine Auftragsproduktion war. Zunächst vermutlich unbemerkt und naturwüchsig hatte sich mit dem Buchdruck ein neues Prinzip durchgesetzt: Man druckte und verbreitete seine Texte und überließ es anschließend dem Markt und dem nachträglichen Meinungsstreit, welche Informationen zum Gemeingut wurden. Genau gegen diese Reihenfolge richtete sich die Kritik der Papstkirche, in diesem Punkt kritisierte Murner Luther am schärfsten, hier lag der Grund für die verschiedenen Versuche einer ›Präventivzensur‹. Die zentrale Planbewirtschaftung von Informationen, die der altgläubigen Partei vorschwebte, konfligierte mit der freien Marktwirtschaft, die als Medium für die Verbreitung typographischer Information genutzt wurde. Meinungsstreit war die unmittelbare Folge des Fortfalls des Approbationsprinzips und des Versagens einer umfassenden Vorzensur. Die Kritik an der neuen Technologie war nur eine Meinung unter vielen anderen und um überhaupt in den Streit eingreifen zu können, mußten sich die Kritiker den typographischen Veröffentlichungsprinzipien unterwerfen.

Schon die Einführung der Schrift oder genauer: der skriptographischen Informations- und Kommunikationsmedien wird von vielen modernen Betrachtern als Ursache für politische Veränderungen angesehen. Sie soll in den Kulturen im Zweistromland den Aufbau einer effektiven Verwaltung ermöglicht und damit die Grundlage zur Schaffung stabiler Großreiche gegeben haben. Die Mehrzahl der Schriftzeugnisse, die uns aus den Ländern am Euphrat und Tigris überliefert sind, berichten denn auch von wirtschaftlichen Transaktionen. Sie sind ›Aktennotizen‹ über Abgaben und Statistiken über die Vorräte in den Speichern.

Mit der Einführung neuer phonetischer Kodierungsprinzipien in Kleinasien und deren weiterer Perfektionierung im antiken Griechenland verbreiterten sich die Anwendungsmöglichkeiten der schriftlichen Medien. Zugleich damit veränderte sich auch ihr Einfluß auf die Politik und Moral. Manche Wissenschaftler vermuten, daß diese Entwicklungsstufe des Schriftgebrauchs den Anstoß zur Etablierung ›demokratischer‹ politischer Entscheidungsformen gegeben hat.[202]

Aus informationstheoretischer Sicht kann man folgende Ursache für diese Überzeugung anführen: Skriptographische Informationsverarbeitung erlaubt es, die Auswahl und Vernetzung von Informationen zu anonymisieren. Sie ermöglicht damit – bezogen auf den politischen Bereich – geheime Wahlen, und diese gelten wiederum als ein konstitutiver Bestandteil der abendländischen Demokratie. Je weiter verbreitet die Schriftbeherrschung ist, um so mehr Menschen können an diesem Entscheidungsprozeß teilnehmen.

Die schriftliche Darlegung und Verbreitung von Meinungen fördert darüber hinaus die Eindeutigkeit der Aussage und ihre Zuschreibung zu Personen. Es wird irgendwann leichter, ›Gesagtes‹ zu leugnen als ›Geschriebenes‹. Wenn sich Kulturen entschieden haben, die skriptographischen Medien zu einer breiten Kommunikation von Informationen einzusetzen, dann steigern sich für ihre Angehörigen die Zugriffschancen auf Wissen. Man muß nicht mehr unbedingt in die oralen Netze, Versammlungen, informelle Treffs o. ä. eingebunden sein, um trotzdem über die umlaufenden Meinungen orientiert zu sein.

Inwieweit die skriptographischen Medien solche Funktionen einer gruppenübergreifenden Kommunikation in der Antike schon wahrgenommen haben, ist eine offene Frage.

Sicher ist demgegenüber, daß mit der Einführung der typographischen Medien in die europäischen Gesellschaften der frühen Neuzeit öffentliche politische Diskussionen technisiert wurden. Die Kopplung des Buchdrucks an die Prinzipien des freien Handels schaffte darüber hinaus Raum für die Entfaltung einer weiteren Grundidee westlicher Demokratien: den freien Meinungsstreit über alle Standes- und Gruppengrenzen hinweg in den technisierten Informationsmedien.

Wie schon erwähnt, wurden die Potenzen der typographischen Informationsmedien in Südostasien nur in einem ganz begrenzten Umfang ausgeschöpft. Dies lag nicht zuletzt daran, daß die Druckereien in China und Korea durch eine zentrale Gewalt kontrolliert und nicht in ein marktwirtschaftliches System eingebracht wurden. Es konnte sich, um einen Vergleich mit der modernen elektronischen Datenverarbeitung zu wagen, kein Dialogbetrieb zwischen den einzelnen Betriebseinheiten, den Druckereien, entwickeln. Beide Länder verfügten gleichsam nur über *einen* Zentralcomputer, ein typographisches Informationssystem. Entsprechend war auch keine Vernetzung zwischen den verschiedenen Druckereien zu einem umfassenden Kommunikationssystem erforderlich. Die Informationen, die in die zentrale Anlage eingegeben werden sollten, unterzog man einer strikten Vorzensur.

Die Entwicklung im Europa der frühen Neuzeit verlief von Anfang an anders. Einzelne Bürger, Handwerker oder Institutionen errichteten die Druckereien und veröffentlichten, was ihnen günstig erschien. Eine Vorzensur fand zunächst nicht statt. Die Verknüpfung der einzelnen Druckereien und die Entwicklung eines gemeinsamen Standards für die Texte war von Anfang an ein Problem. Die Gesamtheit der Druckereien war beteiligt am Aufbau einer riesigen Datenbank, des in Drucken gespeicherten Wissens. Dieses ›Wissen‹ bestand von Anfang an aus den verschiedensten Informationen und Meinungen – darunter natürlich auch sich widersprechenden Aussagen und Meinungen. Es blieb den Benutzern, den Lesern, überlassen, sich diejenigen Informationen auszusuchen, die sie für nützlich hielten. Naturwüchsig hatte sich ein Prinzip der ›Freiheit‹ der Dateneingabe und des Zugangs zu den Informationen herausgebildet. Nur weil sich dieses Prinzip faktisch 1485 schon unübersehbar etabliert hatte, wurde der Ruf nach einer Präventivzensur laut. Bischöfe, Päpste und Konzilien bemerkten, daß der neue Informationsspeicher ›sich widersprechende Lehren‹ enthielt, Programme, durch die die Leser *»zu den größten Verirrungen im Glauben wie im Leben und in ihrer Gesittung verführt werden«.*[203] Der Datenschutz begann erst, nachdem das Kind schon längst in den Brunnen gefallen war.
Obwohl es die ›Obrigkeit‹ durchaus nicht an Versuchen fehlen ließ, die Informationseingabe zu kontrollieren, eine Präventivzensur einzuführen, blieb ihr Erfolg zumal bis zur Mitte des 16. Jahrhunderts gering. Faktisch hatte sich über die Jahrzehnte hinweg ein neues Prinzip für den Umgang mit Informationen durchgesetzt: Die Eingabe von Wissen in den großen Speicher, darunter auch die Veröffentlichung von Meinungen zu politischen und weltanschaulichen Fragen, war jedem freigestellt.
In den verschiedenen Lobreden auf Gutenberg und seine Erfindung wird diese immer wieder als eine *›freye‹* Kunst beschrieben. Sofort als *›Keyser Friedrich ... diese Kunst ward bekandt‹*, habe er sie *›Privilegirt / Vnd mit Gnaden ... so geziert / Daß die Drucker im Roemschen Reich // Tragen moechten dem Adel gleich / Gold und Silber / mit Ehren frey«.*[204] (Vgl. den Anhang 2) Daß die Frühdrucker die Freihei-

ten des Adels besaßen, ist natürlich eine Übertreibung. Aber sie nimmt den Entwicklungsgang vorweg. Nicht nur mit der Benutzung der neuen Technologie, auch mit ihrem Betrieb assoziierte man ›Freiheit‹. Von den Fesseln traditioneller Hierarchien sollten diese Kunst und ihre Produkte ›befreit‹ sein. Wieweit sich dieser Anspruch in den verschiedenen Zeiten und Ländern durchsetzen ließ, steht auf einem anderen Blatt.

Im Abschn. 5.5 sollen die informationspolitischen Maßnahmen, die in Deutschland im 16. Jahrhundert ergriffen wurden, noch einmal genauer betrachtet werden. An dieser Stelle kam es mir zum einen darauf an, den defensiven Charakter der verschiedenen Zensurbestrebungen herauszustreichen. Es sind Reparaturstrategien, die im Grunde die Maschinerie akzeptieren, keine Maschinenstürmerei. Letztere wäre von beiden Kirchen, nachdem sie einmal den Buchdruck als Gottesgeschenk gepriesen hatten, als eine Form von Gotteslästerung empfunden worden.

Zweitens muß betont werden, daß sich schon in der frühen Neuzeit ein Zusammenhang zwischen Buchdruck und demokratischen Freiheiten herstellte – sowohl faktisch als auch ideologisch. Das Zurückhalten von Informationen, sei es durch Bücherzensur oder durch andere Mechanismen, vertrug sich nicht mit dem ›gemein nutz‹. Jeder Eingriff in die Freiheit, Meinungen oder Informationen im Druck ausgehen zu lassen, bedurfte schon im 15. Jahrhundert einer politischen Legitimation. Im Mittelalter war die Sachlage gerade umgekehrt. Legitimationsbedürftig war jede breitere Sozialisierung privater Gedanken. Die Beweislast hatte sich von den Befürwortern der Veröffentlichung hin zu den Befürwortern der Zensur verschoben. Auch dieser Prozeß läßt sich nicht als eine Extrapolation, als ein Mehr-vom-selben, sondern nur als eine Wende in der Entwicklung verstehen.

Kaum einer der Zeitgenossen faßt die typischen Positionen der Bewunderer der Druckkunst und ihrer Kritiker so komprimiert zusammen, wie der von den Altgläubigen abgelehnte und von den Nachfolgern Luthers außer Landes getriebene Anhänger des Flacius Illyricus, Johan Friedrich Coelestin. (*Vgl. Abb. 22* und den Anhang) Es bedarf für ihn *›nicht viel beweisens‹*, daß der *›Teuflische Moerderische Geitz der gotlosen Buchdrucker vnd Buchfuerer‹* viel zu dem *›grimmigen Zorn Gottes‹* in *›diesen jtzigen letzten Zeiten‹* beigetragen

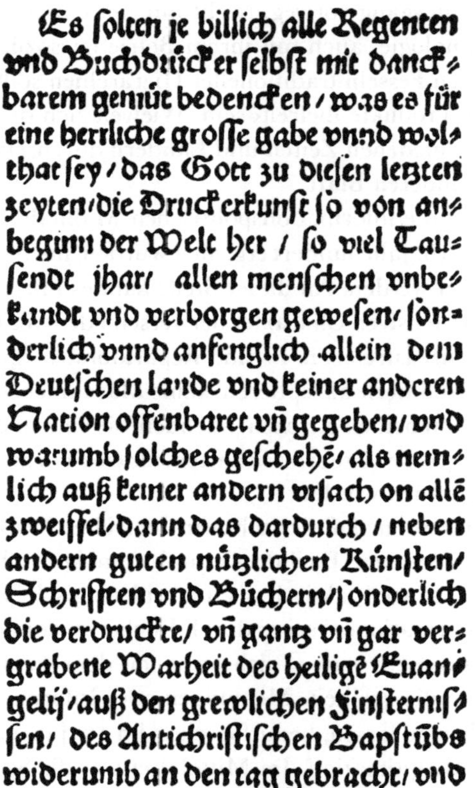

Es solten je billich alle Regenten vnd Buchdrücker selbst mit danckbarem gemüt bedencken / was es für eine herrliche grosse gabe vnnd wolthat sey / das Gott zu diesen letzten zeyten / die Druckerkunst so von anbeginn der Welt her / so viel Tausendt jhar / allen menschen vnbekandt vnd verborgen gewesen / sonderlich vnnd anfenglich allein dem Deutschen lande vnd keiner anderen Nation offenbaret vñ gegeben / vnd warumb solches geschehē / als nemlich auß keiner andern vrsach on allē zweiffel / dann das dardurch / neben andern guten nützlichen Künsten / Schrifften vnd Büchern / sonderlich die verdruckte / vñ gantz vñ gar vergrabene Warheit des heiligē Euangelij / auß den grewlichen Finsternissen / des Antichristischen Bapstūbs widerumb an den tag gebracht / vnd desto ehe vnd leichter geleret / gelernet vnnd kurtz vor dem Jüngsten tage / als zu einem Valete inn die gantze Welt / nach der Weissagung Christi / zu einem zeugniß vber alle Völcker außgebreitet / auch wider das verfluchte Bapstumb / alle Ketzer / rotten vnd Secten / allen ausserwehlten menschen zu trost vnd Warnung / verteidiget vnd biß ans ende d' welt erhalten werden möchte.

Abb. 22: Der Buchdruck und die politische Gewalt: ›Nicht unterdrücken sondern dankbar fördern!‹, Auszug aus J. Fr. Coelestin, ›Von Buchhendlern‹, 1569

hat.[205] Der Buchdruck in Verbindung mit dem Geiz und der neuen marktwirtschaftlichen Ökonomie verändert die Gesellschaft und zerstört die christliche Moral. *»... abgoetterey/ketzerey/vnreinigkeit/Fuerwitz/Geitz/Wucher/Finantzerey/vnd dergleichen Suenden«* haben *»heutigs tages/fast die ganze Welt ... ersoffen«*. (ebd. 1595) *›Jedermann, der sehen will und kann‹*, bemerkt, was der *›Papirene Geitz Teuffel‹*, das ist der spezielle Teufel der Autoren, Buchdrucker und -händler, *›der lieben Christenheit für unsäglichen Schaden getan hat und noch täglich tut‹*. (ebd. 1593) Sie verkaufen *›gotlose/Bepstisch Ketzerische/oder sonstige Bücher‹* um ihres *›schändlichen Geitzes willen‹*. (ebd. 1595) *»Christliche/nuetzliche/vnd hochnoetige Buecher«* werden demgegenüber *»weder gedruckt noch verkauft«*. (a. a. O.)

Trotz dieser Einsicht in die Mängel des neuen Informationssystems hütet er sich davor, nach einer staatlichen oder kirchlichen Oberaufsicht über die Presse nach dem Muster des mittelalterlichen Approbationswesens zu rufen. Schon gar nicht plädiert er für eine Unterdrückung der ›löblichen‹ Kunst. Vielmehr spricht vor allem aus den im Anhang (6) abgedruckten Schlußpassagen seines Werkes bereits die ganze Ambivalenz gegenüber den Eingriffen der politischen Obrigkeit in die neue Form der typographischen Informationsverarbeitung. Einerseits fordert er dort ihren Eingriff, um die Nachteile der *›freien‹* Meinungsäußerung in Grenzen zu halten – andererseits fürchtet er den Mißbrauch der regulativen Macht der *›Regenten‹* an *›Bepstischen vnd Euangelischen orten‹*. (ebd. 1623 bzw. F2 r) Die Erfahrung hat ihn gelehrt, daß oftmals die *›falschen‹* Bücher verbrannt werden. *›Frei und ohne Strafe‹* dürfen *›allerlei schwärmerische und unzüchtige Schandbücher und Buhllieder‹* verkauft werden. Unterdessen unterdrückt man *›notwendige Wahrnungen‹* und korrekte Streitliteratur – darunter auch seine eigenen Werke und die seiner Anhänger.

Immer wieder erinnert er Buchdrucker und *›Regenten‹* gleichermaßen an ihre Fürsorgepflicht für die soziale Gemeinschaft und an ihre Verantwortung vor Gott. Und er mutmaßt, daß es den *›christlichen Regenten schwer fallen wird, sich gegen Gott zu verantworten‹*. (ebd. Sp. 1624/bzw. F2r/F2v) Auf diese beiden politischen und moralischen Programme zur Steuerung des Verhaltens der Benutzer der typographischen Netze wird später noch zurückzukommen sein. (Vgl. 5.5 und 5.6)

2.8
›Die götlich sterk gab daz der Teutschen zungen‹: Die Rolle des Buchdrucks in der Selbstreflexion der Nationen

›Deutschland gebührt für alle Zeit der Ruhm‹

Als mutige Krieger wurden die Germanen von ihren Nachbarvölkern beschrieben, seit es Chronisten gab. Als tapfere Recken besangen sie sich selbst in ihren Heldenliedern. Mut und Nibelungentreue bestimmten ihre Selbstbeschreibungen – und diese wurden gestützt durch die Mythen, die sich in den benachbarten Völkern über die deutschen Stämme im Laufe der Zeit herausbildeten. Die weniger schmeichelhafte Kehrseite dieser Identitätsbestimmung war seit Tacitus und Caesar der barbarische Teutone: zwar stark, aber im gleichen Maße auch ungelenk im Verhalten, Sprechen und Denken. Verfeinerte Lebensart und Umgangsformen fehlten diesem Volk ebenso wie technische Meisterleistungen oder ein eigenständiger Beitrag zu der Entwicklung der artes liberales. Wie sollte ein solcher auch zustandekommen bei einer barbarischen Sprache, die von vornherein jede wirkliche Erkenntnis auszuschließen schien?

Im Hohen und Späten Mittelalter mag die Wirklichkeit der deutschen Höfe, Klöster und Städte mit dieser Zuschreibung in vielen Punkten in Widerspruch geraten sein. Der Aufschwung der Literatur, der Gewerbefleiß der Städte, die unübersehbare Kunstfertigkeit des Handwerks und die sich ausbreitenden Schulen und Universitäten wandelten die überkommenen Selbst- und Fremdbeschreibungen jedoch nur wenig.

Merkliche Veränderungen in dem Nachdenken über die Wesensart der Deutschen brachte erst die zweite Hälfte des 15. Jahrhunderts. Und wieder war es der Buchdruck, dem hier die katalysatorische Funktion zukam. Er regte, nicht nur in den ›teutschen Landen‹, sondern auch bei den Nachbarn, vor allem bei den Italienern und Franzosen, eine erneute Diskussion über die Stellung der Deutschen unter den Völkern an. Die Deutschen gewannen dabei eine Reihe neuer Identitätsmerkmale: sie galten fortan als Förderer des menschlichen Geistes, der Wissenschaften und der technischen Entwicklung. Nicht nur dem eigenen – auch fremden Ländern – bringt ihr Fleiß Vorteile.

»Ich glaube in der Tat«, schreibt Johannes Cochlaeus 1512, *»daß durch Gottes Güte den Deutschen jetzt eine bei weitem stärkere Kraft und Schärfe des Geistes als früher innewohnt. Das kann man aus ihren wunderbaren Erfindungen ablesen.«*[206] So erfanden sie – angeblich 1380 – Schwarzpulver und ›Bombarden‹. Diese Erfindung, so schränkt Cochlaeus sogleich mit sicherem Instinkt für die gewachsenen Vorurteile ein, *»muß man ihrer alten Begabung zuschreiben, da sie sich immer mit den Waffen hervortaten. Des weiteren gibt es eine Erfindung, die bei weitem nützlicher, schätzenswerter und dem ganzen Erdkreis willkommener ist, als jene, ich meine die Kunst des Druckes, wo sie in Erz feste Typen prägen und mit umgekehrten Buchstaben zu schreiben lehren, vom Jahre des Herrn 1440; es erfand in der Tat, wie meine Meinung ist, keiner der Sterblichen etwas Heilsameres als diese Kunst.«* (Ebd. 65)

Nun war dies zu Beginn des 16. Jahrhunderts durchaus nicht mehr nur die Meinung des Cochlaeus, sondern vielmehr eine opinio communis. 1460 schon sprach der Verfasser der Schlußschrift des Catholicons von der *›berühmten deutschen Nation‹*, die von Gott *›vor allen anderen Nationen‹* dadurch ausgezeichnet worden sei, daß er ihr die Gnade der Erfindung des Buchdrucks gewährte. (*Vgl. Abb. 19*)

In Italien hatte neben Polydorus Vergilius auch Baptist Fulgosus (vor 1494) eingestanden, daß *›die Erfindung des Buchdrucks alle bisherigen Leistungen der mechanischen Kunst übertraf‹.*[207]

›Digne honoranda saeculisque omnibus magnifacienda profecto Germania est, utilitatum inventrix maximarum . . .‹, *›Deutschland gebührt für alle Zeiten der Ruhm, diese nützliche Kunst hervorgebracht zu haben‹*, so liest man bei Giovanni Andreae 1468.[208] *»Die Wissenschaften, die guten Autoren, die dank dieser Tat«* – eben der Erfindung des Buchdrucks – *»zu Unsterblichkeit gelangen, – alle sind sie unserem Deutschland verpflichtet«* schreibt Johannes Nauclerus in seiner 1516 gedruckten Chronik.[209]

Die Erfinderleistung wurde hier wie auch in den Lobgedichten von Adam Werner von Themar und von seinem Schüler Johannes Herbst (1494) nicht nur und vor allem nicht in erster Linie Gutenberg oder Mainz, sondern der deutschen Nation, *›Germanum inge-*

nium‹, zugeschrieben.[210] Die Druckkunst werde Deutschland ewigen Ruhm sichern, prophezeite Jacob Wimpfeling.[211] *›Sonderlich vnd anfenglich allein dem Deutschen lande vnd keiner anderen Nation‹* sei die Druckkunst *›offenbaret vnd gegeben‹* worden, schreibt noch 1569 J.F. Coelestin. (*Vgl. Abb. 22*) Diese Ansicht taucht in den folgenden Jahrhunderten in den ›Lobreden‹ auf die Buchdruckerkunst, vor allem in den Jubiläumsjahren, immer wieder auf. (Vgl. den Anhang 2) Rückblickend bestätigt diese Sehweise auch der Franzose Henri II. Estienne. In seinem *›Lob auf die Frankfurter Buchmesse‹* schreibt er, *»daß keine Nation, seitdem uns durch Christus das Heil gebracht worden ist, so viel für die Wissenschaft getan hat«* wie die deutsche. Sie habe die *›Druckkunst ersonnen‹* und *›sich an dieser Erfindung nicht etwa nur im Stillen gefreut, sondern sie vielmehr zum Segen der Menschheit, der ganzen Welt vermittelt‹*. *»Durch ein und dieselbe Tat hat Deutschland nämlich die dichte Finsternis der Unwissenheit zuschanden werden lassen und zerstreut, hat die da und dort herrschende Barbarei vom Thron gestoßen und in die Ferne getrieben, hat die Musen aus der Verbannung zurückgeholt und hat damit den Wissenschaften zu größtem Wachstum und sicherstem Schutz verholfen.«*[212]

Man könnte auch sagen, durch die Erfindung und Einführung der neuen Informationstechnologie haben sich die Deutschen selbst, am eigenen Schopf, aus der Barbarei herausgezogen. Dieser Leistung wie auch der freigiebigen Weitergabe des technischen Wissens zollte das ›Ausland‹ Hochachtung. In Anbetracht der unter den Handwerkern im Mittelalter üblichen Geheimhaltung innovativer und traditioneller Verfahren mußte die rasche Ausbreitung des Buchdrucks den Zeitgenossen auffallen. Wenigen erschien diese Implementation als unheimlich – etwa eine Mischung aus Pegasus und Equus Troianus (Fichet) –, für die meisten zeugte ihre Geschwindigkeit von der uneigennützigen Betriebsamkeit deutscher Handwerker. Denn diese waren es, die nicht darauf warteten, bis ein Portugiese, Spanier, Franzose, Italiener oder ein anderer Landsmann bei ihnen auf der Wanderschaft anklopfte, sondern die sich selbst auf den Weg in die entlegensten Gebiete Europas machten, um dort die neue Technologie zu installieren.

Gestützt auf diese neu erworbene Anerkennung, konnte Cochlaeus in seiner *›Kurzgefaßten Beschreibung Deutschlands‹* selbstbewußt auch andere Leistungen seiner Landsleute aufzählen, die z.T. weit vor jener schicksalhaften Erfindung des Buchdrucks lagen: *»In den Künsten haben sie so viele hervorragende Erfindungen, in der Architektur, Malerei, Plastik und der Herstellung von Gebrauchsgütern, daß die Deutschen nicht stumpfer und weniger erfinderisch scheinen als irgendein Volk. Das Altertum rühmt die Pyramiden Ägyptens, die 300 Ellen hoch sind; die Deutschen besitzen Türme, die höher sind als 500 Ellen, einen in Straßburg, einen in Wien. Außerdem haben sie sich dem Studium der 7 freien Künste so ergeben, daß sie sehr viele hohe Schulen öffentlich errichteten und von Tag zu Tag noch mehr gründen. So ist denn jetzt Deutschland glücklich, ja überaus glücklich ...«* (A.a.O.)

In der Tat mehren sich die Stimmen derjenigen, die mit dem Zustand der deutschen Nation zufrieden sind. *»Gott der allmechtige hatt fur war uns deutschen jetzt gnediglich daheymen gesucht und ein recht guelden jar auff gericht«*, schreibt Luther 1524 an die *›Ratherren aller Städte deutsches Lands‹*.[213] Schon zwei Jahre früher hatte Ulrich von Hutten an Willibald Pirckheimer jene vielzitierte Huldigung an ihr Jahrhundert formuliert: *›Oh Jahrhundert, oh Wissenschaften, es ist eine Lust, jetzt zu leben, wo die Wissenschaften so voranschreiten und die Geisteskraft in voller Blüte steht!‹*[214]

Ohne die neue Informationstechnologie läßt sich dieses sprichwörtliche ›Lebensgefühl der Renaissancehumanisten‹ gar nicht verstehen. Genauso wie Luther ziehen sie ihren Optimismus aus den noch unausgeschöpften Möglichkeiten der typographischen Informationsverarbeitung und -speicherung.

Vor dem Hintergrund des neuen Selbstvertrauens fielen manche Relikte ›teutscher‹ Verzagtheit und Unterwürfigkeit auf, konnten von den Zeitgenossen thematisiert und von der sozialen Gemeinschaft bearbeitet und teilweise auch beseitigt werden. *»Gottis wort und gnade ist ein farender platz regen, der nicht widerkompt, wo er eyn mal gewesen ist«*, mahnt Luther seine zaudernden Landsleute zum Handeln. *»Er ist bey den Juden gewest, aber hyn ist hyn, sie haben nu nichts. Paulus bracht yhn ynn kriechen land. Hyn ist auch hyn, nu haben sie den Tuercken. Rom und latinisch land hat yhn auch gehabt, hyn ist hyn, sie haben nu den Bapst. Und yhr deutschen duerfft nicht dencken, das yhr yhn ewig haben werdet, Denn der undanck und verachtung wird yhn nicht lassen bleyben. Drumb greyff zu und hallt zu, wer greyffen und hallten kan, faule hende muessen eyn boesses jar haben.«*[215]

Viel zu wenig scheinen ihm seine ›Deutschen‹ die Gunst der Stunde auszunutzen. *»Man spuert yhe nichts ynn der historien«*, im Zeitgeist, davon, welche außerordentliche Stellung das *›deutsch land‹* des 16. Jahrhunderts im Vergleich mit anderen Ländern und auch mit der eigenen Vergangenheit gewonnen hat. (a. a. O.) Die neuen Medien sollen noch konsequenter in den verschiedenen Bereichen der Gesellschaft genutzt werden. Es reicht beispielsweise nicht aus, nur die Werke antiker Autoren ans Licht zu heben und damit einzelnen Wissenschaftszweigen aufzuhelfen. Die Verwaltung läßt sich verbessern, Schulen können mit den neuen Medien effizienter gestaltet und Bibliotheken geschaffen werden, die die Verbreitung des Wissens beschleunigen. Vor allem aber sollen auch die neuen Möglichkeiten genutzt werden, um sich mit der *›teutschen Historie‹* zu befassen, teutsche Autoren und Werke vor dem Vergessen zu retten.

›Alle Nationen haben, wenn ehrlich und tapfer gehandelt oder kunstvoll geredet wurde, dieses in Chroniken und Büchern verzeichnet, allein wir Deutschen‹, klagt Johann Agricola in seiner Sprichwörtersammlung, *›haben solchs vergessen, das Unsere gering geachtet, wie ehrlich es auch gewesen sei‹*. (Vgl. Anhang 3) Die Deutschen tun sich schwer, ihrer neuen Rolle gerecht zu werden, bemerkt auch dieser Zeitgenosse Luthers. Immer noch *›gaffen sie auf andere Leute und fremder Nationen Wesen, Sitten und Gebärden, gleich als hätten ihre Vorfahren nie nichts gehandelt, geredet, gesetzt und geordnet, was ihnen ehrlich und rühmlich gewesen wäre. Und weiterhin tragen die Deutschen welsche, hispanische und französische Kleidung, haben welsche Kardinäle, französische und hispanische Krankheiten und auch welsche Praktiken.‹* Um den Deutschen ein Bewußtsein ihrer geschichtlichen Leistungen zu geben, schreibt der protestantische Prediger seine verschiedenen Sammlungen *›gemeiner Sprichworte‹* und veröffentlicht sie im Druck.[216] An sich sind die Leistungen vorhanden, nur ihre öffentliche Anerkennung, ihre gesellschaftliche Thematisierung und Reflexion stehen aus. Voraussetzung für eine Thematisierung, die das nationale Selbstbewußtsein der Deutschen fördern kann, scheint Agricola die Benutzung, Pflege und Systematisierung der ›teutschen‹ Sprache zu sein. *›Alle Nationen haben ihre Zungen und Sprachen in Regeln gefaßt, nur die Deutschen achten sie für nichts, so daß sogar wenig Leute sind, die deutsch reden können.‹* Um hier Abhilfe zu schaffen, gibt Agricola *›die weise Rede*

unser alten Deutschen an den Tag‹. Dies ist eine schwere Aufgabe, ›*da wir Deutschen keine Schrift haben, darinnen solches zuvor angezeigt oder gelehrt worden wäre*‹. Und weil die Aufgabe so schwer ist, sieht er seine Veröffentlichung nur als einen ersten Beitrag zur Lösung dieser Aufgabe an: ›*Ja ich will jedermann bitten, um der deutschen Ehre und Treue willen, es solle zu diesem Werke helfen, wer da könne; denn wir alle zusammen werden genug zu tun haben, um der deutschen Sprache aufzuhelfen!*‹

In der letzten Aussage nun steckt ein wichtiger Gedanke, dem wir immer wieder begegnen werden: allein die neue typographische Informationstechnologie scheint das angestrebte Unterfangen der Wissenserweiterung und der Veränderung der Selbstbeschreibung aussichtsreich zu machen. Ein Schreiber allein wird die Aufgabe nicht lösen können, jedes einzelne Mitglied der Kommunikationsgemeinschaft, der Nation, soll seinen Beitrag leisten, sein Wissen in den neuen Speicher geben und nur wenn deren Leistungen wie ein Rad in das andere greifen, wird sich am Ende vielleicht das gewünschte Resultat einstellen. Agricola sieht sich selbst als das Anfangsglied eines komplizierten Prozesses der Informationsverarbeitung. (Vgl. a. 5.4)

Nicht beantwortet ist damit freilich die Frage, wieso die deutsche Sprache überhaupt als Medium für diese Informations- und Kommunikationsprozesse geeignet ist. Die Mißachtung der deutschen – und anderer – Volkssprachen hatte ja ihre Ursache in einer Prämierung der drei sogenannten heiligen Sprachen (Hebräisch, Griechisch und Latein) im Mittelalter. Nur diese Sprachen galten in der durch die skriptographische Technologie geprägten Zeit als Medium der Verkündigung göttlicher Wahrheiten.

Auch diese Umwertung hängt mit der Einführung der typographischen Technologie zusammen. Es war ein Faktum, das man zwar gegen Ende des 15. Jahrhunderts bekämpfen, aber doch nicht leugnen konnte, daß von Beginn an auch in deutscher Sprache gedruckt wurde. Damit hatten sich die Volkssprachen praktisch als ein geeigneter Kode für die neue Technologie erwiesen, die selbst wiederum als ein göttliches Werk akzeptiert wurde. Vom Gesichtspunkt der Drucktechnologie aus, kam keine besondere Einschränkung des Anwendungsbereichs der Volkssprachen in Frage: Wenn man mit ihnen ein Buch drucken konnte, dann waren sie generell zur Kodierung aller Informationen geeignet, die sich drucktechnisch verarbeiten ließen. Die neue Verkündigungsmaschine war für jedermann sichtbar so gebaut, daß sie auch mit volkssprachlichen Programmen zum Laufen gebracht werden konnte. Hinzu kam, daß diese Technologie ja nicht von Geistlichen im Rahmen der kirchlichen Institution oder von den Gelehrten an einer Universität, sondern eben von deutschen Kunsthandwerkern entwickelt worden war. Aus einer Mainzer Werkstatt und aus Deutschland hatte sie sich (u.a.) auf Rom zu ausgebreitet. Schwer vorstellbar, daß die Erfinder mit ihrer Maschine nicht in ihrer eigenen Sprache sprechen konnten. Und in der Tat trug man – schon eine Generation vor Luther – in Nürnberg öffentlich vor, daß der Buchdruck als das neue Verkündigungsmedium auch die deutsche Sprache aufgewertet habe:

> »*Die christlich ler*
> *So weiten wer*
> *In alle Welt entsprungen.*
> *Lob hab der erst*
> *Gott her der herst,*
> *All er* [Ehre] *werd ihm gesungen!*
> *Dar nach der ersten in dem werk*
> *Juncker Hansen von Gutenberck:*
> *Die gotlich sterk*
> *Gab daz der teutschen zungen*«[217]

Das Bewußtsein der Ebenbürtigkeit der eigenen Sprache und der eigenen kulturellen Leistungen gab den deutschen Autoren zusehends auch die Kraft, sich offen mit den Errungenschaften anderer Kulturen auseinanderzusetzen. Im 15. Jahrhundert war dies – etwa anläßlich des 50-jährigen Jubiläums der Erfindung der Buchdruckerkunst – schon angeklungen.[218] Im 16. Jahrhundert wurde eine offensive Kritik mancher früher bewunderter Leistungen, vor allem der Italiener, ganz üblich. Frankfurt, die Stadt des Buchwesens, sei ›*billig jetzt das, was Athen vor Zeiten*‹ für die antike Kultur war, liest man im Marktschiffergespräch. Die deutschen Gelehrten seien keineswegs mehr diejenigen, die ›*am geringsten gefallen – wiewohl die Italiener sagen, daß die Deutschen ihr Hirn auf den Fingern tragen ihren Witz und Verstand allein mit der Hand erweisen, ungelehrt und unerfahren seien‹. ›Da sie aber die Wahrheit sparen‹*, weiß der Stadtpfarrer Lautenbach und er fordert die Zweifler auf:

> *»Komm Welsch Compan, sieh dich hier umb,*
> *Der Teutsch vor dir wirdt haben rhumb.*
> *Gehe in die Buchgaß, und mich merck,*
> *Besieh ihr Schriften und ihr Werck.*
> *Wirdst da ein sollich hauff vernemen,*
> *Daß sich deß Rom wol möchte schämen.*
> *Rhümb dich nicht vil! Florentz, Ferrar,*
> *Venedig muß bekennen gar,*
> *Daß mehr Glerthe in Teutschland seyn.«*[219]

Auch diese selbstbewußten Töne des Konrad Lautenbach sind ein Widerhall von Gutenbergs Paukenschlag. *›Deutschland man es zu danken hat, daß jeder nunmehr eine Buchsammlung sein eigen nennen kann.‹ ›Dank hab für deinen Fleiß und Rat du wohlverdienter Gutenberg für dieses dein himmlisches Werk, die kunstreich löbliche Druckerei!‹*.
Diese Erfindung ist das soziale Schlüsselerlebnis des 15. Jahrhunderts, und sie wird von den Deutschen als Motor ihrer kulturellen Entwicklung und als Garant für ein gutes Abschneiden im Konkurrenzkampf der Nationen betrachtet.

›Keiner anderen Nation den Preis überlassen‹: Die Stellung Deutschlands zu seinen Nachbarn

Die Neubewertung der Verhältnisse zwischen den deutschen und anderen Landen schlägt sich nicht nur in der ›schönen‹ Literatur nieder. Sie findet ihren Ausdruck auch im Kunsthandwerk und vor allem in den entstehenden ›neuen‹ Wissenschaften.
Gedämpft bleibt etwa Dürers Begeisterung über seine italienischen Künstlerkollegen. Vor allem ihre Geheimniskrämerei, ihre mangelnde Orientierung am Gemeinwohl irritierten ihn. Was die neuen typographischen künstlerischen Medien, Holzschnitt und Kupferstich angeht, so waren Anregungen in Italien ohnedies kaum zu holen.[220] *»Offenbar ist«* ihm andererseits, *»das die Teutschenn*

maler mit ier [ihrer] *hand vnnd prauch der farben nit wenig geschickt sind«.* So drückt er die Hoffnung aus, daß die deutschen Künstler *»mit der zeit keiner anderen Nation den preyß vor jnen lassen«* werden.[221]

Georg Agricola findet bei den antiken Autoren, aber eben auch bei den zeitgenössischen Italienern, Franzosen oder Spaniern wenig Kenntnisse, die er bei der Abfassung seines Buches über den Bergbau nutzen könnte. Was die damalige Zukunftstechnologie angeht, Bergbau und Mineralogie, Verhüttungswesen und Maschinenbau, nimmt Deutschland eine Spitzenstellung ein.[222]

Paracelsus verließ sich bei seinem Entwurf einer neuen Medizin eher auf die eigene Erfahrung als auf ausländische Autoren, ebenso Botaniker wie Brunfels, Bock oder Fuchs bei ihren Pflanzenbeschreibungen.[223]

Luther schließlich kehrt tief enttäuscht von seiner Italienreise zurück. Die sozialen und moralischen Verhältnisse, denen er dort begegnete, müssen einen Sinneswandel in ihm befördert haben.

Alles, was aus Rom kam, erschien ihm in der Folge nicht mehr als Botschaft einer überlegenen Kultur, sondern zunehmend als Instrument einer Besatzungsmacht: *»Nu welsch landt aufgesogen ist, kommen sie ynsz deutsch landt, ... deutsch landt sol bald dem welschen gleich werden ... Wie kommen wir Deutschen dartzu, das wir solch reuberey, schinderey unserer guter* [Güter] *von dem bapst leyden mussen? hat das kunigreich zu Frankreich sichs erweret, warumb lassenn wir Deutschen uns alszo narren unnd effenn?«*[224] Es scheint, als ob die uralte Abhängigkeit von Rom erst jetzt als eine schmachvolle Erniedrigung erlebt und verarbeitet werden kann: *» Wyr sind leyder lang ym finsternis verfaulet und verdorben. Wir sind allzu lange gnug deutsche bestien gewesen.«*[225] (*Vgl. a. Abb. 23*)

Weil die Verhältnisse nicht so sind, wie sie die Deutschen bislang gesehen haben und wie andere Völker es ihnen weismachen wollten, *»darumb«*, drängt Luther, *»lassit uns auffwachen, liebe Deutsche«*![226] Fällig ist eine Änderung der Selbstbeschreibung. Es ist symptomatisch, daß die ersten Worte, die von Luther überhaupt gedruckt wurden, der Klarstellung der Rolle der Deutschen, speziell der deutschen Theologen, dienten. In der Vorrede zur Druckfassung der ›*Deutschen Theologie*‹ schreibt er:

» Wyr seyen deutsch Theologen, das laßen wyr szo seyn. Ich danck Gott, das ich yn deutscher zungen meynen gott alszo hoere und finde, als ich und sie [die

Darumb lieben herren/last euch das werck anligen/das
Gott so hoch von euch fodert/das ewer ampt schuldig ist/
das der jugent so not ist/vnd des weder welt noch gayst ein
pern kan. Wir seind layder lang gnůg im finsternuß verfau
let vnd verdorbē. Wir seind allzulang gnůg teutsch bestien
gewesen. Last vns ain mal auch der vernunfft brauchē/das
Got mercke die danckbarkait seyner güter/ vñ ander lande
sehen/das wir auch menschen vnd lewte seynd/die etwas
nützlichs/aintweder von jn lernē / oder sy leeren künden/da
mit auch durch vns die welt gebessert werde. Jch habe das
mein gethon. Jch wolt ye Teutschem landt geren geratten
vnd geholffen haben/ ob mich gleych etlich darüber werdē
verachten/ vnd solchen trewen radt in wind schlahen/vnd
bessers wissen wöllen/das můß ich geschehen lassen. Jch
wayß wol/das andere kündtē besser habē außgericht/auch
weyl sy schweygē/richt ichs auß so gůt als ichs kan. Es ist
ye besser darzů geredt/wie vngeschickt es auch sey/denn aller
ding dauon geschwigen. Vnd bin der hoffnung/ got werde
ye ewer etliche erwecken/das mein trewer radt nicht gar in
die aschen falle/vnd werden ansehen/ nicht den der es redt/
sonder die sach selbs bewegen vnd sich bewegen lassen.

Am letsten ist auch das wol zůbedencken/allē den jheni-
gen so lieb vnd lust haben/das solche schůlen vnd sprachen
in Teutschen landen auffgericht vnd erhalten werden/das
man fleyß vnd koste nicht spare/gütte librareyen oder büch
er heuser/sonderlich in den grossen Stetten/die sollichs wol
vermügen/zůuerschaffen. Denn so das Euangelion vnd al-
lerlay kunst soll bleyben / můß es ye in bücher vnnd schrifft
verfasset vnd angebunden seyn. Wie die Propheten vñ Apo
stel selbs gethon haben/als ich oben gesagt hab. Vnd das
nicht allain darumb/das die jhenigen/so vns gaystlich vñ
weltlich vorsteen sollen/zů lesen vnd studieren haben/ son-
der das auch die gůtten bücher behalten vnd nicht verlo-
ren werden sampt der kunst vnd sprachen / so wir yetzt von
Gottes gnaden haben. Hyerinnen ist auch Sant Paulus
fleyssig gewesen/da er Thimotheo befilcht/er solle anhalten
am lesen/ vnd auch befilcht/ er sölle das pergamen zů Troa
da gelassen/mit jm bringen.

Abb. 23: Der Buchdruck im Dienst der ›Bildung‹ der Nation: Auszug aus Luthers Schrift ›An die Radtherren‹, 1524

Leser] *mit myr alher nit funden haben, Widder* [weder] *in lateynischer, krichischer noch hebreischer zungen. Gott gebe, das dißer puchleyn mehr an tag kumen, szo werden wyr finden, das die Deutschen Theologen an* [ohne] *zweyffell die beßten Theologen syen, Amen.«*[227]
Nota bene: Als Voraussetzung dafür, daß die Deutschen – und wohl auch andere Länder – bemerken (›finden‹), daß sie auf dem Felde der Theologie mitzureden haben, erscheint ihm die typographische Verbreitung der einschlägigen Schriften. Vorhanden waren solche Gedanken schon lange und sie wurden auch, wie das Beispiel der ›*Theologia Deutsch*‹ beweist, schon seit langer Zeit handschriftlich tradiert – aber dies hat nicht dazu geführt, daß die soziale Gemeinschaft ihren Wert erkannt hat.[228] Dazu müssen die Gedanken ›öffentlich‹ gemacht werden. Das Monopol auf die Veröffentlichung theologischer Anschauungen besaß aber im Mittelalter die römische Kirche. Erst durch die Etablierung einer völlig neuen Veröffentlichungsinstitution, eben des Buchdrucks, wurde es möglich, alternativen Konzepten auch ohne den römischen Segen öffentliche Bedeutung und gesellschaftlichen Rang zuzusprechen. (Vgl. die Abschnitte 3.1 und 3.2) Und es wurde auch notwendig, denn die traditionellen Amtsgewalten, selbst die ›*consilien*‹, ›*haben veruneret die guten rad und lere*‹ – eben deshalb müssen sie nun ›*auch durch arm und unansehenlich menschen gegeben werden*‹.[229] Zu diesen Personen ohne Siegelgewalt gehört der ›Augustiner zu Wittenbergk‹ ebenso wie die meisten anderen Verfasser und Herausgeber von Druckwerken. Ihre Worte und Schriften sollen den gleichen Rang einnehmen wie jene der lateinischen Autoritäten sowie der besiegelten Briefe und Urkunden, die bislang weithin als die einzigen Träger der Wahrheit galten. Für diesen Umsturz der Wertehierarchie macht Luther Propaganda. Erst wenn die Gedankenleistungen der Deutschen in einer öffentlichen Form vorliegen und diese öffentlich als solche anerkannt wird, kann es überhaupt zu einer Konkurrenz mit den Leistungen anderer Nationen kommen. Bislang, so sein Fazit, ist es zu einer solchen Auseinandersetzung gar nicht gekommen, weil etwa die Schriften der Mystiker nicht als Beiträge wahrgenommen wurden, die mit jenen der anerkannten Institutionen: Papstkirche, Universitäten, Kanzleien u. ä. zu vergleichen waren.

Und selbstverständlich spielt die Sprache, in der die Informationen kodiert werden, eine wichtige Rolle. Was in deutscher Sprache abgefaßt ist, wird der deutschen Nation als Leistung gutgeschrieben, wem die lateinischen Traktate zugerechnet werden, ist demgegenüber eine offene Frage. Die Logik dieser Argumentation führt dazu, daß ›Deutsche Theologen‹ ihre Werke in deutsch abfassen. Daß Luthers Überlegungen keine bloße Spekulation geblieben sind, ist schon kaum zwanzig Jahre später unübersehbar. Ortholf Fuchsperger listet auf, wie in allen Disziplinen der ›*Sieben freien Künste*‹ deutsche Autoren mit eigenen Arbeiten hervorgetreten sind: In der ›*Grammatica*‹ Valentin Ickelsamer, in der ›*Rhetorica*‹ Friedrich Riederer, in der ›*Musica*‹ Sebastian Vierdumb und Martin Agricola, in der ›*Astronomie*‹ erwähnt er den Keiserpergerischen Kalender und Johannes de Indagine. Zur ›*Dialectica*‹ soll sein eigenes Buch einen Beitrag leisten, medizinische, botanische und juristische ›*deutsche*‹ Arbeiten sind ihm ebenfalls bekannt, außerdem *»sind vil traeffentlicher geselle(n) vorhanden / so die Aritmetisch vnd Mathematisch kunst in Teütscher spraach verstaendiger angezeigt / dann sy ye ein Latinischer hat beschribe(n)«*.[230]

Worauf es in diesem Zusammenhang ankommt, ist weniger eine Überprüfung dieser Behauptung als vielmehr die Tatsache, daß nunmehr – und zwar beständig – verglichen wird. Auf der einen Seite des Vergleichs erscheinen die ›deutschen‹ Schriften – auf der anderen Seite die lateinischen oder diejenigen von Angehörigen anderer Nationen. Der Druck gab der deutschen Zunge die ›Stärke‹, sich mit der lateinischen zu vergleichen. Wird erst einmal verglichen, so ist es nur noch eine Frage der Zeit, wann man erkennt, daß gelegentlich auch die eigene Seite Vorzüge besitzt. Je mehr freilich in der Folge die Vorzüge bei den neuen Autoren gesehen wurden, um so mehr verlor das klassische System der ›freien Künste‹ und das in ihm gespeicherte Wissen an Autorität. Es entsteht ein neues Informationssystem mit völlig neuen Teilsystemen und neuen Zugangsvoraussetzungen. Der römisch-lateinische Zentralcomputer wird für die allermeisten Informationsbereiche durch dezentrale nationale Speicher abgelöst.

Zuletzt muß noch auf einige widersprüchliche, ambivalente Haltungen eingegangen werden, die deutsche Autoren gegenüber dem ›löblichen Fund der edlen Druckerei‹ eingenommen haben. Es war nicht nur so, daß man den Fund selbstgenügsam für die eigene Identitätsstiftung nutzte, zugleich spricht aus vielen Äußerungen der Zeitgenossen auch Sendungsbewußtsein und ein missionarischer Eifer gegenüber den Nachbarländern. Wie einstmals auf Israel ruht Gottes Gnade auf dem deutschen Volk, wie *»ehemals die Sendboten des Christentums«* von dort als *»Herolde des Evangeliums auszogen«*, so soll sich auch die *›ars impressoria‹* von Deutschland aus über die Länder ausbreiten, schrieb Jacob Wimpfeling 1507.[231] Die nahe Beziehung, die durch diesen Vergleich zwischen den Deutschen und den Juden gestiftet wird, gewinnt nach allem, was in der Zwischenzeit passiert ist, eher den Charakter einer Prophezeiung denn den einer nüchternen Deskription.

Gewiß war es auch gut gemeint, wenn Adam Gelthus, der als Knabe auf Gutenbergs Knien gesessen haben mag, in einem Nachruf verbreitete, daß sich der ›Erfinder der Buchdruckerkunst‹ *»um jede Nation und jede Sprache das höchste Verdienst erwarb«*.[232] Aber ebenso wahrscheinlich ist, daß solche Äußerungen in anderen Nationen – zumindest im Zustand patriotischer Leidenschaft – als Übergriff empfunden wurden. Davon zeugt schon der Vergleich der Buchdruckkunst mit dem Trojanischen Pferd der Deutschen in dem Brief Fichets. (*Vgl. Abb. 20*)

Es ist gar nicht zu leugnen, daß im Überschwang der Gefühle für den Buchdruck schon zu Beginn des 17. Jahrhunderts – und dann bei den Gutenberg-Feiern späterer Jahrhunderte immer wieder – oftmals maßlose Verse geschmiedet wurden. *»Wer wil vns recht belohnen«*, fragt etwa P. Fleming von Hartenstein in einem Gedicht, *»Vns Teutschen / das Geschuetz vnd hohe Druckerey / als vnser duppelt Lob? Diß sind dieselbten zwey / Darmit wir Jupitern auch selbst wie Furchtsam machen / Wenn wir die Fewr Werck vnd Stuecken lassen krachen / Vnd donnern / gleich wie er. Minerven und Mercur (//) Verdreusts / daß wir gelangt auff eine hoehre Spur / Sind Weiser / noch als sie.«*[233] Die Deutschen, dank der Geschütze kriegserprobter als Jupiter und dank Gutenberg weiser als Minerva? Vor diesem Hintergrund versteht man,

daß der Wittenberger Professor Daniel Cramer seine Landsleute vor Überheblichkeit warnen wollte: *»Nicht daß wir vns daher vppiglichlich vnd mit vngebuehrlichem Stoltz vber andere Voelcker erheben wolten«*, ist die Druckkunst den Deutschen geschenkt worden, *»sondern daß wir daher zu allererst Vrsach nehmen moegen / dem lieben Gott ... fuer diese vnd dergleichen vns mitgetheilete Wolthat zu dancken«*![234]
Gelegentlich freilich mag es sogar so scheinen, als ob die Deutschen ihren ›Fund‹ eher mit einer verzagten Scheu betrachteten und ihre Leistung verkleinerten, als ob sie erst von draußen auf ihre Leistungen aufmerksam gemacht werden müßten. In merkwürdigem Widerspruch zu manchen stolzen, vielleicht auch prahlerischen Tönen, steht die Tendenz, das Licht unter ihren Scheffel zu stellen. Diese Haltung zu kritisieren, sieht jedenfalls Fischart in seinem *Gargantua* Anlaß: Viele Landsmänner hielten die ›gute Kunst für Mist‹ – und dies letztlich vielleicht nur deshalb, weil es eine ›deutsche‹ Kunst ist: *»Hett Welschland diesen Fund ergruendt, seins ruehmens wer kein end«*! Die Italiener hätten es schon verstanden, ihre Leistung ins rechte Licht zu rücken und zweifellos hätten dann die Deutschen auch in den Chor der Bewunderer eingestimmt. Die Geschichte sei aber nun anders verlaufen, ruft der Dichter den Deutschen gegen Ende des 16. Jahrhunderts ins Gedächtnis:

»Nun hats euch Teutschen Gott geguent,
Deshalb ihn wol anwendt:
Gott hat euch durch diß Mittel gewisen
Ein weg zu allen Kuensten,
So brauch dasselb vor andern gflissen
Zusein drinn nicht die minsten.«[235]

Restauration und Rückfall in alte Schwächen

Die letzten Verse müssen in jenen Jahren schon wie eine Beschwörung geklungen haben – angesichts des Scheiterns der politischen und religiösen Einheitsbestrebungen, des Zerfalls einer am ›gemein nutz‹ orientierten Moral, der Abwendung der Intelligenz von den Nöten des ›gemein Mannes‹ und von der Gemeinsprache sowie der wiedererstarkenden Orientierung der ›oberen Schichten‹ an ausländischen Moden und Lebensart.

Johann Eberlin von Günzburg hatte 1523 in seiner Schrift *›Mich wundert, daß kein Geld im Land ist‹* ähnlich wie Cochlaeus den Handwerkerfleiß und den Reichtum der ›teutschen Lande‹ beschrieben und befunden, *»das kein Land in der Christenheit vns gleich ist in disen stucken«*.[236] Zugleich warnte er schon damals: *»Daran haben wir nit genug, wir lassen auß dem end der welt zu vns fueren, Zuuil köstliche vngenante tucher, edel gestein, specerey, wein* [etc.] *vnd dartzu handwergleuth, die allen list, witz, weyß erdencken, wie sie das seltzam zu mutwillen zurichten, dodurch wir gereytzt werden als die affen, williglich vnsern schweyß, arbeit, gut vnd gelt außzuschitten, vnd wan wir nit mehr haben außzugeben, seint aber gewont des geschlecks vnd der köstlingen, so sahen die menner alles vbel an, stelen, morden, rauben, in krieg lauffen, eygne weyber versetzen, falschtzeugnuß geben, den reichen schmeichlen vnd den herren zu aller buberey helffen.«* Dieses Gaffen nach fremden Ländern und Manieren, das Überbewerten des Fremden und zugleich die Geringschätzung der eigenen, nationalen Werte werde noch viel Verderben bringen: *»Also werden wir arm, das gelt seugt man uns auß, vnd fuert das in frembde land, in die Stet am See, am mehr, do man dy wahr nymbt, die selbigen werden reich, vnd wir verderben ...«* (ebd.)

Die Gefahren, vor denen Günzburg, Johann Agricola, Luther und andere immer wieder gewarnt hatten, daß sich die Teutschen *›fur alle Christen auf erden zu gockel narn‹* machen, indem sie das eigene gering und das fremde hoch achten, begannen einzutreffen.[237] Die Chance, die sich in der ersten Hälfte des Jahrhunderts bot, das neu gefundene nationale Selbstbewußtsein weiterzuentwickeln und für eine Veränderung der politischen und sozialen Praxis zu nutzen, erschien für weite Gebiete als vertan. Die Alphabetisierungs- und Volksbildungskampagne, die in der reformatorischen Bewegung ihren Höhepunkt fand, hatte ihren Elan verloren. Auch auf die Kraft der ›teutschen Zunge‹ vertraute im 17. Jahrhundert kaum ein Gelehrter mehr. Thomasius konnte sich rund 100 Jahre nach Fischarts Beschwörung der deutschen ›Skribenten‹ mit seinen deutschen Vorlesungen als ein Neuanfang fühlen.[238] Fast in Vergessenheit gerieten in den sprichwörtlichen ›Wirren‹ des 30jährigen Krieges die Leistungen deutschsprachiger Gelehrter, die muttersprachlichen Vorlesungen des Paracelsus, die Ausbildung und

Beschreibung der Gemeinsprache und schließlich vor allem: die typographische Erfassung des Wissens der Zeit, vor allem des Expertenwissens der Handwerker, des ›gemein mans‹. Weil dieses Wissen typographisch gespeichert war, ging es auch in den Zeiten nicht verloren, in denen die soziale Gemeinschaft andere Informationsquellen bevorzugte. Auch der Glaube an die Erkenntnismöglichkeiten der deutschen Sprache verschwand in den folgenden Jahrhunderten, in denen ›man‹ Lateinisch und/oder Französisch sprach, niemals mehr vollständig.[239] Ganz im Gegenteil zu den mittelalterlichen Verhältnissen, in denen die ›Volkssprachen‹ tatsächlich für zahlreiche Informationen und viele kommunikative Zwecke ungeeignet waren, bereitete es weder im 17. noch im 18. Jahrhundert den Gelehrten unüberwindliche Schwierigkeiten, bei ihrer Arbeit von der Fremd- auf die Muttersprache umzusteigen. Die ›klassischen‹ Leistungen der Aufklärung an der Wende zum 19. Jahrhundert werden verständlich, wenn man sich vergegenwärtigt, in welchem Maße die Gelehrten auf (typographisch) akkumulierte Informationen und erprobte Informationsmedien zurückgreifen konnten. Die für die Gesellschaft des 18. und 19. Jahrhunderts erforderliche Informations- und Kommunikationstechnologie war schon längst installiert; sie brauchte nur ausgebaut und modernisiert zu werden. Es ist die typographische Datenverarbeitung, die im 15. Jahrhundert entwickelt wurde.

3
Ausbreitung und Einsatz der typographischen Informationstechnologie bis zum Tode Gutenbergs (1468): Die Lösung der alten Probleme mit neuen Mitteln und alten Legitimationen

Entwicklungslinien und Probleme

Das vorige Kapitel behandelte die Wünsche und Befürchtungen, die sich im 15. und 16. Jahrhundert mit der Einführung des Buchdrucks als einer neuen Informations- und Kommunikationstechnologie verknüpften.

Ein Blick in die Quellen zeigt, daß die generelle Zustimmung zu der ›ars impressoria‹ ihr keineswegs die Tür zu allen Mitteilungsformen und Wissensbereichen öffnete. Vielmehr mußte sich die Technik erst schrittweise auf einem mühsamen Weg den Zugang zu den verschiedenen Institutionen und Informationsbereichen erobern. Kommunikationsnetze, die man zuvor mit Hilfe skriptographischer Medien oder durch eine Kette mündlicher Mitteilungen von Angesicht zu Angesicht aufrechterhielt, gestaltete man mit den Mitteln des Buchdrucks um. Im Zuge dieser typographischen Technisierung traten vereinzelt auch schon neue Informationsbedürfnisse auf, die wiederum mit Hilfe der neuen Medien bewältigt wurden.

Dieses Kapitel untersucht, welche Kommunikationssysteme und welche Informationstypen bis zum Tode Gutenbergs mit Hilfe der typographischen Technik umgestaltet wurden und welche Folgen dieser Einsatz der Informationstechnologie für die Menschen nach sich zog.

Der Einsatz der Drucktechnologie in traditionellen gesellschaftlichen Institutionen, z. B. der kirchlichen Verwaltung oder der zünftischen Ausbildung von Handwerkern und erst recht natürlich die Schaffung neuer, ganz auf die Druckmedien angewiesener sozialer Einrichtungen, war häufig umstritten und mußte legitimiert werden. Der Entwicklung dieser Legitimationsfiguren und ihrer historischen Abfolge gilt ein weiteres Augenmerk in diesem Kapitel.

Wenn man sich die Diskussion vergegenwärtigt, die der Aufbau und die Vernetzung der verschiedenen elektronischen Datenbanken augenblicklich auslöst, so kann der Legitimationsdruck auf die Gesellschaft in der frühen Neuzeit nicht überraschen: auch damals wurde mit dem Aufbau von – in Relation zu den mittelalterlichen handschriftlichen Speichern – gigantischen Datenbanken begonnen; Informationen, die bis dato strikt kontrolliert werden konnten, entzogen sich nunmehr jeder herkömmlichen Zensur. In unterschiedlichen Graden wurde der Zugang zu Informationen, die in gedruckten Büchern abgespeichert waren, öffentlich. Personen und soziale Schichten, die zuvor keinen Zugriff auf bestimmte Erfahrungs- und Wissensbestände hatten, wurden in der frühen Neuzeit in Kommunikationsgemeinschaften ganz unerwarteten Zuschnitts aufgenommen. So gesehen erwies sich die Druckmaschine auch als ein Katalysator bei der Schaffung zwischenmenschlicher Beziehungen, als ein Interaktionsmedium. Kein Wunder auch, daß gegensätzliche Auffassungen darüber vertreten wurden, wer mit wem in welcher Intensität sozial vernetzt werden sollte.

Aufgenommen wurde auch die schon aus der Antike anläßlich der Einführung der Schrift bekannte Diskussion um den Nutzen, den das neue, künstliche Informations- und Kommunikationsmedium für den einzelnen Menschen und andererseits für die soziale Gemeinschaft, die Gesellschaft, haben könnte.

Druckereien und Druckwerke 1440-1468

Die Ausbreitung der Drucktechnologie bleibt bis zum Tode Gutenbergs im Winter 1468 überschaubar.[1] Man weiß von Probeläufen seiner Maschine in den Jahren von 1440-1444 in Straßburg. Aber erst seit 1448 betreibt Gutenberg mit mehreren ›Knechten‹

kontinuierlich eine technisch weitgehend ausgereifte Druckwerkstatt im Gutenberghof in Mainz. 1450 schloß er mit dem Mainzer Kaufmann Johannes Fust einen Vertrag über den Aufbau einer neuen Druckerei mit mehreren Pressen und zusätzlichem Personal im Humbrechtshof ab. In den Jahren 1452 und 1453 wurde diese Druckerei mit nochmals enormem – von Fust vorgelegtem – Kapitalaufwand für den Druck der 42zeiligen Bibel ausgebaut. Ende 1455 trennen sich die beiden Geschäftspartner im Streit und Gutenberg (re)aktiviert seine Urdruckerei im Gutenberghaus. Die Bibeldruckerei und J. Fust fanden in Peter Schöffer einen ungemein fähigen Werkstattleiter.

Bis etwa 1457/58 gab es nur diese beiden typographischen ›Werke‹, dann richteten Mitarbeiter von Gutenberg wohl mit seiner Unterstützung Druckereien in Bamberg und in Straßburg ein. Die von Heinrich Keffer geleitete Bamberger Druckerei war vermutlich durch den dortigen Fürstbischof Georg von Schaumburg in die Stadt gerufen worden, um eine, die 36zeilige, Bibel zu drukken. Die technischen Anlagen gingen anschließend (1460) in den Besitz des ehemaligen Sekretärs von Bischof Georg, Albert Pfister, über, der sie für seine Zwecke, insbesondere für die Verarbeitung von Bildprogrammen (Holzschnitten) ausbaute. Die Druckerei in Straßburg wurde zunächst von Heinrich Eggestein, der in Mainz mit Gutenberg zusammengearbeitet hatte, und Johann Mentelin geleitet. 1465 trennten sich die beiden und jeder betrieb fortan eine eigene Werkstatt.

Bis zur kriegerischen Einnahme der Stadt Mainz am 28. Oktober 1462 im Zuge der Streitigkeiten um die Wahl des Erzbischofs gab es demnach vier unabhängig voneinander.arbeitende typographische Datenverarbeitungsanlagen. Der 28. Oktober ist für die Ausbreitung der neuen Technologie ein wichtiges Datum. Darauf hat schon Johann Schöffer, der Enkel des Johannes Fust und Sohn von Peter Schöffer, im Kolophon der 1515 gedruckten Chronik des Abtes Trithemius hingewiesen: *»Johannes Fust und Peter Schöffer hielten ihre Kunst geheim, wozu sie auch ihre Gesellen und Hausgenossen durch Eidschwur verpflichteten. Von 1462 ab verbreiteten aber diese Hausgenossen die Druckkunst in verschiedenen Gegenden der Erde, wodurch sie einen gewaltigen Aufschwung nahm.«*[2]

In ähnlichem Sinn betonte auch Heinrich Pantaleon in sei-

ner ›Lebensbeschreibung der berühmten Deutschen‹ »*Johannes Gutenberg / vnd Juo Scheffer*«, daß die Druckkunst »*erstlich verborgen* [war] / *vnd wenig menschen offenbar / dann sie* [die Drucker] *trugen ihre buochstaben in beschlossenen secklinen mit jhnen inn die Truckerey / vnnd namen diese allzeyt wider mit jhnen heim / biß letstlich allgemach dise Kunst gemehret / vnnd mit der Zeit auf das höchst kommen*« war. (507)
Es steht außer Zweifel, daß Gutenberg vor allem in der Straßburger Zeit seine Erfindung so gut wie eben möglich geheimhielt, und Johann Schöffer wird schon gewußt haben, wie es um die Öffentlichkeit der technologischen Informationen in der Werkstatt seines Vaters und Großvaters gestanden hat. Schon die Tatsache der Adoption von Peter Schöffer durch den alten Fust spricht hier Bände.[3] Gutenberg freilich hatte spätestens nach dem Streit mit seinem ehemaligen Kompagnon seine Geheimhaltungspolitik gelockert. Nachdem seine Kunst ›zum Höchsten‹ entwickelt war, scheint er weder Eggestein noch Keffer an der Verbreitung der neuen Maschine gehindert zu haben.
Zwar ist im einzelnen ungeklärt, wer alles aus der ›drucktechnischen Intelligenz‹ die Stadt Mainz nach ihrer Eroberung verlassen mußte – mit Sicherheit aber gehörten auch Gutenberg und die Mehrzahl seiner Mitarbeiter zu den Vertriebenen. Vieles spricht dafür, daß der mittlerweile wohl 60jährige Gutenberg einzelne Geräte mitnehmen und diese in Eltville beim Aufbau einer neuen Druckerei, die später unter dem Namen der Gebrüder Bechtermünze arbeitete, nutzen konnte. Andere gut ausgebildete und mit Maschinenteilen (Matrizen, Handgießinstrumenten, Punzen o. ä.) ausgerüstete Ingenieure der Druckkunst wandten sich nach Köln, Subiaco, Rom, Basel und Augsburg und errichteten dort in den folgenden Jahren Werkstätten. (*Vgl. Abb. 24a*) Als Gutenberg im Februar 1468 starb, existierten mithin höchstens zwölf, vermutlich eher erst neun Druckereien – und Reste der alten Werkstatt Gutenbergs in Mainz, die Doktor K. Humery von diesem geerbt hatte.

Diese Werkstätten technisierten in den folgenden Jahrzehnten ganz verschiedene Bereiche der Kommunikations- und Informationsverarbeitung. Auch diese Bereiche lassen sich für den Schaffenszeitraum von Gutenberg noch ganz gut nachzeichnen. In der

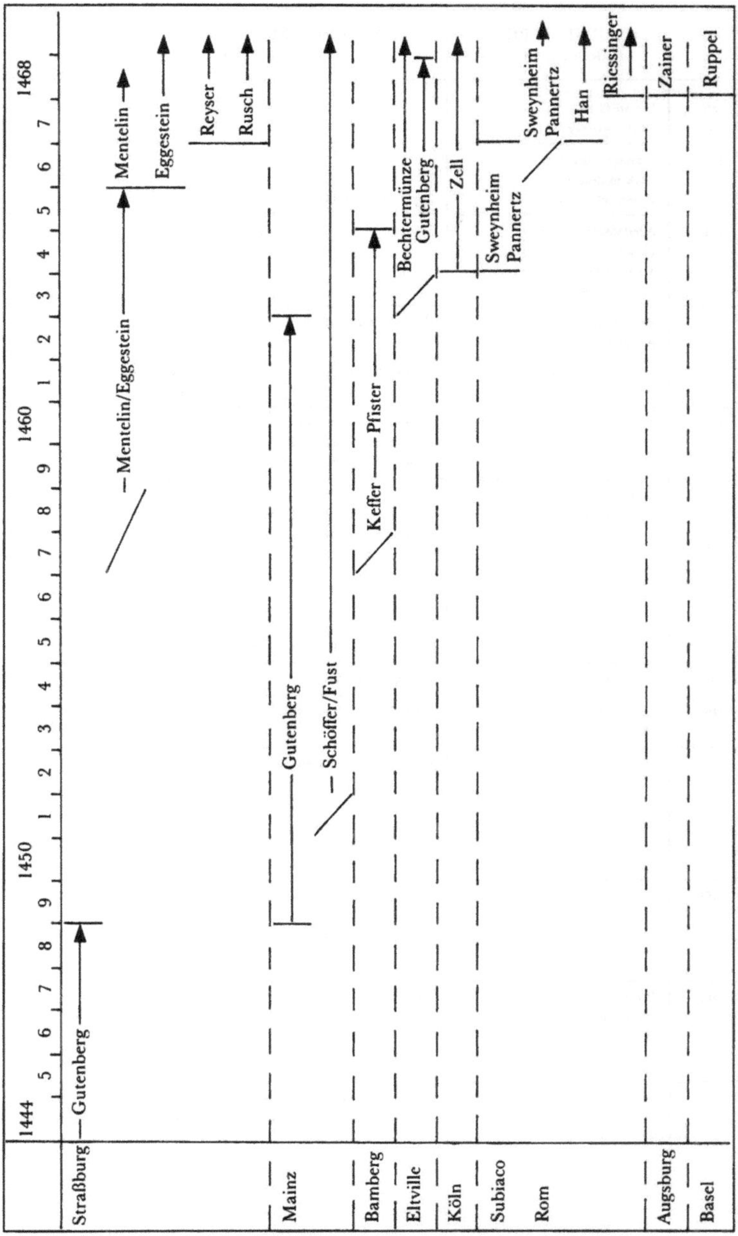

Abb. 24: Einsatz und Ausbreitung der Drucktechnik 1440-1468
a) Ausbreitung der Druckereien

	GUTENBERG (Bechtermünze)	FUST/SCHÖFFER	PFISTER (ZAINER)
ab 1440	Donate (3,4) Sibyllenweissagung (2)		
1452	42zeilige Bibel/ 1455 (1) Türkenkalender (5) Zypernablaß (8,10)	Zypernablaß (9, 11)	
1456	Aderlaßkalender (13) Cisianus (16) Türkenbulle Calixtus (14, 15) Provinciale Romanum (20)		
1457	Respice (19) Astronomischer Kalender (24)	Mainzer Psalter (18)	
1458	P. Balbus: Catholicon 1460 (30)	Canon Missae (22) Donate (23, 33b, 133, 134)	36zeilige Bibel/ 1460 (25) Donat (36b)?
1459	Th. v. Aquin: De articulis fidei (28)	G. Durandus: Rationale divinorum officiorum (26) Psalterium Benedictinum (27)	
1460	Matthias v. Krakau: Dialogus rationis (35)	Benedictus XII.: Bulla (31, 103) Clemens V.: Constitutiones; Bulla (32, 34, 107)	Tepl: Ackermann (29, 61) (Vgl. Anm. 95, S. 749)
1461	Ablaß/Bullen (48, 58)	Augustinus: De vita christiana (37) Flugschriften zur Mainzer Wahl (40-46, 50, 55, 56)	Boner: Edelstein (39, 54)
1462	*Gutenberg in Eltville*	48zeilige Bibel (51)	Biblia Pauperum (52, 53, 62)
1464	Ablaß: Radulphus (Kapr 1987: 255)	Ablaß/Bullen (47, 49, 58a, 64a/b, 69)	Vier Historien (60) Theramo: Processus Belial (63)
1465		Bonifacius VIII.: Liber sextus Decretalium (70, 71) Cicero: De officiis, De oratore, Paradoxa (73, 75, 87, 88) Horatius Flaccus (73, 91)	
1466		Augustinus: De arte praedicandi (81, 82) Grammatica rhythmica (86)	
1467	Bechtermünze: Vocabularius Ex quo (120)	Johannes XXII.: Bulla (113) Aquin: Summa (118)	
1468		Justinian: Institutiones (121, 140) Grammatica rhythmica (130)	*Zainer in Augsburg:* Bonaventura: Meditaniones (129)

b) Die frühesten typographisch gespeicherten Informationen und ihre Autoren

MENTELIN/EGGESTEIN (Rusch, Reyser)	ZELL	SWEYNHEIM/ PANNARTZ (HAN)	RUPPEL
49zeilige Bibel von Mentellin (M) und Eggestein (E) (38)			
Aquin: Summa von Mentelin (66)			
	Cicero: De officiis, Paradoxa (72, 105, 106)	Cicero: De oratore, Epistolae (74, 104) Donat (76) Lact. Firmanus (78, 141)	
Deutsche Bibel/M (84) Chrysostomus/M (92) 45zeilige Bibel/E (83-127)	Alphabetum (80) Gerson (89, 90, 108-112) Chrysostomus (93, 114, 139a/b)		
Bonaventura (85) Rab. Maurus: De universo von Rusch (115)	Augustinus (97-102) Aquin: De articulis fidei (117, 146)	Augustinus: De civitate dei (96, 125) J. de Turrecremata /Han (119)	
Augustinus/M (124, 126, 147, 148) Buchanzeige/E (135) Petrus Lombardus/Reyser (143)	Ant. Florentinus: Confessionale (122) Joh. Nider: De contrac- tibus mercatorum (142b) Aquin: Summa (146)	Cicero/Han (131) Phalaris/Han (144) Hieronymus/S. P. (136) Rodr. Zamorensis (145) Cicero: De oratore/ S.P. (132a)	47zeilige Bibel (128) Nikolaus d. Lyra: Postilla (142a)

Abb. 24b sind alle Publikationen aufgeführt, die bis etwa gegen Ende des Jahres 1468 mit Hilfe der Druckerpresse hergestellt wurden.[4] Über die Datierung und über die Zuordnung der Texte zu Druckern herrscht in einzelnen Fällen zwar (noch) Unsicherheit, aber auch die alternativen Einordnungen können die in diesem Kapitel zu treffenden Aussagen kaum beeinflussen.

Drei große Einsatzbereiche lassen sich unterscheiden: Zum einen modernisiert man mit den Mitteln des Buchdrucks Kommunikationsabläufe, die zuvor mit skriptographischen Medien abgewickelt wurden. (Abschnitt 3.1) Diese Modernisierung veränderte zunächst nur einige wenige relativ klar umgrenzte Institutionen.

Größere Auswirkungen auf die Allgemeinheit hatte die Substitution überwiegend oraler Kommunikationsformen durch den Buchdruck. Für ›Öffentliche Bekanntmachungen‹, den politischen Meinungsstreit und die Verbreitung von politischen Utopien nutzte man recht bald die Möglichkeiten der ›multiplicatio librorum‹. (Abschn. 3.2) Damit verbreiterte sich die soziale Basis der jungen Technologie sprunghaft.

In den Alltag fand die Typographie darüber hinaus durch die Technisierung der ›häuslichen‹ Informationsmedien und der Unterhaltungskunst Eingang. (Abschn. 3.3)

Schließlich beteiligte sich Gutenberg noch selbst an der Umstellung des gesellschaftlichen Gedächtnisses, des ›mémoire collectif‹, auf die neue Datenverarbeitungsanlage. (Abschn. 3.4) Wissen über die Vergangenheit, welches zuvor entweder nur im Gedächtnis der einzelnen oder aber in Manuskripten gespeichert wurde, findet nun seinen Weg in den Druck. Dies bleibt, wie wir auch aus Entwicklungen in der Dritten Welt im letzten Jahrhundert wissen, nicht ohne Auswirkungen auf das Geschichtsbewußtsein und damit auf die ›biographische‹ Identität des Volkes.

3.1
Die Technisierung der institutionellen Informations- und Kommunikationssysteme

Neue Unterrichtsprogramme und Autoritäten: Donate als Lernmedien

Die großen Institutionen, Kirche, Universität und Verwaltungen, interessierten sich von Beginn an für das ›Truckwerk‹. Sie setzten die neue Technik zur Lösung von Kommunikations- und Interaktionsproblemen ein, die schon lange bestanden und die vor Gutenbergs Erfindung mit Hilfe anderer Medien und Techniken bewältigt wurden. Allerdings führte die Substitution dieser traditionellen Medien und Techniken durch die Typographie zu Veränderungen des Informations- und Kommunikationswesens und erzwang in der Folge auch Neudefinitionen der Probleme selbst. Es gibt keine Anzeichen dafür, daß diese Umstrukturierungen von den Zeitgenossen anfangs ›gewollt‹ oder auch nur bemerkt worden sind.

Dies läßt sich exemplarisch an dem ersten Text zeigen, den Gutenberg nach unserer Kenntnis – eventuell schon in der Straßburger Zeit – druckte, eine Ausgabe der lateinischen Grammatik des Aelius Donatus. Das Büchlein hatte einen Umfang von 28 Seiten, 27 Zeilen auf jeder Seite. Der Satz hält nur ungenau Zeile und ein Randausgleich findet nicht statt. Auch der Laie bemerkt, daß bei diesem Werk die Technik noch nicht ausgereift ist.[5]

Die *›ars minor‹* und die *›ars maior‹* des römischen Grammatikers war im Mittelalter das Standardlehrbuch, mit dem die Schüler in Kloster- und Stiftsschulen, im Privatunterricht und in den städtischen Lateinschulen in die Anfangsgründe der lateinischen Sprache und Grammatik eingeführt wurden. Entsprechend sind uns viele, sehr viele alte Abschriften überliefert.

Was änderte sich nun durch den Druck dieses ›Schulbuchs‹? Zunächst ist es erstaunlich, daß die Druckfassung dieses Werkes, die unter kalligraphischen Gesichtspunkten ja nicht einmal die durchschnittliche Qualität der Arbeit von Schreibwerkstätten besaß, überhaupt Käufer fand. Jeder Lehrer kannte seinen Donat, hatte ihn selbst abgeschrieben und Stück für Stück auswendig gelernt. Ebenso brachte er den Inhalt seinen Schülern bei: Lehrervortrag, Nachsprechen und Mitschreiben der Schüler, mehr oder weniger buchstabierendes Vorlesen durch die Lernenden, Korrektur des Lehrers, Durcharbeiten des Textes ›mit Frage und Antwort‹, erneutes Aufsagen usw. – so oder ähnlich wird es Tag für Tag gegangen sein. Warum sollte sich ein Lehrer einen gedruckten Text kaufen? Bestenfalls um das, was er sowieso schon wußte, noch einmal schwarz auf weiß zu besitzen. Aber selbst diese Begründung trifft nur auf die Fälle zu, in denen der Magister in seiner Ausbildungszeit keine Abschrift des Textes auf einem dauerhaften Material angefertigt hatte. Auf der Schiefer- oder Wachstafel mußten die ›Donatisten‹ immer mitschreiben, eben weil es in diesen Kursen nicht nur um das Erlernen der ersten Fremdsprache, sondern auch um den Erstlese- und Schreibunterricht ging. Andererseits war der Donat auch kein sakraler Text, so daß es auf eine wortgenaue Tradierung letztlich nicht ankam.

Nehmen wir an, die gedruckten Donate ›ersetzten‹ in der Hand des Lehrers eigene, möglicherweise schon arg zerfledderte, Abschriften. Alle bislang bekannt gewordenen Donate sind auf Pergament gedruckt, was man immerhin als ein Indiz dafür nehmen kann, daß es auf eine strapazierfähige Textvorlage ankam, auf Papier gedruckte Donate also für das Publikum als noch weniger attraktiv gegolten haben mögen.

Wie immer der Kauf auch motiviert gewesen ist, sobald der Text im Unterricht eingesetzt wird, hat sich der Lehrer ein neues, fremdes Programm in seinen Kurs hereingeholt. Es tritt in Konkurrenz mit den bislang üblichen Instruktionsformen.

Informationstheoretisch gesehen liefert der typographische Text eine Richtschnur für den Ablauf der schulischen Unterweisung. Da es sich um einen vollständigen und in allen Teilen lesbaren Text handelt, wird er in vielen Fällen eine bessere Richtschnur abgeben als die selbst und mit vielen individuellen Abkürzungen geschriebenen Manuskripte. Wichtiger ist, daß es sich hier um einen fremden Text mit im Detail anderen Sequenzierungen handelt. Richtet sich der Magister nach dieser Vorlage, so lautiert er nicht mehr selbst memorierte, sondern fremde Informationen – wie ähnlich der Inhalt auch letztlich sein mag. Noch augenfälliger wird der Einbruch des neuen Programms in das Unterrichtssystem dann, wenn wir annehmen, daß ein Magister bis dato aus dem ›eigenen‹ Gedächtnis vortrug und nun, nach dem Kauf eines Donates, diesen auch tatsächlich nutzen will. Jeder Blick in den Donat bedeutet dann einen Wechsel in ein fremdes Informationssystem und in ein anderes Programm. Schließt er sich an das typographische Informationssystem an, liest aus dem Druck-Donat vor, so folgt der Lehrer nicht mehr dem Programm, das er selbst für sich in seinem psychischen Informationssystem, seinem Gedächtnis, gespeichert hat. Natürlich können beide Programme konvergieren, aber sie brauchen es nicht. Der Nutzen des neuen typographischen Mediums zeigt sich im übrigen nur dann, wenn es tatsächlich das alte, im Gedächtnis gespeicherte Programm modifiziert, ergänzt oder gar verändert. Sicherlich hängt es letztlich von der Mentalität des einzelnen Lehrers ab, der Autorität welchen Informationssystems er sich in ›Zweifelsfällen‹, bei Programmdivergenzen, unterwirft. Gesellschaftlich gesehen ist freilich der Ausgang dieses Wettbewerbs zu Beginn des 16. Jahrhunderts entschieden: Letzte Autorität gewinnen die gedruckten Bücher – nicht zuletzt deshalb, weil auch die Schüler beginnen, die Aussagen des Lehrers an den Informationen zu messen, die das neue typographische Informationssystem ausgibt.

Die Gelehrten, auch die Magister, haben im Laufe der Zeit die Programme des neuen Informationssystems beständig überarbeitet. Im Ergebnis vereinheitlichten sich dabei auch die Textfassungen der ›ars minor‹. Standardisierungen und Neugliederungen der traditionellen Lehrinhalte sind eine Folge der Druckfassung von Lehrbüchern mit vergleichsweise geringerer Bedeutung.

Die Veränderung der Institution ›Schulunterricht‹ durch die Inferenz typographischer Medien wird noch deutlicher sichtbar, wenn man annimmt, daß auch Schüler sich gedruckte Donate zulegten. Dies mag im 15. Jahrhundert die Ausnahme gewesen sein, aber sie ist es, wie die Geschichte lehrt, nicht geblieben. Verglichen mit den mittelalterlichen Lehr- und Lerntraditionen mußte jeder gedruckte Donat in der Hand eines Schülers als Fremdkörper erscheinen, der die Autorität des Lehrers relativiert und zu einer Neubestimmung derselben nötigt. Der Donat in der Hand des Schülers erscheint als eine unabhängige Informationsquelle, als ein Informationsspeicher, aus dem der Schüler Wissen abzapfen kann, welches der Lehrer nicht hineingegeben hat. Neben dem Lehrer als der alten Informationsquelle gibt es nunmehr eine neue – und es kann durchaus sein, daß beide unterschiedlich programmiert sind. Damit stellt sich dann auch für den Schüler die Frage, welchem Programm er folgen soll. Zu einem arbeitsfähigen Sozialsystem kann der Unterricht unter diesen Bedingungen letztlich nur dann werden, wenn das gedruckte Buch nicht mehr nur als ein psychisches, gedächtnisentlastendes Medium behandelt, sondern als ein soziales Medium anerkannt wird, als ein Mittler zwischen Lehrer und Schüler. Beide Rollen müssen das Buch als Informationsquelle akzeptieren, sich an diesen ›Quell der Weisheit‹ gleichermaßen anschließen. (Vgl. Abschnitt 2.2) Erst unter dieser Bedingung wird das Buch zu einem Interaktionsmedium, einer Kraft, die zwischen den institutionellen Rollen vermittelt. Was immer sonst noch die Umwelt schulischen Unterrichtsgeschehens sein mag, immer sind nach der Einführung des Buchdrucks die Schulbücher ein relevanter Teil derselben.

Die neuen Medien haben die Möglichkeit, die freien Künste zu lehren und zu lernen, wie sie im Mittelalter bestand, grundlegend verändert. *»Von spätestens der Mitte der achtziger Jahre an ließen Kölner Hochschullehrer«* beispielsweise, so wissen wir mit einiger Sicherheit, *»die Bücher drucken, über die sie lasen.«*[6] Schon kurz zuvor waren kleinere Schriften erschienen, die aus ihrem Lehrbetrieb hervorgegangen sind.

Noch Thomas von Aquin hielt demgegenüber ein buchgestütztes Lehren und Lernen für eine unbeholfene und für viele Themen abwegige Veranstaltung. Auf die Frage, warum Jesus Christus seine Lehre nicht durch die Schrift weitergegeben habe, antwortet er in seinem Standardwerk der mittelalterlichen Theologie, der ›Summa Theologica‹: *»Erstens seiner Würde wegen. Je erhabener der Lehrer, desto erhabener muß auch seine Lehrweise sein. Deshalb entsprach es Christus als dem erhabensten Lehrer, seine Lehre den Herzen seiner Zuhörer* [mündlich] *einzuprägen ... Aus dem gleichen Grunde wollten auch bei den Heiden weder Pythagoras noch Sokrates, beides hervorragende Lehrer, etwas*

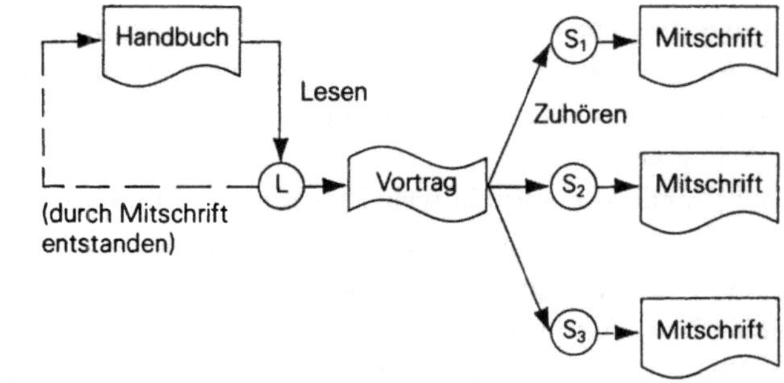

a) Schematische Darstellung der mittelalterlichen Lehr- und Lernsituation

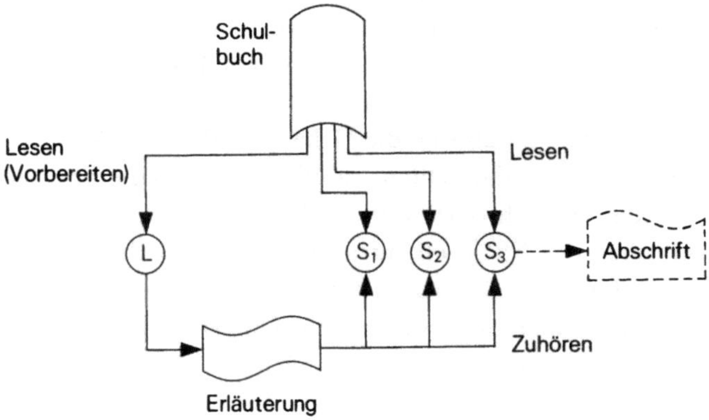

b) Schematische Darstellung der neuzeitlichen buchgestützten Lehr- und Lernsituation

Abb. 25: Veränderung des Lernens in Schule und Universität durch die Einführung gedruckter Lehrbücher

niederschreiben.«[7] Bücher besaßen im Unterricht in den alten Kulturen keine dominante Funktion, sie dienten, wie das Schreiben und die skriptographischen Medien überhaupt, im wesentlichen der Unterstützung der Rede. Allen Versuchen, diese Einstellung zu durchbrechen, blieb bis zur Einführung des Buchdrucks ein dauerhafter Erfolg versagt.

Die *Abb. 25* stellt die mittelalterliche und die frühneuzeitliche Lehrsituation einander gegenüber. Man sieht, wie früher die Rede des Magisters das einzige vermittelnde Medium und seine Person die alleinige Informationsquelle für den Schüler gewesen ist. (*Vgl. Abb. 25a*) Das Buch auf dem Katheder des Lehrers fungierte lediglich als technische Ausweitung seiner Person: als ein Speicher, auf den er – und nur er – zurückgreifen konnte, wenn seine ›natürlichen‹ mnemischen Kräfte an Grenzen gelangten.

Selbstverständlich konnten auch damals fremde Autoritäten Einfluß auf das Unterrichtsgeschehen gewinnen. Dies geschah immer dann, wenn der Lehrer aus ihren Schriften zitierte. Im Mittelalter war es ganz üblich, daß sich die Gelehrten als bloße Medien der antiken Autoritäten darstellten – ähnlich wie sich die Priester als ›Mund‹ oder ›Sprachrohr‹ Gottes fühlten. (s. u. S. 583ff.) Aber letztlich blieb der Nachrichtentransfer immer an die Person des Lehrers gebunden. Die Autoritäten besaßen kein autonomes Informationssystem, mit dem sie in das Unterrichtsgeschehen eingreifen konnten und an das sich die Schüler unmittelbar hätten anschließen können. Ein solches setzt nämlich die Technisierung der autoritativen Botschaft voraus.

Auch die Abschriften der Schüler gewannen unter diesen Bedingungen keine selbständige Existenz. Sie wirkten ihrerseits wiederum nur als Speicher der psychischen Systeme der Schüler. Als Nachschrift des Diktats des Magisters waren sie durchaus keine autonome Informationsquelle.

Wie die *Abbildung 25b* zeigt, gibt es nach Einführung der typographischen Datenverarbeitung zwei Medien, die zwischen Lehrer und Schüler vermitteln, die (mündliche) Rede und die gedruckten Texte. Letztere werden weder vom Lehrer noch von den Schülern produziert. Sie sind gleichsam der *Ausdruck* (oder der Bildschirm) eines dritten, eben des typographischen Informationssystems.

Das gegenwärtige Verständnis von ›Schulbüchern‹ erweist sich aus dieser informationstheoretischen Perspektive erst als das Produkt der frühneuzeitlichen Medienrevolution. Die Bücher, die zuvor in der Schule benutzt wurden, hatten eine völlig andere kommunikative und informative Funktion. Will man sie auch als Schulbücher bezeichnen, so muß man sein Verständnis dieses Begriffs sehr genau explizieren, um nicht unnötige Verwirrung zu stiften.

Das Schulbuch als ein gemeinsames und unabhängiges Informationssystem von Lehrern und Schülern entwickelt sich im 16. Jahrhundert rasch. Die ›Kindertafeln‹, ›ABECEDarien‹ und vor allem die volkssprachlichen Schreib- und Leseanweisungen sind Hilfsmittel für die Hand sowohl des Lernenden als auch des Lehrenden.[8] Sie vermitteln nicht nur zwischen den Personen als Interaktionsmedium, sondern sie dienen auch der Organisation des Ablaufs des sozialen Systems ›Unterricht‹. In den Titeln und/oder den Vorreden wird unmißverständlich klargemacht, was für die ältere Zeit kaum vorstellbar war, daß sie nämlich (auch) für die Hand der Laien, der Schüler, gedacht sind.

Bald schon gewinnt das neue Informationssystem neben dem Text- ein zweites Programm, ein Bildprogramm: Schautafeln und Abbildungen, die vordem in schulischen Institutionen nicht sehr häufig verwendet wurden, werden in die neuen Schulbücher aufgenommen. Aus der Kombination dieser beiden Programme ergeben sich neue Informationschancen.[9]

In den bebilderten ›*Artes memorativae*‹ (*vgl. Abb. 26a*) führt man den Schülern vor Augen, welche Situationen und Gegenstände mit welchen Begriffen zu assoziieren sind – und umgekehrt: Uhrwerke erscheinen als Inbegriff der ›Künstlichkeit‹, Wasser und Steine im Urzustand der Schöpfung als ›natürlich‹. Die Buchstabierbücher (*vgl. Abb. 26b*) für den Erstleseunterricht versuchen die Lautwerte der Buchstaben – im An- oder Naturlautverfahren – bildlich darzustellen. Sie enthalten Übungen, die die Abhängigkeit der Vokale von den Konsonanten in ihrem Umfeld deutlich machen. Dabei werden neben Abbildungen auch neue Formen der Textgestaltung, hier z. B. die geschweiften Klammern, ausprobiert.

a) Frühe Bildprogramme: Ars Memorativa, 1490

Abb. 26: Bildprogramme und Schautafeln als typographische Lernmedien

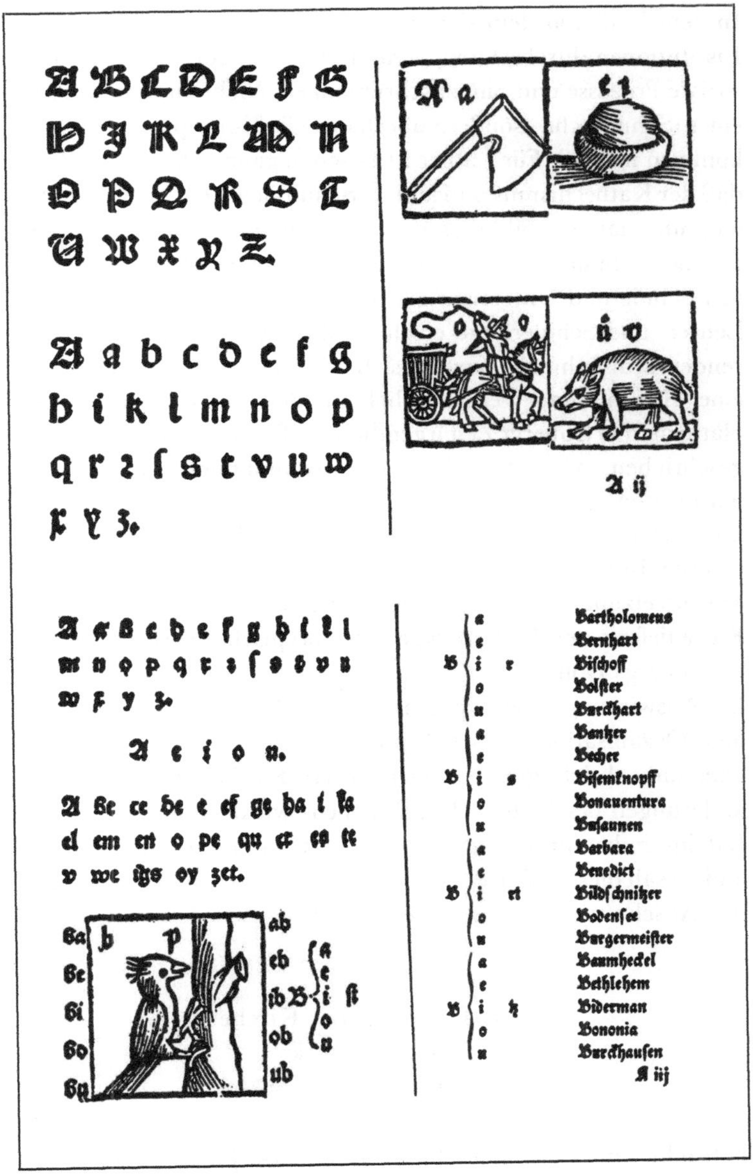

A B C D E F G
H J K L M N
O P Q R S T
V W X Y Z

A a b c d e f g
h i k l m n o p
q r z ſ s t v u w
x y z.

A ij

A a b c d e f g h i k l
m n o p q r z ſ s s v u
w x y z.

A e i o u.

A be ce de e ef ge ha i ka
el em en o pe qu er es te
v we ixs oy zet.

ba be bi bo bu – ab eb ib ob ub – B a e i o u – ſt

Bartholomeus
Bernhart
Bischoff
Bolster
Burckhart
Bantzer
Becher
Bisemknopff
Bonauentura
Busaunen
Barbara
Benedict
Bildschnitzer
Bodensee
Burgermeister
Baumheckel
Bethlehem
Biderman
Bononia
Burckhausen

A iij

b) Entwickelte Schautafeln: Grüßbeutels ›Stymmenbüchlin‹, 1534

In dem Maße, in dem sich die neuen Unterrichtsmedien in den Institutionen durchsetzten, veränderten sich dort natürlich auch soziale Prozesse und Sinnzuschreibungen. Nicht nur das Konzept eines ›Schulbuchs‹, sondern überhaupt die Konzepte von ›Schule‹ kommen in Fluß. Für Luther ist es schon ganz selbstverständlich, daß der Kathechismus und andere Schulbücher ein Mittel darstellen, um das Ausbildungssystem zu steuern. Ein Teil in den Kirchenordnungen von Bugenhagen ist immer der Organisation von Schule und Unterricht gewidmet. Ein guter Katechismus in Lehrer- und Schülerhand erscheint ihm, neben anderen flankierenden Maßnahmen, versteht sich, als unverzichtbarer Hebel für eine Hebung und Vereinheitlichung der christlichen Moral.[10] Hatte man in früherer Zeit irgendwelche Bücher für die Lehre vorgeschrieben, so konnte und wollte man damit nur den Lehrer standardisieren, gleichschalten. Das Schulbuch, welches die Kinder mit nach Hause nehmen, eröffnet ganz neue Perspektiven für eine externe Intervention in das Erziehungswesen. Die technischen Voraussetzungen für diese Steuerung des Unterrichts aus der Ferne lieferte der Buchdruck, die prototypische ›Vorbildung‹ sind Gutenbergs Donate.

Die Auswirkungen der typographischen Medien auf die institutionelle Organisation von Schule und Unterricht stellten gewiß einen ganz unbeabsichtigten Nebeneffekt dar. Ein Bedürfnis nach Veränderungen des Unterrichtsgeschehens wurde zumindest in den Lateinschulen und in der Universität kaum artikuliert. Ganz anders sah dies im Bereich der Papstkirche aus, auf den im folgenden Abschnitt eingegangen werden soll.

Die Reformation der Kirche: Der Buchdruck als Organisationsentwickler

Betrachtet man die römische Kirche im 15. Jahrhundert einmal als eine Institution, die Informationen produziert und distribuiert, so steht außer Zweifel, daß für sie so etwas wie eine Organisationsberatung unabweisbar geworden war.[11] Mängel in der Verwaltung zeigten sich auf allen Ebenen der Hierarchie, in der Zentrale und in den entfernten Dependancen. Nicht einmal über eine solche Grundfrage der Organisation, ob an der Spitze des Unternehmens der Papst oder aber ein Konzil steht bzw. stehen sollte, herrschte Einigkeit – wie die Diskussionen in den Hauptversammlungen der Leiter der christlichen Einrichtungen in Konstanz (1414-1418) und Basel (1431-1448) ausweisen. Welche Organisation kann sich Entscheidungsgremien leisten, die 17 Jahre lang tagen? Das Unternehmen brauchte eine umfassende Reorganisation, um seinen Aufgaben gerecht zu werden. Und die beiden Konzilien sollten Anstöße dazu geben.

Wenn man stark vereinfacht, kann man sagen, daß zwei Strukturpapiere auf den Tischen der Delegierten des Basler Konzils lagen. Die eine Konzeption, die von der sogenannten Papalpartei vertreten wurde, zog aus der Entscheidungsunfähigkeit der Institution den Schluß, daß Konzilien in der bestehenden Form dysfunktional seien und man es stattdessen mit einer strikt zentralistischen Organisation mit dem Papst an der Spitze (wieder) versuchen solle. Die andere Konzeption, deren Vertreter sich eher als Reformflügel verstanden, schlug eine konsequente Verwirklichung der Konzilsidee vor – und sah folglich das Hauptproblem in einer störenden Einmischung des römischen Zentrums. Zu den Hauptprotagonisten der Konzilsbewegung zählten in Basel anfangs Enea Silvio Piccolomini, Nikolaus von Kues und Gregor von Heimburg. Wie schon das Schicksal dieser Personen zeigt – Piccolomini wurde als Papst Pius II. gesalbt, Nikolaus von Kues einer seiner Kardinäle, Gregor von Heimburg unterstützte die Vertreibung von Kues aus dem Fürstbistum Brixen und wurde von Pius II. (1460) gebannt – hat sich das propagandistische Hauptziel der Reformer nicht in die Tat umsetzen lassen. Trotzdem fand eine umfassende Veränderung der Organisationsstruktur statt, die so nirgends beschlossen worden war.

Was war der Motor dieser Veränderungen und wieso konnten sie sich in einer Institution durchsetzen, die sich über so lange Zeit hinweg als unfähig erwiesen hatte, Entscheidungen zu fällen, die den Kern der eigenen Struktur betrafen?

Wie die Erfahrung der modernen Organisationsberatung zeigt, brauchen komplexe Institutionen einen Anstoß von außen, um ihre eigene Struktur verändern zu können. Ein solcher Katalysator kann ein Organisationsberater oder die Auswechslung von Teilen des Personals sein. Letztere muß zumeist durch eine höhere Instanz, die mit den entsprechenden Machtmitteln ausgestattet ist, durchgesetzt werden.[12] Derartige katalysatorische Instanzen, z. B. ein starker weltlicher Herrscher, waren damals nicht vorhanden. Interne Reformationspolitik wurde, wie das Beispiel Jan Hus auf dem vorangegangenen Konzil gezeigt hatte, abgeblockt.

Umorientierungen werden aber auch erforderlich, wenn sich die Technik ändert, deren sich die Institutionen bedienen. Neue Maschinen wirken als Katalysatoren für die Wandlung von Arbeitsprozessen.[13] Sucht man nun im 15. Jahrhundert nach Veränderungen in der technischen Ausstattung der Kirchen, Klöster, Universitäten, der Kanzleien auf den verschiedenen Ebenen der kirchlichen Hierarchie, kurz: in den Segmenten dieser weitverzweigten Institution, so findet man letztlich nur eine einzige durchgängige Veränderung: die Einführung der typographischen Textverarbeitung. Im Ergebnis war sie nicht weniger einschneidend, als es die Umstellung auf die elektronische Datenverarbeitung für die Großbetriebe in den vergangenen Jahrzehnten war und ist.

In den ersten Jahren der Entwicklung der neuen Technologie war Gutenberg auf sich gestellt, er produzierte die Donate für den Markt, nicht als Auftragsarbeit für bestimmte Adressaten. Atemberaubend rasch aber griffen kirchliche Instanzen nach der neuen Technik und inkorporierten die Druckwerkstätten in der einen oder anderen Form. Die Fust/Schöffersche Druckerei im Humbrechtshof stellte in Absprache mit dem Mainzer Episkopat ein ›*Psalterium Moguntinum*‹ und im Auftrag des Benediktinerordens den sogenannten ›*Benediktiner-Psalter*‹ her. Auch das sogenannte ›*Provinciale Romanum*‹, eine Auflistung aller Bistümer und Erzbistümer der römischen Kirche, also aller Abteilungen der differenzierten Organisation, dürfte für die kirchliche Verwaltung hergestellt worden sein. Eindeutige Auftragsarbeit sind auch die Ablaßformulare, auf die gleich noch genauer eingegangen wird. In gewisser Hinsicht wurden die Mainzer Druckmaschinen auf diese Weise zu einem Dienstleistungsapparat der Kirche – ähnlich den gemieteten Fotokopierern in vielen Büros der Gegenwart.

Diese Entwicklung verstärkte sich gegen Ende des Jahrhunderts noch: nahezu alle Bischofssitze bemühten sich um eine ›Hausdruk-kerei‹ und sie verschafften damit dem jungen Handwerk einen Rückhalt von kaum zu unterschätzender Bedeutung. Gerade die verschiedenen Typen von Meßbüchern ließen sich nur in enger Zusammenarbeit zwischen den Druckern und dem Bischof, dem Domkapitel oder den Ordensoberen produzieren, weil nur die durch diese Instanzen approbierten Ausgaben in der institutionellen Arbeit eingesetzt werden durften.

Im einzelnen gab es viele Formen, in denen die neue Technologie in die kirchliche Institution eingebaut wurde. Wie im Falle Fust/Schöffer konnte es sich um eine freie Auftragsproduktion handeln. Der Drucker konnte von einem Bischof, wie etwa Georg Reyser in Würzburg, privilegiert werden. Er konnte aber auch regelrecht als Lohndrucker angestellt werden.[14] Wie schon erwähnt, gab es Klöster, die sich, wenn auch meist nur für kurze Zeit, eine Druckerei in ihren Mauern leisteten. Schon der Straßburger Frühdrucker Heinrich Eggestein arbeitete eine Zeitlang mit seinen Maschinen im Kloster der Straßburger Kartäuser, um die Lebensgeschichte von Ludolf von Sachsen, einem ihrer Priore, zu drucken. Dabei unterrichtete er, wie Francois Ritter mitteilt, auch einige Mönche in der neuen Technik.[15]

Aber selbst wenn die Drucker nicht im unmittelbaren Auftrag der Institution arbeiteten, konnten ihre Werke ihre katalysatorische Funktion wahrnehmen – dann nämlich, wenn sie von Personen auf dem (freien) Markt gekauft wurden, die sie dann in der Kirche, beim Vollzug irgendeines institutionellen Aktes, eines ›*ampts*‹, wie es damals hieß, einsetzten. Insofern ist es auch gerechtfertigt, die 42zeilige Gutenberg-Bibel unter die organisationsentwickelnden Medien zu subsumieren. Im Gegensatz zu der 36zeiligen Bamberger Bibel (1459/60) gibt es bislang keine Indizien, die dafür sprechen, daß dieses Werk direkt für irgendeine kirchliche Stelle verfertigt wurde.

Die Rationalisierung der Bürokommunikation: Ablaßbriefe

Wie benutzte man nun die neue Datenverarbeitungstechnik und wie veränderte diese die Information und den Nachrichtenfluß in dem Riesenbetrieb Kirche?

Ein Einsatzgebiet, das auf der Hand zu liegen scheint, ist die Technisierung des Abschreibens der ›multiplicatio librorum‹. Die Aufgaben der spätmittelalterlichen Kirche waren ohne skriptographische Informationstechniken nicht zu erfüllen. Diese wurden nunmehr mit Hilfe des Druckwerks automatisiert und dadurch beschleunigt und verbilligt.

Gewöhnlich wird bei dem ja schon im letzten Kapitel behandelten Stichwort ›multiplicatio librorum‹ an den Druck von Büchern und, bezogen auf den kirchlichen Bereich, an die Vervielfältigung der Bibel gedacht. Dies ist zwar nicht falsch, aber eine einseitige Thematisierung des Leistungsbereichs der neuen Technik, die freilich schon im 15. Jahrhundert gang und gäbe war: gelobt und angefeindet wurde die neuartige Herstellung von Büchern, die ›ars imprimendi libros‹. Die Bezeichnung ›Buchdruckerkunst‹ in der *Kölner Chronik* ist insofern schon Ausdruck einer ideologischen Verengung der Reflexion des neuen Mediums. Ausgeblendet bleiben die vielfältigen anderen Einsatzmöglichkeiten der Chalkographie, die z. T. schon zu Gutenbergs Lebzeiten realisiert wurden: Formulare, Urkunden, Briefe und Bekanntmachungen, Reklame, Flugblätter u. ä. In der Inkunabelforschung spricht man in bezug auf diese ›Werke‹ gern von den ›Kleindrucken‹ in der ›Brottype‹.

Das früheste Beispiel für eine Technisierung der Bürokommunikation im engeren Sinne liefert der Druck der Ablaßbriefe in den Jahren 1454 und 1455. Genaugenommen handelt es sich bei diesen ›Briefen‹ um Formulare, die an der Schnittstelle zwischen der kirchlichen Institution bzw. den Ablaßhändlern als deren Repräsentanten einerseits und dem Publikum, den Gläubigen, andererseits eingesetzt wurden.

Ablaßbriefe sind Teil eines ausgesprochen komplizierten Verwaltungsablaufs. Zunächst dienen sie als Vorlage für die Quittierung einer Spende. In den Ablaßformularen sind deshalb Räume freigelassen, in denen der Name des Spenders sowie der Ort und das

Datum der Ausstellung der Quittung nachgetragen werden können. Das gedruckte Formular wurde zur Urkunde, nachdem diese fehlenden Informationen handschriftlich nachgetragen und das Ganze von der ermächtigten kirchlichen Instanz beglaubigt war. Dies konnte durch ein Siegel oder Siegel plus Unterschrift des Bevollmächtigten geschehen. Diese Quittung wiederum berechtigte eine andere kirchliche Instanz, nämlich den Beichtpriester des Spenders, diesem nach erfolgter Beichte den ›Ablaß‹ seiner Sünden auszusprechen. Die Legitimation hierzu gibt dem Priester letztlich eine kirchliche Anweisung, eine päpstliche Bulle, in der der Sinn und die immer begrenzte Dauer eines Ablasses bekanntgegeben wurden. Die ersten gedruckten Mainzer Ablaßbriefe gehen beispielsweise auf den sogenannten ›Kreuzablaß‹ zurück, den Papst Nikolaus V. für den Zeitraum vom 1. Mai 1452 bis zum 30. April 1455 zugunsten der Verteidigung des Königreichs Zypern gegen die Türken bewilligt hatte.

Die Mainzer Beichtformulare tragen diesem schwierigen Instanzenweg insofern Rechnung, als sie diesen – selbsterklärend – schildern. So lauten etwa die wichtigsten Passagen der Mainzer – 30zeiligen – Ausgabe des sogenannten *Zypernablasses*:

»Allen Christgläubigen ... entbietet Paulinus Chappe, Concilarius, Gesandter und in dieser Sache Generalbevollmächtigter des Königs von Zypern, seinen Gruß im Herrn. Da Nikolaus V., unser heiligster Vater ... in Erbarmen mit der Bedrängnis des Königreiches Zypern ... allen Christgläubigen ..., die innerhalb der drei Jahre, angefangen vom 1. Mai 1452, für die Verteidigung des gemeinchristlichen Glaubens und des genannten Königreiches von ihren Mitteln mehr oder weniger, wie es ihrem Gewissen gut scheint, den bevollmächtigten und untergeordneten Gesandten fromm spenden, ... erlaubt hat, daß geeignete Beichtväter ... ihnen, wenn sie wirklich bereuen und gebeichtet haben, ... einen vollkommenen Ablaß und vollkommene Vergebung aller Sünden, die sie mit dem Munde bekannt und im Herzen bereut haben, einmal im Leben und einmal in der Todesstunde mit apostolischer Vollmacht verleihen können, ... und da die Frommen [Freiraum für den Namen des Spenders] *entsprechend dem genannten Indult von ihren Mitteln fromm gespendet haben, sollen sie sich mit Recht der genannten Ablässe erfreuen. Zum Zeugnis ... ist das hierfür bestimmte Siegel dem vorliegenden Beglaubigungsbrief angehängt. Gegeben zu* [Freiraum für die Ortsangabe] *im Jahre des Herrn* [Freiraum für eine Datumsangabe].*«*

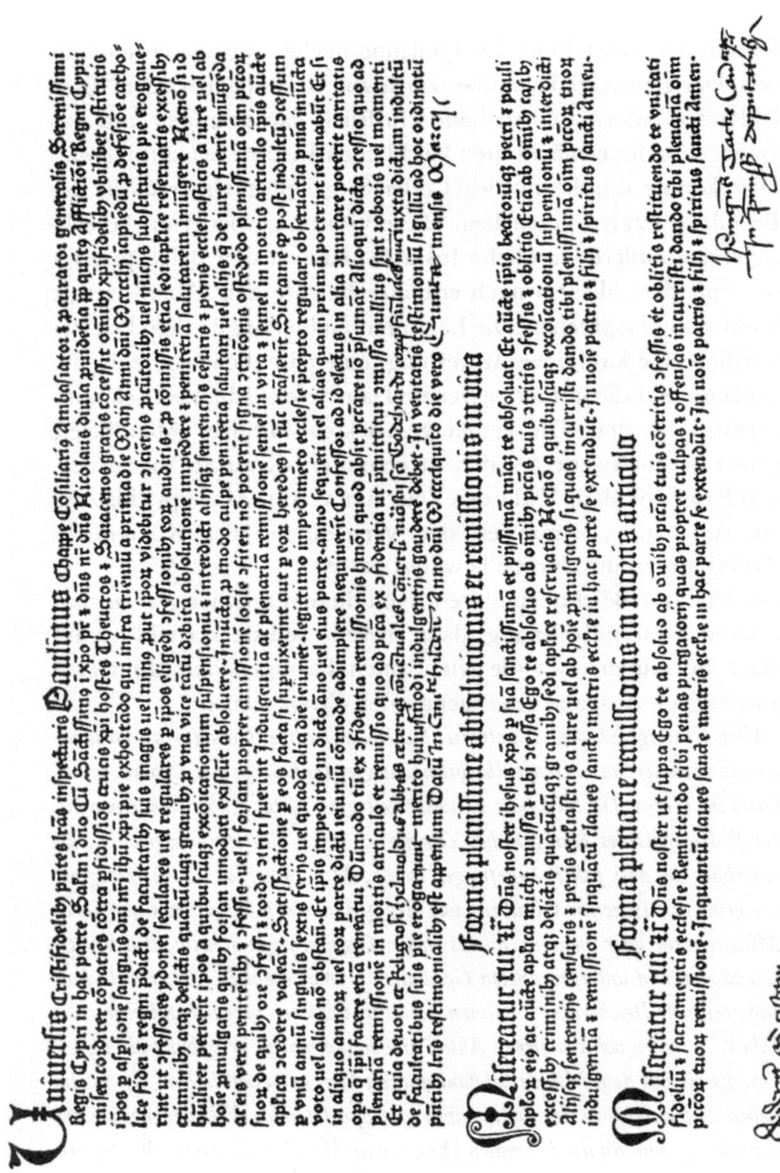

a) Vordrucke: Der 30zeilige Ablaßbrief, 1454/55

Abb. 27: Rationalisierung eines institutionellen Informationskreislaufs: Typographie und Ablaßwesen

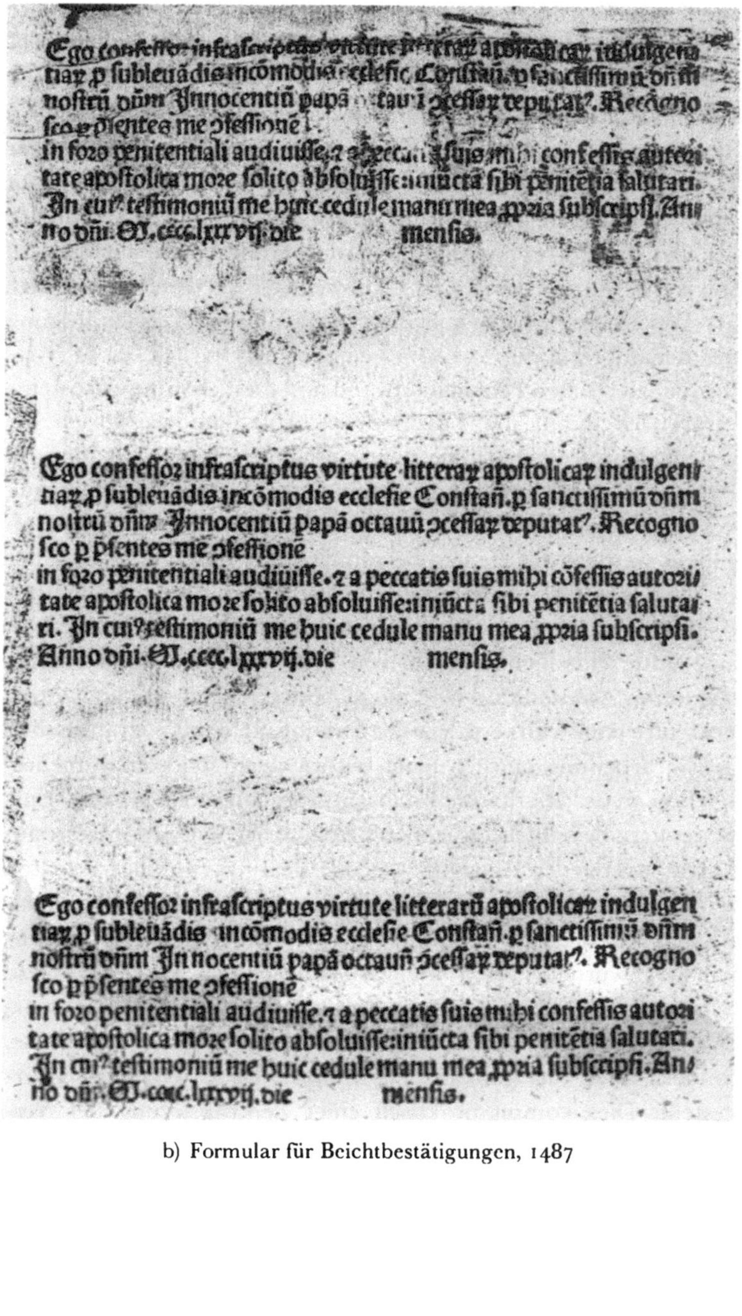
Ego confessor infrascriptus virtute litterarum apostolicarum indulgen-
tiarum pro subleuandis incomodis ecclesie Constan. per sanctissimum dnm
nostrum dnm Innocentium papam octauum concessarum deputatus. Recogno
sco per presentes me confessione
in foro penitentiali audiuisse. et a peccatis suis mihi confessis autori
tate apostolica more solito absoluisse: iniuncta sibi penitentia salutari.
In cuius testimonium me huic cedule manu mea propria subscripsi. An
no dni. M.cccc.lxxxvij. die mensis.

Ego confessor infrascriptus virtute litterarum apostolicarum indulgen
tiarum pro subleuandis incomodis ecclesie Constan. per sanctissimum dnm
nostrum dnm Innocentium papam octauum concessarum deputatus. Recogno
sco per presentes me confessione
in foro penitentiali audiuisse. et a peccatis suis mihi confessis autori
tate apostolica more solito absoluisse: iniuncta sibi penitentia salutari.
In cuius testimonium me huic cedule manu mea propria subscripsi.
Anno dni. M.cccc.lxxxvij. die mensis.

Ego confessor infrascriptus virtute litterarum apostolicarum indulgen
tiarum pro subleuandis incomodis ecclesie Constan. per sanctissimum dnm
nostrum dnm Innocentium papam octauum concessarum deputatus. Recogno
sco per presentes me confessione
in foro penitentiali audiuisse. et a peccatis suis mihi confessis autori
tate apostolica more solito absoluisse: iniuncta sibi penitentia salutari.
In cuius testimonium me huic cedule manu mea propria subscripsi. An
no dni. M.cccc.lxxxvij. die mensis.

b) Formular für Beichtbestätigungen, 1487

Auch dem Beichtpriester werden durch zwei dem Text angefügte Absolutionsformeln noch Hinweise für sein ›amptliches‹ Handeln gegeben.[16]

In dem vorstehenden Faksimile des Exemplars, welches sich im Staatsarchiv Hannover befindet (*Abb. 27a*), hat der Kanoniker Henning Tacke »*in praemissis deputatus*« unterschrieben. Kaum hebt sich der handschriftliche Eintrag des Spenders ›Abt Helmholt‹, des Ortes, ›Kloster Sankt Godehard in Hildesheim‹, auf Zeile 18 sowie das Datum, der 5. März, auf Zeile 20 von der Druckvorlage ab. Welche Folgen hat nun die typographische Vervielfältigung der Beichtformulare?

Sie reduzieren den Personalaufwand und die Verwaltungskosten – vergrößern damit die Effizienz des Ablaßhandels, sprich die Gewinnspanne der Kirche bzw. derjenigen Instanzen, die der Papst zu diesem Unternehmen ermächtigt hat. Zur Durchführung des Ablaßhandels mußte jeweils eine komplexe Organisation aufgebaut werden: der Generalbevollmächtigte bestellte je nach der Größe des Gebiets, in dem ihm der Vertrieb der Bescheinigungen erlaubt war, und des Zeitraums, auf den der Handel begrenzt war, eine unterschiedliche Anzahl von Stellvertretern. Diese setzten wiederum Agenten und jene möglicherweise noch Unteragenten, Sekretäre und so fort ein. Vor der Einführung der typographischen Textverarbeitung mußten nicht nur an einer, sondern an mehreren Stellen der Hierarchie Lohnschreiber eingesetzt werden. Entweder man bediente sich größerer Skriptorien und produzierte auf Vorrat oder jeder Agent bzw. jeder Beauftragte eines Agenten mußte einen Schreiber zur Seite haben, der, sobald ein Spendenwilliger auftrat, den vorgeschriebenen Text kopierte. Wegrationalisiert wurden durch die Druckmaschinen entweder diese Schreiber oder die Skriptorien. Im Falle des Zypernablasses wurden offenbar nicht nur die Vordrucke für die Mainzer Erzdiözese, sondern auch für Köln in den Mainzer Druckwerkstätten hergestellt. Dies kommt praktisch einer Zentralisierung der Verwaltungsarbeit gleich: in früherer Zeit hätte man die Formularerstellung dezentral erfolgen lassen und unterschiedliche Instanzen in Mainz bzw. in Köln mit der ›multiplicatio‹ betraut. All dies kostete viel Zeit und doppelten Verwaltungsaufwand. Die typographische Technisierung ersparte nicht nur schlicht einen oder mehrere Schreiber, sondern ganze Abteilungen in der kirchlichen Institution.

Auch finanziell machte sich der Einsatz der neuen Medien bemerkbar. Der Spender mußte die Ausstellung der Quittung selbst und unabhängig von der ablaßerwirkenden Spende zahlen. Kapr nimmt an, daß für den zyprischen Ablaßbrief drei Albi oder Weißpfennige zu zahlen waren.[17] Neun Ablaßbriefe hätten danach einen Goldgulden gekostet, eine Summe, die sowohl für das Anliegen der Zyprioten als auch für den Spender und die römische Kirche verloren war. Man weiß, daß 1452 allein für Frankfurt der Verkauf von 2000 Ablaßbriefen vorgesehen war. Für die gedruckten Ablaßbriefe, die in den beiden großen Erzbistümern Köln und Mainz vertrieben werden sollten, muß die Auflage sehr viel höher gewesen sein. Nimmt man mit Kapr einmal 9000 Formulare an, so hätte das Auftragsvolumen für die beiden Gutenbergschen Druckereien – denn nur diese beiden kamen zu jener Zeit in Frage – 1000 Gulden betragen.[18]

Da anfangs für die gedruckten Formulare von den Klienten die gleiche Gebühr wie für die handschriftlichen Vorlagen genommen worden sein dürfte, muß eine beträchtliche Gewinnspanne angenommen werden, die sich Drucker und Ablaßhändler teilen konnten.[19]

Inwieweit das Publikum überhaupt bemerkte, daß die Quittungen nunmehr nach einem neuen Verfahren hergestellt wurden, ist, soweit ich sehe, eine offene Frage. Die Form, in der die nachzutragenden Daten in das Hannoversche Ablaßexemplar handschriftlich eingefügt wurden, läßt jedenfalls darauf schließen, daß man um eine Markierung der Differenz zwischen den beiden Medien nicht bemüht war. (*Vgl. Abb. 27a*) Zehn Jahre später bei den Ablaßbriefen des Pater Radulphus zugunsten des Trinitarierordens sieht dies schon ganz anders aus: weder versucht der Druck den Duktus einer Handschrift nachzuahmen, noch assimilieren sich die handschriftlichen Eintragungen an das Schriftbild der Druckvorlage.[20]

In dem Maße, in dem die Drucktechnik selbst vervollkommnet wurde und damit auch billiger produzieren konnte, dürften sich die Kosten, die die Bevollmächtigten des Ablaßhandels für die Erstellung der Formulare zu zahlen hatten, weiter verringert haben. Die Öffentlichkeit, die auf das neue Medium aufmerksam geworden war, wird einen zusätzlichen Beitrag für eine realistische Einschätzung der Formularkosten geleistet haben. Die Verbilligung konnte an den Spender weitergegeben werden – in der Hoffnung, daß dieser die Differenz dann in den Spendenkasten warf – oder zur Bezahlung der Agenten verwendet werden. Kostensenkung bei mindestens gleichbleibender Effizienz war in beiden Fällen die Folge.

Die Möglichkeiten der neuen Technik waren damit aber für den Ablaßhandel noch längst nicht ausgeschöpft. Auch die erfolgte Beichte ließ sich nunmehr vom Beichtvater auf speziellen Beichtformularen bestätigen. Ein Vordruck einer solchen ›*Beichtbestätigung*‹ aus dem Jahre 1417 ist oben im Faksimile abgebildet. (*Abb. 27b*) Die Kürze des Textes ermöglichte es, daß mehrere Formulare untereinander auf den Bogen gedruckt wurden. Sie konnten dann bei Bedarf abgeschnitten und dem Klienten ausgehändigt werden. Reine Formularkosten fielen in diesem Fall kaum mehr an.

Weiterhin ließen sich auf die Dauer die Texte der Ablaßbriefe verkürzen, indem man alle Erläuterungen über das Verfahren der Lossprechung und über die genauen Gründe des Ablasses ausließ. Voraussetzung für eine solche Verkürzung war, daß die Modalitäten des Ablaßhandels und der Anlaß der einzelnen Kampagnen allgemein, öffentlich bekannt wurden. Hierzu hat gewiß zum einen die Drucktechnik selbst beigetragen, indem sie die Ausweitung und Intensivierung dieser Abart einer kirchlichen ›Sondersteuer‹ (Kapr) förderte. Man hat nicht weniger als 237 verschiedene Ablaßformulare in der Frühdruckzeit nachgewiesen – und die tatsächliche Zahl dürfte auch hier wesentlich höher liegen.[21]

Zum anderen konnte man nunmehr die ausgelassenen Textpassagen auf einem separaten Blatt als Anschlag und/oder Handzettel drucken, der als Werbung und Erläuterung in den Kirchen ausgehängt bzw. verteilt werden konnte.

Solche Erläuterungen allgemein verbreiteter Ablässe trugen Titel wie *»›Summa‹, ›Summarium‹, ›Declaratio‹, deutsch: ›Summa der Gewalt und Macht der Bulle der gnadenreichen Jubelzeit‹ oder ›gemeine Erklärung des vollmächtigen Ablasses des gnadenreichen Jahres‹. In Sonderabzügen wurden einige Male«*, wie Karl Schottenloher berichtet, auch *»die*

einzelnen Artikel veröffentlicht: ›Articuli abbreviati‹, auf deutsch: ›Hie folgen kurz die Artikel begriffen aus der Bull der vollen Gnade.‹«[22]
Theoretisch bestand die Möglichkeit, Verordnungen und Briefe zu zerschneiden und neu zusammenzusetzen, auch schon bei der Anwendung der skriptographischen Textverarbeitung; aber der Druck begünstigte – wie in dieser Arbeit noch vielfach gezeigt wird – das ›Spielen‹ mit Texten: das Herausnehmen von Textblökken aus einer Vorlage, die Umstellung von Absätzen, die Einfügung zusätzlicher Passagen usw. Wenn man sich die technischen Grundlagen des ›Setzens‹ vor Augen hält, wird rasch deutlich, wie wenig zusätzlichen Aufwand solche Veränderungen für die Setzer und Druckereien von Ablaßbriefen bedeuteten.
Auch die Propaganda für und gegen den Ablaßhandel ließ sich mit den Mitteln des Buchdrucks intensivieren. So werden etwa Broschüren herausgebracht, in der die Vorgeschichte eines Ablasses in Reimform vorgestellt und Erzählungen aus dem Leben der Schutzheiligen mitgeteilt und in Holzschnitten veranschaulicht werden. ›Verpackt‹ in diese Form religiöser Erbauung und Belehrung, erscheinen dann irgendwo auch der Wortlaut des Ablasses und die Adresse der Institution, bei der er zu erhalten ist.[23] Bekannter als diese anpreisende Textgattung sind freilich die Flugschriften gegen den Ablaßhandel aus der Reformationszeit.[24]

Liturgica und die Vereinheitlichung der kirchlichen Rituale

Beschleunigung und Verbilligung des Verwaltungshandelns sowie eine effizientere Gestaltung des Kontakts mit den Gläubigen sind zweifellos wichtige Folgen der neuen Medienpolitik der römischen Kirche. Betrachtet man eine andere ›Textsorte‹, die frühzeitig typographisch erfaßt wurde, die Liturgica, so treten weitere Effekte zutage: Abläufe in vielen kirchlichen Teilsystemen werden neu durchdacht und dann nach einheitlichen, ausbuchstabierten Prinzipien umgestaltet. Weite Kreise der Kirche lenken ihre Aufmerksamkeit gezielt auf die vielfältigen habitualisierten Rituale. In gewisser Weise wird damit an Reformvorstellungen angeknüpft, die Nikolaus von Kues in den dreißiger Jahren propagierte. Zu Beginn des Basler Konzils hatte er der Versammlung eine Schrift mit dem Titel ›*De concordancia catholica*‹ vorgelegt.[25] Der Zerrissenheit in Organisations- und Glaubensfragen wurde der Ruf nach einer neuen, einigen Identität der Kirche und nach Einheitlichkeit der Rituale gegenübergestellt. Die Reformmaßnahmen, die er in dieser und später in anderen Schriften immer wieder vorschlug, waren neben der Forderung nach Wiederaufnahme der Demuts- und Armutsideale eine bessere und dies hieß für ihn eine einheitlichere Ausbildung der Priester sowie eine Vereinheitlichung der verschiedenen kirchlichen Amtshandlungen, vor allem der heiligen Messe. Als Voraussetzung hierfür erkannte er die Standardisierung der bei den verschiedenen Ritualen gebrauchten Texte (Liturgica). Immer wieder, so auf den Synoden von 1453, 1455 und 1457, erneuerte er die Forderung nach redigierten Meßbüchern. Nikolaus von Kues kam bei seinen Amtsgeschäften weit herum; im kleinen Mainz hielt er sich des öfteren und zum Teil für längere Zeit auf. Konnten ihm bei seinen Standardisierungsinteressen die beiden Druckereien und deren erste Produkte verborgen geblieben sein?

Albert Kapr hält in verschiedenen Veröffentlichungen eine Bekanntschaft zwischen dem Kusaner und Johannes Gutenberg für wahrscheinlich.[26] Er erwähnt die Tätigkeit des späteren Kardinals als Jurist in Mainz, seine Rolle bei der Reform der Benediktinerklöster – im Mai 1451 legten 70 Äbte auf dem Generalkapitel der Benediktiner in seiner Gegenwart den Eid auf die Annahme der Klosterreform in Mainz ab –, die Tatsache, daß er ein Exemplar des *Catholicons* besaß, sicherlich für die Anschaffung einer 42zeiligen Bibel in Brixen verantwortlich war sowie sein Engagement dafür, »*daß diese heilige (Druck)Kunst, deren Entstehen damals in Deutschland sichtbar wurde, nach Rom verpflanzt würde*«.[27] In gemeinsamen Gesprächen zwischen den ungefähr Gleichaltrigen könnte der Plan zu manchen Veröffentlichungen Gutenbergs, darunter die Bibel, die Meßbücher, der Türkenkalender und vielleicht auch das Catholicon, entstanden sein.[28] Daß die Liturgica ohne engen Kontakt zum Klerus entstanden sein könnten, darf man wohl ausschließen. Kaum vorstellbar, daß im Mainzer Dom aus einem Missale gesungen wird, welches ein Laie in einer Mainzer Handwerksstube zusammengestellt hat.

Unabhängig davon, wie eng man sich den Gedankenaustausch zwischen den beiden eigenwilligen Persönlichkeiten letztlich vorstellt, erwies sich die typographische Erfassung und Aufbereitung der Liturgica als ein mächtiger Motor für die Reflexion und Vereinheitlichung der verschiedenen institutionellen kirchlichen Handlungen. Um diesen Beitrag besser zu verstehen, ist es erforderlich, noch einmal einen Blick zurück auf die Funktion der liturgischen Handbücher zu werfen.
Im Laufe der Jahrhunderte hatten sich in der römischen Kirche für die einzelnen Teilsysteme unterschiedliche Ablauferwartungen herausgebildet. Sie habitualisierten sich in Verhaltensschemata, den sogenannten Ritualen. Diese konnten mehr oder weniger stark reflektiert und dann anschließend kodifiziert werden. Die Kodifikation erfolgte im Mittelalter zumeist mit Hilfe der skriptographischen Informationstechniken: man legte die Ablauforganisation in einer Handschrift fest und stattete diesen Kodex mit einer bestimmten, handlungsorientierenden Autorität für die Christen, den Klerus oder für Teile desselben aus. Er wirkte dann als Programm für soziales, christliches Verhalten und die Organisation institutioneller Prozesse.
Der Tagesablauf des Gläubigen läßt sich beispielsweise als ein solches Teilsystem betrachten, welches ein bestimmtes, sich immer wiederholendes Ablaufschema besaß. Die einzelnen Sequenzen dieses Schemas, Gebet, Meditation, Messe, Arbeit, Mahlzeiten, Nachtruhe usw., wechselten einander ab. Der Rhythmus dieses Wechsels wurde durch den Glockenschlag markiert. Auch die einzelnen Sequenzen hatten ihren eigenen Rhythmus. Dieser ließ sich ebenfalls beschreiben. Die für den Geistlichen zu den verschiedenen Tageszeiten vorgeschriebenen Gebete wurden beispielsweise in den Brevieren zusammengefaßt. Informationstheoretisch gesehen lassen sich diese Bücher insoweit als ein Programm für einzelne Phasen oder Sequenzen des Tagesablaufs deuten. Unnötig zu betonen, daß sich die Tagesabläufe der Gläubigen je nach ihrer Stellung in dem kirchlichen Gebäude unterschieden.
Der Tagesablauf wiederum läßt sich als ein Teil des Kirchenjahres darstellen. Dieses wird durch den Kalender in Sequenzen, die von unterschiedlicher Länge und Bedeutung sind, geteilt. Auch für diese Sequenzen haben sich Ablaufschemata im Laufe der Zeit

herausgebildet, die teilweise reflektiert und handschriftlich niedergelegt wurden. Beispielsweise kann der Priester in einem Sakramentar nachschauen, welche Gebete in der Messe an den verschiedenen Sonntagen des Kirchenjahres erwartet werden. Was für den Geistlichen Breviere und Sakramentare, leisteten für die gläubigen Laien des ausgehenden Mittelalters die Stundenbücher und die volkssprachlichen Kalender.

Besonders durchreflektiert war schon damals der Ablauf der heiligen Messe. Je nach der Stellung im Kirchenjahr, den Festen, nach besonderen Anlässen (Einsegnungen, Totenfeiern), dem Status der Veranstalter (bischöflichen versus gemeinen Messen), mußten hier verschiedene Typen unterschieden werden. Jeder dieser Typen einer Messe besaß zumindest zeitweise ein eigentümliches Ablaufschema. Es muß einen beträchtlichen Aufwand an Beobachtung, Nachdenken und behutsamen Festlegungen bedeutet haben, diese unterschiedlichen Abläufe in Handbüchern niederzulegen. Gebete, Lieder, Einsetzungsformeln und ähnliche Phasen einer Messe kodifizierte man beispielsweise in dem sogenannten ›Missale‹. Oft wird hier nicht nur die Organisation von einzelnen Phasen der Messe, sondern sogar von Handlungen in diesen Phasen erfaßt, die Handlungen Wort für Wort dokumentiert.

Jedes Brevier, jedes Epistular, Evangeliar, Psalterium, Missale, Sakramentar, jedes Stundenbuch und jeder Kalender für die Laien, natürlich auch die ›Rituale‹ für die anderen Amtshandlungen, sind aus informationstheoretischer Sicht das Produkt von derartigen Analysen der Ablaufordnung des christlichen Lebens. Zugleich verstärken sie bestimmte Typen einer Sequenzierung normativ. Sie sind das Ergebnis von Beschreibungen und wirken zugleich als Programme für das Verhalten.

Bei dieser Perspektive gewinnt die Kirchengeschichte in der zweiten Hälfte des 15. Jahrhunderts eine besondere Stellung: Innerhalb von kaum 50 Jahren entstehen *»über 800 Meßbücher, über 400 Breviere, über 250 Psalterien, darunter noch zahlreiche Agenden (Obsequiala), Pontificalia, Diurnalia u. ä. ... 122 Diözesen ließen im 15. Jahrhundert eigene Breviere drucken.«*[29] Jedes einzelne dieser Werke ist letztlich das Produkt selbstreferentieller Strukturreflexion, der Beschäftigung der Kirche mit sich selbst. Zugleich ist es ein Beitrag zu der von dem Kusaner geforderten Vereinheitlichung –

selbst wenn es zunächst eher als ein Beitrag zur Diversifikation erscheinen und vielleicht auch so intendiert gewesen sein mag. Wie man sieht, besaßen die einzelnen Kirchenprovinzen ihre eigenen Ordnungen. Aber dies ist auch heute noch der erste Schritt jeder guten Organisationsberatung: eine differenzierte Bestandsaufnahme dessen, was eigentlich in den einzelnen Abteilungen der weitverzweigten Organisation abläuft. Diese Bestandsaufnahme schafft ja nicht die Unterschiede, sondern sie dokumentiert sie und macht sie eben dadurch erst im einzelnen thematisierbar, ermöglicht konkrete Veränderungsvorschläge. Kein Zweifel, wenn die Bistümer die neue Technologie zum Druck der Liturgica einsetzen, so nötigt dies zur Selbstreflexion der eigenen Strukturen – und zwar nicht nur bei der Erstellung und Korrektur der Druckfassung, sondern erst recht dann, wenn die gedruckten Texte in die sozialen Systeme eingeführt und dort als Programme verwendet werden. Jeder Pfarrer bekommt gleichsam einen Katalysator für Differenzerleben in die Hand: er wird mehr oder weniger bewußt gezwungen, das, was er selbst praktiziert, mit dem zu vergleichen, was ihm als typographisches Programm vorliegt.[30] Bestätigungs- und Überraschungserlebnisse können die Folge sein. Natürlich ist es eine zweite Frage, ob sich das Verhalten gegebenenfalls programmgemäß ändert, aber die Differenzen werden für ihn und für andere thematisierbar.

Damit wird ein weiterer Aspekt der ›Reform‹ sichtbar. Die gedruckten Programme werden anderen Personenkreisen als die möglicherweise vorhandenen handschriftlichen Vorlagen zugänglich. Sie schaffen dadurch größere Kontrollmöglichkeiten. Wenn das gesamte Domkapitel und womöglich auch noch Gemeindemitglieder über ein und dasselbe Perikopenbuch verfügen, dann erst können Epistellesungen eines Priesters als ›Abweichungen‹ und nicht bloß als Variationen erkannt werden.

Ein in der Kirche angeschlagener Einblattdruck mit einem Gebet oder Lied schafft einen gemeinsamen Wissensraum für die Geistlichen und die Laien, die in der Kirche anwesend sind, der so zuvor nicht bestanden hat.[31] Natürlich konnten viele Gläubige die Texte auswendig, aber dann war ihr Wissen von jenem der professionellen Verkünder abhängig; jetzt war es – ähnlich wie das Schulbuchwissen bei den Donatschülern – das Produkt der typographischen

Informationsmaschine. Waren als Urheber der Drucke übergeordnete kirchliche Instanzen angegeben, so dürfte dies einen Zentralisierungsprozeß verstärkt haben. Der Ablauf der Messe oder der Text von Gebeten konnten nicht mehr dem einzelnen Priester zugeschrieben werden. Er handelte vielmehr nach dem Plan einer übergeordneten Instanz, den zunehmend mehr Menschen ›sehen‹ konnten.

Es gehört zu den Grundkenntnissen der Organisationsentwicklung, daß schon die Präsentation der Bestandsaufnahme die Sicht der Belegschaft auf die eigene Praxis verändert. Welche Schlüsse mag der höhere Klerus angesichts der Vielzahl unterschiedlicher Liturgica in den unterschiedlichen Bistümern gezogen haben? Wichtig ist in diesem Zusammenhang auch die Antwort auf die Frage, ob die Reflexionen und Normierungen, die sich in den gedruckten Liturgica niedergeschlagen haben, neu waren oder nur eine Wiederholung von alten, schon in Handschriften vorliegenden Normierungen sind.

Der erste gedruckte Psalter, derjenige von Mainz aus dem Jahre 1457, wirft hier eine Reihe von interessanten Problemen auf. Nach unserem heutigen Verständnis beschreibt ein Psalter – Wort für Wort – bestimmte Phasen der Messe: in ihm sind die 150 Psalmen zusammengestellt, die beim Chorgebet gesungen werden. Der *Mainzer Psalter* enthält aber nicht nur diese Texte, sondern darüber hinaus auch jene Psalmen, Gebete und Hymnen, die während des Tagesablaufs gebetet und gesungen werden. Insofern erfüllt er auch die Funktion eines Breviers. Aber nicht genug damit: *»Schließlich kommen Kollekten, die Allerheiligenlitanei, die Totenvigilien, und dann wird das Hymnarium abgedruckt, eine Sammlung von Liedern zu kirchlichen Festen.«*[32] Auch einzelne Phasen des Kirchenjahres werden mit anderen Worten dokumentiert. Es entsteht auf diese Weise ein typographischer Informationsspeicher, der drei Informationsklassen zusammenschließt, die unter systematischen Gesichtspunkten zu trennen sind und für die auch die kirchliche Institution unterschiedliche Textgattungen herausbildete. In diesem speziellen Fall mag eine solche Kumulation unproblematisch sein – aber nicht alle Informationen über die kirchlichen Rituale waren im Mittelalter für alle Kleriker gleichermaßen zugänglich. Mit jeder kirchlichen Weihe wurde der Geistliche in Informatio-

nen ›eingeweiht‹, die für ihn im zurückliegenden ›Stande‹ Geheimnis bleiben mußten. Es wäre interessant zu wissen, inwieweit die Grenzen dieser Informationsbereiche durch die typographischen Speicher im 15. und 16. Jahrhundert noch eingehalten wurden. Gutenberg, Fust und Schöffer scheinen jedenfalls beim Druck des *Psalterium Moguntinum* auf eine strikte Trennung der Funktionalbereiche keinen Wert gelegt zu haben. Sie verwendeten außerordentliche Mühe darauf, für dieses Werk neben den normalen, kleinen Typen auch ›übergroße‹ Choraltypen zu schaffen, die groß genug waren, um sie auch von weitem noch lesen zu können. Kapr nimmt an, daß der Mainzer Psalter wie sonst die Choralbücher in der Kirche vor dem Chor aufgestellt werden sollte, so daß zumindest die Vorsänger die Texte ablesen konnten. Typographisch war das Werk jedenfalls so ausgelegt, daß es nicht nur Funktionen für den Priester, sondern auch für den Chor erfüllen konnte. Durch diese Verbreiterung des Personenkreises, der Zugriff zu den Daten hat, können klassische Informationsmonopole brüchig werden.
Gewiß zieht diese Verschiebung des Informationsflusses nicht sofort eine Veränderung der institutionellen Organisation nach sich. Auch darf nicht vergessen werden, daß sich diese Veränderungen in der Speichertechnik und im Zugang zu den Informationen erst über einen längeren Zeitraum hinweg durchsetzten. Immerhin spricht aber viel dafür, daß sich die Grenzen zwischen Öffentlichkeit und Geheimnis verschoben. In älterer Zeit dürften so differenzierte Informationen über die Rituale der kirchlichen Instanzen, wie sie in dem 1459 gedruckten ›*Rationale divinorum*‹ des Guillelmus Durandus vorgeführt werden, kaum so leicht für die verschiedensten Personen zugänglich gewesen sein. Die ›multiplicatio‹ macht das Wissen um die Rituale nicht nur explizit, sondern sie verhindert zugleich auch die vollständige Kontrolle des Zugriffs auf diese Informationen.
Diese Auswirkung des neuen Mediums zeigt sich deutlich auch nach dem Druck der Bibel.

Die Bibeln: Zentrale Informationsspeicher des Glaubens

Die Bibeln sind eine Zusammenstellung von Informationsblöcken, die aus den verschiedensten Quellen weit auseinanderliegender Zeiten stammen. Die Bibelübersetzung des Hieronymus, die sogenannte *Vulgata*, hatte schon im frühen Mittelalter zu einer gewissen Stabilisierung derjenigen Texte geführt, die als ›zentrale‹ Zeugnisse des christlichen Glaubens galten. Diskussionen darüber, ob andere Informationen in den Kanon aufgenommen und kanonisierte Passagen eventuell wieder ausgeschieden werden sollten, sind freilich auch in der Folgezeit niemals verstummt. So gewisse Vorstellungen über den Inhalt ›*der*‹ Bibel, wie sie gegenwärtig üblich sind, darf man bei dem Menschen in der frühen Neuzeit nicht annehmen. Insofern standen auch die Drucker immer noch vor einem Selektionsproblem.[33]

Noch weniger standardisiert als die Zeugnisse des Glaubens waren selbstverständlich die Formen, in denen diese tradiert wurden. Der ›Wortlaut‹ der vielen Codices, die immer wieder von den unterschiedlichsten Talenten abgeschrieben werden mußten, konnte kaum in allen Passagen identisch sein. Streng genommen sollte man für das Mittelalter – ähnlich wie bei den anderen Manuskripten auch – nur von *den* Bibeln anstatt von *der* Bibel sprechen. Die Standardbibel ist erst das Produkt der frühen Neuzeit.

Den mittelalterlichen Theologen schien es aussichtsreicher, für die verschiedensten Aufgabengebiete zielgerichtet einzelne Auszüge aus diesem Mammutwerk zu standardisieren. So wurden beispielsweise die Psalmen in den Psaltern, die Apostelbriefe in den Epistularen, die vier Evangelien in Evangeliaren zusammengestellt. Aus den Evangeliaren konnten dann nochmals Auszüge in einem sogenannten Evangelistar oder Perikopenbuch zusammengestellt werden. Auch für den privaten Gebrauch und für Laien fertigte man im Spätmittelalter Auszüge aus den vielen Schriften der Bibeln an und fügte sie, je nach Anlaß unterschiedlich, zusammen. Die schönsten und wohl auch bekanntesten Zeugen dieses Brauchs sind die Stundenbücher der Herzöge von Burgund.

Alle diese Auszüge dürften nur in den seltensten Fällen aus gut redigierten Vollbibeln erfolgt sein. Im 15. Jahrhundert waren längst nicht in allen kirchlichen Außenstellen solche Texte vorhanden. Vielmehr dienten den Kanonikern als Vorlage für ihre Auszüge und Kompilationen wiederum Auszüge und sogar Auszüge von Auszügen aus Manuskripten der Vulgata oder anderer Textfassungen. Und erst von diesen Auszügen wurden dann die häufiger gebrauchten Kopien hergestellt. Die ›vollständigen‹ Bibeln waren im Mittelalter gewiß nicht die meistgelesenen und abgeschriebenen ›Bücher‹.

Erst durch die typographische Erfassung der Bibeln eröffnete sich die Chance, jedem Teilsystem der verzweigten kirchlichen Institution ein eigenes Informationssystem in das Büro zu stellen, welches alle Daten einer Vollbibel enthielt – gleichsam einen Bürocomputer, der an einen Zentralcomputer angeschlossen ist. Auf diesem ›Gerät‹ konnte man nun in Klöstern oder in Seminaren ›spielen‹, Texte herausziehen und kombinieren. Auch die Kombinationsmöglichkeiten ließen sich leicht vorprogrammieren. Im Gegensatz zu früheren Zeiten war man nicht mehr auf Auszüge aus zweiter oder dritter Hand angewiesen.

In den *Abbildungen 28a und b* werden die Veränderungen im Einsatz der Informationsspeicher in der frühen Neuzeit dargestellt. Solange nur skriptographische Speichertechniken zur Verfügung standen, mußte man sich mit mehreren, hintereinander geschalteten Speichern begnügen. (*Vgl. Abb. 28a*) Ein Vergleich der beiden schematischen Darstellungen zeigt, wie viele Arbeitsgänge nach der Installation eines zentralen Informationssystems (mit standardisiertem Programm) eingespart werden konnten – ob und wann dies dann tatsächlich geschah, ist eine andere Frage. Luther jedenfalls setzt in seiner Propaganda die skizzierte Möglichkeit eines direkten Zugangs zu dem gesamten Datenpool der Bibel als eine selbstverständliche Notwendigkeit voraus. Der mittelalterlichen Gesellschaft war ein solches Ansinnen noch als maßlos erschienen – und sie hatte sich nach Kräften bemüht, diese Sachlage zu rechtfertigen.

Vollbibeln gehörten in bestimmte wichtige kirchliche Institutionen bzw. in die Hand von deren Repräsentanten. Eine weitere Verbreitung hielt man nicht für erforderlich und wünschenswert: zu viele Aussagen in der Bibel galten als widersprüchlich, mißver-

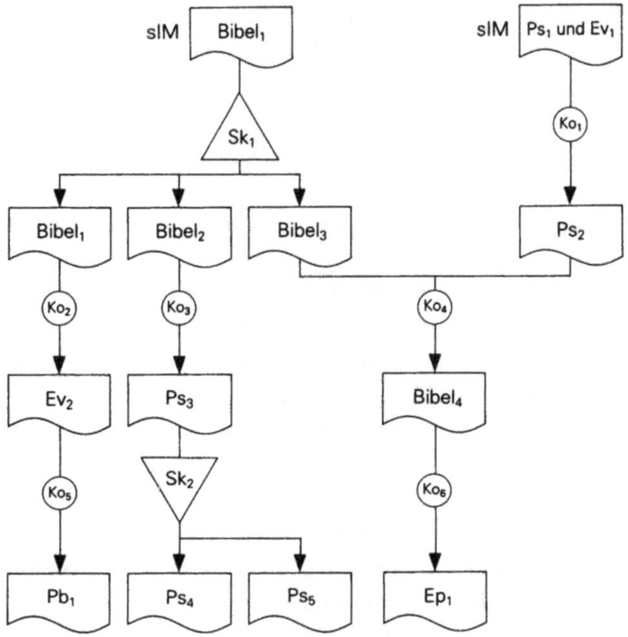

a) Skriptographische Speicher- und Verarbeitungstechnik

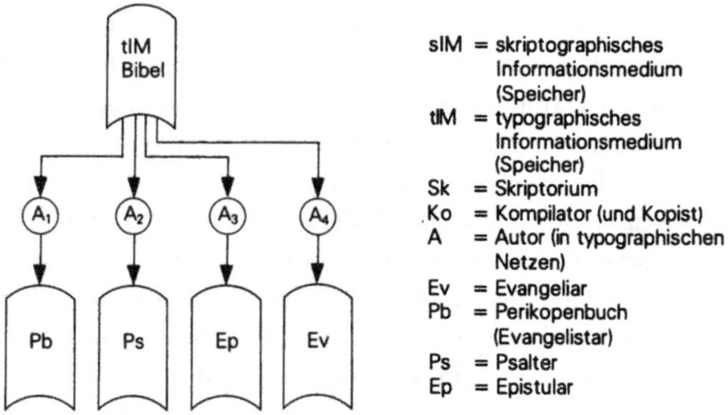

b) Typographische Speicher- und Verarbeitungstechnik

Abb. 28: Der Zugang zu theologischen Daten bei skriptographischer und bei typographischer Speichertechnik

ständlich, Verwirrung stiftend, unzüchtige Gedanken anregend u. ä. Eben deshalb achtete man darauf, daß nur bestimmte Personen Zugang zu den Büchersammlungen in Klöstern, Domkapiteln und Universitäten fanden.[34] Und auch innerhalb dieses Personenkreises wurde noch einmal ausgesiebt, wer welche Bücher zur Hand nehmen konnte. Eine Vielzahl sekundärer Legitimationen stellte diese, sowieso nur von wenigen als Mangel empfundene, Einschränkung der Zugangsmöglichkeit zu den Informationen als göttlichen Plan dar. Als selig galten die, die mit denjenigen Informationen zufrieden waren, die sie in ihrem Amt oder Stand unbedingt brauchten.

Wohl alle oralen Kulturen entwickelten Mythen, die von der Notwendigkeit der Beschränkung der Neugier, des Wissens, erzählen. Vom Baum der Erkenntnis aßen die Bewohner des Paradieses nicht ungestraft und auch Prometheus verbrannte sich die Hände bei seinem Versuch, den Menschen das göttliche Feuer zu erobern. Und in wie vielen Märchen schafft die Neugier auf verbotene Räume Mühsal: das Marienkind hätte die 13. Tür nicht zu öffnen brauchen, Dornröschen den verbotenen Raum nicht betreten sollen.

Mit der Einführung der Schrift entstehen zwar neue Mythen, aber sie verdrängen die alten nur aus bestimmten Bereichen. Erst im 16. Jahrhundert fallen die Grenzen gegen Neugier und Wissensdurst auf breiter Front. Jeder soll Zugang zu den irgendwo von irgendwem gespeicherten Informationen haben – und die neue Technologie macht diesen Wunsch nicht mehr von vornherein lächerlich. (Vgl. Abschnitt 4.2)

Luther ging es in seiner Reformation um weit mehr als nur um die, zu seiner Lebzeit schon weitgehend durchgeführte, Verbesserung der innerkirchlichen Bürokommunikation. Er wollte die Daten der Bibel gleichsam in einem Homecomputer unterbringen und diesen verbreiten. Nicht mehr nur das kirchliche Personal, jeder Hausvater sollte die Möglichkeit haben, sich aus der Bibel zu Hause die Informationen herauszuziehen, nach denen es ihn verlangte.[35] Zur Erleichterung dieser Datenbeschaffung wurden ihm zusätzliche Programme, ›Lesepläne‹ für die Wochentage etwa oder Hinweise auf einschlägige Textstellen zu den besonderen Ereignissen (Geburt, Krankheit, Tod), zur Verfügung gestellt. Eine grund-

legende Voraussetzung für diese Vernetzung der religiösen Informationssysteme war eine benutzerfreundlichere Kodierung der Daten. Bibeln in der lateinischen Sprache schränkten den Zugang von vornherein ein.
Die erforderliche Transformation vollzog sich noch zu Lebzeiten Gutenbergs in der Druckerei von Mentelin in Straßburg. Neben den 58 lateinischen Bibelausgaben erschienen im 15. Jahrhundert im deutschen Sprachgebiet immerhin auch 12 hochdeutsche und 3 niederdeutsche Bibeln.[36]

Diese Entwicklung wäre freilich weniger rasant verlaufen, wenn nicht verschiedene Glaubensströmungen im 13. und 14. Jahrhundert für eine Verkündigung der christlichen Botschaft in der Volkssprache eingetreten wären. In ihrem Einflußbereich zirkulierten schon mehr oder weniger vollständige ›Bibel‹-Übersetzungen, auf die dann auch die Drucker des ausgehenden 15. Jahrhunderts zurückgreifen konnten. Aber alle diese Gemeinschaften, die Waldenser, die Anhänger Wiclifs, die Beghinen und Begarden und später die Hussiten, blieben im gewissen Sinn Geheimbünde: Wer nicht zu ihnen gehörte, hatte auch keinen Zugang zu den von ihnen veranstalteten Bibelübersetzungen. So gesehen blieben diese Übersetzungen Arkana. Dies änderte sich mit einem Schlage durch die Macht, die die Gesellschaft dem Buchdruck im 15. Jahrhundert zuschrieb. Die gedruckten Schriften galten von vornherein als öffentliche, jedermann zugängliche Informationsmedien – und diese Überzeugung übertrug man auch auf die gedruckten Bibeln. Sie wurden gleichsam durch das typographische Medium aus ihrem sektiererischen Dasein erlöst. Ihr Erwerb setzte keine Mitgliedschaft in den Zirkeln mystischer Gelehrter, städtischer Sekten oder bäuerlicher Bewegungen voraus. (Vgl. Abschn. 5.2)

Welche Funktion mögen diese volkssprachlichen Bibeldrucke anfangs erfüllt haben?
Im Gegensatz zu den lateinischsprachigen Bibeln dürften sie ihre Leistung eher an der Schnittstelle zwischen der Institution und dem Publikum denn in der Institution selbst erfüllt haben. Sie erleichterten es den kirchlichen Amtsträgern, die christliche Bot-

schaft dem ›gemein man‹ verständlich zu machen. Faktisch standen die Prediger bei den verschiedenen Anlässen immer schon vor der Aufgabe, die lateinisch kodierten Glaubensinhalte in die Volkssprache zu übersetzen. Insbesondere bei der Verkündigungs- und Missionstätigkeit – letztere war ja im Heiligen Römischen Reich längst nicht abgeschlossen – konnten deutsche Bibeln dem Klerus hilfreich sein. Sie erleichtern die Transformation des internen religiösen Programms in ein benutzerfreundliches Anwendungsprogramm. Sie fungieren als Hilfsmittel für den Übersetzungsprozeß im Rahmen der Verkündigungsaufgaben – wie früher schon manche handschriftliche volkssprachliche Plenarien und andere Auszüge aus der Bibel.

Anfangs dürfte die deutsche Bibel noch weitgehend ein Programm für die institutionellen Rollen, ein Expertenprogramm, geblieben sein. Ob geplant oder nicht, gelangten die Drucke natürlich auch bald, wenn auch nur vereinzelt, in die Hände des Laienpublikums. In diesen Händen gewinnt die Bibel sofort eine völlig andere Funktion: sie substituiert den Prediger in seiner Rolle als ›Übersetzer‹ und als ›Verkündiger‹ der göttlichen Botschaft. Beides sind wohlgemerkt nicht die einzigen Aufgaben des Priesters und deshalb ist seine Rolle durch diese Technisierung als Ganzes noch nicht gefährdet – wohl aber erhält er in gewissen Teilbereichen Konkurrenz.

Welche Auswirkungen die neuen Medien für den diakonischen Auftrag der Kirche besaßen, dies zu untersuchen, wäre eine gesonderte Abhandlung wert. Gewiß sind die Rationalisierungsmöglichkeiten, die der Buchdruck bietet, auf diesem Feld geringer.

Was für den Professional nur ein Hilfsmittel für einen Teilbereich seiner Tätigkeit gewesen ist, wird für die Laien zu einem autonomen Zugang zu einzelnen Sektionen des kirchlichen Informationssystems. Für sie ersetzt das volkssprachliche typographische Medium nicht nur mehr schlecht als recht die lateinische Bibel, sondern es eröffnet ihnen überhaupt erst einen autonomen Zugang zu der Heilsbotschaft. Die gedruckte volkssprachliche Bibel stärkt das Gefühl der Laien direkt, ohne die Zwischenschaltung weiterer Medien und Transformatoren, mit Gott verbunden zu sein. Er erscheint ihnen gleichsam auf diesem typographischen Bildschirm.

Für wen sich nun die Rolle des Geistlichen in der Verkündigung des Glaubens erschöpfte, für den müssen die typographischen Informationsmedien schon länger virulente Ängste ins Unermeßliche gesteigert haben: *»Waz sülle wir nu predigen, sint man dy Heiligen Schrift in Stuben un in Hewsern in deutscher Sprache lyst und höret?«* klagten Kleriker schon im 14. Jahrhundert in Anbetracht der Vielzahl volkssprachlicher Auszüge aus der Heiligen Schrift, die im böhmischen Raum kursierten.[37] Was sollten erst ihre Gesinnungsgenossen am Ende des 15. Jahrhunderts in Anbetracht der volkssprachlichen Bibeldrucke sagen? Natürlich gab es auch dann noch Prediger, die die alten Argumente wiederholten und sich schwertaten, zeitgemäße Antworten zu finden. Johannes Geiler von Kaysersberg etwa, der zu Beginn des 16. Jahrhunderts im Straßburger Münster predigte, hält es weiterhin für ›böß ding, daß man die Bibel zu tütsch druckt‹ und so Bürgern und Bauern die Möglichkeit gibt, die ›hailge Schrift‹ selber zu lesen und auszulegen. Es sei gefährlich, Kindern das Messer in die Hand zu geben, um sich selber das Brot zu schneiden. Er beruft sich dabei auf Laien, die angeblich behauptet haben: *»Wir hant ietz die Heilige Gschrift selbs in Handen und können selbs wissen und ußlegen, was zur Seligkeit not, und bedorffent nit dazu Kirche und Papst«*.[38] Aber es gibt zu jener Zeit schon genügend Autoren, die solchen Argumenten keinen Glauben mehr schenken wollen. Kirchgang und private Bibellektüre sollen sich ergänzen, gerade die Nutzung beider Medien eröffnet den Weg zu einer neuen Frömmigkeit. Dies jedenfalls ist die Botschaft, die in den Vorreden und Kommentaren der gedruckten Plenarien verbreitet wird. *»Ob schon du hast buecher in deinem hauß ... darum solt du nit verseumen das wort gottes«*, heißt es 1514 in einem Perikopenbuch. Vielmehr sollen Eltern und Kinder zwar darin lesen, damit *»sy dester baß lernen«*, aber wenn die Gelegenheit da ist, so soll man *»gehorsam sein der christenliche kirchen«* und in die Predigt gehen.[39] Die Lektüre ›geistlicher Bücher‹ bildet und hält von ›unnützen geschwetz‹ ab. (ebd.)

In diesem Sinne erschien schon in der Inkunabelzeit eine Vielzahl unterschiedlicher Werke mit religiöser Thematik. Verbreiteter als die Bibeln, die ohnehin nur in wenigen Patrizierhäusern zum Zentrum religiöser Ertüchtigung werden, sind zunächst zweifellos die Postillen, die Beicht- und Sterbebücher, die Summarien, Meßauslegungen oder die ebenfalls schon längere Zeit handschriftlich tradierte Gattung der ›Heiligenleben‹.[40] Am bekanntesten ist hier zweifellos die auf den Dominikaner und späteren Erzbischof von Genua Jacobus de Voragine (1229-1298) zurückgehende Zusammenstellung ›*Legenda aurea*‹. In unseren Bibliotheken finden sich mehr als tausend mittelalterliche Handschriften dieses Textes und knapp hundert Inkunabelauflagen in verschiedenen Sprachen. In der ersten Hälfte des 14. Jahrhunderts wurde sie, wohl in Straßburg, ins Deutsche übersetzt und diese Übersetzung erschien dann auch recht bald nach Gutenbergs Erfindung im Druck.[41] Seiten füllen in unseren Bibliographien auch die ›seltsamen und guten Legenden‹ einzelner Heiliger.[42]

Alle diese Werke nagen am Verkündigungsmonopol der Prediger, am Prestige der Kirche. Solange sie nur, wie in den Zeiten ihrer handschriftlichen Verbreitung, vereinzelt auftraten und ihre Sammlung in den Bürgerhäusern auf dem Bord über der Sitzecke nicht Mode wurde, blieben sie eine lästige Randerscheinung. Erst ihr massenhaftes Auftreten machte die Monopolstellung der Kirche lächerlich und zwang zu neuen Anschauungen und Lehrmeinungen.

Die Forderung nach einer Verringerung der Sakramente, die von der protestantischen Bewegung erhoben wird, erscheint vor diesem Hintergrund als ein besonders gewagter Schritt: Dem Priesterstand werden damit gerade jene Aufgaben weggenommen, die ihm nach Einführung des Buchdrucks und der Schaffung volkssprachlicher Bibeln noch als Proprium, als nicht substituierbare Handlungen, geblieben waren.

Auch in dieser Frage zeichnet sich Luther durch eine konsequente Ausschöpfung der Rationalisierungspotenzen aus, die in der neuen Technologie angelegt sind. Sehr bald schon definiert er die volkssprachlichen Bibeln als eine selbständige Schaltstelle/Zugangsmöglichkeit zu den kirchlichen Informationen, zu der Heilsbotschaft, für die Laien. Drastisch reduziert er die anderen Typen von Schnittstellen – und damit die Aufgaben der Priester: keine Ohrenbeichte mehr, keine Letzte Ölung usw.

Wenn man um 1460 geahnt hätte, welche Folgen das bescheidene Unterfangen, die Verkündigungsaufgaben des Priesters durch ein

künstliches Hilfsmittel zu erleichtern, zeitigte, man hätte als gläubiger Christ vermutlich davon Abstand genommen.
Diese Vermutung darf aber nun nicht so verstanden werden, als ob die verschiedenen Institutionen der römischen Kirche keinen geplanten Gebrauch von der neuen Technologie gemacht hätten. Natürlich setzten sie die Druckmaschinen zielgerichtet für ihre Zwecke ein. Insofern unterscheidet sich die Haltung der Papstkirche nicht von jener der Protestanten im 16. Jahrhundert. Die römischen Bischöfe standen Möglichkeiten der neuen Medien aber bald skeptischer gegenüber als ihre protestantischen Kollegen, werteten die alten oralen und skriptographischen Mitteilungsformen nicht so stark ab und gelangten deshalb insgesamt zu einer anderen Werthierarchie der Informations- und Kommunikationsmedien – wenn man einmal versucht, eine allgemeine Tendenz in dem Verhalten der vielen kirchlichen Instanzen zu finden. Die Lutherische Bewegung prämierte demgegenüber eindeutig die typographischen Medien. Insoweit nur kann man von einer unterschiedlichen Medienpolitik der beiden christlichen Bewegungen ausgehen. Die Gegenüberstellung: Papstkirche = keine Medienpolitik versus Protestanten = aktive Medienpolitik ist sachlich nicht haltbar und heuristisch unfruchtbar.[43]
Wenn diese Opposition von heutigen Kommentatoren dennoch so gerne aufgegriffen wird, so weist dies auf ein tiefer liegendes Problem, nämlich auf die Frage, inwieweit es überhaupt sinnvoll ist, von einem bewußt geplanten Gebrauch von Technik zu sprechen. M. Usher Chrisman etwa behauptet, die ›Katholiken‹ hätten die Druckerei benutzt, *»ohne ihre Leistungsfähigkeit für die Verbreitung des Glaubens vollständig zu bemerken«*. Als Beleg führt sie an, daß kein ›umfassendes Publikationsprogramm‹ erstellt wurde, keine Anweisung über die Auswahl der zu druckenden Informationen ausgearbeitet und die einzelnen Aktivitäten ›der zerstreuten Machtzentren der Kirche nicht zentral gesteuert‹ worden seien. Im Gegensatz dazu hätten *»die protestantischen Reformer von Anbeginn an die Nützlichkeit der Druckkunst für ihre Zwecke erkannt«*.[44]
Die Frage, was ein ›bewußter‹ (›conscious‹) Gebrauch dieser komplexen Technologie ist, wird schwer zu beantworten sein. Wenn man als Bedingung hierfür auch die Fähigkeit annimmt, die Folgen der Einführung dieser Technik abzusehen, so sind die Bedin-

gungen seiner Möglichkeit kaum herzustellen. Die Folgelasten der typographischen Technologie für die Mentalitäten der Menschen, die Geistes- und Kulturgeschichte u.v.a.m. sind selbst in unserer Zeit nicht zu überschauen.

Wenn man das Vorhandensein eines ausbuchstabierten Programms und einer zentralen Kontrollinstanz für den Einsatz der Technologie voraussetzt, so stellen sich ebenfalls Zweifel ein, ob jemals eine komplexe Technologie ›bewußt‹ eingesetzt wurde. Bei den verschiedenen Flügeln der protestantischen Bewegung sucht man mit Gewißheit vergeblich nach einem einheitlichen informationstheoretischen Konzept.

Überzeugend bleibt an der Argumentation von Usher Chrisman und anderen letztlich nur, daß die Auswirkungen der Technik nach ihrer Einführung besser reflektiert werden können als zuvor. Ob ›bewußt‹ oder nicht, Tatsache ist, daß die Papstkirche die Presse faktisch genutzt hat zur Ausbildung ihres Klerus, zur Beschleunigung ihrer Verwaltung, zur Vereinheitlichung ihrer Selbstbeschreibung, zur Vereinfachung ihrer Verkündigungstätigkeiten und noch für manches andere. Nur weil sich die typographische Datenverarbeitung schon in so vielen Bereichen durchgesetzt hatte, konnte Luther ihren Einsatz studieren, reflektieren und daraus programmatische Vorschläge ableiten. Der Einsatz von Technik braucht nicht vorab geplant zu sein, um Wirkung zu zeigen – und wenn es solche Programme gibt, dann reduziert sich das tatsächliche Resultat wohl nur in den seltensten Fällen auf die anvisierten Kennziffern.

Luthers Pressepolitik erschließt sich jedenfalls leichter, wenn man die Pressepolitik der römischen Kirche im 15. Jahrhundert zum Ausgangspunkt nimmt. Dies betrifft nicht nur den Bereich der innerkirchlichen Verwaltung, sondern auch die öffentliche Kommunikation, den Einsatz der neuen Medien zur Beeinflussung der gesellschaftlichen Meinung.

3.2
Erste Schritte in der Technisierung der öffentlichen Kommunikation: Von der oralen und der skriptographischen zur typographischen öffentlichen Mahnung und Meinung

Traditionelle Formen öffentlicher Bekanntmachung

Gutenberg setzte seine Erfindung nicht nur zur Technisierung der skriptographischen Informationssysteme (›multiplicatio‹ von Manuskripten), sondern auch zur Technisierung von oralen Informationssystemen und den verschiedenen Formen ihrer Verknüpfung ein. Ein Beispiel für eine solche Technisierung eines komplexen, schon im Mittelalter auf zwei Medien angewiesenen Informationssystems, ist die ›öffentliche Bekanntmachung‹. In herkömmlicher Form lief sie so ab, daß irgendein handgeschriebener Text von einer besonders dafür autorisierten Person möglichst vielen Menschen möglichst laut vorgetragen wurde. So verlas man etwa ›Briefe‹ in der Kirche während oder im Anschluß an die Predigt und machte ihren Inhalt dadurch ›bekannt‹. Auch der Büttel, der mit der Glocke durch die Stadt ging und städtische ›Bekanntmachungen‹ ausrief, gehört in diese Kategorie. Seine Vorlagen waren ebenfalls handgeschriebene Urkunden, Ratserlasse, Verordnungen oder ähnliches. Zusätzlich konnten die handschriftlichen Vorlagen dieser Bekanntmachungen an dafür vorgesehenen, ›öffentlichen‹ Stellen, zumeist an Kirchen- und Rathaustüren, angeschlagen werden.

Die genannten Typen öffentlicher Bekanntmachung bilden schon eine recht komplizierte soziale Institution, sie besitzen sehr viele soziale Voraussetzungen – z. B. die Existenz von ›Bütteln‹, die rekurrente Nutzung von Messen durch die Bevölkerung, die Akzeptanz von handschriftlichen Anschlägen als Informationsquellen usw.

Als weniger voraussetzungsreich erscheinen dagegen Formen rein mündlicher ›Bekanntmachung‹, wie wir sie sowohl in rein oralen als auch in den literaten Gesellschaften finden. Eine ›Nachricht‹ konnte sich wie ein Lauffeuer verbreiten, wenn viele (mündliche) Zweiergespräche rasch miteinander verkettet wurden. A berichtet B; B berichtet D – eventuell in Anwesenheit von E und F; F berichtet H; B informiert unterdessen auch G und so fort. Bei dieser Form der Nachrichtenübermittlung entsteht kein stabiles und dauerhaftes Kommunikationssystem. Die Rede wirkt jeweils nur als Katalysator zur Bildung kleiner, meist dyadischer Sozialsysteme. Diese werden dann nach dem Zufallsprinzip hintereinander geknüpft. Es entsteht so eine Kette von Systemen, die aber sogleich wieder auseinanderfällt. Kaum denkbar, daß irgendeine spätere Information sich wieder auf genau dem gleichen Weg verbreiten könnte.

Die verschiedenen Formen der öffentlichen Bekanntmachung in der spätmittelalterlichen Stadt sind ganz anders aufgebaut. Hier wird der immer gleiche Text zum Informationsmedium, an das sich die Bürger alle gleichermaßen anschließen können. Jeder, der zuhört, ist aufgrund der Standardisierung der vorgelesenen Nachricht mit jedem anderen Zuhörer verknüpft. Diese Verknüpfung bleibt zwar (zunächst) einseitig – der Bürger kann nicht eigene Nachrichten auf demselben Weg zurückgeben –, aber sie schafft einen gemeinsamen Wissensraum, soziale Informationen, auf die bei weiterem Handeln aufgebaut werden kann. Unter kommunikationstheoretischen Gesichtspunkten werden Gesellschaften durch derartige ›gemeinsame‹ Zugangsmöglichkeiten zu denselben Informationsspeichern konstituiert. (Vgl. Abschnitt 5.3)

Gesellschaftliche oder ›öffentliche‹ Kommunikation unterscheidet sich von der institutionellen Kommunikation dadurch, daß bei der ersteren prinzipiell kein Interesse an einer Beschränkung der Zugangsmöglichkeiten zu den Daten – etwa auf bestimmte institutionelle Rollen – besteht. Sie funktioniert gleichsam nach der Maxime, je mehr Zugang zu den ›Bekanntmachungen‹ haben, um so besser!

Wie läßt sich die neue Technologie nun bei der Verwirklichung dieser Maxime einsetzen? Exemplarisch läßt sich dies am Beispiel der Mobilisierung gegen die islamischen Angriffe auf das Territorium und auf die Ideale des christlichen Abendlandes zeigen.

Der Türkenkalender von 1454/55: Eine Mahnung an die gesamte Christenheit

Am 29. Mai 1453 stürmten die Türken nach kaum zweimonatiger Belagerung Konstantinopel. Die Nachricht verbreitete sich in Windeseile von Mund zu Mund über ganz Europa. Sie belebte das schon im August 1451 aufgrund der Bedrohung Zyperns in Gang gesetzte Ablaßunternehmen. Zwei frühe Drucke, der sogenannte ›*Türkenkalender*‹ und die Türkenbulle des Papstes Calixtus III., der eine um die Jahreswende 1454/55, der andere 1455/56 fertiggestellt, verdanken ihre Entstehung diesem Ereignis, welches als eine Bedrohung für das gesamte christliche Gesellschaftssystem empfunden wurde.

Die als ›Türkenkalender‹ bezeichnete Flugschrift wurde vermutlich unmittelbar im Anschluß an die Ablaßformulare (Zypernablaß), die im vorigen Abschnitt schon behandelt wurden, gedruckt. Sie flankierte das Vorhaben der Ablaßhändler publizistisch, indem sie zusätzliche, aktuelle Informationen über das Vordringen der ›Ungläubigen‹ lieferte.

In einer für die damalige Zeit bemerkenswert gelungenen Weise faßt eine ›Überschrift‹ – beinahe möchte man schon von einer ›Schlagzeile‹ sprechen – die Intentionen der Schrift zusammen: »*Eyn manu(n)g d(er) criste(n)heit widd(e)r die dürke(n)*«. Für die Art und Weise, in der Mahnungen öffentlich bekanntzumachen waren, hatte das Mittelalter ein festes Programm entwickelt. Diesem Programm wird aber in der Flugschrift nicht gefolgt. Vielmehr erweist sie sich als das Resultat einer Mischung von Textverarbeitungsprogrammen, die zuvor in ganz unterschiedlichen Informationssystemen verwendet worden waren. Es entsteht eine merkwürdige Mischung aus den verschiedensten Gattungen, wie sie für so viele Werke der Wiegendruckzeit, z.B. auch für den Mainzer Psalter, typisch ist.

Nach der Überschrift beginnt der eigentliche Text mit einer Anrufung des ›allmächtigen Königs im Himmel‹, also mit einem Gebet, in dessen Verlauf die Geschehnisse in ›Kriechenland‹ kurz geschildert werden. Dann wird diese ursprünglich orale Kommunikationsform verlassen und man benutzt ein uraltes Schema skriptographischer Informationsspeicherung, nämlich den ›Kalender‹, um genauer zu explizieren, an wen sich die Mahnung wendet; wer unter der ›Christenheit‹ im einzelnen zu verstehen ist. Nacheinander werden unter Benutzung des Gliederungsschemas der zwölf Monate des Jahres die Herren (Repräsentanten) der Christenheit zum Kampf gegen die Türkengefahr aufgerufen: *»Im Januar der Papst, im Februar der Kaiser, im März die Herrscher des Balkans, im April verschiedene europäische Könige, im Mai die Erzbischöfe, im Juni der französische Dauphin, im Juli die Herzöge von Burgund, Savoyen, Lothringen und andere, im August Venedig sowie die anderen italienischen Städte und Fürsten, im September ›Germania, die edle deutsche Nation‹, im Oktober die deutschen Fürsten, im November die Reichsstädte, und im Dezember wurde eine Erfolgsmeldung aus den Kämpfen gegen die Türken aufgenommen, die erst am 6. Dezember 1454 in Frankfurt eingetroffen war.«*[45] Die genaue Auflistung der Adressaten macht mehr als zwei Drittel des sechsblättrigen Druckes aus. Ihr Aufbau hat der Flugschrift ihren verwirrenden Namen gegeben: blickt man auf den Inhalt, so hat dieser nichts mit jenem gemein, der traditionellerweise – und auch in den zeitgenössischen Drucken – in Kalenderform vermittelt wurde.[46]

Es fehlte 1455 offenbar an ›Textverarbeitungsprogrammen‹ für diese neue kommunikative Konstellation und Technologie. Mehr schlecht als recht behalf man sich mit Routinen, die man aus anderen Zusammenhängen, hier also vor allem Brief (Bulle), Gebet oder Predigt und handschriftliche Kalender, gewohnt war.

In der Forschungsliteratur viel zu wenig bemerkt ist aber noch eine andere Eigentümlichkeit dieses Textes, die den Zeitgenossen Gutenbergs mit Sicherheit aufgefallen sein muß: es bleibt unklar, wer diese Nachricht auf den Weg schicken wollte. Ähnlich wie bei der mündlichen Verbreitung von Informationen, wo deren Urheber oft schon bald nicht mehr ausfindig zu machen ist, bleibt beim ›Türkenkalender‹ offen, wer die Christenheit mahnen wollte. Bei den mittelalterlichen Formen skriptographischer Bekanntmachungen gibt es für diesen ›unautorisierten‹ Typus keine Vorbilder. Um diese Besonderheit besser würdigen zu können, ist es sinnvoll, sich der *Türkenbulle* von Papst Calixtus III. zuzuwenden. Dieser Druck bietet ein Beispiel einer vergleichsweise einfachen Transformation mittelalterlichen Veröffentlichungsformen in die neuzeitlichen typographischen.

Die deutsche, auf 25 Seiten gedruckte Textfassung beginnt wie folgt: *»Dis ist die bulla und der ablas zu dutsche die uns unszer aller heiligster vater und herre babst calist(us) gesant und geben hat widder die bosen vn(d) virfluchten tyrannen die turcken Anno* MCCCCLVI.«[47]
Der Text schließt: ›Hierum so geziehmet es in keinerlei Weise einem Menschen zu brechen diesen Brief und diese Ermahnung‹! Es folgen dann die Androhung der ›Ungnade‹ der Kirche und Gottes für den Fall einer Nichtberücksichtigung der Mahnung sowie die Unterschrift: ›Gegeben zu Rom bei Sankt Peter in dem Jahre nach Gottes Geburt 1456, am 12. Juli, im 2. Jahre unseres Pontifikats‹.
Diese Form entspricht ganz jener, die wir in den handschriftlichen Bekanntmachungen antreffen. Der Text beschreibt sich selbst als ›Bulle‹ und als ›Brief‹, entsprechend dem rhetorischen Schema enthält er – u. a. – eine Anrede und den Namen des Absenders. Die traditionelle Form, in der ›Mahnungen‹ an die Christenheit veröffentlicht wurden, waren seit Jahrhunderten solche päpstlichen und kaiserlichen Bullen oder Briefe. Nur sie waren kraft ihres Amtes legitimiert, sich an die ›gesamte‹ Christenheit, also an die ganze mittelalterliche Gesellschaft, mit einer Mahnung zu wenden.

Wie lief nun eine solche Bekanntmachung vor Einführung der typographischen Medien ab und welche Veränderungen fanden durch sie statt?
Die Texte, z. B. ein Aufruf zu einem *Kreuzzug, wie im Falle der vorliegenden Bulle, wurden in der päpstlichen Kanzlei handschriftlich verfaßt, besiegelt und dann eigenhändig vom Papst unterschrieben. Der Text war durch diesen letzten Akt zu einer ›Bulle‹ geworden. Kam es auf weite Verbreitung an, so mußten schon in Rom Kopien angefertigt und diese in der gleichen Weise ›autorisiert‹ werden. Von der Heiligen Stadt aus wurden sie zu den verschiedenen kirchlichen Instanzen des Römischen Reiches transportiert, die dort für die weitere ›Veröffentlichung‹ verantwortlich waren und/oder gemacht wurden. Um beim Beispiel zu bleiben: in Deutschland war die Kreuzzugspropaganda dem Bischof Heinrich von Kaltofen aus Drontheim übertragen worden. Wenn er nach Vorvätersitte verfuhr, so hat er weitere Abschriften anfertigen und diese den Bistümern zugehen lassen. Dort kümmerten sich dann der Bischof oder von ihm beauftragte Geistliche

weiter um die Angelegenheit. Zusätzlich konnte man die Bischöfe oder/und die Beauftragten zu einer Aussprache zusammenrufen – oder Kaltofen konnte sich selbst auf den Weg machen und die Bulle den Repräsentanten der Diözesen erläutern. Rein skriptographische Nachrichtenweitergabe war in diesen wichtigen Fällen nicht ausreichend. In den flankierenden Gesprächen wird es um Strategien, womöglich auch um materielle Anreize gegangen sein und man wird die verschiedenen Druckmittel der kirchlichen Hierarchie eingesetzt haben. Vermutlich werden auch in den Bistümern noch erneute Abschriften zur weiteren Verteilung auf den niedrigen Ebenen notwendig geworden sein.

An irgendeiner Stelle der Hierarchie hat man gewiß auch Übersetzungen der ursprünglich ja in Latein abgefaßten Bulle angefertigt, um den Predigern in den Kirchen die Arbeit zu erleichtern und/oder publikumswirksamere Anschläge zu ermöglichen. Denn dies blieb in jedem Fall das letzte Glied in der Kette: der Prediger (Rufer), der in der Messe über den Inhalt des päpstlichen Briefes mehr oder weniger überzeugend spricht.

Die komplizierte Informationspyramide, die sich bei dieser Form der handschriftlichen Verbreitung ergibt, ist in der *Abbildung 29a* schematisch nachgezeichnet.

Zusätzlich konnte der Aufruf – zumindest in den Städten – an den üblichen Orten angeschlagen werden. Je nach dem Inhalt solcher Bekanntmachungen mußten einzelne Personen oder Personengruppen besonders ›angesprochen‹ werden. Im Falle dieser Bulle dürfte der Papst daran interessiert gewesen sein, ›Kämpfer‹, die Soldaten der Adligen und Städte, für seine Sache zu gewinnen. Fleißige (Wander-)Agitatoren werden solche Zielgruppen also zusätzlich besucht und eventuell zusammengerufen haben.

Man beginnt zu ahnen, welches komplizierte Zusammenspiel der unterschiedlichsten Kommunikationsformen und Medien auf den verschiedensten Ebenen erforderlich war, um eine Öffentlichkeit für päpstliche Kreuzzugsaufrufe herzustellen. Mit einem lauten Rufen war es bei dem ausgedehnten Gesellschaftssystem ›abendländische Christenheit‹ nicht mehr getan.

Wie veränderte sich dieser Ablauf nun im speziellen Fall der Türkenbulle von Calixtus III. in Deutschland 1455/56? Außer der

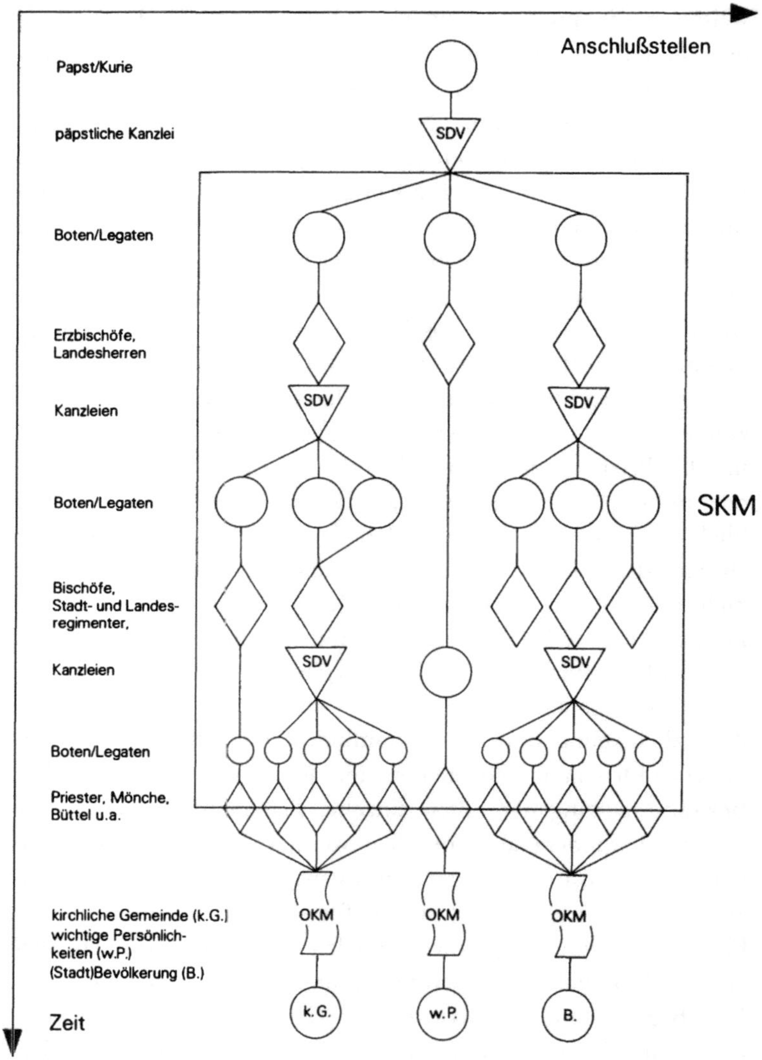

a) Veröffentlichung von ›Bullen‹ im Mittelalter

Abb. 29: Päpstliche Nachrichtenverbreitung in typographischen und skriptographischen Netzen

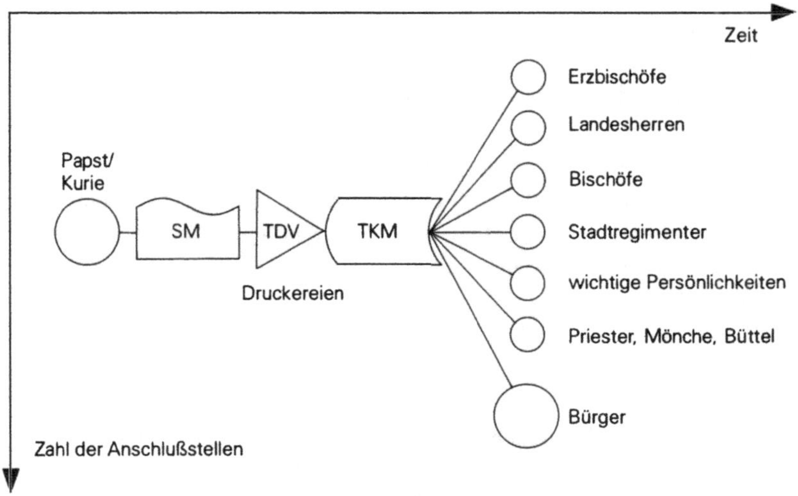

b) Veröffentlichung von ›Bullen‹ durch typographische Medien

Tatsache, daß der Bischof Kaltofen die Bulle ins Deutsche übersetzte, weiß man nahezu nichts sicher. Wenn man einen aus heutiger Sicht ›rationalen‹ weiteren Verlauf annimmt und unterstellt, daß er über die Möglichkeiten der neuen typographischen Technologie informiert war, dann müßte der Bischof möglichst rasch die beiden Varianten der Bulle, die lateinische und die deutsche, für den Druck überarbeitet und diesen sofort veranlaßt haben. Die Zeit drängte, weil der Kreuzzug, zu dem Calixtus aufgerufen hatte, schon im Mai 1456 beginnen sollte. Die gedruckten Exemplare hätten in Windeseile an die Bischöfe, Höfe, in die Städte und Flecken verteilt werden müssen. Zweifellos wäre durch diesen Einsatz der neuen Technik der Veröffentlichungsprozeß beschleunigt worden. Nicht nur ersparte man sich das Abschreiben auf den vielen Instanzen. Man konnte auch alle Ansprechpartner zugleich informieren. Dieser Gewinn an Simultanität dürfte auch der Agitation eine Eigendynamik gegeben haben. Die gleiche Information konnte die gleiche Person nunmehr gleichzeitig von mehreren Seiten aus erreichen – wie dies auch bei der mündlichen Sozialisierung von Informationen geschehen kann. Auch diejenigen Personen, die u. U. die Verlesung in der Kirche versäumt hatten, oder die nicht persönlich aufgesucht worden waren, konnten sich Zugang zu dem Aufruf verschaffen.

Auch einen Gewinn an Unmittelbarkeit versprach das neue Medium: überall, wo die Druckfassung der Bulle auftauchte, war Calixtus – in Anrede und Unterschrift – präsent. Was bei der mündlichen Predigt noch als eine Weitergabe von Selbstgehörtem – also als Glied der oralen Traditionskette – erschien, mußte sich in der Druckfassung als ein authentisches Zeugnis, eben als eine Kopie der von Calixtus selbst ausgestellten Bulle, dartun. Diese Effekte konnten noch dadurch verstärkt werden, daß der Papst selbst in Rom seine Briefe druckte und diese – in wichtigen Fällen mit Siegel und Unterschrift versehen – in die Welt hinausschickte. Der Einsatz der römischen Frühdrucker Ulrich Han, Sweynheim und Pannertz durch die römische Kurie belegt, daß diese Möglichkeit sehr zeitig ergriffen wurde.[48] Wirft man einen Blick auf die *Abbildung 29b*, so ist diese Verstärkung der Unmittelbarkeit der Informationsweitergabe unübersehbar. Nur noch das typographische Informationssystem steht zwischen dem Adressaten der ›Ermahnung‹ und dem Ermahner, Calixtus selbst. Im Idealfall werden durch die neue Technologie alle Instanzen ersetzt, die zwischen der Spitze (Calixtus) und der Basis der institutionellen Hierarchie als Mittler fungierten. Diese Verkürzung gilt natürlich auch für den umgekehrten Weg: Der einfache Augustinermönch M. Luther kann sich mit Hilfe des Drucks direkt an den Papst wenden – und es besteht die Chance, daß dieser eine Flugschrift in die Hand bekommt.

Ob durch die Technisierung im vorliegenden historischen Fall der Erfolg der Agitation stieg, muß dahingestellt bleiben. Ebenso bleibt offen, wie viele flankierende mündliche Gespräche noch zu führen, welche Reise- oder Wanderprediger tatsächlich eingespart werden konnten.

Außerdem ist daran zu erinnern, daß diese Ablaufskizze eine Projektion aufgrund späterer, moderner Relevanzkriterien bleibt. Man kann nicht ausschließen, daß sich Kaltofen überhaupt nicht um den Druck kümmerte und die ›Bekanntmachung‹ nach den traditionellen Prinzipien betrieb. Der Druck der Bulle könnte tatsächlich auch erst 1457 erfolgt sein, als sich nämlich die Existenz dieses Aufrufs schon genügend über die alten Kanäle herumgesprochen hatte. In dieser Situation mag es dann den Gesellen im Gutenberghof vorteilhaft erschienen sein, an die öffentliche Meinung anzuknüpfen und das, worüber man sowieso schon sprach, noch einmal schwarz auf weiß nachzuliefern. Vielleicht hatte das neue Medium einen solchen Neuigkeitswert, daß die Bürger zugriffen. Vielleicht griffen sie aber auch zu, weil sie an der eben geschilderten Authentizität der typographischen Informationsmedien partizipieren wollten. Kapr, dem diese Darstellung viel verdankt, hält es für möglich, ›daß der Druck der Bulle eine Auftragsarbeit darstellte, die Bischof Kaltofen oder einer seiner Mitarbeiter bestellte‹.[49] Eben deshalb entscheidet er sich für eine Datierung des Drucks auf die Jahreswende 1455/56. Nun haben seine Schlußfolgerungen gelegentlich eine solch zwingende Logik, daß man fürchten kann, die Geschichte sei wohl doch andere Wege gegangen – eben weil deren Sprünge, das Vor und Zurück von Entwicklungen immer wieder zu erfahren sind. Erst im Rückblick auf einen anarchischen Einsatz der neuen Medien mögen für einzelne Beobachter Chancen für eine gezielte Nutzung der Medien zur Verbesserung der Veröffentlichungstechnik sichtbar geworden sein. Eine geplante Substitution der kombinierten skriptographischen und oralen Veröffentlichungsstrategien durch die neuen typographischen Medien setzte eigentlich mehr Erfahrungen im Umgang mit letzteren voraus, als 1455 angesammelt sein konnten. Vieles, beispielsweise auch die zusammengewürfelten Textelemente des nur so genannten ›Türkenkalenders‹ sprechen dafür, daß man anfangs einfach ausprobierte, Anwendungsmöglichkeiten durchspielte. Erst die Reflexion der auf diese Weise entstandenen Kommunikations- und Informationsstrukturen lieferte die Programme für den weiteren Einsatz der Technik, die wir heute für rational und logisch halten. Wenngleich die einzelnen Schritte der Evolution der neuen Veröffentlichungsverfahren (noch) im dunkeln liegen, so ist doch das Ergebnis bekannt. Es ist eben die gegenwärtige Publikationspraxis, die sich auch schon recht bald im 15. Jahrhundert, spätestens bei dem Streit um die Wahl des Mainzer Erzbischofs, sicher nachweisen läßt.

Wahlkampf in Mainz 1461/62: Öffentliche Diskussion im neuen Medium

In der Jahrzehnte währenden Auseinandersetzung um die Nachfolge des Mainzer Erzbischofs Dietrich von Erbach wird das neue Medium erstmals nicht bloß gezielt für politische Bekanntmachungen, sondern auch regelrecht für einen öffentlichen Meinungsstreit genutzt. Öffentliche Bekanntmachungen der einen Seite schließen an öffentliche Bekanntmachungen der anderen Seite unmittelbar an. Diese Form der Verkettung von öffentlichen Informationen kann man als ›öffentliche Diskussion‹ oder als ›öffentlichen Meinungsstreit‹ bezeichnen. (Vgl. a. Kap. 5.2 und 5.6)

Bei dieser Form des Informationsaustausches spielt die Geschwindigkeit eine besondere Rolle. Vergegenwärtigt man sich die langwierigen Prozeduren und die vielfältigen technischen Vorkehrungen, die in älterer Zeit erforderlich waren, um eine Bekanntmachung weiteren Kreisen ›öffentlich‹ zu machen, so ahnt man, wie schwerfällig dann erst öffentliche Auseinandersetzungen abgelaufen sein müssen. Vom Beitrag der einen Seite bis zum Beitrag der anderen Seite verstrich so viel Zeit, daß man an heutigen Maßstäben gemessen kaum von einer öffentlichen Diskussion reden würde.

Wegen dieser Trägheit des Apparates zog man es vor, solche Auseinandersetzungen ganz in das mündliche Medium zu verlegen und sie repräsentativ auszutragen: Vertreter beider Seiten trafen sich zu einem Streitgespräch (Disput) von Angesicht zu Angesicht in einem für diese Zwecke vorgesehenen sozialen Rahmen, z. B. auf einem Konzil oder Reichstag. Die übrigen Anwesenden repräsentierten die Öffentlichkeit. Sprecherwechsel konnte in der für orale Informationssysteme üblichen Geschwindigkeit erfolgen. Die Ergebnisse solcher Diskussionen ließen sich dann unter Benutzung der skriptographischen Medien in der gewohnten Weise veröffentlichen.

Das neue typographische Informationssystem versprach einerseits eine Diskussionsgeschwindigkeit, die sich derjenigen der face-to-face-Kommunikation annäherte und andererseits einen Öffentlichkeitsgrad, der demjenigen nahekam, der durch die skriptographischen Formen der Bekanntmachung zu erreichen war. Es verknüpfte die Stärken beider Systeme in einem einzigen.

Im Juni 1459 wählte das Mainzer Domkapitel Diether von Isenberg mit knapper Mehrheit zum Erzbischof. Die Bedingungen, die Papst Pius II. an die – notwendige – Bestätigung dieser Wahl knüpfte, ließen den alten Streit zwischen der römischen Kurie und den nach Unabhängigkeit strebenden deutschen Fürsten aufleben. Diether machte Front gegen die ›*Aufsetzung des Zehnten*‹, die ›*Erhöhung der Annaten*‹, die ›*Übertretung der Konzilsdekrete*‹ durch den Papst, den ›*Abbruch der Konkordata*‹ zwischen dem Reich und der Kurie sowie gegen ›*allerlei andere Beschwerungen*‹ und er forderte ein allgemeines Konzil.[50] Flankiert von allerlei diplomatischen Intrigen setzt Papst Pius II. schließlich den Erzbischof ab und ernennt Adolf von Nassau in einem ›breve‹ zum geistlichen Oberhaupt im deutschen Reich. Sowohl die Bulle als auch der Brief des Papstes werden 1461 in Mainz gedruckt. Zusätzlich wird die Ernennungsurkunde noch in Form eines Anschlagblatts herausgebracht.

Nachdem der Papst den Bannfluch über Diether und seine Anhänger ausgesprochen hatte, ließ jener im März 1462 ebenfalls ein Manifest drucken und an verschiedene Fürsten und Städte verschicken. Auf die Vorschläge, die in diesem öffentlichen Manifest gemacht werden, antwortet Adolf von Nassau noch im Frühjahr 1462 in einer Flugschrift, die mit den Worten beginnt ›*wir haben vernommen, daß Diether von Isenburg ...*‹.[51] Auch der gebannte Erzbischof hatte mit einem ›Sendschreiben‹ an den Papst publizistisch unmittelbar an dessen ›Bekanntmachung‹ angeknüpft.

Letztlich entschieden den Streit nicht Argumente, sondern die Waffen: der Nassauer und seine Verbündeten überfielen im Oktober 1462 die Stadt mit mehreren tausend Mann, Diether von Isenburg mußte fliehen und verzichtete später auf seine Würde als Erzbischof.

Je genauer man sich die Dokumente dieses ersten öffentlichen Meinungsstreits im typographischen Medium anschaut, um so deutlicher wird, wie sehr er noch den alten Formen und Traditionen verhaftet ist. Die Bulle und die verschiedenen Typen von Briefen liefern das Programm für die typographische Informationsverarbeitung. In gewisser Hinsicht kann man von einer Doppelherrschaft der Informationssysteme sprechen: alle wesentli-

chen ›Bekanntmachungen‹ erfolgen noch nach den schon lange etablierten Prinzipien – zusätzlich werden sie aber auch noch dem neuen Medium anvertraut. Es ist nur noch eine Frage der Zeit, bis diese ›zusätzlichen‹ Nachrichtenwege für bestimmte Informationen zu den primären werden.
Aus kommunikationstheoretischer Sicht kommt diesem öffentlichen Meinungsstreit historisch eine besondere Bedeutung zu: nach seinem Beispiel werden in der Folge auch andere wissenschaftliche, fachliche, ethische u. a. Diskussionen dem neuen Medium anvertraut. Der politisch-ideologische Einsatz der Drucktechnologie wird zum Paradigma für die Schaffung einer öffentlichen Diskussion über pharmazeutische und medizinische Fragen, Probleme des Bergbaues und des Hebammenwesens, religiöse Grundsatzfragen u.v.a.m.

Die Sibyllenweissagung wechselt das Medium

In dem ›Catalogue raisonné des premières impressions de Mayence‹ von Seymour de Ricci (1911) trägt ein nur 9 x 12,5 cm großes, beidseitig bedrucktes ›Fragment‹ die Nr. 1. Bis heute ist nicht eindeutig zu erweisen, ob es sich tatsächlich um das älteste uns bekannte Druckerzeugnis handelt, wann, von wem und wo es verfertigt wurde. Neben de Ricci nahm auch A. Ruppel an, daß es sich um den ältesten Gutenberg-Druck handelt, der bald nach seiner Rückkehr nach Mainz – also nach 1444 – verfertigt wurde.[52] Kapr hält ihn zwar nicht für den ältesten Druck, aber er datiert ihn früher, noch in die Straßburger Zeit.[53]
Wesentlich besser sind wir über den Inhalt dieses als ›*Fragment vom Weltgericht*‹ oder als ›*Sibyllenweissagung*‹ bezeichneten Textes informiert.
Letztlich geht es um einen alten deutschen Mythos: Kaiser Friedrich Barbarossa sei auf seinem Kreuzzug nicht wirklich ums Leben gekommen. Vielmehr werde er einst wiederkehren, um die deutschen Lande von fremden Herrschern und Unterdrückern zu befreien, das Reich zu einen, ihm Wohlstand und Ansehen zu verschaffen. Dieser Mythos hat sich in der deutschen Geschichte immer wieder belebt, vor allem dann, wenn sich die Lebensbedin-

gungen der Bevölkerung verschlechterten und ihr nationaler Stolz mit Füßen getreten wurde – oder sie es zumindest so empfanden.[54] Erlösermythen wie jene vom Kaiser Friedrich gibt es in vielen Kulturen. Die europäischen Eroberer der mittelamerikanischen Indianerreiche haben von solchen Prophezeiungen profitiert. Und natürlich hat es auch immer wieder Mischungen zwischen ähnlichen Mythen aus verschiedenen Kulturkreisen gegeben. Eine solche Mischung aus christlich-jüdischen, römischen und germanischen Elementen ist die Sibyllenweissagung.[55] Vieles spricht dafür, daß die schriftliche, gereimte Fassung, auf die der Druck zurückgreift, um die Mitte des 14. Jahrhunderts von Konrad Schmidt verfaßt wurde. Er war ein Anhänger der Flagellanten oder, wie es im mittelalterlichen deutschen Sprachgebrauch auch hieß, der Geisler. 1369 verbrannte man ihn mit sechs Gleichgesinnten in Nordhausen als Ketzer.

In dem Text der Sibyllenweissagung werden zunächst Partien aus dem Alten Testament (Schöpfungsgeschichte, Vertreibung aus dem Paradies) nacherzählt, dann prophezeit eine Sibylle König Salomon die Geburt Christi und dessen Leidensgeschichte. Nach diesem Ausflug in die Bibel wendet sich der Erzähler dem Geschehen in Deutschland zu: von der Christenmission bis zu den hochmittelalterlichen politischen Auseinandersetzungen im Reich, der Herrschaft von falschgläubigen Pfaffen und der Unterdrückung der Bevölkerung erstreckt sich der Bericht. Erst im Anschluß an diese Retrospektive wird auf die Friedrichslegende zurückgegriffen und eine Utopie aufgezeigt. Eine Handschrift aus dem 15. Jahrhundert läßt die Sibylle dem König Salomon weissagen:

»... es komet noch dar zuo,
daz gott ainen kaiser suochen sol,
den het er behalten [wol]
in siner gewalt,
und git im kraft manigfalt.
und dirr kaiser haist Fridrich,
daz solt du geloben sicherlich,
und wirt striten durch kristen ere
und wirt gewinnen daz hailig grab ueber mere.
da wirt stan ain duerrer bom, ist gross,

und sol sten loblos und bloss,
bis daz der kaiser Fridrich dar an
sinen schilt gehenken kan,
so wird der bom wider gruen gar.
dar nach so koment aber vil gueter jar
und stond die luet aber in guetem staut.«[56]

Ein späterer Druck aus dem Jahr 1513 (Frankfurt, H. von Neuß) wiederholt diese Passage noch in ganz ähnlichen Worten und setzt ihr als Überschrift voran: *»Van keiser Frederich der dat heilige graf* [Grab] *gewinnen sal und ouch van der bekerunge aller ungelouwiger zo dem christen gelouwen.«*[57] Gott schickt also den Kaiser, um das Christenvolk zu einigen und es in den Kampf gegen die Ungläubigen zu führen. Hier haben sich antike Sibyllenweissagung und mittelalterliche Friedrichslegende fest verknüpft. Von der Hoffnung, daß ein *›edel künic Friderich‹* das *›Gottes Grab‹* – also das seit 1187 von den Türken besetzte Jerusalem – befreien würde, lesen wir schon um 1216 im ›Welschen Gast‹ bei Thomasin von Zerclaere.[58]

In der Erzählung wird dann noch von weiteren Schwierigkeiten berichtet, bis schließlich Jesus Christus das letzte Gericht halten kann.

»Vn(d) musze(n) do(rt) hien(gehen)
do Got vrte(i)l wil gebe(n) sie genen(gehen)
mit schrecke(n) dohien die got nye
erkannte(n) noch forchte(t)en
niema(nd) mag sie v(er)berge(n) nicht«,

heißt es dazu in den erhalten gebliebenen Druckfragmenten.

In der *Abb. 30* sind (a) ein Faksimile des Druckfragments, (b) eine Transkription dieser Passage und (c) ein entsprechender Ausschnitt aus einer späteren Druckfassung dokumentiert.

An diese Utopie zu erinnern war in Straßburg zu Beginn der vierziger Jahre des 15. Jahrhunderts gewiß Anlaß genug. Am 2. Februar 1440 hatte man in Frankfurt den Habsburger Friedrich III. zum König gewählt. Die Vertreter des Reformflügels auf dem nun schon neun Jahre tagenden Basler Konzil unterstützten diese Wahl und setzten große Hoffnungen in die Person Friedrichs.

Kapr vermutet: *»In Straßburg, das sich für die Politik des Konzils entschieden hatte, und das kurz vorher von der Pest heimgesucht worden war, fiel die legendäre Kaiser-Friedrich-Erwartung mit den Hoffnungen der Bürger in den neugewählten König Friedrich III. zusammen. Der Text der Sibyllenweissagung, deren Kritik an den Übergriffen der Priester, der Wunsch nach sozialer Gerechtigkeit und die Hoffnung auf die Befreiung des Heiligen Grabes von den Türken, fand zu eben jener Zeit offene Ohren, und es ist sehr wahrscheinlich, daß Gutenberg aus diesem Grunde die Serie seiner Donatdrucke unterbrach und die Sibyllenweissagung druckte.«* (1987:94)
Da 1444 bekannt wurde, daß Friedrich *»die Horden der Armagnaken ins Elsaß, vor die Mauern von Basel, Straßburg, Worms und Mainz geholt hatte* ... [wäre] *ein späterer Druck der Sibyllenweissagung ... vom Standpunkt der Straßburger Bürger unverständlich gewesen und muß vom heutigen Standpunkt ausgeschlossen werden. Die Sibyllenweissagung konnte demnach nur in der Zeitspanne von 4 Jahren, zwischen 1440 und 1444 gedruckt worden sein.«*[59]

Was bedeutete nun der Druck des ›Weltgerichts‹ aus kommunikationstheoretischer Sicht?
Zum einen führt er zur ›öffentlichen Bekanntmachung‹ einer religiösen Utopie. Wenn man Kaprs zeitgeschichtliche Einordnung akzeptiert, dann muß man weiterhin annehmen, daß in der traditionellen Form einer Prophezeiung ganz aktuelle politische Inhalte vermittelt werden. Nimmt man einmal an, daß die jüngeren Fassungen der Sibyllenweissagung, die uns überliefert sind, in etwa die Strukturen des verlorengegangenen gedruckten Textes widerspiegeln, so werden in der Schrift handfeste politische Aktionen angemahnt, u. a. z. B.:

- Kampf gegen die Türken (›das heilig Grab werd auch gewonnen‹!)
- Erlösung des Reiches von fremder Herrschaft
- Reformation der Kirche
- Besserung der Lage der Bauern und der gemeinen Bevölkerung.

So gesehen ordnet sich das Fragment in eine ganz andere Gattung ein, die gerade in jener Zeit eine außergewöhnliche Konjunktur erlebte, die sog. ›Reformschriften‹.
Auf diesen Texttypus der ›Reformatio‹ soll etwas genauer ein-

leiden wil nutze do bien do got ordel mit·
gebē Sie gene mit schrechē dobien Die
got nye erkante noch forchte en Niema
mag sich übergē nicht Vor dē gotlichē
angesiecht Cristus wil do urtel sprechen·
Vñ wil alle boszheit rechen Die nie ge=
dadē den willē im Den wil er gebē ewige
pin Vñ wil den gudē gebē Hym freude
vñ ewig lebē Sijt die werlt vñ alle ding
Die in d' werlt geschaffē sint Czu gene
vñ werdē auch zu nicht Als man wol

er werde do pine entou · wer ... ymmu:
rich ist Der hat freude mit ihesu crist Der
von dē hymel her nidd' ist kōmen Vnd
mentschlich natuer hat an sich gnōmē
Vñ an d' mentscheit ist erstorbē Vñ mi
dem dode hat erworbē Dz wer do glaubi
hat an en Mynne vñ zuvsiecht d' sal zu
ym · wir sollē gantzē glaubē habē Da:
wir vō ihesu crist horē sagē Vnd sollen
alle vnß werck vñ synne Czu xpo kerē yn
liebe vñ ym mynne Vñ zu ym habē zu v=

a) Faksimile des Druckfragments

Abb. 30: Die erste gedruckte politische Flugschrift: die ›Sibyllenweissagung‹

Vorderseite (a)

|leben
Vñ mußē do hien do got vrtel wil|gebē
Sie gene mit ſchreckē dohien
Die|got nye erkantē noch forchtē en
Niemā|mag ſich v'bergē nicht
Vor dē gotlichē|angeſiecht
Chriſtus wil do vrtel ſprechen|
Vñ wil alle boßheit rechen
Die nie ge|dadē den willē ſin
Den wil er gebē ewige|pin
Vñ wil den gudē gebē
By ym freude|vñ ewig lebē
Sijt die werlt vñ alle ding|
Die in d' werlt geſchaffē ſint
Czugene|vñ werdē auch zu nicht
Als man wol|

Rückseite (b)

[*Daʒ*] er werde vō pine erloſt.
wer in dē hȳmel|rich iſt
Der hat freude mit iheſu criſt
Der|von dē hȳmel her nidd' iſt kōmen
Vnd|mentſchlich natuer hat an ſich gnōmē|
Vñ an d' mentſcheit iſt erſtorbē
Vñ mi[t] dem dode hat erworbē
Dʒ wer do glaub[ē] hat an en
Mynne vñ zuu'ſiecht d' ſal zu|ym.
wir ſollē ganꜩē habē
Da[ʒ] wir von iheſu criſt horē ſagē
Vnd ſollen|alle vnſ' werck vñ ſȳne
Cʒu x̄p̄o kerē yn|liebe vñ yn mȳne
Vñ zu ym habē zuv'|[*ſiecht*]

b) Transkription des Druckfragments

ſie ſin vereiniget und leven
und moiʒen vur dat ordel dat got wilt geven.
ſie gaint mit ſchricken dae hin
die got nie erkanten of vorten in.
ghein man enmach ſich verbergen niet
vur dem gotlichen angeſicht.
Chriſtus wil dan ein ordel ſprechen
und wil alle boisheit wrechen.
alle die niet gedain hain den willen ſin,
die wilt he ſchicken in die ewige pin
und wilt den gueden minſchen geven
genoichte vreude und dat ewige leven.'

Sint nu die werlt und alle dink
die in der werlt geſchaffen ſint
vergaent all und werden zo niet

(als uns der gelouve ſeit und leirt)
dat he van helſcher pinen werde erloiſt.
und wer dair in dem hemel iſt,
der hait freude mit unſerm heren Jeſu Chriſt
der van dem hemel hernider is komen
und minſchlich natur an ſich genomen
und an der minſcheit geſtorven
und uns mit ſime dode hait erworven
dat wunneliche und genoichliche leven.
och moichten wir dat up deſer erden erwerven.
ſo wer geleuven wil an in,
der ſal ſich ewichlich freuwen mit im.
wir ſullen ganzen gelouven hain
wat wir van Jeſu Chriſto hoeren ſain
und ſullen alle unſe werk und ſinne
zo Chriſto keren und ſin minne,
ſoe ſtain wir mit im und werden rich
alhie und in dem hogen hemelrich
und werden van ſinen gotlichen freuden
nu noch nummerme geſcheiden.

c) Spätere Fassung der Sibyllenweissagung, Köln 1513

gegangen werden, weil man an ihm in ausgezeichneter Weise die Folgen verdeutlichen kann, die ein Medienwechsel für die Bedeutung der Botschaft mit sich bringt. Mit dem Druck dieser zuvor in bestimmten skriptographischen Kommunikationssystemen zirkulierenden Texte entstehen praktisch ganz neue Programme – und damit auch völlig neue Legitimationsprobleme für die soziale Gemeinschaft.

Programmkonfusion: Reformschriften im typographischen Medium

Drei im einzelnen ganz unterschiedliche Typen von Reformschriften (›Reformatio‹) kursierten in der ersten Hälfte des 15. Jahrhunderts in der unmittelbaren Lebensumgebung von Gutenberg. Wir können mit gutem Grund annehmen, daß er von allen drei Schriften und deren Intentionen wußte. Auf die eine Schrift, die ›*Concordantia Catholica*‹ des Nikolaus Kues, wurde schon hingewiesen. Dem Basler Konzil lag aber noch eine weitere, von dem Lübecker Bischof Johannes Schele im Einvernehmen mit dem Luxemburger Kaiser Sigmund verfaßte Schrift vor.[60] An diese Schrift – oder zumindest an die Gerüchte, die sich über ihren Inhalt verbreitet hatten – knüpfte die wohl bekannteste deutschsprachige Reformschrift des 15. Jahrhunderts, die ›*Reformation Kaiser Sigmunds*‹ an.[61] Sie wurde um 1439 von einem bislang unbekannten Verfasser niedergeschrieben und sie enthält alle diejenigen Forderungen, die man auch in den verloren gegangenen Teilen der Druckfassung der Sibyllenweissagung vermuten darf. Wie von der Sibyllenweissagung sind auch von der ›*Reformatio Sigismundi*‹ zahlreiche Handschriften überliefert.

Interessant ist nun, daß weder die Reformschrift des Kusaners, zu dem der Erfinder der Buchdruckkunst doch zumindest eine große geistige Nähe besaß, noch die seriöse Schrift Scheles von Gutenberg gedruckt wurde. Stattdessen wählte Gutenberg für seine Druckversuche eine Schrift aus, die wir ganz in die Nähe der Reformschrift des Anonymus stellen müssen. Und diese Haltung setzt sich bei seinen Nachfolgern fort: Nicht die Concordantia Catholica oder die Schrift Scheles, sondern die Reformatio Sigismundi wird im 15. Jahrhundert mehrfach gedruckt, zuerst 1476 bei Bämler in Augsburg. Was bewog die Inkunabeldrucker dazu, immer wieder auf die aus dunklen Quellen stammende Reformatio Sigismundi zurückzugreifen und die vergleichsweise ›offiziellen‹ Reformschriften des Kusaners und des Luxemburgers links liegen zu lassen?

Wenn man dieser Frage nachgeht, dann zeigt sich, daß die handschriftliche Fassung der Reformatio Sigismundi im Grunde eine Programmatik enthält, die sie mit den Normen des skriptographischen Kommunikationssystems, in welchem die Reformschriften üblicherweise im Mittelalter zirkulierten, in Konflikt bringen mußte. Die Reformatio, die auch Teile der Sibyllenweissagung enthält, sprengt an vielen Stellen die Grenzen, die die Gesellschaft dieser Gattung gesetzt hatte. Alle diese Reibungen und Widersprüche fallen weg, wenn sie im typographischen Medium veröffentlicht wird. Dies ist bei den Reformschriften des Kusaners und Scheles anders. Beide Autoren ordnen sich in die mittelalterliche Praxis der Veröffentlichung politischer Meinungen nahtlos ein. Ihre Schriften sind Vorlagen für ein orales Kommunikationssystem, ein Konzil nämlich, welches dazu legitimiert ist, die Öffentlichkeit des Reiches zu repräsentieren. Skriptographische und orale Medien greifen in der gewohnten Weise ineinander. Die Autoren sind aufgrund ihrer sozialen Rolle zur Einbringung ihrer Meinung ebenfalls legitimiert und sie geben sich in ihren Schriften selbstverständlich zu erkennen. Ihre Intentionen können sich in dem traditionellen Kommunikationssystem Gehör verschaffen.

Ganz anders liegen die Verhältnisse bei der Sibyllenweissagung und der ›Reformatio (Pseudo-)Sigismundi‹ – und übrigens auch beim Türkenkalender. In allen drei Fällen gibt sich der Urheber der Schrift nicht in der Weise bekannt, wie es bei Bullen, Briefen und den Tischvorlagen für Konzile oder Disputationen üblich ist. Weder die Weissagung noch die Reformatio noch die Mahnung gegen die Türken ist von einer etablierten Institution verkündet worden. Und auch die Adressaten dieser Schrift unterscheiden sich signifikant von jenen der Textgattung, zu der die Konzilsvorlagen gehören. Man versucht, sich direkt, ohne noch einmal ein mündliches Medium dazwischenzuschalten, an die Bevölkerung, die Herrschaften und Stände des Reiches – und nicht an ausgewählte Repräsentanten derselben – zu wenden. Diese besonderen kommunikativen Einbettungen und Ziele können am Beispiel der vielen uns überlieferten handschriftlichen Fassungen der Reformatio Sigismundi nachgezeichnet werden.

Wie schon erwähnt, geht die Forschung heute davon aus, daß eine ›Urfassung‹ der Reformatio Sigismundi um 1439 im oberdeutschen Raum geschrieben wurde. Schon ein Jahr später wird, wohl in Augsburg, eine Kurzfassung dieses Textes angefertigt, in der ebenfalls auf die Friedrichslegende angespielt wird. Es ist diese Variante, die 1476 zuerst als Flugschrift gedruckt wurde.[62] Im Gegensatz zu Scheles Schrift, die an die auf dem Konzil vertretenen Herrschaften gerichtet ist, bleiben ihre Adressaten unscharf. Wie etwa bei päpstlichen ›Manungen‹ üblich, sollen *»alle heupt der christenheyt«* angesprochen werden, darüber hinaus aber auch ›alle gemeind‹. Der Autor hat dabei durchaus nicht Repräsentativorgane im Sinn, sondern jedes einzelne Mitglied der Christengemeinschaft: *»In diser vermanung sollen sein jung und alt, alle gemein cristenheyt, nyemant auszgenommen.«*[63]
Der Herausgeber dieser Reformschrift, Heinrich Koller, nennt als eine weitere Besonderheit, die sie vor den Reformschriften des Kusaners und Scheles auszeichnet, die ›Forderung nach rascher und dichter Verbreitung des Texts‹. Er bemerkt dann: *»Der Anonymus ... hat sich aber selbst wenig Gedanken gemacht, ob sein Werk möglichst vielen mündlich vorgetragen werden sollte ... oder ob die hier enthaltenen Forderungen einfach schriftlich übermittelt werden sollten.«*[64]
Welche Vorstellungen hätte er in dieser Richtung auch entwickeln können – wenn er nicht die Einführung der typographischen Medien (1439) voraussah? Für seine Mitteilungsabsichten gab es zu seiner Zeit keine institutionalisierten Kommunikations- und Informationsysteme. Vorhanden waren die oralen Tradierungsketten und die schon ausführlich geschilderten Formen der ›amtlichen‹ Bekanntmachung, in der skriptographische und orale Medien miteinander verknüpft werden. Dem ersten Typus widersprach schon die Schriftform, dem zweiten offenbar das Amt und die Intention des Autors. Jedenfalls benutzte er nicht wie Kues und Schele die dafür vorgesehenen Bahnen und Textprogramme.

Erst das typographische Informationssystem verknüpft Merkmale der beiden angestammten Informationsformen in einer solchen Weise, daß sich die (mutmaßlichen) kommunikativen Absichten des Verfassers der ›Reformation Sigismunds‹ befriedigen lassen. In dieses Informationssystem können auch Personen ihre Nachrichten einspeisen, die aufgrund ihres Ranges zu ›öffentlichen Bekanntmachungen‹ in mittelalterlichen Systemen nicht berechtigt waren. Ähnlich wie bei der oralen Tradierungskette bestehen auch für die ›Benutzer‹ des neuen Mediums keine Schranken: ohne Rücksicht auf die Stellung in der sozialen Hierarchie konnte jedermann die Flugschriften zu seiner eigenen Unterrichtung lesen. Jeder war zur weiteren mündlichen Tradierung der Information legitimiert. Insoweit erwies sich das neue Medium als eine Technisierung einer Sequenz der oralen Tradierungskette. Selbst der Drucker/Autor, der die Flugschrift in die neue Technologie einspeiste, erscheint unter diesem Blickwinkel nur als ein Medium, gleichsam eine technisch-menschliche Verlängerung der oralen Multiplikatorenkette.
Andererseits ist der Druck des Fragments vom Weltgericht, des Türkenkalenders oder der Reformation Sigismunds auch eine weitere Technisierung skriptographischer Formen der Informationsverarbeitung, der ›multiplicatio librorum‹. Er setzt vor allem die Transformation der psychischen Informationen in skriptographische voraus – und knüpft insofern nicht an orale, sondern an die handschriftlichen Informationstechniken an.
Man darf unter diesen Umständen gespannt sein, ob die Schreiber der Reformatio sich überhaupt bemühten, ihr Vorgehen zu legitimieren – und wenn ja, in welcher Weise sie dabei vorgingen. Aus den zahlreichen überlieferten Fassungen bietet sich für diese Untersuchung die sogenannte Handschrift ›P‹ an.[65] Die anderen Handschriften enthalten zumeist ebenfalls die hier im folgenden angeführten Legitimationen – allerdings sind sie dort über verschiedene Abschnitte der Texte verstreut.

Die Auflösung paradoxer kommunikativer Intentionen durch den Druck

Im ersten Absatz wird behauptet, die Reformatio sei Kaiser Sigismund im Geiste, im Traum erschienen. Der Kaiser wird damit als Medium einer göttlichen Offenbarung dargestellt. Die Veröffentlichung der Botschaft geht auf einen höheren Auftraggeber zurück. Diese Variante wird im Verlaufe des Textes noch einmal wiederholt und zur Begründung der Forderung nach politischen Veränderungen herangezogen. Der Rückgriff auf göttliche Aufträge ist, wie jener auf Wunderzeichen, eine im Mittelalter ganz übliche Figur zur Legitimation von Veröffentlichungen.

Im zweiten Absatz wird der Text als ein ›avisament‹, also eine offizielle Vorlage eines dazu Befugten, nämlich des Kaisers Sigmund, für das Basler Konzil hingestellt. Dieser habe es sogar mit seinen Kardinälen und Meistern beraten. Entsprechend der hierzu vorgesehenen Programme hätte der Text in Latein abgefaßt sein müssen und folgerichtig wird die vorliegende deutsche Fassung als eine Übersetzung hingestellt. Diese Position wird später (S. 89/90) noch einmal bekräftigt – aber dadurch selbstverständlich nicht richtiger: weder ist die Schrift von Sigmund verfaßt, noch ist sie eine Vorlage für das Konzil entsprechend der institutionellen Regeln, noch ist sie eine Übersetzung aus dem Lateinischen.[66] Weil dies so ist, erschöpft sich die Leistung des ›Schreibers‹ auch nicht in der Übersetzung und einer skriptographischen Multiplikation. Er ist selbst der Urheber oder Autor der Botschaft. Aber diese Tatsache wird von ihm versteckt, offenbar weil ihm das Amt, welches ihn zu einer solchen Urheberschaft befugt, fehlt. In einzelnen anderen Handschriften der Reformatio wird die Fiktion noch weiter getrieben, indem der Schreiber einen Namen erhält. Die Handschrift V (1520) nennt als Verfasser Friedrich von Lantnaw, der sich selbst als Rat von Kaiser Sigmund darstellt und angibt, die Reformatio auf dessen Geheiß und als *›Knecht der gemeinen Christenhait‹* geschrieben und übersetzt zu haben.

Im dritten Absatz wird die Reformatio als eine christliche Mahnung, wie sie in einer Predigt oder einer päpstlichen Bulle verkündet werden kann, dargestellt. Konventionell und stilgerecht beginnt der Text mit einem Gebet, der Anrufung Gottes und der Bitte um seinen Beistand. Der Grund der Anrufung, die Unordnung des weltlichen Geschehens, wird dargestellt. Die Reformatio kann dann als eine gottgegebene Ordnung dargestellt, bei ihrer Nichtbefolgung mit göttlichen Strafen gedroht werden.[67]

Viertens wird vorgespielt, die Reformatio sei ein Mahnbrief des Kaisers Sigmund, der kraft seines Amtes die Macht zu ›öffentlichen Bekanntmachungen‹ besaß. Es wird behauptet, der Text sei eine *›manung an die richen‹*, an *›alle fürsten und die ritterschaft‹*. (S. 53) Diese Verknüpfung von *›avisament* an ein Beratungsgremium‹ und ›öffentlicher Bekanntmachung‹ ist an sich schon eine Konfusion der im Mittelalter etablierten Formen der Informationsverbreitung – die freilich aus machtpolitischen Gründen nicht selten war.[68] Der Verfasser fühlt sich jedenfalls gedrängt, diese Konfusion damit zu begründen, daß sowohl das Konstanzer als auch das Basler Konzil, also die beiden Gremien, für die das avisament hätte geschrieben sein können, zu keinem Ergebnis gekommen seien. Aber auch die Landesherren haben die Meinung des Kaisers nicht gehört. Auch sie haben, wie das Konzil, ihre Rolle als Adressaten verspielt. So treibt die innere Logik der Argumentation den Autor schließlich dazu, die Schrift als eine Aufforderung an das *›gemeine folck‹* zu interpretieren, nunmehr die Reformation in die eigenen Hände zu nehmen – und sei es mit dem *›swert‹*. (S. 59) Im Ergebnis könnte es dann, so liest man später im Text in Form einer Prophezeiung, zu einer Umkehrung der sozialen Pyramide kommen: Die an der Reform säumige Obrigkeit wird zum Knecht des gemeinen Mannes.[69] Spätestens jetzt steht die Welt, in die sich die Reformatio eingeordnet hat, gänzlich auf dem Kopf: Der gemeine Mann als Adressat einer Konzilsvorlage, ein im ›Kabinett‹ ausgearbeiteter Brief des Kaisers als geträumte Offenbarung, ein Kaiser, der das Unterste zu oberst kehren will, ein Autor, der nicht Autor sein will und kein öffentlicher Mahner sein kann und so fort. Bei diesem Durcheinander zwischen Kompetenzen, Institutionen, Autoren und Adressaten ist es nicht verwunderlich, daß sowohl die politische Aussage als auch die kommunikative Identitätsbestimmung des Textes unklar und widersprüchlich bleiben.

Die revolutionären politischen Forderungen werden in den meisten Passagen der Schrift zurückgenommen. Aufgenommen wird

stattdessen das neutestamentliche Bild vom Hirten und seinen Schafen. (S. 76ff.) Der Hirte solle sich an die Reformatio halten und ihre Intentionen mit Macht durchsetzen.
Nicht weniger ambivalent bleibt die Selbstbeschreibung des Textes als kommunikatives Ereignis: Offenbarung, avisament, päpstliche Bulle oder kaiserlicher Brief stehen mindestens zur Auswahl. Der einzige konkrete Vorschlag, den der Schreiber der Handschrift V zur Verbreitung seines Werkes macht, lautet: *»Item es soll auch ain jdlicher Fürst oder Herre, Lannd oder Stat dise ordnung in einem puch pehalten und schnelliglich lassen abschreiben umb das, das die gepresten verhüt mügen werden; ob keiner auffstünd oder ymant ungehorsam wäre ...«* (Koller 1964 op. cit.: 79)
Diese Vorstellung entspricht ganz den mittelalterlichen Gepflogenheiten,[70] aber schon sehr viel weniger den mutmaßlichen Intentionen des Autors und noch weniger der sozialen Realität des 15. Jahrhunderts: Die Reformatio wurde ja gerade deshalb geschrieben, weil die Herrschaften auf die seit langen Jahren von vielen Seiten immer wieder erhobenen Mahnungen zur Behebung ganz offensichtlicher Mißstände nicht eingingen.
Merkwürdig bleibt dennoch, daß bis in die Mitte des 16. Jahrhunderts hinein kein Kopist der Reformatio auf den Gedanken kommt, die Möglichkeiten der Drucktechnologie, die nunmehr im Gegensatz zur Abfassungszeit (1439) bestanden, zu reflektieren. In allen Handschriften bleibt die Rede vom ›*Abschreiben*‹ der ›*Ordnung*‹, von der ›*Mahnung*‹ durch ›*Briefe und Poten*‹ bestehen.[71] Warum wird nicht zum Druck dieser Schrift aufgefordert und dieser begründet, die öffentliche Meinungsbildung mit den Mitteln der neuen Medien in den Vordergrund gestellt? Plausibel wäre diese Zurückhaltung dann, wenn die politische Utopie, die diese Schrift letztlich trägt, immer noch die ist, daß Gott irgendwann einen Stellvertreter schicken wird, der die Sache in die Hand nimmt. Hierfür spricht auch, daß die Friedrichslegende so umstandslos in die Reformatio eingebaut werden konnte. (S. 342/43) Friedrich – welcher auch immer – wird entsprechend der Offenbarung des Buches handeln und dem ›*gemein folck*‹ Frieden bringen. Von dieser Hoffnung müßte Abschied genommen werden, wenn man legitimieren wollte, daß man sich mit gedruckten Büchern an die ›gemeine‹ Öffentlichkeit wendet. Dann nämlich wäre das Volk der

souveräne Ansprechpartner, der Adressat der mahnenden Botschaft. Das Volk wäre zum politischen Handeln aufgefordert, nicht die Herrschaften. Vor dieser Konsequenz scheuen die Kopisten der Handschrift zurück.

Von der ›offentlichen manung‹ zur ›öffentlichen Meinung‹: Die Druckfassungen der Reformatio

Daß Bämler und die anderen Frühdrucker diese, sich aus der Logik der Sache ergebenden, Folgerungen durchdacht haben, als sie ihre Fassungen der Reformatio in den Druck gaben, bleibt mehr als zweifelhaft. Wahrscheinlicher ist auch in diesem Fall, daß die neue Technik eingesetzt wird, ohne daß ihre Folgen, diesmal für den Bereich politischen Handelns, überschaut werden.[72]
Diese Sichtweise wird durch eine detaillierte Untersuchung des Historikers Hartmut Boockmann über die ›Struktur der politischen Öffentlichkeit‹ der Reformatio gestützt, auf die einzugehen sich auch aus verschiedenen anderen Gründen lohnt.[73] Er kommt zu dem Schluß, daß ›die Drucker‹ die Reformatio Sigismundi – wie dies auch schon ›die Mehrzahl derer getan hat, die die erhaltenen Handschriften schrieben bzw. schreiben ließen‹ – ›für eine Verlautbarung Kaiser Sigmunds gehalten haben‹. (Ebd. 123)
In der Tat haben die Drucker des 17. und des 18. Jahrhunderts die Reformschrift in ihre Sammlungen der ›Reichssatzung des Heiligen Römischen Reichs‹ oder des ›Corpus iuris publici‹ aufgenommen.[74] Und schon die ersten Verleger, Johannes Bämler (1476) und Anton Sorg (1480) drucken die Reformschrift gemeinsam mit der Kaiserchronik von Sigmund und dem Landfrieden von 1442, der sogenannten Reformation Friedrichs III. ab. Ähnlich verfährt auch Johann Schönsperger 1484, indem er die Reformatio gemeinsam mit dem Landfrieden herausgibt und somit ebenfalls eine Verbindung zum Reichstag von 1442 herstellt.
Lukas Zeissenmair hält die Reformatio andererseits in seinem Separatdruck von 1497 für eine Vorlage des »*Sigmund. Römischer keyser*« für das Konstanzer Konzil.[75]
Der Straßburger Druck von 1520 läßt keinen Zweifel, daß die

Reformatio, ob auf einem Reichstag oder einem Konzil beschlossen oder nicht, ein Programm ist, welches bis auf den damaligen Tag nicht verwirklicht ist. Er interpretiert diese Schrift also weiterhin als eine Mahnung, die einzulösen eine aktuelle Aufgabe für die Zeitgenossen ist. In ähnlicher Weise fordert auch der Drucker der Ausgabe von 1521 Karl V. auf: *»Darumb biß ermant, o aller großmechtigster unuberwintlicher keiser und koenig Carole, wollest beherzigen diße christliche ordenung und reformation, so der edel furst keiser Sigmund (loeblicher gedechtnis) furgenohmen hette; wann die geistlichen und weltlichen heupter schwach sein und fallen lassen ...«*[76] Wie ambivalent auch die Drucker die Botschaft der Reformatio legitimieren, zeigt sich weiterhin in der Auswahl der Holzschnitte. Kein anderes Thema taucht auf den Holzschnitten, die den Drucken beigegeben werden, so oft auf wie die sogenannte ›Vision Sigmunds‹.[77] Hiermit wird der Text aber wieder als eine Offenbarung, ein ›Traumgesicht‹, einer höheren Instanz ausgegeben. Er erhält seine Legitimation als ein Wunderzeichen, das Gott einem Menschen, eben dem ›Kaiser‹ Sigmund, zukommen ließ.

Auch die Einordnung in die Weissagungspropaganda, wie sie im Mittelalter üblich war, bleibt in zahlreichen Drucken erhalten. Nicht nur, daß die entsprechenden Passagen aus der Reformatio übernommen werden, zusätzlich fügen Zeissenmair (1497), Thomas Wolf (1521) und der anonyme Drucker (vermutlich 1522) noch eine ›*Weissagung auf das Jahr 1401*‹ bei.

Ganz gleich, welche Adressaten die Drucker im Auge hatten, welche Vorstellungen sie über die Herkunft des Schriftstücks entwikkelten und welche Versuche unternommen wurden, um die Publikation zu legitimieren, faktisch wurde die ›Manung‹ oder ›Mainung‹ der Person des Verfassers durch die typographische Speicherung und Vernetzung zu einem Element einer ›öffentlichen Meinung‹ gemacht.[78] Diese Transformation ist ein Produkt der Kraft, die die frühneuzeitlichen Gesellschaften den neuen technischen Medien zugeschrieben haben. (Vgl. Kapitel 2) Es vermag Informationen, die zuvor nur die ›persönliche‹ Meinung einer Person oder der Konsens einer kleinen Gruppe von Menschen gewesen sind, auf ein höheres, nämlich gesellschaftliches Niveau zu heben. Die Meinung Sigmunds emergiert auf einer anderen sozialen Ebene, als Element der gesellschaftlichen Selbstbeschreibung.

An dieses Element – denn natürlich gibt es noch sehr viele andere öffentliche Meinungen – konnten nun politische Argumentationen angeschlossen werden.
Aber selbst wenn die Reformvorschläge der Reformatio nicht explizit aufgegriffen werden, so bleiben sie dennoch ein latentes Druckmittel gegen die kritisierten sozialen Verhältnisse und deren Verursacher. Jederzeit kann von nun an von jedermann darauf verwiesen werden, daß schon vor Jahrzehnten gegenüber bestimmten Mißständen Klage geführt wurde. Ein Teil der Gesellschaft hatte bestimmte Strukturen dieser Gesellschaft selbst als defekt beschrieben. Diese Beschreibung war – nach der mit dem Buchdruck verknüpften Ideologie – für alle Ewigkeit dokumentiert. Schloß man sich dieser Meinung an, so wuchs die Überfälligkeit von Reformen mit jedem Jahr, welches ungenutzt verstrich. Und genau diese Argumentation wird in der Vorrede des Straßburger Druckes von 1520, die früher einmal Sebastian Franck zugeschrieben wurde, geführt: *»Damit aber die selbigen scheyher* [Schreier, Schreiber] *sehen mögenn / das es nitt ein neüw ding sey / sunder nit vil minder dann vor hundert jaren / oder darob / auch solliche Reformierung vorhanden gewesenn / vnnd doch mitt der weyß / die wir auff dysenn tag brauchenn / verhindert worden. haben wir auß keiner boesenn meynung / sunder alleyn gott zuo lob vnnd eere / diß Reformation / durch den durchleüchtigsten / großmechtigisten herren / Keyser Sigmunden hoch loeblicher gedechtnüß fürgenummen / an tag kummenn lassenn.«*[79]
Die typographische Erfassung dieser in anderen, kleineren sozialen Systemen ja bestens bekannten Informationen ›bringt es‹ auch für die Gesellschaft ›an den Tag‹ und macht sie damit zu einem gesellschaftlichen ›Druck‹-Mittel für die Verwirklichung der Reformen. Erst in zweiter Linie ist es wichtig, wer diese Meinung erstmals ausgesprochen hat, ein Kaiser oder ein beliebiger ›gemein Mann‹. Die Druckmaschine akzeptiert die Informationen im Gegensatz zu den mittelalterlichen Skriptorien ohne Rücksicht auf die gesellschaftliche Stellung des Informanten.

Exkurs: Von der Realität der sozialen Normierung der Kommunikationstechnologie

Boockmann und mit ihm viele andere moderne Beobachter der kommunikativen Verhältnisse in der frühen Neuzeit anerkennen diese Macht der Technik nicht. Sie sehen nicht, daß die Druckmaschinen genauso wie alle natürlichen Elemente des Gesellschaftssystems, alle Menschen aus Fleisch und Blut, einsozialisiert werden. Man schreibt ihnen dann bestimmte soziale Fähigkeiten und Merkmale zu. Die Leistung der typographischen Informationssysteme wird als ›Handeln‹ aufgefaßt und dieses als ›Vergesellschaftung von Informationen‹ spezifiziert – damals und auch heute (noch): Selbst wenn das Amtsblatt nicht ausgeliefert, kein einziges Exemplar einer Dissertation vertrieben wurde, die Ausschreibung in einer Zeitung von niemandem gelesen wird, gilt die Verordnung, die Dissertation oder die Ausschreibung dennoch mit ihrem ›Druck‹ als veröffentlicht. Die Gesellschaft hat sich mit dieser und anderen Normierungen ihre eigentümliche Struktur geschaffen – und solange sie ihre Identität nicht tiefgreifend ändert, hält sie sich auch an diese Normen.
Für den Sozialwissenschaftler und für jeden, der die Selbstbeschreibung der Menschen als soziale Wesen ernst nimmt, sind diese Normen, die Erwartungen und Ängste, die soziales Handeln orientieren, Fakten.

Es gibt für ihn keine Veranlassung, die ›Topoi der Flugschriften‹, z. B. denjenigen, daß sie für den ›gemein man‹ geschrieben sind, nicht ›wörtlich zu nehmen‹. Will man nicht gänzlich am Zeitgeist vorbeisehen und -argumentieren, muß man sie vor allem und zunächst ernst nehmen. Sie sind, selbst dann, wenn man sie als ›literarische‹ Muster klassifiziert, ein Spezialfall sozialer Normen. Natürlich kann man solche normativen Forderungen wie jene nach möglichst weiter Verbreitung von Informationen oder auch nach einer Beteiligung des Volkes an der Lenkung des Staates ideologiekritisch bewerten. Aber man sollte dann zumindest seine eigenen alternativen Normen oder Wertmaßstäbe, die zu der Kritik angeregt haben, klarlegen.[80]

Das typographische Zeitalter ist von Anfang an mit dem Anspruch aufgetreten, daß ein jeder Zugang zu den im neuen Medium gespeicherten Informationen haben soll. Jeder, der über nützliche Kenntnisse verfügt, ist auch verpflichtet, diesen Informationsspeicher zu beschicken und sich aus ihm zu bedienen. (Vgl. Kapitel 5.4) Wer diesen Zugang nicht nutzt, kann dies recht bald nicht mehr als Entschuldigung geltend machen. Jede im Druck vervielfältigte Verordnung stärkt die Erwartung, daß sie auch dann Geltung beanspruchen kann, wenn sie der einzelne nicht gelesen hat. Eben deshalb werden die in den mittelalterlichen Städten alljährlich immer wieder neu mündlich zu leistenden Schwüre auf die verschiedensten Ordnungen schrittweise überflüssig. Der Druck stabilisiert die Information kontrafaktisch – gegen die tatsächliche Akzeptanz bei den angeschlossenen Informationssystemen. Auch im Enttäuschungsfall, wenn an eine gedruckte Schrift, z. B. an die Dialectica des Ortolf Fuchsperger, kaum angeschlossen wurde, hält man daran fest, daß dieses Werk ›publiziert‹ worden ist. Man fühlt sich geradezu genötigt, nach Gründen dafür zu suchen, warum die Ideen dieses Werkes so wenig aufgenommen und weiterentwickelt wurden – obwohl man von der Auflagenhöhe und Verbreitung des Werkes nichts weiß.

Die ideologische, man kann auch sagen: normative Aufladung, die das neue Medium erfahren hat, war natürlich in der frühen Neuzeit ein spekulativer Vorgriff, eine soziale Utopie. Schon das 16. Jahrhundert hat diesen Wechsel akzeptiert. Man bringt ihm Vertrauen entgegen, rechnet mit ihm und gibt ihn von Generation zu Generation weiter.

Dieses Vertrauen wird von Fachwissenschaftlern, so hat es zunächst den Anschein, gegenwärtig oft nicht mehr geteilt. Sie fragen nach der Deckung des Schecks und kommen, zumindest in bezug auf die frühe Neuzeit, zu Einschätzungen wie etwa der folgenden: *»Eine politische Öffentlichkeit, die einen deutschsprachigen Text dieses Inhalts* [der Reformatio Sigismundi] *aufnehmen und verbreiten konnte, läßt sich bis zu dem Zeitpunkt, wo die Verbreitung der gedruckten Bücher auf breiter Front einsetzt, also bis gegen 1470, nicht erkennen und danach, bis zum Beginn der Reformation auch nicht. ... Die ›Volksmassen‹ jedenfalls sind von der Reformatio Sigismundi gewiß nicht erreicht worden. Man darf sich nicht täuschen lassen.«*[81]

Belegt wird diese Auffassung mit Zahlen über die Auflagenhöhe und die Preise von deutschsprachigen Schriften – oder zumindest mit Mutmaßungen darüber.[82] Die bei den einzelnen Autoren erheblich streuenden Zahlen werden dann in Relation gesetzt zu Einkommen, Kaufkraft, Bildungsstand (Sprachenkenntnis) und so fort der damaligen Bewohner des Reiches. Das Ergebnis dieser Korrelation von Statistiken ist die Feststellung, daß nur begüterte und gebildete Kleriker die Schriften ›erwerben‹ konnten, jedenfalls nicht das ›gemein volk‹. Boockmann ist ehrlich genug, noch sein Erstaunen darüber auszudrücken, für wen denn Bämler, Sorg und Schönsperger überhaupt ihre deutschen Schriften produziert haben. (Ebd. 129)

Im Hintergrund dieser Argumentation scheint die Annahme zu stehen, daß es für die ›Öffentlichkeit‹ der Flugschriften und anderer Presseerzeugnisse erforderlich ist, daß sie eine bestimmte Zahl von Lesern besessen haben. Über die Zahlen oder Prozentzahlen, die die Kritiker davon überzeugen könnten, daß sich ›wirklich‹ eine politische Öffentlichkeit hergestellt hat, schweigen diese sich durchweg aus.

Würden Historiker in zukünftigen Zeiten in ähnlicher Weise die politische Kultur in den Vereinigten Staaten in der Nachkriegszeit untersuchen, so könnten sie zu dem Schluß kommen, daß von demokratischen Wahlen keine Rede sein kann. Die Wahlbeteiligung liegt nicht über 50% und für die Wahl zum Präsidenten reicht davon im äußersten Fall wiederum die Hälfte der Stimmen. Genaue Betrachter würden vermutlich noch die ›Willkür‹ der Festlegung der Wahlberechtigung anmerken, Altersgrenzen, kein Ausländerwahlrecht usw. So gesehen repräsentiert der Präsident dann kaum mehr als 15% der ›Einwohner‹. Wenn man dann die demokratische Legitimierung eines Präsidenten von der Mehrzahl der Einwohner abhängig macht, dann muß man diese vermutlich allen amerikanischen Präsidenten absprechen. Ein solches Vorgehen, wie in dem hier eher konstruierten als recherchierten Beispiel, wird wenig Anhänger finden. Der tiefere Grund für das aufkommende Unbehagen mag darin liegen, daß hier versucht wird, einen Typus von Fakten, nämlich Erwartungen und Normen, mit einem ganz anderen Typus von Fakten, nämlich solchen über Verhalten, totzuschlagen. Was als demokratische Wahl gilt, nach welchen

Normen sie abgehalten wird, wer zum Urnengang berechtigt ist usw., alles dies sind Fakten, die die Gesellschaft für sich selbst festlegt und die man als Beobachter beschreiben kann. Sie sind nicht weniger real als das ›faktische‹ Verhalten.
Es soll nicht der Eindruck erweckt werden, als ob es sinnlos sei, die verschiedenen Analyseperspektiven miteinander zu verknüpfen. Dies tun die Gesellschaften selbst beständig, etwa, indem sie Verfassungsanspruch und -wirklichkeit aneinander messen. Historisch arbeitende Sozialwissenschaftler sind zu solchen Vergleichen geradezu aufgefordert. Aber dazu müssen sie zunächst die Tatsache akzeptieren, daß soziale Fakten auf verschiedenen Niveaus emergieren. Dann erst stellt sich die Frage, wann, wie und in welchem Umfang soziale Normen, die eben alle in einem gewissen Sinne ›Utopien‹ sind, eingelöst werden.
Was nun die Zugangsmöglichkeiten zu den typographisch gespeicherten Informationen anlangt, so wird man große Unterschiede im Laufe der Zeit und in den einzelnen Ländern feststellen. Sicherlich hatten, prozentual an der Gesamtbevölkerung gemessen, im 19. Jahrhundert mehr Menschen Zugang zu den gedruckten Texten als dies in der 2. Hälfte des 15. und im 16. Jahrhundert der Fall war. Insoweit zeigt sich, daß die Utopie von der Öffentlichkeit der Bücher im Fortgang der Zeit schrittweise weiter eingelöst wurde. Man könnte sagen, daß diese Utopie, die schon in der Frühzeit des Buchdrucks Erleben und Handeln bestimmt hat, eine ›realistische‹ Utopie gewesen ist.
Aber selbst was die Mutmaßungen über die Fakten auf der Verhaltensebene – also der Versuch, Zahlen über die ›Rezeption‹ der frühen Drucke zu gewinnen – angeht, kann man Boockmann und vielen anderen widersprechen. Ich tue dies zunächst aus einer theoretischen Überlegung heraus. Auch Normen können sich nicht unbegrenzt halten, geschweige denn durchsetzen, wenn sie sich beständig diskreditieren. Dies gilt insbesondere dann, wenn sie sich spontan herausbilden und keine Institution hinter ihnen steht, die über Sanktionsgewalt verfügt.[83] Die verschiedenen mit dem Buchdruck verbundenen Ideologien wurden von keiner etablierten Macht dekretiert, ihre Durchsetzung nicht mit Zwangsmaßnahmen unterstützt. Ab dem Ende des 15. Jahrhunderts ließen sich eher, wie später in dem Abschnitt über Bücherzensur und

Datenschutz noch auszuführen sein wird, Belege dafür finden, daß dieser Ideologie in bestimmten Bereichen und Gebieten entgegengearbeitet wurde.

Nimmt man alles zusammen, so muß der Enttäuschungsfall, das Scheitern der Normen an einer anderen Realität, insgesamt in der frühen Neuzeit seltener erfahren worden sein, als dies manche moderne Beobachter meinen. Wenn der ›gemein man‹ durch die typographischen Informationen nicht erreicht wurde, welchen Sinn hätte dann der Topos in den vielen Schriften haben sollen? Hier dreht es sich ja nicht um die Intentionen einzelner Autoren, sondern um eine Erwartung, die die Gesellschaft akzeptiert hat und die diese Zeit, Geld und Arbeit gekostet hat.

Aber natürlich ist dieser Einwand nur eine Deduktion aus Theorien und es wird an anderen Stellen der Arbeit zu zeigen sein, ob und wie er sich empirisch fundieren läßt.

Im Hinblick auf diese Fragerichtung sollte man vielleicht vorab noch ein Mißverständnis richtigstellen. Wie schon mehrfach betont, gehört es zur Ideologie des Buchdrucks, daß die typographischen Informationssysteme allen anderen vorgezogen werden. Diese Prämierung führt – auf der Ebene der Erwartungen – zur Abwertung der oralen und skriptographischen Informationssysteme. Analysiert man den sichtbaren Informationsfluß, so stellt man sofort fest, wie stark die verschiedenen Informationssysteme miteinander verknüpft und aufeinander angewiesen sind. Aber diese Verknüpfung wird heute nicht mehr erlebt. Die Leistungen der Informationsverteilung werden einseitig dem Druck zugeschrieben, nicht den ebenfalls mitbeteiligten anderen Informationssystemen. Will man nun der Realität der ›Struktur der politischen Öffentlichkeit‹ (Boockmann) nachforschen, so sollte man diese ideologische Verzerrung nicht mitmachen. Das tun aber diejenigen, die orale und skriptographische Publikationsformen denjenigen des Drucks starr gegenüberstellen. Insofern überzeugt nur ein Teil der Schlußthese von Boockmann: *»Das ›Volk‹, Teile jedenfalls der städtischen Bevölkerung, hat im 15. Jahrhundert vom kommenden Friedenskaiser nicht aus Schriften wie der Reformatio Sigismundi Kenntnis erhalten, sondern auf anderem Wege: mündlich oder z.B. durch einen Anschlag, wie er vom Regensburger Reichstag des Jahres 1471 zufällig überliefert ist.«*[84] Das Plakat, das mit dem Satz endet: *»Ir herren, tue eur* *ieder dasz dem anderen zu kund«*, ist ein gutes Beispiel für die Kooperation verschiedener Vermittlungsformen. Aber wieso sollte diese Kooperation vor Drucken wie der Reformatio Sigismundi Halt gemacht haben? Weder hat sie das faktisch, noch gibt es bei diesem Informationstyp Hinweise dafür, daß die Zeitgenossen einschränkende Normen ausgesprochen hätten. Im Gegenteil! Immer wieder wird in volkssprachlichen Drucken, insonderheit natürlich in den Flugschriften der Bauernkriegszeit, zum Vorlesen und zu anschließender weiterer Tradierung der Informationen in oralen Kommunikationsnetzen aufgefordert. Die Einschaltung von Transformatoren, die gedruckte oder auch handgeschriebene Informationen ›vorlesen‹, gehörte zur Norm.[85] ›*Laesen*‹ oder ›*hoeren laesen*‹ waren gleichermaßen normale Anschlußformen an den Text.[86]

Weil die typographischen Medien nunmehr an vielen Orten zugänglich waren, deshalb konnten so leicht Abschriften, auch plakative Auszüge, angefertigt und mündliche Stafetten in Gang gesetzt werden. Das Heruntertransformieren der typographischen Informationen in die Gespräche in Stadt und Land wurde selbstverständlich damit beschleunigt, daß man in ›deutscher‹ Sprache druckte.[87] Es kommen mehr Personen als kommunikative Schnittstelle zwischen den zwei Systemen in Frage und die Transformation reduziert sich tatsächlich auf das bloße ›Verlautbaren‹. Die Geschwindigkeit der Informationsverteilung hat sich mit der Benutzung der typographischen Medien nicht nur virtuell, sondern faktisch erhöht. *»Ich glaube«*, faßt der nun nicht gerade wegen seiner Leistungen auf ideologischem Gebiet bewunderte Johannes Kepler 1606 seine ausführliche Betrachtung der Folgen des Buchdrucks zusammen, *»jetzt erst lebt, ja rast die Welt«*.[88]

Es lohnt zum Abschluß dieses Exkurses vielleicht, darauf hinzuweisen, daß auch in der Gegenwart diese Verknüpfung der Informationssysteme Realität ist. Wenn Boockmann zusammenfaßt, *»daß Reformvorschläge im 15. Jahrhundert von sehr viel weniger Menschen gelesen wurden, als unser modernes Interesse an solchen Texten vermuten läßt«* (op. cit. 133), dann könnte ein Ausflug in die Niederungen heutigen Leserverhaltens leicht Ernüchterung bringen. Wenn die Öffentlichkeit von Regierungserklärungen oder von Parteiprogrammen von der Anzahl derer abhängig gemacht wird, die diese

Texte selbst gelesen haben, dann wäre diese Öffentlichkeit vielleicht doch nicht so viel kleiner als jene der Reformatio Sigismundi.

Vom Geheimbund zur politischen Partei: Eine weitere Rolle der Sibyllenweissagung

Es könnte sein, daß wir, wenn wir den vollständigen von Gutenberg gedruckten Text der Sibyllenweissagung vor uns hätten, doch noch auf einige Unterschiede zu den eben behandelten Reformschriften aufmerksam würden. Eine Mutmaßung soll zum Abschluß der Beschäftigung mit dieser wohl rätselhaftesten Veröffentlichung Gutenbergs noch nachgetragen werden.

Bislang wurde der Druck der Reformschriften wesentlich als eine Technisierung einer spezifischen Form einer ›öffentlichen Bekanntmachung‹ interpretiert. Die Technisierung bringt, weil sie, wie wir gesehen haben, mit sozialen Erwartungen aufgeladen wird, auch andere Konzepte von ›Veröffentlichungen‹, ›Autoren‹ und ›Öffentlichkeit‹ mit sich. Man kann die Sibyllenweissagung aber auch als einen Katalysator sozialer Gruppenbildung betrachten. Diese Möglichkeit steht selbstverständlich auch bei der Analyse der Reformschriften offen. Wenn man die Gruppen vergleicht, die sich um die klassischen Reformschriften (›Avisament‹) einerseits und die Weissagung andererseits scharen, so treten jedoch Differenzen hervor. Die Sibyllenweissagung scheint ihre Anhänger eher untergründig im unorganisierten Bereich des Alltags zu rekrutieren. Durch ihre Transformation in den typographischen Kommunikationskreislauf verliert sie viel von ihrer Kraft, geheime Bündnisse zu stiften. Die Schriften des Kusaners und des Luxemburgers zielten ganz offen darauf ab, Parteigänger für die Abstimmung auf dem Konzil zu gewinnen. Diese Funktion wird nur unwesentlich von der Frage tangiert, ob die Tischvorlage handschriftlich oder gedruckt vorliegt.

Gutenberg – oder einer seiner Gesellen – hat mit dem uns fragmentarisch überlieferten Werk eine Legende aufgegriffen, die in den Köpfen vieler Menschen, adliger wie gemeiner, gespeichert war. Die durch das Schema der Prophezeiung gebündelten Informationen wurden sehr lange von Mund zu Mund weitergegeben – aber eben nicht nur in diesem Medium. Frühzeitig waren handschriftliche Fassungen des Stoffes entstanden und eine derselben dürfte als Vorlage für den Druck gedient haben. Schon hier stellt sich die Frage, warum man überhaupt von dem oralen in das skriptographische Medium wechselte? Wieso bediente sich der schon erwähnte Konrad Schmidt um die Mitte des 15. Jahrhunderts handschriftlicher Prophezeiungen. Die Frage, die man exemplarisch an der Person des Konrad Schmidt abhandeln kann, lautet, warum nahm man schon um die Mitte des 14. Jahrhunderts eine handschriftliche Transformation der Informationen vor? Die Antwort auf diese Frage dürfte auch Hinweise auf die Einsatzbereiche der Drucktechnologie jenseits jenem der ›öffentlichen Bekanntmachung‹ geben.

Im Grunde handelt es sich hier um die gleiche Frage wie jene nach den Gründen für die Aufzeichnung der Lebensgeschichte Jesu, für die Entstehung des Neuen Testaments und vielen anderen ›Religionsstiftungen‹. Es geht um das Phänomen der Verstärkung von Kommunikationsgemeinschaften zu Glaubensgemeinschaften. Handschriftliche Texte wirken als Katalysatoren zur Schaffung von neuen, ideologischen Selbstbeschreibungen. Solange die Informationen nicht schriftlich gebündelt wurden, waren diejenigen, die davon Kenntnis hatten, bloße Mitglieder in der oralen Tradierungskette. Sobald sie sich um das Buch scharen, sind sie Auserwählte. Das neue Informationssystem wird ideologisch aufgeladen und zur sozialen Identitätsstiftung benutzt: alle, die von den Geheimnissen des Buches wissen, die die Informationen, die aus ihm zu ziehen sind, als handlungsleitend für sich anerkennen, gehören zu dem Bund. Um die Briefe des Paulus sammeln sich die Glaubensgemeinschaften in Rom, Korinth und an anderen Orten. Das ist die bemerkenswerte Gemeinsamkeit der vielen sogenannten *Sekten* im Mittelalter, der Katharer, Waldenser, der Anhänger des Wiclif, der Hussiten und vieler anderer, alle sammeln sich um bestimmte Schriften. Die Funktion dieser Schriften war das genaue Gegenteil derjenigen einer öffentlichen Bekanntmachung: sie dienten gerade dazu, Teile aus dieser Öffentlichkeit herauszubrechen, Geheimbünde zu konstituieren. Wurden die geheimen Schriften etwa von einer öffentlichen Instanz, z. B. dem Papst,

anerkannt, so wandelte sich der Geheimbund zu einem Orden und damit zu einem ordentlichen Teil des kirchlichen Gefüges.
Wie ethnologische Befunde aus Afrika, der Karibik, Südamerika, Südostasien und von anderen Orten zeigen, kommt es bei dieser Form des Schriftgebrauchs erst in zweiter Linie darauf an, ob die Mitglieder der neu entstandenen sozialen Gemeinschaft die ›Schriften‹ tatsächlich lesen oder auch nur lesen könnten: dem neuen Informationssystem werden die synthetisierenden und inspirierenden Kräfte durch ›Glauben‹ zugeschrieben – nicht aufgrund von Lesen.[89] Es verwundert deshalb auch nicht, daß das ›heilige‹ Buch oft überhaupt nur von wenigen gesehen wurde. Eine ausgewählte Person besitzt es. Ihr ist es meist von irgendeiner Instanz, die außerhalb der üblichen oralen Tradierungskette steht, übergeben worden. Entweder erhielt sie das Buch schon in schriftlicher Form, wie etwa Moses die Gesetzestafeln, oder aber eine Stimme diktiert ihr im Traum, wie das Buch zu schreiben ist.[90]
Aus diesen Gründen ist auch die Frage nach der Alphabetisierung der Mitglieder dieser Geheimbünde von ganz untergeordneter Bedeutung. Selbst wenn sie – und manchmal auch die Glaubensstifter – ihre Schriften nicht im modernen Sinne lesen konnten, so hatten sie dennoch ihre katalysatorische Funktion.
Auch die Thüringischen Geisler hatten, wenn wir den alten Zeugnissen glauben können, einen solchen gemeinschaftsstiftenden Text, die Sibyllenweissagung. Und sie hatten einen Propheten, eben jenen Konrad Schmidt, der diesen Text – auf wessen Geheiß auch immer – in eine Schriftform gebracht hatte.
Sieht man den Druck des Fragments vom Weltgericht vor diesem Hintergrund, so erscheint er als ein Versuch, einen Bund zu gründen, oder zumindest an einen schon gegründeten Bund anzuknüpfen. Im Unterschied zu den mittelalterlichen skriptographischen Informationssystemen konnte es sich hierbei aber nicht um einen Geheimbund handeln. Die neue Verbündung ging nach Art einer politischen Partei vor aller Augen, in der Öffentlichkeit, vor sich.
Im Gegensatz zu den Schriften in den Händen der mittelalterlichen Ketzerbewegungen verliert der gedruckte Text sofort vieles an ›magischer‹ Kraft. Er kann nicht mehr als Reliquie fungieren,

daran hindert ihn seine standardisierte, rekurrente Existenz. Die weißen Missionare der vorwiegend oralen Eingeborenenkulturen hatten kaum Schwierigkeiten, die Bibel als ein heiliges, religionsstiftendes ›Buch‹ darzustellen. Erstaunen rief vielmehr die Tatsache hervor, daß es viele gleiche Exemplare desselben Buches gab.[91] So ein Buch konnte man nicht mehr anbeten wie die Ordnung des heiligen Franziskus oder das Bild der Mutter Gottes, welches angeblich der Evangelist Lukas selbst malte und das die Türken gerade nach ihrem Einfall in Konstantinopel zum Entsetzen der ganzen Christenheit in Stücke gehauen hatten. Wer eine solche Reliquie mit sich herumtrug, der bekannte sich zu der dahinterstehenden Geschichte. Dieser engere Zusammenhang ging mit dem Buchdruck verloren, selbst wenn übereifrige Zensoren dies bis in die Gegenwart hinein rückgängig machen wollen: nicht jeder, der ein beliebiges Exemplar eines Buches bei sich hat, braucht dessen Inhalt zu kennen, geschweige denn diesen zu billigen. Der Besitz der gedruckten Werke wird, je weiter das neue Medium sich verbreitet hatte, um so weniger zum Katalysator für ideologische Bündnisse. Man mußte lernen, genauer zu unterscheiden zwischen der Kenntnis oder dem Besitz von Informationen einerseits und deren Anwendung im Handeln andererseits. Eine praktikable Lösung dieses Problems war die Umstellung von reiner Gesinnungsverurteilung zu einer solchen aufgrund von Handlungen. (Vgl. Abschnitt 5.5) Aber davon war man in der Praxis des 15. Jahrhunderts noch weit entfernt.

Die besondere Rolle der Sibyllenweissagung liegt aus kommunikationstheoretischer Sicht darin, daß hier die Grundlagen für eine politische Pressepolitik im neuzeitlichen Sinne gelegt wurden. Sie enthält, wenn auch noch ganz in der traditionellen legendenhaften Form, ein politisches Programm. Diejenigen, die diesem Programm zustimmen, es weiter tradieren und vertreten, werden zu Anhängern einer Partei, die von allem Anfang an für jedermann zugänglich ist: kein Geheimbund mehr, sondern eine öffentliche Angelegenheit.

3.3 Die Technisierung der privaten Informationsverarbeitung: Kalender und lateinische Handbücher

Bislang haben wir uns nur mit dem Einsatz der typographischen Datenverarbeitung in Institutionen und für die öffentliche, gesellschaftliche Kommunikation beschäftigt. Dies entspricht grosso modo dem Gang der historischen Entwicklung in den Mainzer Druckereien. Wie aber mehrfach angesprochen, werden künstliche Informationssysteme auch schon früh für private Zwecke eingesetzt. Schrift entlastet individuelle psychische Informationssysteme. Personen konnten sich Listen oder Rezepte für den Hausgebrauch anfertigen – nicht nur zur Erfüllung ihrer Rolle, z. B. als Lagerverwalter in Institutionen. Diesen ›privaten‹ Einsatzbereich erobert sich die typographische Technologie von 1456 an. Sie weitet damit ihre Einflußsphäre gewaltig aus und substituiert wesentliche Leistungsbereiche der skriptographischen Techniken.

1456 oder 1457 erschien der sogenannte ›*Aderlaß*-‹ oder ›*Laxier-Kalender*‹. Es handelt sich dabei um einen, nur noch fragmentarisch erhaltenen, Einblattdruck. Er vermittelt Informationen über jene Tage, die im Jahr 1457 unter astrologischen Gesichtspunkten für das Einnehmen von Medikamenten und für den Aderlaß günstig waren.

Wie für die Innovationsphase nicht anders zu erwarten, ist nicht klar zu entscheiden, in welcher Funktion das neue Medium eingesetzt wird. Einerseits waren Aderlaßkalender mit Gewißheit eine Art eines Expertensystems, dienten der Unterstützung von Professionals und gehörten insofern in den Bereich der Bürokommunikation. Andererseits handelt es sich bei den Laxiermitteln aber auch um einfache ›Hausmittel‹, die sicherlich auch in Selbstmedikation eingenommen wurden. Eine ähnliche Zwittergestalt besitzt auch der sogenannte ›*Cisianus*‹, ein Einblattdruck, der wohl 1457 hergestellt wurde.[92] In Listenform werden auf der linken Seite des Drucks die Monatsnamen aufgeführt. Rechts davon findet man auf jeweils drei zugeordneten Zeilen in Form von Merksprüchen

Daten des kirchlichen Kalenders aufgeführt. Wer lesen konnte, mochte diesem Blatt so beispielsweise die Information entnehmen, daß ›Ostern‹ in den April fällt. Vielleicht hat ein Schulmeister ein solches Blatt nutzen können, um seinen Schülern eine grobe Vorstellung vom Kalenderjahr zu geben? Möglich ist aber natürlich auch, daß ein ›Hausvater‹ ein solches Blatt auf dem Weihnachtsmarkt erstand und als Geschenk für die Familie mit nach Hause brachte. Es mag an einen Stubenbalken geheftet den verschiedensten Zwecken gedient haben. Jedenfalls konnten typographisch gespeicherte Informationen nunmehr in der Wohnstube abgerufen werden.

Auch über den ›astrologischen Kalender‹ auf das Jahr 1448 können die Meinungen auseinandergehen. Kapr meint: »Mit dem Kalender sollten Laienastrologen die Positionsangaben der Gestirne zur Verfügung gestellt werden, durch deren Hilfe die Veränderung der Planetenstellung für etwa 20-30 Jahre nach 1448 errechnet werden konnte.«[93] Zugestehen wird man, daß sich das Blatt nicht an Astronomen/Astrologen oder Mathematiker wendet, die an den Universitäten ausgebildet wurden. Reine ›Laien‹-Beschäftigung waren aber solche Berechnungen gewiß nicht. Der Kalender wird sich demnach wohl an die wachsende Schicht von Personen gewandt haben, die sich ohne akademische Bildung der Gesundheitsfürsorge widmeten, die Bader, Scherer, Kräuterweiber und ›Krämer‹. An ihrem Arbeitsplatz mag das Plakat (67 x 72 cm!) aufgehängt worden sein.

Eine deutliche Differenzierung zwischen denjenigen Informationssystemen, die für Institutionen und deren Agenten entwickelt werden und denjenigen Systemen, die für den selbständigen Gebrauch der Laien zuhause gedacht sind, muß sich erst mühselig durchsetzen. Generell kann man feststellen, daß die Ausdifferenzierung des Privaten durch den Einsatz der neuen Medien enorm gefördert wurde: man ist nunmehr nicht mehr unbedingt auf soziale Interaktion angewiesen, um sich Informationen zu beschaffen. Der auskunftgebende Experte wird z. T. durch das Buch ersetzt. Der ›astronomische Kalender‹ erscheint als ein Interaktionspartner, an den man Fragen stellen kann.

Diese Leistung wird dann einige Jahre später bei der Buchwerbung auch ganz bewußt in den Vordergrund gestellt. Erhard

Ratdolt und Bernhard Maler stellen ihrem auf Johannes Regiomontanus (Hans Königsperger) zurückgehenden ›*Calendarium deutsch*‹ (Venedig 1478) ein mit Bordüren hübsch verziertes Gedicht voran, in dem es heißt:

> »*Das buechlin behende / du billich lernen solt*
> *und es achte(n) fuer edel gestain / silber / und golt*
> *Kalendarius gehaissen zu latein*
> *leret dich der svnne(n) hoech* [Sonnenstand] *und*
> *mo*[n]*des schein*«

Fortan ist es nicht nur der Magister, der ›lert‹, sondern auch das technische Medium Buch. Es ermöglicht es darüberhinaus, ›*zu erkennen gute zeit zu aderlaß*‹. Mehr noch, es ›*verkündet auch tages- und nachtes leng durchs iar*‹ und noch viele andere Informationen.[94]

Das neue Informationsmedium, das ›lehrt‹ und ›Erkenntnisse‹ ›verkündet‹, wurde eigentlich von Anfang an von den Buchdrukkern in zwei Varianten auf den Markt gebracht: einmal in der eben behandelten Form volkssprachlicher Rezepte, Kalender und Listen und zum anderen als lateinisch geschriebenes Fachbuch. Modern gesprochen unterschied man zwischen einem Home-Computer für den ›gemein man‹ und Laien einerseits und dem Personal-Computer zur Unterstützung für die professionelle Tätigkeit von Experten. Zu dieser letzteren Kategorie gehören vor allem die theologischen und juristischen Kommentare und andere Hilfswerke: das ›*Catholicon*‹ des Johannes Balbus (1460, Nr. 30), die ›*Constitutiones*‹ des Papstes Clemens V. (1460, Nr. 32), der ›*Liber sextus Decretalium*‹ des Bonifatius VIII. (1465, Nr. 71), der ›*Dialogus rationis*‹ des Matthias de Crakovia (1460, Nr. 35) und die vielen Schriften der Kirchenväter (Augustinus: ›*De vita christiana*‹ (Nr. 37) und ›*De arte predicandi*‹ (Nr. 81 u. 82), Thomas von Aquin ›*Summa theologica*‹ (Nr. 66, vgl. a. 28), Johannes Chrysostomos, ›*Homiliae super Matthaeum*‹ (Nr. 92) und ›*Sermo super psalmum*‹ (Nr. 93) sowie die ›*Sermones de patientia in Job*‹ (Nr. 114). (Die Nummern beziehen sich auf die Angaben in der *Abb. 24b*) Einzelne Druckereien spezialisierten sich auf die Produktion von personalen Informationssystemen für die Experten – so z. B. Ulrich Zell in Köln – andere, wie etwa Albrecht Pfister in Bamberg, schufen einfach zu hand-

habende ›Werke‹ für den Hausgebrauch der Laien. Die Ausdifferenzierung der beiden Formen setzt erst in den sechziger Jahren ein. Zunächst scheint der Markt für die Expertensysteme (lateinische Fachbücher) attraktiver gewesen zu sein. Auch in den siebziger Jahren expandiert er sehr stark, während der Anteil der einfachen (›gemeinen‹) Ratgeber vergleichsweise gering bleibt. Dies mag seine Ursache nicht zuletzt in dem noch sehr unscharfen Profil des letzteren Kundenkreises gehabt haben. Es gab keinerlei sichere Erfahrungen darüber, für welche Typen von Informationen sich eine Technisierung lohnte. Die Probleme, zu denen die Bücher Lösungsprogramme formulierten, mußten erst langsam in einem diskursiven Prozeß zwischen den Druckern und dem Publikum ermittelt werden. (Vgl. Abschnitt 6.9) Die Standardprobleme, vor denen die Theologen und Juristen andererseits standen, waren bekannt und auch die Lösungsprogramme lagen in skriptographischer Form schon weitgehend vor.
Das Laienpublikum stellte sich in dem harten Konkurrenzkampf der Drucker aber recht bald als ein Kundenreservoir heraus, auf das man nicht verzichten konnte. (Vgl. Abschnitt 6.1) Begrenzt wurde dieser Absatzmarkt nur durch die Sprachen des ›gemein mans‹, die verschiedenen Volkssprachen. Ansonsten erwiesen sich die Einsatzmöglichkeiten der neuen Medien in diesem Bereich in den nachfolgenden Jahrzehnten als überraschend vielfältig. Die Informationsbedürfnisse des Laienpublikums scheinen zumal in den ersten Dekaden des 16. Jahrhunderts jene der Institutionen und deren Agenten weit hinter sich gelassen zu haben. Sie bilden den Ausgangspunkt für zahlreiche informationstechnische Experimente.

Wie verändert die typographische Technologie die private Informationsverarbeitung? Sie erleichtert die Praxis in Haus und Beruf, indem sie vor allem die Informationsbeschaffung vereinfacht und rationalisiert. Orientierungsrelevante Daten liegen in den Kalendern und Rezepten abrufbereit vor. Auf der anderen Seite findet zugleich damit eine Standardisierung der privaten und institutionellen Routinetätigkeiten statt. Die in dem Buch gespeicherten Informationen sind in völlig identischer Weise nunmehr in vielen Haushalten und Werkstätten vorhanden. Richtet man sich nach ihnen, so findet auch ein Vereinheitlichungsprozeß der Praxis statt. Diesen kann man auch als eine Vergesellschaftung von zuvor privaten, teilweise geheimgehaltenen, Handlungen verstehen. Der Alltag des einzelnen Menschen wird langsam und für die Betroffenen kaum merklich durch Programme mitbestimmt, die typographisch objektiviert vorliegen. Zwar wurde auch das alltägliche Leben der mittelalterlichen Menschen durch technisierte Informationen geregelt, aber nur die wenigsten von ihnen konnten diese Programme selbst ›sehen‹ und sie sich unmittelbar aneignen: Die handgeschriebenen Bibelauszüge und Kirchenkalender prägten den privaten Alltag – aber sie konnten ihre Wirkung nur vermittels der Prediger als zusätzlichen Transformatoren entfalten. Das typographische Medium eröffnet einen direkten Zugriff auch auf die verschiedensten Bereiche des alltäglichen Lebens. Bis diese Möglichkeit umfassend ausgeschöpft wird, dauert es freilich noch eine lange Zeit.

3.4
Die Technisierung der Unterhaltungskunst

Bildprogramme:
Die Experimentalkunst A. Pfisters

Unter den Pionieren der Frühdruckzeit nimmt Albrecht Pfister in Bamberg eine Sonderstellung ein. Vielleicht noch in den fünfziger Jahren erschien sein ›*Ackermann aus Böhmen*‹, ein ›*Büchlein*‹, in dem ›*beschrieben ist ein Krieg, wann einer dem sein liebes Weib gestorben ist, schildert den Todt*‹. Am 14. Februar 1461 erscheint Ulrich Boners ›*Edelstein*‹, im folgenden Jahr die ›*Vier Historien*‹ (von Josef, Daniel, Judith und Hester) sowie eine deutsche und eine lateinische Ausgabe der ›*Biblia pauperum*‹. Das Verlagsprogramm wird 1463 noch durch eine deutsche Übersetzung der Fabelsammlung des Jacobus de Theramo ergänzt. Bis auf dieses letzte – vielleicht das ›belehrendste‹ – Werk sind alle Drucke Pfisters reichhaltig mit Holzschnitten ausgestattet. Sowohl vom ›Edelstein‹ als auch vom ›Ackermann‹ und der ›Biblia pauperum‹ sind mehrere Bamberger Ausgaben bekannt.[95]

Mit den Experimenten Pfisters beginnt die Typographie Einzug zu halten in den Bereich der heiteren und ernsten Unterhaltung. Er experimentiert mit der Technisierung der bislang weitgehend an bestimmte Aufführungssituationen gebundenen Unterhaltungskunst durch die neuen text- und bildverarbeitenden Medien. Sein Ziel scheint es zu sein, diese Kunst auch den Laien in ihren Häusern und an anderen, ursprünglich dafür nicht vorgesehenen, Orten zugänglich zu machen. Diese sollen sich selbst durch persönliches – lautes oder leises – Vorlesen und durch eigenes Betrachten der Bilder ergötzen.

Ähnliche Programme wird später Mentelin in Straßburg mit dem Druck des ›*Parzival*‹ von Wolfram von Eschenbach (1477) und des ›*Jüngeren Titurel*‹ in Gang bringen. Ulrich Zell versucht sich mit dem Druck der Geschichte von ›*Griseldis*‹ 1469 (?) auf diesem Gebiet. Ende der siebziger Jahre erscheinen diese und andere mehr oder weniger vergnügliche Historien bei Bämler in Augsburg, bei Zainer in Ulm und an anderen Orten. (*Vgl. Abb. 31*) Man wünscht sich, daß der Leser *»etliche ergeczlikit dar vß ze enpfachen / die och nuczlich ist«.*[96] Auch die nicht zweckgerichtete Tätigkeit, die heute so genannte ›Freizeitbeschäftigung‹, soll über das neue Medium gesteuert werden. 1473 bemerkt Steinhöwel, er habe *De claris mulieribus* von Boccaccio übersetzt, um *›myne zyt nit gar müßige ze vertryben‹*.[97] Aber natürlich soll die Lektüre auch bei der Fürstin und Erzherzogin von Österreich, Eleonore, der er sein Buch widmet, sinnstiftend wirken und die Langeweile vertreiben.

Ähnlich wie sich heute die neuen elektronischen Medien im Wohnzimmer zunächst über die Video-Spiele, also entschieden visuell aufgebaute Programme, durchsetzen, so versuchte auch Pfister die ikonisch kodierten Informationen in den Vordergrund zu rücken. 203 Abbildungen sind es in der ersten Auflage des Edelsteins, 136 in der Biblia pauperum – wiederholte Verwendungen ein und desselben Bildes eingeschlossen.

Gewiß motivierte Pfister zu seinen Experimenten die seit dem Chrysostomosschüler Nilos (gestorben 430) bezeugte kirchliche Lehrmeinung, daß *»die des Schreibens Unkundigen, die auch die heilige Schrift nicht lesen können, durch die Betrachtung des Bildes an die Rechtschaffenheit der echten Diener des wahren Gottes erinnert und zur Nachahmung der herrlichen und großartigen Tugendwerke angespornt werden«* sollen.[98] Seit dem Pontifikat von Gregor dem Großen konnte sich der Klerus zur Rechtfertigung von Bildpropaganda auch auf eine päpstliche Autorität stützen. Dieser hatte gebilligt, daß ›Gemälde in der Kirche angebracht werden, damit diejenigen, die die Schrift nicht lesen können, an den Kirchenwänden betrachten können, was sie in den Büchern nicht zu lesen vermögen‹.[99] Wohlgemerkt: ›an den Kirchenwänden‹! Bilder waren als ein kirchen-öffentliches – und damit für die Kirche leicht kontrollierbares – Medium der Belehrung legitimiert. Andere ›öffentliche‹ Formen von Bildpropaganda sowie ›privater‹ Konsum von Bildern war damit noch keineswegs erlaubt. Aber auch dieser trat später im Mittelalter auf. Leider sind uns aufgrund der ›Gebrauchtsituation‹ nur wenige der gemalten und teilweise handschriftlich erläuterten sogenannten ›Bilderbogen‹ aus dem 13. oder 14. Jahrhundert überliefert.[100] Seuse teilt in seinen Schriften mit, daß er sich Bilder vor das Fenster hängte, um auf diese Weise ein Stück ›Kathedrale‹ in seine Stube zu holen.[101] Ähnliche Funktionen besaßen die vielfältigen Andachts-

Abb. 31: Die Verbreitung der ›vergnüglichen‹ Literatur in der Frühzeit des Buchdrucks

Titel	Jahr des Erstdrucks	Zahl der Auflagen 1471-1550	1471-1480	1481-1500	1501-1520	1521-1530	1531-1550	1551-1600
Johann v. Saaz: Ackermann	(um 1460)	16	5[6]	5	3	–	1	–
Heinrich Steinhöwel: Griseldis	1471	22	10	4	2	1	5	3
Heinrich Steinhöwel: Apollonius	1471	10	3	3	2	1	1	3
Joh. Hartlieb: Alexander	1473?	16	5?	5	5	–	1	1
7 weise Meister	1473	33	4	10	5	–	14	15
Thüring v. Ringoltingen: Melusine	1474	25	10	6	3	–	6	9
Trojas Zerstörung	1474	15	4	5	4	1	1	2
Niclas v. Wyle: Guiscard und Sigismunda	(1476/77)	16	7	6	2	–	1	2
Herzog Ernst	(um 1477)	11	3	3	3	1	1	4
Niclas v. Wyle: Euryolus und Lucretia	(um 1477)	10	4	2	1	–	3	2
Heinrich Steinhöwel: Aesop	(um 1477/78)	26	3	13	3	1	6	11
Laurin	(1479)	7	1	2	3	–	1	4
Philipp Frankfurter: Pfarrer v. Kalenberg	(um 1480)	8	1	3	1	1	2	5
(Joh. v. Würzburg): Wilhelm v. Österreich	1481	3		2	–	–	1	–
Anton v. Pforr: Buch der Beispiele	(um 1481)	18		7	2	3	6	6
Salomon und Markolf	(1482)	15		8	5	–	1	6
Heinrich Steinhöwel(?) Gottfr. v. Bouillon	1482	6		1	4	–	1	1
Eleonore v. Österreich: (?) Pontus und Sidonia	1483	7		4	1	–	2	6
Egenolf v. Staufenberg: Peter v. Staufenberg	(um 1483)	5		4	–	–	1	6
(Eilhart v. Oberg): Tristrant und Isalde	1484	5		2	1	–	2	9
Sigenot	(vor 1487)	9		6	2	1	–	9
Bruder Claus	(um 1487)	6		3	–	2	1	1
Dracole Waida	1488	14		9	3	1	1	2
Bruder Rausch	(um 1488)	10		2	7	–	1	4
Stynchyn van der Krone	(um 1489/90)	2		2	–	–	–	–

Titel	Jahr des Erstdrucks	Zahl der Auflagen 1471-1550	1471-1480	1481-1500	1501-1520	1521-1530	1531-1550	1551-1600
Vier Kaufleute	(1490)	7		6	1	–	–	–
Eckenlied	1491	4		2	2	–	–	7
Marquard v. Stein: Ritter vom Turm	1493	6		3	2	–	1	4
(Wirnt v.Gravenberg): Wigalois	1493	2		1	1	–	–	7
Haimonskinder	1493	2		1	–	–	1	–
Neithart Fuchs	(um 1495)	2		1	–	–	1	1
Reinke de Vos	1498	10		1	2	–	7	15
Florio und Biancefłora	1499	4		2	–	1	1	4
Elisabeth v. Nassau-Saarbrücken: Hug Schapler	1500	3		1	1	–	1	2
Lanzelot	(um 1500)	3		1	2	–	–	–
Fortunatus	1509	11			2	1	8	14
Hermann Bote: Eulenspiegel	(1510-11)	18			4	–	14	12
Orendel	1512	2			2	–	–	–
Friedrich Barbarossa	(um 1512)	3			3	–	–	–
Elisabeth v. Nassau-Saarbrücken: Loher und Maller	1513	2			2	–	–	2
Elisabeth v. Nassau-Saarbrücken: Herpin	1514	1			1	–	–	4
Peter Wernher: Phyloconio und Eugenia	1515	2			1	–	1	–
Erhart Lurcker: Giletta	(um 1519)	3			2	–	1	–
J. Adelphus Mulingus: Friedrich Barbarossa	1520	6			1	1	4	2
Wilhelm Ziely: Olivier und Artus	1520	3			1	2	–	1
Wilhelm Ziely: Valentin und Orson	1521	2				2	–	5
Johannes Pauli: Schimpf und Ernst	1522	26				3	23	17
Fierebras	1533	2					2	1
Veit Warbeck: Magelone	1535	12				–	12	8
Wilhelm Salzmann: Kaiser Oktavian	1535	6				–	6	7

bilder. Sie ersetzten Hostien, Altäre, Heilige und ähnliche kirchliche ›Einrichtungen‹ symbolisch und ermöglichten ihren Transport aus der öffentlichen in eine privatere Sphäre. Andachtsbilder diesen Typs, ein Madonnenbild und ein Heiliger Christophorus, waren es dann auch, die vermutlich zuerst mit der neuen Holzschnitt- und Drucktechnik hergestellt und 1418 bzw. 1423 auf den Markt gebracht wurden.[102] In der *Abb. 32* ist ein solches ›privates‹ Andachtsbild, das in jenen Jahren im bayerischen Raum entstand, wiedergegeben. Schon früher hatte man Erzählungen des Alten und des Neuen Testaments als eine Abfolge von mit Texten unterlegten Bildern auf Pergament dargestellt. Bekannt ist z.B. die später auch im Blockdruck herausgegebene ›Biblia Pauperum‹. Im Kreise der Mystiker scheinen sogar bildhafte Darstellungen von Lehrgesprächen, religiösen Unterweisungen, zirkuliert zu haben. Überliefert ist ein Bilderbogen ›*Christus und die minnende Seele*‹, in dem Christus einer Gläubigen (der minnenden Seele) in 20 untertitelten Bildern die mystische Erkenntnislehre als Abfolge von Askese, Kasteiung, Meditation und anderen Stufen der Versenkung bis hin zu dem Erlebnis der Einigung mit Gott, der ›unio mystica‹, vermittelt. *»Das Zwiegespräch zwischen der gottsuchenden Seele und Christus ist dabei ein Abbild«* – eine technische Substitution – *»seelsorgerlicher Zwiegespräche von Seelsorgern im Geiste Seuses mit den anvertrauten Nonnen.«*[103] Jedenfalls lieferten sie Anregungen für Andacht und Belehrung im Kreise von Gläubigen – auch dann, wenn keine ›literaten‹ Kleriker anwesend waren. An diese Traditionslinien schließen die ersten Drucker an. Wohl noch vor 1462 erscheint ein schmales Büchlein, in dem die ›*Sieben Freuden Mariae*‹ und die ›*Leiden Christi*‹ dargestellt werden. Ein anonymer Wanderdrucker hatte Metallschnitte von Andachtsbildern, die vermutlich am Oberrhein entstanden waren und dort separat vertrieben wurden, gesammelt. An einem unbekannten Ort in Bayern druckte er Erläuterungen zu diesen Bildern, Gebete und Nacherzählungen des Neuen Testaments. Danach fügte er Bild und Text zu einem der frühesten bebilderten Bücher zusammen.[104] Nach einem ähnlichen Schema mag auch Pfister vorgegangen sein.

Man sieht an diesem Beispiel, wie sich im typographischen Medium eher private und eher öffentliche mittelalterliche Kom-

Abb. 32: Private Andachtsbilder in dem neuen Medium: Christus am Kreuz (Einblattholzschnitt)

munikationsformen miteinander verknüpfen und dabei ihren Charakter verändern. Die ›gemeine‹ Bildpropaganda in den Kirchen und in den Bilderbögen wird mit den Broschüren der Frühdrucker in die heimischen Stuben hineingetragen und damit in gewissem Sinne privatisiert. Die Andachtsbilder, Gebete und Texte, die zur inneren Einkehr anleiten sollen, bekommen durch den Druck andererseits einen öffentlichen Charakter. Sie werden bei der häuslichen Lektüre gleichsam wieder reprivatisiert.

Als im modernen Sinne Unterhaltungskunst oder ›Belletristik‹ kann man streng genommen kein Werk des Bamberger Frühdruckers ansprechen – vielleicht überhaupt keinen ›Bilderbogen‹ und kein ›Blockbuch‹ des 15. Jahrhunderts. Der *›Ackermann‹* diente ähnlich wie die zur gleichen Zeit im Holztafeldruck vielfach hergestellten *›Ars moriendi‹* als eine Hilfestellung für den Umgang mit Trennung und Tod.[105]
Der Straßburger Prediger Johannes Geiler von Kaysersberg weist in seiner Übersetzung von Gersons ›Ars moriendi‹ 1497 eindringlich darauf hin, wie notwendig es nicht nur sei, solche Bücher überhaupt zu drucken, sondern sie auch in Tafelform herauszubringen und an die Wände in den Spitälern anzuschlagen: *»Item es sterben viel das merenteil«*, so klagt er, *»das niemans by ynen stot, als ich gehört und selbs gesehen hab, sie niemans ermant noch den glouben furspricht und also blyben todt liegen das niemand darumb weisset. Ist unkristlich; es solt ein tafel da hangen, daran geschriben stand des christen gloub, und stuck wie man sich halten soll by einem sterbenden mönschen, gebet und ermanung, die im ouch getruwelech sollen fürgehalten werden und gelesen.«*[106] Geiler von Kaysersberg nimmt damit eine Anregung des berühmten Gerson auf, der in seiner Vorrede zur Sterbekunst schrieb, man solle sie ›auf Tafeln an den Wänden in ›locis communibus‹, also in öffentlichen Einrichtungen wie Parks, Kirchen, Schulen, Hospitälern oder Klöstern anbringen. Der Konstanzer Konzilstheologe und Pariser Universitätskanzler suchte zu Beginn des 15. Jahrhunderts also nach einem Informationsmedium für die klerikale Öffentlichkeit und für die bedürftigen Laien. Ihm fiel zu jener Zeit, Jahre vor der Ausreifung der Gutenberg-Technik, nichts anderes ein, als Tafeln an die Wände zu bringen. Der Druck von kleinen Broschüren wird seinem Wunsch in der Folge gewiß besser gerecht als das Anheften

von Texten, die ja, wie die ›Ars moriendi‹, eher zur Meditation anleiten sollen, in zugigen Klostergängen. Man hielt die Vorbereitung auf das Sterben und die Verarbeitung des Todes nahestehender Personen für eine Fähigkeit *(›ars‹)*, die zu erlernen war. Ebenso diente auch die Betrachtung einer *›Armenbibel‹* – als Handschrift, Blockbuch oder als typographisches Werk – und der *›Vier Historien‹* oder anderer Legenden dem Seelenheil und war insoweit belehrend.[107]

Auf den Belehrungscharakter einer anderen Gruppe früher bebilderter Druckerzeugnisse, der Fabeln, die im *›Edelstein‹* und im gewissen Sinne auch im *›Belial‹* des Jakobus de Theramo (Nr. 63 in der *Abb. 24b*) gesammelt sind, braucht kaum noch extra hingewiesen zu werden.[108]

Diese ›erbauliche‹ Ausrichtung teilen die Frühdrucke Pfisters mit den Blockbüchern. Nun werden diese und deren handgeschriebene Vorläufer deshalb gelegentlich auch als ›Unterrichtsstoff‹ bezeichnet.[109] Das ist natürlich im Einzelfall nicht auszuschließen – aber es lohnt sich, den wesentlichen Unterschied zu den Lernmitteln in den artes liberales und auch in den artes mechanicae festzuhalten: In den unterhaltenden Informationssystemen werden die Personen nicht als (angehende) Professionals angesprochen. Die Pfisterschen Drucke geben beispielsweise Informationen zur Stabilisierung des psychischen Gleichgewichts, der Heilung der Seele oder der *›Seele Trost‹*, wie es in einem anderen niederdeutschen Druck heißt. Durch Selbstbezeichnungen wie *›Spiegel des menschlichen Lebens‹*, *›Spiegel menschlichen Heils‹* (Speculum humanae vitae bzw. salvationis) oder eben auch *›Edelstein‹* machen die Bücher deutlich, daß sie als ein Instrument der Selbsterkenntnis, als ein Akt in einer selbstreflexiven Veranstaltung gedacht sind – und zwar keiner sozialen, sondern einer individuellen psychischen Selbstreflexion. Trauerarbeit, das Thema des *›Ackermanns‹*, muß jeder für sich selbst leisten und lernen. Welche Lehren aus den Fabeln gezogen werden, hängt von der Biographie des einzelnen ab. Ganz im Gegensatz zur ›nützlichen‹ Fachprosa, in der der Rezipient durchweg als soziale Rolle: Geschützmeister, Chirurg, Theologe, Apotheker usw. typisiert und angesprochen wird, bleibt der Leser der Unterhaltungsliteratur ein Individuum. Man überläßt es seinem Temperament, welche Informationen er aus dem Buch zieht. ›Wie die Biene bei den Blumen‹, so schreibt Steinhöwel in seiner schon erwähnten Aesop-Ausgabe, ›die nur die Süßigkeit des Honigs und den Nutzen des Wachses sucht, und die übrigen Teile der Blume ungelesen läßt‹, so solle auch der Leser der Fabeln nur das aus ihnen ziehen, was ihn erfreute und ihm nützlich sei. Diese Selektionsfreiheit kann den Benutzern der fachlichen Informationssysteme, der Sachprosa, nicht zugestanden werden. Auch müssen dort, wenn z. B. der Bau eines Destillierofens geschildert wird, die Programme Stück für Stück nacheinander abgearbeitet werden. Es geht nicht an, daß der Benutzer nach eigenem Programm wie eine Biene von der einen zur übernächsten Blume springt.

Aufgrund dieser Differenzen scheint es sinnvoll, die Werke Pfisters und die vergleichbaren Blockbücher deutlich von den technischen Hilfsmitteln organisierter Informationssysteme wie der Schule abzusetzen. Aber selbstverständlich stehen sie noch am Anfang einer typographisch-technisierten Unterhaltungskunst. Deren ›ergötzliche‹ Seiten werden im 15. und 16. Jahrhundert eher in den Druckausgaben der ›alten Meister‹ der Sangspruch-Dichtung, der Schwank- und Volksbücher, der Volks- und Meisterlieder und des ›Narrenschiffs‹ Sebastian Brants faßbar als in den Fabeln und bebilderten Historien des Albrecht Pfister.

Kurzweilige Materien:
Typographische Simulation von Sang, Schauspiel und Erzählen

Auch die Druckerzeugnisse, die sich selbst als ›ergötzliche‹ oder ›kurtzweilige‹ Programme beschreiben, greifen in traditionelle mittelalterliche Kommunikationssysteme ein, verändern diese – oder verstärken zumindest schon eingeleitete Veränderungen. Ihre Ursprünge liegen in heidnischen Umzügen, der Kunst, höfische Feste zu feiern, sich mit Jongleuren, Akrobaten und Erzählern die ›Zeit außerhalb der Arbeit‹ zu vertreiben und schließlich auch in den städtischen Spielen und Karnevalsumzügen. Diese bäuerlichen, höfischen und später städtischen Aufführungssituationen sind ungemein vielfältig. Ihre Transformation ist ein komplizierter Prozeß, der vor allem die Literaturwissenschaft von Anbeginn an beschäftigt hat. Stichworte sind hier: Übergang von höfischer zu städtischer Literatur, Verbürgerlichung der Kunst, Prosaauflösung.[110] Da der Transformationsprozeß nicht im Mittelpunkt dieser Arbeit stehen soll, begnüge ich mich damit, knapp und recht allgemein anzudeuten, in welcher Form er aus kommunikationstheoretischer Sicht beschrieben werden könnte.[111]

Als Ausgangssituation sei eine organisierte Aufführung mit professionellen Unterhaltungskünstlern, Sängern, Erzählern (Barden) und/oder Schauspielern auf der einen Seite und einem Publikum (Betrachtern, Zuhörern) auf der anderen Seite genommen. Wie strikt diese Rollenscheidung durchgehalten wurde, variierte im Mittelalter. Die Erzählerrolle konnte wandern, das Publikum mitspielen. Es konnte sein, daß Professionals als Zeremonienmeister ein ›höfisches‹ Publikum mehr oder weniger komplett in Akteure, Schauspieler verwandelten.[112] In den allerfrühesten Phasen ist man bei diesen Aufführungen ohne skriptographische Medien ausgekommen. Die Barden lernten ihre Texte (Heldenlieder, Fabeln und anderes) in einer langjährigen Ausbildung auswendig. Dieses Auswendiglernen war kein Memorieren eines schriftlich fixierten Textes – was wohl die gegenwärtige Standardvorstellung bei dem Begriff ›Auswendiglernen‹ ausmacht. Es war kein Informationsspeicher, unabhängig von der Psyche der Professionals, vorhanden.[113] Mit Gewißheit wird es auch nicht bei allen Informationstypen um ein genaues, wortgetreues Auswendiglernen angekommen sein. Die Genauigkeit, die etwa für die Tradierung der Rig Veda oder des Korans in den entsprechenden Priesterschulen angestrebt wurde, brauchte man nicht, wenn man vortrug, wie Roland sich doch endlich entschloß, seinen Kaiser mit Hilfe seines Hornes ›Olifant‹ in das Tal von Roncesvalles zurückzurufen. Wichtiger war es, durch gestische, mimische und vor allem prosodische Mittel die Zuhörer die verzweifelte Situation Rolands nacherleben zu lassen. P. Gaechter hat sehr genau beschrieben, daß und inwiefern gerade die situationsbezogene ›Modifikation‹ von Programmen zu den besonderen Qualitätsmerkmalen eines irischen Filii gehörte.[114]

Schon die Einführung der skriptographischen Informationsmedien hat diese Aufführungssituation verändert. Im einzelnen erwies es sich freilich für die Literaturhistoriker als schwierig, genauer zu bestimmen, in welcher Funktion die skriptographischen Informationsmedien in diesen Aufführungssystemen eingesetzt wurden, bei welcher Gelegenheit man sie überhaupt benutzte.[115] Zumindest manche schriftliche Textfassung wird man als Programm zur Vor-, Durch- und/oder Nachstrukturierung (Reflexion) der mündlichen und akrobatischen Aufführungen verwendet haben. Für diese Zwecke brauchte der Text nur rezeptartig und wenig ausgefeilt zu sein. Zu besonderen Anlässen mögen sie dem Publikum als Erinnerungsstücke und kostbare Geschenke übergeben worden sein – so wie heute noch ›Programme‹ oder Bildbände von Theateraufführungen.

Das Resultat eines kontinuierlichen Einsatzes der skriptographischen Medien wird eine deutlichere Ausdifferenzierung der Aufführungssysteme und eine genauere Markierung ihrer Grenzen gewesen sein. Das Ablaufschema und das ›Setting‹ der Aufführung (z.B. seine Darsteller) sind standardisiert und liegen in schriftlicher Form zumindest rudimentär vor. Die Unterhaltungskunst ist in das Stadium einer durch technische Medien angeleiteten Reproduzierbarkeit eingetreten. Aber natürlich bedarf es noch der Schauspieler und der Einrichtung eines sozialen Systems mit mehr oder weniger großer Öffentlichkeit, um das Kunstwerk zu realisieren.

Der wichtigere Schritt zur Technisierung der Unterhaltungskunst liegt dann vor, wenn das Informationsmedium das Aufführungssystem als Ganzes substituiert – ein ›Buch‹ als funktionales Äquivalent für das Aufführungssystem fungiert. Von diesem Augenblick an entstehen grundsätzlich andere Informationssysteme, die der Unterhaltung dienen. Man kann die Information, die zuvor nur durch Teilnahme an einer Aufführung zu gewinnen war, nunmehr in einem mehr oder weniger öffentlichen Akt des Lesens aus einem skriptographischen Informationsspeicher beziehen. In diesem Speicher sind mit anderen Worten komplexe soziale Systeme symbolisch modelliert. Würde man sich darauf beschränken, nur einzelne Rollen und deren Aufgaben zu beschreiben, so könnte das neue Unterhaltungssystem keine Autonomie gewinnen. Wie weit nun diese Autonomisierung im Mittelalter tatsächlich gediehen

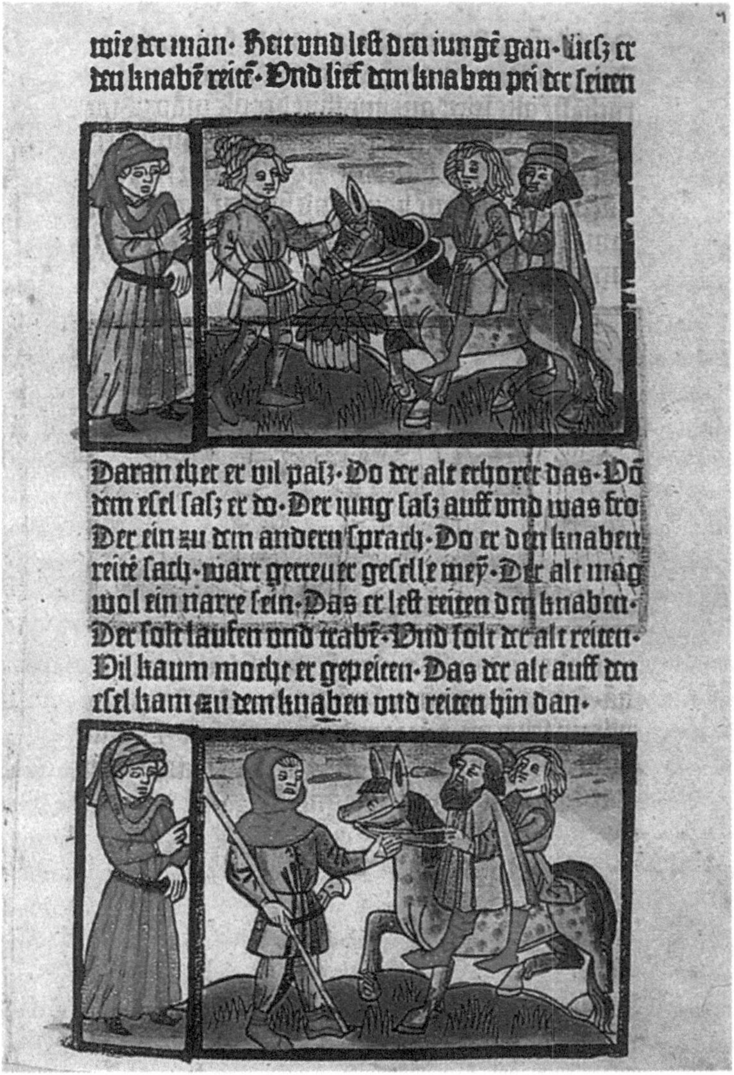

wie der man· Reit vnd lest den iungē gan· ließ er
den knabē reitē· Vnd lief dem knaben pei der seiten

Daran thet er vil paß· Do der alt erhoret das· Dō
dem esel saß er do· Der iung saß auff vnd was fro
Der ein zu dem andern sprach· Do er den knaben
reitē sach· warr getreu er geselle meȳ· Der alt mag
wol ein narre sein· Das er lest reiten den knaben·
Der solt laufen vnd trabē· Vnd solt der alt reiten·
Wil kaum mocht er gepeiten· Das der alt auff den
esel kam zu dem knaben vnd reiten hin dan·

Abb. 33: Die Transformation des Erzählens in das Medium des Drucks: U. Boners ›Edelstein‹, Bamberg 1461/2

ist, bleibt eine empirische und noch weitgehend unbeantwortete Frage.

Noch in Boners ›Edelstein‹ kann man nachvollziehen, welche Schwierigkeiten die Transformation oraler Informationssysteme machte. Die Buchseiten bestehen normalerweise aus einem oder zwei zweigeteilten Holzschnitt(en) und einem zugeordneten Text.[116a] (*Vgl. Abb. 33*) Eine Kassette des Holzschnitts bildet den Erzähler ab, die andere, größere Kassette, die Protagonisten der jeweiligen Fabel (Tiere und/oder Menschen). Dem Leser/Betrachter des Buches werden durch diese Anordnung nicht nur Informationen über die erzählte Fabel, sondern auch über die Situation vermittelt, in der die Fabel vorgetragen wurde. Solange handschriftliche Aufzeichnungen nur als Expertenprogramm für die Unterhaltungskünstler, also z. B. den Erzähler der Fabel, entwickelt wurden, war eine solche ›Beschreibung‹ der Aufführungssituation überflüssig. Je mehr die Aufführungssysteme ›künstlich‹ modelliert werden, umso mehr Informationen werden über sie gesammelt und in den neuen Speichermedien für potentielle Benutzer bereitgehalten. Bilder stellen nur eine Möglichkeit dar, diese neuen, zusätzlichen Informationen zu kodieren; die Expansion von Vorreden, der Einbau von Beschreibungen und schließlich die epische Umkodierung gereimter Texte sind andere.

Kaum einer der Wegbereiter der ›schönen Literatur‹ hat so extensiv mit Bildprogrammen gearbeitet wie Albrecht Pfister. Die mittelalterliche Reimdichtung und deren Prosaauflösung wurden ebenso wie die Volksbücher nur mit vergleichsweise sparsamen Illustrationen in den Druck gegeben. Eine prominente Ausnahme ist hier eigentlich nur das Zusammenwirken von Albrecht Dürer und Sebastian Brant in der Druckausgabe des ›*Narrenschiffs*‹ von 1494. Hier wird der Holzschnitt so eindringlich eingesetzt, daß man das Buch als eine ›Ausweitung früherer Narrenbilderbogen‹ angesprochen hat.[116b]

Auch auf dem Gebiet der Unterhaltungskunst brauchte es eine gewisse Zeit, bis sich Möglichkeiten und Nutzen der verschiedenen Formen der typographischen Informationsspeicherung abschätzen ließen.

Der Prozeß zunehmender symbolischer, sprachlicher oder bildhafter Erfassung von Informationen vollzieht sich nicht nur in der

Unterhaltungskunst, sondern auch im Handwerk und führt dort ebenfalls zu einer Veränderung der skriptographischen Informationsspeicher. Oft schon in den Titelholzschnitten der Druckwerke wird der Leser/Betrachter in die Werkstattsituation hineingeführt. (*Vgl. Abb. 55 und 56*) Der ›Text‹ beschreibt die Situation, alles, was für die Handwerker im Hinblick auf bestimmte Aufgaben orientierungsrelevant ist. Er beschränkt sich keineswegs nur darauf, diejenigen Informationen zu kodieren, die zuvor im Medium der mündlichen Rede in der Werkstatt oder gar nur in den handschriftlichen Rezepten transportiert wurden. (Vgl. u. S. 520ff.)
Die typographische Erfassung von bloßer ›Rede‹ oder von handschriftlichen ›Rezepten‹, von künstlerischem Vortrag oder von Liederhandschriften macht nur in wenigen, speziellen Fällen Sinn. Nimmt man diese als Paradigma für die Veränderungen in der frühen Neuzeit, verstellt man sich den Blick auf die wirklich innovativen Aspekte der Medienrevolution.
Der Erzähler als Bestandteil oraler Informationssysteme hat Konkurrenz bekommen. Und diese Konkurrenz verändert sein Amt und seine Selbstbeschreibung. Andererseits muß immer wieder daran erinnert werden, daß die neuen Medien die alten keineswegs zum Verschwinden gebracht haben. Akrobatische Aufführungen, improvisierte Spiele, Umzüge ohne Regieanweisungen sind Unterhaltungsformen, die auch nach der Einführung der typographischen Datenverarbeitung weiter bestehen. Aber sie spielen nicht mehr die erste Geige in der Kulturszene, werden nicht mehr so prämiert wie ehedem.
Die typographische Erfassung der Unterhaltungskunst hat – wie die Erfassung anderer Informationsbereiche auch – Folgen, die nicht erschöpfend darzustellen sind. Die Standardisierungseffekte werden in der Literaturwissenschaft als ›Kanonbildung‹ umschrieben. Der Beschleunigungseffekt führt zum Anschwellen der Literaturproduktion, zur Ausbildung von Moden und entsprechend zum raschen Veralten einzelner Formen. Ein weiterer Effekt, der letztlich dazu motiviert hat, die Unterhaltungskunst im Rahmen der ›Technisierung der privaten Informationsverarbeitung‹ zu behandeln, ist, daß durch die Technisierung nunmehr im Prinzip jede Person Unterhaltungsinformationen in ihren eigenen vier Wänden abrufen kann: *»Man kan ... wol froehlich seyn und solcher*

[gedruckte] *fabel eine des abends uber tisch mit kindern und gesindt nuetzlich und luestiglich handeln ... wenn ein Hausvater uber tisch wil kurzweyl haben, die nuetzlich ist, kan er sein weib, kind, gesindt fragen, was bedeut diese oder diese fabel? Und beide, sie und sich darin ueben.«*[117]
Die ›Aufführungen‹ sind durch die typographische Technisierung transportabel geworden. Natürlich werden sie nicht nur ins Haus transportiert. Jörg Wickram gibt seiner Schwanksammlung den Titel ›*Das Rollwagenbuechlin*‹. Er möchte damit darauf hinweisen, daß man diesen Informationsspeicher *»in Schiffen und auff den Rollwägen / deszgleichen in scher heüseren unnd badstuben / zuo langweiligen zeiten erzellen mag / die schweren melancholischen Gemüter damit zu ermünderen* [aufzumuntern]*«*. Er fügt hinzu, er habe es ›*allen Kaufleuten*‹ nicht zur Erleichterung ihrer Arbeit, sondern ›*zu einer Kurzweil an Tag bracht*‹.[118] Ergötzliche Informationen sind ›künstlich‹ so weit zusammengepreßt, daß sie in der Tasche jeder Privatperson Platz finden.

3.5
Die Wiedergeburt der Antike als Software: Das skriptographische Langzeitgedächtnis wird umgeschrieben

Alle Kulturen speichern Informationen über ihre Geschichte und machen sie den Zeitgenossen zugänglich. Orale Kulturen können ausschließlich in psychischen Systemen, in dem Gedächtnis ihrer Gesellschaftsmitglieder, ihre Geschichte ›präsent‹ halten. Nach der Technisierung dieser Speicherfähigkeiten durch skriptographische Techniken verfügten die antiken und die mittelalterlichen Kulturen über zwei Archivierungsformen. Beide ›Speicher‹ sind begrenzt, weswegen bei der Aufnahme von Informationen sowohl in das Gedächtnis als auch in die Schriften (Codices) hochgradig selektiv vorgegangen werden muß. Nur ein ganz begrenzter Teil derjenigen Informationen, die eine Generation erwirbt, wird so archiviert, daß die nachfolgenden Generationen darauf zurückgreifen können. Die bei weitem meisten Erfahrungen müssen jeweils wieder von jeder Generation neu gemacht werden.

Die Prinzipien zu ergründen, nach denen die alten Kulturen Informationen als ›speicherungswürdig‹ auszeichneten, liegt nicht im Interesse dieser Arbeit. Tatsache ist, daß das Mittelalter die Aussagen von bestimmten, wenigen Autoren, die schon seit Generationen verstorben waren, für so wertvoll hielt, daß es sie dauerhaft speicherte. Das Interesse an griechischen Rednern und Schriftstellern, wie etwa Homer, Theophrast, Aristoteles, Plato, Euripides und anderen, unterlag gewiß im Laufe der Jahrhunderte erheblichen Schwankungen; abgebrochen ist es nie. Nur weil sich sowohl die Antike als auch die abendländische Gesellschaft permanent um die Speicherung dieser Informationen kümmerten, konnte man im 14. und 15. Jahrhundert auf die Suche nach den ›Klassikern‹ gehen. In einem Sinne ist es insofern irreführend, von der Wiedergeburt (Renaissance) der klassischen Autoren zu sprechen: sie waren niemals vergessen, insofern niemals ›tot‹. Aber es gibt wohl so etwas wie ein historisches Kurzzeit- und Langzeitgedächtnis. Je komplizierter die Gesellschaft, umso mehr differenziert sich das Archiv für die geschichtlichen Informationen aus.

Schon in oralen Kulturen bildete sich etwa eine Schar von Spezialisten für die Archivierung von bestimmten Informationstypen heraus.[119] Nicht mehr jedes Gesellschaftsmitglied – jedes psychische Informationssystem, welches zu einer Kommunikationsgemeinschaft zusammengeschlossen ist, speichert die gleichen Informationen. Nach der Ausbildung der skriptographischen Medien findet eine noch entschiedenere Trennung der Informationsspeicher statt. Dezentral in den verschiedensten Institutionen werden Nachrichten, darunter natürlich auch solche über die ›Klassischen Autoren‹, aufbewahrt. Eine Folge davon ist, daß nicht mehr alle Informationen für alle Mitglieder einer historischen Gemeinschaft gleich leicht zugänglich sind. Viele Informationen sind zwar irgendwo vorhanden, aber die Mehrzahl einer Generation kann die Existenz dieser Informationen vergessen haben. Nur ein begrenzter Schatz von leicht zugänglichen historischen Informationen wird in das Kurzzeitgedächtnis einer Generation aufgenommen. Auf diese Art kann man mit den beschränkten Speicherkapazitäten höchst ökonomisch umgehen. In dem skriptographischen Speicher Vergessenes läßt sich durch Zufall oder nach einiger Mühe wiederfinden. Werden zu viele Informationen aktuell, so können informationspolitische Maßnahmen erforderlich werden. Man verbietet etwa die Vorlesung aus den Schriften des Aristoteles 1210 in Paris, die Universitätsstatuten schreiben dies 5 Jahre später fest. Seine Präsenz für die akademischen Zeitgenossen soll zurückgestuft – und damit Platz für die Aufmerksamkeit für andere Autoren geschaffen werden. An anderen Stätten, an denen das ›Kurzzeitgedächtnis‹ weniger mit aristotelischen Informationen belastet ist, wie z. B. in Toulouse, braucht man zur gleichen Zeit nicht gegen die Schriften des Griechen vorzugehen.[120] Der dekretierte strategische Einsatz des Vergessens stellt ein kompliziertes Instrument dar, um den Arbeitsspeicher der Gesellschaft einsatzbereit zu halten. Natürlich wurden auch mal Bücher und/oder die Tradenten von Ideen verbrannt. Dies war dann ein Akt, der auf Löschung von Informationen ausgerichtet war, nicht nur auf eine Erschwerung des Zugangs zu denselben. Aber meist wird die inkriminierte Information an irgendeiner anderen Stelle doch weiter gespeichert. Was bei den Benediktinern nicht mehr tradiert wird, dessen nehmen sich die

Dominikaner an. Wenn schließlich kein ›offizieller‹ Orden mehr bereit ist, sich für das ›Überleben‹ der Ideen eines Autors einzusetzen, dann können sich noch immer außerhalb der ›legalen‹ Institutionen Tradenten finden.

Die Renaissance der klassischen Ideen läßt sich insoweit als eine Umschichtung eines Teils des Informationsspeichers einer Gesellschaft interpretieren: Bestimmte Informationsklassen des Langzeitgedächtnisses werden hervorgeholt und einer Generation unmittelbar zugänglich gemacht. Solange sich die Informationsmedien und die Speicherkapazitäten nicht grundlegend verändern, so kann dies nur zu Lasten anderer Informationsklassen geschehen. Ehemals aktuelle historische Informationen verschwinden in der Versenkung. Autoren und Werke, die im Rampenlicht standen, werden vergessen oder gar verdrängt.

»Erst mit dem 15. Jahrhundert beginnt«, so resümiert Jacob Burckhardt, *»die große Reihe neuer Entdeckungen, die systematische Anlage von Bibliotheken durch Kopieren und der eifrigste Betrieb des Übersetzens aus dem Griechischen.«*[121]

Die Chiffren der alten Speicher erhalten die Seele von Autoren

Genaugenommen sind die Werke, die damals übersetzt und ediert wurden, nur Informationen über Informationen über diese Werke und Autoren. Es gibt keinen einzigen Autographen von Plinius oder Cicero, erst recht nicht von Platon oder Aristoteles.[122] Was die Gelehrten im 15. Jahrhundert in der Hand hielten, waren, im Falle des Plinius etwa, Informationen aus vielleicht zehnter oder, im Falle des Aristoteles, mindestens aus zwanzigster Hand: ein Schreiber hatte aufgeschrieben, was ein anderer abgeschrieben, der selbst einer Rede zugehört hatte, die ein ›Magister‹ über Cicero hielt. Dieser Magister hatte sie von jemandem gehört, der sie selbst von jemandem gehört hatte, der sie wiederum irgendwo gelesen hatte. Dessen handschriftliche Vorlage mag eine Kompilation aus verschiedenen Texten, die einem anderen Gelehrten vorgelegen hatten, gewesen sein. Aber auch die zu Rate gezogenen Handschriften waren schon Abschriften von Abschriften oder von Nacherzählungen und so fort. Dabei dürften die Motivationen bei den einzelnen Tradenten recht unterschiedlich gewesen sein: in der Antike oft bezahlte Kopisten, später Mönche, die die Vorlage kaum verstanden, oder Gelehrte, die bei ihren Kompilationen recht einseitige Interessen, etwa die Anfertigung von Lehrmaterial, verfolgten.

Die arabisch-islamische Tradition hatte sich für bestimmte Informationen mit der Institution der ›Isnad‹ die Mühe gemacht, die Überlieferungskette zu zählen und eine einheitliche Überlieferungsmotivation durchzusetzen. Im Gegensatz dazu wußte das christliche Mittelalter in den seltensten Fällen, über welche Prozessoren die Informationen gelaufen und unter welcher Perspektive sie jeweils gespeichert worden waren.

Was tat man dann aber, wenn man ein solches Informationsbündel als ›De oratore‹ des Marcus Tullius Cicero (106-43 v.Chr.) bezeichnete – jederzeit bereit, diese Fassung gegen andere als die authentischere zu verteidigen? Einer Befragung würdig scheint mir eher die Haltung der Renaissance-Gelehrten gegenüber den gespeicherten Informationen als jene der mittelalterlichen Mönche und Magister. Letztere waren, was die Authentizität der Quellen anlangte, vergleichsweise zurückhaltend. Im Gegensatz zu unserer Zeit betrachteten sie die gespeicherten Informationen nüchtern und pragmatisch als vage Hinweise auf das, was einmal von irgendjemandem – oder vielleicht auch von einem anderen – gesagt wurde. Es ist deshalb auch nur zu verständlich, daß sich die Kopisten und Gelehrten mit einer Zuschreibung von Texten zu Personen kaum beschäftigten und wenig Mühe darauf verwandten, nach alten Exemplaren zu suchen.

Unter den Fachwissenschaftlern ist die Tatsache kaum umstritten, daß ›die Menschen vor dem Beginn des 16. Jahrhunderts der Ermittlung der genauen Identität eines Autors, den sie gerade lasen oder zitierten, nicht die gleiche Wichtigkeit zumaßen, wie wir dies heute tun‹. Sehr selten nur finden wir sie mit solchen Fragen beschäftigt. *»Aber Gleichgültigkeit allein«*, bemerkt etwa E.P. Goldschmidt, *»reicht zur Erklärung der überraschenden und manchmal wunderlichen Vielfalt von Namen, die ein und demselben Text zugeschrieben werden, nicht aus.«*[123] Einen Eindruck von dieser Vielfalt der Adressierung von Informationsbündeln mag ein Beispiel geben.

»Wenn«, so schreibt Goldschmidt, *»in der Bibliothek eines Franziskanerkonvents ein Band mit Predigten unter der Bezeichnung ›Sermones Bonaventurae‹ geführt wurde, so mochte diese Bezeichnung sechs oder mehr verschiedene Bezüge meinen:*

a) Predigten, welche vom heiligen Bonaventura von Fidenza (gestorben 1274) verfaßt wurden;

b) Predigten, welche von irgendeinem anderen Schreiber, der ›Bonaventura‹ genannt wurde, verfaßt wurden;

c) Predigten, welche durch einen Mönch mit dem Namen ›Bonaventura‹ niedergeschrieben worden waren;

d) Predigten, die durch irgendeinen Mönch ›Bonaventura‹ gehalten worden waren;

e) ein Predigtband, welcher einmal einem Mönchen mit Namen Bonaventura gehört hatte;

f) ein Predigtband, bei dem der erste Text durch irgendeinen Bonaventura verfaßt wurde und der deshalb in der Bibliothek unter dem Namen ›Bonaventura‹ eingestellt wurde.

Jede dieser sechs Interpretationen würde einem mittelalterlichen Gelehrten vollkommen richtig und natürlich erschienen sein und es liegt nur an unserer modernen Sichtweise, daß wir die Bezeichnung ›Sermones Bonaventurae‹ auf die Stufe einer Behauptung über die Autorenschaft heben. Ich bin geneigt«, fährt Goldschmidt fort, *»noch eine siebte, sehr viel unbestimmtere, Bedeutung anzunehmen, in welcher eine solche Bezeichnung verwendet worden sein könnte: ein schlichtes ›Benennen nach‹ analog zu Konstruktionen wie ›Sankt James Street‹ oder ›Garrick Theatre‹. Wenn ein Schauspielhaus ›Garrick Theatre‹ genannt wird, so soll damit nicht ausgedrückt werden, daß es jemals zu David Garrick gehört hat oder daß dieser hier jemals aufgetreten ist oder daß er überhaupt irgendeine persönliche Beziehung zu dem Gebäude hat. In der gleichen Weise kann man sich leicht eine Predigtsammlung vorstellen, die unter dem Namen ›Sermones Bonaventurae‹ bekannt geworden ist, nicht weil dieser sie geschrieben oder gehalten hätte, sondern einzig, weil man sie für so gelungen hielt, daß sie würdig waren, seinen Namen zu tragen. Ich glaube«*, schließt Goldschmidt, *»daß die Erklärung für solche Titel wie ›Secreta secretorum Aristotelis‹ oder ›Albertus magnus de secretis mulierum‹ eher in einem solchen intellektuellen Vorgang des ›Benennens nach‹ zu suchen ist, als in einem betrügerischen Schwindel oder übergroßer Naivität.«*[124]

Daß der Fachwissenschaftler die Franziskaner vor dem Verdacht des Schwindels und/oder der Einfältigkeit in Schutz nehmen muß, sagt mehr über die moderne Diskussion dieses Problems aus, als über die Gebräuche des Konvents. Wie auch immer die Adressierung der Predigtsammlung zustandegekommen war, den Bedürfnissen des skriptographischen Informationsspeichers genügte sie. Sie ermöglichte den Zugriff auf die Daten. Die für die Verwaltung der Bücher zuständigen Brüder konnten die ›Texte‹ mit diesen Klassifikationsprinzipien identifizieren. Überregionale, mehrere ›Bibliotheken‹ zusammenschließende Informationssysteme, die dann auch standardisierte Adressierungen erforderlich gemacht hätten, strebte das Mittelalter nicht an. Die dezentralen Speicher besaßen die Freiheit, ihre Informationen nach Prinzipien abzulegen, die für ihre je spezifischen Funktionen am ökonomischsten waren.
Bei diesem Vorgehen blieb der pragmatische Charakter der Benennung als ein Klassifikationsprinzip, das die Speicherung von Informationen und deren Abrufung ermöglichen sollte, unmißverständlich. Dieser nüchterne Blick auf die Funktion von Namen für Werke ging im Spätmittelalter verloren, zuerst in Italien. Langsam nistete sich der Glaube ein, die Adresse, die man Informationsbündeln gegeben hatte, sei mehr als nur ein Erfordernis der Datenverwaltung. Anscheinend unausrottbar setzt sich in der Neuzeit die Überzeugung fest, jede gespeicherte Information müsse auf eine Eingabequelle aus Fleisch und Blut zurückgeführt werden – und könne dies auch letztlich. Diese individuelle Beseelung von Informationen erforderte eine solche imaginative Abstraktion und ein solches Absehen von den Realitäten oraler und skriptographischer Tradierung, daß ihre Durchsetzung nun wirklich ein so unwahrscheinliches Phänomen darstellt, daß es weit eher als die mittelalterliche Speicherpraxis zu eingehender Untersuchung herausfordert. Goldschmidt beschränkt sich bei seinen Erklärungen dieses Umschwungs auf recht allgemeine Hinweise. Zum einen hätten sich die ›physikalischen Umstände, unter denen Bücher gelesen, geschrieben und vervielfältigt‹ worden seien, verändert. Zum anderen habe sich die ›psychologische Einstellung hinsichtlich der Funktionen des Autors‹ verschoben.[125] Dies sind gewiß unbestreitbare Fakten, aber sie gewähren keinen Einblick in

die Dynamik der Veränderung. Sensibler für diese Problematik war da schon Jacob Burckhardt. Für ihn stellte die Begeisterung für die antiken Ruinen, die in Rom für jedermann sichtbar waren, das Zwischenglied zwischen der Einstellung des Mittelalters und jener der Renaissance gegenüber den archivierten Informationen dar.[126] In den römischen Ruinen hatte man im 14. und 15. Jahrhundert noch Reste, auch Inschriften, vor Augen, die unmittelbar von der Antike zeugten. Das Capitol war das Capitol der Caesaren, die Inschriften waren die unmittelbare Speicherung der Rede der Vergangenheit. Die Triumphbögen waren keine Abgüsse und ihre Inschriften keine Abschriften aus zweiter oder dritter Hand. *»Poggio besucht oft den Tempel der Venus und Roma, in der Meinung, es sei der des Castor und Pollux, wo einst so oft Senat gehalten worden, und vertieft sich hier in die Erinnerung an die großen Redner Crassus, Hortensius, Cicero.«*[127] Zweifellos vervollständigte er die Ruinen in seiner Phantasie. Die steinernen Fragmente wurden zu idealen Versammlungsräumen samt diskutierendem Senat ›emendiert‹, verbessert und belebt. So angetan von seiner Vorstellungskraft genügten Poggio bald die modernen Manuskripte der antiken Redner nicht mehr. Auf dem beschwerlichen Weg von Konstanz nach Sankt Gallen trieb ihn die Hoffnung voran, dort auf ähnlich alte Manuskriptruinen zu stoßen, die ihn näher an die alten Autoren zu führen versprachen.

Die Reproduktion schafft neue Originale

Das alte Manuskript gewann eine neue mediale Funktion, es vermittelte das Gefühl eines unmittelbaren Kontaktes zu längst Verstorbenen.

1485 strömte das Volk über die Via Appia, um die ›wunderschöne, wohlerhaltene Leiche einer jungen Römerin aus dem Altertum‹ zu bewundern, die gerade von Bauarbeitern freigelegt worden sein sollte.[128] Kaum einen hätte es wohl gewundert, wenn sie den Anwesenden freundlich zugezwinkert hätte. Die Antike war, zumindest unter den italienischen Zeitgenossen, erwacht. Vergessenes, vielleicht auch Verdrängtes trat mit unwirklicher Klarheit ins Bewußtsein. Nach, oder besser: mit dieser ideologischen Wende verwandelte sich die Einstellung zu den abgelagerten

Schichten des Informationsspeichers gewaltig. Man begann massenhaft, nicht schlicht Informationen, sondern Manuskripte mit Patina zu sammeln. Wie die in den Trümmern Roms gefundenen Statuen wurden die alten Codices aufgekauft und in die Villen und Paläste gestellt. War das Original nicht zu beschaffen, genügten zur Not auch Abgüsse bzw. Abschriften. Man wetteiferte im Sammeln von Büchern wie heute noch im Sammeln von Gemälden. Die pragmatische Funktion der Speicherung historischer Informationen verlor an Bedeutung gegenüber der Bewunderung für das ›schöne‹, einmalige Exemplar. Vor diesem Hintergrund ist dann die Federigo von Urbino nachgesagte Äußerung, er ›habe sich geschämt, ein gedrucktes Buch zu besitzen‹, leicht verständlich: wer zieht schon eine graphische Reproduktion dem Gemälde von Meisterhand vor – und sei sie auch im Vierfarbdruck auf Hochglanzpapier hergestellt?[129]

So ist es denn auch kein Wunder, daß die antike-begeisterten Italiener und viele ihrer humanistischen Nachfolger kein originäres Interesse an der neuen typographischen Technologie besaßen. Wäre es nach ihnen gegangen, so hätte die Wiedergeburt von Vergessenem im 15. Jahrhundert gewiß ein ähnliches Schicksal genommen wie die karolingische Renaissance oder jene des 13./14. Jahrhunderts zuvor. Im gleichen Maße, wie einzelne Informationsbereiche neu fokussiert und klassifiziert wurden, hatte man andere, bis vor kurzem noch präsente Informationen wieder vergessen müssen. Die Drucktechnologie bot nun die historisch neue Chance, den Bereich der zugreifbaren Informationen insgesamt ›künstlich‹ anwachsen zu lassen, weil sie als ein eigenständiges Speichersystem aufgebaut wurde, welches die Mängel der schon vorhandenen Medien kompensieren sollte. Die angestammten Speichertechniken bleiben daneben weiterhin bestehen. Damit wird nicht behauptet, daß die Einführung des Buchdrucks nicht zum Vergessen zahlreicher Informationstypen führte, die zuvor im Gedächtnis oder handschriftlich aufbewahrt wurden. Aber es hat den Anschein, als ob diese Verluste durch den zusätzlichen Speicherraum, den das typographische Medium der Gesellschaft brachte, mehr als wettgemacht wurden. Die mittelalterlichen Renaissancen konnten demgegenüber ›neue‹ Speicherkapazitäten tatsächlich nur durch Umschichtungen in ein und demselben bimedialen, oralen und skriptographischen Informationssystem erwirtschaften. Der Gewinn an ›Gedächtnis‹ bleibt dabei gering.

Die Humanisten als Software-Ingenieure

Die Motivation zur Entwicklung und zum Einsatz der Drucktechnologie ist zwar, wie schon ein Blick auf die Chronologie der Ereignisse zeigt, gewiß nicht beim Anblick der steinernen Zeugen der Antike oder beim Stöbern in Bücherkisten in modrigen Kammern gewachsen, aber nachdem die Technik nun einmal einsatzfähig war, bot sie jedem, der sich mit Informationen beschäftigte, neue Gestaltungsmöglichkeiten.
Ein Blick auf die *Abb. 24b* zeigt, daß das Interesse an einer typographischen Transformation der Werke ›alter Autoren‹ in den ersten 25 Jahren des Buchdrucks ganz gering gewesen ist.[130] Sieht man einmal von der Grammatik des Aelius Donatus (4. Jahrhundert n. Chr.) und einem Auszug aus ›*De vita christiana*‹ des Kirchenvaters Augustinus (5. Jahrhundert n. Chr.) ab, so ist der erste ›klassische‹ Autor, dem wir im Druck begegnen, M. Tullius Cicero (1. Jahrhundert v. Chr.). Unterstützt von J. Andreae, Bischof von Aleria und Sekretär der vatikanischen Bibliothek, veröffentlichen Sweynheim und Pannertz in Rom 1465 ›*De oratore*‹. Im gleichen Jahr erscheint ›*De officiis*‹ in Köln und in Mainz.
Schon bald kommen Neuauflagen und weitere Werke des Redners auf den Markt. (Vgl. die Nr. 72-75, 87/88, 104-106, 131/132 in der *Abb. 24b*)
Relativ früh gehen auch einige Stücke des Horatius Flaccus (1. Jahrhundert v. Chr.) und des Lactanz (4. Jahrhundert n. Chr.) in den Druck. Aber erst im Todesjahr Gutenbergs beginnt die systematische Speicherung des Wissens der Antike in dem neuen Medium. 1469 bringt Mentelin mit der ›*Nikomachischen Ethik*‹ in der Übersetzung des Leonardo Bruni das erste Werk des Aristoteles heraus. (Nr. 151-153) Noch im gleichen Jahr folgen der Geschichtsschreiber Titus Livius und die monumentale ›*Historia naturalis*‹ des Plinius (d. Ä.). Für das letztere Werk hatte Johann von Speier das wohl erste Druckprivileg durchgesetzt: Es steckte viel ›Vor‹-Arbeit in dem Buch und der mit viel weniger Aufwand

mögliche Nachdruck hätte die Kalkulation durcheinander gebracht. Und diese Vorarbeiten werden zu einer Domäne der Humanisten. Sei es, daß ihre Sammlungen, Übersetzungen und Studien ›nur‹ als Vorlage dienen, sei es, daß sie selbst im erweiterten Typographeum mitarbeiten, immer waren Personen gefragt, die über gründliche Kenntnisse der alten Medien und Programme verfügten. Wenn man so will, dann geriet ihnen hier ihre Freude an dem Vergangenen zum Vorteil. Ihr philologischer Eifer wurde für das mühsame Geschäft der Transformation von Information aus dem skriptographischen in das typographische Gedächtnis gebraucht.

Das Geschäft machte rasch Fortschritte. Trotzdem waren noch mehrere Generationen von Vermittlungsspezialisten zu beschäftigen, bis nach den lateinischen auch die griechischen Handschriften – vor allem in der venezianischen Druckerei des Aldus Manutius – ediert und emendiert worden waren.[131] Viele griechische Autoren erschienen zuerst in lateinischen Übersetzungen, Platon z. B. 1484 in jener des Marsilio Ficino, ehe sie – wie Platon 1513 – in der Originalsprache verlegt wurden. *»Um 1520 war die große Aufgabe des Druckes der Klassischen Werke größtenteils abgeschlossen.«*[132] Kaum jemand bestreitet heute, daß die typographische Erfassung des ›klassischen‹ Wissens kaum mehr als sechzig Jahre in Anspruch nahm.[133]

Mit welchem Recht kann man dann von einer Wiedergeburt, einem *Rinascimento* der Antike sprechen? Aus informationstheoretischer Sicht läßt sich antworten: Die antiken Programme emergieren im 15./16. Jahrhundert auf einer neuen Stufe, als Software in einem völlig neuen Informations- und Kommunikationssystem. Nachdem die Klassiker irgendwann ›leiblich‹ gestorben waren, dann ihre Autographen verschwanden, ›lebten‹ sie als Programme in den skriptographischen Informationssystemen der Antike und des Mittelalters fort. In der frühen Neuzeit werden sie aus diesem Speicher herausgeholt und in eine andere Welt, ein anderes Informationssystem, hineinversetzt.

Die Geburtshelfer dieser Wiedergeburt waren die Humanisten. Die neuen Medien boten nicht den Anstoß zu den Studien der Gelehrten der Renaissance. Aber, wie auch Robert Bolgar vermerkt, die Einführung des Buchdrucks hat es verhindert, daß die

Ideen und Ergebnisse dieser Forscher später im Zuge anderer Strömungen wieder verlorengingen. ›Sie hat die Renaissance nicht hervorgebracht, aber gewiß ihre Aufzucht in die Hand genommen‹. (op. cit. 280) Und in diesem Fall hat die Amme von der langanhaltenden Bedeutung der Kinder, an deren Aufzucht sie beteiligt war, profitiert.
Wichtiger als die Frage nach der Herkunft und Berechtigung des Wiedergeburts/Renaissance-Konzepts ist gewiß jene nach den Strukturen und Folgen dieser Transformation. Welche Aufgaben waren bei der Archivierung der alten Informationen mit den Mitteln der neuen Medien zu lösen?[134]

Folgen der Umstellung der Speichertechnik

Die grundsätzliche Änderung, von der sich alle weiteren ableiten, besteht letztlich darin, daß das Prinzip der Archivierung von Informationen umgestellt wird. Alle in die typographische Datenverarbeitung eingegebenen Informationen werden von dieser strikt unter dem Gesichtspunkt des Urhebers/Eingebers gespeichert. Jedes typographische Informationsbündel erhält ein Kennzeichen, welches Auskunft darüber gibt, wer a) die Informationen gewonnen und bereitgestellt und wer b) die Daten eingegeben hat. Autor und Drucker sind das Grundprinzip, nach dem man gedruckte Daten wiederfinden kann. Diese Adresse kann weiter verfeinert werden. Liefert ein Autor mehrere Bücher ab, so müssen diese durch Titulierungen diskriminiert werden. Ebenso kann die Eingabestelle, der Drucker oder der Druckort, dadurch spezifiziert werden, daß man die genaue Zeit der Eingabe hinzufügt, das Erscheinungsdatum des Werkes. Autor und Werktitel, Druckort und -jahr bilden dann letztlich die vollständige Adresse eines Buches, das typographisch verarbeitet wurde.
Die Umstellung der Klassifikationsweise der historischen und aktuellen Informationen nahm einen Zeitraum von etwa fünfzig Jahren in Anspruch. Beim Tode Gutenbergs war sie keineswegs abgeschlossen. In Anbetracht der Schwierigkeit der Aufgabe verwundert die zügige Reformation der traditionellen Archivierungsprinzipien dennoch. Für Manuskripte, die keinen Titel und/oder

Autor besaßen und die trotzdem im Druck wiedergeboren werden sollten, mußten beispielsweise Titel und Autoren erfunden werden. Eine gewaltige Aufgabe, wenn man sich vergegenwärtigt, wie wenig Interesse das Mittelalter an solchen Signaturen hatte. Der Ersetzung der ›Incipits‹ und der ›wundersamen‹ Benennungen von Manuskripten durch Titelblätter und Überschriften wird später noch genauer nachzugehen sein; ebenso der weiteren Normierung der Informationsbündel durch Seitenzahlen, Inhaltsverzeichnisse und Register. (S. u. S. 420ff.) Die Probleme einer eindeutigen Identifizierung typographisch gespeicherter Informationen machen an der Adresse eines Werkes nicht halt. Die ersten dreißig oder vierzig Jahre des Buchdrucks stellen sich jedenfalls als eine Phase eines intensiven Ausprobierens verschiedener Archivierungsprinzipien dar. Mal werden Titelblätter verwendet, mal nicht; mal geben sich die Drucker im Kolophon zu erkennen, mal nicht; mal wird der Autor angegeben – und sei es nur als ›ich – ungenannt‹ – ein andermal sucht man vergeblich nach Zuschreibung.[135]

Spätestens nachdem es sich durchgesetzt hatte, Werke durch Titel- und Autorenangaben zu adressieren, stellten sich weitere Nebenwirkungen ein. Man konnte sich dem Sog dieser Normierung auf Dauer nicht entziehen, man verhielt sich so, als ob die Informationen tatsächlich von diesem Autor und unter diesem Titel erdacht und niedergeschrieben worden wären. Dies war für lebende Autoren, die tatsächlich für den Druck produzierten, relativ unproblematisch. Anders lagen die Verhältnisse bei den historischen Informationsbündeln. Wenn einem Autor ein solches Bündel zugeschrieben worden war, dann konnte es schwerlich zugleich von einer anderen ›Person‹ verfaßt worden sein: Entweder die ›Naturgeschichte‹ war von Theophrast geschrieben, dann war es nicht korrekt, wenn sie Aldus Manutius seiner Werkausgabe des Aristoteles einverleibte – oder aber sie war von Aristoteles geschrieben, dann durfte sie Theophrast nicht länger zugeschrieben werden. Man stand vor dem Zwang, hier aufgrund von mehr oder weniger zureichenden Quellen Entscheidungen zu treffen. Ein Rattenschwanz weiterer Folgelasten ergab sich aus den Klassifizierungsnormen: Hatte man sich beispielsweise für Theophrast als Autor entschieden, so war auszuschließen – wenn nicht andere

Informationen eindeutig das Gegenteil bewiesen –, daß er dieses Werk mehr als einmal geschrieben hatte. Lagen also mehrere Manuskripte mit unterschiedlichen Informationen vor, so mußte entschieden werden, welcher der Texte derjenige war, der ›eigentlich‹ den Titel verdiente. Diese Suche, die ganze Hundertschaften von Philologen beschäftigte und beschäftigt, macht nur dann einen Sinn, wenn man davon ausgeht, daß tatsächlich die Regel: ›Ein Autor, ein Werk (Titel), ein Informationsbündel‹ gilt. In den Jahrhunderten zuvor hatte eine solche Regel nicht oder doch nur ausnahmsweise bestanden. Niemand erwartete, daß der Aristoteles in Paris der gleiche war wie jener in Bologna. Standardisierung der Informationen war nur für bestimmte soziale Systeme, nicht metainstitutionell, erforderlich. Für die typographische Datenverarbeitung erwies sich dieses Prinzip als ungeeignet. Jedenfalls begann man sofort, Werkausgaben mit dem Anspruch überinstitutioneller Geltung herzustellen. Wer ein Buch kaufte, sollte wissen, was er kauft.

Peter Schöffer artikuliert das neue Programm mit großer Klarheit in der Ankündigung seiner Ausgabe der Werke des Hieronymus – eine der ersten Buchhändleranzeigen überhaupt: *»Der Vorzug dieser Hieronymus-Ausgabe vor allen übrigen, welche bis auf den heutigen Tag hervorgetreten sind, ... wird durch die sorgfältige Zusammenstellung, durch gefällige Anordnung und bestmögliche Korrektur leicht erwiesen.«*[136]
Die Druckfassung fügt also zum einen Texte (Informationen) zusammen, die zuvor in ganz verschiedenen Institutionen gespeichert wurden: *»Was nun den ersten Punkt betrifft, so hat man an verschiedenen Orten einen* [verschiedenen] *Hieronymus. Doch ist einleuchtend, daß die Zahl seiner Werke verschieden angegeben wird, denn Einige bringen 70 Briefe, Andere 100, Dritte 130, wieder Andere etwas mehr, Andere endlich etwas weniger. Die gegenwärtige, eben erwähnte Ausgabe des Hieronymus aber wird«*, so wirbt Schöffer, *»wenn Gott will, dem Blick der Frommen über 200 Briefe und Bücher bieten, für deren Herausgabe möglichst viele Bibliotheken von Kirchen und Klöstern besonders nachgesehen worden sind.«* (a. a. O.:760)
Im nächsten Absatz gibt der Mainzer Drucker unumwunden zu, daß er es ist, welcher das Werk des Hieronymus schafft. Er ordnet die verschiedenartigen Informationen, die in den Briefen enthal-

ten sind, nach eigenen Prinzipien: *»Was nun den zweiten Vorzug, nämlich die gefällige Anordnung, betrifft, so muß man wissen, daß man nur mit Schwierigkeit, wie wohl zugegeben wird, eine solche Menge von Briefen und Büchern auf eine kleine Zahl von Abtheilungen hat einschränken können, so daß die Briefe selbst oder die Bücher, selbstverständlich mit Rücksicht auf die Personen oder Materien, unter verschiedenen Gesichtspunkten geordnet aufeinanderfolgen.«* Die ›Briefe‹, oder was Schöffer und seine Mitarbeiter dafür halten, werden zu ›einzelnen Arten‹ zusammengefaßt und ›in besondere Abteilungen eingeschlossen‹. (a.a.O.: 761) Die Neuordnung soll dazu dienen, daß *»das, was der Leser sucht, sich leicht finden läßt«*! (Ebd.) Die antike Software wird nach Kriterien der Benutzerfreundlichkeit umgebaut.

Schließlich wird es drittens 1470 schon als Verdienst angerechnet, wenn die Informationen beim Übergang von dem skriptographischen in den typographischen Speicher verändert (korrigiert) werden: *»Was aber den dritten Vorzug, nämlich die möglichst beste Korrektur, betrifft, so genüge die Bemerkung, daß auf dieses Geschäft viel Arbeit verwandt worden ist.«* (Ebd.)

Kein Zweifel, die Schöpfung dieser Druckfassung des ›Hieronymus‹ bedeutete viel Arbeit für die Herausgeber, Arbeit, die Hieronymus selbst offenbar nicht geleistet hatte.

»Dies sei einstweilen unsern Freunden ... vertrauensvoll mitgetheilt«, beschließt Schöffer seinen Werbeprospekt, *»damit nicht etwa inzwischen, während der Herstellung unsers Werkes, ein fremdes Buch als das unsrige, aber doch ohne, wie das unsere, nach einer genau oben beschriebenen Reihenfolge eingetheilt zu sein, zum Schaden der Käufer unterschoben werde.«* (Ebd.)

Wer ein Buch kaufte, sollte wissen, was er kauft – und dies, wie das Beispiel Schöffer zeigt, am besten schon im voraus. Solange die Buchbenutzer noch selbst lasen und dann abschrieben oder abschreiben ließen, ›wußten‹ sie, was sie speicherten. Schon 1470 ist die Devise: erst das Geld, dann die Information – und da mußte geklärt werden, welche Informationen aus dem riesigen Speicher denn gewünscht wurden.

Die klassischen und mittelalterlichen Autoren bekamen ›Telephonnummern‹, eine Ortskennzahl; die Werke dann zusätzlich noch eine Teilnehmernummer. Wollte man Informationen von ihnen, so reichte es nicht mehr aus, auf ein bestimmtes Incipit in einem Codex an einem bestimmten Ort in einer bestimmten Bibliothek hinzuweisen. Für eine Nachfrage in einem klösterlichen skriptographischen Informationssystem hätten diese Angaben durchaus ausgereicht!

Nicht nur die Informationen, auch die Konzepte des ›Autors‹ und ›Urhebers‹ emergieren auf einem neuen Niveau. Hier findet man einen durch die technische Entwicklung provozierten Zugang zu der vielbeschriebenen ›Entdeckung des Individuums‹ in der Renaissance. 1532 mußte sich Otho Brunfels schon wortreich als Person von einem Druckwerk distanzieren, nur weil es unter ›seinem Namen ausgegangen‹ ist.[137] Manche der in dem *›Spiegel der Arznei‹* enthaltenen Aussagen teilte Brunfels nicht, aber sie wurden ihm von allen Seiten von seinen Lesern zugeschrieben. Er wurde gleichsam als Person haftbar gemacht für die unter seiner Adresse gespeicherten Informationen. Diese Einstellung verfestigte sich im Urheberrecht, ermöglichte insoweit einen Datenschutz und wurde im 16. Jahrhundert schon weitgehend selbstverständlich (Vgl. Abschnitt 5.5). Was für die Zeitgenossen angehen mochte, wurde aber auch auf die antiken Autoren übertragen. Diese konnten sich gegen falsche Zuschreibungen und ungewollte Emendationen nicht wehren. Sie verwandelten sich im Bewußtsein der Zeit in ›Urheber‹ und ›Autoren‹ analog zu den Buchproduzenten des 15. und 16. Jahrhunderts.

Der Humanist kann gehen

Auch für die Geburtshelfer, die Humanisten, hatte die Drucklegung der Klassiker ungeahnte und sicherlich auch ungewollte Konsequenzen:

»Nachdem mehrere glänzende Generationen von Poeten-Philologen seit Anfang des 14. Jahrhunderts Italien und die Welt mit dem Kultus des Altertums erfüllt, die Bildung und Erziehung wesentlich bestimmt, oft auch das Staatswesen geleitet und die antike Literatur nach Kräften reproduziert hatten, fiel mit dem 16. Jahrhundert die ganze Menschenklasse in einen lauten und allgemeinen Mißkredit, zu einer Zeit, da man ihre Lehre und ihr Wissen noch durchaus nicht völlig entbehren wollte. . . .

Allein das Ueberhandnehmen gedruckter Ausgaben der Klassiker, großer wohlangelegter Handbücher und Nachschlagewerke emanzipierte das Volk schon in bedeutendem Grade von dem dauernden persönlichen Verkehr mit den Humanisten, und sobald man sich ihrer auch nur zur Hälfte entschlagen konnte, trat dann jener Umschlag der Stimmung ein. Gute und Böse litten darunter ohne Unterschied.«[138]

Was Jakob Burckhardt hier andeutet, hat R.R. Bolgar weiter ausgesponnen: *»Ein Gelehrter, der nach der Mitte des 16. Jahrhunderts nur seine antiken Autoren und die antike Geschichte und nichts weiter kannte, konnte nicht mehr viel beitragen zu den Fortschritten auf den anderen Feldern des Wissens. Dem Aristoteliker Grosseteste ist es ohne große Schwierigkeiten möglich gewesen, bis auf den heutigen Tag als ein großartiger Wissenschaftler im Bewußtsein zu bleiben. Aber Victorius, der seinen Aristoteles weit besser als Grosseteste kannte, konnte dreihundert Jahre später mit Galileo nicht mehr wetteifern.«*[139]

Nachdem das alte Wissen im Archiv war, wurde – nicht nur von der Wissenschaftlergemeinschaft, sondern auch von der übrigen Gesellschaft – das neue Wissen prämiert. Natürlich beschäftigten sich die Gelehrten weiterhin mit der Kommentierung der alten Texte, aber als Heroen der Folgezeit bejubelte man diejenigen, die neue, zuvor noch nicht irgendwo skriptographisch oder im ›mémoire collectif‹ gespeicherte Informationen zur Verfügung stellten. (Vgl. Kap. 5.4) Die Philologen wurden von einer hochprämierten Zunft zu Protagonisten einer hochspezialisierten Veranstaltung neben vielen anderen.

Auch hier zeigt sich allerdings, daß die neue Technologie zwar neue Bedürfnisse und Berufsprofile schafft, dabei aber die überkommenen selten völlig verschwinden läßt. Nach einer gewissen Anpassungsphase arrangieren sich die Vertreter der verschiedenen Informationstechniken – zumindest war dies in der Vergangenheit der Fall.

4
Vom Typographeum zu den typographischen Kommunikationssystemen: Die schöpferische Erkundung der Möglichkeiten des neuen Mediums im ausgehenden 15. und beginnenden 16. Jahrhundert

4.1
Zwischenspiel: Etappen eines Übergangs zwischen zwei kommunikativen Paradigmen

Bislang haben wir das Phänomen ›Buchdruck‹ im wesentlichen als eine neue Informationstechnologie beschrieben. Und dies entspricht auch der Perspektive Gutenbergs und seiner Zeitgenossen. Das gedruckte Buch erschien ihnen als ein ›Medium‹, durch das man alles in der Welt erfahren und auf ewig speichern kann – eben als ein Informationsmedium.

Die ›Truckerei‹ wurde entsprechend als eine Institution verstanden, die in einem hochgradig technisierten Verfahren Informationen produziert. Als informationsverarbeitendes System war das ›Truckwerk‹ beim Tode Gutenbergs technisch ausgereift. Man beschränkte sich in den beiden nachfolgenden Generationen darauf, einzelne Teile der Druckerpresse leichter handhabbar und robuster zu machen. Dies geschah im wesentlichen in der Form der schrittweisen Ersetzung der ursprünglichen Holz- durch Eisenkonstruktionen. Alle zwanzig Sekunden konnte im 16. Jahrhundert ein gedruckter Bogen die Presse verlassen; im Prinzip ließen sich auf diese Weise an einem Arbeitstag, der mehr als zwölf Stunden währte, mehr als 3000 Seiten herstellen.

Bei dieser Technik und Arbeitsorganisation blieb es bis zu Beginn des 19. Jahrhunderts, bis Schnelldruckpressen eingeführt wurden, bei denen auch die Muskelkraft des Bedienungspersonals ›mechanisiert‹ war.[1]

Entwicklungsmöglichkeiten und -notwendigkeiten gab es demgegenüber auf zwei ganz anderen Gebieten, jenem der Vernetzung und jenem der Software. Auf die Veränderungen in dem ersten Gebiet gehen die beiden folgenden Kapitel ein.[2]

Die heute allbekannte Folge der Einführung der Druckmaschine war, daß auf einmal ungewohnt große Mengen an identischen Informationen vorlagen. Diese konnten und mußten nun verteilt werden. Über die Formen dieser Verteilung hatte man sich anfänglich kaum Gedanken gemacht. Man übernahm die traditionellen kommunikativen Absichten und ging wie selbstverständlich davon aus, daß man auch die Infrastruktur, die in älterer Zeit ausgebaut worden war, um die skriptographisch gespeicherten Informationen einem bestimmten Informantenkreis zugänglich zu machen, weiter nutzen konnte.

Erst nachdem schon eine beachtliche Menge an Informationen typographisch gespeichert und der an den alten Motiven orientierte Nachholbedarf in diesen traditionellen Netzen befriedigt war, entstanden im Fortgang des 15. Jahrhunderts vermehrt Utopien über neue Mitteilungsformen und neue kommunikative Ziele.

Damit änderte sich auch die Bewertung der Erfindung Gutenbergs. Sie erscheint zunehmend weniger als eine künstliche Verbesserung traditioneller Informationsverarbeitung, vor allem der Kopierverfahren, sondern vielmehr als eine Voraussetzung zu einer Gestaltung vielversprechender neuer Kommunikationsbeziehungen. Die Aufmersamkeit wechselte von den Problemen der Verbesserung der Informationsversorgung traditioneller Netze hin zu den neuen Mitteilungsmöglichkeiten, die durch die Einführung der Druckmaschine erst möglich geworden waren. Mehr oder weniger deutlich artikuliert beschreiben die Autoren des ausgehenden 15. Jahrhunderts in ihren Werken Visionen über neue Adressatenkreise und Mitteilungsabsichten. Meist stehen sie noch ziemlich unvermittelt neben Vorstellungen, die noch ganz von der Ideologie des skriptographischen Zeitalters geprägt sind.

Auf einen typischen Ideologen dieser Übergangszeit, den Mainzer Kirchenpolitiker Bernhard von Breydenbach, gehe ich im Abschnitt 4.2. ein.

Ökonomie und Kirche

Weitgehend unbemerkt vom Diskurs der Zeit hatte freilich, so können wir aus der Distanz der Nachgeborenen feststellen, daß Typographeum schon länger eine Position eingenommen, die von den Interessen der mittelalterlichen Schichten und Institutionen nicht gedeckt war. Schon Gutenberg hatte nur deshalb Geld für seine Druckmaschinen zusammenbringen können, weil er seinen Gläubigern Profit in Aussicht stellen konnte – nicht, weil er das Pezienwesen der Universitäten oder die Propaganda von Adel oder Klerus zu erleichtern versprach. Er organisierte seine Drukkerei wie einen Handwerksbetrieb, der sich auf dem Markt und nicht etwa gegenüber Approbationsinstanzen behaupten muß. Die typographische Informationsverarbeitung hatte sich als ein Handwerk – eine typische Beschäftigungsform des dritten Standes – entwickelt und unterlag damit den gleichen ökonomischen Prinzipien wie andere Gewerbe auch.

Mit der wachsenden Zahl von Druckereien entwickelte sich ein Widerspruch zwischen den enormen Produktionsmöglichkeiten einerseits und den begrenzten und an ganz anderen Informationstypen orientierten traditionellen Kommunikationswegen andererseits. Man erkundete mit großem Erfindungsreichtum nicht nur neue Anwendungsgebiete für den Druck, sondern auch neue Kommunikationsformen und -netze.

Die Vermittlungsinstanzen, welche sich zwischen die Autoren und Druckereien einerseits und den Käufer und Leser andererseits schieben, bezeichne ich als typographische Kommunikationsmedien oder als typographische Netze.[3]

Das Grundmodell, an dem man in Europa bei der Schaffung der typographischen Netze anknüpfte, war ein ökonomisches: man nahm die freie marktwirtschaftliche Verbreitung von Waren gegen Geld als Paradigma für die Vermittlung von typographischen Informationen. Daß diese Entscheidung durch die kapitalistische Organisation der Informationsverarbeitung in den Drukkereien schon nahegelegt wurde, mildert ihre Radikalität kaum. Weder die oralen Erfahrungsketten noch die institutionalisierten Wege, die für die Vermittlung der skriptographischen Informationen im Mittelalter ausgearbeitet waren, dienten als Vorbild. Wie ungewöhnlich die marktwirtschaftliche Option gewesen ist, mag man auch daran ermessen, daß eine Jahrhunderte währende Drucktradition in Südostasien dauernd andere Vertriebsformen bevorzugte: zentral gesteuerte Weitergabe oder Verschenken der Drucke an Funktionsträger.

Die Entscheidung für den freien Markt verliert ihre Unwahrscheinlichkeit auch nicht dadurch, daß sie sich auf ältere Traditionen, vor allem den kommerziellen Handschriftenhandel, berufen kann. Vielleicht sehen überhaupt nur wir als distanzierte Betrachter hier eine Traditionslinie. Die Buchdrucker waren aufgrund der Kapazitäten ihrer technischen Instrumente entweder ›Verleger‹ oder Lohndrucker. Als Verleger produzierten sie nicht für bestimmte Auftraggeber, wie dies bei den Handschriften im Spätmittelalter noch die bestimmende Form geblieben ist, sondern für den anonymen Markt. Und selbst wenn sie gelegentlich oder mehrheitlich für einen bestimmten Auftraggeber – und damit als Lohndrucker – arbeiteten, so bleibt zu berücksichtigen, daß es etwas anderes ist, ob man drei oder mehr als 300 Exemplare einer Ware vorfinanzieren und verkaufen will.

Die Bindung der Chancen der typographischen Kommunikation an das ökonomische System hat die weitreichende Folge, daß man von nun an über einen wichtigen Zweig der Informationsverbreitung nur noch unter Berücksichtigung wirtschaftlicher Prinzipien nachdenken kann. So wie es wenig fruchtet, über die mittelalterlichen Formen skriptographischer Kommunikation zu reden, ohne auf die Bedeutung der Kirche Rücksicht zu nehmen, sowenig kann man über die typographische ›Massen‹-Kommunikation sprechen, ohne auf die Marktmechanismen der Neuzeit einzugehen.

Die Utopien der Marktwirtschaft: Kapitalakkumulation, Wettbewerb, Eigenverantwortung, Fortschritt und grenzenloses Wachstum beeinflussen die Utopien über die Nachrichtennetze und über die Autoren und Leser. Ältere, nicht ökonomisch fundierte Triebkräfte werden durch die Marktgesetze überformt.

Andererseits gewinnt auf Dauer das typographische System selbstverständlich auch Einfluß auf den Wirtschaftskreislauf: Er benötigt für seine Selbstregulation typographisch gespeicherte Informationen. Ähnliche Abhängigkeiten gibt es auch zwischen den politischen und den kommunikativen Systemen. (Vgl. Kap. 5.5) Einerseits reglementiert die politische Zensur den Informationsfluß, andererseits bedarf die ›bürgerliche policei‹ zunehmend typographischer Informations- und Kommunikationsmedien.
Die schrittweise Durchsetzung des marktwirtschaftlichen Prinzips und damit die Verdrängung anderer Vernetzungsformen schildert der Abschnitt 4.3.

Werkzeuge und technische Netze

Von Anbeginn an arbeiteten die Druckereien als datenverarbeitende Systeme. Sie erschienen als eine ungeordnete Menge von effektiven Informationssystemen.
Nachdem die einzelnen Druckereien über den Markt miteinander und mit den Kunden verknüpft sind, tritt Gutenbergs Erfindung in eine neue Phase. Die Druckereien werden zu Elementen eines Kommunikationssystems, welches ihnen Eigenschaften und Handlungsmöglichkeiten diktiert. Sie können nicht mehr weitgehend unabhängig voneinander agieren, sondern sie müssen sich zunehmend aneinander und an den Käufern orientieren. Der Markt, ein durch vielerlei Technik unterstütztes System von Schaltstellen und Transporteuren: Verlagshäusern, Messen, Buchführern und -druckern, und nicht etwa das einzelne Buch wird zu dem typographischen Kommunikationsmedium. Die Eingabestelle ist das Typographeum. Es fungiert in dieser Betrachtungsweise als eine Art Vermittlungsinstanz zwischen dem Autor und dem Netz. Die Möglichkeiten dieses Mediensystems bestimmen, nachdem es einmal eingerichtet ist, was typographische Kommunikation heißt und welche Kommunikationssysteme sich etablieren lassen. Jede Abgabe von Informationen an das neue Netz wird als Kommunikation, und zwar als ein besonderer Typus der Kommunikation, nämlich als ›gesellschaftliche Kommunikation‹ oder als ›Veröffentlichen‹ aufgefaßt. Auch die Informations-

entnahme aus den Büchern gilt als ein kommunikativer Akt. (Vgl. Abschnitt 5.2 und 5.3)

Jeder, der am Ende der Inkunabelzeit Bücher kauft, ist danach nicht mehr nur der Abnehmer einer Ware einer bestimmten Manufaktur, sondern er hat einen Anschluß an ein Kommunikationsnetz erworben.

Was Gernot Böhme unlängst für eine Erfindung wie das Auto konstatiert hat, trifft auf das Buch in besonderem Maße zu: Das *»Auto [ist] als technischer Gegenstand nur wirklich leistungsfähig im Zusammenhang des Straßennetzes, des Netzes der Tankstellen, der Servicestationen, des Systems der Versicherungen, der Rechtsordnungen usw. Außerhalb von diesem ganzen Gewerbe oder dieser ganzen Struktur verendet ein Auto schnell wie ein Fisch, der auf Land geworfen wird. ... Das einzelne Gerät wird mehr und mehr zu einem Anschluß an ein Netz. Dieses Netz kann nun durchaus selbst materiell sein, ist es aber in der Regel nicht nur, sondern bedeutet eine Vernetzung der Gesellschaft gemäß bestimmten technischen Funktionen.«*[4]

Bücher werden im 16. Jahrhundert zu ›Apparaten‹, die einen Anschluß an die typographischen Netze herstellen.

Böhme nennt diese Netze ›Technostrukturen‹. Er spricht nicht von technischen Systemen, u. a. deshalb, *»weil der Begriff des Systems ... eine Struktur bezeichnet, für die Einheit, Grenzen etc. angegeben werden können.«* (ebd. 57) Diese Grenzen sieht er bei den von ihm ins Auge gefaßten ›Netzen‹ nicht. Und in der Tat hat auch das typographische Netz keine festen Begrenzungen. Die Anschlußstellen des neuen Netzes können nahezu beliebig erweitert werden: je mehr Bücher produziert werden, umso mehr ›Benutzer‹ können sich an das neue System anschließen.

Nun muß dieser Feststellung aber eine zweite, nicht weniger wichtige an die Seite gestellt werden: Die Menschen konnten sich mit dieser Offenheit der technischen Strukturen in der Vergangenheit nicht abfinden – und es spricht wenig dafür, daß sie es in Zukunft können werden. Sie reduzieren die Ungewißheiten solcher Strukturen durch willkürliche Systembildungen.

Da diese Systeme nach sozialen Normen geschaffen werden, kann man von einer Sozialisierung von Technostrukturen sprechen. Dies ist eine beständige Aufgabe aller sozialen Gemeinschaften und ihre Bewältigung prägt ihre jeweiligen Strukturen, gibt ihnen ihre spezifische Identität.[5]

Auch die frühneuzeitlichen Gesellschaften standen vor dem Problem, die neuen Netze zu sozialisieren. Im Falle des Buchdrucks und -handels wurden die offenen Strukturen von den Zeitgenossen durchaus nicht nur als Chance, sondern auch als Bedrohung erlebt. Jedenfalls ist es ein historisches Faktum, daß man von Anfang an Anstrengungen unternahm, zu überschaubaren Einheiten zu gelangen. Die prinzipiell möglichen weltweiten Handels- und damit auch Kommunikationsbeziehungen, werden künstlich begrenzt. Solche Prozesse der internen Differenzierung und der Bildung von Teilsystemen hat es in der Geschichte immer wieder gegeben. In den einfachen Kulturen grenzen sich die Nachbarstämme untereinander als Kommunikationsgemeinschaften ab, behalten Informationen für sich, obwohl es prinzipiell durchaus möglich wäre, auch die Angehörigen der anderen Stämme in die Kette der oralen Erfahrungstradierung mit einzubeziehen. Zur mittelalterlichen abendländischen Kommunikationsgemeinschaft gehörte nur diejenige, die sich durch Taufe, Gebet und Beichte an das kirchliche Kommunikationsmedium anschloß.

Welche Vernetzungsgröße und -dichte jeweils gewählt wurde, wieviele ›Anschlußstellen‹ und damit Mitglieder die jeweilige Kommunikationsgemeinschaft zählte, hängt von der Leistungsfähigkeit der Informations- und Kommunikationsmedien ab. Mit der Einführung des Buchdrucks und der Erprobung marktwirtschaftlicher Verteilungsformen waren Medien ins Spiel gekommen, die in allen Parametern ganz andere Leistungen versprachen. Bei dieser Sachlage ist es nicht verwunderlich, daß sich für die Menschen in der frühen Neuzeit von neuem die Frage nach den Grenzen von Kommunikationsgemeinschaften – diesmal nicht auf der Grundlage der skriptographischen, sondern der typographischen Medien – stellte.

Naheliegend ist die Vermutung, daß in bezug auf die größtmögliche Vernetzung, die mit dem neuen Medium erreicht werden kann, das Konzept der Christengemeinschaft aufgenommen wird. Dies geschieht auch, aber es bleibt nicht dabei. Vielmehr entstehen neue Vorstellungen über Personenkreise, die über das typographische Medium miteinander verbunden werden sollen. Entsprechend dieser Ziele wird auch der Standardkode, die

›Gemeinsprache‹, in der die Informationen, die in dem neuen Netz zirkulieren, kodiert werden, festgelegt. (Vgl. Kap. 5.7)

In dem Maße, in dem die neuen Konzepte an Realität und Bedeutung gewinnen, büßt das Ideal der abendländischen Christengemeinschaft an identitätsstiftender Macht ein. Als Kommunikationssysteme mit größtmöglicher Komplexität und Differenzierung, die aber zugleich noch als Identität plausibel gemacht werden können, erweisen sich auf Dauer in Europa andere Gebilde, Nationen.[6]

Anfangs werden auch sie, ähnlich wie die mittelalterliche Taufgemeinschaft, nur durch den Mechanismus des Glaubens, allerdings eines säkularisierten, zusammengehalten. Die deutsche Nation lebt nur insoweit, als sich die Menschen zu diesem System bekennen – und dann ihr Handeln an dem Gemeinnutz dieser Gemeinschaft orientieren. Schrittweise schafft das Handeln freilich auch eine materielle Basis, die kirchlichen Institutionen im Mittelalter und (z.B.) die marktwirtschaftliche Infrastruktur und die modernen politischen Institutionen in der Neuzeit.

Die Ausbildung der Identitätskonzepte erfolgt durch Akte öffentlichen Informationsaustauschs unter Benutzung der neuen Medien, durch Kommunikation und Reflexion. In dem Abschnitt 4.4 werden die Grundlinien dieser Diskussion in Deutschland dargestellt.

4.2
Alte und neue Kommunikationsziele in einem Entwurf: Die heiligen und nützlichen Bücher Bernhard von Breydenbachs

Die neuen Kommunikationsformen wurden im 15. Jahrhundert zunächst nahezu ausschließlich mit den alten Kategorien beschrieben – und deshalb, wie wir heute sagen würden, nur ganz aspektivisch und verzerrt bemerkt. Dies zeigt sich unter anderem auch daran, daß der Rechtfertigungsdruck für die neue Informations- und Kommunikationspolitik erst gegen Ende des 15. Jahrhunderts zu neuartigen Konzepten führt.

Trotz aller Veränderungen in der Medienlandschaft haben sich zu Lebzeiten Gutenbergs die Legitimationen für den Einsatz der drucktechnischen Verfahren kaum gegenüber jenen verändert, die im Mittelalter für die skriptographische Verbreitung gebräuchlich waren. Wer auch immer für die typographischen Veröffentlichungen verantwortlich war, rechtfertigte sich mit dem Hinweis auf überkommene Instanzen und Zwecke. Man veröffentlichte weiter im Namen Gottes und/oder der etablierten Institutionen (Papst, Episkopat, weltliche Herrscher, Universitäten, städtischer Rat usw.) und man gab zumindest vor, die Wege eingehalten zu haben, die für Bekanntmachungen, Mahnungen und so fort seit langem Brauch waren. Daß das soziale Verhalten faktisch diesen Selbstbeschreibungen, die in einer anderen Zeit für ganz andere Zwecke entwickelt wurden, in vielerlei Weise nicht mehr entsprach, braucht nach den Ausführungen in den vorhergehenden Kapiteln kaum noch erwähnt zu werden.

Im letzten Drittel des 15. Jahrhunderts werden freilich die praktischen Veränderungen für aufmerksame Zeitgenossen sichtbar und diese greifen dann, zunächst ganz nebenbei und gewiß oft unbeabsichtigt, zu neuen Beschreibungen ihres kommunikativen Handelns.

Die vielfältigen Formen typographischer Datenerhebung und -speicherung, die tief in die Sphäre des Einzelnen und vor allem der Korporationen eingreifen, werden in Deutschland zunächst mit dem *›gemein nutz‹* eines *›yeden‹* oder, was auf das gleiche hinausläuft, des *›gemein mans‹* begründet. Der *›gemein man‹* verliert zu Beginn des 15. Jahrhunderts schon viel von seiner Legitimationskraft an eine neue Instanz, die *›teutsche Nation‹*. Im zweiten Drittel des 16. Jahrhunderts tritt neben die Vision einer nationalen Kommunikationsgemeinschaft schließlich das *›teutsche Vaterland‹*. Zu seiner Erhaltung wird die Sammlung, die Speicherung und Verbreitung von typographischen Daten notwendig – so lautet jedenfalls die orientierungsrelevante Ideologie in jenen Jahren. Schrittweise verdrängen diese Konzepte das traditionelle Modell der abendländischen Taufgemeinschaft und die Legitimation von Informationsverarbeitung, Lesen und Schreiben, Predigen und Arbeiten durch den Verweis auf die Ehre Gottes.

Nacherzählen läßt sich diese Entwicklung eindrucksvoll am Werk des außerordentlich agilen Kirchenpolitikers Bernhard von Breydenbach. Er wirkte am Zentrum der kirchlichen Macht in Deutschland in der damaligen Zeit, in Mainz. Zunächst diente er dem Mainzer Domdechanten Berthold von Henneberg als Kämmerer. Nach dessen Wahl zum Erzbischof erhielt er selbst die Domherrenwürde.

Eine Forschungsreise und deren Folgen

Am 25. April 1483 bricht Breydenbach in Oppenheim gemeinsam mit dem Grafen Johann von Solms-Lich zu einer weiten Reise auf. Letzteren begleitet der Ritter Adam von Bicken, bei ersterem steht der Maler Erhard Reuwich aus Utrecht – neben der üblichen Reihe von Knechten und Dienern – auf der Gehaltsliste. Die Reise führt über Innsbruck und Cortina d'Ampezzo nach Venedig, wo man sich bis zum 1. Juni im Hause des ehemaligen Frankfurter Kaufherren Peter Ugelheimer aufhält. Der dalmatinischen Küste folgend, erreicht man zu Schiff am 12. Juni Korfu und gelangt dann über Rhodos und Zypern Ende Juni nach Jaffa und schließlich am 11. Juli nach Jerusalem, dem ersten Ziel der Reise. Dort schließt sich Paul Walther von Guglingen, der sich schon längere Zeit im Heiligen Land aufgehalten hatte, der Gruppe an. Nach einigen Besichtigungen in der unmittelbaren Umgebung begibt man sich zum Grabe der heiligen Katharina am Berge Horeb und zum Sinai. Der Rückweg führt am Roten Meer entlang über Kairo und Alexandria, wo der junge Graf an der Ruhr verstirbt und begraben wird, zurück nach Venedig. Kurz nach der Ankunft im Januar 1484 macht sich ein Teil der Reisegesellschaft auf den Heimweg nach Deutschland, Adam von Bicken trifft am 2. Februar in Rödelheim ein.[7]

Gewiß kein zweites Reiseunternehmen war in jener Zeit so sehr in der Absicht geplant, Informationen für eine öffentliche Verbreitung im Druck zu beschaffen wie dieses.[8]

Sowohl die Auswahl eines Reiseteilnehmers, nämlich Reuwichs, sowie die Bereitschaft, Walther von Guglingen mitzunehmen, als auch der einzelnen Aufenthaltsorte der Reise resultieren aus einer publizistischen Ambition des Domdechanten. Er wollte ein reich und neuartig illustriertes pharmazeutisches Werk im Druck herausgeben. So jedenfalls schildert Breydenbach im nachhinein die Vorgeschichte seiner Pilgerreise und seiner Buchveröffentlichungen: *»Synt de(r) mal aber der mensch vf erden nit grossers nit edelers schatz haben mag dan seyns leibes gesuntheyt. ließ ich mich bedu(n)cken daz ich nit erlichers nit nutzers oder heilgers werck oder arbeyt begen mochte. dan ein buoch zuo samen brengen daryn vieler kreuter vnd ander creaturen krafft vnd natuer mit yren rechten farben vnd gestalt wurden begriffen. zuo aller welt troist vnd gemeyne(n) nutz. De(m)nach habe ich solichs loblich werck lassen anfahen durch einen meyster in der artzney geleret.«*[9]

Dieser Arzt war Johann Wonnecke aus der Rheinstadt Kaub. 1484 wurde er Stadtarzt in Frankfurt und blieb es neunzehn Jahre lang, bis er 1503 oder 1504 verstarb.[10]

Wohl 1482 wird es gewesen sein, als er begann, ›ein Buch über die Natur und Kraft der Kräuter aus den bewährten Meistern der Arznei, Galen, Avicienna, Serapion, Dioskurides und anderen zusammen zu bringen‹. (Ebd.) Diese ganz im Stile der mittelalterlichen Materia Medica- und Regimen Sanitatis-Traktate stehende Kompilation bildete den Grundstock eines Buches, das 1485 tatsächlich erschien, des ›*Ortus sanitatis*‹, ›*vff teutsch ein gart der gesundtheyt*‹.[11] Es lohnte nicht weiter, über Breydenbach und sein Werk zu reden, wenn er nur diese Kompilation zu verantworten hätte. Der Text muß dem Mainzer Kleriker aber eher als der unwesentlichere Teil seines Vorhabens gegolten haben, ansonsten hätte er den Druck gewiß noch vor seiner Abreise in die Wege geleitet. Spätestens jedenfalls während seiner Zusammenarbeit mit Wonnecke (›in mitteler arbeyt‹) entschied er sich, Abbildungen der verschiedenen Kräuter, die von dem Arzt erwähnt wurden, anfertigen zu lassen. An diese bildhaften Darstellungen stellte er offenbar andere Anforderungen als seine Vorgänger und die Mehrzahl seiner Zeitgenossen: *»Vnd do ich vff entwerffunge vn(d) kunterfeyung der kreuter gangen byn ... vermerckt ich. daz viel edeler kreuter syn die in dissen teutschen landen nit wachsen / Darum ich die selben in irer rechten farbe und gestalt anders entwerfen nicht mocht dan von hoeren sagen.«*[12]

Die Feststellung, daß viele Pflanzen, die von den griechischen, römischen, arabischen und hebräischen Ärzten in ihren Qualitäten bestimmt worden waren, in Nordeuropa nicht wuchsen, mochte auch von vielen anderen schon getroffen worden sein. Aber es blieb Breydenbach vorbehalten, daraus eine Konsequenz zu ziehen, die für die folgenden Jahrhunderte programmatisch werden sollte: Will man natürliche Dinge abkonterfeien, so muß man sie selbst mit eigenen Augen betrachtet haben. Das Abmalen von ›Bildern‹, von Pflanzen und Tieren aus alten Handschriften, wie es der mittelalterlichen Gepflogenheit entsprach oder der Rekurs auf das bloße Hörensagen werden als eine unzureichende Form der Informationsbeschaffung erklärt. ›Deshalb ließ ich das so angefangene Werk unvollkommen in der Feder hangen‹, bemerkt Breydenbach. Die zu seiner Zeit üblichen ›irgendwo‹, ›irgendwie‹ zusammengeklaubten Kräuterabbildungen genügen seinen Ansprüchen nicht. (Vgl. Kap. 5.3) Zielstrebig wählte er sich *»einen maler von vernunfft und hant subtiel un(d) behende«* aus, der seinen ungewöhnlichen Ansprüchen zu genügen schien: Erhard Reuwich. Diesen nahm er mit auf die Reise durch Italien, Griechenland, Arabien und Ägypten, kurz: durch alle die Länder, mit deren Heilkräutern sich die antiken und mittelalterlichen Stammväter der Medizin und Pharmazie beschäftigt hatten.*»Ich mit fliß mich erfaren hab der kreuter da selbest vnd die in iren rechten farben vn(d) gestalt laißen kunterfeyen und entwerfen.«* (Ebd.) Dort also, auf der Reise, wurden die Informationen gesammelt, die Breydenbach eine Buchveröffentlichung erst lohnend erscheinen ließen.

Abb. 34: Ethnographische Informationen: ›Syrische Weinbauern‹, Holzschnitt von E. Reuwich (1486)

Und die Informationen fielen so reichhaltig aus, daß er auch noch ein zweites Werk, die ›*Peregrinationes in Terram Sanctam*‹, in Angriff nahm und 1486 mit dem Druck bei Schöffer in Mainz abschloß.
Auch dieses Werk ist eine Gemeinschaftsproduktion. Reuwich steuerte Natur- und Landschaftsbilder und auch die wohl ersten ethnologischen Beschreibungen von Menschen bei, die überhaupt gedruckt wurden. (*Vgl. Abb. 34*)
Die handschriftlichen Aufzeichnungen von Breydenbach und von Paul Walther von Guglingen wurden durch Martin Roth, vermutlich zu der Zeit Professor an der Mainzer Universität, für den Druck zusammengestellt.[13]
Die Reiseschilderung erscheint im Februar zunächst in lateinischer Sprache, danach im Juni desselben Jahres auch in deutscher Sprache. Der Ortus wurde von vornherein für den deutschsprachigen Leser zusammengestellt.[14] Beide Bücher erlebten noch in der Inkunabelzeit zahlreiche, der Ortus 12, die Reiseschilderung 7 weitere Auflagen, letztere in verschiedenen europäischen Sprachen. Auch im 16. Jahrhundert gab es weitere Nachdrucke, viel-

fach wurden Teile des Ortus Sanitatis in andere Bücher übernommen, so daß man Breydenbach einen vollständigen publizistischen Erfolg zusprechen muß.
Dennoch nimmt sich das zeitgenössische Interesse noch eher bescheiden gegenüber jenem aus, welches die Nachwelt insbesondere dem Hortus Sanitatis entgegengebracht hat.

Der Hortus Sanitatis: Ein zwiespältiges Experiment

Kunst-, Wissenschafts- und Buchhistoriker sehen in diesem Werk eine Abkehr von mittelalterlichen Traditionen, einen Meilenstein auf dem Wege zur Ausbildung der modernen, beschreibenden Fachliteratur.
Diese Wertung beruft sich auf die Intentionen Breydenbachs, seine visuellen Erfahrungen der ›wundersamen Werke des Schöpfers der Natur‹ zu beschreiben und auf die Erfolge Reuwichs bei der Umsetzung dieses Unterfangens.
Man kommt bei einem gründlichen Vergleich zwischen den Ansprüchen, die im Vorwort formuliert werden und die durch die Anstrengungen Breydenbachs ja auch Glaubwürdigkeit verdienen und den Darstellungen des Buches nicht umhin, Unausgeführtes und auch merkliche Widersprüche festzustellen. Aber wahrscheinlich darf man an den wirklichen Wendepunkten auch gar nichts anderes erwarten: Die Ideen und einzelne Momente ihrer Verwirklichung, die uns heute im nachhinein als Beginn einer modernen Betrachtung und Darstellung der Natur erscheinen, stehen anscheinend konfliktlos neben den traditionellen Formen.
Beide Werke erschienen ohne ein Titelblatt, enthalten aber bemerkenswerte (Titel-) Holzschnitte auf der Umschlagseite. Informationen über Herausgeber, Autoren und Graphiker müssen aus dem Text, insbesondere aus den Vorreden, erschlossen werden.[15]
Schon die ersten Zeilen der Vorrede des Hortus Sanitatis spiegeln sowohl die Kühnheit als auch die Zwiespältigkeit des Unternehmens wider. Breydenbach beginnt unter völliger Mißachtung aller

Gepflogenheiten mittelalterlicher Texteröffnung oder Widmungsvorreden:
»Offt vnd vil habe ich bey mir selbst betracht. die wu(n)dersam werck des schepfers der natuer wie er am anbeginde de(n) hymel hait beschaffen und gezieret mit schonen leüchtenden sternen den er zuo inflüssen in alles das vnder dem hymel ist. Krafft vnd macht geben hait.«[16]
Was in den nächsten Sätzen aber folgt, ist nun keineswegs eine Beschreibung dessen, was Breydenbach ›selbst betrachtet‹ hat, sondern weit mehr ein Referat über dasjenige, was Theophrast, Aristoteles und andere antike Autoritäten bei ihrer Form einer Naturbetrachtung ›gesehen‹ und beschrieben haben und was Breydenbach mit Sicherheit nur ›gehört‹ und ›gelesen‹ hat. *»Auch wie er* [Gott],« fährt der Autor nämlich fort, *»dar nach die vier element beschaffen hait. das feüwer hitzigk vnd druocken. die lüfft heyß vnd feücht. das wasser kalt vnd feücht. das ertrich trucken vnd kalt. yeglichem sein natuer geben.«* Erze, Kräuter, Tiere, Menschen, alle ›entspringen‹ aus diesen Elementen und in jedem Wesen sind sie in einem bestimmten ›Maß und temperament vermischet‹. Wenn dieses Verhältnis beim Menschen durch äußere Einflüsse gestört wird, erkrankt er. Aber es gibt auch Gegenmittel, denen Gott ›krafft vnd macht geben hat‹, die oben erwähnte Harmonie der vier Naturen wiederherzustellen: *»Eyn kraüt hitziget. das ander kuolet yeglich nach dem grade seiner natuer vnd co(m)plexion.«* Es kommt demnach darauf an, die Natur und Komplexion der natürlichen Dinge einerseits und der Krankheiten andererseits zu bestimmen und dann jeweils das Gegenmittel zu verabreichen, um dadurch wieder ein Gleichgewicht der Temperamente im Körper des Menschen herzustellen.
Natürlich handelt es sich hier um die Darstellung der traditionellen Gesundheitslehre, die wir so auch aus vielen mittelalterlichen Handschriften des Regimen Sanitatis-Kreises kennen.[17] Gleichwohl bleibt die Eröffnung mit dem dreimaligen Bezug auf die eigene Person: ›ich‹, ›mir‹ und ›selbst‹, eigenartig. Breydenbach ›benennt‹ sich in der gesamten Vorrede nicht, sondern er versucht, sich durch die Schilderung seiner – freilich schematisierten – Weltanschauung und einzelner biographischer Tatsachen zu beschreiben. Diese Haltung findet ihre Parallele im Textteil, wenn er sich nicht damit begnügt, in der üblichen Weise die Namen der Pflan-

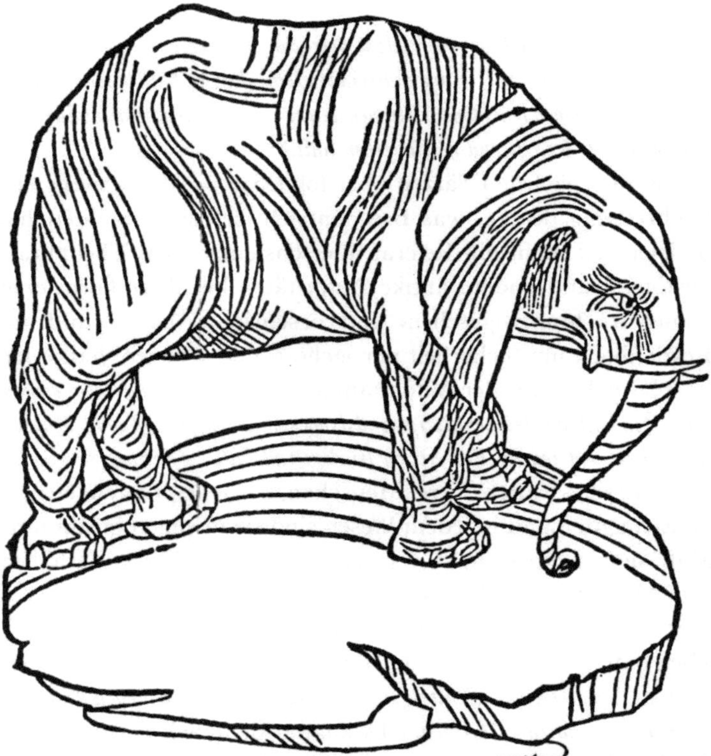

Ebur elephanten zan ¶ Cap·clxxij·

EBur latine· ¶ Die meister sprechen daz Ebur heysch eynes Elephanten zan darumb ist deß elephantē figur hie gesetzet umb synes glieds willen daz gar in manchē artzny genutzet wirt· Auch groiß dogent dar inne funden ist· ¶ Von dissem zan geschabet pulver vñ das gemischet mit rose öle vñ populeonis vñ dar dar zu eynwenig wachs vñ gemacht glich eynē plaster heilet panaricium das ist eyn geswere in der würtzeln deß nagels an fussen oder an den henden darvff gelegt glich eynem plaster heylet das zu hant· ¶ Mit dissem geschaben pulver gezwagen das heubt machet hare wachssen· ¶ Diß pulver in gedrücken mit essig benympt epilenciam das ist die fallende sucht· ¶ Welcher eynes elephanten hude leget vff die gliedder dar in das gegicht wirdet benympt den smertzen in eyner

Abb. 35: Die Verknüpfung von ikonischen und symbolischen Informationen: Beschreibung aus dem ›Hortus sanitatis‹, Mainz 1485

zen zu nennen und deren Heilkräfte mitzuteilen, sondern auf der Abkonterfeiung ihrer Gestalt besteht.

Aber auch die Form, in der er die Gesundheitslehre einführt, verdient Aufmerksamkeit: Er gibt sie als das Produkt seiner betrachtenden Erfahrung der Natur, nicht als die Weisheit der auctoritas aus.

Die Zwiespältigkeiten setzen sich im Textteil des Hortus fort. Der Stadtarzt Johann Wonnecke kümmert sich kaum um die abgebildeten Pflanzen, bringt die Ungereimtheiten zwischen den überlieferten Angaben und der eigenen Erfahrung bzw. den Abbildungen nicht zur Sprache. Selten geht er wie in der nebenstehenden Beschreibung des *›elephanten zans‹* (*Abb. 35*) auf die Holzschnitte ein. Von den 376 Pflanzen- und Tierabbildungen des Hortus schließlich ist nur ein Teil tatsächlich nach der Natur, ohne Rückgriff auf die ikonische Tradition gezeichnet. Julius Schuster meint nachweisen zu können, daß 94 Abbildungen aus einer spätmittelalterlichen Platearius-Handschrift kopiert sind.[18] Auch die restlichen Holzschnitte, die entweder direkt nach der Natur oder aber nach Miniaturen, die auf Naturbetrachtung zurückgehen, geschnitten sind, haben keinen gleichbleibenden Duktus und wirken sowohl hinsichtlich der technisch-künstlerischen Seite, z. B. dem Einsatz der Schraffur, als auch der Detailwiedergabe der natürlichen Objekte durchaus unterschiedlich. Dies könnte daran liegen, daß mehrere Formschneider an der Herstellung beteiligt waren. Im Endeffekt bleiben nur etwa 60 Abbildungen übrig, die tatsächlich dem Maler, den Breydenbach auf seine Reise mitnahm, Reuwich, sowohl im Entwurf als auch in der Übertragung auf den Holzstock zugeschrieben werden können.

Und es sind diese Darstellungen, die den Ruf des Hortus als ›entscheidenden Wendepunkt in der botanischen Illustrationsgeschichte‹ begründet haben.[19]

Unter diesen Pflanzendarstellungen befinden sich sowohl in Deutschland heimische Arten als auch Exemplare, die *»während der Pilgerreise in den Orient entworfen sein müssen.«*[20]

Die entgegengesetzte Annahme, daß nämlich die fremdländischen Pflanzen nicht nach der Natur gezeichnet sind – und Reuwich demnach vielleicht gar nicht auf der Reise tätig war –, erscheint zumal dann unwahrscheinlich, wenn man die Milieustudien aus dem Orient ansieht, die in dem Reisewerk Breydenbachs enthalten sind. Weitgehend unabhängig von den Textbeschreibungen liefern diese Bilder zusätzliche Informationen über das Aussehen und die Gebräuche der Juden, Syrer, Griechen, Abessinier und anderer.[21]

Das ›begreiffen der gestalt‹: Neue Formen der Datenerhebung und -darstellung

Es lohnt, die informativen und kommunikativen Innovationen Breydenbachs genauer zu untersuchen.

Wie schon erwähnt, hatte Breydenbach das ›begreiffen‹, die ›entwerffung‹ oder ›kunterfeyung‹ der ›rechten farben vnd gestalt‹ der Dinge als das neue Ziel seiner Publikation genannt. Die moderne Fachwissenschaft rühmt die naturgetreue Beschreibung, die ›moderne, morphologisch begründete Pflanzenzeichnung‹ in dem ›Gart der Gesundheit‹.[22] Das Reisebuch ragt aus vergleichbaren Werken der Zeit heraus, indem es *»erste authentische Einblicke in eine Welt, die bis dahin einzig durch schriftliche Kunde erschlossen worden ist«*, gewährt.[23]

Als Innovation gilt sowohl dem Autor als auch dem modernen Betrachter der Versuch, einen auf besondere Weise gewonnenen, neuen Typus von Information in Büchern darzustellen. Für diese Darstellungsabsicht gab es im ausgehenden 15. Jahrhundert noch keine eingebürgerten Bezeichnungen. Der Kodierungsprozeß, der heute als ›morphologische Beschreibung‹ oder als ›naturgetreue Abbildung‹ bezeichnet wird, mußte damals als ›abmalen‹ oder als ›abkonterfeien‹ der Dinge, als ›begreifen‹ der natürlichen Gestalten umschrieben werden.

Dieser konnte sowohl mit Worten als auch mit Bildern erfolgen. Wird im ›Gart‹ demgegenüber von ›beschreiben‹ gesprochen, so ist die skriptographische Datenverarbeitung im Gegensatz zur oralen, das ›Schreiben‹ im Gegensatz zum ›Sprechen‹ oder ›Sagen‹ gemeint. Dabei nimmt man an, daß zunächst immer etwas ausgesprochen sein mußte, bevor es in einem sekundären Transformationsprozeß ge- oder beschrieben werden konnte.[24] Breydenbach möchte nun aber etwas darstellen, was zuvor nicht ausgesprochen wurde, was nicht durch das Hören erfahren, sondern durch die

Augen gesehen wurde. Auch für diese Form der Informationsgewinnung gibt es keine ausgearbeitete Terminologie. Geht es um die Schilderung der Erkenntnisweise, so spricht man in der Zeit gewöhnlich von ›erfaren‹ und meint damit sowohl das Lernen im praktischen Handlungsvollzug, z. B. in der Werkstatt, als auch das Lernen aus der gelehrten Rede und der Schrift. Breydenbach hält die Gewohnheit, sich beim Zusammenstellen der Kräuterbücher auf das ›Hörensagen‹ zu verlassen, für unzureichend und verbesserungsbedürftig. Statt dessen besteht er darauf, die Pflanzen ›daselbst‹, am Ort ihrer ›wachsung‹, aufzusuchen und sie dort unmittelbar in Augenschein zu nehmen. Programmatisch wird dieses Prinzip schon im ersten Satz seiner Vorrede durch die für die Zeit ungewöhnliche Wortwahl angekündigt.

Er spricht dort davon, daß er die Natur ›bei sich selbst‹ betrachtet habe, und das Betrachten der Dinge möchte er auch Reuwich ermöglichen. ›Betrachten‹ verweist direkt auf die visuelle Erfahrung als Erkenntnisquelle. Und es besteht kein Zweifel, daß Breydenbach dieser Erkenntnisquelle Eingang in sein Kräuterbuch verschaffen will. Neben das Wissen um die Namen, die Qualitäten, die Heilkräfte, die Anwendungsformen usw. der Kräuter, das Johann Wonnecke dem traditionellen skriptographischen Speicher entnehmen kann und das er gewiß nur selten durch eigene praktische Erfahrungen, die er in der Ausübung seines Berufes nebenbei gesammelt hat, ergänzt, tritt in diesem Buch zusätzlich noch die visuelle Erfahrung einer einzelnen Person, nämlich Reuwichs. Es ist diese Erfahrungsquelle, die für ältere botanische Werke bestenfalls unsystematisch genutzt wurde, die von Breydenbach in der Einleitung – übrigens beider Werke – speziell eingeführt und begründet werden muß.

Die Leistung des ›Gart‹, die weit über den Einfluß auf die Entstehung der neuzeitlichen Botanik hinaus für die beschreibende Naturwissenschaft und für die moderne Gesellschaft überhaupt bedeutsam wird, liegt darin, die künstliche Darstellung des visuellen Erfahrungswissens programmatisch in Angriff genommen zu haben. (Vgl. Abschn. 6.2 und 6.4) Auf Dauer wurden dadurch Informationsbereiche künstlich konservierbar, speicherfähig, die bislang bestenfalls in der individuellen Psyche repräsentiert werden konnten.[25]

Capi. CCXXIX Capi. CCXXX.

ym getragē hat. Der meister Ga/
lienus in dem sybenden bůch genant
simpliciū farmacorū beschreibet vnß
vnd spricht das dye heymschen liliē
gemischter natuer synt vnnd sunder
lich dye blomen do von. Das öle
von dē heimschen lylieu ist gar gůtt
sich do mit gestrichen auff den bauch
Daß erwermet fast die erkalten mů/
ter vnd erweychet die feüchtikeit die
dar in verhartet ist. Dye wurtzeln
gesottē vñ auff dye hartē geschweren
gelegt machet sye zů hant zeytigen.
Der meister Serapio spricht das
lilien wurtzeln gebratenn vnnd dar/
nach gestossen vnd darunder gemy/
schet rosen wasser beneme das heilig
füwr also darauff geleget sterlychen
on vnderlaß. Also gelegt auff wū
den machet wachsen das fleisch dar
inne. Auch also gelegt auff den
buch der frawen reyniget sye zů irer
geburt. In dem buch genant cyr/
ca instans beschreiben vnß dye mey/
ster vnnd sprechen das die würtzel
von dem heymschen lylien gesotten
vnnd gestossen vnnd darunder gemi/
schet reynbergen schmaltz oder bauz
öle vnd gelegt auff geschweren wey/
chet fast wol. Eyn gůt salbe ge/
macht von lilien also. Nym weyß li/
lien würtzeln vnd henclae würtzel
vnd lobsteckel würtzel vnd [illegible] wur
tzel yglichs eyn fyerteil eins pfundes
vor wol geknyschet vnnd gesottenn
in einē fyrmas weyn vnnd eyn halb
pfunt öles byß es dick wirt vñ durch
schlagē dar zů gethā wenyg wachs
so ist eß ein salbe Diß salbe ist gar
gůt do mit geschmiret an der lyncken
seyten vber das verhert myltz. wē eß
erweichet dye verchrten miltz vñ be/
nympt grossen schmertzen dovon.

Das puluer von den blaen lylien
gesotten mit rosen wasser vñ do mit
geweschen dz antlitz machet eß gar
hübsch Der meyster Platearius
beschreibet vnß vnd spricht das liliē
würtzeln gesotten vnd gestossen vnd
darunder gemischet rosen öle ist fast
gůt für den brant an dē leybe ob man
die stat do myt bestreichet. Lylien
wurtzeln mit weyn gesotten vnd dar
vnder gemischet weyß nyeß wurtz
als groß als ein erbyß vnd den weyn
ge runcken des obents so er schlaffen
wil gan treibet auß durch den stul/
gang was vngesuntes im leyb ist.

Lilium conualliū

meyblomen.

CCXXX

p iij

Abb. 36: Die typographische Kodierung botanischer Informationen: die Beschreibung der ›meyblomen‹ im *Hortus Sanitatis*, Basel 1486

Da es für die künstliche Speicherung und Kommunikation dieser Art von Informationen keinerlei Vorbilder, jedenfalls keine institutionalisierten Verfahren gab, mußten notwendigerweise auch neue Wege bei der Darstellung oder Kodierung beschritten werden. Dieser neue Weg wird an den Abbildungen Reuwichs gelobt. Will man diesen Weg näher bestimmen, so muß man zunächst festhalten, daß die neuen Informationen bildhaft, ikonisch und nicht sprachlich dargestellt werden. Breydenbach äußert sich nicht darüber, warum er die ikonische Beschreibung einer sprachlichen vorgezogen hat. Ein Grund dürfte gewesen sein, daß ihm die Übersetzung der visuellen Anschauung in das Bild einfacher erschien als die sprachliche Notation. Diese Annahme war zu jener Zeit weit mehr berechtigt als heute, eben weil es damals keine Programme für die sprachliche ›Abkonterfeiung‹ gab. Weder Breydenbach noch Wonnecke scheint jedenfalls eine Quelle bekannt gewesen zu sein, aus der sich diejenigen Informationen abschreiben ließen, die Reuwich durch seine Bilder vermitteln konnte. Wonneckes Versuche, das Aussehen der Pflanzen zu beschreiben, blieben – aus heutiger Sicht – ähnlich unbefriedigend wie jene seiner Zeitgenossen und Vorgänger. Von den ›wohlriechenden blomen‹, gemeint sind die ›Blüten‹, ist bei der Beschreibung des Maiglöckchens etwa die Rede. (*Vgl. Abb. 36*) ›Die Blätter gleichen denen des Wegerichs, allein daß die Maiblumen nicht gar so breit, sondern länger sind‹ – dies ist das Maximum an sprachlichem Abmalen der Natur bei Wonnecke.[26]

Neue Nomen – Neue Konzepte über Wissen

Warum hätte man sich auch um ein ›genaueres‹ Abmalen – sei es in Worten oder in Bildern – bemühen sollen? ›Begriffen‹ waren die Pflanzen, Mineralien oder Tiere dann, wenn ihre Natur, und das hieß nicht etwa ihr Aussehen, sondern ihre Qualitäten: kalt oder warm, feucht oder trocken, bestimmt waren. (S. u. S. 572 ff.) Breydenbach führt in seinen Werken faktisch einen neuen Naturbegriff ein – wenngleich er selbst dies vermutlich abgestritten hätte. Schwerlich hat er die Folgen seiner Innovation überschaut, ansonsten dürften wir von ihm eine andere Vorrede, die nicht gerade den klassischen Naturbegriff hervorhebt, erwarten. Praktisch handelt er allerdings so, als ob zur Natur der Pflanzen auch ihr Aussehen, ihre ›Gestalt‹, wie er sich ausdrückt, gehört. Informationen über die Gestalt der Dinge, das ist der neue Informationstyp, der typographisch gespeichert werden soll. Morphologische Informationen können offenbar aus den zu jener Zeit vorhandenen Speichern nicht abgerufen werden. Um die Gestalt der Pflanzen darzustellen, muß man sie unter diesen Umständen vor sich sehen. Und dies bedeutete, da viele Pflanzen, die in den gängigen Handbüchern erwähnt wurden, nicht in Nordeuropa wuchsen, daß man reisen mußte. Die Reise Breydenbachs ist die bewundernswert konsequente Verwirklichung der Einsicht in die Logik seines Vorhabens, der Abkonterfeiung der ›bekannten‹ Pflanzen und Tiere.

Das neue Informationsbedürfnis läßt das traditionelle Wissen über die Natur in einem ganz neuen Licht erscheinen. Zuallererst wird eine Lücke in dem Wissen sichtbar, welches in den Manuskripten dargestellt ist (s. u. S. 796, Anm. 84). Von dem Wissen über die Komplexion und die Anwendung eines Krautes führt kein Weg zu einem Wissen über sein Aussehen. Die morphologischen Merkmale, die antike oder mittelalterliche Autoren berücksichtigen, wenn sie den Pflanzen ein ›nomen‹ gaben und sie damit in den Kanon des Wissens aufnahmen, bleiben so minimal, daß man sagen muß: ihr Aussehen ist in dem skriptographischen Speicher nicht repräsentiert – und damit auch vielen Benutzern dieses Speichers, den Kopisten und Lesern, nicht ›bekannt‹. Dies eben führte zu dem schon mehrfach angesprochenen Phänomen, daß die in den Büchern beschriebenen Pflanzen in der Wirklichkeit von den Lesern, auch von den gelehrten Lesern, nicht mehr aufgefunden werden konnten. Damit freilich dieses Auseinanderfallen zwischen dem Wissen um die ›nomen‹ und dem Wissen um den Gegenstand in der Natur überhaupt als Problem eine nennenswerte Aufmerksamkeit erlangen konnte, mußte ein spezifisches neues Informationsbedürfnis geweckt werden. Die Beschreibung der Gestalt oder die Identifizierung der Gegenstände nach dem Augenschein, so wird im Fortgang der Arbeit noch an verschiedenen Stellen erhärtet werden, ist jenes neue Interesse, welches die Inhalte der Bücher verändert und neue Programme für die Informationsgewinnung und -kodierung hervorbringt.

Während die Prinzipien, die der Gestaltbeschreibung im 16. Jahrhundert zugrunde gelegt werden, später (im Abschnitt 6.4) eingehender behandelt werden sollen, interessiert im folgenden die Frage, warum sich die Aufmerksamkeit am Ende des 15. Jahrhunderts gerade auf die Formen und Farben der Gegenstände richtete.

Neue Informationstypen – Neue Legitimationsprobleme und Erkenntnistheorien

Was auch immer für Motive vorgelegen haben mögen, eines ist ihnen allen vorgelagert: der Wunsch, die neue Technik, den Buchdruck, einzusetzen. Dieser Wunsch muß deswegen auch am ausführlichsten legitimiert werden. Weit mehr als die Hälfte der Widmungsvorrede der ›*Peregrinationes*‹ dient diesem Zweck. Grundsätzlich erörtert Breydenbach die Argumente, die gegen eine typographische Verbreitung von Informationen sprechen. Er braucht dabei nicht weit zu suchen, denn ›sein gnädiger Herr‹, der Erzbischof von Mainz, hatte just zu Beginn des Jahres 1485 sein bekanntes Zensuredikt verfaßt. Als engster Vertrauter Hennebergs, von diesem nach Rom geschickt, um das Palium zu holen, von ihm für das Amt des Domdechanten vorgeschlagen und nach Frankfurt als Begleitung zur Wahl Maximilians (1486) ausgewählt, hatte der Kämmerer zweifellos mit dem Bischof intensiv über die Richtlinien der Pressepolitik gesprochen. Seinem Bischof widmet Breydenbach seine Reiseschilderung und er nutzt die Gelegenheit, das Zensuredikt zu interpretieren, gleichsam einen – möglicherweise auch wieder mit dem Bischof abgestimmten – Kommentar dazu zu verfassen. Läßt man alle rhetorischen Feinheiten und die in Widmungen üblichen Höflichkeiten beiseite, so ist die Botschaft einfach: Nicht unter die Zensur fallen alle Bücher mit wirklich neuen Informationen. Geschützt werden sollen nur diejenigen Informationen, die tatsächlich schon vorhanden sind, in irgendwelchen Institutionen gespeichert vorliegen. Dies betrifft natürlich zuallererst den Kanon der Theologica – aber dann auch jenen der freien Künste.[27]

Problematisch sind von daher von vornherein alle Übersetzungen etablierter Werke und die Kompilationen aus ihnen. Die meisten

Bücher, die zu jener Zeit ›neu genannt werden‹, haben ohnedies ›allein auswendig eine neue Kleidung empfangen, oder sind mit einer anderen Farbe überstrichen worden als sie vorher hatten. Doch die Substanz von ihnen ist unverändert geblieben.‹[28] Breydenbach hingegen will ein Werk *»in form und maß vorhin villeicht nit mer gesehen«* schaffen (ebd. A3r) und insofern weisen seine Publikationen exemplarisch in die Richtung, in die gegangen werden kann und soll.[29]

Noch eine zweite Richtung weist Breydenbach: Seit alters her gibt es Bücher für Gelehrte. Diese sollen auch von Gelehrten geschrieben werden. Er selbst schlägt einen anderen Weg ein und wendet sich mit seinem Buch nicht nur an einen engen Kreis von Spezialisten. Von ihm ist deshalb kein Expertenwissen gefordert (ebd. A2v/A3v). Er erspart sich damit auch den ansonsten geforderten Nachweis seiner fachlichen Kompetenz.

Die Bitte um ›Vorbesehung‹ des Werkes durch den Erzbischof hat denn auch nichts mehr mit der Bitte um Approbation gemeinsam, wie sie bei der Veröffentlichung eines Werkes in früherer Zeit üblich war. ›Fürnemliches‹ Ziel ist für Breydenbach, mit dieser Widmung der ›fürstlichen gnaden reuerentz zuo bewysen‹. Zweitens will er seinem Werk durch diese Widmung ›Nutz zufügen‹. Wenn der Erzbischof nämlich das Werk annähme, so ›würde es ungezweifelt mehr Glauben und Schein empfangen und wertvoller werden.‹ Dieses Argument wird an späterer Stelle noch einmal wiederholt. Nicht zensieren soll Henneberg, sondern zusätzliche Publizität sichern. Zumindest dieser Aspekt der Approbation hat sich in die Zeit des Buchdrucks hinübergerettet.

Im übrigen besteht für Breydenbach kein Zweifel, daß der Einsatz der typographischen Technologie, von Ausnahmen abgesehen, gerechtfertigt ist. Wie sollte dies auch bei einem *Gottesgeschenk*, wie der Buchdruck auch im Edikt von Henneberg genannt wird, anders sein? Umso dringlicher wird es für den der Zukunftstechnologie zugewandten Kämmerer freilich, sich genauer mit der Frage zu beschäftigen, zu welchen und vor allem zu welchen neuen Zwecken die Maschine genutzt werden soll.

Breydenbach nennt eine Reihe von Motiven, die ihn selbst zur Veröffentlichung seiner beiden Werke bewogen haben. Aus heutiger Sicht fällt dabei auf, daß manche Ziele einander widersprechen,

manche Motive aus ganz unterschiedlichen Wertvorstellungen gespeist und ihre Befriedigung auch mit durchaus gegensätzlichen Argumenten gerechtfertigt wird.
Dies zeigt sich zunächst bei der Formulierung seines informationspolitischen Grundanliegens. Einerseits möchte er auf die täglichen Nöte der Menschen höchst praktische Antworten geben, nützliches Wissen schaffen, andererseits schwebt ihm ein ›heiliges werck‹ vor. ›Zu aller welt troist und gemeinen nutz‹, so formuliert er im ›Gart der Gesundheit‹, sollen Informationen gesammelt werden. Einen Widerspruch zwischen diesen beiden Zielen sah er nicht – gleichwohl wird sein Buch einen Beitrag zur Schaffung eines solchen Widerspruchs, zur Ausdifferenzierung verschiedener Gattungen, leisten. Das erstere, ganz in der heutigen Tradition stehende Anliegen rückt das Werk aus heutiger Sicht in die Nähe der mittelalterlichen Trostbücher, z. B. der Ars moriendi, das letztere in jene der Rezepte, praktischen Ratgeber und Do-it-yourself-Bücher.
Aus der Sorge um das Seelenheil, als asketische Übung, ist in den mittelalterlichen Klöstern eine Vielzahl von heiligen Werken, auch von Kräuterbüchern, entstanden, ohne daß deren Schreiber aus diesen Beweggründen die gleichen Folgerungen für die Darstellung gezogen haben, die Breydenbach zieht. Das Bemühen, ein heiliges Werk zu schaffen, grenzt ihn von den Zwecken seiner Vorgänger kaum ab und begründet sein neues Vorhaben, die äußerliche Form abzubilden, nicht besonders.
Anders ist es mit dem zweiten Motiv, Informationen zu schaffen, die gemeinnützlich sind. Zumindest implizit hat er andere Vorstellungen darüber, was nützliche Informationen sind, als die Mehrheit seiner Zeitgenossen und Vorgänger. Nützliche Informationen scheinen ihm solche zu sein, die das praktische Handeln und Erleben der Menschen erleichtern helfen. Das Buch wird als ein handlungs- und orientierungsanleitendes Programm verstanden. *»Das aber soellich mein reyß«*, erläutert Breydenbach in der deutschen Fassung seiner Palästinareise, *»nit allein mir. sunder auch andern menschen moecht nücz werden. vnd besunder der edlen oder ander gelerten vnd prelaten gemuet so gemeynlichen dise fart vermügen darzuo geneygter wurden. hab jch besundern fleiß angewendet auf der fart alle ding so not waeren zewissen vnderscheydlichen zeerforschen*

vnd erfaren. auch eyn guotem maler czuo mir genomen der die namhafftige stett auff wasser vnnd land abentwurffe. vnnd fürnemlichen die heyligen stett vmb Jherusalem eygentlichen ab malet damit diß nachgende buoch soellich reyß beschreibend lustlicher wirt so es zuo vernunft durch geschrifft vnd zuo gesicht durch figuren wirt dienen.«[30]

Über alle Dinge also, die jenen ›zu wissen not sind‹, die selbst eine Reise in das Heilige Land unternehmen wollen, möchte er informieren. Dazu reicht eine einfache Nacherzählung der eigenen Erfahrungen, eine Aufbereitung von Erinnerungen nicht aus. Vielmehr muß die Reise selbst schon von vornherein als eine Forschungsreise organisiert werden.[31]

Die orientierungsrelevanten Orte (›Stett‹) sollen in ihrer Eigenart (›Unterschied‹) so gespeichert und dargestellt werden, daß sie von jemandem, der nur über das gespeicherte Programm, eben das Reisebuch, verfügt, wiedererkannt werden können. Identifizierung der Natur nach dem in dem Buch dargestellten Programm, dies ist das Erfolgskriterium seines Experiments!

Auch der Ortus dient diesem Experiment. ›435 Kräuter und anderer Kreaturen Kraft und Tugenden, die zu der Gesundheit der Menschen dienen und gewöhnlich in den Apotheken als Arzneimittel gebraucht werden‹, heißt es dort, habe man in diesem Buch ›in ihren Farben und ihrer Gestalt‹ verzeichnet. ›Nun fahre hin in alle Lande, du edler und schöner Garten, du eine Ergötzung der Gesunden, ein Trost, Hoffnung und Hilfe den Kranken. Es lebt kein Mensch, der deinen Nutzen und deine Fruchtbarkeit genugsam aussprechen könnte. Ich danke dir, Schöpfer des Himmels und des Erdreiches, der Du den Kräutern und anderen Kreaturen, die in diesem Garten beschriebene Kraft gegeben hast‹, so beendet Breydenbach seine Vorrede, ›daß du mir solche Gnade gewährt hast, diesen, bislang der Allgemeinheit verborgen gebliebenen Schatz, an den Tag zu bringen.‹ (Vgl. den faksimilierten Originaltext im Anhang 5)

Rekonstruiert wird hier das Wissen von Experten – und zwar nicht nur, wie schon seit altersher, jenes über die Heilkräfte der Pflanzen und Tiere, sondern auch jenes über ihre Gestalt und Farben. Letzteres ist ein Wissen, das mit den ›leiblichen Augen‹ oder dem ›leiblichen Gesicht‹ gewonnen wird, im Unterschied zu jenem, welches die Vernunft aus den Schriften zieht. Und dieses, in Form von

›Abkonterfeiung‹ in den Büchern gespeicherte Wissen, wird auch von dem Leser wieder durch die Augen – und nicht durch den Verstand – aufgenommen. Es wird bei den Lesern, den pyschischen Systemen, auch wieder zunächst ikonisch, und nicht symbolisch, repräsentiert. Diese Erkenntnis- oder Informationstheorie führt Breydenbach in der Widmungsvorrede seiner Reisebeschreibung ausführlich aus: *»Do mit aber daz ich ioch in sollichem kleynem werck. andern cristgleubigen menschen mochte dyenen vnd zuo willen syn. hab ich in guotem gemuot vnd vff sehen die selben beyd* [Reisen] *in eyn buochlyn gebracht. in form vnd maß. vorhyn villicht nit me gesehen. vnd lassen druocken. als in geschrifft mit sampt gemelt. da mit eß nit alleyn werde das seelich aug (daz ist) die verstantnuß mit der geschriftt. sunder auch daz lyplich gesicht mit figuren erlustigen vn(d) ergetzen. da mit es dester krefftiglicher wuord ziehen vnd reitzen ander menschen begirde zuo sollichen reysen.«*[32]

Abkonterfeiungen und Gestaltbeschreibungen erscheinen als ein Typus von Informationen, der ein Wiedererkennen von ›Orten‹, ›Kreaturen‹ und Pflanzen aufgrund des bloßen Augenscheins ohne jede weitere Hilfe ›einem jeden‹ ermöglichen. Nur aufgrund dieser Prämisse wird Breydenbachs mutiges Verlangen plausibel, auch dem ›Laien‹ nützlich zu sein. Natürlich rekonstruieren seine Bücher das Wissen von Experten. Wie ›verborgen‹ dieses Wissen auch immer gewesen sein mag, bestimmte Gruppen von Menschen besaßen es jedenfalls. Die Kräuterweiber etwa besaßen Spezialist(inn)enwissen über das Aussehen von Pflanzen, über ›Zeit und Ort ihrer Wachsung‹. Natürlich kannten sie auch Heilkräfte von Pflanzen – aber sie kannten nicht ihre ›nomen‹, vermochten nicht zu sagen, in welchem Grade ein beliebiges Kraut ›kalt‹ oder ›feucht‹ ist. Beide Wissenstraditionen werden nun im Gart der Gesundheit und den vielen nachfolgenden Werken, die in der gleichen Machart erscheinen, miteinander verknüpft. Kulturgeschichtlich bedeutet dies, daß unterschiedliche Bildungstraditionen miteinander in Berührung kommen und wohl auch von einander profitieren, sich ergänzen. Die Informationen über das Aussehen von Pflanzen mußten für viele ›litterati‹, die auf den Universitäten in der ›theoria‹ der ›materia medica‹ unterrichtet worden waren, neu und interessant gewesen sein. Sie waren es gewohnt, mit den ›nomen‹, bestenfalls mit getrockneten und/oder mehr oder

weniger gestampften Pulvern umzugehen. Welche ›leiblichen‹ Pflanzen hinter diesen Namen standen, aus welchen Pflanzen die Pulver gewonnen waren, dies war ihnen in sehr vielen Fällen durchaus nicht klar. Umgekehrt konnten natürlich die Kräutersammler aus den systematisierten Erfahrungen der Gelehrten lernen. Ganz gleich freilich, ob es sich nun um die ›Gelehrten‹ oder um die ›Laien‹ im traditionellen mittelalterlichen Verständnis handelt, immer wendet sich das Buch an Personen, die über irgendwelche handlungsleitenden oder orientierungsrelevanten Programme nicht verfügen. Wer über die Informationen schon verfügt, die Pflanzen und ihre Anwendung kennt, der kann das Buch tatsächlich nur zu seiner ›Ergötzung‹ lesen.
Nützlich wird es für alle diejenigen, die Informationsdefizite haben, das Expertenwissen von Breydenbach und seinem Team nicht teilen. Damit aber löst sich unter der Hand die traditionelle Vorstellung über den Benutzerkreis von Büchern auf. Die litterati, die ja zumindest im Bewußtsein des frühen und hohen Mittelalters ein weitgehendes Monopol auf die Benutzung von skriptographischen Informationsmedien besaßen, erscheinen, wenn sie sich an das neue Informationsmedium anschließen, genauso als Informationsbedürftige wie auch die gewöhnlich als ›Laien‹ bezeichneten Personen. Der Ausdruck ›Laie‹ gewinnt unmerklich die Funktion, eben diesen Aspekt der Informationsbedürftigkeit, eine bestimmte Relation also zwischen dem Benutzer und dem typographischen Speicher, zu bezeichnen. Als ›gelehrt‹ erscheint auf der anderen Seite derjenige, der verborgene Informationen dem neuen Speicher zuführen kann, der Wissen so umkodieren kann, daß es in Büchern erscheinen kann, die für den Laien nützlich sind.

Neue Netze – Neue Kodierungsanforderungen

Hinsichtlich der Darstellungsprobleme, die sich Breydenbach und seinen Kollegen beim Verfolgen ihrer Absichten stellten, sind wir weitgehend auf Vermutungen angewiesen. Jedenfalls muß es in einer Zeit, als es zwischen den verschiedenen Bildungstraditionen kaum gemeinsame Wegstrecken, wie sie gegenwärtig etwa in den allgemeinbildenden Schulen bestehen, gab, weit schwieriger gewesen sein, einen gemeinsamen Kode zu finden, als man es auf den ersten Blick von unserem Standort aus annehmen möchte. Die ›Sprachen‹, in denen man die Informationen im Mittelalter kodierte, waren jedenfalls vielfältig und einen gemeinsamen Nenner, wie er etwa heute in Form der Standardsprache vorliegt, gab es nicht. Jede gesellschaftliche Gruppe klassifizierte die Welt entsprechend ihrer partikularen Bedürfnisse und benannte sie oftmals auch unterschiedlich. Das botanische Wissen der Gelehrten war ein Wissen um die ›nomen‹ und die in der theoretischen Literatur kanonisierten Eigenschaften und Wirkungen der Pflanzen, während das Wissen der Laien, je nach ihren Praxisbereichen ganz unterschiedlich, durch ihre praktischen Erfahrungen im Umgang mit diesen Pflanzen bestimmt wurde. Auf der Suche nach dem kleinsten gemeinsamen Nenner zwischen diesen vielen Informationstypen scheint Breydenbach jedenfalls den anschaulich ostensiven Merkmalen den Vorzug gegeben zu haben, auf der Suche nach der allgemeinsten Kodierungsform dieser Informationen, einem bestimmten Typus der Zeichnung.

Die ikonische Beschreibung der Gestalt der Pflanzen und damit die Einbeziehung des Bildes in den Darstellungsauftrag des Buches ist insofern ein Reflex auf die neue kommunikative Konstellation: Hätte Breydenbach 1487 aus Anlaß des 10jährigen Jubiläums der Universität seiner Wohnstadt Mainz der ›gelehrten‹ Fakultät ein Kräuterbuch überreichen wollen, dann hätte kaum eine Veranlassung bestanden, sich um das Aussehen der Pflanzen Gedanken zu machen. In diesem Fall wären die antiken und mittelalterlichen Gesundheitslehren und deren Klassifikationsweisen der Pflanzen und Tiere als bekannt vorauszusetzen gewesen, das bloße Benennen mit den traditionellen nomen hätte ausgereicht, um zu gemeinsamen Referenten zu gelangen. Ein solches gemeinsames Kodierungssystem fehlte, wenn man verschiedene Informationsspeicher in der frühen Neuzeit integrieren wollte. Nur konsequent schien es Breydenbach auch, das Buch, den Gart der Gesundheit, *»in teütsch laißen machen . . . vff daz es aller welt gelerten vnd leyen zuo nütze komen moge«.*[33]

Zum einen brachte die Verwendung der lateinischen Sprache für viele informative Zwecke, die sich Breydenbach steckte, wenig Vorteile. Da in der Gelehrtentradition die neuen Informationstypen, die Gestaltbeschreibungen, niemals systematisch kodiert worden waren, besaß die lateinische Sprache auch kein Arsenal von konventionalisierten Zeichenverbindungen, welches auf diese Aufgabe zugeschnitten war. Erst im nachhinein, nachdem solche Kategorien sich im muttersprachlichen Bereich und an der Peripherie der lateinischen Fachliteratur herausgebildet hatten, konnten traditionelle Kodes der klassischen Sprache umfunktioniert werden, ›Worten‹ neue Bedeutungen zugeschrieben werden, die für eine exakte Unterscheidung der verschiedenen morphologischen Merkmale erforderlich waren.

Aber neben diesen informationspolitischen und kodierungstechnischen Gründen sprachen auch noch kommunikative Absichten für die Ausnutzung der vielfältigen ›Sprachen‹ des ›gemein mans‹. Auch auf diesem Gebiet setzte Breydenbach neue Maßstäbe.

Neue und alte kommunikative Ziele

Breydenbachs Ziel ist es gewesen, die größtmögliche Vernetzung zu erreichen, die die neue Technologie hergibt. Die propagandistische Kurzformel, auf die er sein Programm sowohl in dem ›*Gart*‹ als auch in der volkssprachlichen Fassung der Reisebeschreibung bringt, lautet: ›alle Welt‹, ›alle Lande‹ sollen Zugang zu den von ihm bereitgestellten Informationen haben. Prinzipiell niemand, weder die Gelehrten noch die Laien, noch irgendwelche Länder oder Nationen, sollen ausgeschlossen werden. Mit möglichst vielen Menschen möchte er vermittelt über das neue Medium in Kontakt treten, ihre Sinne ansprechen, ihre ›Begierde zu solchen Reisen reizen‹, wie er in der Vorrede der ›*Peregrinationes*‹ ausführt.

Daß Kommunikationstechniken zu einer Maximierung der Vernetzungsdichte eingesetzt werden, ist, welthistorisch betrachtet, keineswegs eine Selbstverständlichkeit. Die skriptographische Technologie wurde jedenfalls nur zur Schaffung oder zur Optimierung von bestimmten, außerordentlich begrenzten Kommunikationsnetzen eingeführt. Dies spricht im übrigen für das Augenmaß der historischen Gemeinschaft, denn die Vernetzungsdichte, die realistischerweise zu erreichen ist, hängt selbstverständlich von dem Entwicklungsstand der technischen Medien ab. Aus dem

Munde eines mittelalterlichen Kopisten, der die Intentionen Breydenbachs teilte und mit Eifer verfolgte, klingt es eben anders, wenn er seinem Werk wünscht: ›Nun fahr hin in alle Lande du edler und schöner Gart‹. Mit der typographischen Technik war erstmals die Chance gegeben, geographisch weiträumige Netze mit Schnittstellen zu schaffen, die für alle sozialen Schichten offen waren. Selbstverständlich blieb die von Breydenbach anvisierte Vernetzungsdichte mit Anschlüssen für ›yederman‹ zu seiner Zeit noch eine Utopie, aber es war eine realistische Utopie. Die Arbeit seines Teams, einschließlich Schöffers, der vermutlich die Typen und Maschinen bereitstellte, muß als ein Baustein im Aufbau der modernen Nachrichtennetze angesehen werden.[34]

Ein Kennzeichen für dieses Netz ist die Abwesenheit des Zwangs zum Anschluß: Zwar soll ›ein jeder‹ die Möglichkeit haben, sich Informationen aus den gedruckten Büchern zu besorgen, aber er soll nicht dazu gezwungen werden. Vor allem wird nicht festgelegt, welche Informationen er aus dem Angebot auswählen kann. Die technischen Möglichkeiten zu einer solchen Kontrolle sind beim Buchdruck und -handel auch kaum gegeben. Dies im Gegensatz offenbar zu den skriptographischen Medien in älterer Zeit – und vielleicht auch zu einzelnen elektronischen Medien unserer Zeit.

Aus der Sicht der neuen Kommunikationstechnologie liegt es in der Hand der Nutzer, ›selbst‹ frei zu entscheiden, ob sie sich an das neue Nachrichtennetz anschließen und welche Bücher sie lesen. Grenzen werden hier nur durch andere, sozialökonomische und im geringeren Umfang auch durch politische, Größen gesetzt.

Der Autor kann entsprechend die potentiellen Leser nur ›reizen‹ – nicht diese bestimmen. Und genau um diese Frage, wie die potentiellen Leser zur Lektüre gereizt werden können, macht sich Breydenbach ausgiebig Gedanken. Die Wahl der Bilder in der Reiseschilderung wird mit diesem Motiv begründet und auch die Wahl volkssprachlicher Kodierungsformen. Ein neues Reservoir von Nutzern soll speziell durch diese Gestaltungsform gewonnen werden. Breydenbach nennt es (u.a.) ›Laie‹ oder ›gemein man‹. Es handelt sich hier um Schichten, die die zur Verfügung gestellten Informationen nicht unbedingt professionell auswerten oder sie möglicherweise gar nicht praktisch anwenden: heilkundliches

Wissen für den Hausgebrauch und die Selbstmedikation; Reiseschilderungen nicht nur für diejenigen, die eine solche Reise selbst planen, sondern auch für diejenigen, die vermutlich niemals die Gelegenheit dazu haben werden, die ›beschriebenen‹ Reiseziele mit eigenen Augen zu sehen. (Vgl. u. S. 517ff.)

Man kann in Anbetracht der Diskussionsrichtung in der Sekundärliteratur nicht oft genug darauf hinweisen, daß die kommunikativen Motive des Mainzer Domherren und vieler seiner Zeitgenossen keineswegs in erster Linie quantitativer Natur sind – und auch von ihnen nicht so gesehen wurden. Ginge es Breydenbach darum, möglichst viele Personen zu erreichen, dann wäre die logische Folgerung hieraus durchaus nicht die Benutzung der Mundart einer oder mehrerer Landschaften gewesen. Hat man die Anzahl der Köpfe im Auge, so ist die Welt der Lateinsprechenden und -lesenden zu jener Zeit gewiß größer gewesen als jene, die durch eine beliebige Mundart zu erreichen war. Zu berücksichtigen ist ja hier auch, daß das ›Teütsch‹, in dem etwa der Gart der Gesundheit abgefaßt wurde, keineswegs das ›Teütsch‹, dessen man sich in Niederdeutschland bediente, war. Aus dieser Perspektive betrachtet, nimmt Breydenbach für sein Kräuterbuch eher einen begrenzteren Leserkreis in Kauf, um dadurch sein – man muß jetzt sagen ›übergeordnetes‹ – Ziel, die Information der verschiedensten sozialen Schichten und Rollen, zu erreichen. Er schafft die Möglichkeit, daß auch andere Bildungstraditionen, die unter dem Begriff des ›gemein layen‹ zusammengefaßt werden, Anschluß finden können. Damit verschieben sich die Grenzen angestammter Kommunikationsgemeinschaften tiefgreifend. Was von Breydenbach möglicherweise nur als eine additive Komponente zu den etablierten Systemen gedacht war, verselbständigt sich und gewinnt Schritt für Schritt eine dominante Position. Das im älteren Verständnis größtmögliche Netz war die abendländische Christengemeinschaft. Informationen, die für ›omnes‹ in diesem Sinne wichtig schienen, wurden lateinisch kodiert und durch ausgeklügelte Nachrichtenwege handschriftlich und mündlich verbreitet. In dieses Netz oder in eines seiner zahlreichen Subsysteme hätte man theoretisch auch noch irgendwie die lateinische Fassung der Pilgerreise eingeben können. Hinter der deutschen Fassung und hinter dem ›Gart der Gesundheit‹ haben andere Vorstellungen über die Kommunikationsgemeinschaft gestanden. Anvisiert wurde hier eine ›gemein‹ von Menschen quer durch alle Schichten der Bevölkerung, begrenzt jedoch andererseits durch das Territorium, auf dem sie leben. Dieses Territorium, Teutschland, ist natürlich weit kleiner als jenes der abendländischen Christengemeinschaft.

Der geographische Aspekt wird von Breydenbach in der Vorrede zu seinem Gart eindeutig angesprochen, wenn etwa von den ›Kräutern‹ die Rede ist, die ›in diesen deutschen Landen nicht wachsen‹. Breydenbach ist sich darüber klar, daß er besondere, geographisch spezialisierte Informationen sammelt und er möchte sie auch zunächst einem geographisch begrenzten Publikum zur Verfügung stellen. Dies geschieht über den Umweg des Kodesystems, der *›teütschen sprach‹*. Dieses Interesse besteht unbeschadet davon, ob es Breydenbachs Teamkollegen gelungen ist, tatsächlich die heimische Flora zu beschreiben.

Breydenbach geht noch nicht so weit, die von ihm geschaffene ›Kommunikationsgemein‹ anderen Kommunikationsgemeinschaften gegenüberzustellen. Er strebt auch nicht an, die von ihm gesammelten Informationen nur der in dieser Weise geographisch und sozial bestimmten deutschen ›gemein‹ zunutze kommen zu lassen. Davon mag ihn seine religiöse Überzeugung und die feste Einbettung in die Institution Kirche noch abgehalten haben. Zumindest wenn er von dem ›Trost‹ spricht, welchen seine Bücher bringen sollen, dann stehen ihm nicht die Landsleute, sondern die Christengemeinde überhaupt – in Abgrenzung zu den Heiden – vor Augen.

Langsam aber verschiebt sich bei den Autoren des ausgehenden 15. Jahrhunderts der Primat von der Christengemeinschaft und ihrer kirchlich organisierten Vernetzungsweise in Richtung auf die ›Lande‹ und deren typographische Vernetzung hin. Die neu entstehenden Gebilde werden mit dem älteren Wort ›Nation‹ bezeichnet, dem Gemeinnutz der Nation sollen die typographisch gespeicherten Informationen dienen. Diese Orientierung setzt sich aber erst in einem längeren Prozeß durch. Das ausgehende 15. und das beginnende 16. Jahrhundert ist durch die Konkurrenz verschiedener Konzepte charakterisiert.

4.3
Das Aufbrechen traditioneller Kommunikationssysteme: Unbeabsichtigte Folgen der neuen Technologie

Von den institutionellen zu den marktwirtschaftlichen Netzen

In seiner ›Untersuchung zur Rezeption der Werke des Karthäusers Jakob von Paradies (1381-1465)‹ verfolgt Dieter Mertens, wie sich über einen Zeitraum von gut hundert Jahren hinweg die Formen der Verbreitung der Werke eines Autors ändern. Seine archivalischen Studien konzentrieren sich genau auf den Zeitraum des Übergangs von der skriptographischen zur typographischen Vernetzung. Vor der Etablierung des Buchdrucks, ›in der Zeit handschriftlicher Buchproduktion, vollzieht sich die Verbreitung literarischer Werke wesentlich in vorgezeichneten Bahnen, die aufgrund institutioneller Zusammenhänge oder anderweitiger, nicht literarisch bestimmter Gruppenbeziehungen vorgegeben sind‹.[35] Die hierarchische Organisationsstruktur der Institutionen, hier vor allem der Mönchsorden, ›gibt die Wege der Literaturvermittlung vor‹. Die Informationsverteilung erfolgt ›gruppenintern‹. (a.a.O.)

Technisiert werden konnte im Mittelalter m.a.W. nur die Informationsproduktion in den Institutionen. Jede Verbreitung technisierter – und das hieß damals skriptographischer – Informationen mußte mit großem Aufwand sozial organisiert werden. Informationen, die sich naturwüchsig über die verschiedenen gesellschaftlichen Segmente und Schichten verbreiteten, blieben auf die gesprochene Sprache, die ›*gemain sag*‹, angewiesen. So gesehen gab es in älterer Zeit keine technisierte alltägliche gesellschaftliche Kommunikation.[36]

Wohl aber bemühte man sich immer wieder, durch Anschläge, ›fliegende‹ oder ›verlorene‹ Zettel und andere Mechanismen die Grenzen für den Einsatz skriptographischer Medien zu erweitern. Von den Brüdern vom gemeinsamen Leben, die auf dem Gebiet der Informationspolitik vielfach neue Wege beschritten, ist bekannt, daß sie *»die Schranken, die bei ihren Kollatien die zuhörenden Gläubigen und die Person des Vortragenden räumlich und zeitlich umgrenzten«*, zu *›durchbrechen‹* suchten. Sie taten dies (u.a.), indem sie religiöse Schriften, die sie selbst abgeschrieben hatten, an ihren Wirkungsstätten an Interessierte kostenlos verteilten.[37] Sie dürften sich von diesem Verschenken von Informationen eine größere Öffentlichkeit für ihre Ideen jenseits ihrer Konventikel versprochen haben.

Ein anonymes Publikum konnten sie andererseits bei diesem Verfahren schwerlich erreichen.[38]

Und wie sollte man die Bücher auch anders an die Leute bringen, wenn sich das marktwirtschaftliche Prinzip noch nicht etabliert hatte? Das Beispiel zeigt jedenfalls, daß man sich an den Grenzen der traditionellen Kommunikationswege stieß und daß auch ein gewisses Interesse an einer Technisierung der Öffentlichkeitsarbeit vorhanden war. Die Möglichkeiten zu dieser Technisierung und zu einer weniger kostspieligen Verteilung der Informationen waren, wie sich anhand der weiteren Geschichte der Werke des Carthusius zeigen läßt, nach der Einführung der Drucktechnologie gegeben.

1470 erscheint in Augsburg der erste Druck eines Werkes des Karthäusers: *›De animabus exutis a corporibus‹*. Bis 1520 werden mindestens 35 Ausgaben von den Arbeiten des Carthusiensis gedruckt.

Mertens stellt fest, daß ›die in der ersten Phase typischen Wege der Literaturvermittlung über die Orden und die Universität seit etwa 1470 durch die Drucke verändert werden‹. (ebd. 75) Es setzt eine ›gestreute Verbreitung‹ ausgewählter Werke ein. Eine Zeitlang, bis in das 3. Jahrzehnt des 16. Jahrhunderts, koexistieren skriptographische und typographische Vermittlungsformen, dann ›werden die Werke des Karthäusers nicht mehr kopiert‹.[39]

Von da an gibt es, von Ausnahmen abgesehen, nur noch die Wege des kommerziellen Buchhandels für die Kommunikation seiner Ideen. Auf diesen Wegen wird der Karthäuser bald als Legitimationsfigur für verschiedene religiöse und politische Zwecke aufgebaut, auf diesen Wegen findet auch später die philologische Auseinandersetzung mit seinen Werken statt. *»Die technisierte Buchherstellung, durch die ein mehrere gesellschaftliche Gruppen übergreifender* *literarischer Markt entsteht«*, so faßt Mertens seine Untersuchungsergebnisse zusammen, *»verändert das Verhältnis der literarischen Produktion des Autors zu seinem Publikum einschneidend.«* (Ebd. 78) Der Markt ist für Mertens und mit ihm für die Mehrheit der modernen Betrachter eine Metapher für das komplizierte Beziehungsgeflecht, das sich zwischen Autor und Drucker einerseits und den vielen ›Konsumenten‹ der gedruckten Werke andererseits schiebt. Das Buch zirkuliert als Ware, zugänglich für jeden, in dessen Nähe es gelangt und der genug Geld hat, es zu erstehen. Das Verteilungsnetz der Bücher unterscheidet sich insoweit nicht von jenem aller anderen Waren. Es ist vielmehr ein Bestandteil der neuen Marktwirtschaft. (Vgl. Abschn. 6.5)

Wie auch immer dieser neue kommunikative Verbund zwischen dem Erfurter Ordensgeistlichen und den Käufern seiner gedruckten Bücher – so wie zwischen den Käufern – im einzelnen charakterisiert werden mag, mit Gewißheit spiegelt er nicht mehr die Strukturen der Universitäten, Klöster oder anderer etablierter Institutionen wider. Verknüpft werden nicht mehr Rollen oder Professionen, die für ein einzelnes Sozialsystem konstitutiv sind. Ursprünglich hatten nur Ordensgeistliche und Angehörige der Erfurter Universität Zugang zu den Schriften des Karthäuseres, und nur sie fungierten als Kommentatoren und Boten für seine Gedanken (ebd. 58). Im Normalfall entschieden die mittelalterlichen Institutionen souverän darüber, wer welche Schriften in die Hand bekam und wer nicht. Wer kein Mitglied der entsprechenden Sozialsysteme war, blieb von vielen Informationen, den schriftlich gespeicherten zumal, ausgeschlossen. Im Innern der Institutionen regelte die Stellung in der Hierarchie, das Amt, den Zugang zu den Informationen. Ein Wechsel innerhalb der Hierarchie, zum Beispiel eine höhere Weihe, eröffnete neue Informationsquellen.

Wie veränderte sich nun diese Vernetzung am Ausgang des 15. Jahrhunderts und wer dirigiert von nun an den Informationsfluß?

Der Kern der Antwort ist im Grunde schon mitgeteilt: Die Kommunikation typographischer Informationen wird zu einer Aufgabe eines neuen Wirtschaftsystems gemacht und dessen Gesetzen unterworfen. Aber dies ist die Antwort, die wir heute in der Rückschau geben können.[40] Aus der Perspektive des 15. Jahrhunderts waren noch weit mehr Wege denkbar. Man probierte zunächst einfach aus, welche Möglichkeiten der Weitergabe von typographischen Informationen sich eröffneten. Und dabei war man für jede Gelegenheit, die sich bot, dankbar, die traditionellen Vermittlungswege für Manuskripte auch für die Verbreitung der Druckerzeugnisse zu nutzen. Viele Drucker überlebten die Risiken der neuen Branche nur, weil sie als Lohndrucker für Kirche, Stadtregiment oder Universitäten arbeiten konnten. In dieser Eigenschaft modernisierten sie zwar, wie wir im Abschnitt 3.1 sahen, den Verwaltungsapparat, beteiligten sich aber kaum an der Ausgestaltung der Netze, die für die typographische Kommunikation in den folgenden Jahrhunderten bestimmend werden sollten.

Schreiber und Verleger von Büchern überlegten sich anfangs recht unbekümmert von den Marktgesetzen, mit wem sie über das Medium des Drucks in Kontakt treten wollten. Diese Unbekümmertheit schlägt sich u. a. in der Vielzahl von Druckunternehmungen nieder, die scheiterten. *»Nur ganz wenige wurden durch den Buchdruck reich ... Viele recht tüchtige Drucker kamen nach anfänglichen Erfolgen und oft bedeutenden Leistungen, sei es durch Fehlspekulationen oder durch schlechtes und liederliches Wirtschaften ... in Not. Sehr viele haben als ›Habenit‹ im Buchdruck ihr Glück versucht, sind aber nie auf einen grünen Zweig gekommen.«*[41]

Die überwiegende Mehrheit der Drucker vertrieb ihre Werke anfangs in einem geographisch eng begrenzten Raum, dem ›Umland‹. Oftmals beschränkte sich dieses Umland auf den Wohnort oder gar die Arbeitsstätte des Druckers, die ›Gemaind‹. Diese Situation mag der Formschneider der frühesten uns bekannten Abbildungen einer ›Druckerei‹ vor Augen gehabt haben. (*Vgl. Abb. 2*)

Der Holzschnitt faßt Produktion und Vertrieb der Bücher auf einem Bild zusammen. Das typographische Netz reduziert sich im Extremfall auf den Weg zwischen der Druckerei und dem Verkaufstresen im Haus des Druckers/Verlegers. In diesem Fall werden die Bücher nicht über Händler und Krämer vertrieben, sondern die Käufer kommen zu den Büchern in die Werkstatt des Druckers oder eines mit ihm zusammenarbeitenden Buchbinders hin.

Günther Zainers Buchhändleranzeige aus dem Jahre 1477 schildert insofern eine typische Situation. Es heißt darin: »*Wäre jemand hie, der zu kaufen begehrte etlich teutsch und getruckte Bücher, deren Namen hernach geschrieben steht, der komm in des schmidlins hus zu dem Gunthero, genant Zainer von Reutlingen, da findet er die und werdent im gegeben umb ain gleich ziemlich gelt: ein büchlein der sieben teutschen Psalmen,* [etc]«[42]

Beliebt waren für Verkaufsaktionen in fremden Orten die dortigen Wirtshäuser.

Diese Praxis der Buchdrucker entspricht im wesentlichen den üblichen handwerklichen Produktions- und Vertriebsformen mittelalterlicher Städte. Das Handwerk arbeitet, wenn man die in den einzelnen Gewerbezweigen doch recht unterschiedlichen Gegebenheiten einmal nivelliert, in erster Linie für das städtische oder dörfliche Sozialsystem und erst in zweiter Linie für einen überregionalen ›Markt‹. Den Fernhandel stellte man sich typischerweise als eine Vernetzung zwischen solchen (städtischen) Wirtschaftseinheiten, nicht als eine Vernetzung zwischen den einzelnen Produzenten und Konsumenten vor. Und man organisierte den Handel auch so, etwa wenn man, wie in Nürnberg, dem städtischen Rat das Außenhandelsmonopol übertrug oder die von außen kommenden Waren durch Repräsentanten der Stadt kontrollieren ließ.[43]

Diese Orientierung an der städtischen Umgebung und an konkreten Auftraggebern und Konsumenten teilten auch die frühen Autoren und Drucker, wie sich an vielen Äußerungen in Inkunabeln belegen läßt.

Von der ›gemaind‹ zur ›gemein‹: Lokale Netze als Frühformen des Buchhandels

Ein besonders aussagekräftiges Beispiel für eine Einbettung eines Druckwerks in ein städtisches Umland ist das ›*Pestbüchlein*‹ von Heinrich Steinhöwel. Es erschien erstmals 1473 in Ulm bei Johann Zainer.[44] Weitere Auflagen folgten: Esslingen 1474, Nürnberg 1482, im gleichen Jahr noch zwei weitere Ausgaben in Ulm und später noch ein Druck in Magdeburg. In *Abb. 37* ist die

Ndanckberkeit(alsz die
alten wÿsen schribē)ist
für andere laster zeschel
ten. So aber ich Hain:
ricus Stainhöwel von
wÿl doctor in den ercz:
nÿen / so vil gůtheit er gunst vnd nucz /
ÿecz zweÿ vñ zweinczig iar/von den für:
sichtigen ersamen vñ wÿsen burgermei:
stern / rät vnd ganczer gemaind der stat
Vlm/mÿnen liebē herren/enpfangen ha:
be/dz ich billich mÿne übrige zÿt zů ierem
dienst / öch erbiete/hän ich bedächt/wie
ich enpfangner gůtheit/danckbar gesen:
hen werde/besonder ÿn disen schweren
löffen / diser erschrockenlicher kranckheit
der Pestilencz/wann man den fründ in
nötten beweret. vñ vermeine danckber:
keit ze bewÿsen/wann ich ÿnen ze er vnd
nucz/in gemein/wÿtre vñ vszkomē lässe/
das büchlin der ordnung/vsz den bewer:
testen altē meistern von mir gesamelt vñ
vff das kürczest geseczet(wañ lange ma:
teri brechte dē leser verdriessen)wie sich

Abb. 37: Die Einbettung des Buchdrucks in die Stadt:
H. Steinhöwels ›Pestbüchlein‹ von 1473

erste Seite dieses Werkes wiedergegeben. Der Text der gesamten Vorrede, auf die in diesem Abschnitt ausführlich eingegangen wird, findet sich im Anhang.
Die Einbettung des Pestbüchleins in die Stadt – und zwar nicht in eine beliebige, sondern in die Stadt Ulm – wird schon ikonographisch auf dem ersten Blatt der Vorrede anschaulich. Dort, wo sich die zwei Zierleisten treffen, hat ein Künstler das Stadtwappen von Ulm – als Symbol für die Adressaten des Werkes – und an anderer Stelle das Familienwappen Steinhöwels – als Symbol für den Autor – eingeschnitten. Im zweiten Satz seiner Vorrede widmet Steinhöwel seine Arbeit den *»wysen burgermeistern /* [dem] *Rat und* [der] *ganczen gemaind der stat Vlm«!*
Eine solche Widmung von literarischen Werken eines Stadtbürgers an seinen Rat und seine Mitbürger ist in jener Zeit nichts Außergewöhnliches: alle Frühdrucke des (zugereisten) Straßburgers Hieronymus Brunschwygk sind der ›kaiserlichen Stadt Straßburg‹ gewidmet. Hartmann Schedel streicht im Kolophon seiner Weltchronik deutlich heraus, daß es sich bei diesem monumentalen Werk um eine städtische Gemeinschaftsleistung handelt.[45] Und der Verfasser der Kölner Chronik von 1499 bestimmt sein Buch *›tzu nutz ind vnderrichtu(n)ge in fil sache(n) der gemeynen Burgerschaff der hiliger stat Coellen‹*. Die Beispiele ließen sich beliebig fortsetzen. Die Stadt ist dasjenige soziale System, in das sich Autoren und Drucker als Elemente einordnen.
Steinhöwel blickt auf einundzwanzig Jahre Bürgerschaft in Ulm zurück. Nun möchte er sich entsprechend seiner Fähigkeiten für die Stadt, von deren Einrichtungen und Leistungen er profitiert hat, nützlich machen. Die Beulenpest, die in der Umgebung von Ulm grassierte, bedrohte ihn und seine Mitbürger.[46] Zur Abwendung dieser Bedrohung möchte er mit seinem Büchlein einen Beitrag leisten, indem er eine Ordnung, eine Maßregel aufstellt, wie man sich ›zu Zeiten der Pestilenz‹ verhalten soll. Da seine Vorschläge im wesentlichen auf eine Hygienevorschrift hinauslaufen, kann er sein Ziel überhaupt nur dann erreichen, wenn seine Ratschläge nicht nur von einigen wenigen, sondern von der gesamten ›Gemeinde‹ beachtet werden. Als die Adressaten seines Buches stellt er sich entsprechend nicht einzelne Bürger oder soziale Gruppen, sondern die *›gancze gemaind der stat Vlm‹* vor. Dieser

Adressatenkreis dürfte auch für Steinhöwel kaum mehr überschaubar gewesen sein.
Aber der approbierte Stadtarzt bleibt bei dieser kommunikativen Vision nicht stehen. Wenig später spricht er davon, daß zumindest ein Teil des Buches geschrieben sei, damit sich der *›gemain man / vast wol behelffen mag‹*. Der ›gemein man‹, das ist nicht mehr nur die Stadtgemeinde von Ulm, sondern hiermit sind auch Menschen in anderen Städten und auf dem Lande angesprochen. Sachlich ist diese Ausdehnung des Adressatenkreises gewiß vollauf gerechtfertigt. Andererseits aber deutet sich hier schon eine gewisse Unklarheit über das Profil der Kommunikationspartner oder Käufer an. Diese Unklarheit verstärkt sich in den folgenden Passagen. Ein Teil des Buches wird nämlich von Steinhöwel zu einer Art Fachbuch erklärt, welches für die Ausbildung von *›jungern willigen meistern der scherer, die noch nyt ga(n)cz in wundt ercznuÿ geuebet sÿnd‹* gedacht ist. Als Adressat erscheint also eine recht eingeschränkte soziale Kategorie von Badern und Chirurgen – und möglicherweise ähnlichen Professionen, die mit der Gesundheitsversorgung der Stadt befaßt sind. Faktisch mischt sich Steinhöwel damit in eine etablierte, weitgehend oral organisierte Ausbildungsinstitution ein. Barbiere, Scherer und Bader waren Handwerker und sie wurden wie die Angehörigen anderer Handwerke auch in Lehr- und Gesellenjahren von Experten, ›Meistern‹, im Vollzug der praktischen Arbeit ausgebildet.[47] Ausdrücklich nicht einmischen will er sich demgegenüber in die Fortbildung der Experten und vor allem der akademisch ausgebildeten Stadtphysici: ›Und ich will auch‹, schreibt er im Anschluß an sein Gebet, ›in diesem Regimen nur so viel über die Arzneikunst mitteilen, als für diejenigen nützlich ist, die nicht in den Künsten ausgebildet sind. Die Behandlung der übrigen Lehrgegenstände will ich denen befehlen, die ihre Zeit, ihren Sinn und ihren Mut darauf gelegt haben, die Ursachen der Pest zu ergründen.‹ Sein Buch versteht sich nicht als ein Beitrag zur akademischen Disputation über die ›Ursachen‹ und ›Gründe‹ der Krankheiten.
Ebenso ausdrücklich hatte er schon zuvor sein Anliegen von jenem der Theologen und Prediger abgegrenzt. Nur von den ›natürlichen Ursachen der Krankheiten‹ will er handeln. Ganz ›hinten anstellen‹ will er die Bedeutung der Pest als eine göttliche Strafe, als

›Rute Gottes‹. Gegen diese Strafe gibt es kein besseres Mittel als die ›rechte Beichte, die wahre Reue und eine völlige Buße‹. Diese Ausdifferenzierung von einer religiösen und einer medizinischen Perspektive auf die Krankheiten bedeutet einen wesentlichen Schritt in der Emanzipation des modernen naturwissenschaftlichen Denkens. Steinhöwel wagt ihn nicht ohne Rückversicherung; er kann sich nicht enthalten, seinem Werk doch noch ein Muster eines Gebets um Fürbitte gegen die Pestgefahr beizugeben. Aber nach dieser Anrufung des heiligen Sebastians in der Vorrede ist für ihn die religiöse Thematik abgeschlossen.

Doch zurück zu den Adressaten des zweiten Teils des Buches, den angehenden Scherern. Wenn sie Steinhöwels Traktat in die Hand nahmen, so war eine völlig neue Ausbildungssituation geschaffen. Zwischen dem Stadtphysikus und den lernwilligen Lesern seines Traktats gibt es keine face-to-face-Beziehung, keine gemeinsame Werkstatt, nicht einmal eine gemeinsame Studierstube mehr. Im Prinzip tritt allein der gedruckte Text als Medium der Unterweisung, als Informationsmaschine auf. Dieser Sprung muß Steinhöwel (wiederum) als zu gewagt erschienen sein – und so fügte er der Vorrede ein Angebot an die Leser hinzu, ihnen mündlich mit Erläuterungen behilflich zu sein, wenn ihnen sein ›Schreiben unverständlich wäre‹. Im Falle der Annahme seines Angebots hätte sich wieder eine vertrautere Kommunikationssituation hergestellt: Steinhöwel auf der einen Seite, sein Buch in der Mitte und auf der anderen Seite der fragende Leser, dem die Schrift ›verständig und lauter‹ gemacht wird.

Man sieht an diesem Beispiel deutlich, wie wenig entwickelt noch die Vorstellungen über und vor allem das Vertrauen in die typographischen Netze gewesen sind. Sich allein auf die neuen technischen Möglichkeiten zu verlassen, erschien Steinhöwel als zu riskant. Und er steht mit dieser Vorsicht nicht allein. Zumal die Verfasser von ›Lehrwerken‹ weisen noch im 16. Jahrhundert gelegentlich darauf hin, daß sich diejenigen Käufer des Buches, die aus dem Text nicht schlau werden, persönlich an den Autor wenden können.

»*Wer aber sach* [sage, finde]«, schreibt etwa Hans Fabritius in seinem ›*Nützlichen Büchlein etlicher gleichstimmender Wörter*‹ (Erfurt 1532), *»das ettwas hierinnen nicht zum besten verstandt an tag geben* *wer, die selben komen zu mir: wil ich ein zimlich gelt nemen vnd yhn das Buechlein mit allem fleisz von anfang bisz an das ende treulich underweyszen«!*[48]

Die Frage: *»Was ists anders wan(n) wir ainichen Scribenten lesen / als wan(n) er mit vns muendlich redet / vnnd Conversieret?«*, die Putherbeus/Fickler nur noch rhetorisch stellen, ist an der Jahrhundertwende für die wenigsten entschieden.[49] Eine zustimmende Antwort ist von Steinhöwel nicht zu erwarten – und dies mag am Ende für sein nüchternes Augenmaß sprechen. Die fortgesetzte Propaganda für die neue Kommunikationstechnologie trübt diesen Blick zunehmend. Die ja ganz unbestreitbar vorhandenen Unterschiede zwischen den beiden Vernetzungstypen werden hinwegidealisiert – und dies selbst bei Autoren, die sich wie Putherbeus ausgesprochen kritisch mit den sozialen Folgen des Buchdrucks auseinandersetzen. Die Bereitschaft, Bücher als leibhaftige Gesprächspartner wahrzunehmen, wächst in der Bevölkerung in dem Maße, in dem die gedruckten Bücher zu einem festen Bestandteil des Alltagslebens geworden sind.

Wenig entwickelt waren zu Steinhöwels Zeiten auch noch die Vorstellungen darüber, welche Informationen auf den neuen Netzen verteilt werden können und für welche Typen von Adressaten diese Informationen zu nutzen sind.[50]

Selbst die Frage, welche Informationsklassen in einem Buch zusammengeschlossen werden können, bereitete Autoren und Verlegern Kopfzerbrechen. Man würde Steinhöwel heute möglicherweise empfehlen, doch die beiden ›Teile‹ seines Buches getrennt abzugeben: einen Teil als Informationsschrift für die Ulmer Stadtbevölkerung und den ›gemein man‹, den anderen Teil als Lehrwerk für die Gesundheitshelfer.[51]

Alle diese Fragen klären sich im Laufe der Zeit. Zumeist hinter dem Rücken der Beteiligten verschieben sich die Orientierungen, bilden sich unmerklich neue kommunikative Beziehungen und Käuferschichten. Zweifellos ist Steinhöwels Werk für eine Stadt geschrieben, und es mag dort auch tatsächlich zunächst mehrheitlich gekauft und gelesen worden sein. Nur bei dieser Orientierung hatte ja das Angebot Steinhöwels, zusätzliche mündliche Erläuterungen zu geben, einen Sinn. Die Käufer mußten die Möglichkeit haben, den Autoren aufzusuchen und diese Möglichkeit bestand für seine Mitbürger. Die Mehrheit der ›angehenden Scherer‹ wird er in seiner Eigenschaft als Aufseher des Ulmer Gesundheitswesens vermutlich sogar persönlich gekannt haben. So gesehen bleibt das Werk noch fest eingebunden in das System mittelalterlicher Auftragsproduktion – aber es leistet doch zugleich einen Beitrag zur Entwicklung der marktwirtschaftlichen Vernetzung. Das neue technische Medium schafft sich seine, in diesem Fall weitere Öffentlichkeit auch gegen die primären Absichten der Autoren und die Fesseln alter Produktionsweisen.

Die Druckereien werden vernetzt

Die Verbreitung von Steinhöwels Werk läßt sich in groben Zügen nachzeichnen, und sie ist prototypisch für jene volkssprachlicher typographischer Informationen bis in das 16. Jahrhundert hinein. Kaum ein Jahr nach dem Erscheinen wird es in Esslingen nachgedruckt, später noch in zwei anderen Städten des Reiches. Als in Ulm die Exemplare vergriffen sind, veranstaltet man Neuauflagen. Zusätzlich schufen Drucker in anderen Städten ähnliche Pestbücher. Schon 1472 hatte Bämler seinem *›Regimen sanitatis‹* eine Pestlehre beigebunden, wohl im gleichen Jahre erschien bei Günther Zainer in Augsburg ein Einblattdruck mit Ratschlägen für das Verhalten ›in den Zeiten der Pestilenz‹. Er ist in der *Abb. 38* wiedergegeben.[52]

Um 1477 erscheint in Köln ein Pesttraktat, fünf Jahre später in Nürnberg Hans Folz' *Spruch von der Pestilenz* und in Wien (und in Nürnberg) die *Rochuslegende.* Etwa um das gleiche Jahr druckt Michael Greyff auf einem Blatt eine Lehre, ›wie man sich halten soll in Zeiten der Pestilenz‹. In den achtziger Jahren wird auch Konrad Schwestermillers *Regimen* in Leipzig oder Magdeburg aufgelegt. In Eichstätt erscheint ein *Regimen* bei Michael Reiser, in Lübeck drucken Gothan und Brandis niederdeutsche Pestschriften. In den neunziger Jahren wird Culmachers *›Regimen wider die grausamen, erschrecklichen, todlichen Pestilenz‹* in Leipzig bei Landsberg aufgelegt. Albrecht Kunne druckt in Memmingen Ellenboks *›Ordnung wider die giftigen Anrür der pestilenzlichen Prechen‹*. In Erfurt erscheint bei Hans Sporer ein Arzneibuch gegen die Pestilenz,

Vil menschen weren der pestelencz frey
westen sy dar für ein rechte ertzney
Darumb so höre was ich dir sagen wil
wañ also sterben ist gar ein kurtzes tzyl
Des ersten halt den rat den ich mein
Wann der duncket mich sicher nit klein
Das man in diser sach ernnstlich sol
anrüffen got das hilfet sicher wol
Sant Sebastians auch nit vergiß
wann sein helffen ist auch gar gewiß
Das meynen all meyster weyß
die da seind auff der schůl zů pareyß
Dar nach hab auch dein selbs acht
es sey frů spat oder zů der nacht
Meyd den lufft von meridian vñ occident
enpfach in von septentrion vnd orient
Mit wacholtern weirauch spreng dei glůt
vor bösem nebligem luft du dich behůt
Mit sevenbaum wacholter mach dei feür
das ist der zeit in deinem hauß geheüre
Mit essig wasch hend můd vñ angesicht
schlind sein ein wenig des vergiß nicht
Du solt hunger vnd durst nit leyden
übrige fülle soltu auch sere meyden
Vnd übrige grobe köst soltu lassen
vor vil trincken soltu dich auch massen
Gebraten fleisch ist besser dann gesoten
das schweinen sey dir gancz verboten
Du solt mischen den starcken wein
das sechst teil sol alczeyt wasser sein
Du solt nit mer schlafen denn wachen
hůt dich vor dẽ in der pfannen gebachen
Ist es an dir nit ein gewonheit alt
so fleüch den schlaf im tag mit gewalt
Lynsen mit gůtem essig wol gesoten
seind dir von den meystern nit verboten
Aber wiltu dich selbs nit in schaden geben
so hůt dich auch vor vnkeüschem leben
Du solt auch gemein badstuben meiden
in einem zuber do ist schwitzen zů leyden
Fleüch auch trauren zorn vnd vnmůt
welsch nuss vñ rawtẽ seind nüchter gůt

Biß in deinem můt zů muß frölich
das bevilch ich dir besunderlich
Du solt auch nit zů vil frewden han
wann das hercz würd zů fast auff gethan
Du solt dich halten in sölcher maßen
vnd solt alle monet einest aderlaßen
Nach der weisen gelerten arczet lere
von hiczigen dingen du dich kere
Noch vil mer sag ich dir da mite
nym auch alle wochen pillulas vite
Sübene oder newne die zů nacht schlick
zwar sie seyn dir ein gůt gelück
Das lert dich Rasis der meyster groß
dem doch keyn arczet ist genoß
Alle tag schlick ein pillen zů morgen
es ist gůt vnd pringt dich auß sorgen
Auch thiriaca als ein ärbes genossen
vnder dem wein ist gůt auß der mossen
Es stercket das hercz vnmaßen vast
gifft mag nicht seyn bey im ein gast
Bolus armenus ist nüchter mit essig gůt
vñ terra sigillata erfrewẽ sicher das plůt
Vnd wenn du pillulas hast genůmen
so soltu nicht zů thiriaca kummen
Sunder diß meyd biß an den anderen tag
vnd verstand was ich dir da sag
Noch ein meyster dir einen rat geit
fleüch verr dauon vnd thů das beyzeyt
Wann fliehen ist gar ein sicher ding
vnd halten doch etlich das gar gering
Fleüch die siechen vnd auch die stat
seinen rock sein gewand vnd was er hat
Du solt auch alle tag etwas beginnen
zů thůn mit leib vnd auch mit sinnen
Emssig sein mit frewd in dem hauß
frů vnd auch spat in frides klauß
Es ist auß der maßen vast gůt
wer dar ynne ist mit frölichem můt
Das hat meister hans Cornamita gelert
Des selben kunst vil menschen hat erneert
Vnd auch annder hubscher meyster vil
der ich yetz zůmal nicht nennen wil

Abb. 38: Gesundheitspolitik im neuen Medium: Ratschläge wider die ›Pestilenz‹, Einblattdruck, Augsburg 1472

Grüninger bringt in Straßburg Brunschwygks und Kistler Laufenbergs Pesttraktat heraus. Ein Einblattdruck erscheint im gleichen Jahr in Landshut und vermutlich auch der Nachdruck von Steinhöwels Buch bei Moritz Brandis in Magdeburg. Nicht enthalten in dieser Aufzählung sind die zahlreichen lateinischen Pestbücher, die Neuauflagen und die Drucke außerhalb des deutschen Sprachraums. Insgesamt dürfte eine Zahl von 130 verschiedenen Werken, die sich in den verschiedenen Sprachen mit Ratschlägen gegen die Pest beschäftigen, nicht zu hoch gegriffen sein.[53]

Um 1500 sind, wie das Beispiel zeigt, weite Gebiete des Reiches mit Pestbüchern versorgt. Dies nicht, weil ein ausgeklügeltes Handelssystem die Waren weniger Produzenten verteilt hat, sondern weil in fast allen größeren Orten mindestens ein Drucker ein oder zwei Werke dieser Gattung in seinem Sortiment führt. Was sich in der Frühdruckzeit ausbreitete, das waren die Druckereien. Sie bildeten in den verschiedenen Städten gleichsam kleine typographische Netze, die nur lose und dann oftmals über den Mechanismus des Nachdrucks miteinander verbunden waren. Dieses Frühstadium ist in *Abb. 39* dargestellt.

Nachdruck braucht anfangs durchaus nicht immer eine seiten- oder gar wortgetreue Wiedergabe des Urdrucks zu bedeuten. Vielfach werden die Texte gekürzt oder auch – wie in dem Schaubild beim Drucker der Stadt C angedeutet – aus Texten verschiedener Druckereien zusammenkolligiert. Insofern ist Sudhoff zuzustimmen, wenn er annimmt, daß Steinhöwels Werk *»für den augenblicklichen Bedarf gedruckt, lokal verzehrt«* wurde.[54] Zwar sind die volkssprachlichen Drucke für den freien Markt konzipiert, aber dieser ist noch geographisch eng begrenzt. Dies bedeutet aber andererseits, daß die Konturen des Vertriebssystems nicht in erster Linie durch soziale Institutionen oder Standesgrenzen bestimmt werden. Steinhöwel spricht so ziemlich jeden an, der sich in seiner ›Nähe‹ aufhält.

Ganz anders sieht es anfangs bei vielen Inkunabeln aus, die in der lateinischen Sprache abgefaßt sind. Hier lassen sich, wie Weinmayer ermittelt hat, ›fest definierte Gebrauchskontexte‹ leichter ausmachen. Sie lehnen sich an diejenigen Vertriebsformen an, die für die skriptographischen Informationen schon geschaffen waren: *»Sie sind, wie schon der kursorische Überblick über die Situation der verschie-*

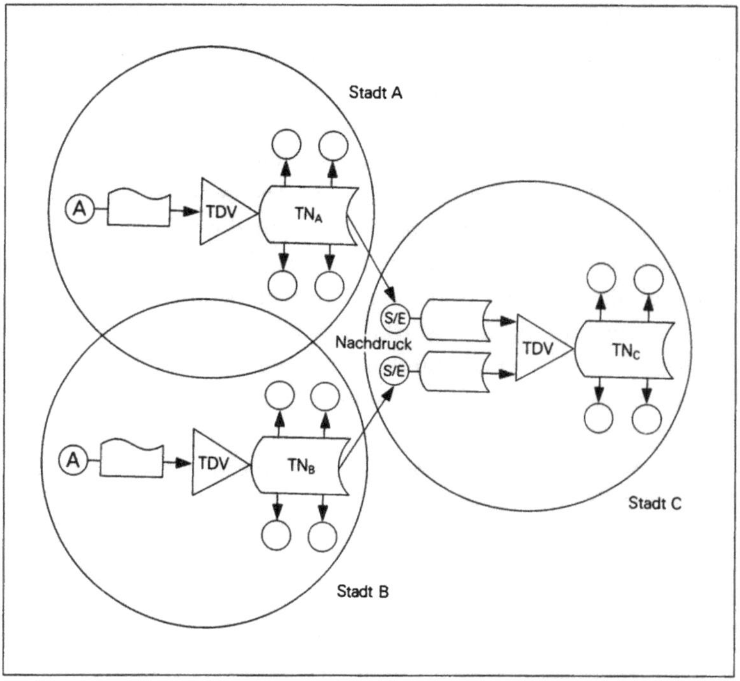

Abb. 39: Das Frühstadium des Buchhandels: sporadische Verknüpfungen lokaler Netze

denen Druckorte zeigt, an den Bedarf von Kirche, Universität oder Schule gebunden.«[55]

›*Erfolg oder Mißerfolg*‹ der deutschsprachigen Inkunabeln ›*zeichnen sich*‹ demgegenüber ›*erst im nachhinein ab*‹. › *So weit wie möglich, scheinen sich die Verleger auf Texte verlassen zu wollen, die sich auf anderen lokalen Märkten oder auch in der eigenen Stadt bereits durchgesetzt haben*‹. (Ebd. 28) Die Autorin argumentiert hier so, als ob sich die Marktprinzipien zwar bei den deutschsprachigen, nicht so sehr aber bei den lateinischen Inkunabeln durchgesetzt haben. Dieser Eindruck kann auch kaum verwundern, wenn man sich vergegenwärtigt, wie wenige Netze nur für die skriptographische Verbreitung von volkssprachlichen Informationen am Ausgang des Mittelalters fest etabliert waren.

Es ist also für die lateinischen Texte mit anderen Ambivalenzen und

Schwierigkeiten, sich aus den etablierten skriptographischen Netzen zu lösen, zu rechnen als bei den deutschsprachigen Inkunabeln. Erst im späteren Stadium der entwickelten marktwirtschaftlichen Vernetzung gleichen sich die Vertriebswege für lateinische Druckerzeugnisse einerseits und für volkssprachliche andererseits an. Die Pionierarbeit an diesem Netz ist, zumindest in deutschen Landen, beim Aufbau eines Verteilungssystems für die volkssprachlichen Informationen geleistet worden. In diesem Bereich findet die Umorientierung von institutionellen Parametern auf die anonymen Käufer, wie sie für die freie Marktwirtschaft im allgemeinen typisch ist, zuerst statt. Als Frage stand damals freilich noch offen, wie groß der geographische Raum sein solle, der mit einem einheitlichen Vertriebsnetz überzogen werden kann. Steinhöwels vordergründige Grenzziehung erwies sich im Fortgang der Zeit als zu eng. Nicht nur die Gemeinde von Ulm, sondern auch die Bevölkerung anderer Orte hatte Interesse an den von ihm erarbeiteten Informationen. Und über den Mechanismus des Nachdrucks wurde in der Folge Ulm mit Esslingen, mit Nürnberg und später mit Magdeburg verknüpft. Erst in dem Maße, in dem solche Vernetzungen zwischen regionalen Märkten durch wechselseitige Tauschhandelsbeziehungen enger wurden, entstanden die Voraussetzungen für die Durchsetzung von Idealen neuer und größerer Kommunikationsgemeinschaften: dem ›gemein man‹ in den ›teutschen landen‹, ›die teutsche nation‹ oder das ›teutsche Vaterland‹.

4.4
Die soziale Rechtfertigung der typographischen Kommunikation und der neuen Netze

Vom Seelenheil der Gläubigen zum Nutz der Nation

Die mittelalterliche Glaubensgemeinschaft bestätigte sich allenthalben neu durch Gebete, Verkündigung, Beichte und andere ›gottgefällige‹ Handlungen. Der Gläubige bangte um sein Seelenheil, diese Furcht war ihm Handlungsantrieb. ›Zuo myner selen heyl‹, so bekennt Bernhard von Breydenbach, unternimmt er seine Pilgerreise in das Heilige Land. Und auch die Veröffentlichung seiner Bücher ist ihm ein Glaubensanliegen, ein Werk zur höheren Ehre Gottes. Nur insoweit die einzelnen Menschen ihre Handlungen immer wieder als einen Beitrag zur Schaffung und zur Erhaltung dieser Glaubensgemeinschaft ausrichten und interpretieren, sichern sie deren Überleben – und ihre persönliche Identität als Christen. Man handelte und erlebte als Element eines größeren Systems und gewann dadurch Geborgenheit und Selbstbewußtsein.

Neben den religiösen gibt es seit alters her auch politische Gemeinschaften, die Poleis, die römische Republik, die mittelalterlichen Städte u. a. Auch deren Existenz hängt davon ab, daß sich die Menschen zu ihnen bekennen und ihr Handeln und Erleben von ihren Idealen normieren lassen: Jedes Jahr aufs neue trafen sich die Bürger, um durch ihren Eid die mittelalterliche Stadt als ein sozialpolitisches System zu bestätigen.[56] Handelten sie im Sinne der Eide, so waren sie legitimiert.

In der frühen Neuzeit verlieren viele angestammte Systeme ihre sinnstiftende Kraft. In Deutschland richten sich viele Hoffnungen auf ein neues großes gesellschaftliches Gefüge. Anfangs spricht man von ihm als von der ›teutschen Nation‹, im Fortgang des 16. Jahrhunderts sieht man in ihm das ›teutsche Vaterland‹. Die überwiegende Mehrzahl der Menschen, die ihre Gedanken in deutscher Sprache dem Druck anvertrauen, betrachten sich als Elemente dieses sozialen Systems. Sie wollen einen Beitrag ›zum

Nutzen‹ dieser Gemeinschaft leisten – und ihrem eigenen Handeln damit zugleich einen sozialen Sinn geben.
Die Menschen beschreiben sich also nicht nur als Teil der technologischen Systeme, also z. B. als Autor (Sender) oder Leser (Empfänger), als ›Empirico‹ (Sensor), Übersetzer (Prozessor) oder als Praktiker (Effektor). (Vgl. 5.2) Sie ordnen sich in gleicher Weise auch in sozialpolitische – und viele andere – Systeme ein. Ihr Handeln und Erleben erhält einen mehrfachen Sinn.
Praktisch verknüpfen sich die technologischen und die sozialen Bedeutungen des Handelns beständig miteinander. Man sieht sich als Autor nicht nur als jemand, der Informationen für den typographischen Speicher sammelt, sondern zugleich eben auch als ein Bürger, der dem Vaterland nützliche Dienste erweist. Durch diese Interferenzen gewinnen die technologischen Systeme an sozialer Identität und die sozialen Systeme erhalten andererseits eine technologische Bedeutung. Ganz zweifellos beschleunigt diese sozialpolitische Aufladung des kommunikativen Handelns die Etablierung des typographischen Informationssystems. Und natürlich sind auch gegenläufige Effekte, eine Festigung der nationalen Gemeinschaft durch den Ausbau von Buchhandel und Buchkonsum zu beobachten.
Der Gedanke, mit der ›Herausgabe‹ der persönlichen Informationen einem übergeordneten sozialen Gebilde einen Dienst zu erweisen, macht es den Menschen leichter, sich von ihrem Wissensschatz zu trennen. Er motiviert sie, sich in der einen oder anderen Rolle an dem Informationskreislauf zu beteiligen. Er hilft ihnen, ihr Handeln gegenüber Einwänden der Kirche oder auch der städtischen Zünfte zu rechtfertigen. Sich als Teil der Nation zu empfinden, vermittelt den Menschen in einer Zeit, in der die überkommenen sozialen und religiösen Wertsysteme ins Wanken geraten sind, eine neue Identität und Geborgenheit.

Die ideologische Aufladung der kommunikativen Aktivitäten läßt sich anhand der Entwicklung der Titelblätter und der Vorreden der Drucke in der frühen Neuzeit leicht verfolgen. Man begnügt sich nicht damit, die Informationen, die in den Büchern gesammelt sind, zu benennen und die Art ihres Erwerbs zu charakterisieren. Kaum jemals versäumt man es, auch auf die soziale Bedeutung der Informationen hinzuweisen. Dieser Hinweis bedeutet zugleich, daß der Autor sich selbst und sein Werk in soziale Gemeinschaften einordnet.

Oft wird dabei an antike Vorbilder angeknüpft. *»Es haben die alten Weisen Philosophi«*, schreibt Erasmus Reinhold, *»aus einbildu(n)g der Natur / gesagt / vnd in Schrifften hindersich verlassen / Das der Mensch nicht jhme* [sich] *alleine / sondern auch / vnd fuernehmlich dem Vaterlandt vnd andern Menschen / zum besten / auff die Welt geboren werde / Derwegen er schuoldig sey / mit Leib / Verstandt / vnd allem seinem vermuogen / dem Vaterlandt / nicht allein zu dienen / sondern / do es die noth erfordert / alles* [andere] *hindan zusetzen«*.[57] Viele haben deshalb, schreibt der Arzt und Hobbymathematiker, ihr ›Leib und Leben‹ dem Vaterland geschenkt. *»Andere aber / nach deme sie befunden / das sie mit jhrer leibessterck e / oder mit jhrem Tode / dem Vaterlandt nichts dienen koendten / haben getrachtet /* [dies] ... *durch jhren verstandt / erfindung oder dargebung nuetzlicher Kuenst«* zu tun. (Ebd. A2v).

Man dient als Autor seinem Vaterland, indem man seinen Verstand zu allgemeinem Nutzen einsetzt. Und zu dieser Haltung bekennen sich im 16. Jahrhundert die Drucker und/oder Schreiber aus den verschiedensten Gebieten. Dem ›Nutz der teutschen Nation‹ sollen Dürers Unterweisungen in der Perspektivenlehre genauso dienen wie die Theologica.[58]

»Vnserem geliebten Vaterlandt zu Ehren« erscheinen Bäderbücher, Reiseliteratur, medizinische und technische Traktate.[59]

»Zuo nutz vnd wolfart gemeiner Teütscher Nation« erscheint das New Kreüterbuoch von L. Fuchs und ebenso die Werke vieler seiner botanischen Fachkollegen. Wendungen wie die folgende von H. Bock liest man häufig in pharmazeutischen und naturkundlichen Werken: *»Wa* [wenn] *nun dise mein Arbeit vnd angewendter Fleiß Gemeinem nutz vnd dem Vatterlandt Teütscher Nation (wie ich hoff) etlicher massen zuo guotem gereicht / oder noch zuo wohlfart reichen wollt / wär mir vast lieb / vnd der hoechsten freüd eine.«*[60]

Bock nennt noch einen weiteren Antrieb für sein Engagement, der ebenfalls als typisch für die Zeit gelten kann: *»Zuo dem haben mich vil der armen / so staets mit bitt angelegen / jch woelle doch Gott zuo eren / vnd dem armen gemeinen hauffen zuo dienst vnd wolfart / die empfangenen gaben / nicht allein für mich selbs behalten / ans liecht lassen kommen / mit großen floehen* [Flehen] *vberwunden vnd gedrungen. Dise jetzt ernente vrsachen* *haben die feder an die handt zuonemen / mich dermassen bewegt vn(d) verursacht / das ich keins wegs gedachter arbeit mich hab gewißt zuo erwehren.«* (Ebd.) Andere, vom Glück der Erkenntnis weniger begünstigte Personen, haben ihn also so lange gedrängt, sein Wissen weiterzugeben, bis er nicht mehr nein sagen konnte.

Auch dies ist ein alter Topos, eine Formel mit sozialer Legitimationskraft: Man rechtfertigt sein Schreiben damit, daß man es auf ›Gebet‹ ehrbarer Personen begonnen habe.[61] Kaum eine Widmungsvorrede der Inkunabelzeit verzichtet auf dieses Argument. Aber es ist genau genommen eine Legitimationsformel, die für orale Kommunikationssysteme und für einfache Interaktionsbeziehungen entwickelt wurde. Auf die neuen Netze läßt sie sich nicht gut anwenden. Ein Gespräch kommt dadurch in Gang, daß jemand einer anderen Person eine Frage stellt oder eine Bitte an sie heranträgt. Auf solche Bitten einzugehen, gehört zu den normalen Regeln des sozialen Umgangs. Es gibt für den Antwortenden keine Veranlassung, die Tatsache, daß er reagiert, zu legitimieren. Noch viel weniger tauchten für den Schreiber Legitimationsprobleme auf, wenn ›ehrbare Personen‹ ihn als Untertanen, Lehensmann oder sonstwie Abhängigen um einen Dienst, etwa die Abfassung eines Gelegenheitsgedichts oder einer Chronik, baten.

Dieses Reziprozitätsmodell läßt sich aber auf die Gegebenheiten des Buchhandels nicht übertragen. Hier muß weniger legitimiert werden, daß man überhaupt Informationen weitergibt, als vielmehr die Tatsache, daß man sie vielen Personen zugänglich macht, sie ›vergesellschaftet‹. Um der Bitte einer oder nur weniger Personen nachzukommen, braucht man kein Werk hundertfach zu vervielfältigen. Zur Rechtfertigung dieser Vervielfältigung müssen neben die privaten auch die Gründe treten, die von der Gesellschaft als ›öffentliche‹ anerkannt werden.

Auch was die Rechtfertigung der Vergesellschaftung anbelangt, konnte man im 15. und 16. Jahrhundert an ältere Traditionen anknüpfen. So beruft sich H. Steinhöwel bei seiner Übersetzung und Drucklegung von Boccaccios Büchlein ›*Von etlichen frowen*‹ auf Aristoteles. Ihm schreibt er – und mit ihm viele Zeitgenossen – den Ausspruch zu, daß *»guotte ding ... ie gemainer ie besser werden«*.[62] Deshalb möchte Steinhöwel mit seiner Arbeit nicht hinter dem Berge halten. Und dieser Gedankengang wurde ja auch von H. Bock in der zuletzt erwähnten Passage seines Kräuterbuches aufgenommen. Für ihn hat es schon eine negative Konnotation, wenn man seine Gaben ›für sich selbst behält‹. Ortholf Fuchsperger stellt in seiner Dialectica nur noch rhetorisch die Frage: *»Ist dann das werck nit vmb so viel dester edler / wie vil es gemeiner vnd zu(m) gebrauch menigkliche(n) frey erlaub wurd«?*[63] Und am gemeinsten und damit am edelsten ist das Werk dann, wenn es der gesamten Nation zugute kommt.

Für heutige Ohren klingt es unmittelbar einleuchtend, daß die Verallgemeinerung von Wissen eine ›Wohltat‹ ist, aber die alten Zeiten haben solche Vergesellschaftungsvorgänge keineswegs in der Weise prämiert, wie dies die Neuzeit tut. (Vgl. Kap. 2) Wenn man schon Informationen weitergab, so blieb der Kreis der Informationspartner doch begrenzt. Die ›Gemein‹ oder ›die Vaterländer‹, denen sich die Alten verpflichtet fühlten, erscheinen uns klein. Zumeist waren es, wie im klassischen Griechenland und in der römischen Zeit, nur Städte oder doch regional überschaubare Gebilde. Von diesen kleinen Vaterländern setzt der schon zitierte Erasmus Reinhold das Modell der teutschen Nation unmißverständlich ab. *»Nicht einem engen Vaterlandt / als einer gewissen Stadt oder Landschafft / sondern dem allgemeinen grossen Vaterlandt / darin wir alle semptlich inwoner seind«*, will er sein Wissen zugänglich machen. (aaO. A2v)

Die neue soziale Gemeinschaft ist nicht nur größer, was die räumliche Ausdehnung und die Anzahl ihrer Anwohner angeht, sondern sie ist auch in einer neuen Weise auf Dauer gestellt. Jedenfalls entwickelt Reinhold ganz neue Vorstellungen über den Zeitraum, in dem dieses System Bestand haben soll: *»Auch nicht auff ein kurtze zeit«* soll sein Beitrag Nutzen tragen, *»wie des Decii wolthat gegen der Stadt Rom gewesen / welche doch nachmals zum offtern verwuestet / Sondern zuo kuenfftigen ewigen zeiten«* soll sein Werk in Geltung bleiben. (Ebd.) Die Nation ist ein soziales System, dem seine Mitglieder ewigen Bestand zutrauen.

Wird diese sozialpolitische Orientierung ernst genommen, so hat sie Folgen für das kommunikative Handeln. Die Autoren müssen ihre Informationen nunmehr so auswählen und aufbereiten, daß sie tatsächlich

a) für möglichst viele Einwohner des Landes,
b) an allen Orten und
c) zu jeder Zeit
genutzt werden können.

Ein solches Generalisierungsniveau wird weder in den Gesprächen von Angesicht zu Angesicht noch in den skriptographischen Kommunikationssystemen angestrebt. Die wenigsten Manuskripte erfüllen diese Bedingungen – und auch viele Druckwerke noch nicht.

So befindet E. Reinhold kategorisch, daß *»mit den Buechern der Griechischen vnd Lateinischen Sprache ... vnserem Vaterlandt vnd dem gemeinen Mann nichts gedienet«* sei. *»Die anderen deudschen Buecher aber / seind dermassen geschaffen / daß sie eintzweder gar zu kurtz vnd eingezogen / oder aber ... auch / daß sie nur an einen orth Deudsches landes gerichtet / vnd derwegen nirgent denn daselbst dienstlich sein koennen.«* (a. a. O., A3r) Sowohl die klassischen als auch die zeitgenössischen mathematischen Beschreibungen scheinen ihm zu kurz gefaßt und zu sehr auf bestimmte Gebrauchssituationen zugeschnitten. Er möchte seine Feldmeßkunst deshalb so beschreiben, daß sie *»an allen oerten in gantzem Deudschlandt / mit nutz kan gebraucht werden / (man messe gleich die Felder mit Ruthen / Ellen / Klafftern / oder wie es jmmer mehr Namen haben mag/)«*. (A4v)

Gemäß seiner drei Prinzipien bemüht er sich um Gemeinverständlichkeit, benutzt deshalb die deutsche Sprache und setzt möglichst wenig Wissen beim Leser voraus, so daß *»ein jedermann sich gnugsames berichts darin erholen kan / vnd wegen der kuertze oder schwere / niemandts leichtlich«* abgeschreckt wird. Insbesondere hofft er, daß sein Text *»an jhm selbst so deutlich vnd klar«* geschrieben ist, daß *»auch ein jeder / so mit dem rechnen ein wenig geuebet / sich dessen mit nutz gebrauche(n) wird koennen«*. (Ebd.) Klarheit definiert er an anderer Stelle als ›widerspruchsfreie Beweisführung‹, *»gewisse vnwidersprechliche demonstrationes«*. (A3r) Sie soll mit dazu beitragen, daß die Leser

ohne die Zuhilfenahme weiterer Informationsquellen, nur unter Benutzung seines Buches, einen ›Bericht‹ von der Feldmeßkunst erhalten.
Wenn man den Überlegungen dieses Schulbuchautors folgt, so erhält man einen ersten Eindruck davon, welche tiefgreifenden Veränderungen im Erwerb, der Speicherung und der Präsentation von Informationen erforderlich werden, wenn man sich an den Dimensionen eines nationalen Kommunikationssystems orientiert. Die von ihm erwähnten Kriterien für die typographische Informationsdarstellung: Gültigkeit für jedermann, an allen Orten und zu jeder Zeit sowie Widerspruchsfreiheit, decken sich mit den Regeln ›wahren Beschreibens‹, die bis heute in Geltung geblieben sind. Ihre Verbreitung – weit über den Kreis einiger Fachgelehrter hinaus – im alltäglichen Leben ist eine Folge der Verknüpfung der typographischen Technologie mit dem nationalen Gedanken. Diese These wird im Kapitel 6 wieder aufgenommen.

Legitimation kommunikativen Handelns durch Verfahren

Mit der allgemeinen Forderung, dem Gemeinnutz des Vaterlandes zu dienen, war noch nicht festgelegt, auf welche Weise dies geschehen kann. Für die potentiellen Autoren stellte sich die Frage, welche Informationen der Nation am meisten nützen konnten. Allgemein ließ sich antworten: solche, die zu gesellschaftlich nützlichem Handeln und Erleben anzuleiten vermögen. Welche dies nun sind, bleibt eine empirische Frage, die erst im sozialen Alltag beantwortet wird. Sie läßt sich nur im nachhinein, lange nachdem die Informationen in den Speicher eingegeben und verwendet wurden, entscheiden. Natürlich entwickeln die Menschen trotzdem immer wieder Ideen darüber, welche Informationen das Vaterland am meisten braucht. Die Mediziner weisen die Arznei als diejenige Kunst nach, ohne die kein Land existieren kann, die Geometer die Kunst des Feldmessens, die Maler die Perspektivlehre, die Baumeister die Architektur und selbst die ›Dichter‹ belegen, daß ihre ›kurzweiligen Materialien‹ zum höchsten Nutzen des Vaterlandes dienen.

Solche ›inhaltlichen Legitimationen‹ und deren Kritik sind sicherlich auch eine ›nützliche Veranstaltung‹ und gewähren eine gewisse Handlungsorientierung. Wichtiger freilich dürfte gewesen sein, daß sich bestimmte formale Prinzipien herausbildeten, die als notwendige – wenn auch nicht hinreichende – Bedingungen dafür galten, daß irgendwelche Informationen der Wohlfahrt der sozialen Gemeinschaft dienen konnten.
Die oberste Bedingung lautete, daß diese Informationen ausgedruckt werden müssen. Nur wenn sie durch die den neuen Medien zugeschriebene Kraft ›veröffentlicht‹ wurden, konnten sie im Verständnis der Zeit tatsächlich der Allgemeinheit nutzen. Durch diese Kopplung an die typographische Technik bekamen auch die anderen Eintrittsbedingungen für den Speicher: Adressierung, Neuheit, Anschluß an andere typographische Informationen bzw. Autoren, Einfluß auf die Bestimmung des sozialen Nutzens von Informationen. (Vgl. 5.4) ›Newe Zeitungen‹ erschienen für das Gemeinwohl als wichtiger als alte Nachrichten. Kann ein Beitrag an eine schon im typographischen Medium geführte Diskussion anknüpfen, so befindet er sich im Vorteil. Bücher ohne klaren Aufbau und Titelei begründen ebenfalls Zweifel an ihrem sozialen Nutzen.
Die ausgedruckten Informationen unterteilte man nach und nach in Typen: wissenschaftliche, religiöse, politische, ästhetische und andere Gattungen. Die Typologie scheint sich im wesentlichen aus den unterschiedlichen Verfahren abzuleiten, mit denen diese Informationen gewonnen und dargestellt werden. Über diese Verfahren erarbeitet man Normvorstellungen, die allerdings für die einzelnen Gattungen ganz unterschiedlich genau kodifiziert werden.[64] Als legitimiert gelten Beiträge dann, wenn sie nach den genormten Verfahren zustande gekommen sind. Es handelt sich also um eine Form der ›Legitimation durch Verfahren‹.[65] Am Beispiel der wissenschaftlichen Fachprosa soll im nächsten Kapitel auf eine solche Verfahrensnorm ausführlicher eingegangen werden.

Man kann noch anmerken, daß die Autoren ihre Arbeit keineswegs nur in das Gesellschaftssystem einordnen und es damit sozialpolitisch zu legitimieren suchen. Weiterhin werden auch

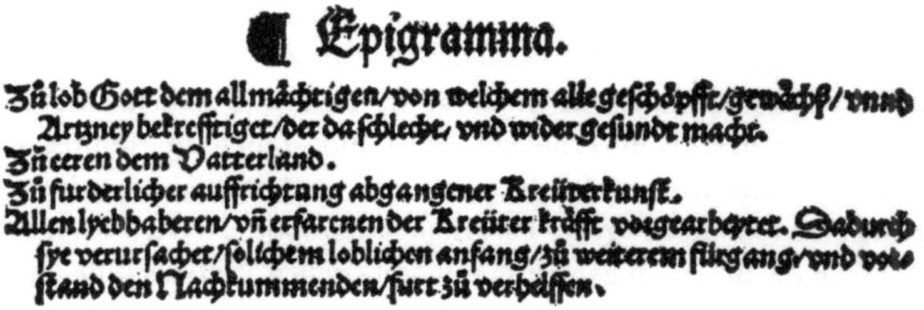

Epigramma.

Zů lob Gott dem allmächtigen/ von welchem alle geschöpfft/ gewächß/ vnnd Artzney bekrefftiget/ der da schlecht/ vnd wider gesundt macht.
Zů eeren dem Vatterland.
Zů furderlicher auffrichtung abgangener Kreüterkunst.
Allen lyebhaberen/ vñ erfarenen der Kreüter kräfft vorgearbeytet. Dadurch sye verursachet/ sölichem loblichen anfang/ zů weiterem fürgang/ vnd volstand den Nachkummenden/ furt zů verhelffen.

Abb. 40: Figuren der Legitimation typographischer Datenkommunikation: die ›Epigramma‹ des O. Brunfels (1532)

Bücher zum Lob Gottes geschrieben und gedruckt. Manchen Schriftstellern ist die Anerkennung durch ausgewählte Freunde wichtiger als der soziale Ruhm. Schließlich konnte man, wie es Otto Brunfels 1532 vormachte, sein Werk mehrfach rechtfertigen und damit jedermann vor Augen stellen, wie vielfältig die Möglichkeiten der Selbstbeschreibung von Autoren und Werken sind. (*Vgl. Abb. 40*)

Ganz gleich, welche Legitimationen man wählte, sobald der Name des Autors auf dem Druckwerk erschien, sprang der Anspruch auf Ewigkeit, den das soziale System erhob, auch auf den Verfasser über. Seinen Namen unvergeßlich zu machen, dieses Ideal dürfte für die wenigsten Menschen in alter Zeit eine Perspektive gewesen sein. Nun erschien sie jedem greifbar, der sich als Autor gedruckter Werke betätigte. Dies ist ein unmittelbarer Ausfluß der sozialen Bilder, mit denen die neue Informations- und Kommunikationstechnologie beschrieben wurde.

Die Nation als utopische Realität

Aus der historischen Entfernung mag man sich wundern, wieso die Idee der deutschen Nation oder des deutschen Vaterlands für die Autoren und Leser des 15. und 16. Jahrhunderts eine solche identitätsstiftende und legitimierende Kraft gewinnen konnte.

Man ist es gewohnt, diese Begriffe als Bezeichnung für politische Systeme zu verwenden. Und wenn man sich unter dieser Perspektive die Verhältnisse in Deutschland in jener Zeit anschaut, so findet man wenig materielle Strukturen, die den Glauben an eine solche Idee zu stützen vermögen. Das Land ist nicht nur politisch, sondern auch wirtschaftlich, sprachlich und in vielen anderen Hinsichten in heterogene Parzellen aufgesplittert. Repräsentationsorgane für einen gemeinsamen politischen Willen sind kaum vorhanden. Und das sollte, wie die Geschichte gezeigt hat, noch mehr als 300 Jahre so bleiben.

Die für uns heute empfindliche Diskrepanz zwischen Anspruch und Wirklichkeit darf nicht den Blick darauf verstellen, daß die Idee der nationalen Gemeinschaft zu einer Realität im Bewußtsein der damaligen Zeit geworden war. Sie war nicht weniger real als die etablierten materiellen Strukturen.[66] Die Utopie erfaßte mehr Menschen als jedes einzelne Gesetz. Sie besaß die Kraft, Handlungen sozial zu integrieren und beeinflußte die Wertvorstellungen insbesondere im letzten Drittel des 15. und in der ersten Hälfte des 16. Jahrhunderts nachhaltig.

In den Köpfen der Menschen ist Europa in Nationen aufgeteilt und der Wettstreit zwischen ihnen setzt mächtige Handlungsmotive frei. Dürer wollte ›keiner andern Nation den Preis‹ vor der eigenen lassen, deshalb strengt er sich an, sein überragendes Wissen unter seine Landsleute zu verteilen.[67] Daß *»wir vns anderen nationen befleissen fürzuoschreiten«*, ist Heinrich Vogtherrs oberstes Anliegen bei seinen Veröffentlichungen.[68] W. Ryff ist überzeugt, daß die »deutsche«, was den *»verstand vnd scharpffsinnigkeit«* angeht, *»mit allen frembden Nationen wol verglichen werden kann«*.[69] Um sich seinem *»gemeinen Vaterlandt Teutscher Nation dankbar zu erzeigen«*, setzt er sich in seiner Freizeit hin und übersetzt und kommentiert – als Mediziner – die ›Architektur‹ des Vitruv. Damit will er *»weitere anreitzung ... geben / anderen fuerderrnus gemeins Vatterlandts«* zu veröffentlichen. *»Damit diser mangel* [an architektonischem Wissen] *bey vns teutschen nit allein gantz auffgeha[o]ben sonder wir in disem fal ... andere Nation weit vbertreffen moechten.«* (Ebd. A3b)

Die ›Treue‹ zur Nation bringt nicht nur Werke hervor, sie soll auch andere ›reizen‹, diese Werke zu korrigieren. *»Ja jch wil jedermenniglich bitte(n)«*, schreibt J. Agricola 1528 in seiner Sprichwörter-

sammlung, *»vmb aller Deutschen ere vn(d) trew willen / Es wolle zu disem wercke helffen wer da koenne«!* (Vgl. auch Kap. 2.8.)
Auch über die Psyche der Nation entwickeln sich langsam feste Vorstellungen. So beschreibt Dürer etwa das ›Gemüt‹ der deutschen Nation und grenzt es von jenem anderer Nationen ab.[70] Solche Vergleiche geben auch Anlaß zu durchaus kritischen Bemerkungen über die Moral der eigenen Landsleute. *»Vnser hertz erschrickt wen(n) wir hoeren«*, kommentiert de Bry die von ihm herausgegebene Sammlung von Reiseschilderungen in die Neue Welt, *»daß jene blinde Leuth* [in Amerika] *den Teuffel anbette(n). Aber was sehen wir den Splitter in jren Auge(n) / aber unter dessen werden wir deß Balckens in vnsern Augen nit gewar?«*[71] Der ›Geiz der Spanier‹ ist ein solcher Balken. Die ›blinden Indianer‹ haben europäische Schwächen besser als jene bemerkt, schreibt de Bry. So hoben sie einmal ›ein stück Gold‹ hoch und riefen dabei: *»Sihe der Christen Gott«*! Es sei zwar ein ›schändlicher Handel, daß die Christen solche Lehrmeister haben müssen‹, aber die in seinem Buch versammelten Geschichten über das ›greuliche und tyrranische‹ Verhalten der Spanier gegenüber ›den armen Indianern‹ zeigten, daß die ›Christenleute‹ gelegentlich einen solchen Lehrmeister brauchten.
De Bry versäumte es in seiner 1594 gedruckten, aber wohl eher geschriebenen Vorrede nicht, vor falsch verstandenem Nationalismus zu warnen. *»Aber«*, schreibt er, *»doch damit nit jemand dieses* [Verhalten der Konquistadores] *dem Spanischen Volck zur vnehr vn(d) schwacheit vffhebe / betrachte ein jeder bey jm selbs / was ander Leut in andern Natione(n) thun. Begehen wir nit täglich dergleichen stuecke / Wein vnd frucht kauffen wir auff / steckens in vnser Keller vn(d) Schewer / auff dz wir die Armen hungers noth vnd theuwerer zeit vffahrnen / wir rauben vnsern Bruedern jr Gut / vnd erschoepffen sie gentzlich mit Betrug / Wucher vn(d) Finantz. Wir erwuerge(n) einander taeglich durch Ehrsucht vn(d) Geitz verzuckt / vn(d) hat vnser begierlichkeit vn(d) greulichkeit kein maß noch ziel. Derwegen wir nit so schnell lauffend seyn sollen die Spanier zuschelte(n) / sonder vns zuvor selbs wol prüfen / ob wir besser seyen / weder sie / den(n) ich viel vnter den Spaniern kenne / Gottsfoerchtige vnd from(m)e Maenner / nit weniger als in einiger andern Nation / welches ich ohn jemands Nachtheil wil gemeldt haben. So die Spanier etwan in India greuwlich / grausamlich / rauberisch vnd vnbillicher weiß gehandelt haben / das muß man nit der Nation*

zu rechnen / sonder der Licentz so den Kriegsleuten vbersehen vn(d) nachgelassen wirt / welche bey andern Nationen ja so wild vnd vngezaehm gefunden wirt. Den(n) wer weiß nit / wie greuwlich gehandelt haben / vnd noch taeglich handeln die Frantzosen / Teutschen / Waalen vnd andere beynah in allen Zuegen vnd Kriegen? Wer wollte aber so ein vngerechter Urtheiler seyn / vnd solchs einer gantze(n) Nation zumessen?« (Ebd.) Es handelt sich hier schon um ein bemerkenswert ausgefeiltes Konzept von Nationen. Ihre Mitglieder erscheinen als (funktionale) Respezifikationen einer systemischen Einheit. De Bry unterscheidet die einzelne Person, die Rollen (Kriegsleute) und schließlich das nationale System. Auch diesem wird Charakter zugeschrieben. Nicht nur die Menschen oder Menschengruppen können handeln und erleben, auch der Nation selbst wird diese Möglichkeit ›zugerechnet‹.

Verständlich wird dieser rasche Aufstieg des Nationalbewußtseins vielleicht, wenn man sich das Vakuum, was sinnstiftende soziale Modelle anbelangt, vor Augen führt, das bei Fehlen dieses Konzeptes in jener Zeit geherrscht hätte. Die Papstkirche war als politische Macht verhaßt und die Städte setzten dem sozialpolitischen Handeln zu enge Grenzen. Gestützt wurden die vergleichsweise groß dimensionierten Modelle der Nationen durch die marktwirtschaftliche und auch durch die typographische Technologie. Diese Medien fördern Systembildungen, deren Komplexität und Ausdehnung einerseits größer als jene der Städte oder ähnlicher Herrschaftsbereiche sind und die anderserseits geringer ausgelegt sind als jene des (ehemaligen) Machtbereichs der katholischen Kirche.

Ein weiterer Gedanke mag noch hinzugefügt werden, um die Schere zwischen Ideal und politischer Wirklichkeit, die sich im Kopf des Betrachters auftut, zu schließen. Im Stadium der Genese sozialer Systeme ist eine solche Diskrepanz in keiner Weise außergewöhnlich. Zunächst ist weniger der Erhalt als vielmehr die Schaffung dieser Gebilde die Zielvorstellung der beteiligten Individuen. Ihr Handeln wird anfangs nahezu ausschließlich durch die Idee integriert – und erst das so integrierte Handeln vermag die institutionellen Realitäten zu schaffen, die dann den Ideen wiederum einen materiellen Halt zu geben vermögen. Die gemeinschaftsbildende Vorstellung wird erst in einem längeren historischen Prozeß von der Utopie zu einer auch das praktische Handeln der Gemeinschaft mehr oder weniger gut abbildenden Beschreibung.

Fakt bleibt, daß die Utopie des deutschen Vaterlandes gerade für die Autoren und Drucker handlungsleitend und orientierungsrelevant gewesen ist. Tatsache ist weiterhin, daß diese Utopie die Schaffung der skizzierten großräumigen und demokratischen typographischen Informations- und Kommunikationssysteme beflügelt hat.

Im mittelalterlichen China verknüpfen sich demgegenüber vergleichbare gesellschaftspolitische Ideen nicht mit der Druckkunst. Sie blieb im Reich der Mitte Erfüllungsgehilfe religiöser und administrativer Interessen. Dies verhinderte einen dichteren Ausbau der Netze und die Schaffung einer größeren Anzahl von Schnittstellen. In den meisten Entwicklungsländern, insbesondere in Afrika, konnten die typographischen Kommunikationssysteme ebenfalls nur selten und dann nur partiell mit nationalen Ideen aufgeladen werden. Die Informationstechnologien und damit auch die von ihnen geforderten Qualifikationen: Schreiben und Lesen, wurden und werden eher ›fremden‹ Sozialsystemen zugeschrieben. Die angestammten oralen Kommunikationssysteme schließen sich mit den typographischen nur unvollkommen zusammen, so daß Rückkopplungskreise kaum entstehen. In beiden Netztypen verwendet man unterschiedliche Sprachen. Hier liegen tiefere Gründe für das Scheitern muttersprachlicher Alphabetisierungskampagnen und für den allenthalben beklagten Verlust kultureller Identität im Zuge der Technisierung der Kommunikation.[72] Wie stark die Konzepte typographischer Vernetzung und nationaler Identität auf eine Rückendeckung untereinander angewiesen sind, zeigt sich auch, wenn man sich den Problemen der Kodierung der typographischen Informationen, den Sprachen, zuwendet. (Vgl. Abschnitt 5.7)

5
Die typographische Vernetzung der gesellschaftlichen Kommunikation zum gemeinen Nutzen der deutschen Nation (1520-1555): Dimensionen der neuen Medien und Systeme

Überblick

Während im vorigen Kapitel die widersprüchliche Genese der typographischen Kommunikationssysteme beleuchtet wurde, sollen nun die Dimensionen der entwickelten Medien und Systeme beschrieben werden. Vom Standpunkt des 20. Jahrhunderts aus betrachtet, kann man natürlich auch die Zeit von etwa 1520 bis zur Etablierung der Territorialherrschaften nach dem Augsburger Religionsfrieden (1555), auf deren Zeugnisse in diesem Kapitel überwiegend zurückgegriffen wird, als eine frühe Entwicklungsstufe der Druckmedien bewerten. Wichtiger scheint mir aber zu sein, daß sich in dieser Etappe die neuen Kommunikationsformen zu einem System mit eigener Identität und Autonomie zusammenschließen. Die typographischen Medien wurden unumkehrbar an die marktwirtschaftlichen Handelsnetze adaptiert. (5.1) Es etablieren sich jene Strukturen des Kommunikationssystems, die bis in die Gegenwart hinein Geltung behalten. (5.2) Die Bewegungsgesetze der typographischen Kommunikation emanzipieren sich von jenen anderer Kommunikationsformen. (5.3) Deutlich lassen sich spezifische Normen und Programme des typographischen Informationskreislaufs ausmachen, die ebenfalls in der Folgezeit nur noch modifiziert werden. (5.4) Die Stabilisierung der politischen Verhältnisse in Deutschland nach dem Ende des Schmalkaldischen Krieges (1544-47) schuf feste Rahmenbedingungen für die Begrenzung der typographischen Netze und für die Steuerung des Informationsflusses. In den Grundzügen stellte sich das bis heute in unserem Land typische Verhältnis zwischen dem politischen und dem typographischen System her. (5.5) Die Tatsache der Abrundung der neuen Systeme und ihrer Identitätsfindung läßt sich auch aus den Reflexionen der Zeitgenossen herauslesen. (5.6) Die Modelle dezentraler kommunikativer Vernetzung und eines Informationsspeichers mit praktisch unbegrenzt vielen Anschlußstellen, die nicht nach Status oder Rolle geöffnet oder geschlossen werden, haben im Kampf um die Gunst der Gesellschaft gegenüber den zentralistischen Modellen des skriptographischen Zeitalters obsiegt. Dies bedeutet auf der anderen Seite, daß Ideale der face-to-face-Kommunikation und der gesteuerten Informationsproduktion und -verteilung, wie sie für die skriptographischen Netze typisch sind, im gesellschaftlichen Bewußtsein abgewertet wurden. Dieser Rückstufungsprozeß vollzieht sich weitgehend hinter dem Rücken der Betroffenen.

Unübersehbaren Ausdruck findet die soziale Prämierung von Buchdruck und -handel, die ja schon für die Schaffenszeit Gutenbergs typisch gewesen ist, in der Aufwertung des ›gemein teutsch‹ und in der gleichzeitigen Strafung der anderen Sprachen mit Nichtachtung oder sogar mit Repressionsmaßnahmen. Nicht nur die typographische Kommunikation und die typographisch gespeicherten Informationen werden gegenüber anderen Mitteilungsformen und Informationstypen bevorzugt, auch der Kode, der für die neue Technologie geschaffen wird, erhält eine Sonderstellung unter den vielen Sprachen, die wir aus dem Mittelalter kennen. Er wird zu einem Symbol, man kann auch sagen, zu einem Totem der neuen, nationalen Gesellschaft – oder zumindest der Utopien über dieselbe. (5.7)

Wie bei jedem Herangehen, welches historische mit systematischen Gesichtspunkten verknüpft, sind Wiederholungen kaum zu vermeiden: Die gleichen Phänomene werden unter verschiedenen Gesichtspunkten beschrieben. Im vorigen Abschnitt ging es um die genetische Problematik, den Aufweis von Strukturen, die bei der Interpretation der neuen Informations- und Kommunikationstechnologie auftauchen. In diesem Abschnitt wird die Zeit angehalten und das Phänomen ›Buchdruck und -handel‹ als ein Kommunikations- und Informationssystem beschrieben. Die systemtheoretischen Grundlagen dieser Beschreibung wurden im Abschnitt 1.3 skizziert.

5.1
Das Handelsnetz als Medium der typographischen Kommunikation

Im Gegensatz zu älteren Formen des sogenannten ›Naturaltauschs‹, bei dem Waren überwiegend gegen Waren getauscht werden, ist für das moderne kapitalistische System der Tausch Ware gegen Geld typisch. Der Markt erscheint als ein Medium mit zwei Typen von Ein- und Ausgängen. Der Verkäufer gibt auf der einen Seite Waren ein, die der Käufer auf der anderen Seite entgegennehmen kann und er erhält dafür als Rückkopplung das Geld, welches der Käufer eingegeben hat. (*Vgl. Abb. 41*)

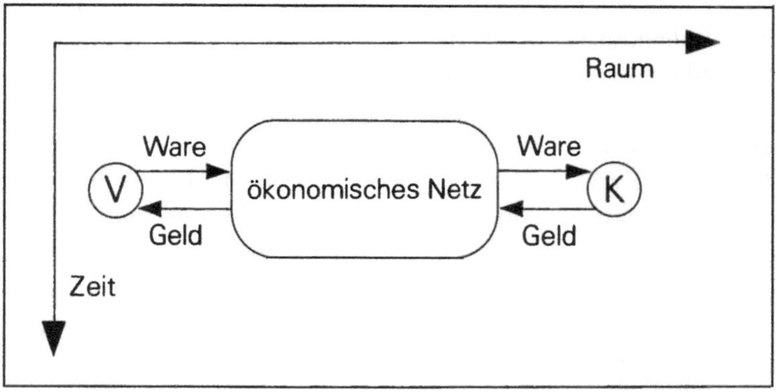

Abb. 41: Rückkopplungsprozesse im ökonomischen System

Wieviel man für einzelne Waren erzielen kann bzw. bezahlen muß, hängt nicht nur von den Kosten der Rohstoffe und der hineingesteckten Arbeitskraft, sondern auch von dem Angebot gleicher Waren und der gerade herrschenden Nachfrage ab. Je größer der Markt und je mehr Waren vorhanden sind, um so stärker kann sich dieser Regulationsmechanismus durchsetzen, um so mehr bestimmt die Konkurrenz, die wechselseitige Orientierung der Verkäufer aneinander und an den Käufer – sowie umgekehrt – das Geschehen. Wenn etwa der Speicherraum des Mediums Markt überlastet ist, wird der Zugang zu den Waren erleichtert.

Diese Überlegungen zeigen schon, daß der Markt kein ›einfaches‹, elementares Kommunikationsmedium ist. Es läßt sich nicht mehr als ein opakes Element, eine einfache Verbindungsleitung, sondern nur noch als ein komplexes selbstregulierendes System begreifen. Als Elemente erscheinen ganze ›Schichten‹ von Verlegern, Buchführern, Krämern und anderen. Und diese bilden unter- und miteinander wiederum komplexe soziale Systeme. Man schließt sich zu Zünften zusammen und trifft sich auf Messen. Um den Vertrieb der Bücher zu organisieren, werden zwischen den Schichten mehr oder weniger institutionalisierte Kontakte hergestellt. Alle diese Systeme sind auf zum Teil recht unterschiedliche Medien angewiesen: Die Verknüpfung der verschiedenen Verlage und Händler etwa ist nur über Medien wie ›ausgebaute Verkehrswege‹ plus ›Fahrzeuge‹ plus ›Buchführer‹ denkbar. Jedenfalls muß man eine komplexe mediale Infrastruktur, die aus natürlichen, technischen, psychischen und sozialen Komponenten besteht, mitdenken, wenn man von dem Markt als von einem kommunikativen Netz spricht. Differenzierte Analysen werden das typographische Netz als eine Kopplung einer Vielzahl von verschiedenen Arten von Kommunikationssystemen erweisen. Eine solche Detaillierung darf aber nicht den Blick darauf verstellen, daß alle diese Elemente faktisch zu einer Einheit, eben dem Markt, zusammengeschlossen sind. Nur wenn man von diesem übergreifenden System ausgeht, läßt sich das Ineinandergreifen der Leistungen der vielfältigen Elemente oder Teilsysteme verstehen, welches schließlich eine Informationsvermittlung zwischen dem Autor und dem Käufer ermöglicht.

Die Zahl der künstlichen Elemente, Fahrzeuge, gebahnte Wege, Bücher, Bibliotheken u. a., in den typographischen Netzen ist zwar erheblich größer als in den oralen und skriptographischen Netzen, trotzdem kann man auch das typographische Medium nur bedingt als ein technisiertes Kommunikationsmedium ansprechen. Im wesentlichen übernehmen Menschen und soziale Organisationen – unterstützt durch vielfältige Techniken – noch die Vermittlungsaufgaben. Allein die Speicherkapazitäten sind durch die Bücher hochgradig technisiert. Eine neue Stufe des synthetischen Aufbaus der Kommunikationsmedien bringt die ›Verkabelung‹ der Informationssysteme und die Kodierung von Informationen in elektri-

schen Impulsen. Die Strukturen dieser ›elektronischen‹ Netze werden vermutlich stärker von den Möglichkeiten der technischen Apparaturen als von jenen sozialer Organisation bestimmt. Der Markt ist demgegenüber noch entschieden der Logik wirtschaftlichen und damit sozialen Handelns unterworfen.
So wie in alten Wirtschaftssystemen die unterschiedlichsten Dinge gegeneinander getauscht werden konnten, so lassen sich nach der Durchsetzung der Marktwirtschaft auch immer mehr Dinge gegen Geld eintauschen. Sie werden zu Waren in einem neuen Sinn. Ihr Wert läßt sich in Geld ausdrücken. Nicht nur die menschliche Arbeitskraft, sondern auch das menschliche Wissen wird in diesem Sinne zu einer Ware. Und der Zugang zu den Informationen regelt sich nach den gleichen Prinzipien wie jener zu den übrigen Waren: Tausch der Waren gegen Geld. Gedruckte Informationen unterscheiden sich in dieser Hinsicht nicht von anderen Waren, den Geschützrohren, den Nägeln oder den Kräutern aus der Apotheke. Der Kauf des Buchs gibt die Berechtigung zur Nutzung der Information – wenn dem nicht ausdrücklich andere soziale Normen entgegengesetzt werden. (Vgl. Abschn. 6.5)
Man kann in dieser Umstellung eine Demokratisierung sehen. Zumindest werden die Zugangsvoraussetzungen zu der Information auf *ein* Kriterium hin vereinfacht. Sozialer Status wirkt nicht mehr direkt, sondern nur noch vermittelt über die Finanzkraft als Filter für die Verbreitung (typographischer) Informationen. Daß diese Finanzkraft auch weiterhin ungleich und noch lange Zeit entsprechend alter sozialer Strukturen verteilt bleibt, ändert an der Tatsache der Einführung eines neuen Universalschlüssels für typographisch aufbereitete Informationen nichts.
Als Bedingung der Möglichkeit dieser neuen Zirkulationsform erscheint eine neue Weise der Produktion, die maschinelle Waren- und eben auch Buchproduktion. Das neue Verteilungsmedium nimmt mit Vorliebe ›Massenware‹, in Serie gefertigte identische Exemplare einer ›Warenart‹ entgegen. So gesehen ist die Druckmaschine eine notwendige Voraussetzung dafür, daß auch Informationen die gleiche Chance auf dem Markt erhalten wie Nägel, Papier oder andere Artikel. Der Informationsindustrie kommt in dieser Hinsicht sogar eine gewisse Sonderstellung zu. Früher und perfekter als in anderen Gewerbezweigen hat sich hier die maschi-

nelle Serienproduktion durchgesetzt. Bücher werden als die ›ersten Massenartikel‹ für den ›Massenmarkt‹ beschrieben.[1]

Als rentabel erweist sich vom Standpunkt der neuen Ökonomie nur die massenhafte Produktion und Verbreitung von Waren. Dies hat in der frühen Neuzeit natürlich die Ausweitung des Betriebsnetzes stimuliert. Andererseits ermöglicht die Ausweitung des Marktes wiederum die Ausdehnung der Produktion und verbessert die Chancen für den Absatz. Diesen Aufschaukelungseffekt kann man auch bei der Buchproduktion beobachten: Je besser der Buchhandel organisiert wird, um so mehr Waren kann er aufnehmen und verbreiten. Deshalb wächst die Zahl der Druckereien und dies führt wiederum zu einer komplexeren Infrastruktur des Handels. Je mehr Verleger, Großhändler, Transportunternehmer, Zwischenhändler, Kaufleute und Krämer in den Markt einbezogen werden, um so weniger werden die möglichen Vertriebsbahnen und die Käufer für den Produzenten überschaubar. Für alle Produzenten, nicht nur für die Drucker, entsteht ein anonymes Publikum.

Die mittelalterliche Wirtschaftsorganisation war demgegenüber darauf hinausgelaufen, Produktion und Zirkulation unter Kontrolle zu halten, unter der Aufsicht irgendeiner Institution oder von deren Repräsentanten.[2]

Das neue Wirtschaftssystem kann nicht mehr wie noch die mittelalterliche Stadt durch Rat und Zünfte dirigiert werden. Niemand hat es mehr in der Hand zu kontrollieren, welche Waren, Informationen oder Geschützrohre, produziert und an wen sie verteilt werden. Das neuzeitliche marktwirtschaftliche Netz wird nicht mehr wie eine große Institution organisiert. Eher schon kann man davon sprechen, daß dieses System Institutionen untereinander verknüpft. So tauchen etwa als Produzenten nicht nur einzelne Personen, ein Handwerker und dessen technische Medien, die Werkstatt, sondern komplexe Organisationen, Manufakturen und Verlagssysteme auf. Ebenso treten als Käufer neben den Privatpersonen auch soziale Organisationen, z. B. der Karthäuser Orden, der Hof eines Herrschers, ein Großhandelskaufhaus oder andere Manufakturen auf.

In dem neuen Kommunikationssystem sind die Institutionen mit anderen Worten nur abhängige Elemente.

Bei dieser Schilderung darf man nicht vergessen, daß neben dem Markt auch noch andere Wirtschaftsmedien in Gebrauch bleiben. Weiterhin gibt es Formen des Naturaltauschs und längst nicht alle Produzenten werden zu Herstellern von Massenwaren. Und ähnlich verhält es sich auch mit den Kommunikationsmedien: Weiterhin gibt es auch orale Netze und in den Institutionen bleiben viele Kommunikationsstrukturen unbeeinflußt von den typographischen Medien. So wie aber Massenproduktion und Tauschhandel über kurz oder lang in den europäischen Ländern zur bestehenden Wirtschaftsform erklärt werden, so gewinnt auch die typographische Kommunikation eine herausragende Bedeutung. Mit ihren Mitteln werden die nationalen Kommunikationsgemeinschaften geschaffen und der Kode, der für ihre Netze entwickelt wurde, die verschiedenen Standardschriftsprachen, beeinflußt die Kodierungen in anderen, skriptographisch oder oral vermittelten Kommunikationssystemen tiefgreifend.

Das neue marktwirtschaftliche Medium zeichnet sich durch eine nahezu unbegrenzte räumliche Transport- und zeitliche Speicherfähigkeit vor anderen ökonomischen Medien aus. Außerdem ist die Zahl der möglichen Ein- und Ausgabestellen an dieses Netz praktisch unbegrenzt. Jeder, der Ware oder Geld besitzt, kann einbezogen werden. Und da schrittweise alles zur Ware wird, können potentiell alle Bewohner der Erde und viele technische und natürliche Elemente integriert werden: Die Menschen als Käufer oder Verkäufer von Waren, als Zwischenhändler und Produzenten; die natürlichen und technischen Elemente der Welt als Waren, Produktions- oder Verkehrsmittel.

Das neue Vermittlungsmedium tendiert von vornherein zu einer globalen Ausdehnung, zur Schaffung eines Welthandelsnetzes.[3] Dieser universelle Anspruch verschafft dem Tauschhandel eine Spitzenstellung unter den vielfältigen anderen ökonomischen Vermittlungsformen.

Auf Dauer wird etwa die Haushaltsökonomie, die Verteilung von Gütern und Dienstleistungen in der Familien, zu einer ›Schattenwirtschaft‹. Sie steht so sehr im Schatten des über Geld abgewickelten Tauschs, daß sie statistisch kaum mehr erfaßt und vom öffentlichen Bewußtsein selten wahrgenommen wird.

Diese Prämierung überträgt sich auch auf die kommunikativen

Verhältnisse. Das typographische Medium als eine funktionale Spezifizierung des ökonomischen Netzes gewinnt einen ähnlich universellen Anspruch und wird von der Gesellschaft anderen Kommunikationsmedien vorgezogen. Weltweite Verbreitung von Information, ewige Speicherung von Wissen und die Möglichkeit, jeden zu erreichen, wird hinfort als Leistung vorzüglich der typographischen Medien angesehen. (Vgl. Kap. 2.6) Die oralen und skriptographischen Netze haben auf diesen Parametern geringere Kapazitäten und veralten im Laufe der Zeit.

Die Menschen in der frühen Neuzeit begannen natürlich erst langsam, die Möglichkeiten der neuen Austauschbeziehungen zu nutzen und etwa durch die Entdeckungsfahrten weltweite Netze herzustellen.

Inwieweit die Implikationen dieses neuen Vernetzungsmodus in jener Zeit bedacht wurden, bedarf eingehender Untersuchungen, die hier nicht angestellt werden können.[4]

Vieles spricht aber dafür, daß man die erdumspannenden Vernetzungsmöglichkeiten, die sich am Horizont abzeichneten, wenn man sie denn überhaupt bemerkte, als überkomplex erlebte. Jedenfalls segmentierte man die neuen internationalen Handelsbeziehungen in Netze mit einer begrenzten territorialen Ausdehnung.

Über die Prinzipien, nach denen diese interne Differenzierung vonstatten ging, gab und gibt es anhaltende Diskussionen. Einstimmigkeit besteht aber darin, daß hier keinesfalls nur wirtschaftliche Größen eine Rolle spielten. Die Teilung erfolgte vielmehr aufgrund außerökonomischer, politischer, geographischer, ethnischer, dynastischer und einer Vielzahl weiterer Faktoren. Gut bekannt ist eigentlich nur das Ergebnis dieser Entwicklung, die Aufteilung der ›Welt‹ in mehr oder weniger stark voneinander abgegrenzte ›Gesellschaften‹, ›Staaten‹, ›Länder‹ oder ›Nationen‹. Die Vielfalt der Bezeichnungen spiegelt die Vielfalt der Konstitutionsaspekte wider, die in den Vordergrund geschoben werden sollen und können. Diese neuen Einheiten stehen in einem deutlichen Kontrast zu jenen des Mittelalters. Es ist nicht mehr das ›heilige Reich‹ der Christen, welches sich von den ›Reichen‹ der Heiden ebenso abgrenzen mußte, wie sich die vielfältigen Reiche anderer Religionen ihrerseits gegenüber den ungläubigen Christen abgrenzten, sondern die Welt ist nunmehr – zumindest in Europa – in Nationen geteilt. Zwischen diesen müssen Grenzen erhalten und Machtansprüche ausgehandelt werden. So gesehen findet in der frühen Neuzeit im vollen Sinne des Wortes eine Neuaufteilung der Welt statt.

Die neuen Phänomene, die Nationen, können ebenso wie die älteren ›Reiche‹ unter vielfältigen Perspektiven: religiösen, politischen, ethnischen und anderen betrachtet werden. Sie lassen sich auch als Kommunikations- und als Informationssysteme auffassen – und beides hat schon die frühe Neuzeit getan.

5.2
›Im Truck in die Gemein geben‹: Die Tektonik typographischer Kommunikation

Wie schon im Abschnitt 1.3 ausgeführt, erfordert Kommunikation im einfachsten Fall zwei Prozessoren und ein Medium. Die Prozessoren bezeichnet man dann normalerweise als Sender und als Empfänger. Von einem strikten informationstheoretischen Standpunkt aus betrachtet, kann man von typographischer Kommunikation dann sprechen, wenn ein Typographeum als Sender über den Markt als Kommunikationsmedium mit den Käufern als Empfänger der ausgedruckten Texte verknüpft ist.

Für die in diesem Buch angestrebte kulturhistorische Analyse empfiehlt sich eine stärkere Anthropozentrierung: Als Ausgangspunkt der typographischen Kommunikation soll der Mensch, der Autor oder Verfasser eines Textes, gewählt werden, der dann über das skriptographische Medium mit der Druckerei verbunden ist. Letztere erhält bei diesem Herangehen die Funktion eines Verstärkers. Diese Sequenzierung ist zwar willkürlich, aber sie steht in bester humanistischer Tradition.

Die fünf in diesem Sinne konstitutiven Elemente typographischer Kommunikation und deren Beziehung stellt die *Abb. 42* dar. Auf die Relationierungen, die zusätzlich erforderlich werden, damit es zur Bildung von Rückkopplungskreisen und damit von Kommunikationssystemen kommen kann, geht der nächste Abschnitt (5.3) ein. Zunächst soll die eigentümliche Komplexität der typographischen Communicatio kurz erläutert werden.

Grundelemente und Strukturen der Kommunikationssysteme

Als Autoren werden diejenigen informationsverarbeitenden Systeme bezeichnet, die über ihre Sinnesorgane Informationen aufnehmen und diese zu Manuskripten verarbeiten, die dann von den Druckereien aufgenommen werden. Erst durch Herstellung einer Beziehung zu Verlegern und/oder Buchdruckern können die

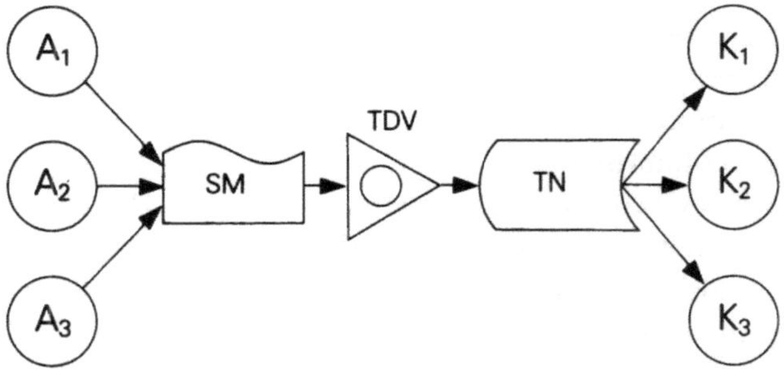

A = Autoren, Verfasser
SM = handschriftliche Vorlage (skriptogr. Medien)
TDV = Druckereien (typogr. Datenverarbeitungsanlage)
TN = Markt (typogr. Netze)
K = Käufer der Bücher

Die hier dargestellte Anzahl von 3 Sendern (Autoren) und Empfängern (Käufern) ist willkürlich gewählt; im Prinzip sind beliebig viele Anschlußstellen an das Medium denkbar.

Abb. 42: Grundelemente typographischer Kommunikation

›Schreiber‹ also zu Autoren und damit zu Elementen eines neuen Kommunikationssystems werden.

Die Druckereien gehören als Vorverstärker des typographischen Mediums zu den notwendigen Bestandteilen des Systems. Das typographische Netz besitzt eine in vielerlei Hinsicht kompliziertere Strukur als etwa die Luft, die bei den Gesprächen von Angesicht zu Angesicht als Übertragungsmedium dient. Es ist auch komplizierter als das System von Boten, welches in allen Gesellschaften eingesetzt wird, um Nachrichten zwischen räumlich getrennten Kommunikationspartnern zu vermitteln. Will man Informationen in dieses Medium eingeben, so sind entsprechend komplexe Eingabevorrichtungen erforderlich. In der face-to-face-Kommunikation kann der Sprecher/Sender das Medium, die Luft, durch seine Stimmbänder in Schwingungen versetzen. Damit ein beliebiger Sender das typographische Netz zum Schwingen bringen kann, reichen die natürlichen menschlichen Organe nicht aus. Sie müssen verstärkt werden und diese Verstärkerfunktion übernimmt das Typographeum. Es läßt sich selbst als ein hochdifferenziertes informationsverarbeitendes System begreifen. (Vgl. hierzu Kap. 2.5) Die Druckereien nehmen die handschriftlichen Manuskripte auf und kodieren sie – typographisch – um. Es entsteht ein neuer Typus von Daten, ein neues Emergenzniveau von Informationen.

Neben dieser Transformationsleistung erbringt die Druckerei aber noch eine weitere enorme Verstärkerleistung: Die gesetzten Informationsblöcke werden vielfach identisch reproduziert, je nach der Auflagenhöhe können die Informationen nun auf einer Vielzahl von Kanälen zugleich verteilt und an einer Vielzahl von Ausgabestellen zugleich abgegeben werden. Erst durch das Dazwischenschalten der Druckereien wird es den ›Autoren‹ möglich, die ›Öffentlichkeit‹ als Empfänger ins Auge zu fassen.

Früher erfüllten die Kanzleien für die Kommunikation beispielsweise zwischen den Städten ähnliche Funktionen. Sie brachten mündliche oder handschriftliche Informationen in eine Form, die den verschiedenen Verbreitungsmedien der damaligen Zeit (z.B. dem Botenwesen) angemessen war. Auch für die Skriptorien galt, daß sie das Emergenzniveau der Information bestimmten: Die Zahl der Abschriften erhöhte die Möglichkeit der gleichzeitigen Verbreitung von identischen oder, genau gesprochen: von ähnlichen Informationen.

Die Verstärker- und Transformatorenfunktion des Druckes war den Menschen in der frühen Neuzeit vollauf bewußt. ›In Truck geben‹, ›vervielfältigen‹ und ›veröffentlichen‹ begreift man als synonyme Handlungen. *›In Medium‹* – und das meint das typographische Medium – übersetzt Petrus Dasypodius 1536 mit *›inn Gemeyn‹*.[5] Was *›in die Gemeyn gegeben‹* wurde, das galt als eine jedermann zugängliche, eben ›öffentliche‹ Information.[6] Ob es in den Vorreden der Drucker heißt, man lasse das Buch *›in truck ausgehen‹*, *›teile es jedermann gutwillig mit‹*, gebe es *›in die Gemein‹*, *›communiciere es aller welt‹* oder schreibe ein Buch *›zu Nutz der Nation‹*, immer ist damit ein Teilprozeß des kommunikativen Kreislaufs gemeint.[7] Als notwendiger komplementärer Akt erscheint das ›Lesen‹ im Sinne einer Informationsentnahme aus dem Speicher oder im Sinne des Ankoppelns an einen Autor.

Typographische Kommunikation ist ein Oberbegriff für alle diejenigen Prozesse, die die ›gemeyn‹ schaffen: schreiben, das Ausdrucken des Geschriebenen und die Eingabe in das Medium, lesen und wiederum schreiben, vervielfältigen, in das Medium geben usf. ›*Communitas*‹, das ist bei Dasypodius die ›*gemeynschaft*‹. Sie erzeugt sich selbst durch Prozesse der Kommunikation, des ›in die Gemein gebens‹ und aus derselben nehmen: *»Communio, Communico, Communicas, ich teyl mit / odermach teylhafftig«*, erläutert Dasypodius. (op. cit.)

Voraussetzung für dieses Konzept und Kernstück der nationalen Kommunikationssysteme ist das typographische Netz, dessen Strukturen im vorigen Abschnitt behandelt wurden. Dieses Netz besitzt zwei Typen von Schnittstellen, auf der einen Seite die Buchführer und Grossisten, auf der anderen Seite die Buchhändler mit ihren Läden. Spätestens im zweiten Drittel des 16. Jahrhunderts war die Anzahl dieser Schnittstellen ins ›Unermeßliche‹ gestiegen. Ähnlich verhält es sich mit den zirkulierenden Informationen.

Für keinen Drucker oder Händler blieb auf Dauer überschaubar, wie viele Bücher an welche Käufer gelangten. Der Käufer wußte nicht, wie oft die von ihm abgerufenen Informationen andere Abnehmer fanden. Selbst Auftragsproduktionen, die oberflächlich betrachtet als kontrollierbar gelten mögen, ließen sich im Prinzip nicht vor Nachdruck und damit vor einer unkontrollierten Vervielfältigung schützen. Alle Elemente des Kommunikationssystems hatten sich auf das Faktum der prinzipiellen ›Offenheit‹ des Netzes einzustellen.

Diese Tatsache droht in der gegenwärtigen Fachdiskussion über die Anzahl der gedruckten Buchtitel, deren Auflagenhöhe und die Verbreitung der Lesefähigkeit innerhalb der Bevölkerung in den Hintergrund zu treten.[8] Genaue Zahlen über diese Größenverhältnisse lassen sich nicht nur deshalb nicht gewinnen, weil damals nur private oder lokale Statistiken geführt wurden. Selbst wenn man solche Daten hätte, so veränderte sich damit nur, wie das Beispiel der gegenwärtigen Leserforschung zeigt, die Ausgangsbasis für die projektiven Extrapolationen. Die Unsicherheit, die die Annahmen über diese Größen in der frühen Neuzeit in der Sekundärliteratur kennzeichnet, sollte als eine Widerspiegelung der damaligen Verhältnisse verstanden werden. Mit solchen unsi-

cheren Angaben über die möglichen Empfänger und über deren Lesefähigkeit mußte sich zuallererst die damalige Zeit auseinandersetzen. Weil sie die Überkomplexität der Strukturen des Netzes und die unüberschaubare Anzahl der Schnittstellen erkannte – oder zumindest erfühlte –, entstand erst das Bedürfnis nach Vereinfachung und die Notwendigkeit, neue Regulationsmechanismen für den typographischen Informationskreislauf zu entwickeln, die sich von jenen der face-to-face- und der mittelalterlichen skriptographischen Kommunikation unterscheiden.
Eine wichtige Idealisierung mit einer in diesem Sinne komplexitätsreduzierenden Funktion war die Konstruktion des ›gemein mans‹ oder der ›Öffentlichkeit‹. Beide Kategorien dienen der Bezeichnung der unfaßbaren Vielzahl und Vielfältigkeit der Abnehmer der typographischen Information, der Käufer. Natürlich können Drucker und Autoren mit ihren Werken auch professionelle Rollen, katholische Prediger, Baumeister oder Apotheker, ansprechen. Aber diese Konstruktion eines Käufers wird zunehmend als eine Respezifikation der ungemein abstrakten Identität der ›gemeinen‹ Käufer – bzw. Leseröffentlichkeit – gedeutet. Man versucht mit solchen Konstruktionen die an und für sich gegebene Weite des Adressatenkreises einzuschränken. Diese Einschränkung erfordert einen zusätzlichen, regulierenden Arbeitsaufwand. Zum Normalfall des Empfängers typographischer Informationen wird der ›gemein man‹ oder ›yederman‹, wie man sich im deutschen Sprachraum in der frühen Neuzeit ausdrückte.[9] Jede andere Schnittstelle muß markiert werden.
Wenn das Publikum der Frühdrucke tatsächlich nur aus auf Lateinschulen ausgebildeten Klerikern, Adligen, Großkaufleuten und Universitätsangehörigen (i. w. S.) bestanden hätte, dann wäre weder die Bildung der neuen Ideale über die Rezipienten, noch die gegenwärtige Diskussion über die Alphabetisierungsrate in jener Zeit notwendig geworden. Die klassischen Schichtbezeichnungen reichen aber eben nicht mehr aus, um der Komplexität der Empfänger gerecht zu werden, von denen die Sender, die Autoren und Drucker, bei ihrem Handeln und Erleben ausgingen.
Ebenso wie der Schriftsteller auf die Leistung der Informationsbeschaffung und auf seine Bereitschaft reduziert wird, sein Wissen ›im Truck ausgehen‹ zu lassen, so vereinfacht man auch das Bild

des Kommunikationspartners des Schriftstellers, des Lesers der ausgedruckten Werke. Er ist nicht mehr eine biographische Persönlichkeit, wie oft in den alltäglichen oralen Netzen und auch nicht mehr eine Rolle in irgendwelchen Institutionen, wie in den skriptographischen Netzen. Wie sollte er auch, wenn die gedruckten Bücher nicht mehr das Sprachrohr einer Institution und die Drucker nicht mehr die Verstärker ihrer autorisierten Agenten sind?

Vielmehr sieht man zunächst von allen sozialen und persönlichen Eigenarten des Kommunikationspartners ab und reduziert ihn auf das Merkmal, das für Handelsbeziehungen eigentlich relevant ist: Er ist ein potentieller Käufer. Jeder Käufer wird durch den Akt des Kaufens eines Buches zum Element des typographischen Kommunikationssystems. Er baut dieses dadurch, daß er Informationen abnimmt, mit auf, vergrößert seine Komplexität.

Die Einstellung auf die Überkomplexität der Struktur des Kommunikationsystems ist die eigentliche Wende, die die Einführung des typographischen Mediums mit sich brachte. Nach dieser sehe ich bis in die jüngste Gegenwart hinein keine vergleichbare Umorientierung mehr. Die weitere, ja ganz unbestreitbare Vergrößerung der Anzahl der Schaltstellen innerhalb des kommunikativen Netzes und der Anzahl der Schnittstellen an den Rändern desselben, der Autoren und Käufer, vor allem seit dem 19. Jahrhundert, brachte nur eine quantitative Ausweitung des schon Vorhandenen. Das typographische Kommunikationssystem kann schon aufgrund seiner strukturellen Voraussetzungen nicht mehr – extern oder intern – zentral gesteuert werden.

5.3
Grundzüge des typographischen Kommunikationskreislaufs

Die Dynamik dialogischer und typographischer Kommunikation

Kommunikation als der Prozeß der Verteilung von Informationen durch ein Medium zwischen zwei oder mehreren Informationssystemen führt nicht notwendig zur Systembildung. Diese setzt vielmehr Rückkopplungsprozesse zwischen den Kommunikationspartnern voraus. Der einfachste Fall eines Informationskreislaufs liegt vor, wenn der Empfänger einem Sender zurückmelden kann, daß er eine Botschaft empfangen hat. Gespräche von Angesicht zu Angesicht haben immer eine solche Rückkoppelungsnatur. Meist sind sie sogar auf Wechselseitigkeit angelegt. Typisches Beispiel ist etwa der Dialog, in dem Informationen zwischen den Diskutanten abwechselnd ausgetauscht werden. Die Gesprächspartner tauchen sowohl als Sender als auch als Empfänger auf. Jeder, der sich an dem Tausch der Meinungen beteiligt, wirkt an der Entstehung oder – in neuer Terminologie – der ›Autopoiese‹ des Kommunikationssystems mit.[10]
Die Grundstruktur des einfachen dialogischen Kommunikationssystems gibt die *Abbildung 43* wieder.
In der Skizze wird neben der raum- und der zeitüberwindenden Dimension des Kommunikationssystems auch die Anzahl der Anschlußstellen berücksichtigt. Jeder Gesprächsteilnehmer kann zwar senden und empfangen, verfügt also über zwei Typen von Schnittstellen. Aber er hat nur einen Mund und ein Paar Ohren, d.h. nur eine einzige Schnittstelle pro Typus. Und auch das Medium des oralen Kommunikationssystems ist nur auf einen einzigen Übertragungskanal gut eingerichtet; werden mehrere Botschaften zugleich eingegeben, kommt es zu Stimmengewirr und auf Dauer zu gestörten Übertragungen. Dies ist, wie wir gleich sehen werden, bei dem typographischen Medium ganz anders. Weil wir bei den einfachen Kommunikationssystemen nur eine Anschlußstelle zu berücksichtigen haben, kann man auf die Dar-

stellung der dritten Dimension verzichten. Es ergibt sich dann das vereinfachte Bild, welches in der *Abbildung 44* zu sehen ist.
Wie sieht es nun mit den Rückkoppelungsmöglichkeiten in den typographischen Kommunikationssystemen aus?
Zunächst muß man daran erinnern, daß das typographische Kommunikationsmedium auf jeder Seite nur einen Typus von Schnittstellen kennt, zwischen denen die Informationen nur in einer Richtung laufen. Auf der einen Seite haben wir die Autoren bzw. die Drucker, die Bücher in das Netz eingeben, und auf der anderen Seite stehen die Abnehmer der Druckwerke. Der Buchkäufer kann nicht sogleich wieder ein anderes Buch, eine andere Information, an den Krämer geben und diesen bitten, es auf dem gleichen Wege dem Autor zukommen zu lassen. Vielleicht hat diese Möglichkeit zu Zeiten des Naturaltauschs bestanden, in den marktwirtschaftlichen Netzen des 16. Jahrhunderts wird sie jedenfalls nicht mehr praktiziert. So gesehen funktioniert das typographische Netz im Simplexbetrieb – und dies ist auch die Sichtweise des 16. Jahrhunderts.[11]
So schreiben etwa Putherbeus/Fickler, daß in den neuen Netzen »*Tractätel*« gleichsam durch »*rörn oder wasserlait vnder die leut*« gebracht werden.[12]
Die Wasserleitungsmetapher drückt unmißverständlich die einseitige Fließrichtung aus, verharmlost aber andererseits natürlich das Problem der Vielzahl von ›Kanälen‹ und Schaltstellen (Schleusen), die in dem typographischen Netz für die Verteilung der Informationen gebraucht werden. Wenn aber die typographischen Netze als Einwegbetrieb konzipiert und begriffen werden, mit welchen Mechanismen ist dann dennoch ein Austausch von Informationen sicherzustellen?
Historisch haben sich zwei unterschiedliche Möglichkeiten der Rückkoppelung herausgebildet: einmal verknüpfte man das typographische Netz mit anderen Medien und zum anderen nutzte man die auch enorme Speicherungskraft des typographischen Mediums. Auf beide Möglichkeiten soll nacheinander eingegangen werden.

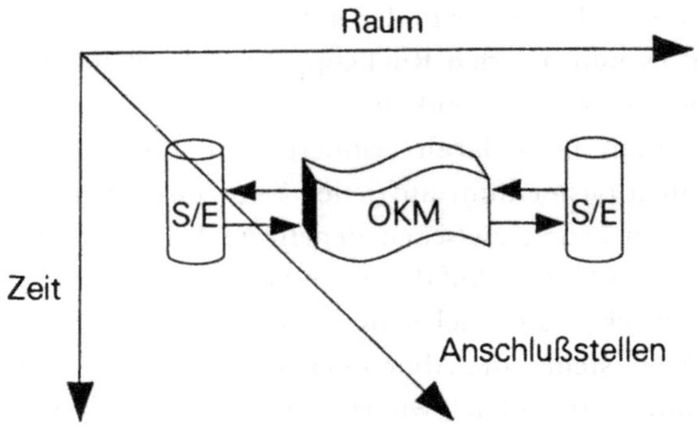

Abb. 43: Tektonik und Dynamik einfacher kommunikativer Systeme

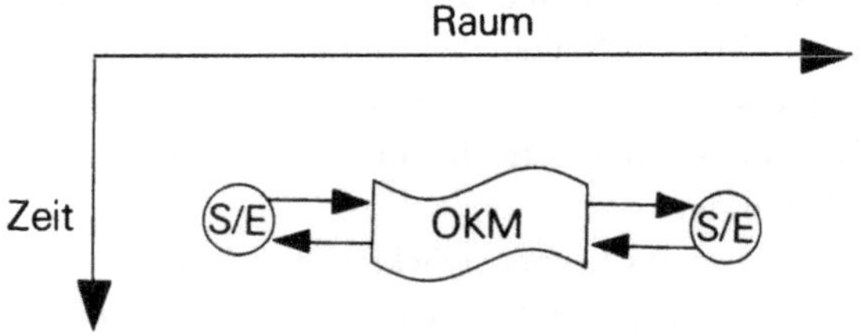

Abb. 44: Vereinfachte Darstellung der einfachen Kommunikationssysteme

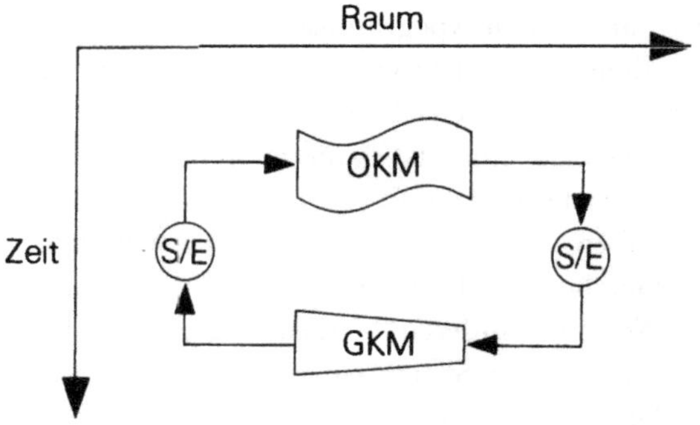

Abb. 45: Dynamik bimedialer Kommunikationssysteme: Rückkopplung in verschiedenen Medien

Rückkoppelung auf unterschiedlichen Medien

Für die nationalen Kommunikationsgemeinschaften im Zeitalter des Buchdrucks ist ein komplexes Verbundsystem von unterschiedlichen Medien charakteristisch. Man vernetzt gleichsam verschiedene Typen von Netzen zu einem kommunikativen Supersystem. Das typographische Netz bildet nur ein Element und über sein Gewicht in diesem Gesamtzusammenhang hat es immer wieder Diskussionen gegeben. Die Rückkoppelung des Informationsflusses erfolgt in diesem Modell durch die Verkettung mehrerer Medien, die über unterschiedliche Eigenschaften verfügen.

Im Prinzip ist dieser Mechanismus nicht neu. Schon wenn man sich einfache Kommunikationssysteme, bei denen sich die Gesprächspartner ›leibhaftig‹ gegenüberstehen, genauer anschaut, stellt man fest, daß oftmals mehrere Kommunikationsmedien benutzt werden, um den Informationskreislauf in Gang zu halten. Der Sprecher kann etwa, wie in der nebenstehenden *Abbildung 45* skizziert, den auditiven Kanal benutzen und der Zuhörer signalisiert seine Zustimmung durch Kopfnicken, also unter Verwendung des visuellen Kanals. Schall und Licht dienen gleichberechtigt als Speicher- und Transportmedium.

Derartige Aneinanderkettungen mehrerer Medien sind auch in größeren Kommunikationssystemen üblich, wie wir schon am Beispiel der Verbreitung von Steinhöwels Pestbüchlein im 15. Jahrhundert gesehen haben. (Vgl. Abschnitt 4.2)

In dem nachfolgenden Schaubild (*Abb. 46*) werden einige Formen des Informationsaustauschs modelliert, wie sie sich unter Benutzung typographischer, skriptographischer und oraler Medien im Verlauf des 16. Jahrhunderts langsam herstellen.[13] Bei der Erläuterung soll auch noch einmal auf interne Strukturen des typographischen Netzes eingegangen werden.

In den Kreislauf wird – siehe die obere Reihe in der Abbildung – bei den Autoren eingestiegen. Diese geben ihre schriftlich niedergelegten Informationen einem Verleger und/oder Buchdrucker. Sie werden dort in einen neuen Typus von Daten, eben die ausgedruckten Buchexemplare, verwandelt.

Die ausgedruckten und vervielfältigten Daten gehen in das typographische Netz (TN). Dieses besteht aus einer Vielzahl von

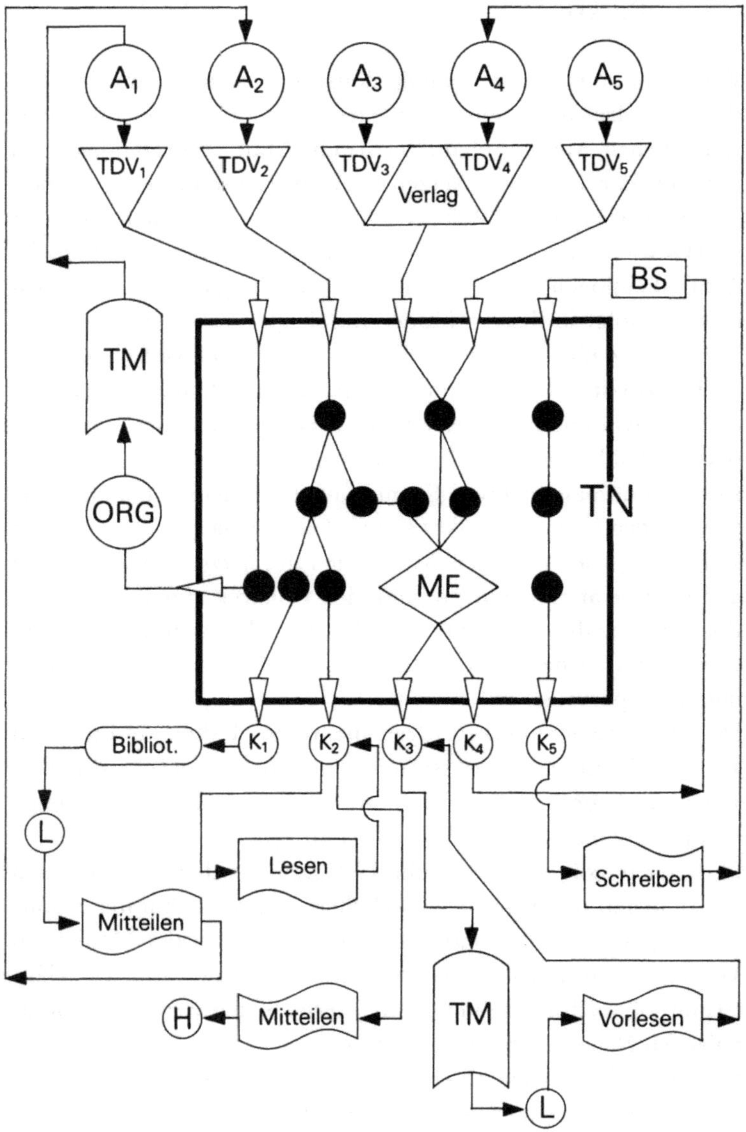

Abb. 46: Strukturen und Rückkopplungen in nationalen typographischen Kommunikationssystemen

Schalt- und Speicherstellen, die untereinander in komplexer Weise verknüpft sind. Im entwickelten marktwirtschaftlichen Stadium, das freilich in diesem Punkt im 16. Jahrhundert nur selten erreicht wird, werden die Bücher verschiedener Werkstätten von Verlegern oder Großhändlern gesammelt und über Transportinstitutionen an Händler weitergegeben, die unter Umständen noch einmal an kleinere Krämer weiterverkaufen.

Diese drei Stationen sind auf dem Schaubild durch drei Schaltstellen angedeutet, die bis zum Ausgang aus dem Netz durchlaufen werden. Eine Schnittstelle liegt in dem Augenblick vor, in dem das Buch von einem Empfänger gekauft wird. So wie man sich den Sender im Normalfall als Autor denkt, so muß man sich den Empfänger als Käufer vorstellen.

Idealtypisch ist der Kommunikationsweg von dem Autor A_2 über den typographischen Verstärker TDV_2 zu den Käufern K_1 und K_2. Dieser Weg kann vielfältig abgekürzt oder verlängert werden. Einzelne Institutionen oder Privatpersonen können beim Verleger den Druck von Texten für den eigenen Gebrauch in Auftrag geben. Sie treten damit selbst als Sender, als Autoren oder als Repräsentanten derselben auf. Die Produkte freilich müssen sie wie üblich bezahlen. Deshalb erreichen sie diese nur auf dem Umweg über das typographische Netz. In dem Netz ist die Druckerei in diesem speziellen Fall als Verkäufer repräsentiert. (3. Reihe der Schaltstellen) Mehr Schaltstellen sind nicht erforderlich, wenn der Auftraggeber seine Bestellung selbst abholt. Im Schaubild ist dieser Kreislauf ausgehend von der TDV_1 bzw. der auftraggebenden und empfangenden Institution (ORG_1) abgebildet. Wie der Abnehmer die ausgedruckten Informationen weiter verbreitet, ist unterschiedlich. Er kann dazu wiederum die typographischen Netze in Anspruch nehmen, er kann aber auch die Kommunikationsmedien von Institutionen in Anspruch nehmen. So läßt etwa die Bursfelder Kongregation 1497 ein Werk des Trithemius bei Peter Friedberg in Mainz in einer Auflage von *»tausend Stück auf eigene Rechnung drucken und in den Klöstern der Union verteilen. Die Union schloß damals 80 Klöster zusammen, so daß auf jedes Kloster im Durchschnitt 12-13 Exemplare kamen.«*[14]

Abkürzungen des Schaltweges im typographischen Netz sind auch möglich, wenn mehrere Druckmaschinen und später ganze Drukkereien von einem kapitalistischen Verleger zusammengefügt werden. (Vgl. TDV_3 und TDV_4 in der Abbildung!) Der größte Verlag in diesem Sinn war in der Inkunabelzeit nördlich der Alpen Anton Kobergers Betrieb in Nürnberg mit angeblich 24 Pressen. Schon zu Beginn des 16. Jahrhunderts finanzierten einzelne Verleger Drucker in weitverstreuten Städten. Rynman etwa beschäftigte Gran in Hagenau, Johann Otmar, Oeglin und Walter Otmar in Augsburg, Georg Stuchs und Höltzer in Nürnberg, Peter Lichtenstein in Venedig, J. Pfortzheim und A. Petri in Basel sowie Knobloch in Straßburg.[15]

Komplizierter werden konnten die Vernetzungen u. U., wenn eine der Frankfurter oder Leipziger Buchmessen – oder vergleichbare kleinere Veranstaltungen – vom Handel genutzt wurden. Im Schaubild wird dieser Möglichkeit durch den mit ME gekennzeichneten Knoten Rechnung getragen. Da es sich hier um Verkaufsmessen handelte, machten Bücher oftmals auch geographische Umwege, bevor sie beim Käufer anlangten.[16]

Die schematische Darstellung zeigt nur einen Teil der Verknüpfungen, die innerhalb des typographischen Netzes möglich sind: Transporteure können mehrere Händler beliefern, die Händler können untereinander Waren austauschen. Aber natürlich kamen auch Aneinanderkettungen von mehreren Transporteuren und Verkäufern bei einer Ware vor.[17] Als Verkäufer kamen nicht nur die Buchdrucker/Verleger selbst und deren niedergelassene Agenten in Frage. Koberger beispielsweise hatte schon im 15. Jahrhundert an weit auseinanderliegenden Orten: Frankfurt, Regensburg, Breslau, Krakau, Ofen, Toulouse und Lyon *›offen Cräm und Gewölbe‹*, in denen seine Produkte verkauft wurden.[18] In vielen Orten nahmen auch die Buchbinder den Verkauf von Literatur in die Hand. Daneben gab es die wandernden Buchverkäufer, die von Haus zu Haus zogen und »nicht allein auf den Wochenmärkten, sondern auch heimlich in der Schule und anderswo ihren Markt aufschlugen und ihre Bücher verkauften«.[19]

Welcher Käufer bei welchem Händler die Produkte welcher Drukkerei erwirbt, ist kontingent. Der Käufer besitzt Selektionsfreiheit. Es gibt keine feste Verkoppelung zwischen ihm und den vielen Ausgängen des typographischen Netzes.

Wenn das gedruckte Buch das typographische Netz verlassen hat, so ist damit der Informationskreislauf keineswegs abgeschlossen. Der Käufer wird in der Regel selbst wieder zu einer Schaltstelle in einem anderen kommunikativen Netz. Dies können orale Netze sein, wenn etwa der Käufer sein aus dem Buch erworbenes Wissen anderen Menschen mündlich weitergibt. (So im Schaubild K_2). Auch die Zuhörer werden zumindest Teile dieser Informationen ebenfalls nicht für sich behalten, sondern sie ihrerseits in der einen oder der anderen Form weitervermitteln. Voraussetzung für diese Form der Ausdehung des Informationskreislaufs ist, daß der Käufer, jetzt verstanden als ein psychisches, informationsverarbeitendes System, die angekauften Informationen auch ›verarbeitet‹ hat.

Diese Verarbeitung von Informationen aus skriptographischen oder typographischen Netzen nennt man ›Lesen‹. Hinter dieser Bezeichnung verbergen sich komplizierte Abläufe der Wahrnehmung, der Kodierung von Informationen, ihrer Weiterverarbeitung und Integration in den vorhandenen psychischen Speicher, die zwar praktisch beherrscht werden und auch irgendwie gelehrt werden können, deren Strukturen aber im einzelnen noch völlig im Dunkeln liegen.[20] Weil diese Prozesse so vielschichtig sind, werden sie von allen historischen Gemeinschaften vereinfacht. Welche Aspekte man betont und welche in den Hintergrund treten, ist recht unterschiedlich. Entsprechend verändert sich die Bedeutung des Begriffs ›Lesen‹ im Laufe der Zeit. In der Neuzeit tritt der Aspekt der Transformation oder Umkodierung von Informationen aus einem Kommunikationsmedium in ein anderes im Konzept des Lesens ganz in den Vordergrund: *»Denn es ist das lesen nichts anders«*, schreibt der vermutlich bedeutendste Theoretiker des Erstleseunterrichts im 16. Jahrhundert, Valentin Ickelsamer, *»denn schlecht* [einfach] *die buchstaben nennen.«*[21] *»Dan(n) es sein etwa bey drey vnd zwaintzig buochstaben / darin(n) alles lesen verfasset ist / vnd wellicher dise buochstaben recht kann / der kann scho(n) lesen«!*[22] Das Lesen erscheint hier als ein Prozeß des Lautierens oder Buchstabierens, als eine Umsetzung skriptographischer in verbale Kodierungen. In dem Schaubild ist diese Umschaltfunktion des ›Knotens‹ K_2

zwischen dem typographischen und dem oralen Netz deutlich zu erkennen.

Die von Ickelsamer und vielen Zeitgenossen vorgetragene formale Bestimmung der Bedeutung des ›Lesens‹ hat das Alltagsverständnis und die pädagogische Praxis bis heute geprägt. Selten allerdings wird andererseits in den einschlägigen Werken vergessen, in Nebensätzen, Fußnoten, Vor- und Schlußworten zu betonen, daß der Erwerb dieser sogenannten ›formalen Lesefähigkeit‹ nur eine Seite des komplizierten Prozesses ist. Angemahnt wird die Berücksichtigung der anderen Seite, des ›Verstehens‹ oder der ›nachschöpferischen Sinngestaltung‹.[23]

Erst in allerjüngster Zeit scheint es aber gelungen, diese Mahnungen im Rahmen eines neuen Paradigmas, das Lesen als Textverstehen, Sinnentnahme als Inferenz- und Kohärenzbildungsprozesse begreift, in empirische Untersuchungen umzusetzen.[24] Bemerkenswerterweise setzen diese Analysen ein neues Medium, Videokameras und elektronische Rechner, voraus. Überhaupt spricht manches dafür, daß das neue Interesse an der ›Verarbeitung‹ skripto- und typographischer Texte nicht losgelöst von dem Bemühen zu verstehen ist, die Auswirkungen der Medien der Moderne: Fernsehen und Computer, auf den Menschen besser zu begreifen. Zumindest entwickelt sich die psychologische Rezeptionsforschung der Printmedien erst zeitgleich mit jener der elektronischen Medien und nicht, wie eigentlich zu erwarten wäre, weit früher. Auch diese Beobachtung mag dafür sprechen, daß die Reflexion wesentlicher Aspekte der (alten) Medien erst eine Generation später, nachdem nämlich neue Medien auf den Plan getreten sind, einsetzt.

Manches spricht gegen die Annahme, daß das lateinische Mittelalter einen ähnlich formalen Begriff des Lesens – und des Schreibens – propagiert hat.[25] Im Gegensatz vielleicht zur antiken denkt die mittelalterliche Intelligenz, wenn von ›literas discere‹ bzw. ›literas nescire‹ die Rede ist, weniger an Kodierungsvorgänge als vielmehr an eine spezifische Bildungstradition.[26] Als Litteratus wird gerühmt, wer in den artes ausgebildet wurde, wer also Zugang zu einem ganz bestimmten, und damit eingeschränkten, Informationsspeicher gewonnen hat.

Mit dem Aufkommen des Buchdrucks werden die Konzepte über

die Informationsweitergabe formalisiert. Bedingung für das Abzapfen von Informationen aus dem typographischen Netz war zunächst einmal das Geld, nicht eine auf einer bestimmten Laufbahn in einer bestimmten Institution erworbene Bildung oder Approbation. Waren die Bücher gekauft, so hatte das typographische Netz seine Funktion erfüllt. Der Drucker als Warenproduzent mochte zufrieden sein und auch die Rolle des Käufers war beendet. Welche neue Rolle dieser nun einnimmt, ist offen. Einige Möglichkeiten können anhand des Schaubildes durchgegangen werden. Er kann, wie etwa K_1, sein Buch – ungelesen – in eine Buchsammlung geben oder es verschenken. Er kann sich, wie K_2, als Leser verhalten, die gedruckten Informationen in sein psychisches System aufnehmen und sie dort nutzen. Nur als Folge dieses Informationsverarbeitungsprozesses kann er selbst unmittelbar zu einer Schaltstelle zwischen dem typographischen und einem oralen kommunikativen Netz werden. Wenn der Käufer, wie im Falle von K_3, selbst nicht lesen kann, so hat er die Möglichkeit, das Buch einem ›Leser‹ zur Verfügung zu stellen, der ihm dann die typographische Information ›vorliest‹, sie in den verbalen Kode transformiert.

Wie in älterer Zeit besteht weiterhin die Möglichkeit, daß der Käufer sein Buch oder seine Buchsammlung weiterverkauft. Dies geschieht unter den neuen Bedingungen, indem das Buch oder die Buchsammlung wieder in das typographische Netz eingegeben und dort ›antiquarisch‹ vertrieben wird. (Vgl. K_4)

Es kommt aber auch vor, daß ein Käufer ein Buch auf dem Markt erwirbt, um es sofort und kaum verändert wieder in den Druck zu geben. Handelt es sich bei dem Herausgeber/Drucker um die gleiche Person, die auch die Erstauflage besorgt hat, so haben wir es mit einer Neuauflage, im Falle eines anderen Verlages/Druckers mit einem Nachdruck zu tun.

Leser gedruckter Informationen können natürlich auch selbst Kontakt zu den Autoren aufnehmen, deren Bücher sie ›konserviert‹ haben, und damit den Informationskreislauf schließen. Dieser Weg kann, wie bei K_1, über mehrere Stationen und Netze vermittelt sein; er kann aber auch beliebig abgekürzt werden. K_5 teilt etwa einem Autor schriftlich einiges Wissenswerte aus dem von ihm gekauften Buch mit. Jener verarbeitet die Informationen in einem eigenen, neuen Buch, das über die TDV_4 wieder – zu einem anderen Zeitpunkt – Eingang in das typographische Netz findet. Diesen Kreislauf unter Benutzung der verschiedenen Medien regen die Autoren oftmals selbst in ihren Werken an. *»Das hab ich nun ein mal woellen anzeygen«*, bemerkt Otho Brunfels, *»ob vns in dißem Teütschen werck auch der gleichen meher wird widerfaren / also daß vns etwas mangeln / oder abggon würde / vnd aber Yemants were der den mangeln moecht erstatten / woell in sochem fall dem gemeynen nutz behülfflich sein / vnd das so vns mangelt freüntlich mitteylen / verstaendigen / vnd überschicken / woellen wir so vil an vns stehet / nicht vnderlasszen vffs aller fleisszigst handeln / vnd zuom besten verstandt vnseren yrrthumb bewenden.«*[27]

Manchmal hatten solche Bitten Erfolg. Brunfels berichtet, daß ein ›besonder guter Freund auß Brabant‹ seinem Verleger Hans Schott ein Exemplar eines Naterwurz ›nicht ohne sonderliche Mühe und Arbeit‹ zugesandt habe. Leider sei die Pflanze in Straßburg in Schottens Garten alsbald eingegangen, so daß sie nicht, wie beabsichtigt, als Vorlage für die ›Abkonterfeiung‹ in seinem Kräuterbuch genutzt werden konnte.[28] In diesem Fall dürfte der kommunikative Anstoß weniger von einem Druck als vielmehr von einer mündlichen oder brieflichen Mitteilung ausgegangen sein. Nachdem das Kräuterbuch von Brunfels erschienen war, mag sich das geändert haben.

Ganz gut verfolgen läßt sich die Rückmeldung anhand eines anderen Beispiels. Ortelius hatte in der ersten Ausgabe seines ›*Theatrum orbis terrarum*‹ 1570, ganz ähnlich wie Brunfels auch, seine Leser aufgerufen, ihm ihre Verbesserungsvorschläge und Hinweise auf Fehler mitzuteilen. In den folgenden 28 Auflagen seines Kartenwerks, die bis zu seinem Tode in dem Jahr 1595 noch erschienen, wurden von ihm zahlreiche solche Ergänzungsvorschläge aufgenommen und nicht zuletzt aufgrund dieser die Gesamtzahl der Karten von 53 auf 115 erhöht.[29]

Rückkoppelung auf einem Medium

Auf die Frage, wie es unter den Bedingungen eines Kommunikationsmediums, welches nur einen Informationsfluß in einer Richtung zuläßt, dennoch zur Systembildung kommen kann, gibt es nicht nur die im vorigen Abschnitt vorgestellte Antwort. Rückkoppelung läßt sich auch dadurch erreichen, daß man

a) den langen Zeitraum ausnutzt, über den hinweg typographische Medien Informationen speichern können und daß man
b) Möglichkeiten schafft, daß verschiedene Personen nacheinander zu beiden Schnittstellen des Mediums Zugang erhalten.

Es steht in dieser Konzeption weniger die Idee eines möglichst rasch aufeinander folgenden Informationsaustausches als vielmehr jene einer möglichst verläßlichen Speicherung der Botschaft bis sie schließlich Abnehmer findet, im Vordergrund. Im Gegensatz zu den vergleichbaren, heute als Tele- oder Mailbox bezeichneten elektronischen Kommunikationssystemen geht es bei dem typographischen System um maximale Zugänglichkeit des ›Briefkastens‹. Ein jeder soll freien Zugang zu beiden Klassen von Schnittstellen besitzen, sowohl Informationen als Sender abschikken als auch als Empfänger erhalten können. Gibt also A beispielsweise Informationen in das Netz, die B nach einer gewissen Zeit empfängt, so kann B mit A dadurch in Kontakt treten, daß er sich seinerseits an eine Eingabestelle begibt und seinerseits eine Botschaft in das Netz eingibt. Wenn B später als Käufer auftritt und ein Buch von A in Empfang nimmt, so kann er auf diese Weise eine Rückmeldung entgegennehmen. Getauscht werden die Positionen, die die einzelnen Informationssysteme gegenüber den beiden Typen von Schnittstellen einnehmen. Diese Bewegung ist in der *Abbildung 47* dargestellt.

Um den eben modellierten Rückkoppelungseffekt zu erreichen, muß bei den Menschen eine ungewohnte Flexibilität und Dynamik erzeugt werden. Es reicht nicht aus, daß sie lediglich Schreib- und Lesekenntnisse erwerben, sondern sie müssen es lernen, daß sie selbst in einer Person Autor und Leser sein können.

Aus heutiger Sicht ist diese Forderung kein außergewöhnliches Ansinnen, aber im 15. und 16. Jahrhundert standen ihrer Erfüllung viele Traditionen entgegen. Wissen ungebeten und ohne daß man dazu durch spezielle Riten qualifiziert worden war, allgemein zugänglich zu machen, erschien vielen als suspekt. (Vgl. 6.3)

Auch die Fähigkeit zum Rollentausch war in älterer Zeit nur bei einem verhältnismäßig kleinen Personenkreis ausgebildet. Standesgrenzen und institutionelle Festschreibungen eines einseitigen

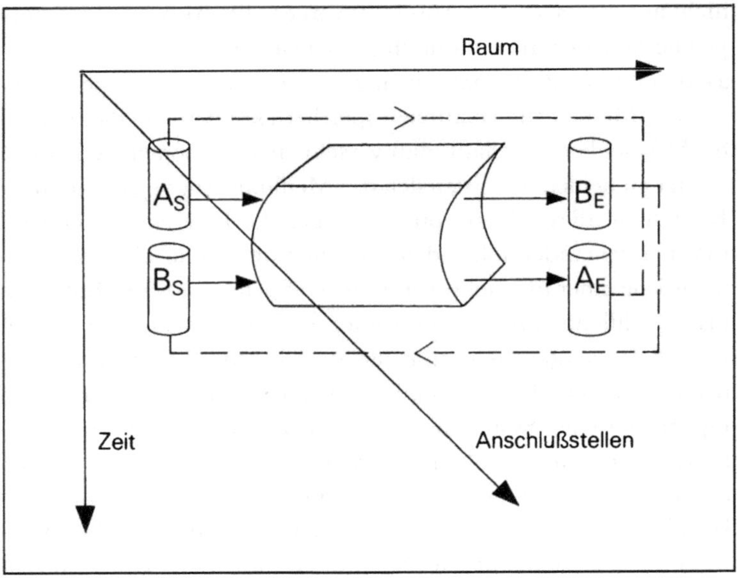

Abb. 47: Struktur und Dynamik monomedialer typographischer Kommunikationssysteme

Zugangs zu den skriptographischen Kommunikationsmedien bestimmten das Bild. Damit der typographische Kommunikationskreislauf sich aber den Marktgesetzen folgend beschleunigen konnte, mußten möglichst viele Menschen ihr Wissen mitteilen. Ebenso war es erforderlich, daß nicht nur einige wenige approbierte Personen, sondern auch Privatpersonen die Bücher lasen. Man kaufte die Bücher nicht mehr ausschließlich in einer professionellen oder ständischen Eigenschaft, ›von ampts wegen‹, sondern zur Befriedigung individueller Interessen. Dieser flexible Rollentausch und auch die Distanz, die der einzelne gegenüber dem Amt entwickeln mußte, war keine Tugend der mittelalterlichen Gesellschaft. Und es dauerte selbstverständlich noch lange, bis sie wenigstens in den europäischen Kernlanden zu einer gelebten Haltung wurde.

Das typographische Kommunikationsmedium erscheint aus dieser Perspektive als ein gigantischer Verteiler ausgedruckter Informationen. Informationsaustausch, Kommunikation, findet durch wechselseitiges Eingeben und Abrufen von Informationen in den bzw. aus dem zentralen Speicher statt. Jeder, der an diesen Vorgängen als Sender oder als Empfänger Anteil nimmt, wird zu einem Element des neuen Kommunikationssystems, baut dieses mit auf.

Im Gegensatz zu den institutionellen skriptographischen Netzen, die sowohl in der Vergangenheit als auch in der Gegenwart hierarchisch gegliedert waren bzw. sind, besitzt das typographische Netz eher eine sternförmige Struktur mit dem Markt als Mittelpunkt.

Obwohl die typographischen Kommunikationssysteme nun schon seit mehr als 500 Jahren florieren, liegt auch heute noch vielen populären Kommunikationsmodellen die – genetisch betrachtet – ältere Vorstellung eines nahezu zeitgleichen Austausches von Informationen in einem Medium zwischen Personen, die einander kennen, zugrunde. Diese Vorstellung entspricht im großen und ganzen dem einfachen Naturaltausch und der face-to-face-Kommunikation im Alltag. Gegen ein solches Modell ist an sich selbstverständlich nichts einzuwenden – nur tendieren manche Autoren dahin, aus dem historischen Primat oder aus anderen weltanschaulichen Erwägungen heraus eine Sonder- oder gar eine Monopolstellung für die oralen Kommunikationssysteme abzuleiten.[30]

Aber so, wie es mehr als einen chemischen Grundbaustein und mehr als nur eine Gattung in der Tier- und Pflanzenwelt gibt, so sind auch vielfältige Typen von Informationen und von Kommunikationssystemen zu unterscheiden. Gerade diese Vielfalt zu beschreiben, ist die anspruchsvollste Aufgabe kommunikationswissenschaftlicher Forschung. Kommunikationstheorien, die aus der Verabsolutierung einzelner Spezifika oraler Kommunikationssysteme resultieren und die so wirkungsmächtige Phänomene wie das Buch- und Pressewesen nur negativ: als Abweichung von den Idealen der face-to-face-Kommunikation erfassen, sind für diese Aufgabe wenig geeignet. Weiter kommt man mit den abstrakten Kategorien, die die System- und Informationstheorie zur Verfügung stellt. Sprache und Abstraktionsniveau dieser Ansätze machen freilich eine gewisse Eingewöhnung erforderlich.

5.4
Normen und Programme zur Steuerung der typographischen Kommunikation

Selbstregulierende Systeme wie der Markt und das typographische Kommunikationssystem steuern sich aufgrund von Normen und Programmen.

Im Falle des Buchdrucks dauerte es mehr als 60 Jahre, bis sich solche Normen stabilisiert und spezifische Programme konsolidiert hatten. Zunächst arbeitete man vielfach mit Normen, die in anderen, zumeist skriptographisch geprägten Zusammenhängen entwickelt worden waren. Auftauchende Probleme löste man mit einer Vielzahl variierender Handlungsmuster. Nach und nach erwiesen sich dann einzelne als besonders leistungsfähig. Sie wurden von Akteuren in den Netzen als Normalformerwartungen übernommen. Andere Lösungsversuche gerieten in Vergessenheit.

Zu einem unübersehbaren Problem wurde mit der wachsenden Zahl von Druckereien und Druckerzeugnissen die ›Adressierung‹ von Informationen.

Titelblatt und Paginierung: Die Informationen bekommen eine Adresse

Jede Botschaft, die in den Briefkasten des typographischen Netzes gegeben wurde, sollte einen klar identifizierbaren Absender enthalten. Es mußten praktikable Regeln für die wechselseitige Identifizierung der Botschaften entwickelt werden.[31] Diese Aufgabe erfüllte auf Dauer bekanntlich das Titelblatt mit Angaben über den Autor, den Titel des Werkes, den Drucker, Druckort und das Erscheinungsdatum.

Ursprünglich hatten sich die Drucker enger an die Gepflogenheiten der Schreiber angelehnt und die wenigen Angaben über ihre Arbeit in einem Kolophon an das Ende der Bücher gehängt. Solche Schlußreden blieben noch bis weit in das 16. Jahrhundert hinein in Gebrauch. Teilweise finden sich in den Drucken sowohl

Titelblätter als auch Kolophone – ein gutes Beispiel für Variantenbildung im Stadium vor einer erneuten Selektion und Regelung.[32] Gelegentlich teilen sich, wie in dem Buch ›*Buoch Geberi*‹, Titelblatt und Kolophon die Aufgabe, dem Werk eine Adresse zu geben. (*Vgl. Abb. 48*)

Als Erfinder des ›richtigen‹ Titelblatts gilt Peter Schöffer. »*Aber*«, schreibt S.H. Steinberg, »*wie so viele Erfinder auf allen Feldern der Wissenschaften, bemerkte er nicht die Bedeutsamkeit seiner Entdeckung und gab sie deshalb nach nur einem Versuch auf.*«[33] Andere nahmen später seine Idee auf – oder entdeckten sie für sich neu.

Man kann das Titelblatt als den materiellen Ausdruck eines bestimmten normativen Konzepts über die Einordnung von typographischen Informationsbündeln in die neue Welt der Bücher betrachten. Nach diesem Konzept wird jede Information auf mehreren Parametern lokalisiert. Man kann auch sagen, ihr werden bestimmte Dimensionen zugeschrieben. Diese Parameter sind in *Abb. 49* veranschaulicht.

Jede einzelne ausgedruckte Information soll sich, so lautet die selbstgewählte Norm, in dem Gitterwerk des typographischen Raumes (›Würfels‹) verorten lassen. Im Koordinatennullpunkt steht Gutenberg mit seinen Straßburger oder Mainzer Druckereien in der Zeit nach 1440 und mit seinen frühen ›Donaten‹.

Als Ausgangspunkt für die Identifizierung der ausgedruckten Informationen dienen immer Markierungen auf den drei Parametern: Jahreszahlen, Namen von Autoren (vorzugsweise bei ›Büchern‹) und/oder von Druckern (bei Drucksachen wie Formularen oder Plakaten) und schließlich Titelangaben oder Überschriften. Für die Auswahl und Bezeichnung dieser Titel bilden sich im Laufe der Zeit feste Prinzipien heraus, auf die hier aber nicht weiter eingegangen werden soll.

Die Markierungen werden auf den Drucken vermerkt und bilden die Adresse (das Impressum i.w.S.) der Information. Eine vergleichbare Normierung des Raumes der skriptographischen Informationen kennen wir aus älterer Zeit nicht.

Will man Informationen im typographischen Speicher finden, so braucht man Angaben über die Lokalisierung auf mehreren – aber nicht notwendig auf allen drei – Parametern.

Soll darüber hinaus auf einzelne Argumente eines Autors Bezug

Das buoch geberi
Des hoch berümpten Phylosophy
vonn der verborgenheyt der Alchimia/kürtzlich in dreyer bücher
getheylt/vnd geschicklicher weiß eroffnet/dise kunst wie sye zů er
ergründenn oder zů fynden sy.

Auch dreyen hochuerstenlichen
wörterenn dise loblich kunst auß trukende.
Auch ein epistel des Keysers Alexandri/
der erst erfarende/in Grecia Macev
donia vnnd Persia regniert hat

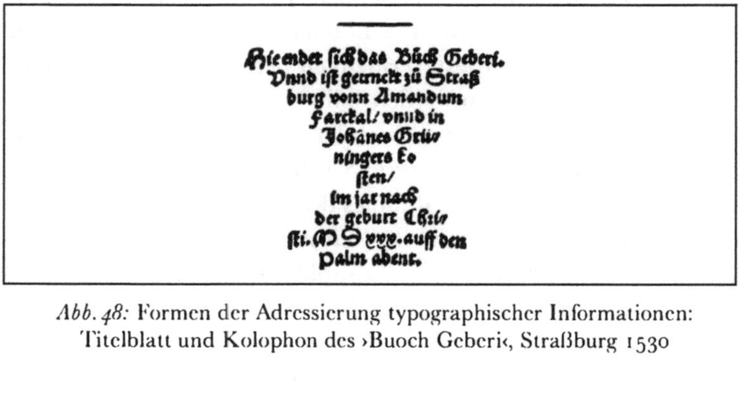

Hie endet sich das Bůch Geberi.
Vnnd ist getruckt zů Straß
burg vonn Amandum
Farckal/vnnd in
Johānes Grün
ingers ko
sten/
Im jar nach
der geburt Chri
sti. M D xxx. auff den
Palm abent.

Abb. 48: Formen der Adressierung typographischer Informationen: Titelblatt und Kolophon des ›Buoch Geberi‹, Straßburg 1530

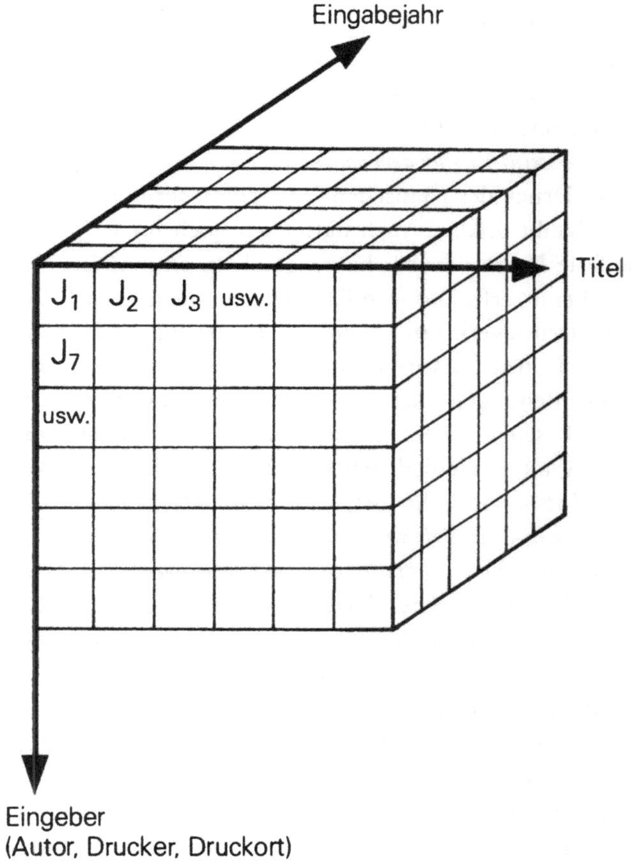

Die Sequenzierung des typographischen Informationswürfels (J_1, J_2 usw.) ist willkürlich gewählt. Jeder Druck vergrößert die Anzahl der Markierungen auf den Parametern.

Abb. 49: Parameter des typographischen Informationsspeichers

genommen werden, so muß auch der Text selbst sequenziert werden und die einzelnen Sequenzen müssen Adressen erhalten. Eine solche Formatierung der Nachricht mußte sich erst mühsam durchsetzen. Seitenzahlen sucht man in den Handschriften älterer Zeit vergeblich. Steinhöwel etwa verweist in der Vorrede seines Pestbüchleins mit der Formel *»alß Titus liuius schribt / in de(m) drytten buoch des erste(n) teils an dem andern blat«* auf eine Arbeit des Livius. Welcher Druck des römischen Geschichtsschreibers hier benutzt wurde, bleibt unklar. Auch hatte sich noch im 16. Jahrhundert keine feste Norm darüber herausgebildet, ob man bei Verweisen auf die benutzerfreundliche Paginierung, die an den Erfordernissen der Druckwerkstatt orientierte Foliierung oder aber an den schon von den Autoren in den Manuskripten verwendeten Kapiteleinteilungen ansetzen sollte. Brunschwygk etwa verweist 1512 auf sein früher erschienenes Destillierbuch mit einer Mischung aus verschiedenen Ordnungsprinzipien: *»Oder er mach ein ander Lutum«*, so steht dort, *»also ich gemeld vn(d) gelert hab in buoch Liber de arte distillandi de simplicibus / in dem erste(n) buoch / im fynfften capitel am fierden blat in drytten oder fierden columen.«*[34]

Erst die Normierung der Adressierung der verschiedenen Nachrichten machte es möglich, daß die Autoren unmißverständlich mit ihren Botschaften aneinander anschließen konnten. In der Inkunabelzeit bleiben solche Anknüpfungen überwiegend vage. Je mehr Autoren freilich mit der Entwicklung der typographischen Technologie ihre Informationen den neuen Medien anvertrauten, um so häufiger nahmen sie auch auf andere lebende Autoren Bezug. Brunschwygk etwa erwähnt in seinem *›Liber pestilentialis‹* das nur wenige Jahre zuvor erschienene Pestbüchlein Steinhöwels.[35] Die Schreibmeister V. Ickelsamer und P. Jordan verweisen wechselseitig aufeinander. H. Rodler möchte seine Perspektivlehre *»schlechter* [einfacher] *und begreifflicher / dann als Duerers Buecher außweisen«* (A2r) usf.

Natürlich überwiegen anfangs bei den i. w. S. wissenschaftlichen Autoren noch die Verweise auf die alten Autoritäten. So nennt etwa Brunfels in seinem Kräuterbuch 1532 als Vorläufer der Kräuterkunst in ganz ungeordneter Reihenfolge Orpheus, Hesiod, Herodot, Strabo, Pythagoras, Aristoteles, Theophrast, Aeskulap, Herakles, Petronius, Niger, Crateuas, Didotus, Empedokles, Anaxagoras, Horaz, Eusebius Pamphilius, Hippokrates, Plinius, Celsus, Galen, Apuleius, die Araber Avicienna, Rases, Hali, Mesue, schließlich Albertus Magnus, Massilius Ficini, Paulus Egineram, Raphael Volateranus, Georgius Valla und viele andere. Der Sinn dieser Verweise ist oftmals kaum einsichtig. Werkausgaben werden nicht genannt und nur selten benennt Brunfels diejenigen Informationen oder Argumente, die er von diesen Autoren übernommen hat. Die Werke von Leonicensus, Lorenz Fries oder auch Hieronymus Brunschwygk identifiziert er vergleichsweise eindeutig.[36]

Diese Tendenz verstärkt sich zusehends, je mehr der typographische Informationskreislauf in Gang kommt. Sebastian Franck macht schon im Inhaltsverzeichnis seiner Sprichwörtersammlung (Frankfurt 1548) auf die *»Autores vnnd Außleger etlicher Sprichwoerter in disem Buoch begriffen«* aufmerksam. Am Ende des Jahrhunderts zitieren die anspruchsvolleren Autoren in der bis heute üblichen Form. Es haben sich klare Vorstellungen über die älteren Autoren und ihre Lebenszeit herausgebildet. Man führt sie jetzt ›einer nach dem anderen‹ auf. Gegenüber nicht überlieferten Werken wird man skeptisch. Hulsius (*vgl. Abb.50*) beschränkt sich etwa auf diejenigen Autoren, *»davon wir mehr sicherheit haben / vnd deren Buocher gefunden werden«*.

Als anschlußfähige Nachrichten gelten zunehmend nur jene Informationen, die typographisch gespeichert und mit einer Adresse versehen sind. Aber deren Anzahl weitete sich im 16. Jahrhundert explosionsartig aus.

Man mußte auf Dauer einen Mechanismus ersinnen, der es ermöglichte, den Speicher gezielt und damit selektiv zu erweitern, und der andererseits ein beständiges Anschließen der Beiträge der verschiedenen Autoren aneinander sicherstellte.

Vormals nie gesehene Bücher: Neuheit als Selektionskriterium

Während im mittelalterlichen Literaturbetrieb im wesentlichen die Regel galt, die Werke der vergleichsweise wenigen ›Auctoritates‹ zu vervielfältigen und zu kommentieren, so treten nun neue Maxi-

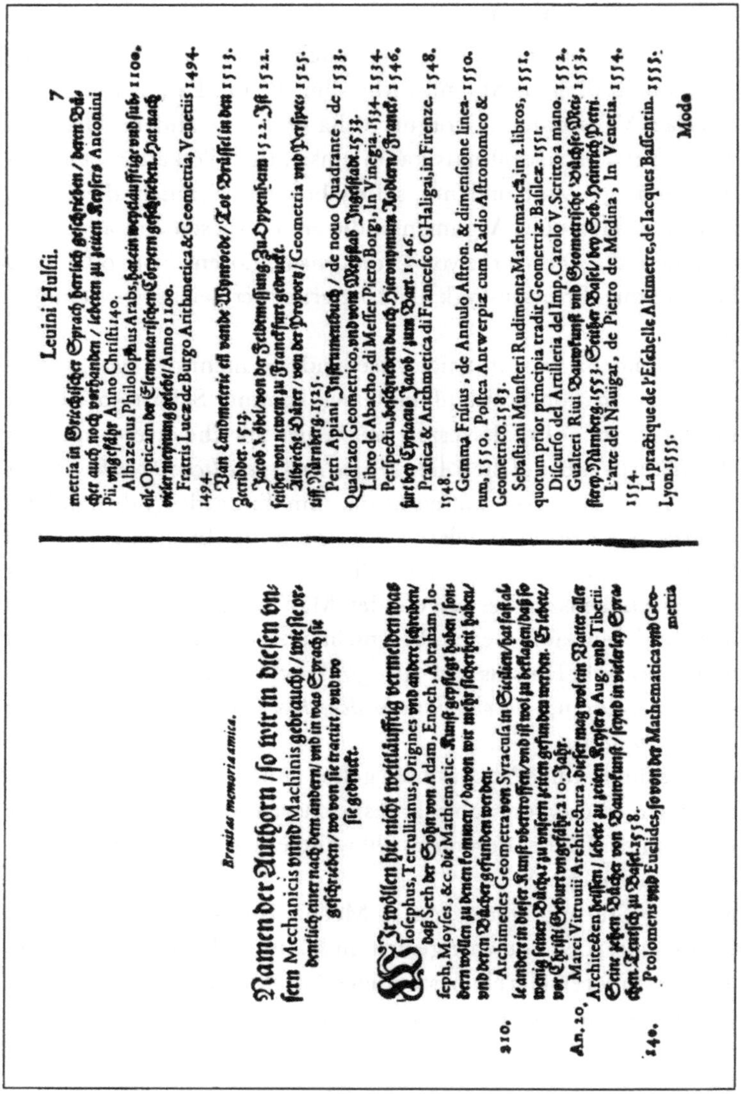
Brevitas memoria amica.

Namen der Authorn / so wir in diesen vnsern Mechanicis vnnd Machinis gebraucht / wie sie ordentlich einer nach dem andern / vnd in was Sprach sie geschrieben / wo von sie tractirt / vnd wo sie gedruckt.

WIr wöllen hie nicht weitläufftig vermelden was Iosephus, Tertullianus, Origines vnd andere schreiben / daß Seth der Sohn von Adam, Enoch, Abraham, Ioseph, Moyses, &c. die Mathematic. Kunst gepflegt haben / sondern wöllen zu denen kommen / davon wir mehr sicherheit haben / vnd deren Bücher gefunden werden.

210. Archimedes Geometra von Syracusa in Sicilien / hat fast alle andere in dieser Kunst vbertroffen / vnd ist wol zu beklagen / daß so wenig seiner Bücher zu vnsern zeiten gefunden werden. Er lebete / vor Christi Geburt vngefähr.210. Jahr.

An. 20. Marci Vitruuii Architectura, dieser mag wol ein Vatter aller Architecten heissen / lebete zu zeiten Keysers Aug. vnd Tiberii. Seine zehen Bücher von Bauwkunst / seynd in vielerley Sprachen. Teutsch zu Basel.1558.

140. Ptolomeus vnd Euclides, so von der Mathematica vnd Geometria

Leuini Hulsii. 7

metria in Griechischer Sprach herrlich geschrieben / deren Bücher auch noch vorhanden / lebeten zu zeiten Keysers Antonini Pii, vngefähr Anno Christi 140.

Alhazenus Philosophus Arabs, hat ein weytläufftige vnd subtile Opticam der Elementarischen Cörpern geschrieben. Hat nach vieler meynung gelebt / Anno 1100. 1100.

Fratris Lucæ de Burgo Arithmetica & Geometria, Venetiis 1494. 1494.

Van Landmeterie ett vande Wynroede / Tot Brüssel in den Zeeridder. 1513. 1513.

Jacob Köbel / von der Feldtmessung. Zu Oppenheim 1522. Ist seither von newem zu Franckfurt gedruckt. 1522.

Albrecht Dürer / von der Proporty / Geometria vnd Perspectiff. Nürnberg. 1525. 1525.

Petri Apiani Instrumentbuch / de nouo Quadrante, de Quadrato Geometrico, vnd vom Meßstab Ingelstadt. 1533. 1533.

Libro de Abacho, di Messer Piero Borgi, In Vinegia. 1534. 1534.

Perspectiu, beschrieben durch Hieronymum Rodlern / Franckfurt bey Cyriaco Jacob / zum Bart. 1546. 1546.

Pratica & Arithmetica di Francesco GHaligai, in Firenze. 1548. 1548.

Gemma Frisius, de Annulo Astron. & dimensione linearum, 1550. Postea Antwerpiæ cum Radio Astronomico & Geometrico. 1583. 1550.

Sebastiani Münsteri Rudimenta Mathematica, in 2. libros, quorum prior principia tradit Geometriæ. Basileæ. 1551. 1551.

Discurso del Artilleria del Imp. Carolo V. Scritto a mano. 1552.

Gualteri Riui Bauwkunst vnd Geometrische Büchsenmeisterey. Nürnberg. 1553. Seither Basel / bey Seb. Heinrich Petri. 1553.

L'arte del Nauigar, de Pietro de Medina, In Venetia. 1554. 1554.

La practique de l'Eschelle Altimetre, de Iacques Bassentin. Lyon. 1555. 1555.

Mode

Abb. 50: Die Normierung des zeitlichen Parameters des typographischen Speichers: Ausschnitt aus Hulsius' ›Traktate der mechanischen Instrumente‹, Frankfurt 1604

men auf den Plan. Die Forderung nach Abschrift hatte mit der Einführung der typographischen Technologie ihren Sinn verloren. Statt dessen entwickelte man soziale Normen, die geeignet waren, die Eingabe von Informationen in das neue Medium, sowie den Anschluß an diese Informationen, durch Dritte zu prämieren. Um den in der *Abb. 46* beschriebenen Informationskreislauf in Gang zu halten, mußten die Menschen ›gereizt‹ werden, ihr Wissen in den typographischen Speicher einzugeben und sich selbst auch immer wieder lesend und lernend an diesen Speicher anzuschließen. Das Hauptaugenmerk brauchte nicht mehr darauf gerichtet zu werden, die traditionellen Wissensbestände zu erhalten. Vielmehr ging es darum, immer wieder neue, ›anschlußfähige‹ Informationen zu verteilen.

Die Maximen, die die Autoren in Deutschland zur Legitimation ihrer Veröffentlichungspraxis immer wieder heranziehen, lassen sich wie folgt paraphrasieren: ›Vergewissere Dich, daß die Informationen, die Du verbreiten willst, tatsächlich neu sind. Neu sind solche Informationen, die bislang noch nicht gedruckt vorliegen – unabhängig davon, wie verbreitet sie ansonsten im professionellen Handeln und Alltagswissen auch sein mögen. Schließe mit Deinen neuen Informationen an die schon gespeicherten Informationen an. Verweise dabei möglichst genau auf die betreffenden Autoren und Werke!‹

Es kann nicht überraschen, daß sich diese Maximen, die im diametralen Widerspruch zu den Grundregeln oraler und skriptographischer Kulturen stehen, erst nach und nach und als Ergebnis ausgedehnter Diskussionen durchzusetzen vermochten. Brunfels stellt ein ganzes Kapitel der umfänglichen Einleitung seines 1532 erschienenen ›*Contrafayt Kreüterbuoch*‹ unter die Überschrift: »*Verantwortung / warumb ich mein Latinische Kreüterbuecher uß den Alten zuosammen gesetzt / vn(d) rhapsodtas genen(n)t.*« Am Ende des ersten Drittels des 16. Jahrhunderts war demnach die Sammlung von Abschriften, die vorwiegende Tätigkeit mittelalterlicher Gelehrter, schon legitimationsbedürftig. Und in der Tat, warum sollte man auch in dieser Zeit als Autor noch etwas zusammenstellen, was dem Leser zum größten Teil in Form von gedruckten Werkausgaben schon leicht zugänglich war?

»*Ich hoere sagen*«, beginnt er seine Rechtfertigung in Kapitel XXXIII,

»wie das etliche naßweißen mein Latinische Kreüterbuecher / auch nit gnuog tadeln künne(n) / dieweil ich soliche zuosammen tragen / vnd auß den aller aeltesten / Theophrasto Plinio / Dioscoride / Galeno etc. zuosammen gesetzt / vnd nit vil meer ein Comment auß meinem eygnen kopff gemacht [habe]. Dunckt mich ein vnweißer gegenwurff [zu] *sein von solichen hochgeleerten, da(n) dieweil ye die obengenanten scribenten die allerbesten seind / vnd in groessester acht* [gehalten werden] / *wie hab ich bessers moegen thuon / (dan(n) ire eygen zeügnüß fueren: damit nit mir / sonder ynen geglaubt werde.«* Er fährt dann fort, daß die meisten überlieferten Werke, allen voran Plinius und Homer, ebenfalls solche ›Rhapsodien‹ seien. Auch die arabische Tradition sieht er als eine Abfolge von Abschriften: *»Alles was Auicenna Rases / Auerrois vnd die gesellen geschriben habe(n) / seind es nit eytel abgestolen arbeyt«?* (ebd.) *»Sagen Sie mir eines«*, fragt er schließlich seine *›rucktadler‹*, *»welcher ist vff den heütigen tag / der noch etwas newes erfunden hab / das er nit auß den Alten gesogen / vnd darnoch mit dem gebluemten latin anders dargebe(n)?«* Seine Antwort steht jedenfalls fest: *»So dan(n) ye nichts newes ist / vnd alles vnd alles das wir für new achten / alt gewest ist / wie auch Salomon spricht in seinen Prediger / ist es dan(n) nit besser ich zeyge an wo haer ichs genom(m)en / vnd gebe dem die eere / von welchem ichs hab«?* (ebd.)

Bei Brunfels vermischen sich traditionelle Argumentationsweisen, die den Regeln skriptographischer Erfahrungstradierung verpflichtet sind, unlösbar mit Einsichten, die der Technik seiner Zeit angemessen erscheinen. Modern klingt seine Forderung an die Autoren, genau anzugeben, auf welche Quellen sie sich in ihren Darstellungen beziehen. Niemand wird ihm auch widersprechen wollen, wenn er behauptet, daß jeder Autor an andere Autoren anknüpft. Aber warum sollte man daraus folgern, daß es nichts Neues mehr zu entdecken gibt? Er selbst jedenfalls betont in eben diesem Kräuterbuch an vielen Stellen, daß sich für die von ihm gesammelten Informationen keine sicheren Belege in den Werken der Alten finden lassen. Deshalb greift er des öfteren auf die Schriften seiner Zeitgenossen H. Brunschwygk und H. Bock zurück, die von sich behaupten, neue Erkenntnisse dargestellt zu haben.

Widersprüchlich ist schon das Titelblatt. Es heißt dort, daß das Werk ›nach rechter Art und Beschreibung der alten bestgerühmten Ärzte‹ entstanden sei. Andererseits wird hervorgehoben, daß ein solches Buch ›vormals in teutscher Sprache dermaßen nie gesehen noch im Druck ausgegangen‹ sei.[37] Und diese letzte Feststellung ist vollkommen zutreffend. Kein Werk aus alter Zeit ist überliefert, das so genaue Pflanzenabbildungen enthält wie eben sein Buch. Brunfels selbst beklagt sich immer wieder, daß die Pflanzen früher nur ›grob entworfen‹ und nicht ›lebendig abgemalt‹ worden seien. Und entsprechend schlecht waren auch die morphologischen Beschreibungen.

In seinem ›*New Kreüterbuoch*‹, welches Leonhard Fuchs 1543 in Basel herausgibt, schreibt er einleitend: *»Hergegen hab ich die beschreibung der gestalt aller kreüter vil voelliger gemacht / vnd baß herauß gestrichen / dann(n) vormals in Latein geschehen / damit dieselbigen menigklich dermassen würden jngebildet / daß sie fürhin nim(m)er in einigerley vergessen kom(m)en moechten.«* Er ist also davon überzeugt, daß er mehr Informationen in seinen Beschreibungen der Pflanzen verarbeitet, als dies in den alten, lateinischen Büchern der Fall gewesen ist. Und er kann dafür eine plausible Begründung angeben: *»Dann wo die alten lerer / der kreüter gestalt an allen orten hetten vleissig abgemalet / vn(d) mit worten folkom(m)enlich beschriben / so weren vns auff den heütigen tag vil kreüter bekant, die allso auß gemeiner erkantnuß kom(m)en seind.«* Zwei Stellen weiter schreibt Fuchsens Verleger Michael Isingrin ›zum Leser‹: *»Soelche krafft aber vnd würckung der kreüter haben wir nit von vns selbs / oder auß vngegründten buechern / sonder allein was von den vreltesten / hochberuempsten und solcher künsten erfarnen aertzten / als Dioscoride / Theophrasto / Galeno / Plinio etc. deren keiner in vierzehen hundert vn(d) mehr jaren gelebt / jnen zuogeschriben vn(d) auch gewißlich erfarn ist / darmit an sölchem niemandt nüt zuostraffen hette.«* Offenbar empfand man diese gegensätzlichen Typisierungen damals noch nicht als widersprüchlich. Man konnte im Geist der neuen Zeit in einem Satz behaupten, ›niemals zuvor‹ verwendete Verfahren zu benutzen und im anderen darauf bestehen, nur von Autoren zu profitieren, die vor der Wende zum 15. Jahrhundert gelebt haben.

Es dauerte seine Zeit, bis sich die Gelehrten ohne Ambivalenzen dazu bekennen konnten, der Allgemeinheit in ihren Werken *neue* Informationen zu geben. Denn dies bedeutete ja, daß sie sich selbst als Schöpfer von etwas erleben mußten, was zuvor noch niemand gedacht oder gesehen hatte. Eine solche Vorstellung bereitete den Menschen Angst. Autorenschaft in diesem Sinne erschien der christlichen Seele als Gotteslästerung. Sie kam einem Schöpfungsakt gleich, der bis dahin nur der göttlichen Macht vorbehalten war.

Hans Schmuttermayer wiederholt so gesehen in den achtziger Jahren des 15. Jahrhunderts nur alte Glaubenssätze, wenn er im Vorwort seines *›Fialienbüchleins‹* eindringlich betont, daß er das, was in seinem Buch zu lesen ist, *»auß mir selber nit erfunden«* habe, *»sunder von fil andern großen berumten(n) maisteren«*.[38] Sich in eine Traditionskette zu stellen, beruhigte das Gewissen der Menschen auch noch im Spätmittelalter. Es nahm ihnen als Person die Verantwortung ab.[39]

Verfolgt man die Traditionsketten, die sich in zahlreichen Werken der frühen Neuzeit wiederfinden, zurück, so gelangt man am Ende oftmals bei biblischen Gestalten an, die ihr Wissen direkt einer göttlichen Eingebung verdanken. Nicht den berühmten Meistern, sondern Gott selbst schreibt man die Ehre der Schöpfung zu. (Vgl. u. S. 579ff.)

Sich aus dieser Kette zu lösen und sich gleichsam selbst als Urheber einer solchen vorzustellen, dies bedurfte ›hohen Mutes‹ und vor allem eines für die älteren Zeiten ungewöhnlichen Selbstwertgefühls. Der Autor als Schöpfer sagte ›Ich‹ und bekannte sich zu den Informationen, die er in das typographische Medium eingab. Dieses Heraustreten aus den schützenden Normen eines ganzen Jahrtausends war es, das die Zeitgenossen aufhorchen ließ, als sich Luther auf dem Reichstag zu Worms zu seinen Worten bekannte: ›Hier stehe ich, ich kann nicht anders als das zu sagen, was ich für mich gefunden habe – unabhängig davon, ob es von den Autoritäten abgedeckt wird!‹

Nun hat es Persönlichkeiten, die sich in dieser Weise mehr oder weniger explizit von der Tradition lösten, immer wieder gegeben. Das Revolutionäre der Renaissance dürfte darin liegen, daß diese Abkehr von hergebrachtem Wissen, Werten und Sehweisen prämiert und schrittweise zu einer gesellschaftlichen Norm erklärt wurde.

Diese Kehrtwendung hin zum Neuen und Außergewöhnlichen entspricht ganz den Erfordernissen des typographischen Informationskreislaufs. Sie widerspricht aber den oralen und skriptographischen Tradierungsformen. Bis in das 15. Jahrhundert hinein war es für die Menschen, die sich aus Büchern informieren wollten, eigentlich immer das Sicherste gewesen, sich entweder – bei

Urkunden und Briefen – das Original oder aber – bei Werken der Gelehrten – eine möglichst alte Abschrift zu besorgen. Jede skriptographische Vervielfältigung und auch jede mündliche Weitergabe führte, je häufiger sie notwendig wurde, desto mehr zu Textzerstörungen und Veränderungen der Mitteilung. Ausführlichste Information versprach man sich vom Original, das freilich im Laufe der Zeit oftmals verlorengegangen war. Größtmögliche Annäherung an dieses Original ließ den meisten Zuwachs an Wissen erwarten und so war der Blick beständig auf die alten Auctoritates und auf die ›ältesten Ausgaben‹ gerichtet.[40]

Mit der Einführung der Typographie und dem eifrigen Bemühen der Humanisten um Werkausgaben kehrte sich das Verhältnis in der Tendenz um: Jede neue Ausgabe, wenn sie denn seriös veranstaltet wurde, enthielt mehr Informationen, korrigierte alte Fehler und brachte das Wissen über Autoren und Werke auf den neuesten Stand.

Während über den oralen und skriptographischen Kulturen immer die Angst vor dem Vergessen von Informationen schwebte, entwickelt die moderne Gesellschaft eher und durchaus nicht unbegründet eine Angst vor zu großer Datenfülle. Nicht das Vergessen, sondern das Speichern von Informationen wird zum Problem. Mit der Schaffung des typographischen Briefkastens häuften sich jedenfalls die Beiträge, die für unabsehbare Zeit Anschlußmöglichkeiten offen hielten. Bei diesem Medium ist der Mechanismus des Vergessens kaum ausgeprägt. Diese Eigenschaft wurde zwar als ein Vorzug von den Zeitgenossen begrüßt, aber sie hatte auch ihre Nachteile. Um die Zahl der Beiträge nicht ins Unermeßliche wachsen zu lassen, mußte man neue Bedingungen für die Nutzung des Speichers und damit für die Regulation des Informationskreislaufs ins Spiel bringen. Die wichtigste neue Spielregel war eben, daß nur neuartige, aktuelle Informationen in das typographische Netz gegeben werden sollen.

Die Einigung auf ›Neuheit‹ als Anschlußkriterium für die Kommunikation mit Druckerzeugnissen erfordert von den Menschen eine ungeheure Abstraktionsleistung. Natürlich hatte Otho Brunfels recht, wenn er behauptete, daß sein gesamtes Wissen auf dem Vorwissen basiert, das die Menschheit in der Geschichte vor ihm gesammelt hat. Was von ihm selbst ›erfunden‹ wurde und was er aus anderen Büchern übernommen hat, läßt sich praktisch kaum trennen. Ähnlich fügten selbstverständlich auch die mittelalterlichen Gelehrten den Werken, die sie ›zesamen colligierten‹ oder kommentierten, eigene Gedanken hinzu. So wie man damals über diese neuen Informationsteile hinwegsah, so vernachlässigt man im Druckzeitalter die Abhängigkeit von den überkommenen Wissensbeständen.

Ein Werk nach dem anderen tritt mit der Behauptung auf, ›new gefundenes‹ Wissen zu beschreiben, über ›fremdes‹, ›bisher nie gesehenes‹ zu berichten oder ›wunderbarliches und seltsames‹ zu vermelden. Nicht nur die ›newen Zeitungen‹, also die gedruckten Nachrichten über das Weltgeschehen, sondern auch die Fachbücher reklamieren mit immer gleichen Formeln Neuheit für sich.

Im Titel des *›New kreüterbuchs‹* von Tabernaemontanus (Frankfurt 1588) heißt es, daß *»darinn 3000 gewechß beschrieben vnd angezeigt werde / dergleichen vormals in keiner Sprache nie ans Liecht oder in Druck«* gekommen sei. Außerdem würde *»vber tausendt experimenten vnd heimliche kuenst angezeigt werden / die in keiner Sprache in Schriften gefunden werden«*. *›Eyn new kunstlich wolgegründts visierbuoch‹* von Ulrich Kern (Strasburg 1533) tritt mit dem Anspruch auf, daß *»dergeleichen noch nie gedruckt oder außgegangen«* sei. Ebenso liest man es in Heinrich Vogtherrs *›Fremden und wunderbarlichen kunstbuechlein‹* (Strasburg 1538). Die stilistische Anweisung von H. Meichsners sei *»vormals in keiner Rethoric noch Formular nie vßgangen«*, versichert der Autor 1538 in der Vorrede. Lonitzer schreibt 1557 in der Vorrede seines Kräuterbuchs, er habe *»etliche / von sunst noch keinem beschribene gewaeckß / mit eingepflantzt / vnnd beschriben«*. *»Nit mit geringem kosten«*, betont er, habe er etwas zuwege gebracht, *»so noch in keinem Kreuterbuoch bei vns Teutschen bißher außgangen / als ein jeder wol sehe(n) mag / so es mit andern vergleichen wirt«*. Und wenn schon die Gegenstände nicht neu sind, über die ein Autor berichtet, dann ist es vielleicht, wie bei W. Ryff in seinem Destillierbuch, die ›art vnd weise‹, in der etwas gemacht und/oder dargestellt wird.[41]

Daß diese Selbstbeschreibungen oftmals durch die Fakten kaum gerechtfertigt werden, bestätigt nur die Wirksamkeit der sozialen Norm. Sie wirkt kontrafaktisch, d. h. sie wird selbst dann von der sozialen Gemeinschaft als Richtschnur des Erlebens und Handelns akzeptiert, wenn sie von einzelnen durchbrochen wird.[42]

Und solange die Norm noch jung ist, muß sie offenbar um so deutlicher betont werden. Heute, wo die Neuigkeit als Integrationsmechanismus für die druckschriftliche Kommunikation eine Selbstverständlichkeit geworden ist, braucht man sie nur noch selten zu thematisieren.[43] Sie wirkt, ohne zum Gegenstand der Aufmerksamkeit zu werden.

Künstliche Besserung:
Die Fortschrittsidee als Motivationsverstärker

Die Durchsetzung des Kriteriums der ›Neuheit‹ verlief nicht ohne Widerstände. Immer wieder mußten seine Protagonisten gegen die Argumente der mittelalterlichen Schreibkultur antreten.[44] *»Soltend sich die menschen«*, wehrt sich Ortholf Fuchsperger gegen die Traditionalisten, *»allwaeg allein der ding betragen / die vor jren zeyten warend erfunden oder verhanden gewaeßt / vnd sich nichts neuws zuo erdencken bemueyt habenn / was hette anders darauß gefolget / dann das niemandt nichts hett erfunden / noch seins laebens zeügnuß lassen / vnd wie in anfengklicher grobheit halbenwaeg vihesch muessend laeben«*.[45]
Die mittelalterliche Kirche teilte keineswegs die Wertvorstellung, daß es *»sich gezimpt etwas neüws das vor nie gewaeßt / von neüwen zuo erdencke(n)«*. (Ebd.) Noch Johannes Gerson hätte Fuchsperger mit Berufung auf die Kirchenväter, vor allem Augustinus, zweifellos ›superbia‹, *»das Streben nach Selbstbestätigung, die Flucht vor der Unterwerfung«* vorgeworfen und in dieser *»ein Moment der phantastischen Anmaßung der Einweihung in den Hoheitsvorbehalt Gottes«* gesehen.[46]
In seinen ›*Lectiones duae contra vanam curiositatem*‹ hatte der Konzilstheologe zu Beginn des 15. Jahrhunderts noch einmal alle Argumente gegen die ›eitle Neugierde‹ versammelt.[47] Bekanntlich haben seine Reden und Traktate den Zug der Zeit nicht mehr aufhalten können. Die Curiositas verlor allmählich die negativen Konnotationen, die sie im Glaubensbekenntnis der alten Kirche besessen hatte. Man wertete sie statt dessen als ein ursprüngliches menschliches Streben nach der ›bessrung‹ der ›erkanntnuß‹ auf und sah in dieser eine unabweisbare Notwendigkeit für eine Reformation des Gemeinwesens. Diese schon seit langem geforderte politische und soziale ›Erneuerung‹ konnte sich die frühe Neuzeit

nur noch vorstellen, wenn zugleich die ›gemeine erkanntnuß‹ fortschritt.

Letztlich laufen alle Argumente, die für die Rechtfertigung und Prämierung des neuen Wissens ins Feld geführt werden, auf den Fortschrittsgedanken hinaus. Weil *»je einer dem andern in seinem fürnemen behilfflich gewesen* [ist] */ vrsach vnnd reytzung geben* [hat] *etwas weiteres zu vnderstehn«*, befindet Adam Lonitzer, deshalb hat *»die herrliche erkantniß ... von tag zu tag zuogenommen«*.[48]

Schon 100 Jahre vor F. Bacons ›*Novum Organum*‹ sahen die Autoren der gedruckten Fachprosa, daß Erkenntnis und Wissenschaft das Produkt schrittweiser Akkumulation individueller Wissensbestände ist. Ziel ihrer Beschreibung war es, einen Beitrag zum Fortschritt dieses Wissens und darüber vermittelt zur Verbesserung des Gemeinwohls zu leisten.[49]

»Wo ich aufhöre«, hofft Paracelsus, *»do hebt der ander an, der drit, der viert etc., solang bis alles* [wissen] *vere(i)nt wird«*.[50]

Diese Ansicht impliziert, daß der Mensch eben nicht schon mit seiner Schöpfung alles für sein Wohlergehen notwendige Wissen mitbekommen hat. Paracelsus verwirft diese Auslegung der Traditionalisten, der ›Ungerechten‹, ausdrücklich und plädiert statt dessen für die Notwendigkeit ständigen Forschens nach neuem Wissen: *»Man sicht vnd beweißt sich offentlich / daß der Mensch in die Welt kommen ist ohn alle Weißheit / Verstandt vnd kunst aber doch wunderbarliche Werck vollendet / erfunden / erdichtet vnd bewaeret. Dann also seind auch funden worden alle Kuenst so auff Erden seind / gut vnd boeß / nuetze vnd unnuetze / etc. Und nit allein das Gerecht / das ist / gerechte Kuenst / sonder auch die Ungerechten / seind beyde erfunden. Nuhn aber so wisset / daß die Ungerechten ihren Grundt gesetzt haben / weiter nichts moege gefunden werden / dann gleich was gefunden ist / also bleiben: Die Gerechten aber suchen fuer und fuer / vnd wollen ihre Kunst besseren / vnd es geschicht also / das der letzt Bergkmann besser dann der Erst / vnd also mit allen dingen vnder den Gerechten / das ist / die im richtigen Weg handlen.«*[51]

Von den Argumenten der ›Ungerechten‹ geht in Deutschland zu Beginn des 16. Jahrhunderts schon ein altbackener Geruch aus. *»Dann es muoß ein gar sproeder Verstand sein«*, befindet Albrecht Dürer, *»der jme nit trawet / auch etwas weyters zuerfinden / sondern ligt allwegen auff der alten pan, volgt allein anderen nach / vnd vndersteet sich nichten weitter nachzudencken.«*[52] Denjenigen, die mit den neuen typographischen Medien umgehen, ›gebührt‹ es, ›nicht daran zu zweifeln, daß sie mit der Zeit Besseres erfinden mögen‹, als es ihren Vorläufern gelungen ist.

Freilich steht jeder, der in dieser Weise neues Wissen veröffentlicht, wiederum am Anfang eines weiteren Zyklus der Informationssammlung und -verarbeitung. Er muß sich darüber im klaren sein, daß auch seine Erkenntnisse in der Zukunft überboten werden. Dies entspricht der neuzeitlichen Überzeugung, daß der Prozeß der Wissenserweiterung niemals abgeschlossen ist.

In immer anderen Varianten drückt Dürer in den Entwürfen zu seinem ›*Lehrbuch der Malerei*‹ die Überzeugung aus: *»es werd noch herfür kumen mencher treflicher man, dy all woll vnd pas van der kunst werden schreiben vnd lernen dan jch eins kleinen ferstantz. Wolt gott, daz müglich wer, daz jch jtz jr gute werck zw meiner pessrung sehen möcht, der dy noch nit geporn sind.«*[53] Den Nachgeborenen muß es überlassen bleiben, die eigenen Beschreibungen und Argumente zu verbessern, *»dann die yrrung ist schier in allen meynungen / darumb wie gut wir ein werck machen* (/) *noch moecht es allweg besser gemacht werden«.*[54] Für die Neugierde gibt es keine natürliche Grenze. Die ›Kunst‹ ist *»gewißlich ein vnerschoepffliche brunnenquell / die nimmer gar außgeforscht / vnd gnugsam heraußgestrichen mag werden«.*[55] Die Idee eines abgeschlossenen Korpus von Wissen, welches im Grunde kaum mehr verbessert, sondern nur noch besser angeeignet werden kann, ist dahin.[56] Auch der Wissenskanon der Auctoritates bildet nur eine Stufe innerhalb der Akkumulation des Wissens. Und diese Akkumulation wird als endlos angesehen. Sie besitzt einen offenen Horizont. Für den Fortschritt der Erkenntnis läßt sich kein anderes Erfolgskriterium angeben als die beständige Wiederholung der Veröffentlichung von neuem Wissen.

»Jch mein«, bejubelt Dürer im Jahre 1508 oder 1509 die Mechanismen der typographischen Informations- und Kommunikationssysteme, *»jch wöll hy ein klein fewerle an tzünden. So jr all merung mit künstlicher pessrung dartzw thüt, so mag mit der tzeit ein fewer daraws geschürt werden, daz durch dy gantz welt lewcht. Item ein jtlicher, der mich hört, der vnder ste jn seinem werck dyse mein meinvng zw pesseren, so würt noch vill künst gefunden vnd beschriben zw pessrung dem malen....*

Doch so will jch daz wenig, das ich gelernt hab, so vill jch mag, an dag lassen kumen, awff [daß] *ein pesserer dan jch pin, sein er* [Ehre, Kunst] *rett vnd mich vm mein jrtum mit seinem gegenwertigen werck bewieslich stroff. Des will jch mich frewen, vnd dorum das jch dannocht ein vrsach pin, das solche worheit an dag kumt.«*[57]

Mit Büchern ›reytzen‹: Die Übertragung des Wettbewerbsgedankens auf die Kommunikation

Dürers Anlehnung an Lukas XII *»Jch bin komen / das ich ein Fewer anzünde auff Erden / Was wolt ich lieber / denn es brennet schon? Aber ich mus mich zuuor teuffen lassen / mit der Tauffe / Vnd wie ist mir so bange / bis sie volendet werde?«* mag nicht ganz zufällig sein.

Luther interpretiert diese Stelle in der Randglosse seiner Bibel (Wittenberg 1545) mit: *»das ist / jch wil einen vnfried anrichten / durchs Euangelium etc. Vnd wolt es were schon geschehen. Aber ich mus zuuor mein leben daran setzen / Vnd mich verlanget darnach.«* Hier drückt sich nicht nur die Angst und Ungewißheit über den Fortgang der ›Aufklärung‹ resp. der ›Verkündigung‹ des Evangeliums aus, sondern es wird auch vorausgesagt, daß ihre unumgängliche Bedingung und Folge die Zwietracht ist. *»Meinet jr / das ich her komen bin Friede zu bringen auff Erden? Ich sage nein / sondern zwitracht. Denn von nu an / werden fünff in einem Hause vneins sein / drey wider zwey / vnd zwey wider drey. Es wird sein der Vater wider den Son / vnd der Son wider den Vater / die Mutter wider die Tochter / vnd die Tochter wider die Mutter / die Schwiger wider die Schnur / vnd die Schnur wider die Schwiger.«* (Luk. XII)

Dies ist nur eine andere Formulierung für den Gedanken des Wettbewerbs der Generationen, den Dürer und seine Zeitgenossen im typographischen Medium eröffnen wollen. Jede Darstellung von Wissen, jedes Fachbuch wird der Kritik der Nachkommen ausgesetzt. Das Gegeneinander der Meinungen der Generationen erscheint als Motor für den Erkenntnisfortschritt. Jede Information, die in den typographischen Kreislauf eingegeben wird, soll andere ›reytzen‹, wie der terminus technicus der Zeit lautet, diese Informationen zugleich wieder zu überprüfen und wenn es Not tut, zu verbessern. Die Mitteilung ist ein Reizmittel – diese aggressive Konnotation betont die Bibel unmißverständlich. Das

16. Jahrhundert blickt vorzugsweise auf die Erleuchtung, die das Feuer in die Dunkelheit des Unwissens bringt. Es interpretiert die ›Reizung‹ als einen eher friedlichen ›*Wettbewerb*‹.[58]

Damit ist das wichtigste Prinzip genannt, welches nicht nur den Wirtschafts-, sondern auch den typographischen Informationskreislauf anheizen soll. Hier liegt gleichsam ein Motivationsverstärker für die Menschen. Man beteiligt sich an der Kommunikation in den neuen Medien, um in den Wettstreit mit anderen Zeitgenossen und vor allen Dingen mit den Vorfahren zu treten und dabei Ruhm (Fuchsperger) oder sogar Geld zu ernten.

»*Darumb hab jch angefangen ander zu reytzen / auch etwas zu machen das ein gedechtnus nach vns beleib vnd vnser nam*«, erklärt W. Schmid die Motive, die ihn dazu veranlaßten, ein Geometriebuch für den gemeinen Mann herauszugeben.[59]

Fabian Frangk möchte »*dem lauffenden roeßlin*« durch die Herausgabe seiner ›Orthographia‹ (1540) die »*spore(n) ... geben*« und seinen Lesern eine »*anreytzung*« sein, »*weitter nach zuo fragen zuo dem besten*«. Was in seinem Werk ›guots‹ ist, sollen sie ›annehmen, was böse ist, vermeiden‹. Er sieht also durchaus Schwächen in seinem Werk, die den Leser anspornen können, in den Wettbewerb einzutreten. Informativ aber sind in dem neuen Kommunikationsmodell nur die neuen Mitteilungen: »*Nachthuon ist kleyn / aber vorthuon ist eyn Kunst / ist das gemein sprichwort*«*!*[60]

Johannes Agricola hat die Hoffnung, daß durch seine ›Sprichwörtersammlung‹ »*doch etliche vnter vnsern Deutsche(n) moechten gereytzt werde(n) / yhrer foreltern fusstapffen nachzuwandeln*«. (1528, Vorrede)

In den Wettbewerb einbezogen werden gleichermaßen die Vorfahren wie auch die Nachkommen. Im Hinblick auf die Nachkommen erscheinen Ickelsamer seine eigenen Werke auch als ein ›Verursacher‹. »*Damit ain vrsach zuogeben anderen / die es bas* [besser] *koennen / die teutschen jre sprach recht zu lehren*«, bringt er jedenfalls seine ›Teutsche Grammatica‹ heraus. (Ausg. A, A3b) Die Aneinanderreihung der Mitteilungen im typographischen Kreislauf erscheint den Zeitgenossen als eine andauernde Verkettung von Ursache und Wirkung. Jedes Buch ist die kausale Folge eines vorhergehenden und es wird selbst zur Ursache für nachfolgende Veröffentlichungen.

Daß es mit diesem Mechanismus auch zu einer Akkumulation des Wissens kommen kann, wird nur plausibel, wenn man sich vorstellt, daß nicht mit jedem neuen Beitrag die älteren vergessen werden. Nur wenn sowohl die neuen als auch die alten (wahren) Beiträge akkumuliert werden, wächst die *›erkantnus‹*. Ansonsten folgt auf jede neue Erkenntnis das Vergessen von irgendeiner alten. Und eben diese Gefahr bestimmte das Bewußtsein der antiken und der mittelalterlichen Gesellschaften, nachdem sich die erste Euphorik über den Einsatz der Buchstabenschrift gelegt hatte. Erst mit der Erfindung des Buchdrucks konnte sich in den Köpfen der Menschen die Vorstellung festsetzen, daß tatsächlich ein ewiges Speichern von Informationen möglich ist. So wie die Kapitalakkumulation als Ziel des Wirtschaftens akzeptiert wurde, so sah man in der Wissensakkumulation das Ziel der typographischen Informationsverarbeitung.

Dieser Optimismus ließ sich nicht nur herbeireden. Er fand Nahrung in sichtbaren Entdeckungen und Erfindungen, der fortschreitenden Kapitalbildung und natürlich vor allem in der gewachsenen Speicherleistung der typographischen Medien.

Man war es gewohnt gewesen, die eigenen Werkzeuge und die eigenen Fähigkeiten immer wieder mit denjenigen der antiken und einiger weniger mittelalterlichen Autoren zu vergleichen. Über die Jahrhunderte hinweg hatte man diese Vorfahren als übermächtig erlebt. Nun, nachdem deren Leistungen in den Druckwerken ›aktenkundig‹ wurden, gewahrte man, daß es viele Künste gab, die, wie z. B. die Perspektivlehre, *»bei den alten malern vnd kuenstlern / vnbekaentlich vn(d) vnwissend«* gewesen waren.[61]

Eine solche *»herliche vast nuetzliche vnd notwendige kunst«* wie etwa die Destillierkunst ist nach Meinung von W. Ryff *»den alten Griechischen artzten vnd Philosophen vnbekanndt gewesen / vnd ein newer fundt vnd auffbringens der nachkommenden«*.[62]

Loniczer bemerkt 1557, daß *»die gebranten wasser nit allweg im brauch gewesen / vnd den alten Ertzaertzten / als Hypocrati / Galeno / vnd jren nachkommenen vnbekant«* gewesen seien. Er sieht in ihnen vielmehr ein ›Inuent der Alchimisten‹. Hieronymus Brunschwygk, dem ›Empirico zu Straßburg‹ schreibt er das Verdienst zu, *›zu erst dise kostbarliche kunst‹* [der Destillierung] *beschribe(n) / vnd ann tag geben«* zu haben.[63]

»*In summa*«, so faßt ein Zeitgenosse die Grundstimmung zusammen, *»alle gute Kuenst werden je lenger je mehr gebessert«*.[64]
Daß auch in *»diser zeit / in welcher alle kuenst / vnd scharpffsinnige erfindung / von tag zu tag ye hoeher gebracht werden«* möglicherweise ältere Kenntnisse und handwerkliche Verfahren in Vergessenheit gerieten, zog die Mehrheit der Autoren nicht in Betracht.[65]
Bemerkenswert weitsichtig verhält sich inmitten der Fortschrittseuphorie Paracelsus. Er zieht aus der Beobachtung, daß sich alle Tage vieles ändert, ganz andere Schlußfolgerungen. In seiner Philosophie verändert die Zeit Menschen und Dinge gleichermaßen: *»Die zeyt ist scharpff / dann sie gibt alle stundt etwas news / zu gleicher weiß wie des Menschen gedancken / die alle stundt anders vnnd anders seind.«*[66]
Weil dies so ist, sind die Menschen gezwungen, beständig über sich selbst und über die Natur neu nachzudenken: *»was nutzet de' Regen der vor tausent Jahren ist gefallen? ... vff das jetzig sollen wir sorgen vnd nicht auff das vergangen«*.[67] Insofern teilt er die Kritik seiner Zeitgenossen an vielen Erkenntnissen der alten Autoritäten. Er plädiert vehement dafür, daß jede Generation ihre eigenen Erfahrungen sammeln muß. Aber er ist zurückhaltend gegenüber dem Konzept der Wissensakkumulation. Weil sich die Konjunktion der Sterne und die Natur ›allweg‹ verändern, deshalb wird altes Wissen beständig nutzlos! Es mag zwar gespeichert werden, aber da seine Zeit vorbei ist, hat es sich überholt. Nicht mehr, sondern immer anderes, der Zeit angepaßtes Wissen gilt es zu gewinnen.
Da diese Argumentation vom Zeitgeist nicht aufgegriffen wurde, aber dennoch bis in die Gegenwart bedenkenswert geblieben ist, mag Paracelsus noch einmal ausführlich zu Wort kommen. Als ›Ursache‹, die ihn ›zwingt‹, ›newe Kranckheiten‹ zu suchen, führt er in der Verteidigung seiner Gesundheitslehre aus: *»Damit ich euch weiter Vnterricht / von wegen der newen kranckheiten / so ich meldt in dem oder andern wegen / sein auch mehr Vrsachen / So newe kranckheiten zusuchen zwingt: Als nemlich / der Himmel ist alle tag in newer wirckung / verendert sich taeglich in seinem wesen: Dann vrsach / Er gehet auch in sein alter. Dann zu gleicher weiß / ein Kind das geboren wirt / das endert sich gegen seinem alter / je weiter je vngleicher der Jugendt / biß in den Terminum deß Todes. Nuhn ist der Him(m)el auch ein Kind gewest / hat auch ein anfang gehabt vnd ist in das Endt predestinirt / als der Mensch / vnd mit dem Todt vmbgeben / und verfasset. So sich nun ein jedlich ding in das alter endert / so endern sich*

auch dieselbigen werck: So nun enderung der werck da sein / was nuetzet mich dann die reden der jungen Kindt? Darumb red ich von der jetzigen Monarchien / von wegen deß Alters deß Firnaments / vnnd der Element. Weitter auch so ist vorhanden ein solche meinung des volcks / Vnd solche vermischung vnder ihnen durch einander / mit allem wandel der menschen / in fleischlichen begirden / als vor nie gewesen / so lang die Welt gestanden ist. Darauß folgt nun ein solche pressura gentium, dergleichen auch nie gewesen ist: Also folgt auß dem auch ein Arzney / die vor nie gewesen ist. Darum mag sich der Arzt deß nicht behelfen / der da spricht / ich behilff mich der Buecher die vor zweytausend jaren geschriben sind. Es sind nimmermehr dieselbigen Causae ...«[68]

Hier ist weniger von Fortschritt als vielmehr von der ewigen Veränderung der Natur die Rede. Sich auf diese Veränderung einzustellen, bildet die ›unerschöpfliche‹ Aufgabe der Menschen.

5.5
Zensur und Datenschutz: Der Eingriff des politischen Systems in den Informationskreislauf

Die Politik und die Grenzen des typographischen Systems

Soll das Geschehen in den typographischen Netzen nicht vollständig dem freien Spiel der ökonomischen Kräfte überlassen bleiben, so müssen politische und/oder juristische Maßnahmen ergriffen werden, um die Nachrichtenwege zu reglementieren. Alle Maßnahmen, die Einfluß auf die Veröffentlichung oder den Schutz von Daten nehmen, sind Interventionen von außerhalb: Die Umwelt greift in Kommunikations- oder Informationssysteme ein, die sich an und für sich auch selbst regulieren können.

Schon jede territoriale Begrenzung der typographischen Kommunikationssysteme muß durch externe, politische Machtmittel erfolgen. Die Marktwirtschaft und mit ihr auch die Buchproduktion, -verteilung und -konsumption tendiert, wie in den vorigen Abschnitten gezeigt, zu globaler Ausweitung. So wie der nationale Markt durch künstliche politische Barrieren von den Märkten anderer Nationen abgeschottet und durch geeignete Gesetze im Innern reguliert wird, so wird auch der Informationskreislauf durch politische Interventionen in nationale Bahnen gelenkt.

Da die typographischen Netze im Gegensatz etwa zu den heutigen Telephon- und Computernetzen nicht durchgängig technisiert waren und sind, kamen und kommen für die Steuerung des Informationsflusses keine technischen Manipulationen in Frage. Man kann nicht durch Relais und Knopfdruck bestimmen, in welchen Bahnen sich Druckerzeugnisse an welche Schnittstellen/Kunden bewegen. Notwendig war und ist vor allem die Entwicklung von Programmen, die es ermöglichen, die Menschen, die die Drucke produzieren, verbreiten und verkaufen, sowie deren Beziehungen zu den technischen Geräten und zu den Informationen zu beeinflussen. Solche Programme haben üblicherweise die Form von Gesetzen oder Verordnungen.

Alle diese Programme haben einen sekundären und im Grundsatz negativen Charakter: Sie schränken die in dem Informationssystem im Prinzip gegebenen Handlungsmöglichkeiten ein. Dieser restriktive Grundzug drückt sich in der Bezeichnung des wichtigsten politischen Steuerungsinstruments, der ›Preß-‹ oder ›Pressezensur‹, deutlich aus.

Schon die erste ›förmliche Ermächtigung zur Ausübung kirchlicher Zensur über gedruckte Bücher‹, ein Breve von Papst Sixtus IV. vom 17. März 1479, richtet sich keineswegs gegen die Prinzipien der typographischen Kommunikation überhaupt, sondern sie gewährt nur das Recht, bestimmte Informationen, ›häretische Schriften‹, zu unterdrücken.[69]

Ähnlich beschränkt sich auch der Mainzer Erzbischof Berthold von Henneberg in seinem Zensuredikt von 1485 darauf, die Übersetzung von fremdsprachigen Texten ins Deutsche zu kontrollieren.[70]

Maximilian I. erließ 1512 ein Mandat, welches die *»den Juden förderlichen, dem Christenglauben nachteiligen Bücher des Dr. Johannes Reuchlin«* mit Druck- und Verbreitungsverbot belegte.[71] Und auch die Stoßrichtung der päpstlichen Zensurbestrebungen – und jener von Karl V. – war natürlich seit dem 16. Jahrhundert vor allem gegen die Schriften Luthers und seiner Anhänger gerichtet.[72] Umgekehrt versuchten die reformierten Landesherren, die Beschickung des typographischen Speichers in ihrem Sinne zu beeinflussen. Man machte den Druckern katholischer Schriften das Leben schwer oder verbot die *»verworftenen Irrigen falschen bucher«* des Flacius Illyricus und seiner Anhänger, die sich angeblich *»für offentliche Feinde dieser* [lutherischen] *Kürchen undt Schulen Ruemen.«*[73]

Im Laufe der Zeit verfeinerten Kirche und weltliche Herrschaft ihr Steuerungsinstrumentarium. Man bestimmte, welche Form die Drucke, insbesondere die Titelblätter, hinfort besitzen sollten. So fordert der Abschied des Reichstags zu Augsburg (1530), daß *»des Truckers Nahmen und Zunahmen, auch die Stadt, darinnen solches gedruckt mit nehmlichen Worten«* in den Werken *»gesetzt«* sein soll.[74] 1548 wird die zusätzliche Nennung der *»Autoren oder Dichter«* der Bücher und an anderen Stellen auch die Angabe des Erscheinungsjahrs gefordert.[75]

Man versucht weiter, die Anzahl der Druckereien und ihre regionale Verbreitung zu beeinflussen. In Sachsen etwa soll nach dem Willen des Kurfürsten *»an keinem andern orte dann zu Wittenbergk, Leiptzigk und Dressden, Buchdruckereien zu halten vorstattet werden.«*[76] Dies richtet sich natürlich vor allem gegen die vielen kleinen Betriebe, die sogenannten ›Winckeldruckereien‹, die mit dem Mandat *»stracks abgeschafft sein sollen«* (ebd.).

Man bestimmt, welche Informationen aus dem Ausland über die Grenze gebracht und in das eigene Netz eingespeist werden dürfen. *»Damit aber sie* [die Buchhändler] *wissen«*, heißt es etwa in dem bayerischen Religions-Mandat vom 30. Sept. 1569, *»was sie für Bücher ins Landt bringen, vnnd darin verhandlen mögen, So wöllen wir vnnser vorig offen Mandat, wölches Anno, etc. 65 allenthalben publiciert worden ist, wider zu gemüt gefürt haben, das bringt mit, das kein Buchfürer, Er sey wer vnd er wöll, Innwohner oder Außlender, durchauß kein Buch inn Glaubens sachen ins Landt bringen solle, Es sey aintweders zu Ingolstadt, München, Dillingen, Meintz, Löffen, Freyburg im Preißgaw, Inßprug, Löuen, Anttorf, Paris, Leon, Rom, Venedig, Florentz, Bononi vnnd inn Hispania getruckt worden.«*[77] Offenbar ging man davon aus, daß die Drucker in den genannten Orten besonders gut im Sinne der katholischen Lehre ›visitiert‹ werden. *»Alles was anderer orten inn Teutsch oder Welschlanden, auch inn Frankreich vnd Engelland getruckt wirdet, sollen sie meiden vnd fliehen!«* (ebd.)

Allenthalben vermochten die politischen Mächte auch Einfluß auf die Person des Druckers, Buchführers und -händlers zu nehmen. Durch verschiedene Mechanismen: die Gewährung oder den Entzug von Arbeitserlaubnis, die Einführung des ›leiblichen Eids‹ u. a., ließ und läßt sich das Marktgeschehen im Sinne der ›policei‹ beeinflussen.[78]

Kaum ein einschlägiges Mandat, das nach etwa 1530 in Deutschland erschien, versäumte es, direkten Einfluß auf die Informationen zu nehmen, die in das typographische Netz gehen. Neben den schon erwähnten Restriktionen gegen ›abweichende‹ religiöse Meinungen sind es vor allem zum einen Informationen über politische Repräsentanten und Vorgänge, die einer verstärkten Kontrolle unterzogen werden. Zum anderen betrachtet die Administration mit wachsendem Mißmut die ihrer Meinung nach zu freizügige Darstellung der Beziehung zwischen den Geschlechtern in der Literatur. In speziellen Artikeln wird in Gerichtsordnungen und Reichsabschieden gegen *»Schmachschriften, zu Latein libel famosus genannt«*, vorgegangen.[79] *»Aufrührischen Tractatus, Gemällden, neuen Zeitungen und Pasquillen«* wird vorgeworfen, daß sie das Ansehen der *Churfürsten, Fürsten und Ständ, ja auch Unsere Kaiserliche Person selbst angetastet* haben. Dadurch sei *»ein solch Mißtrauen und Verhetzung zwischen allerseits hohen und niedern Ständen erwecket, welches wol unversehenliche Empörung und viel Unheyls verursachen möchte.«*[80] Die Zurückdrängung ›staatsgefährdender‹ Meinung, aber auch der Schutz der Person vor übler Nachrede, mögen hier die Motive gewesen sein. Geschützt werden sollte nicht nur die Person, sondern auch die Jugend – vor allem vor den Informationen, die man für sittengefährdend hielt. Dazu zählte man eine Vielzahl ›ergoetzlicher‹, ›lustiger‹ und ›kurtzweiliger‹ Traktate. *»Vulgares libri«*, die *»kain andere materi nitt haben/dann allain von kriegen vnnd buolschafften«* zu erzählen, die nur *»darzu geschriben«* sind, *»das sye vonn müssigen weyberen vnnd männern gelesen werdend«,* riefen das *»Policey-Regiment in den Städten seit dem 16. Jahrhundert«* beständig auf den Plan, weil dieses *»für sich einen ganzheitlichen Erziehungsauftrag gegenüber der Stadtgesellschaft beanspruchte.«*[81] Entsprechend ordnete sich das Vorgehen gegen die Literatur und Gemälde in die städtische oder landesherrliche Gesamtpolitik ein. So wie man die Gewerbe oder auch die Kleidung ordnete, so schützte man auch die Daten – entweder überhaupt vor einer Veröffentlichung in den neuen Medien oder aber vor dem Zugriff bestimmter Personengruppen. Auch die katholische Kirche erlaubte die Lektüre häretischer Schriften einem bestimmten Personenkreis, von dem sie annahm, daß er aufgrund seiner Schulung gegenüber den Irrmeinungen nicht anfällig ist.[82] Und ähnlich hielt man es mit den Gelehrten in den Universitätsstädten. In einem Erlaß an die Universität Tübingen, ›den Verkauf sectiererischer Bücher betreffend‹, fordert Herzog Ludwig von Württemberg 1593 die ›Rektoren, Kanzler, Doktoren und Regenten‹ zunächst auf, darauf zu achten, daß *»keine Sectische vnnd irrige Buecher, wie auch die schmach- vnnd lesterschrifften vnnd Famoßlibell der Jesuiter vnnd Iresgleichen (darinnen mann von der Religion vnnd den strittigen puncten auff die Personalia* [!] *kommet vnd dardurch die Theologos verhaßt machet) fayl«* gehabt und verkauft werden.[83] Sodann werden Einschränkungen formuliert:

»Nachdem man aber sollicher [irriger] *Scriptorum nit gar manglen khan,*

sondern selbige auch bey der Handt haben muoß, damit man der Aduersariorum Argumenta vnnd ire Calumnias wissen vnnd inen desto baß der notturft nach begegnen vnnd sie abfärttigen künde, So mögen Ir allein dem Buchtruckher Georgio Gruppenbach erlauben vnnd bevelhen, von jedem sollichem scripto auf der Meß ein Exemplar, Zwey, vnnd nit mehr (anderst dann wie hernach volgen württ) zuobringen vnnd selbige alsbald euch zuoantwurtten, solche im Fall der Noth haben zugebrauchen, angesehen die bißweilen gar abgehn vnd hernach fueglich nit mehr zubekommen seyen.« (ebd).
Auch inkriminierte Informationen dürfen also typographisch gespeichert und von einem bestimmten Personenkreis und unter bestimmten Bedingungen, die in dem Erlaß im Anschluß genannt werden, benutzt werden. Die Zensurbestimmungen dienen durchaus auch der Steuerung der Informationsverteilung. Sie sind keineswegs nur ein Gegenstück zum Vergessen in den oralen Kulturen und zur physischen Vernichtung der wenigen Manuskripte in den Schriftkulturen.

Die Privilegierung von Druckern und Verlegern: Ein weiteres Instrument zur Ausgestaltung der typographischen Netze

Nicht nur durch Verbote, sondern auch durch die gezielte Gewährung von Vergünstigungen ließ sich Einfluß auf den Informationskreislauf nehmen. Man machte etwa einzelne Drucker zu ›offiziellen‹ Ratsdruckern oder Hoflieferanten oder gewährte ihnen das alleinige Recht auf die Verbreitung von bestimmten Theologica. Solche ökonomischen Hebel paßten sich unauffällig in das Marktgeschehen ein, aber beeinflußten es nicht weniger effektiv als die Verbote. Nach der Devise ›Wes Brot ich eß, des Lied ich sing‹, ließ sich in einer den neuen wirtschaftlichen Verhältnissen vorzüglich angepaßten Weise das Nachrichtenwesen steuern.
Das wichtigste formale Instrument, welches zur Verstärkung funktionaler Beziehungen zwischen dem politischen und dem ökonomischen Subsystem im 15. Jahrhundert entwickelt wurde, ist die ›Privilegierung‹ von Werken von Autoren oder Druckern durch politische Gewalten. Die Privilegierung kann als eine Anwendung des allgemeinen wirtschaftssteuernden Patentrechts auf die spe-

ziellen Verhältnisse des gewerblichen Presse- und Nachrichtenwesens angesehen werden. Sie stellt die Vergesellschaftung von Informationen (Erfindungen) und/oder von technischen Werken, die als ›nützlich‹ für das Gemeinwohl der Gesellschaft angesehen werden, unter den besonderen Schutz der politischen Macht. Die damit einhergehenden Vergünstigungen wirken als Motivationsverstärker für die Individuen. Sie greifen in das selbstregulierende Wirtschafts- bzw. Kommunikationssystem ein, in dem sie etwa Wettbewerbsgesetze partiell und temporär außer Kraft setzen.

Die Entwicklung und der Sinn dieses Instruments lassen sich leichter veranschaulichen, wenn wir uns noch einmal an die Geschichte des Pesttraktats des Ulmer Stadtarztes erinnern. (Vgl. 4.3)

Steinhöwels Intentionen dürfte es ursprünglich entgegengekommen sein, wenn seine Werke an anderen Orten nachgedruckt und somit ›gemein‹ gemacht wurden. Nachdruck förderte die Verbreitung seiner Ideen, ohne daß er selbst viel dazu tun mußte. Auch Johann Zainer, dem Drucker, mochte es gleichgültig sein, ob in entfernteren Orten ein ähnliches Werk erschien oder nicht. Sobald Drucker und/oder Autoren allerdings diese Orte selbst vermittelt über Buchführer als Absatzmärkte eingeplant hatten, veränderte sich die Lage. Erst recht problematisch wurde es schon in der Inkunabelzeit, wenn zwei Offizin in einer Stadt das gleiche Werk druckten. Notwendigerweise mußten sie dann um die Käufer konkurrieren. Dies wird auch zwischen Konrad Dinkmut und Johann Zainer in Ulm um 1482 der Fall gewesen sein, die dort beide Steinhöwels Pestbüchlein herausbrachten.

Nur spekulieren kann man darüber, ob Dinkmuts Folioausgabe andere Käuferschichten als die Quartausgabe(n) Zainers ansprach. Sicher ist aber, daß die Erstdrucker bei ihren Kalkulationen schlechter als die Nachdrucker dastanden. Es war schwieriger, Manuskripte neu zu setzen als schon ausgedruckte Texte umzusetzen. Der Drucker konnte von vornherein leichter seinen Arbeitsaufwand abschätzen, dem Setzer wurde Lesen, Zeilenausgleich, Umbruch u.v.a.m. erleichert. Noch mehr vergrößerte sich der Vorteil der Nachdrucker, wenn es um Werke ging, die mit Holzschnitten ausgestattet waren. Hier ließ sich eine ganze Arbeitskraft, der Künstler nämlich, der die Bilder zu entwerfen hatte, einsparen. Man nahm stattdessen den ›Vordruck‹, pauste ihn auf den Holzstock ab und ließ ihn von einem Formschneider nachschneiden. Selbst wenn man die Vorlage nicht seitenverkehrt auflegen konnte oder wollte und damit auch der Holzschnitt im Nachdruck seitenverkehrt erschien, so störte dies doch in den seltensten Fällen.

Es ist kein Wunder, daß sich geschädigte Drucker und die mit ihnen verbundenen Autoren nach Mitteln und Wegen umsahen, diese Form von ›unlauterem Wettbewerb‹ zu beenden. Und als ein solcher wurde der Nachdruck gegen Ende des 15. Jahrhunderts empfunden.

›Nicht, daß ich begehre, daß mein Werk niemand nachdrucken soll‹, schreibt Hieronymus Brunschwygk 1500 und 1505 in den Nachworten zu seinem ›Destillierbüchlein‹, ›man soll es vielmehr nachdrucken, aber nach einer angemessenen Zeit‹, – dann nämlich, wenn der erste Drucker seine Auflage vollständig abgesetzt hat.[84] (*Vgl. Abb. 51*) Ein solcher Zeitraum war bei seinem zuletzt erschienenen Buch nicht eingehalten worden: im Juli 1497 erschien ebenfalls bei Grüninger seine ›Cirurgia‹, noch im Dezember des gleichen Jahres wurde das mit Holzschnitten illustrierte Buch in Augsburg von Schönsperger nachgedruckt. Wütend schimpft der Straßburger Publizist über die ›kleine Vernunft‹ und den ›gedankenlosen Geiz‹ des Nachdruckers. Er habe seinen Plan zunichte gemacht, ›alle Jahre ein Buch zu machen, zum Nutzen der Leser und ihm persönlich zu Ehre‹. Möglicherweise wollte Grüninger kein neues Werk Brunschwygks in sein Verlagsprogramm aufnehmen, ehe nicht die vorangegangene Auflage verkauft worden war. Jedenfalls existieren aus dem Jahren 1498 und 1499 keine Bücher des fleißigen Schreibers. Brunschwygk vergleicht das Verhalten der Nachdrucker mit dem des Bauern in der weit verbreiteten Fabel, der seine Gans schlachtet, weil sie ihm täglich nur ein und nicht, wie erwünscht, zwei goldene Eier legt.[85] Rasches Nachdrucken scheint ihm die Produktivität sowohl der Drucker als auch der Autoren zu gefährden. Ein maßvoller Gewinn sollte beiden zugestanden werden. Wie der Adler die Reste seiner Beute mit anderen Vögeln teilt, so erklärt auch Brunschwygk sich bereit, seine Werke, wenn sie ihn ernährt haben, auch anderen zur Nutzung und Weiterverbreitung zu überlassen.

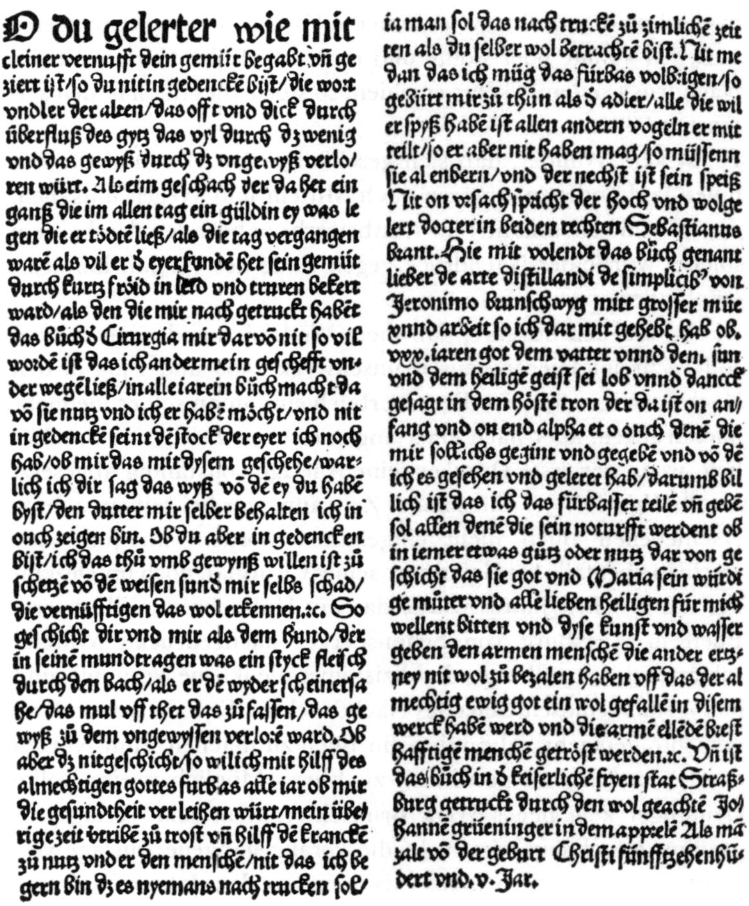

O du gelerter wie mit cleiner vernufft dein gemüt begabt vñ geziert ist / so du nit in gedenckē bist / die wort vnd ler der alten / das offt vnd dick durch überfluß des gytz das vyl durch dz wenig vnd das gewyß durch dz vngewyß verloren würt. Als eim geschach der da het ein ganß die im allen tag ein güldin ey was legen die er tödtē ließ / als die tag vergangen warē als vil er d eyer fundē het sein gemüt durch kurtz fröid in leid vnd truren bekert ward / als den die mir nach getruckt habēt das büch d Cirurgia mir dar võ nit so vil wordē ist das ich ander mein geschefft vnder wegē ließ / in alle iar ein büch macht da võ sie nutz vnd ich er habē möcht / vnd nit in gedenckē seint dē stock der eyer ich noch hab / ob mir das mit dysem geschehe / warlich ich dir sag das wyß võ dē ey du habē byst / den dutter mir selber behalten ich in onch zeigen bin. Ob du aber in gedencken bist / ich das thü vmb gewynß willen ist zü schetzē võ dē weisen sun d mir selbs schad / die vernünfftigen das wol erkennen. xc. So geschicht dir vnd mir als dem hund / der in seinē mund tragen was ein styck fleisch durch den bach / als er dē wyder scheinen sahe / das mul vff thet das zü fassen / das gewyß zü dem vngewyssen verlorē ward. Ob aber dz nit geschicht / so wil ich mit hilff des almechtigen gottes fürbas alle iar ob mir die gesundtheit ver leihen würt / mein überige zeit vertribē zü trost vñ hilff dē krancke zü nutz vnd er den menschē / nit das ich begern bin dz es nyemans nach trucken sol / ia man sol das nach truckē zü zimlichē zeitten als du selber wol betrachtē bist. Nit me dan das ich müg das fürbas volbringen / so gebürt mir zü thün als d adler / alle die wil er spyß habē ist allen andern vogeln er mitteilt / so er aber nit haben mag / so müssenn sie al enbern / vnd der nechst ist sein speiß Nit on vrsach spricht der hoch vnd wolgelert doctor in beiden rechten Sebastianus brant. Hie mit volendt das büch genant liber de arte distillandi de simplicib' von Jeronimo brunschwyg mitt grosser müe vnnd arbeit so ich dar mit gehebt hab ob xxx. iaren got dem vatter vnnd den sun vnd dem heiligē geist sei lob vnnd danck gesagt in dem höstē tron der da ist on anfang vnd on end alpha et o onch denē die mir solichs gegünt vnd gegebē vnd võ dē ich es gesehen vnd geleret hab / darumb billich ist das ich das fürbasser teilē vñ gebē sol allen denē die sein noturfft werdent ob in iemer etwas güts oder nutz dar von geschicht das sie got vnd Maria sein würdige müter vnd alle lieben heiligen für mich wellent bitten vnd dyse kunst vnd wasser geben den armen menschē die ander ertzney nit wol zü bezalen haben vff das der almechtig ewig got ein wol gefallē in disem werck habē werd vnd die armē ellēdē bresthafftigē menschē getröst werden. xc. Vñ ist das büch in d keiserlichē fryen stat Straßburg getruckt durch den wol geachtē Johannē grüeninger in dem appelē Als mā zalt võ der geburt Christi fünfftzehenhüdert vnd. v. Jar.

Abb. 51: Die Problematik des Nachdrucks in der Inkunabelzeit: aus der Schlußrede H. Brunschwygks in seinem ›Liber de arte distillandi‹, Straßburg 1505

Läßt man dem Adler seine Speise nicht, so darben auch bald die anderen Vögel oder werden gar seine Beute. Wechselseitiges Nachdrucken ruiniert die ökonomische Basis des Druckgewerbes, so lautet seine Lehre aus seinen persönlichen Erfahrungen mit dem Nachdruck.

Diese Argumentation scheint auch den kirchlichen und weltlichen Landesherren sowie den Magistraten der Städte eingeleuchtet zu haben. Sie erklären sich nach der Jahrhundertwende zunächst vereinzelt, aber seit den 20er Jahren überraschend schnell und einhellig überall in den deutschen Landen bereit, Druckern Privilegien für ihre Werke auf eine bestimmte Zeit, meist nicht länger als zehn Jahre, zu gewähren. Nachdruck wird während dieses Zeitraums mit Strafen und mit Konfiszierung der nachgedruckten Ware bedroht.

Selbstverständlich galten solche auf Verlangen der Drucker ausgestellten Privilegien nur für das Hoheitsgebiet der betreffenden Herrschaft. Wollte man sich weiträumig vor Nachdruckern schützen, so mußte man bei verschiedenen Mächten um Privilegien nachsuchen. Man konnte sich auch, wie das Michael Isingrin aus Basel für seine Werke tat, an den Kaiser wenden. In der *Abbildung 52* ist das Privileg faksimiliert, welches ihm Karl V. 1539 für sein Verlagsprogramm gewährte.

Weil dem Kaiser nicht nur der Schutz der Grenzen, sondern auch die Wohlfahrt des Handels obliegt, so heißt es dort, hat man sich zur Privilegierung dieses Buches entschieden. Dieser Schritt ist um so leichter gefallen, als es sich bei diesem Buch nicht um eine gewöhnliche Ware, sondern um Informationen, Wissen, handelt. Die freien Künste sind der ›gemeinen Gutheit‹ besonders dienlich. Aus ihren Büchern fließen, wie aus einem ›unerschöpflichen Brunnen die allerschönsten Exempel unseres ganzen Lebens, die gewissesten, sichersten und rechtschaffensten Ratschläge‹. Deshalb ist es nicht nur billig, sondern auch notwendig, jemand, der auf diesem Gebiet mit Fleiß, Kosten und Mühe arbeitet, vor Nachteilen zu schützen. Zumal Isingrins Werk, welches ›zu gemeinem Nutzen der Studierenden ausgegangen‹ ist, es wert zu sein scheint, vor ›verwegentlichem Nachdruck‹ geschützt zu werden. Im Interesse des Gemeinwohls also darf mit gezielten Monopolisierungen ein-

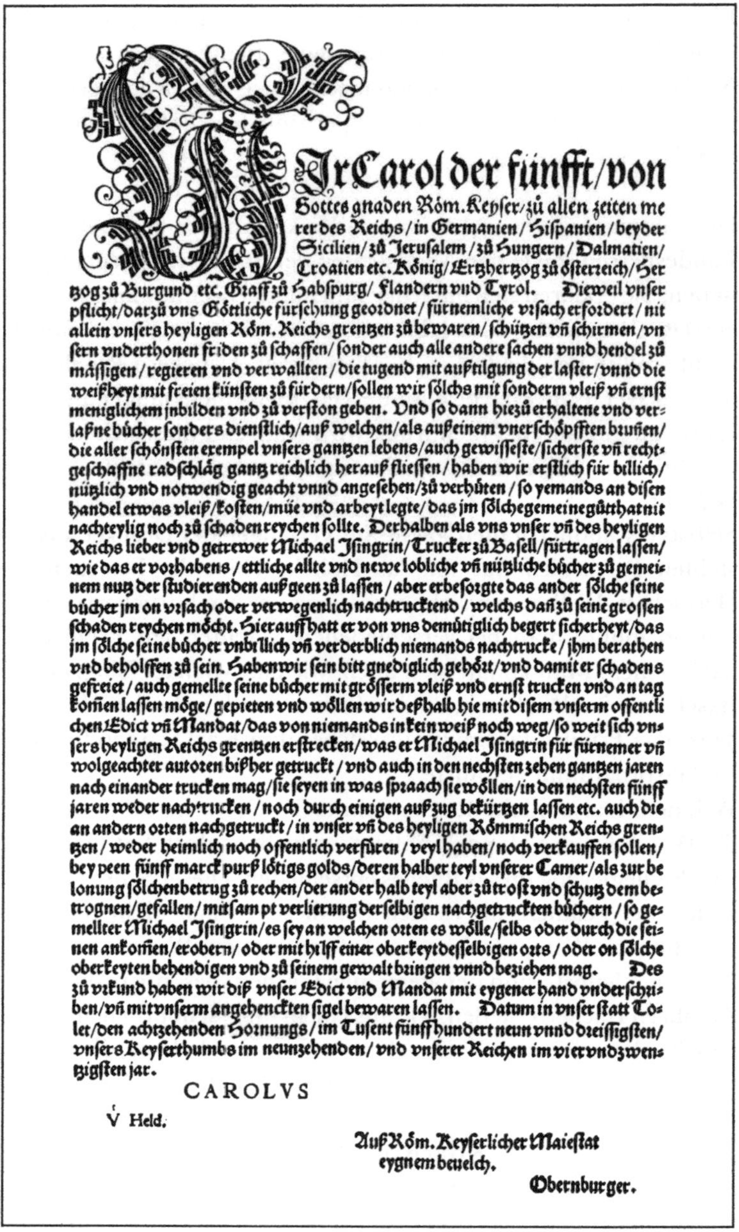

WIr Carol der fünfft/von Gottes gnaden Röm. Keyser/zů allen zeiten merer des Reichs/in Germanien/Hispanien/beyder Sicilien/zů Jerusalem/zů Hungern/Dalmatien/Croatien etc. König/Ertzhertzog zů österreich/Hertzog zů Burgund etc. Graff zů Habspurg/Flandern vnd Tyrol. Dieweil vnser pflicht/darzů vns Göttliche fürsehung geordnet/fürnemliche vrsach erfordert/nit allein vnsers heyligen Röm. Reichs grentzen zů bewaren/schützen vñ schirmen/vnsern vnderthonen friden zů schaffen/sonder auch alle andere sachen vnnd hendel zů mässigen/regieren vnd verwallten/die tugend mit außtilgung der laster/vnnd die weißheyt mit freien künsten zů fürdern/sollen wir sölchs mit sonderm vleiß vñ ernst meniglichem jnbilden vnd zů verston geben. Vnd so dann hiezů erhaltene vnd verlaßne bůcher sonders dienstlich/auß welchen/als auß einem vnerschöpfften brunnen/die aller schönsten exempel vnsers gantzen lebens/auch gewisseste/sicherste vñ rechtgeschaffne radschläg gantz reichlich herauß fliessen/haben wir erstlich für billich/nützlich vnd notwendig geacht vnnd angesehen/zů verhůten/so yemands an disen handel etwas vleiß/kosten/müe vnd arbeyt legte/das jm sölche gemeine gůtthat nit nachteylig noch zů schaden reychen sollte. Derhalben als vns vnser vñ des heyligen Reichs lieber vnd getrewer Michael Jsingrin/Trucker zů Basell/fürtragen lassen/wie das er vorhabens/ettliche allte vnd newe lobliche vñ nützliche bůcher zů gemeinem nutz der studierenden außgeen zů lassen/aber er besorgte das ander sölche seine bůcher jm on vrsach oder verwegenlich nachtrucktend/welchs dann zů seinẽ grossen schaden reychen möcht. Hierauff hatt er von vns demůtiglich begert sicherheyt/das jm sölche seine bůcher vnbillich vñ verderblich niemands nachtrucke/jhm berathen vnd beholffen zů sein. Haben wir sein bitt gnediglich gehört/vnd damit er schadens gefreiet/auch gemellte seine bůcher mit grösserm vleiß vnd ernst trucken vnd an tag kom̃en lassen möge/gepieten vnd wöllen wir deßhalb hie mit disem vnserm offentlichen Edict vñ Mandat/das von niemands in kein weiß noch weg/so weit sich vnsers heyligen Reichs grentzen erstrecken/was er Michael Jsingrin für fürnemer vñ wolgeachter autoren bißher getruckt/vnd auch in den nechsten zehen gantzen jaren nach einander trucken mag/sie seyen in was spraach sie wöllen/in den nechsten fünff jaren weder nachtrucken/noch durch einigen außzug bekürtzen lassen etc. auch die an andern orten nachgetruckt/in vnser vñ des heyligen Römmischen Reichs grentzen/weder heimlich noch offentlich verfüren/veyl haben/noch verkauffen sollen/bey peen fünff marck purß lötigs golds/deren halber teyl vnserer Camer/als zur belonung sölchen betrug zů rechen/der ander halb teyl aber zů trost vnd schutz dem betrognen/gefallen/mitsampt verlierung derselbigen nachgetruckten bůchern/so gemellter Michael Jsingrin/es sey an welchen orten es wölle/selbs oder durch die seinen ankom̃en/erobern/oder mit hilff einer oberkeyt desselbigen orts/oder on sölche oberkeyten behendigen vnd zů seinem gewalt bringen vnnd beziehen mag. Des zů vrkund haben wir diß vnser Edict vnd Mandat mit eygener hand vnderschriben/vñ mit vnserm angehenckten sigel bewaren lassen. Datum in vnser statt Tolet/den achtzehenden Hornungs/im Tusent fünffhundert neun vnnd dreissigsten/vnsers Keyserthumbs im neunzehenden/vnd vnserer Reichen im viervndzwentzigsten jar.

CAROLVS

V Held.

Auß Röm. Keyserlicher Maiestat eygnem beuelch.

Obernburger.

Abb. 52: Die Reprivatisierung der Informationen: Privileg Karls V. an M. Isingrin

zelner Produzenten in den freien Handel eingegriffen werden. Die Privilegierung erstreckt sich auf das gesamte Heilige Reich – wird aber schwerlich überall durchzusetzen gewesen sein. Sie erfaßt die gesamte bisherige Produktion Isingrins und alle Werke, die ›in den nächsten zehn Jahren nacheinander gedruckt werden‹. Da das Kräuterbuch von Fuchs 1544 erschien, kann der Nachdruck nur noch für die nächsten fünf Jahre unter Strafe gestellt werden! Auch der auszugsweise Abdruck wird für diesen Zeitraum unter Strafe gestellt. Weiterhin wird der Handel mit Nachdrucken für das Gebiet des Reiches untersagt. Die verschiedenen ›Obrigkeiten‹ werden angewiesen, Isingrin bei der Wahrung seines Rechts zu unterstützen.

Man hat immer wieder versucht, die in der frühen Neuzeit privilegierten Bücher in Listen zusammenzustellen. Ein Blick auf diese Arbeiten zeigt, daß dies ein unendliches Unterfangen ist. Wohl jeder, der sich in der damaligen Buchkultur auskennt, kann solchen Listen beliebig viele weitere Werke hinzufügen.[86] Daraus und aus den zahlreichen, das Privilegienwesen betreffenden Verordnungen muß man die Schlußfolgerung ziehen, daß die Gesellschaft im 16. Jahrhundert den Nachdruck ›in ziemlicher Zeit‹ einzuschränken suchte. Die üblichen Marktmechanismen sollten an diesem Punkt durch juristische Regelungen korrigiert werden. Man bediente sich hierzu gewerberechtlicher Gepflogenheiten, die für andere Produkte schon aus dem Mittelalter bekannt waren.[87] Ein generelles Nachdruckverbot zu erlassen, wurde zwar vereinzelt, etwa 1531 in Basel, versucht, hatte jedoch aufgrund der zersplitterten politischen Verhältnisse in Deutschland keine Breitenwirkung.[88] Diese Rahmenbedingungen verhinderten auch, daß es zu einer allgemeinen Festlegung darüber kam, was unter einem ›Nachdruck‹ zu verstehen ist. Dies wiederum hatte unmittelbare Auswirkungen auf den praktischen Nutzen von Privilegien überhaupt. Kam es tatsächlich zu einem Streit, der vor Gericht ausgetragen werden mußte, so konnte *»der wegen Nachdruck Belangte als Einwand geltend machen, die Druckeinrichtung und das Format der von ihm gedruckten Bücher sei eine andere als in dem Originalwerk, während von klägerischer Seite darauf Gewicht gelegt wurde, daß andere Form und Ordnung für das Buch lediglich gewählt sei, um den Nachdruck zu verdecken«*. In den allerwenigsten Streitfällen scheint es deshalb überhaupt zu einer Entscheidung gekommen zu sein. *»Vielmehr weisen die Akten meist lediglich prozeßleitende Dekrete auf, vermittelst welcher sich die Sachen durch eine Reihe von Jahren hinschleppen, bis die mürbe gewordenen Parteien sich vergleichen oder der Kläger die Klage zurücknimmt oder die Sache auch einfach einschläft. Und zwar war es so nicht nur bei den Territorialgerichten, sondern auch bei den Reichsgerichten.«*[89]

Dieser Befund paßt in das Gesamtbild: die Gesellschaft muß lernen, sich mit der Faktizität der marktwirtschaftlichen Verteilung von Informationen abzufinden. Drucker, Händler und Käufer orientieren sich eigenverantwortlich an ihren jeweiligen Interessen, machen ihre Handlungen – und das bedeutet: ihre Auswahl und Verbreitung von Informationen – wechselseitig voneinander abhängig. In diesen Mechanismus kann durch die Zensur nur im Nachhinein und durch Gewerbeprivilegien nur sehr punktuell eingegriffen werden. Als Steuerungsagenturen kommen überhaupt nur noch Repräsentanten der politischen Macht von größeren sozialen Systemen in Frage. Je weiter der Einflußbereich dieser Mächte, um so größer erscheint ihre Kontrollmöglichkeit. Dann allerdings, wenn die Infrastruktur der Verwaltung mit der Ausdehnung des Machtbereichs nicht Schritt hält, bleiben diese Steuerungsinstrumente häufig Makulatur. Wer die neuen Netze von einer zentralen Stelle aus steuern wollte, der mußte auch für einen Ausbau einer nationalstaatlichen Organisation und Macht eintreten.

Die Durchsetzung des Urheberrechtsgedankens: Daten- und Autorenschutz unter den neuen Bedingungen

Die bisher behandelten Steuerungsprinzipien: Zensur und Privilegierung von Druckern und Verlegern, zielen auf den Verteilungsprozeß der Informationen ab. Daneben zeigte sich aber schon im 15. Jahrhundert die Notwendigkeit, die Strukturen von Informationen sowie die Beziehung zwischen den Informationen und deren Produzenten zu schützen. Dieser Bereich wird später als ›Urheberrecht‹ bezeichnet und ist heute ein Teilaspekt des Datenschutzes.

Im mündlichen Gespräch kann sich jeder Sprecher aussuchen, mit wem er eine Kommunikationsbeziehung herstellen will und welche Informationen er aus seinem ›Speicher‹ weitergibt.
Zwar hat der Sprecher im Normalfall keine Kontrolle darüber, was und wem der Zuhörer weitererzählt – aber er kann später leugnen, dieses oder jenes ›so‹ gesagt zu haben. Will er sich und seinen Zuhörer festlegen, so müssen Zeugen hinzugezogen werden – eine unabhängige Institution erst noch geschaffen werden.
Die persönliche Kontrollmöglichkeit nimmt bei der skriptographischen Nachrichtenübertragung aufgrund der Medien ab. Nicht nur der gewünschte Adressat, sondern als Nebenprodukt auch die Boten oder die als Vermittlungsinstanzen dazwischengeschalteten Institutionen bekommen von den abgeschickten Informationen etwas mit und können sie in der einen oder anderen Weise verwenden. Andererseits bleibt die ursprüngliche Struktur der Information in der Originalurkunde oder in dem Autographen erhalten. Normalerweise sind dort auch die Verfasser und Adressaten des Textes, also die intendierte Netzstruktur, mit dokumentiert.
Bei der typographischen Datenverarbeitung ist das skriptographische Original, das Manuskript des Autors, nur ein Arbeitsmittel, das konsumiert wird. Von einer Vermittlungsinstitution, eben dem Verlag oder der Druckerei, wird der handgeschriebene Text übersetzt. Der Einfluß des Autors auf diesen Übersetzungsvorgang und die weiteren Vermittlungsprozesse mußte in der frühen Neuzeit noch ausgehandelt werden. Man schuf nach und nach die Möglichkeit, auch gedruckte Texte als Originale zu betrachten, sie Autoren (und nicht nur Druckern) als Werk zuzuschreiben und diese Beziehung über eine längeren Zeitraum hinweg mitzukommunizieren, aufrechtzuerhalten und zu schützen.
In der oben schon besprochenen Schlußrede des Destillierbüchleins beruft sich Hieronymus Brunschwygk auch auf Sebastian Brant. Knapp ein Jahr vor dem Erscheinen des *›Liber de arte distillandi‹* des Straßburger Wundarztes hatte sich dieser in der dritten Auflage seines ›Narrenschiffs‹ ebenfalls ›nüt on vrsach‹ gegen den Nachdruck zur Wehr gesetzt.[90] Seine Argumentation hat allerdings eine andere Stoßrichtung als jene Brunschwygks. Sie zielt weniger auf die komplizierten Verteilungsprobleme und auf die ökonomischen Nachteile für den Drucker und den Autor, son-

dern vielmehr auf den persönlichen Kontrollverlust über den Text ab. ›Neue Reime‹ seien in seine Dichtung eingefügt worden. Dadurch sieht er seine Arbeit ›verkehrt‹: *»den synn verlürt man jn der mitten . . . vmb manch rym so übel stat / Daß es mir jn mym hertzen we[h] // geton hat tusen mol«.* (ebd.)

Es ist kein Wunder, daß Brant nicht nur die Veränderung der Informationen durch Hinzufügen, Weglassen und Verkehrungen Sorge bereitete, sondern auch die Veränderung ihrer Kodierung: Bei seinem Werk handelt es sich um eine Reimdichtung, die zu einem gut Teil von der Eleganz der sprachlichen Formulierungen lebt. Brunschwygk hingegen vermittelt Informationen über den Bau verschiedener Typen von Destillierungsöfen, über deren Gebrauch u.v.a.m. Da mochte die sprachliche Ausformulierung im einzelnen nebensächlich sein, wenn nur die Beschreibung stimmte. Andererseits wurden bald nach der Jahrhundertwende auch von Fachprosaautoren Einwände gegen die Verfälschung ihrer Texte, sei es von den beauftragten Druckern, sei es von Nachdruckern, erhoben. Der Kolmarer Arzt Laurenz Fries gab 1518 bei Grüninger einen ›Spiegel der Artzny‹ *»nützlich vn(d) guot alle(n) // denen so der Artzet radt begere(n)t«* heraus. Rückblickend schreibt er später: *»Wann da ichs erstmals dem trucker befolhen / ist es so jaemmerlichen an tag kummen / das ich / da ichs erstmals anblickt / meynt ich hett ein moerwunder* [Meerwunder] *geporen / wann so vil darinn verkeret vnnd durch ein vngelerten setzer also zerbrochen was / noch darmit nit genuog / sunder auch vil nerrischer bossen hinzuo gethon / deren ich nye keinen in meinen sin(n) nam zuomachen. Doch als ich diß gewar ward / hoffete diß yrrthumb solte zuo künfftiger zeit widerumb gebessert werden / corrigiert mein buoch widerumb vnd beualhe es widerumb dem trucker / welcher das etliche zeit ließ ligen / vnnd doch zu letst widerumb auff ein neüws truckette / noch vil felscher vnd erger dan(n) vor mals / wann dazuo mal nitt allein grobheit des setzers gespüret ward / sunder wurden vil Capitel gefelschet vnnd etliche garnach* [!] *halber heraussen gelassen / also das ich mein frucht garbey* [!] *nit meer gekennet hatte. Doch so gib ich hye mit dem trucker die schuld nit / aber seinen dienern / wann ich wol weyß / das er ein eerlicher redlicher man ist / muoß on zweyfel on sein wissen beschehe(n) sein / als er mir dann auch bey hohem glauben angezeigt hat.«*[91]

Kein Zweifel, Fries mochte sich mit der Umsetzung seiner handschriftlichen Vorlage in die Druckfassung nicht zufriedengeben.

Auch die spätere Überarbeitung des Drucks durch seinen ›Bruder in Christo‹ O. Brunfels sagte ihm nicht zu. »*Hierumb*«, fährt er deshalb fort, *»so hab ich nit moegen lassen solche schand auff mir veralten/mich der arbeit vnder wunden ... disen rostigen vnd verdunckelten spiegel widerumb zuo polieren vnd vnbefleckt zuo machen«*. (ebd.) Die Beziehung zwischen dem Autor und seinem ausgedruckten Werk ist so eng geworden, daß sie ihm Kummer und sogar Schande bereiten kann. Das Druckerzeugnis wird zu einem Kind, der Autor zum Vater – und da ein Kind nicht mehrere Väter haben kann, so muß die Vaterschaft festgelegt werden. Als böse Zumutung empfand es schon Brant, daß er es ›öffentlich mitansehen‹ mußte, wie etwas, das ihm ›nie aus Mund oder Kehlen kam‹ und das er ›niemals hat ausgehen lassen‹, nun doch unter seinem Namen erscheint. *»Es kan nit yeder narren machen / Er heiß dann wie ich bin genant / Der narr Sebastianus Brant.«* (a.a.O.) ›Seines Dichters darf‹ sich dieses Werk ›nicht schämen‹ müssen. Eben deshalb nimmt es Brant vor anderen Kindern in Schutz, die nur notdürftig die Kleidung des Narrenschiffs umgehängt bekommen haben.
Langsam setzt sich die Normalformerwartung durch, daß zu einem Kind der Druckerpresse ein Mutterverlag und ein Autorenvater gehört.[92a]

In der rechtshistorischen Fachliteratur wird bis heute darüber gestritten, ob man Äußerungen wie jene von S. Brant als Ausdruck des Aufkommens von Urheberrechtsbewußtsein ansprechen kann.[92b] Aus informationstheoretischer Sicht kann es hier eigentlich keine Zweifel geben. Die typographische Datenverarbeitung benutzt die Autorennamen als Ordnungskriterien für die Speicherung von Informationen. Eben deshalb mußten, wie schon im Kap. 3.5 angesprochen, für die alten Handschriften Autoren gesucht und/oder konstruiert werden. Mit der Zensurbestimmung vom Reichstag zu Augsburg 1548, die die Aufnahme von Autoren- und Verlegernamen auf dem Titelblatt forderte, war dieses Prinzip öffentlich ausgesprochen und unumkehrbar etabliert. Man ›fand‹ bestimmte thematische Informationen dann, wenn man die Autorennamen kannte. Diese Attributionsbeziehung wirkte, selbst wenn sie ursprünglich nur als Hilfsmittel gedacht gewesen sein mochte, auf das Verhältnis zwischen den lebenden Autoren und ihren schriftstellerischen Werken zurück. Fries und Brant schämen sich, weil ihnen etwas, entsprechend der Gepflogenheiten der typographischen Datenverarbeitung und -übermittlung, zugeschrieben wird, was sie selbst so nicht geschrieben haben. Und wie ihnen geht es vielen anderen Autoren, und zwar aus allen Bereichen: der Belletristik, der Fachprosa, der Theologie und den anderen Wissenschaften. Sie haben ein Interesse daran, daß die Strukturen ihrer Manuskripte in ihrem Sinne typographisch umgesetzt werden. Und sie wollen ihre Botschaft und deren Kodierung gegen Abänderung durch Dritte schützen. Wohlgemerkt, nicht (nur) die Botschaft als solche soll konserviert werden, sondern die Relation zwischen der Botschaft und ihrem Produzenten. Dies ist ein wichtiger Unterschied zu den älteren Forderungen nach Konstanthalten der Texte, wie sie etwa auch von Eike von Repgow in seiner Reimvorrede zum Sachsenspiegel erhoben wird. Schande drohte ihm hier, wenn ihm eine schlechte Kenntnis der Rechtsüberlieferung nachgesagt werden konnte.

Nunmehr hat man den Eindruck, als wenn das gedruckte Buch als Teil der Autorenpersönlichkeit, als Externalisierung von Strukturen ihres psychischen Apparats beschrieben und erlebt wird. Weil Manipulationen von Dritten an diesem ›Selbst‹ kränkend sind, wird gegen die Veränderungen der Nachdrucker vorgegangen. Vielleicht ist auch dieser Einstellungswandel das unmittelbare Produkt einer Übertragung technischer Vorgänge auf psychische Prozesse: so wie die Druckpresse das Buch ›schafft‹, so schafft der Autor sein Manuskript. (Vgl. u. S. 315ff.)

Zwar tauchen im ersten Drittel des 16. Jahrhunderts noch gelegentlich Autoren auf, die aus ehrlicher Bescheidenheit ihren Namen verschweigen, aber sie sind Relikte einer vergangenen Epoche. Und auch bei diesen setzt sich oftmals unversehens das neue Denken durch. Thomas Murner beispielsweise, gewiß ein ehrenwerter Vertreter der aussterbenden Haltung, kommt nicht umhin, einen Schutzpatron zu küren, der über die Beziehung zwischen dem Werk und seinem Autor wacht. Dem Bischof von Straßburg hat er seinen Namen anvertraut, den er in seinen gedruckten Büchern verschweigt, um nicht eitler Ruhmgier bezichtigt werden zu können. Dieser ›Stellvertreter‹ soll entscheiden, wer die Identität des Autors erfährt und wer nicht:

»Das aber dises büchlin nit als ein schmachbüchlin on namen verargweniget werd / sunder vß cristenlicher liebe / in allem guoten dir zuo widerkere / vnd vnß zuo rettung der eren / vnd des glaubens / so ist de(m) erwürdigen vnd wolgeboren fürsten vnd herren / einem bischoff von Straßburg / der nam vnd person des machers diser büchlin insinuiert vnd eröffnet [werden] */nit einem ieden / sunder wa es sein gnad not erkennet zuo offenbaren / welchem vnd allen cristen sich der selbig macher in got dem herrn befilhet*, so schließt Murner 1520 seine ›Christliche vnd brüderliche ermanung‹ Luthers.[93] Was würde es auch nutzen, wenn es einzelnen Autoren egal wäre, ob sich die Bücher mit ihrem Namen verbinden oder nicht? Die soziale Gemeinschaft hat sich daran gewöhnt, nach Autoren zu Büchern zu suchen. Und sie schreibt die Werke auch dann zu, wenn es den Autoren unangenehm sein mag. In älterer Zeit war es gewiß sinnvoller, wenn man sich bestimmte Informationen beschaffen wollte, nach den ›Eigentümern‹ der Kodices Ausschau zu halten, sich ihre Namen zu merken, anstatt nach ihren zumeist ja längst verstorbenen Autoren zu suchen. Man ›fand‹ das Werk, wenn man seinen Besitzer, eine Bibliothek oder Person, kannte. Konsequenterweise ist es diese Beziehung, die im römischen Recht berücksichtigt wird: *»Als Berechtigter an einem Manuskript galt nach dem Corpus iuris ... nur der Eigentümer des beschriebenen Materials.«*[94]
Die Juristen der Neuzeit hatten sich demgegenüber mit der Frage zu beschäftigen, wie man die Beziehung zwischen dem Autor und seinem Manuskript sowie zwischen diesem Manuskript und den Druckerzeugnissen stabilisieren kann. Zu Beginn freilich waren es die Autoren selbst, die sich diesem Problem zuwandten. Was lag für sie näher, als wieder auf Vorbilder aus der handschriftlichen Nachrichtenübermittlung zurückzugreifen?

Die öffentliche Besiegelung der Beziehung zwischen dem Autor und seinen vielen typographischen Kindern

Urkunden und Briefe wurden seit alters her besiegelt und/oder unterschrieben. Siegel und/oder Unterschrift dokumentierten und festigten eine Beziehung zwischen dem Aussteller und dem Text. Das Schriftstück enthielt diejenigen Informationen vollständig

und ohne ›Verkehrungen‹, die der oder die Aussteller mündlich kundgetan hatten. Insofern ist das Siegel eine Beglaubigung für den ordnungsgemäßen Ablauf einer Informationstransformation aus dem oralen in das skriptographische Medium.
Diese Funktion wird in den sogenannten ›Notariatsinstrumenten‹ noch deutlicher. Der Notar war durch Eid verpflichtet, den mündlich vorgetragenen Willen einer oder mehrerer Parteien peinlich genau in einen schriftlichen Text umzusetzen: *»Die notarien swerrent nuo hin zuo got vnd zuo den heyligen ... durch niemans wyllen weder durch liep noch durch leit kein wort vnterslahen, noch zuo kurtz noch zuo lang machen«*, was ihre Mandanten ihnen vorgesprochen haben. *»Das ingesigel ist nuo die worheit, wann was verbriefet wurt ist, das es versigelt wurt, so ist es bestetiget mit der worheit ... worheit sol sich nit endren, noch versetzet werden.«*[95] Das, was in der besiegelten Urkunde oder in dem Notariatsinstrument steht, soll die bezeichnete Person wahrhaftig so und nicht anders ›gesagt‹ haben.
Genau diese ›öffentliche‹ Bestätigung wollten einzelne Autoren nun nicht mehr nur für ihre Manuskripte, sondern auch für deren Transformationen durch Holzschnitt und Typendruck erlangen. Aus historischer Sicht ist dieses Verlangen durchaus keine Selbstverständlichkeit. Ursprünglich besaß keineswegs jede Person das Siegelrecht. Im 15. Jahrhundert allerdings, so vermerkt der oben zitierte Schreiber der Reformatio Sigismundi, *»ist nuo als gemein worden, das yederman wil ein ingesigel han.«* (ebd. 303). Das Monopol der Repräsentanten sozialer Institutionen auf die Siegelgewalt war am Ende der Neuzeit brüchig geworden. Hinzu kommt, daß zahlreiche Funktionen des ›Insiegels‹ auch durch die eigenhändige Unterschrift übernommen werden konnten. Zur persönlichen Unterschrift scheint in jener Zeit im Prinzip jeder berechtigt gewesen zu sein – wenngleich ihre Bedeutung nach Amt und Würden durchaus unterschiedlich eingeschätzt worden sein dürfte.
Die Unterschrift signalisierte mindestens, daß der Unterschreiber den unterschriebenen Text psychisch verarbeitet, durch Lesen oder Vorlesen aufgenommen oder selber produziert hatte.
Diese kulturelle Norm nutzte beispielsweise Albrecht Dürer aus und ›übertrug‹ sie auf seine Druckwerke. Sein Monogramm – in gewisser Hinsicht eine Mischform aus Siegel und Unterschrift – sollte ›beschwören‹, daß nicht nur die damit versehene Skizze, son-

dern auch die vielfach reproduzierten Holzschnitte und Kupferstiche seine persönlichen Produkte waren. Zeichnung und Holzschnitt wurden damit faktisch als Transformation seiner psychischen Vorstellungen in ein anderes, piktographisches Medium behandelt. Als nun im Januar 1512 auf dem Nürnberger Markt Nachdrucke seiner Zeichnungen (›Kunstbriefe‹) einschließlich seines Monogramms erschienen, ging er beim Rat der Stadt gegen den Vertrieb vor. Nur ihm allein stünde die Verwendung ›seines‹ Monogramms zu. *»Der Nürnberger Rat befahl daraufhin am 3. 1. 1512 dem Händler auf Dürers Antrag die Entfernung der Zeichen.«*[96]

Im Bewußtsein des Patriziats hatte Dürers Monogramm hier ›Insiegel‹-Funktion gewonnen. Weil der Händler ein Siegel benutzte, welches nicht ihm, sondern ausschließlich Dürer zustand, wurde er gemaßregelt. Das Monogramm Dürers fungierte als Repräsentant seiner Person in kommunikativen Netzen, in denen er nicht persönlich, face-to-face, anwesend sein konnte.

Die gleiche Funktion gab auch Luther seiner ›Schutzmarke‹. Am Ende seiner Verdeutschung des Alten Testaments, also an der Stelle, wo bei einem Brief heute die Unterschrift stünde, fügte er einen Holzschnitt an: Schild mit Lamm, Kelch und Kreuzfahne sowie ein rundes Medaillon mit dem Lutherwappen und dem Monogramm ›ML‹. *»Dies Zeichen sei Zeuge«*, so erläutert Luther, *»daß solche Bücher durch meine Hand [ge]gangen sind; denn des falschen Druckens und Bücherverderbens [be]fleissigen sich itzt viel«.*[97] Der Abdruck seines Namens auf den Titelblättern seiner zahlreichen Werke, der schon üblich geworden war, genügte ihm allein nicht. Es ist allgemein bekannt, daß Luther großen Wert darauf legte, daß die Setzer seine Manuskripte im Wortlaut und sogar mit den orthographischen Besonderheiten in den Bleisatz übernahmen. Ein Stab von Mitarbeitern war mit dem Korrekturlesen und mit der Vereinheitlichung der Schreibung befaßt.[98]

Wenngleich er ursprünglich möglicherweise den Nachdruck vor allem aus ökonomischen Gründen, um Nachteilen seiner Wittenberger Verleger und Drucker vorzubeugen, verurteilte, so trat doch bald die Sorge um den Erhalt des authentischen Textes in den Vordergrund.[99]

›Vngefelscht Gottes Wort an den Tag zu bringen‹, das nahm er für seine Übersetzungen in der Bibelausgabe 1545 in Anspruch.

Zwar mag man behaupten, daß ›Luther das Bewußtsein eines besonderen Rechts an seinen Werken noch nicht gehabt hat‹, wenn man ›Recht‹ hier als eine neuzeitliche juristische Kategorie versteht.[100] Vor dem Hintergrund der damaligen Rechtsverhältnisse dürfte ein solches Bewußtsein in der Tat kaum zu erwarten gewesen sein. Die Auszeichnung der Persönlichkeit und die Schutzwürdigkeit der Beziehung zwischen dem Autor und seinem Werk wird vielmehr vor dem Hintergrund traditioneller religiöser Deutungsschemata begründet. Unmißverständlich behauptet Luther, bei seiner Bibelübersetzung im ›Stande der Gnade‹ gewesen zu sein: *»VND wündsche daß ein jglicher bedencken wolt / das nicht leichtlich jemand anders solcher ernst sey an der Biblia / als vns allhie zu Wittemberg / als denen zum ersten die gnade gegeben ist / Gottes wort wider an den tag vngefelscht / vnd wol geleutert / zu bringen.*[101]

Wie häufig er im übrigen auch an seinem Weg und an der Gnade Gottes gezweifelt hat, in diesem Punkt ist er sicher: nicht anderen, sondern ihm und seinen Wittenberger Kollegen hat es Gottes Barmherzigkeit vergönnt, eine ›geläuterte‹ Bibel an den Tag zu bringen. Die Demut, mit der er diese Gnade annimmt, verstellt ihm nicht den Blick darauf, daß eben nicht eine andere Person, sondern er ausgewählt wurde. Und gerade hieraus ergibt sich für ihn die besondere Verpflichtung, seinen Namen in den Übersetzungen nicht zu verschweigen, sondern ihn zum Markenzeichen für die wahre göttliche Botschaft zu machen.

Keineswegs mehr religiös begründet Agnes Dürer ihren Anspruch auf eine Kontrolle über die typographische Verbreitung der Arbeiten ihres verstorbenen Gatten. Sie wandte sich an Karl V., um die ›Vier Bücher von menschlicher Proportion‹ schützen zu lassen und erhielt 1528 das Privileg, *»daß nymant / wer der sey / gemelts weylendt Albrecht Duerers ob beruerte erfunden kunst vnd buecher / oder etwas auß zugs / von denselben / in seinem namen / vnd als ob er die gemacht / noch sunst / on verwilligung gedachter witwe / inn druck bringe / oder außgeen lasse / noch verkauffe / Das auch die obberuerte buecher / kunst vnd proporcion / der genanten seiner witwen / so sie die in druck pringen laßt oder gepracht hette / in zehen jaren den negsten nach außgang desselben drucks / nit nachdrucke / noch also nachgedruckt verkauffe«.*[102]

Wie man dem Text des Privilegs, welches dem noch 1528 fertiggestellten Druck angehängt ist, entnehmen kann, hatte Agnes folgendermaßen argumentiert: ›Ihr Hauswirt habe etliche Bücher von menschlicher Proportion aus rechter Kunst und Perspektive, seiner selbst Fleiß und Erfindung, mit nicht geringer Mühe zusammengebracht.‹ Dürer also hat die Informationen selbst gefunden, verarbeitet und in einem Manuskript niedergelegt. Sie fügt hinzu, ›derselbe Dürer sei Willens gewesen, dieselben Bücher in den Druck zu führen, damit sie für diejenigen, die solche Kunst lieben, brauchbar und nützlich sein konnten‹. Und in der Tat wird dieser Wille, das Buch *»zuo gemeinem nutz aller kuenstner an das liecht kommen«* zu lassen, in der erhalten gebliebenen und dem Werk vorangestellten Widmungsvorrede von Dürer unmißverständlich geäußert. Wer dem gemein nutz dient, hat auch Anspruch auf den Schutz durch den Repräsentanten der ›gemein‹, den Kaiser. Zwar sind die Bücher und Bilder Dürers ›Geisteswerk‹, aber er will sie gerade nicht für sich behalten und privat verwerten. Letzteres entspräche mittelalterlichem zünftischem Denken – und dieses bestand auch im 16. Jahrhundert noch fort. Vor diesem traditionellen Denken mußten sich Dürer und seine Kollegen legitimieren. Diejenigen Autoren, die um Privilegien nachsuchen, tun dies gerade nicht aus Eigennutz, sondern weil sie ihr bis dato noch oft höchst privates, geheimes Wissen der Allgemeinheit zugänglich machen wollen. Die Vergesellschaftung von privatem Eigentum braucht die Rükkendeckung der Gesellschaft bzw. ihrer Repräsentanten. Nur wenn der Privatperson aus dieser Offenbarung eines Teils ihrer selbst keine allzu schwerwiegenden Nachteile entstehen, kann die Sozialisierung der Informationen zu einer selbstverständlichen Gepflogenheit werden. Eine Stärkung der ›Rechte‹ der Privatperson lag insofern im wohlverstandenen Interesse der Gemeinschaft.[103]

Fett prangt auf dem Titelblatt der Proportionslehre Dürers Monogramm – jeder, der sich irgendwann an das weitverzweigte typographische Netz anschließt, soll ›seine‹ Informationen noch mit ihm ›in Verbindung‹ bringen können. Zumindest die Möglichkeit der Vorstellung einer Interaktionsbeziehung zwischen dem Käufer und dem Autor bleibt damit erhalten.

Zensur und Meinungsfreiheit: Das Problem der Autonomie der typographischen Netze

In den vorangehenden Abschnitten wurden die Reichsabschiede, Religionsmandate, Edikte und Privilegien als Instrumente geschildert, die eine politische und/oder religiöse Bewertung gedruckter Informationen vornehmen und die in den typographischen Informationskreislauf intervenieren.

Dieser Überblick setzte voraus, daß ein freier Markt mit unabhängigen Produzenten existiert, der nach eigenen Wettbewerbs- und Tauschmechanismen funktioniert und daß die typographischen Netze ein integraler Bestandteil dieses Marktes sind.

Wenn die Drucker aus eigener Verantwortung ihre Produktionsstätten betreiben, aufgrund vorwiegend wirtschaftlicher Kalkulationen ihre Auswahl aus angebotenen Nachrichten (Manuskripten) vornehmen, die Autoren sich ebenfalls bei ihrer Informationssuche nach den angenommenen Bedürfnissen angenommener Leser richten und schließlich letztere frei sind in der Auswahl ihrer Lektüre, dann herrscht ein Zustand, den wir heute als Meinungsfreiheit bezeichnen. Sie ist nur ein anderer Ausdruck für die Übertragung der Prinzipien einer freien Marktwirtschaft auf die Produktion, den Vertrieb und die Konsumption ›technisierter‹ Information. Unter einem ›freien Meinungsaustausch oder -streit‹ kann entsprechend die Anwendung der Prinzipien ›freier Konkurrenz‹ auf die Nachrichtenverbreitung verstanden werden.

Wenn nun die typographische Informationsverarbeitung und -verbreitung als ein Handwerk wie jedes andere akzeptiert ist, dann besitzen auch die ausgedruckten Informationen ihren Wert schon lange, bevor sie einem Begutachtungsverfahren unterworfen werden. Man kann zwischen politischer und ökonomischer Wertbestimmung der Informationen, zwischen ökonomischen und politischen Steuerungsprogrammen unterscheiden. Ob sich nun freilich Produktion und Handel eine solche Autonomie gegenüber anderen gesellschaftlichen Subsystemen aufbauen und erhalten können, ob die ausgedruckten Informationen einen Warencharakter annehmen und den Gesetzen des Meinungswettbewerbs unterworfen sind, dies ist eine empirische Frage. Für die meisten Gebiete im deutschsprachigen Raum und für England wird man sie wohl für das 16. Jahrhundert bejahen können. Für andere Länder, die der Marktwirtschaft engere Grenzen setzten, wie z. B. Spanien, wird man sie eher verneinen.

Wenn politische und ökonomische Systeme nebeneinander existieren, dann sind Wechselwirkungen zwischen ihnen im Prinzip unvermeidlich. Jedes politische System greift reglementierend in das ökonomische System ein, schützt bestimmte Waren und Daten und schränkt damit auch die Meinungsfreiheit mehr oder weniger stark ein. Umgekehrt bleibt das Profitdenken, wie kaum betont zu werden braucht, nicht ohne Einfluß auf die Entscheidungen der Politiker.

Die rechte Balance zwischen den Systemen, zwischen Selbstregulation und Intervention zu halten, ist ein permanentes Problem aller neuzeitlichen Gesellschaften. Interveniert die Obrigkeit zu stark in das Buch- und Pressewesen, so kann sich in diesem Kommunikationssystem Meinungsstreit nur begrenzt oder im Extremfall gar nicht durchsetzen.[104]

In Deutschland gingen die Zensurbestrebungen des 15. und 16. Jahrhunderts trotz aller drakonischen Strafandrohungen letztlich nicht an den Lebensnerv der neuen Produktions- und Verteilungsmechanismen von Informationen. Dies und der ausgedehnte Einsatz von Privilegien und später Urheberrechten – Interventionsformen also, die die neuen ökonomischen Bewegungsgesetze geschickt ausnutzen – können schon als Beleg dafür gewertet werden, daß das typographische Kommunikationssystem eine eigene Identität gegenüber anderen Systemen gewonnen hat, daß die Ausdifferenzierung funktionaler Subsysteme erfolgreich verlaufen ist. Kirche, Landesherren und städtische Polizei legen nur – im Prinzip in der gleichen Weise wie dies heute die Politiker und Juristen im Presserecht, dem Datenschutzgesetz und in den Bestimmungen über jugendgefährdende Schriften tun – Rahmenbedingungen fest.

Auf einem ganz anderen Blatt steht die Frage, ob und wenn ja, wie sich diese sozialen und technischen Veränderungen im Erleben und in den Beschreibungen der Menschen in der frühen Neuzeit widerspiegeln.

Zensurbegriff damals und heute

In den westlichen Demokratien wird heute die Tatsache, daß Zensur- und Datenschutzmaßnahmen einen Eingriff von außen in ein System mit eigenen Gesetzen darstellen, kaum bestritten werden. Von diesem modernen Standpunkt aus erfolgte die Schilderung der Verhältnisse im 15. und 16. Jahrhundert in diesem Kapitel. Und diese Perspektive konturierte auch den Zensurbegriff, der bei der Kommentierung der Quellen verwendet wurde.

Es ist an der Zeit, darauf hinzuweisen, daß nur die wenigsten Menschen im 16. Jahrhundert vergleichbare Standpunkte und Perspektiven einzunehmen vermochten.

Nur bei einzelnen reifte die Idee, daß man zwischen politischen und ökonomischen Sphären unterscheiden sollte. Und selbst wenn jemand eine solche Unterscheidung treffen wollte, so hinderten ihn die ausschließlich zur Verfügung stehenden alten Begrifflichkeiten, die noch ganz im Dienste der mittelalterlichen Weltsicht standen, daran, seine neuartigen Vorstellungen deutlich zu artikulieren. Natürlich sah man, daß die neue Technologie und die Marktwirtschaft das traditionelle Kommunikationswesen veränderten. Aber jeder Versuch, diese Veränderungen zu beschreiben, geriet zu einem widersprüchlichen, mal längst überholte, mal neue Tendenzen abbildenden Unternehmen. Diese Ambivalenzen prägen auch die Verordnungen, die in das Pressewesen eingreifen. Auch sie müssen eine Beschreibung der inkriminierten bestehenden Verhältnisse vornehmen und Zukunftsperspektiven aufweisen. Der dabei verwendete ›Zensur‹begriff ist das beste Beispiel für ein Hin- und Herschwanken zwischen traditionellen und neuzeitlichen Konzepten.

Mit dem bislang verwendeten Zensurbegriff decken sich die Vorstellungen der Verfasser der zitierten politischen und religiösen Verordnungen nur zum geringsten Teil. Überhaupt wird nur selten von ›Censuren‹ gesprochen, weit häufiger von ›visitieren‹, ›besichtigen‹, ›ersehen‹, ›approbieren‹, ›Erlaubnis‹ oder ›Imprimatur‹ geben, ›examinieren‹ oder ›Aufsicht‹ (›cura‹) ausüben. ›Censores‹ lautet die Schlußschrift, mit der Druckwerke versehen werden, die von dafür vorgesehenen politischen oder religiösen Einrichtungen durchgesehen und für gut befunden, approbiert, wurden.

Und der Durchsetzung einer allgemeinen Approbationspflicht sollten nahezu alle politischen Maßnahmen, das ›Preßwesen betreffend‹, dienen.
Zuerst wurde sie für ein größeres Gebiet 1487 von einer Bulle von Papst Innozenz VIII. gefordert, wiederholt wurde sie etwa auf dem Laterankonzil von 1515, im Wormser Edikt von 1521 und in vielen Reichsabschieden. Sie zielt in ihrem Kern darauf ab, daß *»weiter nichts neues gedruckt ... oder feil gehabt wird, das ... zuvor von jeder Obrigkeit durch dazu verordnete verständige Personen besichtigt«* worden ist. *»Und so darin Mängel befunden*, heißt es im Reichsabschied von Speyer 1529 weiter, *soll dasselbig zu drucken oder feil zu haben bei großer Straff nicht zugelassen, sondern also strenglich verboten und gehalten* [werden, und] *auch der Dichter, Drucker und Verkauffer, so solch Gebot vberfahren, durch die Obrigkeit, darunter sie gesessen oder betreten, nach Gelegenheit bestrafft werden«.*[105]
Formale Prinzipien dafür, welche Informationen approbationsfähig und welche dies nicht sind, entwickelte die Zeit nicht. Man stellte stattdessen Listen von Büchern auf, die verboten (Index prohibitorum) oder die wie bspw. in Bayern 1566, erlaubt waren.[106] Aber dies waren schon eher untypisch weit ›formalisierte‹ Instrumente. Im Prinzip überließ man die Visitation der Willkür von ›Amtspersonen‹. Im protestantischen Wittenberg bestimmten Rat und Universität gemeinsam, daß *»kein Buch ... Es sey in waserley* [welcherlei] *Faculteten es wolle«* gedruckt werde, wenn nicht zuvor die *»handtschrifft«* von *»dazu verordneten Personen ... approbiert und bewilligt«* ist.[107] *»Domit sich auch niemandts ... beclagen«* kann, daß er nicht ›wisse, an wen er sich halten‹ kann, beschloß man, dem Mandat eine Liste beizufügen, in der Visitatoren für Informationen aus den einzelnen Gebieten aufgeführt werden:

»1) Erstlich dass alles wass Theologisch ist soll Doctori Casparo Crucigero uberantwortet werden,
2) Wass Juridicum Doctori Joachimo Bustio
3) Wass Medicum oder Historicum Doctori Casparo Peucero.
4) Wass Mathematicum Magistro Sebastiano Theodorico oder M. Bartolomeo Scheubern.
5) Wass Physicum oder Ethicum M. Esumo Rudingero.
Wass in Graeca oder Latina lingua prosa geschrieben M. Esumo Rudingero oder Alberto Lemeigero.

Wass Latino Carmine D. Johanni Maiori poetae oder seiner abwesens auch, da es von gemeiner Poetrey ist, als Epithalamia, Epicaedia, propentica unndt der gleichen wass M. Heinrico Martino oder M. Wolfgango Crellio, wass aber Graico Carmine geschrieben, M. Esumo oder M. Wolffgango Crellio gezeigt undt uber antwordtet werden.« (ebd. 370)

Alle angeführten Verordnungen stellen im Grunde Regeln für Bewilligungsverfahren auf. Man übernahm damit Ziele und Konzepte, die für die Steuerung des skriptographischen Informationsflusses innerhalb der mittelalterlichen Institutionen entwickelt worden waren. Dieser Versuch, das Approbationswesen auf die typographischen Netze auszudehnen, wird heute als Einführung der allgemeinen Präventivzensur beschrieben. Aber dieser Versuch besaß geringe Erfolgsaussichten, weil der Markt andere Strukturen als die Institutionen besitzt und dem Typographeum schon lange andere Leistungen als den Skriptorien zugeschrieben wurden. Die Funktion der Approbationsinstanzen war im Mittelalter nicht nur die Begutachtung von Informationen, sondern zugleich auch ihre Verteilung in die verschiedenen Nachrichtenkanäle. Im 16. Jahrhundert wird nicht mehr den Ordensoberen, sondern der neuen Drucktechnik die Fähigkeit zur Veröffentlichung von Informationen zugeschrieben. Die Verbreitung erfolgt nicht durch die approbierende Institution, sondern durch den Markt. Den Bewertungskriterien der Visitatoren geht schon die Besichtigung der Manuskripte durch den Verleger unter Profitgesichtspunkten voraus.

Daß die Zensurinstanzen in dem Zeitalter des Buchdrucks, die bischöflichen und universitären Supervisoren, der Superintendent für das Bücherwesen, die Bücherkommission in Frankfurt oder andere staatliche Organe, im Gegensatz zu den Approbationsinstanzen des Mittelalters neben den zu beaufsichtigenden Kommunikationssystemen standen, ist der frühneuzeitlichen Gesellschaft trotzdem erst langsam klar geworden.

Ebenso schwer fiel die Einsicht, daß es für den hierarchischen Aufbau der Kanzleien, Höfe, Universitäten und auch der kirchlichen Institution in dem marktwirtschaftlichen Netz kein Pendant gibt. Natürlich gilt bis heute für die institutionelle Kommunikation, daß jede Ebene der Hierarchie, vom Priester bis zum Papst, vom Magister bis zum Universitätsrektor, als Dispatcher für den Informationsfluß wirkt: Informationen, die für den institutionellen Ablauf und für die Selbsterhaltung der Hierarchie als nicht förderlich angesehen werden, gibt man nicht weiter. Einen vergleichbaren hierarchischen Aufbau hat aber das marktwirtschaftliche Subsystem und entsprechend auch der Buchhandel in Deutschland und in anderen europäischen Ländern im 16. Jahrhundert nicht besessen. Es gab schon zu viele Informationsproduzenten und Verteilungsknoten, zu viele typographisch gespeicherte Informationen, als daß man sie noch hätte zentral kontrollieren können. Wenn man die neue Technik entsprechend den Wettbewerbsprinzipien auslastete, so konnten die Visitatoren mit ihrer ›natürlichen‹ Leistung kaum nachkommen. Der faktisch schon weit vorgetriebene dezentrale Aufbau der typographischen Netze mit den kaum mehr überschaubar vielen Produktionsstätten und Verteilungswegen wird in den Mandaten und Reichsabschieden nur ungenau erfaßt. Man hält statt dessen auf weite Strecken immer noch am Bild der Vernetzungsstruktur von zentralgeleiteten Institutionen und an der handwerksmäßigen Produktion und Verteilung von Informationen fest.

Es kann nicht überraschen, daß eine solche unzeitgemäße Beschreibung der Verhältnisse auch die Erfolgsaussichten der Interventionen herunterdrückt.

Die Präventivzensur: Ein anachronistischer Versuch, den Buchhandel zu regulieren

Blickt man auf die Verhältnisse im deutschsprachigen Raum im 16. Jahrhundert zurück, so kann man feststellen, daß die in den ›Zensuredikten‹ enthaltenen Programmpunkte, die nicht auf dem geschilderten Konzept der Autonomie des marktwirtschaftlichen und damit auch des typographischen Geschehens basierten, im großen und ganzen gescheitert sind.[108] Gescheitert ist vor allem die Durchsetzung einer allgemeinen Vorzensur bzw. einer Approbationspflicht für alle Druckerzeugnisse. Dies ist um so erstaunlicher, als diese Idee bei weitem den größten Raum in den Verordnungen von Landesherrschaft und Kirche einnahm und eigentlich

auch am deutlichsten – vor allem für die Perspektive der Zeitgenossen – artikuliert wurde.
Erfolgreich waren die Interventionen dort, wo sie sich darauf beschränkten, einzelne Informationstypen und -gattungen, z. B. Schulbücher oder religiöse Handbücher, zu kontrollieren. Hart durchgegriffen wurde natürlich auch bei den politischen Schmäh- und Propagandaschriften. Es ist nicht anzunehmen, daß die Hinrichtung des Nürnberger Buchführers Hans Hergot am 20. Mai 1527 wegen des Vertriebs eines ›aufrührisch Büchleins‹ in Leipzig ohne Einfluß auf das Verhalten von Buchdruckern, -händlern und -konsumenten geblieben ist.[109] Durchgesetzt haben sich rasch und gründlich die formalen Rahmenbedingungen, die die Obrigkeiten in ihren Verordnungen setzten: Titelblätter mit Impressum und die Angabe von Autorennamen werden im Laufe des Jahrhunderts die Regel. Diese Kennzeichnungen liegen, wie ein Blick auf das Privilegienwesen zeigt, auch im wirtschaftlichen Interesse der Drucker und Autoren. Sie geben darüber hinaus die Möglichkeit, nicht im vor-, sondern im nachhinein gegen die Produzenten und/oder die Verbreiter von Informationen vorzugehen, wenn sie mit irgendwelchen – zunehmend vorab kodifizierten – juristischen Verordnungen kollidierten. Damit wird das Prinzip der persönlichen Verantwortung für das ansonsten ›freie‹ Handeln gestärkt. Dieses Prinzip entspricht vollständig der Moral des neuen Wirtschaftens – weit weniger jener der mittelalterlichen Institutionen, in denen visitiert und approbiert wurde. Ähnlich dürfte auch das weitgehende Verschwinden von Winckeldruckereien und Wanderdruckereien eher den Marktmechanismen als dem politischen Willen zuzuschreiben sein.
Breit akzeptiert wurden auch die Möglichkeiten des Patentrechts, des Privilegienwesens und des Urheberrechts. Auch sie sind eine direkte Reaktion auf die Folgeprobleme, die mit der Einordnung des Buchhandels in die marktwirtschaftliche Produktion und Verbreitung entstanden. Weder die Antike noch das europäische Mittelalter, also die Zeiten, in denen nur skriptographische und orale Vernetzungen existierten, entwickelten eine spezielle Institution des Urheberrechts.[110] Hierzu bedurfte es der Trennung der Informationsproduzenten von den Verarbeitungs- und Vertriebsprozessen und der – nicht nur sporadischen – Eingliederung der Infor-

mationen in die privatwirtschaftlichen Tauschbeziehungen. Und diese Eingliederung machte von Anfang an eine Kontrolle auf dem gewohnten Instanzenweg der mittelalterlichen Gesellschaft unmöglich.

Der Erfolg dieser Maßnahmen liegt also ebenfalls darin begründet, daß sie die Autonomie des wirtschaftlichen Subsystems anerkennen.

Von einer allgemeinen regulativen Kraft der ›Zensurmaßnahmen‹, die jener des Mäzenatentums und der Approbation vergleichbar gewesen wäre, kann nach allem jedoch nicht die Rede sein. Kaum hatte beispielsweise 1570 der Reichstag zu Speyer noch einmal alle Landesherren zur Ausübung und alle Drucker und Buchführer zur Unterwerfung unter die Präventivzensur aufgerufen, sah sich der Kurfürst August von Sachsen zum Eingeständnis genötigt. *»Obwohl hiebevor des öfteren bey schweren peenen statuirt und geboten worden, das die Obrigkeiten bei iren Druckereien, Buchführern und sonsten ernstliche vorsehunge thun sollen, damit keine schmehebücher, gemelde oder dergleichen, dardurch nichts guts sondern nur Zanck, auffruhr, misstrauen und Zertrennung alles friedlichen Wesens angestiffet, offentlich oder heimlich gemacht, gedruckt, vorkaufft oder sonsten ausgehen sollte, Wir auch zu gehorsamer volge desselben gebürlich befehlich an Rectoren, Magistern und Doctorn unserer Universiteten zu Leiptzigk und Wittenbergk, Desgleichen auch an Bürgermeister und Räthe etzlicher unserer Stedte haben ausgehen lassen, So komen wir doch in gewisse erfahrunge, das solchem des heiligen Reichs und unserm Gebot, an vielen orten nicht gelebet, sondern zugesehen werden wil, das hin und wider allerley schandlose schmeheschrifften, Bücher, Charten und gemeldes gedruckt und gemahlet one alles straffen, Zuvorab auff den gemeinen Jarmerckten, Messen und in andern vorsamblungen umbgetragen, feil geben, kaufft und ausgebreitet.«*[111]

August erneuert daraufhin die einschlägigen Reichstagsabschiede und kündigt harte Strafen beim Zuwiderhandeln an.

Klagen und Verschärfungen der Strafandrohungen wiederholen sich von Jahr zu Jahr in allen deutschsprachigen Landschaften. So lesen wir sechs Jahre später, 1577, in der Polizeiordnung von Frankfurt das Eingeständnis: *»Wiewohl auff vielen hievor gehaltenen Reichstägen, weyland Unsre loblichen Vorjahren, sich mit Churfürsten, Fürsten und Ständen des heil. Reichs und der abwesenden Bottschafften vereiniget* *und verglichen, auch Satzung und Ordnung im Druck ausgehen und verkündigen lassen haben, daß in allen Truckereyen, auch bey allen Buchführern und Händlern, mit ernstem Fleiß Versehung gethan, daß hinfüro nichts neues, so Oberkeit wegen nicht ersehen, insonderheit aber, daß keine Schmähschrifften, Gemählds oder dergleichen weder offentlich noch heimlich gedicht, getruckt und feyl gehabt werden sollen, wie dann dieselbe Abschied, sonderlich aber der in Anno siebentzig zu Speyer auffgericht worden ist, ferner mitbringen: So befinden Wir doch, daß ob denselben Satzungen gar nichts gehalten, sondern daß solche schmähliche Bücher, Schrifften, Gemählds und Gemächts, je länger, je mehr gedicht, gedruckt, gemacht, feyl gehabt und ausgebreit werden.«*[112]

In der Tat, je länger die Informationen durch die gedruckten Bücher auf kommerziellem Wege vertrieben wurden, um so mehr versagten die klassischen Approbationsmechanismen. Auf die Dauer trug man dieser Erfahrung dadurch Rechnung, daß man das Konzept änderte: Man gab den Anspruch auf absolute Kontrolle zugunsten einer modernen Interventionspolitik auf.

5.6
»Es ist itzt eyn ander Wellt und gehet anders zu« – Veränderungen in der Reflexion und Bewertung der Kommunikationsmedien

Der Sinn, den die Zeitgenossen den typographischen Kommunikations- und Informationsmedien zugeschrieben haben, änderte sich im Verlauf der ersten hundert Jahre nach der Erfindung Gutenbergs deutlich. Anfangs bemerkte man eigentlich nur die Druckmaschine, Fragen der Verteilung der Bücher traten kaum ins Bewußtsein. Die Druckmaschine wurde, wie im Kapitel 2 ausführlich vorgestellt, als ein Produktionsinstrument begrüßt, welches bessere Leistungen als die Skriptorien zu erbringen versprach. Das Typographeum löste alte Probleme mit neuen Mitteln. Insofern ließen sich auch die Selbstbeschreibungen des skriptographischen Zeitalters beibehalten. Neue Legitimationsformeln brauchten anfangs kaum entwickelt zu werden. Man belebte vielmehr schon lange gehegte Utopien.

Diese Utopien blieben auch in der zweiten Phase orientierungsrelevant, als sich die Druckereien nach dem Tode Gutenbergs und nach dem Fall von Mainz über ganz Europa ausbreiteten. Man arbeitete intensiv an der Vernetzung der Druckereien und dem Ausbau des Buchhandels. Überall hielt die neue Informationstechnologie Einzug, Unmengen an Daten wurden typographisch gespeichert, neue Kodesysteme entwickelt und die Menschen für die Technologie qualifiziert. Entwürfe über die Grundlinien dieser Nachrichtenpolitik sucht man vergeblich. Die Menschen handelten eher, als daß sie die schon längst eingesetzten Veränderungen reflektierten oder Zukunftsperspektiven öffentlich diskutierten. Eine so grundlegende Frage, wie jene, ob es überhaupt sinnvoll ist, die typographische Informationsproduktion und -verteilung als eine private Veranstaltung zuzulassen und sie in die freie Marktwirtschaft zu integrieren, wurde erst gestellt, als sie faktisch schon längst beantwortet war. Alternative Modelle wurden kaum vorgestellt und sie hatten zumindest in Deutschland keinerlei Chancen. Auch das Problem, welche Vernetzungsgröße für die neue Technologie und den Handel mit Büchern wohl einen optimalen Effekt garantieren könnte, behandelte man eher praktisch nach dem Ver-

such-Irrtumsprinzip, als daß man im vorhinein Kosten-Nutzenrechnungen aufstellte.
Daß, von vereinzelten Stimmen einmal abgesehen, bis zur Jahrhundertwende kaum Bedarf an einer solchen grundlegenden Klärung der Ziele der Informationspolitik angemeldet wurde, mag damit zusammenhängen, daß sich bis dahin die Gesellschaft als großer alltäglicher Lebenszusammenhang vielleicht doch weniger geändert hatte, als wir dies heute aus der Entfernung und mit unserem analytischen Verstand annehmen. Die in dem vorigen Kapitel für das 15. Jahrhundert geschilderten Evolutionen beziehen sich in ihrer Mehrheit auf Institutionen. Veränderungen in Institutionen können zwar irgendwann auch Auswirkungen auf die Gesellschaft und deren Selbstbeschreibung haben, brauchen dies aber nicht. Sie liegen auf einem anderen Emergenzniveau des Sozialen. Erst nachdem in zahlreichen Institutionen tiefgreifende Strukturveränderungen stattgefunden hatten und eine Reihe ganz neuer Institutionen ins Leben traten, begann man die Veränderungen auch im Alltag zu bemerken. Man konnte sie dann nicht mehr als Phänomene mit einem auf abgegrenzte Institutionen beschränkten Geltungsanspruch begreifen.[113]
Nach der Jahrhundertwende betraf die neue Kommunikationstechnologie nicht nur viele Menschen in vielfältigen Lebenslagen, sie nahmen dies auch wahr und begannen deshalb, grundsätzlichere Fragen zu stellen.
Erschwert wurde der Versuch, zu einer angemessenen Beschreibung der Verhältnisse zu gelangen, natürlich durch die traditionellen Beschreibungsmuster. Jeder ernsthafte Versuch, die Vorgänge neu zu sehen, mußte zu Konflikten mit Ideologien und Tabus führen, die seit undenkbaren Zeiten galten. Tatsache ist aber, daß die Gesellschaft in Deutschland in den zwanziger Jahren des 16. Jahrhunderts auf breiter Ebene auf eine Klärung der Selbstbeschreibung hinsteuerte. Offenbar konnte die soziale Gemeinschaft, die die Diskrepanz zwischen klerikalfeudaler Ideologie und der Wirklichkeit des Handelskapitals sowie manufakturieller Produktionsformen schon länger spürte, nun nicht mehr umhin, sich diesen Widersprüchen zu stellen. In den nächsten Jahrzehnten sollte es darum gehen, konsensfähige Identitätskonzepte zu entwickeln – auch für die neuen Kommunikationssysteme.

Zwei Persönlichkeiten werden in diesem Zusammenhang immer wieder genannt: Martin Luther und Albrecht Dürer. Dürer entwickelte in seinen beiden Hauptwerken, der *›Unterweysung der Messung‹* (1525) und den *›Vier Büchern von menschlicher Proportion‹* (1528) eine umfassende Theorie der Informationsgewinnung und -darstellung unter den Bedingungen typographischer Medien. Auf sein Konzept ›rechter‹, wahrer ›erkantnis‹ wird im nächsten Kapitel ausführlich eingegangen. Luther wagt es, die Grundlagen der Gesellschaftspolitik anzugehen und er legt neue Identifikationsmuster vor, die mit vielen Tabus brechen. In seinen drei sogenannten ›reformatorischen Hauptschriften‹ entwickelt er das Bild einer zukünftigen nationalen Gesellschaft und Moral.[114]

Er ist ein früher Theoretiker der funktionalen Differenzierung der Gesellschaft. Diesen Gedanken formuliert er paradigmatisch in der ›Zwei-Reiche-Lehre‹ aus: Politik und Religion müssen sich ausdifferenzieren, wenn die Gesellschaft unter den neuen Bedingungen Bestand erhalten will. Jeder einzelne ist zugleich und in jedem Augenblick Element in beiden Subsystemen. Die Frage der Hierarchisierung dieser Subsysteme stellt sich, anders als in den Konzepten ständischer sozialer Differenzierung, bei diesem Modell nicht.

Fragen der Gestaltung der kommunikativen Netze der Informationspolitik und des Kodes spielen in vielen seiner Schriften eine zentrale Rolle. Das kann auch gar nicht anders sein, weil er das ›Wort Gottes‹ an die neuen typographischen Medien gebunden hat: Gott bedient sich der gedruckten Bücher, um seine Botschaft zu verkünden. Auf das Niveau dieses Mediums muß folglich auch die Theologie und die Praxis der Amtskirche gehoben werden. (Vgl. 3.1)

In seinem Manifest *›An die Rathsherren aller städte deutsches Lands‹* (1524) zieht er aus seiner Zustandsbeschreibung – »*Es ist itzt eyn ander Wellt und gehet anders zu*« – weitreichende Schlußfolgerungen für die Informationspolitik unter den Bedingungen technisierter Massenkommunikation und der erweiterten Akkumulation von Wissen: Die Menschen sollen durch staatlich organisierte obligatorische Kurse soweit gebracht werden, daß sie von jungen Jahren an die neuen Informationsmedien nutzen können.[115] Das System der Bibliotheken, um dessen Aufbau im öffentlichen Interesse sich sonst in jener Zeit kaum jemand kümmerte, soll planmäßig erweitert werden.[116]

Wie wir heute wissen, bestimmen die Bibliotheken tatsächlich die Infrastruktur des typographischen Speichers in erheblichem Umfang.

Luthers informationspolitische Entwürfe eilen ihrer Zeit weit voraus. Aber nachdem sie einmal ausgedru[ü]ckt sind, hat er in der öffentlichen Diskussion Pflöcke eingeschlagen, die über Jahrhunderte als Richtmarken gegolten haben und noch gelten.

Die typographischen Medien als Bedingung der öffentlichen Meinungsbildung

Alle genannten Werke des Reformators sind als Beiträge zu einem neuen Typus öffentlicher Diskussion gedacht und gestaltet – und sie trugen zu seiner Konstitution auch unzweifelhaft faktisch bei. Der ›reformatorische Dialog‹, wie es heute verniedlichend heißt, wurde durchweg auch in den typographischen Kommunikationssystemen geführt. Luther beschränkte sich eben nicht auf die traditionellen Medien: Anschlag handgeschriebener Thesen in der Erwartung anschließender mündlicher Diskussion in Kirche oder Universität, mündliche Disputation o.ä. Mit einer für die Zeit atemberaubenden Geschicklichkeit nutzten er und seine Anhänger die Möglichkeiten der typographischen Technologie und der marktwirtschaftlichen Verbreitung – und zwangen so auch die Kontrahenten dazu, auf gleicher Ebene einzusteigen.[117]

Der Meinungsstreit entbrennt in einer Intensität in den typographischen Medien, die sich hernach lange nicht wiederholen sollte. Aber von diesem Zeitpunkt an hat sich der Begriff der ›öffentlichen Meinung‹ unlösbar an die neuen Medien gebunden. (Vgl. Abschnitt 3.2) Diese Verknüpfung wird immer noch oft unterschlagen, obwohl sie doch in der Gegenwart kaum zu übersehen ist: Nur Informationen, die von einzelnen oder Gruppen in Print- oder heute zusätzlich auch in den elektronischen Medien verbreitet werden, haben die Chance, von der Gesellschaft als öffentliche Meinung anerkannt zu werden. Beliebige, durch Interviews oder durch Fragebogen, die mit der Hand ausgefüllt werden, erhobene

›Meinungen‹, werden erst dann zu einer öffentlichen Meinung, wenn sie ausgedruckt oder gesendet werden. Ansonsten mögen sie als Geheimdossiers zwar die Politik einzelner Personen bestimmen, aber zu einer Beschreibung der Gesellschaft, die von der Gesellschaft als solche anerkannt wird, werden sie dadurch nicht. Sie leisten keinen Beitrag zur Identitätsbestimmung der Gemeinschaft.[118]

Gewiß hat das 16. Jahrhundert mit dieser Rigorosität noch keinen Zusammenhang zwischen den typographischen Medien und der politischen Willens- und Identitätsbildung hergestellt. Man beschäftigte sich mehr mit Öffentlichkeitskonzepten, die an Personen und Stände oder an soziale Institutionen, den Reichstag etwa, gebunden waren. Neben diesen repräsentativen Öffentlichkeiten existierte auch weiter das ›gemein geschrey‹ des Volkes als (orales) Medium der Willensbildung. Aber die Tatsache, daß das mediengestützte Konzept der öffentlichen Meinung nicht artikuliert wird, ändert nichts daran, daß es faktisch immer stärker das politische Handeln prägt – und die Vorstellungen über politische Konsensbildungen bestimmt. Trotz aller Rückschläge in den folgenden Jahrhunderten hat sich die ›Presse‹ ihre Bedeutung für die Politik nicht mehr nehmen lassen. Erst in der allerjüngsten Vergangenheit wird im Zuge einer allgemeinen Kritik an der Technisierung der Gesellschaft auch die Prämierung der technischen Kommunikation in Frage gestellt. Man empfindet als Mangel, daß alles, was an Entwürfen für die Gesellschaftspolitik Macht gewinnen will, als Beitrag für die typographischen bzw. nunmehr auch für die elektronischen Netze konzipiert werden muß. Als Alternative soll (wieder) die Rolle kleiner, durchweg oraler Systeme: sog. ›Basisgruppen‹, gestärkt werden. Selbst die Institutionalisierung von solchen kommunikativen Zusammenhängen wird mit Mißtrauen bedacht, u.a. weil sie immer geregelten Schriftgebrauch erfordert.

So selbstverständlich es uns heute ist, daß man gemeinsam über die typographischen Medien zu einer gesellschaftlichen, politischen und kulturellen Bewußtseinsbildung gelangen kann, so umstritten war dieser Gedanke noch in der frühen Neuzeit. Vielen erschien Meinungsstreit und Meinunsbildung in den ›öffentlichen‹ Medien kaum möglich und noch weniger erstrebenswert.

Ist der ›vffrour‹ gut?
Alte und neue Modelle über Meinungsstreit und gesellschaftliche Willensbildung

Die erste Hälfte des 16. Jahrhunderts ist bekannt für ihre heftigen ideologischen oder, wie es damals häufig hieß, ›reformatorischen‹ Auseinandersetzungen. Zumal unter den Predigern herrschte ›großer Zank‹. Viele gaben ihre Meinung in die Druckerpresse. Allenthalben wuchs die Sehnsucht, zu Einigungen über wichtige Fragen zu kommen.

Um dies überhaupt zu ermöglichen, hielten es manche für notwendig, mit ihren Schriften an die Öffentlichkeit zu treten. Weiter, so argumentierte eine Partei, ›sollte man die Schriften beider Parteien lesen, drucken und verkaufen, bis die Sache entschieden‹ sei.[119] Die andere Partei, darunter auch der Reformationsprediger Johann Eberlin von Günzburg, hielt diese Idee, die Entscheidung über den Wert oder die Wahrheit von Informationen dem Meinungsstreit und damit letzlich den Lesern / Käufern zu überlassen, für eine abgeschmackte ›Beschönigung‹. Ihre Funktion sei es einzig, den ›Abfall vom Glauben‹ zu verschleiern.[120]

Nicht anders argumentierte Thomas Murner. Nur sah er die Notwendigkeit, alternative Wege zur Lösung solcher Meinungsverschiedenheiten unter den neuen Bedingungen der typographischen Vernetzung vorzuschlagen. Sein Konzept freilich gerät eher zu einer nostalgischen Beschwörung der Konzilsbewegung und überkommener kommunikativer Gepflogenheiten.

In strittigen Fragen, in *›spennigen und hangenden Sachen‹*, steht es keiner Partei zu, so lautet die Maxime von Murner, *»ir eigen kuntschafft zuo publicieren.«*[121]

Vielmehr soll man in dieser Situation warten, bis ein Konzil oder eine andere anerkannte Instanz den Streit entschieden hat: *»Das ist aber mein radt / lassent zuo den sachen reden wer da wel / vff das die hochuerständigen des Conciliums uß reden und wyderreden / die warheit erkennen mogen / alß dan wellent und sollent wir irer erkentniß billig ston und on alle wyderreden volgen/.«*[122]

Murner argumentiert hier ganz in der Tradition des mittelalterlichen Approbationsprinzips: Bevor irgendwelche Meinungen weitergegeben, veröffentlicht werden, hat die kirchliche oder weltliche Obrigkeit zu prüfen, ob eine solche Verbreitung sinnvoll ist oder nicht. Und natürlich sind diese Zensurinstanzen gehalten, auf die Konsistenz der Informationen, ihre Übereinstimmung mit der Lehre zu achten. Wenn die Kirche Informationen weitergibt oder deren Weitergabe billigt, so ›sollen sie an keinem Ort lügenhaft gescholten werden‹. In diesem Sinne ermahnt Murner Luther: *»Auch pflegt die christenheit kein warheit von denen zuo lernen / die sie mit fillen vnwarheiten vermischet hendt ... Daru(m) seint der poeten biecher verbotten / Daru(m) schier alle Ketzer biecher in alte(n) zeiten / nit das nit warhaftigs darin begriffen were / aber daru(m)b dz sie die warheit mit lugin vermischet haben/.«*[123]

Nichts scheint Murner mehr Angst zu bereiten als die Vorstellung, daß in Zukunft kein Verlaß mehr auf die Bücher ist.

Nun hatte der Buchhandel dieses Konsistenzideal praktisch schon längst verworfen. Für jedermann sichtbar widersprachen sich viele Veröffentlichungen. Dies weiß Murner und ihm ist auch nicht verborgen geblieben, daß auch unter den Gelehrten Streit darüber herrscht, wie die richtige Lehre zu einzelnen Punkten lautet. Um diese Unklarheiten zu beseitigen, reicht eine einfache Approbationsinstanz nicht aus, sondern die Institution des Konzils muß wiederbelebt werden. Es soll die Funktion haben, beide ›Parteien‹ zu hören und dann in einer mündlichen Verhandlung zu entscheiden, welche Meinung recht und welche zu verwerfen ist. Diese Verhandlung soll hinter verschlossenen Türen erfolgen: *»Es soll«* nämlich, wie eine Überschrift in seinem Büchlein propagiert, *»in Sachen des glaubens nit vor der vngelernten gemein disputiert werden.«*[124]

Das Kommunikationsmodell, welches Murner hier vorschlägt, entspricht jenem einer Gerichtsverhandlung – oder eines als Gerichtsverhandlung geführten Konzils.[125] Dieses Modell, welches ausschließlich für die oralen Medien entwickelt wurde, soll nun auch auf die typographischen Netze übertragen werden. Anstatt seine Meinung ungehemmt gedruckt in alle Welt hinaus zu verkünden, solle Luther etwa besser eine Vorlage für ein Konzil erstellen und dann abwarten, wie dessen Urteilsspruch lautet.

Die Konzilsmeinung stellte in Murners Auffassung noch die einzig wahre öffentliche Meinung dar. Er hat nichts dagegen, daß die ›probierte‹ oder ›approbierte‹ Meinung im Anschluß dann auch durch den Druck verbreitet, verstärkt wird. In Luthers Konzept dagegen stellt die marktwirtschaftliche Verbreitung der Drucke keineswegs eine Verstärkung einer zuvor irgendwie approbierten öffentlichen Meinung dar, sondern die typographische Verbreitung ist selbst ein Beitrag zur Schaffung eben dieser öffentlichen Meinung.

Bekanntlich hat sich Murners Alternativentwurf nicht durchgesetzt. Er konnte nicht einmal sein eigenes Verhalten unter den Bedingungen der neuen Medien anleiten! Es war schon nicht mehr mit diesem in Einklang zu bringen, wenn Murner genauso wie der von ihm angegriffene Luther seine – ebenfalls ›spännigen‹ – Meinungen im Druck einer großen Öffentlichkeit unterbreitete. Murners Versuch, seine Propagandaschriften als einen Beitrag für die Diskussion auf einem einzuberufenden ›gemein concilium der Christenheit‹ hinzustellen, macht die Paradoxie, in die er mit seinen alten Argumenten durch die Verwendung der neuen Technologie gerät, nur noch deutlicher: Das Konzil sollte ursprünglich ja gerade verhindern, daß Meinungen wie die seine, noch dazu in der Volkssprache vorgetragen, Verwirrung unter den Gläubigen stiften.

Einer ganz anderen, positiven Einstellung zur Vielzahl der Informationen, die in den typographischen Netzen zirkulieren, sind wir schon bei Luther und Dürer begegnet. (Vgl. 5.4)

»Yetzunt zu disen gefährlichen letzten Zeyten«, so schätzt auch Otho Brunfels in seiner einschlägigen Propagandaschrift von dem ›evangelischen Anstoß‹ ein, findet ein Kampf der Meinungen statt.[126]

Die Vielfalt der Meinungen und die widersprüchlichen Aussagen leiten sich keineswegs aus teuflischen Absichten her, wie noch Eberlin oder Murner wähnen – nein, *»die Natur des Gotteswortes* [ist] *daß es Zweytracht macht«!* (Ebd. 2r)

Sogar ›um das Wort Gottes zu erkennen und es von Fabeln und menschlichem Tand zu trennen, gibt es kein gewisseres Zeichen‹ als eben diese ›Zweytracht‹. *»Dann wo es nit zweytracht macht / und wo jm nit wyrdt / ist es nit das rechte evangelium.«* (Ebd. 4v) Meinungsstreit ist ein Teil der christlichen Botschaft, so interpretierte Brunfels das Evangelium: *»soellich vffruor ist guot und christenliche.«* (2r) Dabei ist er keineswegs ein radikaler Schwärmer, die Gewalttaten der ›Aufruorer und Bundschucher‹ lehnt er, ähnlich wie Erasmus, mit pazifistischen Argumenten ab. Die richtige Meinung oder die wahre Aussage soll sich in einem freien Meinungsstreit und nicht auf dem Schlachtfeld durchsetzen, dort nämlich *»trifft* [es] *gemeynlich ee den unschuldigen dann den schuldigen.«* (15v)

Diese Befürwortung des Meinungsstreits auch mit den Mitteln von gedruckten und ›verkäuflichen‹ Büchern geht einher mit einer positiven Bewertung der Marktwirtschaft, des Prinzips der freien Konkurrenz und des Wettbewerbs um den Käufer. Sie unterstützt die rasche Ausbreitung der typographischen Technologie und sie wird auch im Fortgang des Jahrhunderts zur dominanten Ideologie. Die weitere Auseinandersetzung um die Informations- und Nachrichtenpolitik sowie über den Umgang mit den Folgen der neuen Technik unterstellt die eigenverantwortliche Einrichtung der Druckereien und die selbständige Auswahl von Informationen durch den Leser als den Normalfall.

Einen wichtigen Beitrag zur Ausgestaltung dieses Konzepts leistete der schon einmal erwähnte Flacianer Johann Friedrich Coelestin. (Vgl. 2.8)

Wenn schon der neue Markt nicht mehr in dem Maße überschaubar ist wie der Wochenmarkt oder die Kommunikationsbahnen in den Orden und den Universitäten, dann sollte man auch von der alten Kontrollmentalität Abschied nehmen, so befindet er in seiner Schrift *›Von Buchhendlern / Buchdruckern und Buchfuerern‹*.[127] Jeder Übertragung von Steuerungsprinzipien, wie sie in den mittelalterlichen skriptographischen Netzen üblich waren, steht er skeptisch gegenüber. Die Chancen einer dem Approbationswesen nachempfundenen Präventivzensur aller Drucke schätzt er gering ein.

Wer könnte es auch auf sich nehmen, alle Bücher, deren Anzahl sich, den Gesetzen der Rentabilität der neuen Maschinen folgend, beständig erhöhte, zu überprüfen? *»Das die Buchhendler nicht alle Bücher so sie Kauffen vnd verkauffen / durchlesen«* können, blieb auch Coelestin nicht verborgen. Er meint zwar, daß die Buchdrucker, Setzer und Korrektoren verstehen und beurteilen könnten, was durch ihre Werkstatt lief.[128] Doch selbst mit dieser Haltung entfernt er sich schon meilenweit von den überkommenen Approbationsprinzipien. Zweifellos waren die Drucker nach Amt und Ausbildung keine homogene Schicht. Mit ihrer Anzahl stieg die Verschiedenheit der Urteile. Was war damit letztlich gewonnen, wenn man sie als Zensoren einsetzte? Da war es dann schon folgerichtiger, die Beurteilung den Universitäten und kirchlichen Institutionen zu überlassen. Nur, wie sollte deren Aufsicht organisiert werden, wenn man die Drucker weiterhin als ›freie‹ Produzenten werken lassen und an der Ausweitung des Buchhandels auf marktwirtschaftlicher Grundlage festhalten wollte?

Die Praxis der verschiedenen Zensurbestrebungen hatte jedenfalls für Coelestin schon 1569 gezeigt, daß sich solche Kontrollen nur für relativ begrenzte Informationsbereiche einigermaßen wirkungsvoll durchführen ließen. Die radikale Folgerung, die aus dieser faktischen Abkehr von den Approbationsprinzipien für das Verhalten und die Wertvorstellungen der Menschen zu ziehen ist, deutet sich bei Coelestin an exponierter Stelle in seiner Vorrede an. Er fordert auf, *»die warheit nyt verlassen oder verschweigen / sondern dieselbe one alle schewe / muendlich un(d) Schriftlich bekennen vnd verteidigen«!* (Sp. 1591) Und er nimmt den Approbationsinstanzen aus der Hand, darüber zu entscheiden, was diese Wahrheit ist. Mit Berufung auf den Apostel Paulus propagiert er: *»Eyn yeglicher pruefe sein selbs werck«!* (Sp. 1592) Der Informationsfluß soll also der Selbstorganisation und -regelung der Beteiligten überlassen werden. Meinungen sollen, wenn denn der einzelne von ihrer Wahrheit überzeugt ist, auf den Markt gebracht und öffentlich verteidigt werden. Da es viele solcher Meinungen gibt, wird es auch viele Bücher und Kommentare geben. Welche ›Meinungsware‹ sich durchsetzt, darüber werden die Käufer entscheiden und zwar auch wieder selbst, autonom.

Mit dieser Argumentation wird der Wettbewerbsgedanke aus der Sphäre der übrigen Waren auch auf die Informationen übertragen. Wie das Handelsnetz überhaupt entscheidet auch das typographische Netz als ein kompliziertes Gefüge von Instanzen, die sich selbst, d.h. ohne den Eingriff einer externen, steuernden Macht, regulieren. Dieses Bild steht dem kommunikativen Grundmodell des Mittelalters, der Verkündigung, diametral entgegen. Dort gab es einen zentralen Verteiler/Verkünder, Gott, den Papst, die Ordensoberen usw. und die Informationen liefen auf vorgezeichneten Bahnen von ihm zu den Empfängern. Nunmehr existieren weder ein zentraler Verteiler noch überschaubare, vorgezeichnete Bahnen. Die Logik des Marktes nötigt zudem dazu, das Angebot an Informationen und die Zahl der Anbieter beständig zu erhöhen: Mit der Vergrößerung des Angebots steigern sich nicht nur die Auswahlmöglichkeiten, die Informationen werden auch wohlfeiler und damit für noch mehr Abnehmer zugänglich.

Das sich hieraus entwickelnde Konzept des ›Fortschritts‹ und der ›künstlichen Besserung‹ wurde schon in einem eigenen Abschnitt geschildert. Hier soll noch einmal auf die Veränderungen in der Moral oder der ›Mentalität‹ der Menschen aufmerksam gemacht werden, die das neue Kommunikationsmodell produzierte und voraussetzte. Murner war, wie wir gesehen haben, die Vorstellung ganz unerträglich, daß der einzelne mit einem Konglomerat von richtigen und falschen Informationen konfrontiert werden könnte und daß er dann, alleingelassen, selbst für sich entscheiden muß, welche Erkenntnis er übernimmt.

Der ›Inspektor eines Nonnenklosters von Tourraine‹, Gabriel Putherbeus, hatte sich schon 1549 in einer umfangreichen Schrift, die sich mit den Problemen der Veröffentlichung und des Datenschutzes unter den Bedingungen des Buchdrucks beschäftigt, von diesen Vorbehalten und Ängsten gelöst.[129]

Von den Käufern und Lesern erwartet er einen *»geübten sinn vnnd verstand«*, um *»zu vnderscheiden das boeß von dem guten«.*[130] Nicht Glauben, sondern kritische Urteilskraft, die Fähigkeit, die Ware zu wägen, sie gegebenenfalls zurückzulegen und sich selbst eine andere auszusuchen, wird nunmehr gefordert. *»Darumben sollen wir alles was wir lesen / wol erwegen / vnnd nichts ehe annemen / biß wir gruendlich wissen, daß solches recht vnd gut« ist*, heißt es in seinem Werk weiter. (Ebd.: 96)

Bis sich bei den Lesern eine solche kritische Haltung, die ja immer auch Mißtrauen gegen die Werke von ehedem verehrten Autoritäten nach sich zog, einstellte, mag es einige Zeit gedauert haben. Immer wieder weisen die Autoren im 16. Jahrhundert ausdrücklich darauf hin, daß die Leser die Freiheit besitzen, selbst zu entscheiden, was sie von den angebotenen Informationen annehmen wollen und was nicht.

»Was guot ist«, so schreibt etwa Helias Meichsner, sollen die Leser aus seinem Buch *»(wie* [es] *die edlen binlin* [Bienen] *thuon) daruß sugen* [saugen] / *was aber vnzierlich / oder vo(n) mir vß einfeltigkeit vnderlassen«*, das sollen sie meiden bzw. aus anderen Quellen schöpfen.[131] Auch

Fabian Frangk bittet seine Leser, nur das, was in dem Buch *»guots ist / anzunemmen / was boesz / zuuermeiden«.*[132]

Die Autoren beanspruchen nicht, daß alles, was sie schreiben, für jeden Leser ›gut‹ ist. Der Leser wird von der Pflicht entbunden, alle gelieferten Informationen abzunehmen oder ihnen zuzustimmen. Man erwartet von vornherein keinen Konsens, sondern richtet sich mit einer Kommunikationssituation ein, in der allen Beteiligten Selektionsfreiheit zugestanden wird. Eine solche Grundhaltung galt für die wenigsten traditionellen technisierten Kommunikationssituationen und sie gilt auch fürderhin nicht überall, z. B. nicht in der institutionellen Kommunikation. Über den Umweg der Emanzipation der Produzenten und Konsumenten von anderen Waren erhalten auch die Sender und Empfänger typographischer Informationen Freiraum und Eigeninitiative zugestanden.

Nach der mittelalterlichen – und Murners – Ideologie mußte nicht nur die Information, sondern auch der Autor approbiert sein: ›niemans soll predigen, er sei dann gesendet und dazu verordnet‹, so hatte Murner einen Abschnitt in seiner ›Brüderlichen Ermahnung Luthers‹ überschrieben. Und die Sendung oder *»die rechtfertigung d(er) prediger* [stodt] *billich zuo der oberkeit«*, der kirchlichen Institution nämlich.[133] Murner mochte sich nicht vorstellen, daß man anders denn als Repräsentant einer Institution im Auftrag dieser Institution etwas einem weiteren Kreis mitteilen kann. Als Ausnahme akzeptierte er nur die Propheten. Diese *»beweissen ire lere / vn(d) das sie von got gesandt warent«* nämlich, *»durch wund(er)zeichen«*. (a. a. O.) Aber solche Wunderzeichen kann der normale Benutzer der Drucktechnologie und selbst Luther nicht vorweisen. Ohnedies müßte erst die Kirche in einem langwierigen Verfahren darüber entscheiden, ob etwaige ›Zeichen‹ tatsächlich Ausdruck göttlicher Wunderzeichen sind oder nicht.

Akzeptierte man die marktwirtschaftliche Dynamik, so mußte man Autoren auch ohne Wunderzeichen das Recht zugestehen, ihre Meinungen zu verbreiten und damit selbst darüber zu entscheiden, was von ihrem Wissen an die Öffentlichkeit gelangte. Man traute ihnen damit freilich nicht nur Kritikfähigkeit, sondern mutete ihnen auch Selbstzensur zu.

Coelestin setzte in seinem Entwurf letztlich ähnlich wie Luther auf die ›Innensteuerung‹ und damit auf das Gewissen als Instrument der ›bürgerlichen policei‹. So schließt er denn sein im Titel an die ›Buchhendler / Buchdrucker und Buchführer‹ adressiertes Memorandum mit dem Hinweis auf die ›Herzen und Gedanken‹ aller Verantwortlichen, sowohl der Benutzer des typographischen Systems als auch der Obrigkeit, ab: *»Der Allmechtige ewige Gott / der aller menschen hertzen vnnd gedancken lencket / wie er wil / vnd mercket auff alle jhre werck / der woelle vmb Christi vnd seiner lieben Kirchen willen / auch aller Regenten / Buchdrucker vnd Buchfuehrer hertzen durch seinen heiligen Geist / zu warer erkantnis jhrer suenden / vnnd seines einigen Sohns Jhesu Christi erleuchten / leiten vnd regieren / auff das sie* [selbst!] *pruefen moegen / welches da sey der gute / der wolgefellige / vn(d) der volkom(m)ene will Gottes / vnd demnach all jr thun vn(d) leben dahin richten / damit es jme gefalle / vn(d) der lieben Christenheit dienstlich vnd foerderllich / nicht schedlich oder hinderlich sein moege / Amen.«* (op.cit.Sp 1624)

Während die Approbation früher den Autoren die Verantwortung für ihr Werk abgenommen hatte, so wird in Zukunft jeder Zensur eine solche Entlastungswirkung abgesprochen. Die neue Moral verlangt, daß ein jeder selbst prüft, was gut und was von Übel ist und daß er sein Handeln in Einklang mit dieser Gewissens- oder Gedankenentscheidung bringt.[134]

›Es ist die gantz welt auff keuffen und verkeuffen gericht‹: Die Diskussion um die Übernahme ökonomischer Regulationsprinzipien für die Informationserzeugung und -verteilung

In diesem Kapitel wurde die Ansicht vertreten, daß die typographischen Netze in das marktwirtschaftliche System eingeordnet werden. Diese These ist nicht neu, sondern sie wird von vielen Autoren auch schon im 16. Jahrhundert aufgestellt. Das spricht zumindest für ihre Wirksamkeit im gesellschaftlichen Handeln und Erleben jener Zeit.

Johann Eberlin von Günzburg und seine Anhänger und Widersacher begnügen sich freilich nicht mit einer kommentarlosen Beschreibung der bestehenden Verhältnisse. Sie werten das

Geschehen, lehnen es ab und machen Besserungsvorschläge. Oder sie suchen nach Vorzügen und Legitimationen für die neuen Formen der Informationsproduktion und -verteilung, die so sehr von den mittelalterlichen Gepflogenheiten abweichen. Günzburg erschien die neue Ökonomie nicht nur als eine ›Welt‹, die ganz *»auff keuffen und verkeuffen* [aus]*gericht«* ist, er fügt auch sogleich mit unverhohlenem Mißmut hinzu, daß in dieser Welt *»weder trew noch glaub gehalten wirt«.*[135]

Die traditionellen Handlungsmaximen, die für ältere Wirtschaftsformen und in herkömmlichen Institutionen Geltung besaßen, wurden durch die Spielregeln der ›finantzerey‹ überformt. Indem nun die Buchdrucker und Buchhändler ebenfalls nach den Prinzipien der Geldwirtschaft handeln, verändert sich auch ihre Moral. Sie werden ›herzlos‹ und unchristlich, wie Günzburg vermutet. Johann F. Coelestin drückt es zunächst nüchterner aus: Ihr *»beruff und ampt«* ist es, *»Buecher* [zu] *drucken / verlegen / Kauffen und Verkauffen / vnd sich vnd die Jhrigen dardurch zu ernehren«.*[136] Und natürlich konnte man in diesem Geschäft nicht mehr auf Handlungsantriebe und Moralvorstellungen vergangener Zeit Rücksicht nehmen, wenn man Erfolg haben wollte. Sowenig wie ein Schlachter nur diejenige Wurst verkaufen kann, die er selber gerade gerne ißt, sowenig können es sich die am Buchgeschäft Beteiligten leisten, nur diejenigen Informationen zu verarbeiten und vertreiben, die sie selbst für ›gut‹ halten. Dies unterscheidet die Agenten in den typographischen Netzen grundsätzlich von den Kommunikationspartnern in alltäglichen Gesprächen.

»Solte jch«, läßt Coelestin deshalb einen Buchdrucker in einem Dialog sagen, *»nur gute Euangelische Buecher / Geseng / vnnd Brieffe drucken / Kauffen vnd feil haben / jch vn(d) mein Weib / Kindt vnd Gesinde wuerden schmale Suppen darbey essen.«* (a. a. O.)

Wenn man gegen diese Einsicht argumentieren wollte, dann müßte man gegen die Triebkraft der neuen Wirtschaftsordnung, die Kapitalakkumulation und Gewinnmaxierung, zu Felde ziehen. *»Allhie leit der rechte Hund begraben«*, erwidert deshalb Coelestin in seiner Mahnschrift an die Buchhändler, Buchdrucker und Buchführer: *»Dann darumb ist es euch Gotlosen Geitzhelsen allein zuthun / vnnd dahin ist auch all ewer drucken / verlegen / Kauffen vnd verkauffen / rennen vnd lauffen gerichtet / Nemlich nicht das jhr darmit Gottes ehr vnd der*

Kirchen oder des nechsten nutz zusuchen vnd zu fordern gedechtet / welches euch vnnd ewers gleichen nie in sinn kommet / sondern damit jhr dem Bauch dienen / Geldt vnnd gut erschinden vnnd reich werden moeget.« (a. a. O.)
In der Tat, Geld und Gut zu ›erschinden‹, das macht die Logik des bürgerlichen Wirtschaftens aus. Mit diesem Mechanismus mußte sich jedermann, Handwerker, Obrigkeit und vor allem natürlich die Vertreter der Kirchen, auseinandersetzen. Aber diese Auseinandersetzung bleibt merkwürdig halbherzig. Man kritisiert, wie Luther 1524 in seiner Schrift ›*Von Kaufhandel und Wucher*‹, einzelne Ausprägungen oder Folgen des neuen Wirtschaftens, aber man richtet sich letztlich mit dem neuen Programm ein.[137]
Die Diskussion dreht sich im wesentlichen um die Frage, wie der Markt zu instrumentalisieren sei: zur Ehre Gottes, zum Nutzen einer Gemeinschaft oder zum privaten Nutzen. Und man sucht nach Legitimationen dafür, daß man sich an dem neuen Geschäft beteiligt.
Die Buchdrucker und -händler verteidigen sich nicht anders als ihre Handwerkskollegen in anderen Sparten. Dem Vorwurf, daß sie durch das Dazwischenschalten des anonymen Marktes keinen Einfluß mehr darauf nehmen können, wer die Ware kauft, begegnen sie mit dem Hinweis, daß alle, auch die Käufer, frei und eigenverantwortlich sind: *»Darzn* [dazu] *was kann jch dafuer / dass ein ander boese buecher kaufft vnnd dardurch geergert vnnd verfuehret wird / oder derselben zu seinem vnnd ander lent* [Leute] *Schaden mißbraucht: Jch heisse es jn* [ihn] *nicht / so verkauff jchs jm* [ihm] *auch darumb nicht / gleich so wenig als ein Messer oder Buechsenschmitt dafuer kan/ dass mancher durch die von jm erkauffte Wehr und waffen sich selbst / oder ander leut moerderisch vmbbringt.«*[138]
Diese Argumentation taucht im 16. Jahrhundert immer wieder auf, wenn es um die Verantwortung der Autoren und/oder Verleger für ihre Waren geht. Mediziner schützen sich so gegen den Vorwurf, den Laien tödliche Gifte in die Hände zu geben, Militärschriftsteller legitimieren so die Vermittlung von Strategien und Waffenkenntnissen, die größtes Unheil anzurichten vermögen. Man geht von der Autonomie des einzelnen, auch und gerade wenn er in Gestalt eines Käufers und Lesers auftritt, aus – und verstärkt diese dadurch auf Dauer.
Einem solchen Übergang zur Selbstregulation zuzustimmen, fiel

den Vertretern der Kirchen begreiflicherweise schwerer. Eberlin von Günzburg wertete noch zu Beginn der zwanziger Jahre die Tatsache, daß die Buchdrucker die Waren für ihre Kunden nicht vorzensieren, als eine Verirrung des Gewissens: *»Sihe zu, wie vnbedacht fallen die Drucker auff, die buecher oder exemplar, vngeacht ob ein ding boeß oder gut sey, gut oder besser, zimlich oder ergerlich, sie nemen an schantbuecher, bulbuecher, yhuf lieder, vnd was fur die hand kompt vnd scheinet zutreglich dem seckel, dardurch deren leser gelt geraubt wirt, die syn vnd hertzen verwust, vnd vil zeit verloren ...«*[139] Er möchte die Verleger in die Pflicht nehmen. Aber diese haben die Verantwortung für das ›Herz‹ ihres Nächsten längst abgelehnt: *»Also handlen sie wider yr eygen hercen ... aber eigner nutz sie treibt hin vnd her, darumb wirt zu letzt yr ehr zu schanden, dan sie seind nicht nach Christo aber yrdisch gesinnet.«* (ebd. 161/2) Die Unterordnung der Kommunikation und anderen Handelns unter die Gesetze des Marktes mag der Reformationsprediger nicht leiden. Der *»bauch ist yr got«*, klagt er weiter, *»sie suchen gelt vnd gut durch gottis wort«*. (ebd. 162) Damit wird ihm die Hierarchie auf den Kopf gestellt, die christliche Botschaft erscheint als Ware, die dem Profitstreben unterworfen ist. Aber was sollte er gegen die Entwicklung unternehmen, die er hier so plastisch beschrieb? Die ›sündigen‹ Buchhändler funktionieren nur als Rädchen im Wirtschaftsleben. Ihm bleibt nur die Drohung und der Appell an das Gewissen: Das *»mag got nit leiden, sondern er verhengt, das solch leuth von yr geitz wegen yrr gehn vom glauben, vnnd mengen sich vnnder viel schmertzen«*. (a. a. O.) Die Verschiebung der Ehr- und Wertbegriffe ließ sich mit solchen Reden nicht mehr aufhalten. Neben die Gesetze der himmlischen Ordnung sind neue Leitbilder der irdischen Ökonomie getreten. In dem Maße jedoch, in dem diese für die Beobachter und Autoren faßbar werden, haben sie sich auch schon als Handlungsmaximen in der Gesellschaft durchgesetzt.

Aus Coelestins Klagen gegen ›die Welt des teuflischen mörderischen Geizes der gottlosen Buchdrucker und Buchführer‹ hört man eine Generation später die Resignation überdeutlich heraus. *»Dann yedermann fuer augen hat / wer es anders sehen will vnd kann / was dieser Papirene Geitz Teuffel der lieben Christenheit fuer vnseglichen schaden gethan / vnnd noch teglich thue / vnd gehet doch so still vn(d) sicher daher / das es niemand merkt oder merken will«*.[140]

Hinter dem Rücken der Akteure hat sich unbemerkt die neue Ideologie, die den Erwerb materieller Güter prämiert, durchgesetzt. Die Sorge um das Seelenheil ist dabei auf leisen Sohlen für diejenigen, die sich an der Marktwirtschaft beteiligen, in das zweite Glied zurückgetreten. Coelestin hat sich mit dieser Tatsache im Prinzip abgefunden. Zwar droht er noch jenen, die durch ›finantzerey reich werden wollen‹, damit, daß sie ›in Versuchung und Stricke‹ fallen und daß es um ihre Aussichten am ›Todbette oder jüngsten Tage‹ schlecht bestellt ist. (ebd., Sp. 1602-1604) Aber sein Hauptaugenmerk ist darauf gerichtet, auch die positiven Effekte der neuen Marktmechanismen und der neuen Ideale zu ergründen, das Beste aus den gegebenen Verhältnissen zu machen. Sein nüchterner Blick auf die Realitäten im zweiten Drittel des 16. Jahrhunderts hatte ihn überzeugt, daß die neuen Informationssysteme schon in einem solchen Maße mit ›ketzerischer‹ Literatur angefüllt sind, daß ein Verbot des Drucks ›falscher‹ Meinungen den Schaden nicht mehr aufzuhalten vermag. (*vgl. Abb. 22*)

Im Gegenteil, um gegen diese ›Irrlehren‹, die sich in den Köpfen der Menschen schon eingenistet haben, zu Felde ziehen zu können, bedarf es der typographischen Waffen. So konzentriert er sich in seiner Schrift darauf, Vorschläge darüber zu entwickeln, wie die Gesetze des Marktes im speziellen Fall der Informationsverarbeitung und -verbreitung in Zukunft durch politische Steuerungsmaßnahmen und vor allem durch eine Veränderung der Wertvorstellungen der Menschen zu modifizieren sind. Im Stile der Aufklärung fordert er dazu auf, als ›falsch‹ erkannte Lehrmeinungen und ›schwärmerische‹ Literatur zu kommentieren, sie abzudrucken, aber zugleich ihren antichristlichen Gehalt aufzudecken:

»Demnach do ein Christliche Obrigkeit oder sonst christlicher lehrer Buchdrukker oder Buchführer eines vmbschweiffenden Ketzers oder Schwermers Buecher der meinung drucket oder drucken ließ / damit die leut fuer desselben jrthumb vnd Gotslesterung verwarnet vnnd verwaret wuerden / were solchs nicht allein nit vnrecht / sondern ein hochnoetig / nuetzlich vnd loeblich gut werck / vnd sonderlicher Gottesdienst. Es muste aber ein Christliche reine widerlegung / oder zum wenigste(n) ernstliche vnd noetige verwarnung daran zugleich mit gedruckt werden. Sonst ohne das wuerde es mehr schaden thun / dann nutz schaffen.«[141]

Werbung für Werke, die Irrmeinungen enthalten, sollte allerdings nicht getrieben werden. In dieser Absicht schärft er dem Buchhändler ein, daß er solche kommentierte *»Buecher nicht vnter andere gute reine Buecher mische / vnd offentlich feil habe / vnnd jederman anbiete vnd verkauffe / sondern an einen ort verstecke / vnd denen allein (wie gesagt) widerfaren lasse / die derselben one schaden brauchen koennen. Vnd folge hierinnen dem Exempel Christlicher verstendiger Apotecker / dieselben ob sie wol in jhrer Apotecken allerley Specereyen gut vnd boeß haben / jedoch so geben vnd verkauffen sie nicht jeden / der es begeret / Gifft vnd Huetrauch / oder dergleichen schedliche Materien / sondern denen allein / die sie kennen / vnd wissen wie und warzu sie dieselben brauchen wollen.«* (ebd. Sp. 1615/16)

Es gibt also doch noch einzelne, wenn auch minimale Steuerungsmöglichkeiten für die Buchhändler. Sie haben Einfluß auf ihr Sortiment und sie können durch Werbung oder Unterlassung derselben einzelne Informationen in den Vordergrund stellen oder der Aufmerksamkeit entziehen. Wie der Vergleich mit den Apothekern aber zeigt, befinden sich die Agenten des typographischen Netzes mit diesen Möglichkeiten in keiner anderen Lage als die Händler in anderen Bereichen. Zwar ist man auch gegen Ende des 16. Jahrhunderts über den Einbau der typographischen Informationserzeugung und -verteilung in den Markt nicht glücklich – aber man sieht keine Alternative hierzu. Diese Haltung schließt natürlich nicht aus, daß sich immer wieder Widerstände gegen die typographische Veröffentlichung entwickeln.

5.7
›Die Sprache in Regeln fassen‹

Die Entwicklung einer Kunstsprache für die typographischen Kommunikationssysteme

In allen Informations- und Kommunikationssystemen sind geeignete Kodierungsformen von Informationen eine Voraussetzung für einen reibungslosen Ablauf der Informationsverarbeitung und -verbreitung – und zugleich auch deren Folge: Je länger die Systeme arbeiten, um so größer ist die Möglichkeit einer Auswahl und Regelung der verschiedenen Kodierungsformen. Wenn es zu einer einigermaßen stabilen Systembildung gekommen ist, dann verfügen die Prozessoren und Sender/Empfänger über gleiche oder ineinander übersetzbare Sprachen. Die Eigenschaften der – mehr oder weniger technisierten – Medien: Luft, Licht, Ton, Pergament, Papier, Chips u. a. stecken dabei einen Rahmen für die Kodierungsmöglichkeiten ab.

Die im Zeitalter des Buchdrucks in Europa geschaffenen Sprachen erweisen sich letztlich als Kodierungsanweisungen für die Informationsspeicherung und -verbreitung in den neuen, nationalen typographischen Systemen.[142] Da es sich hierbei um technologische Systeme handelt, die eine komplizierte Technik in Anspruch nehmen müssen, werden auch die Sprachen in hohem Maße von diesen ›künstlichen‹ Anforderungen geprägt. Sie sind dies jedenfalls weit stärker, als es für die mündliche Rede in den oralen Kulturen und für das Schreiben in den meisten skriptographischen Systemen der Fall gewesen ist. Man bezeichnet die neuen Sprachen wegen ihrer Zurichtung auf die technischen Parameter denn ja auch zutreffend als ›Kunstsprachen‹ (Schottel) und in jüngerer Zeit als ›Standardsprachen‹.[143] Erst im Zuge der Entwicklung einer neuen Generation von technologischen Informations- und Kommunikationssystemen gewinnt diese Standardsprache gegenüber den für die neuen Systeme geschaffenen Computersprachen wieder an Natürlichkeit. Aber diese ›Renaturalisierung‹ bewegt sich letztlich nur auf der Ebene ideologischer Urteile.

Den Anstoß zur Entwicklung der Standardsprache geben technische Neuerungen und ihre gesamte Evolution ist das Ergebnis sozialer Reflexionstätigkeit. Dabei greift man selbstverständlich auf die Kodesysteme zurück, die im 15. Jahrhundert benutzt wurden: die lateinische Schriftsprache der Kirche und der Universitäten, schriftliche Varianten der Volkssprache, die sich in den Kanzleien und für den Hausgebrauch herausgebildet hatten und natürlich auch die Dialekte, die in den oralen Kommunikationssystemen verwendet werden.

Alle Standardsprachen sind zunächst und notwendig Standarddruck(schrift)sprachen. Sie müssen die Arbeit der Autoren, der Setzer und der Leser von gedruckten Büchern anleiten. Das erfordert, daß man die technische Ausstattung des Typographeums berücksichtigt.

Die grundlegende Neuerung, die Gutenbergs Maschinerie in Opposition zu den Skriptorien stellt, ist die Technisierung des Zeichensystems, welches beim Kodieren der Informationen verwendet wird. Das Zeichensystem wird in Blei materialisiert und als Lettern in dem Setzkasten abgelegt. Das Zeichenrepertoire und damit ein wesentliches Element des Sprachsystems ist also aufgrund dieser durch die Technik vorgegebenen Ausgangslage von vornherein objektiviert.[144] Es besteht nicht nur in den Köpfen der Kommunikationsteilnehmer, wie dies in den oralen Kulturen ganz üblich war. Es kann deshalb nicht mehr beliebig verändert und erweitert werden, wie dies selbst in den Skriptorien immer wieder der Fall gewesen ist. Dies führt zu einer bis dahin ganz ungewohnten Standardisierung der Phonem-Graphem-Beziehungen. Das Zeichenrepertoire wird deutlich verringert, die Abkürzungen und Ligaturen, Markenzeichen guter Schreiber, werden zurückgedrängt.

Die Arbeit des Setzers besteht darin, einzelne Lettern aus einem endlichen Speicher, dem Setzkasten, zu nehmen und diese dann miteinander zu verknüpfen. Und diese Aktivitäten werden von den Schreibern antizipiert und von den Lesern nachvollzogen.

Wie bei jeder maschinellen Großproduktion setzt auch in den Druckereien ein Prozeß der Standardisierung ein, der die Produktion von Büchern verbilligen und Kompatibilität – z. B. bei Nachdrucken – sichern soll. Man reflektiert dazu die Regeln, nach denen die Buchstaben miteinander verknüpft werden und kommt so schrittweise zu einer Normierung der Morphologie. Daneben müssen Algorithmen für die Verknüpfung der Worte und dieser zu größeren Texteinheiten gebildet werden. Alle diese Regeln sollten so formal als eben möglich angesetzt werden, damit ihrer Anwendung auf die Vielzahl ganz unterschiedlicher Informationstypen, die in den Druckereien verarbeitet werden, nichts im Wege stand. Man bemühte sich um eine einheitliche ›*Orthotypographia*‹, wie der Titel eines einschlägigen Werkes lautet.[145]

Die mittelalterlichen Sequenzierungsregeln waren demgegenüber weitgehend von inhaltlichen und ganz unterschiedlichen rhetorischen und stilistischen Kriterien geprägt. Der Geltungsbereich von Interpunktionszeichen und -regeln ist temporal, funktional und personal begrenzt. Zumal in den volkssprachlichen Manuskripten kommt ein formaler Satzbegriff selten zur Anwendung.

Die Kodifizierung der Kodeelemente und ihrer Verknüpfungsregeln in den ›Kodemanuals‹ des 16. Jahrhunderts (und später) wird zusätzlich motiviert durch die Anforderungen der weiträumigen geographischen und sozialen Vernetzung sowie durch die an die Texte gestellte Anforderung, auch über lange Zeiträume hinweg ›lesbar‹ zu bleiben.

Die Benutzerfreundlichkeit der Kodesysteme bestimmt zu einem gut Teil die Verkäuflichkeit der Bücher. Und da deren Verkauf – anders als in den skriptographischen Systemen – erst die Dynamik des neuen Kommunikationssystems hervorruft, müssen schon externe Größen intervenieren, wenn es nicht zur Schaffung einer einfachen Schriftsprache kommen soll. Da solche politischen und kulturellen Interventionen in allen Ländern die Regel gewesen sind, haben sich nicht nur verschiedene, sondern auch unterschiedlich leicht zu lernende Sprachen herausgebildet.

Auf die Einzelheiten dieses Vorgangs soll in einer gesonderten Arbeit eingegangen werden. Hier kommt es zunächst nur darauf an, die Abhängigkeit der modernen Standardsprachen von den Kommunikationssystemen und den technischen Medien in Erinnerung zu rufen. Den Menschen im 16. und 17. Jahrhundert war diese Abhängigkeit noch ganz evident.

Wenn sich Gelehrte und Praktiker wie J. Kolroß, F. Frangk, V. Ickelsamer, H. Meichsner, O. Fuchsperger, P. Dasypodius, J. Schöpper, J. Maaler, Chr. Walther und selbstverständlich auch

Luther hinsetzten und Vorschläge für eine mögliche Normierung einer Kunstsprache erarbeiteten, so richteten sie ihr Augenmerk immer auf die Anforderungen des Buchdruckes. Weder für die mündliche Kommunikation noch für das Schreiben von Privatbriefen wollten sie Regeln setzen. *»Wo aber bekante gutte gesellenn odder freundt / als Kauffleute und andere / aus verwilligung / odder gewonheit zesamen schrieben / ... den wollen wir hier kein gesetz geben habenn«*, betont Fabian Frangk ausdrücklich in seiner ›*Orthographia*‹.[146]
Ebenso wie die Normen der mündlichen Rede durch diese selbst weitergegeben werden, wie sich die Normen der Schreibsprache durch handschriftliche Exempel und einige wenige ebenfalls handgeschriebene ›Grammatiken‹ tradieren, so werden auch die Normen des typographischen Kodes festgelegt. Autoren und Drucker nehmen andere Drucke als Vorbild für ihre Texte. Gegenüber früheren Zeiten hat sich allerdings das Bedürfnis nach einer beständigen Reflexion der Kodierungsnormen und nach einer verbindlichen Kodifizierung derselben gesteigert. *»Alle Nation haben«* in der frühen Neuzeit damit begonnen, *»yhre zungen vnd sprache ynn regeln«* zu fassen, bemerkt Johann Agricola und fordert die Deutschen auf, es ihren Nachbarländern gleichzutun.[147]
Kommunikation und Informationsverarbeitung in den neuen Systemen sind so komplex geworden, daß es spezieller Handbücher, vor allem Grammatiken, Wörterbücher, Stilistiken und Beschreibungslehren, bedarf, um die Benutzer anzuleiten und jeweils auf dem neuesten Stand der Entwicklung zu halten. An dieser Aufgabe differenziert sich langsam die Berufsgruppe der Sprachgelehrten heraus. Ihr Sprachbegriff wird in den folgenden Jahrhunderten immer stärker durch die Strukturen des typographischen Mediums, vor allem der ausgedruckten Texte, geprägt. Sprache erscheint ihnen als System von endlichen und sehr begrenzten Zeichen und Verknüpfungsregeln, die in den Köpfen der Menschen ähnlich gespeichert sind wie die Lettern in den Setzkästen der Druckereien und wie die Worte und Regeln in den ausgedruckten Lexika und Grammatiken.
Mit der wünschenswerten Klarheit wird diese Position am Beginn der modernen Sprachwissenschaft von Ferdinand de Saussure formuliert: *»Die Sprache besteht in der Sprachgemeinschaft in Gestalt einer Summe von Eindrücken, die in jedem Gehirn niedergelegt sind, ungefähr so*

wie ein Wörterbuch, von dem alle Exemplare, unter sich völlig gleich, unter den Individuen verteilt wären. Sie ist also etwas, das in jedem einzelnen von ihnen vorhanden, zugleich aber auch allen gemeinsam ist und unabhängig von dem Willen der Aufbewahrer.«[148]

Diese Zurückführung ›individueller‹ Bedeutungen auf ein standardisiertes Buch entspricht dem Verhältnis zwischen den ausgedruckten Texten und der typographischen Druckform.

Der strukturalistische Sprachbegriff de Saussures und seiner Nachfolger trägt den Eigentümlichkeiten der typographischen Informationsspeicherung und -tradierung vorzüglich Rechnung.[149] Weniger gut genügt er den Anforderungen der Modellierung der oralen Kommunikation und, wie die Bewegung hin zu einer prozeduralen oder ›prologischen‹ Grammatik, zur Situations-Semantik u.v.a.m. zeigt, stellt auch die elektronische Daten- und Sprachverarbeitung andere Erfolgskriterien.

Erst gegen Ende des 18. Jahrhunderts fanden die Regeln der Standardsprache auch Eingang in die ›gebildete Konversation‹. Das Prestige der muttersprachlichen Literatur färbte auf einige wenige orale Kommunikationssysteme ab. Eigentlich erst im 19. Jahrhundert beginnt dann die tiefgreifende Umstrukturierung der ›gesprochenen Sprache‹ nach den Normen des (druck)schriftlichen Kodes. Die Standardsprachen erhalten in Deutschland und in einigen anderen Ländern Europas eine mündliche Variante, die in Konkurrenz zu den Mundarten tritt.[150] Im Zuge dieses Prozesses wenden dann auch die Gelehrten ihre Aufmerksamkeit zunehmend den Eigenarten der Mundarten und den Regeln der mündlichen Rede zu.

Von der Kommunikations- zur Sprachgemeinschaft: Die Prämierung des typographischen Kodes

Es ist eine historische Tatsache, daß sich im Europa der frühen Neuzeit unterschiedliche nationale Informations- und Kommunikationssysteme herausbilden und daß diese mit jeweils unterschiedlichen Kodes arbeiten.

Neben den politischen und kulturellen Rahmenbedingungen wird dies damit zusammenhängen, daß die aufgrund des Entwicklungsstandes der typographischen Informationstechnologie erreichbaren Speicherkapazitäten und nachrichtentechnischen Infrastrukturen größere Systembildungen nicht sinnvoll erscheinen ließen. Jedenfalls entwickelte man keinen allgemeinen europäischen Kode für den Buchdruck, sondern eine Vielzahl von nationalen Sprachen. Die typographischen Kodes gewannen dann freilich im nationalen Rahmen rasch eine dominante Funktion gegenüber den oralen und skriptographischen Kodierungsformen. Das Lateinische als ›lingua franca‹ der mittelalterlichen skriptographischen Kommunikationssysteme verliert im typographischen Medium im 16. Jh. viel von seiner Bedeutung. (Vgl. Abb. 54a, S. 508) Statt wie im Mittelalter mit einer Vielzahl von getrennten Kodesystemen nebeneinander zu arbeiten, bemühte man sich um eine multifunktionale Sprache. Die einzelnen Fachsprachen und die Mundarten erscheinen den Menschen nur als eine funktionale Spezifizierung einer einheitlichen Supersprache – die im wesentlichen mit dem typographischen Kode gleichgesetzt wird. Man kann dies als eine Ausprägung des für den sozialen und politischen Bereich schon gut beschriebenen Phänomens des Übergangs von einer segmentären und stratifikatorischen hin zu einer funktionalen Differenzierung betrachten.[151] Sprachen stehen nicht mehr nebeneinander oder addieren sich, wie sich die mittelalterlichen Städte zu Städtebünden zusammenschlossen, sondern man ist davon überzeugt, daß die verschiedenen Dialekte und Fachsprachen aus einer ›Ur-‹ oder Nationalsprache hervorgehen. Schichtspezifische und professionelle Kodierungsformen erscheinen eher als eine Respezifikation der allgemeinen Norm der nationalen Standarddrucksprache.

Die für die typographischen Systeme geschaffenen Kodierungsformen wurden in allen europäischen Ländern in einer ganz außergewöhnlichen Weise sozial prämiert. Anscheinend ließen sich an diesen Sprachen die Individualität und die Grenzen der Gemeinschaften besonders gut festmachen. Jedenfalls avancierten sie in den europäischen Kernländern zum Symbol der Einheit, zum Totem der neuen sozialen Systeme. Schon im Prolog der ersten volkssprachlichen Grammatik, die für die Zwecke druckschriftlicher Kommunikation geschaffen wurde, der ›Grammatica de la lengua castellana‹ (Salamanca 1492), schreibt Antonio de Nebrija: *»Immer war die Sprache Gefährtin des Reiches, und sie folgte ihm in der Art,* *daß sie zusammen begannen, aufstiegen und blühten, und danach war beider Sturz miteinander verbunden.«*[152]

Dieser in der Rückschau gestiftete Zusammenhang soll natürlich erst recht für die Zukunft gelten. So wie Spanien unter Isabel und Fernando großen Zeiten entgegengeht, so kann auch die Sprache großartiger denn je herausgeputzt werden. Vor allem gewinnt sie Bedeutung im machtpolitischen Kalkül: *»... wenn Eure Majestät«*, so erläutert der Bischof von Avila der Königin die Vorzüge der Grammatik Nebrijas, *»viele barbarische Völker mit fremden Sprachen unter ihre Herrschaft brächte* [und] *diese mit der Besiegung die Gesetze und Bedingungen des Siegers annehmen müßten, und damit unsere Sprache: so könnten sie diese durch mein Werk lernen, genau wie wir Spanier jetzt die lateinische Grammatik studieren, um das Lateinische zu lernen.«*[153]

Die Aufwertung der Volkssprache, so zeigt sich auch in dieser Argumentation, geht auf Kosten des Lateinischen, welches unversehens in die Rolle des Kodes einer Besatzungsmacht gerückt wird: Nur besiegte Völker müssen fremde Sprachen ›annehmen‹!

Wie in Spanien die neue Kunstsprache zur ›Compañera del imperio‹ gemacht wurde, so geschieht es in Portugal, Frankreich, England, Italien und in anderen Ländern. Nur die in den gedruckten Büchern nach Regeln verfaßte Sprache galt als ›geregelt‹, ›verfeinert‹ und als geeignet, ästhetische, politische und wissenschaftliche Informationen gleichermaßen auszudrücken. Jeder, der Informationen in dieser Sprache kodierte und veröffentlichte, leistete damit einen Beitrag nicht nur zur Erhaltung des betreffenden Informationssystems, sondern auch zur Festigung der nationalen Identität.

Natürlich bedeutet diese Konzeption eine ungeheure Abstraktion. Vernachlässigt wird etwa die faktische Heterogenität der einzelnen im Rahmen der nationalen Gemeinschaft benutzten Kodes – und auch die Existenz eines gemeinsamen Kodes für alle Systeme, der lateinischen Sprache. Die Prämierung eines Kodes ging und geht immer einher mit der Abwertung und Unterdrückung anderer Sprachformen. Trotzdem wird sie aufrechterhalten und in den nachfolgenden Jahrhunderten noch weiter ideologisch aufgeladen.

»Das band der sprache, der sitten, auch sogar des gemeinen Nahmens verei-

niget die menschen auf eine sehr kräftige wiewohl unsichtbare weise, und machet gleichsam eine art der verwandtschaft«, propagiert G. W. Leibniz. Die Sprache wird zum Identitätsmarkierer der Nation, zum *»Abdruck* [!] *der nationalen Individualität«.*[154] *»Eine Nation«*, definiert Wilhelm von Humboldt, *»ist eine durch eine bestimmte Sprache charakterisirte geistige Form der Menschheit«.*[155] Die Menschheit, eine an und für sich erdumspannende Größe, müsse sich, auf ›einer Mittelstufe individualisieren‹. Und eben diese Mittelstufe, die zwischen den Individuen und den Familien einerseits und der Menschheit andererseits liegt, nennt der Gelehrte in seiner bis heute für die Problematik einschlägigen Schrift, ›Nation‹. (Ebd. 162/63)

Von Humboldts Überlegungen sind weniger utopische Entwürfe als vielmehr genaue Beschreibungen einer sozialen Selbstbeschreibung. Er stellt nur zusammen, was die Menschen in Deutschland seit dem 16. Jahrhundert dachten. Man sah in der Sprache einen Katalysator für die Bildung sozialer Gemeinschaften. Sie gelangte damit aus der Rolle eines idealtypischen kommunikativen Kodes in diejenige eines sozialen Mediums, eines ›geistigen Bandes‹ (Scherer), welches heterogene soziale Systeme zusammenfügt.[156] Die soziale Gemeinschaft definiert sich nicht etwa über die typographischen Medien als Kommunikations–, sondern mehr noch über den Kode als eine Sprachgemeinschaft.[157]

»Zum letsten ist zuo wissen«, schreibt schon 1515 Jörgen Erlinger, *»wa* [wo] *diser zettel weiss vnd vngemalt ist / das ist alles Teutsch lanndt / Wa sich aber die sproch endert / so endert sich auch die farb«.*[158] Und dieses Territorium war schon lange weit gesteckt.[159] Bestenfalls ›kirchenorganisatorisch‹ bildeten die bei Erlinger weiß gezeichneten Gebiete eine Einheit.[160] Trotzdem gingen Auffassungen wie die von Erlinger in die Wörterbücher ein. Man ist sich mit Sebastian Franck (1539) ›gewiß, daß Germania Teutschland sich allweg so weit hat erstreckt, so weit teutsch zung ist gangen‹.[161] Daß hier eine neue Form einer Identitätsbestimmung vorliegt, war den Zeitgenossen durchaus bewußt: *»Man hat vor Zeiten viel Länder von einander geschieden durch Berg und Wasser, und also ging Gallia biß an Rhein, aber zu unseren Zeiten machen die Sprachen und Herrschaften unterscheid zwischen den Ländern, und darumb wird das Elsaß, Westereich, Braband, Hollandt, Gellern, und andere Teutsche Länder nicht Frankreich sondern dem Teutschen Land zugeschrieben«.*[162]

So wie im 15. und noch zu Beginn des 16. Jahrhunderts der Druckmaschine die Kraft zur Vergesellschaftung und ewigen Speicherung von Informationen zugeschrieben wird, so wird deren Kode, der Standardsprache, im weiteren Gang der Geschichte die Macht nachgesagt, soziale Gemeinschaften zu begrenzen.
Als Bedingung wahrer Erkenntnis und öffentlicher Kommunikation tritt die Sprache in den Vorder- und die technischen Medien in den Hintergrund. Man behandelt den Kode und nicht das gesamte Arsenal technischer Geräte und sozialer Vernetzungen als Kommunikationsmedium. In ihm sieht man oft schon nicht nur eine notwendige, sondern schon die hinreichende Bedingung für Verständigung.
Es ist, als ob der Erfolg des Telefonierens nicht von den Apparaten und Leitungen, sondern nur von dem oralen Kode abhängig gemacht würde.
Unser heutiger Begriff von ›Sprache‹ als einem Strukturzusammenhang von Buchstaben/Zeichen in lautierter (Phonem) oder graphematischer Form, als Medium gesellschaftlicher und nationaler – und nicht bloß interaktiver – Kommunikation und als Speicher nicht schlicht von irgendwelchen Informationen, sondern von sozial speziell ausgearbeitetem ›Wissen‹, erweist sich nach dieser Betrachtung erst als das Ergebnis der Beschäftigung mit den Kodes der typographischen Informations- und Kommunikationssysteme. Diese These wird noch plausibler, wenn die Besonderheiten jenes Informationstyps herausgestellt sind, dem in der Neuzeit das Prädikat ›Wissen‹ zugeschrieben wird. Die Standardsprache hat, so lautet der Grundkonsens, situationsunabhängig angebbare, überindividuelle Bedeutungen. Ansonsten wären weder die Ansprüche der Lexika noch der gängigen semantischen Theorien zu begründen.[163] Die Idealisierungen dieser Bedeutungs- und Wissenskonzepte stellt der Abschnitt 6.4 dar. Sie entstanden in dem Bemühen, den Informationsaustausch vermittels der typographischen Medien zu normieren.

6
Die typographische Produktion von Geist und Kultur im weiteren Verlauf des 16. Jahrhunderts

Überblick: Geistesgeschichte als Informationsgeschichte

Die frühe Neuzeit erscheint den meisten modernen Betrachtern als eine Umbruchszeit: Neue Länder und Techniken werden entdeckt, traditionelle Werte veralten rapide, neue politische und soziale Einheiten entstehen.

Diese Veränderungen erstrecken sich auch auf das bislang noch wenig erforschte Gebiet der Informationen. Schon das 16. Jahrhundert hat das Aufkommen veränderter Informationsbedürfnisse aufmerksam registriert. Die ›*newen Zeitungen*‹ mit ihren Berichten von den ›*wunderbarlichen Handlungen*‹ der Wiedertäufer etwa, den ›*wahrhaftigen Kontrafakturen*‹ seltsamer Tiere oder den ›*erschrockenlichen*‹ Geschichten und Berichten von allerlei Vorgängen sind eine Reaktion auf solche gewandelten Ansichten davon, was als informativ gilt.[1] (*Vgl. Abb. 53*) Natürlich hatte man sich auch schon früher für allerlei ›neue‹ Nachrichten interessiert. Aber nun erwartet man von ihnen eine andere Form und Regelmäßigkeit.

Eine andere Reaktion war der Ruf nach ›*wahren*‹ oder ›*rechten*‹ Beschreibungen, die den ›*Grund*‹ oder die ›*Wissenschaft*‹ von allerlei nützlichen Dingen und Vorgängen anzeigen sollten. Als informativ gelten der sozialen Gemeinschaft, wie in den vorigen Abschnitten schon angedeutet wurde, Berichte, die auf visueller Wahrnehmung beruhen. Orale und andere Informationsquellen verlieren für zahlreiche Bereiche des gesellschaftlichen Lebens ihre Orientierungsrelevanz. Weisheit und Kunstfertigkeit, Typen von Information, die bei den Vorfahren in hoher Achtung standen, werden abgewertet. Der Zusammenhang zwischen der materiellen Praxis

Warhafftige Contrafa-
ctur vnd beschreibung / des wunder seltzamen vnbe-
kandten Vogels / deren etliche in Meissen vnd Düringen / dises
LXI. Jars / gesehen vnd geschossen worden sind / Sampt dem Berg / vnd
andern schrecklichen Wunderzeichen / die sich in diesem jar zugetragen /
vnd des Deudschen Landes Bußprediger sein wöllen.

Abb. 53: Neue Informationen/›Newe Zeitung‹: Flugblatt über das Auftreten eines Pelikans, Nürnberg 1561

und den Informationen, zwischen ›Brauch‹, ›Kunst‹ und ›Theorie‹, zwischen der ›Vita activa‹ und der ›Vita contemplativa‹ verändert sich.

Diese Wandlungen auf dem Felde der Informationsgeschichte können eigentlich nicht überraschen. So wie es von der Umgebung und dem Entwicklungsstand der einzelnen Kulturen abhängt, welche Pflanzen oder Krankheiten für sie relevant werden, so ist es auch variabel, welche Phänomene einer Gesellschaft als Information auffallen und wie sie diese bewertet. Die zahlreichen Erfindungen und Entdeckungen haben die Umwelt der Gesellschaften in der frühen Neuzeit und auch deren interne Prozesse künstlich, technisch verändert. Dies konnte nicht ohne Auswirkungen darauf bleiben, was sie für informativ hält, welchen Rang sie ›*Weisheit*‹, ›*Arkana*‹, den Meinungen der Autoritäten usw. zuordnet.

Die Gründe für diese Veränderungen sind überkomplex. Jede Zeit sieht neue Faktoren und stiftet eigene Kausalitäten. Jede wissenschaftliche Disziplin reduziert die Komplexität gemäß ihrer konstitutiven Kategorien. Aus der informations- und medientheoretischen Sicht dieses Buches lassen sich viele Veränderungen auf die Emergenz eines neuen Informationstyps zurückführen, der von nachfolgenden Generationen als ›objektives Wissen‹ oder als ›Wissenschaft‹ bezeichnet wird. Diese Information ist eine Eigenschaft eines neuen Mediums, eben der ausgedruckten Bücher. Im Gegensatz zu Informationstypen wie ›*Weisheit*‹ oder ›*Kunstfertigkeit*‹ ist sie von vornherein nicht in den Köpfen der Menschen, sondern in einem technischen Speicher gesammelt, der öffentlich zugänglich ist. Es konnte in Deutschland spätestens seit dem zweiten Drittel des 16. Jahrhunderts *»nichts kundwirdigs inn der gantzen welt* [mehr] *geschehen / Es kumbt schrifftlich durch den Truck zu lesen«*.[2] Der Zusammenhang wird schon von Ickelsamer als zirkulär formuliert: Alles was informativ (›*kundwürdig*‹) ist, erscheint im Druck – andererseits gilt nur noch das als gesellschaftlich relevante Information, was man auch gedruckt lesen kann. Die im Vergleich mit allen älteren Zeiten gigantische Literaturproduktion der frühen Neuzeit findet für die neuen Medien statt. Die modernen Konzepte von ›Neuheit‹, ›Wissen‹, ›Wahrheit‹, ›Wissenschaft‹, ›Täuschung‹ usf. emergieren mit der typographischen Technologie.

Die Geistesgeschichte der (frühen) Neuzeit ist deshalb als eine

Geschichte der typographischen Information zu schreiben. Sie erschöpft sich nicht darin, weil die oralen und skriptographischen Medien natürlich weiter bestehen. Aber selbst diese baut die Gesellschaft schrittweise immer stärker in die neuen typographischen Informationssysteme ein. (Vgl. 5.2, 5.3 u. 6.1)
Zahlreiche Informationsbestände, die bislang nur sensomotorisch oder in den Köpfen weniger Menschen, in Handschriften oder in anderen Medien gespeichert wurden, übersetzt die Renaissance in das typographische Medium und kodiert sie in standardisierten Sprachen und Bildern.[3] Es ist die hiermit vollzogene Integration von Informationen, die bislang weitgehend getrennt voneinander existierten, die der Kultur- und Geistesgeschichte jener Zeit einen solch enormen Anstoß gab.
Unter der ›typographischen Information‹ wird diejenige Information verstanden, die in und von den typographischen Informationssystemen geschaffen wird. Zu ihr zählen also nicht nur die Informationen, die wir in den ausgedruckten Büchern lesen, sondern auch jene, die von den Autoren im Hinblick auf eine spätere Veröffentlichung gewonnen und zunächst psychisch und dann skriptographisch gespeichert wurden.
Daß die Informationen von den Kommunikations- oder Informationssystemen, in denen sie zirkulieren bzw. erarbeitet und gespeichert werden, abhängig sind, wird man nach den Erfahrungen mit den neuen, elektronischen Medien kaum übersehen können. Die sog. ›Akquisition‹ von Wissen, das einmal für den Bau von Computerprogrammen, z. B. von ›Expertensystemen‹, dienen soll, hat offenbar ganz anderen Wegen zu folgen, als sie beim Schreiben eines vergleichbaren Fachbuches beschritten werden. Attraktiv werden solche Programme erst in dem Maße, in dem sie mehr sind als eine bloße Umsetzung vorhandener Literatur in das neue Medium.
Und genauso lagen die Verhältnisse in der frühen Neuzeit. Man konnte und wollte sich nicht damit begnügen, vorhandene Informationen nur umzukodieren. Die Menschen schufen vielmehr mit den Möglichkeiten des typographischen Systems neue Informationstypen und veränderten die alten im Zuge ihrer typographischen Nutzung.
Über die Anforderungen an die Wahrnehmungs- und Verarbeitungsleistungen und damit an die ›Software‹ des typographischen

Informationssystems hat man bislang noch kaum zusammenhängend nachgedacht.[4] Dieses Kapitel zeigt mögliche Wege und verfolgt sie so weit, daß der Leser sie anschließend vielleicht allein weiter beschreiten kann.

Wenn man sich auf die Verhältnisse im deutschprachigen Kulturgebiet beschränkt, so kann man sagen, daß sich um die Mitte des 16. Jahrhunderts die typographische Informationstechnologie unumkehrbar etabliert hatte. Die wesentlichen Bereiche des politischen, religiösen, ökonomischen, juristischen und verwaltungstechnischen Handelns ließen sich nicht mehr ohne den Einsatz der typographischen Informationsmedien abwickeln. Auf vielen Gebieten existierten zu ihnen keine Alternativen mehr. Der Abschnitt 6.1 zeigt, aufgrund welcher ›Vorzüge‹ sich die typographischen Informationssysteme im Konkurrenzkampf mit den etablierten Formen der Informationsverarbeitung durchsetzen konnten.

Der Betrieb der neuen Technologie erforderte nicht nur technische Hardware und eine soziale Infrastruktur, sondern auch neue Theorien. Die Metatheorien über die Schaffung und Verbreitung von Wissen zeichnet 6.2 nach. Nach einem kurzen Überblick über den Aufbau und die Elemente des typographischen Informationssystems (6.3) schildern die Abschnitte 6.4-6.6 die einzelnen Phasen der Schaffung und Verarbeitung der typographischen Information. Die Abschnitte 6.7 und 6.8 fassen die Besonderheiten der typographischen Information und ihres Spezialfalls, der wissenschaftlichen Information, zusammen.

Die im weiteren Verlauf des 16. Jahrhunderts, nach der endgültigen Durchsetzung der neuen Informationssysteme, in Gang gekommenen Diskussionen über die neuen Programme und Medien können nur exemplarisch behandelt werden. Viele Bücher, die in den ersten hundert Jahren des Buchdrucks entstanden, erscheinen uns heute eher als naive Spielzeuge. Sie sind das Produkt einer Zeit, in der man noch Erfahrungen darüber sammeln mußte, welche Informationen sich für die typographische Verbreitung eignen. Auf die zeitgenössische Diskussion über den Sinn oder Unsinn einzelner Programme geht der letzte Abschnitt (6.9) dieses Kapitels ein.

6.1
Die typographische Kultur als differenziertes Informationssystem

Der imperialistische Anspruch der typographischen Medien

Während im vorigen Kapitel die frühneuzeitliche Kultur als eine Kommunikationsgemeinschaft beschrieben wurde, die sich von der mittelalterlichen Taufgemeinschaft aufgrund neuer Medien und Verteilungsmechanismen abgrenzen läßt, soll sie nun als ein äußerst differenziertes, selbstregulierendes, komplexes und dynamisches informationsverarbeitendes System aufgefaßt werden.[5] Und zwar differenziert es sich in sehr viele gleich- und verschiedenartige Subsysteme. Das typographische Informationssystem ist nur eines davon, und deshalb mag das Unterfangen, die neuzeitliche Kultur als typographisches Informationssystem darzustellen, als ganz einseitig erscheinen. Wie immer wieder betont, ersetzt die neue Technologie keineswegs die älteren skriptographischen Verfahren und erst recht nicht das Gespräch von Angesicht zu Angesicht und die psychischen Wahrnehmungen und Verarbeitungen des einzelnen Menschen.
Gerechtfertigt wird der Versuch allerdings durch den imperialistischen Grundzug dieses neuen Systems. Seine Einführung gestaltet die Funktionsweise und die Architektur des Gesamtsystems tiefgreifend um. Es konkurriert von Anfang an nicht bloß mit einem einzelnen herkömmlichen System, etwa einer universitären Vorlesung oder einer städtischen Kanzlei, sondern es attackiert, wie das Kapitel 2 zeigte, zugleich nahezu alle relevanten Bereiche der traditionellen Informationsverarbeitung und Kommunikation, mischt sich überall ein. Diesen Geltungsanspruch verbreiten auch die Propagandisten der neuen Medien, vom Verfasser der ›*Kölnischen Chronik*‹ über W. Rolevinck bis hin zu Valentin Ickelsamer: Sie gelten als die ›*Kunst der Künste*‹. Ohne sie kann überhaupt nichts ›Wissenswertes‹ mehr produziert und verbreitet werden.
Kein anderer Informationstyp wird bis in unser Jahrhundert hinein so sehr prämiert wie der typographische. Alle Informationen,

die kulturelle Geltung erlangen wollen, sollen auf dieses Emergenzniveau gehoben werden.

Das typographische Informationssystem bleibt bis zur Einführung der elektronischen Medien und Informationsverarbeitung das mit Abstand differenzierteste Informationssystem. Indem es auf die Leistungen der anderen Systeme angewiesen ist, baut es diese in sein eigenes Imperium ein. Psychische Systeme wie die Autoren und Leser werden genauso zu Subsystemen des neuen Supersystems wie die sozialen Institutionen der Druckerei, das gesellschaftliche Teilsystem ›Markt‹ und viele andere auf orale oder skriptographische Medien angewiesene Systeme. Damit verändern sie ihre angestammten Qualitäten und gewinnen neue hinzu.

Dies wird schon deutlich, wenn man sich einmal die Veränderungen vor Augen hält, die bei jenen psychischen Systemen vor sich gehen, die Bücher für das Typographeum und den Markt schreiben wollen. Hier sind neue Wahrnehmungsgewohnheiten gefordert, die, einmal etabliert, in Konkurrenz zu alten Sehweisen und Theorien treten und deren Bedeutung so lange erhalten bleibt wie jene des Typographeums. (Vgl. 6.2 u. 6.4)

So wie bei den psychischen ändern sich auch bei den anderen Systemen, die in den Einflußbereich der Typographie gelangen, die Mentalitäten bzw. Programme. Nebenbei bemerkt bringt die zentrale Stellung des typographischen Informationssystems auch erkenntnistheoretische Probleme mit sich. Man konnte bis vor kurzem die typographische Kultur in wissenschaftlicher – und das heißt eben in gedruckter Form – nur beschreiben, indem man sich selbst als Autor zu einem Element dieser Kultur machte. Dabei übernimmt man die Programme dieses Systems mehr oder minder und unterwirft sich seiner Logik. (Vgl. Kap. 7) Dies ändert sich in der unmittelbaren Gegenwart erst langsam mit der Etablierung der elektronischen Informationssysteme.

Sie besitzen andere Informations- und Kommunikationskonzepte und funktionieren nach anderen regulativen Ideen, erfordern andere Wahrnehmungsgewohnheiten. Welche dies sein könnten, wird sich eher abschätzen lassen, wenn man die Bindung der traditionellen Konzepte an das typographische System verstanden hat. Bislang fehlt eine begründete Heuristik für die Behandlung der Frage nach den Effekten der Computertechnologie auf die gegen-

wärtige und das heißt auf die noch weitgehend typographisch geprägte Informationsgesellschaft schon deshalb, weil die Spezifik der typographischen Informationen und Software so wenig erforscht sind.
Eines läßt sich freilich schon jetzt mit ziemlicher Gewißheit sagen: Auch die elektronische Informationstechnologie erhebt einen universellen Geltungsanspruch, auch sie tendiert dazu, die vorhandenen Informationssysteme als Subsysteme zu funktionalisieren!

Funktionen und Output des typographischen Informationssystems

Die Funktion des typographischen wie auch jedes anderen Informationssystems besteht darin, anderen Systemen in seiner Umwelt Informationen zur Verfügung zu stellen. Letztlich sind es immer Menschen, die die ausgedruckten Texte lesen. Aber es lohnt sich, zunächst ganz allgemein von Systemen als Umwelt der typographischen Systeme zu sprechen. Denn der einzelne Mensch tritt in den verschiedensten Rollen als Nutzer der ausgedruckten Informationen auf. Die ›*Kölnische Chronik*‹ etwa richtet sich an die ›*gemeine Bürgerschaft*‹ von Köln. Der einzelne, der die Chronik liest, wird hier als Element der städtischen Gemeinschaft angesprochen. In Zeiten, in denen es noch keine elektronischen Sensoren, wie heute etwa die Fernsehkameras oder Ultraschallgeräte, gab, mußten sich solche sozialen Systeme immer des menschlichen, psychischen Apparates bedienen, um Informationen aus ihrer Umwelt aufzunehmen. Andere Umweltsysteme, die in den gedruckten Texten genannt werden, sind Berufsgruppen: Handwerker, Architekten, Ärzte, Apotheker oder Institutionen: Kirchen, Schulen, Verwaltungen usw.
Der universelle Geltungsanspruch der typographischen Informationssysteme zeigt sich gerade darin, daß sie prinzipiell zu allen sozialen Systemen und zu jedem Menschen Umwelt sein möchten. Ein ›*yeder*‹ Mensch, ganz gleich, in welche Zusammenhänge er gerade eingebaut ist, soll irgendwann irgendwelche Informationen aus dem riesigen Reservoir nutzen können. Um diesen vor allem auf den Titelblättern der Bücher oft wiederholten Anspruch zu

erfüllen, mußten die unterschiedlichsten Informationen typographisch erfaßt werden. Die Vielfalt dieser Daten bestimmt letztlich die Anzahl und auch den Artenreichtum der Systeme, die sich an das typographische Informationssystem anschließen können.[6]

Für welche Informationen sich in der frühen Neuzeit eine typographische Verbreitung auszahlte, war den Autoren und Verlegern nicht von Anfang an klar. Sicher schien nur, daß solche Programme für die Leser ›*nützlich*‹ sein mußten. Waren sie für größere Gruppen von Menschen hilfreich, ›*gemeinnützlich*‹, so konnte man auf größere Auflagen hoffen. Darum ist es auch kaum verwunderlich, daß eine Vielzahl von Werken auf dem Markt erschien, die Informationen ›*zum nutzen der laien*‹ oder des ›*gemein mans*‹ anboten. Diese Orientierung ließ aber im einzelnen noch viel Spielraum.

So versprachen dann die Titelblätter der Drucke der frühen Neuzeit vielfältigen Nutzen für die verschiedensten Bereiche: für das Seelenheil, zur Vertreibung der Melancholie und zur Ergötzung der Sinne, zur Verbesserung der Urteilskraft und anderer psychischer Leistungsbereiche, zur besseren Orientierung in der Politik, zur Weiterbildung handwerklicher oder kommerzieller Fertigkeiten und vieles andere mehr. Erst im Laufe der Zeit bildeten sich bestimmte Typen, ›Gattungen‹, solcher Programme und feste Normen ihrer Ankündigung heraus. Die großen zeitgeschichtlichen Veränderungen scheinen in den Menschen ein starkes Bedürfnis nach weltanschaulichen und praktischen Orientierungshilfen geweckt zu haben. Der Verlust traditioneller Werte, den der Buchdruck ja zweifellos mit eingeleitet und befördert hatte, sollte nun mit den Mitteln dieser neuen Technologie wieder kompensiert werden. Viele Bücher versprachen Sinnstiftung, einen Weg zu weisen aus der Krise der Werte. Dazu reichte die Darstellung einzelner Informationen nicht aus.[7] Mehr oder weniger deutlich stellten sich die Druckwerke als Programme dar, die das Handeln und Erleben der Leser/Benutzer zielgerichet zu verändern vermochten. Ähnlich wie heute Computerprogramme den Benutzern dadurch schmackhaft gemacht werden, daß man aufweist, welche Leistungen sie den Menschen abnehmen, beschleunigen oder welche Handlungen sie zuverlässiger ausführen können, wurden auch den Lesern auf den Titelblättern und in den Vorreden der Bücher in der frühen Neuzeit Erleichterungen in

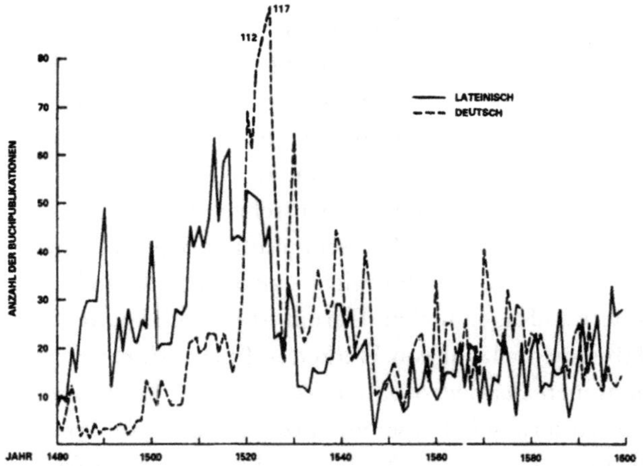

a) Lateinische und deutschsprachige Bucherscheinungen zwischen 1480 und 1599

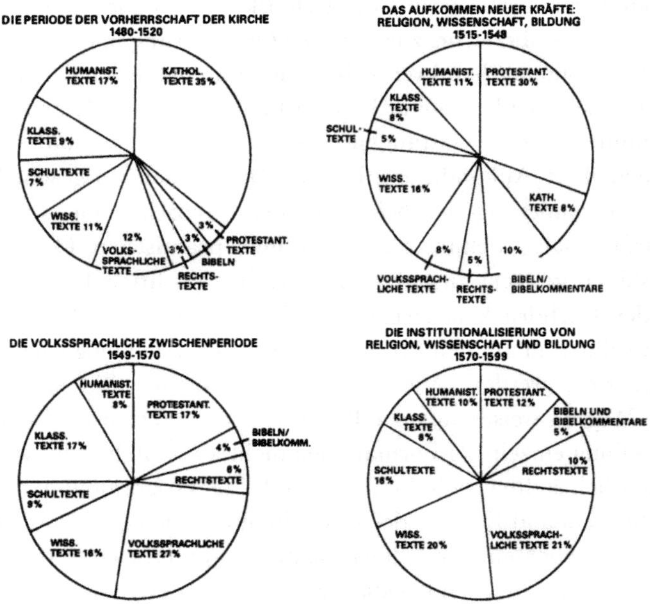

b) Anteile unterschiedlicher Informationstypen an der Gesamtproduktion

Abb. 54: Buchproduktion in Straßburg

Aussicht gestellt: vor allem schneller und bequemer sollten Informationen und ganze Programme durch diese neue Technologie angeeignet werden können.
Es wäre beim gegenwärtigen Stand der informations- und medientheoretischen Forschung vermessen, wollte man einen einigermaßen geordneten Überblick über die ganze Breite der ausgedruckten Informationen geben. Hier gibt es von Akzidenzdrucken wie Formularen, Mandaten, Briefen, Visitenkarten und andere Reklame über die Zeitungen und Plakate bis hin zu den längeren Texten und den vielen literarischen Gattungen ein weites Feld zu sichten und zu analysieren. Selbst wenn man sich nur auf die ausgedruckten Bücher im engeren Sinne beschränkt, so hat man es dennoch mit einer Vielzahl von Arten zu tun, die auf ganz unterschiedliche Weise produziert werden. Welche Informationstypen hier am meisten gefragt waren, läßt sich heute für die einzelnen Zeitabschnitte nicht mehr genau feststellen.
Andererseits liegen für einzelne Regionen Zahlen vor, die es zumindest ermöglichen, grobe Trends festzuhalten. Wie man aus der gründlichen Studie von M. Usher Chrisman über die Straßburger Buchproduktion der frühen Neuzeit entnehmen kann, nahm bis 1520 Literatur, die i. w.S. ›weltanschauliche‹ – und das hieß vor allem religiöse – Orientierung anbot, mehr als 40 % der Gesamtbuchproduktion ein.[8] Der Anteil stieg in der Reformationszeit geringfügig an und halbierte sich nach der Jahrhundertmitte bis etwa 1570. In den letzten drei Dekaden des 16. Jahrhunderts notiert Chrisman für die protestantischen Traktate, die Bibeln und Bibelkommentare, einen Anteil von 17 %. (*Vgl. Abb. 54b*)[9]
Dies belegt zumindest, daß die Suche nach ideologischen Orientierungen, nach Glaubenssätzen, bei den Menschen ein mächtiges Motiv für den Ankauf typographischer Informationen gewesen ist. Hier waren die traditionellen Informationsquellen, der Besuch der örtlichen Messe, der persönliche Meinungsaustausch, die Erkundigung vermittels Briefen und Manuskripten augenscheinlich defizitär, boten die neuen Medien eine willkommene Hilfe.
Mit aller – bei den groben Kategorisierungen Chrismans gebotenen – Vorsicht läßt sich vielleicht auch eine Verschiebung der Käufermotive im Verlauf des 16. Jahrhunderts feststellen. Auf

Kosten auch der religiösen Texte steigt der Anteil an Arbeiten, die Chrisman unter dem Oberbegriff ›*Science*‹, (Natur-)Wissenschaften, zusammenfaßt, an.[10] Schaut man sich die 464 Titel, die unter diese Kategorie fallen, im einzelnen an, so zeigt sich, daß sie keine Veränderung von Erleben und von seelischen Vorgängen, sondern die Verbesserung technischen, leiblichen oder sozialen Handelns und Verhaltens versprechen. Besonders deutlich wird die handlungsanleitende Komponente in den über zweihundert deutschsprachigen Werken dieser Gattung.[11]

Man bezeichnet solche Bücher heute als ›Fachliteratur‹ oder ›Sachprosa‹. Im 15. und 16. Jahrhundert fehlte ein vergleichbarer Gattungsbegriff. Man sprach von ›*wahrhaftigen*‹ oder ›*rechten Beschreibungen*‹ und ›*Berichten*‹, von ›*Vnderweisungen*‹ oder einfach von ›*buechlin*‹ und betonte dann ihren ›*Nutzen*‹ für den Käufer.[12]

Es erschienen Bücher, die sagten, wie man Fische fangen soll, wie der Wein aufzubewahren und Speisen zuzubereiten sind, wie Tiere zu pflegen, der Garten zu bestellen, Bücher und Urkunden zu schreiben, Felder auszumessen, Kinder zu gebären, Kalk zu brennen, Metalle zu probieren, Bergwerke anzulegen, Turniere abzuhalten, Feste und Bäderreisen zu organisieren, die Konjunktion der Sterne und Träume zu deuten, Hexen zu entlarven waren u. v. a. m. Manche dieser Bücher gestaltete man als Programme für Experten: für die ausgebildeten Handwerker, die Meister und die Gelehrten. Wie heute auch konnten und sollten ihnen die Arbeiten als Nachschlagewerke und vor allem zur Weiterbildung dienen.

Bei anderen Texten wurde der Käuferkreis funktional begrenzt: Wegbeschreibungen für Pilgerreisende waren in erster Linie für diejenigen interessant, die zu den von den Autoren beschriebenen Orten wallfahren wollten.

Offensichtlich der Programmcharakter und die funktionale Orientierung auch bei der großen Gruppe der ›*Musica*‹ und Notendrucke. Eine Vielzahl von Broschüren und vor allem auch von Einblattdrucken erscheint, in denen Texte von Liedern mit und ohne Noten gesammelt werden.[13] Sie alle leiten zum kollektiven Handeln, Singen und Musizieren an und üben einen unübersehbaren Normierungsdruck aus. Freilich wird sich nicht jeder Bürger für sie interessiert haben.

Es gab aber auch Programme, von denen die Verleger und Autoren mit einigem Recht behaupten konnten, daß sie *›schier niemands entbehren‹* könnte. Dies betrifft vor allem die Gesundheits-, Alphabetisierungs- und Rechenprogramme.
»Es ist offenlich am tage«, so liest man in Brunschwygks *›Apotheck für den gemeinen man‹* 1529, *»vn(d) sonder zweyfel vilen / auß taeglicher erfahru(n)g jres leybs schwachait / wol bewust / das vnter allen loeblichen kuensten / vn(d) manigfaltige(n) gabe(n) Gottes ... die edele / subtile ertzney kunst / nehest dem grossen tewre(n) geschenk heyliger schrift vn(d) goetliches worts dz koestlichste / nuetzeste/vn(d) noettigste ding ist / so auff erden ye komen / od(er) noch komen wirdt. ... Als weyt aber / als gesunter leyb / alle andere guetter auff erden / reichthum / golt/silber / sampt allem pracht vn(d) herrligkait der gantzen welt / ueber trifft / koestlicher / noetiger vn(d) nuetzer ist / souil ist auch die subtile edele kunst der loebliche(n) ertzney (da durch des leybs gesunthait erhalte(n) / vn(d) alle kra(n)ckhait gehaylet werde(n)) weyt ueber alle andere kuenst / gueter vn(d) gaben«*. (A2)
Wenn die Arzneikunst aber so wichtig ist, dann müssen die medizinischen Informationen auch unverzüglich gedruckt und jedermann zur Verfügung gestellt werden. Die Veröffentlichung erscheint hier schon weniger als eine Frage des Nutzens denn als eine Notwendigkeit zur Erhaltung des Gemeinwesens. (Vgl. S. 544ff.)

Die kulturgeschichtliche Bedeutung der beschreibenden Fachprosa

Ich werde mich im folgenden im wesentlichen mit der Produktion der beschreibenden Fachprosa und ihren Auswirkungen auf die Kultur- und Geistesgeschichte beschäftigen. Diese Entscheidung hat mehrere Gründe.
Wenn schon wegen der Unübersichtlichkeit der typographisch verarbeiteten Informationen ein selektives Vorgehen unvermeidlich wird, so sollte man sich zunächst den Informationen zuwenden, die zur Befriedigung von Bedürfnissen gesammelt werden, die erst im Zuge der Einführung der neuen Medien auftauchten. Die politischen Reden, das Schreiben von Liedern und Gedichten, die Sammlung privater Erinnerungen in Rezept- und Tabellenform, das Ausstellen eines Konziliums, die Kommentierung der Bibel

oder anderer kanonischer Werke, all dies sind Aktivitäten, die schon in früheren Kulturen wichtige Aufgaben erfüllten. Wenn sie im 15. und 16. Jahrhundert typographisch verstärkt werden, so ändern sie zwar ihren Charakter an der einen oder anderen Stelle, aber ihre genetischen Wurzeln weisen doch weit fort von der neuen Technologie. Die Besonderheiten der typographischen Information und Informationsproduktion lassen sich reiner bei jenen Gattungen studieren, die direkt für die Bedürfnisse von Typographeum und Markt geschaffen wurden.

Die interessanteste dieser Gattungen scheint mir die beschreibende Fachprosa zu sein. Ihr Schicksal ist auf das engste mit jenem der typographischen Kultur verbunden. In der uns heute vorliegenden Form tritt sie erst in der Renaissance in Erscheinung. Der von ihr erhobene Anspruch auf Wahrheit, situationsunabhängige Geltung, Autonomie des sprachlichen Textes, Absehen von den Wertmaßstäben des Beschreibers (Objektivität), intersubjektive Überprüfbarkeit und Widerspruchsfreiheit der Aussagen scheint für Informationen in oralen Kulturen selbst in rudimentärer Form dysfunktional gewesen zu sein.[14]

Gewiß hatte diese Gattung skriptographische Vorläufer: Handschriftliche Rezeptsammlungen und Musterbücher, Passagen in den theoretischen Werken der großen antiken und mittelalterlichen Gelehrten, den ›*Naturgeschichten*‹ von Theophrast und Plinius etwa, dem ›*Automatentheater*‹ Herons von Alexandria, der ›*Architektur*‹ des Vitruv oder den Enzyklopädien des Mittelalters. Auch diese Werke wurden früher oder später gedruckt, aber den wenigsten der in ihnen mitgeteilten Informationen mag schon das 16. Jahrhundert noch das Prädikat ›*wahres Wissen*‹ zuordnen, welches für die gedruckte Fachprosa konstitutiv wird.

Zur Sammlung und Aufbereitung der ›*wahrhaftigen Beschreibungen*‹ richtete man in der Renaissance Instrumente her, disziplinierte sich und machte Umstände, an die in früheren Zeiten bestenfalls gesellschaftliche Außenseiter zu denken gewagt hatten. Und dies haben die Wissenschafts- und Kunsthistoriker eigentlich schon immer so gesehen: als ein identitätsstiftendes Merkmal der Neuzeit gilt ersteren die beschreibende Naturwissenschaft, also die Etablierung einer formal unterscheidbaren Differenz zwischen

wahren und falschen Informationen über die sichtbaren Objekte und Abläufe. Erst in deren Gefolge wird es dann möglich, zwischen Belletristik bzw. fiktionalen Informationen und den ›rechten‹ Informationen der Fachprosa zu unterscheiden. (Vgl. 6.8)
Die Kunstgeschichte andererseits sieht in der Kodifizierung und disziplinierten Anwendung der perspektivischen Wahrnehmungstheorie eine typische Renaissance-Errungenschaft. Sie beschreibt bei genauerem Hinsehen die Arbeitsweise genau derjenigen Sensoren, die Informationen speziell für die Verarbeitung als Fachliteratur auf dem Markt gewinnen. Und ebenso erweisen sich auch die Prinzipien exakter wissenschaftlicher Arbeit (nur) als eine Radikalisierung von Maximen, die für die Gewinnung, Speicherung und Nutzung von bestimmten Daten in den typographischen Kreisläufen entwickelt worden sind.
Den inneren Zusammenhang zwischen diesen beiden neuzeitlichen kulturellen Innovationen und dem Buchdruck, der immer wieder vermutet wurde, weist dieses Kapitel im einzelnen nach.
Die beschreibende Fachprosa ist aber nicht nur ein Kind von Typographeum und Markt: sie wird auch zur Mutter weiterer Stammhalter der Neuzeit. Wäre es nicht zur Welt gekommen, so hätte die neuzeitliche Medienrevolution ein weit bescheideneres Ausmaß angenommen. Nicht nur die Wissenschaft, sondern auch die Industralisierung und die nationale Identitätsfindung sind ohne diesen Typus von Information undenkbar. Um ihn zu erzeugen, zu verarbeiten und zu nutzen, mußten sich Mensch, Technik, Verkehr, kurz: die Kultur verändern. Die große Nachfrage nach intersubjektiv überprüfbaren Informationen förderte die Expansion des Buchdrucks. Und nachdem man sich an diesen Informationstypus einmal gewöhnt hatte, war an ein Zurückschrauben der typographischen Technologie nur noch um den Preis des Verlustes von materiellen Gütern, Reichtum, Wissen, nationaler Identität, also so ziemlich von allem, was nunmehr als ›Fortschritt‹ galt und gilt, zu denken.
Wenn in den folgenden Abschnitten die einzelnen Elemente des typographischen Informationssystems und die Herstellung typographischer Informationen beschrieben werden, so ist immer an die Autoren und Käufer von Fachprosa, an die Herstellung beschreibender Fachliteratur zu denken. Dieser Informationstyp

findet sich selbstverständlich auch in zahlreichen anderen literarischen Gattungen.
Es bleibt anderen Untersuchungen überlassen, das Bild der typographischen Informationssysteme zu nuancieren, indem sie der Produktion anderer Informationstypen nachgehen.

Die typographischen Informationen als Alternative zu anderen Informationsquellen

Alle Versprechungen auf den Titelseiten der Bücher wären ins Leere gegangen, wenn in der Bevölkerung keine Bedürfnisse nach typographisch aufbereiteten Informationen vorhanden gewesen wären. (*Vgl. Abb. 55, 59, 60, 61*) Bevor man sich mit der Frage auseinandersetzen kann, welche speziellen Informationen im 16. Jahrhundert für die Menschen von Interesse gewesen sind, kann man zunächst einmal das Phänomen konstatieren, daß ganz allgemein ein Bedürfnis nach mehr oder weniger wohlfeilen typographischen Informationen bestand. Bemerkenswert ist weniger, daß die Menschen gerne etwas über – um ein Beispiel zu nennen – das Verhalten bei Bäderkuren wissen wollten, als vielmehr die Tatsache, daß sie dieses Wissen aus den typographischen Konserven zu entnehmen bereit waren.
So gesehen kann man den Siegeszug der typographischen Technologie nur verstehen, wenn man auch einen Blick auf die Umwelt wirft, in die sie hineingeboren wurde und von der sie sich im Konkurrenzkampf um die Gunst der Menschen abgrenzen mußte. Der Buchdruck konnte sich nur durchsetzen, wenn er im Wettbewerb mit anderen Medien einen Vorsprung herausarbeitete. Dies war damals nicht anders als heute: Nur wenn auf den Bildschirmen der elektronischen Datenverarbeitung die Daten tatsächlich rascher, ökonomischer, übersichtlicher und bedarfsfreundlicher abzulesen sind als aus anderen Informationsquellen, lohnt sich ihre Anschaffung.
So üblich ein solcher Medienvergleich im Alltag ist, so sehr verkürzt er doch den Sachverhalt. Medien lassen sich, wie schon im theoretischen Einführungsteil begründet wurde, nicht isoliert betrachten. Sie sind das Ergebnis von Informationstransformatio-

Das distilierbuoch

Das buoch der rechten kunst zu distilieren vnd die wasser zu brennen angezögt mit figuren nutzlich den menschlichen leib in gesuntheit zu behalten. Erstmals von meister Jeronimo Brunschwick zusamen colligiert/vnd von Marsilio Ficino des hoch berümpten/ des langen vnd gesunden lebens/ als er an im selbs bewert/hundert vñ zehen iar würcklich gelebt hat.

Abb. 55: Die Handwerkskunst mit Figuren angezeigt: Titelblatt des ›Destillierbuchs‹ von H. Brunschwygk, Straßburg 1505

nen; ohne die mehr oder weniger technisierten Informationssysteme sind der Computerausdruck, das Buch oder die Rede nicht zu haben. Diese Verknüpfung von Medien und Prozessoren hat aber zur Folge, daß letztlich nicht die einzelnen Medien, sondern die Informationssysteme miteinander konkurrieren.

Blickt man genauer hin, so ist dies auch die Perspektive der Verleger und Autoren im 15. und 16. Jahrhundert. Wenn sie die Vorzüge ihrer Produkte herausstellen wollen, so geschieht dies im wesentlichen dadurch, daß sie darauf hinweisen, daß das Lernen aus Büchern für den Leser gegenüber anderen Formen der Erfahrungsgewinnung größere Vorteile an Geschwindigkeit und Bequemlichkeit bietet.

In diesem Sinne weist Bernhard von Breydenbach seine Leser darauf hin, daß ihnen die Lektüre der ›*Reise in das Heilige Land*‹ die Mühe des Reisens erspart, also die Mühe, einem komplizierten sozialen System beizutreten, als dessen Element er dann bestimmte Erfahrungen sammeln kann. Statt dessen schließt der Leser an die Informationen an, die von dieser Reisegesellschaft gewonnen wurden. Aber um diese Informationen aus den Druckexemplaren herauszulesen, muß der Mensch ebenfalls ein, wenn auch vergleichsweise ›natürliches‹, Informationssystem einrichten. Er legt das Buch in einer bestimmten Entfernung von sich auf den Tisch, sorgt für Licht, strengt seine Augen an, schaltet andere Sinnesorgane ab und wird also zum ›Leser‹. Auch diese Relation hat ihre Tücken und Beschwerlichkeiten für Augen, Geist und Körper des Menschen. Seine erlesenen Erfahrungen unterscheiden sich von den ›erreisten‹. Die unterschiedlichen Mühen sind es, die gegeneinander abgewogen werden – wenn denn die Wahl der Informationsquelle überhaupt reflektiert wird.

Nur abkürzend mag man es sich daher erlauben, von einer Konkurrenz der Medien zu sprechen. Die Probleme, die sich für Autoren und Leser im Umgang mit den ausgedruckten Büchern stellen, treten jedenfalls nur dann klar vor Augen, wenn man jeweils das gesamte Informationssystem betrachtet und es in Beziehung zu seinem Konkurrenten stellt.

Die nächsten Abschnitte zeigen, mit welchen anderen Formen von Erfahrungsgewinnung die Fachprosa konkurriert. Auch diese Auswahl bleibt natürlich exemplarisch. Als empirischer Ausgangspunkt dieser Untersuchung bietet sich immer wieder die Motivforschung der damaligen Autoren, Verleger und Händler an, deren Ergebnisse nicht nur die Titel und Vorreden zieren, sondern die auch die Thematik und die innere Struktur der Fachprosa bestimmen.

›Ihr unbedachtes Volk, was wollt ihr viel verreisen?‹: Bücher, die körperliche Mühsal und Geld ersparen

Wann zahlte sich für den Normalbürger, den *›gemein Mann‹*, der Ankauf von Buchwissen aus? Dann, wenn ihm die Anwendung dieses Wissens Nutzen schaffte, der auf andere Weise entweder gar nicht oder nur sehr umständlich oder aber weitaus teurer zu erlangen war.

Man kann die Entlastungsfunktion der typographischen Medien besser verstehen, wenn man sich klarmacht, daß auch der Mensch ein zusammengesetztes komplexes Informationssystem ist. Er besteht mindestens aus seinem Körper und dem psychischen System, an welches man immer zuerst denkt, wenn von ihm als von einem informationsverarbeitenden Wesen die Rede ist. Aber er ist auch auf seinen biophysischen Apparat angewiesen, wenn er Erfahrungen machen, verarbeiten und nutzen will. Er streckt die Hand aus, um zu tasten, hebt den Kopf, um weiter zu sehen, geht zu Plätzen, an denen sich besser beobachten läßt, ist beschwingt oder erschöpft vom Nachdenken und braucht seine körperlichen Energien, um seine Informationen in der Rede oder in anderen praktischen Handlungen weiterzugeben. Die Vielfalt seiner Sinnesorgane, Prozessoren und Effektoren macht seine Komplexität aus.

Die leiblichen Organe lassen sich in ihren Funktionen bis zu einem gewissen Grade ersetzen. Jede neue Informationstechnologie konkurriert zuallererst mit diesem ›leibhaftigen‹ Käfig des Psychischen und den begrenzten Kapazitäten der Sinnesorgane und Verarbeitungszentren.

Und dies hat auch der Buchdruck von Anfang an getan. Viele Autoren und Verleger betonen, daß ihre Produkte körperliche Leistungen ›*ersparen*‹. So weist etwa der Straßburger Maler Heinrich Vogtherr in seinem oft und in vielen Sprachen aufgelegten, 1532 zuerst erschienenen ›*Kunstbüchlein*‹ darauf hin, daß dank seines Werkes nunmehr auch diejenigen Handwerker, die *»mit weib und kindern beladen«* sind, sowie diejenigen, *»so von natur weit vmbreysens vngewohnt sind«*, zu neuen Erkenntnissen kommen können.[15]

Das Lernen aus Büchern erspart das Reisen. Voraussetzung dafür, daß sich diese Substitution durchsetzen konnte, war wohl, daß man das Bücherstudium selbst als eine imaginäre Wanderung erlebte: »So stellt Jörg Wickram im ›*Jrr reitend Bilger*‹ der gefahrvollen Reise zur Erkundung der Welt das ›*vmbher wandren*‹ in den Bibliotheken als bessere Alternative entgegen: ›*Nichts loblichers an einem muessiggenger, dann viel in den buecheren sich zu erspatzieren*‹. Die ›*erkantnuß*‹ seines ›*Thierbuchs*‹ (nach Gessner) faßt Konrad Forer als Entsprechung zur wandernd erworbenen Autopsie: ›*Mancher reiset durch froembde land / berg vnd thal / die geschoepfft Gottes zuo erkundigen. Hie werdend sy als in iene(m) Thiergarten / alle mit gestalt / natur vnd eigenschafft als in einem lustigen paradyß / ordenlich zuo beschauwen für augen dargestelt vnd begriffen*‹«.[16] Dabei ist die Hausbibliothek um vieles praktischer als die Forschungsreise: *»Viel berhuemen sich grosser dingen / durchschiffen das vngestuemme Meer / ligen offt in die weite. Hie findt man alles samen gruendlich / eigentlich vnd warhafftig zusammen verfaßt / gantz kurtzweilig vnd lustig / auch mit den Augen zu sehen / vnd mit den ohren zu hoeren / einem jeglichen in seinem hauß / vnd jnnerhalb seinen Zinnen«*.[17]

Wer nicht reisen konnte, sei es, weil Familienpflichten dies erschwerten oder Krankheiten es verhinderten, der befand sich in vielen Berufen gegenüber seinen Kollegen im Nachteil.

Diesen Nachteil sollen Werke wie jene von Vogtherr und Forer ausgleichen. Vogtherrs Buch unterscheidet sich dabei inhaltlich kaum von den Musterbüchern, die schon über eine lange handschriftliche Tradition verfügen. Möglich, daß es etwas systematischer angelegt ist. Es enthält Zeichnungen von Männer- und Frauenköpfen, von Händen und Füßen in unterschiedlichen Posen, von einheimischen und fremdländischen Helmen, Waffenrüstungen und Gebäudeteilen u. v. a. m.. ›*Bildschnitzern, Goldschmieden, Waffen- und Messerschmieden*‹ soll es als Vorlage bei ihrer Arbeit dienen. In der Vorrede spricht der Autor von diesem Büchlein als von einer »*Summa ... aller frembden/vnd schweresten stücken/so gemeinlich vil fantasierens/vnnd nachdenckens haben woellen*«. Der Handwerker kann bei der Anfertigung eines Brustharnischs einfach die Motive aus dem Druck übertragen; er spart sich den eigenen Entwurf, sei es nach Vorbildern aus der eigenen Anschauung oder aus der ›Phantasie‹. Den ›*bloeden heuptern*‹ wird dadurch das Denken abgenommen, die »*hoch verstendigen visierlichen Künstler*« werden »*dardurch ermundert vnnd ermanet ... noch vil hoeher vnd subtiler künsten auß bruederlicher liebe an tag zuobringen*«. (Ebd.) Für die rechten Künstler ist die Vorlage also ein Ansporn, es besser zu machen, ein Anreiz zum Wettbewerb. (Vgl. 5.4)

Festhalten kann man, daß Vogtherr schon durchaus die Ambivalenzen des neuen Informationsmediums einschätzen kann: einerseits nimmt es persönliche Leistungen, Reisen und Denken ab und spornt dadurch nicht gerade zu höheren Anstrengungen bei dem einzelnen an, andererseits reizt es aber die ehrgeizigen Berufskollegen auch zum Wettbewerb, dient als Barometer, an dem der Handwerker seinen eigenen Leistungsstand messen kann.

In beiden Fällen dürfte das Druckmedium für die Benutzer auch einen finanziellen Vorteil gebracht haben. Selbst kleinere Reisen warfen mehr Kosten auf als der Ankauf des Buches. Wollte man sich mit seinen Kollegen zu einem Leistungsvergleich treffen, so wird auch dies selten ohne Märsche und beschwerliche Wege abgegangen sein.

Nur wenn es gelang, auch Informationen in das typographische Netz einzuspeisen, die für die Benutzer von einem finanziellen Gesichtspunkt aus attraktiv waren, ließ sich die Etablierung der neuen Technologie beschleunigen. Wenn sich der Kauf eines Buches auszahlte, so war allen geholfen: den Autoren, die ein angemessenes Honorar einklagen konnten, den Verlegern, die ihre Ware loswurden und dem Käufer, der Geld sparte, obwohl er Geld für den Ankauf eines Buches ausgeben mußte.

Wenn man sich die Propaganda für die Bücher, die das Reisen ersparen sollen, in den ersten zweihundert Jahren des Drucks anschaut, so fällt auch hier auf, daß nicht nur die Vorzüge des typographischen Mediums immer besser herausgestellt, sondern daß zugleich auch die anderen Informationsmedien systematisch abgewertet werden. Bücher errscheinen nicht nur als ein Notbehelf für jene, denen die Autopsie verwehrt ist, sondern sie gelten auch als die ökonomischere, billigere, eben ›zeitgemäßere‹ Informationsquelle. Aber es bleibt nicht einmal bei dieser indirekten Zurückstufung der Bedeutung des Augenscheins. Zu Beginn des 17. Jahrhunderts mokiert sich M. P. Fleming: *»Ihr vnbedachtes Volck / was wollt ihr viel verreisen // In die gevirdte Welt? Wir koennen alles weisen / Was jhr seht vberall / vnd doch wohl kaum noch wißt / Wenn jhr herwieder kompt«.*[18] Die Natur als Informationsquelle zu wählen kostet soviel Zeit, daß man das zuvor gerade mühsam erworbene Wissen schon wieder vergißt. So erscheint es dann nur als konsequent, wenn der Autor die angestammte Wertehierarchie auf den Kopf stellt: *»Den Ruhm von solchen Sachen // Pflegt die Anwesenheit geringer stets zu machen«* (ebd. 139). Das aus Büchern geschöpfte Wissen, so stellt es dieser Autor zumindest dar, besitzt mehr Prestige als jenes, welches in ›Anwesenheit‹ der Dinge erworben wurde.

›Leibhaftig vor Augen stellen‹: Die künstliche Ausdehnung der Reichweite der Sinne

Schon Ende des 15. Jahrhunderts versprach B. von Breydenbach, daß seine Bücher die Wahrnehmung natürlicher und künstlicher Objekte, von Blumen, Tieren, Landschaften, Städten usw. überflüssig machen könne.[19] Dieser Gedanke beflügelt die Autoren auch im 16. Jahrhundert. Kaum ein Fachbuch versäumt es, darauf hinzuweisen, daß es die Dinge und Prozesse den Menschen ›leibhaftig vor Augen stellt‹, die Tiere und Menschen *›lebendig abkonterfeit‹*. *›Vormals nie Gesehenes‹* wird den Lesern so mitgeteilt, ›als ob‹ sie es selbst mit eigenen Augen gesehen hätten. Die Bücher versprechen, mit der individuellen Wahrnehmungsleistung des Käufers konkurrieren zu können. Nicht die Motorik soll entlastet, sondern ein Sinnesorgan des Menschen erweitert werden. Der Autor tritt gleichsam als Verlängerung der Augen des Lesers auf, das Buch transportiert seine Sensationen auf einem langen Weg zum Nutzer. Da zudem dessen Sinne nicht für alle Bereiche so geschult sind wie jene eines schreibenden Experten und da weiterhin natürlich auch die vielen Augen der vielen schreibenden Autoren mehr sehen können als die zwei eigenen, besitzt das Buch unbestreitbare Vorteile.

So einfach, wie dieses Konzept klingt, so viele Tücken besitzt seine praktische Implementierung und Anwendung. Wie jedermann weiß und damals gewiß noch unerschütterlicher glaubte als heute, gibt es unendlich viele Möglichkeiten, die Umwelt wahrzunehmen. Welche Möglichkeiten sollten ausgewählt werden? Außerdem sehen die Menschen aufgrund ihres Vorwissens und Temperaments die Dinge selbst dann, wenn sie ähnliche Perspektiven und Standpunkte einnehmen, immer noch unterschiedlich.

Das Vorhaben der Autoren, verbindliche, *›wahre Abkonterfeiungen‹* zu liefern, muß vor diesem Hintergrund als ein ganz unwahrscheinliches, ja größenwahnsinniges Unterfangen erschienen sein. Man wußte doch, wie wenig verläßlich oftmals selbst die mündlichen Berichte von Augenzeugen ausfielen, die über Geschehnisse berichteten, bei denen man selbst nicht zugegen war! Und dabei besteht in solchen mündlichen Verständigungssituationen noch die Möglichkeit, sich durch Rückfragen ein Bild von den individuellen Positionen des Berichtenden zu machen. Der Augenzeuge kennt sein Gegenüber meistens oder vermag es doch zumindest kennenzulernen. Die Beschreibungen aber sollten an jedem Ort, zu jeder Zeit und für einen großen Leserkreis verständlich sein.[20] Solche Anforderungen mußten den Zeitgenossen damals als schwer erfüllbar erscheinen.

Wie ließen sich diese Einwände so rasch entkräften und welche Lösungen hatten die Autoren in der frühen Neuzeit anzubieten? Denn nur wenn es hier tatsächlich zu brauchbaren Lösungen kam, blieben die Versprechungen auf Titelblättern und in den Einleitungen keine bloße Makulatur. Mit diesen Fragen wird sich der Abschnitt 6.2 beschäftigen.

Zuvor sollen aber noch einige weitere Leistungsansprüche der Fachprosa vorgestellt und analysiert werden.

Abb. 56: Die typographische Modellierung ostensiver Definitionen: Titelholzschnitt aus dem ›Kreuterbuoch‹ von E. Roeszlin, 1542

Bücher, ›so verstendtlich vnnd leicht fuergeben/ daz eim ieden hierauß von sich selb wol zu lernen‹ ist: Die unmittelbare Interaktion wird ersetzt

Die Titelblätter zahlreicher Werke der Fachprosa führen uns hinein in Werkstätten oder zeigen uns Instruktionssituationen. (*Vgl. Abb. 55 u. 56*) Die Werke wollen mehr als bloß die Wahrnehmung der Dinge ersparen. Sie geben Informationen über das Ausführen von Handlungen, die Herstellung von Produkten, das Funktionieren von Maschinen u. ä. Dieses Ziel setzt immer auch die Bewältigung der im vorigen Abschnitt beschriebenen Aufgaben voraus. Wenn H. Brunschwygk seinen Lesern den Bau von Destillationsöfen ermöglichen will, so muß er ihnen auch beschreiben, wie die Destillationskolben, die Feuergitter oder die verschiedenen Tiegel ausschauen. Daneben müssen auch dynamische Vorgänge in ihrer sequentiellen Struktur erfaßt werden. Dies setzt ein Beschreibungsmodell voraus, welches über eine Zeitachse verfügt. Die Handlungen werden zerlegt, beschrieben und dann sind die Beschreibungen entsprechend ihrer zeitlichen und/oder logischen Abfolge wieder zusammenzufügen.

Vorrede dieses Distillier Buchs.

GOtt dem Allmechtigen zu Lob / seinem
Eingebornen Sohn zu Ehren / entzündung des
Heiligen Geists / zu Trost den krancken / auch in sonderm dienst
meinen Gnedigen Herren der Stadt Straßburg / durch bitt
vieler Menschen / die sehr liebhaben die Kunst dieser Distillie-
rung / vmb jhr subtilen reinigkeit willen / vnd damit abzutilgen
die müssigkeit die da ist / als die Alten Weisen sprechen / ein hindernuß vnd zer-
störung aller guten nutzbaren ding / Ja nit allein die müssigkeit / sondern auch zu
vermeiden die Fantasey / steter vnd nützer gedancken / genannt Melancholey /
die vrsprünglich zufallen ist durch kält vnd truckene Complexion / demnach noth
ist die truckne zu temperieren mit der feuchte diß wercks / vnnd die kält zu erwer-
men durch die Hitz des fewers / vnd die trawrigkeit der Melancholey zu bene-
men durch den schein des flammenden Fewers / mit dem diß Werck volbracht
wird. Darumb auß solchen gemelten vrsachen ich Hieronymus Braunschweig
des geschlechts Salern bürtig von Straßburg / diß mein Buch / das genant ist /
Liber de arte distillandi mit diesen worten / Lieb in brennung einer rechten Di-
stillierung / ein anfang rechter trew entdenckt durch einbildung / stet in lieblicher
list / offenbar natürlich dir zeigen / ist das Buch der Kunst des Distillierens /
des weiter mich auch sonst solchs zu offenbaren etwas bewegt hat. Zu dem er-
sten das ich offt vnd viel gefragt bin / so ich gehandelt hab in meiner Prastic / wie
man die die Wasser brennen / Distillieren / brauchen vnd behalten sol. Zum an-
dern den Alten die da gelert haben diese Kunst zu einer vnterleibung jhrer Me-
morien oder Gedechtniß. Zu dem dritten / die da begeren zu lehren die maß vnd
Kunst der Distillierung diß werck anzufahen / mittel vnnd end / jetzt wol auff
Dreissig Jhar zusammen bracht / gelesen / gesehen vnd erfahren hab / durch die
hochgelerten Doctores / Meister / vnnd bewerten der natürlichen Kunst der
Artzney / als Hypocra. Rasis / Galienus / Serapion / Auicenno / vnd ander der-
gleichen mehr / als ich offenbaren werd in dem nachgehenden Buch von Distil-
lieren / vmb kürtz willen hie vnderlassen / Jch geschweig der Bücher groß vnnd
klein / die ich gesehen vnd gelesen hab in etlichen alten Libereien / vnnd von guten
Meistern / mit warheit muß ich sagen / ob drey tausent / vnd von manchem Ge-
lerten vnd Leyen / Mann vnd Frawen durch Experiment erfaren hab / vnd also
diß Buch vnderschieden in zwey theil / mit seinen Capiteln vnd Tractaten. Das
Erst theil / das lehrt dich alle nottürfftige ding zu der Kunst der Distillie-
rung / vnnd wie man Distillieren sol. Das ander theil lehret /
welche zeit ein jedes Kraut / was geschlechtes das
sey / nach ordnung gebrannt oder gedistil-
liert werden sol / vnd war-
zu das gut ist.

Abb. 57: Die typographische Erfassung oraler, skriptographischer und sensomotorischer Informationen: Vorrede H. Brunschwygks in seinem ›Distilierbuch der rechten Kunst‹

Gute Gebrauchsanweisungen und technische Fachliteratur enthalten darüber hinaus die verschiedensten Informationstypen, darunter auch solche, die nicht gesehen werden können, weder von den Autoren noch von den Lesern. Das ›*Wissen*‹, ›*wie man die Wasser Brennen / Distillirn / brauchen vnd behalten soll*‹, hat Brunschwygk im Laufe von ›*wohl dreißig Jahren zusammen gebracht*‹ und zwar durch ›*Lesen*‹, ›*Sehen*‹, aber auch durch ganz andere Erfahrungen und Überlegungen. (*Vgl. Abb. 57*) In das Buch gehen Informationen über Handfertigkeiten, Erfahrungswissen der verschiedensten Sinnesorgane, Reflexionen über die Gründe des Funktionierens der Abläufe u.v.a.m. ein. Damit ist das Buch mehr als eine Erweiterung **eines** Sinnesorgans. Es tritt in Konkurrenz zu einem kompletten Kommunikationssystem: der Interaktion zwischen einem Experten und einem Laien. Es modelliert informative Prozesse, die etwa in Gesprächen zwischen Handwerkern und Wißbegierigen über den Umgang mit Geräten, die in der Werkstatt benutzt werden, ablaufen.
Bevor die Fachbücher auf den Markt kamen, gab es für den Laien nur zwei Möglichkeiten, sich solche Informationen zu beschaffen. Einmal konnte er selbst die Augen aufmachen und seine eigenen Erfahrungen gewinnen oder aber er mußte einen Experten aufsuchen und ihm bei der Arbeit zusehen. Im ersteren Fall war er ganz auf sich allein gestellt und lernte nach dem Versuchs-Irrtum-Prinzip. Das Gespräch mit dem Experten war da schon eine Erleichterung, aber sie erforderte eben auch die Einrichtung eines sozialen Systems – und dazu war vielleicht nicht immer die Möglichkeit gegeben.
Die typographische Fachprosa eröffnet nun einen dritten Weg. Erst jetzt wird es möglich, technisches Wissen in symbolischer Form, losgelöst von Institutionen und Experten zu erwerben. Bis zu Beginn des 16. Jahrhunderts war dies bestenfalls ausnahmsweise und in ganz unvollkommener Form möglich. Zwar konnten in der Vergangenheit alle möglichen Produkte, von der Tonschüssel bis zum exotischen Tier, zur Ware werden. Zur Ware wurden auch die Menschen, die irgendwelche Dinge herstellen konnten, aber das Wissen und die Fähigkeiten, die zur Herstellung dieser Produkte anleiteten, waren nicht zu erwerben. Immer mußte der Besitzer dieses Wissens, der Baumeister, Arzt oder Goldschmied,

›mit‹ eingekauft oder, nach Abschaffung der Sklaverei, für eine gewisse Zeit gemietet werden.

Diese Schwierigkeit zu beenden, versprachen die Fachbücher. Mit ihnen wurde die Information als Eigenschaft toten Papiers zur Ware. Von nun an schien ihre Speicherung nicht mehr an bestimmte Institutionen oder an psychische Systeme, Menschen, sondern nur noch an das technische Medium gebunden zu sein. Der Kontakt mit diesem Medium konnte als einseitige Leistung des Benutzers von der Gesellschaft aufgefaßt werden: die Fachbücher priesen sich eben deshalb als eine ›*künstliche*‹ Informationsquelle an, die zwischenmenschliche Interaktion erübrigte und die das mühsame Geschäft des ›Aus-der-Erfahrung-klug-Werdens‹ abzukürzen versprach. Natürlich war dies eine simplifizierende Sehweise, denn der Informationsstransfer blieb, wenn auch nicht an einzelne Institutionen, so doch an ein ganzes gesellschaftliches Subsystem, den Markt, als Vermittlungsinstanz gebunden. Aber diese Abhängigkeit des einzelnen Buches von einem sehr viel mächtigeren Medium wurde und wird anscheinend kaum erlebt. Man tut so, als ob man allein aus dem Buch, dem ›*Buch selbst*‹, selbständig Informationen ziehen kann.

Programmatisch in diesem Sinne begann schon Matthäus Roritzer 1485 sein Visierbüchlein: *»Von der fysir wye ein yder vnterricht mag werden das er dy fisier ruten mag machen yn alle landt. Vnd sich selber lernen fysiern auf den kleinen vnd großen form ...«*[21] Ein jeder sollte aus dem Büchlein lernen, d.h. handlungsanweisende Informationen gewinnen können, ohne auf fremde Hilfe angewiesen zu sein. Der Begriff des ›Lernens‹ und des ›Lehrens‹ wird aus dem Kontext sozialer, kommunikativer Situationen gelöst und auf die Beziehung zwischen einem Menschen und einem ›toten‹, technischen Gegenstand, eben das Buch, angewendet. Das Lernen wird in bestimmten Fällen aus einer sozialen zu einer individuellen Veranstaltung.

Auf den Titelblättern und/oder in den Vorreden der Fachprosa wird diese Wendung durch feste Formeln angekündigt. Hinter der allgemeinen Themenbezeichnung ›*Teutsche Grammatica*‹ (Ickelsamer) oder ›*Rechnen vnd Visieren*‹ (Köbel 1531) folgt oft der ausdrückliche Hinweis, daß dieses Buch zum Selbststudium geeignet ist: *»Darauß ainer von jm selbs mag lesen lernen«* oder *»so verstendtlich vnnd* *leicht fürgeben/daß eim ieden hierauß von sich selb wol zu lernen«*. Die Substitution der Experten wird durch die Formel, daß aus diesem Buch *›on einn lerer wol zu lernen‹* sei, ausgedrückt.[22] *»Dann es mag«*, so schreibt Sebald Behem in der Vorrede seines *›Kunst- und Lehrebuechleins‹* 1557, *»ein fleissiger Junger/auch on einigen leermeister/auß disem buechlin grundtlichen bericht vn(d) verstandt fassen«*. Oder man macht deutlich, daß im Unterschied zu den alten Manuskripten diesen Büchern *›on wytere erklaerung‹* (Kolroß) oder *›one einigen Muendlichen bericht‹* (Schleupner) Informationen entnommen werden können.[23]

Informationsaustausch ist nicht mehr an das Gespräch von Angesicht zu Angesicht – wie in den oralen Kulturen – und auch nicht mehr auf organisierte Sozialsysteme – wie in den älteren literaten Kulturen – angewiesen. Er kann vielmehr direkt durch ein gesellschaftliches Subsystem, eben die marktwirtschaftlichen Netze, vermittelt werden.[24] Dieser Typus kommunikativer Systembildung ist so abstrakt, daß er – damals wie heute – nur selten als ein solcher erlebt und mit Begriffen wie ›Interaktion‹ oder ›Verständigung‹ belegt wird. Die Reflexion zeigt zwar, daß das Lernen aus Büchern nur eine Episode in einem komplizierten Prozeß der gesellschaftlichen Informationsverteilung ist, aber es wird im Denken der Menschen aus diesem Zusammenhang herausgelöst. Man sieht das Lesen vorzugsweise als eine autonome ›Handlung‹ des einzelnen Individuums.

Dieses Auseinanderreißen des kommunikativen Kreislaufs bleibt, obwohl es ›nur‹ auf der Ebene der gesellschaftlichen Selbstbeschreibung erfolgt, nicht ohne Auswirkungen auf das Erleben und Verhalten. So tritt das ›Selbst‹-Lernen oder -Handeln in Opposition zu ›sozialer Interaktion‹. Dies ist insofern nicht verwunderlich, als bei den typographischen Netzen tatsächlich, wie in dem Abschnitt 5.3 gezeigt, eine neue Form der Wechselseitigkeit eingeführt wird. Man tauscht nicht Information gegen Information, wie dies beim Lehrgespräch unter bestimmten Bedingungen der Fall sein kann, sondern man tauscht Information gegen Geld. Während man kaum Schwierigkeiten damit hat, diesen Typus der Interaktion bei materiellen Waren als eine wechselseitige Veranstaltung, eben als ›Tausch‹, wahrzunehmen, ist schon das 16. Jahrhundert zurückhaltend, wenn es um die spezielle Ware

Information geht. ›Echte‹ Wechselseitigkeit scheint nur dort angenommen zu werden, wo noch nach dem überholten Muster des Naturaltauschs vorgegangen wird: Information gegen Information. Daß eine solche kommunikative Austauschbeziehung selbst für die üblichen Formen der Wissenstradierung im Mittelalter eine Idealisierung darstellt, braucht kaum betont zu werden. Die Lehrjungen in den Werkstätten tauschten keineswegs Informationen, sondern ihre Arbeitskraft gegen das Wissen der Meister ein.
Erst in der unmittelbaren Gegenwart, in der durch die Verkabelung tatsächlich ein wechselnder Informationsfluß (Duplexbetrieb) in den technisierten kommunikativen Netzen ermöglicht wird, scheint man auch die hochgradig vermittelten informativen Austauschvorgänge als Kommunikation oder als ›Dialogbetrieb‹ aufzufassen.

In dem Maße, in dem sich in der Öffentlichkeit das Bewußtsein durchsetzte, daß der Einzelne *›von sich selbst‹* aus Büchern lernen kann, veränderte sich auch das Lernen in den traditionellen face-to-face-Situationen. Auch in den direkten Lernsituationen mußte über kurz oder lang dem Einzelnen Autonomie zugestanden werden. Der Prozeß, der sich zwischen Lehrern und Schülern abspielte, konnte nicht mehr nur noch neutral als *›leren‹* bezeichnet werden. Die je spezifischen Leistungen des Experten einerseits und des Schülers andererseits werden seit der Neuzeit mit unterschiedlichen Begriffen benannt: Lehren und Lernen. Der Schüler lernt nicht nur, was die Experten vortragen, sondern er lernt es selbst. Zumindest erweitern sich die Möglichkeiten, die Eigenaktivität des Individuums in diesem Prozeß in den Mittelpunkt didaktischer Überlegung zu rücken.

Probleme der Modellierung unmittelbarer Unterweisungen

Die typographische Simulation der Informationsströme in den unmittelbaren Instruktionssituationen stellten die Autoren zu Beginn der Neuzeit vor bis dato ungelöste Probleme. Man kann heute, bald 500 Jahre nach dem Erscheinen des Prototyps der technischen ›Unterweisung‹, nämlich des schon mehrfach erwähnten Destillierbuchs von H. Brunschwygk, kaum mehr abschätzen, welche kognitiven Neuerungen hier zu vollziehen waren.[25]

Man darf sich, dies kann gar nicht oft genug betont werden, diese ›*Underweisungen*‹ keinesfalls als eine Umschrift der Instruktionen vorstellen, die ein Handwerker seinem Lehrling von Angesicht zu Angesicht in seiner Werkstatt von Zeit zu Zeit gibt. Solche Transkriptionen mündlicher Rede mögen – nach gründlicher stilistischer Überarbeitung – einen Teil der typographischen Expertenprogramme ausmachen, aber sie bilden nicht ihr Gerüst und sie sind auch nicht das Geheimnis des Erfolges dieser Gattung.[26] In der unmittelbaren Instruktionssituation, wie sie z. B. auf dem Titelholzschnitt von E. Roeszlins ›*Kreuterbuch*‹ (*Abb. 56*) zu sehen ist, stehen den Beteiligten weit mehr Informationsquellen zur Verfügung als nur die Rede. Typischer als mündliche Erläuterungen sind beim Lernen in Werkstattsituationen eigentlich das Vormachen des Experten und das schweigende Zusehen und Nachmachen der Lernenden. Korrekturen erfolgen ebenfalls ›handgreiflich‹ und statt der kompletten Aussagesätze der Fachprosa hört man in diesen Fällen nur kurze deiktische Anweisungen: ›Hier stärker drücken‹, ›nicht soviel‹, ›kräftiger‹, ›loslassen‹, u. ä.[27] Wie ließen sich, um ein weiteres Problem herauszugreifen, ostensive Definitionen nach der Form ›dies ist ein Richtscheid‹ aus der face-to-face-Situation in das typographische Medium transformieren? Der Satz läßt sich unschwer transkribieren, aber das Zeigen auf das Richtscheit und die Wahrnehmung desselben durch die Beteiligten? Das Drehen desselben in der Hand, um es von allen Seiten kennenzulernen? Seine richtige Haltung beim Visieren? – Hier mußten begriffliche Definitionen eingeführt werden. Dafür gab es in der gelehrten, logischen Literatur zwar manche Handreichungen, aber diese wollten auf die vielfältigen Wirklichkeitsbereiche erst angewendet sein!

Der Meister konnte sich beim Bau der Destillationsöfen oder bei der Auswahl der Kräuter auf alle Sinnesorgane sowohl bei sich selbst als auch bei seinem Lehrling stützen. Dieser hört nicht nur die Rede, sondern auch die Arbeitsgeräusche, er spürt die Werkzeuge in den Händen, ›probiert‹ die Kräuter oder Mineralien mit der Zunge und beobachtet das Geschehen mit den Augen. Dem Leser der Fachprosa stehen diese vielfältigen Informationsmedien nicht zur Verfügung; er muß sich mit dem Medium des gedruckten Buches begnügen. Es liegt auf der Hand, daß *»buecher / darinn allerley handlung* [so] *g(e)schriftlich angezeygt«* werden, so daß sie die Laien *›ohne weitere mündliche Erklärung‹* erlernen können, anders geschrieben sein müssen als die traditionellen Manuskripte, die lediglich für die Hand des Experten und als eine Unterstützung mündlicher Instruktion gedacht waren.[28] Der Autonomieanspruch der Beschreibung führte dazu, daß die symbolische Darstellung *›an sich selbst‹* klar sein sollte. Jacob Baumann begründet seine ausführlichen Beschreibungen und Abbildungen in seiner Ausgabe der *›Anatomie‹* des Vesal damit, daß sich *»darauß ... ein ieder aller ding vollkomlich bericht erholen vnd eigentlich die wunderbarlich erschaffung vnd gepew menschlichs leibs erlernen mag«.*[29] Ein geradezu vermessener Anspruch in den Augen antiker und mittelalterlicher Autoritäten, der sich nur einlösen ließ, wenn tatsächlich ungeheure Mengen an Information in standardisierten Sprachen typographisch kodiert wurden. Wie schon mehrfach erwähnt, stand es mit einer solchen gemeinverständlichen Sprache in jener Zeit nicht zum besten. Die ganze Ausrichtung der technischen Unterweisungen rief eigentlich nach der Volkssprache.[30] Aber auch hier gab es keine überregionale Fachterminologie, von weiterführenden Textverarbeitungsprogrammen ganz zu schweigen.

Die Notwendigkeit, den Nutzer der typographischen Information bei der Programmgestaltung einzuplanen, erschöpft sich natürlich keineswegs in der Berücksichtigung seiner ›Sprache‹. Der schreibende Experte wird seiner Aufgabe nicht gerecht, wenn er nur die Komplexität der in den unmittelbaren Instruktionssituationen relevanten Informationen erfaßt und diese sinnvoll reduziert. Dieses Modell muß zu dem Vorwissen und den Eigenaktivitäten des späteren Nutzers des Programms in Beziehung gesetzt werden. Nach ihnen richtet sich die Ausführlichkeit der Beschreibung. Nicht der Autor selbst oder seine Vertrauten sollen ja nunmehr, wie dies noch bei den mittelalterlichen Musterbüchern der Fall gewesen ist, aus den Büchern Nutzen ziehen, sondern wildfremde Personen. Die antiken und mittelalterlichen Autoren waren es gewohnt, sich beim Abfassen ihrer Werke immer eine konkrete

Person als Adressaten vorzustellen. Ihr widmete man dann später das fertige Manuskript. Nunmehr wandten sich die Schreiber an ein kaum vorausberechenbares Publikum. Dies führte zu komplizierten Problemen, die im Verlauf dieser Arbeit immer wieder angesprochen wurden. Vor allem mußten es die Autoren lernen, sich idealtypische Adressaten zu konstruieren und diese Konstrukte in ihren Werken mitzukommunizieren. Sie kamen nicht umhin, Annahmen über das vermutliche Vorwissen ihrer Leser zu machen. In einer Zeit, in der es noch kein durch die allgemeine Schulpflicht standardisiertes Informationsniveau bei den einzelnen gab, blieb dies eine kaum lösbare Aufgabe. Auch deshalb übrigens fördern typographische Informationssysteme und allgemeine Schulpflicht einander wechselseitig.

›*Damit der Brauch wohl entdeckt werden konnte und die Kunst den Anfängern besser bekannt*‹ gemacht wurde, waren nicht nur viele neue Typen von Information zu gewinnen; man mußte auch viele vorhandene Erfahrungen neu reflektieren.[31] Es reichte nicht aus, nur den schlichten ›Brauch‹ zu beschreiben. Vielmehr wird das Handlungsgeschehen oftmals erst dann plausibel, wenn man auch den ›*Grund*‹ oder ›*Verstand*‹ der einzelnen Verrichtungen kennt. Indem nun aber in die Fachprosa neben den nüchternen Beschreibungen auch weitergehende Reflexionen der Daten Eingang finden, entstehen zusätzliche Effekte. Die (technische) Fachliteratur wird von der Gesellschaft nicht nur als ein Informations-, sondern auch als ein Reflexionsmedium aufgenommen. Dem einzelnen liefert sie nicht nur Programme zu einer besseren Bewältigung seiner Lebenspraxis, sondern sie regt ihn zugleich auch zu einer Reflexion eben dieser Praxis an. Vorausschauende Planung wird möglich, wenn man die ›*Ursachen*‹ oder den ›*Verstand*‹ der Vorgänge kennt.

So sieht Bechius den Nutzen von Georg Agricolas großartiger Beschreibung der Bergwerkskunst darin, daß durch sie die ›*Bergleute*‹ »*zuo rechtem verstandt des bergkwercks kom(m)en moegen/dadurch dan(n) erfolgen wirt/daß sie ihr gelt muehe vnd arbeitt die sie des bergwercks halben für vnd für haben muessen/mitt groesserem nutz werden anlegen/vnd darauß ein traeffliche guotte narung erlangen*« werden.[32]

Ausgiebig schildert Bechius die Gefahren und Nachteile, die sich einstellen, wenn man ohne ausreichende Vorbildung den Bergbau betreibt. Dem Leser soll deutlich gemacht werden, daß Wissen und Programme erforderlich sind, bevor man sich an die Arbeit macht.

Wenn die Autoren Fachliteratur in der anvisierten Qualität erstellen wollten, dann lag eine gigantische Arbeit an Informationsbeschaffung und -darstellung, an Standardisierung, an Vergleichen unterschiedlicher Dokumente, dem Experimentieren mit verschiedenen Darstellungsformen usf. vor ihnen. Da das Relevanzsystem bei dieser Beschäftigung durch die Anforderung des neuen Informationssystems und seiner Nutzer bestimmt wird, erhielt man notwendig andere Daten, als dies früher in der Werkstatt oder bei den gelegentlichen schriftlichen Aufzeichnungen der Fall gewesen ist. Waren die Argumentationen und Erklärungen dann einmal in symbolischer Form zugänglich, so konnten auch die klassischen mündlichen und handwerklichen Instruktionssituationen davon nicht unberührt bleiben. Begründungen für das Tun wurden nun auch an Stellen im Unterricht und in der Werkstatt gefordert, wo man zuvor lange ohne sie ausgekommen war. (Vgl. u. S. 548ff. sowie 665ff.)

Thesaurus pauperum: Die typographische Kompensation von Mängeln im Gesundheitswesen

Je mehr die Zeit im 16. Jahrhundert voranschritt, um so mehr zeigte sich, daß die typographischen Informationsmedien nicht nur den Vorzug größerer Bequemlichkeit für sich in Anspruch nehmen konnten. Für zahlreiche Informationsbedürfnisse gab es in den einzelnen Teilen des deutschen Sprachgebietes für verschiedene gesellschaftliche Gruppen kaum mehr eine Alternative zu den ausgedruckten Büchern. Die Experten waren über das weite Land ungleich verteilt, ihre Werkstätten überlaufen und die Preise, die sie für ihre Ratschläge oder eine Lehrstelle einforderten, hoch. So blieb den Menschen, wenn sie an eine bestimmte Information herankommen wollten, oftmals keine andere Wahl, als zu einem Buch zu greifen.

Dieser aus Mängeln in der gesellschaftlichen Infrastruktur geborene Zwang war natürlich auf die einzelnen Informationstypen ungleich verteilt. Im Bereich der medizinischen Grundversorgung der unteren, ›armen‹ Bevölkerungsschichten empfand man ihn als besonders stark. Entsprechend traten hier am häufigsten Autoren mit Programmen hervor, die eine kostengünstige Abhilfe, Unabhängigkeit von den Ärzten und Apotheken, versprachen.

»Mag aber der gemein mensch durch armut oder ferrin [Entfernung] *des wegs nit allweg bey jm haben meister der artzney / hierumb soll ein sollicher mensch zuflucht haben zu disem büchlin«*, beschreibt der Arzt Johann Tollat von Vochenberg 1497 den Gebrauchswert seines Werkes.[33] Zahlreiche Autoren von medizinischen und pharmakologischen Werken übernehmen in der Folge diese Funktionsbestimmung.[34] Das Buch wird als eine ›letzte‹ Zuflucht, als einziger Ausweg für Menschen erlebt, in deren Nähe sich entweder kein Arzt befindet oder die die erreichbaren Ärzte nicht bezahlen können. Die Hilflosigkeit, mit der arme, kranke Menschen insbesondere auf dem Lande Krankheiten gegenüberstanden, muß sensiblen Naturen wie Hieronymus Brunschwygk zu Herzen gegangen sein. Eindringlich, durch einen Holzschnitt noch verstärkt, schildert er, wie ihn nachts schwere Träume heimsuchten. Nach der Abfassung des vierten Teils seines Destillierbuchs *»begert ich die ruow* [Ruhe] */ mich legt vn(d) hart entschlieff«*, beginnt er. *»Schreigen vnnd rüffen ich hort / Wie gar / wie gar / wie gar hast du vnszer v(er)gessen / Ich erwacht / Sprechende / Wer seind ir / Wir seint die armen / wer seint die armen / Die weder haller noch pfenig haben / Wer me / wir seind die bauleüt / auß den doerffern / Wer me / wer seind die von den schlossen* [Schlössern] *vnnd vß den cleine(n) stettlin / Wan wir schon zimlich geld hont / haben wir doch weder artzet noch die Ertzney / das wir vnß mügen behelffen / So doch Got hat beschaffen den gesunde(n) die speise / den krancken die ertzney / Was woellen ir d(a)z ich thü /* [?] *wir woellen d(a)z du vnser auch gedenckest / Seit du den reichen / vnd den in grossen stetten / welche die artzet zuo bezaln vnd die ertzney auch habe(n) seint / dene(n) du fil schreibest vnd sie lerest / Vnd vnser armen ganz vergissest / nyt in gedencken oder betrachtend bist die wort des armen Lazari schreigende vnd begerend die broesemlin / welche vielent* [fielen] *von de(m) tisch des reichen / dauon er gesettiget würd. Im dem erwachet ich / vn(d) gab mich zuo d(er) arbeit vff lesende die broesamlin / gefalle(n) von meine(n) vnd anderen experimenten.«*[35]

Als eine Art Titelblatt haben Brunschwygk/Grüninger den auf Seite 533 faksimilierten Holzschnitt (*Abb. 58*) an den Anfang des

Das. V. Büch CCLXXXIII

Hie so fahet an das fünffte Buch wie wol ich ver meint ein benügen geton hab mit den gemachtē fier büchern/ Jedoch so hab ich mich erlich bewegen lon/ vñ die in liebin bedacht vñ hie das fünffte büch dartzü gemacht/ welches genant wirt/ Micariū Medicine/ vel Thesaurus pauperū oder das büch/ schatz der armē Artzny/ Vnd auch derē/ die da vff den schlossen/ vnd in dē cleinē stet lin/ vñ dörffern wonē/ Die da nit wol die hohen artzny erreichen mögē/ Deßhalb ich in disem büch lere/ wie sich ein yed gnügsamglich mit gmeiner Artzny ernerē mag.

Als nun diß fierd büch wolbracht ist/ mit by stand des Herren/ on des hilff nichts volbracht mag werden/ Da begert ich die rüw/ mich legt vñ hatt ein schleff/ Schreigen vnnd rüffen ich hort/ Wie gar/ wie gar/ wie gar hast du vnßer vergessen/ Jch erwacht/ Sprechende/ Wer seind ir/ Wir seint die armen/ wer seint die armen/ Die weder haller noch pfenig ha ben/ Wer me/ wir seind die bauleüt/ auß den dörffern/ Wer me/ wir seind die von den schlossen vnnd vß den cleinē stettlin/ Wan wir schon zimlich gelt hont/ haben wir doch weder artzet noch die Artzney/ das wir vnß mügen behelffen/ So doch Got hat beschaffen den gesundē die speis/ se/ den krancken die ertzney/ Was wöllen ir dz ich thü/ wir wöllen dz du vnser auch gedenckest/ Seit du den reichen/ vnd den in grossen stetten/ welche die artzet zü be zaln vnd die ertzney auch habē seint/ denē

a

Abb. 58: Die Armen erscheinen den Autoren im Traum: Holzschnitt aus Brunschwygks ›Liber de arte Distillandi‹, Straßburg 1512

5. Buches gesetzt. Brunschwygk ist über seinen Büchern am Tisch eingenickt. Zu seiner Linken bitten die Armen um Rat und Hilfe, zu seiner Rechten bedrängen ihn jene, die schon *›ziemlich geld haben‹*, aber keine Apotheke erreichen können.

Brunschwygk behauptet, nicht *›schlaff mit ruowe‹* gefunden zu haben, bevor er nicht den Bitten seiner Traumgestalten nachgekommen ist. (a. a. O. CCLXXXIII b) Das Ergebnis seiner Mühen nennt er *›Micariu(m) Medicine / vel Thesaurus pauperu(m) oder das buoch / schatz der arme(n) Artzny‹*.[36] Diejenigen, *›die da auf den Schlössern und in den kleinen Städten und Dörfern wohnen‹* und die deshalb keinen Zugang zur Arzneikunst haben, möchte er in diesem Buch lehren, *›wie sich ein jeder genugsam mit gemeiner artzney ernähren mag‹*. (a. a. O. CCLXXXIII a)

Konzeption und Inhalt des Brunschwygkschen Werkes sind mehr als einhundert Jahre lang vorbildlich geblieben. Es erscheint eine nicht mehr überschaubare Anzahl von Werken, die pharmakologische Informationen für den *›gemein man‹* aufbereiten und die sich auf Brunschwygk berufen oder die sich gar als dessen Schöpfung ausgeben. Joseph Benzing führt sieben Ausgaben des *›Liber de Arte Distillandi de Compositis‹* auf, in dem der *›Schatz der Armen‹* als letztes Buch angehängt ist.[37] Die erste Separatausgabe dieses Büchleins erschien 1537. Es folgten dann vierzig mehr oder weniger überarbeitete Auflagen in verschiedenen Sprachen bis 1658. Von der *›Apothek für den gemeinen mann‹*, die neben *›vielen guten und bewährten Stücken der Arznei von Hieronymus Brunschwygk‹* auch noch Teile des – von Brunschwygk ebenfalls benutzten – *›Büchlins von den gebrannten Wassern‹* (M. Schrick) und zwei Traktate über Blutuntersuchungen und über die Pest enthielt, kennt Benzing dreißig Ausgaben bis 1619. Hier noch gar nicht miterfaßt sind die zahlreichen Auszüge aus Brunschwygks Arzneibuch, die sich in anderen *›Kräuterbüchern‹* bei Autoren wie Eucharius Roesslin, Adam Lonitzer oder W. Ryff finden. Keiner dieser Drucke versäumt es, auf dem Titelblatt oder/und in Vorreden den Gebrauchswert der Informationen in der Weise herauszustreichen, wie wir es eben bei dem Folianten von Brunschwygk aus dem Jahre 1512 kennengelernt haben.[38] Und ähnlich verfahren auch medizinische Ratgeber, die sich aus anderen Traditionen speisen: *›Hortus‹* und *›Regimen sanitatis‹*, *›Pestbücher‹*, *›Büchlein von den ausgebrannten Wassern‹*.

›Für die Armen und für die Dienstmägd und Knecht, die sonst nichts zu bezah-

len haben‹, sind diese Werke nicht bloß eine bequeme Informationsquelle neben anderen möglichen – sondern sie sind die einzige Quelle, aus der sie notwendiges Wissen schöpfen können.[39] Das Buch besitzt für die Armen eine andere Bedeutung als für die Reichen und für die Gelehrten. Diese Erkenntnis wird von den Autoren des 16. Jahrhunderts immer wieder unmißverständlich geäußert. So schreibt etwa W. Ryff in seinem ›*Kurtz Handtbuechlin ... vieler Artzneyen*‹ (Frankfurt 1550) gleich zu Beginn: »*Ich will nicht Wasser inn Rein tragen / schreib nicht den Hochgelerten diß Büchlin / denn sie seind der Kunst voll / Auch nicht den Unverstendigen Hoeltzlin / da man sewtroege moecht* [dar]*außmachen / sonder allein den Einfaltigen / Erbaren vnd Frommen Leutlin / die bißher meines Raths / vnnd meiner Hilff / durch Gott gelebet haben / Vnnd etliche nun fernheit halben mich nicht mehr erreichen / oder aber durch Armut ihnen der Wege zu schwer / das sie doch haben / damit sie jhnen selbst / bisz es Gott anders schickt / helffen oder zum minste(n) lifferung* [Linderung] *geben moege.*«[40]

Die Reichen konnten sich zu guten Ärzten begeben und sich teure Arzneien aus den Apotheken besorgen. Die Gelehrten unterrichteten sich aus anderen, anspruchsvolleren Werken, wenn sie sich weiterbilden wollten. Sollten sie erkranken, wissen sie sich selbst zu helfen oder haben das Geld, um sich beraten zu lassen. Für beide Gruppen erscheinen die Selbsthilfeprogramme auf typographischer Grundlage als dysfunktional. Diese Programme gelten keineswegs als die besten aller Informationsmöglichkeiten, sondern als ein Notbehelf.

Für die weniger bemittelten Schichten hingegen erweisen sich die neuen Informationsmedien, fast möchte man sagen paradoxerweise, als ein kaum zu ersetzender und noch dazu preiswerter ›*Schatz*‹. Diese Verknüpfung der Möglichkeiten der neuen Technologie mit einem Bedürfnis der Mehrheit der Bevölkerung hat ihre Ausbreitung auf Dauer abgesichert.

›Liber de arte distillandi‹: Struktur und praktischer Nutzen eines ›Armenschatzes‹

Hielten nun die ›*Armenschätze*‹ und ähnliche Bücher, was sie dem ›*gemein man*‹ versprachen?

Geht man noch einmal zum Ausgangspunkt, dem ›*Liber de arte distillandi de compositis*‹ von Brunschwygk, zurück, so hat man den Eindruck, daß es sich zumindest um ein wohlüberlegtes Programm handelt, welches gut auf die Bedürfnisse der Benutzerschicht abgestimmt ist. Das Werk besteht aus fünf Teilen:

- einer Einführung in alles das, was zum Destillieren gehört;
- einem Dispensatorium, in welchem die Bereitung der gebräuchlichsten zusammengesetzten Medikamente und deren Anwendung in Krankheiten gelehrt wird;
- einer Aufzählung der Composita und ihrer Anwendungsmöglichkeiten in der Reihenfolge der Krankheiten von Kopf bis Fuß;
- einer Erläuterung der Medikamente, die man zur Versorgung von Wunden braucht, und schließlich
- dem schon erwähnten Arzneibuch für die Armen, dem Thesaurus Pauperum.

Wer das gesamte Buch besitzt, kann sich tatsächlich von Arzt und Apotheken in einem erheblichen Umfang unabhängig machen und Geld sparen. Jeder konnte sich aus ihm Rat holen, welche Medikamente bei welchen Krankheitssymptomen angezeigt sind und in welcher Dosierung sie anzuwenden sind. Krankheitsbilder werden skizziert. Vorbeugende Hinweise für eine gesunde Lebensführung finden sich an verschiedenen Stellen der Schrift. Alles ist durch Register in einer Weise erschlossen, die für die Zeit durchaus vorbildlich ist.[41] Aus ökonomischer Perspektive wichtiger ist freilich noch ein anderer Gesichtspunkt. Was nutzten die besten Informationen über Medikamente, wenn sie sich der ›*gemein man*‹ nicht leisten konnte? Brunschwygk verlor nicht aus den Augen, daß er auch in diesem Bereich Hilfe zur Selbsthilfe geben mußte. Und das bedeutete, daß er Informationen zur Herstellung der Medikamente mitliefern mußte. Eben das geschieht in dem Destillationsbuch. Schon als er es im Frühjahr 1500 fertiggestellt hatte,

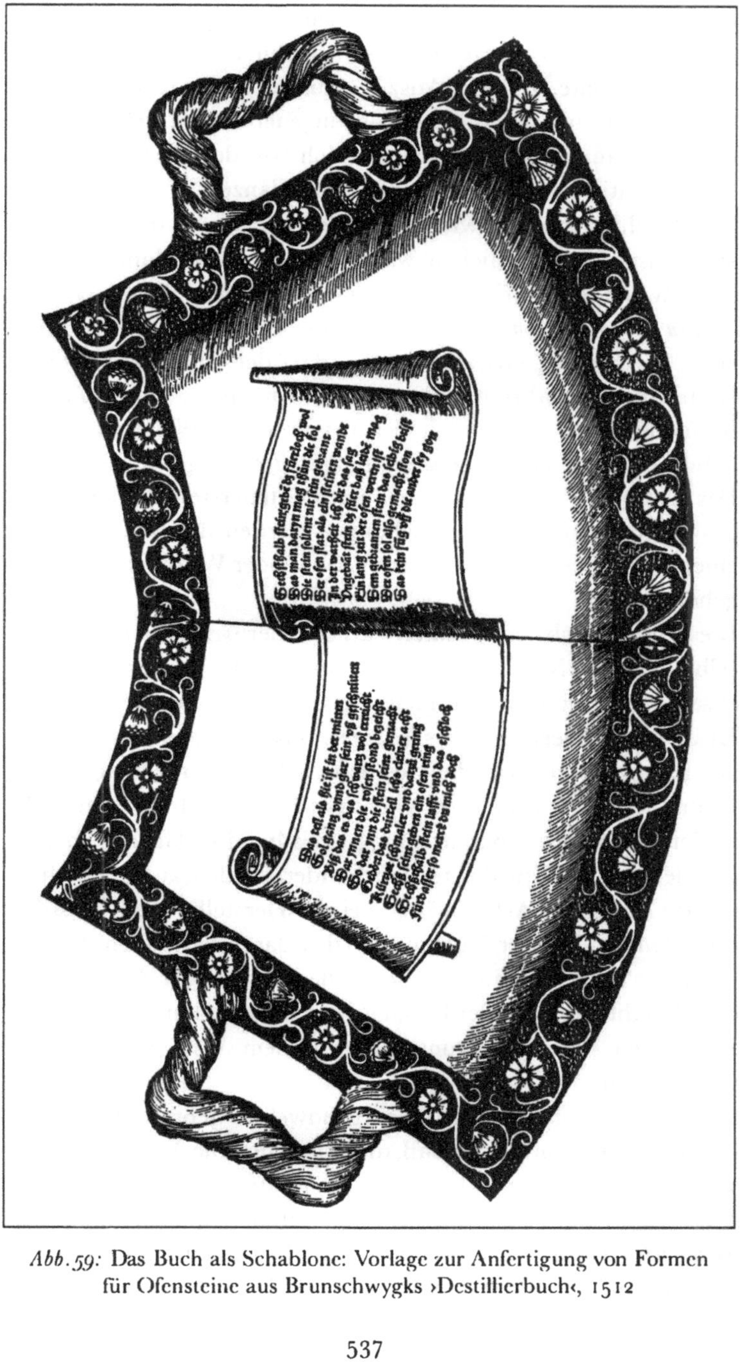

Abb. 59: Das Buch als Schablone: Vorlage zur Anfertigung von Formen für Ofensteine aus Brunschwygks ›Destillierbuch‹, 1512

beabsichtigte er, dem *›gemein man‹* einen Weg zur selbständigen Beschaffung von *›gebrannten Wassern‹* zu ebnen.

Diese Destillate, zumeist Auszüge aus Kräutern, die wenig mit ›Branntwein‹ zu tun haben, wurden in jener Zeit zu viel gebrauchten Medikamenten. Man erhoffte sich von der Destillation eine Konzentration der Wirkstoffe von Heilpflanzen.[42]

Die destillierten oder, wie es im Sprachgebrauch der Zeit hieß, *›gebrannten‹* Wasser blieben während des 16. Jahrhunderts vergleichsweise teuer. *»Fuer ein destillation / so nur einen Tag / das ist / 12. stunden erfordert/vnd in dem Balneo M(arie)«*, einem bestimmten Typus eines Brennofens, *»verrichtet wirdt«*, darf der Apotheker noch zu Beginn des 17. Jahrhunderts *»5 Albus«* nehmen. Wird *›Tag und Nacht‹* destilliert, verdoppelt sich der Preis des Wassers auf zehn Albus, das sind *›achtzig gemeine Pfennige oder zwanzig Kreutzer‹*.[43]

Destillation ist laut Taxordnung eine der teuersten Verrichtungen des Apothekers. Kräutermischungen werden dagegen meist für einen und selten für mehr als zwei Albus oder Weißpfennige abgegeben.

Die gebräuchlichsten Kräuter wird sich der *›gemein man‹* ohnedies selbst oder mit Nachbarschaftshilfe in Feld, Wald oder im Garten zusammengesucht haben. Hier war bestenfalls die Kenntnis der Kräuter zu fördern, wie dies beispielsweise in dem *›Hortus sanitatis‹* geschieht. Wollte man die Destillationskunst verbreiten, so war Brunschwygks Büchlein ein wichtiges Hilfsmittel. Es enthält die vielleicht genaueste Beschreibung eines handwerklichen Vorganges, der bis zur Mitte des 16. Jahrhunderts gedruckt wurde. Nicht nur die einzelnen Arbeitsgänge bei der Herstellung des Destillationsofens und seiner Nutzung werden dargestellt, auch die notwendigen Arbeitsgeräte und Rohstoffe schildert der Autor. Selbst eine Schablone, nach der Formen für die Herstellung von Ziegeln zu fertigen sind, hat Brunschwygk seinem Werk beigegeben.[44] (*Vgl. Abb. 59*)

Natürlich wird nicht jeder, der irgendwelche gebrannten Wasser benötigte und kein Geld besaß, die Mittel und die Ausdauer besessen haben, sich nun selbst einen Destillationsofen einzurichten. Aber es spricht auch nichts dagegen, daß der eine oder andere in *›entlegenden Orten‹* die Anregung und die Anleitung von Brunschwygk aufgegriffen hat. Mit Blick auf die Preise in den Apotheken versprach dies durchaus einen gewissen Nutzen. Den Preis des Buches hatte man jedenfalls schon nach dem Gebrauch – oder dem Verkauf – einer Tagesproduktion wieder heraus.[45] Und ähnlich muß man auch rechnen, wenn es um die Selbstmedikation und das buchgestützte Sammeln von Kräutern geht. Wenn solche Programme es dem Käufer ermöglichten, mehr Geld für Dienstleistungen oder Waren einzusparen, als das Buch ihn gekostet hatte, so war die Geldanlage für ihn rentabel – unabhängig von dem absoluten Preis des Buches. Es nutzt wenig, den Preis frühneuzeitlicher Bücher mit jenen von Kühen oder von Schweinen zu vergleichen und dann zu dem Ergebnis zu kommen, daß sie ›teuer‹ gewesen sind. Wenn die Alternative zum Erwerb eines Buches eine weite, mehrmonatige Reise, eine langwierige und noch dazu teure Lehre, der Verzicht auf technische Innovation, Ausweitung des Warenangebots oder aber auch Krankheit oder zumindest eine Verzögerung der Heilung gewesen ist, dann können selbst ›teure‹ Bücher als einmalige, wohlfeile Gelegenheit begierig aufgenommen werden.

Auch heute wird man ja nicht behaupten, daß Computer und die zugehörige Software ›billig‹ sind. Trotzdem werden sie in einem Maße angeschafft, daß spätere Generationen sich ungläubig fragen mögen, was das denn damals für Menschen waren, die soviel Geld für eine unausgereifte Technik ›übrig‹ hatten. Ähnliches ungläubiges Staunen trifft man beständig in der modernen Sekundärliteratur an, wenn es um die Verbreitung und um die Leserschichten der frühneuhochdeutschen Fachliteratur geht. *»Daß der oft genannte ›arme gemeine Mann‹ oder Angehörige des ›armen Landvolks‹ und des städtischen Proletariats zur Leserschaft gehörten, ist eine Annahme, der einst weitreichendes Analphabetentum und Armut entgegenstehen«*, befindet Joachim Telle kompromißlos im Hinblick auf die Armenpharmakopöen in der frühen Neuzeit.[46] Als ausgezeichnetem Kenner dieser Materie bereitet es ihm dennoch keine Schwierigkeiten, in seinem kurzen Aufsatz etwa hundert Werke anzuführen, deren ›Hauptziel‹ es war, *»durch Unwissenheit verursachtes Elend auf dem Gebiet laikaler Krankenversorgung zu lindern und Menschen literarisch beizustehen, die aus wirtschaftlichen und/oder geographischen Gründen keinen Schulmediziner aufsuchen konnten.«* (a. a. O.: 36) Einen Eindruck von der möglichen Auflagenhöhe dieser Werke haben wir schon am

Beispiel von Brunschwygks *›Hausapotheck‹* gewinnen können. Die Marktforschung der Autoren und Verleger damals ergab, daß es auch vorteilhaft ist, den *›armen man‹* als Zielgruppe ins Visier zu nehmen. Es spricht nichts dafür, daß man diese Marktstrategie von Auflage zu Auflage und von Jahr zu Jahr über einen Zeitraum von jedenfalls mehr als einhundert Jahren aufrechterhalten hätte, wenn sie an den sich in Umsatzzahlen manifestierenden realen Bedürfnissen vorbeigegangen wäre.
Hinzu kommt noch ein weiterer Aspekt: In dem Maße, in dem der typographische Datenspeicher anwuchs, entwickelte sich bei den Menschen der Eindruck, daß an viele Informationen für die verschiedensten Lebensbereiche nur noch vermittels der gedruckten Bücher heranzukommen ist. Das Richtmaß dafür, was ein vertretbarer Zeitaufwand ist, gab bald die typographische Informationsverarbeitung und -vernetzung an, nicht mehr die mündliche Erkundigung oder die Zeit, die man benötigte, um selbst, nach dem Versuchs-Irrtums-Prinzip, eigene Erfahrungen zu machen. Richtig an dieser Überlegung ist zumindest, daß die Menge an Informationen, die mit dem Fachbuch ›auf einmal‹ angeeignet werden kann, größer ist als jene, die man aus den meisten traditionellen Informationssystemen ziehen kann. Eine Hausarznei oder Hausapotheke beantwortete nicht nur eine spezielle Frage, die einem Käufer vielleicht gerade auf den Nägeln brannte. Auch Informationen, nach denen er gar nicht zu fragen wußte, wurden mitgeliefert. Zu diesem Vorratsspeicher an Wissen hatte der Käufer bei Bedarf einen unmittelbaren Zugang – paradiesische Zustände für jemanden, der daran gewöhnt ist, bei Fragen immer erst einen Experten aufsuchen zu müssen. Die große Speicherungsfähigkeit und die schnellere Zugangsmöglichkeit, die die typographischen Medien versprachen, führten auf Dauer zu einer Beschleunigung des Wissensumschlags. Von diesem beschleunigten Informationsfluß mag eine Sogwirkung ausgegangen sein, die auch viele mitgerissen hat, die ursprünglich kein Interesse an zusätzlichem Wissen besaßen.

›Daß ein jeder sich selbsten Curieren könne‹: Das Fachbuch als Bedingung der Selbstregulation der Individuen

Schon im Frühjahr 1500 hatte Brunschwygk darauf hingewiesen, daß Gesundheitsprogramme nicht nur für die *›jungen angehenden Meister und Scherer‹* und auch nicht nur für die *›kranken Laien‹* gedacht sind, sondern ebensogut für die *›Gesunden‹*. Die Begründung ist leicht einzusehen. Wenn man sich das heilkundliche Wissen erst dann aneignet, wenn man schon erkrankt ist, dann ist es oft für eine Besserung zu spät: *»So aber die notturft in* [ihn, den Kranken nämlich] *bezwingt er d(a)z* [Heilmittel] *zuo wisse(n) begehre(n) ist. So ist die zyt* [Zeit] *lang/dz lebe(n) kurtz/die ku(n)st schwer zuo lere(n)* [lernen].«[47] Vorbeugend sollte ein jeder die *›gemeinen Regeln, wie man sich halten soll‹*, um gesund zu bleiben, kennenlernen. (Ebd.) Vor vielen Beschwernissen, Gebrechen oder Infektionen blieb im Verlaufe des Lebens kaum jemand verschont, so daß allgemeine Regeln und spezielle Anweisungen mit ziemlicher Sicherheit irgendwann einmal nützlich zu werden versprachen.

Diejenigen, die sich das notwendige Wissen rechtzeitig aneignen, werden nicht nur ihre eigenen Schwachheiten und Gebrechen erkennen, sondern sie können diese auch *»mit geringer Muehe vnnd zimlichen Fleiß offt selbsten Curiren«*.[48] Später, wenn sich die Krankheit *›eingewurzelt und Überhand genommen hat‹*, stehen die Ärzte dem Leiden *›oftmals vergeblich‹* gegenüber. Aus diesem Grund *»ist die wissenschafft vnd erkenntniß ... zu erhaltung vnnd bewahrung der Gesundtheit hoch von noethen«*. (Ebd.)

Hat man einmal die Programme in den Büchern gespeichert, so verändert sich für die Menschen das Verhältnis zur Zukunft. Die Fachliteratur ermöglicht es ihnen, den Blick auf Geschehnisse zu werfen, die irgendwann einmal eintreffen könnten und sie zeigt ihnen Wege, wie man mit ihnen fertig werden kann. Sie liefert Wissen auf Vorrat. Verantwortungsvoll wird sich bald nur noch derjenige *Bürger* nennen können, der diesen Blick in die Zukunft mitmacht und sich auf kommende ›Zufälle‹ vorbereitet. Die vielfältigen ›Ratgeber‹ werden von den Autoren als Medium der Aufklärung konzipiert und von der Bevölkerung als ein solches akzeptiert. Nur weil sich in dieser Weise eine Synthese wechselseitiger

Menschlichs le-
bens art vnd vrsprung/ vnd wie man daß
befristen soll durch die wilbäder/ bevor zů
Oberbaden. Auch von deren crafft/ tugent
vnd eygẽtschafft. Vnd wie man sich dorinnẽ
halten sol. Einem yeglichen menschen vast
nutzlich zůwissen. Durch den hochgelerten
Doctorem Alexandern Sytzen/ von Marck
pach nüwlich beschribben.

A H

Welcher faren wöll gon Baden
Das es jm nit möge schaden
Vnd von kranckheyten bald genesen
Der soll diß büchlin wol durchlesen.
Wañ sunst hilfft warlich sein baden nicht
Er nem dañ vor doruß ein bericht.
Wie die iungen vnd auch alten
Sich in dem bad sollen halten
Darum wiltu fristen dein leben
So volg dissem büchlin eben.

Abb. 60: Ohne Buch keine rechte Kur: Titelgedicht in Alexander Seitzens ›Bäderbuch‹, Basel 1516

Erwartungen hergestellt hat, können es Autoren, wie etwa Alexander Seitz in seinem Bäderführer, wagen, die typographischen Informationen als Voraussetzung für jede erfolgreiche Kur zu erklären.[49] (*Vgl. Abb. 60*) Ältere Zeiten hätten solche Behauptungen wohl als eine unverschämte Anmaßung zurückgewiesen. Erfolg können die gedruckten Ratgeber nur haben, wenn sie eine *›verständige Anleitung und Manuduction‹* geben, die es dem Benutzer ermöglicht, sich selbst zu ›regulieren‹.[50] *›Ein jeder‹*, oder wie es in der niederdeutschen Variante hieß, *›ein jewelcken Minschen‹*, sollte nach dem Willen der Autoren ›selbst‹ zu einer *»fachlich vertretbaren und dem therapeutischen Wissensstand gemäßen Selbstmedikation«* in die Lage versetzt werden.[51] Ein jeder sollte zunehmend sein eigener Hausarzt und Hausapotheker werden.[52] Dazu mußten die medizinischen Informationen natürlich in vielfältiger Weise umstrukturiert und auf den neuen Adressatenkreis zugeschnitten werden.

Das Merkwürdige ist nun, daß diese Bücher von den Bürgern nicht so sehr als Helfer, sondern als Hilfe zur Selbsthilfe aufgefaßt werden. Wer aus den Büchern lernt, der lernt, wie wir schon gesehen haben, selbst, wer sich demgegenüber in der Werkstatt Unterricht holt, der lernt von anderen.[53] Dies ist selbstverständlich eine verzerrende Sichtweise: Im strengen Sinn muß jeder selbst ›lernen‹, d.h. die angebotenen Informationen aufnehmen und verarbeiten – und andererseits stehen auch hinter den gedruckten Büchern wieder Expertenpersönlichkeiten. Trotzdem geht die ideologische Selbstbeschreibung der Gesellschaft von der Autonomie des Lernenden aus, wenn jener die typographischen Medien nutzt. So gesehen fördert die Ausbreitung der typographischen Informationssysteme das Bewußtsein fortschreitender Autonomie bei den Menschen. Das rasch anwachsende Bedürfnis nach einer Selbststeuerung wird zu einem mächtigen Katalysator für die Ausweitung des typographischen Informationssystems. Da nur die gedruckten Bücher eine solche Autonomie von Fremdinstruktion zu gewährleisten scheinen, werden sie zu unverzichtbaren Medien. Die neue Technologie hat es verstanden, ein gesellschaftliches Bedürfnis zu erzeugen, das sie nur selbst befriedigen kann.

›Wohlgeordnete Policei‹: Die typographischen Programme als Medien demokratischer Kontrolle bürgerlichen Handelns

Wie das Beispiel der Armenpharmakopöen in den vorigen Abschnitten schon deutlich macht, übernehmen die gedruckten Texte Zug um Zug auch institutionsübergreifende gesellschaftliche Funktionen. Die typographische Information ›nutzt‹ nicht mehr bloß dem einzelnen, indem sie seine Sinne erweitert, sie erspart auch nicht nur die Einrichtung einfacher Sozialsysteme und verändert das institutionelle Handeln (vgl. Kap. 3); sie wird vielmehr direkt zu einer notwendigen Bedingung der Reproduktion des bürgerlichen Lebens. Die politischen Mächte nutzen die neuen Informationssysteme für die Organisation des Gemeinwesens. Nachdem die Vision einer einheitlichen nationalen politischen Zentralgewalt nach dem Reichstag von Augsburg (1547/48) und der Zementierung der religiösen Spaltung im Augsburger Religionsfrieden (1555) ihre Leuchtkraft verloren hatte, mußten sich diese Gemeinwesen in Deutschland zwar mit bescheidenen Größenverhältnissen abfinden, aber auch bei diesen lohnte sich in vielen Bereichen das Umsteigen auf die typographische Informationsverarbeitung. So erleichtern Vordrucke auf den Ämtern die Arbeit der Schreiber, und auf wichtige Neuigkeiten, z. B. auf Falschgeld, welches in Umlauf geraten ist, wird nicht mehr durch den Büttel, sondern durch Flugblätter und Anschläge aufmerksam gemacht.[54] Vor allem aber die ›Ordnung‹ der vielen gesellschaftlichen Subsysteme wird von der Versammlung und den dort abzuleistenden Eiden und Gelöbnissen zunehmend auf die typographischen Informationsmedien und damit auf eine öffentliche Kontrolle umgestellt.[55]

Natürlich gab es schon in älterer Zeit genauere handschriftliche Fixierungen, z. B. von Zunftordnungen. Diese Verschriftlichung sozialer Normen nimmt jedoch im 16. Jahrhundert zu. Gerade im Gesundheitswesen fordern viele Autoren eine bessere Regelung und ›Examinierung‹ der Rechte und Pflichten der Professionen und ihrer Klienten durch die Landesherren.[56] Der Rat von Nürnberg kommt solchem Verlangen beispielsweise dadurch nach, daß er 1542 Valerius Cordus mit der Abfassung eines ›*Dispensatorium pharmacorum omnium‹* beauftragt. Dieses Werk, *›zu der Reformierung der Apotheken verfertiget‹*, wird 1546 gedruckt und den betroffenen Ärzten und Apothekern zur Verfügung gestellt. Nach verschiedenen Anhörungen und anschließenden Verbesserungen ließ der Rat 1547 die Apotheker auf die Einhaltung dieses Werkes schwören.[57]

Wichtiger als die Kodifizierung der Normen ist jedoch, daß sich durch die Veröffentlichung dieser Ordnungen in der Neuzeit der Kreis derjenigen erweitert, die überhaupt Kenntnis über das normative Wissen besitzen. Nicht nur die städtischen ›Oberaufseher‹, sondern alle, die die Ordnung gelesen haben, haben nun die Möglichkeit, Abweichungen von den Regelungen zu bemerken und zu monieren.

Für die Reichsstadt Nürnberg sind wir über die Anzahl dieser *›Reglemente‹* für das bürgerliche Handeln und über deren Auflagenhöhe recht gut informiert. So verfügen wir beispielsweise über eine Aufstellung von Druckaufträgen, die der Nürnberger Buchdrukker und Papierhändler Jobst Gutknecht wohl in den Jahren 1534-1537 für den Rat der Stadt ausgeführt hat.[58] Demnach wurden gedruckt:

100 Exemplare einer Ordnung für das Fleischerhandwerk (4 Bogen lang),

200 Exemplare einer Erläuterung dieser *›Fleischerordnung‹*,

60 Exemplare eines Mandats, *›daz sich niemand on wißen eins rats in fremde dienst bestellen lassen sol‹*,

300 Exemplare eines Mandats der *›nacheil halben‹*,

100 Exemplare eines *›großen, langen‹* Mandats über die *›Winkelehe‹*

40 Exemplare einer Ordnung über den *›Schmalzkauf‹*,

100 Exemplare einer Ordnung über den *›Getreidekauf‹*,

ein weiteres Mandat gegen das *›Eintreten in fremde Dienste‹* (125 Auflage), dieses Mandat wird später in einer 60er Auflage noch einmal nachgedruckt,

eine zweite Auflage in 400 Exemplaren mit einer *›Kontrafaktur‹* von Falschgeld,

200 Exemplare einer *›Ermahnung‹*,

58 Exemplare eines Mandats über das *›Fangen von Wachteln und Rebhühnern‹*,

200 Exemplare einer Anlage zum Mandat über die ›*Winkelehe*‹,
200 Exemplare eines Mandats über den ›*furkauff uff dem lande*‹,
200 Exemplare eines Mandats über die ›*Zündbüchsen*‹,
250 Exemplare eines Mandats, ›*daz sich eins rats underthan in kein fremb gericht bewilligen wol*‹,
250 Exemplare eines Mandats, das vor Wahrsagerinnen warnt,
230 Exemplare eines Erlasses, der die Befeuerung regelt,
250 Exemplare eines Verbotes, bei öffentlichen Versammlungen ›*die Waffe zu ziehen*‹,
250 Exemplare eines neuerlichen Mandats, das dazu verpflichtet, die Dienstverhältnisse anzukündigen,
125 Exemplare einer 6½ Bogen langen ›*Waldordnung*‹ und schließlich 600 Exemplare eines Mandats ›*schwerns zutrinkens, setzens halb*‹ (2 Bogen).[59]

Das Verordnungswesen ist hier so ausführlich wiedergegeben, um eine Vorstellung von der Bedeutung zu geben, die die typographischen Informationen mittlerweile im städtischen Verwaltungshandeln eingenommen haben. Wenn man die Mandate und Ordnungen in den Läden und an anderen öffentlichen Orten deutlich genug anbrachte, so stand ihrer wirksamen Kontrolle durch Kundschaft, Nachbarschaft, mittel- oder unmittelbar Betroffenene nichts im Wege.

Gelegentlich wollte der Rat auch alle städtischen Haushalte erreichen. Zum Umbau der Befestigungsanlangen unterhalb der Burg sollten 1539 die Einwohner Fronarbeit leisten. Der Rat ließ Gutknecht zweimal ›*Zettel*‹ mit einer Auflage von jeweils 7000 Exemplaren drucken, um diese Angelegenheit jedermann bekanntzumachen. Wenn man davon ausgeht, daß die Einwohnerzahl in Nürnberg in der Reformationszeit bei etwa 47000 gelegen hat und die Zahl der Haushalte zwischen 4600 und 6000 schwankte, so bedeutet dies, daß man tatsächlich jeden Haushalt mehr als einmal abdeckte.[60]

Es liegt auf der Hand, daß der Rat von Nürnberg, der die Verhältnisse in seiner Stadt damals gewiß besser kannte als die Bildungsforscher unseres Jahrhunderts, einen solchen Aufwand nur deshalb betrieben hat, weil er davon ausging, daß in jedem Haushalt tatsächlich mindestens eine Person lesen konnte.[61] Letztlich ist es freilich von untergeordneter Bedeutung, ob mehr als ein Viertel der Bevölkerung lesen konnte oder etwas weniger. Wichtiger ist, daß das Gemeinwesen seine Reproduktion in relevanten Bereichen nicht mehr durch das Gespräch, die mündliche Information, sondern durch die typographische Information reguliert. Ein jeder Bürger des Gemeinwesens hat sich der typographischen Informationsmedien zu bedienen, um seinen Rechten und Pflichten nachkommen und damit zu einem Element des Gemeinwesens werden zu können. Nach dieser Maxime handelt jedenfalls die *›bürgerliche Polizei‹* in Nürnberg.

Dieser Medienwechsel der regulativen Informationen wird von den Zeitgenossen mehr oder weniger deutlich bemerkt und thematisiert.
So schreibt etwa der Frankfurter Verleger Sigmund Feyerabend, schon der *›Heyde Plato‹* habe gesagt, daß *›in Buergerlichen beysam(m)enwohnung‹* soziale Differenzierung unabweisbar sei: Nicht jeder Arzt könne zugleich auch Ackerbauer und umgekehrt sein.[62] Ein jeder müsse aber ein gewisses Grundwissen über die Arbeit des jeweils anderen besitzen, um die geteilte Arbeit wieder zusammenführen zu können. Bei allen Bürgern der Gesellschaft muß eine gewisse gemeinsame Kenntnis über das Ganze und das Zusammenwirken der Teile vorhanden sein, damit sie sich reproduzieren kann. Die Frage ist nun, in welchem Medium diese Information gespeichert wird. Platon dachte selbstverständlich an das Wissen in den Köpfen der Menschen und an die orale Kommunikation als Medium der sozialen Synthesis. Für Feyerabend steht außer Zweifel, daß dieses gesellschaftlich notwendige Wissen in gedruckten Büchern zu speichern ist. Nahezu das gesamte, nun wirklich imposante Verlagsprogramm Feyerabends läßt sich mit diesem Anliegen legitimieren. Um sich als Bürger des Gemeinwesens verhalten zu können, muß man etwas von den Aufgaben der Regierenden wissen; um als Patient die Angebote des Gesundheitssystems zu nutzen, muß man über seine Leistungen informiert sein; um als Angeklagter sich zurechtzufinden, sollte man die Prozeßordnungen kennen; jemand der Häuser baut, braucht zwar kein Architekt zu sein, aber architektonische Grundkenntnisse erleichtern ihm die Verständigung mit den Praktikern und so fort. Es ist jenes regulative Wissen, das das 16. Jahrhundert in fieberhafter Eile

sammelt und dem typographischen Informationssystem einverleibt.
Walter Ryff begründet die Herausgabe seiner architektonischen Werke damit, daß diese Kunst für den Erhalt *›geselliger Menschlicher versamlung / oder Bürgerlichen standts und wesens«* so *›notwendig‹* sei, daß ihr *»zu yeder zeit /des fridens vnnd unfriedens«* keineswegs *»mit fug zu geraten«* sei.[63] Der Jurist Justin Gobler möchte in seinen Büchern *›dem Leyen vnd Gemeynen vngelerten man / ein kurtze klare anweisung in(n) Gerichts haendeln vnd Rechtlichen / auch sunst gemeynen Burgerlichen sachen‹* geben, damit sich jene *›ohne Nachteil der Gerechtigkeit darein schicken‹* können.[64] Diese Aufgabe war in einem Werk nicht zu bewältigen. So gibt er in seinem *›Statutenbuoch‹* eine weitere Anleitung und Wegweisung, damit sich *»ein biderman in diesen geschwinden zeiten«* nach den *›landläufigen Rechten‹* richten mag.[65] Ganz gleich, ob es sich um das politische, das ökonomische oder das juristische Subsystem der Gesellschaft handelt, die wegweisenden Prinzipien, die regulativen Ideen werden nunmehr typographisch gespeichert und öffentlich zugänglich gemacht.

›Wir sind alle eines kleinen Unterrichts notdürftig‹: Die Bücher als Medium der Nationalerziehung

Anfangs mag es nur das Bedürfnis von einzelnen gewesen sein, sich anhand der gedruckten Bücher über die Normen des gesellschaftlichen Lebens und über die Künste ›selbst‹ zu informieren. Nachdem aber diese Möglichkeit erst einmal jedermann klar vor Augen stand, dauerte es nicht lange, bis Stimmen laut wurden, die in dieser Form des ›Unterrichts‹ eine unabweisbare Notwendigkeit sehen. Man kann nicht nur, sondern man soll sich aus den Büchern Wissen auf Vorrat beschaffen. Um diese *›Notdurft‹* zu verwirklichen, forderte man die Einrichtung einer gesellschaftlichen Institution, die die typographischen Medien als zentrale Informationsquelle nutzen sollen: eines allgemeinen Bildungssystems.
Das Mittelalter kannte kein allgemeines, sondern nur ein schich-

tenspezifisches Bildungssystem. Die Handwerker lernten in den Werkstätten, die Adligen wurden auf den Höfen in den ritterlichen Künsten unterwiesen, die Kleriker lernten in kirchlichen Einrichtungen, das städtische Patriziat schaffte sich Lateinschulen in freier oder in kirchlicher Verwaltung usf. Entsprechend richtete sich der Unterricht nur auf die speziellen Bedürfnisse der jeweiligen Schicht. Im 16. Jahrhundert hält es Fuchsperger für eine der *›größten Plagen‹*, daß das *›Vatterland die Jugend in keinen Künsten underweisen wolle lassen‹. »Sind nit die yenen in allerley aempteren vnd handtierungen die geschickteste(n)/so derselben jrer uebung zuouor sind vnderwisen?«* fragt er in seiner Dialectica (1533:Av3). Diese Unterweisung soll mit Hilfe der typographischen Medien erfolgen.

Während Luther die Aufgabe der religiösen Aufklärung weitgehend den Kirchen, Schulen und Familien zuwies, sahen andere wie z. B. V. Ickelsamer und A. Dürer die Möglichkeit zu einer Erziehung ohne Rückgriff auf solche Institutionen.[66] Die Jugend, die Hausväter, die angehenden *›Künstner‹* sollten sich ihre Bücher kaufen, um aus ihnen zu Hause selbst lernen zu können.

Dürer kam zu dieser Überlegung, weil er feststellte, daß in *›deutschen Landen‹* nicht genügend Handwerksmeister vorhanden sind, deren Ausbildung so gründlich ist, daß sie ihren Lehrjungen die *›rechte Wahrheit‹* über ihr Handwerk vermitteln können. Traurig stimmte ihn, daß *›so viele kunstbegierige Gesellen, die sich gern üben wollen, doch keinen Unterricht bekommen können‹. ›Leider‹*, so stellt er fest, ist *›der Mangel der Lehrmeister groß bei uns‹* und außerdem fällt es dem einzelnen schwer, aus *›eigener Übung und Vernunft‹* die Kunst der Malerei zu erlernen.[67] Er selbst konnte nicht alle Lernwilligen als Lehrknaben in seine Werkstatt aufnehmen.[68] In dieser Zwangslage sieht er nur im Einsatz des neuen typographischen Mediums einen Ausweg:

»Aws dem würt awch der petzwungen, so ettwas kan, daz er das dy anderen, dý des notorftig sind, vnderweis. Awff sölchs hab ich mir vür genumen, so jch sich [sehe], *daz jn vnseren landen daz gemell fast geprawcht würd vnd der selben maler ein grosse antzall ist, dy vberflussig vill zw machen haben vnd doch der rechten kunst jn grossem mangell sten, des halben wir all nottorftig sind eines kleinen vnderichtz. Dan jr vill erbetten* [arbeiten] *vnwissent, verliren müe vnd tzeit vergebenlich, aber wer for recht verstett, was er machen soll, der erbeit dest leichtlicher.«*[69]

Die Praxis der *›künstner‹*, Architekten, Bildhauer, Goldschmiede, Maler und anderer, erscheint Dürer als verbesserungsbedürftig. An die Stelle der nicht vorhandenen leibhaftigen Experten und der ebenfalls fehlenden Schulen sollen die gedruckten Bücher treten. Von ihnen verspricht er sich eine gründliche Unterweisung seines Berufsstandes. ›Bequemer‹ und ›schneller‹ geht es voran, wenn die *›Künstner‹* das, was sie mit den Händen können, auch verstehen. Mit diesem informationspolitischen Konzept sind natürlich die praktischen Probleme der Erstellung von nützlichen Lehrbüchern noch längst nicht gelöst. Wie gelangt man zur *›waren erkanntnis‹* der Künste? Wie müssen die Informationen dargestellt werden, damit die Bücher tatsächlich die Funktion eines nationalen *›Unterweisers‹* erfüllen können? Die Antwort, die Dürer auf diese Fragen gibt, besteht im Grunde in der Entwicklung der neuzeitlichen Erkenntnistheorie und ihrer Umsetzung in eine wissenschaftliche Methodik und Methodologie. Bevor auf diese Probleme und ihre Lösung ausführlich eingegangen wird (Abschn. 6.2ff.), soll der neuerkannte bildungspolitische Nutzen der Bücher noch in einen größeren Rahmen gestellt werden.

›Die Natur wird gepessert durch viel Künste‹: Die typographische Rationalisierung der gesellschaftlichen Verhältnisse

Zur Rechtfertigung seines Erziehungsprogramms hatte Dürer schon einen weitreichenden Schritt unternommen. Er verglich diejenigen, die wie üblich ausgebildet wurden, mit *›unbeschnittenen Bäumen‹* und er verlangte nun deren Beschneidung, weil jeder ja wisse, daß sie so die besseren Früchte tragen.
»Man hat byßher in vnsern deutzschen landen / fil geschickter jungen«, heißt es 1525 in der Vorrede zu seiner *›Vnderweisung der messung‹*, *»zuo der kunst der mallerey gethon, die man an* [ohne] *allen grundt vnnd alleyn auß einem taeglichen brauch gelert hat«*. So *»sind die selben also im vnuerstand wie eyn wylder vnbeschnytener bawm auff erwachsen«*. Dürer leugnet gar nicht, daß *›etliche von ihnen durch stetige Übung eine freie Hand erlangt haben‹*, aber *›ihre Werke‹* seien eben *»vnbedechtlich / vnnd alleyn nach jrem wolgefalle(n) gemacht«*. *›Verständige Maler und rechte künstner‹* hätten

über diese ›vnbesonnenen Werke‹ keineswegs grundlos gelacht, *»die weyl einem rechten verstand nichts vnangenemer zuo sehen ist / dan(n) falscheyt im gemel / vnangesehen ob auch das mit allem fleiß gemalt wirdet / Das aber solche maler wolgefallen in jren yrrthumben gehabt / ist alleyn vrsach gewest das sie die kunst der messung nit gelernet haben / an* [ohne] *die keyn rechter werkman(n) werde(n) oder seyn kan«.*[70]
Man kann gar nicht genug betonen, wie sehr sich Dürer mit dieser Bemerkung jahrhundertealten Gepflogenheiten entgegenstellt. Niemand kritisierte bis dahin Handwerker, die nach ihrem eigenen Wohlgefallen und altem Herkommen fleißig vor sich hin werkelten. Wie einen *›unbeschnittenen Baum‹* ließ man bis dato alle Künste – mit Ausnahme vielleicht der ›Sieben freien Künste‹ – aufwachsen. Auf einmal erschien diese Praxis als ein Unglück für die ganze soziale Gemeinschaft und auch für die Künste: Nur wenn die Handwerker zum Verstand ihrer Verrichtungen gebracht werden, sah Dürer den Platz der deutschen Nation in Europa ungefährdet.[71]
»Darumb [ist] wol zu hoffen«, schreibt er in der Widmung seiner *›Vier Bücher von menschlicher Proportion‹*, daß die Deutschen, wenn sie auch den *›Grund‹* der Künste erlangen *»vnd also prauch vn(d) kunst miteinander vberkommen/sy werden mit der zeit keine andern Nation den preyß vor jnen lassen«*. (Aiir) Nur dann, wenn die praktischen Verfahren gründlich erkannt und beschrieben sind, wird man in Zukunft einen *›Abgang‹* der Künste verhindern können, wie er im Mittelalter nach der Zeit der antiken Blüte in vielen Bereichen eingetreten ist. *»Dan gar leychtiglich verlieren sich sie kuenst/aber schwerlich vnnd durch lange zeyt werden sie wider erfunden«*, heißt es eingangs der schon zitierten *›Underweisung der Messung‹*.
Mit diesen und ähnlichen Argumentationen war eine Lawine losgetreten, die ganze Wälder lange gewachsener Werte niederriß und die vielleicht erst heute zum Stillstand kommt. Es hat den Anschein, als ob auf einmal alles Natürliche als Minderwertiges betrachtet wird, das *›durch fill künst gebessert‹* werden muß.[72] Von den Künsten hingegen nimmt man an, daß sie *›alle gut sind‹* und daß man sie bestenfalls *›zum Bösen gebrauchen mag‹*.[73]
Man ist mit der eigenen wie mit der fremden Natur nicht mehr zufrieden und will ihr allenthalben aufhelfen. Die Handwerker, Ärzte und Ingenieure sollen die Natur nicht mehr nur ›imitieren‹[74],

sondern man ist davon überzeugt, daß der *›menschliche Verstand und seine Sinnreichheit die Natur in vielen Dingen künstlich übertroffen hat‹*.[75] Selbstverständlich vermag auch der ›natürliche‹ menschliche Verstand solche Wunder nicht zu vollbringen. Er muß vielmehr *»durch die guten kuenst gescherpfft / vnd auß der Finsternuß vnd tieffe des vnuerstandts / erwecket werden.«*[76] Ansonsten ›verwildert‹ auch er und wird *»gegen dem vnvernuenfftigen vihe/wenig vnterschiedts haben«*. (Ebd.)
Das Medium, mit dem diese *›Verkünstlichung‹* – heute würde man wohl von ›Rationalisierung‹ sprechen – der natürlichen Verhältnisse erreicht werden soll, darf selbstredend auch nicht *›unbeschnitten‹* sein. Es muß selbst durch und durch künstlich geschaffen sein. Die Zeit sprach diese Eigenschaften wenn vielleicht auch nicht allen, so aber doch bestimmten Informationen zu, die im typographischen Informationssystem gesammelt und verarbeitet werden. In diesem System werden die Informationen, wie wir noch sehen werden, tatsächlich nach sozial normierten Regeln gewonnen. Der *›gründliche Verstand‹* und die *›wahre Wissenschaft‹*, die die Aufklärer und Erzieher einfordern, läßt sich im Gegensatz zum praktischen Handlungswissen nicht beim praktischen Handeln in der Werkstatt gewinnen. Im Gegenteil, notwendig wird hier eine handlungsentlastete Betrachtung und Beschreibung des Geschehens. Erst aus diesen Beschreibungen lassen sich dann mühsam allgemeine Regeln und Erklärungen ableiten. Die rationalisierenden Informationen sind das Ergebnis sozialer Reflexionen, die sich auf vielfältige technische Werkzeuge stützen können. Wer sich nach ihnen richtet, der verändert sich selbst und seine Umwelt künstlich.

›Die Alten haben geschrieben‹:
Vorläufer der typographischen Programme

Als Korrektiv für die bislang betonte Neuartigkeit der Fachprosa soll nun noch ein kurzer Blick auf ihre Bindung an ältere Traditionen geworfen werden.
Für die meisten Bereiche der ›Fachliteratur‹ sind handschriftliche Vorlagen tatsächlich die Ausnahme. Nur wenige, zumeist in der lateinischen Sprache abgefaßte Sammlungen mit Rezepten sind uns überliefert.[77] Diesen Umstand haben gerade die Autoren im

16. Jahrhundert bei ihrem Bemühen um eine Beschreibung der Künste schmerzlich erfahren und immer wieder in ihren Werken beklagt. Eine typische Stimme ist hier Georg Agricola. Als er sich daranmachte, eine zusammenfassende Schilderung des Bergbaus zu geben, suchte er lange nach älteren Quellen und sichtete die zu der damaligen Zeit bekannten antiken Quellen.

Die Ausbeute blieb mager: *»Ich habe nur Gaius Plinius Secundus, dem ich folgen könnte; doch dieser behandelt nur wenige Verfahren, Erzgänge auszugraben und Bergwerke anzulegen«*, klagt er. *»Es kann nicht die Rede davon sein, daß der Bergbau in seiner Gesamtheit von irgendeinem antiken Schriftsteller behandelt worden wäre: nicht einmal diejenigen, von denen hie und da der eine über das, der andere über jenes geschrieben hat, haben einen seiner einzelnen Teile erschöpft. Auch ist ihre Zahl sehr gering. Von allen Griechen hat nur Strato aus Lampsacus, Theophrasts Nachfolger, ein Buch über die bergbaulichen Maschinen herausgegeben; es müßte denn sein, daß ›der Bergmann‹ des Dichters Philo einen kleinen Teil der bergmännischen Kunst in sich begriffen hat.«*[78] Agricola erwähnt noch den Griechen Pherecrates und wendet sich dann der römischen Zeit zu. In jener hat aber nur *›Plinius wenige Zweige der bergmännischen Tätigkeit‹* beschrieben.

Als am unergiebigsten erweisen sich dann freilich die Quellen in der jüngeren Vergangenheit: Wie auch seine an chemischen, pharmazeutischen und botanischen Beschreibungen interessierten Kollegen findet er in den mittelalterlichen Quellen besonders wenig Verwertbares. Dies speist das allgemeine Urteil der Renaissance über die vergangenen Jahrhunderte: Das Wissen ist in dieser Zeit in Abgang gekommen. Erst im 15. und 16. Jahrhundert, gelegentlich wird auch der Buchdruck als ein Antrieb zur Besserung der Verhältnisse genannt, beschäftigen sich die Menschen (wieder) intensiver mit einer Reflexion der Künste. Agricola nennt *›Pandulfus Angelus‹* und Ulrich Rülein von Kalbe sowie Biringucci als Verfasser von *›De la pirotechnica‹* als jüngere Autoren, die sich mit den metallischen Stoffen und dem Bergbau beschäftigen: *»Indes hat keiner von beiden den Gegenstand, den er sich erwählt hat, erschöpfend behandelt.«* (Ebd.)[79]

Sieht man einmal von den sieben freien Künsten ab, zu deren Unterrichtung eine Vielzahl von Lehrbüchern bereitstand, so konnten eigentlich nur die medizinischen und pharmakologischen

Selbsthilfeprogramme auf ein reiches Reservoir (mittelalterlichen) Schrifttums zurückgreifen.

In einer Vielzahl auch volkssprachlicher Traktate hat man sich mit Fragen der Gesundheitsvorsorge, der Arzneimittelherstellung und -anwendung, der Wundbehandlung und ähnlichem beschäftigt. Immer wieder wurden diese Texte abgeschrieben und verbreitet. Anfangs dürften sie selten aus der Hand der Mediziner, Theologen, Wundärzte und ähnlicher ›Experten‹ in jene von fachlichen Laien geraten sein. Andererseits stellte ihre Sprache und die oft rezeptartige Darstellungsform einem Zugriff auch von solchen Personen, die keine spezielle medizinische Ausbildung besaßen, kaum Hindernisse entgegen. Man mußte nicht die Universität besucht haben, um aus dem Arzneibuch des Würzburger Magisters und Wundarztes Ortolf von Bayerland aus der ersten Hälfte des 14. Jahrhunderts einen gewissen Nutzen ziehen zu können. Mehr als einhundert Handschriften haben sich von diesem Buch erhalten.[80]

Auch Gabriel von Lebensteins ›*Büchlein von den gebrannten Wassern*‹, ebenfalls im 14. Jahrhundert in deutscher Sprache abgefaßt, ist so angelegt, daß es für einen umsichtigen Hausvater informativ gewesen sein mag.[81] Gleiches gilt für die vielen Übersetzungen des Kräuterbuchs ›*Macer floridus*‹, des sogenannten ›*Circa instans*‹ und anderer Werke aus dem ›*Regimen Sanitatis*‹-Kreis. Viele in dieser Literatur verbreiteten Ratschläge lassen sich bis auf antike Autoren, insbesondere Hippokrates und Galen, zurückführen.

Eine wesentliche Ergänzung und Umwandlung fand dieser Wissenskorpus durch die Assimilation arabischer medizinischer Traditionen, die seit dem 13. Jahrhundert vor allem in Süditalien erfolgte. Innerhalb des ausgebauten Gefüges der mittelalterlichen medizinischen Vorstellungen repräsentiert die ›Regimen sanitatis-Literatur‹ die Seite der ›Praktika‹. Insofern ist sie zunächst nichts anderes als eine Anweisung, wie die sechs ›*res non naturalis*‹, die ›*aer*‹ (Luft), ›*cibus et potus*‹ (Speise und Trank), ›*motus et quies*‹ (Bewegung und Ruhe), ›*somnus et vigilia*‹ (Schlafen und Wachen), ›*repletio et inanitio*‹ (Füllung und Entleerung) sowie die ›*accidentia animi*‹ – oder ›*affectus animi*‹ (Leidenschaften, Affekte) – zu regulieren und in eine Harmonie zu bringen sind. Aber diese theoretischen Vorgaben lassen einen weiten Spielraum für die Aufnahme neuer Beobachtungen, die Erweiterung des medizinischen Wissens. Ein Großteil der heute noch bei uns gebräuchlichen alltagsweltlichen Verhaltensmaximen, etwa die Regel: ›Nach dem Essen sollst du ruh'n oder tausend Schritte tun!‹ wurde in der ›Regimen-Literatur‹ der Schule von Salerno vermutlich das erste Mal verschriftet. Beschränkt wird die Aufnahme neuer Informationen durch das Autoritätsprinzip, das die Kopisten verpflichtet, nur diejenigen Sätze aus der Überlieferung zu kompilieren, die als Aussage der medizinischen Autoritäten anerkannt sind. Begünstigt wird die Aufnahme neuen Wissens durch die pragmatische Einbettung dieser Gattung. Spätestens seit dem 14. Jahrhundert wird sie zumindestens gelegentlich so ausgestaltet, daß sie auch von Laien gelesen oder zumindest doch verstanden werden kann. Aus dem letzten Jahrzehnt des 14. Jahrhunderts ist eine Handschrift des ›*Tacuinum sanitatis*‹ in der Österreichischen Nationalbibliothek erhalten, die in einem Vorwort die Intentionen der Verfasser dieser Gattung in wohl typischer Weise mitteilt. Gleich zu Beginn gibt sich das Manuskript als *»Handbuch der Gesundheit über die sechs Dinge, die jedem Menschen zur täglichen (›cotidianum‹) Erhaltung seiner Gesundheit notwendig (›necessarie‹) sind«.*[82] Die theoretischen Einführungen bleiben ganz kurz. Eine Kenntnis der *›res naturalis‹*, der *›res non naturalis‹* und der *›res contra naturam‹* wird für das Weitere nicht vorausgesetzt. Dann heißt es in der Einführung weiter:

»Und das alles wollen wir auf übersichtliche Tafeln [tacuini] *verteilen, da das viele Gerede der Weisen und die Vielfalt vieler einander entgegengesetzter Buchweisheiten oft genug die Zuhörer nur verwirren. Denn die Menschen wollen von den Wissenschaften nichts anderes als wirksame Hilfe, nicht aber Beweise und Definitionen. Daher ist es unsere Absicht in diesem Buch, umständliches Gerede abzukürzen und verschiedene Redeweisen in Einklang zu bringen. Es ist aber auch unser Vorsatz, von den Ratschlägen unserer Vorgänger, die die Wahrheit gesagt haben, nicht abzuweichen. Von uns aus haben wir in diesem Buch nichts anderes festgelegt, als die geordneten Übersichten, kurze Beantwortungen für die Fragesteller und Anführungen von Beweisen, um den Wert des Gesagten zu befestigen.«*[83]

Im Gegensatz zu den Traktaten der theoretischen Medizin, die ihren Gegenstand in Rede und Gegenrede entfalten und deren Grundbestandteile ›Beweis‹ und ›Definition‹ sowie das ›*Gerede der Weisen*‹ bilden, sollen hier die begründenden und theoretischen

Wissensbestandteile soweit wie möglich ausgespart werden. Ob beabsichtigt oder unbeabsichtigt wird hierdurch die theoretische Klammer gelockert, das Begründungswissen (warum) tritt hinter rezeptartiges beschreibendes Wissen (wie) zurück. Insbesondere die volkssprachlichen Gesundheitslehren des 15. Jahrhunderts verlieren die theoretischen und argumentativen Teile und beschränken sich schließlich auf die bloße Beschreibung von Verhaltensmaßregeln, die beim Leser kaum mehr Kenntnisse über die Temperamentenlehre und den Kanon der ›*res non naturalis*‹ usw. voraussetzen. Dies ist ein ganz normaler Entwicklungsgang, wenn man den Laien als Adressatenkreis im Auge hat und als Ziel der Bücher eine ›wirksame Hilfestellung‹ für die Praxis annimmt.

Die Konsequenz auf längere Sicht freilich ist, daß sich in dieser Tradition Gattungen etablieren können, die einen Überschuß an scheinbar disparaten Beschreibungen und einen Mangel an theoretischen Klammern und begründenden Passagen besitzen. In der Wissenschaftsgeschichte der Medizin gehören diese Texte kaum zu den prominenten Untersuchungsgegenständen. Es scheint aber so, als ob sie ein Durchgangsstadium widerspiegeln, in dem sich Informationen, deren Aufbau ursprünglich durch ein bestimmtes theoretisches Gebäude relativ stark geprägt und reglementiert war, aus diesem speziellen Determinationszusammenhang lösen, um anschließend offen zu sein für ganz unterschiedliche Darstellungsaufgaben und vor allem auch für ganz neue theoretische Zusammenhänge.

Aus diesem Informationspool schöpften die Autoren und Drucker, als sie sich im 15. und 16. Jahrhundert darum bemühten, ›*Arzneibücher*‹ und ›*Apotheken*‹ als Selbsthilfeinstrumente für den ›*gemein man*‹ zu schaffen.

Größere Verlage legten sich einen Vorrat von Texten und Bildprogrammen an, die sie immer wieder neu kombinierten, um Ratgeber für die verschiedenen Interessengruppen auf den Markt zu bringen. Ein bebilderter ›*Hortus*‹ (Prototyp: Breydenbach/Wonnecke), ein ›*Regimen sanitatis*‹, Auszüge aus mittelalterlichen Arzneisammlungen wie dem Ortholf oder dem Megenberger und ein Buch über die Anwendung von Kräuterauszügen (Prototyp: Lebenstein/Schrick) gehörten zu den Grundbestandteilen der medizinischen Ratgeber. Umfangreicheren Werken wurde auch

OECONOMIA RURALIS ET DOMESTICA

Darinn das gantz Ampt aller trewer Hauß-Vätter / Hauß-Mütter / beständiges und allgemeines Hauß-Buch / vom Haußhalten / Wein-Acker-Gärten-Blumen und Feld-Bau / begriffen /

Auch Wild- und Vögelfang / Weid-Werck / Fischereyen Viehezucht Holtzfällungen / und sonsten von allem was zu Bestellung und Regierung eines wolbestellten Mayerhoffs / Länderey / gemeinen Feld- und Haußwesens nützlich und vonnöhten seyn möchte.

Sampt beygefügter einer experimentalischer Haußapotecken und kurtzer Wundartzney-Kunst / wie dann auch eines CALENDARII perpetui.

Dadurch und darinnen / wie nicht allein Menschen / Vieh / Blumen-Garten und Feldgewächsen / mit geringen Unkosten mit der Hilff GOttes zuhelffen / und von Ungeziefer zu praeserviren und zusäubern / sondern auch wie nach den influentiis deß Gestirns Sonn und Monds / zu rechter Zeit / dem Liecht nach / zu düngen / säen / pflantzen / erndern / und zu bauen sey / zu finden.

Von allerhand Kauff- und Handelsleut / Auch Doctorn, Haußvättern / Apoteckern / Laboranten, Balbierern / Mahler / Goldschmid / Müntzmeistern / Ackerleut / Gärtnern / Viehhändlern / Jägern / Fischern / Voglern / und allen jeden / so mit Handel und Wandel umbgehen / und ihre Geschäffte / Nahrung und Gewerb treiben.

Hiebevor von M. JOANNE COLERO, zwar beschrieben / Jetzo aber / auff ein Newes in vielen Büchern mercklich corrigirt, vermehret und verbessert / in ZWEY THEIL abgetheilet und mit schönen Newen Kupfferstücken gezieret / Sampt vollkommenem Register in Truck verfertiget.

Cum Gratia & Privilegio.

Gedruckt und Verlegt in der Churfürstlichen Statt Mäyntz / Durch Nicolaum Heyll / Churfürstl. Mäyntzischen Hoff- und Universität Buchtruckern.

ANNO M. DC. LXV.

Abb. 61: Alle Information, die ein guter Hausvater benötigt: J. Colers ›Oeconomia ruralis‹, Mainz 1665

Brunschwygks Destillierbuch beigebunden. Weil die Verleger diese Texte wie Module behandelten, ist eine bibliographische Erfassung dieser Werke im 16. Jahrhundert kaum mehr möglich.

Der nächste Entwicklungsschritt führte dann – an der Wende zum 17. Jahrhundert – zu den voluminösen Bänden der sogenannten Hausväterliteratur. Ein prägendes Beispiel dieser Gattung gibt die ›*Oeconomia ruralis et domestica*‹ des Johannes Coler ab. Wie schon aus dem Titelblatt zu ersehen ist, geht es bei diesen Werken nicht mehr nur um medizinische Informationen. (*Vgl. Abb. 61*) Gesammelt werden nützliche Kenntnisse aus allen Lebensbereichen.

Diese Zielsetzung findet sich im Grunde schon in den großen ›*Kräuterbüchern*‹ von Rösslin, Lonitzer, Ryff u. a. aus der Mitte des 16. Jahrhunderts. Sie stellten die Aufgabe, die ›*Hauskünste*‹, die von vielen schon immer praktisch beherrscht wurden, in typographische Software umzugießen. Diese Form von ›Wissensrepräsentation‹ gelang nicht auf Anhieb.

Wirft man zum Schluß noch einen kurzen Blick auf die weitere Entwicklung der medizinischen Literatur, so kann man feststellen, daß nach der schrittweisen und wahrscheinlich auch selten ganz vollständig durchgeführten Enttheoretisierung wieder eine Anreicherung mit begründenden Passagen einsetzt, die zu einem großen Teil nicht mehr nur die hippokratisch-galenische Tradition aufnehmen, sondern aus der Reflexion der beschreibenden Teile herauswachsen. Natürlich bleibt auch weiterhin eine regimen- und rezeptartige Literatur erhalten, die sich damit begnügt, allgemeinverständliche Gesundheitsregeln ohne große theoretische Ansprüche zu vermitteln. Daneben ist aber auch der Vorgang einer erneuten Aufnahme von ›*Beweisen*‹, ›*Definitionen*‹ und ›*umständlichem Gerede*‹ zu beobachten. Diese legitimierenden Expansionen werden zumal dann erforderlich, wenn in der Beschreibung über die traditionellen Informationen hinaus auf eigene, selbst gesehene oder gehörte Erfahrungen zurückgegriffen wird. Der Autor stellt dann Behauptungen öffentlich zur Diskussion, die nicht durch ein theoretisches Lehrgebäude sanktioniert sind – und dies verlangt nach Begründungen. In dem neuen Medium liegen autorisierte Informationen und neue Erkenntnisse auf einer Nota-

tionsebene nebeneinander und können unmittelbar in Widerspruch treten.
Der Prozeß der Umstrukturierung der typographisch gespeicherten Informationen wird noch durch die Verwendung der Volkssprache verstärkt. In den Beschreibungen erfolgen die Vergleiche beispielsweise nicht mehr in der etablierten lateinischen Terminologie, sondern es werden alltagsweltliche Bilder benutzt, um dem Leser unbekannte Sachverhalte oder Vorgänge anschaulich zu machen. Hierdurch gewinnt nicht nur die Volkssprache, sondern auch eine andere Erfahrungs- und Bilderwelt Eingang in die Texte. Natürlich bemüht man sich um eine terminologische Vereinheitlichung dieser Bilder oder um ihre Subsumtion unter ältere (lateinische) Kategorien. Dazu wird, wie Paracelsus unmißverständlich ausdrückt, die Einführung ›*neuer nomina*‹ erforderlich.[84]
Gewöhnlich wird dieser hier nur in groben Umrissen skizzierte Prozeß der Enttheoretisierung, Aufschwellung und der schließlichen Systematisierung der Fachliteratur als ein Teil der ›empirischen Wende‹ innerhalb der Wissenschaften in der frühen Neuzeit aufgefaßt. Verändert haben sich die Informationsspeicher und die Vorstellungen darüber, was nützliche und was wissenschaftliche Informationen sind.
Was zu Zeiten der handschriftlichen Erfahrungstradierung nur ein Anliegen weniger Autoren und Laien war, verwandelte sich durch die neue typographische Technologie in ein gesellschaftliches Bedürfnis. Ob sich die Möglichkeiten, dieses Bedürfnis zu befriedigen, im gleichen Maße erweitert haben, mag fraglich sein, vergrößert haben sie sich jedoch gewiß.

6.2
Von der Offenbarungslehre zur Wahrnehmungstheorie: Anforderungen an die typographische Software

Funktionen und Strukturen der Software

Bislang war nur von den Wünschen, die die neuen Informationsmedien befriedigen sollen, und von den Versprechungen die Rede, die die Autoren in ihren Büchern machen. Wir können davon ausgehen, daß sich tatsächlich viele dieser Wünsche und Versprechungen erfüllt haben. Man schrieb immer mehr Bücher, der Markt konnte sie verkraften und Abnehmer fanden sich auch. Da die Buchproduktion und -verbreitung damals in Deutschland in keinem nennenswerten Umfang subventioniert wurde, muß das neue System schon in der Lage gewesen sein, sich selbst zu regulieren.

In diesem Abschnitt interessiert nun die Frage, wie es gelang, die Bücher so rasch mit nützlichen Informationen zu füllen, daß sie bereitwillig gekauft wurden. Damit der typographische Informationskreislauf in Gang kommen konnte, mußten ja nicht nur Buchdruckereien eingerichtet und ein Vertriebsnetz geschaffen werden. Neben dieser Hardware war es auch erforderlich, die verschiedenen Prozessoren des Systems, Autoren, Druckereien, Händler und Käufer, mit Informationen zu versorgen, die es ihnen ermöglichten, ihre Aktivitäten aufeinander abzustimmen. Man kann diese Informationen, die die Elemente des Systems über die Funktionsweise des Systems unterrichten, ›Software‹ nennen.[85] Die Software repräsentiert das System in dem System, reguliert die Abläufe und gibt Anweisungen, wie bei Krisen zu verfahren ist.

Im Gegensatz zu der Software der Computersysteme, die im wesentlichen auf Chips und Disketten gespeichert werden, ist die typographische Software in erster Linie in den gedruckten Büchern niedergelegt.[86] Jedes einzelne enthält nicht nur Informationen über die Welt, sondern auch über das System, in dem sie zirkulieren. Schon die Titelblätter der Druckwerke lenken die Erwartungen der Leser und ermöglichen ihnen damit eine gezielte Selektion. Sie informieren weiterhin über den Drucker und die Autoren, also ebenfalls über Elemente des Informationssystems. In den Beschreibungen im Text werden die Anwender/Benutzer immer wieder über die Standpunkte und Perspektiven unterrichtet, die sie einzunehmen haben. Das Buch programmiert die Leser.

Daneben gibt es noch eine Vielzahl von speziellen Büchern, die Daten über den Ablauf des typographischen Kreislaufs speichern. Von den Handbüchern für die Drucker und den Werken, die die Orthographie und Interpunktion regeln, haben wir schon gehört; auf andere Handbücher, vor allem für die Autoren, werden die nachfolgenden Abschnitte eingehen. Die Vielzahl dieser Bücher hängt damit zusammen, daß die typographische Software intersubjektiv zugänglich sein muß. Und da als Nutzer potentiell jeder in Frage kommt, gilt es, das Wissen über die Programme genauso weit zu verbreiten wie die Bücher selbst.

Wirksam wird die typographische Software freilich erst, wenn sie in die Köpfe der Menschen, die in den typographischen Kreislauf eingebaut sind, gelangt ist. Auch darin unterscheidet sie sich von der Computersoftware: Da es noch keine vollautomatisierten, technisierten Prozessoren gibt, müssen die Menschen im Buchdruckzeitalter die Programme mehr oder weniger bewußt kennen und ausführen.

An Vielfalt freilich dürfte die typographische Software den ›Betriebssystemen‹ und ›Anwenderprogrammen‹ des elektronischen Zeitalters kaum nachstehen. In gewissem Sinne gehören die sozialen Erwartungen an den Nutzen der Medien, die im vorigen Abschnitt geschildert wurden, auch schon zu den regulativen ›Normalformerwartungen‹.[87] Weiterhin zählt das Wissen, das die Arbeit im Typographeum anleitet, dazu. (Vgl. Abschn. 2.5) Ausführlich eingegangen wurde schon in den Abschnitten 5.4 und 5.5 auf jene Normen, die die Distribution der Information ordnen. Noch kaum berührt sind demgegenüber die Erwartungen, Programme und Theorien, die die Arbeit der Autoren anleiten. Diese Programme müssen auch den Käufern des Buchwissens hinlänglich bekannt sein, damit sie die gedruckten Informationen verstehen und anwenden können.

›Künstliches Sehen‹: Das Grundproblem der typographischen Software

Was mußten die Autoren tun, damit ihre Bücher den Lesern das Reisen, das Aufsuchen von Experten, die Irrwege eigener Erfahrungssammlung und vieles andere mehr ersparen konnten und noch können?

Diese Frage läßt sich selbstverständlich nicht in einem Satz beantworten. Hier mußten die vielfältigsten Maximen entwickelt und mehr als ein Programm ausgearbeitet werden. Selbst wenn man sich auf die Software beschränkt, die die Produktion und Rezeption der Fachprosa anleitet, so waren dennoch zahlreiche Antworten zu finden.

Es gibt aber m.E. ein Grundproblem, dessen erfolgreiche Lösung das Unterpfand für das Funktionieren des typographischen Informationskreislaufs in diesem und in vielen anderen Bereichen ist: Ganz gleich, ob die Autoren über Gegenstände oder Handlungen schreiben oder ob sie in ihren Werken über den Verstand der Dinge und Handlungen nachdenken, immer beginnt ihre Aufgabe damit, die Objekte erst einmal wahrzunehmen. Niedergelegt werden in den Büchern ausschließlich Informationen über die Dinge, Informationen über die Verknüpfung der Dinge, Informationen über die Information der Verknüpfung der Dinge usw. Die Manuskripte enthalten keine Dinge und genaugenommen auch keine Repräsentationen der Dinge, sondern nur Informationen über die Wahrnehmung der Dinge. Die Autoren beschreiben ihre Wahrnehmung von den Dingen oder die Wahrnehmung von Informationen über die Dinge, die andere wahrgenommen haben.

Das Grundproblem der Autoren in der frühen Neuzeit, dessen Lösung überhaupt erst den Weg für einen multifunktionalen Einsatz der typographischen Informationsmedien freimachte, war es, diesen Wahrnehmungsprozeß so weit zu ›regeln‹, daß er intersubjektiv wiederholbar und überprüfbar wurde. Es galt den Prozeß der Informationsaufnahme für bestimmte Bereiche reversibel zu machen.

Nützlich werden die Informationen erst dann, wenn der Anwender die Bedingungen ihrer Produktion kennt und den Wahrnehmungsprozeß ggf. wiederholen kann. Da im typographischen

Informationssystem Autoren und Anwender des Buchwissens normalerweise nicht ein und dieselbe Person sind, ist diese Bedingung nicht selbstverständlich gegeben, sondern muß in einem komplizierten sozialen Verfahren hergestellt werden. Nur wenn der Leser seine eigenen Erfahrungen mit den aus Büchern und damit aus zweiter oder dritter Hand gewonnenen Informationen verknüpfen kann, können diese als Programm wirken. Wenn ein beliebiger Käufer eines Reisebuchs die Beschreibungen von Venedig zwar gelesen hat, aber beim späteren Anblick dieser Stadt die von ihm selbst gewonnenen Informationen und die Buchinformationen nicht in eine Beziehung setzen kann, dann bleibt das Buchwisssen tot. Gute Programme müssen den Benutzern eine Wiederholung derjenigen Wahrnehmungen ermöglichen, die die Autoren gemacht haben. Nur unter dieser Bedingung stellt sich ein wirklicher typographischer Informationskreislauf ein, ist die Umwelt des Autors auch noch jene des Anwenders des Buchwissens.
So gesehen ist das Grundproblem für die Autoren des 16. Jahrhunderts nicht die Verschriftung von zuvor sprachlich gespeicherten Informationen und natürlich erst recht nicht die bloße Transformation von Manuskripten in eine Druckfassung, sondern die Operationalisierung der Wahrnehmung der Umwelt.

Technisierung und soziale Normierung des Sehens: Grundlinien der Lösung des Softwareproblems

Um das Softwareproblem der frühen neuzeitlichen Fachprosa zu lösen, mußte die menschliche Informationsaufnahme und -verarbeitung, wie sie bei der ›demonstratio ad oculos‹ und beim kooperativen Handeln unbemerkt gleichsam nebenbei abläuft, zunächst einmal analysiert werden. Gesucht wurden Modelle der (unbeteiligten) Wahrnehmung – und dann natürlich auch der Informationsspeicherung und der Kommunikation. Diese Modelle mußten expliziert und allen Nutzern der neuen Medien zugänglich gemacht werden. Wenn sich alle Beteiligten dann nach den modellierten Regeln richteten, so bestand die Aussicht, daß ihre Wahrnehmungen zu ähnlichen Ergebnissen führten oder anders ausgedrückt: daß ihre Wahrnehmungsleistungen äquivalent wurden und ineinander überführt werden konnten. Nur wenn solche Austauschbarkeitsbeziehungen da sind oder doch zumindest von den Beteiligten vorgestellt werden können, wächst bei den Lesern das Vertrauen, das notwendig ist, um sich auf die Wahrnehmungsleistungen von unbekannten Autoren zu verlassen.

Wahrnehmungen, die nach diesen Regeln und Bedingungen ablaufen, haben ihre Unschuld verloren. Sie sind aus den Selbstverständlichkeiten des Alltags herausgerissen und müssen als Kunst gelernt werden. Man kann sie mit Fug und Recht als soziale Vorgänge oder Handlungen ansprechen. Zwar nimmt nur der einzelne Mensch mit seinen psychischen Organen wahr, aber er tut dies nach sozial ausbuchstabierten Normen.

Neben der sozialen Kodifizierung von reflexiv gewonnenen Programmen erwies sich die Technisierung als der wichtigste Mechanismus zur Lösung des Softwareproblems in der Frühzeit der typographischen Kultur.

Wie wir im Abschnitt 6.4 sehen werden, benutzten die Menschen die verschiedensten technischen ›Apparate‹, um die Prozesse der Informationsaufnahme und -verarbeitung zu disziplinieren. Schon die Normierung der Wahrnehmung ließ sich ohne die Zuhilfenahme von materiellen Stützen nicht denken und noch weniger durchführen.

Wäre diese Programmierung der Wahrnehmung in der frühen Neuzeit unterblieben, so hätte sich nicht die typographische Kultur herausgebildet, die wir kennen. Selbst die Nutzung des Marktes für die Verteilung der Druckerzeugnisse hätte auf Dauer nicht ausgereicht, um den typographischen Informationssystemen jene Vormachtstellung zu sichern, die für die moderne europäische Kultur typisch ist. Dazu mußte das Bücherwissen in nahezu allen gesellschaftlichen Lebensbereichen eingesetzt werden können. Die in den Abschnitten 6.1 und 2.6 geschilderten Wünsche an das gedruckte Buch ließen sich letztlich nur erfüllen, wenn das beschriebene Grundproblem der Software gelöst war. Was für die Manuskriptkultur die Erfindung der phonetischen Software war, die die Transformation der Rede in das skriptographische Medium reversibel machte, das bedeutete für den Buchdruck die Einführung einer Software, die die Umwandlung physikalischer in psychische und dann weiter in typographische Informationen intersubjektiv nachvollziehbar machte.

Die Bewältigung dieser Aufgabe dürfte weit mehr Anteil an dem *›Wandel der geistigen Grundhaltung der Welt‹* gehabt haben als die *›Produktion standardisierter sprachlicher und bildhafter Beschreibungen‹*.[88] Alle identischen Vervielfältigungen von Texten und Abbildungen hätten die neuzeitliche Wissenschaft nicht in Gang und vorangebracht, wenn nicht auch der Vorgang der Produktion dieser Projektionen exakt zu wiederholen gewesen wäre.

Man braucht nur einen Blick auf die Ausbreitung der Computertechnologie der Gegenwart zu werfen, um die These von der Bedeutung der Software plausibel zu finden: Nachdem erst einmal die ›harte‹ Infrastruktur der elektronischen Systeme und Netze geschaffen ist, hängt die weitere Expansion wesentlich an der Software. Bleibende und vor allem größere Attraktivität der Technologie ist ohne die Entwicklung von neuen Programmen nicht zu haben. Auf diesem Gebiet arbeiten Heerscharen von Informatikern und Programmierern. Wenn man sich vergegenwärtigt, daß in der frühen Neuzeit keine Institutionen aus dem Boden gestampft wurden, die den Informatiklehrstühlen, den Forschungszentren für Expertensysteme, für Künstliche Intelligenz oder für ›Cognitive Science‹ usw. vergleichbar sind, die heute für die Lösung der Softwareprobleme der Computertechnologie unabdingbar erscheinen, dann grenzt es an ein Wunder, daß alle wesentlichen Probleme der typographischen Software im Grundsatz schon im Verlaufe des 16. Jahrhunderts gelöst werden konnten.

Verständlich werden die Erfolge der Fachautoren damals eigentlich nur, wenn man davon ausgeht, daß zumindest für Teilprobleme schon Lösungen in anderen Informationssystemen vorlagen.

Die folgenden Abschnitte vermitteln einen Eindruck von den erkenntnis- und kommunikationstheoretischen ›Vorarbeiten‹ sowie von den ideologischen Voraussetzungen, von denen sich die Autoren befreien mußten, wenn sie für das neue Informationssystem ›beschreiben‹ wollten.

Weder die antike noch die mittelalterliche Kultur hatte sich um eine solche Operationalisierung der Wahrnehmung bemüht. Die skriptographische Software enthält kein entsprechendes Programm. Die Dinge sind so komplex, daß eine reversible Projektion aussichtlos schien. Plinius etwa hielt gar nichts von Abbildungen in naturkundlichen Werken. An den überkommenen griechischen Codices derjenigen Autoren, die sich an Zeichnungen und morphologischen Beschreibungen versucht hätten, erkenne man kaum mehr als die Unlösbarkeit der Aufgabe.[89] Zum einen wären die Konturen der Dinge kaum wiederzuerkennen, zum anderen verließe den Maler bei der Wiedergabe der so zahlreichen Farben der Natur nicht selten das Glück. Außerdem hätte es wenig Wert, die Pflanzen nur in einem Alter abzumalen, wo sie doch ihr Aussehen von Jahreszeit zu Jahreszeit veränderten. Die meisten alten Gelehrten begnügten sich deshalb damit, bloß die Namen der Pflanzen zu nennen und deren Kraft und Wirkung anzugeben. *»Es ist auch nicht schwer«*, findet sich Plinius mit diesem Vorgehen ab, »*sie*« – trotz dieser Form der Repräsentation in den Büchern – *»kennenzulernen. Mir wenigstens ist es geglückt, fast alle hierher gehörigen Gewächse in Augenschein nehmen zu können, und zwar in dem Garten des sehr gelehrten Antonius Castor«*.[90] Wenn man die Dinge nicht kennt, so verfügt man sich also zu einem Experten, der sie einem zeigt und erklärt! Die Manuskripte der skriptographischen Kulturen sollten diese Aufgabe nicht simulieren.

Erst im Spätmittelalter wurde verstärkt Kritik an dieser Haltung laut. Die ›*Erkanntnis*‹ sei ›*in Abgang gekommen*‹, weil man, so klagen viele Autoren des ausgehenden 15. und beginnenden 16. Jahrhunderts, nicht mehr wisse, wie die in den Manuskripten gespeicherten Informationen eigentlich wahrgenommen wurden.[91] Die Kritik am scholastischen Buchwissen gipfelt in dem Vorwurf, daß sich mit ihm keine Dinge in der Natur mehr identifizieren lassen: *»Häufig beschäftigte ich mich privat mit den Substanzen, die uns die Natur gibt oder die Kunst erfindet, und ebenso mit den Bezeichnungen, die einst von den Griechen und Römern für sie geprägt worden sind«*, schreibt Georg Agricola. *»Dabei mußte ich feststellen, daß beides seit einigen Jahrhunderten großen Schaden genommen hat.«*[92] Über die Wissenschaften und über die

Künste ist *»eine solche Verfinsterung gekommen, und es ist eine solche Vergessenheit darüber hereingebrochen, daß schließlich ein völliger Zusammenbruch erfolgt ist«.* (Ebd.) Den Grund hierfür sieht er u. a. darin, daß die Brücke zwischen den Wörtern und den Sachen in dem Zeitalter eingebrochen ist, in dem man die Informationen wesentlich in skriptographischer Form tradierte. Schon die ›Bezeichnungen‹ in den Texten enthalten für ihn und seine Kollegen viele ›*Geheimnisse*‹ und wenn man sie dann entschleiert hat, dann bleiben ihnen ›die Dinge, die damit bezeichnet werden‹ rätselhaft. (Ebd.) Das ist kein Wunder, wenn in den Texten keine Informationen darüber enthalten sind, wie man die dort dargestellten Informationen gewinnen kann. Die einfachen Benennungen reichen hier nicht aus.
Schon Plinius macht darauf aufmerksam, daß ein und dieselbe Pflanze in den verschiedenen Regionen aufgrund der unterschiedlichen Dialekte der Einheimischen auch unterschiedliche Namen trägt. Mit der Verschriftung von Rezepten in den verschiedenen Dialekten und Landessprachen sammelt sich im Laufe der Zeit eine Vielzahl von Bezeichnungen für den gleichen Referenten in der Literatur an. ›*Ein Landt die Kreüter anders nennet dann das ander*‹, kommentiert Brunfels das Bild, das sich ihm darbot, als er versuchte, aus der großen Menge von Handschriften seine Kräuterbeschreibungen zusammenzustellen.[93] Zudem hätten es die Autoren in der Vergangenheit versäumt, ihre Bezeichnungen für die einzelnen Gegenstände, Pflanzen und Tiere mit denen ihrer Vorgänger und denen der antiken Autoren abzustimmen. Dies verwundert in Angesicht der Schwierigkeit, an die Codices der verschiedenen Autoren heranzukommen, nicht weiter. Aber die hieraus resultierende Bezeichnungsvielfalt dürfte in der frühen Neuzeit durch eine gesteigerte Verschriftung volkssprachlicher Dialekte und ihrer Vermischung bei der druckschriftlichen Verbreitung noch gefördert worden sein. Gerade in der Inkunabelzeit, in der die Handschriften aus den unterschiedlichsten Regionen und Zeiten ohne große sprachliche und konzeptionelle Umarbeitungen gedruckt wurden und dann an einem Ort nebeneinander verfügbar wurden, dürfte sich die Akkumulation der Bezeichnungen derart beschleunigt haben, daß das Problem den Autoren der Zeit nicht länger verborgen bleiben und sie hier Ursachen für den Niedergang des Wissens annehmen konnten.

In der medizinischen Literatur, in den Büchern über den Bergbau, in den Kräuterbüchern und vielen anderen werden die Listen der Synonyme oder der vermeintlichen Synonyme immer länger. Trotz dieser Vielzahl von Bezeichnungen wissen die Autoren oftmals nicht, was sich hinter den Namen verbirgt. So beginnt Brunfels seine Beschreibung des ›*Meysterwurtz*‹ und des ›*Heyligengeystwurtz*‹ mit dem resignierenden Bekenntnis, *»mit diszen zweyen Wurtzelen ... wol drey oder fyer jar vmbgangen«* zu sein und sich *»hefftig beworben / vnd erfraget«* zu haben, *»vff welches capitel* [im] *Dioscoride soliche doch moechten gedeütet«* werden.[94] Seine Übersetzungsbemühungen sind erfolglos geblieben. Da es anderen Kollegen ähnlich ging, muß man davon ausgehen, daß über die Jahrhunderte hinweg in vielen Büchern Wissen transportiert wurde, welches zwar für Disputationen genutzt, von den Lesern aber nicht als Programm zur Anleitung der eigenen Wahrnehmung genutzt werden konnte.[95]

Die Wahl des Gesichtssinns als Ausgangspunkt für die Modellierung der Wahrnehmung

Theoretisch hätten sich die Autoren in der frühen Neuzeit allen fünf Sinnesorganen: Auditus, Gustus, Olfactus, Manus, Visus, die damals unterschieden wurden, zuwenden und sich um ihre Analyse und Modellierung bemühen können.

Zunächst will es so scheinen, als ob die Wahl der Ohren und des Hörens am naheliegendsten gewesen wäre. In der Tat gab es für begrenzte Typen von Informationen, die auditiv aufgenommen werden, ein Modell, welches die für den typographischen Informationskreislauf geforderten Ansprüche zu erfüllen scheint: die menschliche Rede ließ sich – mit vertretbaren Schwankungen – beliebig oft von jenen wiederholen, die ihr zuhörten. Sie ließ sich schon damals seit mehr als tausend Jahren technisch speichern. Man kann die Buchstabenschrift lesen und die dabei erzeugten Laute stehen wieder in einer Äquivalenzbeziehung zur ursprünglichen Rede. Der Nachteil dieses genialen Programms liegt darin, daß es sich nicht auf alle ›Töne‹ anwenden läßt. Schon die Vogelstimmen galten, wie es etwa bei Megenberg heißt, als ›*unschreib-*

lich‹.[96] Bei ihnen oder bei anderen ›Geräuschen‹ Intersubjektivität herzustellen, muß als kaum minder schwierig erschienen sein als bei den Sensationen, die die anderen Sinnesorgane erreichen. Hinzukommt, daß diejenigen Informationen, die mit diesem Programm erfaßt werden können, für den Hörer immer schon Informationen aus zweiter Hand sind. Fuchsperger spricht deshalb davon, daß die gehörten Informationen ›*betrüglicher*‹ sind als jene, ›*die wir mit den Augen sehen*‹. »*Die oren glaubend froembder red / aber die augen glaubend jnen selber*«.[97]

Der mündliche Bericht gibt Erfahrungen wieder, die der Sprecher schon irgendwie gemacht und verarbeitet hat. Alle Informationen, die nicht ebenfalls schon durch das Zuhören gewonnen wurden, können durch das Modell nicht weiter zurückverfolgt, nicht beschrieben werden.

Wir kennen heute den Gang der Entwicklung und wissen, daß man sich damals dazu entschieden hat, die visuelle Wahrnehmung so zu modellieren, daß sie simulationsfähig wurde. Die Gründe, die zu dieser Entscheidung führten, sind außerordentlich komplex. Einzelnen Motiven der Zeitgenossen haben wir schon im Abschnitt 4.2 nachgespürt, als wir uns mit den Absichten befaßten, die Bernhard von Breydenbach zur Herausgabe seiner ›Reise in das Heilige Land‹ und seines ›Hortus sanitatis‹ getrieben haben könnten. An diese Absichten schlossen die Autoren des 16. Jahrhunderts an. Aber es gab natürlich noch andere Vorläufer und Motive.

Wie auch immer die einzelnen Autoren ihre Entscheidung für den Gesichtssinn begründen, letztlich stehen sie am Ende einer sehr langen historischen Entwicklung, die erst dazu geführt hat, daß sich keine andere Wahrnehmungsform in jener Zeit und bis auf den heutigen Tag so leicht als Handlung auffassen, zerlegen, technisieren und sozial normieren läßt wie das Sehen.

Ein wesentlicher Grund für die Konzentration auf die visuellen Informationen und bei diesen vorzugsweise auf die Gestaltqualitäten dürften die theoretischen Vorarbeiten und die vielfältigen praktischen Erfahrungen gewesen sein, die bei ihrer Analyse schon in der Antike und im Mittelalter gesammelt worden waren. Seit Euklids Geometrie besaß man ein Instrumentarium zur Analyse einfacher Körper, zu ihrer Berechnung und Transformation. Der

gleiche Autor hatte sich auch mit Problemen der Optik beschäftigt. Dieses Interesse riß eigentlich niemals ab und erhielt durch die Assimilation arabischer Studien im ausgehenden Mittelalter sogar einen gewissen Auftrieb.[98] Daneben beschäftigten sich natürlich viele Berufsgruppen mit der visuellen Wahrnehmung und dem ›Augenmessen‹: Seit den Zeiten der römischen Agrimensoren reflektierte man die Vorgänge beim Visieren. Die Baumeister stellten, wie wir zumal bei den griechischen Tempeln immer noch bewundernd vermerken, die Wahrnehmungsgewohnheiten der Menschen in Rechnung. Sie gaben den horizontalen Linien der Gebäude an ihren Enden ein Gefälle und verhinderten so, daß ihre Kunstwerke dem Betrachter als klobig erschienen. Ohne eine konzentrierte Beschäftigung mit den Sehgewohnheiten ließen sich solche Erkenntnisse nicht gewinnen. Die größten Fortschritte machte die Modellierung der visuellen Wahrnehmung an den Arbeitsstellen der mittelalterlichen Maler. Man sah die Welt mit anderen Augen und versuchte, zunächst vornehmlich in Italien, die Differenz zu den älteren Seh- und Darstellungsgewohnheiten zu verstehen. Dies führte schließlich bei dem Florentiner Filippo Brunelleschi (1377-1446) zu ersten Formulierungen der Prinzipien ›perspektivischen‹ Sehens und Konstruierens.
Aus anderen Gründen als die Geometer, Astronomen, Architekten und Maler beschäftigten sich auch die Philosophen und Kirchenmänner mit den Sinnen und den verschiedenen Formen der Wahrnehmung. Sie suchten die Rolle der einzelnen Sinne für den Menschen und für die Erkenntnis Gottes zu ergründen und eine Rangfolge ihrer Bedeutung aufzustellen. Über die seit der Antike geführte diesbezügliche Diskursion sind wir ganz gut informiert.
Eine Vielzahl von Äußerungen hat Gudrun Schleusener-Eichholz in ihrem zweibändigen Werk ›Das Auge im Mittelalter‹ gesammelt und interpretiert. Sie kommt zu dem Ergebnis, daß die Augen schon *›seit Aristoteles in der Aufzählung der fünf Sinne fast immer an erster Stelle stehen‹*.[99] Begründet wird diese Auswahl mit den verschiedensten erkenntnistheoretischen, schöpfungs- und heilsgeschichtlichen Überlegungen. So nimmt man an, daß die Augen weiter reichen als andere Sinnesorgane, visuelle Informationen schneller dem Verstand zugeleitet werden und besser im Gedächtnis behal-

ten werden können als Informationen, die mit anderen Sinnen gewonnen werden.[100] Augustin zieht aus der Argumentation die Schlußfolgerung, daß der Gesichtssinn (visus) der Wahrheit (veritas) am nächsten komme.[101]

Diese Meinungen und Begründungen ändern sich über die Jahrhunderte kaum und finden sich auch in den volkssprachlichen Schriften der frühen Neuzeit in allen europäischen Ländern wieder. *›Da ist in des augen apfel das gesicht, das allergewissest gezeuge‹*, heißt es im *›Ackermann aus Böhmen‹*.[102] Leonardo behauptet, daß *›das Auge den anderen Sinnesorganen überlegen ist und sie führt‹*[103] und begründet dies ähnlich wie Alcuin[104] damit, daß die Verbindung zwischen den Augen und den psychischen Verarbeitungszentren kürzer sei als jene zwischen den anderen Sinnesorganen und dem ›Sensus communes‹.

Ebenso schließt sich Lucca Pacioli in der Vorrede zu seiner *›Divina proportio‹* der Tradition an: *›Von unseren Sinnen, so wird von den Weisen geschlossen, ist das Sehen der Vornehmste‹*, vermerkt er dort. Auch Dürer folgt diesem Credo in zahlreichen seiner *›Entwürfe zum Lehrbuch der Malerei‹*. 1512 heißt es dort beispielsweise: *»Dan der aller edelst sin der menschen ist das sehen«*.[105]

Kontinuität oder Diskontinuität?

Liest man die historischen Dokumente in dieser Weise, so erscheint die Prämierung der Visualität in der Neuzeit als eine kontinuierliche Fortsetzung antiker Traditionen. Dieser Eindruck täuscht. Die Entwicklung verlief widersprüchlich und die Entscheidung für die Simulation des Gesichtssinns ist unwahrscheinlicher als es die oberflächliche Sichtung der Quellen nahelegt. Sie brach mit mächtigen Gewohnheiten und legitimierte sich, indem sie alten Argumenten einen neuen, den uns heute gewohnten Sinn unterlegte.

Zunächst ist festzuhalten, daß die älteren Stimmen, die als Beleg für die Kontinuität der Bevorzugung des Gesichtssinns genannt werden, Elemente einer ›gelehrten‹ Selbstbeschreibung sind. Ihr Bezug zum praktischen Verhalten sollte kritisch geprüft werden. Dabei dürfte sich zeigen, daß in vielen kulturellen Bereichen andere Wertmaßstäbe die Handlungen der Menschen leiteten. Das Wissen über die Natur etwa, welches an den mittelalterlichen Universitäten gelehrt wurde, baute faktisch nur in einem geringen Maße auf Informationen auf, welche durch die Augen gewonnen wurden. Und wenn, dann machten die Gestaltqualitäten, die für die Autoren der gedruckten Fachprosa in der Neuzeit eine so große Rolle spielten, nur einen geringen Anteil aus.

Das Konzept, nach dem Gelehrte, Halbprofessionelle und wohl auch der ›gemeine Mann‹ ihr Wissen über die Natur ordneten, wird als ›*Elementenlehre*‹ bezeichnet. Nach dieser schon in der Antike ausgearbeiteten Auffassung besteht die Natur aus den vier Elementen: Feuer, Luft, Wasser und Erde. Ihnen wurden bestimmte Qualitäten – warm, kalt, feucht und trocken – zugeschrieben. Jede natürliche Erscheinung in der Umwelt der Menschen bestand aus Mischungen dieser reinen Elemente. Erfahrung der Natur hieß Erkenntnis der spezifischen ›*Komplexion*‹ der Dinge. Dazu gehörten auch Informationen über das Mischungsverhältnis dieser Elemente, die sog. ›*Grade*‹. Fenchel z. B. galt als Mischung aus Feuer und Erde und zwar im Verhältnis 3:1. Es war also ›*warm im dritten und trocken im ersten Grad*‹.

Nun diagnostizierte man keineswegs nur Pflanzen, sondern alles, was für die Menschen nützlich oder gefährlich sein konnte, alles, was seine Aufmerksamkeit in dieser Weise auf sich zog. Dem Zukker schrieb man ›*warme Beschaffenheit im ersten Grad und feuchte im zweiten*‹ zu, Wollkleider waren von ›*warmer und trockener Qualität*‹, im Gegensatz etwa zu Leinenkleidung, die als ›*kalt und trocken*‹ klassifiziert wurde. Der Südwind galt in Italien als ›*warm im zweiten Grad, trocken im ersten*‹ und der Frühling als von ›*gemäßigter Feuchtigkeit im zweiten Grad*‹.[106]

Viele dieser Erkenntnisse faßt das ›*Corpus hippocraticum*‹ zusammen, eine Schriftensammlung, der man den Namen eines legendären griechischen Arztes, der an der kleinasiatischen Küste wirkte, gab. Heute werden diese Aufzeichnungen gerne als ›pharmazeutisch-medizinisches‹ Kompendium angesprochen. Dies engt ihren Anspruch und ihre Bedeutung ungebührlich ein. Sie geben vielmehr ganz allgemein die Vorstellungen der Zeit über die Stellung des Menschen in seiner natürlichen und sozialen Umwelt wieder.

Wesentlich ist nun, und hier führe ich die schon in Abschnitt 4.2 angedeuteten Gedanken fort, daß die Qualitäten der Umwelt – und auch jene des Menschen selbst – nicht in erster Linie mit den Augen wahrgenommen werden können.[107] Das Klassifikationsinstrumentarium ist auf andere Sinnesorgane, vor allem auf den Geschmack und die taktilen Rezeptoren der Hand, insbesondere der Fingerspitzen, abgestimmt. Man sieht die Wärme nicht, sondern man spürt sie bei der Berührung und ebenso schmeckt man die kalte Erde in den Substanzen mit der Zunge. Der mittelalterliche Heilkundige ›kennt‹ die Mineralien und Pflanzen erst, wenn er sie angefaßt und ihre Oberfläche mit der Zunge geschmeckt hat.[108] Von ferne gewonnene Informationen über das Aussehen bringen ihm keine Erkenntnis über die Phänomene. Daß das Auge weiter als andere Sinne in die Ferne schweifen kann, diese immer wieder zitierte Feststellung der Autoritäten, erweist sich in diesem Kontext eher als Nachteil. Nur die größtmögliche Nähe zu den Dingen gibt Aufschluß über ihr Wesen. Auch die Naturforscher des 16. Jahrhunderts stehen noch in dieser alten Tradition, und vieles, was uns in ihren Büchern merkwürdig vorkommt, leitet sich aus den überkommenen Wahrnehmungsgewohnheiten ab. *»Gallenus spricht«*, verkündet O. Brunfels ohne jede Distanzierung, *»das Ephew sei zuosam(m)en gesetzt auß widerwertigen kraefte(n). zuom theyl ists eine stopffenden substantz / welche ist irdisch / vnd kalt. zuom theyl lüfftig vnd warm / welches dann auch der geschmack anzeygt«.*[109] Zu sehen ist die irdische Konsistenz ebenso wenig wie die wässrige Wärme. Man schmeckt die Information oder ›spürt‹ sie, wie Brunfels beispielsweise bei seiner Beschreibung der *›braun petunie‹* anmerkt: *»Etliche meynen / dißes krant* [Kraut!] *sey warm vnd trucken in dem ersten grad. Die anderen in dem dritten. Sein krafft ist / das es zerschneidet / woelches man wol spueret in dem geschmack / so man darein beisset. dan(n) es ist ein wentzig bitter vnd scharpff.«* (Ebd. S. xxv, Hervorh. von mir, M.G.)

Selbstverständlich haben die Menschen, die den Zucker, das Leinen, den Schwefel oder die Pflanzen in dieser Weise *›probierten‹*, auch visuelle Informationen über die Phänomene gewonnen. Aber diese galten als zufällig, *›akzidentiell‹* und wurden kaum sprachlich und vor allen Dingen nicht schriftsprachlich kodiert. Sie gingen, wie schon erwähnt, nicht in die ›Nomen‹ der Dinge ein. Für alle kulturellen Bereiche jedenfalls, in denen die Elementenlehre orien-

tierungsrelevant wurde, besaß das Postulat von dem ›*Visus*‹ als dem wichtigsten Sinn keine praktische Bedeutung.
Insoweit bedeutet die Entscheidung der Fachprosaautoren für eine Beschreibung der Gestalt der Dinge eine Abkehr von einer seit über tausend Jahren bewährten Tradition. Für die Gelehrten hätte es näher gelegen, ein Modell zu entwickeln, das die Bestimmung der Feuchtigkeit und Trockenheit bzw. der Wärme und Kälte der Dinge standardisiert.
Auch in einer zweiten Hinsicht stimmt die Wertschätzung des Gesichtssinns wenig mit dem faktischen Verhalten der Menschen zusammen. Seit man überhaupt handschriftliche Aufzeichnungen anlegte, hielt man funktionale, meist anthropozentrische Definitionen für die beste Form, Wissen über die Umwelt zu speichern. Eine Pflanze, ein Tier, die Jahreszeit oder die Metalle galten als erkannt und beschrieben, wenn man ihre Funktionen für den Menschen bestimmt hatte. *»Darzuo spricht man das ein ÿetlich ding seinen name(n) hat von der meisten werck vnd von der meisten eÿgeschafft die es hat«*, so befindet Konrad von Megenberg im Einklang mit der Geschichte und mit seiner Zeit in seinem ›*Buch der Natur*‹.[110] Die ›*Eigenschaften*‹ der Dinge bestimmte man nach der Elementenlehre, die ›*Werke*‹, das sind die Leistungen, die sie zur Erleichterung der Mühsal des menschlichen Lebens erbringen. Diese Leistungen werden mit allen Sinnen gleichermaßen erfaßt, irgendeine Dominanz des Gesichtssinns ist nicht zu erkennen.

Nicht unterschlagen werden darf auch, daß es zumal von kirchlicher Seite viele Stimmen gab, die eher die Vorrangigkeit des Gehörs als des Sehens betonten.[111] Bernhard von Clairvaux etwa, ein Kirchenmann mit kaum zu unterschätzendem Einfluß auf die mittelalterliche ideologische Diskussion, sieht das Heil ausschließlich durch die Ohren und gerade nicht durch die Augen zu den Gläubigen gelangen.[112] Anknüpfend an ältere Traditionen gelten ihm und seinen Nachfolgern die Augen als leicht zu betrügende Sinne, die der verderblichen ›*Curiositas*‹ am ehesten eine Tür zur Seele öffnen. Das Auge gilt, und vor allem die Mystiker nehmen diese Überzeugung ernst, als das aktive, die Ohren als das passive Organ. Der aktiven Neugier schiebt man am besten einen Riegel vor, indem man sich nicht auf die Augen, sondern auf die Ohren verläßt. »*Unt dar umbe sullen wir in dem êwigen lebenne vil sêliger sîn in der kraft des hoerennes denne in der kraft des sehennes. Wan daz werc des hoerennes des êwigen wortes daz ist in mir unde daz werc des sehennes gêt von mir, unde daz horen bin ich lîdende unde daz sehen würkende. Aber unser sêlikeit lît niht an unsern werken*«, befindet Meister Eckhart, sondern vielmehr »*an dem daz wir Gott lîden.*«[113]

Diese von der Mystik als Nachteil gewähnte Qualität des Gesichtssinns sollte den neuzeitlichen Autoren als Vorteil gelten. Gerade sie erleichterte ihnen, das Sehen als eine Handlung aufzufassen, die sich planen und zielgenau steuern ließ.

Aber dies ist nur ein Beispiel für die Umwertung, die antike und mittelalterliche erkenntnistheoretische Aussagen in der Neuzeit erfahren. Die Anschauungen Meister Eckharts gründen selbstverständlich in der christlichen Erkenntnistheorie und für diese besitzen die Operationen, die wir heute als Wahrnehmung zu bezeichnen gewohnt sind, eine völlig andere Bedeutung als für die Autoren der Gegenwart. Mit dieser Erkenntnistheorie mußten die Schreiber der frühneuzeitlichen Fachprosa brechen – und sie taten dies, teilweise unter schweren Gewissensqualen, wie sich aus den umständlichen Rechtfertigungen in ihren Werken ablesen läßt.

Äußere und innere Sinne: Das Erkenntnismodell der älteren christlichen Kommunikationsgemeinschaft

Die lateinischen Quellen, die über die Rolle der Augen im Gesamtorganismus des Körpers und innerhalb der fünf Sinne Zeugnis ablegen, sind häufig schwer zu interpretieren, weil der Begriff ›*videre*‹ als Oberbegriff für alle Wahrnehmungsleistungen verwendet wird.[114] Zu diesen rechnen nun nicht nur die bislang ausschließlich behandelten Aktivitäten der ›äußeren Sinne‹, sondern auch diejenigen der sog. ›inneren‹ oder ›*innewendigen*‹ Sinne, der ›*sensus animae*‹.[115]

Im Mittelalter hat sich kein Konsens über die Anzahl dieser Sinne und noch viel weniger ein solcher über ihre Funktionen hergestellt. Für Augustin scheinen vor allem ›*memoria*‹, ›*intelligentia*‹ und ›*voluntas*‹ wichtig gewesen zu sein. Thomas von Aquin spricht – wohl unter Rückgriff auf aristotelische Gedanken – von vier *›sensus spirituales‹: ›sensus communes‹, ›sensus imaginativus‹, ›sensus aestimativus‹* und *›sensus cogitativus‹*. Meister Eckhart unterscheidet sechs *›innern sinnen‹*.[116] Wie man diese Sinne im einzelnen auch differenzierte und benannte, letztlich ist es ihre Funktion, das göttliche Licht zu bewahren. Aufgenommen wird es mit dem inneren Auge, dem *›oculus cordis‹* oder *›animae‹*, *›contemplationis‹* oder *›intelligentiae‹*. Eine Unterscheidung zwischen den *›inneren Sinnen‹* und dem *›inneren Auge‹* läßt sich nicht in jedem Fall scharf treffen: *»Augustin versteht das innere Auge als ›intelligentia‹ ... Hildegard von Bingen bezeichnet die ›scientia‹ als inneres Auge ... Tauler setzt das innere Auge der Vernunft gleich ...«*[117]

Inneres Auge und innere Sinne grenzen den Menschen von den Tieren ab. Mit ihnen gemeinsam hat der Mensch nur die äußeren Sinne. *»Wan des schâfes ouge hât dieselbe würcklichkeit, die ouch mîn ouge hât«*, predigt Meister Eckhart.[118] Die Seele oder die ›oculus animae‹ kennzeichnen den Menschen und sie beeinflussen auch seine äußeren Sinne.[119] Die äußeren Sinne sind auf die Welt der Dinge, nicht auf jene der Bedeutungen bezogen. *»Die Geheimnisse der Seele, der Sakramente oder der Weisheit Gottes vermögen sie nicht zu erkennen«*, befindet Augustin.[120]

Während die inneren Sinne der Erleuchtung der Seele dienen, sind die äußeren dem *›fleischlichen‹* Körper zugeordnet und werden deshalb auch oft *›sensus carnales‹* oder *›sensus corpores‹* genannt.

Läßt man diese Axiome auf sich wirken, so muß man zu der Überzeugung kommen, daß die ›äußeren‹ Sinne für die gläubigen Christen kein Erkenntnisorgan in unserem heutigen Verständnis gewesen sind. Die relevanten Erfahrungen, die Gnade Gottes zu schauen, waren durch sie überhaupt nicht zu gewinnen und deshalb spielte sich der Disput über die Bewertung des Hörens und Sehens, des Schmeckens, Fühlens und Riechens auch auf einem Nebenschauplatz ab. Er hatte für die Zeit nicht im entferntesten die Bedeutung, die wir ihm heute beimessen. Die Suche nach der göttlichen Wahrheit erforderte die Aktivierung der inneren Sinne: *›Nirgends äußert sich Gott so daß er will, daß der edelste Teil der Seele von etwas erfüllt werde, das durch die Augen oder Ohren wahrgenommen (›îngetragen‹) wird‹*, schreibt Meister Eckhart.[121] Im Gegenteil: Gerade im Schlaf, dann, wenn die Aktivität der äußeren Sinne maximal

reduziert ist, öffnet sich die Seele, ist der Mensch auf den Empfang des ›Lichts der Verständnis‹ am besten vorbereitet. *»Alse der mensche slef it* [schläft], *so ist he bereit zu influzze und zu offinbarungen«*, heißt es bei Eckhart von Rube, einem Schüler Meister Eckharts.[122]
Die christlich-mittelalterliche Erkenntnis ist im Prinzip eine Offenbarungs- oder Verkündigungslehre. Ohne die Berücksichtigung des Verkündigers, Gottes nämlich, als Kommunikator läßt sie sich nur unvollkommen verstehen.
Das heißt aber nicht, daß sich die Gelehrten in der Geschichte keine Gedanken über den ›Sitz‹ der Sinne im menschlichen Körper gemacht haben. Neben den philosophisch und religionstheoretisch begründeten Einteilungen der Sinne finden sich auch schon in den Schriften der antiken Denker Äußerungen über die Gestalt der ›Organe‹ der Informationsverarbeitung und deren Lage im menschlichen Körper. Auch entsprechend ausgerichtete anatomische Studien scheinen unternommen worden zu sein. Dabei entdeckte vielleicht schon Anaxagoras (geb. um 500 v. Chr.) eine sog. ›Ventrikel‹, mit Sicherheit unterscheidet Herophilos 200 Jahre später verschiedene Hirnhöhlen und bestimmt sie als den Aufenthaltsort der Seele.[123a] Die Annahme von ›Hohlräumen‹ als seelische Organe löste auf elegante Weise ein erkenntnistheoretisches Dilemma: Wenn man der von vielen abendländischen Glaubenslehrern geteilten Auffassung, daß man nur ›Gleiches mit Gleichem‹ erkennen kann, anhing, dann mußte man sich die inneren Sinne bzw. Augen als ebenso flüchtig wie das göttliche Wesen vorstellen. Und genau diese Überzeugung von der ›geistigen‹ Existenz der ›sensus communes‹, ›fantasia‹, ›cogitativa‹ und ›memoria‹ stützte die Entdeckung der ›Höhlen‹ im Gehirn.
Die Anzahl der Ventrikel und die Lokalisierung der Sinne in ihnen schwankte in den ersten Jahrhunderten. Aber schon der Nervenarzt Posidonius soll im 4. nachchristlichen Jahrhundert die Phantasie in den vorderen Teil des Gehirnes, den Verstand in die mittlere Hirnhöhle und das Gedächtnis in den hinteren Teil des Gehirnes verlegt haben. Augustinus, Albertus Magnus, Thomas von Aquin und viele andere gehen auf die Ventrikel ein. Von Leonardo da Vinci wissen wir, daß er heißes Wachs in die Gehirngänge einfüllte, um sich auf die Suche nach diesen Organen zu machen.[123b]

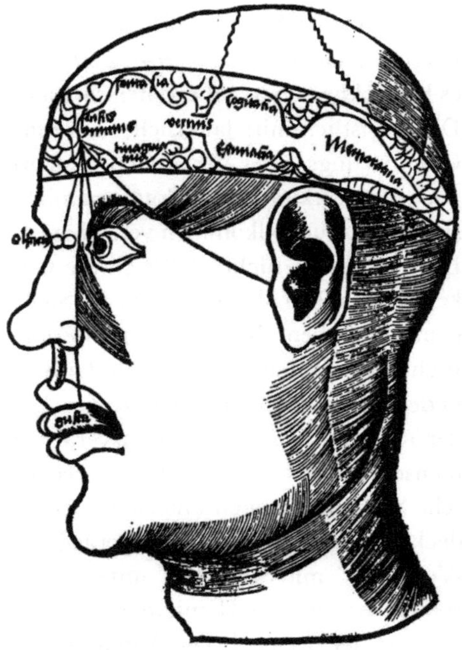

Abb. 62:
Die ›inneren Sinne‹
und die psychische
Informationsverarbeitung:
Holzschnitt aus
H. Brunschwygks
›Liber de arte Distillandi
de Compositis‹,
Straßburg 1512

Einen wohl repräsentativen Eindruck von dem Stand der Überlegungen zu Beginn der Neuzeit gibt die Enzyklopädie des Kartäusers Gregor Reisch ›*Margarita philosophica*‹ (Heidelberg 1504). Sie enthält einen kurz darauf auch in verschiedenen Ausgaben des ›*Distillierbuchs*‹ von H. Brunschwygk verwendeten Holzschnitt, auf dem in Höhe des Gehirns mehrere miteinander verbundene Kreise eingezeichnet sind. (*Vgl. Abb. 62*)[124] Sie sollen den ›*sensus communis*‹, ›*fantasia*‹, ›*immaginativa*‹, ›*vermis*‹, ›*cogitativa*‹, ›*estimativa*‹ und ›*memorativa*‹ darstellen. Von den äußeren Sinnen, den Augen, den Ohren, den Lippen und der Nase, laufen Linien hin zum ›*sensus communes*‹, dem Eingang der ›psychischen Informationsverarbeitung‹. Im Laufe des 16. Jahrhunderts scheint sich eine sowohl auf dieser Abbildung als auch auf den Zeichnungen Leonardos nahegelegte Dreiteilung der Kammern oder Ventrikel durchgesetzt zu haben. In der ersten Hälfte des 17. Jahrhunderts heißt es dann im ›*Orbis Pictus*‹ des J. A. Comenius: »*Das gemeine Empfinden ergreift die von den äußerlichen Sinnen eingebrachten Sachen, die Einbildungskraft entscheidet die*

Sachen, denkt und träumt; das Gedächtnis verwahrt alle Sachen, gibt sie heraus und vergißt einige davon«.[125]

Hier hat sich der spirituelle Hintergrund der Einteilung der Sinne schon vollständig verflüchtigt. Die inneren Sinne werden dem Leser als Organe in einem neuzeitlichen Sinne vorgestellt, sie gleichen also mehr den ›*fleischlichen*‹ als den ›*geistigen*‹ Sinnen.

Die Einzelheiten und Hintergründe dieser Theorieentwicklung brauchen uns hier nicht zu interessieren. Wichtig ist nur, daß hier eine rudimentäre Theorie über die Prozessoren der menschlichen Psyche als eines informationsverarbeitenden Systems vorliegt, welche einen empirischen Anspruch stellt. Ihre Auswirkungen sind bis in die Gegenwart hinein zu spüren, wenn etwa zwischen elementaren Empfindungen, begrifflichem Denken und Gedächtnis als Elementen des psychischen Apparates unterschieden wird.

Die Modellvorstellungen können für die Interpretation des typographischen Informationskreislaufes genutzt werden. Was als Information in die ›typographische Memoria‹ eingeht, hat zuvor bestimmte Kammern oder Transformationsstufen zu durchlaufen.

Verkündigung und Offenbarung: Kommunikation und Informationsgewinnung in der christlichen Kultur

Diejenigen Informationen, die das Christentum einer dauerhaften Speicherung im skriptographischen Medium für wert hält, sind das Ergebnis von Verkündigung und Offenbarung. Der Text der Bibel erschien den Propheten im Traum; Engel oder der Herrgott selbst verkündeten und verkünden jene Wahrheiten, die für die Glaubensgemeinschaft relevant sind.

Tausendfach hat man dieses Erkenntnis- und Kommunikationsmodell, das das Handeln und Erleben der Christen bestimmt, in den sog. Verkündigungsbildern ikonisch dargestellt. Die *Abb. 63a* zeigt ein Beispiel dieser Tradition, ein um 1440 entstandenes Temperagemälde des Florentiner Karmeliters Filippo Lippi (1406-1469). Maria steht an ihrem Lesepult und blickt auf ein aufgeschlagenes Buch, im ikonographischen Verständnis der Zeit ein

a) Zeitgenössische Darstellung: Fra Filippo Lippi, Verkündigung

Abb. 63: ›Verkündigung‹: Das traditionelle Modell von Kommunikation und Informationsgewinnung in der christlichen Kultur

Symbol ihrer Weisheit. Durch die Tür nähert sich der Erzengel Gabriel mit der Verkündigungsblume, der weißen Lilie, in der Hand. In der Mitte des Zimmers angekommen, kniet er nieder, die Lilien öffnen sich und er verheißt Maria, daß sie Gottes Sohn zur Welt bringen wird.

Soweit läßt sich das Bildgeschehen noch gut mit unseren Vorstellungen einer Mitteilung von Angesicht zu Angesicht in Einklang bringen. Aber für das mittelalterliche Verständnis einer Offenbarung – und damit für jede Form *wahrer* Erkenntnis – reicht diese

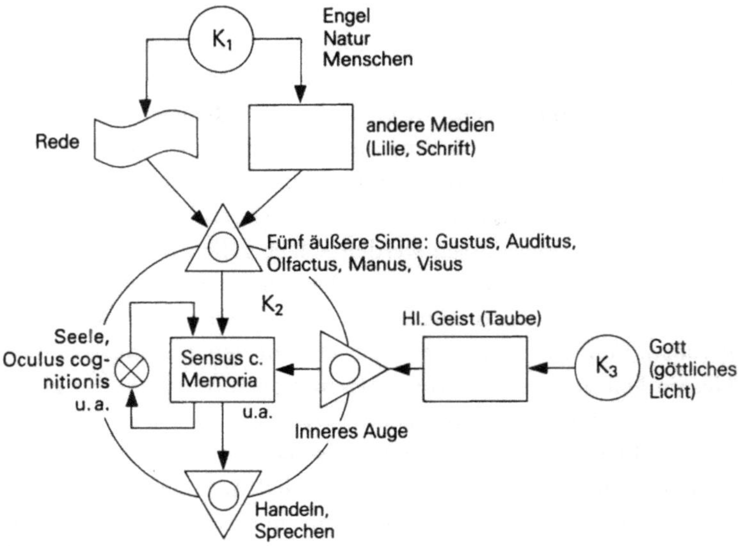

b) Schematische Darstellung

Konstellation nicht aus. Bis hierher wurden lediglich die äußeren Sinne, die der Mensch mit allen Tieren gemein hat, gereizt. Der Engel redet mit dem Munde, Maria lauscht mit ihren Ohren und liest dabei vielleicht noch in der Bibel. Selbst das dritte Medium, die Lilie, spricht zunächst nur die äußeren Sinne an. Die eigentliche Botschaft muß aber das Herz oder die Seele Marias anrühren. Sie wird direkt von Gottvater ausgesandt und erreicht die Jungfrau auf goldenen Strahlen. Gleich einer Taube schwebt der Heilige Geist hier wie auf den meisten anderen Verkündigungsbildern als Verkündigungsmedium auf die Auserwählte nieder.

Wie wir wissen, hat diese Szene im Laufe der Zeit und in den verschiedenen Disziplinen die unterschiedlichsten Deutungen erfahren. Die *Abb. 63b* fügt diesen eine Modellierung aus kommunikations- und informationstheoretischer Sicht hinzu. Der obere Kreis (K_1)

der schematischen Darstellung steht für die ›*fleischlichen*‹ Kommunikatoren: Engel, Menschen oder andere natürliche Wesen. Diese wenden sich unter Benutzung der Rede oder anderer Medien an einen anderen Menschen (K_2) im Beispiel des Verkündigungsbildes an Maria. Diese ist als ein kompliziertes informationsverarbeitendes System dargestellt, welches über zwei Klassen von Sensoren verfügt. Über die (oberen) fünf äußeren Sinne nimmt sie die ›materiellen‹ Informationen auf, über das innere ›seelische Auge‹ die Stimme Gottes (K_3) ›die nicht Verbum noch Nomen hat‹.[126] Beide Informationsklassen werden – hier gehen die Meinungen der Kirchenlehrer freilich auseinander – in inneren Speichern, vor allem dem Sensus communis und der Memoria, zusammengeführt. Von dort kann sie die Seele abrufen und nutzen. Die Gesamtheit der gespeicherten Informationen bestimmt das Handeln des ›leibhaftigen‹ Menschen. (*Vgl. in der Abb. 64* die ›Anwender des Buchwissens‹) Andere Auffassungen nehmen für die unterschiedlichen Informationstypen verschiedene Speicher an und/oder identifizieren die Seele mit dem ›inneren Auge‹. Auf diese, für den Theologen selbstverständlich wichtigen Unterschiede braucht in unserem Zusammenhang nicht eingegangen zu werden. Um die Probleme zu verstehen, die von den Menschen in der frühen Neuzeit zu überwinden waren, um das typographische System mit nützlicher Software zu versorgen, reicht es aus, sich klarzumachen, daß für dieses mittelalterliche Kommunikations- und Erkenntnismodell zwei völlig unterschiedliche Klassen von Sensoren und Informationen, vielleicht auch von Prozessoren, konstitutiv sind. Wie auch immer sich Gelehrte und einfache Gläubige die Integration dieser beiden Klassen von Sensoren und Informationen vorgestellt haben, das Erkenntnismodell ist zweidimensional und unerhört komplex angelegt, es besitzt eben nicht nur verschiedene Sensoren, sondern verschiedene Typen von Sensoren. In Anlehnung an den Sprachgebrauch der Mystiker könnte man sagen, daß der informationsverarbeitende Mensch als eine Einheit von Mikro- und Makrokosmos erscheint, wobei jeder Kosmos seine eigenen Informationen erhebt und verarbeitet, das Gesamtsystem aber doch auf eine Zusammenschau und die Integration der Informationen angewiesen ist. Er lebt nicht nur in einer doppelten (Um-)Welt, der Welt der Schöpfungsdinge und der Welt ihrer spirituellen Bedeutungen, er besteht selbst aus zwei Welten.[127] Diese Welten lassen sich zwar wie Gut und Böse analytisch trennen und mit Worten benennen, aber sie erscheinen dem mittelalterlichen Gläubigen faktisch als untrennbar. Wird das Zusammenspiel unterbrochen, so verliert der Mensch die Kennzeichen, die ihn erst zur Krone der Schöpfung werden ließen.

Die Neuzeit reduziert die Komplexität dieses Modells radikal und wahrhaft ›*teuflisch*‹. Sowohl der ›Autor‹ als auch der ›Anwender des Buchwissens‹ besitzen in der typographischen Kultur nur eine Klasse von Sensoren. Sie verfügen nur über die äußeren Sinne.[128] Was auch immer geschrieben, gedruckt und gelesen wird, es erscheint der Gesellschaft als das Produkt der ›*fleischlichen Sinne*‹. Natürlich weiß man, daß der menschliche Verstand – oder andere interne Prozessoren – die einfachen Wahrnehmungsdaten kombinieren und damit modifizieren kann, dies ändert jedoch nichts an ihrer Herkunft. Selbst die Träume haben in diesen neuzeitlichen Modellen nur die Möglichkeit, vorhandene, mit den fleischlichen Sinnen wahrgenommene Informationen neu zu strukturieren.[129] Und auch das ›*dritte Ohr*‹, welches die psychoanalytische Erkenntnislehre nutzt, hört nur in sich hinein, es ist ein Sensor innerhalb des psychischen Apparates ohne Kontakt zu den Erscheinungen der Außenwelt.
Die in der Neuzeit ganz übliche Auffassung, daß man mit seinen fünf Sinnen etwas wahrnimmt, dieses speichert und bei Gelegenheit im praktischen Handeln oder Denken nutzt, war vielen Autoren des 15. Jahrhunderts noch fremd. Sie führen ihr Schreiben keineswegs auf die Beobachtung der Umwelt zurück, sondern empfinden es als das Ergebnis der Offenbarung im eben skizzierten Sinne.[130] Sie beschreiben sich als Medium, als ›*Stylum*‹ Gottes.[131] Sie sehen ihre Leistung nicht in der Schaffung von Informationen, sondern lediglich in ihrer Transformation, sie materialisieren Offenbarung. Und diese Selbsttypisierung erfolgt keineswegs nur bei Verfassern religiöser Abhandlungen oder bei Kunstschaffenden im neuzeitlichen Sinne. Auch die Verfasser von Werken, die wir heute als Vorläufer der beschreibenden Fachprosa zu betrachten gewohnt sind, verharren in dem zweidimensionalen Kommunikationsmodell.

Mit eindringlichen Worten schildert etwa der Verfasser des ›*Buches der heiligen Dreifaltigkeit*‹, einer der wichtigsten alchimistischen Handschriften des Spätmittelalters, in dem die Verfahren der Destillation in einer bis zum Erscheinen von Hieronymus Brunschwygks Destillierbuch unübertroffenen Gründlichkeit dargestellt werden, wie Gott ihm den Auftrag und die Kraft zum Schreiben seines Buches gegeben hat. *»Ich must ez furbaz schreib(e)n / es were mir lieb od(er) laid / darczu mich di kraft gottz zwang / und hielt vil engegen meinem sündig(e)n will(e)n / noch glich wol lert er mich furbaz Gott selb(er) / und gab mir gut sÿnn/ / da wart mein hercz enczündt in fewrig(er) mynn. So schreib ich furbaz in gottez sÿnnen / in seinem gotlich(e)n will(e)n / also manig(er) hand / hat er mir daz puech gegeb(e)n / Got selb ist ende vnd anfanck.«*[132]

Wie die Jungfrau Maria Jesus ohne eigenes sündiges Zutun empfangen hat, so sind auch ihm die Informationen, die in dem ›*Buch der heiligen Dreifaltigkeit*‹ niedergelegt sind, ›*eingegossen*‹. Nicht ihm soll man das Werk zuschreiben, er hat es nur zu ›*Lehen*‹ empfangen, wie er, ein Bild aus der mittelalterlichen Feudalordnung aufgreifend, formuliert: *»Also zu emphahen von gote dise buch ich han mich sere gnug gewert / aber got hat mich von der junckfrauen art darczu gehalten mit seinem heiligen czwange(/) daß ich muste das buch gotes von ym selber zu lehen empfaen.«*[133]

Als ›Macher‹ des Werkes aufzutreten, hindert den Schreiber sein Erkenntnismodell und seine Angst. Natürlich schützt es ihn, wenn er die Verantwortung für sein Werk an einen anderen abgeben kann: Das *»puch mag nicht gestraffet werden / got selber hat daz puch geleret vnd hernider gegeben«*.[134]

Schon W. Ganzenmüller hat 1939 in seiner Untersuchung des Werkes angemerkt, daß es der Autor als das Produkt innerer Kämpfe, des Hin und Hers zwischen göttlicher Eingebung und teuflischen Täuschungen erlebt. *»Diese Kämpfe sind wohl ein Ringen um die Wahrheit;«* interpretiert Ganzenmüller, *»aber es findet sich in ihnen nichts von Faustischem Streben, bei dem Stolz oder Verzweiflung aus den Siegen oder Niederlagen des eigenen Ich erwachsen: Wahrheit und Irrtum sind das Werk überirdischer Gewalten, das Ergebnis des bis zum Jüngsten Tag währenden Kampfes zwischen Gott und dem Teufel, der auch in jeder forschenden Menschenseele sich abspielt.«*[135] Und dieser Streit setzt keineswegs nur dann ein, wenn der Autor anhebt, tiefere theoretische

Zusammenhänge zwischen den Informationen zu stiften. Schon einfache Beobachtungen, der Schreiber spricht vom *›datum‹*, *»wolde mir der tewfel vertreyben«*, heißt es an anderer Stelle, *»er quam zu mir gleich eines groben buben weise, das er mir dis puch wolde nemen, ich fur davor, ich wolde es weren, doch tet er mir also manege teusche* [vielfältige Täuschungen] *an, das ich das datum nicht wolde nemen da es got mir begonde zu leren. ich schref is* [schrieb es] *gegen meinen willen.«*[136]
In der Tat, der Schreiber empfindet sich als Medium, sein Handeln wird von Programmen geleitet, die er nicht selbst geschaffen hat und über die er nicht selbst verfügen kann. Von einem freien Autor, wie er für die typographische Kultur typisch werden sollte, kann hier noch keine Rede sein. Der ›Zwang‹ der Zensur, der zur Regelung des typographischen Informationsflusses später eingesetzt wird, mutet gegenüber diesem göttlichen Zwang wie eine milde Führung an.
Die Bekenntnisse im *›Buch der heiligen Dreifaltigkeit‹* stehen in der mittelalterlichen Literatur selbstverständlich nicht allein. Sie sind vielleicht nur deshalb besonders beeindruckend, weil sie aus dem Bereich einer Gattung stammen, in der man sie am wenigsten erwartet. Äußerungen mit dem gleichen Tenor finden sich aber in einer Vielzahl von Büchern, vor allem in Vorreden religiöser und auch dichterischer Werke. Beständig wird dort wiederholt, daß das Lob für ein gelungenes Werk nicht dem Autor, sondern seinem wahren Schöpfer, nämlich Gott, gebührt. Jeder christliche Lehrer ist, auch wenn er seine *›Summa‹* schreibt, ein Werkzeug des *›unus magister‹*, wie es bei Augustin heißt.[137]
Es ist ein weiter Weg von diesen Einstellungen, die, wie wir sahen, unmittelbare Auswirkungen auf die Vorstellungen über Kommunikation besitzen, bis hin zu dem Selbstbewußtsein und den kommunikativen Idealen eines Georg Agricola oder Andreas Libavius. Niemanden wird es verwundern, daß die Ablösung der alten Theorien und Wertvorstellungen viel Zeit in Anspruch nahm. Bei den Autoren des ausgehenden 15. und beginnenden 16. Jahrhunderts stehen die mittelalterlichen und die neuzeitlichen Konzepte häufig nebeneinander. So beschreibt H. Brunschwygk beispielsweise ausführlich, wie er sein Wissen für das Destillierbuch mit seinen Augen, durch Lesen und durch seiner Hände *›Experimente‹* *›zusammengebracht‹* hat, aber zugleich besteht er darauf, daß sein

Werk *›durch Entzündung des Heiligen Geists‹* zustandegekommen ist.[138]

Trotzdem sind die *›Welten‹* und die Informationssysteme in jener Zeit schon deutlich getrennt. Für die den traditionellen Vorstellungen der geistlichen Welt verpflichteten Leser fügte Steinhövel in seinem *›Pestbüchlein‹* ein Gebet an den heiligen Sebastian bei; für die Menschen, die ihre körperlichen Gebrechen behandeln wollten, schrieb er seine Rezepte.[139] Als Rezeptschreiber sind Steinhövel und Brunschwygk Autoren, informationsverarbeitende Systeme ganz im neuzeitlichen Sinne. In dieser Eigenschaft fehlt ihnen der Sensor für die *›oberen Eingießungen‹*.[140] Den Autoren des 16. Jahrhunderts macht es zunehmend weniger aus, sich mit dem reduzierten eindimensionalen Informations- und Kommunikationsmodell zu bescheiden, in das sich auch dieses Buch einfügt. So sehr es, wie wir noch sehen werden, den Bedürfnissen der typographischen Kultur entspricht, so wenig sollten wir es bei den mittelalterlichen Schreibern unterstellen. Jeder, der nützliche Werke der beschreibenden Fachprosa erstellen und in den Druck bringen wollte und auch alle jene, die diese Werke als Richtschnur eigenen Handelns anwenden wollten, mußten sich von dem überkommenen christlichen Erkenntnismodell lösen. Welche ungeheuren psychischen Anstrengungen dies verursachte, zu welchen Gewissensqualen dies führte, mag man den zitierten Passagen aus dem *›Buch der heiligen Dreifaltigkeit‹* entnehmen.

›Ich will aber von Unbekanntem nichts schreiben‹: Für ein neues Wahrnehmungs- und Kommunikationsmodell

Wie das kurze Referat der erkenntnistheoretischen Situation, in der die Autoren an der Wende zum 16. Jahrhundert aufwuchsen, gezeigt hat, befanden sie sich in keiner beneidenswerten Lage. Um ihr Vorhaben zu verwirklichen, mußten sie mit jahrhundertealten Seh- und Denkgewohnheiten brechen und dabei auch auf Glaubensgewißheiten verzichten, die noch vielen ihrer Zeitgenossen den Seelenfrieden gaben.

Wir, denen die typographischen Programme und Wahrnehmungstheorien von Kindesaugen an vertraut sind, können kaum noch ermessen, welche Gewohnheiten damals zu überlisten waren, um die Welt ›richtig‹ zu beschreiben. Für die Autoren des 15., 16. und vielfach auch noch des 17. Jahrhunderts bedeutete das Sammeln ihrer Informationen und das Schreiben ihrer Bücher ein beständiges, nur zu oft von großen Ängsten begleitetes Brechen mit hergebrachten Traditionen und ein ständiges Ausprobieren unkonventioneller Methoden.

Das mittelalterliche christliche Kommunikations- und Informationsmodell eignete sich, so läßt sich zusammenfassen, nicht zur Befriedigung der Ansprüche der Autoren und Leser, die wir im Abschnitt 6.1 nachgezeichnet haben. Die *›Offenbarung‹* ließ sich nicht operationalisieren. Das innere Auge folgt einem äußeren Zwang, seine Arbeit und damit auch die durch diese geschaffenen Informationen bleiben außerhalb der Kontrolle der Erkenntnissubjekte. Wenn der Prozeß der Informationsgewinnung der Autoren reversibel, für die Käufer der gedruckten Bücher wiederholbar sein soll, dann muß man nach einem anderen, einfacheren Modell vorgehen. Eine solche Vereinfachung nahmen die Autoren der Fachprosa in der frühen Neuzeit vor. Sie sahen von den inneren Sinnesorganen ab und schufen ein eindimensionales Bild des Menschen als informationsverarbeitendem System. In diesem war kein Raum mehr für einen allmächtigen Kommunikator. Statt dessen postulierte man die Gleichheit aller Phänomene der Umwelt und erklärte alle Informationen, die nicht mit den äußeren Sinnen aufgenommen werden konnten, als nicht relevant für die Fachprosa. Mehr noch: Wie wir heute wissen, erwies sich auch die Berücksichtigung aller fünf Sinne als zu komplex, wenn man die Erfahrungsgewinnung intersubjektiv überprüfen wollte. Die Wahrnehmungstheorie, nach der die Autoren, die die nützlichen typographischen Programme schaffen wollen, arbeiten, beschäftigt sich nur mit einem Sinn, der visuellen Wahrnehmung.

›Ich habe mir vorgenommen, in diesem Buch alles wegzulassen und über nichts zu berichten‹, schreibt Georg Agricola in der *›Epistola‹* der 1561er Ausgabe von *›De re metallica‹* (Basel), *›was ich nicht selbst gesehen oder gelesen habe und worüber mir glaubwürdige Personen erzählt haben; und so*

ist alles das, was ich nicht entweder selbst betrachtet oder überprüft habe, nachdem ich darüber gelesen und von anderen erzählt bekommen habe, auch nicht niedergeschrieben worden.‹ Nur die eigene Erfahrung und darunter versteht er eben letztlich visuelle Erfahrung, hält Agricola für wert, in dem typographischen Informationssystem zu zirkulieren. Alle anderen Erfahrungen, über die er zweifellos reichlich verfügt, scheinen ihm wertlos. Er und seine Zeitgenossen sind sich völlig darüber im klaren, daß sie sich mit dieser Einstellung von den Verfassern skriptographischer Informationsmedien in älterer Zeit entschieden abgrenzen. *»Ich glaub dz Plinius vn(d) vil vor vn(d) noch* [nach] *im* [ihm] *der kreütter nit vil erkent nochgesehen habe(n) / sund(ern) alleyn von hoeren sagen / vnd auß den buechern / jr schreiben genommen«*, war schon Hieronymus Bock überzeugt.[141] Und er fügt dann das Credo seiner Zeit hinzu: *»Ich wil aber von vnbekanten nichts schreiben«!* (Ebd. XXII v) Wie stark muß sich seine Erkenntnistheorie schon von der mittelalterlichen entfernt haben, wenn ihm all jenes, was er nicht selbst gesehen hat – ganz gleich, wie viele Informationen er sonst darüber auch gespeichert hat –, als unbekannt erscheint?

Selbst die klassischen Bezeichnungen, die in den gelehrten Disputationen – unter Stützung auf die alten Handschriften – weiter tradiert werden, scheinen ihm in Anbetracht der visuellen Informationen unwichtig. *»Was ligt aber an den namen / wan(n) wir der sachen sunst gewiß sind?«* (Ebd. CVIII r) Die Prämierung der skriptographischen Informationen, die für die mittelalterliche und die antike Kultur so typisch war, schwindet dahin. Man weiß nicht mehr, auf welche Art sie gewonnen sind und mißtraut ihnen deshalb. *»Wer aber kann heutzutage klipp und klar sagen, was Molybdeän, Pyrith, Chalcit, Misy, Sory Pompholyx, Spodium, Diphryga und die sonstigen metallischen Stoffe sind«*, die in den alten Texten auftauchen? fragte Agricola schon in seinem ersten Buch über den Bergbau. *»Wir sollten uns schämen, diese Worte so oft zu lesen, so oft Worte im Munde zu führen, die Substanzen aber, die damit bezeichnet werden, nicht zu kennen! Es könnte doch auch niemand gleichmütig ertragen, daß ein Seemann, der ständig von der Sicherheit des Dreiruderers spricht, auf die Frage nach der Beschaffenheit eines solchen Fahrzeugs erklären würde, er selbst kenne dieses nicht. Es wäre unerträglich, wenn er behauptete, er könne es nicht sagen, obwohl ein Dreiruderer auf dem Meere, was er zu befahren pflegt, durchaus nicht fehlt.«*[142]

Dieses Unbehagen kennzeichnet die Neuzeit. Die vergangenen

Zeiten empfanden es keineswegs als unerträglich, über Dinge zu reden, von denen sie keine visuellen Informationen besaßen. Die verschiedenen Informationstypen lagen bei ihnen oftmals unverbunden nebeneinander. Visuelle Erfahrungen führten nicht zur Falsifikation anderer Daten, zumeist wurden sie gar nicht untereinander verglichen. Zu zahlreich sind die Fälle, in denen sich in illuminierten Handschriften älterer Zeit die Bild- und Textinformationen (aus heutiger Sicht) widersprechen.

Ausläufer dieser ganz anderen Semantik haben sich freilich bis weit in das Druckzeitalter hinein erhalten. Die gleichen Holzschnitte sollen etwa in Schedels ›*Weltchronik*‹, wenn man dem Text Glauben schenken will, das ›*Conterfey*‹ ganz unterschiedlicher Städte wiedergeben; ein und dieselbe Pflanzenabbildung steht in den Herbarien, oftmals mehrmals, neben ganz verschiedenen Pflanzen. Widerspruch gegen dieses Vorgehen regt sich erst, nachdem man sich darauf geeinigt hat, daß die Worte visuelle Informationen kodieren. Erst dann erhalten die Aussagen in den Büchern den anfangs häufiger, später selten ausformulierten ›*Vor*satz‹: ›*Ich habe gesehen, daß dies oder jenes so ist!*‹ Die Sätze werden konsequent als ›*Beschreibungssätze*‹ oder, wie man heute lieber sagt, als ›Aussagesätze‹ konstruiert. Wesentlich ist weniger, daß sie eine Aussage enthalten, als vielmehr, daß es sich um die Artikulation von visuellen Informationen handelt.

Das Programm, mit dem man diese Informationen gewinnt, nennt man ›*Perspektive*‹, die Ergebnisse ›*rechte Abkonterfeiungen*‹ oder ›*wahrhafftige Berichte*‹. Das komplexe Informationssystem, welches diese ›*wahren*‹ oder ›*rechten*‹ Beschreibungen schafft, ist der Beschreiber, seine radikalisierte und ausdifferenzierte Form der Wissenschaftler bzw. die Wissenschaft. ›*Wahrheit*‹ wird zum Markenzeichen für die Resultate eines neuen informationsverarbeitenden Systems – bzw. für die Erkenntnisleistungen eines Menschen, der nach den Regeln dieses neuen Modells arbeitet. (Vgl. a. S. 636ff.)

Natürlich hat diese ›wissenschaftliche‹ Wahrheit nichts mehr mit der göttlichen Wahrheit gemein. Sie wird gerade nicht als das Ergebnis von Kommunikation und Interaktion erlebt, sie verlangt keine Klostermauern, keine Zügelung der ›*curiositas*‹, nicht Kontemplation, sondern aktives Handeln. Erkenntnis wird eine zielgerichtete, auf vielfältige Hilfsmittel angewiesene leibliche Hand-

lung, die in ungeteilter Verantwortung der Betrachter/Beschreiber abläuft.
Der einzelne Mensch erscheint nicht mehr als Objekt göttlicher Erkenntnisvermittlung, sondern als Subjekt des Erkennens. Es ist dabei gleichgültig, ob er als Autor oder als Leser der ausgedruckten Bücher auftritt. Auch für letztere soll das mit den Augen abgelesene Buchwissen, ergänzt durch die gespeicherten eigenen Erfahrungen, für das Handeln ausreichen. Auch sie sollen ohne innere Stimmen, ohne die helfende Hand Gottes auskommen. Damit hat sich das mittelalterlichen Erkenntnismodell um 180 Grad gedreht. Subjektivismus und Konstruktivismus waren bis dahin allein Gott vorbehalten. Nun werden sie zum Proprium der Menschen. Auch die göttlichen Medien: Taufe, Heiliger Geist, Engel usf. verlieren ihre Bedeutung; sie werden durch Typographeum und Markt ersetzt.
Die neuzeitlichen Betrachter und Beschreiber sind als ›Autoren‹ Elemente des typographischen Informationssystems. Ihre Wahrnehmungen und Handlungen fügen sich in diesen Gesamtzusammenhang ein und werden von ihm provoziert. Nachdem im nächsten Abschnitt die Tektonik dieses Systems kurz ›vor Augen‹ gestellt wird, soll anschließend das Erkenntnismodell, welches für die Fachprosaautoren handlungsleitend und orientierungsrelevant geworden ist, genauer nachgezeichnet und der Prozeß der Schaffung *wahrhaftiger* Beschreibungen im einzelnen erklärt werden.

6.3
Der Aufbau der typographischen Informationssysteme

Überblick über die Elemente und ihr Zusammenwirken

Wenn man die neuzeitliche Kultur nicht als Kommunikations- sondern als Informationssystem betrachten will, dann interessieren nicht die Austauschvorgänge, wie sie in den Abbildungen im Abschnitt 4.2 skizziert und in der Folge ausführlich dargestellt sind, sondern die Prozesse der Schaffung, Speicherung, Reflexion und Nutzung von Informationen. Die Menschen, die im kommunikativen Modell als Sender/Empfänger, als Schaltstellen der Nachrichtenverteilung oder als Transportmedien betrachtet werden, erscheinen im informationstheoretischen Konzept als Sensoren, Prozessoren, Effektoren oder Reflektoren eines riesigen Informationssystems.
Über diese beiden Betrachtungsmöglichkeiten verfügte schon das 16. Jahrhundert. Es sind Konzepte, die bei der Selbstbeschreibung unserer Kultur immer wieder auftauchen. Allerdings bedarf es des distanzierten Standpunkts eines Wissenschaftlers, um sie auseinanderzuhalten. Der alltägliche Sprachgebrauch trennt sie nur sporadisch. Dies läßt sich beispielsweise an dem schon mehrfach angesprochenen Konzept der ›*gemein*‹ zeigen. Dieser Ausdruck wird im 16. Jahrhundert ambig verwendet; er kann sowohl den typographischen Speicher als das Kernstück eines gesellschaftlichen, nationalen Gedächtnisses als auch das typographische Netz in seiner regionalen und sozialen Ausdehnung meinen. Aus der informationstheoretischen Perspektive bedeutet das ›in-die-gemein-geben‹: den Speicher des nationalen Informationssystems auffüllen. Kommunikativen Sinn erhält dieser Begriff, wenn er die Vielzahl der Adressaten der Druckerzeugnisse bezeichnen soll.
Begriffsgeschichtliche und etymologische Untersuchungen, die über kein eigenes hochdifferenziertes theoretisches Instrumentarium verfügen, vermögen diese Überkomplexität des alltäglichen Sprachgebrauchs nicht hinreichend aufzulösen.[143]

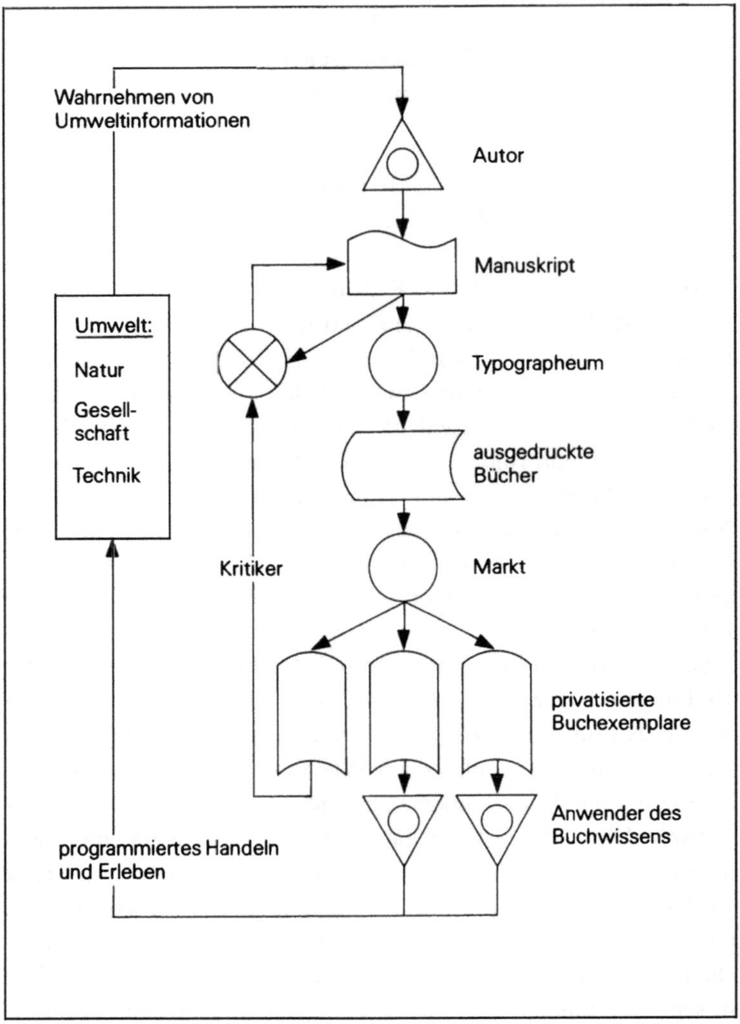

Abb. 64: Tektonik und Dynamik
typographischer Informationssysteme

Die folgenden Abschnitte wenden die schon im 1. Kapitel zur Beschreibung von Informationssystemen vorgeschlagenen Kategorien auf die typographische Kultur an und präzisieren sie damit.[144]

Einen allgemeinen Überblick über die Elemente des typographischen Informationssystems und über ihr Zusammenwirken gibt die *Abb. 64*.

Als Sensoren des Informationssystems fungieren die ›Autoren‹ oder die ›Betrachter/Beschreiber‹. Dies sind Begriffe, hinter denen sich Strukturen und Prozesse verbergen, die nicht minder komplex sind als jene des Typographeums, die im Kapitel 2 geschildert werden. Die Autoren setzen sich mindestens aus ihrem ›leiblichen‹ Körper und dem psychischen Apparat zusammen und sie agieren immer als Elemente in irgendwelchen sozialen Systemen.[145] Die Wandlung der sozialen Selbst- und Fremdtypisierung von derjenigen eines Elementes der christlichen Taufgemeinschaft zu der eines Bürgers und Biedermanns in einer nationalen politischen Einheit wird in nahezu allen Kapiteln des Buches verfolgt. Aber auch die Bedeutung der anderen Teilsysteme hat die Arbeit immer wieder thematisiert, so etwa die relative Langsamkeit und Standortgebundenheit des physischen Apparates am Beispiel der ›Reiseliteratur‹ (S. 517ff.) oder die Strukturen des psychischen Systems bei der Erläuterung des Ventrikelmodells (S. 575ff.)

Die Funktion der Sensoren ist es, Informationen aus den verschiedensten Bereichen der natürlichen und der sozialen Umwelt nach einem eigentümlichen Programm aufzunehmen und sie in ihrem Gedächtnis zu speichern. Zu Elementen des typographischen Informationssystems werden sie freilich erst dann, wenn sie die gewonnenen Informationen umstrukturieren und in ein neues Medium transformieren, in die handschriftliche Druckvorlage. (Vgl. Abschn. 6.4)

Auch dieser Transformationsprozeß erfolgt nach Regeln, die anderen technisierten Informationssystemen fremd sind. Erst im Verlauf der Neuzeit werden die im Umgang mit der Drucktechnik gesammelten Fähigkeiten und Erfahrungen auch auf andere Informationssysteme übertragen, so daß heute etwa bei einem ›Beschreiber‹ in mündlichen Kommunikationssituationen ähnliche Wahrnehmungs- und Verarbeitungsprozesse ablaufen wie bei den Autoren der Druckprosa.

Den – idealerweise – in einer spezifischen Systemsprache handgeschriebenen Text nimmt ein anderer Prozessor, die Druckerei, auf und formt ihn um. Die schon eingehend beschriebene Leistung dieses Prozessors besteht in einer neuartigen Form der Textverarbeitung und -vervielfältigung. Er schafft einen Informationsspeicher mit einer bis dahin nicht vorstellbaren Leistungskraft: die Summe der ausgedruckten Bücher.

Die typographischen Informationen werden über die zahlreichen Prozessoren, die wir zusammenfassend als ›Markt‹ bezeichnet haben, verteilt. Jedes einzelne Druckerzeugnis, welches von einem beliebigen Käufer erstanden wird, erscheint als ein individueller Zugang zu dem gesellschaftlichen Wissensspeicher. Es ist insoweit den Bildschirmen oder den auf ihnen ablesbaren Informationen oder anderen Schnittstellen und Ausdrucken von elektronischen Rechenanlagen vergleichbar. (Vgl. Abschn. 6.5)

Als Effektoren fungieren in diesem System diejenigen Personen, die die gespeicherten Informationen aufgreifen und in praktische Handlungen umsetzen. Ihnen dienen die Bücher als Programme, die ihr Handeln und Erleben steuern. Sie werden gleichsam durch das Buchwissen konditioniert. Dieser gemeinhin als ›soziales Lernen‹ bezeichnete Effekt bildet ein Hauptmotiv für den Kauf der Bücher. (Vgl. Abschn. 6.6)

Die Effektoren verändern die Umwelt des Informationssystems – und diese Veränderungen können von den Sensoren des Systems wiederum bemerkt und als informative Muster verarbeitet werden. Nur wenn solche Rückkopplungseffekte auftauchen, wird eine Kultur die umständliche typographische Technologie als Gewinn erleben, sie nutzen und ausbauen.

Ein so komplexes Informationssystem wie das typographische kommt ohne interne Steuerungs- und Überwachungseinheiten nicht aus. Da diese in den nachfolgenden Abschnitten nicht mehr ausführlich behandelt werden können, soll auf sie an dieser Stelle etwas genauer eingegangen werden.

›Bessern und mehren‹: Die Kritiker als Reflektoren und Korrektoren

Die *Abbildung 64* zeigt innerhalb des typographischen Informationssystems zwei Rückkoppelungskreise. Als ›Regler‹ tauchen in diesen Systemen die ›Kritiker‹ auf, die ausgedruckte Bücher lesen, sie mit ihrem eigenen Wissen oder mit Informationen aus anderen Büchern vergleichen und die dann ggf. veränderte Texte produzieren und in den Druck geben.[146] Diese Art von Korrektoren gewinnt weder die Daten noch wendet sie solche an, sondern sie reflektiert nur das, was in dem typographischen Speicher schon vorhanden ist. Im 16. Jahrhundert spricht man von ihnen als von den *›Geleerten vnd Erfarnen‹* und erwartet, daß sie die Informationen, die einzelne Autoren eingegeben haben, auf Fehler durchsehen und sie *›besseren‹*.[147] Eine solche Verbesserung kann natürlich nicht wie das Korrekturlesen im Typographeum an den noch nicht ausgedruckten Exemplaren geschehen. Dies ist nur möglich, wenn der Autor seine Manuskripte, bevor er sie in den Druck gibt, Kollegen zur Durchsicht weiterreicht. Normalerweise führt die Besserung zu Rezensionen und kritischen Erwiderungen im Druckmedium. Nur gelegentlich kann sie zur Revision von Neuauflagen verwendet werden. Die Korrekturen schädigen die Autorenehre nicht, weil es gilt, *»mehr gemeynen nutz vnd lob / dann eygen stoltz zu bedencken«*.[148]

Damit die in den Büchern vergegenständlichten Informationen zum Wohl der Allgemeinheit optimal genutzt werden können, bedarf es nur zu oft einer Überarbeitung durch andere Autoren. Andere Aufgaben der Kritiker oder Reflektoren sind das Kompilieren, die Umstrukturierung und das Neuordnen von Informationen, das Ziehen von Schlußfolgerungen aus den vorgebrachten Argumenten, der philologische Vergleich der Quellen u.v.a.m. Auch bei diesen Tätigkeiten wird nicht auf die Umwelt des Informationssystems, sondern nur auf den großen typographischen Speicher zurückgegriffen. Eine ganz wichtige Aufgabe ist auch das Übersetzen, die Umkodierung von Informationen, die schon einmal in einer bestimmten Sprache in den Speicher eingegeben wurden. Vor allem die Übertragung von lateinischen in deutsche Texte und umgekehrt interpretieren die Dolmetscher nicht als eine

Neuschöpfung, sondern lediglich als eine Umstrukturierung von schon vorhandenen Informationen. In der Regel dient sie dem Ziel, mehr Effektoren zu erreichen.
Die Autoren des 16. Jahrhunderts, die – als Sensoren – Erfahrungen sammeln und sie in den Speicher geben, stellen selbst von vornherein in Rechnung, daß ihre Daten von anderen Personen reflektiert und umstrukturiert werden. Gelegentlich werden die potentiellen Korrektoren ausdrücklich ermutigt, etwa indem man betont, *»daß der / so ein ding bessert / mehr dann der es funden hat / zu loben ist.«*[149] Über die Rangfolge, die zwischen den Erstbeschreibern und den Verbesserern herrscht bzw. herrschen soll, vertritt man freilich im 16. Jahrhundert unterschiedliche Meinungen. Wichtig ist in diesem Zusammenhang aber vor allem, daß alle genannten Prozessoren als notwendige Elemente für einen erfolgreichen Prozeß der Schaffung von gesellschaftlichem Wissen angesehen werden.

Wird das typographische Informationssystem im Sinne dieses skizzierten Modelles verstanden, so läßt es sich gerade nicht auf die Leistungen des Handgießinstrumentes, des Setzkastens und der Druckerpresse reduzieren. Selbst wenn man das Typographeum als Katalysator dieses Systems betrachtet, so wird dennoch deutlich, daß es nur einen Baustein für den Aufbau des Systems liefert.[150] Und auch wenn man die für Europa typische Nutzung der marktwirtschaftlichen Systeme noch hinzunimmt, so fehlen dennoch wichtige Elemente, die zur Aufrechterhaltung der komplizierten Rückkoppelungsprozesse in den typographischen Informationssystemen erforderlich sind. Der charakteristische Informationskreislauf ergibt sich nur, wenn die psychischen Speicher der Sensoren, Beschreiber, Effektoren und Kritiker mit den skriptographischen und den typographischen Speichern vernetzt werden und alle Prozessoren nach spezifischen Regeln funktionieren.

6.4
Die Dynamik der Produktion wahrer Beschreibungen

Der Prozeß der Schaffung und Nutzung von Fachliteratur gliedert sich in verschiedene Phasen: die Gewinnung von Information und die Manuskriptherstellung, die Vervielfältigung im Typographeum, die Verbreitung auf dem Markt (6.5) und schließlich den Erwerb, die Lektüre und die Anwendung der ausgedruckten Informationen (6.6). Auf die zweite Phase braucht in der Folge nicht näher eingegangen zu werden, da das zweite Kapitel das Typographeum schon unter informationstheoretischen Gesichtspunkten behandelt hat.

Das Beschreiben des Beschreibens

Die Geschichte der Produktion ›wahrer‹ Beschreibungen läßt sich vergleichsweise gut nacherzählen, weil die Prozesse der Informationssammlung, -verarbeitung und -darstellung schon in der frühen Neuzeit von den Autoren analysiert und beschrieben wurden. Dies verwundert nicht, weil, wie wir gesehen haben, über diese Vorgänge kollektive Erwartungen bei den Autoren und ihren Lesern hergestellt werden mußten, um den typographischen Informationskreislauf in Gang zu halten. Eine minutiöse Ausbuchstabierung aller Phasen der typographischen Informationsverarbeitung scheint allerdings nicht erforderlich gewesen zu sein. Vieles spricht dafür, daß manche Regeln sich ohne ausdrückliche Verbalisierungen im praktischen Handeln im Verlaufe der Jahre eingespielt haben. Im übrigen gilt auch auf diesem Gebiet, daß nur das beschrieben werden kann, was in der Praxis abläuft. Die Reflexion hinkt dem Leben hinterher.
Am meisten scheint man in der frühen Neuzeit über die Vorgänge bei der Wahrnehmung von Informationen nachgedacht zu haben. Jedenfalls findet sich hierüber eine Vielzahl zeitgenössischer Werke. Vor allem Leonardo da Vinci und Albrecht Dürer haben uns überzeugende Beschreibungen über das Beschreiben und

Betrachten hinterlassen. Ihre Maximen dienen im folgenden als die wichtigste Datenquelle. Dabei mag der Leser berücksichtigen, daß natürlich längst nicht alle Zeitgenossen theoretisch und praktisch auf der Höhe der Arbeitsweise dieser beiden Autoren oder auch der Rodlers, Fuchspergers, Ryffs und anderer gestanden haben.

Die in den Werken von Albrecht Dürer, insbesondere in seiner *›Vnderweysung der messung‹* und in den *›Vier Büchern von menschlicher Proportion‹* operationalisierte Erkenntnistheorie und seine Maximen der Anfertigung *›rechter‹* Beschreibungen sind bis heute gültig geblieben. Seine Axiome reichen als Begründung für die natur- und sozialwissenschaftliche Methodologie bis zum Beginn unseres Jahrhunderts aus.[151] Diese kultur- und wissenschaftshistorische Leistung Dürers wurde bislang in der Fachliteratur nur unzureichend gewürdigt.[152]

Das Besondere an seinen Werken liegt darin, daß sie als eine Metalehre gedacht sind. Zwar enthalten sie auch eine Handlungsbeschreibung, aber die beschriebene Handlung, die visuelle Erfahrungsgewinnung und -darstellung, gilt als eine Voraussetzung für jedwede Rekonstruktion handwerklicher Praxis und für alle Beschreibungen der sichtbaren Welt. Insoweit erweist sich die *›Unterweisung in der Messung‹* als eine Bedingung der Möglichkeit jeder *›rechten‹* Beschreibung, sei es in der Anatomie oder in der Bergbaukunst oder auf anderen Gebieten. Sie ist damit im Grunde auch die Bedingung der Möglichkeit ihrer selbst. Dürer berücksichtigt diesen zirkulären Zusammenhang, indem er in seiner Beschreibung der Beschreibungslehre diese Lehre sogleich selbstreferentiell anwendet. Dazu gehört auch, daß er die Daten, die er in seiner Proportionslehre verwendet, für jedermann sichtbar typographisch darstellt. Seine Schlußfolgerungen lassen sich sowohl anhand der von ihm mitgeteilten Daten als auch von Informationen falsifizieren, die von anderen Autoren erhoben werden. Ganz im Einklang mit seiner Kunstlehre, sieht er seine eigenen Beschreibungen nicht als endgültige, sondern als verbesserungsfähige Beiträge an.[153] Voraussetzung für eine solche Verbesserung freilich ist, daß die Nachfolger seine Methodik übernehmen. Dies geschieht dann auch, wie wir rückblickend feststellen können. Eine ausführliche Darstellung der Produktion der Fachliteratur in der frühen Neuzeit müßte sich neben diesen Selbstbeschreibungen selbstverständlich auch noch auf eine eigene Analyse der verschiedenen Dimensionen der Herstellung typographischer Informationen stützen. Soweit ich diese allerdings bislang vorangetrieben habe, decken sich die Befunde in den entscheidenden Punkten. Es läuft in der Praxis ›nur‹ entschieden widersprüchlicher ab, als es die glatten Modelle Dürers und anderer vermuten lassen.

Der Fachautor als informationsverarbeitendes System

Wenn man sich einmal auf die psychischen Vorgänge beschränkt, die die Arbeit der Fachprosaautoren und darüber hinaus im übrigen auch jene der Wissenschaftler charakterisieren, so läßt sich das in der *Abb. 65* skizzierte Ablaufmodell aufstellen.
Die Autoren der neuzeitlichen Prosa i.w.S. gewinnen ihre Daten durch eine bestimmte Form der Betrachtung, dem ›perspektivischen Projizieren‹. Es entstehen Projektionen, die psychisch gespeichert werden.
Im zweiten Schritt werden diese Vorstellungen ›*abkonterfeit*‹, in einer zweidimensionalen Zeichnung vergegenständlicht. Normalerweise wirken bei der Herstellung solcher Konterfeis Verstand und Gedächtnis, also andere ›innere Sinnesorgane‹, mit. Man vergleicht den Eindruck eines beliebigen Exemplars eines Ziegelsteins oder einer Pflanze, der gerade gewonnen wird, mit den Vorstellungen von anderen Exemplaren, die man schon früher gesehen hat. So ist es möglich, neben singulären Individuen auch ›Artmodelle‹ abzubilden. Diesem Vorgang ist in dem Ablaufmodell durch die Berücksichtigung eines Reflektors (›Typisieren, Vergleichen‹) und des Langzeitgedächtnisses mit den ›gespeicherten Projektionen und Konterfeiungen‹ Rechnung getragen. Zu berücksichtigen ist dabei noch, daß auch die gespeicherten Projektionen nach perspektivischen Prinzipien gewonnen – oder doch zumindest als nach diesen Prinzipien gewonnen – vorgestellt werden.
Die einfache Wahrnehmung und die Abkonterfeiung derselben ergeben nur ein eindimensionales Abbild der Dinge. Will man ein mehrdimensionales Bild, hier sollte man dann besser von ›Modell‹

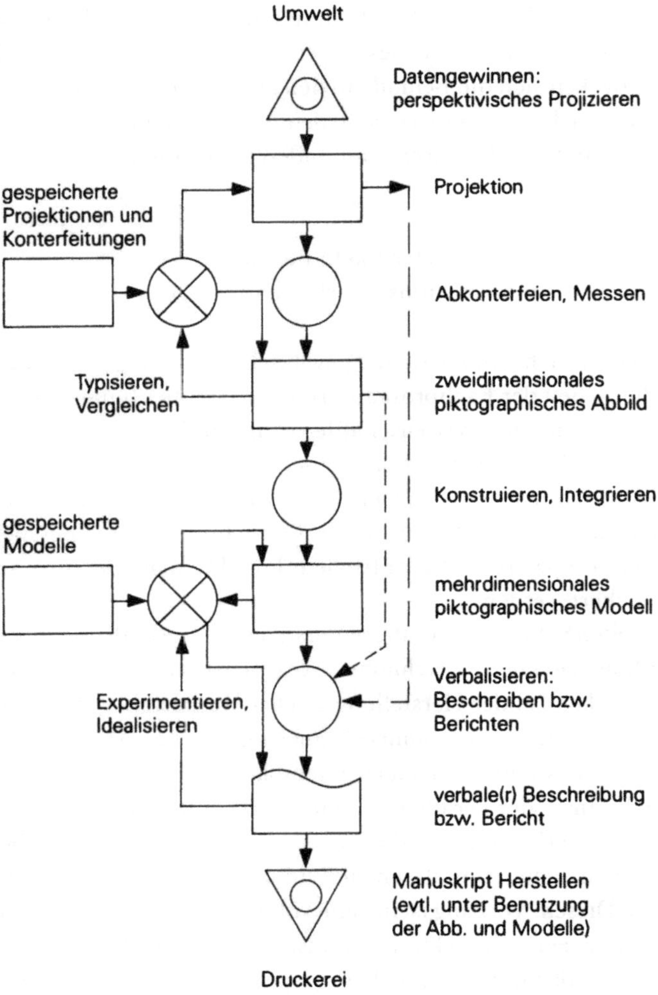

Abb. 65: Der Fachautor als informationsverarbeitendes System: Komplexität und Dynamik der Produktion ›rechter Beschreibungen‹ und ›wahrhafter Berichte‹

sprechen, dann muß die Welt von mehreren Seiten betrachtet und die gewonnenen Eindrücke müssen integriert werden. Diese mehrdimensionale Konstruktion erfolgt in einer dritten Phase der Textproduktion. Die technische und wissenschaftliche Fachprosa nimmt normalerweise erst diese Modelle zum Ausgangspunkt der Verbalisierung. Man zerlegt sie wieder in die Dimensionen, beschreibt diese und schildert sukzessive ihre Zusammensetzung (Integration) zu den komplexen Gebilden.

Nun sind in der *Abbildung 65* nicht nur das ›mehrdimensionale piktographische Modell‹, sondern auch das ›zweidimensionale Abbild‹ und die psychische ›Projektion‹ mit dem Verbalisierungsprozeß verbunden. Die erste zusätzliche Verbindungslinie soll anzeigen, daß natürlich auch eindimensionale Bilder oder Momentaufnahmen sprachlich dargestellt werden können. Wenn es um die Darstellung von ›Individuen‹ oder einmalige Geschehen geht, dann spricht man in der Zeit – und oftmals auch heute noch – lieber von ›Berichten‹ als von ›Beschreibungen‹.

Sowohl die bildhaften als auch die versprachlichten Modelle lassen sich wiederum mit im Gedächtnis oder in anderen Büchern gespeicherten Modellen, Berichten und Beschreibungen vergleichen. Man kann sie gedanklich, zeichnerisch oder beschreibend verändern, sie verallgemeinern und präzisieren, mit ihnen experimentieren u.v.a.m. Diese reflexiven Prozesse sind in der *Abbildung 65* durch einen speziellen Reflektor (›Experimentieren/Idealisieren‹) berücksichtigt.

Mit der Erstellung der sprachlichen Beschreibung ist die Arbeit des Autors noch keinesfalls beendet. Seine Aufgabe ist es ja letztlich, ein druckfertiges Manuskript abzugeben. Er muß also seine bislang erstellten Beschreibungen und Abbildungen zu den Möglichkeiten der Druckereien im allgemeinen und seines Verlages im besonderen in Beziehung setzen. Dieses Unterfangen setzt wenigstens rudimentäre Kenntnisse über die anderen Elemente des typographischen Kreislaufs, den Aufbau des Typographeums, den marktwirtschaftlichen Mechanismen und die Adressaten/Käufer voraus.

Praktisch werden diese Antizipationen schon immer wieder die Informationsverarbeitung in den einzelnen Phasen bestimmt

haben. Je nach dem anvisierten Publikum wählt man unterschiedliche Perspektiven oder Relevanzsysteme für seine Betrachtungen und Beschreibungen aus. Nun aber muß der Autor diese Annahmen noch einmal reflektieren und ggf. explizieren.
Reflektiert werden beispielsweise die Vorstellungen, die sich die Schreiber von dem Qualifikationsprofil ihres Publikums, d. h. der ›Anwender des Buchwissens‹, machen bzw. gemacht haben. Die Ergebnisse dieser Überlegungen füllen zum Teil spezielle Abschnitte des Buches. So enthalten z. B. vor allem die Vor- und Nachworte Selbsttypisierungen, die es dem Leser erleichtern können, die Standpunkte des Autors zu verstehen. Dieses Verständnis ist, wie wir gesehen haben, für den intersubjektiven Nachvollzug der Wahrnehmung wichtig. Theoretische Annahmen sind dem Leser entweder durch ausführliche Darstellung oder durch Verweis auf Literatur mitzuteilen.[154] Schließlich ist der Text zu gliedern, ein Register zu erstellen und vieles andere mehr. Kurzum, der Autor hat die Steuerungsmechanismen für sich fruchtbar zu machen, die im Abschnitt 5.4 beschrieben wurden.

Nach diesem allgemeinen Überblick sollen in den nächsten Abschnitten die Phasen der perspektivischen Wahrnehmung, der Bildung mehrdimensionaler Modelle und der verbalen Beschreibung noch einmal im einzelnen durchgegangen werden.

›Perspicere heißt tief Sehen‹: Die Prinzipien perspektivischen Projizierens

›Es get nyt vnbesonnen zu‹ bei der Anfertigung ›wahrer‹ Beschreibungen, war Dürer schon überzeugt, als er an seinem *›Lehrbuch der Malerei‹* arbeitete.[155] Nachzusinnen war darüber, was und wie das menschliche Auge wahrnimmt. *»So wir durch das Malen ein sichtbarlich ding representiern oder fuerstellen woellen«*, stellt W. Ryff fest, *»muessen wir erstlich warnemen / wie dasselbig in das gesicht fuerfalle«*.[156] Wahrgenommen und detailliert analysiert werden muß also das Wahrnehmen selbst. Dieser selbstreferentielle Akt, der sich zunächst, wie schon oft betont, nur auf die visuelle Wahrnehmung bezog, erschien der frühen Neuzeit keineswegs als eine unbeschwerte

Übung. *»Perspectiua die kunst«*, heißt es bei Hieronymus Rodler, der sich vorgenommen hat, Dürers Gedanken in gemeinverständlicher Form zu verbreiten, *»nimbt jren vrsprung auß dem gesicht / dann Perspicere / heyßt vff teutsch / durchsehen / oder hefftig sehen / wan(n)* [denn] *diese kunst Perspectiua / muoß erstlich mit den dieffsten gedancken ... ergruendt werden. Welcher nun dieff gedenckt / der sihet auch scharpf«*.[157] ›Perspicere‹ erscheint als eine planvolle, durch selbstreflexiv gewonnene Modelle angeleitete visuelle Wahrnehmung.[158] Und dieses Modell oder dieser ›Verstand‹, wie es in der damaligen Zeit heißt, der Dinge unterscheidet die menschliche Wahrnehmung von der tierischen. Er tritt, gemeinsam mit der Technik, an die Stelle, die das innere Auge oder die Seele im Mittelalter als Wasserscheide eingenommen hat.

Wie wir schon im ersten Kapitel gesehen haben, schärft Galilei den Zeitgenossen, die es immer noch nicht wahrhaben wollen, ein, daß das ›bloße Sehen‹ nicht zur Erkenntnis führt.[159] Notwendig ist das ›verständige‹ Sehen. Und dies setzt voraus, daß man sich über die Regeln, nach denen man sieht, Klarheit verschafft. An die Stelle der Referenz oder Reflexion auf Gott tritt die Selbstreferenz: das Sehen desjenigen, der sein eigenes Sehen betrachtet, der Verstand des Verständigen.

Wie ließ sich aber nun die eigene Wahrnehmung beobachten, ein innerer psychischer Vorgang sichtbar machen? Als Grundproblem, nicht so sehr für den Maler, der einzigartige Kunstwerke schaffen will, wohl aber für die Fachprosaautoren, erwies es sich, die versteckten inneren Transformationsvorgänge soweit als möglich nach außen zu kehren. Was sich in den Wahrnehmungsorganen im Kopf des einzelnen abspielt, ließ sich nicht überprüfen. Wollten die Autoren aber eine Überprüfbarkeit ihrer Wahrnehmung und Glaubwürdigkeit bei den Lesern erreichen, so mußte eine Möglichkeit gefunden werden, Wahrnehmungsvorgänge und psychische Projektionen des Betrachters für alle ›sichtbar‹ zu machen. Man kann auch sagen: gefordert waren Techniken und soziale Verfahren, die die Kommunikationspartner als Imitation von Prozessen akzeptieren konnten, die auch in ihnen selbst abliefen und die sie selbst als ›Wahrnehmung‹ bezeichneten.

Diese Überzeugungskraft entwickelte eine Kombination aus

sozialen Normen, Modellvorstellungen und technischen Hilfsmitteln, insbesondere dem ›*Vetro tralucente*‹, dem ›*Richtscheit*‹ und der ›*Camera obscura*‹.

Zunächst zur ›Glasscheibe‹, die die Beschreiber seit dem späten Mittelalter zwischen sich und die Gegenstände der Welt schieben. Wie schon im Abschnitt 6.2 angesprochen, probierten italienische Maler und Architekten schon im 14. Jahrhundert verschiedene Hilfsmittel aus, um ihre Wahrnehmung zu disziplinieren. Antonio Manetti berichtet in seiner ›*Vita de Brunelleschi*‹, daß dieser verschiedene Ansichten von Florenz mit Hilfe einer Holzplatte mit einem Guckloch und einer Glasscheibe gezeichnet habe.[160]

Leon Battista Alberti legte dann 1435 in seinem Büchlein ›*Della pittura*‹ ausführlicher dar, wie man durchsichtige Scheiben, er nennt sie ›*vetro tralucente*‹, als Projektionsfläche bei der Darstellung der wahrnehmbaren Welt nutzen kann. »*Ich beschreibe ein Rechteck von beliebiger Größe*«, heißt es dort, »*das ich für ein offenes Fenster halte, durch das ich alles sehe, was darauf gemalt werden soll.*«[161] Die Leinwand, auf die gemalt wird, und das Fenster, durch das der Maler auf die Dinge blickt, verschmelzen zu einer einzigen Projektionsfläche.[162] Diese wiederum wird als ein Äquivalent der psychischen Impression des Malers empfunden. Damit erscheint dann die Bildfläche als exakte Exteriorisierung eines sinnlichen Eindrucks.

Um diese Äquivalenzbeziehung plausibel zu machen, zieht man in der frühen Neuzeit noch ein weiteres Modell heran, welches ebenfalls schon seit geraumer Zeit über eine technische Entsprechung verfügt. Diese zweite theoretische Annahme, die es erlaubte, einen weiteren Schleier des menschlichen Wahrnehmungsvorgangs zu lüften und dadurch einen psychischen Vorgang sichtbar zu machen, bestand darin, das Auge als ›*Camera obscura*‹ zu denken.

Das Prinzip der ›*Camera obscura*‹ ist schon im Altertum bekannt gewesen und es spricht wenig dagegen, daß man schon in älterer Zeit entsprechende Apparate baute.[163] Man ließ Licht durch ein Loch in eine Dunkelkammer, z. B. einen viereckigen Holzkasten, fallen und beobachtete die Figuren, etwa eine Sonnenfinsternis, die sich auf der gegenüberliegenden Innenseite des Kastens zeigten, durch einen anderen Sehschlitz. Die Idee, die menschlichen Wahrnehmungsorgane mit diesem Gerät zu vergleichen, scheint aller-

dings eine typische Renaissanceleistung gewesen zu sein. 1510 taucht sie in den Arbeitspapieren Leonardo da Vincis auf. Er benutzt die Kamera zum Studium des Auges und zur Entwicklung seiner optischen Theorie. Mehr als 270 Zeichnungen, die sich mit den Prinzipien der Lichtbrechung an kleineren und größeren Löchern beschäftigen, finden sich in seinen Aufzeichnungen.[164] Nirgendwo anders ließ sich anscheinend besser studieren, wie physikalische Merkmale der Welt in Bilder transformiert werden. Aber das Interesse beschränkte sich eben nicht auf die Schatten an der Wand, sondern es zielte im Kern auf die Funktionsweise des menschlichen Auges und damit auf die psychischen Sensationen. Dies zeigt sich unter anderem in den Versuchen des Bolognesers G. C. Aranzio, der in der zweiten Hälfte des 16. Jahrhunderts ein Tierauge als Linse in eine solche Dunkelkammer einfügte, um die Erzeugung von Netzhautbildern experimentell zu belegen.[165]
Um das von den Fachprosaautoren dringend benötigte Wahrnehmungsmodell zu erhalten, fehlte jetzt eigentlich nur noch eine Theorie, die es ermöglichte, die Dinge, die Glasscheibe und das Auge miteinander zu relationieren. Diese Aufgabe lösten verschiedene Annahmen über das Licht bzw. – an vielen Stellen bei Leonardo – über die ›Luft‹. Licht und Luft galten und gelten als Transportmedium für Informationen. *»Die Luft ist erfüllt von unendlich vielen Bildern der Dinge, die in ihr verteilt sind, und diese werden alle in allen, alle in einem und alle in jedem wiedergegeben«*, umreißt Leonardo das theoretische Szenario. *»Daher kommt es, daß, wenn zwei Spiegel so aufgestellt sind, daß sie einander in einer geraden Linie gegenüberliegen, der erste in dem zweiten gespiegelt wird und der zweite in dem ersten.«*[166] Dies sind die Grundprinzipien einer kommunikativen Erkenntnistheorie, denen auch dieses Buch noch nachfolgt. (Vgl. Kap. 1) *»Der erste, der sich im zweiten spiegelt,«* fährt Leonardo fort, *»überträgt sein eigenes Bild samt allen Bildern, die in ihm wiedergegeben werden, darunter auch das Bild des zweiten Spiegels, und so geht es von Bild zu Bild in Unendlichkeit weiter, so daß jeder Spiegel unendlich viele Spiegel in sich hat, wobei einer kleiner ist als der andere und einer im anderen aufgeht.«* (Ebd.)
Diese Vorstellung überträgt Leonardo auch auf den Menschen und sein Verhältnis zu den Objekten: *»Folglich sendet das Auge in der Luft sein Bild zu allen Gegenständen, die ihm gegenüber sind und nimmt sie in sich auf, d. h. an seiner Oberfläche, wo der Allgemeinsinn* [Sensus commu-

nes] *sie erfaßt und betrachtet und diejenigen, die ihm gefallen, dem Gedächtnis übermittelt.«* (Ebd.) Und er erklärt im nächsten Atemzug den mehr als zweitausendjährigen Streit darüber, ob das Licht nun von den Gegenständen zu dem Auge oder von den Augen zu den Gegenständen gesendet wird, für belanglos:[167] *»Deshalb glaube ich, daß die geistigen Wirkungskräfte der Bilder von den Augen ebenso zum Gegenstand gehen wie die Bilder vom Gegenstand zum Auge.«* (Ebd.) Informationen, ›geistige Wirkungskräfte‹, sind Eigenschaften des Mediums, des Lichtes oder der Luft, und als solche können sie überall in und an den Rändern des Mediums von geeigneten Sensoren erfahren werden.

Je nachdem, wieviel vom Medium ›Luft‹ zwischen den Dingen und dem Auge liegt, desto mehr Informationen gehen verloren. Die Gestalten der Dinge verkleinern sich (Verkleinerungsperspektive) und ihre Farben verblassen (Farbperspektive). Außerdem spielt auch der Aggregatzustand des Mediums eine Rolle: Bei Nacht und Nebel werden die Konturen undeutlicher und auch die Farben verändern sich (Verschleierungsperspektive).[168]

Die Regel, daß sich alle Gestalten in dem Maße verkleinern, indem sie sich von dem Betrachter entfernen, ermöglicht es, auch den Projektionen Tiefe zu verleihen. Das Bild gewinnt über die Dimension: oben und unten sowie rechts und links hinaus auch noch die Dimension: hinten und vorne. Gegenstände, die näher am Schnittpunkt der Parallelen im Unendlichen, dem sog. Fluchtpunkt, liegen, behalten zwar ihre Proportionen bei, werden aber systematisch verkleinert.[169] Besitzt der Betrachter die gleiche Wahrnehmungstheorie wie der Maler, wird er die kleineren Objekte der Bilder als weiter entfernt erleben als die (proportional) größeren.

In älteren und in nichteuropäischen Kulturen hat sich eine solche normative Regelung nicht durchgesetzt. Ihre Angehörigen sehen die abgebildeten Objekte dann nicht so, als ob sie auf einer durchsichtigen, sondern als ob sie auf einer planen Ebene nebeneinander lägen. Nähe und Distanz läßt sich nur in zwei, nicht in drei Dimensionen darstellen – eine Komplexitätsreduktion, die den Anforderungen technischer und wissenschaftlicher Informationsübermittlung an der Wende zur Neuzeit nicht mehr genügt.[170] Man möchte in einem Bild nicht nur die Höhe und Breite z.B. eines Destillationskolbens, sondern auch seine Tiefe darstellen. Erst die Einführung der Tiefenperspektive ermöglicht es, die gewünschten klaren Informationen über die Lage der Dinge im (euklidisch gedachten) Raum nach formalen, d. h. auch gegenstandsunabhängigen Kriterien zu übermitteln.

Während die Verkleinerungsperspektive für die Prosaautoren eine herausragende Bedeutung erhält, werden die Verschleierungs- und die Farbperspektive eher zu einer Domäne der schönen Künste. Es erwies sich als zu schwierig, genaue Regeln für die Farbveränderung zu formulieren. Vor allem aber verfügten die Drucker in der Regel nicht über einen abgestuften Farbenkreis, sondern nur über die sprichwörtliche ›Druckerschwärze‹. Die Techniker gingen bei ihrer Erfahrungsgewinnung und -darstellung von den besten Sichtverhältnissen aus, die Dampfmaschinen im Morgendunst zu konterfeien überließ man den Künstlern.

Um die allgemeine Regel der Verkleinerungsperspektive zu operationalisieren, mußten noch einige zusätzliche Annahmen eingeführt werden. Die Idealisierung, die dieser optischen Theorie erst den Namen ›Linearperspektive‹ gibt, formuliert Leonardo wie folgt: *»Alle Dinge senden ihre Bilder in Pyramidenlinien zum Auge«* und er fährt fort: *»Unter Pyramidenlinien verstehe ich die Linien, die von den äußeren Grenzen der Körper ausgehen und von weitem in einer zusammenlaufenden Bahn bis zu einem einzigen Punkt führen. Dieser Punkt liegt in diesem besonderen Fall, wie sich zeigen werde, im Auge, das der allgemeine Beurteiler aller Körper ist«.*[171] Dürer bestimmt kurz und knapp, daß *»das aug allein durch gerad linien die ding sieht / die for jm sind«*. Es *»mag durch keine krummen linien sehen«*, betont er.[172]

Bei jeder ›*Augenmessung*‹ (Rodler) gemäß diesen Idealisierungen werden die Beobachtungsgegenstände praktisch in ein Geflecht von Linien und Punkten aufgelöst. Diese Annahme machte es möglich, die Regeln der euklidischen darstellenden Geometrie für die Wahrnehmungstheorie zu nutzen. *»Alle Fälle der Perspektive werden verständlich mittels der fünf Grundbegriffe der Mathematik, nämlich: Punkt, Linie, Winkel, Oberfläche und Körper.«*[173]

Aus der heutigen Sicht mag diese optische Theorie auf der Hand liegen. Den früheren Jahrhunderten muß sie eher als eine Sammlung von Unwahrscheinlichkeiten erschienen sein. Es bedurfte schon einer speziellen sozialen Zwangslage, damit sie in der frühen

Neuzeit bei so vielen Menschen eine so hohe Wahrscheinlichkeit gewinnen konnte. Vermutlich liegt das daran, daß es keine Alternative zu dieser Modellierung der Wahrnehmung gegeben hat, wenn man tatsächlich Intersubjektivität über die Wahrnehmung von Gegenständen und auch von Handlungen ohne unmittelbare Interaktion erreichen wollte.

Die optische Theorie in der praktischen Anwendung

In der bisher geschilderten Form eignete sich die linearperspektivische Wahrnehmungstheorie freilich noch nicht dazu, von dem ›*gemein man*‹ als Richtschnur des Erlebens genommen zu werden. Es gehört zu den bleibenden Leistungen Dürers, daß er sie soweit verfeinerte, Anwendungsbezüge herstellte und deren Vorteile so überzeugend herausstrich, daß sie sich tatsächlich unter den werktätigen Menschen verbreiten und von ihnen akzeptiert werden konnte. Wie oft auch immer in der Weltgeschichte einzelne Personen ähnlich ›perspektivisch‹ gesehen, gedacht und gemalt haben, niemals zuvor wurde die zugrundeliegende Theorie so zusammenhängend und mit der Absicht beschrieben, sie zum Programm für die Weltsicht aller ›*Künstner und rechter Werkmänner*‹ zu machen.[174]

Anhand seiner Ausführungen lassen sich die Prinzipien der perspektivischen Informationsverarbeitung besonders gut veranschaulichen.

Sowohl die *Abbildung 66a* als auch *67* stellen praktische Anwendungsgebiete der linearperspektivischen Prinzipien und der ›Glasscheibe‹ bzw. des ›Richtscheits‹ dar. Neben ihrer erklärenden besitzen solche Holzschnitte auch eine propagandistische Funktion. Der Feldmesser (*Abb. 67*) visiert mit Hilfe seines Richtscheites einen Höhenpunkt eines Bauwerkes an. Wenn er die Entfernung zu diesem Bauwerk, die Höhe seines Visierstabes und den Abstand zwischen ihm und dem Auge ausmißt, kann er die Höhe des anvisierten Punktes durch die Benutzung des Strahlensatzes ermitteln. Unterstellt wird dabei, daß das Auge tatsächlich in ›Stromlinien‹ sieht.

a) Zeitgenössische Darstellung der Komplexität und Dynamik perspektivischer Informationsverarbeitung: Holzschnitt aus Dürers ›Vnderweysung der messung‹, Nürnberg 1525

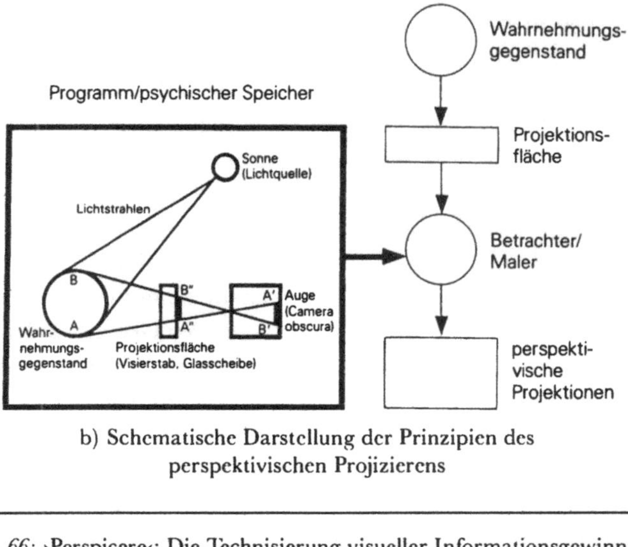

b) Schematische Darstellung der Prinzipien des perspektivischen Projizierens

Abb. 66: ›Perspicere‹: Die Technisierung visueller Informationsgewinnung und -darstellung

Abb. 67: Visieren und Messen: Holzschnitt aus J. Koebels ›Geometrei. Vom kuenstlichen Feldmessen‹, 1570

Dürer zeigt in seinem bekannten Holzschnitt aus der ›*Unterweisung der Messung*‹ (*66a*), wie man die Glasscheibe zur Erstellung von ›*leibhaftigen*‹ Porträts nutzen kann. An diesem Bild kann eine Reihe von Idealisierungen und ›Selbstnormierungen‹ gezeigt werden, die der Betrachter beim ›*Visieren*‹ oder beim ›*Perspicere*‹ vorzunehmen hat.

Obwohl die Wahrnehmung als Handlung aufgefaßt wird, gehen Maler und Betrachter von der Annahme aus, daß die Zeit während der Informationsgewinnung stillsteht, keinerlei Veränderungen beim Beobachter und bei den anvisierten Gegenständen auftreten. »*Doch solltu aber*«, kommentiert etwa H. Rodler, »*die weil du an der landschafften abmalest / dein seß* [Sitz] *nit verrucken / noch den kopff hin vnd heer werffen*«.[175] Den Beobachter reduziert Dürer auf sein Wahrnehmungsorgan, das Auge. Schon zweiäugiges Sehen würde die Handlungsnormierung unmöglich machen. Das ›Sehen‹ wird als Sehstrahl, der von dem Auge jeweils gezielt auf einzelne Punkte des Beobachtungsgegenstandes geschickt wird, vorgestellt. Die

Distanz zwischen dem Beobachter und seinem Gegenstand muß während des gesamten Wahrnehmungsvorgangs konstant bleiben. Zwischen dem Beobachter und dem Gegenstand liegt die Projektionsfläche, entweder real in Form einer Glasscheibe und ähnlicher Hilfskonstruktionen oder aber imaginiert. Die Projektionsfläche befindet sich bei diesem ›Versuchsaufbau‹ folglich nicht mehr im psychischen Apparat, im Kopf des Betrachters, sondern außerhalb desselben. Die Projektion, das zeichnerische Abbild, erscheint als Summe der Schnittpunkte der Sehstrahlen mit dieser Projektionsebene. Je nach der Anzahl der Sehstrahlen kann das Bild verfeinert werden. Immer werden die dreidimensionalen Gegenstände aber auf eine zweidimensionale Fläche projiziert.
Die Projektion auf die Glasscheibe läßt sich, und Dürer demonstriert dies auf anderen Holzschnitten, in einem zweiten Schritt auf ein Blatt Papier übertragen, der Beobachter wird zum Maler oder Beschreiber. Die Diskussion darüber, ob die Perspektivlehre ein Wahrnehmungs- oder ein Darstellungsverfahren ist, erübrigt sich, weil eben auch jede Wahrnehmungstheorie eine Projektionsfläche oder einen Speicher unterstellen muß. Meist wird dieser Projektionsraum allerdings als eine psychische Größe gedacht, während der Witz der Perspektivlehre gerade ist, eine physikalische, für das äußere Auge sichtbare Projektion zu generieren.
Die Betrachtung der Holzschnitte darf nicht zu der Annahme verleiten, daß der Wahrnehmungsprozeß nur durch die materiellen Hilfsmittel (Projektionsrahmen, Richtscheit, Distanzregulierer und andere) gesteuert wird. Ebenso wichtig ist das Programm, welches der Betrachter in seinem Kopf gespeichert hat. Dieses Programm entspricht im wesentlichen der oben geschilderten optischen Theorie und den eben genannten Idealisierungen. Es sagt dem Betrachter, als was er sich selbst, die Gegenstände und ggf. die Hilfsinstrumente sehen soll und wie er die Beziehung zwischen diesen Größen zu denken hat.
Die *Abbildung 66b* unternimmt den zugegeben heiklen Versuch, diese Zusammenhänge zu veranschaulichen. Angenommen wird, wie auf dem Dürer-Holzschnitt, ein Wahrnehmungsgegenstand, der von einem Betrachter durch ein geeignetes Medium wahrgenommen wird. Auf der linken Seite ist in einem größeren Kasten, dem ›Gedächtnis‹ des Betrachters/Malers, das Programm

dargestellt, welches seinen Wahrnehmungsprozeß anleitet. Er sieht sich selbst als ein simples Informationssystem, nämlich als die schon erwähnte Camera obscura. Sein Wahrnehmungsorgan entspricht dem Loch dieser Kamera. Durch dieses Loch fallen Lichtstrahlen, die, von der Sonne ausgehend, von einem beliebigen Objekt reflektiert werden – so jedenfalls führt Dürer das Modell aus. Die Projektionsfläche erscheint bei der Parallelprojektion als plane Fläche, durch die die Lichtstrahlen laufen.[176] Die Schnittpunkte (B″, A″) werden dann auf der inneren Rückseite der Dunkelkammer abgebildet und zwar, wegen der Brechung am ›Augen‹loch, auf dem Kopf.

Nur diejenigen – morphologischen – Informationen, die sich nach diesem Programm gewinnen lassen, erscheinen dann auf dem Papier des Betrachters/Malers als perspektivische ›*Abkonterfeiung*‹. Diese nach überprüften Prinzipien gewonnene Zeichnung wird als Grundlage für den weiteren Beschreibungsprozeß genommen.

Es ist nicht erforderlich, daß der perspektivische Wahrnehmungsprozeß immer in der eben geschilderten Ausführlichkeit abläuft. Die Beschreiber/Betrachter können ihre Informationsgewinnung auch ohne die genannten technischen Hilfsmittel perspektivisch organisieren und ihre Wahrnehmungen in einem komplizierten innerpsychischen Prozeß sogleich zu mehrdimensionalen Modellen umstrukturieren und diese dann versprachlichen. Diese Möglichkeit ist in der *Abb. 65* durch die Verknüpfung der ›Projektion‹ mit dem ›Verbalisieren‹ in Form einer gestrichelten Linie berücksichtigt.

An den in der *Abb. 66a* dargestellten Maschinen können die Menschen das Verfahren lernen. Wenn es ihnen in Fleisch und Blut eingegangen ist, sollen sie auf Glasscheibe und Richtscheit verzichten. *»So man aber der maß recht vnderricht ist«*, merkt Dürer in seinen ›*Vier Büchern*‹ an, *»vnd die in gewonheit pringk / kan nachuolgend destleichter auch on* [ohne] *die maß ein yglich pild gemacht werden.«* (A2r/A2v) Die äußeren materiellen Stützen brauchen bloß noch programmgemäß ›imaginiert‹ werden. *»Doch wo einem geliebt«*, bemerkt etwa W. Ryff, nachdem er die Konstruktion perspektivischer Abbildungen im einzelnen erläutert hat, *»on* [ohne] *solchen vorteil sich zu vben / vnd seinen verstandt anzuzeigen / mag er jm solche vierung im*

Sinn / vnnd verstandt imaginieren oder ein bilden / das er doch allzeit ein vberzwerch lini [eine Waagerechte] *von einer Bleyrechten oder Perpendicular lini* [Senkrechten] */ gantz perfect im sinn imaginir / vnd stettigs vor jm hab / wo das gesehen termin / in das gemehl gesetzet wird«.*[177] Man kann sich also auch vorstellen, man sehe die Welt wie durch eine Glasscheibe und man kann es lernen, die perspektivischen Verkürzungen im Kopf anstatt auf dem Zeichenbrett vorzunehmen. Aber selbst in diesem Fall läuft die Informationsverarbeitung, wenn auch mental, über die skizzierten Zwischenschritte. Die in dem Schema als physikalische Operationen ausgewiesenen Prozesse sind gleichsam interiorisiert. Wie der Begriff aber schon sagt, setzt eine solche Verinnerlichung zunächst einmal ein äußeres Komplement voraus. Individualgeschichtlich werden diese materiellen Operationen heute bei Beschreibungen und Bildbetrachtungen in Kindergarten und Schule ausgeführt. Menschheitsgeschichtlich wird diese Phase durch die perspektivisch arbeitenden Künstler eingeleitet.

Die Verkünstlichung des Wahrnehmungsvorgangs, die in der frühen Neuzeit durch die Selbstdisziplinierung des Menschen gemäß den Anforderungen der technischen Medien erfolgte, setzt sich in unserer Gegenwart auf neuer Stufe fort. Videokameras und andere Sensoren können menschliche Wahrnehmungsleistungen mikroelektronisch substituieren. Die radikale Vereinseitigung der menschlichen Wahrnehmungsleistung, positiv ausgedrückt: die kontrollierte Komplexitätsreduktion, erscheint nunmehr nur als eine Vorstufe für eine komplette Technisierung auch der Phase der Informationsgewinnung. Diese elektronische Technisierung hebt die Informationen nochmals auf ein neues Emergenzniveau. Informationen erscheinen nicht nur als das Produkt technisierter menschlicher, sondern auch als das Produkt elektronischer Datengewinnung und -verarbeitung. Nach der Transformation von Kunst, Offenbarung, Weisheit und naiven Erfahrungen in Wissen erfolgt nun eine erneute Transformation dieser und anderer Informationen in elektronische Daten und künstliche ›Intelligenz‹. Nur die elektronisch gespeicherten Informationen erscheinen vielen Bereichen unserer gegenwärtigen Gesellschaft noch als ›eigentliches‹ Wissen, nur noch elektronisch simulierbare Prozesse als wirklich erkannte Prozesse.

Beide Metamorphosen der Information sind durch technische Informations- und Kommunikationsmedien ausgelöst und sie können ihre Gestalt nur durch das Gerüst dieser Medien erhalten.
Die elektronischen Techniken haben gegenüber den perspektivischen zumindest den Vorzug, daß sie die Prozesse auch als Prozesse abbilden können. Mit perspektivischen Mitteln sind Prozeßabbildungen nur als Aneinanderreihung von statischen Bildern möglich, die dann vom Leser/Betrachter zusammengefügt, redynamisiert werden müssen. Zwar können Gegenstände als Gegenstände, aber nicht Prozesse als Prozesse mit perspektivischen Mitteln simuliert werden.

Diskussion: ›Reversibilität‹ und ›Wahrheit‹ der perspektivischen Informationsgewinnung

Über die Reversibilität perspektivischer Konstruktionen und ihre Wirklichkeitsnähe oder ›Wahrheit‹ diskutieren die Philosophen und Kunsttheoretiker, seitdem sie auf den Plan getreten sind. Wenn man diesen Konstruktionen eine solche Bedeutung beimißt, wie dies in diesem Buch geschieht, so kommt man nicht umhin, seine Position in diesem Streit zu begründen. Ich will es kurz versuchen, wohl wissend, daß sich die Argumente ›nebenbei‹ sicher nicht ausreichend würdigen lassen.
Jedes Bild, auch das perspektivische, und jede Beschreibung reduziert die Informationsfülle der Wirklichkeit: ›Wirklichkeit‹ ist nur ein anderer Ausdruck für eine Überkomplexität von Informationen. Insoweit kann jedes Bild und jeder Text dem Betrachter nur einen matten Abglanz des Reichtums der wahrgenommenen Welt geben. Aber genau diese Selektivität macht den ganzen Sinn einer jeden Informationsverarbeitung aus. Zumal die technische und wissenschaftliche Literatur wird, wie wir in den nächsten Abschnitten noch deutlicher sehen werden, genau zu dem Behufe geschaffen, durch Reduktion der Informationsvielfalt zu einer Klarheit über die Dinge und Vorgänge zu gelangen.
Der wohl am meisten gelesene Kunsthistoriker unserer Zeit, Ernst Gombrich, zieht aus der Unterdeterminiertheit auch der perspektivischen Abbildungen den Schluß, daß die Zentralprojektion

›*nicht reversibel*‹ ist, das ›*Abbild*‹ das abgebildete Objekt ›*nicht eindeutig determiniert*‹.[178] Diese Behauptung ist so richtig wie trivial. Sie sagt nur, daß die Information nicht das Ding, ›*die Landkarte nicht das Land*‹ ist.[179] Interessanter ist die Frage, ob es möglich ist, Prozesse der Informationsgewinnung zu wiederholen. Dies ist der Fall, wenn die Informationssysteme möglichst identisch sind und also nach gleichen Programmen arbeiten. Wie wir alle wissen, ist die menschliche Informationsverarbeitung in vielen alltäglichen Zusammenhängen ausreichend identisch, um wechselseitiges Identifizieren und damit Verständigung sicherzustellen. Oftmals klappt es aber auch nicht und dann müssen die Programme im nachhinein aufeinander abgestimmt werden. Die Möglichkeit des Scheiterns intersubjektiver Verständigungsprozesse ist bei unterschiedlichen Informationssystemen grundsätzlich nicht auszuschalten.

Für viele Belange und insbesondere für die typographische Kommunikation reichen die naturwüchsigen Angleichungsvorgänge aber nicht aus, und dann erweist sich die Technisierung und Kodifizierung der Software und der Informationssysteme als ein möglicher Ausweg. Bis zur Einführung rein technischer Informationssysteme erwies es sich für die Menschen als die beste Kompromißformel, sich zu Elementen in den perspektivischen Informationssystemen zu machen, um eine reversible Informationsverarbeitung zu erreichen. Natürlich verlangt die Umkehrung der Prozesse bei den Betrachtern und Lesern eine ähnliche Übung wie die Produktion der Bilder und deshalb wird es nicht immer und vor allem nicht auf Anhieb zu schnellen Erfolgen kommen.

Es ist unbestreitbar, daß es viele unterschiedliche Objekte gibt, die unter gleichen Lichtverhältnissen den gleichen Schatten werfen und dem Betrachter gleiche Umrißlinien zeigen.[180] Künstler wie M. Escher nutzen diese Tatsachen für die Konstruktion ihrer künstlichen Welt.[181] Aber all dies spricht nicht gegen die These, daß perspektivische Bilder die Menschen anleiten können, Wahrnehmungen in ähnlicher Weise zu machen, wie dies die Konstrukteure der Bilder getan haben. Im Gegenteil: Die gesellschaftliche Bedeutsamkeit und Fruchtbarkeit von irgendwelchen Normen zeigt sich gerade darin, daß sie kontrafaktisch stabilisiert sind. Man hält an ihnen auch im Enttäuschungsfall fest – und genau

dies belegen ja auch einzelne Arten von ›Wahrnehmungstäuschungen‹. Man hält an den gewohnten Prinzipien fest und steht nur deshalb vor Identifizierungs- und Reflexionsproblemen!
Wie wir im übrigen gleich sehen werden, ist die Tatsache, daß einfache Abbildungen zu wenig Informationen über die Gegenstände liefern und deshalb intersubjektives Identifizieren oftmals stark erschweren, schon den Autoren in der frühen Neuzeit aufgefallen. Um diese Schwierigkeiten zu kompensieren, schlagen sie vor, mehrere ›Abbildungen‹ zu gewinnen, die Gegenstände von mehreren Seiten zu sehen.

Ein weiterer in diesem Zusammenhang wichtiger Streitpunkt ist derjenige, ob die perspektivischen Abbildungen eine *›konventionelle Sprache‹* bzw. eine *›symbolische Form‹* oder aber *›wahr‹* sind.[182] Vor dem Hintergrund der in diesem Buch entwickelten Theorie verliert diese Diskussion an Spannung. Wahrheit erscheint hier als eine Eigenschaft, die der Mensch Informationen zuspricht, die von bestimmten informationsverarbeitenden Systemen gewonnen werden. Die Struktur dieser Systeme zu beschreiben, unternimmt dieses Kapitel.
Selbstverständlich werden diese sozialen Systeme durch Normen oder Konventionen gesteuert. Nun behauptet Gombrich, daß, wenn *»die Perspektive nur eine Konvention sei, diese die Welt nicht so darstelle, wie sie ›wirklich‹ aussehe«.*[183]
Diese Folgerung ist nicht zwingend und Gombrich relativiert sie selbst an vielen Stellen seines riesigen Werkes und so auch in diesem Zitat, indem er ›wirklich‹ in Anführungsstriche setzt. Wenn man von der Überkomplexität der Welt ausgeht und den Wahrnehmungsvorgang als einen selektiven betrachtet, so folgt nämlich durchaus nicht, daß alle konventionalisierte Selektion mit der Realität bricht. Es gibt dann nur verschiedene Konventionen, die für den einen oder anderen Zweck adäquatere Informationen oder Simulationen erbringen. Eine solche Konvention ist auch die Annahme, das Auge *›sehe linear‹*. Gombrich mag diesen selektiven Charakter der zentralperspektivischen Wahrnehmungstheorie nicht immer einsehen: *»Aus der Tatsache, daß unsere Blickbahn geradlinig verläuft, folgt zwangsläufig alles, was die Perspektive lehrt«*, stimmt er mit Dürer überein. (Ebd. 275/76) Natürlich kann man visuelle

Informationsgewinnung auf punktförmiges Erkennen disziplinieren, aber warum sollte man dies bei allen Gelegenheiten tun? Auf Leonardo kann sich Gombrich übrigens nicht berufen. Dieser hielt die ›*Verkleinerungsperspektive*‹, wie wir sahen, keineswegs für ausreichend, die Vielfalt unserer visuellen Wahrnehmungsmöglichkeiten abzubilden und deshalb stellt er ihr die ›*Verschleierungs-*‹ und die ›*Farbperspektive*‹ an die Seite. Auch die Zentralprojektion ist nur eine der vielfältigen Projektionsmöglichkeiten, die der menschlichen Informationsverarbeitung möglich sind.

Konstruktion und Integration: Die Bildung mehrdimensionaler Modelle

Als Produkt perspektivischer Wahrnehmung entstehen zunächst nur bildhafte Vorstellungen oder Zeichnungen, die die Welt von einem Standpunkt aus darstellen. Will man mehr Informationen über die Dinge gewinnen, muß man sie von mehreren Standpunkten oder mit unterschiedlichen Relevanzsystemen betrachten. *»Wahre Kenntnis der Form eines jeden Körpers erhält man, indem man ihn in verschiedenen Ansichten sieht«*, formuliert Leonardo die Grundmaximen des analytischen Verstandes.[184] Zum Beispiel wirst du *»die Knochen des Halses in ihrer Gesamtheit von drei Seiten . . . getrennt zeichnen«*, erläutert er die Vorzüge seines Verfahrens, *»und so wirst du wahres Wissen von ihren Formen geben, Wissen, das den alten oder modernen Autoren unmöglich ist. Auch hätten sie niemals ohne einen ungeheuren zeitraubenden und verwirrenden Aufwand wahres Wissen geben können«*, weil sie bei ihren Beschreibungen nur Schemata und Worte benutzten. *»Aber durch diesen kurzen Weg des Zeichnens von verschiedenen Seiten gibt man ein volles und wahres Wissen«*.[185]

Durch die Aneinanderreihung von mehreren ›*künstlichen*‹ Abbildungen verschiedener Seiten der Dinge läßt sich, so waren Leonardo und seine Zeitgenossen überzeugt, sukzessive ein Wissen aufbauen, welches den älteren Gelehrten verborgen geblieben ist. Der Vorzug der neuen Methode liegt keineswegs darin, daß man sich jetzt mehr auf die Autopsie verläßt. Den Ratschlag, die Dinge mit eigenen Augen zu betrachten, gaben auch Plinius und Vitruv und selbstverständlich drehten auch Galen oder Dioscurides die

Heilpflanzen in ihrer Hand. Nein, das neue Moment ist die perspektivisch disziplinierte ›schichtenmäßige‹ Wahrnehmung und die kontrollierte Integration der dabei entstehenden Abbilder.

Und weil diese Form der Informationsgewinnung neu ist, deshalb tragen auch die zahlreichen Werke, die im 16. Jahrhundert mit dem Anspruch erscheinen, *›neues‹* Wissen zu vermitteln, dieses Prädikat zu Recht. Weil die Methode neu ist, deshalb unterscheiden sich auch die Produkte von den älteren Manuskripten. Erst die Reflexion dieser Abbildungen, nicht das noch so aufmerksame Zusehen, ergibt dasjenige Wissen, das die neuzeitliche Fachliteratur transportiert: *»Du, der du«* – im Einklang mit den Autoritäten – *»sagst, es sei besser, bei einer anatomischen Vorführung zuzusehen als diese Zeichnungen zu betrachten, wärest im Recht, wenn es möglich wäre, alle Einzelheiten zu beobachten, die in diesen Zeichnungen in einer einzigen Figur gezeigt sind«*.[186] Der Forscher und der Laie sieht aber zunächst nur ein ungeordnetes Durcheinander der verschiedensten Gewebeorgane, Knochen usw. Um dieses Durcheinander zu ordnen, muß er ›schichtenweise‹ vorgehen. Er sieht den zu sezierenden Körper oder auch andere Gebilde so an, als ob er bzw. sie wie eine Zwiebel aus Schalen zusammengesetzt wäre. *»Wenn du eine Zwiebel aufschneidest«*, führt Leonardo dieses Programm aus, *»wirst du alle Schichten und Rinden, die ihren Mittelpunkt rundum bekleiden, sehen und zählen können. Wenn du in gleicher Weise durch die Mitte des Kopfes eines Menschen schneidest, wirst du erst das Haar, dann die Kopfhaut, dann das Muskelfleisch und Perikranium und dann den Schädel und innen die Dura mater, die Pia mater und das Gehirn schneiden; dann wieder Pia mater und Dura mater und das Rete mirabile und dann den Knochen, ihre Grundlage.«*[187]

Für den neuzeitlichen Beschreiber ist also nicht nur typisch, daß er die Dinge von mehreren Seiten *›anvisiert‹*, sondern auch das schichtenmäßige Sezieren der Dinge. Sie verlieren dadurch ihre opake Qualität, gewinnen an Durchsichtigkeit, kurz, sie werden zu mehrdimensionalen Modellen.

Um die verschiedenen Schichten und/oder Ansichten der Objekte miteinander in Beziehung setzen zu können, greifen die Autoren seit der frühen Neuzeit auf geometrische Modellvorstellungen zurück. Man stellt sich die Gegenstände als dreidimensionale Körper mit den Dimensionen Höhe, Breite und Tiefe vor. Eine *»yedliche der leiblichen creaturen«* läßt sich, so beschreibt Dürer dieses

Axiom, *»in fierung oder eckette corpora«* zerlegen.[188] Am Beispiel des menschlichen Körpers gibt er dann eine ausführliche Anleitung darüber, wie man sich die Objekte als zusammengesetzt aus geometrischen Figuren vorstellen kann. Theoretisch brauchte man, um beispielsweise einen als Rechteck vorgestellten ›Kopf‹ nach dieser Methode abzubilden, sechs Ansichten: eine von jeder Seite, eine aus der Vogel- und eine aus der Froschperspektive. Durch Symmetrieunterstellung kann man sich evtl. eine Seitenansicht sparen.[189] In seinen *›Vier Büchern von menschlicher Proportion‹* führt Dürer diesen Grundgedanken im einzelnen aus und entwickelt dann ein differenziertes Programm für die Bildung solcher Modelle von den verschiedensten Objekten.[190]

Das neue Beschreibungsverfahren läßt sich nicht nur auf ›Körper‹ anwenden, es kann auch für die Darstellung von Handlungen und Ereignissen genutzt werden. Man zerlegt etwa eine handwerkliche Tätigkeit in Momentaufnahmen, die dann ausführlich beschrieben werden. Die Momentaufnahmen werden anschließend hintereinander gesetzt und man gibt den Lesern einen Algorithmus, wie diese Standbilder zu verknüpfen sind.

In noch ganz unentwickelter und noch keineswegs systematisch aufeinander abgestimmter Form liegt eine solche Integration von Momentaufnahmen in der *Abbildung 56* vor. Man kann dort den Prozeß des Pflanzens der Kräuter (rechts oben), ihrer Sammlung und Identifizierung (Mitte), der Auslese, des Zerkleinerns und Destillierens (unten links) bis hin zur Anwendung der Destillate bei der Behandlung von Kranken (oben links) verfolgen. Etwas weiter entwickelt sind die Handlungsbeschreibungen in Brunschwygks Destillierbüchlein. Wichtige Phasen der Herstellung von Öfen und Kesseln werden in Abbildungen festgehalten, so daß dem Leser sukzessive der Aufbau des Ofens klar wird. Weit vollkommener sind dann die Beschreibungen in den Bergwerksbüchern von Georg Agricola oder Lazarus Ercker.

Blättert man die Fachbücher des 16. Jahrhunderts durch, so wird schnell deutlich, welches Problem die systematische, intersubjektiv nachvollziehbare Integration der Ansichten bzw. der unterschiedlichen Informationsbündel für die Autoren und Holzschneider stellte. Ein recht gutes Beispiel für einen mißlungenen Versuch, ein ›durchsichtiges‹ Modell eines Brennofens abzubilden, ist der Titelholzschnitt des ›*Buoch Geberi*‹ (*Abb. 48*). Man ahnt zwar, daß hier drei Schnitte durch einen solchen Ofen gelegt werden sollen, aber der Zusammenhang zwischen ihnen bleibt, weil sich der Zeichner nicht an die Prinzipien der sog. ›darstellenden Geometrie‹ hält, schlecht nachvollziehbar. Und in ähnlicher Weise bleiben viele andere Holzschnitte und Beschreibungen des 16. Jahrhunderts weit hinter den Konzepten und Beispielen zurück, die die besten Köpfe vorgelegt haben.

Beispiele für gelungene perspektivische Konstruktionen finden sich z. B. in den Werken des Mediziners Petrus Andreas Matthiolus (1500-1572) und des Oberbergmeisters Lazarus Ercker (1530-1594). Die *Abbildung 68* zeigt, welche zusätzliche Informationsfülle durch die konsequente Anwendung des Verfahrens bewältigt werden kann. Etwa ein Viertel des Ofens hat der Zeichner herausgeschnitten, so daß sich die inneren ›Organe‹ im Querschnitt erkennen lassen. Natürlich kann man einen Ofen nicht so sehen, wie er hier abgebildet ist, aber man kann ihn mit perspektivischen und geometrischen Mitteln so konstruieren, daß man ihn so sähe, wenn man ihn so sehen könnte. Die Konjunktive zeigen, welche Idealisierungen solche zeichnerischen Modelle erfordern.

Experimentieren und Idealisieren

Die bislang skizzierten Beschreibungs- und Modellbildungsverfahren bilden die Grundlage für höherstufige, darunter auch wissenschaftliche Konzeptualisierungen. Streng genommen führen sie zunächst nur zu ›Berichten‹ über individuelle Exemplare. Sie zeigen bzw. integrieren die Ansichten eines beliebigen konkreten Kopfes, einer beliebigen Pflanze oder einer individuellen Handlung. Nun interessieren Autoren und Leser aber oftmals nicht die individuellen Exemplare, sondern sie möchten verallgemeinerbare Informationen, ›Artmodelle‹. Für eine ›*wahrhaftige Historie*‹ über das Schalten und Walten der ›*Wiedertäufer*‹ in Münster oder für ein gutes Portrait des Schneiders Bockelson mögen die bisherigen Modelle ausreichen. Für Leonardos anatomische Interessen, für Agricolas Schilderungen des Bergwesens und zur Befriedigung der Bedürfnisse der meisten Leser der Fachliteratur, waren

Abb. 68:
Die perspektivische Konstruktion mehrdimensionaler Modelle: Holzschnitt eines Destillierofens

zusätzliche Operationen erforderlich. Es kommt den Autoren der Fachliteratur nur in Ausnahmefällen darauf an, daß der Leser genau dasjenige Exemplar identifizieren kann, das er selbst beschrieben hat. Diese Orientierung am ›*Exemplum*‹ ist für die mittelalterlichen Gelehrten und auch für die Baumeister, wenn man etwa an das ›*Bauhüttenbuch*‹ des Villard d'Honnecourt denkt, typisch.[191] Die Autoren, die für den Druck schreiben, wollen sich von diesen ›absoluten‹ Bezugsgrößen, die dem gemeinen Publikum oftmals nicht bekannt sind, lösen. Ein Pflanzenbestimmungsbuch macht nur Sinn, wenn es dem Leser/Käufer hilft, die Pflanze in seiner heimatlichen Umgebung zu bestimmen. Es muß also sog. ›Artmodelle‹ präsentieren, in denen die für die anstehenden Zwecke relevanten Merkmale der Exemplare aufgehoben sind.
Und gleiche Anforderungen bestehen auch für die medizinische, pharmazeutische, juristische oder technische Fachliteratur. Für die meisten Zwecke reicht es in der technischen Fachliteratur aus, wenn das Buch dem Leser hilft, funktional äquivalente Objekte

ausfindig zu machen bzw. ähnliche Handlungen auszuführen. Dazu müssen Idealtypen und Normalformen oder, wie es in der Sprache der Zeit heißt, ›*gemeine Bilder*‹ und ›*Regeln*‹ konstruiert werden. »*Denn die Kuenste seyn aus den fuergehenden vnd erst gewesenen Exempeln dermassen ausgezogen vnd in Regulen abgemalet*«, erläutert Andreas Beurhusius 1587 das zeitgenössische Verständnis, »*wie einer / der erstmal ein Pferd sihet / aus dem Exempel des Bildes an dem Pferde / oder an mehr Pferden / in sein Gemuete vnd Gedechtnis ein gemein Bilde der Pferde greiffet vnd einbildet / Oder wie ein Maler ein gemein Bilde abcontrafeite vnd mahlete / das vielen andern / aber doch gleichlassenden vnd eines Wesens Bilden gar ehnlich vnnd gleich were. Also mus aus vielen einerley Gestalt Exempeln vnd Bilden eine gemeine Regel / die vieler gleicher Exempel Ebenbilde sey / gefast vnd gestalt werden.*«[192] Solche ›*gemeinen Regeln*‹ zu rekonstruieren, ist die Aufgabe der Fachprosaautoren. Erst wenn es ihnen gelingt, aus ihren Erfahrungen allgemeingültige Informationen herauszuziehen, können sie in einer Weise schreiben, die für den ›*gemeinen Bergmann*‹ nützlich wird. »*So dienen die Regulen der Kuenste darzu*«, fährt der Schulrektor aus Meinertzhagen fort, »*nach dem Exempel vnd Gebreuche vnzehlich viel seyn / vnnd dadurch der Mensch stueckweise nicht recht vnd genugsam kan vnterrichtet werden / das er derwegen durch gemeine Regulen auch gemeine Erkentnis dem Gemuete vnd Gedechtnis einbilde / dabey vn(d) dadurch er also hernach allerley Exempel erkennen / vnd beide durch der Regulen vnd der Exempel vnd Meisterstuecke fertig machen koendte*«. (A5v) Der psychische Apparat des Menschen, so läßt sich auf die hinter diesem Ausspruch stehende Psychologie schließen, speichert seine Erfahrungen in Form von Artmodellen, die es ihm dann ermöglichen, individuelle Exemplare wiederzuerkennen.

Will man dem Menschen neue Programme liefern, so muß man, wie auch Dürer immer wieder betonte, zu einem ›*tieferen Verstand der Dinge*‹ vordringen und allgemeine Modelle entwickeln. Dieser normalerweise bei den Menschen naturwüchsig ablaufende Prozeß soll von den Autoren der Fachprosa künstlich in Gang gesetzt werden. Er soll dann in allen Stufen gründlich beobachtet und beschrieben werden. Erst diese ›experimentelle‹ Erfahrung darf sich ›Kunst‹ nennen und nur diese genügt den Anforderungen des typographischen Informations- und Kommunikationssystems. »*Also ist auch*«, führt Ortholf Fuchsperger diesen Gedanken an einem anderen Gegenstand aus, »*die natürlich Dialectica / das ist / die angeboren natur / die vns eygentlich zuo reden verborgne* [unbewußte] *anweysung gibt / kein kunst / biß so lang sy vonn einem yeden obseruiert / gemerckt / vnnd in ein besondere regel / der selbigen gemeinlich zuo volgen* [möglich/üblich ist] *gefaßt wirdt.«*[193]

Das erste gedruckte Werk, welches im einzelnen beschreibt, wie man zu solchen künstlichen, idealen ›Regeln‹ oder Modellen kommt, ist m.W. Dürers »*Vier Bücher von menschlicher Proportion*«. Das Beispiel, an dem er die Probleme der Korpusgewinnung und -auswertung diskutiert, ist die menschliche Gestalt. Sein Buch zeigt, wie man von der sinnlichen Erfahrung einzelner menschlicher Körper zu idealen mehrdimensionalen Modellen kommen kann. Natürlich sind diese morphologischen Modelle nur ein Spezialfall der *›gemeinen Regulen‹*, aber die Prinzipien der Modellbildung ließen und lassen sich verallgemeinern.

Das Grundprinzip der Dürerschen Methodologie lautet kurz zusammengefaßt: Fertige mehrere Beschreibungen von unterschiedlichen Exemplaren aus gleicher Perspektive an, vergleiche die Beschreibungen, *›unterscheide‹* die gemeinsamen Merkmale und konstrastiere sie ggf. mit Exemplaren anderer Arten! Seine Empirie ist angefüllt mit dem Abzeichnen der unterschiedlichsten Menschen, dem Ausmessen ihrer Proportionen, dem Vergleich und schließlich der Typenbildung: Junge versus Alte, Männer versus Frauen, Kinder versus Erwachsene, Dicke versus Dünne usw. Für alle diese Typen werden Durchschnittswerte der verschiedenen Proportionen festgehalten. Erst aufgrund dieser Maßzahlen zeichnet Dürer dann seine ›Figuren‹.[194] Sie sind also keineswegs das Produkt einer Betrachtung nach dem Glasscheibenideal, sondern jenes einer selektiven Behandlung von zählreichen solcher perspektivischen Bilder.

Die idealen ein- oder mehrdimensionalen Modelle nutzt Dürer für seine Studien und Experimente. Wie man *›die Maße ändern und verkehren mag‹*, schildert das dritte seiner *›Vier Bücher von menschlicher Proportion‹*. Dort nimmt er etwa seinen Standardkopf und verändert dessen Proportionen. Es entstehen systematisch verzerrte, breite, gedrungene, schmale oder lange Köpfe. Aus diesen Versuchen erwächst ein tieferes Verständnis für die Proportionen, die Folgen von Veränderungen einzelner Maße usw. Ein ähnliches

Erkenntnisinteresse leitet Leonardo, wenn er dazu auffordert, kleine Modelle körperlicher Organe nach den zuvor erstellten Zeichnungen anzufertigen. Für das Studium der Bewegung der Organe und ihrer Funktionsweise reichen die natürlichen Objekte nicht mehr aus.

›Mit Worten abmalen‹: Die Verbalisierung der Bilder und Modelle

Schon die Messungen, die Dürer vornimmt, um die Proportionen seiner verschiedenen ›Versuchspersonen‹ zu ermitteln, verlangen den Einsatz von Symbolen. Die genaue Analyse der Bilder erfolgt immer durch ein verbales Identifizieren der relevanten Informationen. So gesehen werden die numerischen und sprachlichen Programme zu einer Voraussetzung der Bildverarbeitung auf dieser Stufe. Andererseits muß noch einmal betont werden, daß die sprachlichen ›Beschreibungen‹, die sich in der Fachliteratur finden, vollständig auf die bislang behandelten Wahrnehmungsmethoden und auf die ikonischen Speicher angewiesen sind. Damit Dürer etwa die menschliche Gestalt ausmessen kann, muß er sie in Umrißlinien auflösen. Diese existieren nicht als Eigenschaften der Körper an sich, sondern sie erscheinen dem Betrachter nur dann, wenn er ihn aus einer bestimmten Perspektive betrachtet. Erst die Ergebnisse der methodisch kontrollierten visuellen Wahrnehmung, die Abbildungen und deren Integration zu Modellen, machen die Autoren der Fachprosa zum Gegenstand ihrer Analyse; aus ihnen leiten sie Optimierungsvorschläge für die Praxis ab. Es wird nicht sogleich eine einzelne Abbildung einer Pflanze oder eines Destilliervorganges als Datenmaterial verwendet, sondern es ist vielmehr eine Vielzahl von zeichnerischen Abbildungen, die zur Grundlage der Fachliteratur wird. Nur diese Kodierungen gelten als ›*wahrhaftige*‹ Daten, nicht irgendein beliebiges Wahrnehmungsereignis und dessen zufällige Versprachlichung.

Die Sprache erhält im Kontext dieser Form der Informationsverarbeitung einen neuen Stellenwert. Sie wird gleichsam zu einer Art Zweitkodierung mehr oder weniger materialisierter ikonischer Informationen. Dies ist eine Konsequenz, die die Autoren des 16.

Jahrhunderts aus der Tatsache gezogen haben, daß es für sprachliche Beschreibungen kein Abbruchkriterium gibt. *»Wo lebt eyner auff erden / der eyn eyntzigs kreütlin mit seiner tugent volkomlich moeg begreiffen?«* fragt Hieronymus Bock 1539.[195] *»Ist auch yemants der die zehen Weiden / oder den Felbingerbaum ... genuogsam koenne außstreichen«.* (Ebd.) *»Nein«*, beantwortet er diese Frage selbst, *»auff erden lebt der nit / der eyn yedes gewaechs also gentzlich in allen dingen / mit schreiben künde abmalen.«* (a. a. O. XXXI v)

Das Dilemma der Überkomplexität des Beschreibungsvorgangs ließ sich lösen, indem man konventionalisierte ikonische Zwischenspeicher in den Informationsverarbeitungsprozeß einbaute. Hier wurde die Fülle der Informationen schon vorab gefiltert. Die verbale Beschreibung der so gewonnenen, die Natur und die Technik hoch selektiv behandelnden Projektionen machte dann vergleichsweise nur geringe Schwierigkeiten.

Aber natürlich mußte auch hier das Instrumentarium verfeinert werden. Leider ist bislang noch kaum der Versuch unternommen worden, die syntaktischen und lexikalischen Besonderheiten, die die neuhochdeutsche Standardsprache vor ihren mittelalterlichen Vorgängern auszeichnen, auf die Anforderungen zurückzuführen, die sich aus der Verbalisierung dieser ›Bilder‹ ergeben.[196] Die in ihnen ja immer noch zweidimensional gespeicherten Informationen mußten in diesem Transformationsvorgang linearisiert und in Propositionen, in ›Aussagesätze‹, zerlegt werden. Die Verknüpfung zwischen diesen Sequenzen sollte möglichst explizit sein, ein Anspruch, der viel Anlaß zur Vergrößerung des Repertoires an Konjunktionen und Präpositionen gegeben haben dürfte. ›Verständliche‹ Beschreibungen setzen klar bezeichnete Satzgrenzen und die Möglichkeit voraus, die Abhängigkeit sowohl zwischen den einzelnen Worten als auch zwischen den Sätzen zu verdeutlichen. Diese syntaktischen Möglichkeiten waren, wie sich schon an der mangelnden Differenzierung zwischen Haupt- und Gliedsätzen ablesen läßt, in der frühen Neuzeit nur rudimentär gegeben. Und ähnliches gilt auch für die lexikalischen Mittel. Der Wortschatz mußte auf die Anforderungen der präzisen Verbalisierung visueller Informationen zugerichtet werden. Allenthalben fehlten Ausdrücke, um z.B. anatomische Unterschiede klar zu benennen.[197]

Die Verbalisierung der Bildinformationen erfolgte anfangs mit dem vorhandenen alltags- oder fachsprachlichen Wortschatz. Man verglich die beobachteten Strukturen ziemlich willkürlich mit irgendwelchen alltagsweltlichen Erfahrungen. Erst schrittweise standardisierte man dann diejenigen Objekte, die zu solchen Vergleichen in den einzelnen Disziplinen (Technik, Botanik, Medizin usw.) herangezogen werden durften. Auf diese Weise entstanden Fachsprachen und Textgattungen.
Der Ausflug in die Zusammenhänge zwischen Medien- und Sprachwandel (i.w.S.) muß an dieser Stelle abgebrochen werden. Die hier zu behandelnden neuen Transformationsprozesse geben Stoff für ein eigenes Buch.

›So aber gehört und gesehen wird‹: Text und Bild in der Manuskriptherstellung

Die piktographischen Abbilder und Modelle sind nicht nur ein Durchgangsstadium bei der Schaffung sprachlicher Beschreibungen. Auch die fertigen Bücher kommen ohne die ›*Abkonterfeiungen*‹ und Skizzen nicht aus. Die Qualität der technischen und der naturwissenschaftlichen Bücher in der Neuzeit läßt sich nicht begreifen, wenn nicht die neue Form des Zusammenspiels von Text und Bild gewürdigt wird.[198]
Die Autoren stehen während des gesamten Beschreibungsvorgangs immer wieder vor der Aufgabe zu entscheiden, welche Informationen besser durch das Bild und welche durch das Wort übertragen werden sollen. »*Beschäftige dich nicht mit Dingen, die den Augen gehören, indem du sie durch die Ohren eintreten läßt*«, hatte schon Leonardo in seinen Skizzenbüchern gemahnt. »*Mit welchen Worten wirst du dieses Herz beschreiben, wenn du nicht ein Buch füllen willst?*«[199] Nicht bei allen Informationen führt eine Versprachlichung zu größerer Klarheit, viele verbleiben besser auch in der Druckfassung auf dem piktographischen Emergenzniveau. (Vgl. u. S. 688ff.)
Die Grenzen des im 16. Jahrhundert meist kaum mehr als 60 Zeichen umfassenden Typenrepertoires ließen sich durch den Einsatz piktographischer Kodes, des Holzschnittes oder des Kupferstiches, erheblich ausweiten. Programmatisch formulierte Dürer

zuerst in seinen *›Entwürfen zum Lehrbuch der Malerei‹*: *»Dy messung des ertrichs* [Erdreichs], *wasser vnd der stern ist verstentlich worden durch antzeigen der gemell* [Gemälde] *vnd würt noch menchem* [manchem] *durch gemell vill kunt«.*[200]

Ausgiebig Gebrauch gemacht wird von den Möglichkeiten der Bildprogramme auch in der erwähnten *›Anatomia‹* und in ähnlichen Werken, am vollendetsten natürlich in der *›Fabrica‹* des Andreas Vesalius und in den *›Tabulae anatomicae‹* des Bartholomäus Eustachius.[201]

Viele Konzepte und Programme ließen sich, wie schon die Autoren der mittelalterlichen Musterbücher bemerkt hatten, nur unter Zuhilfenahme von Abbildungen einführen.[202] *»Ob aber villicht von wegen macherley nam(m)en vnd woertern / so ein jedes bergkwerck für sich in sonderheit brauchett / in diser meiner verdolmetschung meniglich nicht nach seinem* [des Benutzers] *wolgefallen gedienet / vnd gnuog gschaehen waere / moegen die selbige aller vnbekante(n) woerter ein genuogsam(m)en verstandt auß den abgerissenen figuren schoepffen«* – so begründet etwa Bechius das Bildprogramm in der von ihm übersetzten Bergwerkskunst von G. Agricola.[203] Walter Hermenius Ryff, einer der fruchtbarsten Autoren deutschsprachiger Fachprosa des 16. Jahrhunderts, legitimiert die Verwendung von Zeichnungen in seinem *›New groß Distillier Buoch‹* damit, daß die Leser die Dinge *»hie wol vnd augenscheinlich sehen vnnd mercken«* können.[204] Die ikonische Präsentation in den Büchern soll eine ebenfalls bildhafte Repräsentation im Gedächtnis der Benutzer ermöglichen. Der Umweg über die symbolisch-sprachliche Kodierung wird vermieden.

Ähnliche Beweggründe finden wir auch bei den Verfassern geographischer Fachbücher. Die Informationen über *›frembden Landtschafften‹* sowie über das, *»was in solchen orten zuo obseruieren / auch die Habitus, Gebaew vnd anders mehr«*, ließen sich, so faßt einer der bekanntesten Herausgeber von Geographica seine Erfahrungen zusammen, *»besser im Gemaehl als in Schrifften representiert vnd zuerkennen«* geben.[205]

Ergibt sich die Notwendigkeit, die typographischen Programme in dieser Weise mit Bildern anzureichern, so müssen auch die verbalen Beschreibungen auf die Bilder Bezug nehmen. Das Bild bedarf dann sprachlicher Erläuterungen und die Beschreibungen referieren auf das Bild. Die Art und Weise, in der die Fachprosaautoren Text und Bild koordinieren und gemeinsam bei ihren Beschreibungen einsetzen, gehört zu den großen informationstheoretischen Neuerungen des 16. Jahrhunderts.

Wie sehr sich piktographische und verbale Informationen miteinander verknüpfen, läßt sich an einem beliebigen Beispiel, etwa der Beschreibung des Baus eines Destillierofens aus Brunschwygks Büchlein, leicht demonstrieren. (Vgl. *Abb. 69*)

Nachdem er im 1. Kapitel erläutert hat, ›*Was Distillieren sey*‹ und dann der Frage nachgegangen ist, ›*Wo Distillieren erdacht sey*‹, wendet er sich im 3. Kapitel der Beschreibung, wie »*kuenstliche Distillier vnd Brennoefen zumachen*«, zu. ›*Zum ersten*‹ soll man sich ›*eiserne runde Roste*‹ machen lassen und zwar »*auff diese art*«.[206] Es folgt dann ein Holzschnitt, der das Eisengitter abbildet. Das Bild übernimmt im Text die Funktion, bestimmte Aufgaben der sprachlichen Beschreibung zu ›ersetzen‹ und zwar genau gesprochen die Darstellung von figuralen Informationen. Im nachfolgenden Text kann dann, bspw. bei der Angabe der Maße, auf den Holzschnitt verwiesen werden.

Dieses Vorgehen wiederholt sich im Fortgang der Beschreibung. Was sich mit Worten schwer darstellen läßt, ›*wil*‹ Brunschwygk ›*hernach*‹ mit Bildern ›*zeigen*‹.

Es ist leicht einzusehen, daß sowohl die Abbildungen als auch diese Form der verbalen Gestaltbeschreibung in der gedruckten technischen Literatur auf die neue Adressatenschicht zurückzuführen sind. Wenn sich die Texte nicht mehr, wie im Mittelalter üblich, an Sachverständige richten, die sowohl über eine Werkstatt als auch über die Arbeitsinstrumente verfügen, dann müssen eben auch hierüber dem Laien Informationen bereitgestellt werden. Es reicht dann nicht mehr aus, nur noch die Rezepturen zu liefern und bloß bei ungewöhnlichen Handlungen oder Hilfsmitteln genauer zu werden.

Die ikonischen Beschreibungen entsprechen zu Beginn des 16. Jahrhunderts ebensowenig den uns heute geläufigen Standards wie die Texte. Vor allem die Beziehungen zwischen diesen beiden Kodierungsformen bleiben noch ganz ungenau. Es brauchte Jahrzehnte, bis sich eine so einfache Technik wie das Bezeichnen der Abbildungen mit Buchstaben, Zahlen oder Worten herausbildete,

Von Distillierung/

Brennung durch den Alemblick oder Helm vnd ander Instrument / als ich hienach zeichen wil.

Das dritt Capitel / künstliche Distillier vnd Brennöfen zumachen.

ZVm Ersten laß dir Eisen runde Röst machen auff diese art/mit zehen odder zwölff Stenglin / die dick seind eines zwerch fingers/rund oder viereckicht/ vnd dz sie nicht zu eng oder weit sein / damit die Koln recht drauff ligen mögen/vnd das die äsch durchfallen kan. Auff diese art.

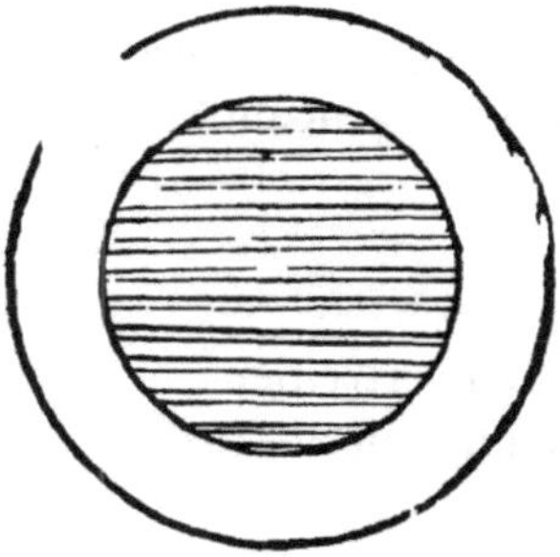

Darnach Cappeln von weisser Erden/ dauon man den Goldschmiden oder Müntzmeistern Schmeltzdigel macht / etlich vberglasurt/etlich nicht vonn den gemeinen / die weite sol dritthalb viertheil einer Elen sein/ vnnd die tieff auch als lang/ doch etliche kleiner nach gestalt der Ofen. In solcher Form/ wie du hie sihest / die brauchet mann zu sand oder Eschen.

Darnach gebürt sich das du habest Küpfferin Kessel oder Cappeln / in der weit dritthalb viertheil einer Elen / vnnd inn der tieffe auch also/mit einer Küpffern rörn die einer halben Elen lang sey/diese rör sol stehn zweier zwerch finger hoch oben vom ende / vnnd laß dir inn die Küpffer rör ein hültzen rörlin drehen/auff dise art/ wie hienach verzeichnet ist/vnnd wenn du den Kessel füllen wilt / so dreh das rörlin vber sich/ vnd füll es mit eim trächter/vnnd zum außlauffen kere das rörlin vnder sich/vnd setz ein Züberlin vnder/ da mit dem Ofen kein schad gescheh / wenn das wasser sieden würd / als denn hie stehet/darinn zu Distillieren in Balneo marie / oder in Venere equino/ als ich hernach zeigē wil.

Darnach mustu haben Bleien Ring/in der mitten eingesenckt / mit vier durchlöcherten ohren/groß vnd klein/leicht vnnd schwer/ die mittelmessigen von Zehen Pfunden / die kleinen von acht Pfunden / die grossen vonn neun vnd zwölff Pfunden/ als die Figur anzeigt/deßgleichen hültzene Breter / als weit als die Capellen oder der Ofen ist / also / das das Glaß durch das mittel loch gehen mag/ darnach mancher ley Ofen gemacht werdē / als ich deß hie vnden zeigen wil/ zu Distillieren in Balneo marie / auff das das Glaß nit vbersich steigen mage / vor schwere

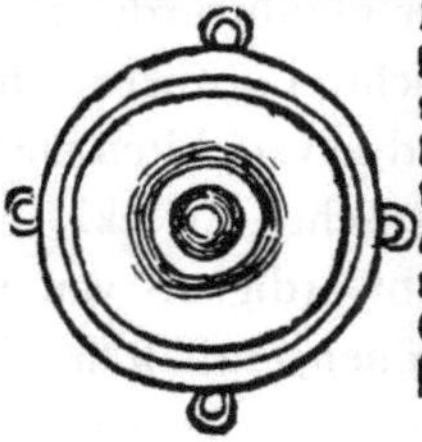

Abb. 69: Text und Bild in der frühen Fachliteratur: H. Brunschwygks ›Distilierbuch‹, Frankfurt, ca. 1558

die dann erst ein elegantes Zusammenspiel von Beschreibungstext und Bildvorlage ermöglichte.[207] Die Absicht freilich formulieren die Autoren von Anbeginn an. Und dies hängt unter anderem wieder mit einer erkenntnistheoretischen Grundüberzeugung zusammen. *»Dan ein jtlich ding, das dw sichst, ist dir glawblicher dan daz dw hörst«*, fundiert etwa Dürer sein Vorgehen. *»So aber bede, gehort vnd gesehen würt, so fas wir das dest kreftiger vnd bestendiger. Des halb will jch dÿ wort vnd daz werck tzamen than awff daz mans destpas mercken müg.«*[208] Was man also lesen und sehen kann, davon versprechen sich die Autoren die größte Überzeugungskraft.
In der *Abbildung 65* ist diese Verknüpfung der ›piktographischen Abbilder‹ und der ›mehrdimensionalen Modelle‹ mit den ›verbalen Beschreibungen‹ in der Phase der Manuskripterstellung nicht berücksichtigt, um das Schema nicht zusätzlich zu komplizieren. Aber natürlich gehört diese Koordinierung ebenso wie die argumentativen und rhetorischen ›Verbesserungen‹ am Manuskript zu den Aufgaben der Fachautoren.

›Die dialektische Dürrheit zu vertreiben‹: Die Zurichtung der Manuskripte auf die Leser

Die regelgeleitete Erfassung und Modellierung der Information macht nur einen Teil der Tätigkeit der Fachprosaautoren aus. Eine weitere Aufgabe besteht darin, diese Informationen für die späteren Leser glaubwürdig zu machen. Aussagen, die Hörern oder Lesern nicht plausibel erscheinen, werden von ihnen schwerlich befolgt und so verfehlten die Rede oder das Buch ihren eigentlichen pragmatischen Zweck.
Um die Glaubwürdigkeit von vor allem technischen Beschreibungen zu erhöhen, enthält die Fachliteratur ›argumentative‹ Passagen. Die Autoren begründen die Vorzüge des von ihnen beschriebenen Verfahrens, weisen alternative Herangehensweisen zurück oder setzen sich mit gängigen Vorurteilen auseinander. Mit Blick auf die i.w.S. technische Literatur kann man sagen, daß diese argumentativen Texteile neben den beschreibenden die wesentliche Veränderung gegenüber den mittelalterlichen Formen der Erfahrungsregistratur ausmachen. (Vgl. u. S. 695f.) Die

einfache listenförmige Aufzählung und die rezeptartigen Anweisungen werden sowohl durch Beschreibungen der Herstellungsprozeduren, der Werkzeuge und der Arbeitsgegenstände als auch durch Begründungen des Vorgehens expandiert.

Es soll noch einmal betont werden, daß alle diese argumentativen und kommentierenden Zusätze von den perspektivisch gewonnenen Beschreibungen ausgehen und an diese anschließen. Im Grunde kann man erst von diesem Zeitpunkt an, an dem die Beschreibungen nach einem kodifizierten Verfahren ablaufen, die beschreibenden und die kommentierenden Texte voneinander nach formalen Prinzipien trennen. Es kann richtige Beschreibungen geben, aus denen falsche Schlüsse gezogen werden. Damit erhalten ›Kommentar‹ oder ›Argumentation‹ und deren Gegenüber, die ›Beschreibung‹, erst ihren modernen Sinn.

Die klassischen Lehren, auf die die frühneuzeitlichen Autoren bei dieser Form der Textbearbeitung zurückgreifen können, sind die Logik und die Rhetorik. Die Logik lehrt die Erfahrungsaussagen widerspruchsfrei zu verketten. Die Rhetorik zeigt, wie man bei den Zuhörern Glauben für die eigenen Vorschläge erwecken kann.

Während die Regeln der Aussagenlogik von den Autoren der Fachliteratur ohne weiteres übernommen werden konnten, erwiesen sich die traditionellen Rhetoriken als kaum geeignet für ihre Zwecke. Die typographische Kommunikationssituation unterscheidet sich von den mündlichen Rede- und Disputationsgelegenheiten, die die antiken Rhetoren vor Augen hatten. Sie unterscheidet sich auch von der Lage, in der sich der Briefschreiber befindet. Dieser kennt sein Gegenüber und er weiß, auf welchen geregelten institutionellen Bahnen seine Botschaft transportiert wird. Der Fachautor hat es mit einem Publikum zu tun, das ihm unbekannt ist und bleibt. Insoweit unterstützen auch die mittelalterlichen ›*Briefsteller*‹ sein Handeln nur unwesentlich. Hinzu kommt, daß die klassische Rhetorik ihre Regeln anhand von nur drei Gattungen, der beratenden, der gerichtlichen und der Prunkrede, entwickelt hatte.[209] Keine dieser Gattungen erfaßt die Spezifik der unterrichtenden, zur Selbsthilfe anleitenden Fachprosa befriedigend.

Zu denjenigen Gelehrten, die im 16. Jahrhundert eine Rhetorik für die veränderten Verhältnisse der druckschriftlichen Kommunikation schreiben, gehören Ortholf Fuchsperger und der 1587 in der Bartholomäus-Nacht ermordete Petrus Ramus.[210] Obwohl ihre Werke auch Themen behandeln, die man üblicherweise der ›Logik‹ oder der ›Rhetorik‹ zugerechnet hätte, erscheinen sie unter dem Titel ›*Dialektik*‹. Dieser Begriff sollte zum Rufnamen der neuen Beschreibungslehre werden.[211] Die ›*Dialectica*‹ gilt Fuchsperger als das ›*Richtscheyt*‹ des Autors. Sie ist eine Kunst, *»welche mit kurtzen worten den bloossen handeln fürlegt / der nachmals von der Rhetorica mit meererem anhang zierlicher Rede haerfür gebracht«* wird. (Ebd. S. 4) Die Rhetorik erscheint ihm also nur als ein ›Zusatz‹, eine kommunikativ-pragmatische Überarbeitung der eigentlich zentralen Beschreibung. Sie dient dazu, ›*die Dialectisch dürrheit* .[.] *zuouertreyben*‹. (Ebd. 128) Und ähnlich wird von ihm auch die Logik als ein Verfahren angesehen, *»dadurch* [..] *ein kurtzer fürschlag«*, eine beschreibende Aussage also, *»in die laenge gezogen / am verstaendigesten fürgegebe(n) / und der gedaechtnuß eyngetruckt moeg werden«*. (142) Auch sie baut auf den gewonnenen Erfahrungen auf und ist insofern im eigentlichen Kernbereich der Dialektik nachgeordnet.[212]

Den breitesten Raum, das gesamte zweite Buch seiner ›*Dialectica*‹, nimmt ein Gegenstand ein, der in der klassischen Dialektik bzw. Rhetorik eher eine untergeordnete Bedeutung besaß, die ›*Topik*‹.[213] Dieses Buch, ›*von erfindung gemeiner Stett vnd anzüg*‹, wie Fuchsperger übersetzt, *»leert nit finden / was man reden oder schreyben woell / sonder wie das / so zuovor erdacht vnd erfunden / gefoermbt / vnd mit was ordnung der woerter es soelle beschriben oder geredt werden«*. (Ebd. 201/202) Es werden also hier weder die Probleme der Gewinnung und logischen Strukturierung von Erfahrungsaussagen noch der sprachlichen Gestaltung, der ›*Redezier*‹, behandelt. Geschildert wird vielmehr, was diejenigen, ›*so etwas wollen schreiben*‹, im Hinblick auf die zukünftigen Kommunikationspartner berücksichtigen müssen: *»Erstlich was sie zur Bekräftigung ihrer Behauptungen und zur Verwerfung gegenteiliger Meinungen tun können oder mit welchen Begründungen sie ihre Sache schützen können und letztlich erst in welcher Aussageform sie die so gefundenen Argumente darstellen und aussprechen wollen«*. (Ebd. 202) In dieser Phase des Schaffensprozesses hat der Autor das Rohmaterial für seinen schriftlichen Text längst fertiggestellt. Er versucht nun, ›*in seinem Gemüt*‹ herauszufinden, durch welche Mittel seine Thesen ›*glaubhaftig herfürzubringen*‹ sind. (Ebd. 202) Der Schreiber soll nach ›Gemeinplätzen‹, wie Fuchsperger die ›*Loci communes*‹ nennt, suchen, die ihm genauso wie seinem mutmaßlichen Kommunikationspartner geläufig sind. Glaubwürdigkeit gewinnt die Argumentation hauptsächlich dadurch, daß sie sich auf Wissensbestände beruft, die vom Alltagsbewußtsein oder ggf. vom Fachwissen als bewährt anerkannt werden. Fuchsperger ist überzeugt, daß deshalb die aufmerksame Beobachtung realer Kommunikationen und der hier verwendeten Plausibilisierungen die Hauptquelle für den Aufbau einer Topik der *›Findung gemeiner Stätte‹* ist.

Er gibt selbst mehrere Beispiele, wie er zur Erkenntnis einiger *›Grundfesten unserer Vorschläge‹* gelangt ist. (Ebd. 208) So berichtet er, wie er *»eins mals zwen bauren / am Sontag vnder der predig bey der linden disputieren«* hörte, über die Frage nämlich, ob die Gemeinde das Recht habe, dem sonntäglichen Gottesdienst fernzubleiben, wenn der Pastor *›verdrossen‹* predigt. (Ebd. 203-205) Er verfolgt die Argumente der sich rasch herausbildenden zwei Parteien, die für und wider die Teilnahme an der Predigt sprechen, und beschreibt schließlich das Argumentationsschema. Seine Schlußfolgerung aus dieser Gesprächsbeobachtung ist, daß diese Bauern, die *›kein kunst nie gelernet‹* und gleichwohl *›der kunst ein exempel‹* gegeben haben, hierzu nur deswegen in der Lage waren, weil die Kunst der Topica *»der natur so gar anhangt / daß sy nichts anders dann natur ist«*. (Ebd. 205)

In gleicher Weise untersucht er mehrere verschiedene Kommunikationssituationen, so die Entscheidung über das Anlegen eines Bergwerkschachtes (207/8), die Begründungszwänge, die entstehen, wenn man Personen bestimmte Charaktereigenschaften zuschreibt (212) sowie insbesondere die Argumentationen und Ansprüche, die an die Glaubwürdigkeit in juristischen Kontexten, in denen Fuchsperger durch seine Ausbildung und Praxis zu Hause ist, gestellt werden. Die Mehrzahl seiner Beispiele entnimmt er allerdings der Bibel und begründet dies damit, daß dieser Text am leichtesten zugänglich sei und somit seine Schlußfolgerungen an diesem Gegenstand am leichtesten für die Leser überprüfbar gemacht werden können.[214]

Wenngleich sicherlich nicht alle ›Exempel‹ aus datierbaren empirischen Situationen stammen, so ist dennoch kaum bestreitbar, daß die Topik von Fuchsperger aus den kommunikativen Erfahrungen der Zeit entwickelt ist. Das methodische Bemühen, von

Erfahrungen auszugehen, die auch für die Zeitgenossen aufgrund ihrer praktischen Alltagserfahrungen nachvollziehbar sind, ist unverkennbar. Das Vertrauen in das Alltagswissen, in die *›natürlichen‹* Wurzeln jeder, auch der dialektischen und rhetorischen Regeln ist ein typischer Zug bei den volkssprachlichen Autoren in Deutschland im 16. Jahrhundert. Fuchsperger kommt dabei zu einigen interessanten Beobachtungen. So stellt er fest, daß Plausibilisierungen durch Rückgriff auf sinnlich-anschauliche Evidenzen die typische Form sind, mit der Laien und insbesondere Kinder in den Gesprächen argumentieren. (Ebd. 267/68) Demgegenüber würden *›Augenschein und Sinnrechte‹* in den institutionellen Zusammenhängen zurücktreten. Dies ist nun zwar keine überraschende Erkenntnis, aber sie wirft doch ein Licht auf die Veränderungen in der Argumentationsstruktur, die vor sich gehen, wenn aus den face-to-face-Kommunikationssituationen, in denen die Kommunikationsgegenstände sinnlich präsent sind, in indirekte Kommunikationssituationen, wie sie für die schriftsprachliche und für den Großteil der institutionellen Kommunikation üblich sind, übergegangen wird.
Viele seiner Beobachtungen sind auch nur in Nebensätzen eingestreut, ohne daß ihre Bedeutung im einzelnen entfaltet wird. So bemerkt er, daß die *»Artzet aber / kaufleüt / reüter / vnd sonst ein yede handtierung ... jr besondere stett«*, d.h. besondere, ihnen eigene Formen der Plausibilisierung besitzen. (Ebd. 206) Er verfolgt diesen Gedanken der fach- und gattungsspezifischen Argumentationsmöglichkeiten aber nicht weiter. Hier liegt zweifellos ein Zugang zu einem tieferen Verständnis der Eigentümlichkeiten der einzelnen literarischen Gattungen. Die *›gemein Stätte‹*, die für den Leser akzeptabel sind, und bei denen der Schreiber keine Notwendigkeit zu einer Fortführung seiner Beweisführung oder der Gegenstandsbeschreibung mehr sieht, variieren in den einzelnen Gattungen der Fachprosa und erst recht zwischen jener und ganz anderen Textsorten, also etwa der theologischen Literatur. Die Autoren standen in der frühen Neuzeit vor der Aufgabe, für ihre jeweiligen Bereiche solche ›Gemeinplätze‹ zu finden und zu institutionalisieren, damit man sich mit Büchern unterhalten konnte, ohne beständig bis ins Detail explizieren zu müssen und trotzdem auf ein gegenseitiges Verständnis rechnen konnte. Die nachfolgenden

Autoren mußten diese ›*Redefiguren*‹ und Topoi für die verschiedenen Gattungen ebenso lernen wie die Methodik der perspektivischen Wahrnehmung und der ›*rechten*‹ Beschreibung der Informationen.

Der von Fuchsperger noch einmal unternommene Versuch, eine allgemeine, nicht disziplin- oder gattungstypische Topik zu schaffen, ist letztlich gescheitert. Die Legitimität der gedruckten Fachprosa ließ sich anders als jene der Rede nicht mehr in erster Linie durch persönliche Integrität oder institutionelle Autorität herstellen. Hier mußten, wie schon im Abschnitt 4.2 gezeigt, neue Mechanismen, z. B. die ›Legitimation durch Verfahren‹, entwikkelt werden; glaubwürdiger als die ›*gemein Stette*‹ sind methodisch kontrollierte Verfahren der Informationsgewinnung.

Die Tatsache, daß R. Agricola, O. Fuchsperger und P. Ramus ihre Werke ›*Dialectik*‹ nannten, mag schon als ein Reflex auf diesen Funktionsverlust der Rhetorik gedeutet werden. Für weite Bereiche der öffentlichen typographischen Kommunikation haben sich Autoren und Leser auf Normen geeinigt, die in der traditionellen Rhetorik nicht vorgesehen waren.[215] Diese Normen der Beschreibungen und des Experiments schildert Dürer weit genauer als Fuchsperger.

Die Rhetorik erscheint ab diesem Zeitpunkt, wie Fuchsperger ganz richtig vermerkt, nur noch als ein ›*Zusatz*‹ zur Beschreibung.[216] In dieser Funktion bleibt sie nützlich – aber eben auch abhängig von den Beschreibungen. Und da diese in den einzelnen Disziplinen ganz unterschiedlich angelegt werden, findet eine allgemeine Topik, wie sie der Hofrichter aus Mondsee versucht, nur noch wenig Raum. Jede Disziplin entwickelt ihre eigenen Topoi. Diese werden in der Fachausbildung, nicht in speziellen Rhetorikkursen gelernt.

›Wer aber durch die Geometria sein Ding beweist, dem soll alle Welt glauben‹: Die Durchsetzung eines formalen Wahrheitskriteriums

Die perspektivischen Wahrnehmungsaxiome erhalten im Laufe des 16. Jahrhunderts für diejenigen, die in den typographischen Informationssystemen mitarbeiten, schrittweise die Rolle allgemein akzeptierter ›*loci communis*‹. Diese Entwicklung geht, wie wir eben bei der Diskussion von Fuchspergers ›*Dialectica*‹ sahen, Hand in Hand mit einer Abwertung konsensueller Wahrheitskriterien. Rhetorische Bemühungen erhalten für viele Gattungen einen negativen Beigeschmack.

Als ›*wahr*‹ gelten zunehmend nur noch diejenigen Informationen, die nach perspektivischen Prinzipien gewonnen und dann in Skulpturen, Zeichnungen oder Beschreibungen niedergelegt sind. »*Aber an* [ohne] *recht proportion kan ye kein bild volkommen sein / ob es auch so fleissig als das ymer moeglich ist / gemacht wirdet*«, schreibt Dürer 1528 in seinen ›*Vier Büchern von menschlicher Proportion*‹ (A2r). »*So ... aber*« das Werk, fügt er hinzu, »*sein rechte maß hat / kan das von nymand getadelt werdenn / ob es auch ganz schlecht gemacht ist.*« (Ebd.) Die Frage, ob das Bild ein rechtes Maß hat, läßt sich nunmehr formal entscheiden. »*Dan ein künstreich Mensch mag etwan vrsach antzeigen, worum ein gestalt hübscher seÿ weder dÿ ander.*«[217]

Diese ›Ursachen‹ sind die in den vorigen Abschnitten ausführlich dargelegten Normen der Wahrnehmung und Beschreibung. »*Solche Regeln setzen dich in den Stand*«, schreibt Leonardo, »*das Richtige vom Falschen zu unterscheiden.*«[218] Sie sind im Gegensatz zu den Regeln der älteren Seh- und Darstellungsweisen formalisiert. Das Vorgehen ist bis in alle Einzelheiten kodifiziert und so ausführlich dargestellt, daß es sogar aus Büchern gelernt werden kann.[219] Perspektivlehre und Geometrie liefern Kriterien für eine binäre Bewertung von ›beschriebenen‹ Informationen. Folgt die Gewinnung und Darstellung ihren Regeln, so ist sie wahr, folgt sie ihnen nicht, so ist sie falsch. Nur wer »*durch die Geometria sein Ding beweyst / vnd die gründtliche warheyt anzeygt / dem soll alle welt glauben / denn da ist man gefangen*«, schreibt Dürer.[220] Nur ›wahre‹ Informationen werden von der Gesellschaft alsbald als ›Wissen‹ bezeichnet.

›Wahrheit‹ ist insofern (nur) ein Attribut für einen in festgelegten Bahnen ablaufenden Prozeß der Gewinnung, Verarbeitung und Anwendung (Überprüfung) von Informationen. Die sozialen oder psychischen Systeme aber, die diesen *›rechten‹* Normen genügen, sind auf typographische Medien sowohl zur Speicherung als auch zur Verbreitung der Informationen angewiesen. So gesehen kennzeichnet der neuzeitliche Wissensbegriff das spezielle Emergenzniveau von Informationen oder von Software, die in bestimmten mit typographischen Medien ausgestatteten Informations- und Kommunikationssystemen zirkulieren und diese programmieren. Nur etymologisch läßt er sich noch auf das *›wizzan‹*/›weisen‹, die ›demonstratio ad oculus‹ in einfachen Interaktionssystemen, zurückführen. Durch einfaches *›witan‹* ›auf etwas hinblicken‹, lassen sich die *›rechten‹* Informationen nicht mehr gewinnen.
Den heutigen Betrachter muß es verblüffen, wie rasch sich dieses hochartifizielle Verfahren der perspektivischen Wahrnehmung und Darstellung im Bewußtsein der Zeit zum einzig *›natürlichen‹* mauserte. Man vermag noch nachzuvollziehen, daß Dürer seine Projektionsmethode als *›richtig‹* und *›wahr‹* bezeichnete. *›Recht‹* hieß in diesem Zusammenhang eben: nach Maßgabe des *›Richtscheits‹* und der *›rechten‹*, geraden Linien. Insofern sind seine perspektivischen Zeichnungen *›rechte Abkonterfeiungen‹* der Umwelt. Aber sie waren selbstverständlich zugleich außerordentlich künstliche Produkte. Schon bei Walther Ryff wird die perspektivische Projektionsmethode jedoch zu einem Synonym für die *›natürliche‹* Informationsverarbeitung. Die *›Vernunft‹*, die zu gebrauchen eine unerläßliche Voraussetzung in der *›Underweisung der Messung‹* ist, wird nicht mehr mit diesem Verfahren assoziiert, sondern diesem im Gegenteil geradezu gegenübergestellt: *»Dann wo ein Maler nit nach dem leben/sonder nach seiner vernunfft vn(d) gut beduncken/vnterstet sein gemehl zu stellen«*, schärft Ryff den Handwerkern ein, *»wirt er der rechten natuerlichen schonheit nit hochgeprisen werden/sond(ern) dardurch in ein frembde falsche art fallen/welcher er sich (der gewonheit halber) hernach nit wol wider erledigen entziehen vnd abthun mag/aber welche Maler alle jre ding mit fleiß nach dem leben vnd der natur machen/die komen in ein solche gewonheit vnnd fertigkeit/was sie fuernemen/das es ein gute art vnd der Natur gleichformig ist/ob sie gleich kein sonderlichen fleiß darauff wenden.«* (LXXIII)

Was Ryff hier in seinem *›eygentlichen Bericht künstlichs Malens‹*, in seiner *›Architektur‹* von 1558, formuliert, ist keineswegs ein Plädoyer für eine ›freie‹ Malerei, sondern im Gegenteil für die Einübung der perspektivischen Wahrnehmungs- und Darstellungslehre. Sie soll zur Gewohnheit und damit zur zweiten Natur der Architekten, Bildhauer, Maler usw. werden. Nur Informationen, die nach den kodifizierten Prinzipien der neuen Projektionsmethode gewonnen sind, gelten zugleich als wahre und als ›naturgetreue‹.

Der konstruktive, normative und technische Charakter der perspektivischen Darstellung wird von den Menschen im Fortgang des 16. Jahrhunderts zunehmend verdrängt.

Galilei geht kaum 100 Jahre später noch einen Schritt weiter. Für ihn ist die *›Natur in der Sprache der Geometrie geschrieben‹*.[221] Die perspektivische Konstruktion wird nicht mehr dem Betrachter als Leistung, sondern der Natur als Eigenschaft zugeschrieben. Man begreift nicht mehr, daß die Umrißlinie erst das Produkt eines spezifischen Verhältnisses zwischen dem Betrachter und seinem Gegenüber ist, sondern man nimmt an, daß der Mensch an sich eine Umrißlinie hat.

Im Alltagsbewußtsein hat sich diese Einschätzung trotz mancher Erschütterungen bis auf den heutigen Tag erstaunlich gut gehalten.

Für Dürer war andererseits noch klar, daß die Anwendung seiner Proportionslehre zwar eine notwendige, aber noch keine hinreichende Bedingung für ein *›gutes‹* Werk darstellte. Ihm galt die *›Wahrheit‹* keineswegs als ausschließliches Bewertungskriterium für seine Werke.

Vor allem in seinem später so genannten ›Ästhetischen Exkurs‹ wird deutlich, daß Dürer in den *›ausgemessenen‹* Darstellungen zwar eine hinreichende Bedingung für *›rechte‹* Erkenntnis sieht, aber nicht zugleich auch für eine ästhetische Gestaltung. Für diese gilt sie nur als eine notwendige Bedingung. Erst auf der Basis rechter Kunst mag sich der Geschmack des einzelnen Künstlers voll entfalten.

Eine Begrenzung der individuellen Fähigkeiten befürchtet Dürer durch seine genormte Unterweisung nicht. Es *»ist nymand gezwungen, sich diser meiner ler zuo brauchen/jch weys aber woll wer sich der vndersteen/wirdet nit allein eynen gruentlichen anfang darauß fas-*

sen/ sonder durch den taeglichen brauch/ zuo eynem groessern verstand reichen/ weytter suochen vn(d) gar vil mehr dan(n) ich ytzt anzeyg erfinden«.[222]
Die Ansicht, daß sich die Bürger unter den Bedingungen der neuen Informationstechnologie der ›*ler*‹ jederzeit entziehen können, erwies sich letztlich als ein Irrtum. In dem Maße, in dem sie zu einer gesellschaftlichen Norm wurde, mußte sich jeder beim öffentlichen Handeln mit ihr auseinandersetzen. Selbst wenn er ihr nicht folgte, was freilich sein gutes Recht und das Markenzeichen vieler künstlerischer Bewegungen ist, so werden die Produkte dennoch vor dem Hintergrund der Norm gedeutet: als Abweichung, mangelnde Fertigkeit, Protest o.ä.

6.5
Die Informationstransformation durch den Markt

Das Buch als Ware: Die Information erhält einen formalen Wert

Der Markt wirkt innerhalb des typographischen Informationssystems als ein Prozessor, der das Emergenzniveau der Informationen nicht minder verändert als der Fachautor. Er nimmt ›private‹ Informationen auf, macht sie zu Waren und vergesellschaftet sie in diesem kommerziellen Vorgang, und er ermöglicht schließlich ihre Reprivatisierung durch den Kauf. (Vgl. a. Abschnitt 6.7) Auch nach der typographischen Vervielfältigung bleiben die Bücher im Grunde noch privates Eigentum: Sie gehören den Verlegern und/oder Autoren zunächst nicht nur in einem juristischen Sinne, sondern sie sind auch in einem informationstheoretischen Sinn noch nicht öffentlich zugänglich und somit auch keine gesellschaftliche Information.

Dies ändert sich in dem Augenblick, in dem die Bücher auf den Markt kommen und als Waren verkauft werden. Auf die Besonderheiten dieses Betriebssystems ging das Kapitel 5 schon ein. Der Markt ist aber nicht nur kommunikations- sondern auch informationsgeschichtlich interessant. Indem man sich für den ›*Marckt*‹, einen gemeinen Ort oder Platz, ›*wo man allerlei feil hat oder verkaufft*‹, als Medium der Vernetzung von Autoren und Lesern entschieden hatte, mußte man sich auch damit einrichten, daß die gedruckten Bücher und damit die in ihnen gespeicherten Informationen zu einer Ware wurden.[223]

Nicht mehr nur spezielle Erfahrungen, die aufgrund besonderer Umstände schon immer zu einem Schatz werden konnten, den man mit Gold aufwog, sondern jede Information, die durch die Presse läuft, erhält nun einen abstrakten ökonomischen Wert.

Dieser Wert, der Preis, stellt sich genauso her wie derjenige der anderen Waren auch. Berechnet werden die Kosten der Bücher für den Produzenten, den Verleger und/oder Drucker. Welcher Arbeitslohn war für die verschiedenen Arbeitskräfte, Setzer, Drukker, Gehilfen, Korrektoren, Buchführer usw. zu zahlen? Welche Abschreibungskosten für die eingesetzten Arbeitsmittel, vor allem die Lettern und Pressen, und für die Rohstoffe, Papier und Farbe, fallen an? Als Unkosten zählt auch das Honorar, welches u.U. für die Leistung des Autors gewährt wird. Hier versagt freilich das Wertprinzip: Johann Staden etwa wird für seinen Bericht über seine Amerikareise kein Äquivalent zu der von ihm aufgewendeten Zeit/Arbeitskraft erhalten haben. Der Aufwand, der bei der Informationsgewinnung getrieben wird, entzieht sich der Quantifizierung. Luther hat dieser Erkenntnis nüchtern Rechnung getragen, wenn er im Vorspann seiner Bibelübersetzung 1545 schreibt, ihm sei am Honorar *›nichts gelegen‹. »Denn ich habs vmb sonst empfangen/vmb sonst hab ichs gegeben/vnd begere auch dafur nichts/«.*[224] Seine Mühen, *»was wir darüber gelidden/gethan/vnd dran gewand«* haben, konnte er ohnehin nicht erwarten, angemessen honoriert zu bekommen. (Ebd. 7)

Nach welchen anderen Kriterien sollte der Wert der Informationen im Wirtschaftsleben auch bestimmt werden? Ein Hebammenbuch mag nützlicher als eine Schmähschrift gegen die *›pludrigen Hosenteufel‹* sein, mußte der Autor deshalb besser bezahlt und das Buch teurer verkauft werden?

Durchgesetzt hat sich die Praxis, die Kalkulation des Verlegers zur Grundlage der Honorarfestlegung zu machen. Man tut damit so, als ob sich der Wert der Information auf dem Markt herstellt. Ob er sich dort auch im Preis realisieren läßt, ist eine weitere Frage, die von vielen Faktoren, die üblicherweise unter dem Stichwort ›Angebot und Nachfrage‹ zusammengefaßt werden, abhängt. Der Wert der Information erscheint als das überaus vermittelte Produkt einer Systemleistung eines komplexen Wirtschaftssystems. Da dieses als ein gesellschaftliches System funktioniert und betrachtet wird, gewinnt auch sein Output, die verkauften Informationen, einen gesellschaftlichen Charakter. Eine neue und vor allem ganz unwahrscheinliche Perspektive!

Die gedruckten Informationen haben somit einen anderen Preis als die Informationen, die in oralen und skriptographischen Netzen zirkulierten.

Die mittelalterlichen Institutionen bewerteten Informationen nach dem Beitrag, den sie zur Erfüllung der institutionellen Funk-

tionen oder Aufgaben leisteten. Hier wie auch bei der oralen Wissensweitergabe konnten die unterschiedlichsten Bewertungskriterien angelegt werden. Die Orientierung am Tauschwert bringt demgegenüber eine immense Vereinfachung der Wertberechnung, eine Standardisierung auf ein Prinzip hin, mit sich.
Natürlich hat es auch im Mittelalter schon ›einige‹ gegeben, die *›Bücher nur als Vorwand nahmen, unter dem sie ihrer Habgier frönen‹* konnten. *»Das sind die schlimmsten von allen«*, geißelt Petrarca beispielsweise jene, *»denn sie schätzen Bücher nicht nach ihrem wahren Wert, sondern so, als wären es Handelsobjekte«.*[225] Mit einer gewissen Befriedigung konnte er freilich noch feststellen, daß diese *›schlimme Pest‹ »aber noch neu ist und sich erst vor kurzem in die Interessen der Reichen eingeschlichen zu haben scheint«.* (Ebd.) Zweihundert Jahre später ist diese einstige Marotte einiger weniger Reicher zum allgemeinen gesellschaftlichen Verteilungsprinzip für die gedruckten Bücher geworden. Nur weil sie als Handelsobjekte betrachtet werden, stehen sie auf dem Markt jedermann zur freien Auswahl.

Wollte sich ein Autor am Gewinn orientieren, den andere aus seinen Informationen ziehen konnten, so durfte er in der frühen Neuzeit sein Wissen nicht ausdrucken und damit veröffentlichen lassen. Nur für Geheimnisse ließen sich Sonderpreise erzielen. Eine auf den kommerziellen Nutzen der Information für den Käufer bezogene Wertbestimmung ist in den europäischen typographischen Netzen niemals möglich gewesen. Im Gegenteil, Autoren und Verleger weisen in den gedruckten Büchern immer wieder darauf hin, daß der Gebrauchswert der zur Verfügung gestellten Informationen in keinem Verhältnis zu dem (niedrigeren) Preis des Buches steht.
H. Brunschwygk läßt seine *›Cirurgia‹* 1497 für *›ein klein zymlich gelt‹* verkaufen und versichert den Käufern in der Vorrede, daß diese, *›wenn die Zeit und Stund kommt‹*, wo sie die gedruckten Informationen anwenden können, *›zehnmal so viel dafür geben‹* würden.
»Glaube mir, Leser«, wirbt Hieronymus Emser in seiner Ausgabe der Werke des italienischen Humanisten Pico della Mirandola, *»wenn du des Picos Bände durchforschest, Wirst du beredt und gelehrt, nimmst auch an Frömmigkeit zu. Und du wolltest noch zögern, um billiges Geld zu erwerben Dieses dreifach Gut? Wahrlich, du wärest ein Tropf!«*[226]

Ob zehnfacher oder dreifacher ›Mehrwert‹, solche Behauptungen lassen sich deshalb leicht aufstellen, weil der private Gewinn, den der einzelne Leser eines Buches aus seiner Lektüre zu ziehen vermag, für den Handel im Grunde keine Rolle spielt. Dieser Gewinn stellt sich erst als das Resultat weiterer Transformationen der Informationen im Bewußtsein und Handeln der Leser her. Der Verarbeitungsprozeß beim Benutzer erfolgt in einem anderen – dem psychischen – Netz und dieses wird vom Markt als Umwelt behandelt. Der Nutzen der in den gedruckten Büchern gespeicherten Informationen und der Preis der Bücher werden unvergleichbar, weil bei der Wertbestimmung unterschiedliche Systemreferenzen zugrunde liegen. Vom privaten Nutzen spricht man, wenn das psychische System des Benutzers gemeint ist, vom Preis, wenn das typographische Netz als das ökonomische Subsystem der Gesellschaft betrachtet wird.

›So kauf mich frei und lese mich‹: Die Reprivatisierung der typographischen Informationen

Je unüberschaubarer das marktwirtschaftliche System – und damit auch die typographischen Netze – wird, desto größere Anstrengungen sind zu unternehmen, um die Waren den potentiellen Käufern bekanntzumachen. Die innere Dynamik des ökonomischen Systems bringt es mit sich, daß beständig um Käufer und für eine Beschleunigung des Informationsumschlags geworben werden muß.

In einer Zeit, in der es noch kaum spezielle Werbeagenturen gibt, muß jedes Buch für sich selbst Reklame machen. Dieser Funktion dienen vor allem die Titelblätter der Druckerzeugnisse.[227] So spricht etwa – auf dem Titelblatt von Fuchspergers ›*Dialectia*‹ – ›das Buch‹ nicht etwa zu einem bestimmten Leser, sondern ›*zum Käufer*‹. Und was hat das Buch dem Kauflustigen zu sagen? Es verspricht, daß der ›*Käufer bald und geschwind*‹ für seine Probleme ›Kunst und Lehre‹ findet, wenn er das Buch erwirbt. Deshalb soll er nicht zögern, sein ›*kleines Geld nicht sparen wollen*‹, sondern zugreifen. (Vgl. *Abb. 70*)

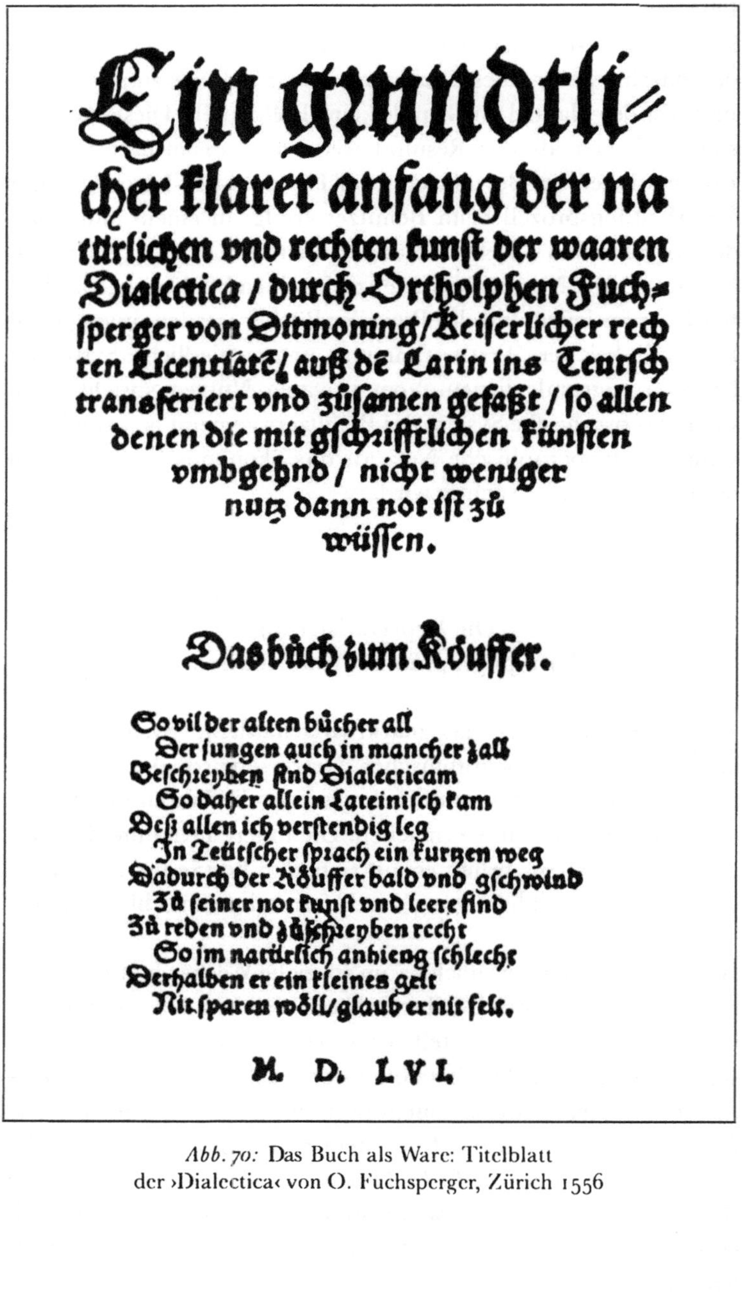

Ein grundtli-
cher klarer anfang der na
türlichen vnd rechten kunst der waaren
Dialectica / durch Ortholphen Fuch-
sperger von Ditmoning / Keiserlicher rech
ten Licentiatē / auß dē Latin ins Teutsch
transferiert vnd zůsamen gefaßt / so allen
denen die mit gschrifftlichen künsten
vmbgehnd / nicht weniger
nutz dann not ist zů
wüssen.

Das bůch zum Kouffer.

So vil der alten bůcher all
Der jungen auch in mancher zall
Beschreyben sind Dialecticam
So daher allein Lateinisch kam
Deß allen ich verstendig leg
In Teütscher sprach ein kurtzen weg
Dadurch der Kouffer bald vnd gschwind
Zů seiner not kunst vnd leere find
Zů reden vnd zůschreyben recht
So im natürlich anhieng schlecht
Derhalben er ein kleines gelt
Nit sparen wöll / glaub er nit felt.

M. D. LVI.

Abb. 70: Das Buch als Ware: Titelblatt
der ›Dialectica‹ von O. Fuchsperger, Zürich 1556

Ähnliche Anpreisungen mit dem Tenor ›*Kauf und Lies*‹ finden sich in Titelreimen auf Büchern des 16. Jahrhunderts in vielfältigen Variationen:

> *»So kauf mich frei und lese mich*
> *Das wird gereuen nimmer dich.«*
> Oder:
> *»Kauf mich o frummer Christ in treuen*
> *Laß dich zu lesen keine Mühe reuen.«*
> Oder:
> *»Kaufet mich mit guten treuen*
> *Es wird euch wahrlich nicht gereuen.«*
> Oder:
> *»Frommer Christ kauf und lies mich in treuen,*
> *Dein Geld soll dich gewißlich nicht reuen.«*[228]

Die in Büchern zur Verfügung gestellten Informationen sind Geld wert, kostbar wie ›*Edelsteine, Silber und Gold*‹ – aber in der Regel um ein Vielfaches billiger.[229]

Dieser im Abschnitt 6.2 schon angesprochene ökonomische Vorteil bringt den typographischen Informationskreislauf schnell auf Touren und führt zu einem beschleunigten Aufbau des neuen Informationssystems.

Dem Titelblatt kam aber noch eine weitere und vermutlich wichtigere Rolle in dem Bemühen, den Informationsfluß zu steuern, zu. Es diente zum einen der Metakommunikation über die Informationen, die in dem jeweiligen Buch gebündelt wurden, und steuerte insoweit die Selektionsleistung der Leser. Zum anderen betrachtete man die Bücher als Programme, die das Handeln und Erleben der Leser regulieren können und entwickelte hieraus Vorstellungen über typische Programmanwender.[230] Dieses Benutzerprofil wurde auf den Titelblättern oftmals ebenfalls mitkommuniziert. Selbst die Entwicklung der Kategorie des ›*armen Mannes*‹ wurde in dieser Weise als eine Hilfe betrachtet, die umherirrenden Erwartungen über die Käufer und von den Käufern zu ordnen.

6.6
Die typographische Programmierung sozialen Handelns und Erlebens

Die ›Anwender des Buchwissens‹ als informationsverarbeitende Systeme

In dem Modell der nationalen typographischen Informationssysteme (*Abb. 64*) erscheinen die ›Anwender des Buchwissens‹ als Effektoren. Sie eignen sich die in dem Bücherspeicher gesammelten Informationen an und geben sie durch ihr Verhalten an die Umwelt ab. So gesehen wirkt das typographisch archivierte Wissen als Programm für das Handeln von Menschen, Institutionen und Gesellschaften. Es ermöglicht menschliches Handeln und Erleben und normiert es zugleich. In diesem Sinne besitzt wohl jede gedruckte Information eine pragmatische Funktion.

Da die Bücher in vielen Exemplaren gedruckt werden, das Informationssystem über viele Effektoren verfügt, standardisieren sie nicht nur das Verhalten eines einzelnen psychischen Systems, sondern auch das kollektive soziale Verhalten. Dies unterscheidet die neuzeitliche gedruckte Literatur von fast allen Manuskripten des Mittelalters und der Antike. Abgesehen von einigen herausragenden Werken, im Mittelalter natürlich vor allem der Bibel, wirken jene Handschriften (nur) als künstliche Erweiterungen individueller psychischer Speicher und besitzen keine sozial normierende Kraft. Dies mag ein Grund dafür sein, daß der Buchdruck zu einem vergleichsweise sehr viel stärkeren Motor kulturellen Wandels geworden ist.

Genauso wie die Kategorie des ›Autors‹ bezeichnet auch jene des ›Anwenders des Buchwissens‹ ein komplexes Gefüge unterschiedlicher Rollen und Tätigkeiten. Einen ersten Eindruck hierüber vermittelt die *Abbildung 71*. Die ›Anwender‹ oder ›Benutzer‹ der gedruckten Informationen fungieren auf der einen Seite als Schnittstelle zu den kommunikativen Netzen. Auf diese Funktion wurde im Abschnitt 5.3 schon eingegangen: Zunächst müssen die Bücher gekauft oder ausgeliehen werden. Die auf diese Weise privatisierten Informationen können dann gelesen und in diesem Prozeß in

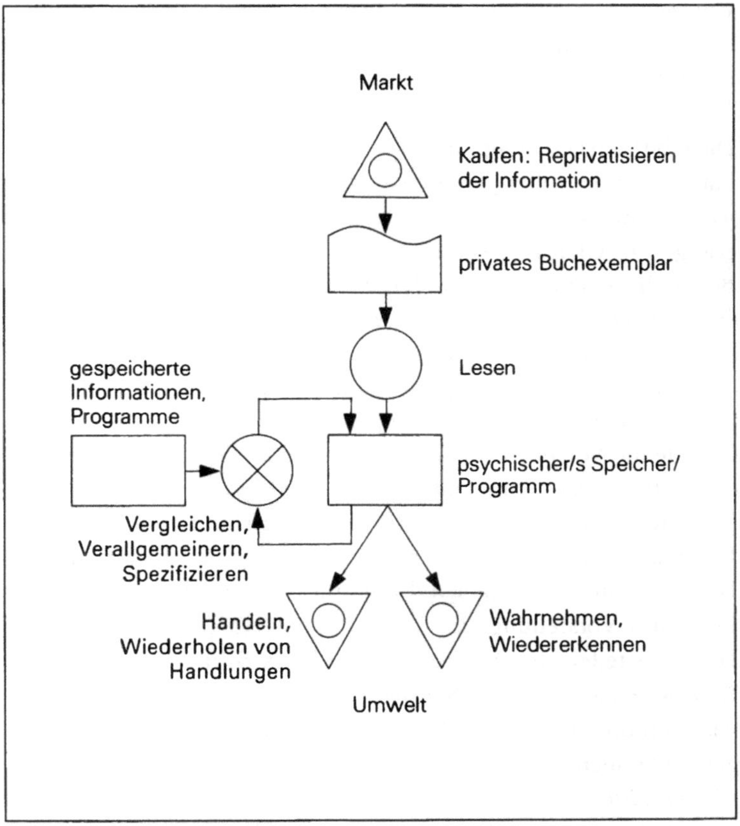

Abb. 71: Der Anwender des Buchwissens als informationsverarbeitendes System

psychische Programme umgesetzt werden. In einer nächsten Phase vergleicht der reflektierende Leser die Modelle mit seinem im Gedächtnis gespeicherten Wissen, zieht Schlußfolgerungen, vergißt manches und speichert dann anderes dauerhaft. Gemeinsam mit anderen Erfahrungen kann das Buchwissen dann für zielgerichtetes Handeln und Beobachten oder auch für andere Praxisarten eingesetzt werden. Nur in diesem Fall der ›Anwendung‹ des ›Buchwissens‹ wird der Leser zu einem Element des riesigen typographischen Informationssystems. Deshalb ist in dem Modell der Effektor auch nicht als ›Käufer‹ oder als ›Leser‹, sondern eben als ›Anwender des Buchwissens‹ bezeichnet.

Um menschliches Handeln, Wahrnehmen und Reflektieren anleiten zu können, muß die ausgedruckte Information schon frühzeitig besonders aufbereitet werden. Die Bücher enthalten Informationen darüber, für welche Typen von Anwendern sie gedacht sind. Die Charakterisierung dieser Typen beginnt schon auf den Titelblättern, indem etwa *›angehende Maler‹*, *›arme Kranke‹*, *›Apotheker‹*, *›junge Schulkinder‹* o.ä. als Adressaten genannt werden. Oftmals erfolgt die Charakterisierung auch negativ, etwa wenn Sebald Behem in seinem *›Kunst und Lere Buechlein‹* (Frankfurt 1557) gleich eingangs gegenüber dem *›lieben Leser‹* betont, er habe *›dies Büchlein nicht für die Hochverständigen und Erfahrenen lassen ausgehen / sondern allein für die gar einfältigen Jungen‹*. Ein Buch also nicht für die Könner unter den Malern, sondern für die Anfänger.

Gerade die Vorreden geben den Autoren in jener Zeit, in der sich die Gattungserwartungen noch nicht stabilisiert haben und deshalb Kurzrepräsentationen für eine Verständigung mit dem Publikum über die vorausgesetzten Qualifikationsmerkmale und Interessen nicht ausreichen, Raum für eine ausführliche Entwicklung ihrer Vorstellungen.

In ihnen teilen die Autoren mit, welches Bild sie sich von den Lesern gemacht haben. Sie sagen dem Leser, was er alles schon wissen muß, um mit den dargelegten Informationen etwas anfangen zu können.

»D(er) maister sol auch künden [können] *schreiben vnd(d) lesen / Wan(n) er künd anderst die stuck nit alle bede(n)cken / noch im sinn behalten / die zuo diser ku(n)st gehoerent vnnd die inn disem buoch hernach stand«*, heißt es etwa 1529 in einem *›Feuerwerkbuch‹*, welches bei Heinrich Stainer in Augsburg erschien. *»Er sol auch drey dinng vor*[her] *wissen«*, bevor er sich nämlich an die Lektüre des Buches macht, *»von dem gewicht dragma / vnnd mensuren maß, er sol sich auch erberklich vn(d) freüntlich ziehen* [zeigen] *mit worten und wercken / vnd sol zuo in allen wol besüntt sein / vnd besunder sich hieten zuo allen zeiten vor trunckennheitt.«*[231]

In diesen Rollenskizzen zeigt sich, daß nicht nur die Autoren ihre Beschreibungen von einem ›künstlichen‹ Standpunkt aus vornehmen, sondern daß auch die Adressaten vergleichbare idealtypische Positionen einnehmen. Nur insofern sie sich auf den Standpunkt sozial konstruierter und später in Gattungserwartungen stabilisierter Idealtypen stellen, kann das gespeicherte Wissen für sie

nützlich werden. Zumindest die Anwendung oder Nutzung derjenigen Informationen, die für die wissenschaftliche und beschreibende Fachprosa typisch sind, setzt die Einnahme solcher sozial konstruierter Positionen voraus. Dies brauchen nicht nur die professionellen Rollen im engeren Sinne zu sein, es kommen auch abstrakte Elemente des Gesellschaftssystems wie ›*Bürger*‹ oder ›*gemein Mann*‹ in Frage. Andere literarische Gattungen, vor allem natürlich die sog. schöne Literatur, gehen von einem ganz anderen Idealtypus, dem biographisch geprägten Individuum – Niklas Luhmann würde vielleicht von ›*Personalsystemen*‹ sprechen – aus.[232]
Alle diese Idealtypen unterscheiden sich in der Weise, in der sie ›effektiv‹ werden: in den Praxisarten. Je nach den Praxisarten sind spezielle Programme gefordert, die wiederum in typischer Weise gewonnen und verarbeitet werden müssen. Man kann auch, um den zirkulären Zusammenhang nicht aus den Augen zu verlieren, sagen: Die Vielzahl der Informationen, die die Sensoren aufnehmen und die die Reflektoren verarbeiten, bestimmt die Praxisarten, die programmiert werden können.[233]

Steigerung und Isolation: Die perspektivische Zurichtung der Sinne

Die Prinzipien der perspektivischen Informationsgewinnung und -verarbeitung in dem weiten, in diesem Kapitel dargestellten Sinn, bestimmen nicht nur das Erleben und Handeln der Autoren, sondern auch jenes der Leser und aller anderen in das typographische Informationssystem integrierten Individuen. Um das Buchwissen verstehen und nutzen zu können, müssen alle beteiligten psychischen Systeme ähnlich projizieren und verarbeiten. Die im Abschnitt 6.4 genannten Maximen und Normalformerwartungen gelten im Prinzip auch für die ›Anwender des Buchwissens‹. Sie erreichen und formieren damit einen weit größeren Kreis von Menschen, als es vielleicht bislang den Anschein hatte.
Was passiert nun mit den Menschen, jetzt verstanden als biographisch gewachsene psychophysische Systeme, wenn sie in den Einflußbereich des typographischen Informationssystems gelangen?

Verglichen mit dem, was sich retrospektiv verhältnismäßig einfach zusammentragen läßt, fallen die Äußerungen der Zeitgenossen merkwürdig unbestimmt aus – wenn man sich denn damals überhaupt zu diesen Problemen äußerte. Man muß daraus wohl den Schluß ziehen, daß die Auswirkungen, die die Aufgabe des christlichen Erkenntnismodells für Leib und Seele jener hatte, die ihre Erfahrungen den typographischen Informationsmedien anvertrauten oder die sie aus ihnen bezogen, in der frühen Neuzeit unabschätzbar waren. Die Menschen sahen, wie in den Abschnitten 2.6, 2.8 und 6.2 ausgiebig geschildert, den sozialen Nutzen und in der Frühneuzeit, im 15. Jahrhundert, auch noch manche Nachteile (2.7) für das Seelenheil, aber die Dramatik des Umbaus des psychischen Apparates spürten wohl nur einige Außenseiter.

So sind wir denn auf unsere eigenen Beobachtungen und auf eine noch sensiblere Spurensuche angewiesen.

Die beeindruckendste Vorarbeit hat auf diesem Felde Marshal McLuhan geleistet. *»Wenn eine Technik«*, schreibt er, *»sei es von innen oder außen, in eine Kultur eingeführt wird und wenn sie dem einen oder anderen unserer Sinne ein neues Gewicht oder einen neuen Auftrieb gibt, dann verschiebt sich das gegenseitige Verhältnis aller unserer Sinne. Wir fühlen uns nicht mehr als dieselben, und auch unsere Augen, Ohren und andere Sinne bleiben nicht mehr dieselben.«*[234] Indem sich die Menschen den Regeln linearperspektivischer Informationsverarbeitung unterwerfen, erhält das ›Sehen‹ für sie, wie gezeigt wurde, eine überdimensionale Bedeutung.

Autoren der Fachprosa und vor allem deren radikalste Repräsentanten, die Wissenschaftler, sind zur Einäugigkeit, zur Konzentration auf Gestaltmerkmale und damit zur Unterdrückung vielfältiger anderer Sinnesorgane und -wahrnehmungen gezwungen.[235] Sie lernen es, von praktischen Nützlichkeitserwägungen und Gefühlen zu abstrahieren, die in ihnen beim Umgang mit den Objekten aufsteigen. Nicht die Angemessenheit der Information für irgendwelche alltägliche Bedürfnisbefriedigung, nicht ihre Übereinstimmung mit dem individuellen Gefühl, nicht ihre Überzeugungskraft im zwischenmenschlichen Gespräch, nicht ihre Herkunft von historischen oder göttlichen Autoritäten wird als Kriterium ihrer Glaubwürdigkeit genommen, sondern die schlichte Übereinstimmung ihrer Produktion mit bestimmten überprüfbaren Regeln. Informationen, die aus dem Hörensagen, mit dem Geschmack, senso-motorisch, olfaktorisch oder durch ›undisziplinierte‹ visuelle Wahrnehmung gewonnen werden, führen nicht zu Wissen im strengen Sinne. So jedenfalls verlangt es die soziale Ideologie.[236]

Diese Zurichtung des Erlebens und der Arbeit der Sinne ließ sich nur erreichen, wenn der einzelne die psychischen Vorgänge in seinem Körper selbst in einer Weise disziplinierte, die den Bet- und Versenkungsübungen der mittelalterlichen Mönche um nichts nachstanden. Da diese Übungen aber eben keine Betübungen sind, ändern sich auch die überkommenen Bilder vom Individuum.

Das ›Organ‹, das die Wissensverarbeitung kontrolliert, der ›Verstand‹ oder das ›kritische Bewußtsein‹, erlangt für die Identitätsfindung der Menschen schrittweise größere Bedeutung als die ›Seele‹. Die Kräfte, die man dem in den Büchern gespeicherten ›Verstand‹ der Dinge, Handlungen und Ereignissen zusprach, nahm man auch für sein persönliches Bewußtsein in Anspruch, das man aus diesem Speicher gefüttert hatte. Das ›bewußte Wissen‹ dominiert in der Neuzeit alle anderen psychischen Informationen, ihm gilt das Hauptaugenmerk der Forscher, von ihm verspricht man sich die Läuterung und ggf. auch die Heilung der Individuen. Mit gewissem Recht wird es als *›dekontextualisiert‹*, *›abstrakt‹*, *›grammatikalisiert‹* und *›dezentriert‹* angesprochen. Es verträgt sich gut mit der These dieses Buches, daß die Besonderheiten dieses kognitiven Typs von Psychologen auf die Bevorzugung eines bestimmten Typs der Klassifikation, *»desjenigen, der auf der Form basiert«*, zurückgeführt werden.[237] Schriftspracherwerb, Schulbesuch bzw. ein entsprechendes Alter werden als eine Voraussetzung für die Entstehung dieses Wissenstyps angesehen. In den oralen Kulturen dominieren demgegenüber andere Wissensformen und Klassifikationsweisen; sie bevorzugen *›Äquivalenzbildungen‹* nach kontextabhängigen Qualitäten oder *›funktionale Invarianzbildungen‹* anstatt *›Formanalysen‹*.[238] Auch unsere *»Tendenz, jene Handlungen abzulehnen, die nicht sprachlich ausgedrückt oder erklärt werden können, und vielleicht auch aus unseren Vorstellungsbildern jene Züge der Erfahrung zu eliminieren, die kein handlungsmäßiges Gegenstück und keine*

Wörter und Sätze besitzen, die sie übermittelbar machen«, findet sich, wie ethnopsychologische Studien zeigen, bei Angehörigen von Völkern, in denen typographische Informationssysteme nicht existieren oder doch nur eine geringe Bedeutung haben, nicht.[239] Die Prämierung sprachlichen Wissens beim einzelnen setzt die Prämierung der gedruckten Beschreibungen für das soziale Handeln durch die Gesellschaft fort.

Noch eine weitere Eigenschaft, die man dem makrokosmischen typographischen System zuschrieb, machte sich das mikrokosmische individuelle psychische System zu eigen: Man forderte die typographische Erfassung von Natur und sozialem Handeln, weil man die Hoffnung hegte, damit auch die betreffenden Weltausschnitte besser beherrschen zu können. Handwerkliches oder politisches Handeln, das recht beschrieben ist, kann besser ausgeführt werden, so lautet die Überzeugung. Vernünftige Argumente *›fangen‹* die Menschen ein, meinte Dürer.[240] Mit jedem guten Buch, so wähnte man, vergrößert die Gemeinschaft ihre Kontrolle über die Dinge und Ereignisse.

In dem gleichen Maße, in dem diese soziale Ideologie die Implementation der neuen Technologie beschleunigte, wuchs auch bei dem einzelnen der Glaube, sein Wissen vermöge es, sich selbst und seine Umwelt zu beherrschen. *›Wissen ist Macht‹*, lautet die Formel, auf die Francis Bacon diese Grundüberzeugung gebracht hat.

Natürlich eröffnen die größeren Informationsmengen mehr Handlungs- und Erlebensperspektiven, aber wie vielgestaltig ist die Schöpfung und wie selektiv bleiben die gespeicherten Informationen? Erst langsam erwacht man in unserer Gegenwart aus der rauschhaften Hingabe an einen Informationstyp und beginnt – und hier muß man wohl sagen – *wieder* zu erkennen, daß wahre Beschreibungen und bewußtes Wissen eben nur einen milchigen Widerschein von der Umwelt geben. Mit dieser Erkenntnis tauchen dann folgerichtig auch jene ›mittelalterlichen‹ Ängste vor der Umwelt auf, die solange wirkungsvoll zu verdrängen sind, wie man an die herrschaftliche Macht der beschreibenden Information glaubt. In vielen Menschen wächst die Ahnung, daß das zusammengetragene ›einäugige‹ Wissen von der unendlichen Vielfalt der Eigenschaften unserer Umwelt nur einen winzigen Teil erfaßt. Damit gewinnt sie wieder an Fremdheit. Das herrische

Auftreten ihr gegenüber weicht bei vielen sozialen Gruppen Vorsicht und Respekt, also Haltungen, die das Mittelalter mit ›Demut‹ beschrieben hätte.
Zugleich werden Informationsquellen wieder entdeckt, die jahrhundertelang diskriminiert waren.[241] Seit Sigmund Freud zu Beginn des elektronischen Zeitalters die Augen im Erkenntnisprozeß schloß, sich von den Patienten abwandte, um so ungestörter den Botschaften lauschen zu können, die ihm sein Unbewußtes zuraunte, haben das Sehen und das ›wahre‹ Wissen Konkurrenz bekommen. Der Prozeß setzt sich fort. In der unmittelbareren Gegenwart sucht das ›New Age‹ in den fernen Stimmen, dem Gefühl, der Sprache des Körpers, Orientierungspunkte für den Umgang mit der Natur und zwischen den Menschen. Es wird modern, die Bornierung auf das Sehen aufzubrechen und andere regulative Programme einzuführen als das Beschreibungswissen.[242] Ob sich diese anderen Erfahrungen in den Büchern ausdrücken und beschreiben lassen, ist allerdings fraglich. Wahrscheinlich werden die Menschen es lernen müssen, andere Informationssysteme aufzubauen als die technisierten typographischen.

›Conjuncta segrare‹: Das Zerreißen der Einheit der Sinne

Die neuzeitliche Wahrnehmungs- und Erkenntnistheorie ist eine monosensuale Theorie. Alle ihre Leistungen und damit auch jene der beschreibenden Naturwissenschaft überhaupt erscheinen als das Resultat einer Spezialisierung auf das Sehen. Erkauft werden die unbestreitbaren Erfolge mit einer unwahrscheinlich reduktionistischen Erkenntnistheorie und der Verkümmerung anderer Sinne. Das Sehen wird aus dem zuvor vorhandenen Wechselspiel der Sinne herausgerissen. Es bilden sich neue Hierarchien zwischen den internen psychischen Prozessoren. Dabei führt die Bevorzugung des Gesichtssinns dazu, daß die anderen Sinne *›betäubt‹* oder *›hypnotisiert‹* werden.[243] *»Ein Großteil unserer Erfahrung wird vom Bewußtsein abgelehnt«*, schreibt McLuhan.[244] Die *›vertriebenen Sinne‹*, schlußfolgert er weiter, *›mußten sich nach anderen‹*, eben unbewußten *›Heimstätten‹* umsehen. (Ebd. 330)

So befördert der perspektivische Verstand nicht nur die Vernunft, sondern er schafft im gleichen Maße verdrängte Empfindungen, ein Reservoir an Informationen, die keiner weiteren Aufmerksamkeit mehr wert erscheinen. Aber natürlich existieren sie dennoch und bestimmen das individuelle Handeln.

›Analytischer Verstand‹ oder ›Beschreibungswissen‹ bilden in gewisser Hinsicht den genauen Gegenpol zu den in der älteren Zeit am höchsten geschätzten Informationstypen. Während sich die ›Weisheit‹ als Mischprodukt der unterschiedlichsten, im Idealfall aller Sinnesorgane langsam aufbaute, ist das wahre Wissen der Neuzeit das Ergebnis vergleichsweise kurzfristiger Anstrengung eines Sinnesorgans. Während der Gläubige von der Einheit und dem Zusammenhang der Schöpfung ausging, trennt der analytische Verstand die Dinge, gewinnt seine Erkenntnis aus dem Zerlegen von Zusammengehörigem. Die Begeisterung für die analytische Betrachtung und den sezierenden Umgang mit den Bildern und Beschreibungen, die wir bei den Autoren des 16. Jahrhunderts kennengelernt haben, suchen wir noch im Spätmittelalter vergebens. Der spanische Bischof Rodrigo von Zamorra, ein Zeitgenosse Gutenbergs, geißelte solches *›Thuon‹* als *›eebrüchig‹* und *›vnnatuerlich‹*. Wer die ganzen Dinge zerteilt, ›conjuncta segrare‹, und das Geteilte wieder zusammenfügt, *›segregata conjungere‹*, schreibt er in seinem Bestseller *›Speculum human[a]e vit[a]e‹*, handelt wider die göttlichen Gesetze und das Wirken der Natur.[245] Kein *›edles, tugendhaftes Gemüt‹* solle sich in dieser Weise vergehen.

Das Wort des Hirten wurde zwar von vielen gelesen, aber es blieb wirkungslos gegen die Versuchung, wahres Wissen zu ›schaffen‹. Das unbändige Zerteilen und Zerlegen der Dinge, das ja auch die Grundbedingung der Erfindung Gutenbergs ist, bestimmt die Neuzeit. Das Gefühl für die natürlichen Einheiten, heute könnte man sagen: für ›ökologische Zusammenhänge‹ oder ›holistische Sichtweisen‹, zerfließt.

In diesem Prozeß sieht sich dann auch der Mensch zunehmend als ein Ensemble von unendlich vielen Segmenten. Selbsterkenntnis verlangt analytische Betrachtung und reflexive Synthese. Die alle Sinne mit einbeziehende Kontemplation, jene ältere Form, zu sich selbst zu finden, erscheint als das genaue Gegenteil der forschenden Selbsterfahrung. Zu diesem Zeitpunkt ist die perspektivische

Methode der Naturerkenntnis auch zu einem üblichen Weg der Selbsterkenntnis geworden.

Es sollte nicht wundern, wenn zur Bewältigung der ja zum Teil durch den Einsatz der neuen Informations- und Kommunikationsmedien erzeugten Probleme eine Umorientierung in der Hierarchie der Informationstypen erforderlich wird. Der Notwendigkeit einer Überwindung der Isolierung der Sinne und der Entwicklung einer neuen, integrativen Erkenntnistheorie, mag man sich in Anbetracht der ökologischen Krisen kaum verschließen. Sie ergibt sich aber keineswegs nur aus politischen oder moralischen Überlegungen, sondern sie folgt auch aus der Logik der nun einmal eingeleiteten medientechnischen Entwicklung. Audiovisuelle Informationssysteme verfügen über zwei Typen von Sensoren und Effektoren und sie sprechen, wie ihr Name schon sagt, zugleich zwei Sinne an. Will man ihre Funktions- und Wirkungsweise verstehen, kommt man um eine Theorie darüber, wie die verschiedenen Emergenzniveaus von Informationen zusammenwirken, nicht herum. Für das Zeitalter des Buchdrucks waren solche Fragen, wie wir gesehen haben, von ganz untergeordneter Bedeutung.

Zunächst scheinen die Software-Ingenieure allerdings damit befaßt zu sein, die vorhandenen Theorien und Wahrnehmungsformen für die neuen Informationssysteme zu adaptieren. Nach dem Motto ›mehr vom selben‹ treiben sie die Verkünstlichung des Wahrnehmungsvorgangs, der durch die typographischen Medien eingeleitet wurde, gemäß den Möglichkeiten der neuen Technologie noch ein Stück weiter.[246] Mich erinnert dies an die Frühzeit des Buchdrucks, in der die Informationen der skriptographischen Kultur ohne große Veränderungen typographisch erfaßt wurden.

6.7
Informationstransformationen in der typographischen Kultur: Rückblick auf ein endloses Band

Die Emergenzniveaus der typographischen Information

So komplex und differenziert wie das typographische Informationssystem aufgebaut ist, so vielschichtig zeigt sich auch das Phänomen, das wir zu Beginn dieses Kapitels als ›typographische Information‹ bezeichnet haben. Sie emergiert in verschiedenen Medien und ihre Bedeutung läßt sich nur erfassen, wenn man in einer gleichsam ›ökologischen‹ Sicht das gesamte Informationssystem im Auge behält. In den ausgedruckten Büchern offenbart sich ihre Besonderheit nur zum kleineren Teil. Diese sind lediglich das Medium eines Teilsystems, nämlich des Marktes und die Schnittstelle zum Typographeum einerseits und zu den Nutzern andererseits. Bei den Autoren, im Typographeum und auch bei den Anwendern des Buchwissens nehmen die typographischen Informationen andere Aggregatzustände ein.

Im Grunde, so läßt sich am Ende dieser Untersuchung sagen, besteht die Eigentümlichkeit dieser Information in der Vielfalt der Formen, in denen sie emergieren kann und in dem Verhältnis zwischen denselben. Man erfaßt ihre Typik am besten, indem man den kreisförmigen Transformationsprozeß beschreibt, den sie durchläuft.

Dies soll nun noch einmal zusammenfassend anhand eines Schaubildes (*Abb. 72*) geschehen.

Der typographische Informationstransformationsprozeß beginnt damit, daß bestimmte materielle Eigenschaften der Gegenstände der Umwelt von den Autoren wahrgenommen und in psychische Projektionen umgesetzt werden. Durch die Manuskriptherstellung entstehen sprachliche und ikonische Informationen in einem technischen Medium. Diese Informationen besitzen zunächst noch einen ganz privaten Charakter. Erst wenn sie im Typographeum vervielfältigt und durch den Markt verbreitet werden,

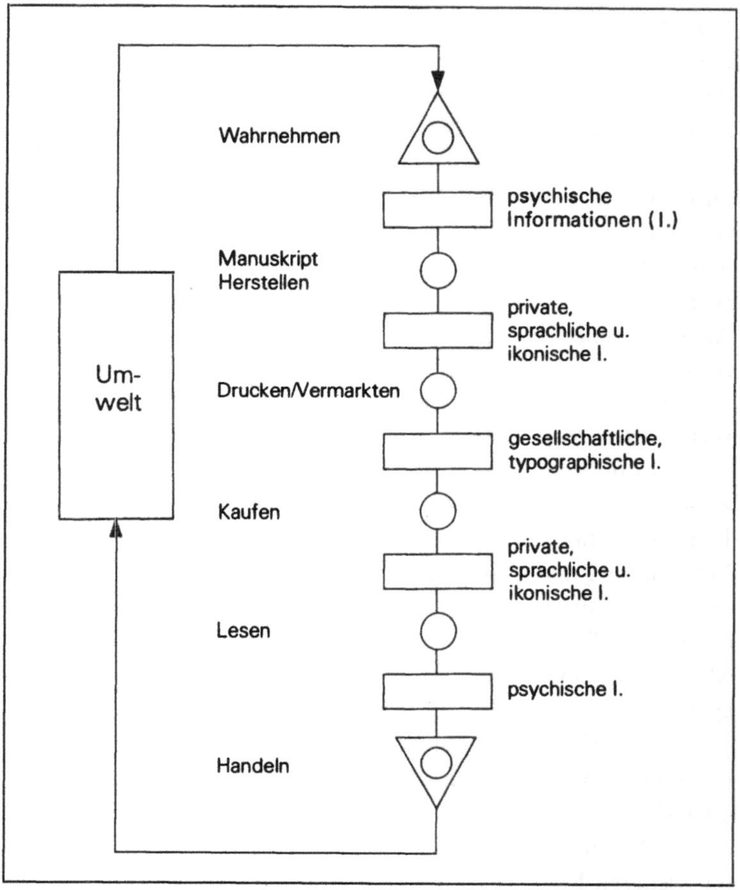

Abb. 72: Informationstransformation in der typographischen Kultur: Rückblick auf ein ›endloses Band‹

gewinnen sie einen gesellschaftlichen Charakter. Als Eigenschaft des Buches, welches in marktwirtschaftlichen Netzen zirkuliert, hat potentiell jeder auf die Information Zugriff. Druckverfahren und Markt eröffnen die Möglichkeit der Parallelverarbeitung von großen Mengen technisierter und standardisierter Informationen. In dieser Vergesellschaftung der Information und der Informationsverarbeitung liegt eine große Leistung der neuen Technologie. Die Simultaneität wird als Beschleunigung des Informationsaustauschs erlebt. (Vgl. u. S. 157ff.) Die typographischen

Beschreibungen gelten von vornherein als öffentliches Eigentum. Der gesellschaftliche Charakter dieser Information kommt auch dadurch zum Ausdruck, daß sie nach kodifizierten und öffentlich zugänglichen, ›*gemeinen*‹ Normen gewonnen werden. Handlungen, die nach Algorithmen abgewickelt werden, die als gesellschaftlich ausgearbeitet gelten, werden auch als gesellschaftliche Veranstaltung erlebt. Die perspektivische Wahrnehmung ist eine solche gesellschaftliche Handlung, in der der Betrachter eine ihm normativ zugewiesene Rolle spielt.[247]
Als ein gesellschaftliches, jedermann zugängliches Gut gelten die perspektivischen Normen hinwiederum deshalb, weil sie im typographischen Medium dargestellt und über den Buchhandel frei verbreitet werden. Daß es dazu gekommen ist, hängt nicht zuletzt von dem informationspolitischen Elan Dürers ab. Im Gegensatz zu seinen italienischen Vorläufern und Zeitgenossen wollte er die Perspektivlehre von vornherein allen zugänglich machen. Erst die Verknüpfung der Wahrnehmungs- und Beschreibungstheorie mit dem Buchdruck führte dazu, daß sie zu einem von der Gesellschaft für die Gesellschaft akzeptierten Kode wurde – nicht nur zu einem Merkmal der Praxis eines einzelnen oder einer Profession. Die Perspektivlehren Albertis oder Lenonardo da Vincis blieben demgegenüber ›*Geheimnis*‹, bestenfalls ›*Arkanum*‹. Programme, die nur in wenigen Abschriften im Kreise von Eingeweihten kursierten, oder die – wie im Falle Leonardos – durch Spiegelschrift und andere Mechanismen in einer kaum lesbaren Form gehalten und nur wenigen Interessierten zugänglich gemacht wurden, konnten schwerlich als ein öffentliches Eigentum erlebt werden.[248] Wenn die Software aber nicht öffentlich war, dann waren es auch nicht deren Ergebnisse, die perspektivischen Beschreibungen.

In der Kunstwissenschaft diskutiert man seit langem über die Frage, was die perspektivischen Darstellungsformen der Renaissance von jenen älterer Epochen unterscheidet. In den Wandgemälden in den Villen Pompejis oder auf den griechischen Vasen finden sich durchaus Abbildungen, die perspektivischen Prinzipien folgen. Die Neuzeit kennzeichnet aber in jedem Fall, daß nunmehr die Regeln dieser Projektionsmethode, eben die Software, ausbuchstabiert und jedermann, auch den Betrachtern, frei

zugänglich gemacht werden.[249] Für Dürers Zeitgenossen war ohnedies klar, daß die Kunst der Perspektive »*bei den alten malern vnd kuenstnern / vnbekaentlich vn(d) vnwissend*« gewesen ist.[250]
Weil die typographischen Daten einem beliebigen offenen Personenkreis zur Überprüfung und/oder Weiterverarbeitung zugänglich waren, deshalb konnten auch die Reflexionen, die sich auf die ausgedruckten Daten beziehen, als eine gesellschaftliche Veranstaltung konzipiert werden. Jede wahrhaftige Beschreibung soll von anderen jederzeit wiederum als ein Datum für neue Kombinationen und Konstruktionen genommen werden können. Damit verändert, wie wir auch im nächsten Abschnitt (6.8) noch sehen werden, die Gelehrtentätigkeit und auch deren Produkt, die ›Wissenschaft‹ i.w.S., ihren Charakter tiefgreifend.

Das ›Kaufen‹ der Bücher erscheint aus informationstheoretischer Sicht als eine Respezifikation des gesellschaftlichen Wissens. Die Information wird zum Privatbesitz eines einzelnen, bleibt aber zugleich das Eigentum von vielen, nämlich von allen, die das Buch ebenfalls kaufen oder ausleihen und lesen können. Wird das Buch gelesen, so entstehen wiederum psychische Informationen, die als Handlungsprogramme wirken können. Tun sie dies, so vergegenständlichen sie sich in den körperlichen Handlungen der Menschen. Diese wiederum verändern die Umwelt des typographischen Informationssystems. Die Veränderungen der physikalischen Eigenschaft der Umwelt können von den Autoren bemerkt werden. Damit setzt sich der Transformationsprozeß erneut in Bewegung.
Was die einzelnen Emergenzniveaus oder die Speicher in diesem nun schon seit Jahrhunderten währenden Prozeß angeht, so gibt es keine Veränderungen, sondern nur Wiederholungen. Die Eigenschaften der Medien freilich verändern sich. Bspw. erhält die Umwelt zunehmend mehr künstliche, von den Menschen durch ihre Einwirkungen hervorgerufene Formen. Sie wird standardisiert, weil die Programme, nach denen auf sie eingewirkt wird, einen gesellschaftlichen Charakter besitzen.
Die Umweltveränderungen hängen aber keineswegs nur von den Programmen der Effektoren ab. Auch die Art und Weise wie die Sensoren, die Autoren, ihre Informationen gewonnen haben,

bestimmt die kulturelle Entwicklung. Die ganz offensichtliche Tatsache, daß die Umwelt nach geometrischen Programmen umgeformt wird, hängt gewiß mit der Einführung der perspektivischen Informationsgewinnung zusammen. Wenn die Komplexität der Welt schon im Wahrnehmungsvorgang auf möglichst regelmäßige Figuren hin reduziert wird, dann bestimmen diese Figuren auch die späteren Modelle und Programme.[251] Andererseits liegt auf der Hand, daß die künstlichen Formen, die in der Umwelt entstehen, mit den perspektivischen Programmen auch wiederum besonders gut wahrgenommen werden können. Dies gilt sowohl für die Arbeit der Autoren als auch für die derjenigen Personen, die mit dem Buchwissen an die Welt herangehen.
Dieses Beispiel mag eine Ahnung davon geben, wie sich die in der typographischen Kultur prämierten Informationen gegenseitig verstärken.

Der Zwang zur Informationsakkumulation: Die datenmäßige Erfassung der Künste und des Alltags

Nachdem der typographische Informationskreislauf einmal in Gang gekommen ist, gewinnt er eine Eigendynamik. Das System ist u.a. durch die Einführung des Kriteriums der Neuheit als Regulationsprinzip auf beständige Erweiterung angelegt. (Vgl. auch Abschn. 5.4) Immer mehr neue Informationen müssen dem System zugeführt werden, damit es am Laufen bleibt. Dieser Akkumulationszwang kooperiert gut mit den Wachstums- und Profitansprüchen des neuen kapitalistischen Wirtschaftssystems. Genauso wie jenes ist es auf Selbstregulation und eine erweiterte und beschleunigte Selbstreproduktion angelegt. Nicht nur immer mehr Informationen, sondern auch immer mehr neue Autoren bzw. Sensoren sollen gewonnen und immer mehr Abnehmer gefunden werden. Bis in die Gegenwart hinein bemüht man sich, die Zeitspanne zwischen dem Gewinn der Informationen und ihrer Nutzung durch den Leser zu verkürzen, den Informationskreislauf zu beschleunigen.
Die Speicher mit den ausgedruckten Informationen wachsen von Jahr zu Jahr, die Bibliotheken und Buchsammlungen verbreitern

und vergrößern sich. Nicht mehr das Bewahren von Informationen, wie dies in den oralen und skriptographischen Kulturen der Fall war, sondern ihre Akkumulation und der möglichst rasche Umschlag werden zum Leitprinzip der modernen Kultur.

Die Suche nach typographisch verwertbaren Informationen erfaßt, wie schon der Abschnitt 6.1 gezeigt hat, alle Lebensbereiche. Es ist eine gewiß richtige Beobachtung, daß in der frühen Neuzeit *»alles und jedes ..., was zu dem eigentlichen Geschäftsbetrieb in der Stadt und auf dem Lande, vor Gericht und an den Höfen oder bei den Landesbehörden, in Handel und Wandel, in Haus, Acker und Garten, kurz in jedem großen und kleinen Kreise des faktischen Lebens gehörte ... von der deutschen Schriftsprache erfaßt«* und im Druck zugänglich gemacht wurde.[252] Man begnügt sich keineswegs damit, nur das Expertenwissen über den Bergbau, die Justiz, die Medizin usf. zu registrieren, sondern man wendet sich auch der alltäglichen Praxis der Menschen zu.

Zur Funktion der Bücher wird es, auch die Dinge, *›so in taeglichem brauch nutzbarlich fuerfallen‹*, zu *›verstehen‹*. So beschäftigt sich Fuchsperger mit der *›Disputation oder Zangkrede‹*, *»damit wir dise kunst in taeglichen geschrifften und anderen handlungen desto baß wüssind vnd gewonnind* [gewohnt werden] *zuofueren«*.[253] Eucharius Roesslin ist *›ungezweifelt‹*, daß sein Kräuterbuch *›in Teutschland‹* deshalb *›sovil nutz geschafft‹* habe, weil man darin die *»gemeynen Balbirer vnd hauszkünstlin/ so daz gemeyn volck in taeglichem brauch so gemeyn hat also dasz die Tochter von der Mutter zu lernen pflegt / hierinn eygentlich beschriben finde«*.[254]

Man sieht, die datenmäßige Erfassung des Alltags ist kein Ziel, welches erst im Computerzeitalter auf die Tagesordnung gekommen ist![255] Das neue Medium wird eingesetzt, um den Menschen den Verstand selbst von solchen Dingen und Vorgängen nahezubringen, die sie gut kennen. Schon bald wird man sowohl vom *›rechten‹* Handwerker als auch vom *›rechten Hausvater‹*, den Hausfrauen und Müttern mehr verlangen als nur den perfekten Brauch. Wer auch den Verstand dieses Brauches besitzt, der kann die Dinge besser erkennen und die Handlungen besser ausführen.

Vor allem beschleunigt sich sein Handeln. Wenn wir unser Tun aufmerksam betrachten, dann *›wird unsere natürliche Geschwindigkeit* *in ein verständiges ordentliches Wissen und in eine regulierte Kunst verkehret‹*.[256] Diese Kunst, typographisch vervielfältigt, rationalisiert und ökonomisiert das gesellschaftliche Leben. Wenn der Arzt oder der Hausvater alle Erfahrungen selbst machen müßte, dann würden nicht nur viele Kranke sterben, bis das richtige Mittel gefunden ist, man brauchte auch einfach zu lange Zeit.[257] Die Fachprosa erspart wie alle wissenschaftliche Erkenntnis das *›Abwarten neuer Erfahrungen‹*.[258]

Dieser Optimierungsgedanke findet keineswegs nur Eingang in die Institutionen und in die Wertorientierung der Professionals, vielmehr setzt er sich über vielfältige Vermittlungskanäle auch im alltäglichen Handeln fest. Wie im Selbstlauf und gleichsam spielerisch nutzt man die Möglichkeiten des neuen Mediums in der frühen Neuzeit aus. Kein Lebensbereich ist vor einer rechten und wahrhaftigen Beschreibung sicher. Auf Dauer führt das zur typographischen Erfassung einer enormen Datenmenge über technische und soziale Vorgänge sowie über die natürliche Umwelt der Menschen.

Vergleichen und Unterscheiden: Die Reflexion des Speichers

Das typographische Medium wird zu einer Integrationsinstanz für Informationen, die zuvor in den verschiedensten sozialen, psychischen und technischen Speichern getrennt aufbewahrt wurden. Nachdem diese Informationen einmal typographisch transformiert, aus ihren praktischen Kontexten herausgerissen und in eine übersichtliche symbolische Form gebracht sind, können sie selbst wiederum als Phänomene betrachtet und einer reflexiven Analyse unterzogen werden. Die in den Fachbüchern gespeicherten Daten dienen keineswegs nur als Anleitung für praktisches Handeln und Erleben, sondern auch als Material für weitergehende Modell- oder Theoriebildungen. Auch bei den höherstufigen Verarbeitungsprozessen von Wissen, z. B. bei der Theoriebildung und der Argumentation, soll von visuell gewonnenen und typographisch dargestellten Eingangsdaten ausgegangen werden.

Auch diese Reflexion der Reflexion von Wahrnehmungen wird

wieder typographisch erfaßt. Je länger, je mehr beschäftigt sich das typographische Informationssystem mit sich selbst, mit schon typographisch gespeicherten Daten.
Die vergleichende und unterscheidende Arbeitsweise, die für die moderne Naturwissenschaft typisch ist, erhält durch die vielen Beschreibungen, die man nun bequem nebeneinander legen kann, einen wichtigen, wenn nicht den entscheidenden Anstoß. Allenthalben erscheinen Werke, die den Vergleich oder, wie man damals sagte, den ›*Unterschied*‹ verschiedener Phänomene zum Gegenstand nehmen. Dabei erwies sich nicht nur der Vergleich ähnlicher Phänomene, also z. B. der Gestalt des Menschen A mit jener des Menschen B oder die Morphologie der Pflanze A mit jener der Pflanze B, sondern auch der Vergleich ganz unterschiedlicher Phänomene als geeignetes Thema. So vergleicht Leonardo die Verästelung der Bäume und Zweige mit jener der Adern im menschlichen Körper und versucht auf diese Weise, zu einem Modell des Blutkreislaufs zu kommen.[259] Vielleicht wäre auch Carolus Figulos nicht auf die Idee gekommen, die Nahrungsaufnahme der Pflanzen mit bestimmten Destillationsvorgängen in Verbindung zu bringen, wenn ihm nicht entsprechend ausführliche Beschreibungen vorgelegen hätten. Hier zeigt sich, wie durch die Integration von Daten und Modellen eine Art von ›informativer Mehrwert‹ erzeugt, ein neues Emergenzniveau theoretischen Denkens erklommen werden kann.
Die auf diesem höheren Abstraktionsniveau angesiedelten Modelle hatten selbstverständlich auch wieder Rückwirkungen auf die gesellschaftliche Praxis. Sie führen zunächst nur symbolisch Bereiche zusammen, die die gesellschaftliche Arbeitsteilung seit langem strikt getrennt hielt. Aber diese modellhafte Integration mag oftmals erst einen Anreiz für eine Verknüpfung der verschiedenen Praxisbereiche gegeben haben.
So schreibt Agricola in der Vorrede seines Bergwerkbuchs, daß man nur ›wenig wird finden, die des Bergwerks einen vollkommenen Verstand haben‹. *»Dan(n) einer hatt gwonlich allein zuo schürffen die erfarnung / d(er) ander zuo waeschen / ein ander aber verlast sich auff die kunst zuo schmeltze(n) / ein anderer verbirgt die kunst des marscheidens / ein anderer machet künstliche gebeuw / so ist auch ein anderer des bergkrechte(n)s wol nur erfare(n).«* (1557, f. 2r) Die Arkana der verschiedenen Pro-

fessionen werden bei Agricola wie auch in den anderen großen beschreibenden Werken des 16. Jahrhunderts nicht nur geöffnet, sondern auch miteinander verzahnt. Dies erst gibt dem Menschen die Möglichkeit, große Manufakturen zu planen. Nicht nur die einzelnen Arbeitsvorgänge, über die ausreichende Kenntnis schon schwer genug zu erlangen war, sondern auch ihr Ineinandergreifen mußte von den Kaufherren geplant werden. Die notwendigen Informationen hierüber lieferten nicht zuletzt auch die Beschreibungen. So gesehen erweisen sich die neuen Informationen, die über altbekannte handwerkliche Fertigungsprozesse gesammelt werden, auch als ein mächtiger Motor für den neuzeitlichen Industrialisierungsschub.

6.8
Die Wiedergeburt der Wissenschaft als Subsystem des typographischen Informationssystems

›Neues Wissen bricht überall hervor‹: Die Transformation des alten Wissens als Bedingung der Erneuerung der Wissenschaft

Das riesige typographische Informationssystem differenziert sich am Ende des 16. Jahrhunderts schon deutlich aus. Es entstehen Subsysteme mit speziellen Sensoren, Verarbeitungsformen, Vertriebssystemen und Benutzern. Entsprechend gibt es auch unterschiedliche Informationstypen und -gattungen. Ein solches Subsystem, welches das Profil der neuzeitlichen Kultur weiträumig prägt, nennen wir ›Wissenschaft‹. In ihrer neuzeitlichen Form ist sie ohne das typographische Supersystem nicht zu denken.

So wenig dieser Zusammenhang in der gegenwärtigen wissenschaftstheoretischen Literatur ernsthafte Berücksichtigung findet, so sehr war er den Europäern bis zu Beginn des 19. Jahrhunderts bewußt. Wir haben im Kapitel 2 gesehen, wie die aufmerksamen Betrachter des Zeitgeschehens vom 15. bis zum 17. Jahrhundert den Buchdruck als diejenige Kraft bewunderten, die einen neuen Aufschwung der Wissenschaften herbeigeführt hat. Und so sieht es auch noch J. d'Alembert, als er in seiner Einleitung zur großen französischen Enzyklopädie den Gang der menschlichen Erkenntnis nachzeichnet. *»Die von der Antike auf fast allen Gebieten hinterlassenen Meisterwerke waren zwölf Jahrhunderte lang ins Vergessen gesunken«*, heißt es dort; *»die Erfindung der Buchdruckerkunst«* und die ›helfende Hand‹ einzelner Potentaten *»führen zur geistigen Neubelebung, ein neues Wissen bricht überall hervor.«*[260]

Dieses Kapitel hat zu zeigen versucht, daß solche Äußerungen nicht als schwärmerische Begeisterung abzutun sind. Der ›Buchdruck‹ hat zum Aufbau eines Informationssystems geführt, das einen ganz neuen Informationstyp in die Welt setzt. Die weitreichenden kulturgeschichtlichen Folgen dieser Innovation wurden in die verschiedensten, wenn auch leider noch viel zu wenige, Richtungen verfolgt. Dieser Abschnitt faßt noch einmal einige

Argumente zusammen, die für die These sprechen, daß die neuzeitliche Wissenschaft als eine Radikalisierung bestimmter Normen angesehen werden kann, die für die Fachprosaproduktion, -verarbeitung und -anwendung generell typisch sind.
Durch die Datensammlung der Fachprosaautoren über die Vorgänge in Haus, Werkstatt und in der Natur entwickelte sich allmählich eine neue – heute würde man wohl sagen – ›synthetische‹ Informationswelt. Sie unterscheidet sich von jener der älteren Zeit, in der die Informationen hauptsächlich im psychischen und motorischen Gedächtnis der einzelnen Menschen abgespeichert wurden, grundlegend. Beide Speicher sind nach je spezifischen Prinzipien strukturiert. Dies bemerkten die Fachprosaautoren, die die traditionellen Erfahrungen der Handwerker sammeln wollten, zuallererst. Noch Diderot und d'Alembert beklagen bei ihrer Arbeit an der Enzyklopödie, daß unter *»Tausenden von Praktikern kaum ein Dutzend in der Lage ist, sich einigermaßen klar über die verwendeten Werkzeuge und die angefertigten Waren zu äußern. Wir haben Arbeiter gesehen, die seit mehr als 40 Jahren arbeiten, ohne über ihre Maschinen auch nur das geringste zu wissen«.*[261] Zweifellos konnten sie ihre Maschinen bedienen und übten ihr Handwerk geschickt aus. Aber ihr Wissen war eben sensomotorisch und nicht sprachlich repräsentiert. Auch die Integration ihres Wissens erfolgte nicht nach symbolischen Regeln, etwa logischen Schlüssen, sondern nach intuitiven Erfahrungsmustern. Die Aufgabe d'Alemberts und seiner Mitarbeiter bestand darin, das Tun der Handwerker zu beobachten, sie zu befragen, die talentiertesten unter ihnen zu schriftlichen Ausarbeitungen anzustacheln, die Ergebnisse von Befragungen und Ausarbeitungen eines Handwerkers mit jenen der anderen zu vergleichen, kurz als eine *›Hebamme des Geistes ihrem Geist ans Licht zu verhelfen‹.*[262]
Genau die gleiche Aufgabe stellte sich den Autoren schon im 16. Jahrhundert. Diese waren sich mit d'Alembert darin einig, daß ihre Funktion in erster Linie die Transformation von vorhandenen Informationen und nicht eine ›Neuschöpfung‹ derselben ist. Sie gehen davon aus, daß die gesuchten Informationen bei irgendwem, irgendwo und irgendwie gespeichert sind. Aber genau diese Form der segmentären Verteilung soll überwunden werden. Statt vieler dezentraler Speicher bietet sich das typographische Infor-

mationssystem gleichsam als ein Zentralcomputer an, auf dessen Kapazität unzählbar viele Benutzer unmittelbaren Zugriff haben.

Auch an diesem Beispiel zeigt sich, daß sich ein gerichtetes Bedürfnis nach Veränderung erst dann einstellt, wenn Alternativen vor Augen stehen. Erst nachdem die neuen Medien einen so unerwartet raschen Zugriff auf die gespeicherten Informationen ermöglicht haben, empfindet man das Fragen von Experten, das mühsame Exzerpieren in entlegenen Buchsammlungen und die noch weit mühsamere selbständige Erfahrungsgewinnung als einen törichten Umstand.[263] Mangel wird erst als ein solcher empfunden, wenn man sich vorstellen kann, daß dieser Mangel zu beheben ist. Und man weiß nach 50 oder 60 Jahren Buchdruck, daß man es einfacher haben kann.
Das geplante und bewußte Ziel der typographischen Erfassung von Wissen in der frühen Neuzeit ist insofern die Erleichterung der Mühsal der menschlichen Informationsgewinnung, -verarbeitung und -verbreitung. Mit dieser Legitimation setzen sich Generationen von Autoren an das Werk, irgendwo vorhandene Informationen so in den gedruckten Büchern zu speichern, daß sie für ›Bedürftige‹ leichter zugänglich werden, als dies bei den traditionellen Speicherformen der Fall gewesen ist. Im Zuge dieser Transformation zeigt sich dann freilich recht bald, daß die vorhandenen Wissensbestände in vielfältiger Weise umgeordnet und ergänzt werden müssen. Diese Transformations- und Integrationsprozesse lagen ursprünglich nicht in der Absicht der Autoren. Man könnte sie insoweit, ähnlich wie auch den Umbau in der Hierarchie der Sinnesorgane, als eine ›unbeabsichtigte Folge‹ der Einführung der neuen Technologie bezeichnen.
Als Breydenbach Informationen über die Gestalt der Pflanzen in seine Bücher aufnehmen wollte, um den Benutzern eine demonstratio ad oculus durch einen Experten in der Natur zu ersparen, fiel ihm auf, daß über die meisten Gewächse solche Informationen bislang in den herkömmlichen technisierten Speichern gar nicht vorhanden waren. Weder enthielten die alten Manuskripte der Autoritäten einigermaßen ausführliche Pflanzenbeschreibungen noch waren die vergleichsweise wenigen Abbildungen in den

Handschriften nach solchen Prinzipien gestaltet, daß sie den Laien als Programm zur Identifikation der Pflanzen im alltäglichen Leben hätten dienen können.

Damit soll, um es noch einmal zu betonen, nicht gesagt werden, daß das erforderliche Wissen nicht schon früher vorhanden gewesen ist. Natürlich gab es immer Menschen, die im Laufe ihres Lebens im praktischen Umgang mit den Pflanzen eine intime Kenntnis ihres Aussehens und ihrer Wirkung gewonnen hatten. Aber deren Erfahrung war eben ›nur‹ in ihren Köpfen ›irgendwie‹ psychisch repräsentiert und nicht technisch objektiviert.

Es soll auch nicht behauptet werden, daß die Menschen in älterer Zeit keine Fähigkeiten besessen haben, ihre Erfahrungen in technischen Informationsmedien darzustellen. Wir kennen bemerkenswerte morphologische Beschreibungen im Werk des Albertus Magnus oder der Hildegard von Bingen. Und neben den symbolischen Merkzeichen gibt es auch aus der Antike und aus dem Mittelalter Abbildungen, Mosaiken, Wandgemälde und Tuschzeichnungen in Manuskripten, die dem Niveau moderner Darstellungen durchaus nahekommen.[264] Aber dies blieben Versuche einzelner Gelehrter und Künstler, die man nicht besonders auszeichnete. Kaum jemand wird ihnen damals so viel Aufmerksamkeit entgegengebracht haben wie die Kunst- und Naturwissenschaft heute. Man konnte diesen Typus von Informationen, solange er nicht identisch zu vervielfältigen und gesellschaftlich zu verbreiten war, nicht in dem Sinne nutzen, wie dies nach Einführung des typographischen Informationssystems geschehen wird. Außergewöhnliche Bedeutung gewannen die Ansätze zu morphologischen Beschreibungen erst vor dem Hintergrund der typographischen Medien und Netze.

›Verstand‹ und ›Brauch‹ gehen getrennte Wege: Die Ausdifferenzierung der Wissenschaft

Auch die Einrichtung des neuen Informationsspeichers zeitigte unerwartete Konsequenzen. Nachdem nämlich die psychischen und sensomotorischen Informationen einmal typographisch erfaßt und verbreitet waren, bemerkte man, daß auch ihre Rückübersetzung in das alltägliche Handeln eine eigene Problematik besitzt. Der ›Brauch‹ mußte nicht nur in den Verstand übersetzt werden, sondern der in den Büchern erfaßte ›Verstand‹ der Handlungen und Dinge mußte auch wieder in der Praxis in den ›Brauch‹ der Handwerker transformiert werden können, um die beabsichtigten nützlichen Effekte zu erzielen. Für die Handwerker selbst, die Paracelsus oder Diderot und d'Alembert befragten, gab es solche Transformationsprobleme zwischen Theorie und Praxis nicht.

Dürer andererseits standen diese Rückübersetzungsprobleme, nachdem er sich jahrelang mit der Rekonstruktion der Praxis beschäftigt hatte, klar vor Augen. Nichts lag ihm und den anderen Protagonisten ›buchgestützter‹ Praxis ferner, als eine Geringschätzung des Talents und der Übung des einzelnen. Nur wenn *»prauch vn(d) kunst miteinander vberkomen«*, läßt sich sein Volksbildungsziel erreichen.[265] *»Dan(n) der verstandt muß mit dem gebrauch anfahen zu wachsen/also daz die hand kuen thon was der will im verstand haben wil/Auß solchem wechst mit der zeyt die gewyßheit der kunst vnd des gebrauchs/Dann dise zwey muessen bey ein ander seyn/dann eins on daz ander sol nichtz.«* (A.a.O., T4r) Dürer und seine Sinnesgenossen betonten immer den Zusammenhang zwischen ihren Beschreibungen und der Praxis. Losgelöst von dieser sahen sie eigentlich keine Existenzmöglichkeiten einer ›*erkanntnis*‹. Eben deshalb blieb in ihren Werken letztlich ›*Kunst*‹ immer noch der Oberbegriff, der in die Komponenten ›*Brauch*‹ oder ›*Handwirkung*‹ einerseits und ›*Verstand*‹ oder ›*gewußte Regeln*‹ andererseits zerfiel. *»Kunst/ist erkantnuß eins dings«*, bestätigt Ortolf Fuchsperger später, *»so durch lange(n) brauch mit etliche(n) gwüssen reglen/etwas gewüß zuo verstehn gibt«*.[266]

Dürer warnt in seinem ›Ästhetischen Exkurs‹ eindringlich vor jenen ›Beschreibungen‹, die sich nicht in die Praxis umsetzen lassen: *»Doch huet sich ein yedlicher von denen zu lernen die da wol von der sach reden vnnd darneben mit jren henden alweg streffliche vntuechtige werck gemacht haben/der ich vil gesehen hab/denn wen(n) du jn* [ihnen] *folgest so verfueren sie dich/des bezeugt jr werck vnd jr vnkunst/Dann es ist eyns ein grosse vnderscheyd von einem ding zu reden oder dasselb zumachen«*. (Ebd., T4r)

Von den Künstlern wird damit viel verlangt: sie sollen nicht nur die Prinzipien ihres Handwerks kennen, sondern auch im Brauch ›Erfahrenheit‹ gewonnen haben.

Dürer beeilt sich in seinem ›Ästhetischen Exkurs‹ hinzuzufügen, daß hiermit dem Künstler kein Freibrief vor fremder Kritik ausgestellt werden soll – selbst wenn diese ihre Argumente nur durch den Augenschein und nicht durch die motorische Erfahrung gewonnen hat: *»Darumb ist aber nit verworffenn so einem ein vnuerstendiger ein warheyt sag das mans darumb nit glaubenn solt/dann es ist mueglich es sag dir ein bawer den yrtum deines wercks/aber er kan dich darumb nit berichten vnd lernen wie du den selben bessern solst.«*[267]

Gewiß unbeabsichtigt lockert Dürer mit dieser Position den unmittelbar zuvor behaupteten engen Zusammenhang zwischen ›Verstand‹ und ›Brauch‹. Und die Rechtfertigung einer Kritik der Praxis, die sich nur auf Wahrnehmungsinformationen stützen kann, ist ja auch nur die konsequente Fortsetzung seiner Erkenntnistheorie. Zahlreiche Autoren der Fachprosa schreiben mit Hilfe der neuen Verfahren über Handwerke, in denen sie nach traditioneller Vorstellung keineswegs Experten sind.

Es war nur eine Frage der Zeit, bis sich die in der Fachprosa vergegenständlichten Reflexionen von der Praxis absetzten und eine eigene Existenzberechtigung gewannen. Die nach dem neuen Modus gewonnenen und typographisch gespeicherten Daten werden sehr bald, zunächst nur vereinzelt und dann, nach einer langen Gewöhnungsphase, schließlich konsequent als ›*Wissenschaft*‹ bezeichnet. Wer in irgendeiner Sache ›*zu guter maßen bericht*‹, ›*unterrichtet und unterwiesen*‹ ist, so heißt es in den ›*Synonyma*‹ von Schwarzenbach, der hat ›*Wissenschaft*‹. (XXI)[268] Und diesen Typ von Information hatte auch der Frankfurter Verleger Feyerabend in Rueffs ›*Hebammenbuch*‹ als ›*Wissenschaft und Erkenntnis*‹ bezeichnet.[269] *»Die wahre Erkaentnis eines dings / ist eine Wissenschafft: die falsche / ein Irrtum / Wahn / Verdacht«*, paukt Comenius seinen Schülern wenig später im ›*Orbis pictus*‹ ein.[270]

Die ›wahre Erkenntnis‹ ist das Produkt jenes komplexen, differenzierten, dynamischen und selbstreferentiellen Informationssystems, das in diesem Kapitel beschrieben wurde. Im Vordergrund des mit diesem System emergierenden ›Wissenschafts‹-Begriffs steht nicht mehr der Aspekt einer in der Vergangenheit gesammelten Information *(erfarnusz)*, sondern jener eines ›schaffenden‹, eine zukünftige Praxis anleitenden Programms. Die neue Wissenschaft ist keine Fertigkeit, kein Ratschlag und kein Weistum mehr. Dieser ›pragmatische‹ Grundzug gibt den Natur- und technischen Wissenschaften eine neue Form von Macht.[271] Zugleich koppelt er sie von der Vergangenheit ab und orientiert sie auf die Zukunft. Die Produktion dieses Informationstyps, der die Zukunft von Anfang an zu gestalten, wenn nicht gar zu beherrschen versprach, wurde, wie wir wissen, unaufhaltsam zur Aufgabe zahlreicher Institutionen und schließlich zur Funktion eines ganzen gesellschaftlichen Subsystems. Und in diesem Subsystem nimmt die von Dürer in den Mittelpunkt gestellte Opposition ›recht: falsch‹ eine ausschlaggebende Position ein. Sie fungiert als Abgrenzungskriterium gegenüber anderen Subsystemen und als Identitätsbeschaffer: Ziel wissenschaftlicher – im Gegensatz zu wirtschaftlichen oder juristischen – Operationen ist die Produktion wahrer Aussagen. Die Opposition dient damit, wie manche Soziologen heute sagen, als ein *›symbolisch generalisiertes Kommunikationsmedium‹*.[272] In dem Maße, in dem sich dieser binäre Kode durchsetzt, kann sich das Subsystem Wissenschaft ausdifferenzieren, sich z. B. von den Kriterien der Wirtschaftlichkeit, der Rechtmäßigkeit oder Nützlichkeit absetzen. Das Kriterium des Nutzens, auf das Dürer so großen Wert gelegt hatte, verliert im Zuge dieser Autonomisierung seine sinnstiftende Bedeutung.

Schrittweise wird das ›rechte‹ oder ›wahre‹ Wissen von einem nützlichen und bequemen Informationstypus zu einer unabweisbaren Notwendigkeit. Hand in Hand damit geht eine moralische Veraltung von Informationstypen, die nicht die Kriterien des neuen Wissens erfüllen – und auch von Handlungen, die nicht durch Programme, die sich auf dieses Wissen stützen, gesteuert werden. Was früher als ›schlichte‹, einfache Handlung galt, wird bald zu einer ›schlechten‹, im neuzeitlichen Sinne, Veranstaltung. ›Kunst‹ ohne ›Wissenschaft‹ wird zum besinnungslosen Brauch abgewertet. Im Vergleich zu den neuen Daten verlieren die überkommenen Weisheiten, Geheimnisse und Arkana an öffentlichem Ansehen.

Zugleich damit wird auch der alte Kunstbegriff, der sich tatsächlich noch vom Können, von den in den Muskeln gespeicherten Fertigkeiten des Künstlers ableitete, über Bord geworfen. Die neue rechte Kunst wird zur Praxis, die nach gesellschaftlich ausgearbeiteten Programmen, wie sie in der Fachliteratur dargestellt werden, angeleitet ist. Der ältere Kunstbegriff kann auf Dauer auf das ästhetische Schaffen eingeengt werden, von dem man weiterhin annimmt, daß es sich nicht durch überindividuelle Programme steuern läßt. Hier behalten die Intuition und das Gefühl ihr Reservat.

Dürer sah zwar, wie sich in den typographischen Medien eine neue Welt von Informationen aufbaute, die nicht mehr mit der Hand und/oder mit den Ohren geschaffen wurde, aber ihre Herauslösung aus dem Verbund der Kunst lag sicher weit jenseits der Ziele, die er sich setzte. Daß nun dieses visuelle Erfahrungswissen auch noch in der Weise prämiert werden sollte, wie dies in der Moderne tatsächlich geschehen ist und geschieht, muß erst recht hinter seinem Vorstellungsvermögen – und hinter jenem der Mehrzahl seiner Zeitgenossen – gelegen haben.

Die ›Alchemia‹ des Andreas Libavius: Die Wissenschaft als Radikalisierung der Normen der Fachprosa

Wie eindringlich diejenigen, die sich in der frühen Neuzeit die Reflexion menschlicher Praxis zum Ziel setzten, auch auf den engen Zusammenhang zwischen ›*Brauch*‹ und ›*Verstand*‹, zwischen der ›*Kunstfertigkeit*‹ und der ›*Wissenschaft*‹ hinwiesen – jedes ihrer Bücher zerriß dieses Band ein Stück mehr. Die Ausdifferenzierung des Wissenschaftssystems erscheint unter anderem als eine Verselbständigung des durch Beschreiben gewonnenen Wissens von der Praxis. Indem die Autoren ihre ›*Wissenschaft*‹ von der Umwelt in den Druckwerken vergegenständlichten, schufen sie eine eigene Informationswelt, die von dem Erfahrungsraum der Handwerker und des Alltags überhaupt von vornherein abgetrennt war: Hier regierte das nach Regeln systematisierte Buchwissen und dort der Brauch, die Weisheit, das Gefühl, die oftmals nicht einmal verbalisierbare Erfahrung. Die Verselbständigung des auf visuellen Informationen aufgebauten Reflexionswissens muß sogar als eine Bedingung für den Erfolg des Programms der Autoren der Fachprosa angesehen werden.

Über die *›künstliche‹* Eigenart des neuen Wissens, die sie so deutlich von dem alltäglichen Erfahrungswissen abgrenzt, braucht nach den Darlegungen über die Perspektive nicht mehr gesprochen zu werden. Naive, nicht durch Instrumente bewährte Wahrnehmung reicht im Gegensatz zu den Zeiten antiker Schriftkultur nicht mehr als Ausgangspunkt für die neue *›Scientia‹* aus. Mit dem Typographeum entsteht wirklich ein *›Novum organum‹* für die Herstellung wahrer Informationen, wie Francis Bacon feststellt.[273]
Alexander von Humboldt hat recht, wenn er rückblickend bemerkt, daß sich das *›Gebiet der Forschung mit der Vervollkommnung der Instrumente‹* erweitert.[274] *›Rechte‹* Informationen und *›wissenschaftliche‹* zumal bedürfen des Einsatzes von technischen Instrumenten. Durch diese Rolle erlangen sie eine besondere Bedeutung für die kulturelle Identitätsfindung des Menschen. Ihre Vervollkommnung erscheint auch dem einzelnen als eine unverzichtbare Bedingung des persönlichen Wohlergehens. Eine solche Wertschätzung der Technik muß der Antike und den Gläubigen im Mittelalter fremd gewesen sein.
Wie die Fachliteratur überhaupt, so gilt auch die wissenschaftliche Information von vornherein als eine *›gemeine‹* Angelegenheit. Dies unterscheidet die *›neue Wissenschaft‹* von ihren mittelalterlichen Konkurrenten. Die *›Weisheit‹* als Geheimnis des einzelnen und die *›Arkana‹* als gruppenspezifischer Erfahrungsschatz hatten in älterer Zeit von vornherein durchaus keine pejorative Bewertung. Erst im Vergleich mit der neuen Buchwissenschaft erfahren sie eine Geringschätzung. Es entstehen neue Oppositionen und Grenzziehungsprobleme.
Für den Gelehrten gibt es an der Wende zum 17. Jahrhundert im Grundsatz keine Legitimation mehr für eine Geheimhaltung von Wissen. Der französische Wundarzt Ambroise Paré, der als ein Begründer der modernen Chirurgie gilt, betont ausdrücklich, daß er nicht zu denjenigen gehören möchte, *»die aus der Kunst eine Kabbala machen«*, vielmehr möchte er sein Wissen *»freimütig an jedermann weitergeben«*.[275] Zwar räumt der Stammvater der modernen Chemie, Andreas Libavius, 1597 ein, daß man *›zuweilen‹* noch Leute hören kann, die *»es für etwas schimpfliches halten, daß gewisse Arkana in so eindeutigen Worten«* – wie dies in seinem Werk geschieht – *»öffentlich bekannt gegeben werden«*, aber er findet keine Rechtfertigung

mehr für solche Positionen: *»Wenn sie es so wollen, mögen sie ihre Arkana für sich behalten, nur sollen sie wissen, daß sich die Sonne nicht verdunkelt und die Welt nicht schlechter leben wird, wenn auch weder sie selbst noch ihre Arkana jemals ans Licht hervorkriechen ... Was wird es nützen, wenn jene Arkana erst dann aufgefunden würden, wenn die Welt in Flammen aufgehen wird? Wenn die Entdecker (autores), oder vielmehr Verhehler (occultatores), bei den Würmern verfaulen? Sind sie denn der menschlichen Gesellschaft so sehr Feind? Oder so scheußliche Ausgeburten, Ungeheuer und Wechselbälge der Natur, daß sie diese, der sie doch entsprossen sind, nicht rühmen und fördern wollen? Neiden sie denn so sehr Gott die Ehre, daß sie die ihnen selbst verliehene Gabe nicht mehreren zukommen lassen wollen?«*[276] Ein einziges Gegenargument fällt ihm ein – aber auch dieses verwirft er sofort: *»Einen schlechten Gebrauch, so mögen sie sagen, werden Undankbare davon machen. Aber mach doch Du einen guten Gebrauch davon und vergrabe nichts. Es wäre doch nicht angegangen, Wein und Gold deshalb zu verbergen, weil sehr viele dies mißbrauchen werden.«* (A. a. O.)

Zwar weiß der um die Mitte des 16. Jahrhunderts in Halle geborene Libavius noch sehr genau von den Gepflogenheiten seiner akademischen Vorläufer, *»die eine völlig durchsichtige Sache durch Benennungen und Lehrweise geheimgehalten und den Jüngern der Wissenschaft (filii doctrinae) vorbehalten haben«*, aber eben diese Tradition lehnt er ausdrücklich ab: *»Für mich gibt es nämlich kein Arkanum«*, lautet das Motto des Universitätsprofessors, Stadtphysikus und Schulrektors. (Ebd. XI/XII)

»Du wirst es nicht mehr nötig haben«, versichert er deshalb den Lesern seiner Alchemia, *»herumzufragen und Betrügern ihre Arkana abzukaufen, mit großem Geldaufwand einen nutzlosen oder wenig verständlichen und wortreichen Papierfetzen von Pfuschern einzuhandeln und dabei zu bitten und betteln, bei allen Göttern und Göttinnen zu schwören, Du würdest nichts weitersagen: alles wird Dir zugänglich sein.«* (Ebd. IX)

Zu gesellschaftlichem Wissen werden die privaten Erfahrungen und die Arkana – wie es die Ideologen des 15. Jahrhunderts herbeisehnten – in dem Augenblick, in dem sie *›im Druck ausgehen‹*. Hier liegt der Mechanismus, mit dem die Neuzeit Informationen von einem privaten psychischen oder gruppenspezifischen sozialen Emergenzniveau auf ein neues gesellschaftliches hinauftransformiert – und mit dem sie zugleich auch ›gemeine Erfahrnis‹ auf Aberglauben und Handwerkelei hinunterstuft.

Libavius fühlt keine Verpflichtung mehr, *»nach den Mysterien anderer Ausschau zu halten«* und sich *»um geheimgehaltene Verfahren zu kümmern«*. (Ebd. XIII) *»Warum? fragst Du. Sie sind von den Scheidekünstlern noch nicht erprobt worden. Um sie erproben zu können, müssen sie lange Zeit allgemein bekannt sein. Sie lassen sich folglich nicht zur Kunst rechnen, wenn sie geheim sind.«* (A. a. O.)

Geheime Künste oder *›geheimgehaltene Bereitungsweisen‹* (XI) erscheinen ihm überhaupt nicht mehr als eine *›Kunst‹* und die arkanischen Informationen über diese ›Bereitungsweisen‹ bilden keinen Bestandteil mehr derjenigen Wissenschaft, zu der er mit der *›Alchimia‹* einen Beitrag leisten möchte. Mit den mittelalterlichen Informationsbegriffen wie *Geheimnis*, *Erfahrnis*, *Weisheit*, *Arkanum* oder auch *Kunst* hat dieser neue Informationsbegriff nichts mehr gemein.

Dies zeigt sich, neben seiner Bindung an die typographische Verarbeitung und die marktwirtschaftliche Verbreitung, auch noch an anderen Merkmalen. Wie im vorigen Abschnitt ausgeführt, erforderte es von den Fachprosaautoren einen enormen Aufwand, die Absonderung des Regelwissens (Verstand) von dem *›Brauch‹* zu begründen. Man ging zunächst einmal davon aus, daß nur derjenige, der eine Handlung auch perfekt ausführen konnte, ein *›Wissen‹* von dieser Handlung besaß und für eine Beschreibung derselben in Frage kam.

Diese Haltung lebt im Mißtrauen gegen den Theoretiker zwar bis heute weiter, aber kaum jemand leugnet mehr die prinzipielle Möglichkeit, auch aus unbeteiligter Betrachtung nützliche Informationen zu gewinnen. Innerhalb der wissenschaftlichen Kommunikationsgemeinschaft begründet die mangelnde Distanz des Forschers sogar den Verdacht auf methodische Nachlässigkeit, Subjektivität. Diese Umstrukturierung in der Bewertung der verschiedenen Typen von Wissensbeständen vollzieht sich in den Werken von Libavius und seine Zeitgenossen. Bedenken gegen die Introspektion als Erfahrungsquelle werden allgemein. Vertrauen soll man zuallererst dem, was man bei anderen sieht, was andere erproben. *»Manche werden von mir eigene Experimente verlangen, nicht die anderer Scheidekünstler ... Ich aber lehre nicht meine eigene Kunst, sondern lege die chymische Kunst dar, die durch die praktische Erfahrung der Scheidekünstler erprobt ist.«* (Ebd. XII)

Von sich selbst ›weiß‹ man mehr, als man selbst und als andere ›sehen‹ können. Und dieses nur ›erfühlte‹ Wissen wird suspekt. Man sah keinerlei Möglichkeit, es intersubjektiven Vergleichen zugänglich zu machen. Vergleichsmöglichkeiten besaß man nur bezüglich der Informationen, die visuell wahrgenommen oder praktisch erprobt werden konnten. Erprobt waren letztlich auch nur die Verfahren, deren Erprobung man beobachtet hatte. Das Gehörte und auch die eigene Intuition müssen noch einmal mit den Augen überprüft werden. Nur die so geprüfte Information wird über kurz oder lang als ›Wissenschaft‹ gelten.[277]

Orientiert man sich an diesem Kriterium, so verliert das ›Wissen‹ der Autoritäten, welches ja lange Zeit das allerhöchste Ansehen besaß, an Bedeutung. Diejenigen, denen *»die Autorität mehr gelten soll als die Erfahrung«*, treten, so Libavius, aus der Gemeinschaft der neuen Gelehrten heraus. (A. a. O. xv) Per se besitzt die Erfahrung der Autoritäten keinen Wert mehr. Jede Information, die nach den neuen Kriterien in den gedruckten Büchern gespeichert ist, bietet bessere Anschlußmöglichkeiten als die unsicheren Erfahrungen der Alten.

Überhaupt spielt der Leumund der Personen, von denen man Informationen erhält, ganz entgegen den Gepflogenheiten in oralen Kulturen, kaum mehr eine Rolle. *»Können wir Gott Vorhaltungen machen, der sich auch durch den Mund des Verräters Judas geoffenbart und durch Bileam Weissagungen hat ausgehen lassen?«* fragt Libavius (Ebd. xvi). Es kommt nicht mehr auf die Biographie der Person, sondern auf die Sache an. Ist diese nach normgerechten Prinzipien hergestellt, so braucht man sich um den Lebenswandel der Produzenten nicht weiter zu scheren.

Mit dem Ausgrenzen der Introspektion und des Gefühls als Informationsquelle fallen ganze Klassen von Informationen für die Verwendung in der Fachprosa aus. »*Ausgelassen*« hat Libavius in seinem Werk *»Magisches und Abergläubisches über magnetische Erscheinungen, über die Effekte der Imagination, den Homunculus, über Figuren auf ›Gemmen‹ usw«*. Auch hat er *»nichts darüber aufgenommen, wie sich durch chymische Putrefizierungen aus Brot und Wein oder Samen in einem kleinen Arkanumofen ein Mensch fabrizieren lasse«*. (Ebd. xvi) Das Wissen über diese Erscheinungen und Effekte geht nicht auf visuelle Wahrnehmung und deren reflexive Verarbeitung zurück. *»Man*

kann nicht eines jeden Phantastereien in die Scheidekunst hineinpacken«! (Ebd. XVII)
Geradezu geboten ist es, sich nicht durch traditionelle Klassifikationen von Wissen beeinflussen zu lassen. In die Alchimie von Libavius werden Informationen aufgenommen, die bis dahin strikt separat gehalten wurden, die nur in Kommunikationsnetzen zirkulierten, die miteinander nicht in direkter Verbindung standen: technisches Wissen (artes mechanicae), Wissen aus den alten artes liberales, alchemistisches, medizinisches, botanisches Wissen verschiedener sozialer Gruppen. Ganz bewußt möchte Libavius die überkommene Hierarchie zwischen den verschiedenen Disziplinen der mittelalterlichen Informationssysteme verändern. Die ›*Chymie*‹ soll aus der Rolle der ›*Magd der Medizin*‹ auf einen angesehenen Platz in der Naturlehre gehoben werden, die Techniker (mechanici) *»auf den Thron der Physik erhoben werden«*. (Ebd. XIV)

Nimmt man die von Libavius in seinem wegweisenden Werk genannten Kriterien für ›*Wissen*‹:
- gewonnen durch normierte Prozesse visueller Wahrnehmung von einem außenstehenden Betrachter,
- typographisch gespeichert und
- über den freien Markt verbreitet

ernst, so hat es vor der Einführung des Buchdrucks im Europa der frühen Neuzeit kein ›*Wissen*‹ gegeben. Weiterhin zeigt sich, daß die von dem Begründer der wissenschaftlichen Chemie durchaus in programmatischer Absicht genannten Kriterien unmittelbar mit den Normen übereinstimmen, die für die beschreibende Fachprosa insgesamt konstitutiv sind.
Hiermit ist nicht gesagt, daß nicht auch im Mittelalter die Forderung nach visueller Erfahrungsgewinnung und nach einer ›Offenbarung‹ dieser Informationen von einzelnen Gelehrten erhoben wurde. So wie es Vorstufen der neuen Informationstechnologie gab, so finden wir auch Vorstufen eines neuen Verständnisses von Information, eben Information als ›Wissenschaft‹. Spürt man diesen Vorstufen nach, so wird man noch auf andere Wurzeln als die hier vorgestellten stoßen. Zur Sprache kamen strenggenommen nur die Anfänge der technischen Wissenschaften und der Natur-

wissenschaft. Die Frage, was in der Neuzeit als geisteswissenschaftliche Information aufgefaßt wird, erfordert eine gesonderte Untersuchung. Abzusehen ist allerdings, daß auch diese zu dem Ergebnis kommen wird, daß die modernen Geistes- und Sozialwissenschaften auf das typographische Medium angewiesen sind.

Das wahrhaftige Einhorn: Die Ausdifferenzierung der Fiktion

Gerade am Beispiel der perspektivisch gezeichneten Naturdarstellungen, also dem Prototyp der Vorstufe des neuartigen typographischen Wissens, läßt sich noch ein weiterer Wertewandel zeigen, der mit der Durchsetzung der neuen Technologie im späten 16. Jahrhundert einhergeht. Nicht nur bislang als respektable Erfahrung gewertete Information wird zum Aberglauben, auch ehedem als ›Täuschung‹ angesprochene Repräsentationen gewinnen eine ›rechte‹ Wertschätzung.

Der Antike und dem Mittelalter galten Gestaltbeschreibungen, die dem neuzeitlichen Ideal ›wahrer‹ Information am nächsten kommen, als Täuschung.[278] Bewundert wurden an den Skulpturen des Phideas oder an den Wandgemälden in Pompeji, wie gut sie die Sinne zu täuschen vermögen. Sie gaukelten Trugbilder von Menschen, Natur oder Wohnräumen vor. Am meisten staunte man über jene gemalten Kirschen, die selbst den Vogel so zu täuschen vermögen, daß er in die gefärbte Kalkwand hineinpickt. Das synthetische Konstrukt, die Abbildung oder die Skulptur, wird nicht wegen meisterhafter Konstruktionsprinzipien bewundert, sondern weil und insofern es seine bloß technische Existenz vergessen läßt. Dies ist die Botschaft des Mythos von Pygmalion, jenes frühen griechischen Bildhauers, der sich in eine gerade von ihm fertiggestellte Statue verliebte. Venus befriedigt seine Leidenschaft, indem sie den bearbeiteten Marmor in ein wirkliches Wesen aus Fleisch und Blut verwandelt.[279] Nicht die künstliche Modellierung ist das Ziel, sondern das Leben.

Dies ist bei den Fachprosaautoren ganz anders. Sie lassen keine Mißverständnisse darüber aufkommen, daß ihre ›Beschreibungen‹ nicht die wahrgenommene Welt, sondern nur das Produkt ihrer Wahrnehmung der Welt sind.[280] Zwischen den Dingen und den Informationen über die Dinge gibt es ein eingestandenes Komplexitätsgefälle.

Die Armut der technisch gespeicherten Informationen galt vor der Einführung des Buchdrucks immer als ein Argument für den Augenzeugen. Solange man die Erfahrungsgewinnung mit den eigenen Augen und Ohren und entsprechend die psychische Speicherung der Informationen so idealisiert, enttäuschen synthetischen Repräsentationen. Das 16. Jahrhundert betont weniger die ›täuschenden‹ als vielmehr die konstruktiven Leistungen der Informationsmedien. Die Holzschnitte Burgkmaiers werden bewundert, weil sie einen ›wahrhaftigen Bericht‹ von den verschiedensten Vorgängen liefern. Reuwichs Darstellungen gehen als ›wahre‹ Beschreibungen in das Bewußtsein der Zeit ein, und die Illustrationen von Weiditz, Füllmaurer u. a. tragen dazu bei, daß die Bücher der Kräuterbuchautoren zu ›rechten‹ Informationsspeichern werden. Man ist von dem ›richtigen Nutzen‹ der synthetischen Modelle überzeugt. Sie sind nicht mehr nur ein ›kleineres Übel‹, sondern für vielfältige, als notwendig erkannte gesellschaftliche Verrichtungen eine unabweisbare Notwendigkeit.

Erst nach dieser Umwertung kann die Gesellschaft dann noch einmal in einem neuerlichen Prozeß sozialer Reflexion zwischen wahren Beschreibungen ›tatsächlicher‹ und anderer Objekte unterscheiden und letztere dann ›Fiktion‹ nennen. Täuschung als Täuschung wird zu einer Veranstaltung in einem begrenzten Subsystem der Gesellschaft, zu einem Aspekt der Kunst im modernen Sinn.

Aber auch die fiktionalen Darstellungen müssen sich zunehmend der perspektivischen Verfahren bedienen, um so tun zu können ›als ob‹: Man setzt seine fiktionalen Gestalten aus Informationen zusammen, die man tatsächlich aus genauer visueller Wahrnehmung gewonnen hat; man erzieht seine Phantasie im Geiste der neuen Erkenntnistheorie.

Dies ist z. B. die Technik des Hieronymus Bosch. Seine ›Baummenschen‹ vereinen Portraitkunst nach dem Glasscheibenideal mit genauer ›Abkonterfeiung‹ natürlicher Bäume. Die perspektivischen Konstruktionsmöglichkeiten werden auch für die Darstellung von Dingen herangezogen, die so nirgends zu sehen sind, die nur der Imagination entspringen. Die *Abbildung 73* zeigt ein solches ›wahrhaftiges Einhorn‹ im Kreise anderer mehr oder weniger ›wahrhaftiger‹ Tiere.[281] Im 15. Jahrhundert stehen in vielen Werken solche fiktionalen Tier- oder Pflanzenabbildungen neben den ›rechten‹ Beschreibungen im neuzeitlichen Sinne. Es ist halt eine Übergangszeit, in der sich noch keine festen Gattungserwartungen herausgebildet haben. Später trennt man dann klarer zwischen den realistischen Darstellungen von möglichen Welten und jenen von den tatsächlich nach Prinzipien gesehenen. Erstere werden zu einer Veranstaltung in dem Subsystem Kunst im modernen Sinne, letztere zu solchen in der Wissenschaft und in anderen Bereichen.

Von der realistischen Konstruktion der vorgestellten Welt, der Fiktion, ist die illusionistische Darstellung, die wir schon in der Antike beobachtet haben, noch zu unterscheiden. Aber auch diese erhält durch die Linearperspektive einen neuen Auftrieb – und umgekehrt. Im Theater, befindet etwa Sebastiano Serlio, sind *»in kleinem Raum prächtige Paläste, herrliche Tempel, ... geräumige Plätze, gerade und lange Straßen, die wieder von anderen gekreuzt werden und prachtvoll ausgeschmückt sind, ... mit Hilfe der Kunst der Perspektive«* darzustellen.[282] Es ist nicht zufällig, daß viele Autoren gerade durch die illusionistischen Projekte und vor allem durch die Theaterdekorationen zu Traktaten über die Perspektive angeregt wurden. Hier besitzt die neue Wahrnehmungstheorie ihr ältestes Experimentierfeld, hier finden sich viele Vorbilder.

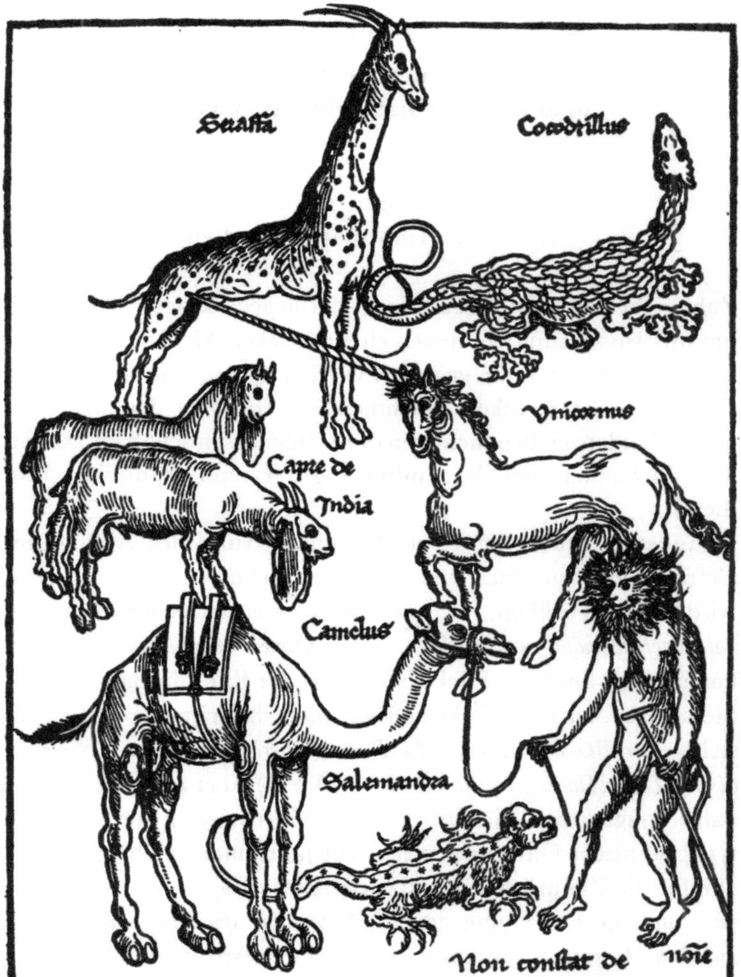

Abb. 73: Das ›wahrhafftige‹ Einhorn oder
die perspektivische Konstruktion der Fiktion:
Holzschnitt aus den ›Peregrinationes‹ des B. von Breydenbach

6.9
Die neuen Programme in der gesellschaftlichen Diskussion

Kritische Stimmen zum Wert der neuen Informationsmedien

Zahlreiche Befürchtungen, die in der gegenwärtigen Diskussion um die Auswirkung der neuen elektronischen Medien auf Gesellschaft und Individuum geäußert werden, haben eine längere Tradition, als die Kritiker annehmen. Die meisten der angeblich neuen Tendenzen beobachteten die Zeitgenossen schon im 15. und 16. Jahrhundert bei der Einführung der typographischen Medien.

Wenn etwa heute von einer ›Rationalisierung des Alltags‹ im Gefolge des Einsatzes von Computertechnologien gesprochen wird und man beklagt, *»daß jene Momente spontanen, intuitiven, traditionalen, gefühlsmäßigen Handelns ... mehr und mehr außer Kurs geraten«*, so konnten wir ähnliche Effekte schon bei der Einführung der Fachliteratur beobachten.[283] Es soll gar nicht bestritten werden, daß sich *›unter Btx-Bedingungen die Rationalisierungstendenzen der methodischen Lebensführung verstärken‹*. (a. a. O. 235) Aber zu diesem Rationalisierungsprozeß haben die Hausväterliteratur und andere typographische Gattungen schon seit Jahrhunderten beigetragen. Die für die Zukunft prognostizierte *›Entwertung des Erfahrungswissens‹* und die Einengung der *›Spielräume für spontanes und intuitives Handeln‹* besitzen ebenfalls schon eine respektable Tradition. (a. a. O. 234) Die Abwertung der Kunstfertigkeit zum *›unbesonnenen Brauch‹* gehört in diese Vorgeschichte ebenso wie die Maßregelung selbst der bildenden Künstler in dem *›Ästhetischen Exkurs‹* Dürers. Und noch einem weiteren Phänomen, welches häufig als Proprium der modernen Medienrevolution genannt wird, sind wir in der frühen Neuzeit schon begegnet, dem durch neue Informationstechnologien induzierten Kommunikationssterben. Das *»Gespräch als Keimform sozialer Verständigung«* sieht man gegenwärtig durch die Computertechnologie zurückgedrängt, Verlust an *›kommunikativer Kompetenz‹* wird bei dem einzelnen befürchtet.[284]

Nun erhoben schon die Fachbücher den Anspruch, ein ›natürliches‹ Kommunikationssystem, nämlich das Gespräch zwischen dem Experten und dem Laien, überflüssig zu machen. Der Benutzer des Fachbuches sollte sich nicht mit Menschen, sondern mit dem Buch ›unterhalten‹ und von diesem seine Fragen beantwortet bekommen. Insoweit kann man davon sprechen, daß die Einführung der gedruckten Unterweisungen eine Alternative zum Gespräch von Angesicht zu Angesicht schuf.
Heute wie damals ist bzw. war dies eine Vorstellung, die Widerstand hervorrief. Den Kritikern dieser Entwicklung blies im 16. Jahrhundert der Zeitgeist zwar ins Gesicht, aber sie hatten eine ehrwürdige Tradition im Rücken: Jahrhundertelang hielt man das Lernen aus Büchern überhaupt für unmöglich und jedenfalls für verwerflich.[285] In Anbetracht der Erfolge der neuen Technologie war freilich an eine Rückkehr zu den alten Verhältnissen nicht mehr zu denken. So konzentrierten sich die Kritiker auf eine Schadensbegrenzung. Man gab zu, daß es für einzelne Kommunikationssituationen und für bestimmte Informationstypen sinnvoll und möglich war, künstliche Unterweisungen einzusetzen. In zahlreichen anderen Bereichen wandte man sich dagegen. Und tatsächlich läßt sich nicht leugnen, daß anfangs manche Fachprosaautoren über das Ziel hinausschossen. Im Experimentierstadium der neuen Technologie war nicht klar, auf welchen Gebieten welche Programme mit Nutzen einzusetzen waren. Man probierte einfach aus, und dabei konnte es passieren, daß man Programme für Gruppen lieferte, von denen sich später herausstellte, daß sie solche Unterweisungen nicht benötigten; man gab Informationen in den typographischen Speicher, die für diesen nicht geeignet waren.

Für und wider das Selbststudium

Ganz instruktiv ist in diesem Zusammenhang die Diskussion unter den Schreib- und Rechenmeistern. In beiden Berufsgruppen gab es, wie erwähnt, Vertreter, die ein möglichst weitgehendes Selbststudium der Laien ermöglichen wollten. Sich selbst und ihren Unterricht überflüssig machen, hieß bei ihnen die Devise. In der Tendenz sollte der institutionalisierte Unterricht radikal beschränkt werden. Bedeutendster Propagandist dieser Bewegung, die auf das neue Medium, das gedruckte Buch, und die Selbsthilfe des einzelnen setzte, war zweifellos Valentin Ickelsamer. In seiner *›Teutschen Grammatica‹* gibt er über seine Motive bereitwillig Auskunft:

»Vnd o wie wol woelt ich mir dise meine arbait« – eben die Entwicklung eines Erstlesekurses und seine Darstellung in einem Druckwerk – *»belonet schaetzen / so ettwa ain Gottfoerchtiger mensch / der villeicht nit lang platz an ainem ort hett (dann die rechten Christen seind yetzt inn der welt langes bleibens vngewiß) das lesen so behend lernet vnd daruon brechte/ vnd das darnach zuo Gottes ehre brauchet«.*[286]

Alles hat er darauf zugerichtet, ein schnelles Lernen ohne Kontrollnotwendigkeiten durch irgendeine Institution zu ermöglichen. Der wesentliche Grund hierfür, den Ickelsamer auch in der zitierten Passage anspricht, ist ein politischer: Die städtischen Schulen wurden zunehmend und nach dem Augsburger Religionsfrieden mit kompromißloser Strenge dem Regiment der Stadt oder des Landes unterworfen.[287] Für Schulmeister, die wie Ickelsamer zum radikalen Flügel der reformatorischen Bewegung zählten, wurde das Unterrichten zunehmend schwerer. Nach ihrem Engagement während des Bauernkrieges waren Ickelsamers Rotenburger Kollegen Bessenmeier, Menzingen und Deuschlin verurteilt und hingerichtet worden. Er selbst entzog sich einem ähnlichen Schicksal durch die Flucht und wurde seither von Kurfürst Johann von Sachsen gesucht. Unter diesen Umständen gewann die Fachliteratur für ihn ein emanzipatorisches Element. Sie ermöglichte es ihm, seine Gedanken zu verbreiten und seine Fähigkeiten für Lernwillige, die unter Umständen in ähnlichen Schwierigkeiten steckten, fruchtbar werden zu lassen. Die Technisierung der Informationen erscheint in diesem Fall als eine Möglichkeit, sie der Kontrolle durch staatliche Organe zu entziehen.

Eine andere Gruppe von Schulmeistern hält solche Versprechungen für illusorisch. Petrus Jordan bemerkt in der Vorrede zu seiner *›Leyenschul‹* 1533, daß in der letzten Zeit *»viel vnd* [nach] *mancherley art vnnd meynung«* zusammengestellte Bücher erschienen sind, die versprechen, *»kuertzlich schreyben vnd lesen zuo lernen«*. *»Ja«*,

fährt er fort, *»sie geloben vnd verheyssen gueldine berg/damit sie den eynfeltigen leser zuo kauffen reytzen/vnd batrigen* [betrügen]*/alleyn vmb des leydigen geitz willen«.*[288] Besonders deutlich wird diese Betrugsabsicht seiner Meinung nach bei solchen Lehranweisungen, *»welche verheyssen in vier vnd zwentzig stunden schreiben vnnd lesen zuo leren, welches doch on sunderliche wunderwirckung Gottes/keynem menschen müglich zuo thun ist«.* (a.a.O. A1b) Sein Buch ist ausschließlich für die Hand des Lehrenden gedacht, *»dann es wirt doch keyner von jm selbs gelert/er hab dan vorhin eyn vnderweiser vnd schulmeyster«.* (a.a.O. A2a)
Ob Jordan mit seiner Kritik auf Ickelsamer Bezug nimmt, läßt sich nicht mehr genau ermitteln. Die meisten Biographen Ickelsamers gehen davon aus, daß auch die früheste Auflage seiner ›*Teutschen Grammatica*‹, in der ähnliche Versprechungen gemacht werden, nicht vor 1534 erschienen ist.[289] Die eher erschienene ›*Rechte Weis*‹ enthält keine entsprechenden Ankündigungen. Jedenfalls erwähnt Ickelsamer in einer Ausgabe seiner Grammatica Petrus Jordan, *»der auch ain feines buechlin von der Leyen schuol geschriben«* hat. (Ausgabe A2: A5r) Trotzdem besteht er weiterhin darauf, daß durch *»die weis/die dz* [sein] *buechlein leret / ... ein yeder in wenig tagen lesen lernen«* kann. (Ebd. A4r) Und er wendet sich dann ausdrücklich gegen Jordan und bestärkt seine Auffassung, daß es durchaus möglich ist, *»in vier und zweyntzig stunde lesen zuo lernen«.* (Ebd. A5r) Der Schlüssel zu diesem Erfolg ist nun freilich seine spezielle Lehrmethode, das Lautierverfahren.[290] Ohne fremde Hilfe wird es dennoch schwerlich abgegangen sein. Aber dieser Unterweiser brauchte kein Experte zu sein. Mit Hilfe seines Buches mochte *»mancher vater seine kinder dahaymen«* das Lesen beibringen, auch *»mancher gesell kündts seinen mitgesellen bey jm in der werckstatt eylendts leren«.* (Ausgabe B, A6a) In ähnlichem Sinne hatte schon Kolroß in seinem ›*Enchiridion*‹ von 1530 die Anwendungsmöglichkeiten seines Lehrwerks bestimmt:
»Derhalben ist dises handtbuechlin gemacht/da mit die jhenigen so ettlicher maß schryben vnd laeßen ergriffen/daruß was jnen noch manglet/ouch in kurtzem erlernen moegen«; und später spezifiziert er den Benutzertypus: *»Soellichs aber mag ein verstaendiger ley (der zimmlich laeßen kan) vß diesem buechlin (so vil jm nodt) ergryffen/vnd selbs lernen verston. Den jungen aber/ so yetzt zimmlich schryben koennen/doch der gerechtigkeit vnd art recht vnd verstaendtlichs schrybens manglen/mags ein Leermeyster sins gefallens zuo*

zyten im jor laesen/vnnd vor ougen practicieren/ouch minderen oder meeren/ye nach gelegenheyt des lands vnnd der sprach.«[291]
Substituiert wird bei dieser Benutzung des Lehrbuchs nicht schlicht das Gespräch von Angesicht zu Angesicht, sondern das Gespräch mit dem Experten. Wer freilich noch nicht schreiben kann, der braucht am Anfang noch den Lehrmeister, und für diesen ist das Buch nur ein Programm, das er nach Belieben abändern soll.

Diese Position finden wir auch bei den medienkritischen Rechenmeistern. *»Der anfenglich grund im Rechnen«*, so schreibt Johann Fischer 1554 in seinem Rechenbuch, *»kan vnd mag nicht ehr vnd besser gelernet vnd begriffen werden, denn durch mündtliche vnterrichtung.«*[292] Damals hatte sich diese Auffassung wohl allgemein durchgesetzt. Als Christian Rudolff 1530 eine Neuauflage seines *›Exempelbuechlins‹* herausbrachte, war ihm diese Erkenntnis noch eine Offenbarung.[293] Er hatte nämlich in früheren Ausgaben dieses Büchleins versucht, auch den *›anfaencklich grund der Rechnu(n)g‹* zu beschreiben. Die Erfahrung lehrte ihn dann, daß die *›discipel inn lernung hynderstellig worde(n)‹* seien. Deshalb hat er bei der Neuauflage den ersten Teil der ursprünglichen Fassung, der über den Anfangsunterricht handelt, weggelassen. Auf die ältere Auflage verweist er allerdings weiterhin diejenigen, die keine Gelegenheit zu *›mündlichem Bericht‹* finden und die *»solch uebung in schrift begeren«*. (Vorrede)

Schon im Laufe des 16. Jahrhunderts zeigte es sich, daß die Einsatzmöglichkeiten der Fachliteratur außerordentlich vielfältig wurden. Die Bücher dienten durchaus nicht nur zum Selbststudium, sondern wurden in hohem Maße auch als Hilfe im Unterricht von Angesicht zu Angesicht eingesetzt. Für diese fachbuchgesteuerten Unterrichtssituationen rief man zahlreiche neue gesellschaftliche Institutionen ins Leben.

Die Anzahl von Schulen und weiterbildenden Lehrinstitutionen steigerte sich gegenüber den früheren Zeiten gewaltig. So gesehen katalysierten die neuen technischen Informations- und Reflexionsmedien auch neue Formen mündlicher Unterweisung und Kommunikation.

Neben den didaktischen und kulturpolitischen gab es, wen wundert es, auch ökonomische Überlegungen, die gegen das Lernen aus Büchern sprachen.[294] 1532 beschwert sich der Winkelschullehrer Hans Fabritius, daß fremde Rechenmeister die Druckwerke ihrer Kollegen *»hinder* [deren] *rucken auff kauffen und yn die dunsternyß legen«*, damit der Einfältige, *»der gern kunst wissen wolt also«*, am selbständigen Lernen *»verhindert sol werden«*.[295] Ähnliche Erfahrung muß kurz zuvor Moritz Breunle gemacht haben. In der Vorrede seines *›Kurtz Formular vnd Cantzley buechleins‹* (Augsburg 1529) tadelt er jene Berufsgenossen, die sein Buch *›vernichten‹* wollen, als *›lose leutte‹* und *›lumpen‹*. Wenn die potentiellen Schüler sich Rechen- oder Schreibbücher kauften, so sanken die Chancen der Schulmeister, diese für den Privatunterricht zu gewinnen. Zumindest brauchten die ›Einfältigen‹ u.U. nicht mehr so viele Stunden zu nehmen. Aus dieser Überlegung heraus findet man in zahlreichen Lehrbüchern Passagen, in denen sich die Autoren gegen das Argument rechtfertigen, sie hätten *›die Dinge zu gemein gemacht‹* und damit den nichtschreibenden Kollegen die Butter vom Brot genommen.[296]

Da der Erwerb einer ganzen Auflage eines Lehrbuchs ja nicht umsonst war, zeigt die Kalkulation der Aufkäufer in den einzelnen Städten, daß das Buchwissen zu einem Faktor geworden ist, der sich mit Geld aufwiegen läßt. Auch aus der Perspektive der Schulmeister, die die Rechen- und Schreiblehrbücher verfaßten, muß sich das Geschäft gelohnt haben. Gewiß war so ein Buch eine gute Visitenkarte und Reklame. Die schreibenden Lehrer wiesen damit nach, daß sie ihr Handwerk beherrschten.

In anderen Bereichen hielten sich die Widerstände gegen die Ermöglichung des Selbststudiums noch bis in das 17. Jahrhundert. In dem in der alchimistischen Tradition stehenden Lehrbuch *›Auriferae Artis‹* (Frankfurt 1607) vermutet der Herausgeber, *»es werden auch ohne zweiffel viel solcher Buecher von den Mißguenstigen heutigs Tags verhalten«*. (A3r) Die Befürworter einer restriktiven Veröffentlichungspraxis rechtfertigen sich damit, daß man nur so verhindern könne, daß ihr ›alchimistisches‹ Wissen in die Hände von ›Unwürdigen‹, von Scharlatanen, Geldgierigen und ähnlichen gelangt.[297]

›Was in ein Buch gehört‹: Die Suche nach den Grenzen typographischer Informationserfassung

In dem Maße, in dem das 16. und das 17. Jahrhundert Erfahrungen mit den neuen Medien sammelten, wurde die Begeisterung für eine typographische Erfassung von Daten in ruhigere Bahnen gelenkt. So kristallisierte sich – wie im vorigen Abschnitt gezeigt – schon bald heraus, welche Typen mündlicher Unterweisung für eine Substitution und welche für eine Unterstützung durch typographische Programme geeignet waren. Für den Anfangsunterricht im Schreiben, Lesen, Rechnen oder Visieren erwiesen sich Selbsthilfeprogramme als wenig hilfreich. Hier mußten vielmehr Bücher entwickelt werden, die in einem mehr oder weniger klassischen Unterricht Hilfestellung zu leisten vermochten.
Auch auf anderen Gebieten stellte sich nach und nach heraus, welche Programme wirklich ›nützlich‹ waren und sich auf dem Markt durchsetzen ließen und welche nicht. Vor allem zeigte sich, daß einzelne Informationstypen überhaupt nicht für eine typographische Verbreitung geeignet waren. Damit die Informationen in die typographischen Netze eingespeist werden konnten, mußten sie in die spezielle Sprache des Buchdrucks umgesetzt werden. Und diese Umkodierung von Informationen mißlang bei vielen Arten oder sie erwies sich als zu umständlich und zu zeitaufwendig.
Die *»sichtlich form des augenscheyns/von dem leben/das gibt vil mehr/auch warhaffter verstentnuß / weder* [als] *die aller eygentlichste imaginatz oder fürbildung der geschrift«*, stellt der Verfasser eines anatomischen Lehrbuchs nüchtern fest.[298] Zwar können *»vil sachen durch den halm der federn wol genuogsam eroerttert«* werden, aber bei vielen anderen Dingen führt die symbolische Kodierung zu solchen Informationsverlusten, daß von einer Darstellung in Büchern nur abgeraten werden kann. Viele Sachverhalte lassen sich nicht *»auß dem todten buochstaben so gar sichtlichen für augen zuo bilden/als wenn man die auß ersuchung vnd handarbeyt erfarung gewinnet«*. (Ebd.) Entsprechend macht es wenig Sinn, sich mühsam und wortreich um Beschreibungen des Aussehens von Organen zu bemühen. Der angehende Chirurg soll sie besser *›mit eigenen Augen‹* in der eigenen Praxis kennenlernen.

Wie wir schon gesehen haben, bot die Nutzung von Holzschnitt und Kupferstich eine Möglichkeit, die Grenzen des in den Büchern Darstellbaren auszuweiten.[299] Aber auch der ikonographische Kode besaß seine Tücken. Sein Einsatz war in der frühen Neuzeit keineswegs so selbstverständlich, wie es aufgrund der oben zitierten Stimmen vielleicht den Anschein haben mag. Dies hängt mit der Belastung dieses Mediums durch die Geschichte zusammen. Wenn Bilder nämlich in älterer Zeit überhaupt als ein Medium betrachtet wurden, aus dem Informationen direkt, ohne die mündliche ausdeutende Hilfe eines Experten entnommen werden konnten, dann hielt man ihre Leistung für so begrenzt, daß sie für eine fachgerechte Unterweisung jedenfalls nicht in Frage kamen. (Vgl. Abschn. 3.4)

Der ikonographische Kode galt als unpräzise. Ein Bewußtsein darüber, daß dieser Kode dem sprachlich-symbolischen möglicherweise für einzelne Informationstypen überlegen sein könnte, war kaum entwickelt. Bilder galten als Umkodierungen von schon symbolisch repräsentierten Konzepten. Gesellschaftlich bemerkt und betont wurden die Informationsverluste, die bei dieser Umsetzung stattfanden. Zu rechtfertigen waren vor diesem Hintergrund Bildprogramme eigentlich nur dort, wo eine sprachliche Kodierung aus ›sozialen‹ Gründen nicht in Frage kam: bei der Unterweisung der ›Ungelehrten‹, denen skriptographisch kodierte Informationen nicht zugänglich waren. Diese Vorurteile haben sich bis weit in das 16. Jahrhundert hinein erhalten. Sie sind noch in den dreißiger Jahren bei dem schon erwähnten Mainzer Schulmeister und Buchdrucker Petrus Jordan greifbar. Seine ›*Leyenschuol*‹ enthält, wie auf dem Titelblatt zu lesen ist, *»eyn vntherricht/wie die vngelerigen koepff/so eyns grobe(n) verstandts seyn on buchstaben/durch figuren vn(d) Caracteren ... zu schreyben vnd zu lesen sollen vnderweyßt werden«*. Die ›anschauliche‹ Einführung der Buchstaben durch Bilder mochte er nur den intellektuell Schwerfälligen empfehlen. Die heute aus dem Erstlese- und Schreibunterricht kaum mehr wegzudenkenden Bildtafeln bedurften jedenfalls noch einer besonderen Legitimation. Und so ist es, wie die Vorreden von Johann Amos Comenius in seinen ›*Orbis sensualium pictus*‹ belegen, bis in die Mitte des 17. Jahrhunderts hinein geblieben.

Selbst in der im engeren Sinne technischen Fachliteratur, in der schon in der Antike vereinzelt Abbildungen verwendet wurden, blieben ikonographische Programme lange Zeit fragwürdige Unterfangen. Brunschwygk bezeichnet seine zahlreichen Abbildungen in seiner Destillierkunst immer noch als *»nit anders ... dann ein ouge(n)weid vnd eyn an zeigung«* für diejenigen, *»die weder schriben noch lesen kündent«.*[300] Dies, obwohl die Holzschnitte in seinem Werk faktisch schon weitgehend die neuzeitliche Darstellungsfunktion übernommen haben – und im Widerspruch auch zu einzelnen Textpassagen, in denen darauf hingewiesen wird, daß sich die Bilder durch sprachlich-begriffliche Beschreibungen nicht substituieren lassen.

Ähnliche Ambivalenzen finden sich noch 1539 bei dem berühmten Botaniker Hieronymus Bock. Wie J. Rihel, der Verleger Bocks, in der Vorrede zur ersten Ausgabe des Kräuterbuchs mitteilt, hat der *›Stammvater der Botanik‹* sein Vorhaben, *»fur diß new kreütter Buoch/ newe figuren von den frischen kreüttern abmalen zuolassen«*, nicht *»für guot angesehen«* und abgelehnt. Holzschnitte würden den Käufer nur *›am gelt beschweren‹* und den *›verstand der leser nit vil fürderen‹*. Die *›Figuren‹* müßten *»eynand(er) fast* [sehr] *aenlich sein«*, weil Bock so viele Pflanzen genau bestimmt hat, *»die mit schlechtem* [einfachem] *entwerffen nymmer moechten so deütlichen vnderscheyden werden«.* Die Differenziertheit seiner sprachlich-begrifflichen Unterscheidungen läßt sich mit den Mitteln des Holzschnitts nicht einholen! Hinzu kommt, daß sich *»die farben nit wol zuotrucken«* lassen. Schließlich ist zu berücksichtigen, *»dasz nit alle kreütter hie zuo Straßburg zuo finden sein«* und deshalb ein Maler dorthin geschickt werden müßte, wo sie wachsen, damit er sie dort nach der Natur *›abmalen kündte‹*. Die dadurch hervorgerufenen Mehrkosten möchte er dem Käufer ersparen.

Rihel scheint sich dieser Argumentation gebeugt zu haben, ohne daß er von ihr überzeugt war. Den Lesern, welche *›Lust zum Gemelde‹* haben, empfiehlt er jedenfalls *»eyn ander kreutterbuoch zuo kauffen/darin schoene figuren seint/als etlich diser zeit mit besunder fleiß außgangen sein«.* (Ebd.) Die nachfolgenden Auflagen von Bocks Werk erschienen alle mit einer durchgehenden Bebilderung. Holzschnitte waren zur Normalform der typographischen Repräsentation botanischer Informationen geworden.[301]

Wenn auch noch mit vielen Vorbehalten, so scheint Bock diese Wandlung in späteren Lebensjahren doch akzeptiert zu haben.

»Man halts dafür«, liest man in der Vorrede der Auflage von 1560, *»vnd dringen auch die Geistliche leüt hoch darauff/ vnnd woellen das die Bilder vnnd das gemaels seien der Einfaltigen Leyen schrifft. Das muessen wir gestehn/ sonderlich«*, setzt er mit einem Seitenhieb auf den Klerus hinzu, *»wann die Cantzeln vnd Predigtstuel stum(m)en werden/ das sie von der waren Geschrifft nichts wissen/ oder nichts wissen woellen. So dienen aber die gemalte Kreütter buecher endtlich dahin/ wan(n) man die natürliche Gewaechs nit alle mal wie sie auffwachsen/ bei handt hat/ od(er) die selben nit allmal frisch bekommen kan/ als dann dienen vns die Rechte Contrafeite gemalte buecher der Gewaechs vast* [sehr] *wol/ darauß mag man sich wol in vilen erkundigen.«*[302]

Die Bildprogramme eigneten sich vorzüglich dazu, visuelle Informationen typographisch zu speichern. Für Erfahrungsbestände hingegen, die taktil erworben werden oder die überhaupt nur im vegetativen Nervensystem gespeichert sind, brachten sie kaum zusätzliche Darstellungsmöglichkeiten.

Von *»alle natürliche ding die zuo de(m) Cirur(gen) als einem handwircker gehoere(n). mag nit alles volkom(m)eklich geschribe(n) werde(n)«*, stellte Brunschwygk schon in der Inkunabelzeit in der Vorrede zu seiner *›Cirurgia‹* fest. Nicht gut in Worte zu fassen waren vor allem die ›Handgriffe‹, die Fingerfertigkeiten, die der Chirurg für seine Operationen benötigte.[303]

»Wiewol die handtgriff nit moegen geschribe(n) werden«, bestätigt später Paracelsus, *»als nemlich die zusammenfuegung der wunden/ so soltu das selbig auß eygner geschicklichkeyt die du nur auß der erfarnusz erlernet hast/ wissen«* – und nicht aus Büchern.[304] Der seine Zeit durch alternative Ideen gleichermaßen schockierende und begeisternde Arzt besaß überhaupt eine außerordentliche Sensibilität für die Grenzen sprachlicher Kodierung von Informationen. *»So ist von dem Wehetagen vnd Schmerze der kranckheyt/ vnd seiner anzeygung nicht zu melden«*, bemerkt er an anderer Stelle kompromißlos: *»Dan(n) die empoerung der Kranckheyt ... sollen nicht dem Buchstaben befohlen werden/ durch dieselbigen euch satt zumachen: dan(n) diese ding ligen in der großen vbung vnnd erfarenheit/ die bey einem jeglichen Artzt seien soll«*.[305] Die Schmerzen und die Art und Weise, in der sie sich je nach den Krankheiten unterschiedlich ausdrücken, lassen sich nicht sprachlich kodieren. Wohl aber ist es möglich, *›die stett vnd orter diser kranckheyten zuo erzaelen‹* und eben dieser Aufgabe unterzieht er sich in seinem Buch über die *›Bergsucht‹*.

Obwohl sich Paracelsus der neuen Technologie ausgiebig bediente und er beträchtlich zur Schaffung der volkssprachlichen medizinischen Fachliteratur beitrug, behielt er Zeit seines Lebens eine souveräne Distanz zu ihren Segnungen.

Dies dürfte letztlich mit seiner Erkenntnistheorie zusammenhängen, die von jener, die die Neuzeit offiziell prämierte, weit entfernt war. Wie oben ausgeführt, stellte die Renaissance – und das Abendland seither – das Auge als Sinnesorgan in den Vordergrund. Um eine Technisierung der Prozesse der visuellen Erfahrungsgewinnung bemühte man sich intensiv und unablässig. Die nach den standardisierten perspektivischen Verfahren gewonnenen (ikonischen) Informationen ließen sich dann auch relativ problemlos in den Kode der *›gemeinsprach‹* übersetzen. Paracelsus bestand konsequent darauf, daß es neben der visuellen Wahrnehmung noch andere Erfahrungsquellen gibt, die für manche Bereiche ärztlichen Handelns nicht nur gleichbedeutend, sondern sogar wichtiger waren: die Hände und das Gefühl.[306] Entschieden lehnte er die Versuche ab, die vielfältigen Möglichkeiten der Erfahrungsgewinnung, über die der Mensch verfügt, zu hierarchisieren. *»Vnd aber die Erfarnus will weder Bott noch zwangnuß gedulden/sondern sie soll frey sein/dann Menschlich Vernunfft kan sich nit regieren«.*[307] Die Grenzen einer linearen, an symbolisch-sprachliche Kodierungen gebundenen, ›vernünftigen‹ Form der Informationsverarbeitung schienen ihm – im Gegensatz zu vielen seiner Nachfolger – evident. Er hegte den Verdacht, daß bei einer Kontrolle der Informationsgewinnung und -verarbeitung durch Vernunftprinzipien zahlreiche Erfahrungen verlorengehen, die für den Arzt von Bedeutung sind.

Immer wieder wandte er sich auch dagegen, die Disputation oder – wie wir heute sagen würden – den rationalen Diskurs als eine Kontrollinstanz für die Arzneikunst anzuerkennen. Statt dessen setzte er auf die Bewährung der *›gewissen Kunst‹* in der ärztlichen Praxis. Er nahm dabei in Kauf, daß die Wege, die möglicherweise zu dem Heilerfolg führen, von dem Arzt oft nicht genau angegeben werden können. *»Vnnd was in der Artzney mit wercken nicht probiert wirdt«*, schreibt er in seinen *›Sieben Defensiones‹*, *»das hatt sein Disputation verloren/vnd gewindt im Arguirn noch minder.«*[308] *»Die Arzney ist kein Rhetorica«* und deshalb *»bedarf sie keines ratschlags«* und auch keiner

Disputation, in der verschiedene Ratschläge abgewogen werden.[309]

Die Ideen des Paracelsus haben sich bei seinen Anhängern in den verschiedenen europäischen Ländern noch lange erhalten. In dem Maße freilich, in dem die typographischen Formen der Erfahrungsgewinnung und das buchgestützte Lernen zur Selbstverständlichkeit wurden, erhielten seine Ideen eine zusätzliche Sprengkraft. Die ›*Cyclopaedia Paracelsica*‹ (1580) etwa liest sich auf weite Strecken wie eine Propagandaschrift gegen das Lernen-aus-Büchern. ›*Die Kunst bedürfe nicht vieler Theorien*‹, die Bedeutung der Schulen werde maßlos überschätzt, heißt es dort. ›*Die Lehrjungen sollten lieber zu den Bergmännern gehen*‹. Dort würden sie ›*die Meßkunst in gar wenig Tagen lernen*‹. Viele »*Leyen/so nie laesen gelehrnet*« haben, seien »*besser in der Meßkunst berichtet*« als die Magister in den Schulen. Kurzum: nicht das Lernen aus der beschreibenden Fachliteratur, sondern in den face-to-face-Situationen, in denen »*ye einer von dem anderen mit der ueblichen würcklichen hand durchs zeigen*« unterwiesen wird, steht obenan in diesem Programm.[310]

In dem von dem fürstlich anhaltischen Leib-Medicus Elias Montanus herausgegebenen ›*Bergwerckschatz*‹, der als letztes Testament des Basilius Valentinus gilt, wird ähnlich kritisch zu den Möglichkeiten typographischer Informationsvermittlung Stellung genommen. ›*Und hier*‹, heißt es dort, »*muß ich es sonderlichen anzeigen/denn hieher gehoert es/daß kein Buch auff dieser Welt kan beschrieben werden/darinnen die Handgrieffe moechten gebraucht werden/dann das ist vnmuoglichen/dieselbigen muß ein jeder selbst lernen/vnnd in die Handt nehmen/so weise ich nun hie einen in der natuerlichen Arbeit hinein in die Gruben ... vnd wenn ich der beste Mahler were / der einem koente des Zeuges Gestalt abmahlen/daß er es verstuende / sehen muß ers/vnd kennen in den Feusten/vnd muß auch der Arbeit sich vnterstehen/Ich weiß was in ein Buch gehoeret/das hab ich hierein trewlichen gebracht.*«[311]

In der Tat, das 17. Jahrhundert ›*weiß*‹ tatsächlich weitaus besser, ›*was in ein Buch gehört*‹ als die Zeitgenossen um 1500. Für viele Typen von Informationen haben sich feste Darstellungsnormen eingebürgert. Den Versuch einer symbolischen Kodierung feinmotorischer Prozesse hat man weitgehend aufgegeben.

Nicht in die Fachliteratur gehört auch eine ganz andere Klasse von Informationen, nämlich die subjektiven Empfindungen, die beim

Autor während des Sammelns und Darstellens seines ›Wissens‹ ausgelöst werden. *»Ich wil aber dießmals meine eigene gefahr/als angst/sorg/grosse arbeit/hunger/durst/frost/hitz/schrecken/lange sorgliche reisz* [Reise] *hin vnnd wider/durch vil onwege des Teütschen lands/als inn Waelden/Bergen/Taelern vnnd Ebenen feldern lassen berhuoen/dann was haben andere leüt darmit zuo thuon«*, bemerkt Hieronymus Bock kurz und bündig.[312]
Er befindet sich mit dieser Ansicht in Einklang mit jener der Mehrheit seiner Fachkollegen. Persönliche Empfindungen gehören nicht (mehr) in die Fachliteratur.[313] Hierfür werden spezielle Gattungen ausdifferenziert.

Zu den Gegenständen, die in der volkssprachlichen Fachprosa beständig ›überschritten und ausgelassen‹ werden, gehören weiterhin auch die ›*Disputationes*‹. Von ihnen wird angenommen, daß sie *»dem gemein man zu wissen nicht dienstlich noch noetig sindt«*.[314] Die Leser der Kräuterbücher wollen nicht wissen, begründet Matthiolius sein Vorgehen, welche widerstreitenden Positionen in der Literatur hinsichtlich der Namen, der Wirkkräfte und anderer Eigenschaften der Pflanzen vertreten werden. Sie interessieren nur Informationen, die sie in der praktischen Anwendung der Essenzen oder bei der Bestimmung der Kräuter nutzen können. Diese Haltung mag in dieser Gattung und in vielen technischen Büchern für den ›*gemein Mann*‹ zweckdienlich gewesen sein. Sie hatte aber auch eine mittelalterliche Tradition, der ganz andere Motive zugrunde lagen: *»Nach den Bestimmungen des kanonischen Rechts kam es Laien nicht zu, über ›negotia ecclesiastica seu spiritualia‹ Entscheidungen zu treffen; verboten war es Laien außerdem, öffentlich oder privat ›über den Glauben‹ (de fide) zu disputieren.«*[315] ›*Kein Christenmensch*‹, hieß es in dem 1378 von Martin von Amberg niedergeschriebenen ›*Gewissensspiegel*‹, soll ›*von den Stücken seines Glaubens disputieren, er sei denn gar wohl gelehrt*‹.[316]
Disputationen in Glaubensangelegenheiten und die kirchlichen Mysterien eigneten sich von daher eigentlich nicht dazu, gedruckt zu werden. Trotzdem erschien in den achtziger Jahren des 15. Jahrhunderts eine Meßerklärung mit den Wandlungsworten in deutscher Sprache im Druck. In der zweiten Auflage ließ man die Konsekrationsworte mit der Begründung fort, daß *»sollichs mitnich-*

ten dem laye gepuert«, sondern nur der *»priesterschaft die von got dar zw geordinirt und geweicht«* ist.[317] Es bestand offenbar über eine längere Zeit hinweg auch innerhalb des höheren Klerus bei den Altgläubigen – im Gegensatz zu den Lutheranern – keine Einigkeit, wie mit den theologischen Arkana zu verfahren sei. Einzelnen Autoren mochten auch die Konsequenzen druckschriftlicher Vervielfältigung und marktwirtschaftlicher Verbreitung noch zu Beginn des 16. Jahrhunderts unklar gewesen sein. Wie anders ist es zu erklären, wenn der Pariser Domherr Jodokus Clichtoveus (um 1472-1543) eine Meßerklärung im Druck veröffentlichte, in der er alle, *›die nicht Priester sind‹*, beschwor, *»das Buch nicht zu lesen, weil Laien die Kenntnis der darin enthaltenen Belehrungen und Mitteilungen nicht zustehe ... Wenn man ihm entgegen halte, warum er denn den Kanon dann drucken lasse, so erwidere er, dass dieser Teil des Buches nur für Priester bestimmt sei; denn den Laien sei es ebensowenig gestattet, den Kanon und die Konsekrationsworte zu lesen, wie es ihnen erlaubt sei, die heiligen Gefäße, den Kelch u. a. zu berühren«*.[318]

Solche Ambivalenzen verringern sich im 16. und 17. Jahrhundert in dem Maße, in dem sich Gattungen mit einem festen Benutzerkreis etablieren. Daß die Informationen auch dann noch gelegentlich in ›falsche‹ Hände geraten, nimmt man gelassener in Kauf.

›Wie ein schön gebauet Haus, das inwendig leer ist‹: Die notwendige Erweiterung der skriptographischen Programme

Die Autoren der Fachprosa bemerkten nicht nur, welche Informationen sich nicht gut für eine typographische Weiterverarbeitung eigneten; oftmals machten sie auch die Erfahrung, daß sie ihre Texte expandieren mußten, um den Käufern ein gut handhabbares Programm zu liefern. Dies passierte zumal dann, wenn sich Autoren oder Verleger eng an ältere Textvorlagen gehalten hatten, deren Strukturen noch ganz auf die Verwendung in den mittelalterlichen skriptographischen Informations- und Kommunikationssystemen abgestimmt waren. Der Test auf dem Buchmarkt konnte in diesen Fällen dazu führen, daß Bücher grundlegend zu überarbeiten und zu ergänzen waren.

Fabian Frangk hatte anfangs, ganz der Tradition folgend, ein Handbuch für den (Geschäfts-)Briefverkehr geplant, welches nur *›die Titel nach den graden‹*, also dem Rang der Adressaten, enthielt.[319] Damit dieses Buch für eine weitere Käuferschicht, also nicht nur für die ausgebildeten Kanzleibeamten, die ohnedies kaum Bedarf an einer solchen Instruktion mehr hatten, interessant werden konnte, waren neuartige Erweiterungen seines ursprünglichen Plans erforderlich. *›Es scheint‹*, schreibt er in der Vorrede, *»das von noeten sey/den vngeuebten eine(n) kurtzen vnderricht von Sendbriefe odder supplication (darauff die titel gehoeren) darzustellen/weil eins on das ander nicht wol sein kan. Denn so allein die oberschrifft* [die Anrede des Adressaten] *recht geschriben/vnd aber der sendbrieff vngeschickt/Were es anzusehen/wie ein schoen gemalet odder wol bedacht hauss/das sonst jnwendig vngebawet vnd leer ist. Deshalben wil ich vorhin von Missiuen odder Sendbriefen ein vnterweisung thuen/so jtziger zeit dem gemeinen hauffen am dienstlichsten sein wirdt.«* (Ebd.)

Der *›gemeine Haufen‹* braucht also mehr als eine Erinnerung daran, mit welchen Ehrerbietungsformeln die Personen unterschiedlichen Standes anzureden sind. Er kennt das Schema der rhetorischen Briefsteller nicht. Deshalb empfiehlt es sich, die traditionellen Gattungen der Titelbücher und der (Brief-) Rhetoriken zusammenzufassen. Wie freilich ein Blick in das Büchlein selbst lehrt, reicht diese Addition für die Ansprüche des neuen Adressatenkreises noch längst nicht aus. Immer wieder müssen – und das zeigen die späteren Auflagen des *›Cantzley- und Titel Buechlein‹* deutlich – die dürren Aussagen über die Abfolge der Themen in Briefen durch Begründungen und Beispiele ergänzt werden. Frangk und sein Verleger haben einen Käufer vor Augen, der noch keine rhetorischen Kurse besucht hat. Viele Informationen, die bei Lateinschülern vorauszusetzen waren oder die in den mittelalterlichen Ausbildungsinstitutionen durch die Lehrer mündlich nachgeliefert werden konnten, mußten nun in das Buch aufgenommen und neu formuliert werden.

Ähnliche Erweiterungen erfahren im 16. Jahrhundert die meisten rezeptartigen Manuskripte, die für den Druck und den freien Buchhandel aufbereitet werden.[320] Eine Vielzahl von Informationen, die nicht in die Codices gehörten, findet Eingang in den neuen Typus eines Buches.

7
Schlußbemerkung: Die Grenzen zeitgenössischer und die anderen Grenzen der modernen Beschreibungen der typographischen Netze

›Jede Generation, die am Rande einer gewaltigen Wandlung steht‹, behauptete vor einigen Jahren M. McLuhan, ist *›von der Kraft der neuen Technik hypnotisiert‹* und deshalb *›unfähig, die kommende Entwicklung vorauszusehen‹*.[1] Er begründet dies damit, daß die neuen Technologien immer nur bestimmte Sinnesorgane, meist sogar nur ein einzelnes, ansprechen, sie aus dem Gesamtzusammenhang der Sinne herauslösen und ihnen so eine monströse Bedeutung geben. *»Jede neue Technik vermindert somit das Wechselspiel der Sinne und schwächt das Bewußtsein, und zwar genau in dem neuen Bereich der technischen Neuerung, wo diese Form der Identifikation des Betrachtens mit dem Objekt sich einstellt.«*[2] Die Menschen, die sich in das typographische Informationssystem als Autor, Drucker, Händler oder Nutzer eingebaut haben, sehen die Welt mit den Augen dieses Systems – tun sie es nicht, so treten sie aus diesem System heraus. Treten zu viele heraus, so kommt es zu keiner erfolgreichen Implementierung der neuen Technik und zu keinen kulturellen Umwälzungen. So gesehen lassen sich in der Tat neue Medien nur um den Preis von Übertreibungen und des Verlusts eines Gefühls für den Gesamtzusammenhang der Dinge einführen.

Es ist zum Schluß dieses Buches vielleicht angebracht, auf einige Verzerrungen und Ambivalenzen in der Beschreibung des Medienwechsels durch die Zeitgenossen in der frühen Neuzeit hinzuweisen. Natürlich haben auch wir in der Wahrnehmung der damaligen kommunikativen und informativen Verhältnisse blinde Flecken, besitzen die gegenwärtig von der Buchforschung verwendeten Modelle ihre Schwachstellen. Aber sie liegen an anderen Orten. Und dies muß wohl notwendigerweise der Fall sein. Um so

wichtiger ist es, sich diese Perspektivendifferenz auf historische Phänomene immer wieder einmal vor Augen zu halten. Dies soll nun am Beispiel eines Teilsystems, des Marktes, geschehen.
Wie wir gesehen haben, nutzt die typographische Kultur in Europa die marktwirtschaftlichen Produktions- und Vertriebsformen. Die medienpolitischen Äußerungen von Th. Murner, Eberlin von Günzburg, Johann F. Coelestin und von vielen anderen haben gezeigt, daß dieses Zusammenwirken spätestens im beginnenden 16. Jahrhundert thematisiert wurde. Es ist aber vielleicht nicht hinreichend deutlich geworden, daß sich die damaligen Vorstellungen über die Marktwirtschaft – und damit auch über die typographischen Kommunikations- und Informationsmedien – nur in Teilaspekten mit unseren ›modernen‹ Konzepten decken. Die Unterschiede entgehen leicht der Aufmerksamkeit, weil oftmals die gleichen Ausdrücke zu beiden Zeiten, aber eben in einem unterschiedlichen Sinn, benutzt werden.
Selbst die avanciertesten Entwürfe über die damals neue Ökonomie mischten Konzepte, die bei der Beschreibung des Naturaltauschs und des Auftragshandels entwickelt worden waren, mit solchen, die den Eigenheiten der freien Warenproduktion angemessen sind. Und entsprechend übernahm man auch Modelle der face-to-face- und der institutionellen Kommunikation und Informationsverarbeitung und baute sie in die Entwürfe über die typographischen Informations- und Mitteilungsformen ein.
Gegenwärtig ist es in der Fachliteratur weithin üblich, die Anfangsstadien des marktwirtschaftlichen Systems schon mit den Kategorien zu beschreiben, die erst für seine entwickelten Formen im 18. und 19. Jahrhundert ausgearbeitet wurden. So wird die Buchdruckerei in den buchwissenschaftlichen Arbeiten von Anfang an als ein Teil der maschinellen Warenproduktion und der Buchhandel als ein Spezialfall der Warenzirkulation beschrieben. Wenn beispielsweise die Rede von ›Bücherpreisen‹ ist, so rechnet der Autor in den Kategorien der Nationalökonomie und auch dem Leser kommen Assoziationen an die heutigen Preisbildungsmechanismen. Kennt man die Auflagenzahl und die Unkosten, so weiß man, was das Buch kosten muß.[3] Gelegentlich wird versucht, den Zeitpunkt der Etablierung des neuen Systems zu bestimmen: *»Erst dann* [nach 1480] *wurde das Buch wirklich zum Handelsartikel und*

zur Massenware.«[4] Aber auch nach diesen mal früher, mal später festgesetzten Grenzen lassen sich viele Erscheinungen beobachten, die von der Normalform marktwirtschaftlicher Produktion und Zirkulation weit entfernt sind. Sie fallen von vornherein als Abweichungen auf, und man bemüht sich, anders als bei den Phänomenen, die der Normalform entsprechen, um Erklärungen. Oftmals ohne Erfolg: *»Wie haben die Verleger bei der Festsetzung der Preise kalkuliert? Haben sie überhaupt scharf kalkuliert oder haben sie mehr ›psychologische Preise‹ gebildet?«*[5] *›Scharf kalkuliert‹* steht in dieser Frage Geldners wohl für eine Kalkulation nach den Regeln unseres gegenwärtigen Wirtschaftens, *›psychologische Preise‹* sind möglicherweise solche, die sich an der Finanzkraft oder anderen Merkmalen des einzelnen Kunden orientieren. Geldner jedenfalls läßt seine Fragen, nachdem er die bekannten Fakten über die Preisgestaltung in der Inkunabelzeit ausführlich ausgebreitet hat, offen.

Die Schwierigkeiten, vor denen heute redliche Beschreiber der Szene stehen, türmten sich auch bei den Zeitgenossen auf. Mit dem Unterschied nur, daß die damalige Zeit die Modelle mittelalterlichen Wirtschaftens und Kommunizierens weitgehend als Normalformerwartung beibehielt und ihnen insofern eine konsistente Einordnung der neuen Erscheinungen oft verwehrt blieb, während wir Schwierigkeiten haben, die ›Relikte‹ der älteren Zeit mit dem Modell der Nachgeborenen zu erfassen.
Weiterhin beschrieb man sowohl die neuen ökonomischen als auch die neuen kommunikativen Verhältnisse mit Metaphern, die in Zeiten ganz anderen Wirtschaftens und Kommunizierens geprägt worden waren. Luther nennt *›Kauffshandlung und Wucher‹* in einem Atemzug. Die neuen Formen der Kapitalakkumulation begreift er ausschließlich als *›Monopolbildung‹*. Mit der Logik vergangener Zeiten fordert er die Abschaffung dieser Gesellschaften – ohne sich Illusionen über die Durchsetzbarkeit dieser Forderungen zu machen. Dazu hatten sich jene Gesellschaften schon viel zu fest etabliert. Auf die abstrakte Konstruktion eines freien Marktes zu setzen, diesen als Subjekt von Verteilungsprozessen zu begreifen, fiel jener Zeit schwer.

Dies mag insofern nicht verwundern, als die marktwirtschaftliche Warenproduktion und -zirkulation im 16. Jahrhundert noch ganz in den Anfängen steckte. Leibeigenschaft, Naturaltausch, Zehnt, zünftische Beschränkungen der freien Produktion und der ungehinderten Zirkulation, Wucherkapital und zahlreiche Übergangsformen, die heute kaum mehr eine Rolle spielen, prägten das Bild. In geringerem Maß als andere Gewerbezweige beeinflußten sie auch den Buchhandel. Gesellen wurden anfangs in Naturalien, also in Büchern, bezahlt. Die Auseinandersetzung mit anderen Zünften, vor allem derjenigen der Schreiber, beeinflußte mancherorts die Entwicklung der Druckereien. Die Kapitaldecke der meisten Drucker war niedrig, die Arbeitsteilung, verglichen mit den heutigen Verhältnissen, gering entwickelt: manche ›Drucker‹ blieben Kapitaleigner, Verleger, Setzer, Drucker, Buchführer und ›Verkäufer‹ in einer Person.

Und so wäre es ganz unwahrscheinlich, wenn die Autoren und Verleger bei ihrer Informationsproduktion schon immer die in dieser Arbeit skizzierten kommunikativen und informativen Systeme vor Augen gehabt hätten. Sie produzierten durchaus nicht immer für das Phänomen, daß man heute als Markt bezeichnet. Immer wieder tauchen Bücher auf, die zwar gedruckt sind, die aber nach allem eher in die mittelalterlichen skriptographischen Netze zu passen scheinen. Und bei einzelnen Drucken läßt sich in der Tat nachweisen, daß sie, wie viele Handschriften in den Jahrhunderten zuvor, für die Schatztruhe der eigenen Familie und/oder als kostbares Geschenk an Freunde gedacht waren.

Dies gilt beispielsweise für zahlreiche Werke, die Kaiser Maximilian I. drucken ließ. Er entschied nicht nur über die Auflagenhöhe, sondern auch über den Personenkreis, der Exemplare des ›*Weiszkunigs*‹, der ›*Genealogie*‹, des ›*Triumphwagens*‹ und der ›*Ehrenpforte*‹ erhalten sollte. *»Den Teuerdank ließ Maximilian in sechs Truhen verwahren, laut einer späteren Bemerkung Ferdinands I., ›in der mainung, die nach seinem absterben auszutailen‹.«* Jan-Dirk Müller vermutet gewiß richtig, *»daß Ferdinands entsprechende Anordnung den ursprünglichen Absichten nahekam: drei Truhen sollten nach Wien geschickt werden, um sie ›vnder vnseren Adel vnd ander vnsere underthan in den fünf Niederösterreichischn landen von unseren Wegen vereren und austailen‹ zu lassen, eine Truhe will er ›fur vnser furstlich gnad‹, eine für die Vor-*

lande, eine für Württemberg ›vnder die vom Adel vnd ander vnser vnderthanen‹‹ austeilen.[6]

Die 1519 von Schönsperger veranstaltete ›öffentliche‹ Ausgabe des ›*Theuerdank*‹ war demnach ursprünglich nicht beabsichtigt. Ein Blick in diese Ausgabe zeigt im übrigen überdeutlich, wie sehr man sich bemühte, den Charakter dieses Buches als einer industriellen Massenware zu kaschieren.

Nicht nur wurden für die Illustration so bekannte Künstler wie Hans Burgkmair, Leonhard Beck und Hans Schäufelein gewonnen, man suchte auch nach einer Schrift, die sich von den gängigen Drucktypen sichtbar abhob. Die Wahl fiel auf die ›Fraktur‹ des kaiserlichen Schreibers (!) Vinzenz Rockner. Durch zahlreiche Schnörkel und den altmeisterlichen Einsatz von Initialen entstand ein Schriftbild, welches den Duktus der Skriptorien nachzuahmen schien. Dies war keine Kopie mehr von irgendeiner mittelalterlichen Vorlage, sondern vielmehr eine nostalgische Rekonstruktion – mit den modernsten technischen Mitteln. (*Vgl. Abb. 74*)

Die Fortschritte der neuen Technologie erlauben es nicht nur, wie es schon Gutenbergs Anliegen war, die besten Leistungen der Skriptorien zu überbieten, sie ermöglichen es auch, deren Leistungen in einer Vollkommenheit zu imitieren, die dem ungeübten Betrachter Mühe bereitet, die Handschrift vom Druck zu unterscheiden.[7]

Verbreitet wird das Industrieprodukt sowohl auf den alten als auch auf den neuen Wegen: als Geschenk an loyale Untertanen und als Ware an diejenigen, die es sich leisten können. Daß sich die Adressaten bei den beiden Verteilungsmechanismen decken, ist kaum anzunehmen.

Die Doppelherrschaft gegensätzlicher Wirtschafts- und Kommunikationsformen und das Ineinanderübergehen von heute deutlich geschiedenen Mentalitäten hat der frühen Neuzeit einen eigentümlichen Stempel aufgeprägt. Dieser Übergangscharakter ermöglicht es dem heutigen Betrachter, sich entweder auf einen mittelalterlichen Standpunkt zu stellen und von dort aus viel Vertrautes aus älterer Zeit im ausgehenden 15. und beginnenden 16. Jahrhundert zu finden, oder er kann sich, wie dies in dieser Arbeit

69

Vnfalo in gedannncken saß
Ob Er noch mochte finden was
Dardurch der Held kem in gefer
In solhen dennckhen ryt daher
Obers feld ein güter Zeger
Den ersach Vnfalo gar bald
Vnnd rüefft Im lieber Zeger halt

Abb. 74: Nostalgiedrucke: der ›Theuerdank‹ Maximilians I., Augsburg 1517

geschehen ist, auf den Standpunkt der Moderne stellen. Man sieht dann die Auseinandersetzung zwischen den jungen und den verwelkenden älteren Pflanzen. Daß bei dieser Perspektive eine besondere Sensibilität selbst für die Keimlinge erzeugt und andererseits das Alte oftmals nur ungenügend genau betrachtet wird, ist ihre unvermeidliche Eigenart. Um diese Schwäche zu kompensieren, müßte man das ganze Geschehen noch einmal aus der mittelalterlichen Sichtweise schildern.

Vielleicht ist aber schon die hier eingenommene Perspektive anachronistisch: Sie lenkt schließlich die Gedanken in einer Zeit auf die Grundlagen der Buchkultur, in der sich die öffentliche Aufmerksamkeit schon von dieser abgewandt hat. Die Wünsche, die unsere Gegenwart in die neuen elektronischen Medien hineinprojiziert, werden die Kultur der kommenden Generation nicht minder bestimmen als die Erwartungen, die das 15. Jahrhundert mit dem Buchdruck verband und die die europäische Kultur der Neuzeit geprägt haben.

Für die Reflexion bieten solche Zeiten des Paradigmenwechsels freilich günstige Ausgangsbedingungen. Sie erlauben es, mit einem gewissen Abstand auf Strukturen zu blicken, in die man dennoch fest eingebunden ist.

Zur Erleichterung der Koordination zwischen Anmerkungs- und Textteil werden nachfolgend die Seitenzahlen der Textpassagen, auf die sich die Anmerkungen beziehen, jeweils am unteren Seitenrand in eckigen Klammern wiederholt.

Anmerkungen zu Kapitel 1

1 Selbst in einem so monumentalen Werk wie Elizabeth Eisensteins, ›*The Printing Press as an Agent of Change*‹ (Cambridge/London/New York/Melbourne (Cambridge Uni Press), 2 Bde. 1978), das auf vielen hundert Seiten kulturelle Umschichtungen auflistet und der ›Presse‹ als Katalysator zuschreibt, sucht man vergeblich nach wenigen Seiten Erläuterung darüber, als was die Autorin denn nun eigentlich jenes Phänomen ›Buchdruck‹ auffaßt. Zu weiteren Arbeiten der Autorin vgl. das Literaturverzeichnis.

2 Der Mangel an im engeren Sinne kommunikations- und/oder medientheoretischen Modellen über den Buchdruck ist schon von verschiedener Seite angemerkt worden. So schreibt z. B. Hans-Joachim Köhler in der Vorstellung der ›*Fragestellungen und Methoden*‹ des Tübinger Sonderforschungsbereichs über die Flugschriften in der frühen Neuzeit in dem von ihm herausgegebenen Band ›*Flugschriften als Massenmedien der Reformationszeit*‹ (Stuttgart 1980, hier 10), daß »*eine Darstellung historischer Kommunikationsvorgänge, die sich an kommunikationswissenschaftlichen Modellvorstellungen und Ergebnissen orientierte und die auf ihnen beruhende Terminologie nutzte, schon an sich ein Gewinn* [sei], *weil diese Art der Darstellung eine bessere Ausgangsbasis für einen diachronischen Vergleich der ermittelten Ergebnisse und der beschriebenen Strukturen böte. Sie würde aber auch umgekehrt die Chance eröffnen, Ergebnisse historischer Forschung in die kommunikationswissenschaftliche Theoriebildung in sehr viel stärkerem Maße als bisher einzubeziehen.*« Als »*technisches Phänomen*« ist die Geschichte des frühen Buchdrucks andererseits in vielen Arbeiten recht gut modelliert worden.

3 Wenn man W. Ong glauben darf, so lassen sich einzelne Parallelen noch weiter, bis zur Einführung der Alphabetschrift, zurückverfolgen. »*Es wird die meisten Menschen sehr verwundern*«, so schreibt er, »*daß die gleichen Einwände, die heute gewöhnlich gegen Computer vorgebracht werden, von Plato in ›Phaidros‹ und im ‹Siebten Brief› gegen das Schreiben angeführt wurden.*« (*Oralität und Literalität – Die Technologisierung des Wortes.* Opladen 1987: 82, zuerst London 1982)

4 Diese Einschränkung gilt nicht für das 3. Kapitel, in dem die Druckerzeugnisse, die zu Lebzeiten Gutenbergs erschienen, möglichst vollständig interpretiert werden sollen.

5 Diese Entschuldigung ist freilich nicht originell: »*Unfortunately the ›Kulturgeschichte‹ of printing*«, schreibt bspw. Rudolf Hirsch, »*requires a fund of knowledge which is beyond any ones man's capacity.*« (*Printing, Selling and Reading 1450-1550*, Wiesbaden 1967:114)

6 Vgl. Abschn. 5.4, S. 433ff., und 6.2, S. 656ff.

7 Die literaturwissenschaftliche (i. w. S.) Utopieforschung, die dringend nach einer ›*Bedürfnistheorie*‹ und einer ›*sozialanthropologisch und sozialgeschichtlich fundierten Geschichte der Bedürfnisse*‹ Ausschau hält, mag aus diesem Kapitel für den Zeitraum der Renaissance Anregungen ziehen (vgl. Wilhelm Voßkamp: Thomas Morus' ›Utopia‹: Zur Konstituierung eines gattungsgeschichtlichen Prototyps. In: Ders. (Hg.): Utopieforschung: Interdisziplinäre Studien zu neuzeitlichen Utopien, Band 2. Stuttgart 1982: 183-196, hier 184).

8 Diese Teile der Arbeit dürften auch für den modernen Software-Ingenieur

und für diejenigen, die sich mit Expertensystemen und wissensbasierter Sprachverarbeitung beschäftigen, von Interesse sein.

9 *»The breadth of the gulf which separates the age of manuscript from the age of print is not always, nor fully, realised by those who begin to read and criticise medieval literature.«* Diese Worte schreibt der ausgezeichnete Kenner der mittelalterlichen (englischen) Literatur, H. J. Chaytor (in: *From Script to Print – An Introduction to Medieval Vernacular Literature.* Cambridge, 1950: 1), freilich auch seinen Fachkollegen ins Stammbuch.

10 J. Goody/I. Watt: *Konsequenzen der Literalität*, in: J. Goody, I. Watt, K. Gough (Hg.): *Entstehung und Folgen der Schriftkultur.* Frankfurt 1986: 81, zuerst Cambridge 1968. Auch hinsichtlich der Einführung der typographischen Medien vertrete ich etwas andere Auffassungen als Goody/Watt. Sie reduzieren ihre Wirkung im wesentlichen auf die quantitative Verstärkung derjenigen Effekte, die sie schon – voreilig – der Einführung der Alphabetschrift zuschreiben. (Vgl. etwa ebd.: 105/6 und 108)

11 *»Daß die Dichtung oder ›Grammatica‹«* – und das meint die skriptographischen Programme – *»Dienerin der Redekunst sei, ist bei Quintilian, Augustinus und durch das ganze Mittelalter und die Renaissance hindurch ein Gemeinplatz«*, schreibt McLuhan unter Berufung auf einschlägige Autoren in seiner *›Gutenberg-Galaxis‹* (Düsseldorf/Wien 1968: 138, zuerst Toronto 1962).

Andere Autoren formulieren in diesem Punkt vorsichtiger als McLuhan, ohne ihm aber in der Sache zu widersprechen. So schreibt etwa Paul Gaechter in seinem völlig zu Unrecht kaum rezipierten Werk *›Die Gedächtniskultur in Irland‹* (Innsbruck 1970: 29) *»Wenn wir im folgenden die literarischen Gegebenheiten richtig deuten, stand die Schriftkultur«* – im mittelalterlichen Irland – *»zum Teil sogar im Dienst der Gedächtniskultur.«* Und er bestärkt die Aussage später: *»Das Niedergeschriebene stammte aus der mündlichen Überlieferung und diente wiederum zu weiterer mündlicher Überlieferung ... Das Niedergeschriebene bot sich dar als Stütze für das Gedächtnis ...«* (ebd. 35)

12 Cambridge, Mass. 1960: 20. Die deutsche Ausgabe *›Der Sänger erzählt. Wie ein Epos entsteht‹* erschien 1965 in München.

13 Seine zahlreichen einschlägigen Studien haben Walter Ong zu der Überzeugung gebracht, daß auch *»nachdem das Schreiben bereits tief interiorisiert worden war, dennoch das Hören stärker als der Gesichtssinn die ältere noetische Welt«* bestimmte. *»Die chirographische Kultur des Westens blieb stets der Oralität verhaftet. Ambrosius von Mailand drückte die damalige Stimmung in seinen Lukas-Kommentaren (IV. 5) aus: Das Sehen täuscht sich oft, das Hören erst versichert es.«* Op. cit. 1987: 119. Vgl. seine weiteren Arbeiten in der Bibliographie.

14 Die Bezeichnung neuer Medien und Programme als *›Wunschmaschine‹* ist eine Übernahme aus Sherry Turkles Buch *›Die Wunschmaschine – Der Computer als zweites Ich‹* (Reinbek 1986). Zwischen den Ideen dieser Autorin, die den Computer als ein *›Projektionsmedium‹* (ebd. 11) modelliert, und den meinen gibt es zahlreiche Parallelen.

15 So die Überschrift zum 9. Kapitel seines Buches *›Understanding Media‹* (1964), hier zit. n. der deutschen Ausgabe: *Die magischen Kanäle*, Düsseldorf/Wien 1970[2]: 91; vgl. auch ders. op. cit. 1968: 28ff. Gleiche Ansichten auch bei Eric A. Havelock, *Preface to Plato*, Cambridge, Mass. 1963 und in verschiedenen Werken von Jack Goody.

16 Manfred Schneider (*Luther und McLuhan – zur Medientheorie und Semiotik heiliger Zeichen.* In: F. Kittler, M. Schneider, S. Weber (Hg.): *Diskursanalysen 1: Medien.* Opladen 1987: 13-25) spricht von der *»medialen Zwitternatur der göttlichen Mitteilungen«* für jene Zeit. (:15)
Sein Versuch, einen Übergang vom ›Auge zum Ohr‹ in dem Werk Philos von Alexandria – und damit an der Zeitenwende – festzustellen, geht andererseits an der Sache vorbei. Das Ziel der Wanderung Philos bzw. Abrahams ist keineswegs eine Erkenntnis mit Hilfe des Vorgangs, den wir heute ›sehen‹ nennen, sondern die Hingebung an das ›innere Auge‹, an das, was in der christlichen Tradition als ›göttliche Eingebung‹ bezeichnet wird. Vgl. hierzu Abschn. 6.2, S. 568ff.

17 So schreibt McLuhan in seinen *›Magischen Kanälen‹*: *»Der Buchdruck war nur ein Zusatz zur Kunst des Schreibens, in der Art, wie es das Auto zum Pferd war.«* (1970: 189) Allerdings sind McLuhans Äußerungen zu diesem Punkt ambivalent. Typischerweise schreibt er nicht über die Auswirkungen des phönizischen oder griechischen Alphabets auf das antike Kleinasien bzw. Griechenland, sondern eben über Gutenberg. Diese Unklarheiten rühren letztlich aus seiner ›kaleidoskopartigen‹, wenig ausbuchstabierten Medientheorie her.
Ong behauptet, auch *»nachdem das Drucken entwickelt worden war, dominierte noch lange ein hörerbezogener Duktus den sichtbaren, gedruckten Text.«* (Ders. op. cit. 1987: 120). Eine Anlehnung an aus der oralen Tradition bekannte Muster ist in vielen Büchern z. B. mit der Übernahme dialogischer Prinzipien ganz unverkennbar. ›Dominiert‹ hat dieser ›Duktus‹ das typographische Programm jedoch weder über kurz noch über lang.

18 Galilei, *Lettere in torno il sistema Copernicano*, genauer Zitatnachweis und Interpretation bei Hans Blumenberg: *Die Genesis der Kopernikanischen Welt.* Frankfurt 1975: 52/53.

19 Diese Thesen werden im Abschn. 6.4, S. 597ff., ausgeführt.

20 Wenn man simple Thesen mag, könnte man argumentieren, eine quantitative Steigerung oder Verstärkung vorfindlicher Tendenzen liege nicht, wie Ong, McLuhan u. a. behaupten, beim Übergang von der Handschrift zum Druck, sondern bei der Einführung der Alphabetschrift vor – während andererseits die Einführung des Drucks von einer grundlegenden Richtungsänderung der Informationspolitik begleitet werde. Aber es ist unwahrscheinlich, daß sich wirklich bedeutende kulturelle Veränderungen auf so einfache Formeln bringen lassen.

21 Ähnliche ›naturdialektische‹ Gedanken werden heute, in freilich anderen theoretischen Kontexten, auch von Erich Jantsch: *Die Selbstorganisation des Universums – vom Urknall zum menschlichen Geist.* München 1984², hier z. B. 280, oder von Niklas Luhmann (*Ökologische Kommunikation – kann die moderne Gesellschaft sich auf ökologische Gefährdungen einstellen?* Opladen 1986 Kap. IV: Resonanz) aufgenommen.

22 Zur Begriffsgeschichte vgl. Leo Spitzer: *Milieu and Ambiance – An Essay in Historical Semantics*, in: Philosophy and Phenomenological Research, 3, 1942: 1-42, 169-218. *»Die Geschichte des Wortes ›Umwelt‹ kann nicht von jener des Wortes ›Medium‹ getrennt werden«*, so lautet ein Resümee. (Ebd.: 2)

23 Ausführliche Beschreibung und Begründung der Dimensionen in Gie-

secke: *Die Untersuchung institutioneller Kommunikation – Grundlagen einer systemischen Methodik und Methodologie.* Opladen 1988.

24 Schaut man sich die Prozessoren ›näher‹ an, so wird man auch bei ihnen ›interne‹ Speicher feststellen.

25 Auf Dauer sollte vielleicht zwischen den ›kulturellen‹ Informationen und Systemen einerseits und den ›sozialen‹ andererseits strenger unterschieden werden, als dies in dieser Arbeit geschieht. ›Soziale‹ Systeme kann man diejenigen Konstrukte nennen, die die Sozialwissenschaftler mit ihren speziellen Sehweisen und Theorien erzeugen. Diese Konstrukte sind in den alltagsweltlichen Wissensbestand eingegangen und umgekehrt. Sie bestimmen insofern die alltägliche Kommunikation.
Soziale Systeme in diesem Sinne bilden nur eine Klasse von Elementen der kulturellen Systeme. Daneben wird die Kultur auch von biogenen, psychischen, technischen und anderen Systemen bzw. Informationen, also von allen jenen Größen gebildet werden, die eine gegebene Gemeinschaft zu unterscheiden gelernt hat.
Es zeigt sich hier, daß die Kommunikationsanalyse auf hoher Abstraktionsebene angesiedelt ist. Sie geht von der schon durch den Alltag und die anderen Disziplinen reduzierten Komplexität der Phänomene aus und betrachtet diese dann nochmals selektiv unter der Fragestellung, wie sie Informationen aufnehmen, verarbeiten und weitergeben.

26 Diesen historischen Vorgang verfolgt Horst Eberhard Richter in seinem Buch *›Der Gotteskomplex – die Geburt und die Krise des Glaubens an die Allmacht des Menschen‹*. Hamburg 1970.

27 Diesen Grundgedanken neuzeitlicher wissenschaftlicher Methode – und die Tendenz des ›modernen‹ Bewußtseins überhaupt –, *›Kreisbogen zu linearisieren‹*, entwickelt Gregory Bateson in seinen Büchern von vielen Seiten. Vgl. z. B. *›Ökologie des Geistes – Anthropologische, psychologische, biologische und epistemologische Perspektiven‹*. Frankfurt 1981: 558ff.

28 Zu dieser Bestimmung und ihrer Abgrenzung vom Sprachbegriff unseres Jahrhunderts vgl. Giesecke: *Die ›Grundfragen der Allgemeinen Sprachwissenschaft‹ und die alternativen Antworten einer systemischen Kommunikationstheorie*, in: D. Baecker, J. Markowitz, R. Stichweh, H. Tyrell u. H. Willke (Hg.): *Theorie als Passion* – Niklas Luhmann zum 60. Geburtstag. Frankfurt 1987: 269-297 sowie die Beiträge ›Die Sprachwissenschaft im Zeitalter der elektronischen Medien‹, »Was kommt nach der ›langue‹?« und »›Natürliche‹ und ›künstliche‹ Sprachen: Medienrevolutionen und ihre Auswirkungen auf Sprachen und Sprachbegriffe« in meinem demnächst erscheinenden Band *›Sinnenwandel, Sprachwandel, Kulturwandel – Studien zur Vorgeschichte der Informationsgesellschaft‹*, Ffm. (Suhrkamp).

29 Diese Erkenntnis bildet ein Grundaxiom in der Organisationsforschung und -beratung und auch in der systemischen Therapie. Vgl. z. B. W. L. French/C. H. Bell: *Organisationsentwicklung – Sozialwissenschaftliche Strategien zur Organisationsveränderung.* Bern, Stuttgart 1982, hier 34, oder F. Wellendorf: *Sozioanalyse und Beratung pädagogischer Institutionen.* In: K. H. Geißler (Hg.): Gruppendynamik für Lehrer. Reinbek 1979: 67-82, hier 71.

30 Von der Techniksoziologie wird dieser Vorgang vielfach beschrieben, etwa wenn von den Medien als *›materialisierter Ausdruck von Sinnbezügen‹* oder als

›Träger für kollektive Wertvorstellungen‹ die Rede ist. Vgl. etwa K. H. Hörning: *Technik und Symbol. Ein Beitrag zur Soziologie alltäglichen Technikumgangs.* In: Soziale Welt 36, 1985: 196-207.

31 Leider hat diese medientheoretische Grundidee McLuhans, die sich auf die Vorarbeiten von William Ivins, *›Art and Geometry: A Study in Space Intuitions‹* (Cambridge, Harvard Univ. Press, 1946) und *›Prints and Visual Communication‹* (London, Routledge and Kegan Paul, 1953) sowie von W. J. Ong: *›Ramus, Method, and the Decay of Dialogue‹* (Cambridge, Harvard Univ. Press, 1958) stützt, bei den vielen, die seine Werke zitieren, bislang keine produktive Aufnahme gefunden. *»Die Trennung der Sinne und die Störung ihres taktilsynästhetischen Wechselspiels dürfte wohl eine der Auswirkungen der Gutenberg-Technik gewesen sein«*, schreibt er in seiner *›Gutenberg-Galaxis‹* (Düsseldorf, Wien 1968: 26) und betont weiter, daß die *»Grundlagen unserer Vernunft«* ein *»richtiges Verhältnis und Wechselspiel der Sinne«* erfordern. (Ebd.: 21) Dieses Wechselspiel wurde durch die Informations- und Kommunikationsmedien – zunächst das *»Alphabet«* (ebd.: 10) und dann durch den Druck – gestört, so daß sich für die Zukunft die Aufgabe stellt, auf *»kollektiver Ebene«* für ein *»proportioniertes Wechselspiel zwischen diesen Erweiterungen unserer menschlichen Funktionen«* zu sorgen. (Ebd.: 11) Der Gedanke wird im Kap. 6, S. 653 ff. wieder aufgenommen.

32 Hier zitiert nach dem für die Diskussion über die Probleme des technischen und wissenschaftlichen Fortschritts einmal ganz wichtigen Buchs von Werner Heisenberg: *Das Naturbild der heutigen Physik.* Reinbek 1972[16]: 16.

33 Vermutlich meint McLuhan auch diesen Vorgang, wenn er schreibt: *»Jede von Menschen erfundene und ›veräußerlichte‹ Technik hat das Vermögen, das menschliche Bewußtsein während der ersten Zeit ihrer Einbeziehung zu betäuben«*. (Op. cit. 1968: 210, vgl. a. 364) Er leitet aus seinen medientheoretischen Vorstellungen eine Reihe von Gründen für diese *›Narkotisierung‹* des Bewußtseins ab. Vgl. auch ders.: *Die magischen Kanäle*, Düsseldorf/Wien 1970: 50ff.

34 Vgl. etwa O. Brunfels in seinem *›Contrafayt Kräuterbuoch‹* (Straßburg 1532), wo es heißt: *»Mag sein / das sye«*, die antiken und mittelalterlichen Gelehrten nämlich, *»auch nicht alle ding gewisszt haben / gleicher weyß / wie wir dan(n) sehen / das sich die anderen ding veranderen / vnd ye die geberung eynßen / ein zerstoerung des andern (wie Aristoteles spricht)* [ist] ...« (b4r)

35 Auf Dauer wird es unverzichtbar werden, eine Typologie dieser verschiedenen Medien aufzustellen – etwa in dem Sinne: modulierte Materie oder Energie, transformierte Materie, sozial oder technisch integrierte künstliche Medien bzw. Mediensysteme.

Anmerkungen zu Kapitel 2

1 Zu den älteren Formen der skriptographischen Textverarbeitung und -verbreitung vgl: Bernhard Bischoff: *Paläographie des römischen Altertums und des abendländischen Mittelalters*, Berlin 1979; Albrecht Kirchhoff: *Die Handschriftenhändler des Mittelalters*, Osnabrück 1966 (Neudruck der 2. Ausgabe von 1853); Wilhelm Wattenbach: *Das Schriftwesen im Mittelalter*. Graz 1958 (Neudruck der 3. Auflage, Leipzig 1896); Hans Widmann: *Geschichte des Buchhandels vom Altertum bis zur Gegenwart*, Teil 1, Wiesbaden 1975.

2 Aus dem Kolophon des ›*Catholicons*‹ von Johannes Balbus, Mainz 1460 (GW 3182-3205). Vgl. den Originaltext und die Übersetzung in der Abb. 19 auf S. 142.

3 Näheres im Abschnitt 3.4. Als Überblick: Ferdinand Geldner: *Inkunabelkunde – eine Einführung in die Welt des frühesten Buchdrucks*. Wiesbaden 1978: 77 ff.

4 Robert Teichl: *Der Wiegendruck im Kartenbild*. In: Bibliothek und Wissenschaft Band 1, 1964: 201-265; Ernst Voulliéme: *Die deutschen Drucker des 15. Jahrhunderts*, Berlin 1922[2]; Ferdinand Geldner: *Die deutschen Inkunabeldrucker*. Band 1 und 2, Stuttgart 1968 bzw. 1970. Konrad Haebler: *Die Erfindung der Buchdruckerkunst und ihre erste Ausbreitung in den Ländern Europas*. Mainz 1930. Für die jüngere Zeit: Josef Benzing: *Die Buchdrucker des 16. und 17. Jahrhunderts im deutschen Sprachgebiet*, Wiesbaden 1963.
Über die Einschätzung, was ›schnell‹ ist, gehen die Meinungen heute allerdings auseinander: Hans Lülfing (*Johannes Gutenberg und das Buchwesen des 14. und 15. Jahrhunderts*, München-Pullach o. J. [1969], zuerst Leipzig, 103) und F. Geldner (1968 op. cit.: 44) sprechen von einer ›langsamen‹ und durch Rückschläge gekennzeichneten Entwicklung; Widmann (1975 op. cit., 45) betont die ›bemerkenswerte Schnelligkeit‹ der Ausbreitung der neuen Technologie.

5 Dies zeigt sich nicht zuletzt an der Jahrzehnte währenden und noch immer nicht abgeschlossenen Arbeit an dem Gesamtkatalog der Wiegendrucke. Zur Anzahl der Buchtitel und zur Auflagenhöhe vgl. Widmann 1975 op. cit.: 45 ff.; Geldner 1978 op. cit.: 155 ff.; Rudolf Hirsch: *Printing, Selling and Reading 1450-1550*, Wiesbaden 1974; Margret Bingham Stillwell: *The Beginning of the World of Books 1450 to 1470: A Chronological Survey of the Texts chosen for Printing* ... New York 1972 sowie Dies.: *The Awakening Interest in Science during the first Century of Printing, 1450-1550: An Annotated Check List of first Editions*. New York 1970. Die bemerkenswerteste Fallstudie ist nunmehr Miriam Usher Chrisman: *Lay Culture, Learned Culture. Books and Social Change in Straßburg 1580-1599*, New Haven/London 1982 sowie Dies.: *Bibliography of Strasbourg Imprints 1480-1599*, New Haven/London 1982.

6 Widmann 1975 op. cit.: 63. Aber nicht nur Propagandaschriften und religiöse Literatur, auch Kräuterbücher erreichten eine beachtliche Auflage. So wird in der Vorrede von G. Handsch zu dem ›*New Kreüterbuchs*‹ 1563 von Petrus Andreas Matthiolius behauptet, daß dieses Buch *»in Welschen und anderen Landen Europae ja auch zum Teyl in Asia, in so grossem schwank und kauff gegangen / das sie offtmals von newem gedruckt / und von dem ersten druck an biß auff diese zeit vber die zwey und dreissig tausent exemplar verhandlet sindt worden / wie solchs der Drucker selbs bezeugt.«* (III)

7 Valentin Ickelsamer: *Die rechte Weis*, Marburg 1534, (Ausgabe b), A2a. Sieben Jahre früher, in der Ausgabe von 1527 (a) fehlte diese Passage noch.

8 Valentin Ickelsamer: *Ain Teütsche Grammatica* o. O., o. J. (Ausgabe A2), A4r, abgedruckt bei: Karl Pohl: *Valentin Ickelsamer – Die rechte weis aufs kürtzist lesen zu lernen – Ain Teütsche Grammatica*. Stuttgart 1971.

9 Hieronymus Brunschwygk: *Liber de arte Distillandi de Compositis*, Straßburg 1512 (Grüninger) 283/84.

10 Jakob Koebel: *Rechenbüchlein*, Frankfurt 1532, Widmungsvorrede. Weitere Belege in den Abschnitten 4.4 und 5.2.

11 Das 15. Jahrhundert scheint die beiden Technologien sprachlich genau auseinandergehalten zu haben: *»Die ars artificialiter scribendi wird von den Schreibmeistern als die Fertigkeit eines kunstvollen, nach den Regeln der Kalligraphie ausgeübten Schreibens verstanden; es ist also ein kunstgerechtes und fachgemäßes und dabei kunstvolles Schreiben.«* Alfred Swierk: *Was bedeutet ›ars artificialiter scribendi‹?* In: Hans Widmann (Hg.): *Der gegenwärtige Stand der Gutenbergforschung*, Stuttgart 1972 (Bibliothek des Buchwesens 1): 243-250, hier 245. Dort auch weitere Belege für zeitgenössische lateinische Bezeichnungen der Drucktechnik. ›Nirgends aber‹, betont Swierk (248/9), ›finden wir in den uns bekannten Belegen den alten Schreibmeisterausdruck ars artificialiter scribendi für das neue‹ typographische ›Vervielfältigungsverfahren‹ verwendet. Wenn also Marshall McLuhan (*Die Gutenberg-Galaxis*, Düsseldorf/Wien 1968: 210 (s. a. 282) unter Berufung auf Curt Bühler, *The Fifteenth Century Book: the Scribes, the Printers, the Decorators*, Philadelphia 1960), aber auch zahlreiche andere Kommentatoren behaupten: *»die ersten Drucker hatten die neue Erfindung einfach als eine andere Form des ... ›artificialiter scribere‹«* angesehen, so dürfte einmal mehr eine vorschnelle Übertragung neuzeitlichen Begriffsgebrauchs auf historische Gegenstände vorliegen: ›artificialis‹ wurde eben noch nicht als ›künstlich‹ im Sinne von synthetischen, technischen Substitutionen ›natürlichen‹ Handelns aufgefaßt.

12 Der von Tobias Heidenreich besorgten deutschen Übersetzung der *›Orthotypographia‹* des Hieronymus Hornschuch (zuerst Leipzig 1608), die 1634 bei Gregor Ritzsch in Leipzig erschien, ist u. a. ein *›Extract aus Thomae Garzonii Piazza, oder Amphitheatro Universali Artium‹* angehängt. Bei der Marginalie *›Werckzeug der Druckereyen‹* heißt es: *»So werden auch hierzu nicht schlechte / sondern kuenstliche vnd koestliche Werckzeug gebraucht.«* (:100) Die folgende Beschreibung betont an mehreren Stellen die ›Künstlichkeit‹ der Buchstaben und ›Formen‹. Vgl. a. den Anhang (2).

13 Aus dem ebenfalls nur der deutschen Ausgabe der *›Orthotypographia‹* angehängten anonymen Lobgedicht: *›Der Edle Greiff / Poetisch / vnd in kurtzen Reimen verfasset vnd fuergestellet. Zu sonderlichen Ehren Der Lobwuerdigen Hochberuehmten Kunst Buchdruckerey.‹* (:118)

14 Zu diesen Akten, dem sog. Helmaspergerischen Notariatsinstrument vgl. etwa Hans Lülfing, op. cit. 1969:86 oder Kapr: *Johannes Gutenberg – Persönlichkeit und Leistung*, München 1987: 169ff. Die Quelle ist abgedruckt bei A. Ruppel: *Johannes Gutenberg, sein Leben und sein Werk*, 2. Aufl. Berlin 1967: 104/5.

15 Genauere Angaben über diese und die folgenden Standardwerke sind der Auswahlbibliographie zu entnehmen. Wer sich weniger für die Biographie Gutenbergs und mehr für die technischen Strukturen und die wirtschaft-

liche Organisation von Buchdruck und -handel interessiert, sei auf ein anderes, nicht weniger interessantes Werk, ›*L'apparition du livre*‹ von Lucien Fèbvre und Henri-Jean Martin (Paris 1958 u. ö.) verwiesen. Die Spezialliteratur zum Thema findet sich in der Bibliographie von E. Geck in Widmann (Hg.) 1972 op. cit. 273 ff.

16 Über Gutenbergs Vorkehrungen, seine Kenntnisse seiner Umwelt zu verheimlichen, vgl. Kapr 1987 op. cit.: 81. S. a. S. 211 f. in diesem Band.

17 Im Impressum der ›*Epistolarum formulae*‹ des Carolus Mancken rühmt sich J. Veldener seiner Fähigkeiten: »*quam certa manu insculpendi, celandi, intorculandi, caracterandi... et figurandi et effigiandi et si quid in arte secreti est, quod rectius occulitur*«. Zit. nach Ferdinand Geldner: *Inkunabelkunde – eine Einführung in die Welt des frühesten Buchdrucks*, Wiesbaden 1978: 44 (= Bd. 5 der ›Elemente des Buch- und Bibliothekswesens‹). Geldner zieht hieraus den Schluß, »*daß die Buchdrucker auch um 1475 noch bemüht waren, dieses Kernstück geheimzuhalten*«. (ebd. 45)

18 Claus W. Gerhardt hat in seiner ›*Geschichte der Druckverfahren*‹, Teil 2: Der Buchdruck, Stuttgart 1975, die ›frühesten konkreten Nachweise zur Buchdruck-Technologie‹ im einzelnen aufgelistet. Vgl. S. 14 ff.

19 Der Datumszweifel kommt zustande, weil unklar ist, ob sich der in Lyon ansässige Drucker Mathias Huß am deutschen Brauch orientierte, nach dem das neue Jahr Weihnachten beginnt, oder ob er am herkömmlichen französischen, nach dem das alte Jahr (1499) bis Ostern währte, festhielt.

20 Cod. Atlantico Bl. 357r, 358r, 372r. Facs. und Rekonstruktion bei Gerhardt 1975 op. cit. 158-161. Erläuterungen und zusätzliche Literaturangaben ebd. 64, Anm. 212.

21 Einen quellenreichen Überblick über die Abbildungen von Druckpressen und (frühen) Druckereien bietet Hans-Jürgen Wolf: *Geschichte der Druckpressen*, Frankfurt 1974. Vgl. auch Abraham Horodisch: *Buch und Buchdruckpresse im Druckersignet des 15. und 16. Jahrhunderts*. In: Philobiblon 13, 1974: 166-194, hier insbes. 186 ff.

22 Biringuccios ›*Pirotechnia*‹ liegt in einer deutschen Übersetzung von Otto Johannsen, Braunschweig 1925, hier 144, vor.

23 »*La première, et la seconde partie des dialogues françois, povr les ievnes envans. Het eerste ende tvveede deel van de Françoische t'samenssprekinghen, overgheset in de nederduytsche spraecke. A anvers.*« Antwerpen 1567. Die Abschnitte über das Drukken werden von Ray Nash (*An Account of Calligraphy and Printing in the Sixteenth Century*, Cambridge/Mass. 1964) und Stanley Morison (Vorwort ebd.) Plantin zugeschrieben.

24 Abb. bei Gerhardt 1975 op. cit.: 157.

25 Neu hrsg. von Herbert Davis und Harry Carter, London 1958, 1962². Eine Bibliographie der europäischen ›Handbücher zur Druckkunst‹ erstellten Philip Gaskel, Giles Barber u. Georgina Warrilow: *An Annoted List of Printers Manuals to 1850*. In: Journal of the Printing Historical Society 4, 1968: 11-32 mit Addenda in H. 7, 1971: 66 f.

26 Gerhardt 1975 op. cit.: 104. Dort (Kap. V) auch detaillierte Beschreibungen der Neuerungen.

27 Geldner 1978 op. cit. 45. Vgl. auch Gerhardt 1975 op. cit. 62 ff.

28 Das Standardwerk über den Buchdruck in China ist Thomas Francis Carter: *The Invention of Printing in China and its Spread Westward*. 2. ed. rev. by L.

Carrington-Goodrich. New York 1955. Für Korea vgl. Pow-Key Sohn: *Early Corean Typography*. Seoul 1970. P. K. Sohn hat die neuesten Befunde zu ›Printing in China‹ in Widmann (Hg.): *Der gegenwärtige Stand der Gutenberg-Forschung*. Stuttgart 1972: 211-13, bzw. 217-231 zusammengefaßt. Vgl. dort auch den Nachtrag von L. C. Goodrich (*Two New Discoveries of Early Block Prints*, :214ff.) über den frühen Blockdruck in China.
Zu den ›Vorstufen der Typographie‹ Gutenbergs vgl. etwa Friedrich Adolf Schmidt-Künsemüller: *Die Erfindung des Buchdrucks als technisches Phänomen*, Mainz 1951 (41ff.) oder Fèbvre/Martin 1958 op. cit., Kap. II: Les difficultés techniques et leurs solutions (53ff.) sowie Alois Ruppel: *Die Technik Gutenbergs und ihre Vorstufen*, Düsseldorf 1961 (2. Aufl.).

29 Nachweise bei Gerhardt 1975 op. cit. 28.

30 Aus Richard Stübe: *Die Erfindung des Druckes in China und seine Verbreitung in Ostasien*. In: Beiträge zur Geschichte der Technik und Industrie 8, 1918: 82-93, hier 93; zit. nach Gerhardt 1975 op. cit. 30.

31 Vgl. Kapr 1987 op. cit. 57-60.

32 Gerhardt 1975 op. cit. 18, s. a. Anm. 65 ebd. Andere Datierung bei Walter Wilkes: *Garamonds Gießinstrument?* in: Philobiblon 25, 1981: 184-93.

33 So Konrad Friedrich Bauer in seinem Standardwerk: *Das Gießinstrument des Schriftgießers*, Hamburg/München 1922, hier 13f. Vgl. in ähnlichem Sinne auch: Carl Berend Lorck: *Handbuch der Geschichte der Buchdruckerkunst*, Bd. 1. Leipzig 1882: 3, Schmidt-Künsemüller 1951 op. cit. 65; Geldner 1978 op. cit. 46; Gerhardt 1975 op. cit. 36f.

34 Die These, daß der *»Buchdruck mit beweglichen Lettern ... die erste Mechanisierung eines schwierigen Handwerks darstellte und ... zur Grundform jeder weiteren Mechanisierung«* wurde, entwickelte und begründete Marshall McLuhan ausführlich in seinen Werken. Vgl. hier ders.: *Die magischen Kanäle*, Düsseldorf/Wien 1970²: 186.

35 A. Schmidt-Künsemüller (*Gutenbergs Schritt in die Technik*, in: Widmann [Hg.] 1972 op. cit.: 122-147) ordnet die Gießform wie folgt in die technologische Entwicklung ein: *»Es war ein in seiner Konstruktion einfaches und doch geniales, weil ohne Vorbild erdachtes Gerät, einer der frühesten Automaten, der identische, maßgenaue Stücke unbegrenzt produzieren kann, entsprungen einem Geistesblitz, für den die handwerkliche Schulung nicht mehr als ein begünstigendes Moment war ... Die Gießform zur Herstellung unendlich vieler maßgerechter Lettern war etwas völlig neues, ein Präzisionsinstrument, das das Geheimnis eines normierten Massenartikels barg. Insofern ist es zutreffend, wenn Konrad F. Bauer* [Gutenberg und der Weg des Abendlandes. In: Börsenblatt, 24, 1968: 295] *sagt: ›Im Buchdruck stellte sich zum ersten Male in der Geschichte der Gewerbe die Notwendigkeit einer industriellen Normung heraus‹. Die Handarbeit war durch einen mechanischen Prozeß ersetzt.«* (hier 131).

36 Zur Heilsspiegelproduktion vgl. Kapr 1987 op. cit.: 66ff.

37 Vgl. in diesem Sinn Werner Rammert: *Technisierung und Medien in Sozialsystemen – Annäherungen an eine soziologische Theorie der Technik*. In: Peter Weingart (Hg.): Technik als sozialer Prozeß, Frankfurt 1989 im Abschn. 4.1. Er kann sich u. a. auf Ernst Cassirer stützen, der in seinem Aufsatz ›*Form und Technik*‹ schrieb: *»Im Werkzeug und seinem Gebrauch ... wird gewissermaßen zum ersten Male das erstrebte Ziel in die Ferne gerückt. Statt wie gebannt auf dieses Ziel hinzusehen, lernt der Mensch von ihm ›abzusehen‹ – und eben dieses absehen wird zum Mittel*

und zur Bedingung seiner Erreichung«. (in ders.: Symbol, Technik, Sprache, Hamburg 1985, 39-91, hier 62). Auf die Bedeutung des *›Absehens von unmittelbaren Zielen‹* (Rammert) für den technischen Fortschritt des Buchdrucks weist auch Bauer (1968 op. cit. 295) hin. (oben, Anm. 35)
Gegen die von Rammert in seinem Aufsatz bekämpfte *›Ontologisierung‹* der Technik habe ich freilich nichts. Technik *›ist‹* (sic!) nicht nur die *›Programmierung eines künstlichen Wirkzusammenhangs zwischen energetischen und informatorischen Elementen‹* (vgl. ebd. 3.1), sie läßt sich – jedenfalls für die anstehenden Zwecke – auch als ein System verstehen, das auf mehreren Ebenen emergiert. Ihre Stofflichkeit ist eine davon. Daß man diese auf einem anderen Analyseniveau und das meint: bei anderen, nichttechnischen Systembildungen, wieder auflösen kann, steht auf einem anderen Blatt. Blei und Antimon gehen in Gutenbergs technisches System gerade wegen ihrer ontologischen, ›weichen‹ bzw. ›spröden‹ Eigenschaften ein.

38 Diesen Zusammenhang hat M. Paul Fleming von Hartenstein in seinem Lobgedicht auf die Buchdruckerkunst im Sinn gehabt, aus dem das Motto dieses Abschnitts stammt. Es heißt dort mit Blick auf diese Kunst: *»Die Feder ist hier Zeug/ die Dinte Ruß/ vnd Oel/ Die Presse Schreiberin der Drucker jhre Seel‹ (//) Als der sie rege macht«*, abgedr. bei Hornschuch 1634 op. cit. 136-139, hier 138.

39 Dabei werden die in der Abb. 1 schon eingeführten Symbole verwendet. Die Korrekturaufgaben sollen später (vgl. Abb. 15) nachgetragen werden.

40 Die Bibliographie im Anhang enthält eine Auswahl aus der kaum mehr überschaubaren Vielzahl von Werken, die sich mit der Geschichte der Alphabetisierung in Europa beschäftigen. Neben Cressy, Engelsing, Clanchy, dem Sammelband von Möller, Patze und Stackmann sei noch auf Carlo M. Cipolla: *Literacy and Development in the West.* Harmondsworth 1969, François Furet und Jacques Ozouf (Hg.): *Lire et écrire. L'alphabetisation des Français de Calvin à Jules Ferrey*, 2 Bde., Paris 1977 verwiesen. Die zunehmende Bedeutung skriptographischer Informationsverarbeitung im Mittelalter behandeln etwa Johannes Fried (Hg.): *Schulen und Studium im sozialen Wandel des hohen und späten Mittelalters.* Sigmaringen 1986, Peter Classen (Hg.): *Recht und Schrift im Mittelalter*, Sigmaringen 1977 oder Hagen Keller: *Oberitalienische Statuten als Zeugen und als Quelle für den Verschriftlichungsprozeß im 12. und 13. Jahrhundert*, in: Frühmittelalterliche Studien – Jahrbuch des Instituts für Frühmittelalterforschung der Universität Münster, Bd. 22 (hrsg. von H. Keller und J. Wollasch, 286-314).

41 Vgl. zum Problemkreis Paul Saenger: *Silent Reading: Its Impact on Late Medieval Script and Society.* In: Viator 13, 1982: 367-414, Manfred Günter Scholz: *Hören und Lesen. Studien zur primären Rezeption der Literatur im 12. und 13. Jahrhundert.* Wiesbaden 1980. Michael Curschmann: *Hören – Lesen – Sehen. Buch und Schriftlichkeit im Selbstverständnis des volkssprachlichen literarischen Deutschlands um 1200.* In: Beitr. z. Gesch. der dt. Sprache und Literatur 106, 1984: 218-257; Franz Bäuml: *Varieties and Consequences of Medieval Literacy and Illiteracy.* In: Speculum 55, 1980: 237-256: Horst Wenzel: *Partizipation und Mimesis*, in: H. U. Gumbrecht u. K. L. Pfeiffer (Hg): Materialität der Kommunikation, Ffm 1988: 178-202.

42 Ein interessantes Phänomen sind in diesem Zusammenhang auch die sich im Spätmittelalter evtl. schon vor der Einführung des Druckes häufenden

Klagen über die Beschleunigung des Lesens. Vgl. Helga Hajdu: *Lesen und Schreiben im Spätmittelalter.* Pécs (Fünfkirchen) 1931: 28ff.

43 So sieht es jedenfalls der Verfasser eines Gedichts ›*Zu sonderlichen Ehren Der Lobwuerdigen Hochberuehmten Kunst Buchdruckerey*‹, aus dem die in der Kapitelüberschrift zitierten Zeilen stammen. Abgedr. bei Hornschuch 1634 op. cit. 107-133, hier 124.

44 Zu diesem engen Begriff des ›typographischen Kreislaufs‹ vgl. Martin Boghardt: *Gegebenheiten deutschsprachiger Textüberlieferung seit dem Ausgang des Mittelalters: Der Buchdruck als Überlieferungsträger.* In: W. Besch, O. Reichmann, St. Sonderegger (Hg.): Sprachgeschichte – ein Handbuch zur Geschichte der deutschen Sprache und ihrer Erforschung. Berlin/New York 1. Halbbd. 1984: 223-228, hier 224.

45 Die Gutenberg-Bibel wurde anfangs von zwei, später von sechs Setzern gesetzt.

46 Vgl. Severin Corsten: *Das Setzen beim Druck in Formen.* In: Gutenberg-Jahrbuch 1984: 128-132.

47 Vgl. Lotte Hellinga: *Methode en praktijb bej het zetten van boeken in de vijftiende eeuw.* Amsterdam (Proefschrift) 1974 sowie dies.: *Caxton in Focus. The Beginning of Printing in England.* London 1982 (hier 44-47).

48 Eine gründliche Darstellung findet sich in dem anonym erschienenen, aber vermutlich von Benjamin Krebs geschriebenen ›*Handbuch der Buchdruckerkunst*‹, Frankfurt 1827: 177ff. (In der Folge abgekürzt als Krebs 1827)

49 Aus dem anonymen Gedicht ›*Der edle Greif* ... ‹, beigefügt der deutschen Ausgabe der *Orthotypographia* des Hieronymus Hornschuch, Leipzig 1634, hier 120.

50 Zum Schriftsystem Gutenbergs vgl. Gottfried Zedler: *Gutenbergs älteste Type und die mit ihr hergestellten Drucke*, Mainz 1934 sowie A. Ruppel 1967 op. cit., 112ff.

51 Krebs 1827 op. cit. 290.

52 ›*Der edle Greif* ...‹ in: H. Hornschuch 1634 op. cit. 120/21.

53 Friedrich Bauer: *Aus der Geschichte des Schriftsatzes.* In: Gutenberg-Jahrbuch 1937: 24-29, hier 27. Freilich wissen wir auch aus den Skriptorien, daß die Zeilen und Kolumnen willkürlich, durch den Silberstift, begrenzt wurden. Zeilenausgleich an sich ist keine Errungenschaft des Buchdrucks. Aber hier wird er unumgänglich notwendig. Selbst beim ›Flattersatz‹ wird letztlich die Zeile ausgeglichen: durch Blindmaterial.

54 Einen Überblick – mit Schemata und Abbildungen – über die modernen Techniken des Maschinen- und Fotosatzes bietet etwa ›*Bruckmann's Handbuch der Schrift*‹, hrsg. vom E. D. Stiebner und W. Leonhard (München 1985[3]), hier 152f.

55 Zitiert nach der Übersetzung von C. Gerhardt, 1975 op. cit., 68

56 Eine genauere Darstellung ›*von der Construction einer Buchdruckerpresse*‹ gibt z. B. Krebs in seinem Handbuch (1827 op. cit.: 405ff.). Vgl. weiter Hans-Jürgen Wolf: *Geschichte der Druckpressen*, Frankfurt/M. 1974 und Karl Dieterichs: *Die Buchdruckpresse von J. Gutenberg bis F. König.* Mainz 1930.

57 Gerhardt 1975 op. cit. 41, vgl. auch ders.: *Warum wurde die Gutenberg-Presse erst nach über 350 Jahren durch ein besseres System abgelöst?* In: Gutenberg-Jahrbuch 1971: 43-57 (Nachtrag im Gutenberg-Jahrbuch 1972: 50).

58 Gerhardt 1975 op. cit. 46.

59 Michael Pollak: *Incunable Printing with the Form Inverted: An Untenable Theory.* In: Gutenberg-Jahrbuch 1973: 168-184, hier 168-171.

60 *»Zwischen Papier und Deckel befinden sich die Tücher (die Zwischenlagen). Sie werden«*, vervollständigen Grevin/Plantin die Beschreibung, *»durch den inneren Deckel festgehalten. Ohne diese Zwischenlage würde der Tiegel mit seiner großen Härte die Typen zerdrücken.«* (Zit. n. der Übersetzung von Gerhardt 1975 op. cit. 70).

61 Vgl. Gerhardt 1975 op. cit.: 70, Anm. 240.

62 Krebs 1827 op. cit. 466.

63 Hornschuch 1634 op. cit. 122 (Lobgedicht auf die Buchdruckerkunst).

64 Nicht nur die Autopsie der vorhandenen Exemplare spricht für diese Form des Zusammenlegens. Schon der kaiserliche Sekretär Enea Silvio de Piccolomini, der später als Pius II. gesalbt wurde, spricht in einem Brief vom 12. 3. 1455 an den Kardinal Juan de Caravajal davon, daß er von der Bibel *»einige Quinternionen ... in höchst sauberer und korrekter Schrift«* in Frankfurt gesehen habe. Zit. n. Ferdinand Geldner: *Enea Silvio de Piccolomini und Dr. Paulus Paulirinus aus Prag als Zeugen für die beiden ältesten Bibeldrucke.* In: Gutenberg-Jahrbuch 1984: 133-139, hier 134. Vgl. auch Kapr 1987 op. cit. 164.

65 Allerdings findet sich in der Inkunabelzeit bei diesem Format auch die Gepflogenheit, mehrere Bogen gleich aufeinanderzulegen, sie gemeinsam zu falzen, zu schneiden und zusammenzubinden. Vgl. Fèbvre/Martin 1958 op. cit. 94f. Wurden zwei Bogen in dieser Weise nicht in-, sondern aufeinander gelegt, so ergibt sich für den ersten Bogen nicht der in der Abb. gezeigte Umbruch, sondern die Reihenfolge 1, 10, 8, 9 und 15, 2, 6, 7.

66 Geldner 1978 op. cit. 28, vgl. auch Anm. 28 ebd.

67 Der *»weitaus größte Teil der Bücher der Frühdruckzeit kam ungebunden auf den Markt, doch lassen sich auch ›Verlegereinbände‹ nachweisen«*, schreibt Hans Widmann (*Geschichte des Buchhandels*, Teil 1: Bis zur Erfindung des Buchdrucks sowie Geschichte des deutschen Buchhandels, Wiesbaden 1975: 78. Weitere Literaturnachweise ebd. S. 51, Anm. 28.) Manche Drucker, so Konrad Dinkmut in Ulm und A. Koberger in Nürnberg, betrieben im letzten Drittel des 15. Jahrhunderts Buchdruck und -binderei nebeneinander.

68 Krebs 1827 op. cit. 704

69 A. a. O. 705

70 In dem Handbuch von Krebs (1827 op. cit., 477ff.) wird noch das ›Abtreten mit den Füssen‹ genannt. Spezielle Andruckpressen werden in *»den Akten der Officina Plantiniana von 1621 erstmals erwähnt«*. (Gerhardt 1975 op. cit. 68).

71 Zit. n. der Übersetzung von Gerhardt 1975 op. cit. 68.

72 Beispiele für häufige Setzerfehler gibt Hornschuch 1634 op. cit. 21ff.

73 Belege bei David Rogers: *A Glimpse into Günter Zainers Workshop at Augsburg c. 1475.* In: L. Hellinga u. H. Härtel (Hg.): Buch und Text im 15. Jahrhundert, Hamburg 1981: 145-164. Plantin weist die Bogenkorrektur nicht einem speziellen Korrektor, sondern wiederum dem Setzer zu. Vgl. Gerhardt 1975 op. cit. 68.

74 Der Sachverhalt wird von Hornschuch für selbstverständlich gehalten und

nur deshalb erwähnt, weil das Zusammenspiel zwischen Vorleser und Korrektor offenbar problematisch ist und er deshalb hier vorwärtsweisende Tips geben will: *»Ferner ist dem Correctori zustaendig / sich also zu gewehnen / daß er im lesen zum wenigsten mit einem Worte den Lectorem zuvor komme. Denn auff diese Weise wird er etwas eher sehen / was zu corrigieren, vnd es auff den Rand zeichnen / ehe jhn noch der Lector mit dem Lesen vberholet. Doch wil dem Lectori dißfalls gebueren / so er mercken wird / daß der Corrector, wegen Vielheit der Erraten, auffgehalten wird / daß er desto langsamer lese / oder ein wenig jnne halte.«* (a.a.O., S. 19)

75 Text bei Alfred Swierk: *Johannes Gutenberg als Erfinder in Zeugnissen seiner Zeit.* In: Hans Widmann (Hg.): Der gegenwärtige Stand der Gutenberg-Forschung, Stuttgart 1972: 79-90, hier 80f.

76 Vgl. Ferdinand Geldner: *Inkunabelkunde,* Wiesbaden 1978: 186 und Hans Widmann 1975 op.cit. 55f.

77 Hornschuch 1634 op.cit. 23; in der lateinischen Ausgabe von 1608, 21.

78 Der Verfasser des ›Handbuchs der Buchdruckerkunst‹ ist da einige hundert Jahre später, 1827, skeptischer. Er geht davon aus, daß jede Druckerei nach unterschiedlichen ›Systemen der Orthographie‹ arbeitet und wünscht sich (nur), daß innerhalb der Druckereien bei ein- und derselben geblieben wird. Dazu sollen *»die Regeln und alle die verschiedenen Bemerkungen ... auf Tafeln in der Druckerei und in dem Lesezimmer aufgehangen werden«.* (Ebd. 705)

79 Vgl. zu diesem Verfahren des *›Cancellierens‹* (und anderen Korrekturformen) Martin Boghardt: *Gegebenheiten deutschsprachiger Textüberlieferung seit dem Ausgang des Mittelalters: Der Buchdruck als Überlieferungsträger,* in: W. Besch, O. Reichmann, St. Sonderegger (Hg.): Sprachgeschichte – ein Handbuch zur Geschichte der deutschen Sprache und ihrer Erforschung, 1. Halbbd. Berlin/New York 1984: 223-228, hier 224.

80 Vgl. hierzu und zum Korrekturwesen der Frühdruckzeit überhaupt D. Rogers 1981 op.cit.

81 Ein solches System druckt Hornschuch 1634 op.cit. ab.

82 Hornschuch 1634 op.cit., 37/38; in der lateinischen Ausgabe von 1608 S. 34.

83 Übersetzung nach F. Geldner 1978 op.cit. 186.

84 Eine entsprechende Einschränkung macht auch Hornschuch (1634 op.cit.) am Ende seiner Vorrede. Vgl. A2v in der deutschen bzw. A6v in der lateinischen Ausgabe.

85 Hier zit. n. der Ausgabe Straßburg 1532, a2r.

86 Aus der Vorrede von O. Brunfels zum eben genannten Werk, a3r.

87 Vgl. Geldner 1978 op.cit. 130f. mit weiterer Literatur.

88 Vgl. Boghardt 1984 op.cit. 224.

89 Johannes Luther: *Zwitterdrucke in der Reformationszeit.* In: Zeitschrift für Bücherfreunde. NF 1,1; 1909: 109-114.

90 Facsimilé der letzten Seite der Vorrede bei Hans Widmann (Hg.): *Der deutsche Buchhandel in Urkunden und Quellen,* Bd. 2, Hamburg 1965: 19.

91 Die Untersuchung dieses Verschriftlichungsprozesses ist eine Aufgabe des Sonderforschungsbereichs 231 an der Universität Münster. Vgl. den Arbeitsbericht – mit vielen einschlägigen Literaturhinweisen – in: Früh-

mittelalterliche Studien – Jahrbuch des Instituts für Frühmittelalterforschung der Universität Münster, hrsg v. H. Keller u. J. Wollasch, Bd. 22. Berlin/New York 1988: 388-409.

92 Zitat aus Norbert Brockmeyer: *Die soziale Stellung der ›Buchhändler‹ in der Antike.* In: Archiv für Geschichte des Buchwesens 13, 1973, Sp. 237-248, hier 238. Eine ausführliche Übersicht mit der einschlägigen Sekundärliteratur gibt Hans Widmann: *Geschichte des Buchhandels vom Altertum bis zur Gegenwart*, Teil 1, Wiesbaden 1975: 1 ff.

93 Zum Zustand der ›Bibliotheken‹ in den verschiedenen Zeiten vgl. die entsprechenden Artikel im *Handbuch der Bibliothekswissenschaft*, hrsg. von Georg Leyh, Band 1-3, Wiesbaden 1952-1965 (2. Aufl.). Sehr anschaulich auch Wilhelm Schubart: *Das Buch bei den Griechen und Römern*, Berlin und Leipzig 1921, 2. Aufl. (Handbücher der staatlichen Museen zu Berlin).

94 Vgl. die Darstellung im Abschnitt 1.4.

95 Vgl. Anm. 28 in diesem Kapitel.

96 Vgl. z. B. McLuhan (*Die Gutenberg-Galaxis*, Düsseldorf/Wien 1968: 173): *»Als die Chinesen im 8. Jahrhundert mittels Druckblöcken druckten, waren sie hauptsächlich vom Wiederholungscharakter des Druckes beeindruckt, den sie als ›magisch‹ empfanden, und bedienten sich daher oft des Blockdrucks statt der Gebetsmühle.«*

97 Else Glahn: *›Bauvorschriften‹ im alten China.* In: Spektrum der Wissenschaft, Juli 1981, 119-131, hier 125.

98 Belege bei P. K. Sohn: *Early Corean Printing*, in: Widmann (Hg.) 1972 op. cit., 223.

99 Hi-Ju Hong: *Der Druck mit Metall-Lettern in Korea.* In: Jahrbuch ›Buchkunst‹, Bd. IV, Leipzig 1963: 193. Zit. nach Albert Kapr: *Johannes Gutenberg – Persönlichkeit und Leistung*, München 1987 (zuerst Leipzig 1986), S. 110.

100 Hong 1963, op. cit., 193 bzw. Kapr 1987, op. cit., 110.

101 Über mögliche Gründe, die die Durchsetzung alphabetischer Schriften in China und Korea verhindert haben, vgl. Kathleen Gough: *Implikationen der Literalität im traditionellen China und Indien*, in: Jack Goody, J. Watt, K. Gough: Entstehung und Folgen der Schriftkultur, Ffm 1986: 123-145, hier 128 ff. (zuerst Cambridge 1968)

102 Es handelt sich bei der Vorlage um einen Nachdruck mit Bronzelettern, die vor 1450 angefertigt sein sollen. Die Behauptung Kaprs, daß mit den Hangul-Typen ›leider nie gedruckt wurde‹, klingt danach eher unwahrscheinlich. (1987 op. cit., 112) Kapr verwendet übrigens nur den Spottnamen dieser Schrift: ›Ummun‹ (›Onmun‹). Vgl. zur Namensgebung die Lit. in der nachfolgenden Anm. 103.

103 So Adolf Wild in seinen Kommentaren der koreanischen Frühdruckexponate in: Hans Adolf Halbey, E. Schutt-Kehm, R. Stümpel, A. Wild (Hg.): *Schrift – Druck – Buch. Im Gutenberg-Museum.* Mainz 1985, hier 29.

104 So resümiert etwa Pow-Key Sohn: *»Printing in early Corea served only the small, nobel groups of the highly stratified society. . . . The printing of Corean literature in the Corean alphabet was neglected even though it would have been relatively easy and would have made a great contribution to Corean culture and the general education of the common people. Therefore, even though Corea was equipped with an efficient alphabet, plus an advanced technique for the circulation of books and spread of knowledge, the*

country was unable to profit from it or to use it prepare for modernization.« (1972 op. cit., 230/231)

105 Wild a.a.O. (vgl. Anm. 103), S. 28. Dort auch weiterführende Literaturhinweise zur Hangul-Schrift.

106 Für das europäische hohe Mittelalter scheinen Druckwerke ebenfalls noch keine katalysatorische Kraft besessen zu haben: Seit dem ausgehenden 13. Jahrhundert sind xylographische Drucke aus Persien an europäischen Höfen belegt. Auch Marco Polo bemerkte während seines Aufenthalts in China zwar, daß Geldnoten, die im Holzdruckverfahren hergestellt wurden, im Umlauf waren, scheint aber keine Nachforschungen über diese Technik angestellt zu haben. Vgl. Fèbvre/Martin 1958 op. cit.: 105f.

107 Und da dieser Gewinn hoch zu werden versprach, kam es schon früh zu juristischen Auseinandersetzungen zwischen Gutenberg und denjenigen, die ihm Geld für seine Geschäfts- und Erfindungsideen gegeben hatten. Vgl. Kapr: *J. Gutenberg*, München 1987: 66-87.

108 Konrad Zuse: *Der Computer – mein Lebenswerk.* München 1970.

109 In bezug auf den Computer werden diese Projektionen von Sherry Turkle in ihrem Buch ›*Die Wunschmaschine – Der Computer als zweites Ich*‹ (Reinbek 1986) ausführlich dargestellt.

110 Der erste Lohndruck waren vermutlich – 1454 – Ablaßbriefe. Ob der Druck auf Vermittlung des Erzbischofs von Mainz, Diether von Erbach, zustande kam, läßt sich zwar nicht mit Sicherheit sagen, aber es handelt sich um kirchliche (Beicht)Formulare. Vgl. Ferdinand Geldner: *Die ersten typographischen Drucke*, in: Widmann (Hg.) 1972 op. cit.: 148-184. Geldner nimmt eine Auflage von ungefähr 10000 Exemplaren und ein Auftragsvolumen von 200 Gulden an. Ebenda. 184. Die hier sichtbar werdenden ökonomischen Perspektiven mögen den Kaufmann J. Fust bewogen haben, sich auf dem Prozeßweg von seinem Kompagnon Gutenberg zu trennen und gemeinsam mit P. Schöffer eine eigene Druckerei aufzumachen. Vgl. Rudolf Bloom: *Der Prozeß Fust gegen Gutenberg. Eine Interpretation des Helmaspergerschen Notariatsinstruments im Rahmen der Frühgeschichte des Mainzer Buchdrucks.* Wiesbaden 1954 (= Beiträge zum Buch- und Bibliothekswesen II) sowie Kapr 1987 op. cit. 169ff.

111 Alfred Swierk: *Johannes Gutenberg als Erfinder in Zeugnissen seiner Zeit.* In: Widmann (Hg.) 1972 op. cit.: 79-90, hier: 80.

112 Swierk a. a. O. Versuche der Familie Schöffer, die Erfinderehre an sich zu reißen, blieben ohne dauerhaften Erfolg. Weitere Belege und Kommentare über zeitgenössische Theorien über den Buchdruck bei Widmann 1965 op. cit. Bd. 1, 17ff.; ders., *Gutenberg im Urteil der Nachwelt.* In: Widmann (Hg.) 1972 op. cit., 251 ff.; ders., *Vom Nutzen und Nachteil der Erfindung des Buchdrucks – aus der Sicht der Zeitgenossen des Erfinders.* Mainz 1973 (Kleiner Druck der Gutenberg-Gesellschaft Nr. 92); Ruppel 1967 op. cit.: 190ff.; Stillwell 1972 op. cit. Appendix a II, 91 ff.; Elizabeth Eisenstein: *Some Conjectures about the Impact of Printing on Western Society and Thought: A Preliminary Report.* In: Journal of Modern History 40, 1: 1-56. 1968 sowie dies.: *The Printing Press as an Agent of Change*, 2. Bde. Cambridge usw. 1979, insbesondere Bd. 1, 3-159. Chronologische Aufstellung der Zeugnisse bei:

Antonius van der Linde: *Gutenberg. Geschichte und Erdichtung*, Stuttgart 1878: 151ff. Schon 1765 hatte Gerard Meermann (*Origines typographicae*, T. 2, Den Haag, 55-216) nahezu einhundert einschlägige zeitgenössische Kommentare gesammelt. Vgl. a. die Zusammenstellung der Autoren, die über die Druckkunst schrieben, bei Johann Christian Wolf, *Monumenta Typographica*, Hamburg 1740, 2 Bde. Die italienischen Stimmen versammelte zuerst F. X. Laire in seinen ›*Specimen historia typographiae*‹, Rom 1778.

113 Die hier vorgetragene Interpretation der Absichten Gutenbergs schließt sich im wesentlichen an die Rekonstruktion von Lülfing (o. J.), Schmidt-Künsemüller 1951 op. cit.: 84ff. sowie ders.: *Gutenbergs Schritt in die Technik*. In: Widmann (Hg.) 1972 op. cit., 122-147; Kapr 1987 und Steinberg 1974 op. cit.: 29ff. an.

114 ›*De remediis utriusque fortunae*‹ (Heilmittel gegen Glück und Unglück); zit. n. der zweisprachigen Ausgabe von Eckhard Keßler, München 1988²: 4, (Bd. 18 der Humanistischen Bibliothek).

115 »*The confusion of scripts which had existed before the introduction of the Caroline minuscel and the unavoidable inequalities of calligraphic skill rendered the physical task of reading decidedly onerous.*« R. R. Bolgar: *The Classical Heritage and its Beneficiaries*, Cambridge 1954: 111.

116 H. Fichtenau: *Mensch und Schrift im Mittelalter*, Wien 1946 (Veröffentlichung des Instituts für Österreichische Geschichtsforschung, Band V); Fritz Funke: *Die Schreibmeisterbücher des deutschen Buch- und Schriftmuseums der deutschen Bücherei*. In: Zentralblatt für Bibliothekswesen, Jahrgang 69, Leipzig 1955; Carl Wehmer: *Schreibmeister von einst*. In: Archiv für Buchgewerbe und Gebrauchsgraphik, Band 76, Leipzig 1939: 37-58. Wenn im 15. Jahrhundert Schreiber eingestellt wurden, dann war die Frage, welche ›Geschrift‹ sie beherrschten – z. B. Textura für liturgische Werke oder die Bastarda für den juristischen Schriftverkehr – ein ausschlaggebendes Qualifikationskriterium. ›Schreibmeister‹ wurden angestellt, nicht um überhaupt irgendwie zu alphabetisieren, sondern um eine genormte Schrift und bestimmte Prinzipien der Textgestaltung zu lehren. So soll beispielsweise der Schreibmeister von Winterthur aufgrund eines Vertrages vom 29. 8. 1416 »*einen jegklichen, der ihm zugesetzt wird, getrywlich ... leren, in eim Monat ze schriben ein sölich gut geschrift, damit er sich fürgetragen mag Fürsten, Herren vnd Stetten*«. Vgl. Johannes Müller: *Vor- und frühreformatorische Schulordnungen und Schulverträge in deutscher und niederländischer Sprache*, 2. Abteilung: Schulordnungen aus dem Jahre 1505-1523 nebst Nachträgen vom Jahr 1319 an, Zschopau 1886: 272 (= Sammlung selten gewordener pädagogischer Schriften früherer Zeit und Zeiten, hrsg. von A. Israel und J. Müller, Heft 13, neu hrsg. vom Zentralantiquariat der DDR. Leipzig 1973) sowie ders. 1882 op. cit.: 171. Über die Qualifikationsanforderungen an Stadtschreiber vgl. auch Paul Joachimson: *Aus der Vorgeschichte der Formulare und Teutsch Rhetorica*. In: Zeitschrift für deutsches Altertum und Literatur, Band 37 (in der neuen Folge Band 25), Berlin 1893: 24-121, hier 27ff.

Im 16. Jahrhundert haben sich diese Aufgaben dann erneut ausdifferenziert: Textgestaltung wird in den Rhetoriken und Formularbüchern gelehrt, die schöne Kunst des Schreibens in den sogenannten Schreibmeisterbüchern. Vgl. Werner Doede: *Bibliographie deutscher Schreibmeisterbücher von Neudörffer (1519) bis 1800.* Hamburg 1958. Die Alphabetisierungsbewegung des 16. Jahrhunderts war demgegenüber explizit nicht auf ›funktionale‹, sondern auf eine (all)›gemeine‹ Alphabetisierung ausgerichtet.

117 Der Codex Bern. 417 sacc. IX, f 105 b – 108 b, der – in Frage- und Antwortform – angibt, wie Buchstaben zu bilden sind, ist abgedruckt in: *Annecdota Helvetica*, hrsg. von H. Hagen, Leipzig 1870. Der ›*Modus scribendi*‹ mit Anleitung zur ›*strichweisen Schreibung der einzelnen Buchstaben unter Berücksichtigung ihrer Proportionen und ihres Verhältnisses zueinander, Beschreibung der Bildung von Buchstaben aus bestimmten Grundformen, Buchstabenverbindungen, der Schreibweise verschiedener benannter Schriftarten, Darstellung der Abkürzungen, Bemerkungen zum Federschnitt, zum Zeilen-, Wort- und Buchstabenabstand und zum Schriftbild*‹ wird von F. Funke (1955: 259ff.) kommentiert und ist neu herausgegeben von B. Bischoff ›*Ein neu entdeckter modus scribendi des 15. Jahrhundert aus der Abtei Melk.*‹ Berlin 1939. Vgl. im übrigen Carl Wehmer: *Schreibmeisterblätter des späten Mittelalters.* (Miscellanea Giovanni Mercati), Città del Vaticano 1946 (Studi e testi 126).

118 Marshall McLuhan: *Die magischen Kanäle*, Düsseldorf/Wien 1968 (engl. zuerst 1964), 165/66; vgl. a. ders.; *Die Gutenberg-Galaxis – Das Ende des Buchzeitalters.* Düsseldorf/Wien 1968 (engl. zuerst 1962), 172ff.

119 Die Zusammenstellung geht auf Otto Hupp zurück. Vgl. Ruppel 1967 op.cit. 114.

120 Gutenberg konnte 1458 »*nicht einmal mehr die Zinsen für ein altes Straßburger Darlehen von 80 Pfund zahlen*« und wurde »*deshalb 1461 vom kaiserlichen Hofgericht in Rottweil ins Achtbuch eingetragen*«. Er starb offenbar völlig mittellos. Vgl. F. Geldner 1978 op.cit.: 32.

121 Schmidt-Künsemüller belegt im einzelnen, daß ähnliche Wettbewerbsgesichtspunkte schon für die Wahl seines ›Gesellenstückes‹, des ›*Missale Speciale Constantiense*‹ ausschlaggebend gewesen sein dürften und faßt zusammen: »*Uns ist es* [das Missale] *Beweis, daß Gutenberg von vornherein nicht an ein Verfahren gedacht hat, das billiger war als die Handschriftenproduktion, sondern das ihr technisch überlegen, ästhetisch ebenbürtig war. ... Daß eine solche Arbeitseinsparung*«, wie sie die mechanische Vervielfältigung mit sich brachte, »*später notwendig eine Verbilligung des Buches bewirkte, lag nicht in Gutenbergs Absichten.*« (1951 op.cit.: 83.) »*Nicht billiger, nicht schneller sollte sein neues Verfahren sein, sondern schöner, als es die Schreiber vermochten.*« (Ebd. 86). Ähnlich wertet Lülfing: »*Gutenbergs Erfindung kann so als Abschluß einer buchgeschichtlichen Epoche angesehen werden. Mit ihr vollendete sich nach den technischen Möglichkeiten jener Zeit die vervielfältigende ars artificialiter scribendi. Aber was Erfüllung war, ging hinüber in einen Anfang, erscheint als ein transitorischer Moment, der hinüberleitet zur nächsten Stufe in der Evolution der neueren Buchkultur.*« [o.J.] op.cit.: 93) Vorsichtiger Schmidt-Künsemüller 1972 op.cit.: 132.

122 Buch IX, 5. Vgl. Joan Gadol: *Die Einheit der Renaissance: Humanismus, Naturwissenschaft und Kunst.* In: A. Buck: Zu Begriff und Problem der Renaissance, Darmstadt 1969, 395-426, hier 407.

123 ›*Renaissance*‹ – *Selbstbezeichnung oder Selbsttäuschung*, in: Ders.: Die Renaissancen der europäischen Kunst, Frankfurt 1979, 17-54, hier 39/40.

Er fährt fort: ... »*In allen diesen Quellen aus dem 15. Jahrhundert sehen wir somit die Aufgabe der Malerei, die bisher auf die Nachbildung der Wirklichkeit beschränkt war, ausgedehnt auf die konstruktive Gestaltung der Form, wobei diese konstruktive Gestaltung beherrscht war von jenen ›wahren Maßverhältnissen‹, deren Geheimnis man in der verlorenen ›Lehre der Alten‹ offenbart glaubte.*«

124 Ferdinand Geldner: *Enea Silvio de Piccolomini und Doktor Paulus Paulirinus aus Prag als Zeugen für die beiden ältesten Bibeldrucke.* In: Gutenberg-Jahrbuch 1984: 133-139, hier 134.

125 Die Schlußschriften der Schöfferschen Druckerei sind zusammengestellt bei: Ferdinand Wilhelm Emil Roth: *Die Mainzer Buchdruckerfamilie Schöffer während des 16. Jahrhunderts und deren Erzeugnisse zu Mainz, Worms, Straßburg und Venedig.* Leipzig 1892. Deutsche Übersetzungen bei Hans Widmann (Hg., unter Mitwirkung von H. Kliemann und B. Wendt): *Der deutsche Buchhandel in Urkunden und Quellen,* Band 1, Hamburg 1965: 16/17 und Albert Kapr: *Johannes Gutenberg – Persönlichkeit und Leistung*: München 1987: 229. Faksimile, engl. Übersetzung und Kommentar bei S. H. Steinberg: *Fivehundred Years of Printing,* Harmondsworth Middlesex 1974: 18f.

126 Das sind die gleichen Ausdrücke, die auch bei Alberti und in anderen Traktaten der Maler und Architekten auftauchen.

127 »*Die Unersättlichkeit des Geistes*«, schreibt dazu Hans Blumenberg, »*findet* [bei Kues] *in der Unerschöpflichkeit der Natur ihr Korrelat, und zwar nicht nur in der Dimension des Wechsels und der Neuheit der Gegenstände, sondern sehr viel gemäßer in der Intensivierbarkeit jeder gegenständlichen Erkenntnis als solcher, insofern im Gegenstand immer schon die unerreichbare Transzendenz seiner ›Genauigkeit‹ steckt.*« (*Der Prozeß der theoretischen Neugierde,* Ffm 1973: 160) Natur, einschließlich des menschlichen Handelns, ist in ihrer Struktur und Dynamik überkomplex. Eben deshalb lassen sich die Wege menschlichen Erkennens nicht determinieren. Der Mensch ist auch zur Sünde der Erkenntnis verdammt.

128 Vgl. in diesem Sinne auch die Spiegelungspyramide in der Abb. 5, S. 84.

129 Die Druckstöcke, die für die xylographische Vervielfältigung in Korea und China verwendet werden, hat man dort übrigens aufbewahrt – im Hinblick auf die ›Emergenz‹ ein interessanter Unterschied zu dem europäischen Druckbetrieb mit beweglichen Lettern, bei dem die Druckformen bekanntlich nicht erhalten bleiben. Das Original oder das *exemplum* ist ein Ideal. Holzschnitte andererseits wurden auch in Europa aufbewahrt.

130 Ferdinand Geldner: *Zum ältesten Missale-Druck.* In: Gutenberg-Jahrbuch 1961, S. 101-106.

131 F. Geldner: *Inkunabelkunde,* 1978: 130. Man muß allerdings einschränkend anmerken, daß vollständig identische Exemplare eines Buches im 15. Jahrhundert nicht so zahlreich sind, wie man annehmen möchte. Manchmal fehlt in einem Exemplar die Druckermarke, mal das Kolophon, mal werden im Titel andere Typen verwendet, der Widmungsbrief erneuert, Bilder werden ausgetauscht, Druckfehler nachträglich in manchen Exemplaren verbessert usw. Je genauer man hinschaut, um so mehr zeigen sich Varianten. Dabei ist noch ganz abgesehen von den handschriftlichen Eintragungen, Kolorierungen, Illuminationen und anderen Eingriffen der Rubrikatoren. Hinzu kommt, daß die Exemplare, weil sie ja

in den seltensten Fällen gebunden abgegeben wurden, von den Besitzern individuell zusammengefaßt und – entweder einzeln oder in Sammelbänden – zusammengebunden wurden. Auch in dieser Hinsicht zeigt sich der Übergangscharakter der Inkunabel.

132 Zur kommerziellen Organisation der Schreibstuben vgl. etwa Wolfgang Öser: *Die Brüder des gemeinsamen Lebens in Münster als Bücherschreiber*, in: Archiv für Geschichte des Buchwesens 5, 1963/64: 197-398. In dem Abschnitt ›*De scripturario*‹ in den Statuten des Fraterhauses in Münster heißt es beispielsweise: »*Fremde, die bei uns Bücher schreiben oder sonst herrichten lassen, sind an den Leiter des Schreibbetriebs zu verweisen. Dann ist mit ihnen ein Vertrag zu schließen, dessen Wortlaut der Leiter des Schreibbetriebs auf zwei Blättern, in gleicher Fassung, festzuhalten hat, damit die Formulierung des Vertrags jede Möglichkeit einer Mißdeutung ausschließt. ... Vor Beginn der Arbeit hat der Leiter des Schreibbetriebs vom Besteller eine Anzahlung in Empfang zu nehmen, und, wenn das Buch fertig ist, darf er es nicht aushändigen, ehe der Preis vollständig bezahlt ist – außer es hätte der Rektor etwas anderes verfügt.*« Nach H. Widmann, *Der deutsche Buchhandel in Urkunden und Quellen*, Hamburg 1965, Bd. 1, 16.

133 ›*Imprimit ille die quantum non scribitur anno*‹, so lautet das Kolophon von Ulrich Han 1478. Vgl. F. Geldner: *Inkunabeldrucker*, Band 2, Stuttgart 1970, 33. Ähnlich auch: Johannes Trithemius in seinen ›*Sermones et exhortationes ad monachos*‹, Straßburg 1486 sowie Polydorus Vergilius: *De inventoribus rerum*, zuerst Venedig 1499 (Chr. Pensis), f 5r, Buch II, Kapitel VII: »*Tantum enim uno die ab uno homine litterarum imprimitur, quantum vix toto anno pluribus scribi posset*«.

134 Es sei hier noch einmal auf die in der Anm. 112 in diesem Kapitel aufgeführte Literatur zu diesem Themenkomplex hingewiesen.

135 So schreibt Giovanni Andreae in der Widmungsvorrede an Papst Paul II. (zu Band I der Epistolae des Hieronymus, Rom 1468, Sweynheym/Pannertz, f 1 b): »*Tuis certe temporibus ad reliquas dei gratias hoc etiam felicitas orbi Christiano munus accessit, ut pauperrimi quique parva pecunia bibliothecas possint redimere*«. Der Hinweis, daß in Mainz 300 Seiten pro Tag gedruckt werden, findet sich bei Riccobaldus Ferrariensis: *Chronica summorum Pontificum Imperatorumque*. Rom 14. 7. 1474, (J. P. de Lignamine), f 121 a/b; vgl. Stillwell 1972 op. cit.: 92. Weitere Belege bei Widmann 1973 op. cit.: 15 sowie Widmann 1965 Bd. 1, 14ff. und Swierk 1972, 84ff.

136 Vgl. Widmann 1973: 15, Anm. 17. Ähnliche Formulierungen auch in der Bulle ›*Inter sollicitudines*‹ vom 3. 5. 1515, vgl. Widmann 1973 op. cit.: 46ff. »*Was einst allein der Reiche und der König besaß, findet sich jetzt überall, selbst in der einfachen Hütte: ein Buch*«, bemerkt Sebastian Brant und er dankt dies – neben den Göttern – vor allem den Druckern. (*De prestantia artis impressoriae.* In: Varia Carmina, Basel (Johann Bergmann) 1. 5. 1498) Diese Argumentation erhält sich nahezu wortwörtlich bis in das 17. Jahrhundert hinein, vgl. z. B. die Einführung von Hieronymus Hornschuch in seine ›*Orthotypographia*‹ (Leipzig [Lantzenberg] 1608), übersetzt bei Widmann 1965 op. cit., Bd. 2, 8ff. hier: 9.

137 Widmann 1973 op. cit.: 15. Schmidt-Künsemüller geht davon aus, daß bis 1480 die Drucke nur unwesentlich billiger waren als die Handschriften: »*So wie die Auflagenzahl von 1470-1480 um das Doppelte zunahm, so sanken die*

Preise in dem gleichen Zeitraum um die Hälfte herab, doch in beiden Sparten (Handschriften und Drucke) fast gleichmäßig.« 1951: 103. Geldner nimmt für Italien an, daß die *»Bücherpreise in den zehn Jahren zwischen 1470 und 1480 für Großfolio etwa um die Hälfte und für Normalfolio fast um 2/3 gesunken«* sind, *»eine Folge der von Jahr zu Jahr steigenden Bücherproduktion.«* 1978: 174. Vgl. auch Geldner 1972 op.cit. sowie Hirsch 1974 op.cit., 61ff. und Fèbvre/Martin 1958, op.cit., Kapitel VII.

138 Widmann 1973 op.cit.: 16, dort auch weiterführende Angaben. Vgl. weiterhin Eisenstein 1979 op. cit. Vol. I: 80ff. zu Problemen der ›standardization‹.

139 Widmann 1973 op.cit.: 16/17.

140 Werner Rolevinck: *Fasciculus temporum,* Straßburg (Prysz), 1488, Blatt 89 b in der Übersetzung von Widmann 1965 op.cit. S. 18. In der Kölner Ausgabe des gleichen Werks von 1480 und 1481 (bei H. Quentel) war noch ganz schlicht nur die Rede davon, daß *»die Drucker von Büchern immer mehr werden auf Erden; ihre Kunst ging von Mainz aus.«* Rolevinck kann hier, wie viele andere, die das Lob des Buchdrucks singen wollen, an Gedanken Richard de Burys aus dem 14. Jh. anknüpfen. Im 1. Kapitel seines *›Philobiblions‹* heißt es gleich im ersten Satz: *»Der ersehnte Schatz an Weisheit und Wissen, den jeder instinktiv erstrebt«,* und der sich in den Handschriften findet, *»wiegt bei weitem mehr als alle Reichtümer der Welt«* (zit. n. Helmut Presser: *Das Buch vom Buch,* Bremen 1962: 286). Die Überzeugung, das Verfassen von Büchern/Manuskripten verleihe Unsterblichkeit, schreibt Richard de Bury schon Ptolemäus zu. (ebd. 287)

141 Gasparinus Barzizius: *Orthographia,* Paris, 1470/71 (Gering/Crantz/Friburger), der Brief von Guillaume Fichet auf Bl. 1^r-2^r. Ausschnitte des Briefes bei Widmann 1973 op. cit. 50 und 51 (Faksimile) und Swierk 1972 op.cit. 81.

Da die lateinische Sprache um 1470 keinerlei ›Fachausdrücke‹ zur Beschreibung der neuen Informationstechnologie besaß, sind Übersetzungen über das übliche Maß hinaus spekulativ. Für verschiedene Übersetzungsvarianten dieses Textes, vor allem des ›transcribere‹, vgl. Stillwell 1972 op.cit. 92 und Widmann 1973 op.cit. 13. Ruppel (1967 op.cit.: 222) übersetzt ›transcribere‹ gar nicht!

142 Daß man die Bücher im Mittelalter ›in die Winkel warf‹ und sie *›durch Unachtsamkeit/Staub/Motten und Rost erbärmlich umkommen‹* ließ, war im 16. Jahrhundert zu einer beherrschenden Ansicht der Gebildeten geworden. (Belege bei Klaus Schreiner: *Bücher, Bibliotheken und ›gemeiner Nutzen‹ im Spätmittelalter und in der frühen Neuzeit. Geistes- und sozialgeschichtliche Beiträge zur Frage nach der ›utilitas librorum‹.* In: Bibliothek und Wissenschaft 9, 1975: 216-249, hier 219). Wenn die Humanisten die Aufbewahrung der Bücher mit Gefängnissen verglichen, so hat dies einen tieferen Sinn. Im frühen Mittelalter wurde zwischen *›regestum, congestum oder archivum‹* kaum unterschieden. Es bezeichnete alles, was wertvoll war und besonders geschützt und deshalb verschlossen werden mußte. Handschriften wurden wie kostbare Schätze (trésor) behandelt und entsprechend in Truhen und Kammern gelagert. Vgl. Alphons Lhotsky: *Zur Frühgeschichte der Wiener Hofbibliothek,* in: Ders.: Aufsätze und Vorträge Band I: Europäisches

Mittelalter – Das Land Österreich, München 1970, 149-193, hier insbesondere 153 und 185ff.

143 Sebastian Franck: *Chronica*, Straßburg 1531: 206v/207r. Ähnlich wird auch schon in der Chronik von Matteo Palmierei auf das Jahr 1457 argumentiert; abgedruckt in: Eusebius: *Chronicon*, Venedig (Ratdolt/Santritter) 1483.

144 Vgl. die Vorrede zum ›*Contrafayt Kreüterbuoch*‹ von Brunfels, Straßburg 1532, hier vor allem Kap. 8, 18, 19 und 20. G. Agricola, *Bermannus*, Basel 1530, Vorrede. Ähnlich auch H. Bock in seiner Einleitung in sein ›*New Kreüter Buoch*‹, Straßburg 1539 u. ö.

145 Johannes Nauclerus: *Memorabilium omnium gentium chronici commentarii*, Tübingen 1516, Basellius, Vol. II, f 282r: »*Debent Germaniae litterae, debent autores boni quibus hoc opere immortalitas est parta*«.

146 Polydorus Vergilius 1499, op. cit., Buch II, Kapitel VII, f 5r: »*Illud insuper adde, quod auctores quoque plurimus tam graecos quam latinos ab omni prorsum interitus periculo vindicavit*«. Zitiert nach Widmann 1973 op. cit.: 38/39.

147 Abgedr. in Hornschuch 1634 op. cit. 107-133, hier 132.

148 Ausführlich setzt sich Daniel Kramer in seiner Lobschrift zur ›edlen Druckerkunst‹, die schon bezeichnenderweise den Obertitel ›*Des heiligen Iobs bleyern Schreibtäflein*‹ trägt, auseinander. Abgedr. in Hornschuch 1634 op. cit.: 51-93, hier 66ff. u. ö.

149 Aus einem Lobgedicht über die Buchdruckerkunst von M. Paul Fleming von Hartenstein, abgedr. in Hornschuch 1634 op. cit. 136-139, hier 138. Zum Zusammenhang zwischen der Materialität der Medien und Ewigkeitsanspruch vgl. a. Jan-Dirk Müller: *Der Körper des Buchs – Zum Medienwechsel zwischen Handschrift und Druck*, in: H. U. Gumbrecht u. K. L. Pfeiffer: Materialität der Kommunikation, Ffm 1988, 203ff.

150 *De stella nova*, Frankfurt/Prag 1606, in: Kepler: Gesammelte Werke, Band I, München 1938: 329, zitiert nach Friedrich Seck: *Kepleriana*. In: Gutenberg Jahrbuch 1971: 235-241. Der Gedanke, daß der Buchdruck, der es erlaubt, ›*totgeglaubte Literatur wiederzuerwecken*‹, die bedeutendste Erfindung der Neuzeit ist, hielt sich nicht nur in Deutschland lange. Vgl. etwa Louis le Roy: ›*De la vicissitude ou variété des choses en l'univers*‹, Paris 1575; zit. bei Elizabeth L. Eisenstein: *The Advent of Printing and the Problem of the Renaissance*, in: Past and Present, 45/1969: 19.

151 *Piazza universale della professioni del mondo*, Venedig 1585. Hier zit. n. der deutschen Übers. in Hornschuch 1634 op. cit. 93-101, hier 96.

152 Hans Sachs: *Eygentliche Beschreibung aller Staende auff Erden*, Frankfurt 1568, Vorrede – unter ausdrücklicher Bezugnahme auf Polydorus Vergilius.

153 *Operum poeticorum Nicodemi Frischlini pars scenica*, Straßburg 1595: 259, zitiert nach F. Seck 1971 op. cit.: 241. Heinrich Pantaleon wiederholt dieses Argument 1578 in seiner ›*Lebensbeschreibung berühmter Deutscher*‹ bei der Darstellung von ›*Fust, Gutenberg und Scheffer*‹ als Erfinder der Buchdruckerkunst. (S. 507) Zum Phänomen der Abwertung der Handschriften und der Prämierung des Drucks vgl. auch die Chronik des Saganer Klosters von Peter Waynknecht aus den Jahren 1489 und 1508. Dieser berichtet, daß Abt Martin Rinkenberg »*in libros de impressura, que tempore vite sue supra modum dilatata est et multiplicata, ad docentos florenos renenses exposuit, ita ut huius-*

modi libri novi utiliores omnibus aliis veteribus quodammodo existunt«, zitiert nach Alfred Swierk: *Ein frühes, wenig bekanntes Zeugnis über die Erfindung des Buchdrucks*, in: Gutenberg-Jahrbuch 1971: 36-42, hier 40.

154 Werner Rolevinck: *Sermo de praesentatione beatae virginis*, Köln 1470, A. Terhoernen f 1v: »*Et quia nulla alia via cicius et facilius potuit plurimis personis communicari, procuravi solicite, eundem* [sermonem] *per artem impressoriam librorum ad magnam numerositatem multiplicari in civitate coloniensi . . .«* Erläuterungen zu dieser viel behandelten Passage bei H. Widmann 1972 op.cit. 253, Anm. 9.

155 Vgl. die Unterschrift unter dem Titelholzschnitt der von Stephan V. Pacimontanus besorgten Ausgabe des Kochbuchs von B. Platin 1542.

156 So Ortolph Fuchsperger in der ›*Dialectica*‹, Augsburg 1556 im Abschnitt ›*Ob künstlich Dialectica sey von noeten*‹, S. 11. Die gleiche Argumentation findet sich auch in Luthers Schrift ›*An die Ratsherren aller Städte deutsches Lands*‹ (1524). Wenn die Kinder aus Büchern in speziellen Institutionen, eben Schulen, lernen würden, so ›*könnten sie in kurzer Zeit gleich der ganzen Welt von Anbeginn Wesen, Leben, Rat*‹ usw. lernen und ›*für sich fassen wie in einem Spiegel*‹. »*Die zucht aber, die man daheyme on solche schulen fur nimpt, die will uns weyse machen durch eygen erfarung. Ehe das geschicht, so sind wyr hundert mal tod und haben unser lebenlang alles unbedechtig gehandelt, denn zu eygener erfarung gehoert viel zeyt.*« WA Band XV, 1889: 45. Vgl. auch ebd. 31. Der Gedanke wird in Kap. 6.1 wieder aufgenommen.

157 Zur Konzeptualisierung der mittelalterlichen Gesellschaft als Taufgemeinschaft vgl. R. W. Southern: *Western Society and the Church in the Middle Ages.* 1970 (Pelican History of the Church 2) hier 17/18 u. 21/22 (dt.: *Kirche und Gesellschaft im Deutschland des Mittelalters.* Berlin/New York 1976: 3/4 u. 7/8.) sowie Michael Richter: *Kommunikationsprobleme im lateinischen Mittelalter.* In: Historische Zeitschrift, Band 222, 1976: 43-80, hier: 51 und Josef Benzinger: *Zum Wesen und zu den Formen von Kommunikation und Publizistik im Mittelalter. Eine bibliographische und methodologische Studie.* In: Publizistik 15, 1970: 295-318, hier: 301.

158 Ortolph Fuchsperger, *Leeßkonst*, Ingolstadt 1542, A 3 b/A 4 a »*Vnd wiewol Got der recht Schulmaister ist / auß dessen Lebendiger liberei /* [Bibliothek] */ als ainem quellenden Brunn / alle khonst und verstand / durch seinen geyst unß eingegossen werden: sein doch die gaaben und mitl / dadurch solchs beschicht / in vill weg vnderschaiden.*« Abdruck bei Johannes Müller: *Quellenschriften und Geschichte des deutschsprachlichen Unterrichts*, Gotha 1882: 168 (mit einer Einführung von Monika Rössing-Hager neu hrsg. Darmstadt 1969). S. a. u. S. 579ff.

159 Der Rückzug Gottes aus der Kommunikation ist nur ein Spezialfall eines allgemein als ›Verweltlichung‹ oder als ›Säkularisierung‹ angesprochenen Vorgangs. Die Kehrseite dieses Prozesses, die Aufwertung des Individuums, nährt die Allmachtsphantasien der Menschen. Die Wechselbeziehungen dieses Prozesses beschreibt Horst E. Richter in seinem Buch ›*Der Gotteskomplex*‹, Reinbek 1979.

160 Widmann 1973 op. cit., 7ff. mit ausführlichen Literaturhinweisen zu älteren Mythen der Schrifterfindung. Vgl. a. seinen Beitrag: *Der Buchdruck als Gottesgeschenk* in der Festschrift Schelkle (Wort Gottes in der Zeit, hrsg. von H. Feld und J. Nolte, Düsseldorf 1973) sowie Franz Dornseiff: *Das Alpha-*

beth in Mystik und Magie, Berlin 1972, § 2. Auch in neuerer Zeit wird die ›Schrifterfindung‹ in bis dahin oralen Kulturen als göttliche Eingebung – oft in Form von Träumen – beschrieben. So z. B. bei den Vai, wo als Geburtsjahr einer eigenen Schrift 1830 angenommen wird, oder bei den Bamum, die ihre Schrift als ein Geschenk der Götter an ihren König (Ende des 19. Jahrhunderts) auffassen. Vgl. Leopold Joseph Bonny Duala-M'bedy: *Die Bedeutung N'Joyas für die Kulturgeschichte des Bamum-Landes*. Wien 1962 (Phil. Diss.).

161 *Cronica van der hilliger Stat va(n) Coelle(n)*, Köln (Johann Koelhoff), 1499, CCCXIv-CCCXIIv.

162 Ebd., Bl. 311 v. Vgl. a. das Facsimile im Anhang (1). Die übersetzte Passage lautet in der Transkription:
»Vp dan dat dye versuymlicheit der vurgenger. ind dat quait exempel ind die bevlekkunge des gotz wortz. intgemeyn aller predicante[n] *die yrre vnsedelich gijrichheit dac jnne laissen mitluude*[n] *ind myrcke*[n] */ den goiden Christen mynsche niet so sere hynderlich vnd schedelich were / ind dat sich niemantz entschuldigen moichte / hait d*[er] *ewige got vyss synte vnvyssgru*[n]*tlicher wyßheit vperweckt die louesan kunst / dat men nu boicher druckt / ind die verma*[n]*nichfeldiget so sere / dat eyn yeder mynsch m*[n?]*ach den wech d*[er] *selicheit selffs lesen off here*[n] *lesen. Wat vnd*[er]*winde ich mich zo schrijue* [n] *ind tzo verztellen dat loff / den nutze / die selichheit die vyss d*[ieser] *kunst vntsprinckt ind vntspru*[n]*gen is / die niet vyssprechlich is / dat myr getzuigen alle die schrifft lieff haue*[n]. *got geue idt syn leyen die duytsch kunne*[n] *lesen. off geleirde lude die latijnscher spraich gebruychen / off moenche off non*[n]*en / ind kurtzlich all gemeyn. O wye vill gebeder / wye vntzellige innichey / den werden gescheppet ouermitz die gedruckde*[n] *boicher. Ite*[m] *wye vill koestlicher vn*[d] *seliger vermanunge*[n] *geschien in den Predicate*[n] *Ind dat kumpt allit vy der vurß Edeler kunst. Och wat groisser nutz ind selicheit / off sy wille*[n] */ ku*[m]*pt die va*[n] *den genre die / gedruckde boicher machen / off bereyden helpen / wie ouch dat syn mach.«*

163 Augsburg (A. Sorg) 1484, Bl. 8a, zit. nach Johannes Geffcken: *Der Bildercatechismus des fünfzehnten Jahrhunderts und die catechetischen Hauptstücke in dieser Zeit bis auf Luther*, Teil I: Die zehn Gebote, Heidelberg 1855: 108. Geffcken druckt Auszüge aus mehr als zwanzig dieser Quellen diplomatisch getreu ab. Die Handschrift befindet sich in der HAB Wolfenbüttel (Helmst. 418).

164 Nachweise bei Utz Maas: *Lesen – Schreiben – Schrift. Die Demotisierung eines professionellen Arcanums im Spätmittelalter und in der frühen Neuzeit*. In: LiLi 15, 1985, Heft 59: 55-81, hier 72. Vgl. a. Paul Pietsch: *Ewangely und Epistel Teutsch*, Göttingen 1927.

165 *Extract aus Thomae Garzonii*, in: Hornschuch 1634 op. cit. 96

166 V. Ickelsamer: *Die rechte weis*, op. cit. A 2r.

167 *»... Typographia postremum est donum et idem maximum, per eam enim Deus toti terrarum orbi voluit negotium verae religionis in fine mundi innotescere ac in omnes linguas transfundi. Ultima sane flamma mundi inextinguibilis«*, heißt es in der Rörerschen Abschrift von Nikolaus Medlers Aufzeichnung der Tischreden (1532). Vgl. WA – Tischreden, Band II, S. 169, 5. *»Es (die Druckkunst) ist die letzte flamme fur dem ausleschen in der welt«*, heißt es in der Sammlung von Anton Lauterbach. Und weiter (9. 07. 1539): *»Nam olim tantae erant tenebrae in omnibus facultatibus et artibus, ut nullus usus esset. Nunc omnes artes*

illustratae florent. So hatt uns Gott die druckerey darzu geschenckt, praecipue ad premendum papam.« Weitere Nachweise bei Erhard Lauch: *Luthers bleibende Grüße an die Buchdrucker.* In: Luther. Mitteilungen der Luther-Gesellschaft 23, 1941: 11-31. Vgl. auch Widmann 1973 op. cit.: 23ff.

168 In Biblianders Werk ›*Temporum a condito mundo usque ad ultimam ipsius aetatem supputatio partitioque exactior*‹ (Basel: Joh. Oporinus 1558) heißt es: »*Argentinae Dominus per Ioannem Gutenbergium aperuit officinas typographicas, quae iugiter subministrent et producant arma coelestis sapientiae, ad expugnandas vastas molitiones Babylonis alterius.*« (205) Weiter: »*Quo (= Fridricho tertio) imperante, adversus machinas Antichristi, Christus, numine suo propitio, per Ioannem Gutenbergium Argentinae monstravit artem plane divinam, typis imprimendi libros. Quo instrumento quam longe lateque propagatum sit Evangelium Jesu Christi, omnesque bonae scientiae, quantumque papae Rom*[ani]*falsa existimatio vicarii Christi scilicet, imminuta sit, quid me attinet dicere, cum totus id orbis celebret?*« (214) zitiert nach H. Widmann, *Divino quodam numine ... Der Buchdruck als Gottesgeschenk*, in: H. Feld u. J. Nolte, Wort Gottes in der Zeit (= Festschrift Schelkle), Düsseldorf 1973: 257-273, hier: 265. Im Anhang zu der von Tobias Heidenreich verfaßten deutschen Übersetzung der ›*Orthotypographia*‹ von Hieronymus Hornschuch, Leipzig 1634, legt Daniel Cramer die protestantische Auffassung über den Zusammenhang zwischen Reformation und Buchdruck folgendermaßen dar: »*Denn hiemit hat der liebe Gott dem H*[eiligen] *Evangelio zu diesen letzten Zeiten Thuer und Thor oeffnen / vnd in aller Welt Bahne machen wollen / daß er vermittelst dieser durch alle Welt gegangen ist.*« (: 71) Er fährt fort: »*Insonderheit halt ich dafuer / daß diß Werck der Druckerey ein sonderliche Vrsprung un(d) Wegbereitung gewesen sey/ der nicht lang hernach drauff folgenden Erleuterung des heiligen Evangelii / wider die Finsternis des Papstthumbs / gleicher gestalt in Teutschland durch Gottes verleihung erstlich in diesen letzten Zeiten auffgangen.*« (:73; vgl. a. Anm. 217 in diesem Kapitel) Von der ›*Wiederherstellung des Göttlichen Wortes und des im Evangelium gegebenen Lichts*‹ durch die Druckkunst hatte 1608 auch Hornschuch selbst schon in der Vorrede seiner lateinischen Ausgabe der *Orthotypographia* gesprochen. (S. 1 in der lateinischen Ausgabe, S. 1 und 2 in der deutschen Fassung) Aber auch der an der protestantischen Propaganda gewiß nicht interessierte Johannes Kepler schreibt »*jenen gewaltigen und für alle Zeiten denkwürdigen Abfall der meisten europäischen Länder vom Römischen Stuhl ... der Fülle der Bücher und der Bequemlichkeit des Buchdrucks*« zu. (*De stella nova*, Frankfurt/Prag 1606. In: Ges. Werke Bd. 1, München 1938: 330, zitiert nach der Übersetzung von F. Seck 1971 op. cit. 240) Übrigens teilt Kepler Luthers Sichtweise, daß eine dem Buchdruck vergleichbare Erfindung für die Zukunft kaum zu erwarten ist. Er führt dies freilich auf den ›*Einklang zwischen der sublunaren Natur mit den himmlischen Harmonien zurück*‹ und erklärt »*die Astrologen für Dummköpfe, wenn sie glaubten, wir hätten für die kommenden 200 Jahre mehr und Bedeutenderes zu erwarten als in den 150*«, also seit der Erfindung des Buchdrucks »*vollendeten geschehen ist ... Sie müßten sonst schon glauben, eine neue Welt wäre entdeckt oder die Kunst des Fliegens erfunden, durch die wir zum Mond oder zu einer anderen Weltkugel reisen können, da uns ja wahrhaftig diese Erdkugel bereits zu eng geworden ist.*« (Ebd. 332 bzw. 241)

169 Obwohl bis in die Gegenwart hinein die Beziehungen zwischen Reforma-

tion und der Erfindung des Buchdrucks häufig diskutiert wurden – im Sinne des Daniel Cramer (etwa von Hegel, Lorenz von Stein oder E. Troeltsch) oder dagegen – scheint man der Frage, mit welchem Recht Luther hier von einem ›letzten‹ Geschenk sprechen konnte – oder gar mußte – wenig Aufmerksamkeit entgegengebracht zu haben. Vgl. zur Diskussion Klaus Schreiner: *Laienbildung als Herausforderung für Kirche und Gesellschaft – Religiöse Vorbehalte und soziale Widerstände gegen die Verbreitung von Wissen im späten Mittelalter und in der Reformation.* In: Zeitschrift für historische Forschung, Band XI, Heft 3, 1984: 257-354, hier 318ff.

170 In dem wohl ältesten Zensuredikt, das von einer kirchlichen Institution nach Erfindung des Buchdrucks für eine größere Region – das Mainzer Erzbistum – erlassen wurde, heißt es schon 1485 unmißverständlich: *»Weil jedoch der Anfang der Ausübung der Buchdruckerkunst in diesem unserem goldenen Mainz ... durch göttliche Eingebung aufgekommen ist und heute in dieser Stadt in ansprechendster und völlig fehlerfreier Form fortbesteht, wird die Ehre dieser Kunst mit vollem Recht von uns verteidigt werden.«* Zitiert nach Widmann op. cit. 1973: 45. Mit gleicher Entschiedenheit wird auch bei späteren kirchlichen Zensurmaßnahmen hervorgehoben, daß der Buchdruck *›durch Gottes Gnade und Wohlwollen erfunden worden ist‹* (Bulle Leo X. *›Inter sollicitudines‹* vom 3. Mai 1515) und daß er deshalb auch von der Kirche prinzipiell verteidigt und gefördert wird. (Vgl. Widmann a. a. O. 47)

171 Jacob Andreae: *Notwendige Erinnerung Von der Teutschen Bibel dolmetschung / samt Widerlegung aller der Ursachen / darumb die Bapstischen des Layen die Bibel zu lesen verbietten.* Tübingen 1568: 33. Vgl. a. Schreiner 1984 op. cit., 319.

172 Joannes Kolroß: *ENchiridion: das ist / handbuechlin tütscher Orthographi ...* Basel 1530, Vorrede: a 1 v/a 2 r. Dieses, für die Geschichte der Reflexion über die deutsche Sprache und über die Methodik des Erstleseunterrichts wichtige Werk hat Johannes Müller in seinen *›Quellenschriften‹* (1882) op. cit.: 64-92 nahezu vollständig abgedruckt.

173 In dem Abdruck bei Müller a. a. O. 64 ist das ›a‹ in *›háchtütsch‹* ausgelassen. Es lautet aber in dem von Müller zweifelsfrei – wie seine Eintragungen dort bezeugen – verwendeten Exemplar der Herzog August Bibliothek Wolfenbüttel 101.24 Rhet. (4) eindeutig ›háchtütsche‹. (Vgl. auch Müller a. a. O. 415). Titelangaben des Handbüchleins in verschiedenen Arbeiten, die sich auf Müller stützen, sind entsprechend zu korrigieren. Auf die von den gedruckten Büchern neu gewonnene Funktion einer Hilfe zur Selbsthilfe für Laien komme ich im Abschnitt 6.1 noch einmal anhand anderer Praxisbereiche zurück.

174 Der Autor des jüngsten Buches über die ›Persönlichkeit und Leistung‹ Gutenbergs, Albert Kapr, handelt die Frage *›Was wurde durch Gutenbergs Erfindung bewirkt‹* auf den letzten beiden Blättern seines mehr als 300 Seiten umfassenden Werkes ab – nicht ohne voranzuschicken, daß *»die Antwort kompliziert ist und nicht umfassend sein kann«.* (op. cit. 1987: 286) In der Tat hält seine kurze Erörterung keineswegs das Niveau dieser ansonsten wohl differenziertesten Darstellung der ›Leistung‹ Gutenbergs.

175 Der Wandel dieser Einschätzung der Bedeutung des Buchdrucks wird skizziert in: Giesecke: *Als die alten Medien neu waren*, in: R. Weingarten (Hg.), Kommunikation ohne Information?, Ffm. 1990: 75-98.

176 In seinem 1596 unter dem Pseudonym Marx Mangoldt erschienenen Werk: ›*Marckschiff oder Marckschiffer Gespräch von der Francksfurter Meß*‹, Frankfurt. In Teilen abgedruckt bei Widmann 1965 op. cit. Bd. 1, 37-45, hier: 43.

177 In seinem Werk: *Sarepta oder die Bergpostill*, Nürnberg 1571 C, Bl. VIv vgl. auch Schreiner 1970 op. cit.: 72. Ähnliche Gedanken mögen auch den Buchdrucker Hans Folz zu der Einschränkung »*Ye doch schillt ich des drukez nicht, ...*« in seinem um 1475 entstandenen Meisterlied geführt haben. Nachweise bei Widmann 1973 op. cit. 21.

178 Auf andere Maßnahmen, die für den Datenschutz ergriffen wurden, wird in Abschnitt 5.5 eingegangen.

179 Zitiert nach der Paraphrasierung von Ferdinand Geldner ›*Ein in einem Sammelband Hartmann Schedels (Clm 901) überliefertes Gutachten über den Druck deutschsprachiger Bibeln*‹, in: Gutenberg-Jahrbuch 1972 (hrsg. von H. Widmann), S. 86-89, hier 86.

180 Zit. nach der Übersetzung der Buchankündigung bei Widmann 1973 op. cit. 54.

181 Zit. n. der Augsburger Ausgabe von H. Steiner von 1539, f. 43v. Petrarca hatte sein Werk am 4. Oktober 1366 abgeschlossen und es am Ende desselben Jahres aus der Hand gegeben, ›veröffentlicht‹. Es verbreitete sich ungemein rasch und wurde in zahlreichen europäischen Sprachen übersetzt.

182 A. a. O. In der lateinischen Ausgabe lautet die Passage: »*Libri quosdam ad scientiam, quosdam ad insaniam deduxere. Dum plus hauriunt quam digerunt, ut stomachis sic ingeniis nausea saepius nocuit quam fames, atque ut ciborum sic librorum usus pro utentis qualitate limitandus est.*« Zit. n. der zweisprachigen Ausgabe von Rudolf Schottlaender: *Francesco Petrarcha – De remediis utriusque fortunae*, München 1975: 90 (= Bd. 18 der ›Humanistischen Bibliothek‹). Eine historisch-kritische Ausgabe der Handschriften fehlt bislang. Schottlaenders Ausgabe geht auf den Vergleich verschiedener Drucke des 16. Jahrhunderts zurück.

183 In der lateinischen Ausgabe ›*Franzisci Petrarchae ... Carmina siue rhythmos*‹ von 1554 (Basel, H. Petri), f. 55r heißt es: »*Accedunt (ne à proposito deerrem) & scriptores nulla frenati lege, nullo probati examine, nullo iuditio electi, non fabris, non agricolis, non textoribus. non ulli ferè artium tanta licentia est, cum sit in alijs leue periculum, in hac graue, sine delectu tamen ad scribendum ruunt omnes, & cuncta uastantibus certa sunt pretia. Nec uerò haec scriptorum magis humano more lucra captantium, quàm studiosorum publicisqúe rebus praesidentium culpa est, quibus nulla unquam rei huius cura fuit, oblitis quid Eusebio Palestinae Constantinus iniunxerit, ut libri scilicet, not nisi ab artificibus, ĳsque antiquarijs & perfectè artem scientibus, scriberentur.*«
Ähnlich auch bei Schottlaender 1975 op. cit. 100. Die Aktualisierung im Hinblick auf die neuen Medien scheint also nur in den volkssprachigen Ausgaben vorgenommen worden zu sein.

184 Aus der Vorrede der deutschen Fassung der ›*Peregrinationes in terram sanctam*‹, Mainz, 21. Juni 1486, Reuwich/Schöffer, A2r/A2v. Faksimile-Abdruck der Vorrede bei Elisabeth Geck: *Bernhard von Breydenbach – Die Reise ins heilige Land. Ein Reisebericht aus dem Jahr 1483*, Wiesbaden 1977.

Zur ›Schreibsucht in der 2. Hälfte des 15. Jahrhunderts‹ vgl. a. Helga Hajdu: *Lesen und Schreiben im Spätmittelalter*, Pecs-Fünfkirchen, 1931: 28ff. und 52ff.

Ausführlich wird im Kap. 4.2 auf die Werke des B. von Breydenbach eingegangen.

185 Nachweise über die Entwicklung der ›Bücherskepsis‹ bei Schreiner 1984 op. cit. 266ff.

186 Schreiner ebd: 299, Anm. 145 – dort auch weitere Literaturhinweise zum Verlauf der Übersetzungsdiskussion.

187 Über das *›älteste Zensuredikt, das nach unserer Kenntnis seit Erfindung des Buchdrucks für eine ganze Erzdiözese ergangen ist‹* vgl. Widmann 1973 op. cit. 33ff. – dort auch Abdruck der für diesen Zusammenhang wichtigsten (lateinischen) Passagen samt deutscher Übersetzung. Der Druck des Edikts erfolgte am 1. Mai 1485 auf Veranlassung des Würzburger Bischofs Rudolf von Scherenberg. Vgl. Barbara Hellwig: *Inkunabelkatalog des Germanischen Nationalmuseums Nürnberg*, Nr. 820, Nürnberg 1970.

188 Widmann 1973 op. cit.: 45.

189 Nach der Übersetzung von F. Geldner 1972 op. cit.: 87/88. Pikanterweise beruft sich der Verfasser des Avisaments ausgerechnet auf den Bibelübersetzer Hieronymus. Noch im 16. Jahrhundert wird Th. Murner diese Warnung in seiner ›*Christlichen Ermahnung*‹ wiederholen.

190 Zit. nach Widmann 1973 op. cit.: 45/46.

191 Zit. nach Widmann 1965 op. cit. Bd. 1, 44; vgl. Anm. 176 in diesem Abschnitt.

192 Widmann (ebd.) möchte ›Geschicklichkeit‹ unter Berufung auf das Grimmsche Wörterbuch als ›Weisheit‹ deuten. Dafür finde ich in der zweiten Hälfte des 16. Jahrhunderts keine Anhaltspunkte. Auch die Wörterbücher der Zeit ordnen ›geschickt‹ eher unter ›tüchtig, tauglich‹ (accommodus) ein – so J. Schöpper in seinen ›*Synonyma*‹ 1550: 54 – oder sprechen von ›geschickten‹ oder ›ungeschickten Handel‹ (L. Schwartzenbach, *Synonyma* 1564: 48).

193 Das mit *›Cyclopaedia Paracelsica Christiana. Drey Buecher von dem ware[n] vrprung vnd herkommen der freyen Kuenste . . .‹* überschriebene Werk erschien 1585 an einem unbekannten Ort. Es ist vielfach kommentiert worden, unter anderem von Karl Sudhoff: *Gedanken eines unbekannten Anhängers des Theophrastus Paracelsus von Hohenheim aus der Mitte des 16. Jahrhunderts über deutschen Jugendunterricht.* In: Mitteilungen d. Gesellsch. f. dt. Erziehung u. Schulgeschichte (hrsg. von K. Kehrbach), Jahrgang V, Berlin 1895: 83ff. und Will-Erich Peuckert: *Pansophie. Ein Versuch zur Geschichte der weißen Magie.* Berlin 1956, insbesondere 363ff. und 487f.

194 Aus der *Amerbach-Korrespondenz*, Bd. I, 64; Nr. 55, zitiert nach der Übersetzung von Widmann 1965 op. cit., Bd. 1, S. 25.

195 *Amerbach-Korrespondenz* Bd. I, 75, Nr. 66, zitiert nach der Übersetzung von Widmann 1965 op. cit., Bd. 1, S. 26.

196 Christian Seebode (*›Klösterlicher Buchdruck im deutschen Sprachraum vor dem Dreißigjährigen Krieg. Eine historisch-bibliographische Studie zur Nachblüte des klösterlichen Schrift-, Buch- und Bibliothekswesens im 15. und 16. Jahrhundert‹*, Phil. Diss. Würzburg 1977) kennt 14 Klosterdruckereien im 15. Jahrhun-

dert. Im 16. Jahrhundert kommen noch einmal 16 Druckereien in Klöstern dazu. Über Klosterdruckereien ›außerhalb des deutschen Sprachgebiets‹ vgl. Franz Falk: *Die Druckkunst im Dienste der Kirche*, Köln 1879: 13ff. (= Schriften der Görres Gesellschaft 2).

197 Lülfing o. J. (1969) op. cit.: 103.

198 Zitiert nach der Übersetzung von Widmann 1973 op. cit.: 42; dort auch Transkription des lateinischen Originaltextes.

199 Belege bei Widmann ebd. 27ff.

200 ›*Scriptis enim codicibus nunquam impressi ex equo comparantur . . .*‹ Widmann a. a. O.: 41 und 42/43.

201 So Andreae dei Bussi bzw. Nikolaus von Kues in der Hieronymus-Ausgabe von 1468; vgl. Anm. 135 in diesem Kapitel.

202 »*Demokratie in unserem Verständnis ist also von Anfang an mit allgemeinem Alphabetismus, der allgemeinen Fähigkeit, zu lesen und zu schreiben, verknüpft*«, schreiben beispielsweise Jack Goody und Ian Watt in ihrem Aufsatz ›*Konsequenzen der Literalität*‹. (Abgedruckt in: J. Goody, I. Watt, K. Gough: Entstehung und Folgen der Schriftkultur, Frankfurt 1986: 63-122; zuerst Cambridge 1968) Weil alle anderen Schrifttypen, insonderheit die logographische chinesische Schrift, eine breite gesellschaftliche Alphabetisierung erschwerten, sehen die Autoren einen engen Zusammenhang zwischen der Einführung der phonetischen Schrift in Griechenland und der Beteiligung der Bevölkerung an den Regierungsgeschäften.

203 So die Bulle Leos X. ›*Inter sollicitudines*‹ vom 3. Mai 1515, vgl. Widmann 1973 op. cit. 47. Ähnliche Formulierungen enthalten auch die Zensurbulle von Alexander VI., 1501, Innozenz VIII. von 1487 und das schon erwähnte Mainzer Zensurmandat von 1485.

204 Aus dem ›*Lobspruch / von der edlen freyen Kunst Buchdruckerey Vrsprung / Fortgang und Nutzbarkeit*‹, abgedr. in Hornschuch 1634 op. cit. 102-106, hier 104 (Faksimile im Anhang 2) »*Die freyen Druckereyen sind reger Sinnen Trost*« betont M. Paul Fleming von Hartenstein in einem anderen Gedicht in dem genannten Werk. (137). Ein anderes Lobgedicht, der ›*Edle Greif*‹, erwähnt, daß Kaiser Sigismund der Buchdruckerei ›Freiheiten‹ verliehen habe, um sie dadurch ›*von anderen Handwerken gemein abzuscheiden*‹. Ebd. 128. Richtig ist, daß Friedrich I. 1466 dem Straßburger Drucker Heinrich Eggestein einen Schirmbrief ausstellte, »*dwil solich buchdrucken zu vil gutem dienet*«. Der Schirmbrief, der im übrigen auch für die Geschichte des Patent- und Urheberrechts aufschlußreich ist, wurde von Karl Molitor-Müller (*Zur Druckgeschichte des XV. Jahrhunderts.* In: Beiträge zum Bibliotheks- und Buchwesen. Paul Schwenke zum 13. März 1913 gewidmet, Berlin 1913: 205-209, hier 205) ediert.

205 Johann F. Coelestin: *Von Buchhendlern/Buchdruckern . . .*, o. O. (Regensburg) 1569, diplomatisch getreuer Abdruck des Textes bei B. Wendt: *Von Buchhändlern, Buchdruckern und Buchführern – Ein kritischer Beitrag des Johann Friedrich Coelestin aus dem XVI. Jahrhundert.* In: AfGB, 13, 1973: 1587-1624, hier: 1593.

206 *Brevis Germaniae descriptio*, Kap. III, Absatz III: 63 in der zweisprachigen Werkausgabe von Langosch (1969). Vgl. a. Absatz 1, wo es heißt, daß »*sich Deutschland jetzt mit bestem Recht mit Frankreich und Spanien, auch selbst mit*

Italien an ehrbarer Lebensart vergleichen kann«. Vgl. a. Anm. 235 in diesem Kapitel.

207 In: *De dictis factisque memorabilibus collectanea a Camillo Gilino latina facta, libri IX.* Mediolani (J. Ferrarius) 1509, Blatt 11 2 v.

208 Vgl. Anm. 135 in diesem Kapitel.

209 Vgl. Anm. 145 in diesem Kapitel.

210 Vgl. Swierk 1972 op. cit.: 84/85; dort auch weitere Belege. Ähnlich äußert sich auch Sebastian Franck 1531 in seiner ›*Chronica*‹: *»Darumb die Teütschen/ besund[er] der erfinder diser ku[n]st alles lobs werdt ist/ Ja Gott in jm, durch den vns Gott dise kunst geben hat«.* (f 207 r)

211 *»... ea ars completa et consummata fuit in laudem germanorum sempiternam«*, in: *Argentinensium episcoporum catalogus.* Straßburg (J. Grüninger) 31.8.1508: Bl. 62 r, zitiert nach Swierk 1972 op. cit.: 90. Vgl. auch die Widmungsvorrede zur ›*Romischen Historie usz Tito Livio gezogen*‹ (Mainz, J. Schöffer, 1505), wo es heißt, daß die Buchdruckerstadt Mainz *»nicht allein bey Teutzscher Nazion, sunder auch bey aller welt in ewiger zeit ... gepreyst und gelobt so(e)lle werden ...«*

212 *Francofordiense emporium sive Francfordienses nundinae,* o. O. 1574: 27; zitiert nach Widmann 1965 op. cit.: 20.

213 WA, Band 15, 1889: 31, vgl. a. 32. Ähnlich hatte sich auch Erasmus 1516 in einem Geleitwort zur Weltchronik des Johannes Nauclerus (vgl. Anm. 145 in diesem Kapitel) geäußert: *»Allenthalben wachsen gegenwärtig aufs glücklichste die Studien angesehenster Wissenschaftszweige herauf, und ich habe das feste Vertrauen, daß sie bälde Frucht abwerfen ...«* (Zitiert nach der deutschen Übersetzung von Widmann 1973, op. cit.: 38/39, hier 39)

214 *»O seculum! O literae! Iuvat vivere, et si quiescere nondum iuvat, Bilibalde. Vigent studia, florent ingenia. Heus tu, accipe laqueum, barbaries, exilium prospice.«* (U. v. Huttens Schriften, hrsg. v. Eduard Böcking, Band 1, Leipzig 1859: 217)

215 Ebenfalls in der Schrift ›*An die Ratsherren*‹. WA, Bd. 15, 1889: 46. Schon 1521 bemerkt Eberlin von Günzburg in seinem ›*Erst bu(n)dtsgenosz*‹ im gleichen Sinn, daß *»solch christlich wesen«*, welches *»laider lange jar verborgen ist gelegen ... jetz ... in teütscher nation wider ein vrsprung hab«*. Und er vergleicht diese ›*Wiedergeburt*‹ des Glaubens mit dem, was ›*vormals in Judäa geschehen ist*‹. (nach Ludwig Enders [Hg.] Joh. Eberlin von Günzburg, Sämtl. Schriften Bd. 3, Halle a. d. S. 1902 [= Flugschriften der Reformationszeit 18], S. 3) Das ›*teütsche land*‹ sei nunmehr *»das haertz derchristenheit«*. (ebd. 2) *»Dann vyl jar lang hat in teütscher nation vnentpfintlich gruenet ein somen alles guet. Subtile sinn, scharpffe vernünfftige anschleg, maisterliche arbeit in allen handtwerkken, erkantnüß aller geschrifften vnd aller fürderlichen sprachen, ein new nützlich kunst der buochtruckery, begird ewangelischer lere, ain gefallen ab aler warheit vnd erberkeit. Die ding alle sind vorzyten durch vnfal in vnseren landen verborgen gesin, aber auß himmlischer hylff gond die ding alle haerfür.«* (ebd. 3)
Günzburg zieht aus dieser Zustandsbeschreibung den – politischen – Schluß, daß *»also das teütsche nation wunderbarlich«* auf Kaiser Karl V. vorbereitet ist und diesem die Aufgabe zufällt, die Christenheit zu befrieden. Er lobt dann nochmals den Aufschwung der Wissenschaften durch Reuchlin und Erasmus und fügt dann begründend hinzu: *»Denen dingen gar wol genutzet hat der buecher truck«*! (ebd. 3)

216 Sandor L. Gilman [Hg.]: *Johann Agricola. Die Sprichwörtersammlungen.* Bd. I,

Berlin/New York 1971) beschreibt bis 1566 (Agricolas Tod) achtzehn Ausgaben der verschiedenen Sprichwörtersammlungen. Die *»zeitgenössischen Plagiatdrucke«* Chr. Egenolphs werden von ihm nicht berücksichtigt. (ebd. 330)

217 Aus einem vor 1480 entstandenen Meisterlied von Hans Folz – vgl. Hans-Friedrich Rosenfeld: *Ein vergessenes zeitgenössisches Gutenberg-Zeugnis.* In: Z. f. B. 59; 1942: 135-140. Natürlich bleibt Gott die Ehre, der Welt die christliche Lehre geschenkt zu haben, danach aber hat sich Gutenberg – nicht die römische Kirche – die größten Verdienste um die Ausbreitung des Christentums erworben.

218 *»Terraque iam multo Germana volumine diues; Te colit inuento dicta beata tuo. Italia ex nostris que hanc mendicauerat artem / Emula: grata tibi non pudet usque fore«*, schrieb etwa der Heidelberger Professor Adam Werner von Themar in einem *›Lobgedicht auf den ersten Buchdrucker‹* anläßlich des 50. Jubiläums der Druckkunst 1494. Vgl. Swierk 1972 op.cit.: 84/85, hier 85.

219 Zitiert nach Widmann 1965 op.cit.: 39f. Vgl. Anm. 176 in diesem Kapitel.

220 *»Jdoch«*, schrieb Dürer in mehreren Entwürfen zur Widmung seiner Proportionslehre, *»so ich keinen find, der do etwas beschriben hett van menschlicher mas zw machen, dan einen man Jacobus* [de Barbari] *genent, von Venedig geporn ... Der wies mir man vnd weib, dÿ er aws der mas gemachet het, vnd das ich awff dÿse tzeit liber sehen wolt, was sein mainung war gwest dan ein new kunigraich, vnd wen ichs hett, so wolt jch im zw eren jn trug* [Druck!] *pringen, gemeinen nutz zw gut. Aber ich was zw derselben tzeit* [während seiner Italienreise nämlich] *noch jung ...«* Er hat dann selbst üben und studieren müssen, weil *»diser forgemeldt Jacobus sein grunt mit klerlich an tzeigen«* wollte. *»Das merkett ich woll an jm«*, fügt er hinzu. (Autograph. Dürers, London BM Add. 5230, fol. 44 a, b; Rupprich, Bd. 1, 1956: 102, Brief Nr. 45: Dürer an Pirckheimer) In einem anderen Entwurf, ebenfalls aus dem Jahre 1523, schreibt er enttäuscht über Barbari: *»doch kunt ich nit von im erlangen seinen grund, wÿ er sein kunst prawchett.«* (ebd. 43 a, b, bzw. Rupprich a.a.O.: 103) Offenbar hatte ihm der Italiener nur vorgemalt, ohne die Konstruktionsprinzipien (Maßzahlen) preiszugeben.

221 A. Dürer, Widmungsvorrede (an Pirckheimer) in der Druckfassung der *›Vier Bücher von menschlicher Proportion‹*. Vgl. Abschn. 6.3.

222 *»Dieweil dan(n) nuhn auß disem vnnd anderen viel mehr exemple(n) die Ehrlichkeit auch notwendigkeit des bergwercks genuogsamlich erklaert vnd bekrefftiget ist / vnd vnser Teutschland auß der gnaden Gottes für* [vor!] *anderen nationen mitt vielen vnd reichen metalle(n) begabet«* ist, schreibt Bechius in seiner Vorrede zur 1557er Ausgabe von Agricolas Bergwerksbuch (a3b), habe er es für nützlich erachtet, dieses Werk dadurch *›bekant vnd gmein‹* zu machen, daß er es in die *›teutsche sprach‹* übersetzt.

223 Der Erläuterung und Verteidigung seines Vorgehens gelten die *›Sieben defensiones‹* (1538) des Theophrast von Hohenheim. Schon in der ersten Verteidigung wird die Notwendigkeit der *›newen Medicin‹* begründet und dabei die Bedeutung der Schriften älterer Autoren und anderer Länder (mit anderen ›Climaten‹) herabgestuft: *»Was nutzet d' Regen, der vor tausend Jahren ist gefallen?«* (Zitiert nach der Ausgabe von J. Huser, Band VI: 160) Vgl. auch Abschnitt 1.4.

224 *An den christlichen Adel deutscher Nation von deschristlichen Standes Besserung*, WA, Band VI, 1888: 416/7. Diesen Wandel der eigenen Schweise der gesamten Nation mitzuteilen, ist ein Hauptziel der Flugschrift von 1520. Vgl. auch Anm. 215 in diesem Kapitel.

225 *An die Ratsherren aller Städte deutsches Lands* 1524, WA, Band XV, 1889: 48.

226 *An den christlichen Adel*, a.a.O.: 415. Vgl. a. J. Eberlin von Günzburg: *»Ir thorechten teütschen wie lang wolt ir blind sein vnd ewer guot vnd arbeit so vbel anlegen?«* (*IV. Bundsgenoss*, zit. n. L. Enders (Hg): Ausgewählte Schriften, Bd. 1, Halle 1896: 37)

227 Wittenberg (J. Grünenberg) 1518, zitiert nach WA, Band I, 1883: 379. Die erste Ausgabe – noch mit ›Luder‹ unterschrieben – erschien 1516 in Wittenberg.

228 Zur Überlieferungsgeschichte dieses Werkes vgl. die ›kritische Textausgabe‹ von Wolfgang von Hinten: *Der Franckforter*, München 1982.

229 *Deutsche Theologie*, op.cit. 378. Die gesamte Vorrede der *Theologia* dient im wesentlichen der Legitimation der neuen Form der Veröffentlichung gegenüber jener des Mittelalters. Paulus, der selbst kein Amt eingenommen hat, welches ihn zur Besiegelung von Briefen berechtigte, habe trotzdem ›*gewaltige*‹ Briefe geschrieben. Verkündigung göttlicher Wahrheiten geschehe ›*durch den Mund der unberedten und seuglinge*‹ – nicht nur durch die bestallten Autoritäten u.s.f.

230 O. Fuchsperger, *Dialectica*, 1556: A 3 v. Die Vorrede dürfte schon wesentlich früher abgefaßt worden sein.

231 J. Wimpfelings Schrift über die ›Druckkunst‹ aus dem Jahre 1507, aus der die zitierten Passagen stammen, ist später verlorengegangen. Vgl. zu dieser Schrift Widmann 1973 op.cit.: 20, Anm. 29. Vgl. a. Anm. 215 in diesem Kapitel.

232 Der Nachruf ist Marsilius ab Inghen: *Oratio complectens dictiones* (Mainz, P. Friedberg, 1499) beigegeben. (Bl. D6r) Lateinischer Abdruck bei Swierk 1972 op.cit.: 85/86. Zur Lebensgeschichte und zu den verwandtschaftlichen Beziehungen zwischen den Gelthus und Gutenberg vgl. Alois Ruppel: *Johannes Gutenberg, sein Leben und sein Werk*, Berlin 1939: 206 sowie A. Kapr 1987 op.cit.: 264.

233 Abgedr. bei Hornschuch 1634 op.cit. 136-139, hier 136/37.

234 ›*Des heiligen Iobs Bleyern Schreibtaefflein / zu Lob der Edlen Druckerkunst*‹, in Hornschuch 1634 op.cit. 51-93, hier 72/73.

235 Johann Fischart: *Geschichtsklitterung*, zit. nach der Werkausgabe von A. Alsleben, Halle 1891: 443. Die Darstellung in diesem 1582 gedruckten Werk klingt wie eine Paraphrase von Luthers Klagen in seinem Sendbrief an die Ratsherren: *»Ich acht, daß deutsch land noch nie so viel von gottis wort gehoeret habe als itzt. Man spuert yhe* [hiervon aber] *nichts ynn der historien davon. Lassen wyrs dennso hyn gehen on dank und ehre, so ists zu besorgen, wyr werden noch greulicher finsternis und plage leyden. lieben deutschen, keufft, weyl der marck* [Markt] *fur der Thuer ist, samlet eyn, weyl es scheynet und gutt wetter ist, braucht gottis gnaden und wort, weyl es da ist.«* WA, Band XV, 1889: 32, vgl. auch ebenda: 46.

236 Zit. nach Ludwig Enders (Hg.): *Johann Eberlin von Günzburg, Sämtliche Schriften* Bd. 3, Halle a. S. 1902: 159. Zu Cochläus vgl. Anm. 206 in diesem Kapitel.

237 Luther: *An den christlichen Adel* ... WA, Band VI, 1888: 433, vgl. auch ebenda 416, 417 und 463.

238 Und als ein solcher wird seine Vorlesung, ›*welcher Gestalt man den Franzosen im allgemeinen Leben und Wandel nachahmen soll*‹, von 1687 in den literaturwissenschaftlichen Handbüchern noch heute beschrieben, vgl. z. B. Richard Newald: *Die deutsche Literatur vom Späthumanismus zur Empfindsamkeit. 1570-1750.* München 1956: 450 (= Band V der Gesch. d. deutschen Literatur von den Anfängen bis zur Gegenwart. Hrsg. v. H. de Boor und R. Newald)

239 Selbst G. W. Leibniz, der in seinen wissenschaftlichen Abhandlungen, von wenigen Ausnahmen abgesehen, niemals die deutsche Sprache benutzte, mußte Ende des 17. Jahrhundert zugeben, »*daß die Teutschen ihre Sprache bereits hoch gebracht* [haben] *in allem dem, so mit den fünf Sinnen zu begreifen, und auch dem gemeinen Mann fürkommet; absonderlich in leiblichen Dingen, auch Kunst- und Handwerks-Sachen, weil nemlich die Gelehrten fast allein mit dem Latein beschäftiget gewesen*« waren. Trotzdem war er davon überzeugt, »*daß keine Sprache in der Welt sey, die* (zum Exempel) *von Erz- und Bergwerken reicher und nachdrücklicher rede, als die Teutsche. Dergleichen kann man von allen anderen gemeinen Lebens-Arten und Professionen sagen, als von der Jagt- und Waid-Werk, von der Schiffahrt und dergleichen.*« (Unvorgreifliche Gedanken, betreffend die Ausübung und Verbesserung der teutschen Sprache, Absatz 9, zit. nach E. Cassirer: G. W. Leibniz, Hauptschriften zur Grundlegung der Philosophie, Band II, Hamburg 1966 [3. Aufl.]: 522). Ähnlich äußert er sich auch in seiner ›*Ermahnung an die Teutsche, ihren Verstand und sprache beßer zu üben*‹ von 1679. In: G. W. Leibniz, Sämtliche Schriften und Briefe, hg. von der Akademie der Wissenschaften der DDR, 4. Reihe (Politische Schriften), Band III, Berlin 1986: 795-820, hier insbesondere 809ff. Leibniz kann hier wieder auf Luthers Überzeugung zurückgreifen, daß, ›*solange die Deutschen nicht auf ihre Sprache in den Wissenschaften zurückgreifen*‹ und sie in den ›*Hauptmaterien selbsten üben*‹, sie zum ›*Spott*‹ der anderen Länder werden. Der Gebrauch der deutschen Sprache erscheint ihm als das ›*einzige Mittel*‹, um die Leistungen der Deutschen ›*bei den Ausländern in hohen Wert zu bringen und die unteutsch gesinnten Teutschen endlich beschämt zu machen*‹. (Ebd. 810)

Anmerkungen zu Kapitel 3

1 Zumindest gilt dies für die vergleichsweise allgemeinen Probleme, die in diesem Abschnitt abgehandelt werden. Was die alten Streitfragen betrifft – ob schon vor 1444 in Straßburg gedruckt wurde, ob es zwei Druckereien in Mainz gegeben hat, wer der Drucker des *Catholicons* ist, welches Schicksal Gutenberg nach 1462 nahm u. v. a. m. –, so folge ich meist den Antworten, die Kapr in seiner jüngsten Darstellung gegeben hat. Für das Jahr 1440 als Geburtsstunde des Buchdrucks hatte zuerst Matteo Palmieri in seiner Fortführung der Chronik des Eusebius von Caesarea (Venedig, E. Ratdolt, 1483) gesprochen. Peter Waynknecht spricht 1489 in seiner Saganer Chronik davon, daß diese *»ars utilissima ... in Maguntina civitate circa anum incarnacionis dominice 1440 ... inventa est«*. (nach A. Swierk: *Ein frühes, wenig bekanntes Zeugnis über die Erfindung des Buchdrucks*, in: Gutenberg-Jahrbuch 1971: 36-42, hier 38) 1440 nennen auch Hartmann Schedel (*Liber chronicorum*, Nürnberg 1493) und die *Kölner Chronik* von 1499. Für Straßburg als Geburtsort dieser Kunst plädiert allerdings keine dieser Quellen. Immer wird Mainz genannt – wenngleich andererseits manchmal auf Straßburg als Herkunftsort von Gutenberg hingewiesen wird! 1558 behauptet dann erst Theodor Bibliander, daß *›Gott in* **Straßburg** *durch Johannes Gutenberg Druckerwerkstatt eröffnen ließ, damit darin fort und fort die Waffen himmlischer Weisheit zur Niederkämpfung der ungeheueren Zurüstungen des zweiten Babel geschmiedet würden‹*. (Nachweis bei Hans Widmann: *Divino quodam numine. Der Buchdruck als Gottesgeschenk*. In: Helmut Feld und Josef Nolte [Hg.]: Wort Gottes in der Zeit [Festschrift Karl Hermann Schelkle zum 65. Geburtstag], Düsseldorf 1973: 257-273, hier 264/65.)

2 Johann Schöffer erwähnt in seiner – hier aus dem Lateinischen übersetzten – Schlußschrift Gutenberg überhaupt nicht mehr und nennt ausschließlich Fust und seinen Vater als Erfinder der Druckkunst. Dies ist selbstverständlich eine dynastisch motivierte Lüge.

3 Auch in diesem Punkt ist Gutenberg seinen Weggefährten weit voraus – welche persönlichen Kränkungen durch seine neuen Konkurrenten Fust/Schöffer seine Entscheidung auch immer befördert haben mögen. So sehr, wie Kapr (1987: 230) m. E. mit Recht betont, daß der *»Drucker des Catholicons noch fest eingebunden ist in die Gemeinschaft der Kirche und der Gläubigen«* und diesem *»die Erfindung ein göttliches Geschenk ist, das er dankend empfängt«*, so wenig fehlte ihm dennoch das Gespür für die ökonomische und medienpolitische Entwicklungsrichtung. Unbestreitbar ist auch, daß *»die Drucker im Humbrechtshof stolz auf ihre persönliche Leistung verweisen, auch im Sinne einer kommerziellen Werbung«*. (Ebd.) Daraus freilich abzuleiten, daß sich ihr Denken im Gegensatz zu jenem von Gutenberg *»von den Vorstellungen der mittelalterlichen Werthierarchie befreit hat«*, scheint mir unangemessen. Wenigstens wird diese Deutung den Ambivalenzen in der Persönlichkeit Gutenbergs nur unzureichend gerecht. In vielem stehen Fust/Schöffer der mittelalterlichen zünftischen Form des Wirtschaftens und der auf Familien, Zünften und Ständen bornierten Politik näher als Gutenberg, der beispielsweise Vertrags- über Familienpolitik (vgl. die Verheiratung von Fusts Tochter mit Schöffer und

seine zusätzliche Adoption durch Fust!) und die Produktion für den Markt (schon seit den Heilsspiegelgeschäften) über die von Schöffer bevorzugte Auftragsproduktion stellte, und der sich schon bei der Veröffentlichung der *›Sibyllenweissagung‹* und dann eben auch im *Catholicon* als verantwortlicher Teil einer die Stadt weit hinter sich lassenden großen deutschen sozialen Gemeinschaft zeigte. Schließlich hatte auch Schöffer am ›gotischsten‹ Druckwerk der frühen Neuzeit, dem *Mainzer Psalter* von 1457, mehr Anteil als Gutenberg. Andererseits bleibt natürlich merkwürdig, daß Gutenbergs Name in keinem seiner Werke auftaucht. Offenbar vertrugen sich in jener Zeit gläubige Demut und aufgeklärtes Wirtschaften ebenso miteinander wie der Stolz auf persönlichen Erfolg und dynastisches und zünftisches Denken andererseits.

4 Solange der *›Gesamtkatalog der Wiegendrucke‹* nicht abgeschlossen ist, kann man hinsichtlich der Frühdrucker und ihrer Werke auf F. Geldner: *Die deutschen Inkunabeldrucker*, Band I, Stuttgart 1968 und M. Bingham Stillwell: *The Beginning of the World of Books 1450 to 1470*. New York 1972 zurückgreifen. Die in der Tabelle 24b hinter den Werken aufgeführten und in Klammern gesetzten Ziffern beziehen sich auf die Numerierung bei Bingham Stillwell. Nicht berücksichtigt sind einige Fragmente (12, 17) sowie die Werke des noch immer umstrittenen Mainzer Druckers Johann Neumeister (57, 59) und der *›Almanach für Wien‹* (36). Außerdem sind nicht alle Varianten der Bullen und Ablaßbriefe aufgeführt. Bei mehreren Ausgaben eines Werkes erfolgt der Eintrag unter dem Datum der Erstausgabe, selbst wenn die Texte der Nachfolgedrucke erheblich verändert wurden. In Zweifelsfällen habe ich mich bei der Datierung und Zuordnung an Kapr 1987 gehalten. Bei ihm werden die Texte der Druckereien im Gutenberg- und im Humbrechtshof ausführlich besprochen und zum größten Teil auch mit einem Faksimile mindestens einer Seite der Texte vorgestellt. Sowohl Hirsch: *Printing, Selling, Reading* (Wiesbaden 1974, hier insbesondere 13ff.) als auch Geldner: *Inkunabelkunde* (Wiesbaden 1978: 198-234) versuchen in ihren Arbeiten die ›Themenauswahl‹ der Frühdrucker zu beschreiben und sozial- bzw. geistesgeschichtlich zu interpretieren.

5 Später erscheinen bei Gutenberg noch 26-, 28- und 30zeilige Donatausgaben. 24 verschiedene Auflagen sind bislang bekanntgeworden. Kapr nimmt an, daß *»im Laufe der Jahre 4800 bis 9600 Donate die Werkstatt Gutenbergs verlassen«* haben. (1987: 149) Der Gesamtkatalog verzeichnet mehr als 350 Ausgaben der *›ars minor‹* im 15. Jahrhundert; eine Gesamtzahl von 100000 gedruckten Exemplaren ist also für diese Zeit nicht unwahrscheinlich. Unberücksichtigt bleiben dabei noch die xylographischen Donate.

6 Severin Corsten: *Universität und Buchdruck in Köln*, in: L. Hellinga und H. Härtel (Hg.): Buch und Text im 15. Jh. (Wolfenbütteler Abhandlungen zur Renaissance-Forschung, Bd. 2) Hamburg 1981: 189-202, hier 197.

7 Teil 3, Frage 42; zit. nach der Übersetzung bei M. McLuhan: *Die Gutenberg Galaxis*, Düsseldorf/Wien 1968: 138. McLuhan schildert dort ausführlich die zeitgenössische Diskussion über das Verhältnis von Rede und Schrift bzw. von ›Grammatik‹ und ›Rhetorik‹ in der Lehre.

8 Frühe deutschsprachige Schulbücher sind zusammengestellt von Heinrich Fechner: *ABC-Bücher des 15., 16. und 17. Jh.*, Berlin 1906 und Johannes Mül-

ler: *Quellenschriften und Geschichte des deutschsprachlichen Unterrichts bis zur Mitte des 16. Jh.*, Gotha 1882, neu herausgegeben von M. Rössing-Hager, Darmstadt 1969.

9 Zur weiteren Entwicklung der Lehrbücher vgl. L. F. Goebelbecker: *Entwicklungsgeschichte des ersten Leseunterrichts von 1477 bis 1932 – in quellenmäßiger Darstellung und theoretischer Beleuchtung*, Kempten/Leipzig 1933 sowie Ferdinand Bünger: *Entwicklungsgeschichte des Volksschullesebuchs*, Leipzig 1898 (Neudruck Glashütte 1972).

10 Reinhold Vormbaum: *Die evangelischen Schulordnungen des 16. bis 18. Jh.*, 3 Bände Gütersloh 1860-1864 sowie A. Israel und J. Müller (Hg.): *Vor- und frühreformatorische Schulordnungen und Schulverträge in deutscher und niederländischer Sprache*, II. Abteilung: Schulordnungen aus dem Jahre 1505 bis 1523 nebst Nachträgen vom Jahr 1319 an, Zschopau 1886; neu herausgegeben vom Zentralantiquariat der DDR, Leipzig 1973.

11 Man kann die organisationsentwickelnde Funktion des Buchdrucks auch am Beispiel weltlicher Verwaltungen zeigen. Hier setzt die Entwicklung geringfügig später ein.

12 W. L. French, C. H. Bell: *Organisationsentwicklung – sozialwissenschaftliche Strategien zur Organisationsveränderung.* Bern/Stuttgart 1982.

13 In der Nationalökonomie hat man solchen Beziehungen früh Aufmerksamkeit geschenkt, wie nicht zuletzt die Grundkategorien ›Produktivkräfte‹ und ›Produktionsverhältnisse‹ in dem Werk von K. Marx ausweisen. Merkwürdigerweise verringert sich die Sensibilität für diese Zusammenhänge, wenn es nicht mehr um die Produktion und Distribution von materiellen Gütern, sondern um jene von ›Informationen‹ geht.

14 Vgl. Geldner 1978 op. cit.: 35.

15 Francois Ritter: *Histoire de l'Imprimerie Alsacienne au XVe et XVIe Siècle.* Straßburg–Paris 1955: 41. Ebenso arbeitete Johann Schott im Karthäuser-Kloster in Freiburg, um die Enzyklopädie *(Margarita Philosophica)* des Karthäuser-Priors Georg Reisch zu drucken. *Ebenda* 173. Vgl. auch Usher Chrisman 1982: Lay Culture, *Learned Culture, Books and Social Change in Strasbourg*, 1480-1599, New Haven 1982, Bd. I: 83 mit Hinweisen auf die Beziehung der Straßburger Drucker zu den kirchlichen Institutionen: J. Prüss beispielsweise und J. Grüninger besaßen das Druckmonopol für die Breviere von 14 Diözesen.

16 Zitiert nach: *Deutsche Buchdrucker des 15. Jh.*, hg. von Carl Wehmer, Wiesbaden 1971.

17 Kapr 1987 op. cit.: 194.

18 A. a. O. Ferdinand Geldner: *Die ersten typographischen Drucke* (in: Widmann [Hg.]: Der gegenwärtige Stand der Gutenberg-Forschung, Stuttgart 1972: 148-184) kommt bei seinen Berechnungen allerdings zu anderen Ergebnissen: *»Bei 10000 Ablaßformularen hätte der Drucker des 31-zeiligen Ablaßbriefes ... nach unserer Rechnung etwa 200 Gulden erhalten, also eine Summe, die schon einigen Ärger verursachen konnte, wenn sie nach der Auffassung des einen Partners in die falsche Tasche floß.«* Ebd. 184.

19 Kapr nimmt an, daß *»der Druck der Ablaßbriefe den eigentlichen Anlaß für den Streit zwischen Gutenberg und Fust bildete«.* (a.a.O.: 193) Gutenberg könnte danach einen Teil dieses Auftrags auf eigene Rechnung im Gutenberghof

durchgeführt haben. Vgl. zu dieser Annahme auch Geldner 1972 op. cit., Anm. 16.

20 Vgl. die Faksimiles bei Kapr a. a. O. 254/55.

21 Hirsch (1974 op. cit.: 122/23) hat sich bei seinem Nachweis von 237 Auflagen auf die Angaben im GW und im Verzeichnis der Einblattdrucke gestützt.

22 Karl Schottenloher: *Flugblatt und Zeitung – ein Wegweiser durch das gedruckte Tagesschrifttum.* Bd. 1: Von den Anfängen bis zum Jahr 1848 (neu hrsg., eingeleitet und ergänzt von J. Binkowski) München 1985: 32 (zuerst Berlin 1922).

23 Eine solche Ablaßbroschüre ist abgedruckt bei Oskar Schade (Hg.): *Geistliche Gedichte des 14. und 15. Jahrhunderts vom Niederrhein.* Amsterdam 1968: 363-393 (zuerst: Hannover 1854).

24 Natürlich hat es auch schon im skriptographischen Medium Agitation pro und kontra den Ablaßhandel gegeben; kritisch äußert sich bspw. auch der Verfasser der *Reformatio Sigismundi*, auf den im Abschn. 3.2 noch eingegangen wird. Vgl. hier z. B. die Handschrift N nach H. Koller (Hg.): *Reformation Kaiser Sigmunds.* Stuttgart 1964: 62.

25 *De concordantia catholica*, in: Nicolai de Cusa, Opera Omnia XIV, hg. von Gerhard Kallen, Band I-IV, Hamburg 1963-1968.

26 ›*Gab es eine Beziehung zwischen Johannes Gutenberg und Nikolaus von Kues?*‹ in: Gutenberg-Jahrbuch 1972: 32 ff. sowie Ders. 1987 op. cit.: 57 ff.

27 Zitiert aus der Vorrede von G. Andreae für die Hieronymus-Ausgabe von 1470, vgl. Anm. 135 auf S. 723.

28 Ist es nur ein Zufall, daß das Konzept der ›Concord(ant)ia‹ eine zentrale Bedeutung in dem – schon mehrfach erwähnten – Kolophon des *Catholicons* von 1460 einnimmt? Gerühmt wird hier – sicherlich von Gutenberg – die ›wunderbare Einheitlichkeit/Harmonie‹, die durch die gekonnte Verwendung der neuen Setzkunst dem Text gegeben wird. Inhalt und Form machen dieses Buch zu einem Beitrag zur ›*Concordantia Catholica*‹.

29 Geldner 1978 op. cit.: 209. Im einzelnen: Hanns Bohatta: *Liturgische Bibliographie des 15. Jh. mit Ausnahme der Missale und Livre D'heures.* Wien 1911 (Nachdruck Hildesheim 1960).

30 Daß die Pfarrer zu solchen Vereinheitlichungen mit Hilfe gedruckter Bücher angehalten werden sollten, ist für die spätere Zeit gut belegt. Angeregt durch die Beobachtung, »*das an vil orten in unsern fürstenthumben obern und nidern Bairn etc. und sunderlich auf dem land das wort gots und hailig evangelium unsern underthanen auf der cantzl bey den pfarrkirchen* **ungleich**, *irrig und dartzu gantz unverständig fürgetragen und gepredigt*« wird, beauftragten die bayerischen Herzöge 1530 einen ›gelerten‹ Theologen, ein Predigtbuch zu erstellen »*und volgend in offen druckh*« zu bringen – alles in der Absicht, »*das wir in yetliche pfarrn derselben abdruckh ainen legen wöllen*«. In einer förmlichen Verordnung wird ein Münchener Beamter angewiesen, mit den ›*predigbüchern*‹ in Ober- und Niederbayern ›*von ainer pfarrn zu der andern*‹ zu gehen, auch die Klöster nicht auszulassen, und überall ein Exemplar abzugeben. Die 1½ Rheinischen Gulden, die das Buch kostete, sollten die ›*kirchherrn*‹ aus eigener Tasche bezahlen. »*Wo aber der kirchherr so arm, das er solch gelt diser zeit zu geben gar nit vermöchte, solle ime das von der kirchen ain zeit lang gelihen*« werden. (zit. n.

Karl Ludwig Ay (Hg.): *Dokumente zur Geschichte von Staat und Gesellschaft in Bayern* – Altbayern von 1180 – 1550, Bd. I, 2, München 1977: 284) Drei Jahre später beschweren sich die Bischöfe von Freising, Regensburg und Passau bei ihren Landesherren wegen dieses Eingriffs in ihren Amtsbereich. Ohne ›*vorwissen der ordinarien*‹ hätte man »*dieselben puecher in allen dechanteyen und bei allen pfarren gekaufft*«. (Ay, op. cit. 285) Offenbar hatte man das Vorhaben der Herzöge in die Tat umgesetzt.

31 Der Einblattdruck des Gebetes aus der Gutenberg-Druckerei, nach dem Incipit in der Fachliteratur ›*Respice*‹ genannt, ist bei Kapr (1987 op.cit. 216) abgebildet. Die Benutzerspuren an diesem Unicum lassen darauf schließen, daß das Blatt tatsächlich einmal angeheftet war. Nikolaus von Kues hatte angeregt, den Text der wichtigsten Gebete in den Kirchen auszuhängen, damit sich die Gläubigen den Wortlaut besser einprägen könnten.

32 Kapr 1987 op.cit.: 206.

33 Zum Problem der Kanonbildung und dem Umgang mit ›Apokryphen‹ vgl. Maurice E. Schild: *Abendländische Bibelvorreden bis zur Lutherbibel*, Gütersloh 1970 (Quellen und Forschungen zur Reformationsgeschichte Band 39), hier insbesondere 120ff. Allgemein: W. Kurrelmeyer: *Die erste deutsche Bibel I-X*, Stuttgart 1904-15 (Bibliothek des litterarischen Vereins in Stuttgart 234, 238, 243, 246, 249, 251, 254, 258, 259 u. 266); J. Klapper: *Im Kampf um die deutsche Bibel – Zwei Traktate des 14. Jh.*, Breslau 1922; H. Rost: *Die Bibel im Mittelalter*, Augsburg 1939; W. Walther: *Die deutsche Bibelübersetzung des Mittelalters*, Braunschweig 1889 sowie – für die frühe Neuzeit – Hans Volz: *Bibel und Bibeldruck in Deutschland im 15. und 16. Jh.*, Mainz 1960 (Kleiner Druck der Gutenberg-Gesellschaft).

34 Vgl. zu den Zugangsbeschränkungen vor allem Klaus Schreiner: *Bücher, Bibliotheken und ›gemeiner Nutzen‹ im Spätmittelalter und in der frühen Neuzeit. Geistes- und sozialgeschichtliche Beiträge zur Frage nach der ›utilitas librorum‹* in: Bibliothek und Wissenschaft 9, 1975: 216ff. In den Klöstern wurde der Zugang wohl in den meisten Orden durch den Prior geregelt. Aber selbst in den ›städtischen Ratsbibliotheken‹ des Spätmittelalters hatten nur die ›gebildeten und gelehrten Schichten‹ Zugang, d.h. »*die für das ›Bonum commune‹ tätigen weltlichen und kirchlichen Amtsträger, nicht die Privatleute (privati) ohne Amtsvollmacht. Desgleichen war auch die Öffentlichkeit der damaligen Universitätsbibliotheken ausschließlich auf den Kreis der Universitätslehrer begrenzt.*« Ebd. 243.

35 Spätestens von diesem Zeitpunkt an unterscheidet sich der Einsatz der Drucktechnik in Europa von jenem in Südostasien gewaltig. Das Motiv, Informationsstrukturen in der ›kirchlichen‹ Organisation zu straffen, hat auch im asiatischen Raum die Einführung des Drucks stimuliert. Fundamentale religiöse Texte sollten in einheitlicher Form in den Außenstellen des weitverzweigten chinesischen Reiches vorliegen und synthetisierende Kraft entfalten. Einen Versuch, den Einsatz der Technik über die Sphäre dieser Form von Bürokommunikation hinaus in Richtung auf ›home computer‹ auszuweiten, scheint es nicht gegeben zu haben. Ansätze hierzu finden sich bestenfalls unter den Kaisern Taejong und Sejong in Südkorea – aber auch erst in der ersten Hälfte des 15. Jahrhunderts. Vgl. Pow-Key-Sohn: *Early Corean Typography*. Seoul 1971.

36 Die Voraussetzungen für Luthers Unternehmen waren in Deutschland entschieden günstiger als in anderen europäischen Ländern: Zwar wurden in Italien noch 11 Bibeln in der ›Volgare‹ im 15. Jahrhundert gedruckt, in Frankreich aber nur eine – noch dazu unvollständige –, in der Tschechoslowakei ebenfalls nur eine und die in Spanien gedruckte katalanische Ausgabe wurde von der Inquisition sofort unterdrückt. (Geldner 1978 op. cit.: 203) Dem stehen bis 1520 156 sichere lateinische Ausgaben von Vollbibeln gegenüber. (F. Falk: *Die Bibel am Ausgang des Mittelalters*, Köln 1905, hier S. 24ff.)

37 Schild 1970 op. cit.: 133

38 Zit. nach Klaus Schreiner: *Volkssprache als Element gesellschaftlicher Integration und Ursache sozialer Konflikte – Formen und Funktionen volkssprachlicher Wissensverbreitung um 1500.* In: Ferdinand Seibt, Winfried Eberhardt (Hg.) Europa 1500 – Integrationsprozesse im Widerstreit. Stuttgart 1986: 468-495, hier 479. Die Diskussion referiert Schreiner in der Anm. 45.

39 Nachweis bei Schreiner 1986 op. cit.: 480, Anm. 45.

40 Paul Pietsch: *Ewangely und Epistel teutsch.* Göttingen 1927 sowie Franz Falk: *Die Druckkunst im Dienste der Kirche, zunächst in Deutschland bis zum Jahre 1520.* Köln 1879: 1-107 (2. Vereinsschrift der Görres-Gesellschaft).

41 U. Williams/W. Williams-Krapp (Hg.): *Die ›Elsässische Legenda aurea‹*, Bd. 1: Das Normalkorpus, Tübingen 1980, hier XIII. Vgl. auch K. Kunze: *Überlieferung und Bestand der elsässischen Legenda aurea.* In: Zeitschrift für deutsches Altertum 99, 1970: 265-309.

42 Vgl. die bibliographischen ›Beilagen‹ bei Falk 1879 op. cit.: 80ff.

43 Miriam Usher Chrisman (1982, Band I, op. cit.: 81ff.), die ihre Untersuchungen über die Auswirkungen des Buchdrucks in Straßburg freilich erst 1480 beginnt, hat ermittelt, daß 35% der Produktion im Zeitraum zwischen 1480 und 1520 *›catholic publication‹* ausmachten. Trotzdem behauptet sie, daß die römische Kirche im Gegensatz zur späteren protestantischen Bewegung keinen ›bewußten‹ Gebrauch von der neuen Technik gemacht habe, um die Geistlichen zu erziehen und die Laien zum Glauben hinzuführen: *»It was this element that would make a marked difference between Catholic publication and the Protestant publication to come.«*
Franz Falk mochte schon vor über hundert Jahren ähnlichen *›Auslassungen‹* über das Verhältnis der römischen Kirchen zur Druckkunst keiner *›directen Abfertigung‹* für *›würdig‹* halten, so zahlreich sind die von ihm aufgelisteten Belege für das Interesse der (katholischen) Geistlichkeit an der neuen Technologie im 15. und zu Beginn des 16. Jh. (*Die Druckkunst im Dienste der Kirche, zunächst in Deutschland, bis zum Jahre 1520.* Köln 1879, hier 4 [= 3. Vereinsschrift der Görres-Gesellschaft]).

44 Chrisman 1982, Bd. 1, op. cit.: 81 (Übersetzung von mir, M. G.)

45 Kapr 1987 op. cit.: 210/211, dort (: 209) auch ein Faksimile der ersten Seite des Kalenders. Kommentare und Literaturhinweise zum *›Türkenkalender‹* auch bei Ruppel 1967 op. cit.: 123-126 und F. Geldner: *Die ersten typographischen Drucke*, in: Widmann (Hg.): Gutenberg-Jahrbuch 1972, Mainz, hier 161ff.

46 Diese Ambiguitäten des Textes mögen auch erklären, warum der *›Türkenkalender‹* von der Sekundärliteratur so schwer – und dann in die verschie-

densten Gattungen – eingeordnet wird. Auf die ›normalen‹ gedruckten Kalender wird im Abschnitt 3.3 eingegangen.

47 Ähnlich auch die Überschrift der deutschen Ausgabe der ›*Türkenbulle*‹ von 1463, die Pius II. erließ: »*Dis ist die Bul zu dutsch, die vnser heilgster vatter, der babst Pius herusz getan hait widder die snoden vngleubigen turcken*«, Mainz (P. Schöffer).

48 Sweynheim und Pannertz wurden vor allem von Johannes Andreae, Bischof von Aleria und Sekretär an der Vatikanischen Bibliothek, unterstützt. Dieser korrigierte verschiedenen Werke der Frühdrucker und machte Papst Sixtus IV. auf sie aufmerksam, als sie in Geldschwierigkeiten geraten waren. (Vgl. seine Epistel in Bd. 5 der Kommentare des Nicolaus de Lyra zur Bibel.) Ulrich Han war von dem Kardinal Turrecremata 1466 von Wien nach Rom gerufen worden. Er stellte schon ein Jahr später die ›*Meditationes*‹ seines Förderers im Druck fertig. Als er später *»das römische Meßbuch zum Gebrauche der h. Mutter, der römischen Kirche, 1475 druckte, dienten die Brüder des Klosters Ara Coeli als Correctoren«. »Überhaupt zeigte das Cardinalscolleg jener Tage der in Rom mit Pannertz, Swynheim und Hahn einziehenden Kunst das freundlichste Entgegenkommen ... ›Niemanden aus dem h. Collegium der Cardinäle haben wir bis jetzt angetroffen, der unseren Bestrebungen kein Wohlwollen und keine Gunst entgegengebracht hätte ...‹«*, schreibt etwa der schon erwähnte J. Andreae. (Franz Falk: *Die Druckkunst im Dienste der Kirche, zunächst in Deutschland, bis zum Jahre 1520.* op. cit., S. 18 und S. 20)

49 Kapr 1987 op. cit.: 212/13. Man könnte allerdings einwenden, daß 1455 schon eine möglicherweise zehnjährige Praxis mit politischer Presse vorlag – Türkenkalender und -bulle also nicht die ersten politischen Bekanntmachungen sind. Diese Argumentation kann sich auf die Existenz des sogenannten *Fragments vom Weltgericht* stützen. Ich komme darauf später zurück.

50 Die einzelnen Phasen des Streits werden bei Kapr a. a. O. 233ff., hier 240 ausführlich geschildert. Vgl. a. Johannes Schwitalla: *Deutsche Flugschriften 1460-1525, Textsortengeschichtliche Studien*, Tübingen 1983, hier insbes. Kap. 7

51 Vgl. Kapr 1987 op. cit.: 245. Über die Verbreitung dieser Flugblätter schreibt der Anonymus der kurz nach den Ereignissen abgefaßten sogenannten ›*Mainzer Chronik*‹: »*Es liess auch Dietrich von Isenburg ein offen brieff abgehen, darin er sich seiner Absezung halber als vnrechtmessig verthedigt, undt wurden viel Exemplar getruckt von dem ersten Buchtrucker zu Meincz, Johann Gutenbergk, undt hie undt wider in Stetten angeschlagen.*« Zitiert nach A. Ruppel: J. Gutenberg, sein Leben und Werk, Berlin 1937: 191.

52 Ruppel a. a. O.: 116ff.

53 Kapr 1987 op. cit.: 89ff., s. a. die Anm. 1 auf S. 737.

54 Da es für eine solche Unzufriedenheit mit dem eigenen Schicksal bis in die allerjüngste Vergangenheit hinein genügend Anlässe gab, ist der Mythos auch nicht mit dem Mittelalter gestorben. Die Kyffhäuserfeiern erinnerten noch – oder gerade wieder – in der Weimarer Republik an den schlafenden Kaiser Rothbart. Ihr letzter Reichskanzler war auch der letzte Herrscher, der sich als Erfüller der *Vorsehung*, der Weissagung der Sibyllen, darzustellen vermochte.

55 Zu den römischen sibyllinischen Weissagungen von der Wiederkehr des

goldenen Zeitalters vgl. Ernst Sackur (Hg.): *Sibyllinische Texte und Forschungen*, Halle 1898.

56 Zitiert nach F.J. Mones (*Schauspiele des Mittelalters*, Band 1, Karlsruhe 1846 [Neudruck Aalen 1970]: 305ff.) Abschrift aus der Konstanzer Stadtchronik (74r). Ähnliche ›*Sibyllenweissagungen*‹ finden sich im Spätmittelalter auch beim ›*Regenbogen*‹ (13) und bei einem Anonymus ›*Sibilla hat gesprochen*‹. Vgl. Friedrich Heinrich von der Hagen: *Minnesinger*, 3. Teil, 1. Band, Leipzig 1838 (Neudruck Aalen 1963): 349 bzw. – unter ›*Marner*‹ –: 468. Weitere ähnliche Quellen bei Ulrich Müller (Hg.), *Politische Lyrik des deutschen Mittelalters*, Band 1, Göppingen 1972. Ein kurzer und gründlicher Überblick über die kultur- und literaturwissenschaftliche Forschung zu dieser Weissagung findet sich bei U. Müller: *Untersuchungen zur politischen Lyrik des deutschen Mittelalters*, Göppingen 1974 (Göppinger Arbeiten zur Germanistik 55/56): 495-501; eine Einordnung aus der Sicht des Historikers mit vielen weiterführenden Literaturhinweisen bei T. Struve: *Utopie und gesellschaftliche Wirklichkeit. Zur Bedeutung des Friedenskaisers im späten Mittelalter*. In: Historische Zeitschrift 225, 1977: 65-95, hier vor allem 66ff. Typographische und buchgeschichtliche Anmerkungen zu dem Druckfragment aus der Gutenberg-Presse finden sich bei Ruppel 1967 op.cit.: 119ff. sowie F. Geldner 1972 op. cit.

57 Zitiert nach der Ausgabe von Oskar Schade: *Geistliche Gedichte des 14. und 15. Jh. vom Niederrhein*. Hannover 1854: 296-332, hier 314/15.

58 Cod. Pal. Germ. 389, V 11757-11830. Thomasin könnte den Staufer Friedrich II. im Auge gehabt haben.

59 Kapr 1987 op.cit.: 94/95. Vielleicht sollte man die Friedrichs-Legende nicht zu sehr mit konkreten Namen und Personen verbinden. »*Friederich / das ist / nach Aventinis Meynung / des Reichs Fried / oder der gerne Fride macht; ...*« bemerkt Gottfried Wegener in seiner Neuausgabe von Luthers Namen-Büchlein (Leipzig 1674: 150), welches zuerst anonym Wittenberg 1537 erschien. Schon bei Luther war der Name zu einer Bezeichnung für die Legende geworden: »*Friderich / zu Latein Pacificus, hebreisch Salomo, griechisch Irenaeus ... ist also Rick oder Rich / soviel als Reich: und Friderick oder Friderich / Fridenreich. Also sagt man / Fischrich / Kornrich / Geldrich.*« (Ebenda: 8) Wer sich also als Friedensbringer profilierte, dem stand der Ehrentitel ›Friedrich‹ zu, ganz gleich, wie er sonst auch geheißen haben mag. Für Träger dieses Namens bedeutete dies andererseits eine Verpflichtung, an die man durch die Anspielung auf die Friedrichslegende erinnern konnte.

60 Vgl. die ›*Handakten des Konzilspräsidenten Ceasarini*‹ (hg. von H. Dannenbauer), in: Concilium Basilense. Studien und Quellen zur Geschichte des Konzils von Basel. Herausgegeben mit Unterstützung der historischen und antiquarischen Gesellschaft von Basel, Band VIII, Basel 1963: 109-130.

61 Die umfangreiche Literatur zur Reformschrift ist zusammengestellt bei: Lothar Graf zu Dohna: *Reformatio Sigismundi. Beiträge zum Verständnis einer Reformschrift des 15. Jh.* (Veröffentlichungen des Max-Planck-Instituts für Geschichte IV), Göttingen 1960, hier insbes. 203ff. Einschlägig in diesem Zusammenhang vor allem Heinrich Koller: *Die Reformen im Reich und ihre Bedeutung für die Erfindung des Buchdrucks*, in: Gutenberg-Jahrbuch 1984: 117-119 sowie Hartmut Boockmann: *Zu den Wirkungen der ›Reform Kaiser Sieg-*

munds‹, in: Bernd Moeller, Hans Patze, Karl Stackmann (Hg.): Studien zum städtischen Bildungswesen des späten Mittelalters und der frühen Neuzeit, Göttingen 1983 (Abhandlungen der Akademie der Wissenschaften in Göttingen, Phil. hist. Klasse III, Heft 137): 112-135.

62 H. Koller (Hg.): *Reformation Kaiser Siegmunds* (= Monumenta Germ. hist., Staatsschriften, Band VI), Stuttgart 1964: 330. Die neuen bekannten Druckausgaben sind bei Koller (: 39-44) aufgelistet. Es sollte im übrigen nicht verwundern, wenn von diesem Text noch frühere Druckfassungen gefunden werden.

63 Zitiert nach der Edition der Handschrift N, Landesbibliothek Weimar, Ms. fol. 73, 15. Jh., bei Koller op. cit. 1964: 78.

64 Koller op. cit. 1964: 118.

65 Bei Koller op. cit. 1964: 50ff.

66 *»Die Behauptung, die RS* (Reformation Sigmunds) *stelle eine Übersetzung dar, ist nicht richtig;«* Koller a. a. O.: 88, Anm. 1.

67 Eine ähnliche Legitimation findet sich in der Vorrede des Schwabenspiegels, vgl. Koller a. a. O.: 50.

68 Belege bei Friedrich Graefe: *Die Publizistik in der letzten Epoche Kaiser Friedrichs II. – Ein Beitrag zur Geschichte der Jahre 1239-1250*. Heidelberg 1909 (Heidelberger Abhandlungen zur mittleren und neueren Geschichte, Heft 24).

69 Koller op. cit. 1964: 324ff. Hier wagen sich die Schreiber der einzelnen Handschriften in ihren revolutionären Phantasien unterschiedlich weit vor. T. Struve versucht, die widersprüchlichen politischen Intentionen auf den folgenden Nenner zu bringen: *»Ging bisher das erwartete Strafgericht allein von dem verheißenen Friedensfürsten aus, so sollte nunmehr das Volk eine aktive Rolle hierbei spielen.«* (1977 op. cit.: 81)
Überhaupt ist es beliebt gewesen, an die Form bekannter Prophezeiungen anzuschließen und diese für die Propagierung eigener Reformvorstellungen mit neuen Inhalten zu füllen. Michael Beheim wagt sich etwa in der Verkleidung einer ›*Prophezeiung Hildegarts von Bingen*‹ um 1460 mit seiner politischen Utopie sehr weit vor. Von den zwei ›*perteien*‹ (sic!) spricht er, die sich gegenüberstehen, die weltlichen und die geistlichen. (Hans Gille, Ingeborg Spriewald [Hg.]: *Die Gedichte des Michel Beheim* [Deutsche Texte des Mittelalters, Band 60] Band 1, Berlin 1968: 379) Das Versagen und die Verkommenheit der Geistlichkeit werden unmißverständlich geschildert. Den *weltlichen*, alsbald als *laien* angesprochen, prophezeit das Lied (Osterweise Nr. 108), daß sie zum Herrschen erkoren sind. ›*Demutigt und genidert hie / von disen laien, uber die / wir herren sein gewesen*‹ – das ist das Los der Päpste, Kardinäle, Bischöfe und aller Geistlichen nach dieser Prophezeiung. (Ebenda 380/81)

70 So kommentiert denn auch Koller diese – und ähnliche Passagen in den anderen Handschriften – : *»Die Vorschrift, Beschlüsse und Statuten abzuschreiben und zu verbreiten, findet sich im 15. Jh. öfter;«* (1964 op. cit.: 78).

71 So heißt es in der Handschrift V (1520) – und ähnlich auch in der Handschrift P und N – : *»Item es sol auch ain jdlicher fürst oder herre, lanndt oder stat dise ordnung in ainem puch pehalten und schnellichlich lassen abschreiben umb das, das die gepresten verhüt mügen werden,«* (Koller 1964 op. cit.: 79).

72 Diese Spannung zwischen den Kräften, die in den neuen Kommunika-

tionsmedien liegen und dem mangelnden Wissen der Zeitgenossen über diese Kräfte, hat immer wieder zu unfruchtbaren Diskussionen zwischen Fachgelehrten geführt, wenn es um die Rekonstruktion von Intentionen historischer Individuen bzw. Schriften geht. So schreibt etwa Struve, die *Reformatio Sigismundi* unterscheide sich *›allein‹* dadurch *›von der nahezu unüberschaubaren Zahl mittelalterlicher Prophetien‹*, daß hier *»die mittelalterliche Endkaisererwartung mit dem aktiven Streben des gemeinen Mannes eine Verbindung einging«*. (op. cit. 1977: 94) Diese Sicht hat etwas für sich, wenn man sich die Reformatio als eine gedruckte Veröffentlichung vorstellt und die Potenzen, die der Buchdruck besitzt, und die wir heute bestens kennen, mit berücksichtigt. Tut man dies nicht, so kann man die Rede vom *›gemein man‹* in der Schrift leicht als einen belanglosen Schlenker abtun und sich an das halten, was zu Zeiten der skriptographischen Informationsverarbeitung Fakt war: als Handschrift, als *›avisament‹*, machte sie nur in bezug auf die Herrschaften Sinn. So gesehen gewinnen von Dohnas (1960 op. cit.) Interpretationen an Plausibilität. Vermutlich werden spätere Generationen bei der Einschätzung der Volkszählung 1987 ähnliche Probleme haben: Wenn sich in der Zukunft herausstellen sollte, daß ein Schutz personenbezogener Daten, die in den neuen elektronischen Medien gespeichert sind, nicht möglich und im Sinne dieser Technologie auch dysfunktional ist, wird der zukünftige Betrachter vor dem folgenden Problem stehen: Einerseits hat die neue Form der Zählung faktisch einer neuen Informationspolitik den Weg gebahnt, andererseits bestreiten eben dies die offiziellen Verlautbarungen der achtziger Jahre.

73 Hartmut Boockmann: *Zu den Wirkungen der ›Reform Kaiser Siegmunds‹* (in: Bernd Moeller, Hans Patze, Karl Stackmann [Hg.]: Studien zum städtischen Bildungswesen des späten Mittelalters und der frühen Neuzeit, Göttingen 1983 [Abhandlungen der Akademie der Wissenschaften, Göttingen 137]: 112-135) bemerkt: *»Die Wirkungen der Schrift können sich von den Absichten des Autors unterschieden haben, der Text kann gegen die Intentionen seines Verfassers gelesen, vorgelesen worden sein, und das ist sogar wahrscheinlich.«* (Ebenda: 113) Zu ergänzen ist, daß nicht nur die Intentionen des Verfassers, sondern auch die der Drucker ohne Einfluß auf die soziale ›Wirkung‹ geblieben sein können.

74 Vgl. die Auflistung der Druckausgaben bei Koller 1964 op. cit.: 39ff.; die Drucke Xa-XIIIb, hier XI (Goldast 1613) und XIIIb (Lünig 1720). Dort (Iff.) auch die Nachweise für die im folgenden aufgeführten Druckausgaben.

75 Er schreibt im Kolophon: *»Hie endet sich das buoch der reformacion. so der all durchleüchtigest fürst vnnd herr herr Sigmund römischer keyser in dem nechsten concili zu Costentz die christenlichen kirchen in bestetige ordnung zu bringen fürgenommen het.«* (Koller op. cit. 1964: 41) Ähnliche Einordnungen als Konzilsschrift – nicht von Basel, sondern von Konstanz! – auch in anderen Vorreden der frühen Drucke. Der Bemerkung Boockmanns, daß Zeissenmair die Reformatio *»zum ersten Mal allein gedruckt«* hat, sollte man nicht zuviel Gewicht beimessen. So üblich es in der Frühdruckzeit war, verschiedene Texte zusammenzufassen, so üblich war es auch, sie separat und ungebunden abzugeben. Von Bämler zumal ist gut bezeugt, daß er *›Moralia‹*, *›Sermon über die Ehe‹*,

›Spiegel der menschlichen Erkenntnis‹, die *›Historie von Griseldis‹*, *›Regimen Sanitatis‹* und schließlich die *›Zechen Gepot‹* samt Auslegung – also ganz verschiedene Sujets – in einem Band zusammenfaßte. Er hat sie aber auch einzeln abgegeben und so sind auch separat ›Lagen‹, z.B. des Regimens, in unseren Bibliotheken überliefert. Für die Sammelbände war es dann nur erforderlich, ein besonderes Register und/oder Vorwort zu drucken. (Vgl. speziell hierzu Barbara Weinmayer: *Studien zur Gebrauchssituation früher deutscher Druckprosa – literarische Öffentlichkeit in Vorreden zu Augsburger Frühdrucken.* München 1982: 36ff.) Gerade dieses Baukastenprinzip machte die ›Drucke‹ ja erschwinglich, eröffnete flexible ökonomische Kalkulationsmöglichkeiten.

76 Ausgabe VII, Einleitung des Druckes, bei Koller 1964 op.cit.: 43.

77 So bei Bämler (I), Schönsperger (III), Zeissenmair (IV), Anonymus (VII) und Anonymus (VIII). Die späten Drucke enthalten keine Holzschnitte. (Vgl. Koller 1964 op.cit.: 39ff.) Bämler streicht die Legitimation durch Wunderzeichen noch durch die Beigabe eines weiteren Holzschnitts mit Abbildung der Wunder des heiligen Gregorius heraus.

78 Der Übergang von der ›Mahnung‹ als der klassischen Form autorisierter Bekanntmachung (vgl. die Diskussion des Türkenkalenders auf S. 256f.) zur ›Meinung‹ zeigt sich im 15. Jahrhundert auch in einem schwankenden Wortgebrauch an. In der Handschrift V der ›Reformatio‹ heißt es bspw. *»Darümb sein wir die gemainen wol ermant, unser vernü*(n)*fft und unser verstantnüß zu güten wercken pringen, uns was die propheten gesprochen haben, das haben sie nit getan, dann der gaist gottes hat es geoffenbart, uns in der welt darnach zu richten und gottes* **manung** *zu volfüren.«* (Koller 1964 op.cit. 330) Die Handschriften E (St. Gallen, 1469), L (Salzburg, 15. Jahrhundert) und M (Innsbruck, vor 1470) ersetzen *›manung‹* durch ›**mainung**‹.

79 Zitiert nach der Abschrift bei Koller 1964 op.cit.: 42. Dort auch Hinweise auf die Literatur zur Autorenfrage.

80 Anderenfalls setzt man sich dem Verdacht aus, daß positivistische, d. h. der Spezifika des Sozialen nicht Rechnung tragende Vorstellungen die Feder führten, wenn man, wie etwa Utz Maas, schreibt: *»Eine bis heute nicht ausgeräumte romantisierend-naive Lesweise nimmt die literarischen Topoi der Flugschriften der Bauernkriegszeit wörtlich.«* (*Lesen – Schreiben – Schrift. Die Demotisierung eines professionellen Arkanums im Spätmittelalter und in der frühen Neuzeit.* In: LiLi Heft 59, 1985: 55-81, hier 71.) Mit den Schwierigkeiten, der natürlich ebenfalls legitimen Frage nach dem Verhältnis zwischen Anspruch und Wirklichkeit auf diesem Feld nachzugehen, hat sich Schreiner (1984 op.cit.: 350ff.) differenziert auseinandergesetzt.

81 Boockmann 1983 op.cit.: 133/34.

82 Die meisten dieser Zählergebnisse über Publikationen der frühen Neuzeit – wie etwa die, daß *»etwas über 7% der in Deutschland erschienenen Frühdrucke deutschsprachige Bücher sind«* (Boockmann 1983 op.cit.: 128) – sind freilich für den Leser, der die Maßstäbe der empirischen Sozialforschung nicht für völligen Humbug hält, wertlos. Zumindest bei der gegenwärtigen Datenlage kann man die Feststellung von Hans-Joachim Koppitz nur unterstützen: *»Die Anwendung statistischer Methoden und der Wahrscheinlichkeitsrechnung zur Berechnung der Buchproduktion zurückliegender Epochen ist nicht möglich«* – jeden-

falls nicht für die frühe Neuzeit. (*Fragen der Verbreitung von Handschriften und Frühdrucke*, in: L. Hellinga/H. Härtel [Hg.]: Buch und Text im 15. Jahrhundert. Wolfenbütteler Abhandlungen zur Renaissance-Forschung, Bd. 2, Hamburg, 1981: 179-188, hier 183.) Daß Boockmann bei dieser, für seine Argumentation ja nicht nebensächlichen Frage als Beleg eine Dissertation aus dem Jahre 1956 heranzieht, ist in Anbetracht seiner ansonsten vorbildlichen Recherchen zumindest irritierend.

83 Zur Orientierung über die theoretischen Hintergründe dieser Annahmen, über die ›Normen‹ und ihre Durchsetzung sei nur auf Niklas Luhmann: *Normen in soziologischer Perspektive* (in: Soziale Welt 1969, Heft 20: 28-48) sowie ders.: *Sinn als Grundbegriff der Soziologie* (in: Jürgen Habermas/N. Luhmann: Theorie der Gesellschaft oder Sozialtechnologie, Frankfurt 1975: 25-100) verwiesen.

84 Boockmann 1983 op. cit.: 135. Leider versäumt er, mitzuteilen, ob dieser Anschlag ein Produkt der Presse oder des Schreibens ist.

85 Dies begründet und belegt materialreich: Robert W. Scribner: *Flugblatt und Analphabetentum. Wie kam der gemeine Mann zu reformatorischen Ideen?* In: H.-J. Köhler (Hg.) Flugschriften als Massenmedium der Reformationszeit. Stuttgart 1981: 65-76. (Vgl. auch ders.: *For the Sake of the Simple Folk: Popular Propaganda for the German Reformation.* Cambridge 1981.) Vollauf unterstützen kann man auch seine Forderung nach einem mehrmedialen (Massen-) Kommunikationsmodell (1981 op. cit. 74f.). Hierzu mehr im Abschnitt 5.3 in diesem Buch.

86 Zitat aus Eberlin von Günzburg (Sämtliche Schriften, hrsg. von Ludwig Enders, Band I, Halle 1896: 108). Weitere Belege bei Monika Rössing-Hager: *Wie stark findet der nicht-lesekundige Rezipient Berücksichtigung in den Flugschriften* (in: H.-J. Köhler [Hg.] 1981 op. cit. 77-137) sowie Erich Kleinschmidt: *Stadt und Literatur in der Frühen Neuzeit* (Literatur und Leben. NF 22) Köln/Wien 1982: 93ff.

87 Damit soll nicht generell ausgeschlossen werden, daß für mehrere Informationstypen und -netze deutschsprachige Fassungen eher ein Hindernis gewesen sind. Ob dies auch für die Reformatio zutrifft, wie Boockmann (a.a.O. 133) annimmt, bezweifle ich.

88 *»Opinor equidem nunc demum vivere, immo et furere mundum.«* Aus: Johannes Kepler *›De stella nova‹*, Frankfurt/Prag 1606 (Gesammelte Werke Band I, München 1938, hier 332, 5), zitiert nach Friedrich Seck, *Kepleriana*, in: Gutenberg-Jahrbuch 1971: 235-241, hier 240/1.

89 Belege bei Harold Turner: *Religious Innovation in Africa*, Boston 1979, hier 284/5.

90 So behauptet beispielsweise der Gründer einer religiösen Gemeinschaft im Südosten Nigerias, *»that the spirit inspired him and that he passed on what he learnt to the assistant who wrote it down in a ›hydrographical‹ script which appeared to him in dreams and was recorded the following day. He further stated that there were at the time some hundreds of adherents and that, at the school, children were learning to write, read, and calculate in the script.«* (R. F. G. Adams: *A New African Language and Script*, in: Africa, Bd. 17, H. 1, London 1947: 24-34, hier 24) *»In conclusion it can«*, so resümiert der Autor, *»be definitely stated that this form of speech and writing must be recognized as a method of expression, invented by a few almost uneducated, ordinary*

country people, who honestly believed at the time that they were inspired by Gis(z)n, God, working through Seminant, His Interpreter, to do so, and who believed that when they were assembled in their church this Seminant was actively influencing each and every member of the congregation.« (: 34)

91 Auf diese Tatsache wies schon M. McLuhan (*Die magischen Kanäle*, Düsseldorf/Wien 1968: 190) hin: *»Margret Mead berichtet, daß es auf einer pazifischen Insel eine große Aufregung gab, als sie mehrere Exemplare desselben Buches dort hin brachte. Die Eingeborenen hatten schon vorher Bücher gesehen, aber nur in einem Exemplar, von dem sie annahmen, es sei einmalig. Ihre Verwunderung über die Identität mehrerer Bücher war eine natürliche Reaktion auf das, was schließlich am meisten die Magie und Macht des Buchdrucks und der Massenerzeugung ausmacht. Es liegt darin das Prinzip der Erweiterung durch Homogenisierung, das auch der Schlüssel zum Verständnis der Macht des Westens ist.«*

92 Auch für dieses Werk gibt es die verschiedensten Datierungsversuche. Vgl. z. B. Arthur Wyss: *Ein deutscher Cisianus für das Jahr 1444, gedruckt von Gutenberg*. Straßburg 1900. Weiterführende Literaturhinweise zu den Kalendern bei Geldner 1972 op.cit. sowie bei Elisabeth Geck: *Bibliographie der seit 1940 erschienenen Literatur zu Gutenbergs Leben und Werk.* In: H. Widmann (Hg.): Der gegenwärtige Stand der Gutenberg-Forschung, Stuttgart 1972: 273ff.

93 Kapr 1987 op.cit.: 217, vgl. auch Ruppel 1939 op.cit.: 125f. sowie Geldner 1972 op.cit.: 166/67.

94 Faksimile dieses ›Empfehlungsgedichts‹ in: Carl Wehmer (Hg.): *Deutsche Buchdrucker des 15. Jh.*, Wiesbaden 1971.

95 Zu Pfisters Arbeit vgl. F. Geldner: *Inkunabeldrucker*, Band I, Stuttgart 1968 sowie Gottfried Zedler: *Die Bamberger Pfister-Drucke.* Mainz 1911 (= Veröffentlichung der Gutenberg-Gesellschaft X und XI). Neuerdings wird das undatierte, nicht bebilderte einzige Exemplar des *›Ackermanns‹* (HAB 19.2 Eth. 2° (3)) nicht mehr, Gottfried Zedlers Expertise aus dem Jahre 1911 folgend, auf 1460, sondern eher auf den Zeitraum zwischen 1470 und 1475 datiert. Vgl. James C. Thomas: *Die Umdatierung eines Wolfenbütteler Frühdruckes des ›Ackermann aus Böhmen‹ aufgrund beta- und elektronenradiographischer Untersuchungen seiner Papierwasserzeichen.* In: Wolfenbütteler Notizen zur Buchgeschichte, 13, 1988: 106-111. Diese Neudatierung konnte von W. Röll noch nicht berücksichtigt werden. (Vgl. Abb. 31) Vermutlich erschien danach der *›Ackermann‹* zuerst in einer umfangreicheren, mit Holzschnitten versehenen Ausgabe um 1463. (Vgl. HAB 16.1 Eth. 2° (2)) Entsprechend sind auch die Angaben in der Abb. 24 b auf S. 214 zu verbessern.

96 So H. Steinhöwel in seiner Aesop-Ausgabe bei Zainer in Ulm 1477, Blatt 1 (Hain 3330).

97 Ders., ›*Von etlichen frowen ... Boccaccius*‹, Ulm (Zainer) 1473 (Hain 3333), Widmungsvorrede. Über die Gegner einer ergötzlichen Literatur für die ›müßige‹ Zeit, deren Argumente und die Wandlung des Begriffsfeldes ›Muße‹, ›Müßiggang‹, ›Müßigkeit‹ vgl. Erich Kleinschmidt 1982 op.cit.: 118ff. Er betont, daß der ›obrigkeitliche Kampf gegen die erzählerischen Texte in der Volkssprache das literarische Leben der frühen Neuzeit durchzieht. Die Anstöße dazu kommen aus einem religiös fundierten

Erziehungs- und Schutzauftrag, der auf die Bevormundung der Leser hinauslief.‹ (: 119) Aus informationstheoretischer Perspektive besteht die ›Gefährlichkeit‹ dieser Literatur darin, daß sie von vornherein für den privaten Bereich, und das bedeutet einen Bereich, der außerhalb der direkten Kontrolle der Kirche, der Ratsherren, Lehrer usw. liegt, entworfen ist. Die von Kleinschmidt aufgelisteten Gegenargumente sind sekundäre Legitimationen, die den Kampf gegen den schon eingetretenen Kontrollverlust begleiten.

98 Epist. ad Olympiod. Esparch. IV, 61, in: J.P. Migne (Hg.): *Patrologiae cursus completus* ... Series Graeca, Band 79, 577ff. Zitiert nach: Horst Bredekamp: *Kunst als Medium sozialer Konflikte. Bilderkämpfe von der Spätantike bis zur Hussitenrevolution.* Frankfurt 1975: 42/43. Bredekamp zeichnet ausführlich die Auseinandersetzung nach, die es innerhalb der Kirche bis in die Neuzeit hinein über die Verwendung von Bildern gab. Die mittelalterliche Kompromißformel: Bilder zur Belehrung der Laien ja, zur Anbetung nein, ließ im Einzelfall viele Interpretationen offen.
Bei dieser Einordnung der ikonischen Repräsentation in die Kunst der Unterhaltung und Belehrung der Ungelehrten (›idiotae‹) ist es kein Wunder, daß die Gelehrten des 15. und 16. Jahrhunderts zunächst nur ungern auf Bilder zurückgriffen, um ihren ernsten Werken eine ›anschaulichere‹ Form zu geben: *»Bezeichnenderweise hat Willibald Pirckheimer den Buchschmuck Johann Grüningers erregt abgelehnt, als ihn der Drucker in seiner Ptolemaeus-Ausgabe, die er für Koberger herstellte, verwenden wollte. Der litteratus und Humanist sah seinen Ruf als Gelehrter durch diese Kunst für ›Kinder und unverständige Leute‹ (illiterati also) gefährdet und berief sich dabei auf Dürers Meinung, daß man mit ihr in ›welschen Landen‹ nicht bestehen könne.«* Hans Lülfing: *Johannes Gutenberg und das Buchwesen des 14. und 15. Jahrhunderts*, München-Pullach, o. J. (zuerst Leipzig), S. 169, Anm. 97. Ich komme auf dieses Problem noch einmal zurück. (Vgl. u. S. 688ff.)

99 Epist. IX, 105, vgl. auch E. XIII, in: J. P. Migne (Hg.): *Patrologiae cursus completus* ... Series Latina, Band 77. Siehe auch Bredekamp 1975 op. cit.: 64/65.

100 Hans Rosenfeld: *Der mittelalterliche Bilderbogen.* In: Zeitschrift für deutsches Altertum 85, 1954: 66-75 sowie Ders.: *Die Rolle des Bilderbogens in der deutschen Volkskultur.* In: Bayerisches Jahrbuch für Volkskunde 1955: 79-85. Vgl. a. Lilli Fischel: *Bilderfolgen im frühen Buchdruck. Studien zur Inkunabel-Illustration in Ulm und Augsburg.* Konstanz 1963.

101 Vgl. K. Bihlmeyer (Hg.): *Seuses Deutsche Schriften.* Stuttgart 1907: 60ff. sowie Rosenfeld 1955 op. cit.: 84.

102 Vgl. Lülfing op. cit. o. J., 75.

103 So die Interpretation von H. Rosenfeld in: *Die Literatur des ausgehenden Mittelalters in soziologischer Sicht* (Wirkendes Wort, Sammelband 2, Düsseldorf 1963: 187-298, hier 289). Der Bilderbogen ist als Abbildung 43 in dem Bildteil von Rosenfeld 1955 op. cit. abgedruckt. Er merkt dort (: 81) an, daß die ›abgebildete Fassung der Zeit um 1500 angehört‹, *»aber sie gibt nur wenig abgewandelt das wieder, was schon zwei Jahrhunderte lang handschriftliche Bilderbogen weitertrugen«.*

104 Dieser anonyme Drucker, der vermutlich mit jenem des *›Wiener Almanachs‹* auf das Jahr 1462 identisch ist, wurde bei der Auflistung der frühesten Druckereien (Abb. 24a) und der Auflistung der frühesten Druckerzeugnisse (Abb. 24b) nicht berücksichtigt, weil über seine Person und Arbeit nur sehr wenig bekannt ist. Das erwähnte Büchlein wurde zuerst beschrieben von F. X. Stöger: *Zwei der ältesten deutschen Druckdenkmäler, beschrieben und in neuem Abdruck mitgeteilt.* München 1833. Blatt 13v und 14r sind abgebildet bei Karl Dax, Elisabeth Klemm (Hg.): *Thesaurus librorum – 425 Jahre Bayerische Staatsbibliothek* (Ausstellungskataloge der Bayerischen Staatsbibliothek, 28) Wiesbaden 1983: 214/215.

105 Pfisters Werk weist zahlreiche Parallelen mit den etwa zeitgleich entstandenen Blockbüchern auf. Unter diesen nehmen die *›Ars moriendi‹* gemeinsam mit der *›Biblia pauperum‹* einen großen Raum ein: *»Von der Biblia pauperum sind mindestens 10 Auflagen, von der ars moriendi 11, von der Apocalypse 6, von der ars memorandi mindestens 3 bekannt«*, schreibt Rudolf Hochegger *›Über die Entstehung und Bedeutung der Blockbücher‹* 1891 im ›Siebenten Beiheft zum Zentralblatt für Bibliothekswesen‹, Leipzig (: 180). Zu den xylographischen Drucken allgemein vgl. Fèbvre/Martin *L'apparition du livre.* Paris 1958: 53ff. Bibliographische Angaben bei Severin Corsten, Reimar Walter Fuchs (Hg.), *Der Buchdruck im 15. Jahrhundert*, Teil 1: Bibliographie, Stuttgart 1988.

106 Herbert Kraume: *Die Gerson-Übersetzungen Geilers von Kaysersberg. Studien zur deutschsprachigen Gerson-Rezeption.* München 1980: 102f.

107 Dieter Mertens: *Jakobus Carthusiensis: Untersuchungen zur Rezeption der Werke des Karthäusers J. von Paradies*, Göttingen 1976 (= Studien zur Germania sacra; 13), S. 58 mit Nachweisen und einem weiteren Beleg für das Anheften von Texten. Neuere Literatur bei Hans-Jürgen Rieckenberg: *Die Katechismus-Tafel des Nikolaus von Kues in der Lamberti-Kirche zu Hildesheim.* In: Deutsches Archiv 39, 1983: 555-581 und Hartmut Boockmann: *Über Schrifttafeln in spätmittelalterlichen deutschen Kirchen.* In: Deutsches Archiv 40, 1984, 210-221. Vgl. zum Problem der Tafeldrucke für den Plakatanschlag an ›öffentlichen Wänden‹ auch Klaus Schreiner: *Volkssprache als Element gesellschaftlicher Integration und Ursache sozialer Konflikte – Formen und Funktionen volkssprachlicher Wissensverbreitung um 1500.* In: Ferdinand Seibt, Winfried Eberhardt: Europa 1500 – Integrationsprozesse im Widerstreit. Stuttgart 1986: 468-495, hier 478f.

108 K. Grubmüller: *Meister Esopus. Untersuchungen zu Geschichte und Funktion der Fabel im Mittelalter* (MTU 56), München 1977.

109 Hochegger 1891 op. cit.: *»Überblicken wir das Gesagte, so werden wir zur Ansicht gedrängt, daß die ersten Blockbücher nichts anders als Unterrichtsbücher waren.«*: 179.

110 Eine neuere Arbeit über diese Transformationsprozesse mit einem ungeheueren Anmerkungsapparat ist: Ursula Peters: *Literatur in der Stadt: Studien zu den sozialen Voraussetzungen und kulturellen Organisationsformen städtischer Literatur im 13. und 14. Jh.*, Tübingen 1983 (Studien und Texte zur Sozialgeschichte der Literatur, Band VII).
Kürzer schildert die Schwierigkeiten des Unterfangens Kurt Ruh in: *Versuch einer Begriffsbestimmung von ‹städtischer Literatur› im deutschen Spätmittelalter*

in: J. Fleckenstein/K. Stackmann (Hg.): Über Bürger, Stadt und städtische Literatur im Spätmittelalter, Göttingen 1980 (= Abhdlg. der Akademie der Wissenschaften in Göttingen, Phil. hist. Klasse 3. Folge, Nr. 121): 311-328.

111 Zur Frühgeschichte der typographischen Erfassung der vergnüglichen Literatur vgl. im einzelnen: Hans-Joachim Koppitz: *Studien zur Tradierung der weltlichen mittelhochdeutschen Epik im 15. und beginnenden 16. Jahrhundert.* München 1980; Peter-Jörg Becker: *Handschriften und Frühdrucke mittelhochdeutscher Epen.* Wiesbaden 1977; Anneliese Schmitt: *Die deutschen Volksbücher. Ein Beitrag zur Begriffsgeschichte und zur Tradition im Zeitraum von der Erfindung der Druckkunst bis 1550.* Diss. masch. Berlin (DDR) 1973. Die schwer zugängliche letztgenannte Arbeit wird zusammengefaßt und kritisch kommentiert von Walter Röll: *Zur Verbreitung deutscher Erzähltexte in den hundert Jahren nach der Erfindung des Buchdrucks.* In: Gutenberg-Jahrbuch 1987: 158-165.

112 Vgl. bei Daniel Couty/Alain Rey (Hg.): *Le théâtre*, Paris 1980, die Abschnitte über ›Le théâtre mediévale‹ (: 19ff.).

113 Dies zu akzeptieren hat der älteren germanistischen Forschung große Schwierigkeiten bereitet. Wenn etwa Lachmann oder Heusler die Entstehung von Epen als Addition mehrerer Lieder bzw. als Expansion eines kleineren ›Liedes‹ verstanden, so *»setzen* [sic] *das Lied als feste Größe voraus. Wie die z. T. heute noch lebendigen oralen Literaturen auf dem Balkan, in Innerasien, in Afrika usw. es belegen, gibt es jedoch in mündlicher Tradition keinen festen Lied-›Text‹, sondern nur die immer neue Improvisation durch den Sänger ...«* (Walter Haug: *Schriftlichkeit und Reflexion. Zur Entstehung und Entwicklung eines deutschsprachigen Schrifttums im Mittelalter*, in: Alcida u. Jan Assmann, Chr. Hardmeier (Hg.): Schrift und Gedächtnis – Beitr. zur Archäologie der literarischen Kommunikation. München 1983: 141-157, hier 149).

114 *Die Gedächtniskultur in Irland*, Innsbruck 1970.

115 H. Brunner: *Die alten Meister. Studien zu Überlieferung und Rezeption der mittelhochdeutschen Sangspruchdichtung im Spätmittelalter und in der frühen Neuzeit*, München 1975 (MTU 54). Ausführlich handelt U. Peters 1983 op. cit. über die verschiedenen Typen höfischer und städtischer Unterhaltungskunst seit dem 13. Jahrhundert. Sie kommt in ihrer Arbeit zu dem Ergebnis, daß es für die ›bürgerliche Literatur‹ und die Unterhaltungskunst des 16. und der nachfolgenden Jahrhunderte kaum Vorläufer gibt; argumentiert also – wenn man ihre überzahlreichen Anführungszeichen und Konjunktive einmal vernachlässigt – eher für einen Traditionsbruch in der frühen Neuzeit denn für eine kontinuierliche Entwicklung der Unterhaltungskunst.

116 a Die Beschreibung bezieht sich auf das Wolfenbütteler Exemplar, welches wohl der einzige Zeuge der Auflage vom 14. Februar 1461 ist. Später (1462/3) arbeitete Pfister mehr mit einteiligen Druckstöcken, auf denen sowohl der Erzähler als auch die Ereignisse eingeschnitten sind. (Freundl. Mitteilung von Martin Boghardt, Wolfenbüttel.)

116 b So H. Rosenfeld 1955 op. cit.: 81. Er fügt hinzu. *»Noch bei Brant wurden zunächst die Kapitel mit Bild und Text so abgestimmt, daß sie als Einzelbilderbogen hätten verkauft werden können.«* Die neuere Buchforschung weist darauf hin,

daß die extensive Bebilderung der Unterhaltungsliteratur zunächst auf wenige ›Druckzentren‹ begrenzt geblieben ist: Augsburg und Straßburg: *»Die deutsche Erzählliteratur wird hier fast durchweg illustriert, zum Teil in Geschwindverfahren«.* (Hans-Joachim Koppitz: *Zur deutschen Buchproduktion des 15. und 16. Jh.* In: Gutenberg-Jahrbuch 1987: 16-25, hier 23.) Komplizierte und deshalb auch teure Technologie setzt sich, ebenso wie der Buchdruck überhaupt, nur schrittweise durch. Auf das Zusammenwirken von Bild und Text geht das Kap. 6.4, S. 624ff. ausführlicher ein.

117 M. Luther, Vorrede zu *›Etliche Fabeln aus Aesop‹* (1530), in: WA, Band 50, 1914: 454ff. Weitere Nachweise zur Privatisierung der Kunst- und Literaturrezeption bei Kleinschmidt 1982 op. cit.: 92ff.

118 Als *›Wegkürzer‹* empfiehlt auch Martin Montanus ein Unterhaltungswerk, Michael Lindner legt ein *›Rastbüchlein‹* und ein *›Katzipori‹* vor. Eine Fundstelle im übrigen Paul Heitz/Franz Ritter: *Versuch einer Zusammenstellung der deutschen Volksbücher des 15. und 16. Jh. nebst deren späteren Ausgaben und Literatur.* Straßburg 1924.

119 Hierzu – aus ethnologischer Sicht – Georg Elwert: *Die gesellschaftliche Einbettung von Schriftgebrauch.* In: Dirk Baecker u. a. (Hg.): Theorie als Passion – Niklas Luhmann zum 60. Geburtstag. Ffm 1987: 238-268, hier 246f.

120 Vgl. Robert Ralph Bolgar: *The Classical Heritage and its Beneficiaries*, Cambridge 1954: 181; siehe auch Hans Blumenberg: *Der Prozeß der theoretischen Neugierde*, Frankfurt 1973: 149.

121 Jacob Burckhardt: *Die Kultur der Renaissance in Italien – Ein Versuch.* Die Zitate folgen der von Walter Rehm für Reclams Universal-Bibliothek besorgten Ausgabe, die 1981 im Pawlak-Verlag, Herrsching, nachgedruckt wurde. Die *»Generation des Boccaccio und Petrarca«*, schreibt Burckhardt weiter, begnügte sich noch mit den *»gangbarsten lateinischen Dichtern, Historikern, Rednern und Epistolographen nebst einer Anzahl lateinischer Übersetzungen nach einzelnen Schriften des Aristoteles, Plutarch und wenige andere Griechen«.* Ebd.: 219.

122 Die älteste Plinius-Überlieferung, der nach der Benediktinerabtei von Nonantula so genannte *›Nonantulus‹*, stammt aus dem 5. oder 6. Jahrhundert. Vgl. zum Problem George Sarton: *The Scientific Literature Transmitted through the Incunabula.* In: Osiris 5, 1938: 41-245 sowie ders.: *The Appreciation of Ancient and Medieval Science during the Renaissance.* New York 1961. Zur Überlieferung der aristotelischen Werke vgl.: *Aristoteles Grecus. Die griechischen Manuskripte des Aristoteles*, untersucht und beschrieben von P. Moraux, D. Harlfinger, D. Reinsch, J. Wiesner. Berlin/New York 1976ff.

123 E. P. Goldschmidt: *Medieval Texts and their First Appearance in Print.* London 1943: 89 (Übersetzung von mir).

124 Goldschmidt op. cit.: 98/99.

125 Goldschmidt op. cit.: 89.

126 Burckhardt op. cit., Abschnitt 3, hier vor allem 207ff.

127 Burckhardt op. cit.: 217.

128 Burckhardt op. cit.: 214, mit weiteren Quellennachweisen.

129 Nach Vespasiano Fiorentino, *Specilegium Romanum*, Band X (hg. von Mai): 129, vgl. Burckhardt op. cit.: 224.

130 Vgl. a. den Anhang A bei M. Bingham Stillwell 1972 op. cit.: 59/60.

131 *»Die meisten ›editiones principes‹ der lateinischen Autoren erschienen zwischen 1465 und 1475 im Druck, die meisten der griechischen Autoren zwischen 1493 und 1518.«* Bolgar op. cit.: 280.

132 Bolgar op. cit.: 375.

133 *»Whether freshly uncovered or long since assimilated, whether preserved in the form of one copy or corrupted by numerous transcriptions, almost all the texts of antiquity, that are now described as classics, were fixed in a new format and permanently secured in the remarcable short span of five or six decades.«* So Elizabeth L. Eisenstein: *The Advent of Printing and the Problem of Renaissance.* In: Past and Present 1969, 45: 19-89, hier 52 – mit weiteren Interpretationen des Problems. Vgl. auch dies.: *The Printing Press as an Agent of Change*, vol. I, Cambridge/London/New York/Melbourne 1979: 163ff. sowie Paul Oskar Kristeller: *Renaissance Thought: The Classic, Scholastic and Humanist Sprains.* New York 1961, hier: 16.

Ansätze zu einer statistischen Behandlung des Problems bei R. Hirsch op. cit.: 1972, 138ff. Bezüglich der griechischen Autoren vgl. R. Proctor: *The Printing of Greek in the 15th Century.* Oxford 1900 (Neudruck Hildesheim 1966); speziell für Deutschland Franz-Josef Worstbrock: *Deutsche Antike-Rezeption, 1450-1550*, Teil 1: Verzeichnis der deutschen Übersetzungen antiker Autoren. Boppard 1976 (Veröffentlichungen zur Humanismusforschung, Band 1). *»Mit der Begrenzung auf das Jahrhundert von 1450-1550 ist annähernd der Zeitraum abgesteckt, welcher die Einbürgerung der auctores ins Deutsche von ihren frühhumanistischen Anstößen bis zu ihrer breit und dauerhaft vollzogenen Durchsetzung umfaßt.«* Ebd.: 5.

Zur später einsetzenden Erfassung der hebräischen Autoren vgl. Fèbvre/Martin op. cit. 1958: 405ff.

134 *»Aus welcher Sphäre stammt denn eigentlich das Bild von der Wiedergeburt, von der zweiten oder Neugeburt?«* fragt Konrad Burdach. *»Offenbar nicht aus der Wirklichkeitsbetrachtung. Vielmehr aus der Welt der Phantasie, genauer der Mythen, der religiösen Anschauung.«* lautete seine Antwort (In: *Sinn und Ursprung der Worte Renaissance und Reformation*, Berlin 1918: 17). Widerspruch erfuhr er u.a. durch Jost Trier. Dieser mochte nicht glauben, daß *»es denn tatsächlich keinen Wirklichkeitsbereich (gibt), in welchem sich so etwas wie renasci ... als ein durchaus natürlicher und jederzeit mit irdischen Augen beobachtbarer Vorgang abspielt«*. (*Zur Vorgeschichte des Renaissance-Begriffes.* In: Archiv für Kulturgesch. Band 33, Marburg 1951: 46) Er kommt zu dem Schluß, *»daß nicht menschliche Geburt und Wiedergeburt und also auch nicht sakramentale Wiedergeburt ... den Keimbereich des vielumstrittenen Begriffs darstellen, sondern, daß die Anschauung pflanzlicher Vorgänge, der Vorgänge beim Stock- und Wurzelausschlag in der Niederwaldwirtschaft beim Werden des Begriffs entscheidend wirksam gewesen ist.«* (Ebd. 63) Zehn Jahre später nimmt Jürgen von Stackelberg in dem Aufsatz: *›Renaissance‹, ›Wiedergeburt‹ oder ›Wiederwuchs‹?* (Bibliothèque de humanisme et renaissance 22, 1960: 406-420) zu dieser Auffassung kritisch Stellung und wiederholt die Burdachsche Auffassung. (Vgl. auch Triers erneute Erwiderung im Archiv für Kulturgesch. 43, 1961: 177-187.) Die Ergebnisse dieser Debatte sind unbefriedigend, nicht zuletzt, weil die Metaphern nicht ausreichen, das Problem überhaupt zu erfassen. Fakt ist, daß sowohl in der Renaissance als auch in der Moderne die früh-

neuzeitliche Informationstransformation als ein nicht bloß quantitativer Vorgang, sondern als eine Veränderung des Emergenzniveaus von Informationen erlebt wurde. Das Problem der ›Wiedergeburt‹ ist zu lösen, wenn man von verschiedenen Stufen oder Welten ausgeht, auf bzw. in denen Informationen emergieren können. Der Übergang von einer Information aus einer Welt in eine andere kann dann als ›Geburt‹ umschrieben werden.

135 So heißt es in der Nachrede einer 1484 im Druck erschienenen Fassung von ›Tristant und Isolde‹: *»Von dyser hystorj hat vonn erste geschrieben der maister von Britanie.«* Danach sei der Text von ›*Filhart von oberet*‹ in Reime gesetzt. *»Aber von der leüt wegen, die soellicher gereymter buecher ... nit aigentlich versteen kündent (/) hab jch Vngenannt dise Historj in die* [Prosa]*form gebracht.«* (›*Tristant und Isolde*‹. *Prosaroman. Nach dem ältesten Druck aus Augsburg vom Jahre 1484* ... hrsg. von Alois Brandstetter, Tübingen 1966 [ATB, Ergänzungsreihe 13, Z. 5184-91]. Vgl. Jan-Dirk Müller: *Ich-Vngenant und die Leut – Literarische Kommunikation zwischen mündlicher Verständigung und anonymer Öffentlichkeit in Frühdrucken.* In: G. Smolka-Koerdt, P. M. Spangenberg, D. Tillmann-Bartylla (Hg.): Der Ursprung von Literatur, München 1988: 149-174.

136 Die auf 1470 datierte Buchanzeige erschien wohl im Frühjahr 1470, da die ›*Epistolae*‹ im Herbst 1470 schon herauskamen. Das lateinische Original des Einblattdrucks ist abgedruckt in ›Serapeum‹ 17. Jahrg. 1855: 238, hier zitiert nach der Übersetzung von Friedrich Kapp: *Geschichte des deutschen Buchhandels*, Bd. 1, Leipzig 1886: 760/1. Eine erste Ausgabe der ›Epistolae‹ war schon 1468 bei Sweynheim und Pannertz in Rom erschienen.

137 Lorenz Fries: *Spiegel der artzney*, hg. von Otho Brunfels, Straßburg 1532, Vorrede von Brunfels an den Leser, A3r. Vgl. zu diesem Werk auch u. S. 454f. Die Entstehung der modernen ›Autoren‹-Rolle behandeln die Abschnitte 6.2, S. 562ff. und 6.4, S. 599ff.

138 Burckhardt op. cit.: 299.

139 Bolgar op. cit.: 374 (Übersetzung von mir).

Anmerkungen zu Kapitel 4

1 Vgl. L. Fèbvre, H.-J. Martin *L'apparition du livre, Paris:* 91/92 sowie Michael Pollak: *The Performance of the Wooden Printing Press:* In: The Library Quarterly 42, 1972: 218-264.
Über die Leistungsfähigkeit der Druckereien (›output of the machine room‹) in England vom 16. bis zum 18. Jahrhundert handelt ausführlich D. F. McKenzie: *Printers of the Mind: Some Notes on Bibliographical Theories and Printing – House Practices.* In: Studies in Bibliography, 22, 1969: 1-75. Er hält den Druck von 3000 Seiten pro Tag im praktischen Wirtschaftsleben eher für die Ausnahme.

2 Die Veränderung der Software behandelt das Kapitel 6.

3 Ihre entwickelten Strukturen sollen im Abschnitt 5.1 geschildert werden.

4 *Die Technostrukturen in der Gesellschaft*, In: Burkart Lutz (Hg.): Technik und sozialer Wandel, Verhandl. d. 23. Dt. Soziologentages in Hamburg 1986. Ffm 1987: 53-56, hier 58. Er führt weiter aus: *»Natürlich gibt es einzelne technische Gegenstände, deren man sich räumlich isoliert von anderen bedienen kann. Dergleichen scheint die Armbanduhr zu sein, während ein Telefon ganz offensichtlich nicht von der Art ist, sondern überhaupt seinen Sinn nur hat als Anschluß an ein Netz. Genauer besehen haben auch viele isolierbare technische Geräte nur Sinn bzw. sie funktionieren nur und leisten das, was sie leisten sollen, wenn sie angeschlossen sind an ein Netz bzw. im Zusammenhang einer größeren Struktur genutzt werden.«* (ebd. 57/8)

5 Böhme (a. a. O.) hat darauf hingewiesen, daß in dem Maße, in dem die Technikproduktion im Laufe der Menschheitsgeschichte zugenommen hat, auch die Systemintegration tendenziell eine technische Integration geworden ist. (ebd. 61) Während früher *»die Menschen zu einem gesellschaftlichen Ganzen über einen gemeinsamen Glauben oder gemeinsame Werte zusammengehalten wurden«* und dann später die Funktion durch eine Form ›organischer‹ Arbeitsteilung übernommen wurde, in der sich *»die Mannigfaltigkeit der verschiedenen Berufe quasi zu einem Gesamtarbeiter«* ergänzte, hätten nun *»die Technostrukturen angefangen, die Funktion gesellschaftlicher Integration zu übernehmen.«* (ebd. 60) Ich zweifele nicht daran, daß die Technostrukturen zu Katalysatoren sozialer Grenzziehung und auch einer Binnendifferenzierung werden, ich sehe nur noch nicht die konstruierte Hierarchie: Sowohl in der Phase der ›mechanischen‹ als auch in jener der ›organischen Solidarität‹ (Durkheim) hat es doch wohl Technostrukturen gegeben: Bewässerung, Landbau, arbeitsteilig zu bedienende Kriegsgeräte/Befestigungsanlagen u.s.f.? Sollten sie keine soziale Integrationskraft besessen haben?

6 Die Autopoiesis von sozialen Systemen auf diesem Emergenz- und Größenniveau ist an und für sich ein unwahrscheinlicher Prozeß – und er ist ja auch bis in unser Jahrhundert hinein nicht abgeschlossen.

7 Einzelheiten bei Hugh W. Davies: *Bernhard von Breydenbach and his Journey to the Holy Land 1483-84. A Bibliography.* London 1911; Reimar Walter Fuchs: *Die Mainzer Frühdrucke mit Buchholzschnitten 1480-1500.* In: Archiv für die Geschichte des Buchwesens, Bd. 2 (1958-1960): 1-129, hier 31 ff.; Elisabeth Geck (Hg.): *Bernhard von Breydenbach – Die Reise ins Heilige Land. Ein Reisebericht aus dem Jahre 1483*, Wiesbaden 1977 (2. Auflage) mit Faksimile der Vorrede;

Barbara Weinmayer: *Studien zur Gebrauchssituation früher deutscher Druckprosa – Literarische Öffentlichkeit in Vorreden zu Augsburger Frühdrucken*, München 1982: 165-179.
In der Sekundärliteratur ist die Pilgerreise, wie zahlreiche andere Behauptungen in den Vorworten der Frühdrucke, lange Zeit als Buchhändlerspekulation, als ›*Flunkerei*‹ (Sudhoff) abgetan worden. Belege bei Fuchs op. cit. 85/86.

8 Die meisten Reisebeschreibungen, die bis dahin gedruckt vorlagen, gingen auf ältere Manuskripte zurück. Ludolf von Suchems ›*Weg zum Heiligen Grab oder gelobten Lande*‹ wurde 1477 bei Zainer in Augsburg gedruckt, geht aber auf Erlebnisse in den Jahren 1336-1428 zurück. Hans Schildbergers ›*Reisen in den Landen der Heidenschaft*‹ erzählen von seinen Erlebnissen zwischen 1398-1428, gedruckt wurden sie um 1478 in Augsburg wohl bei Anton Sorg. Auch die Asienreise von Jean de Mandeville, die ebenfalls über Jerusalem und die heiligen Stätten berichtet, und die Sorg 1481 in einer Übersetzung druckte, geht auf ›Abenteuer‹ aus dem 14. Jahrhundert zurück. Dasselbe gilt für die verschiedenen Versionen von Marco Polos Chinareise, die in den achtziger Jahren gedruckt wurden. Einen aktuellen Reisebericht druckte Schönsperger in Augsburg 1482: Hans Tuchers ›*Reisebuch*‹. Dieser hatte sich 1479 zu einer ganz ähnlichen Pilgerfahrt aufgemacht wie wenige Jahre später Breydenbach. Er rechtfertigt seine Niederschrift damit, daß er »*jn gueter pruederlicher maÿnung einfeltikliche(n) vnd schlechtlich meniklich in schriften woellen enden* [entdecken] *was ich d(er) da sichtiklich vnd eÿgentlich gesehe(n) erfarn vnd erkündiget hab.*« (Augsburg, 1486: a2r)
Die handschriftliche Abfassung von Reiseberichten in späteren Jahren, z. B. Konrad von Grünembergs Pilgerreise von Konstanz nach Jerusalem (1486), wurde durch die gedruckten Vorlagen andererseits erleichtert. (Vgl. *Ritter Grünembergs Pilgerfahrt ins Heilige Land 1486*, hrsg. u. übersetzt von J. Goldfriedrich u. W. Fränzel, Leipzig 1912 [= Voigtländers Quellenbücher 18])

9 Aus der Vorrede des *(H)ortus Sanitatis*, Mainz (Reuwich/Schöffer) 1485. Die Vorrede ist im Anhang vollständig als Faksimile abgedruckt! Kommentare zu diesem Werk in der Faksimile-Ausgabe von Wilhelm Ludwig Schreiber: *Die Kräuterbücher des 15. und 16. Jahrhunderts*, München 1924 und bei Fuchs 1960 op. cit. (hier 71 ff.) – mit vielen Literaturhinweisen.

10 Zur Person Wonneckes vgl. Fuchs 1960 op. cit. 84-93 sowie H. Walther: *Johann Tollat von Vochenberg*, in: Sudhoffs Archiv 54, 1970: 290 ff.

11 Claus Nissen (*Die botanischen Buchillustrationen – ihre Geschichte und Bibliographie*, Stuttgart 1951, hier: 33) und Fuchs (1960 op. cit.: 73) führen den Text auf Handschriften der Salerner Schule, insbesondere die nach dem Incipit so genannte ›Circa instans‹ des Johannes Platearius (gestorben 1161) zurück. (Vgl. hierzu auch Paul Oskar Kristeller: *The School of Salerno – Its Development and its Contribution to the History of Learning*. In: Bulletin of the Hist. of Med. 17, 1945: 138-194). Wonnecke erwähnt diese Schrift – neben vielen anderen – an einigen Stellen, z. B. im Cap. LI.
Fuchs nimmt an, daß Wonnecke seine Beschreibungen auch für die Herausgabe eines eigenen Werkes verwendet hat. Ein solcher ›Herbarius‹ erschien 1484 in lateinischer Sprache bei Peter Schöffer in Mainz. Bis 1499

folgten noch weitere 10 Editionen in Deutschland, den Niederlanden, Belgien, Frankreich und Italien. Vgl. M. Bingham-Stillwell: *The Awakening Interest in Science during the First Century of Printing: An Annoted Check-List of First Editions Viewed from the Angle of their Subject Content.* New York 1970.

12 *Ortus Sanitatis*, Vorrede. Die Interpretation der Modalverben (hier: *mochte*) ist im Bereich des Frühneuhochdeutschen oft problematisch: Sie können immer auch die Funktion der Kennzeichnung des Konjunktivs und des Futurs übernehmen. Die Auseinandersetzung mit den Modalverben geschieht bei C. Franke: *Grundzüge der Schriftsprache Luthers*, Teil III, Halle 1922 (2. Auflage): 210ff. und Monika Rössing-Hager: *Syntax und Textkomposition in Luthers Briefprosa*, Band I, Köln 1972: 216, im wesentlichen nur im Zusammenhang mit der Ausbildung des Futurs.

13 Vgl. Geck 1977 op. cit.: 169f. Der vollständige Reisebericht von P. W. von Guglingen, der sich unabhängig von Breydenbach längere Zeit in Judäa aufgehalten hatte, wurde erst 1882 als Band 192 der Bibliothek des Literarischen Vereins Stuttgart, hrsg. v. M. Sollweck, in Tübingen veröffentlicht.

14 Die Verhältnisse sind hier aufgrund von verschiedenen Kräuterbüchern, die rasch nacheinander in Mainz erschienen: dem *Herbarius Maguntie* (zuerst 1484 bei P. Schöffer) in lateinischer Sprache, dem deutschsprachigen *Ortus* (zuerst 1485) und dem lateinischen *Ortus Sanitatis* von Jacobus Meydenbach (zuerst 1491) verwickelt. Anfangs hielt man oft entweder den deutschen *Ortus* für eine Übersetzung des lateinischen oder umgekehrt. *»Heute steht fest, daß die Mainzer Kräuterbücher selbständige, textlich voneinander unabhängige Kompilationen sind.«* Fuchs 1960 op. cit.: 73; Belege für die einzelnen Ausgaben des deutschen *Ortus* im Quellenverzeichnis unter ›Breydenbach‹!

15 Das Fehlen eines Titelblatts mit den heute üblichen Angaben hat recht bald zu Verwirrungen über den Urheber geführt – insbesondere nach der Verballhornung des Johann Wonnecke zu ›Johann von Cube‹ schon in der Baseler Ausgabe des Gart von 1486. Bis heute ist es üblich geblieben, den *(H)Ortus* nicht unter Breydenbach, sondern unter *Hortus* in den Bibliographien zu führen.

16 Ein Faksimile der gesamten Vorrede, in der sich die Zwiespältigkeit der Kommunikationsentwürfe des ausgehenden 15. Jahrhunderts prototypisch widerspiegelt, ist im Anhang (5) abgedruckt.

17 Bestens kann man sich über diese Vorgeschichte – einschließlich der Bildprogramme – in dem von Luisa Cogliati Arano herausgegebenen *›Tacuinum sanitatis – Das Buch der Gesundheit‹* (München 1976) unterrichten. Heinrich Schipperges und Wolfram Schmitt informieren in ihren Einführungen ausführlich über die Prinzipien der mittelalterlichen Gesundheitslehre.

18 *›Secreta Salernitata‹ und ›Gart der Gesundheit‹*. In: Mittelalterliche Handschriften. Festgabe zum 60. Geburtstag von H. Degering, Leipzig 1926, hier 203ff. Sicher scheint zu sein, daß *»alle Holzschnitte neu für dieses Werk geschaffen wurden«*. (Fuchs 1960 op. cit.: 93). Die Angaben über die Anzahl der Holzschnitte schwanken je nachdem, ob Titelholzschnitt, Dubletten und Varianten mitgezählt werden oder nicht.

19 Nissen 1951 (Band 1) op. cit.: 29.

20 Fuchs 1960 op. cit.: 94.

21 Vgl. die Abbildungen 9ff. bei Albert Schramm: *Der Bilderschmuck der Frühdrucke*, Band 15, Leipzig 1932.

22 Belege bei Fuchs 1960 op.cit.: 71/72.

23 Weinmayer 1982 op.cit.: 166.

24 Hieraus erklärt sich die häufig beobachtete Dopplung von Bezeichnungen für Informations- und Kommunikationsprozesse in alten Texten. Wenn etwa Wonnecke im Kapitel CCXXIX des ›Gart‹ schreibt: *»Der meister Galienuns in dem sybenden buoch genant simpliciu(m) Farmacoru(m) beschreibt vnß vnd spricht das dye heymschen lilie(n) gemischster natuer synt . . .«* (Zit. nach der Baseler Ausgabe von 1486) – so liegt keine ›Synonymenhäufung‹ vor. Der erste Ausdruck bezeichnet die schriftliche Kodierung, der zweite weist auf den Urheber der Information hin. Will man jemandem die Information bloß zuschreiben, so reicht die Kennzeichnung *›sprechen‹* aus: *»Der meister Plinius spricht . . .«* (Kapitel CCXXXI) – *›beschreiben‹* tritt demgegenüber meist nur gemeinsam mit der Kennzeichnung *›sprechen‹* auf. Im wesentlichen denkt man auch noch während des 16. Jahrhunderts bei *›beschreiben‹* an Schreiben und nicht an eine spezifische Darstellungsform, die ja heute sowohl in mündlicher als auch in schriftlicher Form erfolgen kann. Allerdings wird der Gegensatz zwischen Beschreiben und dem bloßen Identifizieren durch ein Wort, dem ›Benennen‹, schon in der ersten Hälfte des 16. Jahrhunderts bei einzelnen Autoren, z. B. bei Hieronymus Bock, greifbar. Dieser teilt etwa in seinem Kräuterbuch (1560: 218v) eine Beobachtung, die auch Breydenbach zu seinem Werk motiviert hat, mit den folgenden Worten mit: *»Doch so ist diser gemein Klee von Diosc(urides) nit beschriben / sonder allein bemelt im vierdten buoch / am cvij cap. vnder dem Lots Syluestre / als er schreibt / Lotus Syluestris hat bletlin dem wysen Klee aenlich / weitters schreibt er nit daruon / villeicht darum / daz es ongeuerlich dasz aller bekantst kraut ist auff erden.«*

25 Zu den verschiedenen Typen der Erfahrungsgewinnung und -darstellung vgl. im einzelnen Giesecke, *›Volkssprache‹ und ›Verschriftlichung des Lebens‹ im Spätmittelalter – am Beispiel der Genese der gedruckten Fachprosa in Deutschland*. In: Hans Ulrich Gumbrecht (Hg.): Literatur in der Gesellschaft des Spätmittelalters (Begleitreihe zum GRLMA, Volumen I) Heidelberg 1980: 39-70, hier vor allem 44ff. sowie ders.: *Schriftsprache als Entwicklungsfaktor in Sprach- und Begriffsgeschichte.* (auch in: Giesecke 1992) In: R. Koselleck (Hg.): Historische Semantik und Begriffsgeschichte. Stuttgart 1979: 262-302.

26 Enttäuscht äußern sich entsprechend die modernen Botaniker über Wonneckes Leistungen: *»Die botanische Beschreibung fehlt beim Wiesenkümmel wie bei den meisten anderen behandelten Pflanzen vollständig; in den wenigen Fällen, wo eine solche vorhanden ist, besteht sie nur aus ein paar Worten. Eine Beschreibung wie die folgende von Beifuß (Artemisia vulgaris) gehört schon zu den längsten: Die bleter syn ußwendig wyß vnd inwendig grün und haben eyn starckengeroch vnd bitter. Diß krut hait lange stengel. Die blomen daran glichen den camillenblomen.«* – So Heinrich Marzell: *Das älteste gedruckte Kräuterbuch in deutscher Sprache.* In: Natur, illustrierte Monatsschrift für Naturfreunde, 16. Jahrgang, Leipzig 1925: 281-285, hier 283.

27 Eine ausführliche Darstellung der Argumente Breydenbachs und ihrer Beziehung zu den Aussagen des erzbischöflichen Zensuredikts gibt Weinmayer 1982 op.cit.: 171ff.

28 Übertragung aus der ersten Seite der Vorrede der Reiseschilderung. Vgl. das ausführliche Zitat auf S. 174.

29 Weinmayer meint, Breydenbach müsse gegen das Edikt argumentieren, *›Richtlinien umbiegen‹*, sich *›taktisch klug Freiräume verschaffen‹*, sich einem *›Dilemma entziehen‹* usw. (1982 op.cit.: 177/78). Einmal abgesehen davon, daß, falls in dieser Frage grundlegende Meinungsverschiedenheiten zwischen Henneberg und Breydenbach bestanden haben sollten, die beiden Männer sicher an anderer Stelle die Auseinandersetzung gesucht und gefunden hätten, als ausgerechnet über den Umweg einer gedruckten Widmungsrede, mißfällt mir die Stilisierung des Erzbischofs zu einem Gegner der neuen Technologie. Ich sehe kein grundsätzliches Mißtrauen gegen den Buchdruck und dessen Verbreitungsformen in dem Edikt, sondern starke Ambivalenzen, letztere genährt durch tatsächliche Fehlentwicklungen, wie gedankenlose Kompilationen, miserable Übersetzungen, ungenügende sprachliche Durchgestaltungen, schwer erträgliche Häufung von Druckfehlern und so fort. Vor allem aber sehe ich bei Henneberg ein völliges Unverständnis gegenüber der Kommunikations- und Informationspolitik, die mit diesem neuen Medium möglich ist. Man bejubelt es als Gottesgeschenk und sperrt sich zugleich gegen die zu jener Zeit schon auf der Hand liegenden Folgen und/oder Voraussetzungen dieses Werks. Henneberg tut eben dies – aber er unterscheidet sich in diesem Zwiespalt schwerlich von der Mehrheit seiner Zeitgenossen. Breydenbach demgegenüber setzt in dieser schwierigen historischen Situation eher auf das Ausprobieren, was ihm natürlich leichter fällt als dem mit der Für- und damit auch der Vorsorgepflicht für eine riesige Christengemeinde belasteten Kirchenfürsten.

30 Aus der Vorrede *›Der meynung diß buochs angebers vßdruckung‹*, b3r, zit. nach Weinmayer 1982 op.cit.: 165, die sich auf die Ausgabe von Anton Sorg 1488 stützt.

31 Das Zitat enthält übrigens einen sehr frühen Beleg für die neuzeitliche Verwendung des Ausdrucks ›Forschung‹ bzw. ›zu erforschen‹. Sein Kontext ›Wissen‹, ›Unterschied‹ (differentia spezifica!) und ›Erfahrung‹ umreißt geradezu paradigmatisch das im Entstehen begriffene neue Wortfeld. Vgl. zum Thema Jan-Dirk Müller: *›Curiositas‹ und ›erfarung‹ der Welt im frühen deutschen Prosaroman.* In: K. Stackmann/L. Grenzmann (Hg.): Literatur und Laienbildung im Spätmittelalter und in der frühen Reformationszeit. Stuttgart 1984: 252-271 sowie Ders.: *›Erfarung‹ zwischen Heilssorge, Selbsterkenntnis und Entdeckung des Kosmos.* In: Daphnis, Zeitschr. f. Mittlere Dt. Lit., Bd. 15, H 2-3, 1986: 307-342 mit Belegen und weiteren Literaturhinweisen.

32 a2v, vgl. auch den oben zitierten Abschnitt aus der Vorrede des gleichen Buchs (b3r).

33 So Breydenbach auf der letzten Seite seiner Vorrede in den *Gart der Gesundheit.*

34 Im Kolophon der Werke Breydenbachs erscheint Reuwich als Drucker. Zusätzlich gibt Breydenbach in der Reiseschilderung an, *»daß Reuwich ›ale truckerey in synem hus volfüret habe‹. (viiijv) Worauf sich diese Bemerkung in einzelnen bezieht, ist bis heute unklar; denn die Existenz einer eigens für Reuwich eingerichteten Mainzer Offizin etwa läßt sich nicht belegen. Vermutlich soll auf diese Weise aus-*

gedrückt werden, daß Reuwichs ›hus‹ als Arbeitszentrum für die Planung und Gestaltung des Drucks anzusehen ist.« Weinmayer 1982 op. cit., 170, vgl. auch Fuchs 1960 op. cit.: 49.

35 Dieter Mertens: *Iacobus Carthusiensis: Untersuchung zur Rezeption der Werke des Karthäusers Jakob von Paradies*, Göttingen 1976 (= Veröff. des Max-Planck-Instituts für Geschichte 50/Studien zur Germania sacra XIII), hier: 25.

36 Die Idee, daß die skriptographische Datenkommunikation im Mittelalter nur auf bestimmte Funktionalbereiche, Institutionen, begrenzt war, und daß erst die typographischen Medien zu einer gesellschaftsweiten technischen Vernetzung geführt haben, habe ich in dem Aufsatz ›Volkssprache und Verschriftlichung des Lebens‹ entwickelt. Diese These wurde, soweit ich sehe, überwiegend zustimmend aufgenommen. (Vgl. z. B. die verschiedenen Artikel in W. Besch, O. Reichmann, U. Sonderegger (Hg.): Sprachgeschichte – ein Handbuch zur Geschichte der deutschen Sprache und ihrer Erforschung, Berlin/New York 1985, sowie: *Träger, Felder, Formen pragmatischer Schriftlichkeit im Mittelalter, Bericht des SFB 231*, formuliert von Hagen Keller und Franz-Josef Worstbrock, in: Frühmittelalterliche Studien. Jahrbuch des Instituts für Frühmittelalterforschung der Universität Münster, Bd. 22, 1988.)

37 Helga Hajdu: *Lesen und Schreiben im Spätmittelalter*, Pècs – Fünfkirchen 1931: 29/30. Belege für das Verteilen von Zetteln unter dem Volk als Mittel der Meinungsbeeinflussung auch bei Martin Bauer: *Die ›gemeyn sag‹ im Mittelalter*, Nürnberg (Phil. Diss.), 1981.

38 *»Dennoch«*, beeilt sich denn auch Hajdu hinzuzufügen, *»war hier das Verhältnis zwischen den die Bücher Austeilenden und dem gläubigen Volk ein bedeutend näheres, persönlicheres, als es sich später zwischen dem Verleger oder Buchhändler und dem die Bücher kaufenden Publikum ausbildete.«* (a. a. O., S. 30)

39 Op. cit. 59. Mertens faßt zusammen: *»Die handschriftliche Rezeption hält bis zum Ende der 70er Jahre des 15. Jahrhunderts mit kaum verminderter Intensität an, geht dann seit etwa 1480 spürbar zurück, um aber seit der Mitte der 90er Jahre und in den ersten eineinhalb Jahrzehnten des 16. Jahrhunderts eine deutliche Neubelebung zu erfahren, die indes, wie noch zu zeigen sein wird, nur eine lokal begrenzte ist. ... Die ersten Druckausgaben kommen bald nach 1470 auf den Markt; ihre Produktion erreicht um 1475 und dann um 1495 eine größere Dichte, reicht aber ebenso wie die handschriftliche Rezeption nicht über das Jahr 1520 hinaus.«* (Ebd.)

40 Vgl. die ›Schlußbemerkung‹ dieses Buches, Kap. 7. In der Buchwissenschaft wird die Unwahrscheinlichkeit dieser Entwicklung kaum gesehen. Severin Corsten folgt der opinio communis, wenn er formuliert, *»daß die Buchdrucker ... von den Möglichkeiten, die ihnen in der Gewerbebürgerschaft des ausgehenden Mittelalters geboten wurden, entschlossen und tatkräftig Gebrauch gemacht haben«*. (*Der frühe Buchdruck und die Stadt*, in: B. Möller, H. Patze, K. Stackmann (Hg.): Studien zum städtischen Bildungswesen des späten Mittelalters und der frühen Neuzeit, Göttingen 1983: 9-32; hier 29) Es ist aber, wie die Geschichte nicht nur in Südostasien, sondern auch in einzelnen Gebieten Europas in der frühen Neuzeit zeigt, keineswegs selbstverständlich, daß die Buchdrucker als ›freie Bürger‹ die ›Kapitalkraft‹ die ›im Schutze der Stadtmauern entstanden war‹ nutzten. (ebd.) Auch die Tatsache, daß man die ›Fernkaufleute, die eine Absatzorganisation über weite Landstriche hin

aufgebaut hatten‹ (ebd. 20), systematisch als kommunikative Medien zur Herstellung einer Öffentlichkeit nutzte, ist keineswegs zwangsläufig.

41 F. Geldner 1978 op. cit. 187.

42 Vgl. Konrad Burger (Hg.): *Buchhändleranzeigen des 15. Jahrhunderts in getreuer Nachbildung*. Leipzig 1907: 4/5, Tafel VI. In den gedruckten Buchhändleranzeigen war oft Raum gelassen für die handschriftlichen Eintragungen der Verkaufsorte oder der Buchführer fügte, wie etwa auf der Bücheranzeige Peter Schöffers aus dem Jahre 1479/80, unten auf das Blatt einfach an: »*Venditor librorum reperibilis est in hospitio dicto zum willden mann*«. Abdruck dieser Buchhändleranzeige auch bei Widmann 1975 op. cit. Bd. 2: 105. Vgl. auch Widmann, *Geschichte des Buchhandels*, Bd. 1, Wiesbaden 1975: 75/76 und 79-83.

43 »*Da der Nürnberger Rat innerhalb seiner Mauern keine Zünfte duldete* [nach dem Nürnberger Zunftaufstand vom Jahre 1348], *war es den Nürnberger Handwerksmeistern, gleich welcher Richtung verboten, in Fragen des Handwerks und der Gesellen nach außen zu korrespondieren. Diesen offiziellen Schriftwechsel behielt sich der Rat selbst vor.*« So Franz-Michael Ress: *Die Nürnberger ›Briefbücher‹ als Quelle zur Geschichte des Handwerks, der eisen- und metallverarbeitenden Gewerbe sowie der Sozial- und Wirtschaftsgeschichte.* In: Beiträge zur Wirtschaftsgeschichte Nürnbergs, Bd. 11, II, Nürnberg 1967: 800-829, hier: 805. Zur Kontrolle der *›fremden Buchführer‹* und deren Waren durch das städtische Regiment vgl. etwa die schon zitierte *›Satzung für Buchbinder und Buchführer in München‹*, 1596, Artikel 57f. abgedruckt bei Widmann 1965 op. cit., Bd. 2: 73.

44 *Buochlin der ordnung / wie sich der mensch halten soll / zu den zyten diser grusenlichen kranckheit.* Im Facsimile in: A. C. Klebs, K. Sudhoff: *Die ersten gedruckten Pestschriften*, München 1926. Zur Interpretation dieses Werkes vgl. auch Giesecke: *Als die alten Medien neu waren – Medienrevolution in der Geschichte.* In: R. Weingarten (Hg.): Information ohne Kommunikation?, Frankfurt 1990. E. Beutler (*Forschungen und Texte zur frühhumanistischen Komödie*, Hamburg 1927 (Mitteilungen aus der Hamburger S.U.B., N.F. 2), S. 38-42) geht davon aus, daß Steinhövel sein Werk ursprünglich schon 1446 für seinen Vater und Freunde in Weil geschrieben hat. Daß der spätere Druck das personale und lokale Kommunikationsmodell aus der handschriftlichen Tradierungssituation übernimmt, scheint mir ein guter Beleg dafür zu sein, daß das 15. Jh. erst noch ein Modell entwickeln mußte, welches den Ressourcen des neuen typographischen Mediums angemessen ist. Es spricht m. E. nichts dafür, daß der Ulmer *Druck* »gewiß nicht allein« für »Ulm« gedacht war, wie Gerd Dicke, dem ich für zahlreiche Hinweise dankbar bin, in seiner Rezension (In: Beitr. zur Gesch. d. Dt. Sprache u. Lit., Bd. 117, Heft 1, 1995:188-195, hier 192) meint.

45 Im Kolophon der 1493 bei Koberger erschienenen ›Weltchronik‹ heißt es: »*Hie ist entlich beschlossen das buoch der Cronicken vnd gedechtnus wirdigern geschihte(n) vo(n) anbegyn(n) d(er) werlt bis auf dise vnßere zeit vo hohgelerte(n) manne(n) in latein mit großem fleiß vnd rechtfertigung versam(m)elt. vnd durch Georgium alten deßmals losungschreiber zu Nuermberg auß des(s)elben latein zu zeiten von maynung zu maynung. vnnd beyweylen (nit on vrsach) außzugs weise in diss teutsch gebracht. vnnd darnach durch den erbern vnnd achtpern Anthonien koberger daselbst zu Nürmberg gedruckt. auf anregu(n)g vnd begern der erbern vnd weysen Sebalden schreyers vnd*

Sebastian(s) kamermaisters burgere da selbst. vnd auch mitanhangung Michal wolgemuotz vnnd Wilhelm pleyden wurffs maler daselbst auch mitburger die diß werck mit figuren wercklich ge(=)ziert haben. Volbracht am(m) xxiij tag des monats Decembris Nach der gepurt Christi vnßers haylands M.ccc.xciij. iar.«

46 Siehe Klebs/Sudhoff 1926 op. cit.: 194.

47 »*Aus den Arbeiten des Nördlinger Stadtarchivars Gustav Wulz [Bader und Barbiere in Nördlingen. Ein anrüchiges und ein angesehenes Gewerbe.* In: Historischer Verein für Nördlingen und das Ries, 24. Jahrbuch 1969: 74-87] *sind wir z. B. über den hierarchischen Aufbau der Heilversorgung in der freien Reichsstadt des 17. und 18. Jahrhunderts informiert. Als Kontrollinstanzen dieses juristisch eindeutig abgestuften und abgesicherten Systems fungierten die beiden Stadtphysici; an der Spitze des halbprofessionellen Systems standen die Barbiere mit dem Anspruch auf die Anrede ›Herr‹, dann kamen die Wundärzte, neun Jahre lang ausgebildete Handwerker, die für äußere Verletzungen zuständig waren; wieder eine Stufe tiefer die Bader mit zugelassenen Badestuben und dem Recht, auch die Wundarznei auszuüben, schließlich die ›Stüblinsbader‹ mit dem Recht aufs Aderlassen; außerdem gehörten zu diesem Heilsystem auch der Apotheker und die Hebamme.«* Rudolf Schenda: *Volksmedizin – Was ist das heute?* In: Zeitschrift für Volkskunde 69, 1973: 189-210, hier: 195/96.

48 F5a. Der Text ist vollständig abgedruckt bei John Meier: *Ältere deutsche Grammatiken in Neudrucken*, Bd. 1, Straßburg 1895, hier 41. Im gleichen Sinn schreibt noch 1581 der Mundkoch des Mainzer Kurfürsten, Marx Rumpoldt: »*Und hab diß / so ich allhie beschrieben / nicht auß andern Buechern entlehnet vnd entfrembdet / sondern mit eygner Handt / an der Herrn Hoefen / so ich gedienet / zugerichtet vnd gemachet. Bin auch dessen erboetig / wenn sich einer nicht genugsam / seinen verstandt nach / darauß«* – aus seinem, bei Feyerabend in Frankfurt (!) gedruckten ›*New Kochbuch*‹ nämlich – »*richten kan / der verfuege sich zu mir / wil ich es als denn jhm nach der laeng erklaeren / vnnd mit eygner Handt solche Speiß zu machen / zeigen vnnd lehren.«* (*Beschlusz*)

49 *Tractat / Herrn Gabriel Putherbeien von Thuron / Von verbot vnnd auffhebung deren Buecher vnd Schrifften*, München 1581: 33r. Vgl. a. F. Schneider: *Die Schrift Gabriel Putherbeiens von Thuron.* In: Publizistik, 8, 1963: 354-362, hier 356.

50 Auf dieses Problem komme ich im Abschnitt 6 ausführlich zu sprechen.

51 Schaut man freilich weniger auf die Selbstbeschreibung in den Vorreden und mehr auf den Text, so findet man wenig Veranlassung für eine solche Zweiteilung.

52 Carl Wehmer, der dieses Blatt in seine Sammlung ›*Deutsche Buchdrucker des 15. Jh.*‹ (Wiesbaden 1971) aufgenommen hat, kommentiert die Darstellung wie folgt: »*Wie die Märtyrer der Legende, die der Holzschneider des hier abgebildeten Pestblattes dargestellt hat, hingen die Menschen hilflos in den Dornenqualen ihres unverstandenen Schicksals. Links ist der Tod des Pestheiligen Sebastian zu sehen. Ihn und Gott anzurufen, empfiehlt der Text der unter den Holzschnitten stehenden Verse, die im übrigen allgemeine Verhaltensmaßregeln und einige Rezepte volkstümlicher Medizin geben. Sie sollen den Leser vor der Pest schützen und betreffen eine vernünftige Ernährung und Lebensführung, die Desinfektion durch Essig, das allgemein geübte Aderlassen, das Einnehmen von verschiedenen Hausmedikamenten (pillulae vitae, Theriak, Boluserde) und den Rat, sich vor Erkrankten fernzuhalten. Das Blatt läßt daran denken, daß tödliche Krankheit auch dem großen Verlage Zainers ein plötzliches Ende setzte. Eine Augsburger Chronik berichtet zu 1478: ›Gunther Zainer der puochtrucker verdarb*

und starb auch desselben jars also das leyb und guott ains mals mit ain ander hingieng.‹ Die Kartause Buxheim, der Zainer viele seiner Bücher geschenkt hatte, verzeichnete im Buch ihrer Wohltäter den 13. April als Todestag.« (ebd. bei Abb. 26)

53 Nachweise über die einzelnen Ausgaben bei Klebs/Sudhoff 1926 op. cit.: 16ff.

54 Klebs/Sudhoff 1926 op. cit.: 104. Leicht mißzuverstehen ist demgegenüber Kleinschmidts Behauptung: *»Eine konkret auf die Stadtgemeinde bezogene Buchproduktion ist nur selten und dann meist aufgrund einer amtlichen Sonderstellung des Autors zu belegen, sieht man vom offiziösen Verordnungsschrifttum ab, das immerhin ein Drittel der städtischen Druckkapazität in Anspruch nahm.«* (Stadt und Literatur in der frühen Neuzeit ..., Köln/Wien 1982: 180/181) In der Inkunabelzeit wird dieser ›Bezug‹ durch die ökonomischen Verhältnisse hergestellt und er entspricht auch oft genug der, zugegeben ambivalenten, Haltung der Autoren. In späterer Zeit ist eine ›Stadt‹ für die Autoren und Drucker ein ›Adressat‹ wie jeder andere auch. Wie Martin Luther *›allen lieben Christen zu Reutlingen‹* (Augsburg, Philip Ulhart, 1526) eine Lehrschrift ›ausdrucken‹ läßt, so wenden sich viele Autoren in Flugschriften an einzelne Städte. Bernd Moeller (*Predigten in reformatorischen Flugschriften*, in: J.-H. Köhler, Flugschriften als Massenmedium der Reformationszeit. Beiträge zum Tübinger Symposium 1980. [= Spätmittelalter und frühe Neuzeit, Bd. 13, Stuttgart 1981, hier: 266ff.]) faßt diese ›Schriften mit reformatorischer Tendenz‹, die an Städte adressiert sind, zu einer eigenen ›Flugschriftengruppe‹ zusammen und resümiert: *»Diese Flugschriftengruppe hat sich uns inzwischen auf 30 Titel vermehrt; insgesamt 54 Auflagen sind bibliographisch ermittelt, es handelt sich um 25 Autoren, 25 Städte sind Adressaten.«* (Ebd. 266) Andererseits mag Kleinschmidt recht haben, daß die Regel gilt, je voluminöser das Werk (Buch vs. Flugschrift), um so geringer die Orientierung an einer einzelnen Stadt.

55 Weinmayer 1982 op. cit.: 27. Auch Sudhoff stellte für die lateinische medizinische Inkunabel die These auf, daß diese *»im allgemeinen für den weiteren internationalen Gebrauch dienten«*. (In: Klebs/Sudhoff 1926 op. cit.: 104) Andererseits ist für die Zeit um 1500 für Basel nachgewiesen, daß in mehr als einem Dutzend Fällen juristische Werke teilweise wort- und seitengetreu nach Vorlagen aus Mainz, Lyon, Basel, Straßburg und Venedig nachgedruckt wurden. (Vgl. H. R. Hagemann: *Rechtswissenschaft und Basler Buchdruck an der Wende vom Mittelalter zur Neuzeit.* In: Savigny-Zeitschr., Germ. Abtl. 77, 1960: 241ff., hier 275f.) Dies spricht nicht für die These vom internationalen Markt an der Jahrhundertwende.

56 Siehe Wilhelm Ebel: *Der Bürgereid als Geltungsgrund und Gestaltungsprinzip des deutschen mittelalterlichen Stadtrechts.* Weimar 1958.

57 *Gruendlicher vnd Warer Bericht. Vom Feldmessen, Vorrede* A2r. Vollständiges Faksimile der Vorrede im Anhang (A 7)!
Erasmus Reinhold, *›Doctor der Artzney‹* in Saalfeld, wie er am Ende seiner Widmungsvorrede bemerkt, ist der Sohn des gleichnamigen deutschen Astronomen. E. Reinhold d. Ä. (1511-1553) war Professor in Wittenberg, gab 1549 den *›Almagest‹* griechisch und lateinisch und 1554 das Tafelwerk des Regiomontanus heraus. 1551 erschienen, auf Unterstützung Melanchthons, seine eigenen *›Tabulae Protenicae‹*, die ›über fünfzig Jahre die Norm

des rechnenden Astronomen‹ blieben, bis sie durch Keplers Arbeit ersetzt wurden. (Vgl. Allg. Dt. Biographie) Obwohl E. Reinhold d. J. sein Brot als Arzt verdiente, widmete er sich in seiner Freizeit astronomischen und mathematischen Problemen, korrespondierte etwa mit Tycho Brahe. Das am Ende der Widmungsvorrede genannte Datum: *›1. Januar anno 1547‹* ist ein Druckfehler, ein Dreher. Der ›gründliche Bericht‹ erschien, wie es auf dem Titelblatt richtig lautet, 1574, und zwar in Erfurt bei Baumann. Bei der späteren Quartausgabe (Ffm. 1615) fehlt die hier besprochene Einleitung. Sie wird durch eine kurze Zusammenfassung des Inhalts ersetzt.

58 *»Zuo gunst Teutscher nacion«* erfolgte z. B. die *›Verteutschung aller Psalmen‹* von Georg Frölich, Augsburg (A. Weyssenhorn) 1534. Johannes Eck freilich hatte bei der Veröffentlichung seiner Auslegung der 10 Gebote noch die *›wolfahrt‹* ausschließlich der *»frumen Christen des alten glaubens«* vor Augen. (*Der Fünft vnd letst tail Christenlicher Predig von den Zehen Gebotten*, Ingolstadt [G. Krapff] 1539, Titelblatt)

59 So z. B. Alexander Seitzens *›Bäderbuch‹* von 1576. (Vorrede abgedruckt bei Peter Ukena [Hg.]: *Alexander Seitz – Sämtliche Schriften*, Bd. 1, Berlin 1970: 263/64.) Die Erstausgabe von 1516 ging noch nur zum *›gemainen nutz‹* aus. Mit gleichen Worten begründen auch de Bry und W. Ryff die Herausgabe ihrer Werke. Nach der Mitte des Jahrhunderts meint das *›Vaterland‹* allerdings schon häufig wieder die Landesherrschaft. Der *›vndertenigster vnd gehorsame Buerger‹* Adam Riese etwa schreibt sein Rechenbuch für das *»stadtliche Chur vnd Fürstenthum Sachsen / derselbig vndertanen vnd Jugent«*. Vgl. die Vorrede zur Ausgabe seines Rechenbuches –, Leipzig 1550.

60 Aus der Vorrede seines *›Kreüter Buoch‹*, Straßburg 1560 Abschn. XIII, b2r. Die Erstausgabe seines *›New Kreütter Buoch‹* (1539) stellt die Pflanzen *»zuo wolfart Christlicher policeien / klerlich fur augen«*. (Schluß der Vorrede).

61 *»Ich prueder Jacob von Cassalis«*, heißt es beispielsweise in einer um 1450 entstandenen Abschrift des Schachzabelbuchs, *»pin vberwunden von der prueder gepet vnd weltlicher studenten vnd ander edler lawt, die mich habent hören predigen daz spil, daz da haisset schachtzabel, daz ich davon gemacht han ditz püch.«* (Nach der Ausgabe von G. F. Schmidt, Berlin 1961, hier S. 25) Auch Otfried von Weissenburg schrieb sein Evangelienbuch ›auf bitten der freunde‹. Vgl. Anton E. Schönbach: *Otfried Studien* in: Zeitschr. f. d. Altertum, Heft 38 (1894), 39 (1895), 40 (1896), hier 1895: 377ff. Schönbach führt 36 ältere gleichlautende Belege aus (Widmungs-)Vorreden an und kommt zu dem Schluß, daß Otfried sich hier einer Tradition angeschlossen hat.

62 *›Von etliche frowen ... johannes bocaccus‹*, Ulm (Zainer) 1473, Widmungsvorrede an die Herzogin Eleonore von Österreich. (Die Vorrede ist faksimiliert bei Klebs/Sudhoff op. cit. 1926) Möglich gewesen wäre auch ein Rückgriff auf die mystische Tradition. Von Meister Eckhart wird der Satz überliefert: *»Waz ist guot? Daz sich gemeinet. Den heizen wir einen guoten menschen, der gemeine unde nütze ist.«* (Vgl. Franz Pfeiffer [Hg.]: *Deutsche Mystiker des 14. Jahrhunderts*, Bd. 2, Göttingen 1906[2]: 269.)

63 *Ein grundtlicher klarer anfang der natürlichen ... Dialectica*, Zürich 1556, 2. Vorrede, Blatt B6v. Die gleiche Formulierung findet sich auch in der ersten Auflage des Werkes, Augsburg 1533, auf Blatt A4v. (In Auszügen abge-

druckt bei Johannes Müller: *Quellenschriften und Geschichte des deutschsprachlichen Unterrichtes*, Gotha 1882: 411, Anm. 59)

64 Einen ähnlichen Gedanken verfolgen Literaturwissenschaftler, die Gattungen als Institutionen auffassen. (Vgl. z. B. Wilhelm Voßkamp: *Gattungen als literarisch-soziale Institution*, in: Walter Hinck [Hg.]: Textsortenlehre – Gattungsgeschichte, Heidelberg 1977: 27-44 oder Ders.: *Methoden und Probleme der Romansoziologie als Gattungssoziologie*, in: Intern. Archiv f. Sozialgesch. d. dt. Lit., Bd. 2, 1978: 1-37) Auch mit diesem Ansatz soll ausgedrückt werden, daß Informationsverarbeitung und -verbreitung, die sich an ›Gattungserwartungen‹, ›normbildenden Werken (Prototypen)‹ und genormten Verfahren orientieren, von der Gesellschaft (dem ›Publikum‹) selbst wiederum erwartet und entsprechend honoriert werden. Die entscheidende Frage ist nur, welchen Systemen oder Institutionen die verschiedenen Normen zugerechnet werden: Personen, Gruppen, organisierten Sozialsystemen, technischen Systemen, gesellschaftlichen Subsystemen usw.

65 So der Titel einer hier einschlägigen Arbeit von N. Luhmann (Neuwied/ Berlin 1969).

66 Vgl. a. den Exkurs über die ›*Realität der sozialen Normierung der Kommunikationstechnologie*‹ im Abschnitt 3.2, S. 283 ff.

67 Vgl. die Vorrede an Pirckheimer in seinen ›*Vier Büchern von menschlicher Proportion*‹, Nürnberg 1528, A2r.

68 Am Schluß der Vorrede seines ›*frembden Kunstbüchlins*‹, Straßburg 1572.

69 Aus der Widmungsrede an Neuendörffer für das Buch über die ›Messung‹ in ›*Der Architectür ... Mathematischen vnd Mechanischen kuenst / eygentlicher bericht*‹, Nürnberg 1558, A3a.

70 »*Ich aber weis*«, schreibt Dürer in seinen Entwürfen für die Unterweisung der Messung 1523 oder 1524, »*das gemut der tewtzschen natian, daß ein jetlicher, der do etwas news anfacht [anfängt] zw machen, auch geren [gerne] eine newe fatzan [Fasson] het, dy for ny gesehen wer.*« Nach H. Rupprich, *Dürers schriftlicher Nachlaß*, Bd. 2, Berlin 1966: 362.

71 Aus der Vorrede von Dietrich de Bry zu Hieronymus Bentz: ›*Neuwe vnd gruendtliche Historien von dem Nidergaengischen Indien*‹, Frankfurt 1594.

72 Claudia Klaffke: *Mit jedem Greis stirbt eine Bibliothek. Alte und neue afrikanische Literatur.* In: Aleida und Jan Assmann, Ch. Hardmeier (Hg.): Schrift und Gedächtnis – Beiträge zur Archäologie der literarischen Kommunikation, München 1983: 222-230.

Anmerkungen zu Kapitel 5

1 M. McLuhan: *Die magischen Kanäle*, Düsseldorf 1970, hier: 188ff. Oder derselbe: *Die Gutenberg Galaxis*, Düsseldorf 1968, hier: 206ff. Buchhistoriker äußern sich nicht anders: *»Des l'origine, l'imprimerie apparut comme une industrie regie par le meme loi que les autres industries, et le livre une marchandise que des hommes fabriquaient avant tout pour gagner leur vie ...«* L. Fèbvre/J.-H. Martin, *L'apparition du livre*, Paris 1958: 162.

2 Die Tatsache, daß der Buchdruck sich anarchisch, außerhalb der Bahnen der Zunftorganisation oder der mittelalterlichen Institutionen entwickelt hat, wird von vielen Buchhistorikern hervorgehoben. Rudolf Hirsch: *Printing, Selling and Reading 1450-1550* (Wiesbaden 1974, 2. Aufl.) fügt hinzu, *»that the uncontrolled and independent growth of the printing trade might not have happened, except for the decline of the power of guildes which had passed their zenith in most localities by the time printing entered the field.«* (ebd. 27)

3 Luhmann spricht deshalb in der Moderne von der ›Weltgesellschaft‹. Vgl. z.B. *›Die Weltgesellschaft‹*, in: ders.: Soziologische Aufklärung 2, Opladen 1975: 51-71.

4 Eine ›Weltgesellschaft‹ als Gemeinschaft aller voneinander abhängigen ›Menschen‹ mag noch am ehesten im Kreise der ›Humanisten‹ in den Blick gekommen sein.

5 Petrus Dasypodius: *DICTIONARIVM LATINO GERMANICVM*, Straßburg 1536 unter dem Lemma *›gemeyn‹*.

6 Josua Maaler: *Die teutsch spraach*, Zürich 1561, notiert: *»Gemein / yedermann zuogehoerig. Publicus, Communes. – Gemein / allenthalben außbracht. Vulgatus.«*

7 *»›Gemein machen‹ und ›offenbar machen‹, ›offenbaren‹, waren äquivalente Ausdrücke, die Lateinisch mit ›divulgare‹, ›promulgare‹, ›in lucem edere‹ u. a., französisch ›publier‹, ›mettre en lumiere‹, ›divulguer‹ u. a. wiedergegeben wurden.«* Lucian Hölscher im Artikel *›Öffentlichkeit‹* in: Geschichtliche Grundbegriffe, Historisches Lexikon zur politisch-sozialen Sprache in Deutschland, Bd. 4, Stuttgart 1978: 415. Zur weiteren Geschichte des Begriffs vgl. auch ders.: *Öffentlichkeit und Geheimnis*, Stuttgart 1979.

8 Beiträge zu dieser Diskussion leistet nahezu jeder, der sich mit dem Frühdruck oder der frühneuzeitlichen Geistesgeschichte auseinandersetzt. Es sei hier nur auf die Zusammenfassung von Hirsch 1974 op. cit.; Rolf Engelsing: *Die Perioden der Lesergeschichte in der Neuzeit* (Stuttgart 1969) sowie Ders., *Analphabetentum und Lektüre* (Stuttgart 1973) und Carlo Cipolla: *Literacy and Development in the West* (Harmondsworth 1969) verwiesen.

9 Man müßte freilich noch genauer untersuchen, ob sich diese Tendenz auch in den anderen europäischen Ländern wiederfinden läßt. Für Italien hat sich R. Hirsch (*Printing, Selling, Reading*; Wiesbaden 1974) skeptisch geäußert: *»References to the common man in Italian incunables seem to be very sparse; I was able to discover only one case in which an author (or printer) recommended a book specifically to everybody, Domenico Cavalca's Trattato di parzienza* (1488; GW. 6403) *called* **utilissimo ai ogni** *on the title page.«* (: 151, Anm. 61y)
Für weitere Nachweise der ›commune gente‹ als Adressaten vgl. Paul Oskar Kristeller: *Der Gelehrte und sein Publikum im späten Mittelalter und in der*

Renaissance. In: Festschrift für Walther Bulst. Hg. von Hans Robert Jaus u.a. Heidelberg 1960, hier 224f.

10 Humberto R. Maturana, F.J. Varela, R. Uribe: *›Autopoiese: Die Organisation lebender Systeme, ihre nähere Bestimmung und ein Modell‹* sowie Maturana/ Varela: *›Autopoietische Systeme: eine Bestimmung der lebendigen Organisation‹*, in H. R. Maturana: Erkennen: Die Organisation und Verkörperung von Wirklichkeit. Braunschweig 1982.

11 Anders sieht es bei den anderen Waren im ökonomischen System aus. Hier wird der Markt als Austauschsystem betrachtet: Ware gegen Geld. *»Gemeinschaft mit einem haben«*, erläutert Schwartzenbach in seinen ›Synonyma‹ 1564, heißt *»Handlung oder gewerb mit einem treiben.«* (XLVII). Das Wirtschaftssystem der Neuzeit betrachtet und behandelt das Geld als Äquivalent für eine Ware – und eben deshalb kann der Rückfluß des Geldes auch als feed back interpretiert werden. Das Geld wird von der Kommunikationsgemeinschaft aber nicht als Äquivalent für Informationen verstanden.

12 *Von verbot unnd auffhebung deren Buecher und Schriften / so in gemain one nachtheil vnnd verletzung des gewissens / auch der frumb und erbarkeit / nit moegen gelesen oder behalten werden.* München 1581, Bl. 13r. Vgl. a. Franz Schneider: *Die Schrift Gabriel Putherbeiens von Thuron aus dem Jahre 1549/1581 in ihrer publizistikwissenschaftlichen Bedeutung*, in: Publizistik 8, 1963: 354-362, hier 355.

13 Es handelt sich dabei also gleichsam um ein Modell zweiter Ordnung. Es modelliert ein idealtypisches marktwirtschaftliches Modell unter informationstheoretischen Gesichtspunkten.

14 D. Mertens: *Jacobus Carthusiensis*, Göttingen 1976: 78, Anm. 494.

15 Vgl. Fèbvre/Martin 1958 op.cit.: 184.

16 *»Um die Wende vom 15. zum 16. Jahrhundert wurde die Frankfurter Messe zu einer ständigen Einrichtung im Verkehr der europäischen Buchhändler untereinander«*, bemerkt Widman (*Geschichte des Buchhandels*, Bd. 1, Wiesbaden 1975: 84) und betont damit die Funktion dieser Messe nicht so sehr für den Binnenmarkt als vielmehr für die internationale Vernetzung. So gesehen könnte man die großen Messen auch als Schnittstellen zwischen verschiedenen typographischen Netzen modellieren.

17 Über diese Entwicklung informieren zahlreiche buchwissenschaftliche Monographien und Handbuchartikel, vgl. z.B. Friedrich Kapp (Bd. 1) und Johann Goldfriedrich (Bd. 2-4 und Register): *Geschichte des deutschen Buchhandels*, Leipzig 1886-1923 (Neudruck Leipzig/Aalen 1970), Widman 1975 op.cit. oder Joseph Benzing: *Verzeichnis der deutschen Verleger in 16./17. Jahrhundert.* In: AGB, 2, 1960: 445-509 sowie Heinrich Grimm: *Die Buchführer des deutschen Kulturbereichs und ihre Niederlassungsorte in der Zeitspanne 1490 bis um 1550.* In AGB, 7, 1966: 1153 bis 1772.

18 Vgl. Oskar von Hase: *Die Koberger*, Amsterdam/Wiesbaden 1967 (3. Auflage) *»P. Drach hatte nachweislich schon im 15. Jahrhundert Bücherlager in Straßburg, Frankfurt, Köln, Leipzig, Landau, Worms, Heidelberg, Mainz, Würzburg, Nürnberg, Crailsheim, Dinckelsbühl, Feuchtwangen, Augsburg, Landshut, Halberstadt, Stendal, Prag, Kuttenberg, Brüx, Iglau, Brünn und Olmütz.«* F. Geldner, *Inkunabelkunde*, Wiesbaden, 1978: 160 mit weiteren Literaturhinweisen.

19 Maria Hahn: *Schweinfurts Drucker, Buchbinder und Buchhändler.* (Diss. Würz-

burg) in AGB 10, 1970: 593. Zit. nach H. Widman 1975 op. cit.: 72. Gegen den ›heimlichen‹ Verkauf von Büchern zogen viele Stadträte zu Felde. In der ›Satzung für Buchbinder und Buchführer ... in München (1596)‹ heißt es beispielsweise im Abschnitt *›Vom Failhaben‹*: *»Die hieigen* [hiesigen] *maister moegen ire büecher vnnd wahren by iren läden oder da einer khainen laden hatte, an anndern erlauppten ortten woll auslegen, failhaben, vnnd verkhauffen, doch soll an den Sunn- vnnd andern gebottnen Feyrtagen, vormittag, vnnd verrichten Gottesdienst durchauß nichts auslegen, failhaben, oder einicher Laden öffnen, by ernstlicher Rathsstraff.«* Nach Widman 1965 op. cit., Bd. 2: 72.

20 Man vergleiche etwa die Diskussion des Standes der wissenschaftlichen Reflexion dieser Prozesse durch die moderne Psycholinguistik bei Udo Günther: *Lesen im Experiment.* In: Linguistische Berichte, 122, 1989: 283-320.

21 *Die rechte weis aufs kuorzist lesen zu lernen*, Erfurt 1527, A2v. *›Lesen heyst die buchstabe(n) nennen‹*, wiederholt er auf gleicher Zeilenhöhe in einer Marginalie. Ähnliche Bestimmungen finden sich in seiner *›Teütschen Grammatica‹*. Beide Werke sind im Faksimile von Karl Pohl 1971 im Klett Verlag (Stuttgart) herausgegeben und kommentiert. Zu Ickelsamer und der Einschätzung seiner Leistungen durch die moderne Sprachwissenschaft vgl. M. Giesecke, *Alphabetisierung als Kulturrevolution. Leben und Werk V. Ickelsamers.* In: Giesecke: Sinnenwandel, Sprachwandel, Kulturwandel. Ffm 1992: 122-187

22 *Ain teütsche Grammatica*, o. J., o. O. (Ausgabe TGa_2): A5r.

23 So A. C. Baumgärtner (Hg.): *Lesen – Ein Handbuch: Lesestoff, Leser und Leserverhalten, Lesewirkung, Leseerziehung, Lesekultur*, Hamburg 1973: 391.

24 Gert Rickheit, Hans Strohner (Hg.): *Inferences in Text Processing.* Amsterdam 1985 (North-Holland); Gert Rickheit, Michael Bock (Hg.): *Psycholinguistic Studies in Language Processing.* Berlin/New York 1983.

25 Den Wandel des Begriffs und des ›Sinns‹ des volkssprachlichen Lesens und Schreibens beschreibt Helga Hajdu in ihrer ganz zu Unrecht viel zu wenig zur Kenntnis genommenen Schrift *›Lesen und Schreiben im Spätmittelalter‹*, Pecs – Fünfkirchen 1931. Vgl. a. Anm. 40 auf S. 714.

26 In diesem Sinn Herbert Grundmann: *Litteratus – Illiteratus. Der Wandel einer Bildungsnorm vom Altertum zum Mittelalter.* In: Archiv für Kulturgeschichte, Bd. 40, 1958: 1-65; mit Kritik zu einzelnen Passagen Franz H. Bäuml: *Varieties and Consequences of Medieval Literacy and Illiteracy.* In: Speculum 55, 2; 1980: 237-265, hier: 242 f. Vgl. auch Manfred G. Scholz: *Hören und Lesen – Studien zur primären Rezeption der Literatur im 12. und 13. Jahrhundert.* Wiesbaden 1980.

27 *Contrafayt Kreüterbuoch*, Straßburg 1532, S. LXXII. Zur ›Bitte um Korrektur‹ vgl. auch Abschnitt 5.7.

28 Ebd. S. LXXIII. Auch Conrad Gessner, der bekannte Schweizer Naturforscher, berichtet in seiner *›Historia animalium‹* davon, daß er sich für seine Arbeiten Anschauungsmaterial von Gewährsleuten aus ganz Europa schikken läßt. Vgl. J.-D. Müller 1986 op. cit. (s. Anm. 31 auf S. 760), S. 333.

29 Lloyd A. Brown: *The Story of Maps*, Boston 1949, 162-164. Über Rückmeldungen auf verschiedenen Kanälen berichtet auch der bis ins 18. Jahrhundert hoch angesehene ›Grammatiker‹ Justus Georg Schottel in seiner 1663

in Braunschweig erschienenen *›Ausfuehrlichen Arbeit // Von der // Teutschen // Haubt Sprache‹*. Vor *»nunmehr zwantzig Jahren«* habe er *»unterschiedliche Buecher nach einander / als die Teutsche Sprachkunst* [1641] */ die Verskunst und die Einleitung* [wohl: Lobrede Von der Uhralten Hauptsprache der Teutschen, 1641]« herausgegeben. ›Exemplaria‹ dieser ›Editionibus‹ seien *»fast durch gantz Teutschland versandt«* worden und er habe *»vieler vornehmer Gelahrte Leute zustimmende Meinung/ theils durch Handschreiben / theils durch publicirte* [d. h. gedruckte] *Gezeugnissen«* erhalten. Durch diese Anregungen *»ward die Sprachkunst vielfaeltig vermehret«* und *»nunmehr vor zehen Jahren abereins dem Drukke untergeben«*. Erneute Reaktionen und weitere eigene Überlegungen veranlaßten ihn dann in den 60er Jahren zu einer völligen Überarbeitung seines Werkes. (1. Lobrede, S. 2; vgl. die Faksimile-Ausgabe von W. Hecht, Tübingen 1967 [= Deutsche Neudrucke, Reihe: Barock, 11]) Der typographische kommunikative Kreislauf funktioniert im 17. Jahrhundert.

30 Diese Tendenz findet sich etwa im Werk von Alfred Schütz (z. B. *›Symbol, Wirklichkeit und Gesellschaft‹*, in: Ders.: Gesammelte Aufsätze, Bd. 1, Den Haag 1971: 331-411, hier vor allem 363 und 371 ff.) oder G. Herbert Mead (*›Geist, Identität und Gesellschaft‹*, Ffm 1978, hier 301). Die Bindung von ›Kommunikation‹ an unmittelbare ›Reziprozitätsherstellung‹ wurde von vielen Vertretern der Wissenssoziologie, z. B. auch von Peter Berger und Thomas Luckmann (*›Die gesellschaftliche Konstruktion der Wirklichkeit‹*, Ffm. 1970) übernommen, und sie bestimmt ebenfalls die *›Theorie kommunikativen Handelns‹* von Jürgen Habermas (2 Bde, Ffm 1981, vgl. hier Bd. 1, 386/7 Bd. 2, 193 und 392). Institutionelle und/oder technisierte Kommunikation wird als Zwangskommunikation, als keine ›eigentliche‹ oder ›wahre‹ Kommunikation aufgefaßt.

31 Über die Bedeutung des Titelblattes für die wissenschaftliche Kommunikation handelt z. B. G. Sarton: *The Scientific Literature Transmitted through the Incunabula.* (in: Osiris, 5, 1938: 41-245, hier 89 ff.)

32 Die Kolophone sind durchweg ›persönlicher‹ als die Titelblätter gehalten. Meist wünschen Drucker oder/und Autoren in der Inkunabelzeit den Segen Gottes, Gesundheit o. ä. So gesehen bedeutet der Wegfall der Kolophone und die Entscheidung für die nüchterne Struktur des Titelblattes ein Stück Rationalisierung.

33 *Five Hundred Years of Printing*, Harmondsworth 1977³ (Penguin), S. 147. Vgl. zum Thema im allgemeinen: Gerhard Kießling: *Die Anfänge des Titelblattes in der Blütezeit des deutschen Holzschnittes, 1470-1530*, Leipzig 1930 (Monographien des Buchgewerbes 14), zur Orientierung: Ferdinand Geldner: *Inkunabelkunde*, Wiesbaden 1978: 107 ff.

34 *Liber de arte Distillandi de Compositis*, Straßburg 1512: XII r/v. In dem Exemplar von 1532 des gleichen Werkes in der LB. Hannover hat ein Leser der Zeit diesen Verweis durchgestrichen. Daran, daß er ihm nicht weitergeholfen hat, kann es eigentlich nicht liegen: der Verweis ist korrekt.

35 Es lautet dort: *»Ein gemein regel von dem fleisch zu nützen ... doch so setzt der vor genan(n)t doktor Heinricus steinhower in sinem capitel fo(n) schwyne fleisch v(n)d gerouchtem fleisch daz sunst in andern zyten zymlich zuo essen ist genannt auf blat VIII«*. (Bl. 9 r/v) Überhaupt zeichnet sich Brunschwygk durch vergleichsweise genaue Adressierungen aus.

36 Nach J. Telle (*Wissenschaft und Öffentlichkeit im Spiegel der deutschen Arzneibuchliteratur.* In: Medizinisch-historisches Journal 14, 1979: 32-52) sind *›namentliche Nennungen‹* in der medizinischen Literatur des 16. und 17. Jahrhunderts *›selten‹*. (Ebd. 49, Anm. 66) Er gibt nur drei Beispiele an, wo mehrere Autoren als Gewährsmänner genannt werden. Diese Beispiele lassen sich leicht ergänzen. Typisch bei Brunfels sind Verweise wie: *»Es ist auch sonst ein Apothecker buechlin gemacht / genant dispensariu(m) magistri Nicolai Prepositi / darin(n) findestu / wie man ein yedes kreütlin in sonderheyt samlen vnnd bereyten soll / moecht mit der zeyt verdolmetscht werden.«* (Kap. XXIII) Brunfels liebte es, auch auf eigene Werke, z. B. auf *De incertitudine*, Kap. XIX, seine Überarbeitung des *Spiegels der artzney*, von L. Fries, Kap. XXII und ein Probierbuch über die Kräuter, Kap. XXVII, zu verweisen.

37 *»Dieweil dißes mein werck new / vormals nye dergleichen an tag kummen«* ist, schreibt Brunfels auch in der Widmungsvorrede, *»moecht sein bey etlichen (der nuon fil seind) also angesehen / vnd geachtet vermeyntlicher weiß zuo tadelen.«* Weil er also nicht nur auf die Autoritäten zurückgreift, deshalb wird er getadelt und deshalb benötigt sein Buch auch einen ›besonderen Namen‹ und Schutzpatron.

38 Aus der Vorrede des zwischen 1484 und 1489 bei Georg Stuchs in Nürnberg erschienenen kleinen Werks.

39 Oftmals scheint diese psychologische Funktion den einzigen Sinn von Abschreiben und Vorlesen alter Texte im Mittelalter ausgemacht zu haben. Vgl. M. Giesecke: *Untersuchungen zur sozialen Funktion und Struktur handschriftlicher Rezepte im Mittelalter.* In: LiLi, Jg. 13, Heft 51/52, 1983: 167-184, hier 181 f.

40 Dieses Thema behandelt Elizabeth Eisenstein in ihren Arbeiten in zahlreichen Variationen. Vgl. z. B.: *The Advent of Printing and the Problem of the Renaissance.* In: Past and Present 45, 1969: 19-89, hier vor allem 84f. Sowie: *Clio and Chronos – An Essay on the Making and Breaking of History Book-Time.* In: History and Theory, Beiheft 6, 1966. Sowie: *Some Conjectures about the Impact of Printing on Western Society and Thought. A Preliminary Report.* In: The Journal of Modern History, 40, 1, 1968.

41 Die Belege sollen nur den Duktus der Argumentation illustrieren, sie ließen sich beliebig verlängern. Mir ist kein Kräuterbuch aus der Mitte des 16. Jahrhunderts bekannt, das nicht irgendwo den Anspruch auf Neuheit erhebt. Vgl. auch die Titelangaben im Quellenverzeichnis.

42 Zum Begriff der sozialen Norm als einer *›kontrafaktisch stabilisierten Erwartungserwartung‹* vgl. N. Luhmann: *Normen in soziologischer Perspektive.* In: Soziale Welt 20, 1969: 28-48. Sowie ders.: *Sinn als Grundbegriff der Soziologie.* In: J. Habermas/N. Luhmann: Theorie der Gesellschaft oder Sozialtechnologie. Frankfurt 1975: 25-100.

43 Wenn sie überhaupt thematisiert wird, dann vorzugsweise in der wissenschaftlichen Reflexion, etwa wenn ›aktuelle‹ Information als Gegenstand der publizistischen Wissenschaft genannt wird. Vgl. Walter Hagemann: *Grundzüge der Publizistik*, neu hrsg. von Henk Prakke, Münster 1966, hier 30ff. S. zur Entwicklungsgeschichte des Prinzips: Jürgen Wilke: *Nachrichtenauswahl und Medienrealität in 4 Jahrhunderten – eine Modellstudie zur Verbindung von historischer und empirischer Publizistikwissenschaft.* Berlin/New York 1984.

44 Noch 1531 befürchtet Fabian Frangk, daß seine ›*Orthographia*‹ »*bey ettlichen / fuer ein Newfundig seldsam odder vnnoetig ding angesehen*« wird. (Bl. 53b, zit. nach dem Textabdruck bei J. Müller: Quellenschriften und Geschichte des deutschsprachlichen Unterrichts, Gotha 1882: 109) Er hofft, daß der Nutzen, den sein Buch schafft, den Leser überzeugen wird.

45 *Dialectica*, Vorrede an die Leser, Bl. B6v, zit. nach der Ausgabe von 1556. Ähnliche Argumente finden sich auch in seiner ›*Leeßkonst*‹, vgl. den Abdruck bei Müller 1882 op. cit., 168.

46 Hans Blumenberg: *Der Prozeß der theoretischen Neugierde*, Frankfurt 1973: 158.

47 Abgedr. in: M. L. E. du Pin (ed.), *Opera Omnia*, Amsterdam 1706, Bd. 1: 56-106. Vgl. auch Jan-Dirk Müller: ›*Curiositas*‹ *und* ›*erfarung*‹ *der Welt im frühen deutschen Prosaroman.* In: L. Grenzmann/Stackmann (Hg.): Literatur und Laienbildung im Spätmittelalter und in der Reformationszeit. Stuttgart 1982: 252-271.

48 In der Vorrede zu seinem ›*Kreuterbuoch / New zuogericht*‹, Frankfurt 1557, Bl. AA2r.

49 Ähnlich interpretiert Edgar Zilsel, *The Genesis of the Concept of Scientific Progress*, die Leistungen der Fachprosaautoren. »*Manifestly, the idea of science we usually regard as* ›*Baconian*‹ *is routed in the requirements of early capitalistic economy and technology; its appear first in the treaties of fifteenth-century craftsmen.*« Hier zit. nach dem zu diesem Thema einschlägigen Sammelband von Phillipp P. Wiener und Aaron Noland (ed.), Roots of Scientific Thought, New York (Basic Books) 1957: 251-275, hier 272. Die Anfänge des ›*concepts of the progress of civilization*‹ sieht er allerdings erst im 17. Jahrhundert bei Francis Bacon. Gegen diese Differenzierung hat schon A. C. Keller (*Zilsel, The Artisans, and the Idea of Progress in the Renaissance.* In: Wiener/Noland op. cit. 1957: 281-286) argumentiert. M. E. stand am Anfang ein allgemeiner zivilisatorischer Fortschrittsgedanke (gemein Nutz), die Idee des ›Fortschritts der Wissenschaften‹ differenziert sich aber spätestens seit dem zweiten Drittel des 16. Jahrhunderts aus und kann deshalb von Theoretikern im 17. Jahrhundert umfassend beschrieben werden. Zur weiteren Entwicklung der Konzepte vgl. Lynn Thorndike: *Newness and Novelty in Seventeenth-Century Science and Medicine.* In: Wiener/Noland 1957 op. cit., 443-457.

50 »›*Erfahrung*‹ *bedarf*«, kommentiert J.-D. Müller (1986 op. cit.: 331) diese Äußerung des Paracelsus (Schriften Bd. 9, S. 26), »*daher der Anstrengungen vieler und überschreitet damit das Maß individuellen Lebens.*«

51 Paracelsus, *Große Wunderarznei*, Kap. 15, Sämtliche Werke Bd. 6: 72. Sowohl Georg Agricolas Bergbaubücher als auch die Predigten des J. Mathesius sprechen ähnliche Gedanken aus. Letzterer möchte seine Predigten auch deshalb veröffentlichen, »*damit andere Bergkstedt vnnd frembde vnnd außlendische gewerkken hierauß spueren vnnd abnemen koennen wie es hie auff dem Joachimßthalischen geystlichen Bergkwerck*« steht. (*Sarepta oder die Bergpostill*, Nürnberg 1562, Vorrede)

52 Vorrede der ›*Vier Bücher von menschlicher Proportion*‹, Nürnberg 1528, A2r.

53 H. Rupprich: *Dürers schriftlicher Nachlaß*, Bd. 2, Berlin 1966: 211, ähnlich auch ebd. 118/19.

54 *Vier Bücher von menschlicher Proportion*, 1528, T4r. (Ästhetischer Exkurs) Im gleichen Sinne betont er auch in der Vorrede zur ›*Unterweisung der Messung*‹,

daß derjenige, der *›weyter sucht ... gar vil mehr finden‹* wird, als er *›ytzt‹* in seinem Buch ›anzeigt‹.

55 So Tabernaemontanus in der Vorrede zum Bd. 2 seines Kräuterbuchs (Frankfurt 1591, S. III).

56 *»Ich erken selbs mein vnfolkumenheit«*, bemerkt Dürer 1523 in der Reinschrift zu seiner Vorrede der *›Lehre von den menschlichen Proportionen‹*. (Rupprich op. cit., Bd. 3, 1969: 167) Wohlgemerkt: Die Erkenntnis der Unvollkommenheit des eigenen Wissens wird nicht aus dem Vergleich mit dem (größeren) Wissen der Autoritäten oder mit irgendwelchen theoretischen Systemen gewonnen. Bezugspunkt ist vielmehr die für die Zukunft zu erwartende Anhäufung neuer Erkenntnisse!

57 Nach Rupprich 1966 op. cit., Bd. 2, 100. Nahezu wörtlich wiederholt Dürer diese Auffassung in späteren Entwürfen, vgl. ebd. S. 117, 118, 120. Rupprichs Lesart von *»sein er rett«* als *»es errät«* (Anm. 15) mag ich nicht teilen. Es geht Dürer hier darum, klarzumachen, daß auch die zukünftigen Künstler Ehre und Moral haben, auch etwas Neues schaffen wollen. Um diese Ehre in Anbetracht der Leistungen ihrer Vorfahren zu ›retten‹, müssen sie deren ›Werke‹ übertreffen. (Vgl. auch Kap. 2.6, S. 150f.)

58 Der Pfarrer der Bergarbeiter, J. Mathesius, fordert zwar ausdrücklich dazu auf, sein ›werck‹ mit jenen der ›umliegenden‹ Bergstätte zu ›vergleichen‹, aber er betont, daß ihm am Streit nicht gelegen sei: *»Mit niemandt hab ich disputirn oder hadern / auch der andern meynung nicht tadlen oder verwerffen woellen.«* Seine *»meinung, so gut«* er sie *»gefunden und verstanden«* hat, legt er in seinem Buch dar. Wer mit seinen Argumenten nicht zufrieden ist, der solle sich bei anderen umsehen: *»Welcher als ein Bergkman gerne sich wil weysen lassen / da jemand mit glimpff vnd gutem grunde oder offenen durchschlegen / was bessers / richtigers oder gewissers jm wirdt anzeygen koennen.«* (*Sarepta oder die Bergpostill*, 1562, Vorrede) Auswahl an Informationsquellen gibt es nunmehr genug. Welche Lehrmeinungen die rechten sind, wird auf Dauer und nicht in kurzatmigen Disputationen entschieden.

59 *Das erst buch der Geometria*, 1539, A2v. Augustin Hirschvogel (*Ein aigentliche vnd grundtliche anweysung in die Geometria*, Nürnberg 1543) empfiehlt Schmids Buch neben dem Werk *›des hochberuembten theuren mans Albrecht Thuerers‹* als die zu *›diser zeyt kürzeste‹* und *›höchste‹* Einführung. Vgl. Rupprich 1969 op. cit., Bd. 3, 465/466.

60 Ebd., Vorrede. Es wird freilich auch die gegenteilige Position vertreten. In der vielfach aufgelegten *›Geometrei‹* des Jakob Koebel heißt es in der Vorrede, daß *»der so ein ding bessert / mehr dann der es funden hat zu loben ist«*. (zit. nach der Ausgabe Frankfurt 1570) Entsprechend betont er auch weniger den Erfinderlohn des einzelnen als vielmehr das Gemeinwohl. Ausdrücklich fordert er dazu auf, *»mehr gemeynen nutz vnd lob / dann eygen stoltz bedencken«*. (ebd. 9) Diese Bewertung hindert ihn aber nicht daran, das Buch als ein ›Reizmittel‹ einzusetzen. In seinem *›Neüw Rechenbüchlein‹* (Oppenheim 1517) hofft er, daß die ›Jungen‹, die sein Buch lesen, *»dardurch ... ander Reche(n)büchlein zuo lesen auch luost gewünne[n]«*. (Vorrede) Auch zu vermehrter Rezeption soll also angeregt werden.

61 So Hieronymus Rodler in seinem *›Nützlichen büchlin vnd underweisung der kunst des messens‹*, Simmern 1531, A3r.

62 Aus *›Das New groß Destillierbuoch‹*, Frankfurt 1545, Bl. 1a.

63 A. Loniczer, *Kreuterbuoch / New zuogericht*, Frankfurt 1557, im Abschn. *›Von Destillierung in gemeyn‹*, Bl. C1r.

64 *›Kuenstlich vnd zierlich gerissene Livische figuren ... nachgerissen durch Jost Ammon‹*, Straßburg 1631, Bl. 3r. Im gleichen Sinne stellte schon 1538 Ortholph Fuchsperger in seiner *›Justinianischen Instituten warhaffte dolmetschung‹* (Frankfurt) fest: *»Sieht man doch bey alle(n) handwerckern / daß sie yetzo mit der Koestligkait aller arbait / vnserer vorfarn Zeit weit vbertreffen.«* (Vorrede) Davon, daß zu seinen Lebzeiten *»new vn(d) vormals vnbekante fremde vnd vngebreuchliche artzenei erfunden worden ... vn(d) noch taeglich je lenger vn(d) mehr erfunden«* werden, schreibt auch W. Ryff in seinem Destillierbuch (1545, Bl. Ib).

65 So W. Ryff in seiner Vorrede für den Kommentarband *›Der Architectür fürnembsten ... Mathematischen vnd Mechanischen kuenst‹* zu seiner Übersetzung von Vitruvs *›Architectura‹*. (Nürnberg 1558).

66 Hier zitiert nach dem *›Aphorismorum‹*, Augsburg um 1560, Bl. A1v/A2r. Ähnliche Belege bei J.-D. Müller 1986 op. cit. 336/337.

67 *›Die erste Defension / In erfindung der newen Medicin‹*, nach der Edition von J. Huser, Bd. I, Hildesheim/New York 1973: 160.

68 Aus den 1538 fertiggestellten *›Sieben Defensiones‹*, zweite Defension, Huser, Bd. I, New York/Hildesheim 1973: 168.

69 Vgl. H. Widmann: *Geschichte des Buchhandels vom Altertum bis zur Gegenwart*, Teil 1, Wiesbaden 1975: 92. Der Breve gewährt der Universität Köln dieses Recht.

70 Abgedruckt von Heinrich Pallmann im Archiv f. Gesch. des dt. Buchhandels, 9, 1884: 238-241.

71 Im Faksimile abgedruckt bei H. Widmann: *Vom Nutzen und Nachteil der Erfindung des Buchdrucks*, Mainz 1973: 56 (Abb. 4).

72 Eine Fundgrube sind hier etwa die bayerischen Religionsmandate, zusammengestellt von Helmut Neumann (*Staatliche Bücherzensur und -aufsicht in Bayern von der Reformation bis zum Ausgang des 17. Jahrhunderts*, Karlsruhe 1977 (= Studien und Quellen zur Gesch. d. dt. Verfassungsrechts, Reihe A, Bd. 9).

73 So das *›Mandat der Universität und des Rates zu Wittenberg in Sachen der Censur‹* aus dem Jahre 1570. Teilabdruck bei H. Widmann: *Der deutsche Buchhandel in Urkunden und Quellen*, Bd. 2, Wiesbaden 1965: 369/70, hier 370.

74 Der betreffende § 58 ist abgedruckt bei Friedrich Kapp: *Geschichte des Deutschen Buchhandels bis in das 17. Jahrhundert*, Bd. 1, Leipzig 1886: 776.

75 Vgl. die *›Römisch Kayserliche Ordnung und Reformation guter Polizei‹*, die auf dem Reichstag zu Augsburg 1548 verabschiedet wurde, § 1, abgedruckt bei Kapp 1886 op. cit. 777/8. Die zusätzliche Angabe des Erscheinungsjahrs fordert etwa das Mandat des Kurfürsten August zu Sachsen *›wider Pasquille und Schmähschriften‹* vom 26. Mai 1571 (vgl. Widmann 1965 op. cit., Bd. 2, 371/72, hier 372) oder jenes des Herzogs von Bayern vom 1. August 1580. (Neumann 1977 op. cit. 92)

76 Aus dem eben erwähnten Mandat von 1571; vgl. Widmann 1965 op. cit., Bd. 2, 372.
In dem Abschied des Reichstags zu Speyer vom 11. Dez. 1570 heißt es im gleichen Sinn: *»Darauff setzen, ordnen und wollen Wir, daß hinfüro im ganzen*

Römischen Reich Buchdruckereien an keine andere Örter, denn in denen Städten, da Churfürsten und Fürsten ihr gewöhnliche Hoffhaltung haben, oder da Universitates studiorum gehalten, oder in ansehnlichen Reichsstädten verstattet, aber sonsten alle Winkel-Druckerehen stracks abgeschafft werden sollen.« (§ 155), nach Kapp 1886 op. cit., 782.

77 Abgedruckt bei H. Neumann 1977 op. cit., 84-90, hier 88. Das Mandat liegt in 2 Ausfertigungen vor, eine richtet sich an die *›Pfleger und Richter‹*, die andere an die *›Städte und Märkte‹*. Hier ist aus der ersteren zitiert.

78 Herzog Friedrich von Württemberg verpflichtet seine ›Regenten‹ ganz allgemein *»zue solchem* [Druck] *Werkh vnnd handel, kheine ... Persohnen zue lassen,* [als] *wölche sich hernacher Inn Ihrem Thuen vnnd Leben, so wohl Inn: Alß vsserhalb den Truckhereyen vnd Handthierungen Aines vernünfftigen, bescheidnen vnnd Erbarn wandelß befleißenn«.* (Ordination der Universität Tübingen vom 18. Febr. 1601, Kap. XVII; nach Widmann 1965 op. cit., Bd. 2, 374)
In § 156 des Reichsabschieds von Speyer (1570) heißt es: *»Zum anderen soll auch kein Buchdrucker zugelassen werden, der nicht zuforderst von seiner Obrigkeit, da er häußlich sitzet, darzu redlich, ehrbar und aller Ding tuglich erkennt, auch daselbst mit sonderm leiblichen Eid beladen, in seinem Trucken jetzigen und andren Reichsabschieden, sich gemäß zu verhalten.«* (Kapp 1886 op. cit., Bd. 1, 782)

79 Vgl. z. B. Art. 110 der *›Peinlichen Hals-Gerichts-Ordnung‹* von Karl V. von 1532, abgedruckt bei Kapp 1886 op. cit., Bd. 1, 776/777. Zum Begriff der ›Schmähschriften‹ vgl. a. Ulrich Eisenhardt: *Die kaiserliche Aufsicht über Buchdruck, Buchhandel und Presse im Heiligen Römischen Reich deutscher Nation*, Karlsruhe 1970, hier 60f. (= Studien u. Quellen zur Gesch. d. dt. Verfassungsrechts, Reihe A, Bd. 6).

80 Aus dem Abschied des Kreistages zu Erfurt vom 27. Sept. 1567, zit. nach Kapp 1886 op. cit., Bd. 1, 780/1; ähnliche Formulierung auch im Abschied des Reichstags zu Speyer von 1570 (ebd. 782) und in dem schon zitierten bayerischen Religionsmandat von 1569.

81 Erich Kleinschmidt: *Stadt und Literatur in der frühen Neuzeit ...*, Köln/Wien 1982: 118/9. Dort auch weitere Dokumente und Analysen zum *›obrigkeitlichen Kampf gegen die erzählerischen Texte in der Volkssprache‹* und zur *›urbanen Zensur‹*. Zitat aus J. L. Vives: *Von vnderweysung ayner Christlichen Frawen*, Augsburg (H. Stainer) 1544, Bl. IXv.

82 *»Was dan gelehrte Leuth antrifft die nit allain mit Teutschen, sonder anderer mehr Sprachen, lesen vnd Studieren vmbgehen«*, heißt es etwa in dem bayerischen Index erlaubter Bücher vom Jahre 1566, *»denen ist vnnoth, vil andeutung zegeben, sie wissen selbs.«* Abgedruckt bei H. Neumann 1977 op. cit., 78-84, hier 81/2.

83 Zit. nach Widmann 1965 op. cit., Bd. 2, 373.

84 Diese Passage findet sich in dem Nachwort sowohl der Ausgabe von 1500 als auch von 1505, sie fehlt in späteren Nachworten, z. B. von 1512 oder 1521. *»Sollt nicht ein Drucker dem anderen aus christlicher Liebe ein Monden oder zween zugut harren, ehe er ihm nachdrucket?«* frug auch Luther in seiner *›Vermanung an die drücker‹*, die er seiner *›Auslegung der Epistel und Evangelien von Advent an bis auf Ostern. Anderweyt corrigirt durch Martin Luther‹* (Wittenberg 1525) beigab.

85 Eine Deutung des Schlußwortes von Brunschwygk samt Erzählung und Nachweis der Fabeln gibt Johanna Belkin: *Ein frühes Zeugnis des Urheber-*

schutzgedankens in Hieronymus Brunschwygk, Liber de arte distillandi de simplicibus von 1500, in: Gutenberg-Jahrbuch 1986: 180-200, hier vor allem 190ff.

86 Karl Schottenloher (*Die Druckprivilegien des 16. Jahrhunderts*, in: Gutenberg-Jahrbuch 8, 1933: 89-110) hat seiner 159 Titel umfassenden Sammlung privilegierter Werke die Bemerkung vorangestellt: *»Das folgende Verzeichnis will keine vollständige Liste aller im 16. Jh. mit Schutzbriefen ausgestatteten Bücher, sondern nur ein erster Anfang dazu und ein Versuch sein, diese besonders reizvolle Seite und Einrichtung des Frühdrucks in eigenartigen Beispielen anschaulich vor Augen zu führen.«* (ebd. 94) In der anschließenden Anmerkung listet er die Versuche seiner Vorgänger ab 1765 auf. Die neuere Literatur wird erfaßt bei Hansjörg Pohlmann: *Neue Materialien zum deutschen Urheberschutz im 16. Jahrhundert – Ein Quellenbeitrag zur neuen Sicht der Urheberrechtsentwicklung*, in: AGB 4, 1963, 89-172. 276 Schutzbriefe werden dort bis 1698 aufgeführt, hinzu kommen noch 76 ›Musik- und Kunsturheberrechtliche Schutzbriefe‹. Wenig später hat Pohlmann seine Liste um weitere 201 Angaben ergänzt (*Weitere Archivfunde zum kaiserlichen Autorenschutz im 16. und 17. Jahrhundert*, in: AGB 6, 1966: 642-680). Den jüngsten Stand der Diskussion referiert Ludwig Gieseke in dem Aufsatz *›Humanisten und Urheberrecht‹* im ›Archiv für Urheber-, Film-, Funk- und Theaterrecht‹ (UFITA), Bd. 86, 1980: 83-100.

87 Zu den Vorläufern dieser Entwicklung auf dem Gebiet der Patentierung von ›Erfindungen‹ und technischen Einrichtungen vgl. Maximilian Frumkin: *Early History of Patents for Invention*, in: Transaction of the Newcomen Society for the Study of the History of Engineering and Technology, Bd. 26, 1947-49, 47-56 sowie Giulio Mandich: *Le private industriali Veneziane (1450-1550)*, in: Rivista del diretto comerciale ..., Sept./Oct. 1936: 511-547. S.a. Anm. 204 auf S. 732.

88 Der Text der Baseler Verordnung ist abgedruckt bei Kapp 1886 op.cit., Bd. 1, 753.

89 Ebd. 752. Ähnlich vermutet auch Ludwig Gieseke (*Die geschichtliche Entwicklung des deutschen Urheberrechts* [Göttinger rechtswissenschaftliche Studien, Bd. 22], Göttingen 1957: 46) *»Wahrscheinlich blieben sie,* [Klagen und Widerklagen wegen Nachdrucks nämlich,] *aber, wie dort* [am Reichskammergericht] *häufig, so lange liegen, bis sie vergessen waren oder doch niemand mehr Interesse an einer Entscheidung hatte.«* Pohlmann hat einen juristischen Streit, der allerdings mit der Konfiszierung der nachgedruckten Ware endete, gut dokumentiert: *Der Urheberrechtsstreit des Wittenberger Professors Doktor med. Kaspar Peuker mit dem Frankfurter Verleger Sigmund Feyerabend (1568-1570) – Ein Quellenbeitrag zur Frage der Wirksamkeit des kaiserlichen und kursächsischen Autorenschutzes*, in: AGB 6, 1966: 593ff.

90 *»Uor hab ichs narren schiff gedicht / mit grosser arbeyt vff gericht / ... Aber es ist dar by net bliben / vil mancher hat noch sym geduncken / Noch dem villicht er hatt getrunkken / Nuw rymen wellen dar an henken«* zitiert nach: *Sebastian Brant: Das Narrenschiff.* Nach der Erstausgabe (Basel 1494) mit Zusätzen der Ausgabe von 1495 und 1499 herausgegeben von Manfred Lemmer, Tübingen 1962, S. 214f. Die ›Verwahrung‹ gegen den Nachdruck wurde in den nachfolgenden Ausgaben (Basel 1506 und 1509, Straßburg 1512) wiederholt. Gegenstand der Kritik ist die 1494, pikanterweise wohl bei Grüninger in

Straßburg, also dem ›Hausdrucker‹ von Brunschwygk, veranstaltete unautorisierte Neuauflage. (Vgl. Lemmers Einführung auf S. VIII)

91 Diese Vorrede ist nach der von Otho Brunfels herausgegebenen Ausgabe bei Balthasar Beck, Straßburg 1532, zitiert. Zu den verschiedenen Ausgaben vgl. J. Benzing: *Bibliographie der Schriften H. Brunschwigs*, in: Philobiblon 12, 1968: 113-141.

92 a Der theoretische Hintergrund des Konzepts der sozialen ›Normalformerwartung‹ wird in M. Giesecke: *Die Untersuchung institutioneller Kommunikation*, Opladen 1988, hier 38ff. erläutert.

92 b Bei Gieseke (1957 op. cit., 21) heißt es: *»Ähnlich wie Eike von Repgow, aber wohl in stärkerem Maße, war Brant also jedenfalls schon auf den Schutz seiner Urheberehre bedacht.«* In der Reimvorrede zum Sachsenspiegel (Vers 221 ff.) heißt es: *»Grôz angest gêt mich an: / ich vorchte, daz manig man / dicz bôch wolle mêren / vnd beginne recht zu vorkêren / unde zcîhe des an mich. / sô wiz mich got unschuldig.«* (Vgl. auch Karl August Eckhardt [Hg.], *Germanenrechte*, Neue Folge. Land- und Lehnrechtsbücher, Bd. 1: Landrecht, Göttingen, Berlin, Frankfurt 1955). *»Sicher war ihm dabei die Wahrung des Rechts das wichtigste Anliegen«*, interpretiert Gieseke (ebd. 19). *»Doch weist die Befürchtung, als Verfasser des abgeänderten Werkes genannt zu werden, auch schon auf die enge Verbundenheit zwischen Urheber und Werk hin, die dessen Entstellung oder gar Verfälschung zur Verletzung des Urhebers selbst werden läßt. Man darf daher wohl in Eikes Worten erste Ansätze für die Ausbildung eines Urheberpersönlichkeitsrechts sehen.«* Ähnlich Pohlmann (1963, 1966 op. cit.), eher skeptisch Walter Bappert: *Wider und für den Urheberrechtsgeist des Privilegienzeitalters*, in: Gewerblicher Rechtsschutz und Urheberrecht, 1961, H. 9, 10 und 11.

93 Straßburg 1521, Bl. I5v. Vgl. a. Wolfgang Pfeiffer-Belli (Hg.): *Thomas Murner, Kleine Schriften*, Erster Teil, Berlin/Leipzig 1927: 87. Im gleichen Sinne verfährt Murner auch in seiner Schrift *›Von Doktor Martinus Luters Leren vnd Predigen‹* (1520). In der *›Beschluß rede‹* begründet er die Verschweigung seines Namens wie folgt: *»Vnd uff das sich niemans dises schreibens alß eins schmachbiechlinß hab zuo beklagen / ist dem hochwürdigen fürsten vnd herren einem bischoff von Straßburg der nam vnd die person des machers bekant den zuo melden nit einem ieden schmutz kolben / sunder wo es sein genad notturftig erachtet / vnd wo ir ie meinten ir wellent dem schreiber ein suw [Sau] schencken / so behalten vwer suw / daß ir den bottenlon [Botenlohn] nit doerffen geben / er wyll vch seinen narren zuo huß schicken / die suw zuo reichen.«* (nach Pfeiffer/Belli op. cit., 121/122) Offenbar war es in den 20er Jahren in Straßburg schon schwierig, das bischöfliche Imprimatur zu erhalten, wenn der Name des Autors nicht in dem Werk verzeichnet war. Insofern ist Murners Haltung auch ein Reflex auf die Zensurbestimmungen gegen die ›Schmähschriften‹.

94 L. Giesecke 1957 op. cit., 16. Dort auch genauere Nachweise.

95 Reformation Sigmunds, Handschrift P (15. Jahrhundert), Thüringen, Landesarchiv F 181; zitiert nach Koller (Hg.): *Reformation Kaiser Siegmunds.* (= Monumenta. Germ. Hist., Staatsschriften, Bd. VI) Stuttgart 1964: 303 und 305.

96 Giseke 1957 op. cit., 37. Ähnlich ›formal‹ entschied der Rat später, als in einem Nürnberger Nachdruck von Luthers Bibelübersetzung als Druckort ›Wittenberg‹ angegeben wurde. Der Nachdruck wurde nicht beschlag-

nahmt, aber der Drucker verpflichtet, fürderhin Nürnberg als Verlagsort anzugeben.

97 WA, Bibel, Bd. 9, II: 392. Schon viel früher hatten die Drucker/Verleger ›Schutzmarken‹ eingesetzt, um die Beziehung zwischen Werk und Verlag zu stabilisieren. Die in der Buchankündigung »*genannten Druckwerke werden*«, heißt es bei Peter Schöffer 1472, »*wie gewohnt, mit den unten stehenden zwei Schilden signiert sein.*« (nach Widmann 1973 op. cit.: 54) Vgl.: *Die Drukker- und Buchhändlermarken des 15. Jahrhunderts*, Bd. 1-4, München 1924-1929. Bd. 1: Ernst Weil, *Die deutschen Druckerzeichen des 15. Jahrhunderts*, München 1924 (Ndr. Hildesheim 1970); Bd. 2: Wilhelm Joseph Meyer, *Die französischen Drucker- und Verlegerzeichen des 15. Jahrhunderts*, München 1926; Bd. 3: Rudolf Juchhoff, *Drucker- und Verlegerzeichen des 15. Jahrhunderts in den Niederlanden, England, Spanien, Böhmen, Mähren und Polen*, München 1927; Bd. 4: Max Joseph Husung, *Die Drucker- und Verlegerzeichen Italiens im 15. Jahrhundert*, München 1929.

98 Vgl. Erwin Arndt/G. Brandt, *Luther und die deutsche Sprache. Wie redet der Deutsche man in solchem Fall?*, Leipzig 1983.

99 Der Anlaß für Luthers frühe ›*Vermanung an die Drücker*‹ in der ›*Auslegung der Episteln und Evangelien von Advent bis auf Ostern*‹, Wittenberg 1525, war der Raub eines Teils seiner Manuskripte aus der Werkstatt Grunebergs durch einen Druckergesellen. Dieser hatte sie in Nürnberg an einen Drucker verkauft, der sie sofort im Druck herausgab. Vgl. Gieseke 1957 op. cit., 38.

100 So Gieseke 1957 op. cit., 39.

101 Aus der ›*Warnung D. Mart. Luth.*‹ in der ›*Biblia*‹ von 1545 (Wittenberg, Hans Luft), 3 b; zitiert nach der Ausgabe von Hans Volz, Die gantze heilige Schrift, Bd. 1, München 1974: 7.

102 Das Privileg wurde am 14. August erteilt. Schon am 22. Juli 1528 hatte der Nürnberger Rat dem Dürerschüler Sebald Behem und dem Formschneider Hieronymus verboten, »*daß sie bei ains rats straff, die man an leib vnd guet gegen ine wol fürnemen sich enthalten das abgemacht büchlein von der proporcion, das aus Albrecht Dürers kunst und büchern und abhendig gemacht worden in Druck ausgeen zu lassen, so lang pis das recht werk, so Dürer vor seinem absterben gefertigt und im Druck ist, ausgee und ins licht pracht werd*«. (Zitiert nach Kapp 1886 op. cit., Bd. 1, 744) Es bestand also für Agnes Dürer durchaus Anlaß, sich um Privilegien zu kümmern. Am 1. Oktober 1532 verwarnt der Rat nochmals ›*die puchführer allhie Thürers gemachte und nachgetruckte pücher nit feilzuhaben*‹. (a. a. O.) Er stützt sich dabei ausdrücklich auf die Agnes Dürer gewährte ›*kaiserliche Freiheit*‹.

103 Sicht man diese zirkuläre Interdependenz, so sinkt die Spannung bei der Diskussion zwischen Pohlmann und Bappert. »*Der tatsächliche Schutz des Druckprivilegs*«, schreibt Bappert gegen Pohlmann, »*auch des ›Autorenprivilegs‹, begann also nicht schon beim Geisteswerk, sondern beim Druckwerk*« und weiter: »*Es gibt viele ›Autorenprivilegien‹, deren Motivation auf eine Erwähnung der Verfasserleistung verzichtet. Es gibt aber kein einziges, dessen Erteilungsbegründung nicht an dem beabsichtigten oder geschehenen Druck des privilegierten Werkes anknüpft.*« (1961 op. cit., 444) Über den juristischen Sinn dieser Gegenüberstellung kann ich nicht urteilen, aus kommunikations- und informationstheoretischer Sicht werden hier nur zwei Seiten einer Medaille

beschrieben: Sozialisierung privater Information – durch den Druck – einerseits und Respezifikation der – durch den Druck – vergesellschafteten Information andererseits. Dieser Kreislauf mußte durch juristische Akte, Privilegien, unterstützt und abgesichert werden.

104 Wieweit in anderen, z.B. oralen Netzen der gleichen Gesellschaft Meinungsfreiheit praktiziert werden kann, steht auf einem anderen Blatt.

105 § 9, zitiert nach Kapp 1886 op.cit., 775. Diese Formel ändert sich im Verlauf des 16. Jahrhunderts kaum. Sie wird auch in die städtischen ›Polizei-Ordnungen‹ übernommen. So heißt es etwa in jener von Frankfurt aus dem Jahre 1577 im § 2: *»So setzen und ordnen Wir, auch hiermit ernstlich gebietend, daß hinfüro Buchtrucker, Verläger, oder Händler, wo und an welchen Orten die im Heil. Reich gesessen seyn, bei Niederlegung ihres Handwerks, auch einer schweren Peen, nach Ermässigung ihrer ordentlichen Oberkeit unnachlässig zu bezahlen, keine Bücher, klein oder groß, wie die Namen haben möchten, in Truck ausgehen lassen sollen, dieselben seyen dann zuvor durch ihre ordentliche Oberkeit eines jeden Ortes, oder ihre darzu Verordnete, besichtiget und der Lehr der Christlichen Kirchen, deßgleichen den auffgerichteten Reichsabschieden gemäß befunden, darzu daß sie nit aufrührisch oder schmählich, es treff gleich hohe und niedere Stände, gemeine oder sondere Personen an, und deßhalb approbiert und zugelassen«.* (nach Kapp 1886 op.cit., 783/4).

106 Einen Index der ›verbotenen Bücher‹ beschloß das Konzil von Trient 1559; der bayerische Index der ›erlaubten Bücher‹ ist abgedruckt bei H. Neumann 1977 op.cit., 78-84.

107 Abdruck des Mandats von 1570 bei Widmann 1965 op.cit., Bd. 2, 369/370, hier 369.

108 Skeptisch über die Erfolge der (Präventiv)Zensurbestrebungen in Deutschland im 15. und 16. Jahrhundert äußern sich etwa H. Widmann 1975 op.cit. 95 u. 98; R. Hirsch: *Printing, Selling and Reading 1450-1550*, Wiesbaden 1974: 97; Heinrich Lackmann: *Die kirchliche Bücherzensur*, Köln 1962. Zur Entwicklung in Frankreich (ebenfalls eher skeptisch) vgl. L. Fèbvre, H.-J. Martin: *L'apparition du livre*, Paris 1958: 371 ff. Für England bemerkt D. M. Loades (*The Theory and Practice of Censorship in Sixteenth – Century England*, in: Royal Historical Society, Bd. 24, ser. 5, 1974: 141-157): *»The ecclesiastical machinery, which had dealt so effectively with Lollard writings in the previous century, was soon seen to be hopeless inadequate in this new situation* [im 16. Jahrhundert]*«*. (ebd. 148) Auch gegen die neuen Maßnahmen, die zunächst von Thomas More und später von Oliver Cromwell verfügt wurden, entwickelten die Buchdrucker und Leser so vielfältige Gegenmaßnahmen (Untergrundpresse, Einschmuggeln von Literatur und Flugblättern vom Festland u.a.), daß von einer erfolgreichen Vorzensur in jener Zeit in England nicht die Rede sein kann.

109 Es handelt sich um die Schrift ›*Von der neuen Wandlung eines christlichen Lebens*‹, wohl in Leipzig bei Michael Blum im gleichen Jahr gedruckt. Karl Schottenloher nimmt an, daß das *»erste blutige Opfer aus dem Buchgewerbe damals als Verfasser der Schrift überführt worden«* sei. (*Flugblatt und Zeitung*, Bd. 1, München 1985: 121, zuerst Berlin 1922) Vgl. a. Albrecht Kirchhoff: *Johann Hergot, Buchführer von Nürnberg – und sein tragisches Ende* 1527, in: Arch. f. Gesch. d. Dt. Buchhandels, 1, 1878: 15ff.

110 *»Der Urheber und seine Rechtsnachfolger hatten kein klagbares Recht über die Verbreitung literarischer Zeugnisse, wenn sie die Hand des Autors verlassen hatten, allein zu verfügen. . . . Das Altertum kannte weder ein Urheber- noch ein Verlagsrecht.«* Handbuch der Bibliothekswissenschaft, Bd. I, (hrsg. v. G. Leyh) Wiesbaden 1952: 863. Im gleichen Sinne auch T. Kleberg: *Buch- und Verlagswesen in der Antike*, Darmstadt 1969 (hier: 51) und W. Bappert: *Wege zum Urheberrecht. Zur geschichtlichen Entwicklung des Urheberrechtsgedankens*, Frankfurt 1962. Vorsichtiger Friedrich Kapp: *Geschichte des deutschen Buchhandels*, Bd. I, Leipzig 1886: 737: *»Eine ausdrückliche Anerkennung des Urheberrechts finden wir im Altertum und speziell bei den Römern nicht«.*

111 Aus dem Mandat von 1571, abgedruckt bei Widmann 1965 op. cit., Bd. 2, 371.

112 Nach Kapp 1886 op. cit., 738.

113 In der Soziologie hat in den letzten Jahren das Verhältnis zwischen Technik und Alltag verstärkte Aufmerksamkeit gefunden. Man hat bemerkt, daß längst nicht alle technischen Innovationen zu einer Veränderung der gesellschaftlichen Strukturen und des gesellschaftlichen Bewußtseins, des ›Alltags‹, führen. Damit Erfindungen und Technologien in den Alltag eindringen können, müssen sie verbreitet werden. *»Technische Artefakte kommen über Märkte und/oder hierarchisch organisierte Netze in den Alltag.«* (So Karl H. Hörning: *Technik und Alltag: Plädoyer für eine Kulturperspektive in der Techniksoziologie*, in: B. Lutz (Hg.): Technik und sozialer Wandel, Verhandlungen des 23. Dt. Soziologentages (1986), Ffm 1987: 310-314, hier 312.) Damit stellt sich die Aufgabe, stärker die Wirkungsweise dieser Märkte oder Netze zu untersuchen, wenn man sich dem Problem des Verhältnisses von Technik und sozialem Wandel zuwenden will.

114 *Von der Freyheyt eynisz Christen menschen*, Wittenberg 1520,
Von der babylonischen Gefangenschaft der Kirche (lat.), Wittenberg 1520,
An den Christlichen Adel deutscher Nation, Wittenberg 1520.

115 Zitat aus der Schrift *›An die Radtherren‹*, LW, Bd. 15, 1889: 46/47. Er fährt fort: *»Meyn meynung ist, das man die Knaben des tags eyn stund oder zwo lasse zu solcher* [neuen!] *schule gehen und nichts deste weniger die ander zeyt ym hause schaffen, handwerck lernen . . ., das beydes miteynader gehe, weyl das volck jung ist und gewarten kan.«* (ebd.)

116 Op. cit. 49. Luthers Anhänger Cyriacus Spangenberg machte es dann jedweder *»Obrigkeit / als der Kirchen vnd Schulen, Seugammen«* zur Pflicht, *»gute Bibliothecken anzustellen / aufzurichten / zu bessern / vnd zu erhalten / damit in mangelung derselben nicht der lauff der Euangelij verhindert / noch gute verklerungen der Schrifft vnd notwendige Lehrpuncten / neben anderer nützlicher arbeit in Kirchen vnd Schulen verseumet werde / vnd also gar dahinden bleibe«.* (*Ander Teil des Adelsspiegels*, Schmalkalden 1594, f 75r-77r) Zit. nach Klaus Schreiner: *Bücher, Bibliotheken und ›gemeiner Nutzen‹ im Spätmittelalter und in der frühen Neuzeit . . .* In: Bibliothek und Wissenschaft 9, 1975: 216-249, hier 129. Schreiner zeichnet die Öffnung der Buchsammlungen vom Mittelalter bis in die Gegenwart nach. (255 ff.)

117 *›Die Neueren verstehen es‹*, schrieb Ignatius von Loyola im August 1554 an seinen in Wien weilenden Ordensbruder Petrus Canisius, *›ihre falschen Lehren mundgerecht zu machen und dem Fassungsvermögen der Masse anzupassen, indem*

sie ihre Lehre vor der Menge verkünden und zugleich kurze Broschüren unter das Volk werfen, die von vielen verstanden und gekauft werden können.‹ Deshalb erscheine es zweckmäßig, *›daß auch die unsrigen zur Abwehr (falscher Glaubenslehren und antijesuitischer Angriffe) einige Verteidigungsschriften oder Traktate herausgeben, und zwar gut und kurz geschriebene, damit sie schnell zur Stelle sind und von vielen gekauft werden können. Damit ließe sich nicht nur dem Übel abhelfen, das die Gegner durch ihre Schriften anrichten, sondern es wäre zugleich etwas zur Massenverbreitung der gesunden Lehre getan, wenn man bescheiden, aber lebendig, die Irrgänge oder Schliche der Neueren aufdeckt.‹*
(Ignatius von Loyola: *Geistliche Briefe.* Eingeführt von Hugo Rahner. Einsiedeln/Zürich/Köln 1956, S. 284; 286.) Zit. nach K. Schreiner 1975 op. cit. 229.

118 Wenn N. Luhmann behauptet, daß *»die vermeintlich objektiven Tatsachen ... keine gesellschaftliche Resonanz«*, *›keine gesellschaftlichen Auswirkungen‹* nach sich ziehen, *»solange nicht darüber kommuniziert wird«*, so könnte man für die Industriegesellschaft der Neuzeit präzisieren: solange nicht darüber unter Benutzung typographischer oder elektronischer Medien kommuniziert wird. (*Ökologische Kommunikation – Kann die moderne Gesellschaft sich auf ökologische Gefährdungen einstellen?*, Opladen 1986: 62/63) Vermutlich wird unsere Gesellschaft diese einengende Selbstbeschreibung lockern müssen, wenn sie sich auf ›ökologische Gefährdungen‹ einstellen will.

119 In der 1524 bei Jakob Stöckel in Eilenburg gedruckten Schrift *›Mich wundert das keyn gelt im landt ist. Eyn schimpflich doch vnschädlich gespraech dreyer Landtfarer, vber ietz gemelten Tittel. Lesze das büchlein so wirdstu dich fürohin verwundern, das eyn pfenning im landt blieben ist‹* im Abschnitt mit der Überschrift *›Von Buchtruckern, Buchfurern und schreibern‹*. Zit. nach Ludwig Enders (Hg.): *Johann Eberlin von Günzburg. Sämtliche Schriften*, Bd. 3 Halle 1902: 162. Zur Datierung und zu den verschiedenen Ausgaben s. ebd. XXVI.

120 Dieses Konzept sei von den Druckern nur *»zu schyrm yres abfalls«* entwikkelt, heißt es bei Günzburg. (ebd. 162)

121 Th. Murner: *Ein christliche vnd brüderliche ermanung zuo dem hochgelerten doctor Martino luter Augustiner orde(n) zuo Wittemburg /Dz er etliche(n) reden von dem newe(n) testame(n)t der heillge(n) messen gethon abstande / vn(d) wid(er) mit gemeiner christenheit sich vereinige.* Straßburg 1521, B2r. Vgl. a. die Ausgabe von Wolfgang Pfeiffer-Belli: *›Thomas Murner – Kleine Prosaschriften‹*, 1. Teil, Berlin/Leipzig 1927, S. 37.

122 Th. Murner: *›Von Doctor Martinus luters leren und predigen. Das sie argwenig seint / vnd nit genztlich glaubwirdig zuo halten.‹* 1520. Zit. nach Pfeiffer-Belli, a.a.O. 121.

123 *Ein christliche vnd brüderliche ermanung*, Bl. B1r.

124 *Von Doctor Martinus luters leren*, S. 113.

125 In *»den hangenden sachen dem richter und den zügen* [Zeugen] *sol geglaubt werden«*, heißt es in der *›Christlichen und brüderlichen ermanung‹*, Bl. 2r.

126 Das Werk *›Von dem Euangelischen anstosz. Wie / Vnnd in was gestalt das wort Gottes vffruor mache.‹* erschien 1523 ohne Angabe des Druckers und des Ortes – aber wohl vermutlich in Straßburg bei J. Schott. Vgl. Ch. Schmidt: *Répertoire bibliographique Strasbourgeois*, Vol. IIB; 79 und A.

Laube, A. Schneider, S. Looß: *Flugschriften der frühen Reformationsbewegung*, Bd. 1, Berlin (DDR) 1983: 318 mit gründlichen Erläuterungen.

127 o. O., O. Dr., Regensburg, Johann Burger? 1569. Vgl. Bernhard Wendt: *Von Buchhendlern, Buchdruckern und Buchführern – ein kritischer Beitrag des Johann Friedrich Coelestin aus dem 16. Jahrhundert*, in: Archiv für Geschichte des Buchwesens, XIII, 1973: 1587-1624, hier: Sp 1613. Wendt hat abgesehen von den Marginalien den gesamten Text diplomatisch getreu abgedruckt.

128 Ders. 1569 op. cit., Sp. 1616.

129 *Gabrielis Putherbei turonici Fontebraldaei Theotimus sive de tollendis et expurgendis malis libris ... / Paris 1549*, übers. von Johann Baptist Fickler: *Von verbot vnnd aufhebung deren Buecher vnd Schriften / so in gemain one nachtheil unnd verletzung des gewissens / auch der frumb unnd erbarkeit / nyt moegen gelesen oder behalten werden.* München (Berg) 1581. Vgl. a. Franz Schneider: *Die Schrift Gabriel Putherbeiens von Thuron aus dem Jahre 1549/1581 in ihrer publizistikwissenschaftlichen Bedeutung*. In: Publizistik, 8, 1963: 354 bis 362. Zur Biographie des Autors zitiert Schneider J. H. Zedlers Universallexikon, ebd. 355.

130 op. cit. 96 bzw. 365 in der Arbeit von Schneider. Diese Einsicht hält den Autor freilich nicht ab, aufs Schärfste für die Zensur einzutreten und nach drakonischen Strafen für den Fall der Übertretung zu rufen.

131 *Handbuchlein gruntlichs berichts*, Tübingen 1538, Vorrede, III.

132 *Orthographia*, Straßburg 1540, ›*Zum Leser*‹. Ausdrücklich empfiehlt W. Schmid im Vorwort seines Geometrielehrbuchs (Nürnberg 1539) seinen Lesern, sich nicht nur auf die von ihm gegebenen Informationen zu verlassen, sondern ›weiter zu suchen und in andern Büchern zu lernen, die vor und nach seinem veröffentlicht sind oder werden‹: »*Darmit das er nit allein meyne(n) leren volgen soll.*« (A2b)

133 op. cit. A4v.

134 Der junge Marx merkte zu dieser Umstellung der Moral bissig an, Luther habe »*die Knechtschaft aus Devotion besiegt, weil er die Knechtschaft aus Überzeugung an ihre Stelle gesetzt hat. Er hat den Glauben an die Autorität gebrochen, weil er die Autorität des Glaubens restauriert hat. Er hat die Pfaffen in Laien verwandelt, weil er die Laien in Pfaffen verwandelt hat. Er hat den Menschen von der äußeren Religiosität befreit, weil er die Religiosität zum innern Menschen gemacht hat. Er hat den Leib von der Kette emanzipiert, weil er das Herz in Ketten gelegt hat.*« Einleitung zur ›*Kritik der Hegelschen Rechtsphilosophie*‹, in: Marx, Engels Werke (MEW), Bd. 1, Berlin 1970: 378-391, hier 386. Dieser Übergang zur Innensteuerung ist seither von Wissenschaftlern vieler Disziplinen nachgezeichnet worden. Am bekanntesten ist wohl die ›*Protestantische Ethik*‹ von Max Weber (zuerst Tübingen 1920) und Norbert Elias' Arbeit ›*Über den Prozeß der Zivilisation*‹ (zuerst 1936) geworden. Man sollte aber im Hinterkopf behalten, daß diese These nur eine Seite in einem zirkulären Zusammenhang fokussiert: Die Verstärkung der Innensteuerung kann auch als Reflex auf die stärkere Vernetzung, die Einbindung der Menschen in ›technologische‹ Systeme gesehen werden.

135 ›*Mich wundert das keyn gelt im landt ist*‹ zit. nach L. Enders, Sämtl. Schriften, Bd. 3, 1902: 161

136 Op. cit., Sp. 1613

137 WA, Bd. 15, 297ff.

138 Coelestin, op. cit., Sp. 1613
139 Op. cit.: 161
140 Op. cit., Sp. 1593
141 Ders. 1569 Op. cit., Sp. 1615. Dieser Gedanke bestimmt auch den schon erwähnten *›Erlaß des Herzogs Ludwig von Württemberg vom 15. Januar 1593 an die Universität Tübingen, den Verkauf sectirerischer Bücher betreffend‹*, in dem auf die Notwendigkeit hingewiesen wird, auch die ›Argumente‹ der Gegner zu drucken. (Vgl. Widmann 1965 Op. cit., Bd. 2, 372-374)
142 Diese Idee wird ausführlich entwickelt in M. Giesecke: *Sinnenwandel, Sprachwandel, Kulturwandel – Studien zur Vorgeschichte des Informationszeitalters*, Ffm. 1992, 1998². Andere Sprachen fungieren als Kode in anderen Typen von Kommunikationssystemen. Vgl. zu diesen Abhängigkeiten Giesecke: *Als die alten Medien neu waren*, in: R. Weingarten (Hg.): Information ohne Kommunikation?, Frankfurt 1990: 75-98.
143 Das Konzept der Sprache als ein geregeltes ›Kunstgebäude‹ entwickelt Justus G. Schottel in seiner *›Ausführlichen Arbeit von der Teutschen Hauptsprache‹*, Braunschweig 1683. Zum traditionellen Begriff der ›Standardsprache‹ vgl. etwa Paul L. Garvin: *The Standard Language Problem – Concepts and Methods*, in: Dell Hymes (ed.): Language in Culture and Society, New York/Tokio (Harper) 1964: 521-526.
144 Vgl. Kap. 2.2 und die Abb. 2, S. 70.
145 Hieronymus Hornschuch: *Orthotypographia*, Leipzig 1608 (Reprints 1972 und 1983). Vgl. dazu Giesecke: *Orthotypographia. – Der Anteil des Buchdrucks an der Normierung der Standardsprache.* In: Christian Stetter (Hg.): Zu einer Theorie der Orthographie, Tübingen 1990 (= RGL 99).
146 Fabian Frangk: *Ein Cantzley vnd Titelbuechlin ... Orthographia*, Wittenberg 1531, Bl. LIVr, nach Müller 1882 op. cit.: 109.
147 Aus der Vorrede der *›Drey hundert Gemeynen Sprichwoerter‹* von J. Agricola (1529).
148 *Grundfragen der allgemeinen Sprachwissenschaft*, Berlin 1967²: 23; zuerst Genf 1916. »*It was Gutenbergs printing press*«, bemerkt unlängst der Sprachphilosoph Roy Harris, »*which provided Saussure with the models his linguistic needed. Mechanized printing with movable type differs from hand-writing in just those particulars which correspond to the difference between ›language‹ and ›parole‹.*« (The Language Machine, Itaka/New York (Cornell Uni Press) 1987: 51). Harris versucht in seinem Buch den ›Sprachmythos der neuzeitlichen europäischen Kultur‹ aus ›einer der bedeutendsten Erfindungen der Menschheitsgeschichte: dem Buchdruck‹ abzuleiten. (Ebd.: 7)
149 Verwunderlich ist eigentlich, daß diese Theorie erst so spät, nach Jahrhunderten praktischer Erfahrung mit den typographischen Mustern, ihre fertige Form und eine breite Zustimmung der Öffentlichkeit erfahren hat. Vgl. zur Entwicklungsgeschichte M. Giesecke: *Die ›Grundfragen der Allgemeinen Sprachwissenschaft‹ und die alternativen Antworten einer systemischen Kommunikationstheorie*, in: Dirk Baecker, J. Markowitz, R. Stichweh, H. Tyrell, H. Willke (Hg.): Theorie als Passion/Niklas Luhmann zum 60. Geburtstag, Frankfurt 1987: 269-297.
150 Gefördert wurde dieser Prozeß später durch die neuen elektronischen Medien, zunächst durch den Rundfunk und dann durch das Fernsehen.

151 Dieser Übergang wird etwa von Talcott Parsons in seiner Arbeit ›*Gesellschaften*‹ (Frankfurt 1975, zuerst Englewood Cliffs 1966) beschrieben. Vgl. zum Konzept stratifizierter versus funktional differenzierter Kodes auch G. Elwert, M. Giesecke: *Technologische Entwicklung, Schriftkultur und Schriftsprache als technologisches System*, in: Burkart Lutz (Hg.): Technik und sozialer Wandel – Verhandlungen des 23. Dt. Soziologentags, Frankfurt 1987: 418-438, hier 425ff.

152 *»Siempre la lengua fue compañerea del imperio; e de tal manera lo siguio, que juntamente començaron, crecieron, e florecieron, e despues junta fue la caída de entrambos.«* Die ›Gramatica Castellana‹ ist oftmals neu herausgegeben; u.a. von Pascual G. Romeo u. Luis O. Muñoz (Madrid 1946) und zuletzt von Antonio Quilis (Madrid 1980) mit Facsimile der hier zitierten ersten Seite der Vorrede. Die Übersetzung folgt Werner Bahner (Beitrag zum Sprachbewußtsein in der spanischen Literatur des 16. und 17. Jahrhunderts; Berlin/Ost 1956: 25).

153 Aus dem ›*Prólogo*‹ der ›*Grammatica castellana*‹, zit. nach Bahner 1956 op. cit. 27, Originaltext dort auf S. 121.

154 In seiner ›*Ermahnung an die Teutschen, ihren Verstand und Sprache besser zu üben*‹ (1679) in: Sämtliche Schriften und Briefe, Reihe IV, 3. Bd., Hrsg. vom Zentralinstitut für Philosophie an der Akademie der Wissenschaften der DDR; Berlin 1986: 798. Er fährt fort: *»Ein brief, eine zeitung so unsere Nation angehet, kan uns kränken oder fröhlich machen«* – und zeigt damit, wie sehr er nicht nur den Kode, sondern auch das öffentliche, typographische Medium meint.

155 ›*Über die Verschiedenheiten des menschlichen Sprachbaus*‹, Abschnitt 1: Von der allgemeinen Sprachkunde, § 11, S. 160, vgl. auch Abschnitt 3: Sprache und Nation, § 103, (1827-1929), nach Bd. 3 der fünfbändigen Ausgabe von Andreas Flitner u. Klaus Giel, Darmstadt 1972.

156 *»Aber die Sprache ist noch mehr. Sie ist auch eine bildende Kraft des Staatslebens. Sie ist das hauptsächlichste Band, das eine Nation umschlingt und woran derselben ihre innere Einheit zum Bewußtsein kommt.«* Wilhelm Scherer: *Die deutsche Spracheinheit*, in: Vorträge und Aufsätze zur Geschichte des geistigen Lebens in Deutschland und Österreich, Berlin 1874: 45.

157 Daß Kommunikationsgemeinschaften keineswegs ›Sprachgemeinschaften‹ sein müssen – und dies auch weder in der Geschichte immer waren noch gegenwärtig auf einem Großteil der Erde sind – wird von vielen europäischen Sprachwissenschaftlern nur zu gerne vergessen. John J. Gumperz hat demgegenüber in vielen Arbeiten eindringlich vor Augen geführt, daß es *»a priori keine Gründe gibt, die uns dazu zwingen, speech communities so zu definieren, daß alle Mitglieder die gleiche Sprache sprechen«. (Language in Social Groups*, Essays by John J. Gumperz, selected and introduced by Anwar S. Dil, Stanford (Uni Press) 1971, hier: Types of Linguistic Communities, p. 101).

158 Aus der Erläuterung zu der 1515 in Augsburg erschienenen, heute nicht mehr auffindbaren Reisekarte von Erlinger. Faksimiliert in A. Lang u.a.: *Das Kartenbild der Renaissance*, Ausstellungskatalog der Herzog August Bibliothek Wolfenbüttel, Nr. 20, Braunschweig, 1977: 38/39.

159 So heißt es bei J. Cochleus in seiner ›*Brevis germanie descriptio*‹ (Nürnberg

1512): *»Ich glaube fürwahr, daß kein Gebiet in Europa größeren Umfang einnimmt als Deutschland, obwohl sich Spanien seiner sechs oder sieben Reiche rühmt. Im Süden wird es von Italien und Dalmatien eingeschlossen, im Osten von Ungarn und Polen, im Norden von der Ostsee und dem großen Ozean, im Westen aber von Frankreich und dem britischen Meer.«* (zit. nach der Übersetzung von Karl Langosch, Darmstadt 1969: 63).

Die Identifizierung von ›Germania‹ mit der ›Teutschen Nation‹ war gegen Ende des 15. Jahrhunderts schon ganz üblich. Vgl. etwa die Weltchronik Hartmann Schedels, München 1493, Bl. CCLXXXVI.

160 So Alfred Schröcker: *Die deutsche Nation – Beobachtungen zur politischen Propaganda des ausgehenden 15. Jahrhunderts.* (= H. 426 der ›Historischen Studien‹), Lübeck 1974, hier S. 15.

161 *»Germania: Das gantz Teutschland soweit die Teutsche spraach gehet«*, heißt es bei P. Dasypodius im *›Dictionarium‹* von 1537. Vgl. dazu H. Schirokauer: *Der Begriff Deutschland im Wörterbuch des Dasypodius*, in: Modern Language Notes 59, 1941: 378ff.

162 So Sebastian Münster in seiner *›Cosmographia‹*. Zit. nach Leo Weisgerber: *Die geschichtliche Kraft der deutschen Sprache*, Düsseldorf 1971^{3}: 166. Dieser fügt hinzu. *»So sind mit aller Deutlichkeit die beiden Begriffe der deutschen Nation und des deutschen Landes von dem Gedanken der Sprachgemeinschaft aus bestimmt ...«* Quellennäher über den Zusammenhang der Konzepte der deutschen Nation mit jenen der deutschen Sprache schreibt Anna Daube: *Der Aufstieg der Muttersprache im deutschen Denken des 15. und 16. Jahrhunderts.* (= Bd. 34 der ›Deutschen Forschungen‹, hg. von F. Panzer und J. Peters), Frankfurt 1940.

163 Der Gedanke wird fortgeführt in dem Beitrag *›Sinnenwandel und Sprachwandel: Von den multisensoriellen Semantiken des Mittelalters zur visuellen Semantik der Neuzeit‹*, in: Giesecke (1992: 209-243). Die Anforderungen des typographischen Kommunikationssystems an die Struktur des Kodes reflektiert der Aufsatz *›Syntax für die Augen – Struktur der Fachprosa aus medientheoretischer Sicht‹*, in: Anne Betten (Hg.): Neuere Forschungen zur historischen Syntax des Deutschen, Tübingen 1990: 336-351 (=RGL 103).

Anmerkungen zu Kapitel 6

1 Standardwerk zum Thema noch immer Karl Schottenloher: *Flugblatt und Zeitung, ein Wegweiser durch das gedruckte Tagesschrifttum;* Band 1: *Von den Anfängen bis 1848,* neu hrsg. von Johannes Binkowski, München 1985 (zuerst Berlin 1922).

2 Valentin Ickelsamer, *Die rechte weis ...,* Marburg 1527, A2r; in der Transkription von J. Müller 1882 op.cit. (738, Anm. 8), 53.

3 Ansätze, die Kulturentwicklung in dieser Weise als einen Übersetzungsprozeß zu betrachten, finden sich im Werk von Jerome S. Bruner. Er geht davon aus, daß die moderne europäische Gesellschaft ›*eine Prämie ausgesetzt hat für Übersetzungen in einige wenige Symbolsysteme wie die Schriftsprache und solche räumlichen Systeme wie Landkarten, Modelle, Graphen und die Geometrie*‹. (*Learning through Experience and Learning through Media* (gemeinsam mit D. R. Olson) in: D. R. Olson (Hg.): Media and Symbols (73rd Year Book of NSSE, Chicago (Uni Press) 1974: 125-150, hier 145). Bruner unterscheidet drei Emergenzniveaus von Informationen: sensomotorische (›*action*‹, ›*enactive*‹), vorstellungsmäßige (›*iconic*‹) und sprachliche, wobei er die sprachlichen Informationen später noch einmal in schriftsprachlich und mündlich erworbene unterscheidet. Vgl. *The Course of Cognitive Growth,* in: American Psychologist 1964, Bd. 19: 1-15 sowie ders.: *The Ontogenesis of Symbols,* in: To Honour Roman Jacobson: Essays on the Occasion of his 70th Birthday. The Hague 1966: 427-476.

4 Friedrich Kittler hat mit seinen Büchern ›*Aufschreibesysteme, 1800, 1900*‹ (München 1985) und ›*Grammophon, Film, Schreibmaschine*‹ (Berlin 1984) allerdings einen Anfang in der Beschreibung der modernen Geistesgeschichte als Software der jüngeren Informationstechnologien gemacht.

5 Ich übernehme hier die Dimensionen des Systemmodells aus meiner Dissertation (*Kommunikation in Institutionen, Grundlagen einer systemischen Methodik und Methodologie,* Opladen 1988). Das Modell bestimmt auch den Aufbau dieses Kapitels: Der Abschnitt 6.1 behandelt die Differenzierungsdimension, 6.2 die selbstreferentielle Dimension, 6.3 die Komplexitätsdimension und die Abschnitte 6.4-6.6 die dynamische Dimension.

6 Wie wir weiter unten S. 591ff., S. 599ff. und S. 646ff. noch sehen werden, lassen sich die Personen, die die ausgedruckten Bücher kaufen und weiter verarbeiten, als Schnittstellen betrachten. In dieser Eigenschaft sind sie sowohl Elemente des typographischen Informationssystems als auch Umwelt bzw. Elemente von Umweltsystemen.

7 Bei Alphabetisierungskampagnen in der Muttersprache in Ländern der Dritten Welt hat es sich immer wieder als ein schwerwiegendes Hindernis herausgestellt, wenn nicht genügend ›nützlicher‹ Lesestoff für die Bevölkerung vorhanden war. Es stellt sich keine Motivation zum Lesenlernen ein. Vgl. Georg Elwert, Michael Giesecke: *Literacy and emancipation – conditions of the literacy process and cultural revolutionary movements (16th century Germany and 20th century Bénin)* in: Development and Change, 2, 1983: 255-276 sowie Georg Elwert: *Die Verschriftlichung von Kulturen – Skizze einer Forschung.* In: Sociologus, 36/1, 1986: 65-78.

8 Einen Anfang, die niederdeutschen Drucke nach ›Sachgebieten und Genres‹

zu ordnen, hat 1976 H. J. Gernentz *(Die niederdeutsche Sprache und Literatur in der Zeit der frühbürgerlichen Revolution. In:* Zeitschrift für Phonetik, Sprachwissenschaft und Kommunikationsforschung, Bd. 29, Heft 2 1976: 107-128) unternommen. (Vgl. Tabelle 3) Hinsichtlich der ›Buchproduktion‹ (Fig. I bei Usher Chrisman bzw. Abb. 54a) kommt er mit Rückgriff auf die ›*Niederdeutsche Bibliographie*‹ von C. Borchling und B. Claussen (Bd. 1 u. 2 Neumünster 1931-1936, Bd. 3 Neumünster 1957) zu ähnlichen Ergebnissen wie Usher Chrisman: 1526-1530 erscheinen doppelt so viele Bücher wie 1516-1520 oder 1521-1525. (Vgl. Tabelle 1).

9 Vgl. die Tabelle 22 in ihrem Werk: *Lay Culture, Learned Culture / Books and Social Change in Strasbourg 1480-1599*, New Haven/London (Yale Uni Press) Band I, 1982: 298. Sicherlich kann man nicht alle unter ›*Catholic*‹ bzw. ›*Protestant Literature*‹ und ›*Bibels and Biblical Commentaries*‹ zusammengefaßte Werke als ›*weltanschauliche Orientierungshilfe*‹ bezeichnen. Andererseits rechnen gewiß noch zahlreiche Werke dazu, die Usher Chrisman in der Kategorie ›*Humanism*‹, ›*School Texts*‹ und vor allem ›*Vernacular*‹ (›*Moral Treatisies*‹) abgelegt hat. Die Rubrik ›Klass(ische) Texte‹ in der Abbildung 54b ist eine Übersetzung von ›*Classics*‹ bei Usher Chrisman. Sie versteht darunter die Texte der antiken Autoren. Zu Ungereimtheiten der Klassifikation vgl. die Rezension von Jan Dirk Müller in: Arbitrium, Zeitschrift für Rezensionen zur germanistischen Literaturwissenschaft, 1985: 147-159.

10 Vgl. hierzu weiter die Tabellen 16-19 (S. 295/296) bei Usher Chrisman 1982 op. cit.. Während sie unter der Kategorie ›*Humanist*‹ im wesentlichen Werke verzeichnet, die man heute den Geisteswissenschaften zurechnen würde, bezeichnet ›*Science*‹ explizit die Natur- und technischen Wissenschaften. Der Graph ›*Vernacular*‹ repräsentiert im wesentlichen die Unterhaltungsliteratur (Zeitverkürzer, kurzweilige Materien) und zeitgeschichtliche Informationen. Naturwissenschaftliche Literatur verzeichnet Usher Chrisman (in der Tabelle 16) erst ab 1504, in dem Zeitraum von 1549-1577 (Tabelle 18) gar nicht.

11 Die lateinisch abgefaßte naturwissenschaftliche Literatur hat für den Zeitraum insgesamt ein geringes Übergewicht (vgl. S. 273 und 291). Streiten mag man darüber, ob die 61 deutschsprachigen Kalender und Prognostiken in dieser Kategorie gut aufgehoben sind.

12 Als Antwort auf das Orientierungsbedürfnis der Leser interpretiert beispielsweise Inge Leipold ›Das *Verlagsprogramm des Augsburger Druckers Anton Sorg – Untersuchungen zum Funktionstyp* ›*Frühe deutschsprachige Druckprosa*‹‹, in: Deutsche Vierteljahresschrift 48, 1974: 264-290. »*Wichtig und charakteristisch ist die weitgehende und unmittelbare Funktionalisierung der Literatur, das Interesse an Bildung und Aufklärung im Rahmen von Erbauung und unterhaltender Belehrung, sowie die Forderung nach Anwendbarkeit von Literatur im Sinne einer praktischen Lebenshilfe ... Alle diese Texte, die damals gedruckt wurden, konstituieren in ihrer Gesamtheit – trotz der auf den ersten Blick sehr breiten thematischen Fächerung – einen einheitlichen Funktionstyp: den Funktionstyp frühe deutschsprachige Druckprosa.*« (Ebd. 278) Sie bezeichnet diese orientierende Funktion der Literatur auch als den ›*ideellen Gebrauchswert dieser Literatur*‹. (Ebd.) Ebenso betont Barbara Weinmayer (1982 op. cit.) das Interesse der Augsburger Frühdrucker, einen ›*Katalog von Orientierungsmöglichkeiten über praktische Probleme*‹ zu liefern.

Vgl. zum Problem auch Jan Dirk Müllers Rezension dieser Arbeit in: Internationales Archiv für Sozialgeschichte der deutschen Literatur, Band 10, 1985: 245-252.

13 Vgl. Gisela Ecker: *Einblattdrucke von den Anfängen bis 1555*, Göppingen 1981, 2 Bde. (Göppinger Arbeiten zur Germanistik 314)

14 Jedenfalls zeigen psychologische Forschungen in den einfachen Kulturen, daß solche Beschreibungen von den Menschen dort kaum erbracht werden können und daß dies auch keineswegs als ein Mangel erfahren wird. Auf dieses Problem wird im Abschnitt 6.8 noch einmal eingegangen.

15 ›*Ein Frembdes vnd wunderbarliches Kunstbuechlin / allen molern / bildtschnitzern / goldschmiden / steynmetzen / waffen / vnd Messerschmiden hoch nuetzlich zuo gebrauchen / Dergleichen vor nie keines gesehen / oder in den truck kommen ist.*‹, Straßburg (Chr. Müller) 1572, Vorrede. Die Entlastung vom Reisen wird natürlich besonders in der i. w. S. geographischen Literatur als der ›*besunder nutz*‹ des neuen Mediums angepriesen. Als ›*Ursache*‹ für seine ›*muehe vnd arbeit*‹ eine ›*wunderbarliche / doch Wahrhafftige Erklaerung / Von der Gelegenheyt vnd Sitten der Wilden in Virginia*‹ fertigzustellen, nennt Thomas Hariot, »*daß die / so der sachen vnd gelegenheit der Landschafft kein gruendtlichen bericht haben / sehen koennen*« auch eine Vorstellung davon erhalten sollen, wie es in Amerika aussieht. Zweitens sollen die Leser auch »*in gemein verstehen / wie es mit dieser Landschafft beschaffen sey*«. Nur dann würden sie einsehen können, warum Königin Elisabeth von England so viele Mittel für die Entdeckungsfahrten ausgibt! Die deutsche Übersetzung dieser ursprünglich in ›*engellaendischer*‹ Sprache verfaßten Beschreibung erschien auf Veranlassung von Dietrich De Bry im Jahre 1600 in Frankfurt bei M. Becker; zitiert hier S. 5 bzw. A3r.

16 J.-D. Müller: ›*Erfahrung*‹ *zwischen Heilssorge, Selbsterkenntnis und Entdeckung des Kosmos.* In: Daphnis, Bd. 13, H. 2-3, 1986: 307-342; hier 331/1. Zitat aus dem *Thierbuoch*, Zürich 1563, aa2v.

17 Aus dem von Conrad Forer herausgegebenen ›*Fischbuch*‹ Gessners, Frankfurt 1598, Bl. aaa 3r/v. Zit. nach Müller 1986 op.cit.: 332.

18 Aus einem Lobgedicht dieses Autoren auf die Buchdruckerkunst, abgedr. in H. Hornschuch, *Orthotypographia*, Leipzig 1634: 136-139, hier 138/139.

19 In diesem Kapitel werden die Annahmen über die neuen Informations- und Kommunikationsziele wieder aufgenommen und weiterverfolgt, die im ausgehenden 15. Jahrhundert auftauchten und am Beispiel des Hortus sanitatis beschrieben wurden. (Vgl. 4.2)

20 Vgl. etwa die Konzeption von Erasmus Reinhold: *Gruendlicher vnd Warer Bericht. Vom Feldmessen*, Erfurt 1574: 7 im Anhang (7).

21 Bl. 2r der Zwölfblattausgabe von 1485.

22 Jacob Koebel: *Zwey rechenbuechlein* ..., Frankfurt (Egenolf) 1537, Titelblatt; ähnlich auch in zahlreichen anderen Auflagen des Rechenbuchs. Vgl. die Bibliographie von Jakob Benzing: *J. Koebel zu Oppenheim*, Wiesbaden 1962. In Adam Rieses ›*Rechenungen* ...‹ (A3r) heißt es 1550 in der Vorrede: »*Das auch ein jeder so nur den offen verstandt zu zelen hab / sich leichtlich ane* [ohne] *sunderliche lehrmeister daraus richten*« mag, habe er sein Rechenbuch verfertigt.

23 Johannes Kolroß, *Enchiridion*, Basel 1530, D5r. In dem ersten gedruckten deutschsprachigen Rechenbuch (Bamberg 1483) heißt es zu Beginn: »*Auch ein iglicher in teutschen Lesen vnd in Ciffern erfaren mag an* [ohne] *alle vntterweysung*

von im selbs sollichs gelernen«. Zu dieser Arbeit und zu Schleupners *›Rechenbuch auf den Linien‹* vgl. Ivo Schneider: *Verbreitung und Bedeutung der gedruckten deutschen Rechenbücher des 15. und 16. Jahrhunderts.* In: Eberhard Schmauderer (Hg.): Buch und Wissenschaft, Düsseldorf 1969 (Technikgeschichte in Einzeldarstellungen, Band 17) hier S. 300. Schneider kennt noch weitere Belege für die von ihm so genannte ›autodidaktische Aneignung‹ (ebd.) des Rechenstoffs.

24 Zur Unterscheidung dieser drei Typen sozialer Synthesis oder Systembildung vgl. Niklas Luhmann: *Soziale Systeme – Grundriß einer allgemeinen Theorie,* Frankfurt 1984, Kapitel 10, 551 ff.

25 Die wissenschafts- oder genauer die chemiehistorische Bedeutung des Destillierbuchs von Brunschwygk wird von vielen Autoren anerkannt. Robert Multhauf (*The Significance of Distillation in Renaissance Medical Chemistry,* in: Bulletin of the History of Medicine 30, 1956: 329-346, hier 333/34) betrachtet sein Herangehen als *›von größter Wichtigkeit für die medizinische Chemie‹.* John M. Stillman (*Chemistry in Medicine in the 15th Century,* in: Scientific Monthly, 6, 1918: 167-165) kommt zu dem Schluß: *»Brunschwygks ›Liber Distillandi‹ appears to be the first published systematic attempt to graft upon the practise of medicine the methods and the theories developed by the early chemists.«* (Ebd. 175) In ähnlicher Weise äußert sich Frederic L. Holmes (*Analysis by Fire and Solvent Extractions: The Metamorphosis of a Tradition,* in: Isis 62, 1971: 129-148, hier 130) und A. J. V. Underwood (*The Historical Development of Distilling Plant,* in: Transactions of the Institutions of Chemical Ingeneers, Vol. 13 (London) 1935: 34-47, hier 43 ff.). Für die Wissenschafts- und Kulturgeschichte insgesamt weit bedeutender als seine Verdienste für die Entwicklung des chemischen Denkens scheint mir die Tatsache zu sein, daß Brunschwygk der erste ist, der einen einigermaßen komplexen Vorgang unter regelmäßiger Zuhilfenahme von Abbildungen, Definitionen, Beschreibungen und Begründungen dem Laien in einer typographischen Form so präsentiert, daß dieser sich daraus *›genugsam bericht‹* holen kann. Das Destillationsbuch ist nicht nur *›eines der ersten gedruckten Bücher der angewandten Chemie‹* (so Marion B. Savin und H. J. Abrahams: *Distillates from Hieronymus Brunschwygks Book of Distillation.* In: Transactions of the College of Physicians of Philadelphia (Baltimore), 37, 1969: 149-157, hier 149), sondern eine vergleichbare Zergliederung und Aufbereitung der Materie fehlt auch in früheren Werken zu anderen Gegenständen. Das gemeinhin als das *›erste technische Druckwerk überhaupt‹* betrachtete *Buch über die Kriegstechnik* von Roberto Valturio (Verona 1472 u. ö.) kann es zwar mit Brunschwygk im Hinblick auf die Abbildungen, nicht aber, was die Handlungsbeschreibungen angeht, aufnehmen. (F. M. Feldhaus: *Die Technik – ein Lexikon der Vorzeit, der geschichtlichen Zeit und der Naturvölker,* München 1970, hier 1242). Die Mediävistik scheint sich insgesamt mehr für die botanischen und die medizinischen Aspekte im Lebenswerk von H. Brunschwygk zu interessieren. Vgl. hier die Literaturzusammenstellung von Jan Frederiksen in: Kurt Ruh (Hg.): Die deutsche Literatur des Mittelalters – Verfasserlexikon. Berlin/New York 1978; Sp. 1073-1075. Zur Kritik der antiken Fachliteratur sei nochmals auf Manfred Fuhrmann: *Das systematische Lehrbuch – ein Beitrag zur Geschichte der Wissenschaften in der Antike,* Göttingen 1960, verwiesen.

26 Auch wenn in diesen Werken Lehrgespräche (Dialoge) imitiert werden, so ist dies natürlich keine Transkription irgendeines real ablaufenden Gesprächs. (Vgl. in diesem Sinn Anne Betten: *Lancelot-Roman, Luther-Bibel, Lessing-Dramen: Beispiele neuer sprachhistorischer Arbeitsweisen.* München 1988 (= Eichstätter Hochschulreden 64)). Wie sollte so etwas auch in Zeiten, in denen es keine Tonaufzeichnungsgeräte geschweige denn Videokameras gab, bewerkstelligt werden?

27 Vgl. Giesecke: *Instruktionssituationen in Sozialisationsinstitutionen – Ablaufschemata und Bedeutungsübertragung bei instrumentellen Instruktionen im Kindergarten.* In: H. G. Soeffner (Hg.): Interpretative Verfahren in den Sozial- und Textwissenschaften. Stuttgart 1979: 38-64.

28 Mit diesen Fragen beschäftigt sich O. Fuchsperger eingehend in seiner ›*Dialectica*‹ (hier zitiert n. d. Züricher Ausgabe von 1556: 468). Die ›*loci communes*‹, auf die sich diese Beschreibungen stützen, müssen tatsächlich zu gesellschaftlichen Gemeinplätzen werden! Auf seine Ideen wird im Abschn. 6.4, S. 630ff. wieder zurückgekommen.

29 *Anatomia deudsch*, 1551: XXI.

30 Wie Michael Stiefel in seiner ›*Deutschen Arithmetica*‹ brachten viele Autoren ihr Bemühen um eine ›*gemeine teutsche*‹ Darstellung ihrer Informationen in direkten Zusammenhang mit dem neuen künstlichen Informationsmedium: »*Das aber dieß mein Schreiben dester verstäntlicher sey, sollichen Lesern, da* [die] *da lernen woellen, und nicht leuth haben, die sie fragen koennen, wil ich mich aller ungewohnlicher vnd undeutscher Wort enthalten ...*« Zit. nach Ivo Schneider op. cit. 1969 (Anm. 23 auf S. 789), S. 303 (mit weiteren Literaturhinweisen).

31 Fuchsperger: ›*Dialectica*‹ 1556: 469.

32 Aus der Vorrede in Georg Agricolas ›*Vom Bergkwerck*‹, Basel 1557, A4r, vgl. a. A2r.

33 *Büchlein der Arznei*, Memmingen (Albrecht Kunne) 1497, Quart. Zitiert nach Helmut Walther: *Johann Tallat von Vochenberg. Zu seiner Biographie und seinem Arzneibuch.* In: Sudhoffs Archiv 54, 1970: 277-298; hier 291. Vier Inkunabeldrucke und sechzehn Ausgaben aus dem 16. Jahrhundert sind von diesem Werk mittlerweile bekannt.

34 Belege bei Joachim Telle: *Wissenschaft und Öffentlichkeit im Spiegel der deutschen Arzneibuchliteratur – Zum deutsch-lateinischen Sprachenstreit in der Medizin des 16. und 18. Jahrhunderts.* In: Medizinisch-historisches Journal 14, 1979: 32-52. Für die spätere Zeit: Marcel Mattis: *Geschichte der Armen – Pharmakopöen in Deutschland von 1781-1834.* Diss. Frankfurt/Main 1965, und B. Zimmermann: *Das Hausarzneibuch.* Diss. Marburg 1975.

35 Aus der überarbeiteten und ergänzten Neufassung des Destillierbuchs: »*Liber de arte Distillandi de Compositis*«, Straßburg (Grüninger) 1512, V. Buch, 1. Kapitel: CCLXXXIII a/b.

36 Die Bezeichnung ›*Thesaurus Pauperum*‹ hatte Brunschwygk von gleichnamigen lateinischen Werken übernommen, die Petrus Hispanus zugeschrieben werden. Er grenzt sich aber von diesem Werk ab, weil es ihm nur zu ungenaue Anweisungen gibt, nicht sagt, »*wie du das Kraut bruchen solt*«. A. a. O.: LXXXIIIb.

37 »*Die angestrebte Vollständigkeit ist sicherlich nicht erreicht worden*«, schreibt Joseph

Benzing in seiner ›*Bibliographie der Schriften Hieronymus Brunschwygs*‹, in: Philobiblion 12, 1968: 113-141; hier 113. Vgl. zu Brunschwygks Werk auch Karl Sudhoff: *Deutsche medizinische Inkunabeln*, Leipzig 1908; F. W. E. Roth, *Hieronymus Brunschwygk und Walther Ryff. Zwei deutsche Botaniker des 15. Jahrhunderts.* In: Zeitschrift für Naturwissenschaft 75, 1902: 102-123; A. C. Klebs: *Incunabula scientifica medica.* In: Osiris, IV: 1939, und Claus Nissen: *Die botanischen Buchillustrationen – ihre Geschichte und Bibliographie*, Bd. 2, Stuttgart 1951.

38 Dies gilt auch für die ins Englische übertragenen Werke Brunschwygks. Auf der Insel gelten die gleichen Kriterien für die Bestimmung des Gebrauchswerts der Informationen wie auf dem Festland. So heißt es etwa in dem zweiten Absatz des 2. Kapitels des ›*Vertuose boke of distyllacion*‹ (London 1527), einer Übersetzung des ›*Liber de arte distillandi de Simplicibus*‹: »*Also this dystyllinge is onely found for the common people that dwelle farre from medycynes × physycxons × for them that been not able to paye for costely medycynes / the whiche hath moved me greatly this my lytel worke to opene × disclose for helth of ma(n) × p(ro) sperite of myne eve(r) cryste.*« A1r.

39 »*Diß ist ein electuari für die armen vnnd für die dienst megt vnd knecht die su(n)st nicht zuobezalen habent*«, schreibt Brunschwygk im Sommer 1500 in seinem ›*Liber Pestilentialis*‹, und an anderer Stelle spricht er von dem ›*gemeinen man, die das anders nyt zuo bezalen habent*‹. (XXIIr) Vgl. auch die Titelblätter der zahlreichen unter seinem Namen erschienenen ›*Apoteck für den gemeinen man*‹.

40 Ryff wiederholt diese Argumentation auch in seiner Vorrede in das ›*Practicierbuechlin bewerte(r) Leibartzney*‹, Frankfurt 1574.

41 Beim Durchblättern von Texten frühneuhochdeutscher Fachprosa kommen dem modernen Betrachter leicht Zweifel an dem Wert der hier vermittelten Informationen. Führt dieses Rezept tatsächlich zum beabsichtigten Erfolg, läßt sich jene Anweisung überhaupt umsetzen? Angenommen, die moderne Kritik ist berechtigt, so braucht dies nicht zum Argument gegen den Gebrauchswert der Fachprosa auszuschlagen. Wer vermag zu sagen, wie die tägliche Praxis bei den anstehenden Problemen aussah, oder welche mündlichen Erläuterungen man damals auf entsprechende Nachfragen bekommen hätte? Mit jener Praxis und mit jenen Antworten müssen aber die Informationen in der gedruckten Sachprosa verglichen werden. Zu ihr setzte der Käufer das erworbene Buchwissen in Beziehung – nicht zu dem Wissen, das wir heute besitzen – und das man in Ansätzen vielleicht auch bei der einen oder anderen herausragenden Medizinerpersönlichkeit in der frühen Neuzeit heute nachlesen kann. Die Höhepunkte der Naturbeschreibung und der technischen und medizinischen Problemlösungen bildeten für den ›*gemein man*‹ des 17. Jahrhunderts keine Alternative zu Brunfels oder Ryff. Oftmals wurde ihre Bedeutung erst im nachhinein erkannt. Erst das 19. Jahrhundert druckte die Werke Leonardo Da Vincis, und auch von K. Gessners Naturstudien erschien zu seinen Lebzeiten nur ein geringer Teil.

42 Es ist deshalb auch mißverständlich, wenn etwa Rudolf Hirsch das in ›Teutschland‹ vermutlich am weitesten verbreitete Werk dieser Gattung, Michael Schricks ›*Büchlein von den ausgebrannten Wassern*‹, als eine Anweisung ›*how to make brandy*‹ vorstellt. (*Printing, Selling and Reading 1450-1550*, Wiesbaden 1974: 132 und 148) Einmal ganz abgesehen davon, daß in dem ›*Büch-*

lein‹ nichts über den Destillationsprozeß, sondern nur etwas über die Anwendung der Kräuterwasser berichtet wird, fehlt auch sonst jeder Hinweis auf einen Gärungsvorgang bei dem Kräutersud.

43 Aus dem Abschnitt *›Was die Apothecker fuer ihre Muehe zu fordern‹*, in: *»Tax vnd Werth ... aller deren Artzneyen welche in den Apothecken zu Frankfurt anzutreffen vnd zufinden sind«*, Frankfurt 1612: 79. (Beigebunden der *›Reformation oder Erneuerte Ordtnung der Statt Franckfurt am Mayn/ die Pflege der Gesundtheit betreffendt‹*.)

44 Die Verwendung von Schablonen wurde später in anderen Gattungen ganz üblich und ist etwa aus den Handbüchern für die Schneider gar nicht mehr wegzudenken. Die *›Geometria y traca para el oficio de los sastres‹* von Diego de Freyle (Sevilla, Fernando Diaz, 1588) ist beispielsweise ein typischer Vertreter dieser Gattung. Eine Abbildung eines Schnittmusters daraus gibt E. Eisenstein: *The Printing Revolution in Early Modern Europe*, Cambridge 1983: 55.

45 Es ist natürlich auch nicht auszuschließen, daß der eine oder andere das Destillierbuch – entgegen den Intentionen des Autors – zur Einrichtung einer profitablen Schnapsbrennerei heranzog.

46 Telle 1979 op. cit. 35. Rudolf Schenda, der ebenfalls davon ausgeht, *»daß die Armen solche Büchlein weder bezahlen noch lesen konnten«*, hat sich bemüht, das Bild einer sozialen Zwischenschicht zu zeichnen, die als *›tatsächlicher‹* Adressat dieser Literatur infrage gekommen sein könnte. (*Volksmedizin – Was ist das heute?* In: Zeitschrift für Volkskunde 69, 1973, 189-210, hier 195) Er geht von einem *»seit dem Spätmittelalter nachweisbaren Vermittlungsprozeß von Heilwissen aus dem elitären Kreise von Gebildeten in andere Kreise von Halbprofessionellen und Laien«* aus, *»stets abgestützt und erneuert durch den weiteren Einfluß von schriftlichen Quellen, mit der weiteren Vermittlung von praktiziertem, mündlich und tätlich weiter gereichtem und dabei mannigfach verderbtem Wissen in zahllose Kreise von leidenden und heilbedürftigen Endverbrauchern in den unteren sozialen Schichten.«* (Ebd. 198)

47 *Liber Pestilentialis*, Straßburg (Grüninger) 1500, Einleitung in den 5. Traktat, Bl. XXXV. Ähnlich argumentiert auch Lorenz Fries in seiner Vorrede zu seinem *›Spiegel der artzney‹*, vgl. den Nachdruck Straßburg 1532.

48 Aus der Vorrede Feyerabends in das *›Hebammenbuch‹* von Rueff, Frankfurt 1580, 2r.

49 Wie Wilhelm Voßkamp in seinen verschiedenen Arbeiten zur Konstitution literarischer Gattungen immer wieder betont: *»Erst die Komplementarität von Erwartungen und Werkproduktion als Antwortverhältnis ermöglicht die Gattungskonstitution.« (Thomas Morus' Utopia: Zur Konstituierung eines gattungsgeschichtlichen Prototyps*, In: Ders. (Hg.): Utopieforschung: interdisziplinäre Studien zur neuzeitlichen Utopie, Bd. 2, Stuttgart 1982: 183-196; hier 183.)

50 Feyerabend 1580 op. cit., 2v.

51 Telle 1979 op. cit.: 36. Als Beispiel für ein niederdeutsches Laienarzneibuch sei genannt: Lorenz Schönefelt, *Ein gantz fruchtbar vnderricht / einem jewelcken minschen tho syner gesuntheit / nödich.* Lübeck (L. Dietz) 1534.

52 Die Forderung, daß ein *›jeder verstendiger hauszwirt sein selbst artzt‹* sein soll, wird besonders eindringlich von Jakob Horst vertreten. (*›Ob man von natürlichen kunst Physica, vnd von artzney kunst Medicina, auch deutsch lehren oder bücher schreiben sol‹*, Leipzig 1588, insbesondere Buch II. Vgl. Telle 1979 op. cit., Anm. 12)

53 Vgl. Abschn. 6.2, S. 524ff.

54 Eine solche ›Warnung‹ vor Falschgeld druckt Carl Wehmer (*Deutsche Buch-*

drucker des 15. Jahrhunderts, Wiesbaden 1971) ab. Vgl. dort auch die Faksimiles von Schützenbriefen und anderen Dokumenten des typographischen Verwaltungshandelns.

55 Dem widerspricht die Tatsache, daß die Eide noch lange Zeit im politischen Handeln eine wichtige Rolle spielen, nicht. Man sichert sich auf diesem Feld doppelt ab.

56 Vgl. z. B. Adam Lonizers Vorrede in seinem ›*Kreüterbuoch / New zuogericht*‹, Frankfurt 1557 oder Johann Dryander in seinem ›*New Artznei vnd Practicierbuechlein*‹, Frankfurt 1572: 13. Weitere Literatur bei Wolfgang Schneider: *Die deutschen Pharmakopöen des 16. Jahrhunderts und Paracelsus.* In: Pharmazeutische Zeitung, 1961: 1141-1145.

57 Eberhard Schmauderer: *Entwicklungsformen der Pharmakopöen.* In: Ders. (Hg.): Buch und Wissenschaft, 1969: 187-288, hier 195ff.. Er sieht in den *»Rezeptarien und Pharmakopöen das entscheidende Instrument schlechthin zur Schaffung klarer Verhältnisse bei der Bereitung und Abgabe von Arzneimitteln«* und fährt fort: *»Der Buchdruck und das festgefügte Stadtregiment waren die entscheidenden Voraussetzungen dafür, daß diese neuen amtlichen Werke praktisch voll wirksam werden konnten.«* (Ebd. 197)

58 Zusammengestellt und kommentiert sind sie bei Hans-Otto Keunecke: *Jobst Gutknecht – der Drucker des Nürnberger Rates.* In: Gutenberg-Jahrbuch 1987: 146-157.

59 Vgl. Keunecke 1987 op. cit.: 153. 1537, 1538 und 1539 scheint Gutknecht der einzige Buchdrucker für amtliche Drucksachen gewesen zu sein. 1535 druckte auch Friedrich Peypus für den Rat. Vgl. Hans-Otto Keunecke: *Friedrich Peypus. Zu Leben und Werk des Nürnberger Buchdruckers und Buchhändlers.* In: Mitteilungen des Vereins für Geschichte der Stadt Nürnberg, H. 72, 1985: 1-65.

60 Rudolf Endres: *Sozialstruktur Nürnbergs.* In: Gerhard Pfeiffer (Hg.): Nürnberg, Geschichte einer europäischen Stadt. München 1971: 194-198, hier 194.

61 *»Ein Parallelbeispiel«*, schreibt Keunecke (1987 op. cit.: 154), *»stützt die These, wonach in jedem der Nürnberger Haushalte mindestens mit einer Person zu rechnen sein wird, die des Lesens mächtig war. Als der Rat 1522 die Losung, eine Vermögenssteuer, ausschrieb, wurden zu diesem Zweck 5000 Zettel (oder Blätter) gedruckt.«* Für die gründlichste Studie über das Nürnberger Bildungswesen in der frühen Neuzeit halte ich noch immer Adolf Jaegers Dissertation: *Stellung und Tätigkeit der Schreib- und Rechenmeister (Modisten) in Nürnberg im ausgehenden Mittelalter und zur Zeit der Renaissance* (Erlangen 1925). Vgl. jetzt auch Rudolf Endres: *Nürnberger Bildungswesen zur Zeit der Reformation.* In: Mitteilungen des Vereins für die Geschichte Nürnbergs, H. 71, 1984: 109-128.

62 S. Feyerabend in seiner Vorrede zu dem ›*Hebammenbuch*‹ des Jakob Rueff, Frankfurt 1580, 2v.

63 Hier zitiert n. d. Vorrede zu seiner ›*Architectur*‹, Nürnberg 1558. Gleichlautende Äußerungen finden sich auch, wenn Ryff begründet, warum er sein Destillierbuch (Frankfurt 1545) oder die deutsche Übersetzung des Vitruv (Nürnberg 1548) herausgegeben hat. Als ein ›*regel vnd winckelmaeß*‹ für ›*geistliche(n) und bürgerliche(n) Sachen*‹ betrachtet O. Fuchsperger seine ›*Dialectica*‹ (1556: 9). Geometrie und Meßkunst erscheinen Jakob Koebel in seinem

Buch ›*Von künstlichem Feldmessen*‹ (Frankfurt 1570, G3r, *Innleytunge zu verstandt vnsers Jakob Stabs) »gemeinen fried / vnd einigkeyt vnder dem volck zu erhalten«*. Besondere Mühe gibt sich Sigismund Suevus in seiner ›*Arithmetica Historica*‹ von 1593, die Notwendigkeit mathematischer Kenntnisse für alle Bereiche der Gesellschaft herauszustreichen. In sechs Punkten begründet er ihre Notwendigkeit für die ›*Kirchen Emptern*‹, die ›*Schulen*‹, die ›*verwaltung der weltlichen Empter*‹, die ›*Kauffleute, Gewärb vnd Händel*‹, die ›*Handwercksleute*‹ und schließlich für die ›*gemeine Haußhaltung*‹. Vgl. Ivo Schneider: *Verbreitung und Bedeutung der gedruckten deutschen Rechenbücher des 15. und 16. Jahrhunderts*. In: E. Schmauderer (Hg.): *Buch und Wissenschaft* (Technikgeschichte in Einzeldarstellungen, Bd. 17), Düsseldorf 1969: 301/302.

64 Aus der Vorrede des vielfach aufgelegten ›*Der Rechten Spiegel*‹, Frankfurt 1558 f. 2r, zitiert n. Ulrike Haß: *Leonhard Schwartzenbachs ›Synonyma‹ ... Lexikographie und Textsortenzusammenhänge im Frühneuhochdeutschen*. Tübingen 1986: 205.

65 Aus der Vorrede des 1558 erschienenen Buches, C2r zitiert n. Haß 1986 op. cit.: 205. Das Zitat enthält übrigens einen frühen Beleg für die Verwendung des Begriffs ›*Biedermann*‹.

66 Zu den Alphabetisierungsbewegungen ›von Unten‹ vgl. M. Giesecke/ G. Elwert: *Literacy and Emancipation – The Literacy Process in two Cultural Revolutionary Movements*, in: Development and Change, Vol. 14, 1983: 255-276.

67 *»Dan der mangell der lermeister ist gros peÿ vns, vnd dorom ist schwer, einem jtlichen aws fernunft vnd eygner vbung solchs vnd der gleichen zw suchen vnd finden.«* Aus der Reinschrift der Vorrede in die ›*Lehre von menschlicher Proportion*‹ nach dem Dresdener Manuskript (um 1523), zitiert nach Hans Rupprich (Hg.): *Dürers schriftlicher Nachlaß*, 3. Bd., Berlin 1969: 167.

68 Nach Rupprich 1969 op. cit., Bd. 3: 11, hat Dürer kaum mehr als zehn Schüler ausgebildet. *»Bei vieren von den genannten Schülern, bei Hans Suess von Kulmbach, Baldung Grien, Sebald Beham und Erhart Schön, sind heute noch Zeugnisse dafür vorhanden, daß Dürer sie mit seiner ›Speis der Malerknaben‹ bekanntgemacht hat.«* (Ebd.)
›*Speis der Malerknaben*‹ überschrieb Dürer seine zu Beginn der zwanziger Jahre angefangenen handschriftlichen Entwürfe zu einem umfassenden Lehrwerk. Viele Gedanken dieser Entwürfe lassen sich in der Druckfassung der ›*Unterweisung der Messung*‹ und in der ›*Lehre von menschlicher Proportion*‹ nachweisen. Dürer hat demnach in seiner Werkstatt seine Lehrwerke ausprobiert. Von Sebald Beham und Erhart Schön sind eigene ›*Lehrbüchlein*‹ bzw. ›*Unterweisungen*‹ überliefert.

69 Nach Rupprich: *Schriftlicher Nachlaß Dürers*, 1966, Band 2: 133. Der Text wurde vermutlich um 1513 abgefaßt.

70 Ebd. Vgl. a. Dürers Argumentation in der Vorrede zu seinen ›*Vier Büchern* ...‹. Diese ist im Anhang (A 8) vollständig wiedergegeben!

71 Man fühlt sich an die Argumente unserer Industrie erinnert, nach denen jede unterlassene technische Rationalisierung die Wettbewerbsfähigkeit der Wirtschaft und damit auch den Wohlstand im Lande gefährdet. Diese Figur hat also eine gewisse Tradition.

72 Dürer, Entwurf zum *Lehrbuch der Malerei*, zitiert n. Rupprich 1966 op. cit., Bd. 2: 107.

73 Ebd. 106. Eine Abhandlung über die Neubestimmung des Verhältnisses zwischen der ›Natur‹ und der sozialen Gemeinschaft (bzw. der ›Kunst‹) durch die Fachprosaautoren in der frühen Neuzeit dürfte außerordentlich reizvoll sein. Bei ihrem Versuch, ihre Reflexionen zu legitimieren, tauchen schon so ziemlich alle Argumente auf, die in der gegenwärtigen Diskussion für und wider die ›Zerstörung‹ der Natur verwendet werden. Besonders ergiebig sind hier die Überlegungen von G. Agricola im ersten Buch von ›*De re metallica*‹, die vielen Einleitungen von W. Ryff in die verschiedenen Bücher seiner ›*Architektur*‹, O. Fuchspergers ›*Dialectica*‹ und natürlich die Reflexionen des Paracelsus über den Nutzen seiner Medizin, von denen an anderer Stelle (vgl. S. 439f.) schon die Rede war. Jedem Nachteil, den der Eingriff in die natürliche Ordnung mit sich bringt, stehen an anderen Orten Vorteile gegenüber – und diese überwiegen nach der Meinung der meisten Autoren.

74 Ryff, *Das New destillier buoch*, Frankfurt 1545, 1. Buch, f. 4r; vgl. auch ders. in seiner ›*Architectür*‹, Nürnberg 1558, XLIIII.

75 Ryff, *Architectür*, Nürnberg 1558, im Anhang an das 3. Buch, f. 1v.

76 So Ryff in der Widmung seines ›*Buches über die Messung*‹ an den bekannten Nürnberger Schreibmeister Johann Neuendörfer. (= 3. Buch der ›*Architectür*‹, 1558 A2v).

77 Lynn White: *Medieval Technology and Social Change*, New York 1962 (dt.: *Die mittelalterliche Technik und der Wandel der Gesellschaft*, München 1968); Gerhard Eis: *Mittelalterliche Fachliteratur*, Stuttgart 1962; Gundolf Keil/Peter Assion (Hg.): *Fachprosaforschung – Acht Vorträge zur mittelalterlichen artes-Literatur*, Berlin 1974. Zur antiken Fachliteratur vgl. Manfred Fuhrmann: *Das systematische Lehrbuch – Ein Beitrag zur Geschichte der Wissenschaften in der Antike.* Göttingen 1960, sowie Ders.: *Die römische Fachliteratur.* In: Ders.: *Römische Literatur*, Frankfurt/Main 1974: 181-194 (= Neues Handbuch der Literaturwissenschaft, hrsg. von Klaus von See, Bd. 3).

78 *De re metallica*, Basel (Froben) 1556, Widmungsvorrede, hier zitiert n. d. Übersetzung von P. Knauth in der Werkausgabe von C. Schiffner: *Agricola, 12 Bücher vom Berg- und Hüttenwesen*, Düsseldorf 1961, 3. Aufl., S. XXV. Die deutsche Ausgabe, Basel 1557 bei Froben, enthält nur eine Vorrede des Übersetzers Philipp Bechius und nicht die Widmungsvorrede Agricolas. Die Kritik an den älteren Beschreibungen wiederholt sich übrigens im 18. Jahrhundert. Als d'Alembert und Diderot ihre *Encyclopédie* vorbereiteten, zwang sie der Mangel an Beschreibungen dazu, selbst in die Werkstätten zu gehen. Diderot schreibt in seinem Vorwort zu den Ausgaben von 1759 und 1763: *»Man hat zuviel über die Wissenschaften, nicht genügend Zutreffendes über die meisten freien Künste und fast überhaupt nichts über die mechanischen Kunstfertigkeiten geschrieben.«* (Zitiert n. Günther Mensching (Hg.) *Jean Le Rond d'Alembert – Einleitung zur ›Enzyklopädie*‹, Frankfurt 1989: 108).

79 Auf die Kritik der Autoren des 16. Jahrhunderts an den überkommenen Beschreibungen von Kunst und Natur geht der nächste Abschnitt noch einmal ein.

80 James Follan (Hg.): *Das Arzneibuch Ortholfs von Bayerland nach der ältesten Handschrift* [14. Jahrhundert], Stuttgart 1963 (Veröffentlichung der internationalen Gesellschaft f. Gesch. d. Pharmazie, NF 23). Eine der zahlrei-

chen Handschriften, die unter dem Namen Ortholfs medizinisches Wissen sammelten, wird 1477 von Koberger in den Druck gegeben. In der Fachliteratur wird das Werk eher auf Konrad von Eichstätt (letztes Viertel des 13. Jahrhunderts bis 1342) denn auf den von 1339 an in Würzburg nachweisbaren ›Meister Ortholf‹ zurückgeführt.

81 Gerhard Eis/H. J. Vermeer (Hg.): *Gabriel von Lebensteins Büchlein ›Von den gebrannten Wessern‹*, Stuttgart 1965 (Veröffentlichungen der internationalen Gesellschaft für Geschichte der Pharmazie, NF 27). Michael Schrick hat zahlreiche Rezepte Lebensteins übernommen und es ist dann vorzüglich seine Version, die von den Druckern im 15. und 16. Jahrhundert aufgegriffen wird.

82 Idee und Text des ›*Tacuinum*‹ werden auf Ibn Butlan (gest. 1063) zurückgeführt. In der ersten Hälfte des 13. Jahrhunderts erfolgte die Übersetzung ins Lateinische. Fünf bebilderte lateinische Handschriften sind bekannt, vgl. Luisa Cogliati Arano (Hg.): *Tacuinum sanitatis – Das Buch der Gesundheit. Mit einer Einführung von H. Schipperges und W. Schmitt*, München 1976 (zuerst Mailand 1973). 1533 wird das Werk in einer deutschen Übersetzung von M. Herr als ›*Schachtafelen der Gesuntheyt*‹ herausgebracht – nachdem schon 1531 und 1533 lateinische Drucke in Straßburg erschienen waren.

83 NB Wien, Series nova 2544, fol. 4, zitiert nach der Übersetzung von Bettina Braun in der Edition von Cogliati Arano op. cit. 1978: 116. Entsprechend dieser Maximen ist die Gesundheitslehre auf 40 Bilder verteilt, die mit einem einprägsamen Text erläutert werden.

84 *»Mich zu defendiren ..., in dem daß ich neue krankheiten, so vor nie geschriben worden, beschreib und fürhalte, auch neue nomina, vor nie gebraucht, sonder durch mich geben, – warum solchs beschehe ... Daß mich doch unbilig bedeucht, daß irer vergessen sei worden«* und weiter *»wie kan ich die alten nomina brauchen, dieweil sie nicht gehen aus dem grunt, aus dem die krankheit entspringt?«* Nachweise bei Karl-Heinz Weimann: *Probleme der medizinischen Fachsprache zur Zeit des Vesal.* In: G. Keil (Hg.): Fachliteratur des Mittelalters – Festschrift für G. Eis, Stuttgart 1968: 377. Dort auch weitere Hinweise zum Thema.

85 Insofern deckt sich die Beschreibung der Software mit jener der selbstreferentiellen Dimension. Vgl. M. Giesecke: *Die Untersuchung institutioneller Kommunikation.* Opladen 1988, S. 37ff., 81ff., 159ff. u. 193. Dort sind die ›steuernden‹ Strukturen genauer erläutert.

86 Aber auch die Manuskripte der Autoren enthalten, indem sie die Erfordernisse des Satzes berücksichtigen, Software für die Setzer.

87 Giesecke 1988 op. cit.: 38.

88 George Sarton: *The Appreciation of Ancient and Medieval Science during the Renaissance (1450-1600)*, Philadelphia (Uni Press) 1955, hier 167, ebenso S. 89. Ähnlich sieht auch William M. Ivins (*Prints and Visual Communication*, Cambridge, M. I. T. Press 1953) eine Hauptleistung des Buchdrucks darin, ›*exakt wiederholbare Abbildungen*‹ ermöglicht zu haben. Erst diese Leistung hat seiner Ansicht nach die moderne Naturwissenschaft hervorgebracht. (Vgl. S. 83 a. a. O.) Ältere Kulturen konnten demgegenüber angeblich nur ›verbale Formeln‹ exakt reproduzieren (S. 162). Dies ist, wie wir u. a. im Abschn. 2.4 sahen, nicht ganz richtig: Mit Stempeln ließen sich auch bildhafte Figuren vervielfältigen. Weder Sarton noch Ivins noch E. Eisenstein,

die die Ideen der beiden Autoren in ihrem Hauptwerk ›*The Printing Press as an Agent of Change*‹ (Cambridge, Uni Press, 1979) und in vielen Aufsätzen aufnimmt, gehen jedoch auf die Bedeutung der Standardisierung der Wahrnehmung und des Beschreibungsvorgangs angemessen ein.

89 Plinius, *Historia naturalis*, Buch XXV, Abschn. 4 u. 5; in der Ausgabe von Jacques André, *Pline l'Ancien – Histoire Naturelle*, Paris 1974 auf S. 28/29.

90 *Historia naturalis*, XXV, 5; hier zitiert n. der Übersetzung von G. C. Wittstein: *Die Naturgeschichte des Cajus Plinius Secundus*, 3. Bd., Leipzig 1881: 287/88. Diese Stelle ist von vielen Autoren in beinahe ebenso vielen Varianten interpretiert worden. Vgl. z.B. Sarton 1955 op.cit.: 204/5, Ivins 1953 op.cit.: 15 und McLuhan: *Die magischen Kanäle*, Düsseldorf/Wien 1970: 172. Ich lese aus dem ›*nec est difficilis cognitio*‹ heraus, daß Plinius das Fehlen der Beschreibungen keineswegs für einen Mangel hält (wie z.B. Ivins meint), sondern im Gegenteil darauf hinweisen möchten, wie leicht die interessierende Information aus anderen, bequemeren Quellen zu schöpfen ist.

91 Vgl. demnächst M. Giesecke: Der ›abgang der erkantnusz‹ und die Renaissance ›wahren Wissens‹ – Frühneuzeitliche Kritik an der mittelalterlichen Semantik. In: Giesecke: *Sinnenwandel, Sprachwandel, Kulturwandel*, Ffm. (Suhrkamp). Mit dem Phänomen setzt sich auch M. Foucault in: ›*Die Ordnung der Dinge*‹ (Ffm 1974, hier 79/80) auseinander.

92 *Bermannus, sive de re metallica*, zitiert n. der Übersetzung von H. Wilsdorf, in: *Georg Agricola: Bermannus oder über den Bergbau. Ein Dialog.* Berlin 1955: 58/59 (= Georg Agricola: Ausgewählte Werke, Bd. 2).

93 Er diskutiert ausführlich in seinem ›*Kontrafayt Kreüterbuoch*‹, Straßburg 1532, in der Einleitung die Frage ›*warumb die Kreüter artzeney abgangen*‹ sei. Vgl. Kap. XVIIIff.; f. b3r ff.

94 Brunfels 1532 op.cit. f. 318.

95 Dieses Phänomen ist allerdings nicht auf die skriptographischen Medien beschränkt. Paul Gaechter (*Die Gedächtniskultur in Irland*, Innsbruck 1970) weist nach, daß auch in der oralen Kultur Irlands ›*Texte ... mündlich durch die Jahrhunderte hindurch auch dann noch weitergegeben wurden, als sie unverständlich geworden waren*‹. (: 16) Der Zwang, in oralen Kulturen autoritative Texte nicht zu verändern, ist so stark, daß die ›Erzähler‹ lieber unverständliche Texte zum besten geben als daß sie sich einer zeitgemäßen Interpretation und damit Veränderung der Texte schuldig machen. (Vgl. ebd. 46) Gaechter begründet übrigens die ›*Häufung von Synonymen und Aneinanderreihungen alliterierender Beiwörter*‹ in der mündlichen Literatur des 13.-15. Jahrhunderts in Irland mit den Zwängen, die sich aus der Vortragsform und der begrenzten Kapazität des Gedächtnisses ergeben. (Ebd., 36)

96 Kap. 13 in seinem ›*Buch der Natur*‹, S. 16 in der Ausg. von Franz Pfeiffer im ›Literarischen Verein‹, Stuttgart 1861.

97 *Dialectica*, Zürich 1556: 415.

98 Vgl. David Lindberg: *Theories of Visions from Al Kindi to Kepler*, Chicago (Uni Press) 1976.

99 Gudrun Schleusener-Eichholz, *Das Auge im Mittelalter*, 2 Bde. München 1985 (= Bd. 35 der Münsterschen Mittelalter-Schriften); hier Bd. 1, S. 201.

100 Belege bei Schleusener-Eichholz 1985 op.cit. Bd. 1, 202ff.

101 *De libero arbitrio*, 182 u. a. a. Stellen; vgl. die ›*Theologischen Frühschriften vom Freien Willen*‹ ..., übers. u. erl. von Wilhelm Thimme, Zürich/Stuttgart 1962.

102 Johannes Saaz, *Der Ackermann aus Böhmen*, S. 104 in d. Ausg. von Günther Jungbluth, Bd. 2, Heidelberg 1969.

103 Cod. atl., f. 90r. Ich danke Kim Veltman, daß er mir Einsicht in das Manuskript des zweiten Bandes seiner ›*Studies on Leonardo*‹ gewährt hat, dessen Veröffentlichung sich bedauerlicherweise viel zu lange hinauszieht.

104 *Disp. puerorum*, Belege bei Schleusener-Eichholz, 1985 op. cit. Bd. 1, 204, Anm. 82.

105 Vgl. Hans Rupprich, *Dürer – Schriftlicher Nachlaß*, Bd. 2, Berlin 1966, 109, ähnlich 121, 131 und 132.

106 Die Klassifikationen schwanken in verschiedenen Zeiten und bei verschiedenen Autoren für viele Phänomene. Die Beispiele sind dem ›*Tacquinum sanitatis*‹ entnommen. Vgl. die Edition von Luisa Cogliati Arano, München 1976 (mit einer Einführung von H. Schipperges und W. Schmitt).

107 Vgl. S. 346 ff. in diesem Buch.

108 Noch Fuchsperger vermerkt: »*Aber durch das greyffen wirdt vermerkt empfindtligkeit der waerm / trucken / kelten / feüchten / ebenen / scherpffe / vnd was von denen dingen vrsach nimpt: Als herte / dürr / gfrur / weich vnnd der gleychen.*« (*Dialectica* 1556: 61) Vgl. auch Robert Bostok: *The difference* ... London 1585, Kap. 8 § 5.

109 O. Brunfels, *Contrafayt Kreüterbuoch*, Straßburg 1532, CLII.

110 Zitiert nach der Ausgabe von Bämler, Augsburg 1478, Beginn des ›*5. Stücks*‹. Der frühe Druck enthält keine Paginierung und keine Foliierung. (S. 224 i. d. nachtr. Seitenzählung i. d. Exemplar N. a. 4° 34 der H. A. B. Wolfenbüttel).

111 »*In Glaubensfragen wird oft dem Gehör Vorrang eingeräumt*«, merkt Schleusener-Eichholz an und widmet deshalb dem Verhältnis von Augen und Ohren einen besonderen Abschnitt. Vgl. dies. 1985 op. cit. Bd. 1, 228 ff.

112 »*Sane fides ex auditu, non ex visu ... Et in fide ergo, sicut et in spe, deficit oculus, auris proficit sola*«, *Opera IV: Qui habitat, sermo 8*, 427, zit. nach Schleusener-Eichholz 1985 op. cit. 233; vgl. auch ebd. 211.

113 *Meister Eckhart: Die deutschen Werke*, hrsg. und übersetzt von Josef Quint, Bd. 1: Predigten, Stuttgart 1958: 15.

114 »*Videre trifft ... auf alle fünf Sinne zu*«, bemerkt G. Schleusener-Eichholz (1985 op. cit. Bd. 1: 202, vgl. auch 205) und an anderer Stelle: »›*Sehen*‹ *bezeichnet schon im Griechischen nicht allein eine sinnliche Wahrnehmung, sondern ist Metapher für geistiges Erkennen. Die christliche Allegorese deutet häufig* ›*videre*‹ *als* ›*intelligere*‹ *oder* ›*mente conpicere*‹, ... *auch die Volkssprachen setzen* ›*Sehen*‹ *im Sinne von* ›*Einsehen*‹, ›*Erkennen*‹.« (Bd. 2, 948/949).

115 Vgl. zum zeitgenössischen Sprachgebrauch Schleusener-Eichholz 1985 op. cit. Bd. 1, 223 ff. sowie Bd. 2, 935 ff. Die Unterscheidung zwischen ›körperlichem Auge‹ und ›Auge der Seele‹ findet sich schon in der Antike (ebd. 957 f.).

116 Belege bei Schleusener-Eichholz 1985 op. cit. Bd. 1, 225, Anm. 150. Aus

›De Anima‹ läßt sich freilich auch eine Unterscheidung in *›sensus communis‹* und *›fantasia‹*, *›cogitativa‹*, *›immaginativa‹* und *›existimatio‹* sowie *›conservativa memorialis‹* herauslesen. Vgl. Thomae Aquinatis: *Opera omnia*, Parma 1852, Vol. 1, quaestio 78, Art. 4.

117 Schleusener-Eichholz 1985 op.cit. Bd. 2: 967 mit vielen weiteren Belegen.

118 *Die deutschen Werke*, Bd. 2: Predigten, Stuttgart 1971: 417.

119 Schleusener-Eichholz 1985 op.cit. Bd. 2: 964.

120 *»Sed talis lux* [deus] *non est rota nec potest esse nota oculis carnis«.* Augustin, Sermo 4,5 CCL 41: 22, zit. n. Schleusener-Eichholz 1985 op.cit. Bd. 2: 940, Anm. 57.

121 *Meister Eckhart, Die deutschen Werke*, Bd. 2: Predigten, Stuttgart 1971: 191.

122 *De tempore*, zit. n. Schleusener-Eichholz 1965 op.cit. 227, Anm. 162, vgl. auch ebd. 200. Die folgenden Passagen Rubes lassen sich übrigens als eine mittelalterliche Theorie des Unbewußten lesen.
Ähnliche Vorstellungen finden sich schon an der Zeitenwende bei Philo von Alexandria. Vgl. Hans Leisegang: *Der Heilige Geist – Das Wesen und Werden der mystisch-intuitiven Erkenntnis in der Philosophie und Religion der Griechen*. Bd. 1, Berlin 1919: 218

123 a *›Die Lehre von den Hirnventrikeln in textlicher und graphischer Tradition des Altertums und Mittelalters‹* hat Walther Sudhoff ausführlich in einem Aufsatz im ›Archiv für Geschichte der Medizin‹ (Bd. VII, Heft 3, 1913: 149-205) dargelegt. Auf S. 179/180 stellt er in einer Tabelle die Annahmen über die Sinne und ihre Lokalisierung in den Ventrikeln von Posidonius bis Guy de Chauliac zusammen.

123 b Kim Veltman: *Studies on Leonardo*, Vol. 2, Chap. 19 (Forthcoming, vgl. Anm. 7 in diesem Abschnitt). Dort findet sich auch eine Zusammenstellung der Abbildungen aus den verschiedenen Manuskripten Leonardos über die Ventrikel. *»Die Gegenstände unserer Umwelt senden ihre Eigenschaften zu den Sinnen und jene übermitteln sie dem Empfindungszentrum (imprensiva)«*, welches nach seiner Ansicht noch dem Sensus communes vorgelagert ist, erläutert Leonardo seine Wahrnehmungstheorie. *»Das Empfindungszentrum sendet sie zum Sensus communes und von dort gehen sie in das Gedächtnis ...«* Cod. Atl. 90r/b.

124 W. Sudhoff (1913 op. cit., 181 ff.) kann die Vorgeschichte dieser Abbildungen bis auf ein Manuskript des Razes (900 n.Chr.) zurückverfolgen, welches aus dem 14. Jahrhundert stammt (Paris, BN, Ms. Arab. Slane 2866). Eine Abbildung des Männerkopfes aus der *›Margarita philosophica‹* des G. Reisch gibt er auf S. 204. Als früheste Darstellung in einem Druck nennt er *›Alberti Magni opus philosophiae naturalis‹* (Brixen 1490).

125 *Orbis sensualium pictus ... Die sichtbare Welt / das ist Aller vornehmsten Welt-Dinge und Lebens-Verrichtungen Vorbildung und Benahmung*, Nürnberg 1658: 86/87 unter der Überschrift *›Euserliche und innerliche Sinnen‹*.
Die Vorstellungen über die Funktionsweise der äußeren Sinne und ihren Zusammenhang mit den Verarbeitungszentren schildert Marielene Putscher: *Die fünf Sinne* (Festschrift für W. König, Aachener Kunstblätter 41, 1971: 152-173). Vgl. auch den von ihr unter dem gleichen Titel hrsg. Sammelband, München 1987.

126 Philo von Alexandria, *De migratione Abrahami*, nach der Übersetzung von

Rabbiner Dr. Posner, in: Die Werke in deutscher Übersetzung (hrsg. von L. Cohn, I. Heinemann, M. Adler, W. Theiler), Bd. V, Berlin 1964: 165.

127 Die Mediävistik hat sich bislang vor allem mit den zwei Welten und deren Niederschlag in der Literatur befaßt, weniger mit der ›dialektischen‹ Struktur ihrer Produzenten. Der *›mehrfache Schriftsinn‹* bedarf auch mehrfacher Sinne bei den Textproduzenten und ihren Lesern. Vgl. zum *›mehrfachen Schriftsinn‹* Friedrich Ohly: *Schriften zur mittelalterlichen Bedeutungsforschung*, Darmstadt 1977.

128 Nur der Vollständigkeit halber sei noch erwähnt, daß sich im neuzeitlichen Modell natürlich auch die Bedeutung der *›äußeren Sinne‹* verändert.

129 Vor diesem Hintergrund kann man sich nur wünschen, daß die Untersuchungen Jacques Le Goffs über den Wandel der Träume im Mittelalter fortgeführt werden. (*Der Traum in der Kultur und in der Kollektivpsychologie des Mittelalters*, abgedr. in: ders., Für ein anderes Mittelalter – Zeit, Arbeit und Kultur im Europa des 5. bis 15. Jahrhunderts (ausgewählt von D. Groh), Frankfurt/Berlin/Wien 1984: 137-146).

130 Philo von Alexandria bekannte, daß er oftmals *›leer‹*, ohne festen Plan an die Abfassung seiner Schriften heranging, *»doch plötzlich ward mein Geist voll, da die Gedanken von oben unsichtbar herniederströmten und ausgesät wurden, so daß ich in göttlicher Begeisterung ganz verzückt war und nichts mehr erkannte: weder den Ort noch die Anwesenden, noch mich selbst, noch was gesprochen, noch was geschrieben ist; denn es offenbarte sich mir förmlich ein Erkenntnisstrom, ein Lichtgenuß, eine ganz scharf blickende Schau, eine außerordentlich durchsichtige Klarheit der Dinge, wie es mit den Augen in deutlichstem Zeigen nur geschehen könnte«.* (1962 op. cit.: 162/63) Die *›eingegossenen Informationen‹* übertreffen die *›gesehenen‹* bei weitem.

131 Vgl. Roger Dragonetti: *La vie de la lettre au Moyen âge – le conte du gral.* Paris 1980: 51: *»L'écriture fut, au moyen âge, plus qu'à tout autre époque une energeia anonyme que le scribe capte, dirige et subit.«* Vgl. auch ebd. 42.

132 Cod. guelf 433 Helmst. 2°, f. 101 bzw. 51. Wolf-Dieter Otte, Herzog August Bibliothek Wolfenbüttel, danke ich für seine Unterstützung bei der Durcharbeit der Handschrift.
Zur Überlieferung der Handschrift und zu den Standorten der verschiedenen Textzeugen vgl. Herwig Buntz: *Das ›Buch der heiligen Dreifaltigkeit‹ – sein Autor und seine Überlieferung*, in: Zeitschrift f. dt. Altertum und dt. Lit. 101, 1972: 150-160. Die Entstehungszeit der Wolfenbüttler Handschrift ist noch immer nicht geklärt. Marielene Putscher (*Das Buch der heiligen Dreifaltigkeit und seine Bilder in Handschriften des 15. Jahrhunderts*, in: Christoph Meinel: Die Alchemie in der europäischen Kultur- und Wissenschaftsgeschichte, Wiesbaden 1986: 151-178) sieht in dem Berliner Exemplar (Kupferstichkabinett Ms. 78 A 11) die älteste Handschrift. Sie wurde am 11. November 1418 abgeschlossen und am 28. Juni 1419 dem Burggrafen Friedrich von Brandenburg übergeben. Es scheint aber Vorläufer dieser Fassung gegeben zu haben und einer davon könnte die Wolfenbüttler Handschrift sein.

133 So in einer anderen, 1471 geschriebenen Handschrift in Wolfenbüttel, Cod. guelf 188 Blankenburg, f. 3; bei Buntz 1972 op. cit.: 157, fälschlich: 488 Blank!

134 Cod. guelf 433 Helmst. 2°, f. 126.

135 W. Ganzenmüller: *Das Buch der heiligen Dreifaltigkeit. Eine deutsche Alchemie aus dem Anfang des 15. Jahrhunderts.* In: Archiv für Kulturgeschichte 29, 1939: 93-146, hier 143. (Auch abgedr. in ders.: *Beiträge zur Geschichte der Technologie und der Alchemie*, Weinheim 1956). Er zitiert als Beleg dann aus der Münchener Handschrift (Bayerische Staatsbibliothek Cgm 598: 185) die folgende Passage: *»Nochtent wolte der tewfel in bosen horen und czeiten mir vil verstoren, waz ich dan schreib, das was keczerye ader falscherye wider die heilige schrift under eyn vermenget, das ich nicht keren mochte, der tewfel lerte mich mit so behenden kunstyn, ich hette gesworen in den tot zu gande ys were von gotis kreften wan die rethen czeyten wider quamen, daz ich mit der gotliche lere wart wider zundet so schreib ich recht dis ganczen buches schrift, die beweyste mir den, das ich muste austhun alle die falsche schrift, dar ich von dem tewfel inne betrogen was, also muste ich, da ich des vil ward underweiset, die bosen zyten vieren* (= feiern) *got gab mir dan nicht zuschreiben, wan ich vornam von gote syn, das her wolde geben, so wartete ich der guten zyten, dieweile hatte ich harte bekorunge des tewfels in sweren leiden wan dan got seine lere myr zu schreiben gab, so was ich in frewden und alle des tewfels lyden ab.«*

136 Zit. n. Ganzenmüller 1939 op. cit.: 143. In der Wolfenbüttler Handschrift (Cod. guelf 433 Helmst. 2°, f. 101) wird der Teufel noch durch die Pfaffen unterstützt. Es heißt dort: *»Ich hiet gern von aller geschrift getan / auf daz ich frid möcht behalten han / so gewang ich fil hilff darczu / daz der tewfl fugt / das weis pfaffen wollten sein / die wolten dises puch haben helfen verderben mir(.) Und geschach zu vil zeiten / daz uns der tewfl in mannigen zweifel het gebracht / so herte daz got mit seiner kraft / daz wir diss puch gottes zu verderben heten kein macht.«*

137 Belege für dieses Zitat und für entsprechende Äußerungen in weiteren Quellen bei Gisela Vollmann-Profe: *Kommentar zu Otfrieds Evangelienbuch*, Bonn 1976: 77ff. (Vgl. a. Anm. 131 in diesem Abschnitt) Auch der Verfasser einer anderen überragenden ›technischen‹ Handschrift des Mittelalters, der ›*Diversarum artium schedula*‹, der Mönch Theophilus, fühlt sich als ›*Servus servorum dei*‹, als ›*Knecht der Knechte Gottes*‹ ein. *»Niemand aber möge«*, heißt es im ›*Prologus*‹, *»wenn er dies* [handwerkliche Wissen] *erworben hat, sich rühmen, als habe er es aus sich heraus und nicht* [vielmehr] *anderswoher empfangen; sondern demütig preise er sich glücklich in dem Herrn, von dem und durch den alles und ohne den nichts ist.«* Zit. nach der Übersetzung des vollständigen Werkes von Wilhelm Theobald: *Technik des Kunsthandwerks im 10. Jahrhundert – des Theophilus Presbyter Diversarum Artium Schedula*, Berlin 1933: 8. Theobald greift in seiner Ausgabe auf verschiedene mittelalterliche Handschriften zurück, hier wohl auf den Wolfenbüttler Codex Gudianus aus dem 12. Jahrhundert. *»Durch den Geist der Gottesfurcht bist du dir bewußt, daß du nichts aus dir selbst vermagst«*, bekennt der Schreiber an einer anderen Stelle, im 3. Buch. (Ebd. 61). Neben der kommunikativen Beziehung nach dem Muster ›Verkündigung‹ und ›Zuhören‹ bzw. ›Befolgen‹ zwischen Gott und den Menschen bzw. nach dem Muster ›Anrufung‹ oder ›Lobpreisung‹ und ›Verheißung‹ zwischen den Menschen und Gott waren gerade bei Augustinus (in den ›Bekenntnissen‹) offenbar noch andere Gesprächsformen möglich, die mehr Wechselseitigkeit zuließen – bishin zum gleichberechtigten ›Schwatz‹ (Conf. 9,1,1). Vgl. Reinhart Herzog: *Non in sua voce. Augustins Gespräch mit Gott in den Confessiones – Voraussetzungen und Folgen.* In: Karl-Heinz Stierle/R. Warning (Hg.): Das Gespräch (Poetik und Hermeneutik

XI) München 1984: 213-250 mit weiteren Literaturangaben zur theologischen Behandlung des Themenkreises.

138 *Liber de arte distillandi*, Straßburg 1500, A2r. Während in dieser Ausgabe noch sinnrichtig »**durch** *entzündung des heiligen geists*« steht, lassen sowohl die Quart- als auch die Folio-Ausgabe von 1551 das ›*durch*‹ fort *(vgl. Abb. 57)*.

139 Vgl. das Facsimilé der Vorrede Steinhövels im Anhang (A4). Im gleichen Sinne empfiehlt auch H. Brunschwygk in seinem ›*Liber pestilentialis*‹, Straßburg 1500, sich nicht nur auf seine Beschreibungen zu verlassen, sondern zunächst einmal mit einem Gebet und der Bitte um Verschonung von der Krankheit zu beginnen: »*Zu(m) ersten ist not / gott mit fleyß an zuo rüffen / dz er vns genedig wel sein / syt wir nit wyssen ob die Kra(n)ckheit fo(n) got od(er) fo(n) Natur sy / vnd darum(m) rüff an die liebe(n) Hymel Fürste(n) als vor gena(n)t etc.*« (Bl. 35) Ortholf Fuchsperger setzt sich 1542 in seiner ›*Leeßkonst*‹ ausführlicher mit dem Problem auseinander, welche Funktion ein Lehrer eigentlich haben kann, wenn ›*Gott der rechte Schulmeister ist*‹. Vgl. den diplomatisch getreuen Abdruck bei Johannes Müller, *Quellenschriften zur Geschichte des deutschsprachlichen Unterrichtes*, Gotha 1882 (Neudr. Darmstadt 1969), S. 168ff. Ähnliche Legitimationsprobleme durchziehen die Vorreden vieler Werke, vor allem der medizinischen Fachprosa im 16. Jahrhundert.

140 Dürer bewertet im 16. Jahrhundert die ›*öberen ein gissungen*‹ lediglich noch als eine Metapher für ›*künstlerisches*‹ Talent. Dieses ist zwar eine notwendige Bedingung für geschmackvolles Malen, aber es bedarf entschieden der Übung und der Reflexion. Vgl. die ›*Entwürfe zur Einleitung in das Lehrbuch der Malerei*‹, 1512, bei Rupprich 1966 op. cit. Bd. 2: 113 u. ebenso 131.

141 H. Bock: *New Kreütter buoch*, Straßburg 1539, 1. Teil, Kap. 28, S. XXIIr. Er fährt dann fort: »*darauß nit alleyn jrrthumb sunder grosser abbruch vnd verdunckelung viler stück entstanden.*«

142 *Bermannus, sive de re metallica*, Basel 1530, hier zit. n. der Übers. von Helmut Wilsdorf. In: *Georg Agricola: Bermannus oder über den Bergbau. Ein Dialog*, (= Georg Agricola: Ausgewählte Werke Bd. 2) Berlin 1955: 68.

143 Trübner nimmt an, ›*gemein*‹ müßte seine Bedeutung in der frühen Neuzeit von ›*mit allen oder mehreren im Austausch stehend*‹ zu ›*allen und mehreren in gleicher Weise zugehörig*‹ verschoben haben. (Deutsches Wörterbuch, Bd. 1, Berlin 1839: 89) Im Grunde beschreibt er nur zwei Seiten ein- und desselben Vorgangs, einmal wird der Aspekt des Tauschs der Informationen und Positionen, das andere Mal die allgemeine Zugänglichkeit des Speichers hervorgehoben.

144 Vgl. die Abb. 1: Tektonik und Informationsfluß in einfachen Informationssystemen im 1. Kap. S. 42.

145 Für eine kommunikationswissenschaftliche wie auch für eine einigermaßen breit angelegte sozialwissenschaftliche Modellierung des Phänomens der ›Autoren‹ bzw. des ›Menschen‹ überhaupt ist es unerläßlich, mehrere Emergenzniveaus bzw. Teilsysteme auseinanderzuhalten. Vgl. Giesecke 1988 op. cit., Abschn. 2.6, S. 86ff. bzw. Niklas Luhmann: *Soziale Systeme – Grundriß einer allgemeinen Theorie*, Frankfurt 1984, Kap. 6 u. 7, S. 286ff.

146 Vgl. hierzu wieder die Abb. 1 auf S. 42

147 So schreibt beispielsweise Otho Brunfels im Kapitel 32 seiner Einleitung

in sein Kräuterbuch von 1532: »*Dargegen will ich fleissig gebetten haben alle geleerren* [Gelehrten] / *vnd erfarnen / mit was nammen sye genen(n)t seind/ dieweil sye des handels erfaren / vnd zuom theyl auch in iren buechern treiben / angesehen / das es den gemeynen nutz beruert / das sye mir woellen in zuokunfft / ob Gott weyter gnad gebe / beholffen vnd beradten sein / des gleichen / ob ich etwas übersehen / an mir besseren woellen / soll von mir in aller getrewer meynung angenommen werden.*« (C4r) Ähnlich lesen wir im Kolophon des ›*Nutzlich buchlein etlicher gleich stymender worther*‹ von Hans Fabritius (1532): »*Ist aber yemandes, der was vnrechs darin funde, Pit ich den selben frundtlich, er woelle mir solchs nit dem vnuerstandt zu messen, sondern das solchs ym Corrigieren geschehen und nach bliben. Das will ich vmb eyn yetlichen treulich verdienen.*« (Bl. F 8 r/v) Weitere Belege aus dem literarischen Bereich teilt Inge Leipold (*Untersuchungen zum Funktionstyp ›Frühe deutschsprachige Druckprosa‹ – Das Verlagsprogramm des Augsburger Druckers Anton Sorg*, in: Deutsche Vierteljahresschrift 48, 1974: 264-290, hier 285) mit. Die Bitte um Verbesserung oder die direkte Aufforderung zu einer Korrektur war auch in den älteren skriptographischen Informationssystemen üblich. Vgl. Gisela Vollmann-Profe: *Kommentar zu Otfrieds Evangelienbuch*, Teil 1, Bonn 1976: 70/71 sowie Anton E. Schönbach: *Otfried Studien*, in: Zeitschrift für Dt. Altertum 39, 1895: 414f.

148 J. Koebel: *Geometrei. Von kuenstlichem Feldmessen*, Frankfurt 1570, Vorrede.

149 Koebel, a.a.O.; vgl. im übrigen die Darstellung in 5.4., S. 427ff.

150 Zur besseren Unterscheidung ist es vielleicht sinnvoll, vom Typographeum als ›Daten-‹ oder als ›Textverarbeitungssystem‹ zu sprechen und die Bezeichnung ›typographisches Informationssystem‹ für das in diesem Abschnitt skizzierte Gesamtsystem zu reservieren.

151 Für eine genauere Darstellung der wissenschaftlichen Methodologie Dürers und ihrer Beziehung zur neuzeitlichen wissenschaftlichen Methodenlehre vgl. M. Giesecke: *Kommunikation in Institutionen, Grundlagen einer systemischen Methodik und Methodologie.* Opladen 1988: 117ff.

152 Eine Ausnahme bildet hier wohl nur Leonardo Olschki der von der ›*Geburt der wissenschaftlichen deutschen Prosa*‹ in Dürers Werk spricht und behauptet, dieses enthalte »*das ganze Programm, welches die Mathematik im 16. und z. T. im 17. Jahrhundert entwickelte*«. (*Geschichte der neusprachlichen wissenschaftlichen Literatur*, Band 1: Die Literatur der Technik und der angewandten Wissenschaften vom Mittelalter bis zur Renaissance, Heidelberg 1919: 326 bzw. 432) Olschkis Charakterisierung Dürers als ›*Drehtür zwischen dem Tempel der Mathematik und dem Marktplatz*‹, also zwischen einer aparten Scientia und dem gemeinen Wissen, die von Erwin Panofsky (*Das Leben und die Kunst Albrecht Dürers*, München 1977, hier 341; zuerst engl. Princeton (Uni Press 1943) zwar aufgenommen, aber nicht weiter ausgeführt wurde, soll hier in neuer Weise begründet werden.

153 Auf die entsprechenden Äußerungen wurde im anderen Zusammenhang schon eingegangen. Vgl. S. 435f. und S. 550ff.

154 Auf diese argumentative Aufbereitung der Texte wird in einem späteren Abschnitt noch ausführlicher eingegangen. Vgl. S. 630ff.

155 Vgl. Rupprich 1966 op.cit., Bd. 2, 145. Rupprich datiert die Notiz auf »zwischen 1513 und 1523«. / (ebd.)

156 W. Ryff: *Der Architectür* ... Nürnberg 1558, LXII.

157 Hieronymus Rodler: *Eyn schön nützlich Büchlin vnd Vnderweisung der kunst des Messens.* Simmern 1531: A2v.

158 Die nachfolgende Perspektive auf die ›Perspektive‹ ist in zahlreichen Gesprächen mit Kim Veltman entstanden. Ihm verdankt die Darstellung auch dort viel, wo sie nicht mit seinen Gedanken übereinstimmt. (Vgl. ders.: *Studies on Leonardo da Vinci*, Bd. 1, Linear Perspective and the Visual Dimensions of Science and Art, München 1986).

159 Vgl. Kap. 1, S. 35 sowie die Anm. 18. In der Wende zur Selbstreferenz sieht Blumenberg (*Die Genesis der kopernikanischen Welt,* Frankfurt 1975) eine tiefe kulturelle Auswirkung der Einführung der perspektivischen Sehweise: *»Mehr als Denkform, wird Perspektivität zur Lebensform, wenn die Leidenschaft der Reflexion auf den eigenen Standort so genannt werden darf.«* (Ebd. 619, vgl. auch Anm. 7)

160 Eine Rekonstruktion dieser Vorrichtung und die entscheidenden Textpassagen finden sich bei David Lindberg: *Theories of Vision from Alkindi to Kepler*, Chicago (Uni Press) 1976: 148. Zur Einordnung Brunelleschis und zum Stand der Entwicklung der optischen Theorie zu diesem Zeitpunkt vgl. Renzo Beltrame: *Gli esperimenti prospettici del Brunelleschi*, in: Rendiconti della Classe di Scienze morali, storiche e filologiche, 1973, Serie VIII, Vol. 28, 417-468.

161 In der Ausgabe von L. Mallé, Florenz 1950, S. 70, vgl. auch S. 63.

162 In seiner Dissertation *›Das Leben und die Kunst Albrecht Dürers‹* schreibt Erwin Panofsky: *»Im Laufe des 14. Jahrhunderts aber kam es dahin, daß die* **auf** *der Fläche erscheinenden Formen als etwas aufgefaßt wurden, das* **hinter** *der Fläche ist ...«.* (München 1977: 329, zuerst Princeton 1943) Panofsky hält diese schon bei älteren Malern praktisch vorgenommene Idealisierung für die eigentliche Bedingung der Überwindung der traditionellen Seh- und Darstellungsweisen: *»Dieses ›Fensterscheibengefühl‹, wenn man so sagen darf, schuf genau die Bedingung, deren Fehlen die griechisch-römische Malerei gehindert hatte, das ›Winkelaxiom‹ der antiken Optik außer acht zu lassen ... Erst nachdem Duccio und Giotto der Bildfläche die Eigenschaft der Durchsichtigkeit zusätzlich zu der der Flächigkeit verliehen hatten, war die – für uns fast selbstverständliche – Vorstellung denkbar geworden, diese durchsichtige Fläche zwischen den Gegenstand und das Auge zu schieben und damit das perspektivische Bild als eine intersegazione della piramide visiva, d.h. als Zentralprojektion zu konstruieren.« (Die Renaissancen der europäischen Kunst,* Frankfurt 1979: 143/44, vgl. auch S. 127).

163 Vgl. den Artikel ›Dunkelkammer‹ in Franz M. Feldhaus: *Die Technik – ein Lexikon der Vorzeit, der geschichtlichen Zeit und der Naturvölker.* München 1970 (zuerst Wiesbaden 1914), S. 225/26. Spätestens seit dem 9. Jahrhundert gibt es einigermaßen sichere Zeugnisse über den Umgang mit diesem Gerät. Siehe G. Pauschmann: *Zur Geschichte der linsenlosen Abbildung,* in: Archiv für Geschichte der Naturwissenschaft und der Technik, Leipzig, H. 9, 1922: 86-103.

164 Nachweise und Interpretationen bei K. Veltman: *Leonardo and the Camera Obscura,* in: Studi Vinciani (in Memoria di Nando de Toni), Brescia 1986: 81-92.

165 Vgl. Feldhaus 1970 op.cit., 226.

166 *Leonardo Cod. Atl.* 138r, zit. nach der Übersetzung von Theodor Lücke: *Leonardo da Vinci – Tagebücher und Aufzeichnungen*, München 1952 (zuerst Leipzig 1940), S. 765.

167 Diesen Streit zwischen platonischer Extra- und aristotelischer Intramissionstheorie verfolgt Lindberg 1976 op. cit. ausführlich.

168 Über diese drei Typen der ›Perspektive‹ äußert sich Leonardo an vielen Stellen, z. B. im Ms. 2038 der Bibliothek Nat., Paris, 18r ff. oder im Ms. G 53 v im Institut de France. Vgl. die Zusammenstellung bei Lücke op. cit. 1970: 768ff.

169 Eine konzise Einführung in die Darstellungsformen mittelalterlicher ›Fachprosa‹ einschließlich einer Kritik vom neuzeitlichen Standpunkt aus gibt Paul Lampl: *Schemes of Architectural Representation in Early Medieval Art.* In: Marsyas, H. 9, 1961: 6-13.

170 Eine klare Beschreibung der verschiedenen ›Stationen‹ der Bildprojektionen in der Geschichte, einschließlich ihrer kognitiven und sozialen Voraussetzungen, gibt Suzi Gablik in ihrer Arbeit ›*Progress in Art*‹, London (Thames and Hudson) 1976. Zu den Veränderungen durch die Linearperspektive vgl. vor allem S. 48ff.

171 Ms. A 10v, zit. nach Lücke 1952 op. cit. 770/71.

172 Dürer, *Unterweisung der Messung*, Nürnberg 1525, P1r.

173 Cod. atl. 132r zit. nach Lücke 1952 op. cit. 764.

174 Diese Absicht artikuliert Dürer immer wieder in seinen handschriftlichen Entwürfen und dann mit aller Deutlichkeit in den Vorreden seiner beiden Hauptwerke. (Vgl. im Anhang A 8) Vgl. zu Leonardo die Anm. 248 in diesem Kapitel.

175 H. Rodler: *Eyn schoen nuetzlich buechlin vnd underweisung der kunst des Messens*, Simmern 1531 H3r; ähnlich auch Dürer in der ›*Unterweisung der Messung*‹, Nürnberg 1525, Q2v.

176 Werden andere, etwa gekrümmte Projektionsflächen angenommen, erscheinen andere Abbilder, Anamorphosen, nichteuklidische Räume. Vgl. Kim Veltman: *Perspective, Anamorphosis and Vision.* In: Marburger Jahrbuch für Kunstwissenschaft, Bd. 21 1986: 93-117, vgl. in diesem Zusammenhang vor allem die Abb. 49-51.

177 Ryff, *Der Architectür fürnembsten ... Bericht*, Nürnberg 1558: LXIIIr. Auf der letzten Seite seiner ›Unterweisung der Messung‹ merkt Dürer an, daß seine komplizierten technischen Vorrichtungen vorzugsweise *»all denen«* gute Dienste leisten werden, *»die jrer sach noch nit gewiß sind«*. (Nürnberg 1525, Q2r) Ähnlich äußern sich auch Leonardo da Vinci im Cod. C im Institut de France (f. 27v, vgl. Th. Lücke 1952 op. cit., 773) und Rodler im zitierten Werk.

178 *»The procedure* [of central perspective] *is not reversible, the information imparted by a perspectival representation does not uniquely determine the object represented.«* Ernst Gombrich: *Mirrow and Map: Series of Pictural Representation.* In: Philosophical Transactions of the Royal Society of London, B., Biological Science, Vol. 270, Nr. 903, 1975: 114-149, hier 119. Vgl. auch die schärfere Formulierung auf S. 133.

179 *»Die Karte ist nicht das Territorium, und der Name ist nicht die benannte Sache«*, lautet eine Kapitelüberschrift in Gregory Batesons Buch ›*Geist und Natur* –

eine notwendige Einheit‹, Frankfurt 1984: 40 (zuerst engl. 1979). Vgl. auch ders.: *Ökologie des Geistes*, Frankfurt 1981: 245ff. (zuerst engl. 1972).

180 Vgl. die Demonstration von B. A. R. Carter in der Abb. 215 in E. H.Gombrich: *Kunst und Illusion – eine Studie über die Psychologie von Abbild und Wirklichkeit in der Kunst*, Stuttgart/Zürich 1978: 277 (zuerst Princeton 1960). *»Aus Dürers Demonstration geht auch hervor«*, schreibt Gombrich dort (276), *»daß es möglich ist, eine beliebige Anzahl von Gegenständen zu konstruieren, die von einem bestimmten Punkt aus ganz gleich aussehen.«*

181 Vgl. Bruno Ernst: *Der Zauberspiegel des Mauritz Cornelis Escher*, Berlin 1986, hier vor allem S. 26ff. und S. 42ff. sowie ders. ›*Das verzauberte Auge – unmögliche Objekte und mehrdeutige Figuren*‹, Berlin 1989.

182 *»Gombrich mokiert sich* [in ders. 1978 op. cit.: 273] *über die Vorstellung, daß die Perspektive auch nur eine Konvention sei und die Welt nicht so, wie sie aussieht, darstelle«*, schreibt Nelson Goodman (*Sprachen der Kunst*, Frankfurt 1973: 22). Dem widerspricht Ernst Gombrich, indem er die Perspektive als eine ›*brauchbare Methode*‹ charakterisiert, *»Bilder zu konstruieren, die naturgetreu sind und eine Illusion hervorrufen«*. (1978 op. cit., 275) Er hält Goodmans Ansicht, daß *»die Perspektive kein absoluter oder unabhängiger Maßstab für naturgetreue Darstellung«* (1973 op. cit., 30) ist, für eine gegensätzliche Position. Er stützt sich dabei auf M. H. Pirenne: *The Scientific Basis of Leonardo da Vinci's Theory of Perspective*. In: British Journal for the Philosophy of Science, III, 10: 1952. Die klassische Herleitung der ›*Perspektive als symbolische Form*‹ lieferte Erwin Panofsky in seinen gleichlautenden Vorträgen in der Bibliothek Warburg (1924-1925), erschienen in: Vorträge der Bibliothek Warburg, Leipzig/Berlin 1927: 258-330. Die neuere psychologische Diskussion wird zusammengefaßt bei John M. Kennedy: *A Psychology of Picture Perception* (San Francisco/Washington/London 1974). Vgl. nunmehr auch Lawrence Wright: *Perspective in Perspective*. London/Boston/Melbourne/Henley (Routledge Kegan 1983).

183 Gombrich 1978 op.cit. 280. Letztlich ist es, auch im persönlichen Gespräch, schwierig, über Gombrichs Positionen Klarheit zu erhalten. Dies liegt m. E. daran, daß bei ihm Grundbegriffe wie ›Sehen‹, ›Wirklichkeit‹, ›Konvention‹ u. v. a. ungenügend definiert sind und oftmals in einem Abschnitt mit mehrfacher Bedeutung belegt werden. Dies dürfte nun wiederum mit seinem interdisziplinären Herangehen zusammenhängen, das dazu verleitet, solche Begriffe mal psychologisch, mal philosophisch, mal sprachwissenschaftlich u. s. f. zu benutzen. Eine durchgehende informationstheoretische Redeweise verspricht hier mehr Klarheit.

184 Cod. Windsor, zit. nach der Übersetzung des von A. Blunt, C. Pedretti und K. D. Keele hrsg. Ausstellungskatalogs ›*Leonardo da Vinci – anatomische Zeichnungen aus der königlichen Bibliothek auf Schloß Windsor*‹ (Hamburger Kunsthalle 1979) Gütersloh 1979 (zuerst London 1977) S. 56 bzw. 31a. Vgl. auch K. Keele und C. Pedretti: *Leonardo da Vinci. Atlas der anatomischen Studien in der Sammlung Ihrer Majestät Elizabeth II. in Windsor Castle*, 3 Bde. London u. Gütersloh 1978-1980, hier Bd. 2, S. 135v.
Eine genauere Aufstellung über die Perspektiven, die Leonardo für die Modellierung von Körperorganen vorschlägt, findet sich bei Kim H.

Veltman: *Visualisation and Perspective*, in: Enrico Bellone/Paolo Rossi (Hg.): Leonardo e l'eta della ragione, Milano 1982 (Sciencia) 185-210, hier 193.

185 Cod. Windsor S. 44 bzw. 20a, vgl. Keele/Pedretti 1980 op. cit. 139v.

186 Keele/Pedretti 1980 op. cit. 113r.

187 Cod. Windsor S. 29/30 bzw. 9a, vgl. Keele/Pedretti 1980 op. cit. 32r.

188 Dieses Programm entwickelt er im vierten seiner *›Vier Bücher von menschlicher Proportion‹*, Nürnberg 1528, hier Y2r.

189 Dürer kommt bei seiner Demonstration in den *›Vier Büchern ...‹* sogar mit vier Ansichten aus. Er läßt die Vogelperspektive weg. Vgl. ebd. E2v sowie Y2r/v.

190 Vgl. den Exkurs in Giesecke 1988 op. cit., 117-128.

191 Hans R. Hahnloser: *Villard de Honnecourt – Kritische Gesamtausgabe des Bauhüttenbuches*, ms. fr 19093 der Pariser Nationalbibliothek, Wien 1935; vgl. hier 12f.

192 Aus der Widmungsvorrede in seiner Übersetzung der *›Dialectica‹* von Petrus Ramus, Erfurt 1587, A4v/A5r.

193 *Ein grundtlicher klarer anfang der natürlichen vnd rechten kunst der waaren Dialectica*, Zürich 1556: 8.

194 *»So ich nun alle lenge dicke vnd preiten* [der vielen ›Versuchspersonen‹] *ordenlich ... beschriben vnd bezeichnet hab / alßdan(n) zeuch ich die gestalt mit linien nach meynem gut beduncken darein / oder so ich das haben mag / stell ich einen gleichmessigen menschen fuer mich / vn(d) zeuch die linien nach jm / das wirdet allweg pesser / weder nach eigne(m) sin gemacht.«* Dürer, *Vier Bücher*, 1528, A5v.

195 Auf der letzten Seite der Vorrede in seinem *›Kräuterbuch‹* von 1539. Vgl. auch die *›Vorred‹* von O. Brunfels in seinem Kräuterbuch von 1532, Bd. 1, a3v.

196 Mein Aufsatz *›Syntax für die Augen‹* (in Anne Betten (Hg.): Neuere Methoden der historischen Syntaxforschung, Tübingen 1990: 336-351) skizziert ein solches Projekt.

197 *»Das Mittelalter ist sehr arm an unterscheidenden Bezeichnungen für die einzelnen Knochen«*, befindet bspw. R. Helm in seiner Untersuchung über *›Skelett- und Todesdarstellungen bis zum Auftreten der Totentänze‹* (Studien z. dt. Kunstgeschichte, H. 255, Straßburg 1928: 9). Aus sprachwissenschaftlicher Sicht hat sich Leo Weisgerber mit dem Problem beschäftigt (*Die Entwicklung der Sprachmittel der Anatomie und die Darstellung des Menschen in der Kunst.* In: Wörter und Sachen, Bd. XVI, Heidelberg 1934: 96ff).

198 Auf diese Besonderheit der neuzeitlichen Fach- und Wissenschaftsliteratur haben viele Autoren hingewiesen: George Sarton, *The Appreciation of Ancient and Medieval Science during the Renaissance (1450-1600)*, Philadelphia, 1955: 89ff. (Uni Press), Elizabeth L. Eisenstein, *The Printing Press as an Agent of Change.* Cambridge, London, New York, Melbourne 1979, hier vor allem Bd. 1: 262 ff. Am eindringlichsten sicherlich William Ivins: *Prints and Visual Communication*, London 1953 (Routledge and Kegan). *›Ohne den Druck‹*, heißt es bei letzterem, *›hätten sich nur wenige unserer modernen Wissenschaften und Techniken entwickelt, da alle letzten Endes auf Informationen basieren, die über exakt wiederholbare »visual or pictorial statements« übermittelt werden.‹* (Ebd. S. 3)

Eine etwas andere Begründung, als die Zeitgenossen und auch die neueren Autoren für die Vorzüge der Verknüpfung von Text und Bild geben, liefert Marshall McLuhan. Da für ihn jede Isolierung der Sinne die Erkenntniskraft des Menschen reduziert, enthält für ihn jede *›Verbindung zweier Medien ein Moment der Wahrheit und Erkenntnis‹. »Der Augenblick der Verbindung von Medien ist ein Augenblick des Freiseins und der Erlösung aus dem üblichen Trancezustand und der Betäubung, die sie sonst unseren Sinnen aufzwingen.«* (*Die magischen Kanäle*, Düsseldorf, Wien 1970: 66)

199 Cod. Windsor 34, vgl. Keele/Pedretti 1980 op.cit. 132r.

200 Zitiert nach Rupprich 1966 op.cit., Band 2: 131.

201 *De Humani corporis fabrica libri septem*, Basel (Johannes Oporinus) 1543; *Tabulae anatomicae clarissimi viri*, Rom (Francisco Gonzga) 1714; fertiggestellt 1552. Vgl. Robert Herrlinger: *Geschichte der medizinischen Abbildungen – Von der Antike bis um 1600*, Bd. 1, München 1967, 2. verb. Aufl.: 103 bzw. 133ff.

202 Vgl. etwa die Einleitung von Hans R. Hahnloser (Hg.): *Das Bauhüttenbuch von Villard de Honnecourt – Kritische Gesamtausgabe*. Wien 1935.

203 Zitiert nach der Ausgabe der ›*Bergwerckskunst*‹ von 1557, Vorrede, A3b.

204 Frankfurt (Egenolf) 1545, erstes Buch, 5v. Vgl. zum Autor und seinen zahlreichen Werken: Joseph Benzing: *Walther H. Ryff und sein literarisches Werk*. Hamburg 1959 (Schriften des Philobiblon 1) sowie Friedrich W. E. Roth: *Hieronymus Brunschwyck und Walther Ryff*. Zeitschrift für Naturwissenschaften 75, 1902: 102-123.

205 Nach der Einleitung von Dietrich De Bry in Johann Stadens: *Brasilia ... item historia der Schiffart / Joannis Lerij in Brasilien*, Frankfurt 1593.

206 Abb. 69 und Zitat sind der Ausgabe des ›*Distillier Buchs*‹, Frankfurt ca. 1565, entnommen. Fast die gleichen Holzschnitte enthalten auch die früheren Ausgaben. Der Text ist allerdings dort noch schwieriger zu interpretieren. In der Editio princeps (Mai 1500) ist bspw. die Rede von den *»ru(n)d roest die ysern sint in d(er) dicke eyns querch fingers / ründe oder viereckecht in sollicher figur«*. (S. I/C3r)

207 Zur Frühgeschichte dieser Koordination vgl. etwa Kurt Weitzmann: *Studies in Classical and Byzantine Manuscript Illumination* (hrsg. von H. L. Kessler), Chicago/London 1971 (Chicago Uni Press) sowie ders.: *Ancient Book Illumination*, Cambridge 1959 (Harvard Unipress). Christel Meyer und Uwe Ruberg (Hg.): *Text und Bild – Aspekte des Zusammenwirkens zweier Künste im Mittelalter und früher Neuzeit*. Wiesbaden 1980, Ludwig Choulant: *Graphische Incunabel für Naturgeschichte und Medizin*. Leipzig 1858 (Nachdruck Hildesheim 1963). Agnes Arber: *Herbals, their Origin and Evolution. A Chapter in the History of Botany 1470-1670*. Cambridge 1938[2] (Nachdr. Darien 1970). Robert Herrlinger: *Geschichte der medizinischen Abbildungen*, Bd. 1: Von der Antike bis um 1600. München 1967 sowie den zweiten, von Marielene Putscher herausgegebenen Band ›Von 1600 bis zur Gegenwart‹, München 1972.

208 Dürer, *Entwürfe zum Lehrbuch der Malerei*, zit. nach Rupprich 1966 op.cit. Bd. 2, 131. Ein früherer Entwurf lautet: *»Dan daz dw allein hörst.«* (Ebd. 109) Dürer steht hiermit natürlich nicht allein und auch nicht ohne ältere Vorbilder; vgl. Schleusener-Eichholz 1985 op.cit., Bd. 1, S. 235. Das Argument wird von späteren Autoren aufgenommen und in vielen

Varianten dazu benutzt, ihre Bücher als besonders ›*glaubhaft*‹ oder ›*wahrhaftig*‹ auszuzeichnen. Durchaus typisch ist es etwa, wenn de Bry seine Übersetzung von Jakob le Moynes Reisebericht über Florida damit anpreist, daß die Bilder »*von dem Authore selbst / der alles gesehen vnd verzeichnet*« hat, gezeichnet worden sind und daß sie eben deshalb »*mit der Meynung deß Texts allenthalben vbereinkommend*«. Daß »*die Sach nicht nur erzehlet / sondern maenniglich / gleich als fuer Augen / fuergestellet wuerde*«, gilt ihm als ein Vorzug gerade dieses Berichts. (Frankfurt 1603, N4v)

209 Vgl. etwa das 3. Kapitel des ersten Buchs der *Rhetorik* des Aristoteles, in der Ausgabe von Franz G. Sievecke, München 1970, S. 20ff.

210 Das Werk von P. Ramus ist durch die verschiedenen Veröffentlichungen von Walter J. Ong einem breiteren Leserkreis bekannt geworden. (Vgl. ›*Ramus and Talon Inventory*‹, Cambridge 1958; ›*Ramus, Method and the Decay of dialogue*‹, Cambridge 1958, ›*Rhetoric, Romance, and Technology*‹, Ithaca und London 1971). Ong führt die neuen Elemente im Werk von Ramus konsequent auf die Klassifikationsprobleme zurück, die sich für die Autoren mit der Einführung des Buchdrucks stellen. Ich halte mich in der Folge mehr an das noch kaum bekannte Werk Fuchspergers.

211 Auf die Frage ›*was Dialectica sey?*‹ antwortet Fuchsperger: »*Dialectica / ist ein kunst vnnd waeg mit rechter beschreybung / teilung / vn(d) argumentation / das ist / mit verstaendiger ordnu(n)g eigentlich vo(n) yedem ding zuoreden / dadurch eins jetliche(n) fürschlags warheit vn(d) betrug erkan(n)t / vn(d) danaebe(n) eins yedwederen di(n)gs natürlich angebore(n) eige(n)schafft / vrsach teil / vn(d) ampt werde(n) erin(n)ert.*« (S. 1 der ›Dialectica‹)

212 Im Kap. ›*Vom rhetorischen Syllogismo*‹ (S. 128-142) nennt Fuchsperger sechs Formen der ›*Schlußrede*‹, den eigentlichen Syllogismus (›*gantze Schutzrede*‹), Enthymen (›*kurze Schutzred*‹), Inductio (›*erfarne ding vnnd geschicht / ein runde versammlung*‹), Coacervatio (›*Leiterred*‹), Exempel (›*Beyspil / Gleychnuß*‹) und Hypothetica argumentatio (›*Doppelrede*‹).

213 Sie unterscheidet sich damit grundsätzlich von der zweiten deutschsprachigen Dialektik, die im 16. Jahrhundert erscheint, jener von Wolfgang Büttner: ›*Dialectica deutsch. Das ist / Disputierkunst. Wie man vernünfftige und rechte fragen, mit vernunfft und mit kunst entscheiden, und verantworten solle.*‹ Leipzig (J. Berwalds Erben) 1576 und auch von den im deutschen Raum verbreiteten lateinischen Dialektiken, z. B. derjenigen Melanchthons. Die Topik gilt diesen Autoren ganz im Sinne des Aristoteles als »*das Material, gleichsam die stoffliche Vorrathskammer der Logik, während die logische Function als eine kritische zur Erkenntnis der Wahrheit führt, d. h. die Topik fällt mit der Kategorien-Tafel zusammen, die kritische Denkform aber entwickelt sich von den quinque voces aus dem Urtheil und Schluss zur Einsicht der Wahrheit.*« So die Einschätzung von Carl Prantl (*Über die zwei ältesten Compendien der Logik in deutscher Sprache*, in: Abhandlungen der Akademie der Wissenschaften, Bd. VIII, 1. Abt., München 1858: 195-228, hier 206), der folglich dann auch von einer ›*Überschätzung der Inventio*‹ und einer ›*übermäßig ausführlichen*‹ Behandlung der Topik durch Fuchsperger spricht. (Ebd. 202)
Mehr Anleihen macht Fuchsperger bei dem 50 Jahre früher entstandenen Werk ›*De inventione dialectica*‹ (1483) des Humanisten Rudolf Agricola. Auf ihn verweisen die Marginalien auf vielen Seiten mit ›*Vide Rudol.*‹. Vgl. zu

diesem Autor August Faust: *Die Dialektik Rudolf Agricolas. Ein Beitrag zur Charakteristik des deutschen Humanismus.* In: Archiv für Geschichte der Philosophie 34, 1922: 118-135 sowie neuerdings die Dissertation von Klaus M. Ilg: *Das topisch-dialektische System der Sprache. – R. Agricola: De inventione dialectica. Liber I. Interpretation und Übersetzung.* München (Ludwig-Maximilians-Universität) 1984. Vgl. über das Verhältnis von Rhetorik und Dialektik im antiken Lehrkanon auch Carl Prantl: *Geschichte der Logik im Abendland*, Leipzig 1927, 2 Bde. sowie Richard McKeon: ›*Rhetoric in the Middle Ages*‹, in: Speculum, Vol. XVII, H. 1, 1942: 1-32. Für die jüngere Entwicklung siehe Dieter Breuer/Helmut Schanze (Hg.) *Topik – Beiträge zur interdisziplinären Diskussion*, München 1981.

214 Prantl (1858 op. cit.) geht zu weit, wenn er die Gründe für die Herausgabe der Dialektik Fuchspergers hauptsächlich in dessen ›*juristischer Praxis*‹ sieht (ebd. 210, 211). Seine Beispiele entstammen den verschiedensten Bereichen, sein Buch soll vielmehr ›*allen jenen, die mit gschrifftlichen Künsten umgehen nützlich*‹ sein (so der Titel) – keineswegs nur den Juristen. Im übrigen sind Fuchspergers schriftstellerische Interessen weiter als Prantl annahm. Es ist ihm nicht vorzuwerfen, daß er von der ›*Leeßkonst*‹ Fuchspergers (1542) und seinen Bemühungen um den Erstlese- und Schreibunterricht nichts gewußt hat. Die ›*Allgemeine deutsche Biographie*‹ von 1878 führt zwar alle juristischen Arbeiten Fuchspergers und die ›*Dialektica*‹ auf, die ›*Leeßkonst*‹ blieb aber unbekannt, bis sie Johannes Müller 1882 in seinen ›*Quellenschriften zur Geschichte des deutschsprachlichen Unterrichts*‹ auszugsweise abdruckte.

215 Das in der allerjüngsten Vergangenheit zu beobachtende wachsende Interesse an der Rhetorik hängt bezeichnenderweise mit der Aufwertung des ›persönlichen Gesprächs‹, der unmittelbaren Sozialbeziehung zusammen. Für die Plausibilisierung der typographischen Kommunikation ist sie nur in Randgebieten interessant.

216 *Dialectica*, 1555: 130 u. a. a. O. Schon um die Jahrhundertwende haben die Fachprosaautoren damit begonnen, den rhetorischen ›geblümten‹ Stil als Wasserscheide zwischen Belletristik und Sachliteratur anzusehen. Durchaus typisch werden Äußerungen wie die nachfolgende des Wundarztes Hans von Gersdorf aus der Vorrede seines ›*Feldbuochs der wundartzney*‹, zuerst 1517 in Straßburg erschienen: »*Dann ich nit allweg hohe / vnnutz / vnnd überflüssige wort gescheücht / mich mer kurtzer vn(d) notwendiger gefl üssen hab / den gewissesten weg anzuozayge(n) / als der sich nit in ruoms weiß außgeb ain buoch dichter* [sic!] */ sonder mer ain zuosamen leser der abreysenden broecklein der aertzney.*« (hier zit. nach der Ausgabe Augsburg, um 1530)

217 Rupprich 1966 op. cit., Band 2: 112. (Hervorh. von mir, M. G.) Diesen Gedanken wird er später in seiner als ›*Ästhetischer Exkurs*‹ bekanntgewordenen Passage in den ›*Vier Büchern von menschlicher Proportion*‹ weiter ausführen.

218 Cod. atl. 119v, zitiert n. Theodor Lücke 1952 op. cit., S. VI.

219 Dies war bei älteren Projektionsmethoden nicht der Fall. Vgl. Anm. 249 in diesem Kapitel.

220 In dem ›*Ästhetischen Exkurs*‹ in seinen ›*Vier Büchern von menschlicher Proportion*‹, 52v.

221 Vgl. *Il Saggiatore* (1623, Edition Nazionale, Band 6, Florenz 1896: 332). Im gleichen Sinne formuliert Galilei auch in seinen Briefen an Fortunio Liceti in Band 18, 1906: 295 und an weiteren Orten (Band 11: 112/13, Band 14: 625).

222 Dürer: *Underweisung der Messung*, 1525, Widmungsvorrede an Pirckheimer.

223 Maaler: *Die Teütsch spraach*, Zürich 1561: 284.

224 Aus der ›*Warnung D. Mart. Luth.*‹ zu seiner ›*Biblia: Das ist: die gantz Heilige Schrift / deudsch / Auffs new zugericht.*‹ Wittenberg (Hans Luft) 1545, zit. nach der ›diplomatisch getreuen Textwiedergabe‹ der ›*Biblia*‹ durch Hans Volz, Bd. I, München 1974: 6. Vgl. LW, Abteilung Deutsche Bibel, Bd. VIII.

225 F. Petrarca: *De remediis utriusque fortunae*, zit. n. der zweisprachigen Ausgabe von E. Keßler, München 1988^2: 91. Der lateinische Text lautet: *»Sunt qui obtentu librorum avaritiae inserviant, pessimi omnium, non librorum vera pretia, sed quasi mercium aestimantes. Pestis mala, sed recens et quae nuper divitum studiis obrepsisse videatur, qua unum concupiscentiae instrumentum atque una ars accesserit.«* (Ebd. 90)

226 Zit. nach der Übersetzung von Widmann in ders. 1965 op. cit., Bd. 2: 111. Die Ausgabe erschien 1504 in Straßburg bei Johann Prüß.

227 *»Wunderlich genug sieht so ein altes Titelblatt aus«*, schreibt Karl Schottenloher, *»gar häufig die Form eines Aushängeschildes darstellend und in den lockendsten Worten zur Einkehr auffordernd. In einer Zeit, wo es noch keine regelmäßigen Anzeigen und Besprechungen gab, mußte sich das Buch ohne solche Herolde seinen Weg durch die Welt erkämpfen.« (Titelreime mit Buchanpreisungen aus der Frühdruckzeit*, in: Börsenblatt für den deutschen Buchhandel, 24. Jg., 33, 1927: 1-4.)

228 Schottenloher a.a.O.: 4.

229 1478 heißt es in dem von Bernhart Maler und Erich Ratdold herausgegebenen ›*Calendarium*‹ des Johannes Regiomontanus: *»Das Büchlin behende du billich lernen sollt Vnd es achten für Edelgestein, Silber und Gold«*. (Ebenfalls abgedruckt bei Schottenloher a.a.O.: 1)

230 Andere Funktionen des Titelblatts wurden schon im Abschnitt 5.4, S. 420ff., behandelt.

231 Zit. nach dem Facsimilé von Wilhelm Hassenstein, München 1941, S. 18 (= Q2v) Ähnliche Typisierungen der Leser finden sich in fast allen Fachbüchern, wobei die Beschreibung der vorausgesetzten moralischen Qualitäten im 16. Jahrhundert immer stärker hinter die fachlichen Qualifikationen zurücktritt.

232 Hiermit soll unter anderem betont werden, daß das Phänomen ›Mensch‹ eben nicht auf eine soziale Kennlinie reduziert wird. Vgl. Niklas Luhmann: *Soziale Systeme – Grundriß einer allgemeinen Theorie.* Frankfurt 1984, hier vor allem Kap. 7, 346ff.

233 Will man die Programme des typographischen Informationssystems im Sinne einer Gattungstypologie weiter differenzieren, so kann man zwischen Programmen unterscheiden, die Handeln und solchen, die Erleben (Wahrnehmen) anleiten. Zusammen mit der Typendifferenzierung ergibt sich hier vielleicht ein alternativer Zugang zu dem Problem der Differenzierung der literarischen Gattungen in der Zeit des Übergangs vom Mittelalter zur Neuzeit. Die bislang vorliegenden Vorschläge aus dem Kreise

der Literatur- und Sprachwissenschaftler sind zwar vielfältig, werden aber allgemein als unbefriedigend empfunden. Von einer Gliederung, die von einem breiten Konsens in der Forschergemeinschaft getragen ist, kann keine Rede sein. (Vgl. etwa die neuere Darstellung der verschiedenen Positionen bei Anne Betten: *Grundzüge der Prosasyntax – Stilprägende Entwicklungen vom Althochdeutschen zum Neuhochdeutschen*, Tübingen 1987 (= Germ. Ling. 82): 10ff., 40f. und a. a. O.)

234 *Die Gutenberg-Galaxis*, Düsseldorf/Wien 1968: 37. Dieser Gedanke wird aus einer anderen Perspektive in Kap. 7 wiederaufgenommen.

235 Diesen Gedanken hat schon William Ivins in seinem Buch ›*Prints and Visual Communication*‹ (London 1953, Routledge and Kegan Paul) ausgedrückt: ›*Einer der interessantesten Aspekte der modernen wissenschaftlichen Praxis ist die Erfindung und Vervollkommnung von Methoden, die es den Wissenschaften ermöglichen, den Großteil ihrer grundlegenden Daten durch ein und denselben Sinneskanal des Bewußtseins zu erlangen.*‹ (Ebd. 54)

236 Selbst wenn im praktischen und auch im wissenschaftlichen Alltag immer wieder von diesen Normen abgewichen wird, so bleiben sie dennoch als Ideal bestehen. So rationalistisch, wie es das Ideal will, verläuft das neuzeitliche Leben selbstredend nicht.

237 Patricia M. Greenfield, L. C. Reich, R. R. Olver: *Über Kultur und Äquivalenz*. In: Jerome Bruner, R. R. Olver, P. M. Greenfield: Studien zur kognitiven Entwicklung – mit einer Einführung von H. Aebli, Stuttgart 1971: 321-376, hier 372 (zuerst: New York/London/Sydney 1966).

238 Greenfield 1977 op. cit. 373. Vgl. auch dies: *Oral or Written Language: The Consequences for Cognitive Development in Africa, the United States and England*. In: Language and Speech, 15, 1972, 169-178 und J. C. Carothers: *Culture, Psychiatry and the Written Word*. In: Psychiatry, November 1959. Zu ähnlichen Überlegungen kommt auch die ontogenetische Entwicklungspsychologie. Schon bei Lew S. Wygotski (*Denken und Sprechen*, Stuttgart 1969, zuerst Moskau 1934) und dann bei seinen Schülern A. N. Leontjew (*Probleme der Entwicklung des Psychischen*, Berlin 1971, zuerst Moskau 1959) und A. R. Lurija (*Die Entwicklung der Sprache und die Entstehung psychischer Prozesse*. In: H. Hiebsch (Hg.), Ergebnisse der sowjetischen Psychologie, Stuttgart 1969: 465-546) werden die unterschiedlichen Typen der Informationsverarbeitung mit den Entwicklungsstufen kindlichen Denkens verknüpft. Wygotsky und mit anderen Akzenten Jean Piaget und seine ›Genfer Schule‹ beschreiben diesen Entwicklungsprozeß als ›Dezentrierung‹, als Überwindung eines ursprünglich egozentrischen Denkens, der durch die Manipulation mit verschiedenen materiellen und symbolischen Medien ermöglicht wird.

Um diesen Prozeß der Dekontextualisierung oder Abstrahierung kognitiver Strukturen zu bestimmen, wird oftmals, z. B. auch durch Lurija (a. a. O. 495) und neuerdings von R. Weingarten (*Die Verkabelung der Sprache – Grenzen der Technisierung von Kommunikation*, Frankfurt 1989) sogar für die Bestimmung der Typik elektronischer Informationen an die ›Sprachtheorie‹ von Karl Bühler (Jena 1936) angeknüpft. Seine Unterscheidung zwischen einer Sprachverwendung im Zeigfeld und einer solchen im Symbolfeld soll hier die Pole der Entwicklung fixieren helfen. Man kann diesen

Autoren zustimmen, wenn sie meinen, daß die Menschen im Laufe ihrer Entwicklung notwendig in verschiedene Informations- und Kommunikationssysteme eingebaut werden und daß sie dabei ihre kognitiven Strukturen verändern. Es kommt dann alles darauf an, diese unterschiedlichen Systemtypen differenziert zu beschreiben. Jedes dieser Systeme hat seine eigene Egozentrik, Abstraktion und seinen eigenen Kontext. Mit zwei Typen wird man schwerlich auskommen. Dies scheint der Intention der späteren Arbeiten von J. S. Bruner zu entsprechen, in denen er die kognitive Entwicklung nur noch mit Bezug auf soziale Systeme, die von ihm so benannten *›formats‹*, z. B. bestimmte Typen von Mutter-Kind-Dyaden, untersucht. (Vgl. z. B. ders.: *From Communication to Language – A Psychological Perspective.* In: Cognition 3, 1975: 225-287).
So gesehen eröffnet die Beschäftigung mit den Anforderungen, die sich den Menschen in den typographischen Informationssystemen stellen, einen neuen Zugang zur Erforschung traditioneller Fragen der Entwicklungspsychologie. Die konsequente Kopplung von Information an größere, nicht nur individuelle psychische Informationssysteme vermag manche Hypothesen der verschiedenen Richtungen der ›Kognitionsforschung‹ zu präzisieren.

239 J. S. Bruner, Kap. XIV *›Ein Überblick‹*, in: Bruner et. al. 1971 op. cit., 384.

240 Vgl. S. 636.

241 Man denke nur an die Vielzahl von Publikationen zur Duft- und Aromatherapie, die sich zumeist an altindische Bräuche anschließen; vgl. z. B. Susanne Fischer-Rizzi: *Himmlische Düfte*, München 1989 oder Martin Henglein: *Die heilende Kraft der Wohlgerüche und Essenzen*, München 1985. Romane über das ›Parfüm‹ (P. Süskind) und eine ›Geschichte des Geruchs‹ (Alain Corbin: *Pesthauch und Blütenduft*, Ffm 1988) werden zu Bestsellern.

242 Z. B. Morris Berman: *Wiederverzauberung der Welt – Am Ende des Newtonschen Zeitalters.* Reinbek 1985 (zuerst Ithaca/London 1981).

243 *»Jeder Sinn kann«*, schreibt McLuhan (1968 op. cit., 37), *»falls er bis zur höchsten Intensität gesteigert wird, sich auf die anderen Sinne betäubend auswirken ... Die Hypnose beruht auf dem gleichen Prinzip der Isolierung eines einzigen Sinnes, um dadurch die anderen zu anästhetisieren. Was sich ergibt, ist ... eine Art von Identitätsverlust.«* (Vgl. a. a. O.: 26, 78 u. 354)

244 Op. cit. 1968: 344, vgl. auch 102, 329, 349 u. 358 sowie Harold Innis *›The Bias of Communication‹*, Toronto (Uni Press) 1951.

245 In der von Steinhövel angefertigten Übersetzung, Augsburg 1488, befindet sich die Passage auf f. 56r. Steinhövel mildert die ›Kunstfeindlichkeit‹ des Bischofs in seiner Übersetzung an verschiedenen Stellen. Vgl. A. C. Klebs u. K. Sudhoff: *Die ersten gedruckten Pestschriften*, München 1926, 187ff.

246 Vgl. z. B. P. N. Johnson-Laird (*The Computer and the Mind*, London 1988), der vor allem im Kap. 6 die Dürerschen Wahrnehmungs- und Beschreibungsaxiome als Prinzipien der *›Cognitive Science‹* vorstellt. Auf die historischen Fundamente seiner Überlegungen weist eigentlich nur eine Abbildung aus der Perspektivlehre von Jan Vredeman de Vries (1527-1604) hin.

247 Was dem Autor neben der genormten Wahrnehmungstätigkeit noch alles auffällt, wird ihm selbst als biographisch geprägtem Individuum zuge-

schrieben. Es ist im übrigen nicht selbstverständlich, daß Wahrnehmungen überhaupt als ›Handlungen‹ begriffen werden. Vgl. zu den mittelalterlichen und neuzeitlichen Versuchen, die ›erfarnis‹ als zielgerichtete Tätigkeit aufzufassen, Jan-Dirk Müller: *Erfahrung zwischen Heilssorge, Selbsterkenntnis und Entdeckung des Kosmos,* in: DAPHNIS, Band 15, H. 2-3, 1986: 307-342.

248 Es soll hiermit gar nicht abgestritten werden, daß Leonardo bei seinen Aufzeichnungen oftmals an andere Leser als nur an sich selbst dachte und daß ihm gelegentlich auch die Absicht kam, einzelne Schriften zu veröffentlichen. Der dialogische Ton in seinen Texten belegt dies allerdings nicht. Er hat eher die Funktion, die Komplexität des Beschreibungsvorgangs zu reduzieren. Dialogische Gestaltung komplizierter Materien ist ein bekanntes und sehr altes Hilfsmittel, das nicht nur die Schreiber, sondern auch einsame Sprecher in ihren ›Selbstgesprächen‹ einsetzen.
Es gibt in seinem Werk vielleicht nur eine einzige Stelle, wo er den Wunsch, sein Werk drucken zu lassen, offen ausspricht. Es heißt im Codex Windsor bei der Beschreibung der Wirbelsäule: *»Und zum Wohle der Menschen lehre ich die Art der Reproduktion und Anordnung; und ich bitte euch, oh Nachfolger, laßt euch nicht* [vom Geiz] *einschränken und laßt sie drucken* [*›affare le stampe‹*] ... *«* (Keele/Pedretti 1968/69 op.cit. 139v) In dem Ausstellungskatalog *›Leonardo da Vinci – anatomische Zeichnungen aus der königlichen Bibliothek auf Schloß Windsor‹* (Hamburg 1979: 44) heißt es im Anschluß an diese Stelle bezeichnenderweise: *»Hier wird der Text unleserlich und bricht ab«*! Nicht er selbst, sondern andere sollen sein Werk veröffentlichen. Dies entspricht eher dem mittelalterlichen Denken, in dem Veröffentlichen eben immer gleichbedeutend war mit dem Weitergeben der Texte an andere. Der neuzeitliche Autor will selbst publizieren, indem er das Manuskript in den Druck gibt. Dies hat Leonardo mit keinem Werk getan. Was aber vielleicht noch schwerer wiegt, ist, daß er seine Gedanken nicht in einer solchen Weise aufgeschrieben hat, daß sie von einem ›gemeinen‹ Publikum hätten verstanden werden können. Seine Aufzeichnungen bleiben ›Skizzenbücher‹. Die Texte brechen ab und heben an irgendeiner späteren Stelle wieder an. Den gelegentlichen Versuchen, sie zu einer allgemein verständlichen Form zu ordnen, fehlt der lange Atem.

249 Die verschiedenen Seh- und Darstellungsweisen der Antike und des Mittelalters waren nirgendwo ausführlich niedergelegt: *»We can search in vain through the extant literature of the centuries in which this practice* [reversed perspective bzw. die aspektivische Darstellung] *was standard, for any theoretical statement in support of such an procedure.«* (I. L. Zupnick: Imitation or Essence: The Dilemma of Renaissance Art. In: Platon et Aristote à la Renaissance (16. Colloque International de Tours 1975), Paris 1976: 469). Ebenso schreibt John White in seinem Standardwerk *›The Birth and Rebirth of Pictorial Space‹* (London, Faber & Faber, 1957: 270): *›Die einfachen Raumformen, die zum ersten Mal auf den zerbrechlichen, gekrümmten Oberflächen antiker Vasen auftreten, scheinen nicht eine wohldurchdachte theoretische Konstruktion zu spiegeln. An sich erfordern sie keine Erforschung des Wesens perspektivi-*

scher Systeme, auf die, wenn es solche wenn überhaupt gab, in keinem erhaltenen Werk Bezug genommen wird.‹ Vgl. i. gl. S. auch William Ivins: *Art and Geometry, A Study in Space Intuitions*, Cambridge (Uni Press) 1946, hier z. B. 82 ff.

250 H. Rodler op. cit. 1531: A3r.

251 Suzi Gablik (*Progress in Art*, London 1976) hat darauf hingewiesen, daß unsere Vorliebe für die euklidische Geometrie auch damit zusammenhängt, daß *›unserer Welt klar strukturierter Körper eine Form besitzt, welche jener der euklidischen Geometrie in hohem Grade entspricht‹*. (: 67) Dies ist zweifellos richtig, je weniger parallele Strukturen die Umwelt besitzt, desto weniger plausibel ist die Verkleinerungsperspektive. Andererseits darf man nicht vergessen, daß diese Welt nach Programmen geformt wurde, die eben genau auf diesen geometrischen Prinzipien beruhen. Die Konstrukteure benutzen die euklidische Optik und Geometrie, um euklidische Körper zu erzeugen. Auch hier kommt es darauf an, den zirkulären Charakter der Informationstransformationen zu erkennen.

252 Heinrich Rückert: *Geschichte der neuhochdeutschen Schriftsprache*, Band 1: Die Gründung der neuhochdeutschen Schriftsprache, Leipzig 1875: 186 (Neudruck Walluf 1973).

253 Fuchsperger: *Dialectica*, 1556: 17 bzw. 16.

254 Aus dem Vorwort seines ›*Kräuterbuchs von natürlichem Nutz*‹, Frankfurt 1545.

255 Und ebenso setzt auch die ›Informatisierung des Alltagslebens‹ früher ein, als in der gegenwärtigen Technologiedebatte oft angenommen wird. Vgl. zum Thema Werner Rammert: *Paradoxien der Informatisierung – Oder: Bedroht die Computertechnik die Kommunikation im Alltagsleben?* In: R. Weingarten (Hg.): Information ohne Kommunikation? Opladen 1988: 18-40.

256 Fuchsperger, *Dialectica*, Zürich 1556: 8, vgl. auch 58.

257 *»Es wuerde bey vnsern zeiten gar vil Tausent koepff kosten / wo die ding nicht zuuor probiert vnd erfahren weren / vnd wir sie erst auß vnser kunst versuchen solten«*, bemerkt Johann Dryander in seinem ›*New Practicirbuechlin*‹ (1572: 8) und legitimiert mit dieser Feststellung die Herausgabe seines Buches gegenüber den Anwürfen seiner Fachkollegen.

258 Was Ernst Mach als Ziel der Naturwissenschaft bestimmt, läßt sich umstandslos auch auf die gesamte typographische Fachprosa übertragen: *»Was also in den Naturvorgängen sich gleich bleibt, die Elemente derselben und die Art ihrer Verbindung, ihre Abhängigkeit voneinander, hat die Naturwissenschaft aufzusuchen. Sie bestrebt sich, durch die übersichtliche und vollständige Beschreibung das Abwarten neuer Erfahrungen unnötig zu machen, dieselben zu ersparen, indem z. B. vermöge der erkannten Abhängigkeit der Vorgänge voneinander, bei Beobachtung eines Vorganges die Beobachtung eines anderen, dadurch schon mitbestimmten und vorausbestimmten, unnötig wird.«* (Die Mechanik, Darmstadt 1973: 6, 1. Aufl. Prag 1883)

259 Vgl. Filippo Bottazzi: ›*Leonardo fisiologo*‹, in: Leonardo da Vinci, Vol. II, hrsg. v. Instituto Geografico de Agostini, Novara 1956.

260 Zitiert n. der von Günther Mensching hrsg. ›*Einleitung zur ‹Enzyklopädie›*‹, Frankfurt 1989: 58 u. 59. Der ›*Discours Préliminaire*‹ erschien zuerst 1751.

261 d'Alembert, *Vorrede zur Enzyklopädie*, 1989 op. cit., 109. L. Drozd u. W. Seibicke (*Deutsche Fach- und Wissenschaftssprache. Bestandsaufnahme – Theorie – Geschichte.* Wiesbaden 1973: 26) kommentieren diese Stelle wie folgt: *»Die*

Fähigkeiten und Fertigkeiten in den Handwerken und Betrieben wurden gewöhnlich auf dem Wege praktischer Erfahrung im Nachahmen des Meisters erworben. Das bedeutete aber, daß im Fachgebiet selbst vieles überhaupt nicht sprachlich erschlossen war, die Kommunikation bei der Arbeit sich weithin auf einfache Verrichtung und entsprechende Ausdrucksweisen beschränkte und der Fachwortschatz nur wenig bekannt war.«

262 d'Alembert, a. a. O., S. 109. Es heißt dort weiter: *»Wir haben uns an die geschicktesten Arbeiter der Stadt Paris und des Königreiches gewandt, haben uns der Mühe eines Besuchs ihrer Werkstätten, ihrer Befragung und der Niederschrift nach ihrem Diktat unterzogen; wir haben versucht, ihre Gedankengänge zu entwickeln und ihre Fachausdrücke herauszuschälen, Tabellen aufzustellen, sie zu definieren, mit denjenigen ins Gespräch zu kommen, von denen wir Denkschriften hatten erhalten können; wir bemühten uns (eine fast unerläßliche Maßnahme), in langen und wiederholten Gesprächen mit den einen zu verbessern, was uns die anderen unvollständig, unklar und manchmal ungenau erklärt hatten.«* Was die Enzyklopädisten auf dieser und den folgenden Seiten als Programm für die Erhebung von Expertenwissen entwickeln, dürfte auch heute noch für diejenigen interessant sein, die sich an die Ausarbeitung von ›Expertensystemen‹ für die neue elektronische Technologie machen. Im 18. Jahrhundert beschränkte man sich allerdings zumeist auf das instrumentelle Wissen der Experten. Diese Einseitigkeit wird man wohl durch die Erhebung von interaktivem Wissen in Zukunft überschreiten müssen.

263 Brunschwygk scheint es gelegentlich zuviel geworden zu sein, immer wieder die gleichen Antworten auf die neugierigen Fragen von Besuchern danach geben zu müssen, wie er ›*gehandelt hat*‹ in seiner ›*Praktik*‹. Jedenfalls ist ein Motiv für die Abfassung seines ›*Liber de arte distillandi. De simplicibus*‹ im Frühjahr 1500, solche Fragen ein für allemal in Buchform zu beantworten. Vgl. das Faksimile der Vorrede in der *Abb. 57*.

264 Die Tier- und Pflanzendarstellungen auf den Mosaiken in San Vitale (Ravenna) aus dem 6. Jahrhundert, die Abbildungen im Wiener *Dioscurides* oder im sog. Codex Egerton (BML Ms. 2020) können, was die Fülle der verarbeiteten visuellen Informationen angeht, durchaus mit Reuwichs Holzschnitten zum *Hortus sanitatis* und auch mit späteren Abbildungen konkurrieren. Vgl. etwa die Abbildungen bei Kurt Weitzmann: *Ancient Book Illumination*, Cambridge (Mass.) 1959.

265 Dürer, *Vier Bücher von menschlicher Proportion* 1528, f. A2r.

266 *Dialectica* 1556: 58. Er fügt hinzu: *»Als da seyn moegend die künst deß rechnens / messens / Artzney / redens vn(d) der gleyche(n).«*

267 *Vier Bücher von menschlicher Proportion*, 1528, f. 4r. Das gleiche Argument findet sich dreißig Jahre früher in dem ›*Spiegel der waren Rhetoric*‹ von Friedrich Riederer: *»Vnnd ob er* [derjenige] *der erfaren / inn briefschreybender art* [ist] *der fürgetragnen handlung / subtyl angesicht / nit genuogsam erkan(n)t* [nis hat] */ vnd jrdeßhalb gezem* [geziemende] *form zegeben verfe*[h]*len würd / nit destermynder hat der gelert vnd weyß fürtrager* [Auftraggeber] [die] *macht / jn* [ihn, den Lohnschreiber] *des etlicher maß inn das recht spur zefueren. Dann woelcher gern subtylich vnd scharpff bekleydet ist / der kan einem halb vnberichten schneyder anweysung geben / sollich kleyd nach des angebers willen zuo bereyten / Solts aber der anweyser selb mit seiner hand machen / vngezweyfelt er würd sich darin(n) / new angelegt (/) an* [beim] *tantz zespringen schemen.«* Zitiert nach der Ausgabe von

1535 (Augsburg, Steyner, XLVII). In der Ausgabe von 1493 findet sich diese Passage ebenfalls, aber schwerer lesbar. (: 64v) Auch derjenige, der sich in den ›*Flores dictaminis*‹ nicht gut auskennt, kann einem Lohnschreiber Anweisungen geben, die es diesem ermöglichen, den gewünschten Brief in einer korrekten Form abzufassen.

268 Vgl. Ulrike Haß: *Leonhard Schwartzenbachs ›Synonyma‹ – Beschreibung und Nachdruck der Ausgabe Frankfurt 1564 – Lexikographie und Textsortenzusammenhänge im Frühneuhochdeutschen.* Tübingen 1986. Die Behauptung, ›*keines der frühneuhochdeutschen Wörterbücher verzeichnet Wissenschaft*‹, im Grimmschen Wörterbuch (Sp. 787 und 789) sollte mit Hinweis auf Schwartzenbach korrigiert werden.

269 Vgl. Anm 48 auf S. 792.

270 Kap. XLII, in der Ausgabe Nürnberg 1658, S. 89.

271 »*Erst der neueren Zeit ist das Wissen eine ›Macht‹ geworden – knowledge itself is power (Bacon); dem Mittelalter war es Reichtum (Brunetto Latinis tresor und tresoretto)*«, bemerkt Alphons Lhotsky: *Aufsätze und Vorträge*, Band 1, München 1970: 167.

272 Als Einführung: Stephan Jensen: *Talcott Parsons, Zur Theorie der sozialen Interaktionsmedien*, Opladen 1980, sowie Niklas Luhmann: *Einführende Bemerkungen zu einer Theorie symbolisch generalisierter Kommunikationsmedien.* In: Ders.: Soziologische Aufklärung, Band 2, Opladen 1975: 170-192, und ders.: *Soziale Systeme, Grundriß einer allgemeinen Theorie*, Frankfurt 1984: 222ff. mit weiteren Literaturhinweisen.

273 Bacon war davon überzeugt, daß ›*weder der bloße Verstand noch der sich selbst überlassene Verstand Nennenswertes vermag*‹. »*Durch unterstützende Werkzeuge wird die Sache vollendet; man bedarf ihrer nicht weniger für den Verstand als für die Hand.*« Novum organon I, 2 nach: ›*The Works of Francis Bacon*‹, 10 Bde. London 1803-1844, hier Bd. 8, S. 1.

274 Nachweis bei Hans Blumenberg: *Die Genesis der kopernikanischen Welt*, Frankfurt 1975: 116. Dort auch weitere Belege für die ›Instrumentalisierung der reinen Theorie‹.

275 Vgl. Edgar Zilsel: *Die sozialen Ursprünge der neuzeitlichen Wissenschaft.* Hrsg. und übers. v. Wolfgang Krohn, Frankfurt 1976: 143.

276 *Alchemia*, Frankfurt 1597, Vorrede; zitiert nach: *Die Alchemie des Andreas Libavius – Ein Lehrbuch der Chemie aus dem Jahre 1597.* Zum ersten Mal in deutscher Übersetzung mit einem Bild- und Kommentarteil hrsg. vom Gmelin-Institut für anorganische Chemie und Grenzgebiete in der Max-Planck-Gesellschaft zur Förderung der Wissenschaft in Verbindung mit der Gesellschaft deutscher Chemiker, Weinheim 1964.

277 »*Rationales Denken ist öffentliches Denken*« lautet eine Überschrift bei Eggert Holling und Peter Kempin (*Identität, Geist und Maschine – Auf dem Wege zur technologischen Zivilisation.* Reinbek 1989: 100). Vgl. Abschn. 6.2, S. 587ff.

278 Vgl. Christine M. Havelock: *Art as Communication in Ancient Greece.* In: E. A. Havelock/J. P. Hershbell: Communication Arts in the Ancient World, New York 1978: 95-120, hier 100f.

279 Über die Interpretation dieses Mythos vgl. z. B. Ernst H. Gombrich: *Kunst und Illusion – Eine Studie über die Psychologie von Abbild und Wirklichkeit in der Kunst.* Stuttgart/Zürich 1978, hier 116ff., sowie ders.: *Mirror and Map:*

Theories of Pictorial Representation. In: Philosophical Transactions of the Royal Society of London, B. (Biological Sciene), Vol. 270, No. 903, 1975: 119-149.

280 Freilich mußte sich auch dieses Bewußtsein erst langsam herstellen. Als 1533 der Buchdrucker Hans Schott seinen Kollegen Egenolf in Frankfurt beschuldigte, dieser habe das von ihm herausgegebene Kräuterbuch von O. Brunfels mit den Abbildungen von Hans Weidlitz nachgedruckt und auch die Holzschnitte im verkleinerten Maßstab übernommen, verteidigt sich Egenolf damit, daß man die Pflanzen *»nit in ainer anndern formb oder gestalt mallen noch conterfayern«* könne, *»dan es an im selbst ist.«* Er könne dies doch nicht nur deshalb tun, weil Schott ein *Privilegium* auf ein Kräuterbuch habe. Dann fährt er fort: *»Den wievol Albrecht Dürer, Jacob Maller* [J. d'Barbari] *zu Wittenberg vnd anndre privilegia haben, das niemandtz ire gemelt nachmallen darf, so volgt doch derhalben nit, das, dieweyll derselben einer Adam et Evam, Acteonem, Achillem pugnantem aut aliam tabulam pixisset, das derohalb khein anderer maller auch dergleichen fabbeln ainen mallen durfft.«* Zitiert n. H. Rupprich: *Dürer – Schriftlicher Nachlaß,* Bd. 3, Berlin 1969: 454.

281 Vgl. zum Problem Joan Barclay-Lloyd: *African Animals in Renaissance Literature and Art.* Oxford (Clarendon Press) 1971. Diese Art von Abbildungen besitzt in den mittelalterlichen Physiologus-Tractaten eine längere Tradition.

282 In seinem 1545 erschienenen zweiten Buch über die Architektur (*Del secondo libro d'architettura*), Venedig (Giovanni Battista et Marchio Sessa) 1545, zit. nach der deutschen Übersetzung von Günther Schöne in: *Die Entwicklung der Perspektivbühne von Serlio bis Galli-Bibiena.* Leipzig 1933: 17 (Theatergeschichtliche Forschungen Bd. 43).

283 So Rüdiger Prott: *Rationalisierung von Arbeit und Freizeit – Verlust kommunikativer Kompetenz?* In: Reinhard Crusius/Jürgen Stebani (Hg.): Neue Technologien und menschliche Arbeit: Stand und Entwicklung der Steuerung-, Informations- und Kommunikationstechnologie in der Arbeitswelt, Berlin 1984: 233-245, hier 234.

284 Prott op.cit. 234. Theoretisch stützen können sich diese Befürchtungen auf Jürgen Habermas: *Theorie des kommunikativen Handelns,* 2 Bde. Frankfurt 1981. Vgl. hierzu auch Rüdiger Weingarten (*Typisierungen technisierter Kommunikation,* in: Weingarten/R. Fiehler (Hg.) Technisierte Kommunikation, Opladen 1988, 57-74, hier 60): *»Das Problem* [der Technisierung] *wird in der Abkoppelung gesehen, die Forderung der Rückführbarkeit auf dialogische Kommunikation dagegen als ein Erfordernis gesellschaftlicher Transparenz.«*

285 *»Meynst daß kein erfahrung auß den Buechern zu klauben sey?«* – nahm Johann Dryander die Argumente seiner Widersacher auf, um sie dann umgehend zurückzuweisen *»So bist du weit auff der jirigen ban.« (New Artzney vnd Practicierbuechlein,* Frankfurt 1572, S. 8)

286 Ausgabe B, A6a, bei Müller 1882 op.cit.: 124. Vgl. a. Anm. 66 auf S. 794.

287 Ickelsamers Motive habe ich in dem Aufsatz *›Schriftspracherwerb und Erstlesedidaktik in der Zeit des ›gemein teutsch‹ – eine sprachhistorische Untersuchung der Lehrbücher Valentin Ickelsamers‹* (Osnabrücker Beitr. zur Sprachtheorie – OBST, 11, 1979: 48-72, in erweiterter Fassung auch abgedruckt in: Giesecke: *Sinnenwandel, Sprachwandel, Kulturwandel – Studien zur Vorgeschichte der*

Informationsgesellschaft. Ffm. (Suhrkamp) demnächst) genauer verfolgt. Dort auch Literaturhinweise zur ›Reglementierung‹ der Winckelschulmeister.

288 A1b, zitiert nach Müller 1882 op.cit.: 110/111.

289 Vgl. die Diskussion bei Müller 1882 op.cit. 417/418. Ausführlichere biographische Angaben über Ickelsamer finden sich – außer in den üblichen Lexika – vor allem in den Dissertationen von Theodor Moritz Vogel: *Leben und Verdienste Ickelsamers – Ein Beitrag zur Geschichte der speciellen Methodik,* Leipzig 1894 und Hermann Noll: *Der Typus des religiösen Grammatikers im 16. Jahrhundert. Dargestellt an V. Ickelsamer,* Marburg 1935.

290 Zum ›Lautierverfahren‹ s. Giesecke 1979 op.cit.

291 A2b, nach Müller 1882 op.cit.: 65.

292 Zitiert nach Ivo Schneider 1969 op.cit.: 300.

293 Es heißt dort ebenfalls: *»Der anfaencklich grund der rechnu(n)g kan nit baser vn(d) ehe(r) / als durch müntlich bericht erlernt werde(n).«* (Vorrede)

294 Vgl. auch Abschn. 5.6, S.483ff.

295 *Eyn nutzlich buchlein etlicher gleich stymender worther,* Erfurt 1532: 18.

296 Valentin Boltz: *Illuminierbuch kuenstlich alle Farben zumachen vnd bereiten,* Frankfurt 1550, Vorrede. Ähnlich äußert sich auch Hulsius in der Vorrede zu seinen ›*Traktaten der mechanischen Instrumente*‹, Frankfurt 1604: 2/3.

297 Diese Argumentation kann man z.B. in dem ›*Alchimy Spiegel*‹ von Th. C. August, Frankfurt 1592, Vorrede, nachlesen.

298 *Anatomia,* Nürnberg 1547, Aiv. Das Werk wird in der VD 16 Heinrich Vogtherr dem Älteren zugeschrieben.

299 Vgl. die Darstellung in dem Abschnitt ›*So aber gehört und gesehen wird*‹, S. 626ff.

300 *Liber de arte distillandi. De simplicibus,* Straßburg 1500, Errata oo 4v. Vgl. a. Anm. 98 auf S. 750.

301 Manches spricht dafür, daß die Verleger und weniger die Autoren die Triebkraft dieser Modernisierung gewesen sind. Bock, der seine Botanikerkollegen ganz gut kannte, schreibt jedenfalls die Holzschnitte in L. Fuchsens ›*Kräuterbuch*‹ weniger diesem als vielmehr seinem Verleger, Isingrin, zu. Ähnlich denkt er über Roeszlin, Lonitzer u.a., deren Werke von Egenolf verlegt werden: *»Zuo unseren Zeitten hat der Erbar Fürneme H. Michael Ysingruen zuo Basel das Lob / dann er die gewaechs mit sondern fleiß herrlich vnd wol abzuoreissen vnd in den truck zuo bringe(n) verschafft hat. Der gleichen herr Christian Egenolph zuo Franckfurt ist in dem theil seins Lobs wol würdig«,* weil er verschiedene Werke bebildern ließ. Zitiert nach der Ausgabe des Kräuterbuchs von 1560, Kapitel 11 der Vorrede.

302 b1v. Zu Autor, Werk und Problem vgl. Brigitte Hoppe: *Das Kräuterbuch des Hieronymus Bock.* Stuttgart 1969, sowie dies.: *Abbilden und Beschreiben in der Naturforschung.* In: E. Schmauderer (Hg.): Buch und Wissenschaft, Düsseldorf 1969: 71-90 (Technikgeschichte in Einzeldarstellungen Nr. 17).

303 Über Probleme bei der typographischen Erfassung der ›Handgriffe‹ klagen aber auch Autoren in ganz anderen Bereichen. *»Wie aber die brieffe zusamen gelegt«* werden, schreibt F. Frangk in seinem ›*Cantzley und Titel buechlin*‹ 1531, *»ist leichter mit der hant / jnn gegenwort zudeuten / denn hie durch viel schriefft mag angezeigt werden / Derhalben so jemands einen kommer* [Kummer]

oder mangel hierinne hatt / der mag sich bey einen / dieser Sachen erfarnen / verfuegen / und dis jnn kurtzen erlernen /«. (D2a) Auch die Büchsenmeister setzen in ihren *›Feuerwerksbüchern‹* bestimmte Handgriffe bei ihren Lesern voraus.

304 Zitiert nach seiner *›Wundt vnd Leibartznei / Die gantze Chirurgie belangend‹*, Frankfurt (Egenolph/Erben) 1561, 2v. Die entsprechende Passage ist auch in der Peuckertschen Ausgabe der großen Wundarznei zu finden. Sie lautet dort: *»Die Handgriffe können nicht beschrieben werden, nämlich die Zusammenfügung der Wunden, drum sollst du das selbige aus eigner Geschicklichkeit, die du aus der Erfahrung* [und nicht aus diesem Buch] *gelernt hast, wissen ...«*, erstes Buch, erster Traktat; Werke, Band II, Darmstadt 1965: 392.

305 *Von Podagrischen Krankheiten, des Buchs Narratio*, zitiert nach Johannes Huser: *Th. Paracelsus, Bücher und Schriften*, Band II: 291 (Reprint Hildesheim 1977).

306 Vielleicht liegt hierin eine Begründung für die Attraktivität des Paracelsus für die Vertreter einer ganzheitlichen Medizin in der Gegenwart.

307 *Große Wundartznei*, erstes Buch, 2. Traktat, Cap. XII, zitiert nach J. Husers Werkausgabe, Band VI, 1975: 70.

308 Aus der Vorrede der *›Sieben Defensiones‹*, zitiert nach Huser op. cit., Bd. 1, Hildesheim 1971: 158.

309 *»So viel sage ich euch darzu«*, bemerkt Paracelsus in seiner Vorrede in dem ersten Traktat seines *›Buchs von der Wundartznei‹*, *»es bedarff keins rathschlags / sondern es ist ein gewisse Kunst / vnd ein warhaffte / gleich so fertig als ein Zimmermann in seinem zimmern / der muß recht lernen zimmern / so kann ers recht / darff keins raths darzu / kan ers aber nicht recht / so rathschlag er alle tag / dennoch wird nichts guts darauß / fellet am letsten alles ein. Also ists mit der Artzney auch der wunde(n) ... «* (*Opus chyrurgicum*, hg. von Adam von Bodenstein, Frankfurt 1566, k1r; in der Steinerschen Ausgabe von 1536, A6r) Paracelsus begründet dies damit, daß die Arznei keine *›Rhetorik‹* ist, sondern *»ein mehrers ... dann alle Künst vnd Handtwerck«*. Ebd. Die Vorrede ist wortgleich auch in der *Anatomia* des Johannes Andreas Schenk, Frankfurt 1609, abgedruckt.

310 Alle Belege aus dem ersten Buch, *›Von vrsprung der freyen Kuenst‹*, der *›Cyclopaedia‹*, 1585: 58/59.

311 *Bergwerckschatz / Das ist / Ausführlicher vnd vollkommener Bericht Von Bergwercken*, Frankfurt 1618. Den Urheber dieses Werkes zu ermitteln, bemüht sich die Fachliteratur schon seit mehr als einem Jahrhundert. (Vgl. A. Rhamm: *Die betrüglichen Goldmacher am Hofe Herzogs Julius von Braunschweig*, Wolfenbüttel 1883) Passagenweise ist das Werk identisch mit *›Ein Buechlein von dem Bergwerck‹* von Nikolas Soleas (Zerbst 1600). Dies wiederum wurde oft auch als zweiter Teil des *›Letzten Testaments‹* des Basilius Valentinus ediert. (Vgl. J. R. Partington: *A History of Chemistry*, vol. II, London usw. 1961: 189/190) Letzterer gehört neben *›Geber‹* zu denjenigen Figuren, die den Chemiehistorikern die größten Rätsel aufgeben. Nur sekundäre Quellen schreiben ihnen Werke zu. Ob und ggf. wann und wo sie gelebt haben, ist unklar. Montanus selbst schreibt das Werk einem Anhänger des Paracelsus zu und spricht davon, daß es im Manuskript am 14. 8. 1600 in Brig abgeschlossen sei.

312 Aus der Vorrede seines *›Kräuterbuchs‹* von 1560, Abschnitt XV: *»Was mir für sorg / angst / muehe vnnd arbeit / disen Herbarium zuo stellen / fürgefallen«*.

313 Vgl. hierzu auch die schon kommentierten Äußerungen des Andreas Libavius in seiner ›*Alchemia*‹. (Abschn. 6.8, S. 673ff.)

314 Hier zitiert nach der Vorrede in dem ›*New Kräuterbuch*‹ des Andreas Matthiolius, Prag 1563: 15. Vgl. a. die ähnliche Argumentation in dem ›*Tacuinium Sanitatis*‹, s. o. S. 555.

315 Klaus Schreiner: *Volkssprache als Element gesellschaftlicher Integration und Ursache sozialer Konflikte – Formen und Funktionen volkssprachlicher Wissensverbreitung um 1500.* In: F. Seibt, W. Eberhardt (Hg.): Europa 1500 – Integrationsprozesse im Widerstreit, Stuttgart 1986: 468-495, hier 491, Anm. 80. Hieronymus Bock zieht übrigens im 8. Kapitel der Einleitung in sein ›*Kreüterbuoch*‹ (Straßburg 1556) eine eindeutige Verbindungslinie zwischen den Selbst- und Fremdbeschränkungen mancher Fachprosaautoren und der Informationspolitik der Papstkirche. ›*Die Ärzte studieren die Fachliteratur nur ungenügend*‹, heißt es dort: »*Lieber sprechen sie ... ich habs also in meinem Auicen(n)a vn(d) Valesco gelesen / solt ich weiser sein: Solche ernente Artzet vnnd Recept leser thuon eben wie vnsere Roemische Priester / welche nit weitters betten / oder in der Heiligen geschrifft doerffen lesen oder studieren / dan(n) so vil jr bett buoch (/) das Breuier genant / außweist.*«

316 Nachweise bei Schreiner 1986 op.cit.: 491, Anm.80. Die Datierung des Textes ist umstritten. G. Dicke nennt 1381/1382 in seiner Rezension (Beitr. zur Gesch. d. Dt. Sprache und Lit., Bd. 117, H. 1, 1995: 194).

317 Zitiert n. Schreiner 1986 op.cit.: 493, Anm. 84.

318 Adolph Franz: *Die Messe im deutschen Mittelalter. Beiträge zur Geschichte der Liturgie und des religiösen Volkslebens.* Freiburg i. Br. 1902, 634. (Ndr. Darmstadt 1963)

319 ›*Ein Cantzley vnd Titel buechlin*‹, Wittenberg 1531, Oktav, Vorrede.

320 Auf diese Expansionen der Texte müßte im Zusammenhang einer Beschreibung der Strukturen der typographischen Programme der frühneuzeitlichen Fachprosa ausführlich eingegangen werden.

Anmerkungen zu Kapitel 7

1 *Die Gutenberg-Galaxis – Das Ende des Buchzeitalters.* Düsseldorf/Wien 1968: 364.

2 Ebend. 364. McLuhan fährt fort: »*Diese schlafwandlerische Angleichung des Betrachters an die neue Form und Struktur bewirkt, daß gerade die am tiefsten in eine Revolution Verwickelten sich am wenigsten ihrer Dynamik bewußt sind.*« Er zieht daraus übrigens die Konsequenz, daß es ›*heute zwecklos ist*‹, über die Auswirkungen der gegenwärtigen Medienrevolution ›*überhaupt zu diskutieren*‹. (Ebd. 365)

3 Vgl. zu diesem Vorgehen und seinen Ergebnissen etwa Fèbvre/Martin *L'apparition du livre,* Paris 1958: 162ff. sowie R. Hirsch *Printing, Selling, Reading 1450-1550,* Wiesbaden 1974: 13ff.

4 Friedrich Adolf Schmidt-Künsemüller: *Die Erfindung des Buchdrucks als technisches Phänomen,* Mainz 1951: 101.

5 *Inkunabelkunde, eine Einführung in die Welt des frühesten Buchdrucks,* Wiesbaden 1978: 180. Geldner beendet seine Übersicht wie folgt: »*Aufgrund der erhaltenen Dokumente, die sich auf den Druck des Avicenna-Kommentars des Gentile de Foligno durch Pierre Maufer in Padua* (vollendet am 1. Dezember 1477 – Hain 7564) *beziehen, konnte zwar Giovanni Mardersteig alle den Druck betreffenden Einzelheiten in einer Vollständigkeit zusammenstellen, die ihn zum Schluß kommen läßt, daß ›es in der ganzen Geschichte des Druckes des 15. Jahrhunderts kein auch nur annähernd ähnliches Beispiel gibt, an dem die Herstellung eines Buches aufgrund von erhaltenen Dokumenten so ausführlich nachgewiesen werden kann‹, aber Kalkulationen zur Errechnung des Verkaufspreises lassen sich schon deshalb nicht nachvollziehen, weil der Wert eines Exemplares einmal mit drei Dukaten und ein andermal mit viereinhalb Dukaten angesetzt ist.*« (Ebd.) Im gleichen Sinne auch Schmidt-Künsemüller 1951 op. cit.: 102: »*Sichere Unterlagen für die Kalkulation der ersten Frühdrucke lassen sich überhaupt nicht ermitteln ...*« Vgl. im weiteren Rolf Engelsing: *Festpreise im europäischen Buchhandel des 15., 16. und 17. Jahrhunderts.* In: Schmollers Jahrbuch für Wirtschafts- und Sozialwissenschaft 91, 1971: 21-35 sowie F. Geldner: *Bücherfestpreise in der Wiegendruckzeit?* In: AGB 15, 1976: 1289-1292 und Hans Widmann, *Geschichte des Buchhandels,* Teil 1, Wiesbaden 1975: 78 mit ausführlichen Hinweisen auf die bisherige Diskussion des Problems.

6 *›Gedechtnus‹ – Literatur und Hofgesellschaft um Maximilian I.,* München 1982: 77.

7 Zu den wechselseitigen Assimilationen von Handschrift und Druck vgl. z. B. Hans Lülfing: *Die Fortdauer der handschriftlichen Buchherstellung nach der Erfindung des Buchdrucks – ein buchgeschichtliches Problem.* In: L. Hellinga, H. Härtel (Hg.) Buch und Text im 15. Jahrhundert. (= Wolfenbüttler Abhandlungen zur Renaissance-Forschung, Bd. 2), Hamburg 1981: 17-26; zu ›Täuschungen‹ über das Medium ebd. 22. Auch Schreiber reicherten im ausgehenden 15. JH ihr Medium mit typographischen Elementen an. So sind in einem Kalender auf das Jahr 1477 (SBMü, Cgm. 328) die »*Tierkreiszeichen, Planetenbilder und der Tierkreiszeichen-Mann auf F 139r aus einem gedruckten Kalender ausgeschnitten* [und] *in die Handschrift eingeklebt*«. (Klaus Schönfeldt: *Die Temperamentenlehre in den deutschsprachigen Handschriften des 15. JH,* Phil. Diss., Heidelberg 1962, S. 118) Der bekannte Augsburger Schreiber Karl Molitor klebte »*in seine Handschriften einseitig bedruckte Initialien ein, die aus Augsburger Offizinen stammen*«. (Carl Wehmer: *Schreibmeister von einst.* In: Archiv für Buchgewerbe und Gebrauchsgraphik Bd. 76, Leipzig 1939, 37-58, hier 45)

LITERATUR- UND QUELLENVERZEICHNIS

Verzeichnis der verwendeten Abkürzungen

ADB — Allgemeine Deutsche Biographie, Leipzig.

Benz. Brun. — Benzing, Josef: Bibliographie der Schriften Hieronymus Brunschwigs. In: Philobiblon 12 (1968): 113-141.

Benz. Köb. — Benzing, Josef: Jakob Köbel zu Oppenheim 1494-1533. Bibliographie seiner Drucke und Schriften. Wiesbaden 1962.

Benz. Luth. — Benzing, Josef: Lutherbibliographie. Verzeichnis der gedruckten Schriften Martin Luthers bis zu dessen Tod. Bearbeitet in Verbindung mit der Weimarer Ausgabe unter Mitarbeit von *Helmut Claus*. Baden-Baden 1966 (Bibliotheca Bibliographica Aureliana 10, 16, 19).

Benz. Ryff — Benzing, Josef: Walter H. Ryff und sein literarisches Werk. Eine Bibliographie. Hamburg 1959.

BML — The British Library (British Museum), London.

Corsten/Fuchs — Corsten, Severin/Fuchs, Reimar W.: Der Buchdruck im 15. Jahrhundert. Eine Bibliographie. Teil 1: Bibliographie, Stuttgart 1988.

Facs. — Facsimilé

Fechner 1882 — Fechner, Heinrich: Vier seltene Schriften des 16. Jahrhunderts. Berlin 1882, neu hrsg. v. L. E. Schmitt/M. Rössing-Hager. Hildesheim/New York 1972 (Documenta Linguistica).

Gilman — Gilman, Sandor L. (Hg.): Joh. Agricola – Die Sprichwörter Sammlungen. 2 Bde., Berlin/New York 1971

GW — Gesamtkatalog der Wiegendrucke. Hg.: Kommission für den Gesamtkatalog der Wiegendrucke [ab Bd. 8: Deutsche Staatsbibliothek zu Berlin]. Bd. 1-7, Leipzig 1925-1938 (2. Aufl., durchgesehener Neudruck, Stuttgart 1968); Bd. 8, Stuttgart 1978.

HAB — Herzog August Bibliothek Wolfenbüttel

Hain — Hain, Ludwig: Repertorium bibliographicum, in quo libri omnes ab arte typographica inventa usque ad annum MD ... enumerantur. 4 in 2 Bdn. Stuttgart–Paris 1826-1831. Register: Leipzig 1891.

Hase — Hase, Martin von: Bibliographie der Erfurter Drucke von 1501-1550. In: Archiv für Geschichte des Buchwesens 8 (1967), Sp. 655-1096.

Klebs — Klebs, A. C.: Incunabula scientifica et medica. In: Osiris, IV: 1938.

Klebs/Sudhoff — Klebs, Arnold C. und Karl Sudhoff: Die ersten gedruckten Pestschriften. München 1926.

LBH	Landesbibliothek Hannover
Meier	Meier, John: Ältere deutsche Grammatiken in Neudrucken. Straßburg 1894-95, Halle 1897.
Müller 1882	Müller, Johannes: Quellenschriften und Geschichte des deutschsprachlichen Unterrichts bis zur Mitte des 16. Jahrhunderts. Gotha 1882, neu hrsg. von M. Rössing-Hager. Darmstadt 1969.
NDr.	Nachdruck
Nissen	Nissen, Claus: Die Botanische Buchillustration. Ihre Geschichte und Bibliographie, Bd. 1: Geschichte, Bd. 2: Bibliographie, Stuttgart 1951, Supplement 1966.
o. Dr.	ohne Angabe des Druckers*
o. J.	ohne Angabe des Erscheinungsjahres*
o. O.	ohne Angabe des Erscheinungsortes*
o. T.	ohne Titel
Pohl 1971	Karl Pohl: Valentin Ickelsamer – Die rechte weis... Ain Teütsche Grammatica. Stuttgart 1971.
Roth 1900	Roth, Friedrich Wilhelm Emil: Die Schriften des Otto Brunfels 1519-1536. In: Jahrbuch für Geschichte, Sprache und Literatur Elsaß-Lothringens 16 (1900): 257-288.
Sarton	George Sarton: The Scientific Literature Transmitted through the Incunabula. In: OSIRIS, 5/1938: 41-245.
Sbd.	Sammelband
SBMü	Bayerische Staatsbibliothek München
Schmidt	Schmidt, Charles: Répertoire bibliographique Strasbourgeois jusque vers 1530. 8 in 6 Bden. Strasbourg 1893-1896. Supplément 1910.
StA	Stadtarchiv
Stabi	Stadtbibliothek
Stillwell 1970	Stillwell, Margret Bingham: The Awakening Interest in Science During the First Century of Printing: An Annotated Checklist of First Editions Viewed from the Angle of their Subject Content. New York 1970.
Sudhoff 1908	Sudhoff, Karl: Deutsche medizinische Inkunabeln, Leipzig 1908.
UB	Universitätsbibliothek
VD 16	Verzeichnis der im deutschen Sprachgebiet erschienenen Drucke des XVI. Jahrhunderts, hrsg. v. d. Bayerischen Staatsbibliothek in München in Verbindung mit der Herzog August Bibliothek in Wolfenbüttel. Stuttgart 1983ff.
WA	D. Martin Luthers Werke. Kritische Gesamtausgabe. Weimar.
Wa	Werkausgabe.

*Erschlossene Angaben über Drucker, Erscheinungsjahr und -ort stehen im Quellenverzeichnis in eckigen Klammern.

Verzeichnis der verwendeten frühneuzeitlichen Quellen

Die Formatangaben im Quellenverzeichnis mußten leider ohne kritische Prüfung aus den einschlägigen Bibliothekskatalogen übernommen werden. Die gegenwärtig üblichen unterschiedlichen Verfahren der Formatbestimmung machen für eine präzise Arbeit einen Aufwand erforderlich, der einen auf Faksimiles und Mikrofilme angewiesenen Einmannbetrieb überfordert. Die klassischen Bezeichnungen Folio (2°), Quart (4°) usw. geben Größenverhältnisse nur indirekt an, da sie aus der Analyse des spezifischen Teilungsverhältnisses der beim Druck verwendeten Papierbögen – die selbst bis in unser Jahrhundert hinein nicht normiert waren – gewonnen werden. Bei den unterschiedlichen und wechselnden Verfahren des Umbruchs lassen sich bei den kleineren Formaten ohne Berücksichtigung der Wasserzeichen mehrerer Lagen – und d. h. ohne Autopsie – nicht immer sichere Angaben machen.
Die Formatangabe in den ›bibliothekarischen Titelangaben‹, die sich meist in den Signaturen niederschlägt, benutzt zwar auch die Kürzel 8°, 4°, 2° (bzw. gr. 2°), meint damit aber die Höhe der Buchrücken der beschnittenen und gebundenen Bücher (bis 25 cm, 25-35 cm, bis 45 cm, über 45 cm). Zumal bei den älteren Werken brauchen sich Format 1 und Format 2 nicht zu decken, was aber bei den Angaben in der Sekundärliteratur und auch in den Katalogen nicht immer berücksichtigt wird.
Um verschiedene Auflagen eines Titels unterscheiden zu können, nutzen beide Angaben oft weniger als das Ausmessen der Satzspiegelhöhe und -breite in cm. Vor allem die Satzspiegelhöhe variiert jedoch in ein und demselben frühen Druck auf den verschiedenen Seiten, so daß auch diese Angabe (Format 3) erst dann zuverlässig und für die Diskriminierung verschiedener Auflagen sinnvoll wird, wenn man sie mit der Analyse des Umbruchs kombiniert.
Im Quellenverzeichnis wird mit ›=‹ auf das verwendete Bibliotheksexemplar bzw. auf die herangezogenen Werk- oder Faksimileausgaben verwiesen.
Angaben zu weiteren Ausgaben des Werkes und Erläuterungen folgen nach ›:‹ auf einer neuen Zeile.

Agricola, Georg (aus Glauchau)

GEORGII // AGRICOLAE MEDICI // BERMANNVS, SIVE // DE RE METALLICA //
Basel (in aedibus Frobenianis) 1530
= SBMü 8° Metall 1[d]; Wa: Prescher, Bd. II, 66ff.
: Paris 1541, Basel 1546, Leipzig 1546, Venedig 1550 (ital.), Basel 1558, Basel 1612, 1657, 1778 (dt.), 1806 (dt.) nach C. Schiffner: G. Agricola – 12 Bücher vom Berg- und Hüttenwesen, Düsseldorf 1961[3] (enthält eine deutsche Übersetzung der lateinischen Ausgabe von Froben, Basel 1556)

ders. Rechter gebrauch der Alchemei
o. O. [Joachimsthal?] o. Dr. 1531
= HAB Nx 63 und Quodl. 240.75

ders. De Re metallica libri XII
Basel (Froben) 1556
= Wa: Agricola, 12 Bücher vom Berg- und Hüttenwesen; übersetzt und bearbeitet von C. Schiffner. Düsseldorf 1961[3]
Basel (Froben) 1561 2°
dass. (dt.): Vom Bergk= // werck xij. Bücher dar= // in(n) alle Empter / Instrument / Ge // zeuge / vnnd alles zuo disem handel gehoerig / mitt schoenen figuren vor= // bildet ... erstlich in Lateinischer sprach / durch den ... Georgium Agricolam / ...
jezundt aber ver= // teüscht / durch den Achtparen vnnd Hoch=gelerten Herrn Philip= // pum Bechium / Philosophen ...
Basel (Froben / N. Bischoff) 1557
= HAB 20.5 Phys. 2°
dass. (lat.): De re metallica
Basel (Froben) 1561 2°
dass. (dt.): Berckwerck Buch: // Darinn nicht Allain // alle Empte(r), Instrument Ge= // zeug // vnd alles / so zu diesem Handel ge= // hoerig / mit figuren vorgebildet / vnd klaerlich beschrieben....
Durch ... Georgium Agri // colam ... erstlich // ... in Latein beschrieben ... Nachmals aber durch // ... Phillippum Bechium ... mit sondern fleyß Teutscher // Nation zu gut verteuscht vnd an Tag geben.
Frankfurt (Peter Schmidt) 1580
= HAB 21.3 Phys. 2°
: weitere Ausgaben Basel 1563 (ital.); 1621 (lat. und dt.); 1657 nach Schiffner

Agricola, Johann

Hundert vn= // de doertich gemene Fra= // ge / vor de Jungen kin= // der in der Duedeschen // Megede schole tho Is= // leue / Van dem worde Gades // dem Loue / dem Ge= // bede ...
o. O., o. Dr., o. J. [Wittenberg (Wytt) 1538]
= HAB Th 11 8°
: Werkausgabe und Bibliographie bei Sandor L. Gilman (Hg.): Johann Agricola – die Sprichwörtersammlungen, Bd. 1, Berlin / New York 1971

ders. Drey hundert // Gemeyner Sprichwoer= // ter / der wir Deutschen // vns gebrauchen / vnd // doch nicht wissen / wo= // her sie komen / durch D.

// Johan(n) Agricolam von // Jssleben / an den durch= // leuchtigen / hochgebor= // nen Fursten vnd Herren // / Herrn Johan(n) Fridreich / Her= // tzogen zu Sachsen etc. geschri= // ben / erklert / vnd eygent= // lich ausgelegt.
Erfurt [Treffer] 1529
= HAB Lb1 8°
: Hagenau 1529; Zwickau 1529, o. O. 1529; Nürnberg 1529
Leipzig 1530a, 1530b; Magdeburg o. J. um 1530 (ndt.) nach Gilman 1971, Bd. 1: 321 ff.

ders. Das An // der teyl gemeiner Deutscher sprich // woerter / mit yhrer außle // gung
Erfurt [Melchior Sachssen] 1529
= HAB P 1145 8°
: Ausg. D[2] bei Gilman 1977. Weitere Ausg. Hagenau und o. O. 1529, Nürnberg 1530 (VD 16)

ders. Sybenhundert vnd // Fünfftzig Teutscher // Sprichwoerter / ver- // neüwert vnd // gebessert // Johann Agricola
Hagenau (Peter Braubach) 1534 (15. März)
= HAB P 1146 8°
: Hagenau 1537; Straßburg 1541, 1548, 1558 nach Gilman 1971, Bd. 1: 327 ff., Wittenberg 1582 / 1592 (VD 16)

ders. Fünfhun= // dert Gemainer // Newer Teütscher // Sprüchwoerter // / durch // Johann Agricola // Eyßleben
o. O., o. Dr., [Augsburg (Ph. Ulhart)] 1548
= Gilman 1971, Bd. 2. Drucker nach VD 16: Heinrich Steiner.

ders. Drey hundert // Gemeyner Sprichwörter // / der wir Deutschen vns ge= // brauchen ...
Hagenau (Joh. Setzer) 1529
= SBMü 8° J. pract. 239
: E[1] bei Gilman

Ammon, Jost (Amman)
Eygentliche Beschreibung // Aller Stände auf Er= // den ... durch ... Hans Sachsen
Frankfurt S. Feyerabend 1568
= HAB 61 Poetica (1) 8°

ders. Künstliche // Wolgerissene New // Figuren von allerlai Jag vnd Weidtwerck ... Auch durchauß mit La= // teinischen vnd Teutschen Reymen Allen Liebhabern / Als Malern / Goldschmidt / Bildhauwern / vnd welche Lust zur Kunst haben / zur Ehre
Frankfurt (Lechler) 1582
= HAB 61 Poetica (2) 4°

ders. (Hg.) Kuenstlich vnd zierlich gerissene Livische Figuren / Darinnen die gantze Roemische Historien kuenstlich begriffen vnd angezeigt. Geordnet vnd gestellt durch den fuertrefflichen vnd kunstreichen Johann Bocksperger von Saltzburg ... nachgerissen ... durch ... Jost Ammon
Straßburg [Dietzel] 1631
= HAB 538.1 Hist 8°

o. A. (Anatomi)⁺

Außlegung vnd beschrey= // bung der Anatomi oder wa(h)rhaff= // ten abconterfetung eines inwen= // digen Coerpers / des Mans vnd Weybes / mit // erklerung seiner innerlichen glider / wie vnd wo hin ein yedes von Gott erschaffen vnd geordnet / das menschlich leben zuo auffenthalten. Dem gemeinen Menschen zuo einem kurtzen // vnd verstendlichen bericht.
Nürnberg (Guldenmund) 1547
= HAB 277 Quodl. (5) 8°
: ⁺in der VD 16 Heinrich Vogtherr d. Ä. zugeschrieben
zuerst: Nürnberg um 1540 8°, 1556, 1570

Andräe, Jacob; d. Ä.

Notwendige Erinnerung // Von der Teutschen // Bibel dolmetschung / sampt Widerle= // gung aller der Vrsachen / darumb die Baep= // stischen den Layen die Bibel zule= // sen verbietten. // ...
Diser zeit allen frommen Christen / beson= // ders aber den Baepstischen Herr= // schafften nutzlich zu= // lesen. //
Tübingen (Ulrich Morhart d. Ä.) 1568
= SBMü 4° Exeg. 24
: Vorrede von A. fertiggestellt am 1. Juni 1568

Apollinarius, Quintus [Pseud.]⁺

Kurtz Handt= // buechlin vnd experiment vie= // ler Artzneyen / durch den gantzen // Coerper des Menschens / von dem // Haupt biß auff die // Fueß. // Sampt lebendiger Abcon= // trafactur // etlicher gemeiner Kreuter / ...
Durch D. Apollinarem erfa= // ren vnd selbs bewert.
Frankfurt (H. Guelfferich) 1550 8°
= HAB Mf 104 (s.o. 142 Med 4° (1))
: ⁺ wohl von W. Ryff herausgegeben. VD 16, Benzing Ryff

Ars memorativa (dt.)⁺

Hie nachvolget ein loblich buechlin. Zuo latein gen(n)ant // Ars memoratiua gar mit vil selczamen schoenen figuren von // künstlicher gedaechtnus. zuo hilff vnd zuo auffenthaltung eins // yeden menschen natürlicher gedaechtnus.
Augsburg (A. Sorg) o. J. [1490]
= Facs. B. Filser & Co, Augsburg 1920; HAIN 1827; 1828
: angeregt durch die Ars Memorativa des Jacobus Publicus, Venedig 1482, HAIN 13543; ⁺in der VD 16 Christian Umhauser zugeschrieben.

August, Theophilus Caesar

Alchimyspiegel: // oder // kurtz entworf= // fene Practick / der gantz= // en Chimischen Kunst: ... Wie der Alten mit seltzamen verdunckelten // Reden vnnd Woertern hievon beschriebene Buecher zuverstehen ... aus dem Arabischen von Roberto Ca= // strensi in Lateinisch ... in

vnser Teutsche Sprach // vbergesetzt / durch // Theophilum Caesaren August.
Frankfurt (Chr. Egenolf Erben) 1597
= HAB 115.4 Phys (2)

Beham, Sebald (Behem)
Dises buchlein zeyget an vnd lernet ein maß oder proporcion der Ross nutzlich iungen gesellen / malern vnd goldschmide(n)
Sebaldus Beham Pictor noricus faciebat
Nürnberg [Friedrich Peypus] 1528
= HAB Nb 123 4°
ders. Das Kunst vnd Lere // Buechlin / Sebalden Behems. // MAlen vnd Reissen zulernen / Nach // rechter Proportion / Maß ...
Frankfurt (Egenolf Erben) 1557
= HAB 277 Quodl. (4) 4°
: zuerst Ffm 1546, 1552, 1582, 1584, 1594, 1605; vgl. Rupprich, Bd. 3: 12

Bentz, Hieronymus (Benzoni, Girolamo)
Das vierdte Buch // Von der neuwen Welt. // oder // Neuwe vnd gruendtliche Historien / von // dem Nidergaengischen Indien / so von Chri= // stophoro Columbo im Jahr 1492. // erstlich erfunden . // ... Alles mit schoenen Kupferstuecken ... an Tag geben / durch Ditrich // von Bry...
Frankfurt (J. Feyerabend) 1594
= Facs. Kölbl, München 1970
: lat. Ausgabe: Frankfurt 1594

Bock, Hieronymus
NEw Kreütter Buoch von // vnderscheydt / würckung vnd namen der kreüt // ter so in Teütschen lande(n) wachsen. Auch der selbigen eygent= // lichem vnd wolgegründtem gebrauch in der Artznei / zuo behal= // ten vnd zuo fürdern leibs gesuntheyt fast nutz vnd troest= // lichen vorab gemeynem verstand . . . //
Straßburg (W. Rihel) 1539
= UB Göttingen H. N. Botan. I. 900 Rara 2°
: Erstausgabe; weitere Ausg. Straßburg 1546, 1551, 1553, 1556, 1560, 1565, 1572, 1574, 1577, 1580, 1586, 1587, 1595 und 1630; lat. Ausg. 1552. Nissen 182
dass.: Kreuter Buoch. // Darinn Vnderscheidt / Nam(m)en // vnnd Würckung der Kreutter / Stauden / Heck= / en vnnd Beumen / sampt jhren Fruechten / so inn Deütschen Landen // wachsen / Auch der selbigen eigentlicher vnnd wolgegruendter ge= // brauch ... // Durch H. Hieronymum Bock . . . // beschriben // / Vnd jetzund // Von newem fleissig uebersehen ... // Darzuo mit hüpschen ... / Figuren ... / gezieret. // ... //
Straßburg (Josiam Rihel) 1556
= HAB Mf 4° 2
: Straßburg 1551, 1560, 1572, 1577, 1580, 1587, 1595

dass.: Kreüter Buoch. // Darinn Vnderscheidt / Na= // men vnnd Würckung der Kreütter / Stauden / // Hecken ... Vorab dem gemeinen // einfaltigen Man. //
Straßburg (J. Rihel) 1560
= HAB 24 Med. 2°

ders. Kurtz Regiment // fuer das grausam Haupt // wehe vnd Breune / vor die Ge= // mein vnd armes heuflin hin vnd // wider im Wasgaw vnd // Westereich / ge= // stellet durch // Hieronymum Bock / der Artz= // ney erfarnen vnd lieb= // habern. //
Straßburg (Knobloch / Messerschmid) 1544
= SBMü 4° Path. 309 / 1
: zuerst 1543 in Basel; 1547 Heidelberg in 8°; später oft zusammengebunden mit ›New Artznei vnd Practicirbuechlin‹

Boltz, Valentin

Jlluminierbuch // kuenstlich alle Farben zu= // machen vnd bereiten / sampt viel ander schönen stücken / sehr nützlich und gut. Vor nie im truck außgangen. Durch Valentinum Boltz.
Frankfurt/M. (Gülfferich) 1550 8°
= HAB 525.1 Quodl. (1)

Bostok [Esquire], Robert

THE // difference betwene the aun // cient Phisicke, first taught by the goa // ly forefathers, consisting in vnitie peace and // concord: and the latter Phisicke procee- // ding from Idolators, Ethnickes and // Heathen: as Gallen, and such o- // ther consisting in dualitie, // discorde, and con- // trarietie. // ...
London (für R. Walley) 1585
= HAB 149.9 Phys. 8°
: vgl. auch BM 1038 a 7

Breunle, Moritz

Ein Kurtz // Formular vnnd // Cantzley buechlin / da= // rynn begriffen wirdt / wye // man einem yegklichen / w[e]z // Standts / wyrde / eeren vnd // wesen er ist / schreibenn soll // / Vorhin in Druck verfasset // vnd yetzunder auff dz neü= // we mit fleyß vbersehen / vn(d) // an vil o(e)rtern mit newen // Formularien Teüt= // scher Sendtbrieff // gebessert. //
Augsburg (H. Stainer) 1529
HAB P 928.8° Helmst. (2)
: weitere Ausgaben Leipzig 1530, Augsburg 1546, Wittenberg 1554

Breydenbach, Bernhard von

Bernadus Breydenbach // Sanctarum peregrinationum // in montem Syon ad christi // sepulcrum in Hierusalem opus //
Speier (Petrus Drach) 24. 11. 1502 2°
= SBMü 2° Rar 2068
: zuerst Mainz 1486

dass. (dt.): o. T., incipit: Dem hochwürdigsten vatter yn christo. vnd hern Bertholdo // deß heyligen stuoles zuo Mentz Ertzbischoff...
Mainz (Reuwich / P. Schöffer) 21. Juni 1486
= Facs. der Vorrede bei E. Geck: B. v. Breydenbach..., Wiesbaden 1977 (= GW 5077); HAB 150.1 Quodl. 2°
: weitere Ausgaben Augsburg 1488; Mainz 1488 (niederl.); Lyon 1488 und 1489 / 90 (franz.); Speyer 1490 (lat.); Zaragossa 1498 (span.); Speyer 1502 (lat.) und 1503 (dt.); Paris 1517 und 1522/3 (franz.); außerdem noch zahlreiche überarbeitete Ausgaben. Vgl. Nissen 1960: 31 ff.

ders. (Hg.), [Joh. Wonnecke von Kaub (Text), E. Rewich (Bild)]
[H]Ortus Sanitatis dt.
o. T., incipit: Offt vnd vil habe ich by mir selbst betracht die wu(n)dersam // werck des schepfers der natuer ... Vnd nenne(n) diß buoch zuo latin Ortus sanitatis. vff teusch // ein gart der gesuntheit...
Mainz (P. Schöffer) 28. März 1485
= Facs. Kölbl München-Allach 1966; HAIN 8948
: Klebs kennt 13 Inkunabelausgaben (507.1-507.13), 2 niederdt. Ausgaben (Lübeck 1510 und 1520), viele hochdt., z.B. Straßburg 1507 in Quart, 1515, Straßburg 1529 und 1536.
Falk 1879 führt 25 italienische Ausg. bis 1728, 4 franz. (1488, 1489, 1517, 1522) und 1 span. (1498) an. (Die Druckkunst im Dienste der Kirche, in: 2. Vereinsschrift der Görres-Gesellschaft, Köln 1879: 104 ff.)
dass.: Hortus Sanitatis
Basel (M. Furter) 1486
= HAB 50.2 Med. 2°

Brunfels, Otho (Brunfelß, Brunfelsz, Brunnfelß)
... Von dem Eua(n)ge // lischen anstoß. // wie / vnnd in was // gestalt das wort Gottes vffruor mache
o. O., o. Dr. Straßburg (J. Schott) 1523
= BM 3906c 25 4°
: Schmidt vol. 2 B, 79, weitere Ausg. Wittenberg 1524, Worms 1528 (VD 16)

ders. Ein nutzlichs Wundartz= // ney Buechlin / des hochberhuembten Lan= // franci / aus furbit des Wolerfarnen // Meister Gregorij Fleugaus /// Chyrurgen vnd Wundartzt // zu Strassburg // Dabey vieler bewerter // Recepten ... ytzt gemeyne(m) nutz zu gut // auch ynn truck geben.
o. O., o. D. [Straßburg (B. Beck)] 1529
= HAB N96 Helm 4° (4)
: Roth 1900

ders. HERBA // RVM // VIVAE EI CONES // ad nature imitationem, sum(m)a cum // diligentia et artificio effigiate(s) // ...
PER OTH. BRVNF. // recens editae. MDXXX // ...
= Bd. 1
Straßburg (J. Schott) 1530
= HAB 36.1 Med. 2°
: Straßburg 1531, 1537, 1539

ders. NOVI // HER // BARII // TOMVS // II // PER OTH. BRVNF. // recens editus ...
= Bd. 2
Straßburg (J. Schott) 1532
= HAB 36.1 Med. 2°

ders. TOMVS // HERBSRII // OTHONIS BRVNFELSII // TOMIS TRIBVS. . . .
hrsg. v. M. Herr
= Bd. 3
Straßburg (H. Schott) 1537
= HAB 20.8 Med. 2°
: Alle drei Bde. haben noch mindestens 3 weitere Aufl. im 16. Jahrhundert erlebt. Vgl. Ch. Schmidt 1893, Bd. II.

ders. COntrafayt Kreüterbuoch // Nach rechter vollkommener art / vnud [!] // Beschreibungen der Alten / ... vormals // in Teütscher sprach // / der masszen nye // gesehen / noch im Truck auszgangen. // ...
[= Bd. 1]
Straßburg (H. Schott) 1532
= HAB 24.3 Phys. 2° (2); Facs. Kölbl, Grünwald bei München 1975

ders. Ander Teyl des Teütsch= // en Contrafayten Kreüterbuochs
Durch Doctor Otth Brunnfelß zuosammen verordnet vnd beschriben.
Straßburg (Schott) 1537
= HAB 24.3 Phys. 2°

ders. Kreüterbuoch // contrafayt / beyde Teyl // vollkummen / nach recht / =er / warer beschreib= // ung der Alten leer // er vnd aertzt. //
Durch Otho Brunfelß
Straßburg (Schott) 1539
= HAB 46.5 Med. (4) 4°

ders. Ander Teyl des // Teütschen kleynen Kreü= // terbuochs
D. Othonis Brunfels
Straßburg (Schott) 1540
= HAB 46.5 Med. (5) 4°

Brunschwygk, Hieronymus [Braunschweig, Brunschweik, u. a.]
Dis ist das buch der Cirurgia // Hantwirckung der wund artz // ney vo(n) Hycro(n)imo brau(n)schweig
Augsburg (J. Schönsperger d. Ä.) Dez. 1497
= HAB 53 Med. 2°
: GW 5594, Benzing Brun. 2; zuerst Straßburg (J. Grüninger) 4.07.1497, weitere Aufl. Straßburg 1513, Augsburg 1534, 1539; niederdt. Rostock 1518; engl. 1525 in 2°; niederl. 1535 in 2°
dass.(engl.): The noble experyence of t(he) vertuose handywarke of surgeri // ...
London (Peter Treveris) 26.3.1525
= BML C 31.K.4 2°
: laut Vorrede Übersetzung der niederdt. Ausgabe. Benzing Brun. 7

ders: Liber de arte distillandi. de Simplicibus. // Das buch der rechten kunst // zu distilieren die eintzige(n) ding // von Hieronymo brunschwygk / bürtig vn(d) wund artzot der keiserliche(n) frye(n) statt straßburg.

Straßburg (Grüninger) 8.05.1500
= LBH Ink. 205 2°
: GW 5595, Benzing Brun. 10; weitere Ausgaben 1505, 1509, 1515, 1521, 1528, 1531, 1537; Ffm. 1551 in 4°; ebenso 1554, 1555, um 1558, um 1565; Ffm. 1610, 1614 in 2°
dass.: Das distillierbuoch // Das buoch der rechten kunst zu distilieren vnd // die wasser zu brennen angezögt mit figuren nutz= // lich den menschlichen leib in gesuntheit zuobehalten. Erstmals von meister // Jeronimo Brunschweick zuosamen coligiert / vnd von Marsilio Ficino // des hochberümpten / des langen vnd gesunden lebens ...
Straßburg (J. Grüninger) 1521 2°
= SBMü 2° Rar. 2165
dass.: Distilierbuch // der rechten kunst / Ne= // we vnd gemein Distilier vnd // Brennoefen ... zumachen / auß allen Kreutern // die Wasser zu brennen / ... Sampt lebendiger Abcontrafac= // tur der Kreuter ... Einem jeden sehr nuetzlich zu gebrauchen.
Frankfurt (H. Gülfferich) 1551
= HAB 56.11 Phys. 4°
: Benzing Brun. 18; dass. Ffm. [1558], SBMü 4° M. med. 107dm
dass.: Ars Destillandi, // oder // Diestellier Kunst // ... Vor vielen Jahren / von ihme dem Autor selbst in Truck // ver=faertiget / ... Nun aber ... auffs new vbersehn / ... vnd mit besserm Teutsch begabt
Frankfurt (J. Biringer für Conrad Corthoys) 1610 2°
= Kölbl Reprint Nr. 10
: Benzing Brun. 23; meist P. Dioscorides, De Materia Medica, deutsch, beigebunden

ders. Liber pestilentialis de veneris epidemie. // Das buoch der vergift der // pestile(n)tz das da gena(n)t ist der gemein sterbent // der Trüsen Blatren ...
Straßburg (J. Grüninger) 15.8.1500
= LBH Ink 205 2°
: GW 5596, Benzing Brun. 9

ders. Medicinarius Das buch der Gesuntheit // Liber de arte distillandi Simplicia et Composita. // Das nüw buch d(er)rechte(n) kunst // zuo distilliere(n). Ouch von(n) Marsilio ficino vn(d) anderer hochberoempter Artzte natürliche vn(d) guote // künst zuo behalte(n) den gesunde(n) leib vnd zuouertreyben die kranckheit mit erlengeru(n)g des lebens. // ...
Straßburg (J. Grüninger) 1.04. 1505
= SBMü 2° Rar 2128 (unvollständig)
dass.: Liber de arte Distil // landi de Compositis. // Das buch der waren kunst zuo distillieren die // Composita vn(d) simplicia // vnd dz Buoch thesaurus pauperu(m) / Ein schatz d(er) arme(n) ge= // na(n)t Micariu(m) / die broesamlin gefallen vo(n) de(n) büchern d(er) Artzny / vnd durch Experime(n)t // ... uff geclubt ...
Straßburg (J. Grüninger) 23.2.1512
= LBH M A 7007 2° (ohne Titelblatt), SBMü 2° Rar 2166
: Benzing Brun. 31 (führt das hannoversche Expl. nicht auf); weitere Aufl. Straßburg 1519, 1532; Ffm 1538, 1551, 1552, 1597)

dass.: (D)as Buoch zuo Distillieren die zuosam // men gethonen ding ... das buoch Thesaurus pauperum ... für die armen yetz von neüwen wider ge= // truckt ...
Straßburg (Grüninger) 29.8.1532
= LBH MA 7004 2° (ohne Titelblatt)
: Benzing Brun. 33 (führt das hannoversche Expl. nicht auf)
dass.: DYstillierbuch // der rechten Kunst / von Kreu // tern / Wurtzeln / Blumen / Samen /// Fruechten / vnnd Gethier / ware Be= // schreibung vnnd Abcontrafaytung /// ... Wie man die Wasser dauon Bren(n)en /// Distillieren ... soll / ... Einem jedem Haußvat= // ter nuetzlich zu gebrauchen.
Frankfurt (H. Gülfferich) 1551
= HAB 35.1 Phys. 2°
: Benzing Brun. 35
dass.: Distilierbuch // der rechten Kunst / Neu= // we vnd gemein Distilier vnd // Brenno(e)fen / mit aller zugehoren= // der bereitschafft zu machen / ... // Von M. Hieronymo Braun= // schweigen Colligiert. // Sampt lebendiger Abcontrafa= // ctur der Kreuter / von mancherley gebrannten // vnd gedistilliertem gewaesser / ... // Je= // tzund von neuwem gemehr vnd gebessert / ... //
Frankfurt (Weygand/Hanen Erben) [ca. 1565]
= SBMü: 4° M. med 1707d
dass.: engl.: The vertuose boke of Distyllacyon of the waters of all maner of Herbes / with the figures ...
London (Laurens Andrew) 1427 [1527] 2°
= BML 45g 3
: Benzing Brun. 26; »translate out Duyche into Englysche« von Robert Huetus mit Holzschnitten aus den ›Grete Herbal‹ von 1526 (A. Arber: Herbals – Their Origin and Evolution, Darien (Connec.) 1970: 45, zuerst 1938)

ders. Apoteck für den gemeyne(n) // man. der die Ertzte zu ersu(o)chen. am // guot nicht vermügens / oder sonst in der not // allwege nicht erraychen kan. // Fleyssig Corrigiert / vnnd mit vil guotten // stucken gemeret.
o. O., o. Dr., o. J. [Augsburg (Steiner) um 1530]
= HAB 218.9 Quodl. (10) 4°
: Benzing Brun. 86 (führt dieses Expl. nicht an); mit dem gleichen Titelholzschnitt wie Steiners ›Hausapoteck‹ von 1538ff.; zuerst Wittenberg 1529; weitere Ausg. 2x Erfurt 1529 in 8°; 2x Nürnberg 1529, 2x Wittenberg 1529; Erfurt 1530 in 8°; 2x Augsburg u. Wien 1530 in 4°; 2x Leipzig 1532 in 8°; Wien 1533 in 4°; Leipzig 1540 u. 1543 in 8°; Magdeburg 1560; Marburg 1560 u. 1564 in 8°; Straßburg 1570 u. 1576 in 8°; Tübingen 1578 in 8°; Magdeburg 1590 in 8°; ? 1600 in 8°; Nürnberg 1607 in 8°; Ffm 1609, 1610; ? 1610; Ffm 1610, Erfurt 1619 in 8°.

ders. THESAVRVS PAV = // PERVM //
EIn fürtreflich vn(d) // volkomne Haußapoteck / // gmeyner gebreuchlicher ar // tzney / zu ieden leibs gebrechenn /// für alle getrewe leib aertzte / für= // nemlich aber für das arm landt // volck / vnnd gemeynen man.
Frankfurt (Chr. Egenolf) 1539 kl. 4°

= HAB 46.5 Med (2)
: Benzing Brun. 41; zuerst Ffm 1537; weitere Ausg. Augsburg 1538, 1539, 1540, 1541, 1545, 1555; Ffm 1558 in 8°, 1561, 1564, 1566, 1570, 1573, 1576, 1579, 1584, 1585, 1591; Lipsiae 1591; Ffm 1594, 1598, ca. 1610; Erfurt 1619 in 12°.
dass. engl.: A most excellent and perfecte // homish apothecarye or homely physick booke / // for all the grefes and deseases // of the bodye. // Translated out the Almaine speche into // English by Ihon Hollybush.
Köln (Arnold Birckmann) 1561
= BML 546.1.22 2°
: Benzing Brun. 62

ders. HaußArtzney buechlin / // Gute gebreuchli // che vnd bewerte Artzneyen // zu allerhandt gebrechen ... fuer den gemei= // nen Man(n) insonderheit / so die Apotecken nicht // erraichen / oder die Artzte zuersuchen / am // gut nicht vermag ... Zusampt angehencktem Tractaetlin / // von allerly Gebranten Wassern ... M.D.LXXVI.
Frankfurt (F. Basseum) 1577
= HAB 99 Med. 8° (4)
: Benzing Brun. 67; Erscheinungsdatum nach dem Kolophon; weitere Ausgaben Ffm 1567, 1568, 1572, 1580, 1585, 1591, 1594, 1597, 1599 in 8°; 1569 in 12°; Leipzig 1601 in 8°; Mühlhausen 1605 in 8°; Wittenberg 1613 in 4°; Erfurt 1625 in 8°; Basel 1658 in 8°; Augsburg um 1700 in 8°.

Büttner, Wolfgang
Dialectica // deutsch. // Das ist // / Disputierkunst. // ...
Leipzig (J. Berwalds Erben) 1576
= SBMü 8° Philos. 475 1

Chronik
Die Cronica van der // hilliger Stat va(n) Coelle(n)
Köln (Johann Koelhoff d. Jüngere) 1499 2°
= Facs. des Expl. der Kölner Diözesan-Bibliothek, Robert Steimel Verlag, Köln 1972
: GW 6688

Coelestin, Johann Friedrich (VD 16: Himmlisch, Joh. Friedr.):
Von Buchhend= // lern / Buchdruckern vnd // Buchfuerern: // Ob // Sie auch one suende / vnd gefahr jrer // Seligkeit / vnchristliche, Ketzerische, Bep= // stische / Vnzuechtige / oder sonst boesse Buecher // drucken / vnd offentlich one vnterscheidt / menniglich verkauf= // fen moegen. // Auch Allen andern Christen / sonderlich // Kremern / Kauff / Handels vnd Hand= // wercksleuten / zu disen geferlichen zeitten nuetzlich zu lesen. // ...
o. O., o. Dr. [Regensburg (Joh. Burger)] 1569...
= HAB Wf Alvensleben Ca 39 (1) (ohne Titelblatt)
Text ist abgesehen von den Marginalien diplomatisch getreu abgedruckt bei: Bernhard Wendt: Von Buchhändlern, Buchdruckern und

Buchführern-16. Jahrhundert. In: Archiv f. Gesch. d. Buchwesens, 13(1973). Sp. 1587-1624

Coler, Johannes (aus Goldberg)
CALENDARIVM // OECONOMICVM // & perpetuum. // VOr die Hauß- // wirt / Ackerleut / Apotecker ... gemeine Prognostication.
Wittenberg (Chr. Axin) 1591
= HAB 202.45 Quodl. (6) 4°
: mehrere Aufl. u.a. Wittenberg 1592, um 1593, 1599

ders. OECONOMIA RURALIS ET DOMESTICA // Darin(n) das gantz // Ampt aller trewer // Hauß=Vaetter / Hauß=Muetter / be= // staendiges und allgemeines Hauß=Buch ... begriffen ...
Mainz (Nicolas Heyll) 1665
= HAB 2. Oec. 2°
: 1. Aufl. (Bd. 1) 1593, Bd. 2 1598 in 4°; weitere Aufl. vgl. Lindner, Kurt: Das Hausbuch des Johann Coler. Druckgeschichte und Bibliographie. In: Festschrift für Claus Nissen zum siebzigsten Geburtstag. Hrsg. v. Elisabeth Geck und Guido Pressler. Wiesbaden 1973, S. 503-564.

Cyclopaedia
CYCLOPAEDIA PARACEL- // / SICA CHRISTIANA. // Drey Buecher von // dem ware(n) vrsprung vnd herkom // men der freyen Kuensten / ... Erstlichen von einem Anonymo liebhaber // der warheit zusam(m)en getragen vnd gestellt // vnd jetzt vbersehen / corrigiert / gebessert vnnd // im Truck verfertiget von // Samuele Siderocrate Brettano Fuerstli= // chem Speirischen Medico zu Brüssel
o. O., o. Dr. 1585
= HAB 91.1 Quodl. (3) 4°

Dasypodius, Petrus
DICTIONARIVM // LATINOGERMANICVM, VOCES PROPE- // modum uniuersas in autoribus Latinae linguae // probatis, ac uulgò receptis occurrentes Ger- // manicè explicans // magno labore pridem concinnatu(m), nun autem reuisum, castigatu(m) & auctum non mediocriter
Straßburg (W. Rihel) 1536
= Facs., Documenta linguistica, Quellen zur Gesch. d. dt. Sprache des 15. bis 20. Jahrhunderts, Reihe I: Wörterbücher des 15. u. 16. Jahrhunderts, hrsg. v. Gilbert de Smet, Hildesheim/New York 1974 (Olms). Expl. der St. u. UniBi Köln, M.IV. 171
: weitere Ausg. 1537, 1539, 1540, 1541, 1543, 1544, 1547, 1548, 1554, 1556, 1557, 1559, 1562, 1563, 1564, 1565, 1569, 1570, 1577, 1592, 1596 (alle Straßburg); weitere 8 Ausgaben bis 1709

Dryander, Johann
New Artznei // vnd Practicirbuechlin / zu // allen Leibs gebrechen vnd Kranckhei= // ten / durch weilant Doct. Joan. Dryandern /// Medicum vnd Ordinarien Professoren zu Mar= // purg / Zusammen bracht / vnd von newen // in Truck verfertiget. //

Sampt andern Heilsamen Tractät= // lin / D. Euricij Cordi / vnd H. Hie= // ronymi Bock
Frankfurt (Egenolf Erben) 1572
= HAB 99 Med. 8° (2)

Dürer, Albrecht
HJerin(n) sind begriffen vier bücher // von menschlicher Proportion / durch Albrechten // Duerer von Nuerenberg erfunden vnd be= // schriben / zuo nutz allen denen / so zuo di= // ser Kunst lieb tragen.
Nürnberg (H. Formschneyder) 1528 2°
= Facs. (Hg. J. Stocker), Dietikon Verlag, Zürich 1969 (s. a. HAB Nb2° Sbd. 1 (1))
: lat. Ausgabe Nürnberg 1532 (= Bd. 1 und 2) sowie 1534 (= Bd. 3 und 4); franz. Ausgabe Paris 1557, Arnheim 1613, 1614; italienische Übersetzung Venedig 1591, 1594; holländische Ausg. Arnheim 1622, 1662; engl. Ausg. 1666; daneben noch spanische und portugiesische Ausgaben sowie ein (!) dt. Nachdruck Arnheim 1604. Vgl. Rupprich 1966, Bd. 2.

ders. VNderwysung der messung / mit dem zirckel vn(d) richt // scheyt / in Linien ebnen vnnd gantzen corporen / // durch Albrecht Duerer zuo samen getzoge(n) / // und zuo nutz alle(n) kunstlieb habenden // mit zuo gehoerigen figuren / in // truck gebracht ..
Nürnberg [Hieronymus Andrae] 1525
= Facs. Walter Uhl-Verlag, Unterschneidheim 1972, s. a. HAB 156. 2 Quodl. 2° (1).
dass.: VNderweysuu[!]g der Messung / // mit dem Zirckel vnd richtscheyt / // in Linien Ebnen vn(d) gantzen Corporen / ...
Nürnberg (H. Formschneyder) 1538
= HAB 25 Geom (1) 2°
: SBMü 2° Math P 14 (nicht mehr vorh.); weitere Aufl. Arnheim 1603, lat. Ausg. 1532 u. 1535.

ders. Etliche vnderricht / zu befestigung // der Stett / Schlosz / vnd // flecken
Nürnberg [Hieronymus Andrae] 1527 2°
= Facs. Walter Uhl-Verlag, Unterschneidheim 1969
: Der Drucker H. Andrae (1525-1556) nannte sich auch H. Formschneyder!)

Eberlin v. Günzburg siehe *Günzburg*
Eisenmenger (Siderocrat) vgl. Cyclopaedia

Ercker, Lazarus (Erckner, Erckel) von Schreckenfels
Beschreibung / // Allerfurnemisten // Mineralischen Ertzt vnnd // Bergwercks arten / wie dieselbigen ... auff alle Metaln Probirt ... mit erklaerung etlicher fuernemer nuetzlicher Schmeltzwerck ... in fünff Buecher verfast / Deß= // gleichen zuvorn niemals in Druck kommen. // ... Auffs newe an vielen orten mit besserer außfuehrung / vnd mehern Figurn // erklert ...
Frankfurt (Joh. Schmidt für S. Feyerabend) 1580
= HAB 21.3 Phys 2° (1)

: zuerst Prag 1574, Ffm 1574, Ffm 1598 (SBMü 2° Metall.17), erw. Aufl. 1672, 1684, 1703, 1736 u. a.; 3 engl. Übers. (J. Petus, London 1682 / 86), holl. Übers. 1745

Eustachius, Bartholomäus [Eustachi, Bartolomeo]

Tabulae anatomicae Bartholomaei Eustachii ... Prae. nostique illustr. ed. de Jo.Maria Lancisius Rom (Gonzaga) 1714

= HAB Mb 2° 8

: Rom 1717, 1728, 1783; Amsterdam 1722; Venedig 1769

= Facs.: Adalberto Pazzini: Introduzione e commento storico alla »Tavole anatomiche di Bartolomeo Eustachio«, Rom 1944 (Bottega dell'antiquario) dort auch Bibliographie der Druckausgaben.

Die Tafeln wurden 1552 vollendet und seitdem in mehreren Arbeiten (teilweise) verwendet.

Dt. Ausgabe: Anatomische Kupfer-Tafeln des B. Eustachius nebst derselben Erklärungen. Verf. unter Aufsicht von A. Bonn. Aus dem Holländischen von J. C. Krauß, Amsterdam (Elwe) 1800, 2 Bde.

Fabritius, Hans [Johannes von Erfurt]

: Eyn Nutzlich buchlein et= // licher gleich stymender worther Aber // vngleichs verstandes / denn angenden // deutschen schreybschuelern / zu gut mit // geteylt / Durch Meister Hanssen fabri= // tiu[s] Rechenmeister vnd deutscher schrey // ber zu Erffurth

Erfurt (M. Maler) 1532

= Wa: Meier (1895)

Forer, Cuonrat (Hg.)

Thierbuoch // Das ist ein kurtze beschreybung aller vier= // fuessigen Thieren / ... Erstlich durch ... D. Cuonrat Geßner in Latin beschriben / yetzunder aber durch D. Cuonrat Forer ... in des Teütsch gebracht Zürich (Christof Froschauer) 1563

= HAB Nx 2° 5

: Dt. Einzelausgabe von Gessners Historia animalium, liber 1.2 (Zürich 1551). Bei der benutzten Ausgabe fehlt das Titelblatt, möglicherweise handelt es sich auch um die 1583er Ausgabe von Froschauer.

Franck, Fabian siehe Frangk

Franck, Sebastian

Chronica, // Zeÿtbuoch vnd geschÿcht // bibel von anbegyn biß inn diß ge // genwertig M.D. xxxj. jar.

Straßburg (Balth. Beck) 1531

= SBMü 2° L. impr. c.n. m. 42

dass. Germaniae // Chronicon. // Von des gantzen Teutsch= // lands / aller Teutschen voelcker herkom(m)en / // Namen / Haendeln / Guoten vnd boesen Thaten / Reden / // Raethen... // Vor vn(d) // nach Christi geburt / Vonn Noe bisz auff Carolum V. // ... Auß glaubwirdi= // gen angenom(m)en / Geschichtsschrei // bern ... // zusamenn // getragenn / // ... Durch Sebastian Francken / // von Woerd. //

Frankfurt (Chr. Egenolff) 1538
= HAB T 643.2° Helmst.
: Augsburg 1538; Bern 1539; Ffm 1539 (2x); Ulm 1539

ders. SPrichwoerter / // schoene / Weise / Herrli= // che Cluogreden / vnnd Hoff spruch / // ... Zusamen tra // gen in ettlich Tausent / Jnn lustig // hoeflich Teutsch bekürtzt / Be= // schriben vnnd außge= // leget / Durch // Sebastian Francken. // ...
Frankfurt (Chr. Egenolff) 1541

ders. Sprichwoer= // ter / Schoene / Weise // Kluogreden. Darinnen Teutscher // vnnd anderer Spraachenn Hoeflichkeit / // Zier / Hochste Vernunfft vnd Kluogheit // / Was auch zuo Ewiger vnnd zeitlicher // Weißheit / Tugent / Kunst vnd Wesen // dienet / gespuert vnd begriffen. Von Al= // ten vnd Newen beschriben / In ettliche // Tausennt zusamen bracht ...
Frankfurt (Chr. Egenolff) 1548 [2x] 4°
= Facs. der Wiss. Buchgesellschaft Darmstadt
: Frankfurt 1552 8°, 1555, 1560 (2x), 1565, 1570, 1575, 1582, 1591 (2x; versch. Verleger)

Frangk, Fabian [Franck]
Teutscher Sprach Art vnd Eigenschafft // Orthographia New Cantzley ietz braeuchiger / // gerechter Practick / ...
Frankfurt / Main (Egenolph) 1531
= HAB Ka 12 (2) 4°

ders. Ein Cantzley // vnd Titel buechlin / Da // rinnen gelernt wird / wie man // Sendebriefe foermlich schrei= // ben / vnd einem jdlichen / seinen gebuerlichen Ti // tel geben sol. // Orthographia // Deutsch / Lernt / recht// buchstaebig schreiben. // Durch M. Fabian // Frangken. //
Wittenberg (Nickel Schirlentz) 1531
= HAB 101.24 Rhet. 8°
: Augsburg 1532, Wittenberg 1539

ders. ORTHOGRAPHIA
Wittenberg (N. Schirlentz) 1531
= BM 625c 23

ders. Orthographia / // Haimliche vnd verborg // ne Cancellei. // Orthographia / wie mann recht gründt= // lich teütsch schreiben sol. Wie ein guot freundt dem andern haimliche und verborgne brieff / dmit sie nit so bald von jder man gelesen / durch vil seltzame charactere vnnd practik / zuo schreiben mag / ein kurtzer bericht. // Item / Von mancherlei weiß dinten vnd farben zumachen ... Item / Ein kurtz Cantzellei büchlein / wie mann einem jedem / hohen vnd nidern standts / geburt / oder ampts halben schreiben soll. Allen Schreibern vast nützlich zu wissen.
Straßburg (M. Jacob Cammerlander) 1540
= BM 787f.2
: Der 1. Teil deckt sich mit der Orthographia von 1531.

Fries, Lorenz [Friese, Phryes]

Spiegel der // Artzny des // geleichen vormals nie // vo(n) keine(n) doctor in tüt // sch vßgange(n) ist nützlich vn(n) guot alle(n) // den so der artzet radt begere(n)t / auch // den gestreiffelten leye(n) / welche sich vnd(er) // winden mit artzney umb zegon.

Straßburg (Joh. Grüninger) 1518 (St. Gilgentag)

= SBMü 2° Rar 2053

ders.+ Spiegel der artz= // ney / vor zeyten zuo nutz vnnd // trost den Leyen gemacht / durch Lauren= // tium Friesen / aber offt nun gefelsch= // et / durch vnfleiß der Buochtrucker / // yetzund durch denselbigen Lau= // rentium / vn(d) M. Othonem // Brunfelß / widerumb // gebessert vnnd in // seynen ersten // glantz ge= // stellet. // Hiemit sole(n) widerrüfft / vnd falsch declariert sein alle ex // emplar diß Buochs / so von diesem truck vßgangen seind.

o. O., o. Dr. Straßburg (B. Beck) 1532

= HAB 51 Med. 2°

: Benzing, Josef: Bibliographie der Schriften des Colmarer Arztes Lorenz Fries. In: Philobiblon 6 (1962), S. 121-140, Nr. 32. Zuerst: Straßburg 1529, Straßburg 1532, 1546

+hg. v. Otho Brunfels

Fuchs, Leonhard

NEw Kreüterbuoch / in welchem // nit allein die gantz histori / das ist / na // men / gestalt / statt vnd zeit der wach= // sung natur / krafft vnd würckung / des meysten theyls der Kreüter so in // Teütschen vnnd andern Landen wachsen / mit dem besten vleiß beschri / // ben / sonder auch aller derselben wurtzel / stengel / bletter / bluomen / samen / // frücht / vnd in summa die gantze ge=stalt / allso artlich vnd kunst / // lich abgebildet vnd contra=fayt ist ... // Durch den hochgelerten Leonhart Fuchsen der artzney Doctorn / // vnnd derselbigen zuo Tübingen Lesern. // Mit dreyen nützlichen Registern ... //

Basel (M. Isingrin) 1543

=HAB 21.6 Med 2°

: Erstauflage der dt. Fassung von ›De historia stirpium‹ von 1542, niederländische Ausg. 1545 ebenfalls bei Isingrin, franz. Ausg. 1549 in Paris; keine weitere dt. Auflage!

ders. Laebliche abbil= // dung vnd contrafaytung aller // kreüter so der hochglert herr Leon // hart Fuchs der artzney Doctor / inn // dem ersten theyl seins neüwen Kreüterbuochs // hat begriffen / in ein kleinere form auff das al // ler artlichest gezogen... //

Basel (M. Isingrin) 1545 = Facs. Kölbl, München; SBMü Rar. 4097

: lat. Ausg. 1545 und 1549; franz. 1549 in Paris.

Fuchsperger, Ortolf

Ain gründlicher klarer // anfang der natürlichen vnd rechten // kunst der waren Dialectica / durch Orthol= // phen Fuchsperger von Ditmoning / Kai // serlicher rechte(n) Licentiate(n) / auß dem La // tein ins teutsch transferiert vnd zuo= // sam(m)gefast / so allen den mit schrift // lichen

künsten vmbgeen / nicht // weniger nutz dann not // ist zuowissen. // Das Buoch zuom kauffer. // So vil der alten Buecher all // Der jungen auch in mancher zall // . . . //
Augsburg (A. Weyssenhorn) 1533
= SBMü Ph Sp 71, Ph Sp 72, 4°
: Augsburg 1534
dass.: Ain gründlicher klarer // anfang der natürlichen vnd rechten kunst // der ware(n) Dialectica / durch Ortholphen Fuch= // sperger von Ditmoning / auß dem Latein inns // teutsch transferiert vnd zuosamen gefaßt / // allen den so mit schrifftlichen künsten // vmbgeen / nicht weniger nutz da(n) // not zuo wissen. Yetz von ne= // wem wider vber= // sehen vnd ge= // bessert. // Das Buoch zuom kauffer . . .
Augsburg (A. Weyssenhorn) 1539
= BM 11805c 22 4°
dass.: Ein grundtli= // cher klarer anfang der na // türlichen vnd rechten kunst der waaren // Dialectica / durch Ortholphen Fuch= // sperger . . . / auß de(m) Latin ins Teutsch // transferiert . . . / so allen // denen die mit gschrifftlichen künsten // vmbgehnd / nicht weniger // nutz dann not ist zuo // wüssen.
Zürich (Andreas Geßner d. Jüngere u. Jacob Geßner) 1556
= HAB 461.4 Quodl. 8° (2), s.a. SBMü Ph. Sp 299 8°

ders. Leeßkonst. // Das Buechel zuom Leser. // Der Kinder Leeßkonst nennt man mich. //
Ingolstadt (A. Weyssenhorn) 1542
= HAB 461.4 Quodl.(7) 8°, Wa Müller 1882:166-188
:wohl Unicum, nicht bei Eiden / Müller: Weyssenhorn in:
A. f. Gesch. d. B.; 11 (1970)

ders. (Hg.) Justianischer // Instituten warhaffte dolmet= // schung / darin der grosz mechtigst Kayser // IVSTINIAN. den ersten grond geschrib= // ner recht hat fürgebildet . . .
Augsburg (A. Weyssenhorn) 1536
=SBMü 2° J.rom. 67
:Eigenständige, von Th. Murner unabhängige Übertragung der »Instituten«
weitere Ausgaben vgl.: Worstbrock, Franz-Josef (1976): Deutsche Antike-Rezeption, 1450-1550; Teil 1: Verzeichnis der deutschen Übersetzungen antiker Autoren. Boppard (Veröffentlichungen zur Humanismusforschung; Band 1)

Geber

Das buoch geberi // Des hoch berümpten Phylosophy // vonn der verborgenheyt der Alchimia / // Kützlich [!] in dreyer buecher // getheylt / vnd geschicklicher weiß eroffnet / dise kunst wie sye zuo er // ergründenn oder zuo fynden sy. // . . .
Straßburg (A. Farckal für J. Grüninger) 1530
= HAB 47. Phys. 2°
: Gibt sich als Übersetzung von ›De alchimia‹ des Ibn Hajjan Gabir aus. Lat. Ausg. erschien 1529 in Straßburg.

Gersdorff, Hans von (gen. Schilhans)
Feldtbuoch der wundartzney
Straßburg (Schott) 1517
= SBMü 2° Rar. 1457
: Straßburg 1526, 1528, 1530, 1535, 1540, 1542, Ffm 1551 in 2° und in 4°, 1556, 1576, 1598
dass.: Feldbuoch der wundartzney
[Augsburg (Steiner) um 1530]
= HAB 1 Med 2°
: weitere Angaben von Steiner 1532, 1542

Gessner, Konrad siehe Forer

Grüßbeutel, Jacob (Grießbeitel)
Eyn Besonder fast // nu(e)tzlich stym(m)en büchlein mit fi= // guren / welche die stym(m)en an jn selbs // anzeygen / mit silben vnd namen / Jn // welchem die Gesellen / Eehalten / vn(d) // ander alt leut / auch die kinder / weib // vnd man(n) / bald (als in xxiiij stunden // auff das minst) leychtlich moegen ler // nen lesen / Mit eynem gegruend= // ten fast schoenen Benedicte // vnd Gratias zum Tisch // die jungen kinder zuo // lernen / Durch Ja // cob Grueßbeu // tel zuo // Augspurg. //
Augsburg (J. Gutknecht) 1534
= dipl. getreuer NDr. bei Fechner 1882
: zuerst Nürnberg (Kunigund Hergot) 1531
weitere Ausgaben: Nürnberg 1536, 1552, 1591

von Günzburg, Johann Eberlin
Mich wundert das keyn // gelt im landt ist. Eyn schimpflich doch vnschaedlich ge= // spraech dreyer Landtfarer vber ietz gemelten Tittel
Eilenburg (Jakob Stöckel) 1524
= Ludwig Enders (Hg.): Johann Eberlin von Günzburg, Sämtliche Schriften, Bd. 3, Halle 1902.
ders. EIn klaegliche / klag an de(n) christenliche(n) Roe= // mischen Kayser Carolum, // vo(n)= wege(n) Doctor Luthers // vnd Ulrich von Hutten. // Auch von wegen der Curtisane(n) vnd baet= // el münch. Das Kayserliche Majestat si= // ch nit laß sollich leüt verfueren. //
Der erst bu(n)dtsgnoss
o. O., o. Dr., o. J. [Basel 1521]
= L. Enders (Hg.): J. Eberlin von Günzburg, Sämtl. Schrifften, Bd. 1, Halle 1896

Hariot, Thomas (Harriot)
Wunderbarliche / doch Warhafftige // Erklärung / Von der Gelegenheit // vnd Sitten der Wilden in Virginia / welche newlich ... ist erfunden worden / ... Erstlich in Engelländischer Sprach beschrie= // ben durch Thomam Hariot / vnd newlich durch Christ. // P. in Teutsch gebracht. // Jetzt widerumb vbersehen vnd zum andernmal // in Truck gegeben. //

Ffm (Matthes Becker, auf Veranlassung von Dietrich de Brys Witwe und Söhne) 1600 2°
= Kölbl Reprint München 1970 (Expl. der Stabi Augsburg)
: wohl zuerst 1588 in englischer Sprache erschienen dann 1590 in lat.; Ffm. 1590

Herr, Michael
SChachtafelen der // Gesuntheyt // ... Vormals nye gesehen / dem Gemeynen nutz // zuo verstand newlich vßgangen // vnnd verteütscht
Straßburg (H. Schott) 1533
= HAB 43.6 Med 2°
: Facs. Darmstadt 1965. Übersetzung des ›Tacuinum Sanitatis‹, Straßburg 1531. Geht auf Ibn Butlans ›Taqwim as-sihha‹ aus dem 11. Jh. zurück.

Hildenbrandt, Paul (Hg.)
AVRIFERAE ARTIS // Das ist / // Der Goldtkunst: // Die man CHEMIAM nennt / Vhr // a(e)lteste Authores vnd Anfa(e)nger. // Oder: // TVRBA PHILO= // SOPHORVM. // Zum Andern / // Ein vortrefflicher Tractat / deß Hoch= // erleuchten vnd Sinnreichen Philosophi Rogeri Bachonis. Den ich von einem guten Freundt // Teutsch geschrieben bekommen / (welcher zuvor niemals // Teutsch getruckt) Von der warhafftigen Composition // deß Lapidii Philosophorum Theoricè & Physicè gantz // lustiglich beschrieben ... Zu nutz vnd dienst allen waren Kunstliebenden der // Natur / so der Lateinische Sprach vnerfahren / // mit fleiß auffs best zusammen gelesen / // vnd in Truck gegeben: // Durch // Den Edlen vnd Vesten Paulum Hilden= // brandt / von Hildenbrandseck. //
Frankfurt (N. Bassum) 1597
= HAB 115.4 Phys. (3) 8°

Hirschvogel, Augustin
Ein aigentliche vnd grundtliche anweysung in die geometria / sonderlich aber / wie alle Regulierte vnd Vnregulierte Corpora in den grundt gelegt vnd in das Perspecktiff gebracht auch mit jren Linien auffzogen sollen werden ...
o. Dr. Nürnberg 1543
= HAB 17.3 Geom. (1)

Hornschuch, Hieronymus
Ορθοτυπογραφία. // Hoc est: // INSTRVCTIO, // operas typographicas correcturis; // ET // ADMONITIO, // scripta sua in Lucem edituris // Utilis et necessaria. //
Leipzig (Michael Lantzenberger) 1608
= UB Erlangen-Nürnberg Bbl. III, 36
Facs. hrsg. von M. Boghardt, F. A. Janssen u. W. Wilkes im Verlag Renate Raecke, Pinneberg o. J.
: keine weiteren Auflagen. Facs. 1940 (O. Clemen, Schorndorf) und 1972 (P. Gaskell u. P. Bradford, Cambridge).

dass. (dt.): Ορθοτυϖογραφία. // Das ist: // Ein kurtzer Vnderricht / // fuer diejenigen / die gedruckte Werck // corrigieren wollen; // Vnd // Eine erjnnerung fuer die / welche // jhre Schrifften / oder verfertigte Werck // ausgehen lassen / // ... Hiebevor Lateinisch beschrieben von // HIERONYMO Hornschuchen ... Jetzo aber / . . . in Teutsche Sprach gebracht ... durch T. H. L. ... Endlich ist auch mit angehengt ein gruendlicher Bericht / H. D. // Daniel Kramers / wo / wer / wenn vnd wer solche werthe kunst // erfunden. //
Leipzig (Gregor Ritzsch) 1634
= HAB Q 180 Helmst. 8°, ebenfalls facsimiliert von Boghardt u.a. im Verlag R. Raecke, Pinneberg, o. J.
: Übersetzer ist Tobias Heidenreich aus Leipzig. Neben der Orthotypographia und dem (wohl 1611) entstandenen Text von D. Kramer enthält das Werk Schriftproben aus Ritzschens Offizin, mehrere Lobgedichte auf die Buchdruckerkunst, einen ›Extract aus T. Garzonii Piazza‹ und eine Sammlung von Bibelstellen.
2 Ndr. von ›D. H. H.‹ bei Chr. Friedrich Geßner, Leipzig 1739 und o. J.; Facs. Leipzig (O. Harrassowitz) 1940.

Hulsius, Levin (Hulsius, Lievin)
Tractate der mechanischen Instrumente –
Tractat 1: Gründlicher augenscheinlicher Bericht deß newen geometrischen gruntrissenden Instruments, Planimetra gen. ...
Frankfurt (Hulsius) 1604
dass.: Tractat 2: Gründlicher Unterricht deß newen Büchsen Quadrants ...
Frankfurt (Hulsius) 1603
dass.: Tractat 3: Beschreibung und Unterricht deß Jobst Burgi Proportional Circkels ...
Frankfurt (Hulsius) 1604
dass.: Tractat 4: Gründtliche Beschreibung deß diensthafften u. nutzbahrn Instruments Viatorii oder Wegzählers ...
Frankfurt (Hulsius) 1605
= HAB 18. Geom (7)
: alle Bände neu aufgelegt zwischen 1615-1633, vgl.
HAB N61 4° Helmst.

Jckelsamer, Valentin (Jckelschamer, Eggelshaimer u.a.)
Clag ettlicher brieder: an al= // le Christen: von der grossen // vngerechtigkeit vnd Ty // ranney: So Endressen // Bodenstein von Ca // rolstat: yetzo vom // Luther zu wit= // tenberg ge= // schicht. // Valentinus Ickelschamer // zu Rotenburg vff der // Tauber. //
Augsburg (Ph. Ulhart d. Ä.) 1525
= HAB 77.2 Theol. 4° (25)
: andere Ausg. 1525 ? u. Augsburg (M. Ramminger) 1525 vgl. VD 16. Teilabdruck bei Th. M. Vogel: Leben und Verdienste V. Ickelsamers. Leipzig (phil. Diss.) 1894: 17-21
ders. Ein Ernstlich vnd wunder= // lich gesprech zwayer kinder mit // einan-

der. darin(n) angezeigt wirt // der groß ernst den Gott in // der schrift mit den kindern // zu haben beuolhen hat. // ... //
[Bamberg (G. Erlinger) 1525?]
= Teilabdruck in J. Müller 1882 und Th. Moritz Vogel: Leben und Verdienste V. Ickelsamers. Leipzig 1894: 21-23

ders. Die rech= // te weis aufs kuertzist lesen // zu lernen / wie das zum er // sten erfunden / vnd aus der rede // vermerckt worde(n) ist / sampt ein= // em gesprech zweyer kinder / aus // dem wort Gottes. // Valentin // ... Ickelsamer ... //
Erfurt (J. Loersfelt) 1527
= RWa, Facsimile in: Pohl, 1971
dass.: Die rechte weis // auffs kuertzist lesen zu lernen / // wie das zum ersten erfunden / vnnd auß der // rede vermerckt worden ist / Valentin // Jckelsamer / Gemehret mit Silbe(n) figurn // vnd Namen / Sampt dem text des // kleinen Catechismi. // ... Jtem ein Christlich gesprech zwey= // er kinder. //
Marburg (Franciscum Rhodum) 1534
= RWb, diplomatisch getreuer Abdruck in J. Müller 1882 und in H. Fechner 1882 (Staatsbibl. Berlin Yd 7822 8°, nicht mehr auffindbar)

ders. Ein[e] Teütsche // Grammatica // Darausz einer vo(n) jm selbs // mag lesen lernen / mit allem dem / ſo [!] // zuom Teutsche(n) lesen un(d) desselben // Orthographia mangel vnd // überfluß / auch anderm // vil mehr / zu(o) wis- / sen gehoert. //
Auch etwas von der rechte(n) // art vnnd Etymologia der Teütschen // sprach vn(d) woerter in jre silben // theylen / vnd zuosamen // Buochstaben // soll.
[Nürnberg (o. Dr.) 1534] 8°
= TGa 1, dipl. getreuer NDr. in Fechner 1882
dass.: Ain Teütsche // Grammatica / Darauß ainer von jm selbs // mag lesen lernen / mit allem dem / so // zuom Teutsche(n) lesen vn(d) desselben // Orthographia mangel vnd // überfluß / auch anderm / vil mehr / zuo wis= // sen gehoert. // Auch etwas von der rechten art vnd // Etymologia der teütschen sprach vnd // woerter / vnd wie man die Teüt= // schen woerter in jre silben // taylen / vnd zuosamen // Buochstaben // soll. //
Valentinus Ickelsamer. //
[Augsburg (Ph. Ulhart d. Ä.) 1535?] 8°
= TGa 2; Facsimilé in Pohl 1971
dass.: Teutsche // Grammatica // Darauß ainer von jm selbs mag // lesen lernen / mit allem dem / so zum // Teütschen lesen vnnd desselben // Orthographian mangel vn(d) // überfluß / auch anderm // vil mehr / zuo wis= // sen gehoert. // Auch ettwas von der rechten art // vnd Etymologia der teütschen sprach // vnd woerter / vnnd wie man die // Teütschen woerter in jre sil= // ben taylen / vnd zuosa= // men Buochsta= // ben soll. //
[Augsburg (Ph. Ulhart d. Ä.) 1532]
= TGb; HAB 101.24 Rhet. (3) 8°
: Dieses Expl. transkribiert Müller 1882. Anderer Abdruck bei Kohler:

V. Jckelsamers Teutsche Grammatica, Freiburg/Tübingen 1881. Diese Ausg. ist die editio princeps. Vgl. Giesecke: Sinnenwandel, Sprachwandel, Kulturwandel. Ffm. 1992

dass.: Teutsche // Grammatica. // Darauß einer von jm selbs // mag lesen lerne(n) / mit allem dem / so zum // Teutschen lesen vnd desselben Or= // thographiam mangel vn(d) v= // berflus ... // zu wys= // sen gehoert. // Auch etwas von der rechte(n) // art vn(d) Etymologia der Teutsche(n) sprach // vnd woerter / vnd wie man die Teut- // schen woerter in ire silben theylen // vn(d) zusamen buochstaben soll. //
Nürnberg (J. Petreius) 1537
= TGc; HAB 525.1 Quodl. (2) 8° und P 928 Helmst. 8°
: kein Nachdruck, weiteres Expl. in Göttingen

ders. (Hg.) Trostu(n)g ains // der vnder dem Crütz Christi // steet / Das er den Thot : Teufel / vnd hell nit soll fürchten // / Zuo dienst Valentin // Jckelsamer aufgeschriben. Caspar Schwenckfeld
o.O., o.Dr. [um 1530]
= HAB XJ 14. 8° Helmst. (4)
: Mit einem Vorwort von Ickelsamer herausgegeben. Spätere Ausg. enthalten noch »Ain Trostbuechlin« Ickelsamers.
Vgl. Corpus Schwenckfeldianorum, V, 1916: 809-829.

Jordan, Petrus

Leyenschuol // WJe man Kuenst=lich // vnd behend / schreyben vnnd // lesen soll lernen. Darneben // auch eyn vntherricht / wie die vngele // rigen koepff / so eyns grobe(n) verstands // seyn / on buochstaben. / durch figu= // ren vn(d) Caracteren / so jnen // selbst anmuotig / aller= // ley zur noturfft // an zu schrey // ben vnd zu lesen / sollen vnder= // weyßt werden.
Mainz (P. Jordan) 1533
= diplomatisch getreuer Abdruck bei J. Müller 1882 (gekürzt) und Fechner 1882.

Koebel, Jakob

Eyn Neüw Reche(n)büch= // lein. Vff den Linien vn(d) Spacie(n) / Mit den. // Rechenpfenninge(n): Ytzo: zuo des Zwey // ten male / Mit viln Zuosetzen / guoten // Leren / vnnd Exempeln / Zuo // Oppenheym Geordent // Vnd Getrückt..
Oppenheym o. Dr. [(J. Köbel)] o. J. [1517]
= SB Mü 4° Math. P. 175 x
: zuerst: Oppenheim 1514; 1518; Augsburg 1514, 1516, 1520 u. weitere Ausg.

dass.: REchnen vnd Visi= // eren / so verstendtlich vnnd leicht fürgeben / // das ein ieder hierauß von sich // selb wol zulernen. // ...
Mit vil schoenen Exempeln der Mathema= // tic vnd Astronomei gemehrt // vnnd gebessert
Frankfurt (Chr. Egenolf) 1532
= HAB 101.24 Rhet. (6) 8°
: viele Ausgaben vgl. Benzing: J. Köbel. Bibliographie seiner Drucke u. Schriften. Wiesbaden 1962

ders. Geometrei. // Von kuenstlichem Feld= // messen / vnd absehen / Allerhandt Hoehe / // Fleche / Ebne / Weitte vnd Breite: ... Mit fast wercklich // vnnd kuenstlich zuobereytem Jacob Stab / Philosophischen // Spiegel / Schatten / vnd Meßruoten / Durch schoene // Figurn / vnd Exempel ...
Frankfurt (Egenolff Erben) 1570
= HAB QuN 285 (2) Helmst. 8°

Kolroß, Johannes
ENchiridion: // das ist // Handbuechlin // tütscher Orthographi / hàchtütsche // spraoch artlich zeschryben / vnd laesen / sampt ey= // nem Registerlin über die gantze Bibel / wie // man die Allegationes vnd Concordantias / so // im Nüwen Testament naeben dem text / // vnnd sunst mit halben Latinschen // worten verzeychnet. Ouch // wie man die Cifer vnd // tüdtsche zaal // verston soll. // Durch Joannem Kolroß / tüdtsch // Leermeystern zuo Basel. //
Basel (Th. Wolff) 1530
= HAB 101.24 Rhet. 8°
: die ADB nennt noch Ausgaben von 1534 und 1564; zuerst Nürnberg (Friedr. Peypus) 1529; Müller (1882 : 64-91) druckt Teile ab.

Konrad von Megenberg (Cuonrad von M., Megenberger)
buoch der natur (ohne Titel)
Augsburg (Bämler) 1478
= HAB Na 4° 34
dass.: Augsburg (Schönsperger) 1499: zuerst Augsburg (Bämler) 1475,2°
UB Augsburg 2° Ink 351
= HAB 45.1 Phys. 2°
: WA von Franz Pfeiffer (Stuttgart 1861) nach Hs aus dem 14. Jh.

Kramer, Daniel
vgl.: Hornschuch: Orthotypographia (dt.)

Lerius, Johan (Burgundus) [Jean de Léry]:
Schiffahrt in // BRASILIEN in AME= // rica, darinn deß Autoris Reyß / auch viel frembde Thier // vnd Gewaechs / den vnseren gantz vnbekandt / be= // schrieben werden: // Durch Iohannem Lerium Burgundum; ... Mit kuenstlichen Figuren gezieret / vnd von newem // an Tag geben // Durch Diederich Bry
Frankfurt (M. Becker) 1593
= Facs. Kölbl, München 1970
: oftmals eingebunden in Joh. Stadens ›Historia der Schiffahrt in Brasilien‹ (vgl. dort).
dass. (franz.): Histoire d'un voyage faict en la terre du Brésil, autrement dite Amérique ... Rev., corr. et bien, augm. en ceste 2. éd. tant de fig., qu'autres choses notables sur le sujet de l'auteur.
Genf (Chuppin) 1580
= HAB Gx 218 8°

Libavius, Andreas (Libau, Andreas)
D. O. M. A. / ALCHEMIA // ANDRAE LI= // BAVII ... // operae // E DISPERSIS PASSIM OPTIMORVM AUTO- // rum, veterum & recentium ...
Frankfurt (J. Saur) 1597
= Mü Stabi 4° Alch 45
: 2. Auflage 1606 Frankfurt: Alchymia
dt. Übersetzung.: Die Alchemie des Andreas Libavius – Ein Lehrbuch der Chemie aus dem Jahre 1597
Zum ersten Mal in deutscher Übersetzung mit einem Bild und Kommentarteil hrsg. vom Gmelin-Institut für anorganische Chemie und Grenzgebiete in der Max-Planck-Gesellschaft zur Förderung der Wissenschaften in Verbindung mit der Gesellschaft deutscher Chemiker, Weinheim 1964

ders. (Hg.): Alchymistische Practic: // Das ist / von kuenstlicher Zuberey= // tung der vornembsten Chymischen Medicinen : // In zweyen Tractaetlein klaerlich entdecket: // Deren das Erste / // von destillirten Wassern / Öhlen / Saltzen / Extra= // cten / quintis essentiis, aquis vitae ... von einem vnbekand= // ten Artisten / auß eigner Erfahrung / bester form / auffs fleissigst // vnd trewlichst beschrieben: Das Ander / // vom Lapide Philosophorum: Wie derselbe kuenstlich soll ge= // macht werden:ohn figuerliche vnd Parabolische reden / eigentlich vnnd deut= // lich also gelehret ... corrigieret,vnnd erklaeret durch Andream Libavium ...
Frankfurt (J. Saurn für P. Korpffen) 1603
= Mü Stabi 4° Res. Alch .46
: 1604 von L. Doldius in lateinische Sprache übersetzt

Loniczer, Adam (Lonicer, Lonitzer)
Kreuterbuoch / New zugericht // Von allerhand Baeumen / Stauden / Hecken // Kreutern / Früchten / vnnd Gewürtzen / Eygentlicher beschreibung // der Gestalt / vnderscheyd der Geschlecht, vnnd leblicher abcon= // terfaytung / sampt jrem natürlichen Gebrauch / Krafft vnd Wirckung ...
Auch Distillierens Bereytschafft vnd Bericht ...
Item der fürnembsten Gethier / Voegel vnd Fische / Metal= // len Edelgesteinen / gebreuchlichen Gummi ...beschreibung vnd nutzung.
Frankfurt (Egenolf Erben) 1557
= HAB 38.1 Med. 2°
: Nissen 1227. Weitere (mehr oder weniger veränderte) Aufl.: Ffm 1560, 1564, 1569, 1573, 1577, 1578, 1582, 1587, 1593, 1598, 1604, 1609, 1616, 1630, 1650; Ulm 1674, 1679, 1713, 1737, 1765, 1770; Augsburg 1783 (vgl. Nissen 1228)

Luther, Martin
Von der Freyheyt // eynisz Christen // menschen.
Wittenberg (Joh. Grüninger) 1520 4°
= WA, Bd. 7, 1897: 20-38
: mindestens 19 hoch- und eine niederdeutsche Ausgabe bis 1563

ders. An den Christlichen Adel // deutscher Nation: von des // Christlichen standes // besserung

[Wittenberg (M. Lotter) 1520] 4°
= WA, Bd. 6, 1888: 404-469
: mindestens 15 hoch- und eine niederdeutsche Ausgabe im 16. Jh.; 2 italienische Übers.: 1533 und 1553.

ders. De Captivitate // Babylonica // Ecclesiae, // Praeludium Martini // Lutheri. // Vuittembergae
Wittenberg (M. Lotter) 1520 4°
= WA, Bd. 6, 1888: 497-573
: mindestens 7 lat. und 5 dt. Ausgaben, zuerst Straßburg 1521 (?) in einer von Luther nicht autorisierten Übersetzung.

ders. An die Radtherrren al= // er Stette teutsches lands // Das sy Christliche schuo // len auffrichten vnd // hallten sol= // len. // Martinus Luther. // Wittenberg //
Augsburg (Ph. Ulhart d. Ä.) 1524
= SBMü Res 4° Th.U. 103 XXII, 18
: Benz. Luth. 1883. Vgl. eine andere Ausgabe in WA, Bd. 15, 1889: 27-53. Mindestens 11 deutsche und 3 lateinische Ausg. im 16. Jh.

Maaler, Josua (d. Ä.)
Die Teütsch spraach. // Alle woerter / namen / vn(d) // arten zuo reden in Hochteütscher spraach / dem // ABC nach ordentlich gestellt / vnnd mit guotem // Latein gantz fleissig vnnd eigentlich vertol= // metscht / dergleychen bißhaer // nie gesaehen // / ... Dictionarivm Germanicolatinvm Novvm.
Zürich (Chr. Froschauer) 1561 2°
: Facs. Documenta Linguistica, Quellen zur Gesch. d. dt. Sprache des 15. bis 20. Js.; Reihe I: Wörterbücher des 15. u. 16. Jhs., hrsg. von Gilbert de Smet, Hildesheim / New York (Olms) 1971

Mathesius, Johann
Sarepta // Oder // Bergpostill // Sampt der Joachimßthali= // schen kurtzen Chroniken. //
Nürnberg (vom Berg & Neuber) 1562
= HAB Th 4° 38
: weitere Ausgaben: Nürnberg 1564, 1571, 1587; Freiburg 1679

Matthiolius, Petrus Andreas (Mattioli, Pietro Andrea; Mathiolus)
New Kreüterbuch // mit den allerschoensten vnd artlich= // sten Figuren aller Gewechsz / dergleichen vor= // mals in keiner sprach nie an tag kommen // ... Erstlich in Latein // gestellt. Folgendts durch Georgium Handsch / der // Artzney Doctorem verdeutscht / vnnd endtlich // zu gemeinsem nutz vnd wolfart Deut= // scher Nation in druck // verfertigt
Prag (Georg Melantrich von Aventin) 1563 2°
= HAB Mf 2° 8
: weitere Ausgaben: Frankfurt 1598, 1626,

ders. Petri Andreae // Matthioli // Medici Caesarei // Et Ferdinandi // Archiducis Austriae, // Opera // quae extant omnia: // Hoc Est, // Commentarij in VI. libros Pedacij Dioscoridis // Anazzarbei de Medica

materia: // Adiectis in margine variis Codicibus desumptis, qui Dioscoridis de – // prauatam lectionem restituunt: // Nunc à // CASPARO BAVAINO D. BOTANICO // ET ANATOMICO BASILIENSI ORDINARIO, // Post diuersam editionum collationem infinitis locis aucti: // ... DE RATIONE DISTILLANDI AQVAS EX OMNIBUS // plantis ... // APOLOGIA IN AMATVM LVSITANVM ...
Frankfurt (N. Bassum) 1598 2°
= HAB Alvensleben Na4 (1.2)
: zuerst Basel 1565, Frankfurt 1586, nach: Robert James Forbes: A Short History of the Art of Distillation, Leiden 1970: 384, 417 (zuerst 1948)

Megenberg siehe Konrad von Megenberg

Montanus, Elias (Hg.):
Bergwerckschatz // das ist // Außführlicher vnd vollkomener Bericht von Bergwercken // nach der Ruten / vnd Witterung Kuonstlich zu bawen ...
Frankfurt (Anton Hummen) 1618
= HAB 43.8 Phys. 8°; s.a. BML 1033
: ähnlich: »Ein Büchlein von dem Bergwerck Ädes Nicolas Soleas ... Itz durch Eliam Montanum ... Erstlich an Tag geben«, Zerbst 1600 8°; auch als 2. Teil des »Letzten Testaments« des Basilius Valentinus ediert. Vgl. J. R. Partington: A History of Chemistry, Vol. 2, London usw. 1961: 189/90

le Moyne, Jacob (Morges)
Wahrhaftige Abconterfaytung der // Wilden in America / so daselbst erstlichen lebendiger // weise abgerissen / von Jacob le Moyne ... Jetzt aber ... an Tag // gegeben / durch Dietrich de Bry.
Frankfurt (Wolfgang Richter für de Brys Erben) 1603
= Stabi Augsburg (Kölbl-Reprint, München 1970)

Münster, Sebastian
Mappa Europae, Eygentlich fürgebildet, außgelegt und beschriben. Von aller Land und Sett (sic!) ankunfft, Gelegenheit, sitten, ietziger Handtierung unnd Wesen. Wie weit ein statt von der andern gelegen, auch stett und Länder Europe so in diser Mappa oder Tafel ... mit verzeychnet, leichtlich zu finden ...
Frankfurt (Egenolff) 1536
= HAB N 97 4° Helmst. (11)

ders. Cosmographei. Mappa Evropae ... Vonn aller land vnd stett ankunft ...
Frankfurt (Chr. Egenolff) 1537
= HAB 236.1 Quodl. 4°

Morienus Romanus vgl. Th. C. August

Murner, Thomas

Instituten ein // waren vrsprung vnnd // fundament des Keyserlichen rechtens / von // dem hochgelerten herren Thoma(s) Murner // der heiligen geschrifft Doctor / beyder rechte(n) // Licentiaten / verdütschet / vnd vff der // hohen schuol Basel in syner orden(=) // lichen lectur.offenlich mit de(m) // latin verglichet.« ... [Privileg auf 10 Jahre]
Basel (Adam Petri) 8.04.1519
= SBMü 4° J. rom. c. 155

ders. Von Doctor // Martinus luters // leren vnd predigen. Das sie // argwenig seint / vnd nit gentz // lich glaubwirdig zuo halten ...
Straßburg (o. Dr.) 1520
= Pfeiffer-Belli (Hg.): Th. Murner, Kl. Schriften, 1. Theil, Berlin / Leipzig 1927

ders. Ein christliche // vnd brüderli= // che ermanung zuo dem hoch // gelerten doctor Martino lu= // ter Augustiner orde(n) zuo Wit // temburg(Dz er etliche(n) re // den von dem newen testa // ment der heiligen messen // gethon) abstande / vn(d) // wider mit gemeiner // christenheit sich // vereinige.
Straßburg (o. Dr.) 1521
= SBMü 4° Res Polem 2148 h(1), vgl. a.: Wolfgang Pfeiffer-Belli (Hg.): Thomas Murner-Kl. Schriften. 1. Theil, Berlin / Leipzig 1927 (= Bd. 6 der »Kritischen Gesamtausgaben Elsässischer Schriftsteller des Mittelalters und der Reformationszeit«, hrsg. v. Franz Schultz)

Nebrija, Antonio de (Nebrissensis, Antonius)

Grammática de la lengua castellana
Salamanca (o. Dr.) 1492
: Facs. hrsg. v. P. Galindo Romeo u. L. Ortiz Munoz, Madrid 1946

Ortolf von Bayrland (Ortolff von Bayerland)

Arzneipuch
Nürnberg (Koburger) 1477,
= HAB 36.4 Med 2°
: HAIN 12112; Sudhoff 1908,22. Über 100 Hs. nachweisbar, älteste aus dem 14. Jahrhundert (StA Köln Cod. W. 4° 24). Weitere Drucke Augsburg 1478, 1479, 1482, Lübeck 1484, Augsburg 1488 in 4°
dass.: Arzneipuch
Augsburg (Zainer) vor 1500
= HAB 43.11 Med.
dass.: niederdt.
Lübeck (Ghotan) 1484,
= HAB 21.3 Med 2° u. MF 142

Pantaleon, Heinrich

[Der Erste Theil //]
Teutscher Na // tion Warhafften Helden: Inn diesem // werden alle Hochberümpten Teutschen Personen / ... wahrhafftig beschrieben / ...
Basel (L. Ostein) 1575

= SBMü 2° Biogr. C 62,1

ders. [Der ander Theil //]
Teutscher Na= // tion Heldenbuch: Inn diesem werden // ...
Basel (Nic. Brylingers Erben) 1568
= SBMü 2° Biogr. C 65,2
: weitere Ausgabe 1578

Paracelsus (Theophrastus Bombastus von Hohenheim)
Aphorismorvm ALIQVOT Hippocratis genuinus sensus & vera interpretatio.
Das ist // Eygendtlicher verstandt / vn(d) warhafftige gegruendte erklerung / vber etliche kurtze haupt sprüch Hippocratis / als nemlich vber alle XXV. Aphorismos primae sectionis, vnd vber die ersten VI Aphorismos secundae Sectonis. Neben dreyen hochnützlichen tractaten / von sonderlicher verborgner kraft.
Augsburg (Franck) [ca. 1560-70]
= HAB 113.1 Phys. (5) 8°

ders. DEr grossenn Wundartzney / // das Erst Buoch. / Des Ergründten // vnd bewerten / der bayden artzney / Doctors Paracelsi / vo(n) // allen wunden / stich / schüß / bränd / thierbiß / baynbruch / vnd // alles was die wundartzney begreifft / ...
Augsburg (H. Steiner) 1536
= SBMü 2° H misc 21 (3)
dass.: OPVS CHYRVRGICVM. // Des Weitberumb= // ten Hochgelehrten // vnd Erfarnen Aurevli Theophrasti // Paracelsi Medici / etc. Wund vnd ArtzneyBuch. ... Mit vielen schönen und lustigen vnd zu diesem werck // notwendigen Figuren. // ... zu nutz vnd // wolfart gemeiner Teutscher Nation / in Truck geben / // Durch Adamum von Bodenstein.
Frankfurt (Feyerabend/Hüter) 1556
= HAB 36.5 Med 2°

Petrarca, Francesco
Von der Artzney bayder Glück / des guoten vnd widerwertigen. Vnnd wesz sich ain yeder inn Ge- // lück vnd vnglück halten sol. Ausz dem Lateinischen in das Teütsch gezogen. Mit künstliche fyguren durch- // ausz, gantz lustig vnd schön gezyret.
Augsburg (Heynrich Steiner) 1532
: Der erste Teil ist von Peter Stahel, der zweite von Georg Spalatien übersetzt.
dass.: Augsburg (H. Steiner) 1539
= SBMü Res 2° Ph p 27m
dass. (lat.): Basel (H. Petri) 1554 2°
= Facs. der Gregg Press. Farnborough, England
: weitere Ausg. Lugduni 1577, Bern 1595
Eine italienische Übersetzung von R. Nannini erschien 1549 in Venedig.

Porta, Johann Baptist [Della Porta, Giovanni Battista]
Magia naturalis, sive De miraculis rerum naturalium libri 4 ...
Antwerpen (Plantin) 1561
dass. (dt.): Natuerliche MAGIA, // Das ist // Ein auszfuerli= // cher vnd gruendtlicher Be= // richt von den Wunderwercken // Natuerlicher Dinge / in vier // Buecher abgetheilet // Erstlich von // Joanne Baptista Porta. // einem Neapolitaner / in Lateinischer // Sprache beschrieben / // Nun aber durch einen besondern Liebha= // ber der Philosophiae. In vnser Hochteutsche // Sprach verbracht / ...
Magdeburg (M. Rauscher) 1612
= HAB 115.2 Phys. 8°
: ital. Venedig (Aranzo) 1562, frz. Paris (de Roigny) 1570

Putherbeus, Gabriel (Puyerbault; Putherbeius; Dupuyherbault; Du Puyherbault)
Gabrielis Putherbei Turonici professione Fontrebraldaei Theotismus, sive De tollendis et expungendis malis libris, iis praecipue, quos vix incolumi fide ac pietate plerique legere queant, Libri Tres
Paris (Johannes Roigny) 1549
: [Paris BN, Katalogbd. 45, Sp. 462]
dass. (dt.): TRACTAT // Herrn Gabriel Puther= // beien von Thuron / . // Von verbot vnnd auffhebung // deren Bücher und Schriften / so in ge= // main one nachtheil vnnd verletzung des gewissens / auch der frumb und erbar= // keit / nit mögen gelesen oder behalten werden
München (Adam Berg) 1581
= SBMü 8° Mor. 764,1
: übersetzt von ›Johan Baptista Fickler, der Rechten Doctor etc., Fürstlicher Saltzburgischer Rat‹, S. 9.

Ramus, Petrus (Pierre de la Ramée)
Institutionum dialecticarum libri 3
Basel (Episcopius) 1554
= HAB 3.15.4 Log 8° (Facs. 1964)
ders. Dialecticae Libri 2.
Lutetiae (Wechel) 1572
= HAB 3.15. Log 8°
: zahlreiche ergänzte, verkürzte und kommentierte Auflagen
dass.: Dialecticae P. Rami / omnium postremo editae, libri 2, praelectionum & repetitionum quaestionibus ill. Auctore Freeterico Beurhusio
Köln (Mat. Cholinus) 1587
= HAB 8 Log. (2) 8°
dass. (dt.): »P. RAMI // DIALECTICA // verdeutscht / vnd mehrers teils // mit Biblischen Exempeln / wie // auch mit etlichen Anzeigung= // gen erklert. // Zu dem Ende / das die // anbefohlene Jugend / so wol in // vergleichung der sprachen / als in // der rechten / dieser Kunst / erkendtnis / vnd // weitleuffigem lieblichem Gebrauche desto // fleissiger vnterrichtet vnnd // geuebet werde. // Durch // FRIEDRICH // BEVRHVSIVM ME- // nertzhagensem der Dortmundischen // schulen Rectorn. //

Erfurt (Riswick) 1587
= HAB Wf. 422 Quodl. (1) 8°

Reformation

REFORMATION // Oder // ERnewerte Ordtnung // der Statt Franckfurt am Mayn / die // Pflege der Gesundheit betreffent . . .
beigebunden VALOR SIVE // TAXATIO // MEDICAMENTO- // RVM . . .
Tax vnd Werth aller de= // ren Artzneyen . . . welche in den Apo= // thecken zu Franckfurt anzutreffen vnd zufinden sind
Ffm (Joh. Biringer) 1612
= HAB 34.3 Med. 4° (7)
: Der Wolfenbütteler Sbd. enthält noch weitere ›Politica Medica‹ und andere Verordnungen über das Messen, Bierbrauen u. ä.

(Regimen sanitatis dt.)

Incipit: Hie nach volgt ein nüczlich regime(n)t / wer sich darnach // haltet / der mag sein leben lang in gesuntheit behalten // (J)ob der heylig weissag . . .
[2v] dis nach // geschriben lese / die man haissen mag vnd ne(n)nen Regi // men sanitatis / ze teütsch Das buechlin vo(n) der ordnu(n)g // der gesuntheyt
Augsburg (Bämler) 23.04.1472
= HAB 151.2 Quodl. 2°
: HAIN 10005; Klebs 828.1; Sudhoff 1908 (10). Sudhoff listet 10 Ausgaben dieses Textes zwischen 1472 und 1495 auf.
Sarton (1938 : 189) nennt 75 Inkunabelausgaben in verschiedenen Sprachen. Das verwendete Expl. ist Teil eines Sammelbandes von Bämler.

Reinhold, Erasmus d. J.

Gruendlicher vnd Wa= // rer Bericht. // Vom Feldmessen / // Sampt allem / was dem // anhengig. // Darin alle die jrthumb / so bisz daher // im Messen furgeloffen / entdeckt // werden. // Desgleichen / // Vom Marscheiden / // kurtzer vnd gruendlicher // vnterricht.
[Erfurt (Baumann)] 1574
= HAB 14.2 Geom. 4°, s.a. SB Mü 4 Math p 295
dass. Gruendtlicher Bericht // VOm Feldtmessen / // . . . Jetzunder zum andermal in Truck verfertiget / vnd an vielen // Orten verbessert / Durch // Erasmum Reinholden . . .
Frankfurt (Joh. B(i)ringern) 1615
= SBMü 4° Math. p. 296

Reisch, Gregor

Margarita philosophica // cu(m) additionibus nouis: ab auctore suo // studiosissima reuisio(n)e tertio supadditis.
Basel (M. Furter/Joh. Schott) 1508
= SBMü 4° Ph.U. 118
: zuerst Freiburg 1503; 2 Ausg. Straßburg 1504; Straßburg 1512, 1515, 1517, 1535, 1583

Riese, Adam

Rechenung nach der // lenge / auff den Linihen // vnd Feder. // Darzu forteil vnd behendigkeit durch die Proportio= // nes / Practica genant / Mit gruentlichem // vnterricht des visierens.
Leipzig (J. Berwalt) 1550
= Facs. Hildesheim (Gerstenberg) 1976
(vgl. a. HAB: 3.2 Arithm. (2))
: zuerst Frankfurt / M. 1525, weitere Aufl. Leipzig 1544, Erfurt 1531

Rodler, Hieronymus

Eyn schoen nuetzlich buechlin vnd // vnderweisung der kunst des Messens / mit dem Zirc= // kel / Richtscheidt oder Linial. Zu nutz allen Kunstliebhabern ... auch allen denen / so sich der Kunst des Augenmeß (Per // spectiva zuo latin gnant) zugebrauchen lust haben. Darin(n) man // auch solche Kunst leichter / dan(n) auß etzlichen hieuorgetruck= // ten buechern / begreiffen vn(d) lernen mag / mit vil schoe= // nen darzuo dienenden figuren.
Simmern (H. Rodler) 1531
= Facs. mit einer Einführung von Trude Aldrian, Graz 1970 (Akad. Druck- und Verlagsanstalt)
: Nachdruck 1546 bei Jacob Cyrianus in Ffm

Roeszlin, Eucharius (Rößlin, Roesslin, Rhodion)

Kreuterbuoch / Von natür= // lichem Nutz / vnd gründtlichem Gebrauch // der Kreutter / Baeum / Gesteud / vnnd Früchten / für= // nemlich Teutscher Lande. . . .
Distilliern Bereydtschafft / vnd Bericht / Kost= // barliche Wasser zubrennen / abziehen / halten vnd zugebrauchen.
Frankfurt (Chr. Egenolf) o. J. [1542]
= HAB 24.3 Phys. (1) 2°
: Vgl. Nissen 1669. Erste Auflage Frankfurt 1533, weitere Aufl. Ffm. 1535, 1550, 1557, 1560, 1569, 1577. Zusammenstellung aus dem Hortus Sanitatis J. Wonneckes von Kaub und Brunschwygks Distillierbuch von 1500.

Roritzer, Matthäus

o. T. (Visierbüchlein) incipit: Von der fysier wye ein yder vnter(=) // richt mag werden das er dy fisier(=) // ruten mag machen yn alle landt.
[Regensburg (Roritzer)] 1485
: sog. Zwölfblattausgabe; Klebs 1042/1

ders. Das büchlin von der Fialen Gerechtigkeit
Regensburg (Roritzer) 28. 6. 1486 4°
= Facs. hg. v. F. Geldner, Wiesbaden 1965; Stabi Nürnberg 3 am Math 484, 4°

ders. Geometria DEUTSCH
Regensburg (Roritzer) ca. 1487 / 88 4°
= Facs., hg. v. F. Geldner, Wiesbaden 1965; SBMü 4° Inc. s.a. 857d

Rudolff, Christoph
Behend vnnd hubsch Rechnung durch die kunstreichen regeln Algebre so gemeinicklich die Coss genennt werden ...
Straßburg (Jung) 1525
= HAB Nb 443 8°

ders. Exempel Buechlin // Rechnung belangend, dar= // bey / ein nutzliche Instruction / woelli= // cher gestaldt die vergleychnus / der Elnmaß // durch den Zirckel ... seyne(n) // schuelern zuo sonderer uebun(n)g // auch allen Handthie= // rungen personen // zuo nutz vnd guo= // tem ver= // fertigt.
Augsburg (Stayner) 1530
= HAB 101.24 Rhet. (6) 8°

Rueff, Jacob [Ruof, Jakob]
Hebammen Buch / // Daraus man alle / Heimligkeit desz // Weiblichen Geschlechts erlehrnen / welcher= // ley gestalt der Mensch in Mutter Leib empfangen . . .
Jetzundt aber von newem gebessert ... Sampt einem nuetzlichen Anhang / von Cur vnd Pflegung der newgebornen Kindtlein.
Frankfurt (S. Feyerabend) 1563
= Kölbl-Reprint, Grünwald b. München 1964
: Feyerabends Vorrede endet mit dem Datum: 12. März 1580. Expl. aber nicht identisch mit der Ausg. Ffm 1580, vgl. z. B. HAB 218. 9 Quodl. (7). 8°.

Rumpoldt, Marx
M. Marxen Rumpolt Churf. Meintzischer Mundkochs neuwes Kochbuch / das ist / gruendtliche Beschreibung / wie man nicht allein von vier fuessigen / heymischen vnnd wilden Thieren / sondern auch von mancherley voegeln ... allerley Speisz / auff Teutsche / Vngerische / Hispanische / Italianische vnd Frantzoesische Weisz zubereyten soll...
Frankfurt (Feyerabend) 1581
= HAB 2.3 Occ 2°
: nochmals 1586

Ryff, Walter (Gualther Hermenius Rivius; Ruff, Reiff, Riff)
[Anatomie] DEs aller fürtreff= // lichsten / hoechsten vnnd adelich= // sten gschoepffs ... warhafftige beschreibung oder Anatomie
Straßburg (Balt. Beck) 1541
= SBMü 2 H misc. 21 (2)

ders. Das New groß Distillier // Buoch / Wolgegründter künstlicher Distillation. // ...
Vnderweisung vnd bericht / die fürnembste Distil= // lierten Wasser / ... so zu vilfaltigen // kranckheyten ... fast nützlich gebraucht // werden moegen / ... Von Kreuttern / Bluomen / Wurtzlen / Früch= // ten / Gethier vnnd anderen stucken / darinn natuerliche // feuchte vnd Elementische krafft ... Künstlich abzuziehen oder Separieren.
Frankfurt (Chr. Egenolff) 1545

= HAB 24.3 Phys. 2° (2)
: Benz. Ryff 152

ders. Vitruuius // Teutsch. // Nemlichen des aller namhaffigi= // sten vn(d) hocherfarnesten / Roemischen Architecti / vnd Kunst= // reichen Werck oder Bawmeisters / Marci Vitruuij Pollionis / Zehen Bue= // cher von der Architectur ... Alles mit schoenen kuenstlichen Figuren ... vnd sonderlichen Commentarien zu mererem // bericht vnd besserem verstand ... erkleret ...
Nürnberg (J. Petreius) 1548
= UB Marburg IV b A 334[a] (Ri) 29653 (Facs. Olms, Hildesheim/New York 1973)
: Vgl. a. HAB N 114 Helmst. 2°, Nachdrucke Basel 1575 (= HAB Lh 4° 201) und 1614; Benz. Ryff 185

ders. Der Architectür für // nembsten / notwendigsten / angehoerigen // Mathematischen vnd Mechanischen kuenst / eygentlicher bericht / ... zu rechtem verstandt der lehr Vi= // truuij / in drey fuerneme Buecher abgetheilet. Als // Der newen Perspectiua das. I. Buch. // ... Weiteren inhalt des II. vnd III. Buchs der Geometrischen Buexenmeisterey / vnd // Geometrischen Messung ... alles mit schoenen Figuren fuer augen gestellet.
Nürnberg (Gabriel Heyn) 1558 2°
= HAB N 115 Helmst. 2°
: zuerst Nürnberg 1547 (= HAB 30.4 Geom. 2°)

ders. Practicirbuech= // lin bewerter Leibartzney / In // allen Kranckheyten / vnnd Leibs gebraechen. // Erneuwert und gebessert von // H. Walther Ryffen.
Frankfurt (Lonicer) 1574
= HAB 99 Med. (1) 8°

Schedel, Hartmann
o.T. [Weltchronik]
Nürnberg (A. Koberger) 1493 2°
= Reprint Kölbl-Verlag, Grünwald 1975
: beginnt mit ›REgister Des buchs‹.

Schenck, Johann Andreas
Anatomia, // Das ist: // SJnnreiche künstliche / be= // gründte Auffschneidung / Theilung / vnnd Zerle= // gung eines vollkom(m)enen Menschlichen Leibs vnd Coerpers / ... so wol mit // eygendtlicher Beschreibung erklaeret / als mit lebendigen Contra= // facturen fuergebildet. // ... Erstlichen // Durch den Hochgelehrten / Realdum Columbum Cremonensem // ... in Latein begriffen ... Anjetzo aber ... vermehrt: Zumal in die Teutsche Zung vnd Spraach vbersetzt. // Mit angefuogter Analogischer Zugaab ...
Frankfurt (Math. Becker für Th. de Brys Witwe und Söhne) 1609
= HAB 38.9 Phys. 4°
: angekündigt als Übersetzung von: »De Re anatomica, libri 15« des Realdus Columbus (lat. Aussg. Venedig 1559, Paris 1572; Ffm 1590 und 1593); enthält aber auch Teile der »Gr. Wundarznei« des Paracelsus.

Schmid, Wolfgang:

Das erst buch der // Geometria. // Ein kurtze vnterweisung / was / vn(d) warauff // Geometria gegruendet sey / vnd wie man nach anweysung der selben / mit dem Circkel vnd Richtscheydt / // allerley Lini / Flech vnd Coerper außtheylen / vnd / in fuer= // gegebner proportion / machen soll. . . .
o.O. o.Dr., o.J. [Nürnberg (J. Petreius) 1539]
= HAB NB 123 8°

Schrick, Michael (Puff von Schri[e]ck)

[Von allen (aus)geprenten wassern]
o. T., incipit: Hje nach volget ein . . .
Augsburg (Bämler) 1477
= BM IB 5686 4°
: zuerst Augsburg 1476 (Stabi Augsburg 2° Ink 383), danach mindestens 46 separate Ausgaben bis 1530; vgl. Klebs 895.1 ff. und Sudhoff 148 ff.
dass.: Von usz gebrennten Wassern. // Ein guots nützlichs buochlyn. In wölcher maß // man die zuo den glydern nützen vnd bruche(n) soll / als dann meyster Michel Schrick doctor // der artzney die de(n) mensche(n) beschribe(n) hat.
Straßburg (Knobloch) 1519
= HAB N 96.4 Helmst. (6) 4°

Seitz, Alexander

Menschlichs le- // bens art vnd vrsprung / vnd wie man daß // befristen soll durch die wilbaeder / beuor zuo // Oberbaden. . . .
Basel (Adam Petri) 1516
= HAB 218.9 Quodl 8° (3)
dass.: Oberbaden im Ergoew der // Eydgenosschafft / // Erstlich Menschlichs // lebens Art vnd Vrsprung / vnd wie // man das befristen soll durch die Wilbaeder . . .
[Basel (Episcopius)?] 1576
= HAB Mc 465
: zur Druckerermittlung vgl. P. Ukena (Hg.): Alexander Seitz – Sämtliche Schriften, Bd. 1, Berlin 1970: 254/5; keine weiteren Ausgaben bekannt.

Siderocrat (Eisenmenger) vgl. Cyclopaedia

Staden, Johann [Hans]

Dritte Buch Americae, // Darinn // Brasilia durch Johann Staden von // Homberg auß Hessen / auß eigner erfahrung // in Teutsch beschrieben. Item Historia der Schiffart // Joannis Lerij in Brasilien / . . .
Von Wilden vnerhoertem Wesen der Innwo= // ner . . . sampt einem Colloquio, in der // Wilden Sprach // . . . an Tag geben / Durch Dietrich Bry . . .
Frankfurt (de Bry) 1593
= Facs. Kölbl München 1970 (vgl. a. HAB: Gx 2° 8)
: Staden nahm an span. und port. Expeditionen nach Brasilien teil und

veröffentlichte seine Erlebnisse zuerst 1557 in Marburg bei Kolb (HAB 254.6 Quodl. 8° (3)). Vgl. K. Klupfel: N. Federmanns und H. Stadens Reisen in Südamerica 1529 bis 1555. Stuttgart 1859 (Ndr. 1969) (Bibl. d. Litt. Vereins Stuttgart 47). Die lat. Ausgabe ›Navigatio in Brasilium‹ erschien 1592.

Steinhowel, Heinrich [Stainhöwel, Steinhawer]

Bu(o)chlin der ordnung / wie sich der mensch halten sol / zu den zyten diser grusenlichen kranckheit.
Ulm (Johann Zainer) 11. Jan. 1473
= Facs. in Klebs / Sudhoff 1926
: weitere Ausgaben Esslingen 1474, Ulm und Nürnberg 1482, eine Folioausgabe Ulm 1482, eine Magdeburger nach 1500
dass.: [Nürnberg (Drucker der Rochus-Legende) um 1482]
= SBMü 4° Inc. s. a. 1701
: Nr. 103 bei Klebs/Sudhoff

Tabernaemontanus, Jakob Theodor (von Bergzabern) Theodorus, Jakob

Neuw Kreuterbuch / // Mit schoenen / kuenstlichen vnd // leblichen Figuren vnnd Conterfeyten / aller Ge= // waechß der Kreuter ... so in Teutschen vnd Welschen Lan= // den / auch deren so im Gelobten Landt ... inn Hispanien / // Ost vnnd West Indien / oder in der neuwen Welt wachsen ... mit eygentlicher Beschreibung ... sampt jhren rechten Namen in mancherley // Sprachen / ... dergleichen vormals in keiner Sprache nie ans Liecht // oder in Druck kommen.
Frankfurt (N. Bassum) 1588
= HAB 4 Med 2°
: der 2. und 3. Teil erschien: »digerirt und vollbracht durch Nicolam Braun«, Ffm (Bassum) 1591

Tollat von Vochenberg, Johann [Tallat]

o. T., incipit: Ain meisterlichs buechlin der // artzney für manigerley Kranck- // heit vn(d) Siechtagen d(es) menschen.
Memmingen (Albrecht Kunne) 1497
= SBMü 4° Inc. c.a. 1443
: Sudhoff 1908, 31
dass.: Artzney Biechleinn der // Kreuter / gesamlet durch Johannem // Tallat von Volchenberg / Bey dem aller erfar= // nesten der aertzney Doctor Srick= // en [Schrick] zuo Wien.
Augsburg (H. Steyner) 1532
= SBMü 4° Med 234
: weitere Ausg. Memmingen 1498, Straßburg 1500, Memmingen 1500? Augsburg 1502, 1507; Straßburg 1508; Augsburg 1509; Straßburg 1512 Augsburg 1514; Straßburg 1515; Nürnberg 1516; 1517; Straßburg 1518 Augsburg 1529; 1530; Leipzig 1532; Erfurt 1521 u. ca. 1530 in 8°

Tucher, Hans

[Reise in das gelobte Land] (ohne Titelblatt)
incipit: (N)Ach christi vnsers liebe(n) herrn gepurt MCCCLxxix jare ...
[Augsburg (A. Sorg) 1486]
= SBMü 2° Inc. c. a. 1842
: zuerst Augsburg (H. Schönsperger) 1482 (SBMü 4° Inc. c.a. 1067ª);
Falk 1879 kennt 11 Ink. und Drucke von 1561, 1584, 1609

Ulstad, Philipp

Coelum Philosophorum. // Von heimlichkeit der Natur / das ist / wie man nicht // allein auß Wein / sonder auch aus allen Metallen ... sol Distilliern Aquam vite / zu erhaltung der gesundheit ... auß Raymundo / Arnoldo Vil // la Noua / vnd Alberto Magno / züsamen inns Latein // geschrieben / aber jetzundt vonn newem Ver= // teutsch ...
Frankfurt (H. Gülfferich) 1551
= HAB 35.1 Phys. 2° (1)
dass. (lat.): Lyon (Rouillius) 1553

Vesalius, Andreas

De Humani corporis fabrica Libri septem
Basel (Johannes Oporinus) 1543
= HAB 3 Phys. 2°
: Basel 1555; Venedig 1568; London 1545 (Auszug)
Köln 1600 (Auszug); Amsterdam 1617, 1642 (Auszug)

ders. Anatomia, deutsch. Ein kurtzer Auszug der beschreybung aller glider menschlichs Leybs aus den buchern des Andree Vesalij gezogen ... ins deutsch gebracht (hrsg. v. Jacob Baumann)
Nürnberg (Fabricius) 1551
= HAB Mb2 42 a
: Nürnberg 1575; Augsburg 1723

(Marcus) Vitruvius (Pollio)

vgl. Ryff

Vogtherr, Heinrich

Ein Frembdes vnd wun= // derbarliches Kunstbuechlin / allen Molern // Bildtschnitzern / Goldschmiden / Steynmetzen / // waffen / vnd Messerschmiden hochnützlich // zuogebrauchen / Dergleichen vor nie // keines gesehen / oder in den // Truck kommen ist. //
Straßburg (Chr. Müller) 1572 4°
= Zwickauer Facsimiledrucke. Nr. 19, Zwickau 1913 (nach dem Expl. der Münchener Staatsbibliothek)
: Erstauflage 1538; weitere dt. Ausgaben 1539; 1540, 1545, 1559, 1610; auch Ausgaben in lat., franz. und span. Sprache. Nach.: ADB, Bd. 40, 1896: 192-194.

Wickram, Jörg Georg:

Der Irr Reit= // tend Bilger. // EJn kurtzweiligs Buechlin von // einem grossen Herren / der sich in grossem // widermuot zuo dem ferren sanct Jacob verheissen // / was er für abentheur auff semlicher Bilgerfart er // faren hab / ...
Straßburg (Knobloch) 1556
= HAB 170.14 Hist. 8°
: Textausg.: Roloff, Hans-Gert (Hg.): Georg Wickram. Sämtliche Werke. Bd. 6, Berlin-New York 1972 (Ausgaben deutscher Literatur des XV. bis XVIII. Jahrhunderts)

ders. Das Rollwagenbuechlin. // Ein neüws / vor vnerhöerts Buechlein / // darin vil guoter schwenck vnd Historien begriffen // werde(n) / so man in schiffen vn(d) auff rollwegen / // deßgleichen in scherheüsern vnnd badstuben // zuo langweiligen zeiten erzellen mag / ...
o. O., o. Dr. 1555
= HAB 569.2 Quodl. 8°
: Textausg.: Roloff, Hans-Gert (Hg.): Georg Wickram. Sämtliche Werke, Bd. 7, Berlin-New York 1973 (Ausgaben deutscher Literatur des XV. bis XVIII. Jahrhunderts)

With, Johann [White, John]

Wahrhafftige Contrafacturen / // Vnd Gebraeuch der Innwohner der / // jenigen Landtschafft in America / welche Virginia ist genennet // ... Alles auff das allerfleissigst erkundigt / vnd auff das artlichst Ab= // contrafeyt von Johann With / welcher der Vrsach halben in diese Landschafft // / im Jahr 1585. vnd 1588. ist geschickt worden: Vnd hernach in Kupffer // gestochen / vnd erstlich in Truck verfertigt durch Theodorum de Bry.
Frankfurt (M. Becker) 1600
= Facs. Kölbl, München 1970
: 1585 in englischer Sprache verfaßt und für diese Ausgabe ins Deutsche übersetzt.

Auswahlbibliographie: Die Technisierung oraler Kommunikation und deren kulturelle Folgen

Altmann, Ursula (1976):
Zur Schriftentwicklung bei deutschen Inkunabeldruckern, in: Studien zur Buch- und Bibliotheksgeschichte (Hans Lülfing zum 70. Geburtstag), Berlin, 60-72.

Andresen, Helga (1983):
Schriftspracherwerb und Bewußtwerdung von Sprache, Osnabrück.

Assmann, Aleida und Jan/Hardmeier, Christof (Hg.) (1983):
Schrift und Gedächtnis. Beiträge zur Archäologie der literarischen Kommunikation, München.

Aston, Margaret (1967):
Lollardy and Literacy, in: History 62, 347-371.

Auerbach, Erich (1958):
Literatursprache und Publikum in der lateinischen Spätantike und im Mittelalter, Bern.

Baesecke, Georg (1950):
Vorgeschichte des deutschen Schrifttums, Halle.

Bäuml, Franz (1980):
Varieties and Consequences of Medieval Literacy and Illiteracy, in: Speculum 55, 237-256.

Barge, Hermann (1940):
Geschichte der Buchdruckerkunst von ihren Anfängen bis zur Gegenwart, Leipzig.

Basso, K. (1974):
The Ethnography of Writing, in: *Baumann, R./Sherzer, J.* (Hg.): Explorations in the Ethnography of Speaking, Cambridge, 425-432.

Bauer, Wilhelm (1914):
Die öffentliche Meinung und ihre geschichtlichen Grundlagen, Tübingen.

Bauer, Wilhelm (1930):
Die öffentliche Meinung in der Weltgeschichte, Wildpark/Potsdam.

Baumann, Richard/Joel Sherzer (Hg.) (1974):
Explorations in the Ethnography of Speaking, Cambridge

Bertholet, A. (1950):
Die Macht der Schrift in Glauben und Aberglauben, in: Abh. d. dtsch. Akademie der Wiss., Phil.-hist. Klasse 1948/49, Berlin 1950, 1-48.

Betten, Anne (1987):
Grundzüge der Prosasyntax. Stilprägende Entwicklungen vom Althochdeutschen zum Neuhochdeutschen, Tübingen.

Bingham s. Stillwell

Bischoff, Bernhard (1979):
Paläographie des römischen Altertums und des abendländischen Mittelalters, Berlin.

Bloch, Maurice (Hg.) (1975):
Political Language and Oratory in Traditional Society, London.
Bolgar, R. R. (1964):
The Classical Heritage and Its Beneficiaries: From the Carolingian Age to the End of the Renaissance, New York, zuerst Cambridge 1954.
Brockmeyer, Norbert (1973):
Die soziale Stellung der Buchhändler in der Antike, in: Archiv für Geschichte des Buchwesens 13, 238-348.
Bühler, Curt (1960):
The Fifteenth Century Book, the Scribes, the Printers, the Decorators, Philadelphia.
Burckhardt, Max (1983):
Bibliotheksaufbau, Bücherbesitz und Leserschaft im spätmittelalterlichen Basel, in: MPS, 33-52.
Carpenter, E./McLuhan, M. (1966):
Explorations in Communication, Boston.
Carroll, J. B. (1974):
The Potentials and Limitations of Print as a Medium of Instruction, in: D. *Olson* (Hg.): Media and Symbols, Chicago, 151-179.
Carter, Thomas Francis (1955):
The Invention of Printing in China and Its Spread Westward, New York.
Carter, John/Muir, Percy. H. (1968):
Bücher, die die Welt verändern, München.
Chaytor, H. J. (1955):
From Script to Print – An Introduction to Medieval Vernacular Literature, Cambridge (England).
Chrisman, Miriam Usher (1982):
Lay Culture, Learned Culture, Books and Social Change in Strasbourg, 1480-1599, New Haven, 2 Bde.
Cipolla, Carlo M. (1969):
Literacy and the Development of the West, London.
Clammer, John (1976):
Literacy and Social Change: A Case Study of Fiji, Leiden.
Clanchy, Michael T. (1979):
From Memory to Written Record: England 1066-1307, Cambridge.
Cohen, Marcel (1958):
La grande invention de l'écriture et son évolution, Paris.
Cole, Richard G. (1975):
The Reformation in Print: German Pamphlets and Propaganda, in: ARG 66, 93-103.
Cole, Richard G. (1981):
Reformation Pamphlets and Communication Processes, in: *Köhler* (Hg.) (1981).
Cook-Gumperz, Jenny/Gumperz, J. J. (1981):
From Oral to Written Culture: The Transition to Literacy, in: *Whiteman, M. F.* (ed.): Writing: The Nature, Development and Teaching of Written Communication. Vol. 1, Variation in Writing: Functional and Linguistic and Cultural Differences, Hillsdale/New York, 89-109.

Corsten, Severin (1983):
Der frühe Buchdruck und die Stadt, in: MPS, 9-32.
Corsten, Severin u. Reimar W. Fuchs (Hg.) 1988: Der Buchdruck im 15. Jahrhundert – Eine Bibliographie, Teil I, Stuttgart.
Coulmas, Florian/Ehlich, K. (Hg.) (1983):
Writing in Focus, The Hague.
Cressy, David (1980):
Literacy and the Social Order, Cambridge.
Crofts, Richard (1980):
Books, Reform and the Reformation, in: ARG 71, 21-36.
Dalby, D. (1976):
A Survey of the Indigenous Scripts of Liberia and Sierra Leone. African Language Studies, VIII, 1-51.
Davis, Natalie Z. (1975):
Printing and the People, in: *Dies.*: Society and Culture in Early Modern France: Eight Essays, Stanford (UniPress), 189-227.
Ecker, Gisela (1981):
Einblattdrucke von den Anfängen bis 1555. Untersuchungen zu einer Publikationsform literarischer Texte, 2 Bde. Göppingen.
Ehlich, K. (1980):
Schriftentwicklung als gesellschaftliches Problemlösen, in: Semiotik 2, 335-359 (engl. Fassung in: Coulmas/Ehlich (Hg.) (1983). 99-129.
Ehlich, K. (1983):
Writing Ancillary to Telling, in: Journal of Pragmatics 7, 495-506.
Ehrmann, Albert/Pollard, Graham (1965):
The Distribution of Books by Catalogue from the Invention of Printing to A. D. 1800, Cambridge.
Eisenstein, Elizabeth L. (1966):
Clio and Chronos. An Essay on the Making and Breaking of History Book-Time, in: History and Theory, Beiheft 6. 36-64.
Eisenstein, Elizabeth L. (1968):
Some Conjectures about the Impact of Printing on Western Society and Thought: a Preliminary Report, in: The Journal of Modern History 40, 1: 1-56.
Eisenstein, Elizabeth L. (1969):
The Advent of Printing and the Problem of the Renaissance, in: Past and Present 45, 19-89.
Eisenstein, Elizabeth L. (1974):
Advent of Printing and the Protestant Revolt, in: *Kingdon, Robert M.* (ed.): Transition and Revolution. Problems and Issues of European Renaissance and Reformation History, Minneapolis, 235-270.
Eisenstein, Elizabeth L. (1979):
The Printing Press as an Agent of Change – Communication and Cultural Transformations in Early-Modern Europe, 2 Bde., Cambridge/London.
Eisenstein, Elizabeth L. (1980):
The Emergence of Print Culture in the West, in: Journal of Communication 30, 1: 99-106.

Eisenstein, Elizabeth L. (1983):
The Printing Revolution in Early Modern Europe, Cambridge (Uni Press), (Kurzfassung von Eisenstein 1979).
Elwert, Georg (1986):
Die Verschriftlichung von Kulturen – Skizze einer Forschung, in: Sociologus 36, 1: 65-78.
Elwert, Georg (1987):
Die gesellschaftliche Einbettung von Schriftgebrauch, in: *Baecker, D./ Markowitz, J./Stichweh, R./Tyrell, H./Willke, H.* (Hg) (1987): Theorie als Passion. Niklas Luhmann zum 60. Geburtstag, Frankfurt/Main. 238-268.
Elwert, Georg/Giesecke, Michael (1987):
Technologische Entwicklung, Schriftkultur und Schriftsprache als technologisches System, in: *Lutz, B.* (Hg) (1987): Technologie und gesellschaftliche Entwicklung, Frankfurt/Main. 418-438.
Engelsing, Rolf (1973):
Analphabetentum und Lektüre, Stuttgart.
Falkenstein, Karl (1840): Geschichte der Buchdrucker Kunst in ihrer Entstehung und Ausbildung. Leipzig.
Febvre, Lucien/Martin, Henri-Jean, (1958):
L'apparition du livre (= L'évolution de l'humanité 49) Paris.
Feldbusch, Elisabeth (1985):
Geschriebene Sprache – Untersuchungen zu ihrer Herausbildung und Grundlegung ihrer Theorie, Berlin.
Foley, John Miles (1980):
Oral Literature: Premises and Problems, in: Choice 18 (December 1980), 187-196.
Gaechter, Paul (1970):
Die Gedächtniskultur in Irland, Innsbruck.
Geldner, Ferdinand (1978):
Inkunabelkunde, Wiesbaden.
Gerhardt, Claus W. (1975):
Geschichte der Druckverfahren. Teil II: Der Buchdruck, Stuttgart.
Gerhardt, Claus W. (1976):
Beiträge zur Technikgeschichte des Buchwesens. Ffm.
Gessinger, Joachim (1980):
Sprache und Bürgertum, Stuttgart.
Giesecke, Michael (1979):
Schriftsprache als Entwicklungsfaktor in Sprach- und Begriffsgeschichte, in: *Koselleck, R.* (Hg.): Historische Semantik und Begriffsgeschichte, Stuttgart, 262-302.
Giesecke, Michael (1980):
›Volkssprache‹ und ›Verschriftlichung des Lebens‹ im Spätmittelalter – am Beispiel der Genese der gedruckten Fachprosa in Deutschland, in: *Gumbrecht, Hans-Ulrich* (Hg.): Literatur in der Gesellschaft des Spätmittelalters, Heidelberg (Begleitreihe zum GRLMA), 39-70.
Giesecke, Michael (1983):
Überlegungen zur sozialen Funktion und Struktur handschriftlicher Rezepte im Mittelalter, in: LiLi 51/52, 167-184.

Giesecke, Michael (1989):
›Natürliche‹ und ›Künstliche‹ Sprachen? Grundzüge einer informations- und medientheoretischen Betrachtung des Sprachwandels, in: Deutsche Sprache, H. 4, 1989: 317-340.
Giesecke, Michael (1990):
Von der Schreibstube des Mittelalters zur Druckerei der Neuzeit, in: Gutenberg – 550 Jahre Buchdruck in Europa, Ausstellungskatalog der Herzog August Bibliothek Wolfenbüttel, hrsg. von P. Raabe, Wolfenbüttel 1990, 9-22.
Giesecke, Michael (1990):
Als die alten Medien neu waren – Medienrevolutionen in der Geschichte, in: R. Weingarten (Hg.): Informationen ohne Kommunikation?, Ffm (Fischer Perspektiven) 1990, 75-98.
Giesecke, Michael (1990):
Orthotypographia. Der Anteil des Buchdrucks an der Normierung der Standardsprache, in: Christian Stetter (Hg.): Zur Theorie der Orthographie. Interdisziplinäre Aspekte gegenwärtiger Schrift- und Orthographieforschung, Tübingen (Niemeyer) 1990 (= Bd. 99 der RGL), 65-89.
Giesecke, Michael (1990):
Syntax für die Augen. Aspekte der beschreibenden Fachprosa in der Frühen Neuzeit, in: Anne Betten (Hg.): Neuere Methoden der historischen Syntaxforschung, Tübingen (Niemeyer) 1990, 336-351.
Giesecke, Michael (1990):
The Media Revolution at the Beginning in the Modern Era and its Historical Significance, in: Universitas. A Quarterly German Review of the Arts and Sciences, 3. Vj. 1990, Vol. 32,3, 219-227.
Giesecke, Michael (1992):
Sinnenwandel, Sprachwandel, Kulturwandel – Studien zur Vorgeschichte der Informationsgesellschaft. Ffm (Suhrkamp). 2. Aufl. 1998.
Giesecke, Michael/Elwert Georg (1983):
Literacy and Emancipation – The Literacy Process in Two Cultural Revolutionary Movements (16th Century Germany and 20th Century Benin), in: Development and Change, Vol. 14, 255-276.
Giesecke, Michael/Elwert Georg (1987):
Technologische Entwicklung, Schriftkultur und Schriftsprache als technologisches System, in: B. Lutz (Hg.): Technik und sozialer Wandel, Ffm/New York (Campus) 1987, 418-438.
Ginzburg, Carlo (1976):
High and Low: The Theme of Forbidden Knowledge in the 16th and 17th Centuries, in: Past and Present 73, 26-41.
Glück, Helmut (1987):
Schrift und Schriftlichkeit, Stuttgart.
Goldschmidt, E. P. (1943):
Medieval Texts and Their First Appearance in Print, London.
Goldschmidt, E. P. (1950):
The Printed Book of the Renaissance: Three Lectures on Type, Illustration, Ornament, Cambridge.

Goody, Jack (1973):
Evolution and Communication, British Journal of Sociology 24, 1-12.
Goody, Jack (1977):
The Domestication of the Savage Mind, Cambridge.
Goody, Jack (1977):
Literacy and Classification: On Turning the Tables, in: *Jain, R. K.* (ed.): Text and Context: The Social Anthropology of Tradition, Philadelphia: Institute for the Study of Human Issues.
Goody, Jack (1978):
Restricted Literacy in Northern Ghana, in: *Goody, Jack* (ed.) (1968): Literacy in Traditional Societies, Cambridge, 198-264.
Goody, Jack (1980):
Thought and Writing, in: *Gellner, E.* (ed.): Soviet and western anthropology, New York, 119-133.
Goody, Jack (1983):
Literacy and Achievement in the Ancient World, in: *Coulmas, Florian/ Ehlich, K.* (Eds.): Writing in Focus (Trends in Linguistics. Studies and Monographs 24), 83-98.
Goody, Jack (1987):
The Logic of Writing and the Organization of Society, Cambridge; dt.: Die Logik der Schrift und die Organisation der Gesellschaft, Ffm. 1990.
Goody, Jack/Watt, Ian (1963):
The Consequences of Literacy, in: Comparative Studies in Society and History 5, 304-345 (auch in: Goody et al. (Hg.) 1968).
Goody, Jack / Jan Watt / Kathleen Gough (ed.) (1968):
Literacy in Traditional Societies, Cambridge. (dt. Übers. v. F. Herborth / Th. Lindquist: Literalität in traditionalen Gesellschaften, Ffm 1981).
Goody, Jack/Scribner, S./Cole, M. (1977):
Writing and Formal Operations among the Vai, Africa 47, 287-304.
Gottlieb, Theodor (1890):
Über mittelalterliche Bibliotheken. Leipzig 1890. (unveränderter Nachdruck der Ausgabe von 1890: Graz 1950).
Gough, K. (1968):
Implications of Literacy in Traditional China and India, in: *Goody, et. al.* (1968): Literacy in Traditional Societies, Cambridge, 69-84.
Graff, Harvey J. (1979):
The Literacy Myth: Literacy and Social Structure in the Nineteenth-Century City, New York/London.
Graff, Harvey J. (1981):
Literacy in History: An Interdisciplinary Research Bibliography, Chicago, (The Newberry Library 1976, addendum 1979, revised and updated edition, Garland Publishing, Inc.: New York).
Graff, Harvey J. (1987):
The Legacies of Literacy: Continuities and Contradictions in Western Culture and Society, Bloomington (Ind.).
Grenzmann, Ludger/Stackmann, K. (Hg.) (1984):
Literatur und Laienbildung im Spätmittelalter und in der Reformationszeit, Stuttgart.

Grundmann, Herbert (1958):
Litteratus – Illiteratus. Der Wandel einer Bildungsnorm vom Altertum zum Mittelalter, in: Archiv für Kulturgeschichte 40, 1-65.
Günther, Klaus B./Günther, Hartmut (Hg.) (1983):
Schrift, Schreiben, Schriftlichkeit, Tübingen.
Gumbrecht, Hans Ulrich/Pfeiffer, K. Ludwig (Hg.) (1988):
Materialität der Kommunikation, Frankfurt/Main.
Gumperz, J. J./Kaltman, H. and O'Connor, C. (1982):
The Transition to Literacy, in: *Tannen, Deborah* (ed.): Oral and Written Discourse, Norwood/New York.
Hagemann, Walter (1966):
Grundzüge der Publizistik, Münster.
Hajnal, Istvan (1934):
Le Rôle social de l'Écriture et l'Évolution européenne, in: Revue de l'Institut de Sociologie Solvay 14: 23-53 u. 253-282.
Hall, A. Rupert (1969):
The Scholar and the Craftsman in the Scientific Revolution, in: *Clagett, Marshall* (Hg.): Critical Problems in the History of Science, Madison, Wis., 3-24.
Harder, Richard (1960):
Bemerkungen zur griechischen Schriftlichkeit, in: *Ders.*: Kleine Schriften, 57-80, München (zuerst 1942).
Hartweg, Frederic (1981):
Buchdruck und Druckersprache der frühneuhochdeutschen Periode, in: *Köhler* (Hg.), 43-64.
Hartweg, Frederic (1985):
Die Rolle des Buchdrucks für die frühneuhochdeutsche Sprachgeschichte, in: *Besch, Werner u. a.* (Hg.): Sprachgeschichte. Ein Handbuch. Berlin. 2. Hlb.-Bd, Sp. 1415-1435.
Haugen, Einar (1966):
Linguistics and Language Planing, in: *Firchow/Grimstad/Hasselmo/O'Neil* (ed.) (1972): Studies by E. Haugen – Presented on the occasion of his 65th birthday, 511-530.
Haugen, Einar (1972):
The Scandinavian Languages as Cultural Artifacts, in: *Firchow et al.* (eds.), 564-579 [vgl. Haugen 1966].
Havelock, Eric A. (1967):
Preface to Plato – A History of the Greek Mind, Oxford/New York.
Havelock, Eric A. (1973):
Prologue to Greek Literacy, Norman/Oklahoma.
Havelock, Eric A. (1977):
The Preliteracy of the Greeks, New Literary History 8, 369-391.
Havelock, Eric A. (1980):
The Coming of Literate Communication to Western Culture, in: Journal of Communication 30, 1: 90-98.
Havelock, Eric A. (1982):
The Literate Revolution in Greece and its Cultural Consequences, Princeton N. J.; in Auszügen in dt. Übersetzung erschienen als: Schrift-

lichkeit – Das griechische Alphabet als kulturelle Revolution, Weinheim 1990.
Havelock, Eric A. (1986):
The Muse Learns to Write: Reflections on Orality and Literacy from the Antiquity to the Present, New Haven (Conn.).
Havelock, Eric A./Hershbell, J. P. (eds.) (1978):
Communication Arts in the Ancient World, New York.
Haymes, Edward (1975):
Mündliches Epos in mittelhochdeutscher Zeit, Göppingen (=GAG 164).
Haymes, Edward (1977):
Das mündliche Epos. Eine Einführung in die ›Oral Poetry‹-Forschung, Stuttgart (= Sammlung Metzler 151).
Heath, Shirley Brice (1980):
The Functions and Uses of Literacy, in: Journal of Communication 30, 123-133.
Hirsch, Rudolf (1967):
Printing, Selling, and Reading 1450-1550, Wiesbaden.
Huffines, Marion L. (1974):
Sixteenth Century Printers and Standardization of New High German, in: Journal of English and German Philology 73, 60-72.
Humboldt, Wilhelm von (1972):
Schriften zur Sprachphilosophie, Bd. 3, hrsg. von Flitner, A./Giel, K., Darmstadt. 4. unveränderte Auflage.
Hymes, Dell (Hg.) (1966):
Language in Culture and Society – A Reader in Linguistics and Anthropology, New York/London/Tokyo. 3. Auflage
Innis, Harold A. (1951):
The Bias of Communication, Ontario.
Innis, Harold A. (1972):
Empire and Communication, Toronto/Buffalo.
Ivins, William M. Jr. (1969):
Prints and Visual Communication, Cambridge/London.
Juchhoff, Rudolf (1935):
Das Fortleben mittelalterlicher Schreibgewohnheiten in den Druckschriften des 15. Jahrhunderts, in: Beiträge zur Inkunabelkunde, Neue Folge 1, 65-77.
Juchhoff, Rudolf (1973):
Kleine Schriften zur Frühdruckforschung, Bonn (Bonner Beitr. z. Bibliotheksw., Bücherkunde 24).
Jungraithmayr, Herrmann (1981):
Gedächtniskultur und Schriftlichkeit in Afrika, Wiesbaden.
Kästner, Hannes/Schütz, Eva/Schwitalla, Johannes (1985):
Die Textsorten des Frühneuhochdeutschen, in: *Besch, Werner u. a.* (Hg.): Sprachgeschichte. Ein Handbuch zur Geschichte der deutschen Sprache und ihrer Erforschung, Berlin. 2. Halbband (1985). Sp. 1355-1368.
Kapp, Friedrich (Bd. 1)/Goldfriedrich, Johann (1886-1923):
Geschichte des deutschen Buchhandels, Leipzig, 4 Bde.

Kapr, Albert (1987):
Johannes Gutenberg, Persönlichkeit und Leistung, München (zuerst Leipzig 1986).

Keller, Hagen/Worstbrock, Franz Josef (1988):
Träger, Felder, Formen pragmatischer Schriftlichkeit im Mittelalter. Der neue Sonderforschungsbereich 231 an der Westf. Wilhelms-Universität Münster, in: Frühmittelalterliche Studien, Bd. 22, (Berlin/New York).

Kirchhoff, Albrecht (1966):
Beiträge zur Geschichte des deutschen Buchhandels. Osnabrück 1966 (Nachdruck der ursprünglich getrennt erschienenen Beiträge: Die Handschriftenhändler des Mittelalters, Leipzig 1853; und: Weitere Beiträge zur Geschichte des Handschriftenhandels im Mittelalter, Leipzig 1855).

Kittler, Friedrich A. (1987):
Aufschreibesysteme 1800/1900. München, 2. Aufl.

Köhler, Hans-Joachim (Hg.) (1981):
Flugschriften als Massenmedium der Reformationszeit. Beiträge zum Tübinger Symposium 1980 (= Spätmittelalter und frühe Neuzeit 13), Stuttgart.

Köhler, Hans-Joachim (1981):
Fragestellungen und Methoden, in: *Köhler* (Hg.) (1981): 1-28.

Koszyk, Kurt (1972):
Vorläufer der Massenpresse. Ökonomie und Publizistik zwischen Reformation und Französischer Revolution. Öffentliche Kommunikation im Zeitalter des Feudalismus, München.

Kuhn, Hugo (1969):
Zur Typologie mündlicher Sprachdenkmäler, in: *Kuhn, Hugo*: Text und Theorie, Stuttgart, 10-27.

Kuhn, Hugo (1980):
Entwürfe zu einer Literatursystematik des Spätmittelalters, Tübingen.

Lehmann-Haupt, Hellmut (1950):
Peter Schoeffer of Gernsheim and Mainz, Rochester, N. Y.

Lerg, Winfried B. (1977):
Pressegeschichte oder Kommunikationsgeschichte?, in: Presse und Geschichte. Beiträge zur historischen Kommunikationsforschung, München, 9-24.

Lhotsky, Alphons (1970):
Zur Frühgeschichte der Wiener Hofbibliothek, in: *Lhotsky, Alphons*: Aufsätze und Vorträge 1, München. 149-193.

Linde, Antonius v. d. (1886):
Geschichte der Erfindung der Buchdruckerkunst. 3 Bde. Berlin.

Loades, D. M. (1974):
The Theory and Practise of Censorship in Sixteenth Century England, in: Transactions of the Royal Historical Society, ser. 5, 141-157.

Lord, Albert B. (1960):
The Singer of Tales, Cambridge. Deutsch unter dem Titel: Der Sänger erzählt. Wie ein Epos entsteht, München, 1965 (= Literatur als Kunst).

Maas, Utz (1983):
Der Wechsel vom Niederdeutschen zum Hochdeutschen in den norddeutschen Städten der frühen Neuzeit, in: *Cramer, Th.* (Hg.): Literatur und Sprache im historischen Prozeß, Bd. 2, Tübingen, 114-129.
Maas, Utz (1985):
Lesen – Schreiben – Schrift. Die Demotisierung eines professionellen Arkanums im Spätmittelalter und in der frühen Neuzeit, in: LiLi 15, H. 59, 55-81.
Mardersteig, Giovanni (1967):
The Remarkable Story of a Book Made in Padua in 1477, transl. H. Schmoller, London.
Martin, Henri-Jean (1988):
Histoire et pouvoir de l'écrit. Paris (Librairie Academique Perrin).
McKenzie, P. F. (1969):
Printer of the Mind: Some Notes on Bibliographical Theories and Printing House Activities, in: Studies in Bibliography 22, 1-75.
McLuhan, Marshall (1962):
Gutenberg Galaxy, London/Toronto, dt.: Die Gutenberg Galaxis, Düsseldorf/Wien 1968.
McLuhan, Marshall (1964):
Understanding Media, dt.: Die magischen Kanäle, Düsseldorf/Wien 1968, 1970².
Meisner, Heinrich / Luther, Johannes (1900):
Die Erfindung der Buchdruckerkunst. Zum 500. Geburtstag. Bielefeld/Leipzig (= Monographien zur Weltgeschichte XI)
Mertens, Dieter (1983):
Früher Buchdruck und Historiographie. Zur Rezeption historiographischer Literatur im Bürgertum des deutschen Spätmittelalters beim Übergang vom Schreiben zum Drucken, in: MPS, 83-111.
Milkau, Fritz/Leyh, Georg (Hg.) (1931-42):
Handbuch der Bibliothekswissenschaft 1-3, Leipzig (2. Auflage hrsg. von Georg Leyh, Wiesbaden 1952ff.).
Möller, Bernd (1983):
Die Anfänge kommunaler Bibliotheken in Deutschland, in: Möller/Patze/Stackmann (Hg.), (1983), 136-151.
Möller, Bernd/Patze, Hans/Stackmann, Karl (Hg.) (1983):
Studien zum städtischen Bildungswesen des späten Mittelalters und der frühen Neuzeit. Bericht über Kolloquien der Kommission zur Erforschung der Kultur des Spätmittelalters 1978-1981, Göttingen.
MPS = Möller/Patze/Stackmann (Hg.), (1983)
Olson, David (1980):
On the Language and Authority of Textbooks, in: Journal of Communication 30, 1: 186-196.
Olson, David (Hg.) (1974):
Media and symbols. The forms of expression, ›communication and education‹ Chicago.
Ong, Walter J. (1958):
Ramus, Method and the Decay of Dialogue, Cambridge, Mass.

Ong, Walter J. (1967):
The Presence of the World, New Haven.
Ong, Walter J. (1971):
Rhetoric, Romance and Technology, Ithaca.
Ong, Walter J. (1977):
Presence, Interfaces of the Word, Ithaca.
Ong, Walter J. (1980):
Literacy and Orality in our times, in: Journal of Communication 30, 197-204.
Ong, Walter J. (1982):
Orality and Literacy. The Technologizing of the Word, London (dt. Übersetzung v. W. Schömel: Oralität und Literalität, Opladen 1987).
Presser, Helmut (1967):
Johannes Gutenberg in Zeugnissen und Bilddokumenten, Hamburg (= Rowohlts Monographien 134).
Reynolds, L.D./Wilson, N. G. (1968):
Scribes and Scholars, Oxford.
Richter, Michael (1976):
Kommunikationsprobleme im lateinischen Mittelalter, in: Historische Zeitschrift 222. 43-80
Riepl, Wolfgang (1913):
Das Nachrichtenwesen des Altertums mit besonderer Rücksicht auf die Römer, Leipzig/Berlin.
Riesmann, David (1966):
The oral and literate tradition, in: *Carpenter, E./McLuhan, M.* (eds.): Explorations in communication, Boston, (Ma.) 1966.
Rörig, Fritz (1953):
Mittelalter und Schriftlichkeit, in: Die Welt als Geschichte, Zeitschr. f. Universalgesch., 13. Jg., 29-41.
Root, Robert K. (1913):
Publication before Printing, in: Publications of the Modern Language Association 28, 417-431.
Roth, Paul (1963):
Die neuen Zeitungen in Deutschland im 15. und 16. Jahrhundert, Leipzig, Zentralantiquariat der DDR (1. Aufl. 1914).
Ruppel, Aloys (1961):
Die Technik Gutenbergs und ihre Vorstufen, Düsseldorf (Beitr. z. Technikgeschichte).
Ruppel, Aloys (1967):
Johannes Gutenberg. Sein Leben und Werk, Nieukoop, Nachdr. der 2. Aufl., Berlin 1947 (zuerst 1939).
Scharlau, Birgit/Münzel, Mark (1986):
Qellqay – Mündliche Kultur und Schrifttradition bei Indianern Lateinamerikas, Frankfurt/New York.
Schild, Maurice E. (1970):
Abendländische Bibelvorreden bis zur Lutherbibel, Gütersloh (= Quellen und Forschungen zur Reformationsgeschichte 39).

Schlieben-Lange, Brigitte (1982):
Für eine Geschichte von Schriftlichkeit und Mündlichkeit, in: Zeitschrift für Literaturwissenschaft und Linguistik, 47, 104-118.
Schlieben-Lange, Brigitte (1983):
Traditionen des Sprechens – Elemente einer pragmatischen Sprachgeschichtsschreibung, Stuttgart/Berlin/Köln/Mainz.
Schmidt-Künsemüller, Friedrich Adolf (1951):
Die Erfindung des Buchdrucks als technisches Problem, Mainz (= Kl. Druck der Gutenberg-Gesellschaft 48).
Schneider, Karin (1983):
Die Bibliothek des Katharinen-Klosters in Nürnberg und die städtische Gesellschaft, in: MPS, 70-82.
Scholz, Manfred Günther (1980):
Hören und Lesen. Studien zur primären Rezeption der Literatur im 12. und 13. Jahrhundert, Wiesbaden.
Schottenloher, Karl (1922):
Flugblatt und Zeitung, Bd. 1: Von den Anfängen bis zum Jahre 1848, Berlin (neu hrsg. v. J. Binkowski, München 1985).
Schottenloher, Karl (1951/52):
Bücher bewegten die Welt. Eine Kulturgeschichte des Buches, 2. Bde., Stuttgart, 2. Aufl. 1968.
Schreiner, Klaus (1975):
Bücher, Bibliotheken und »gemeiner Nutzen« im Spätmittelalter und in der frühen Neuzeit. Geistes- und sozialgeschichtliche Beiträge zur Frage nach der »utilitas librorum«, in: Bibliothek und Wissenschaft 9 (1975). 216-249.
Schreiner, Klaus (1984):
Laienbildung als Herausforderung für Kirche und Gesellschaft – religiöse Vorbehalte und soziale Widerstände gegen die Verbreitung von Wissen im späten Mittelalter und in der Reformation, in: Zeitschrift für historische Forschung, Bd. 11, H. 3, 257-354.
Schubert, Ernst (1974/75):
»bauerngeschrey«. Zum Problem der öffentlichen Meinung im spätmittelalterlichen Franken, in: Jb. f. fränk. Landesforschung 34/35, 883-907.
Schwitalla, Johannes (1983):
Deutsche Flugschriften, Textsortengeschichtliche Studien, (= Germanistische Linguistik, Bd. 45), Tübingen, 1460-1525.
Scribner, Robert W. (1981):
Flugblatt und Analphabetentum. Wie kam der gemeine Mann zu reformatorischen Ideen?, in: *Köhler* (Hg.) (1981), 65-76.
Sribner, Robert W. (1981):
For the Sake of the Simple Folk: Popular Propaganda for the German Reformation, Cambridge.
Sjoberg, A. (1966):
Socio-Cultural and Linguistic Factors in the Development of Writing Systems for Preliterate People, in: *Bright, W.* (Hg.): Sociolinguistics, The Hague, 260-276.

Stackmann, Karl/Grenzmann, Ludger (Hg.) (1984):
Literatur und Laienbildung im Spätmittelalter und in der Reformationszeit – Symposium Wolfenbüttel 1981, Stuttgart 1984.
Steinberg, Siegfried Heinrich (1955):
Five Hundred Years of Printing, Harmondsworth/Middlesex (dt. Übersetzung von J. J. Hässlin, München 1958).
Steinhausen, G. (1899):
Deutsche Privatbriefe des Mittelalters, Berlin.
Stillwell, Margaret Bingham (1970):
The Awakening Interest in Science During the First Century of Printing, 1450-1550: An Annotated Checklist of First Editions, New York.
Stillwell, Margaret Bingham (1972):
The Beginning of the World of Books 1450 to 1470: A Chronological Survey of the Texts Chosen for Printing ... With a Synopsis of the Gutenberg Documents, New York.
Stock, Brian (1983):
The Implications of Literacy. Written Language and Models of Interpretation in the Eleventh and Twelfth Centuries, Princeton/New Jersey.
Stopp, Hugo (1978):
Verbreitung und Zentren des Buchdrucks auf hochdeutschem Sprachgebiet im 16. und 17. Jahrhundert. Fakten und Daten zum ›organischen Werdegang der Entwicklungsgeschichte der neuhochdeutschen Schriftsprache‹, in: Sprachwissenschaft 3, 237-261.
Stubbs, Michael (1980):
Language and Literacy. The Sociolinguistics of Reading and Writing, London.
Szwed, J. F. (1981):
The Ethnography of Literacy, in: *Whiteman, M. F.* (ed.): Writing: The Nature, Development and Teaching of Written Communication, Vol. I, Variation in Writing: Functional and Linguistic – Cultural Differences, Hillsdale/New York, 13-23.
Tannen, Deborah (ed.) (1982):
Spoken and Written Language: Exploring Orality and Literacy, Norwood/New York (Ablex).
Ukena, Peter (1977):
Tagesschriften und Öffentlichkeit im 16. und 17. Jahrhundert in Deutschland, in: Presse und Geschichte. Beiträge zur hist. Kommunikationsforschung, Studien zur Publizistik 23, München, 35-53.
Usher s. Chrisman
Vachek, Josef (1948):
Written Language and Printed Language, in: Recueil linguistique de Bratislava I, 67-75.
Vansina, Jan (1973):
Oral Tradition: A Study in Historical Methodology, trans. H. M. Wright, London.
Vollrath, Hanna (1981):
Das Mittelalter in der Typik oraler Gesellschaften, in: Hist. Zeitschr. 233, 571-594.

Wattenbach, Wilhelm (1958):
Das Schriftwesen im Mittelalter. Unveränderter Abdruck der dritten vermehrten Auflage, erschienen 1896, Graz.
Widmann, Hans (1964):
Buchdruck und Sprache, Mainz (= Kleiner Druck der Gutenberg-Gesellschaft 74).
Widmann, Hans (unter Mitwirkung von H. Kliemann u. B. Wendt) (1965):
Der deutsche Buchhandel in Urkunden und Quellen, Hamburg, 2 Bde.
Widmann, Hans (Hg.) (1972):
Der gegenwärtige Stand der Gutenbergforschung, Stuttgart.
Widmann, Hans (1973):
Vom Nutzen und Nachteil der Erfindung des Buchdrucks – aus der Sicht der Zeitgenossen des Erfinders, Mainz (= Kleiner Druck der Gutenberg-Gesellschaft 92)
Widmann, Hans (Auf Grund der Darstellung von E. Kuhnert) (1975):
Geschichte des Buchhandels vom Altertum bis zur Gegenwart, Wiesbaden. (zuerst 1952)
Wilhelm, Friedrich (1920/1921):
Zur Geschichte des Schrifttums in Deutschland bis zum Ausgang des 13. Jahrhunderts, Bd. 1: Von der Ausbreitung der deutschen Sprache im Schriftverkehr und ihren Gründen; Bd. 2: Der Urheber und sein Werk in der Öffentlichkeit (= Münchener Archiv f. Phil. d. Mittelalters u.d. Renaissance, H. 8,1 u. 8,2), München.
Wilke, Jürgen (1984):
Nachrichtenauswahl und Medienrealität in 4 Jahrhunderten – eine Modellstudie zur Verbindung von historischer und empirischer Publizistikwissenschaft, Berlin/New York.
Woodward, David (Hg.) (1975):
Five Centuries of Map Printing, Chicago.
Worstbrock, Franz Josef (1970):
Zur Einbürgerung der Übersetzung antiker Autoren im deutschen Humanismus, in: Zeitschrift für deutsches Altertum 99, 45-81.
Worstbrock, Franz Josef (1976):
Deutsche Antikerezeption, 1450-1550, Teil 1: Verzeichnis der deutschen Übersetzungen antiker Autoren, (Veröffentlichungen zur Humanismusforschung, Bd. 1.), Boppard.
Yates, Frances (1966):
The Art of Memory, London.
Zedler, Gottfried (1934):
Gutenbergs älteste Type und die mit ihr hergestellten Drucke, Mainz.

Hinweise zur Transkription der Quellentexte

aͦ	= ao	werden stillschweigend, d. h. ohne Kennzeichnung durch Klammern o. ä., umgeschrieben
aͤ	= ae	
oͤ	= oe	
uͤ	= ue	
uͦ	= uo	
æ	= ae	
ꝺ	wird aufgelöst und dekliniert. Die Auflösung steht in runden Klammern, z. B. d(er), und(er)weisung, Kind(es) usw.	
‾, z. B. ñ, ē	Abkürzungszeichen werden nach heutigem Verständnis aufgelöst, z. B. ›vñ‹ als ›vn(d)‹ oder ›dañ‹ als ›dan(n)‹ oder ›habē‹ als ›habe(n)‹.	
ʒ	= z	werden stillschweigend umgeschrieben
ÿ	= y	
ı	= i	
ſ	= s (d. h. keine Unterscheidung zwischen Lang- und Rund-›s‹)	
ꝛ	= r (d. h. keine Unterscheidung zwischen Anfangs- und End-›r‹)	
ꜩ	Ligaturen werden grundsätzlich stillschweigend entflochten.	
//	Alle Zeilenenden in Titelangaben werden durch Doppelstriche ohne Klammern gekennzeichnet. (Im Text nur in Ausnahmefällen.)	
[ ]	Andere Zusätze in Texten und Titel, z. B. Kommentare oder syntaktische, lexikalische u. a. ›Vervollständigungen‹, stehen in eckigen Klammern. Diese dienen also ausschließlich der Förderung des Textverständnisses für den heutigen Leser – nicht der Transkription.	
/	Die Virgel und alle anderen Satzzeichen werden, wenn möglich, mitgeschrieben.	
(/), (.)	Als Lesehilfe können zusätzliche Satzzeichen in Klammern eingefügt werden.	
	stehen für von mir vorgenommene Textkürzungen.	

Verzeichnis der verwendeten Symbole

	Prozessor, Transformator, Informationssystem; Kommunikatoren
	steuernde und reflektierende Prozessoren und Kommunikatoren (Korrektoren, Regler)
	Sensor (Eingabe) / Effektor (Ausgabe) – innerer Kreis kann bei Beschriftung entfallen z. B. skriptographische und typographische Datenverarbeitungsanlagen (SDV bzw. TDV)
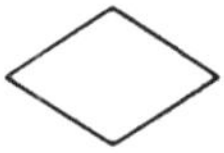	Verteiler
	Informations- und Kommunikationsmedien; Speicher bzw. kommunikative Netze (IM, KM, KN)
	skriptographisches Kommunikations- bzw. Informationsmedium (SM, SKM)
	typographisches Kommunikations- bzw. Informationsmedium, typographische Netze (TKM, TIM, TN)
	orales Kommunikations- und Informationsmedium (OKM)
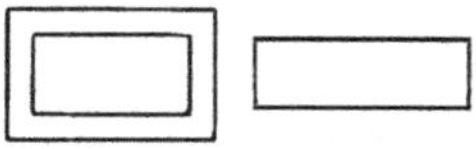	Unterschiedliche Medien können durch Veränderung der Rechtecke spezifiziert werden
	Pfeile geben die Flußrichtung der Informationen an

Verzeichnis der Abbildungen

Der Herzog August Bibliothek in Wolfenbüttel und der Bayerischen Staatsbibliothek in München danke ich für die Reproduktionserlaubnis.

ANHANG

Dokumente der frühneuzeitlichen Medienpolitik

A 1: ›Wann, wo und durch wen die Buchdruckerkunst erfunden wurde‹:
›Cronica van der hilliger Stat va(n) Coelle(n)‹,
Köln 1499, Bl. 311v-312v

Van der boychdrucker kunst.

Wanne. Wae. ind durch wen is vondē dye unuyssprechlich nutze kunst boicher tzo drucke

Hye is tzo myrcken vlijsslich dat in den lestē tzijden as die lieffte ind die vuyricheit
der mynschen sere verlosschen is off bevleckt/ nu mit ydel glorie/ nu mit gijricheit
nu mit traicheit &c. die sonderlichen groislich zo straiffen is in den Geistlichen.
die vill me wachen vnd sorchfeldich syn tzijtlich goit tzo vergaderen/ vnd genoichde des
vleysches tzo soichen dan selicheit der selen/ vnd dae durch dat gemeyn vouck in groyss
yrrunge kumpt/ want Sy soichen alleyn tzijtlich goyt mit yren vurgengerē/ als weer
gheyn ewich goit ind ewich levē hiernae. Op dan dat dye versuymlicheit der vurgenger.
ind dat quait exempel ind die bevleckunge des gotz wortz. int gemeyn aller predicantē
die yrre vnsedelich gijricheit dae jnne laissen mitlundē ind myrckē/ den goiden Cristen
mynschen niet so sere hynderlich vnd schedelich were/ ind dat sich niemantz entschuldigen
moichte/ hait d' ewige got vyss synre vnvyssgrūtlicher wijsheit vperweckt die lovesam
kunst/ dat men nu boicher druckt/ ind die vermānichfeldiget so sere/ dat eyn yeder mynsch
mach den wech d' selicheit selffs lesen off hoerē lesen. Wat vnd winde ich mich zo schrijuē
ind tzo vertzellen dat loff/ den nutze/ die selicheit die vyss d' kunst vntspringt ind vntspruū
gen is/ die niet vysssprechlich is/ dat myr getzuigen alle die schrifft lieff havē. got geve idt
syn leyen die duytsch kunnē lesen. off geleirde lude die latijnscher spraich gebruychen/ off
moenche off nōnen/ ind kurtzlich all gemeyn. O wye vill gebeder/ wye vntzellige innicheyt
den werden geschepper ouermitz die gedrucktē boicher. Itē wye vill koestlicher vñ seliger
vermanungē geschien in den Predicatē Ind dat kumpt allit vyss der vurss Edeler kunst
Och wat groisser nutz ind selicheit/ off Sy willē/ kūpt dae vā den genē die/ die gedruckte
boicher machen/ off bereyden helpen/ wie ouch dat syn mach. Ind den geluste dae van tzo
lesen d' mach oeversyen dat boichelgyn dat gemacht hait d' groiss beroempte Doctoir Jo
hānes Gerson/ De laude scriptorū. Itē dat boichelgyn dat gemacht hait d' geystlich va

der ind Abt zo Spãheym her Johãnes vã Trettenheym. Jtẽ dese hoichwyrdige kũst
vurß is vonden aller eyrst in Duytschlant tzo Mentz am Rijne. Jnd dat is d̕ duytsch
scher nacion eyn groisse eirlicheit dat sulche synrijche mynschen syn dae tzo vyndẽ. Jnd
dat is geschiet by den iairen vns heren/anno dñi. MCCCCxl. ind vã der zijt an bis
men schreue. l. wart vndersoicht die kunst ind wat dair zo gehoirt. Jnd in den iairẽ vns
heren do men schreyff. MCCCC. l. do was eyn gulden iair/ do began men tzo drucken
ind was dat eyrste boich dat men druckde die Bybel zo latijn/ind wart gedruckt mit eyn
re grouer schrifft. as is die schrifft dae men nu Mysseboicher mit druckt. Jtem wiewail
die kunst is vonden tzo Mentz/als vurß vp die wijse/als dan nu gemeynlich gebruicht
wirt/so is doch die eyrste vurbyldung vonden in Hollant vyss den Donaten/die. dae
selfst vur der tzijt gedruckt syn. Jnd vã ind vyss den is genõmen dat begynne der vurß
kunst. ind is vill meysterlicher ind subtilicher vonden dan die selue manier was/ vnd ye
lenger ye mere kunstlicher wurden. Jtem eynre genant Omnebonũ der schrijfft in eynre
vurrede vp dat boich Quintilianus genoempt. vnd ouch in anderen meir boicher/ dat eỹ
Wale vyss Vranckrijch/genant Nicolaus genson haue alre eyrst dese meysterliche kũst
vonden/mer dat is offenbairlich gelogen. want Sij syn noch im leuen die dat getzugẽ
dat men boicher druckte tzo Venedige/ee der vurß Nicolaus genson dat quame/ dair he
began schrifft zo snijden vnd bereyden. Mer der eyrste vynder der druckerye is gewest eyn
Burger tzo Mentz. ind was geboren vã Straißburch. ind hiesch joncker Johan Guden
burch Jtẽ vã Mentz is die vurß kũst komen alre eyrst tzo Coellẽ. Dairnae tzo Strais/
burch/ind dairnae tzo Venedige. Dat begynne ind voirganck der vurß kunst hait myr
mũtlich vertzelt d̕ Eirsame man Meyster Vlrich tzell vã Hanauwe. boichdrucker zo
Coellẽ noch zertzijt. anno. MCCCCxcix. durch den die kunst vurß is zo Coellẽ komẽ.
Jtem idt syn ouch eyndeill vurwitziger man. vnd die sagen. men haue ouch vurmails
boicher gedruckt/mer dat is niet wair. want men vynt in geynen landen der boicher die
tzo den seluen tzijden gedruckt syn. Duch syn vill boicher vertzuckt vnd verloren/die men
nyrgens vynden kan/vmb dat der so wenich geschreuẽ was/as dat groiste deyll die Ti
tus Liuius gemacht hait. Jtem die boicher vã dem gemeynẽ goide die Tullius gemacht
hait. Jtem die boicher van den strijden der Duytschen mit den Romeren rc. die Pli/
nius gemacht hait van den men wenich off gãtz niet vint Jtẽ dese nutzliche ind gotliche
kunst hait achtersprecher/as all and̕ dynge. ind dat geschuyt as mich duckt altzo vnbil/
lich. want die dynge die men leirt ind die verdienstlich syn tzo ouerlesen vnd zo ouerdẽc/
ken/die sall men niet verbieden. wat is nutzlicher ind heylsamer/dan sich bekũmerẽ mit
den dyngen die got antreffen ind vnser selicheit. Sij verstain niet all die hillige schrifft
in latijn/die sij kunnẽ lesen. Also geschiet ouch den die die selue schrifft geduytscht lesen.
Mer wolden sij beyde vlijss ankeren/ so sullen beyde d̕ latijnsch ind d̕ duytsch groissen ver
stant ind suessicheit kriegen. as ich dick ind vill vã geistlichen personẽ gehoirt haue/dye
altzo ynnichlich ind dapperlich vã geistlichẽ dyngẽ spraich hielden. Jnd dese vngunsti/
cheit geschiet d̕ groiste deyl vã den vngeleirden/die vã rechter lerwicheit ind vnwissen/
heit/niet kunnẽ antwerden wan sij gefraeget werdẽ vã goidẽ luden vã den vurß dyngen
ind also v̕schemt werdẽ. Eyndeill and̕ besorgẽ idt kõme eỹ dwalinge vnd yrtung dair
vyss. Mer dat is so balde widderlacht durch die geleirdẽ off dat also queme. Jtem it is
niet vill gesyen off gehoirt dat ketzerie sij entsprũgẽ vã dẽ gemeynẽ volck. mer gemeyn/
lich ind allermeyst vyss dẽ vurwitzigẽ geleirdẽ. Desgelijchẽ syn eyndeill die meynẽ die
v̕menichfeldigũge d̕ boicher sij schedelich. jch wolde gerne hoirẽ wairũb. Vã d̕ gene we/
gen die kunst ind ere lieffhauẽ. is idt nu eỹ angeneme guldẽ ind selige tzijt/ dat sij den ac
ker yrs verstantz moegẽ plantzẽ vñ beseen mit so vntzelligem wũderlichen saemẽ off ouch
verluchtẽ yrẽ verstant mit so mãchen gotlichẽ strailen. Mer vã den genẽ die kunst niet
lieffhauẽ noch yr sele/sage ich. Willẽ sij/sij moegẽ mit haluer arbeit so vill lerẽ/in eyn/

gg v

re kurtzer tzijt as vur eynre mocht in vill iairẽ. Jnd dat kumpt van dẽ groissen vlijss
ind dat in vijll wege/der genre/die die boicher drucken. die vngelijch besser syn. dan vur
mails gewest geschreuen syn. Mer der ym selffs will quait syn/wem dient der. Esopus
schrijfft dat eyn hane vande eỹ seer kostlichen edel gesteyne in eyme mist. mer he kant des
niet ind scherden enwech. Jdt is niet geborlich tzo werpen die edel Perlẽ vur die vercken.
Selich syn sy/ die die gauẽ zo werck setzẽ die yn got gegeuẽ hait ind dae mit gewỹnẽ noch
mere.

A 2: Der Buchdruck als Wunschmaschine:
›Lobspruch von der Edlen freyen Kunst Buchdruckerey‹,
abgedruckt in: H. Hornschuch, Orthotypographie,
Leipzig 1634, 102-105

102

Lobspruch/
Von der Edlen
freyen Kunst Buchdruckerey Vrsprung/ Fortgang/ vnd Nutzbarkeit.
Vnd wessen sich dere Anverwandten/ für andern Künsten vnd Ständen/ mit Grund der Warheit zu berühmen haben.

Keyser Albrecht der Ander genand/
Gieng ab mit Todt in Teutschem Land/
Als man die Druckerey erfand.

Keyser Friedrich der Dritte zwar/
Erwehlet ward im selben Jahr/
Zu eim Teutschen Keyser fürwar.

VOr Jahren hielt man hoch vnd werth
Drey Nation auff dieser Erd/
Die Hebreer/ weil sie so fron
Hielten die recht Religion/

Die

303

Die Griechen/ weil sie mit Verstand
Die Freyen Künst machten bekand/
Die Lateiner / dieweil sie frey
Ordneten Recht vnd Policey.
Aber jetzund zu dieser Zeit
Werden sie vbertroffen weit/
Von Teutscher Nation so werth/
Weil dieselbig auff dieser Erd
Erfunden hat mit Sinnen frey/
Die Edle Kunst Buchdruckerey:
Durch welche diß alls wird erhalten/
Was sonst erfunden habn die Alten.
Denn was wüst man von Künsten frey/
Von Religion/ Policey/
Von Recht/Gericht/ ja Zucht vnd Ehr/
Wo die Kunst Druckerey nicht wer?
Welche das alles bringt an Tag/
Was man finden vnd haben mag/
In Hebreischer Sprachen rein/
Im Griechischen vnd im Latein/
Daß wol die Druckerey so fein/
Mag aller Künste Mutter seyn/
Dieweil sie bringt an Tag geschwind/
Was Menschliche Vernunfft erfind/
Darumb sie auch zu jeder frist/
Ein Edle Gabe Gottes ist/
Die Gott zu erst im Teutschen Land/
Vns zu Nutz/ hat gemacht bekand.

Denn

104

Denn als nach der Gburt Christi war
Das vierzehnhundert viertzigst Jahr/
Johann Faustus von Teutschem Blut/
Vnd Ivo Schäfer from̃ vnd gut/
Machten zwar den ersten Anfang/
Doch hat es nicht seinen Fortgang:
Biß Johann Guttenberg erkohrn/
Zu Straßburg Edles Stamms geborn/
Mit scharffem Sinn jhm recht nachdacht/
Vnd diese Kunst ins Werck hat bracht/
Darauff er dann mit grossem Lob/
Zu Meyntz gemacht die erste Prob/
Vnd dadurch auch erlanget hat/
Daß Keyserliche Majestat/
Keyser Friedrich der Dritt genandt/
Als jhm diese Kunst ward bekandt/
Die Druckerey Privilegirt/
Vnd mit Gnaden hat so geziert/
Daß die Drucker im Römschen Reich
Tragen möchten dem Adel gleich/
Gold vnd Silber/ mit Ehren frey/
So hoch hielt man die Druckerey:
Die ward von Tag zu Tag bekand/
Daß sie auch kam in andre Land
Von Teutschen. Denn nach dreissig Jahrn
Conrad German/ der Kunst erfahrn/
Bracht sie gen Rom in guten Brauch
Sixt Russinger von Straßburg auch

Brachte

105

Brachte sie gen Neapolis/
Vnd richtet sie da an gewiß.
Nicolaus Jenson zugleich
Der brachte die Kunst in Franckreich.
Vnd ward also folgender Zeit/
Die Druckerey weit außgebreit/
Vnd mit mancherley Schrifft geziert/
Daher sie dann auch noch floriert/
Zu Gottes Lob/ durch seinen Schutz/
Dem Menschlichen Geschlecht zu Nutz/
GOTT wolle sie erhalten auch/
Vnd alle die nach rechtem Brauch
Sie vben/ auch sampt denen alln/
Die solche Kunst jhn lassen gfalln/
Ja auch allen die dieser Kunst
Befördrung thun mit Lieb vnd Gunst/
Denen woll GOTT sein Gnade gebn
Zu Zeitlich vnd Ewigem Leben.

S. W.

A3: Der Buchdruck und das Erwachen des deutschen Nationalbewußtseins: Johann Agricolas ›Drey hundert Gemeyner Sprichworter‹, Hagenau 1529, Vorrede

Drey hundert
Gemeyner Sprichworter/
der wir Deutschen vns ge=
brauchen / vnd doch nicht
wissen woher sie kommen/
durch D. Johañ. Agrico
lam von Jßleben/ an den
durchleuchtigen / hochge=
bornen Fursten vnd Her
ren / Herrn Johañ. Frid
reich / Hertzogen zu Sach
sen ꝛc. geschriben / erklert /
vnd eygentlich außgelegt.

Dem durchleuchti-
gen/hochgebornen Fursten vnnd Herren/Herrn Johansen Fridreich/Herzogen zu Sachssen/Landgrafen ynn Doringen/Margraffen zu Meissen/ meinem gnedigen Herrn.

GNediger Furst vnd Herre/ ich habe aus anregẽ etlicher meiner herrn vnd guter freunde/die mir hier zu auch furschub vñ hulffe gethan haben furgenomen/deutsche sprichwörter zu schreiben/der wir Deutschen vns teglich gebrauchen/vnd doch nicht wissen/woher sie kommen/vnd wie wir yhr brauchen sollen/ Es bewegen mich aber hierzu furnemlich zwo vrsachen/ Die erste/das/wer diese spruche haben wurde/der wurde die gantze Deutsche sprach haben/ welche sprach wir Deutschen so gar fur nichts achten/das sie auch fast gefallen ist/vnd niemands/odder gar wenig leut sind/ die Deutsch reden konnen/Alle Nation haben yhre zungen vnd sprachen ynn regeln gefasset/auch ynn yhre Cronicken vnd handelbucher verzeichnet/ wo etwas ehrlichs vnd mandlichs gehandelt/odder etwas kunstlichs vnd hofflichs ist geredt worden von den yhren/ Alleine wir Deutschen sind Deutschen/haben solchs vergessen/das vnser geringe geachtet/wie ehrlich es auch gewesen/vnd auff anderer leutt/vnd frembder Nation wesen/sitten vnd geberde gegaffet/gleich als hetten vnsre alten vnd forfaren nie nichts gehandelt/ geredet/gesetzt vnd geordnet/das yhnen ehrlich vnd rhumlich nach zusagen were/ So doch/wie diese sprichwortter ausweisen/ vnsere forfaren/gar erbare/tapfere vnd weise leutte gewesen sind. Die andere/Syntemal gemeyniglich mit der sprache auch die sitten fallen/ist zubesorgen/der Deutschen trewe vnd glauben/bestand/warheit/welche tugend den Deutschen auch die Walen/ als Cornelius Tacitus/zugeschriben vnd gerhumet haben/werden auch fallen/Denn wir Deutschen tragen nu forthyn Welsche/ Hispanische vnd Frantzosische kleidung/haben Welsche Cardinal/Frantzosische vnd Hispanische kranckheiten/auch Welsche practiken/Derhalben hab ich gedacht/die weise rede vnser alten Deutschen an tag zugeben/ auff das doch etliche vnter vnsern Deutschen mochten gereitzt werden/yhrer foreltern/ fußstapffen nach zuwandeln/ Vnd dieweil ich zu wenig/wil ich deutsch:: land E. F. G. zum exempel der Deutschen erbarkeit/trew vnd warheit/glauben vñ manlichs gemüts furstellen/damit Gott E. F. G. reichlich begabet hat/vnd Deutschland sol seiner alten Deutschen weisheit von E. F. G. erfaren vnd lernen/Ob durch ansehen einer so hohen person vnsern Deutschen mocht geradten werden/das sie yhren angeerbten glauben vnd trew mit der tadt auch wolten erhalten/ Vnd nicht wie andere vndeutsche Nation/ vnuerschempt muterey/ verrheterey/ vnd andere bose tucke vnter yhnen selbs anrichten/zu yhrem eygen verderben. Ich bitte aber vntertheniglich E. F. G. wolte yhr diese meine arme dienste gnediglich gefallen lassen/vnd mein gnediger Herre seyn/Denn ich hoffe/es sol der selbige geringe fleis E. F. G. vnd Deutschem lande zu ehren vnd nutz gereychen. Datum Eisleben/am tage Bartholomei/ym M. D. XXviij. Jare.

E. F. G. gehorsamer/
Johañ Agricola/
Eisleben.

Vorrhede.

Wie schwer es ist / Deutsche sprichwortt nicht alleine zuschreiben / sondern auch zu deutten / wissen die wol / welchen kundt ist / das wir Deutschen keine schrifft haben / darynne solchs zuuorhyn angezeigt / odder geleret worden were. Erasmus von Roterodam hat aus den Schreibern vnd Lerern / Grichischer vnd Lateinischer sprach einen grossen hauffen zu sammen gelesen / wir Deutschen aber haben so viel forteils nicht / Renner der gelebt hat / Anno / M ccc. sagt von Ereck / Ywan / Tristrand / Konig Rucker / Partzinal vnd Wiglois / wir kennen sonst den alten Hildenbrand / Dietrich von Bern / Herr Ecken / Konig Fasolt / Risen Signot / den edlen Moringer / Ritter Pontus / vnd was die Taffelrunde vermag / Es ist gerhumet Freidanck / Ritter vom Thurn / Marcolphus / die sieben Meister / vnd was bey vnserm gedencken ist new worden / Centinouella / das Narrenschiff Sebastian Brands / der Pfaff vom Kalenberg / Vlenspiegel / vnd Thewerdanck / Aber bey den allen ist kein hulffe / sprichwortter zu holen / Dieweil es aber schwer ist / wil ich gebeten haben yedermeniglich / man wolte mir zu gut halten / ob ichs vnterweilen nicht schnuer gleich treffen wurde / Ja ich wil yedermeniklich bitten / vmb aller Deutschen ehre vnd trew willen / Es wolle zu diesem wercke helffen / wer do konne / Denn wir alle sampt werden zu schaffen genug haben / auff das wir Deutsche sprach auff bringen Es mus eins dings ein anfang seyn / vnd ein anfenger ist aller ehren werdt. Ich habe der Deutschen sprichwortter verzeichnet / fast ynn funff tausent odder druber / Ich habe yhr aber auff dis mal nicht mehr denn drey hundert konnen außlegen / dieweil ich hier uber alleine nicht bleiben kan / Diß sol aber ein probe seyn / dadurch wir lernen mugen / was Deutschland hieuon wolle richten / wirds geraten / so sollen die andern hernach erfolgen / wu nicht / so thue es ein ander / der es besser kan.

Warzu die sprichwortter dienen.

Von anbegynn der welt haben die weissen leutte alle gesetze vnd rechte / ynn kurtze wortt verfasset / auff das man sie leichtlich behalten kunde. Gott gab den Juden viel gesetze / aber er faste sie alle ynn eine kurtze / nemlich ynn zehen stucke / darynne nichts vergessen ist alles des / das ein mensch Got-

A iij

te vnd den menschen schuldig ist zuthun /
Die Heyden haben yhr naturlich recht ynn
drey ding gefasset / Das erste / ist erbarklich
leben / Das ander / niemand beschedigen /
Das dritte / einem yeden geben vnd thun /
was yhm von rechte geburet / Die Griechen
haben gehabt nicht mehr denn zwelff taffeln /
darynne alle yhre rechte gefaßt waren / So=
crates Pythagoras / haben wenig wortt ge=
redt / aber viel meynung / ynn verkeuffen /
keuffen / das doch weitlefftig ist / haben sie
eine regel gehalten / Inter bonos bene agere
oportet / Es sol ein frum man ehrlich mit dem
andern handeln / Solon ward gefragt / war=
umb er kein gesetz gemacht hette / wie mans
halten solte mit dem / der seinen vater erwur
get hatte / sagt er / Er hette nicht gemeynt /
das yemand so boßhafftig seyn wurde / vnd
eine solche vbelthat begehen / Summa / Ja
mehr gesetze / ia mehr vntugent / Zu dem / Ja
fromer die leutte gewesen seyn / ia weniger
gesetze sie bedurfft haben / haben auch gantz
einfeltig geredt / vnd einfeltige schlechte
wort gebraucht / vnd noch heutte bey tage
findt sichs also / das fromme erbare leutte we
nig wortt machen / Aber finantzer vnd be=
trieger machen viel wortt / vnd meynens
nicht. Der alte Catho hat zu Athen Laty=
nisch

nisch geredt mit guten / kurtzen wortten vnd
schlussen / Do aber der verdolmetscher Catho
nis wenig wortt mit viel vmbstenden reden
muste / wuchß ein sprichwortt zu Athen / das
den Romern die wortt ym hertzen / den Grie
chen aber alleine ym munde wuchsen / Also
haben vnsere alte Deutschen einfeltig gere=
det / vnd wenig wortt gebraucht / auch we=
nig gesetze gehabt / Aber wie Cornelius Ta
citus von yhnen schreibet / so hat bey den
Deutschen trewe vnd glauben mehr gegol
ten / on viel gesetze / denn bey den Romern /
die viel ordenung / vnd mancherley gesetze
hatten / Gold ist klein / aber es gildt viel / ge=
ringe müntze ist viel / aber sie gildt wenig /
also geldten auch wenig viel gesetze / vnd
viel wortt / Ein vaß voller weyns klingt
nicht sehre / aber es hat viel ynn sich / Herwid
derumb / ein leer vaß klingt feindtlich / vnd
hat nichts ynn sich / Derhalben sind vnser al=
te Deutschen Gold gewesen / denn sie haben
ehrlich vnd trewlich gehandelt / mit wenig
wortten vnn gesetzen / wir sind leyder ytzt ge=
ringe müntze worden / vnd halten wenig /
mit viel wortten vnn gesetzen / Florus schreibt
das vnsere alte Deutschen nach dem tode
Drusi Germanici / der Romer heuptman /
welcher sie hat wollen mit gesetzen vnd

A iiij

gerichtszwang regieren / mit allen den seinen
ermordet haben / yhnen die zungen ausge=
schnitten / vnd gesagt / Sibila nunc vipera /
Zische nu mehr du schlange / Damit erwei=
set wird / das vnsere forfaren / schlecht vnd
gerecht / vnd auffgericht mit allen dingen
sind vmbgangen / Denn ynn kurtze schlüsse
haben sie das leben der menschen / als ynn
kurtze regeln verfasset / Widder die bauch
sorge haben sie gesagt / Gott beschert vber
nacht / Item / Gott hat mehr / denn er yhe ver
gab / Von der trewe vnd vntrewe haben sie
gesagt / Getrewe hand gehet durch alle land
Vntrewe hand gehet hyn / kompt aber nicht
herwidder / Von der meßikeit ynn allen din=
gen zu halten / sagen sie / Schnel radt nie gut
ward / Zuuil zureist den sack / Maß ist zu al=
len dingen gut / Zu viel ist vngesundt / vnd
also fort / von allen guten vnd bösen dingen /
Zum guten werden wir gereitzt / vnd fur
dem bösen gewarnet / wenn man sagt / Wer
recht thut / wirds finden / wer vnrecht thut /
wirds auch finden / Wie einer thut / so
sagt man yhm nach / Das werck
lobt seinen meister / Recht fin
det sich / Es ward nie so
klein gesponnen /
es kam an die sonnen ꝛc.

Gott

A4: Frühe Entwürfe einer neuen Informations- und Kommunikationspolitik I: Öffentliche Unterweisungen in H. Steinhövels ›Pestbüchlein‹, Nürnberg, um 1482, Vorrede (103r-105r)

Vndanckberkeyt(als die al
ten weysen schreiben)ist fur
andere laster zeschelten. So
aber ich heinricus stainhöwel
von wyl doctor in den ertz=
nyen. so vil gutheyt er gunst
vñ nutz. yetz zwey vñ zweinz
tzig iar. von den fursichtigen ersamen vnnd wey=
sen burgermeystern. rath vñ gantzer gemein d' stat
Vlm meynen lieben herren. enpfangen habe. das
ich billich meyne vbrige zeit zu irem dienst. auch er=
biete. hab ich bedacht. wie ich enpfangner gutheyt
danckber gesehen werde. besunder in disen schwe
ren lauffen. diser erschrockenlicher kranckheyt der
pestilentz. wañ man den freund in notten bewert.
vnd vermeine danckberkeyt zebeweysen. wann ich
ynen zu er vñ nutz. in gemein. weytter vñ auszkomē
lasse. dz buchlein der ordnūg. ausz den bewertesten
alten meistern von mir gesamelt vnd auff das kur=
tzest gesetzet(wann lange materi brechte dem leser
verdriessen)wie sich der mensch halten sol. zu dē zei
ten diser grawsemlicher kranckheyt vor. vnd wann
er dar yn gefallē ist. dar durch sich der gemein man
vast wol behelffen mag. fur die iungern willigen
meister der scherer. die noch nit gantz in wund ertz=
ney geubet synd. nach iren begeren wol bessern
mugen. in sunderheyt ausz dem lersten teyl. doch mit
vbertrag der anderñ vier hochgelerten doctor diser
stat. vñ erbewt mich daruber. ob iemand meynes

schreibens vnverstentlich were im dz verstendig vñ
lauter zemachē dar durch ich hoffen nun vñ in kūf-
tig zeite nutz entspringen solle . Vnnd begere von
menglichem dise meine arbeit mit in gut zeschiben
wann di meinung gut ist ! Vnd wil disz regimē al-
lem setzenn fur dise kranckheit so sie kumet von na-
turlichē sachē. da mit ich hindan setze die ruten got
tes wider die nit besser ertzney gefunden wirt dañ
rechte beicht ware rew vnd follige busz . Als auch
die romer tetten in irem aber grossen sterben nit al
lein der menschen sunder gemeines vihes vnnd der
frucht. die nach vil zeitē ander hilff nit finden moch-
ten dann das sie sich mit andechtigen gebeten vnnd
stetten diensten zu den gotten kerten. dar durch sie
gesund wurden. vñ die plag auff horet. als Titus
liuius schreibt in dem dritten buch des erstē teils an
dem andern blat . wann nun sollichs den heyden
geschehen ist dye in finstre des gelaubenns haben
gelebt. wie vil grosser hilff mochten wir erleuchtē
menschen dann hoffend sein wann wir vns zu cri-
sto dem waren liecht der sel keren wurden! vnd das
zu erwerben den heiligen himelfursten sanctū seba-
stianum zu fursprech nemen. der vor got (als vil der
andechtigē menschē gelauben) durch sein verdienē
also gesehen ist das alle die menschen fur die er bitt
vor diser kranckheit gefreyet werdē in sund' welche
in eren mit vasten beten oder almusen geben vñ teg
lich dises nach geschribē gebet mit andacht sprechē.
die von der heiligen christenlichē kirchen in der ere

sancti sebastiani zu beten gesetzt sein. O seliger se
bastiane wie grosz ist dein gelaub bitt fur vns den
herren ihesum cristum das er vns võ dem vbeln ge-
brechē der pestilentz erledige. Bitt fur vns du hei
liger marterer cristi sebastiane. das wir des verheis
sens cristi wirdig werdē Almechtiger ewiger got
der du vmb das erwerben des seligisten vñ kostlich-
sten deines marteres sebastiani gemeine pestilentz
der menschen hast von inen widerruffet vnd abge-
nomen. verleich deinen emsigen bittern daz alle die
dises gebet andechtiglich sprechē vor der kranckheit
der vbeln pestilentz vnd vor allen schaden des leibs
vnd der sel durch sein gebet seliglich erloset werdē
durch vnseren herren ihesum cristum deinen sun der
da lebt mit dir vnd regniret in einikeit des heiligen
geistes got durch alle welt ð welt amen. Die selbē
ertzney ich dē geistlichē ertztē sol befelhē. Vnd wil
auch in disem regimen allein setzen die ringe ertz-
ney vnnd ler. so vil als denen gehort die ir sinn nit
geubet haben in den kunsten. das ander wil ich de-
nen befelhen die ir zeyt sinn vnnd mut dar auff ge
leget haben zu ergrunden die sach der pestilentz. vñ
ir busz. ¶ Von erst wil ich sagen wie man ausz
dem wetter eins teils erkennen mag kunfftige pe-
stilentz. Darnach wil ich setzen die zeichē des pesti
lentigen menschen Darnach wie sich der mensch
haltē sol zu pestilentz zeiten ee wañ sie in an stosset
mit dem luffte mit essen vnnd trincken . schlaffen

vnd wachen. wegen vnd rwen. fullen vnd not lei-
den. vnd zufell des gemutes. vñ das selb eins teils
volliglicher. dz die selb lere zu andern zeiten. gesunt
lich zuleben. auch nutzlich sey. Darnach so schreib
ich etlich ertznei. die der mensch in gewonheit habē
sol. der sich bewaren wil. vor der pestilentz. das ist
der erst teil des buchleins. Der ander teil. ist vō de-
nen. die in die pestilentz gefallen sein. wie den zu
helffen ist. vñ von dem apostem der pestilentz. Dar
vor vns got behuten wolle Amen.

¶ Von kunfftiger pestilentz.

DAs man aber. ander nachgeschribē lere
mercklicher haben muge. so ist ze wissen
daz die pestilentz etwan kumt von heim-
lichen influssen der himel. da von ich astrologis en-
pfilhe ze reden. Etwan von scheinberlichē dingen
als Ipocras spricht. von grosser verkerung der zeit
ausz irer natur als wañ der summer kalt vñ feucht
ist mit vil regen. vñ der winter warm. der kalt sein
sol vnd mit vil regen. vnd des selben gleichen das
glentz vñ der herbst ir natur nit behaltē. ist ein bosz
zeichen. vnd ie fester sie dar ausz gien ye boser. Es
ist aber loblich das iede zeit ir natur vnd wesen be-
halte. das ist so vil. das der sumer trucken sei vñ zim
lich warm. der herbst drucken vnd kalt. der winter
kalt vnd feucht. das glentz warm vñ feucht. die al-
le messiglichen. vñ nit oberflussig. wann ze vil hitz
des summers verbrennt dz geblut also ze vil kelt des
winters od ze vil truckne des herbstes brechte scha
den zegleicherweis als die summer kelt oder feuch-
te. Auch mer sein zeichen der pestilentz scheinbarli
cher ding als die schiessendē stern die fewerin sprin
genden geis. die schiessenden tracken Cometen vnd
des gleichen wañ der vorgemeltē ding vil sind ober
das gemein sehen ist ein sorgklich zeichen. Vnd
dar zu ist ein hilflich sach der pestilentz. grosse truck-
ne des summers mit gar wenig oder keinem regen
vnd besunder seines endes vnd auch des glentzes.
vñ sein villeicht die beide kalt vñ darnach komt ein
warmer ofter wind vnd betrubt etlich tag den luft
darnach so wirt der luft lauter vnd klar vnd wirt
des tages vil werme vnd die nacht kalt oder vil ne-
bel vnd ist gestalt als ob es regen wolle vñ regnet
doch nit. dañ fursehē wir kunftige pestilentz. Vil
sein ander vrsach der pestileutz dar durch d' luft ver-
gift wirt. als etwañ vō totten leichnā eins streit-
tes oder giftig tempf ausz dē grebern oder vil schel-
men des totten vihes oder etwann vnrein gewurm
vnter dem ertrich d' stanck vō dem flachsz vñ hanf-
rossen vñ des gleichē. Aber die all ze erzelen wer
ze lang. darumb so wil ich kommē an das so die pe-
stilentz gegenwertig ist wie sich der mensch halten
sol ee si in berurt vnd darnach so er dar in gefallen
ist.

¶ Von den zeichen
der pestilentz

A5: Frühe Entwürfe einer neuen Informations- und Kommunikationspolitik II: Beschreibungen für ›alle Welt‹ in B. von Breydenbachs ›Hortus Sanitatis‹, Mainz 1485, Vorrede

Offt vnd vil habe ich by mir selbst betracht. die wūdersam werck des schepfers der natuer wie er am anbegīnde dē hymel hait beschaffen vnd gezieret mit schonen leüchtenden sternen den er zū influssen in alles das vnder dem hymel ist. krafft vnd macht geben hait. ¶ Auch wie er dar nach die vier element beschaffen hait. Das feüwer hitzigk vnd drücken. die lufft heyß vnd feücht. das wasser kalt vnd feücht. das ertrich trucken vnd kalt. ygklichem sein natuer geben Auch wie der selb groß meister der natüer darnach gekreüt mancherley natüer. vnd allerley geslecht thier vn̄ zū letzt den menschen vnder allē creatürē das edelst gemacht hait vnd beschaffen. Dar mit ynfiel mir die wūdersam ordenūg die der schepfer den selbigen sein creaturen hait geben also das alles das vnder dem hymel wesen hait sein natuer von vn̄ durch die stern ent/pheet vnd helt. ¶ Auch das ynne eym ygklichen das in den obgemel/ten vier elementen entspringet wechset lebt ader swebt. es sey ertz ge/steyn gekreut oder thier. seyn vermischet die vier natuer der element. hitze kelt feüchtikeyt vn̄ drückenheyt. Vnd also zū vermercken ist die berurten vier natuer. auch ym mēschlichen korper vermischt oder ver menget seyn in eyner maß vn̄ temperament bequeme des menschen leben vn̄ natüer. In welcher maß proporcion oder temperament die weil der mensch steet ist er frisch vn̄ gesunt. So er aber tridt oder felt vß dem temperament ader maß der vier naturē das dan geschicht so die hitz gantz vberhant nympt vn̄ arbeyt die kelt zū dempfen oder wi derūb die kelt die hitze anhebet zū vnterdrucken. oder der mensch vol kalter feüchtigkeit wirt oder seiner feuchtikeyt vber die maß entsetzet feller der mēsch vō nötwegē in kragheyt vn̄ nehet dē tod. Vrsach aber solichs egemelten bruchs der vier natur temperament. yn welchem des menschen gesuntheyt vnd leben steet. seyn vil ytzūt des hymels giffrigk vn̄ verborgen influß wider des menschen natur. dan derumb stehende lufft vnreynikeyt vnd vergiffrigung. Nu vnbequeme speiß ader dranck. Oder bequeme aber nit in rechter maß ader zeyt geno/men. Furwar als leicht wolt ich dir zelen die bletter vff den baymē ader die santkorner ym mer. als ich dir erzelen vn̄ erklerē solt alle die ding die eyn vrsach sein abfals vō dē temperament der vier naturen vnd ein anfang des menschen kranckheit ¶ Darumb so vmbsteen dē menschen tusent vnd aber tusent periclel vnd ferlichkeit keyn augen blick ist er seiner gesuntheit oder lebens gantz sicher Do ich solichs be trachten was fiel mir auch yn wie der schöpfer der natur der vns yn

solche ferlickeit gesatzet hat wider mit eyme andern gnedigklich ver/
sehen hait · das ist mit allerley geslecht kreüter thieren vn̄ ander crea
turen · den er krafft vn̄ macht geben hat · dye obberurten vier naturē
widerbrengen wircken geben vnd dempfen · Eyn kraüt hitziget · das
ander kület yglichs nach dem gradt seiner natuer vnd coplexion ·
Des glichen vil ander creaturen vff dem ertrich vnd yn dem wasser
dem menschen durch den schepfer der naturen syn leben vffenthelt ·
Durch welcher kreuter vnd creaturen krafft der kranck mensch in dē
vier naturen temperamēt vn̄ zů synes leibes gesuntheit widder mag
komen · Synt dē mal aber der mensch vff erden nit grossers nit ede/
lers schatz haben mag dan seyns leibes gesuntheyt · liess ich mich bedū
cken daz ich nit erlichers nit nutzers oder heilgers werck oder arbeyt
begen mochte · dan ein bůch zů samen brengen dar yn vieler kreuter
vnd ander creaturen krafft vnd natuer mit yren rechten farben vnd
gestalt wurden begriffen · zů aller welt troist vnd gemeynē nutz · Dē
nach habe ich solichs löblichs werck lassen anfahen durch einen mey
ster in der artzney gelerer · der nach myner begirde vß den bewerten
meistern in der artzney Galieno Auicenna Serapione Diasconde
Pandecta Plateario vnd andern viel kreuter krafft vn̄ naturen in
ein bůch zů samen hait bracht · Vnd do ich vff entwerffunge vn̄ kun
terfeyung der kreuter gangen byn in mitteler arbeyt · vermerckt ich ·
das viel edeler kreuter syn die in dyssen teutschen landen nit wachssen
Darumb ich die selben in irer rechten farbe vnd gestalt anders ent/
werffen nicht mocht dan von hören sagen · Deßhalben ich solichs an
gefangen werck vnfolkomen vnd in der fedder hangen liess so lange
biß ich zů erwerben gnade vnd ablaß mich fertiget zů ziehen zů dem
heiligen grabe · auch zů dem berg synay da der lieben iūgfrauwē sant
katherinē korper raster vn̄ ruwet · Doch daz solich edel angefangē vn̄
vnfolkomen werck nit hynderstellig bliebe · auch daz myn fart nicht
allein zů myner selen heyl · sunder aller welt zů stadt mocht komen ·
Nam ich mit mir einen maler von vernunfft vnd hant subtiel vn̄
behende · Vnd so wir von teutsch landen gereiset haben durch welsch
lant Histriā vnd dar nach durch die Schlauoney oder Wyndesche
landt Croacien Albaney dalmacien · auch durch die kriechen lande
Corfon Moream Candiam Rodiß vnd Ciprien biß in das gelopt
lant vnd in die heiligen stat Iherusalem · vnd von dan durch cleyn
arabien gegen dem berg synay · von dem berg synai gegen dem roten
mere gegen alcair Babilonien vnd auch allexandrien in Egipten
vnd von dan widder in Candien · in durchwanderūg solcher konig
rich vnd landen · Ich mit fliß mich erfaren hab der kreuter da selbest
vnd die in iren rechten farben vn̄ gestalt laißen kunterfeyen vnd ent
werffen · Vnd nach dem mit gottes hulff widder in teutsch lant vnd
heym kommen byn · die groß liebe die ich zů dissem werck han gehabt
hait mich beweget das zů volenden · als nu mit der gottes hulff vol
bracht ist · Vnd nennē diß bůch zů latin Ortus sanitatis · vff teutsch
ein gart der gesuntheit · In welchem garten man findet · cccc · vnd

xxxv· kreuter mit anderen creaturen krafft vnd dogenden· zů des menſchen geſuntheyt dynenden· vnd gemeinlich in den apotecken zů artzney gebrucht werden vnder diſſen by den vierdhalp hūdert mit iren farben vnd geſtalt als ſie ſyn hie erſchynen· vnd vff daz es aller welt gelerten vnd leyen zů nütze komen moge· habe ich eß in teütſch laißen machen·

Diß bůch wurt geteylt in funff teil· ¶ Das erſt iſt die fur rede ytzůt hie berüret ¶ Das ander teyl iſt vō dē nachfolgendē kreütern vñ ander creaturē krafft vñ dogent in ordenūg des alphabets· ¶ Das drit teyll wirt ſyn eyn regiſter von kreütern zů laxieren zů kreffigen· Item von den wōl richenden ¶ Item von den gūmi ¶ Item von den fruchten ſamen vnd wurtzeln· ¶ Item von edel geſteyntz· Item von den dieren vnd was von yn entſpringet vñ alſo was zů artzney dienet gemeinlich· ¶ Das vierd teil vō allen farben des harnes vñ waz eȳ ygklich farbe bedutet· ¶ Das funfft teil vñ das letzt wirt ſyn ein regiſter behende zů fynden von allen gebreſten vnd krangheyten der menſchen wie die ſyn mogen· ¶ Nu far hyn yn alle lande du edeler vnd ſchöner gart du eyn ergetzūge den geſunden· eyn troiſt hoffenünge vñ hülff den krancken· der dyn nutz dyn frucht gnugſam vß ſprechen moge· lebet keyn menſche ¶ Ich dancke dir ſchöpffer hymels vnd ertrichs der den kreutern vnd andern creaturen yn diſſem garten begriffen krafft geben haiſt· daz du mir ſolich gnad dieſen ſchatz der bißher der gemeyn begraben vnd verborgen iſt geweſt· haiſt vergünet an dē dag zů brengen· Dir ſey eer vñ lob ytzůt vnd zů ewigen zyten Amen·

A6: Buchdruck und Meinungsfreiheit: J. Fr. Coelestin ›Von Buchhendlern‹, Regensburg 1569, Schlußpassagen (nach der Transkription von B. Wendt, AfGdB, 13, 1973; Sp. 1621-1624)

Wie aber der Teufel alle andere ordnung Gottes verlestert vnd verkeret / vnd durch vnd in seinen werck zeugen / den vnglaubigen gottlosen leuten / wider Gott vñ menschen mißbraucht / Also thut er sonderlich jetziger zeit / da er siehet vnd fůlet / das dz ende der welt fůr der thůr / mit dieser edlen gaben Gottes der druckekunst auch / vnd bringets auß Gottes gerechten grossen zorn / frey vnuerhindert dahin / das eben die Druckereyẽ so zu erweiterung vnd außbreitung Gőtlicher ehre vnd warheit gegeben vnnd dienen solten / zu verdrůckung derselben vñ erweiterung seiner teufelischẽ lůgẽ / gotslesterung vñ allerley falscher verfůrischer lere / vñ corruptelen vielfeltiglich mißbraucht werdẽ.

O grosser vnd schrecklicher Got / wie lang wiltu so gar zůrnen vñ deinen eiuer wie ein vnausleschlich fewer vber Deutschland brennen lassen?

Siehestu nicht wie Teuffel vnd menschen wider deine arme verlassene Kirch so grimig wůten vnd tobẽ.

Siehestu nit o barmhertziger Vater / das dem Antichristischẽ Bapst Caluinisten / Maioristen / Adiaphoristen vnd andern lesteren deines H. Namens alle druckereyen / dich dardurch zu schenden / vnnd durch dein eigen blut erworbene Christenheit zu betrůben vnd zuuerfůren / zu jrem gefallen vnnd mutwillen offenstehen / deinen trewen Hirten aber vnnd Bischoffen deiner Herde hergegen verschlossen vnd gesperret werden. Ach du siehest es ja du hůter Jsrael / der du weder schlefest noch schlumerst.

So siehe doch nu an jrẽ hochmut vnd vnd vnser elend / vnd sihe deine Heiligẽ gnediglich an / vnd beweise / dz du nie verlessest die auf dich trawẽ vñ stůrtzest / die auf sich vñ jremacht trotzẽ / vmb deiner ehre / deines einigẽ allerliebstẽ sons Jesu Christi / vñ fast důnnen vñ betrůbtẽ Kirchen willen.

Christliche Regenten wolltẽ vmb jhrer Seligkeit willen / in der furcht GOttes bedencken / das sie sollen Recher sein zur straff vber den / der bőses thut / lehret vnd schreibet / vnnd nicht plaget / verfolget / vnd verhinderer deren / die guts thun / vnd recht lehren. Auch darneben zu gemůt fůren die ernstlich droung vnnd straffe Gottes / vber den Gottlosen Kőnig Joiacim vnd seine Diener vnd amptleut / vmb des einigen zerschnittenen vnd verbranten Buchs willen des H. Propheten Jrremiae(!)/vñ zum verbieten / verdammen verbrennen guter nůtzlicher vnd nőtiger Bůcher ja nicht so jach vñ milde / zu főrderung aber der Warheit vnnd außbreitung nůtzlicher notwendiger Bůcher / so forchtsam / verzagt / nachlessig vnnd widerspenstig sent. Dann Warlich Gott solchs an jnen / beyde hie zeitlich vñ dort ewiglich so wenig wirdt vngestrafft lassen als an jetzt gemelten Kőnig Joiacim vnd seinen Dienern.

Vnd zwar wenn wirs sehen vnnd verstehen kőnten oder wolten / vnnd mutwillig blind vnnd verstockt weren / so hetten wir allbereit / auch inn Deutschem land / exempel genug erfaren vnd erlebet / vnnd noch fůr augen / daraus wir abnemen / ja mit henden vnd fůssen greiffen mőchten ob man schon die exempel nit namhafftig macht / welches dann die Welt nicht leiden kan / was GOTt an solchen vnberechtigen Tyrannischen vnterdrucken / zerschneiden / verbieten / verbrennen vnd verdammen Christlicher notwendiger lehr / straff / warnung vnd Streitbůcher / fůr gefallen habe. Dann ja mehr dann einem widerfaren / das Jeremias aus Gottes befelch dem Gottlosen Kőnig Joiakim droet vnnd verkůndiget / da er sagt: So spricht der

HERR / du hast diß Buch verprant / vnd gesaget / warumb hast du drein geschrieben / das der König von Babel werde kommen / vnd diß land verderben / vnnd machen / das weder leut noch vieh drinnen mehr sein werde.

Darumb spricht der Herr von Joiakim dem König Juda / Es sol keiner von den seinen auff dem stul Dauid sitzen / Vnnd sein Leichnam sol hingeworffen werden / des tages inn der hitze / vñ des nachts in dem frost ligen. Vnd ich wil jn vnd seinen Samen / vnd seine Knecht heimsuchen / vmb jrer missethat willen / Vnnd ich wil vber sie / vnd vber die Burger zu Jerusalem / vnd vber die in Juda komen lassen / alle das unglück / dz ich jnen geredt habe / vnd sie doch nicht gehorchen / etc. Vnd haben jr viel / groß und kleine Hansen / gelert vnnd vngelert / Weltlichs vnd Geistlichs Regiments personen / so zu solchen sachen helffen / vnd rath vnd that geben / jre gewisse straffen noch für jnẽ / die jhnen dann so wenig feilen vnnd außbleiben wird / ob sichs auch viel Jar lange verzöge / als dem König Joiakim vnd vielen andern zu vnser zeit. Es ist ja ein vnbillcher erbermlicher handel / das man allerley schwermerische vnd vnzüchtige schandbücher / vnd bullieder / als sonderlich ist das garstige vnfletige Nachtbüchlein / dessen Autor / Drucker vnd Verleger wol einer guten starcken Strapicord werth weren. Jtem Schmachschrifften / Schmachgemelde / Lesterverß / Abgöttische Heidnische Practicken / Pasquillos vnnd was dergleichen / hin vnnd wider an Bepstischen vnd Euangelischen orten / frey one alle straffe vnd einsehen machen / drucken / verlegen / kauffen vnd offentlich feil haben / vnd dargegen gute Christliche vnd notwendige lehr / warnung vnd Streitbücher reiner Lehrer vnnd Prediger / entweder auß gefastem haß der warheit / oder fleischlicher forcht / oder menschlicher thörichter weißheit / weder drucken / noch verlegen / noch offentlich verkauffen lassen sol vnd wil. Warlich es ist ein böser weg vnnd mittel dem Creutz darmit zu enttrinnen / vñ der welt gunst zu behalten / vnd wird Christliche Regenten gegen Gott zu verantworten schwer fallen / auch wie zubesorgen (vnd die erfarung bezeuget) zu erhaltung vñ beförderung zeitliches friedes / vnnd des heiligen Euangelij wenig dienstlich vnnd nützlich sein. Wer sich warnen lassen wil / der thue es / vnd verbrenne seine Hende nicht an den Gesalbeten des HErrn vnd Christlichen nützlichen Büchern.

Der Allmechtige ewige Gott / der aller menschen hertzen vnnd gedancken lencket / wie er wil / vnd mercket auff alle jhre werck / der wölle vmb Christi vnd seiner lieben Kirchen willen / auch aller Regenten / Buchdrucker vnd Buchführer hertzen durch seinen heiligen Geist / zu warer erkantnis jhrer sünden / vnnd seines einigen Sohns Jhesu Christi erleuchten / leiten vnd regieren / auff das sie prüfen mögen / welches da sey der gute / der wolgefellige / vñ der volkom̃ene will Gottes / vnd demnach all jr thun vñ leben dahin richten / damit es jme gefalle / vñ der lieben Christenheit dienstlich vnd förderlich / nicht schedlich oder hinderlich sein möge / Amen.

A 7: Manifest einer nationalen typographischen Informationspolitik: Erasmus Reinholds (d. J.) Einleitung in seine ›Meßkunst‹, Erfurt 1574

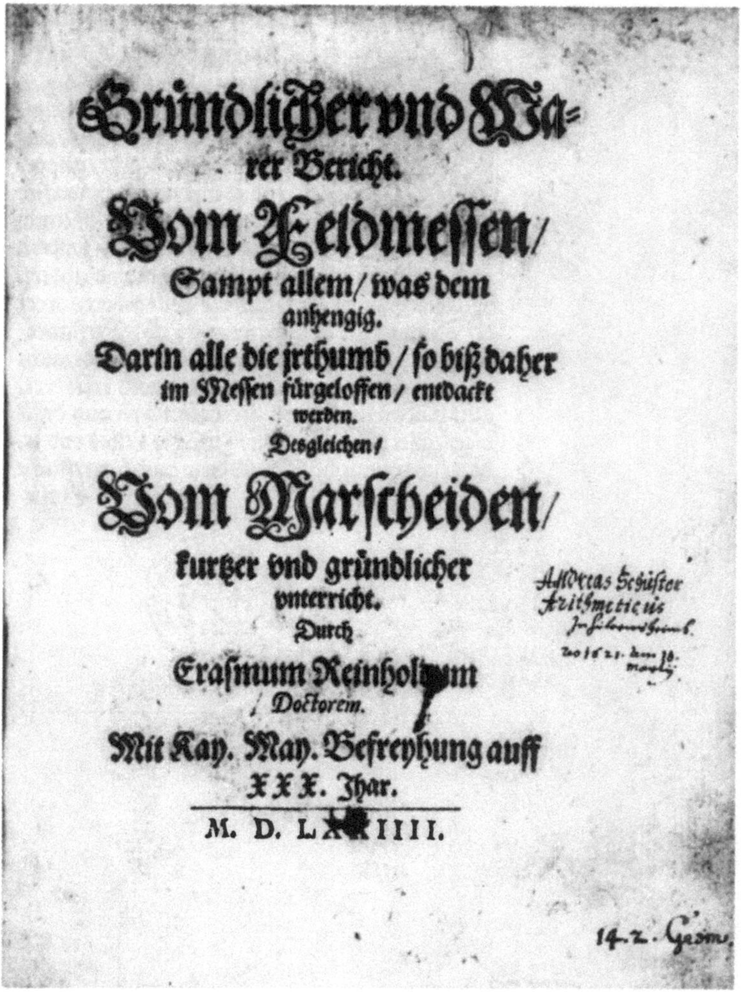

Gründlicher vnd Warer Bericht.

Vom Feldmessen/

Sampt allem/ was dem anhengig.

Darin alle die jrthumb/ so biß daher im Messen fürgeloffen/ entdackt werden.

Desgleichen/

Vom Marscheiden/

kurtzer vnd gründlicher vnterricht.

Durch

Erasmum Reinholdum

Doctorem.

Mit Kay. May. Befreyhung auff XXX. Jhar.

M. D. L[illegible]IIII.

Den Durchlauchtigen Hochgebornen Fürsten vnd Herrn/

Herrn Joachim Friderichen/ *Postulirten Administrator* des Primats/ vnd Ertzstiffts Magdeburg/ Herrn Georgе Friderichen/ vnd Herrn Albrecht Friderich/ Gevettern/ Marggraffen zu Brandenburg/ In Preussen/ zu Stettin/ Pommern/ der Cassuben vñ Wenden/ auch zu Jegerndorff in der Schlesien Hertzogen/ Burggraffen zu Nürmberg/ vnd Fürsten zu Rügen/ Meinen gnedigen Fürsten vnd Herrn.

DUrchlauchtige/ Hochgeborne/ Gnedige Fürsten vnd Herrn/ Es haben die alten Weisen Philosophi/ aus einbildũg der Natur/ gesagt/ vnd in Schrifften hindersich verlassen/ Das der Mensch nicht jhme alleine/ sondern auch vnd fürnemlich dem Vaterlandt vnd andern Menschen/ zum besten/ auff die Welt geboren werde/ Derwegen er schüldig sey/ mit Leib/ Verstandt/ vnd alle seinem vermügen/ dem Vaterlandt/ nicht allein zu dienen/ sondern/ do es die noth erfordert/ alles hindan zusetzen/ vñ zu erhaltung vñ nutz desselbigen/ aller habe vnd güter/ Ja seines Leibes vnd lebens sich zuuerzeihẽ/ Darũb denn auch fürtreffliche

A ij Ehrli-

Vorrhede.

Ehrliebende Leute/(wie die Historien bezeugen) von
wegen jhres geliebten Vaterlandes / sich selbst gut.
willig/ohne einigen zwang/in den Todt geben / vnd
dem Vaterlandt jhr Leib vnd Leben geschenckt ha.
ben / Wie der Curtius vnd Decius / in der Heupt.
stadt Rom / vnd dergleichen andere vnzehlich viel.
Andere aber/ nach deme sie befunden/das sie mit jh.
rer leibes stercke/oder mit jhrem Tode / dem Vater.
landt nichts dienen köndten / haben getrachtet / da.
mit sie durch jhren verstandt/ erfindung oder darge.
bung nützlicher Künst / nicht einem engen Vater.
landt/ als einer gewissen Stadt oder Landschafft/
sondern dem allgemeinen grossen Vaterlandt / dar.
in wir alle semptlich inwoner seind/ Auch nicht auff
eine kurtze zeit / wie des Decij wolthat gegen der
Stadt Rom gewesen / welche doch nachmals zum
offtern verwüstet / Sondern zu künfftigen ewigen
zeiten möchten nützlich vnd danckbar sein / vnd hat
einer diss/der ander jhenes fürgenommen / nach de.
me ein jeder gemeinet zu vollbringen / vnd für an.
dern was nutzbarliches auszurichten.

Dieweil nun/G. F. vnd H. Jch aus teglicher
erfahrung so viel befunden / Das in abmessung der
flechen Felder / darunter Acker / Wiesen / Wein.
wachs.

Vorrehde.

wachs/ Gehültz/ Teiche/vnd dergleichen begriffen/
gar gröblichen geirret vnd gefehlet wird/ Also/ das
offtermals dem keuffer vnd verkeuffer / wol vmb die
helfft/oder mehr/vnrecht vnd zu kurtz geschicht/vnd
solchs jtzo so bald/durch die / so sich geschworne vnd
vereidete Feldmesser schelten vnd halten lassen/ Als
durch einfeltige vnerfarne Bawersleute / so sich des
Feldmessen auch bisweilen vnterfahen / vnd dann
solchs in verkeuffung oder auslassung der Gehöltze/
vnd anderer Feldgüter/ Fürsten vnd Herrn so wol
als derselben vnterthanen mehrmals betrifft/Wie
denn glaubwürdige Exempel / mit gutem grunde
von mir köndten angezogen werdē/ Das noch new
licher zeit ein Gehültz dreymal gemessen worden/
Vnd einmals 26. Tausent Acker/ Das andermal
36. Tausent Acker/ Vnd das letzte mal/ 27. Tau.
sent Acker hat halten sollen/welches doch alles dreyes
nimmermehr zugleich kan war sein/ sondern jhr zwe.
ne / wo nicht alle drey / redlich der scheiben gefehlet/
vnd vmb ein 10. oder 12. Tausent gülden dem Herrn
aus dem Beutel gemessen haben.

Als habe ich es dafür geachtet / das sich einer
mercklichen wol vmb gantz Deudtschland verdie.
nen/vnd dem Vaterlandt danckbar hiemit erzeigen
A iij köndte/

Vorrhede.

köndte / so die gantze lehr vom Feldmessen fein richtig/aus warem grunde zusammen bracht / vnd jedermenniglich zu nutz an Tag gegeben würde/ Damit hinfürder viel vnrichtigkeit vnd hader/ so durch vngegründte Feldmesser entstanden / nach dieser Richtschnur köndten abgelehnet vnd vorkommen werden/ Welches mich denn bewogen/ solcher arbeit dem Vaterlande zum besten zu vnterwinden / vnd die gantze lehr/ vom abmessen vnd theilen/ zusamen zubringen/ Darin ich das mit warheit zeugen vnd darthun kan/ wird es auch ein jeder verstendiger also befinden / Das hierinn nichts gesetzt / denn das seine gewisse vnwidersprechliche *Demonstrationes* habe/ Vnd die dermassen auff die *fundamenta Geometrica* gegründet sein/ das sich wol menniglich auff das/ so er nach der lehr dieses büchleins finden wird/ kündlich verlassen vnd darauff fussen darff.

Vnd ob jemandt mir fürwerffen würde/ Es wehre diese lehr alberelt in Grichischer / Lateinischer/ vnd Deudscher Sprach/ dem gemeinen man zu nutz an Tag gegeben / vnd derwegen ohne noth gewesen/ solche lehre auffs newe zu handeln / Dem wil ich kürtzlich hiemit antworten.

Das ich bekenne/ das von dieser lehr/ in allen drenen

Vorrhede.

dreyen Sprachen jhr viel geschrieben / wie ich denn auch solche nicht für newe / oder von mir erfunden ausgebe / Aber dieweil mit den Büchern der Grichischen vnd Lateinischen Sprache/ (darunter doch auch ein grosser vnterscheidt / vnd sie nicht alle aus warhafftigen *fundamenten* geschrieben/ ob sie schon herrliche Tittel führen/ Vnd die so rechtschaffen gegründet / nicht die gantze lehr / sondern nur das geringste theil begriffen/) vnserm Vaterlande / vnd dem gemeinen Mann nichts gedienet/ Die andern Deudschen Bücher aber / seind dermassen geschaffen / das sie eintzweder gar zu kurtz vnd eingezogen/ oder aber / wol gar falsche vnd vngegründte *fundament* haben/ dadurch vnzehlich viel Leut verführet/ Oder aber auch / das sie nur an einen orth Deudsches landes gerichtet / vnd derwegen nirgent denn daselbst dienstlich sein können.

So habe ich itzt erzelten mangeln allen / mit diesem Büchle fürkommen wöllen / welches erstlich/ wie vorgemeldet/ seine gewisse warhafftige *Demonstrirete fundament* hat. Zu deme das es in sich die sachen dermassen *tractiret* / das ein jederman sich gnungsames berichts darin erholen kan/ vnd wegen der kürtze oder schwere/ niemandts leichtlich abschre

A iiij cken

Vorrede.

cken wird / Verhoffe auch / es sey an jhm selbst so
deutlich vnd klar/das auch ein jeder/so mit dem rech
nen ein wenig geübet/sich dessen mit nutz gebrauche
wird können/ Sonderlich dieweil hierin die gründ.
liche lehr gesetzt wird/grosse Gehültz oder Felder/die
da zu 50. 100. oder wol etzlich viel Tausent Acker
haben/mit hülff des *Compasses* / aus grund der *Geo.
metria* abzumessen.

Item/ Wie ein jegliches Feld in etliche gewisse/
gleiche oder vngleiche theil/nach begeren/ abzuthei.
le/ welche beide stück/meines wissens/ biß daher von
niemandes gehandelt/ vnd doch teglichen / an allen
örthen hoch von nöthen.

Vber diß alles/ist diese lehr dermassen gestellet/
das sie/nach lehr des vierden teils/an allen örten in
gantzem Deudschlandt / mit nutz kan gebraucht
werden/ (man messe gleich die Felder mit Ruthen /
Ellen/ Klafftern / oder wie es jmmer mehr namen
haben mag/) Darumb ich es auch in Deudscher/
vnd nicht in Lateinischer Sprache/ auch one die *De
monstrationes*/so dem gemeinen man nicht so gemein
vnd begreifflich/ schreiben/vñ dieselben auff ein an.
dere zeit habe sparen wöllen /damit es jedermennig.
lichen

Vorrede.

lichen zu nutz kömen köndte / Wiewol es nicht ohn/
das ich im fünfften theil/ einen kurtzen einfeltigen be
weiß für den gemeinen man gestellet / Damit sie
auch / ausserhalb der hohen *Demonstrationen* / der
warheit desto eher einen beyfal geben möchten.

Verhoffe demnach / es werden alle verstendige
vnd gutthertzige Leut erkennen / Das solches mein
schreiben nicht vergebens / sondern aus hoher not.
turfft verursacht sey/ vñ das ich sölchs mein pfund/
vergraben / sondern menniglich zum besten habe an
Tag geben vnd mittheilen / Vnd mich hiemit / alls
einen danckbarn inwoner vnsers algemeinen Va.
terlandes/ erzeigen wöllen.

Ewern Fürstlichen Gnaden aber / habe ich sol.
ches für andern zuschreiben / vnd vntertheniglich
verehren wöllen/aus dieser vrsachen/Dieweil wey.
landt dem Durchleuchtigen / Hochgebornen Für.
sten vnd Herrn/Herrn Albrechten / Marggraffen
zu Brandenburg/ Hertzog in Preussen/ etc. E. F.
G. Herrn Vettern vnd Vatern/Hochlöblicher vnd
Seliger gedechtnüs/ mein Vater seliger / vor dieser
zeit / etliche *Astronomica opera dediciret*/ Als da sindt

A v die

Vorrhede.

die *Tabulæ Prutenicæ, Directionum &c.* Auch die hinderstelligen *Opera*/ so er zum theil angefangen/ zum theil/ wo jhm Gott das Leben geben/ vnd der welt solche nützliche Arbeit gegünnet/ für die handt zunehmen gehoffet/ Seinen Fürstlichen Gnaden zuzuschreiben in willens gewesen. Vnd aber dieses Büchle/eins meins lieben Vatern seligen vertröstesten/ doch geringsten werck/ welches nur etzlicher massen/ von jhme vnuolkomentlich entworffen/vnd nuhmehr durch Göttlicher gnaden verleihung/ durch mich verfertiget worden.

Das also E. F. G. daselbst/ an stadt vnd von wegen E.F.G. Herrn Vetters vnd Vaters/ Hochlöblicher vn̄ Christlicher gedichtnüs/ Dessen F.G. er es zuvorhin vntertheniglich zugesagt/ *Dediciret*/ vnd vor allen andern billich zugeschrieben würde.

Derwegen denn E. F. G. ich vntertheniglich bitte/ Sie wöllen solche geringschetzige/ aber hochnötige/ wolgemeinte Arbeit/ vnd vnterthenige verehrung/ zu gnedigem wolgefallen/ auff vnd annehmen/ vnd nach befindung/ der hohen notturfft vnd nutzes dieses Büchleins/ mich jhnen in Gnaden gnediglich befohlen sein lassen/ So will ich hinwiderumb

Vorrhede.

rumb/ allen müglichen fleiß anwenden/ damit des Hochlöblichen Fürsten vnd Herren/ E.F.G. Herr Vetters vnd Vaters/ Hochlöblichen gedechtnis/ begeren nach/ auch andere Erbeit meins Vaters seligen/ möchte dem gemeinen nutz zum besten/ an Tag gegeben/ vnd andern mitgetheilet werden. Datum Salveldt/ den 1. Januarii/ Anno 1547.

E. F. G.
Vnterteniger

Erasmus Reinholt/ Doctor der Artzney.

A8: Datensammlung und Verbreitung zum ›gemein nutz der teutschen nation‹:
A. Dürers programmatische (Widmungs-)Vorrede
zu seinen ›Vier büchern von menschlicher Proportion‹,
Nürnberg 1528, und das Kolophon

Hieriñ sind begriffen vier bůcher
von menschlicher Proportion/durch Albrechten
Dürer von Nürenberg erfunden vnd be/
schriben/zů nutz allen denen/so zů di/
ser kunst lieb tragen.

M.D.XXViij.

DEm Erberen vnnd wolgeachtten herrn Wilibald Pirckeymer/ Keyserlicher maiestat rat ꝛc. meinem gönstigen lieben Herrn/ vnd grosserspriesslichen freund/ Empeüt ich Albrecht Dürer mein willig dinst.

WIewol ich Gönstiger Herr vnd freund nit zweyfel sich werden etlich diß mein fürnemen zu straffen vndersteen/ darumb das ich als ein vngelerter/ kleins verstandts/ vnd mit wenig kunst begabt/ schreiben vñ leren thar/ das/ so ich selb nye gelernt hab/ oder von yemand anders vnderwisen pin worden/ Nochdann dieweil ir mir zů merem mal angehaltenn/ auch zum teyl gedrungen habt/ das ich dise meine půcher an tag geb/ hab ich mich vil ehe in die geuerd der nachred geben wöllen/ dañ euch ewr pit versagen/ Wiewol ich hoff/ mir werd nymands/ der mit tugenden vñ verstand begabt ist/ zů argem außlegen/ daß ich das so ich mit hohem fleyß steter műe vnnd arbeit/ auch nit mit kleiner versaumung zeytlicher hab/ so miltiglich/ vnd zů gemeinem nutz aller künstner an das liecht kommen laß/ sonder meniglich werd mein gutwilligkeit vnd geneygten willen loben/ vnd den im allerpesten versteen. Dieweil ich nun in keinen zweyffel setz/ ich werde allen kunstliebhabenden/ vnd denen so zů leren begird haben/ hierinn ein gefallen thůn/ muß ich dem neyd/ so nichts vngestrafft lest/ seinen gewönlichen gang lassen/ vnd antworten/ das gar vil leichter sey ein ding zů tadeln/ dann selbs zuerfinden/ Vnd ist wol nit an/ wo die pücher der alten/ so von den künsten des malens geschriben haben/ noch vor augen weren/ so möcht mir diß mein vorhaben als vermeint ich ein pessers zufinden zů arg außgelegt werdẽ. Dieweil aber solche pücher durch leng der zeyt gantz verloren sind worden/ so kan mir mit keiner pilligkeit verwisen werden/ ob ich/ wie auch die alten gethon haben/ mein meinung vnd erfindung schrifftlich außlasse geen/ damit auch anderen verstendigen dergleichen zuthun vrsach gegeben werd/ vnd vnser nachkommen haben/ das sy meren vnd pesseren mögen/ damit die kunst der malerey mit der zeyt wider zů ier volkommenheit reichen vnnd kommen mög. Doch ist nymand gezwungen/ diser meiner leer/ als sey die gantz volkomen an allen ortẽ nachzugeen/ dann die menschlich natür/ hat noch nit also abgenomen/ das ein ander nit auch etwas pessers erfinden möge/ derhalb mag sich ein yglicher diser meiner vnderrichtung/ so lang jme geliebt/ oder er ein pessers erfindet/ geprauchen/ wo nit/ mag er wol dar für achten/ dise leer sey nit jme/ sonnder anderen/ so die anzunemen begeren/ beschribenn. Dann es můß gar ein spröder verstand sein/ der jme nit trawet auch etwas weyters zuerfinden/ sonder ligt allwegen auff der alten pan/ volgt allein anderen nach/ vnd vndersteet sich nichten weitter nach zudencken/ Derhalb gebürt einem yeglichen verstendigen also einem anderen nachzuuolgen/ das er nit verzweyfel/ das er mit der zeyt auch ein pessers erfinden mög/ dann so das geschicht/ darff es keinen zweyffel/ das dise kunst mit der zeyt wider wie vor alter/ ir volkommenheit erlangen mög/ Dann offenbar ist/ das die Teutschenn maler mit ier hand vnnd prauch der farben nit wenig geschickt sind/ wiewol sy bißher an der kunst der messung/ auch Perspectiua vnd anderem dergleichen mangel gehabt haben Darumb wol zu hoffen/ wo sy die auch erlangen/ vnd also den prauch vñ kunst miteinander vberkommen/ sy werden mit der zeit keiner anderen Nation den preyß vor jnen lassen/ Aber an rechte proportion kan ye kein bild volkommen sein/ ob es auch so fleissig als das ymer möglich ist/ gemacht wirdet/ wiewol on not alle vnnd zuuor gar kleine pild nach der maß zu machen/ dann solchs zuuil műe wurd prauchen/ So mann aber der maß recht vñ

A ij

derricht ist/vnd die in gewonheit pringt/kan nachuolgend destleichter auch on die maß ein yglich pild gemacht werdenn. Damit auch diß mein vnderrichtung destpaß verstanden mög werden/hab ich hievor ein puch der messung/ als nemlich linien ebnen corpor rc. betreffend/außlassen geen/on welche dise mein leer nit gründtlich verstanden mag werdenn/ Darumb thut einem yglichen der sich diser kunst vndersteen wil not/das er zuuor der messung wol vnderricht sey/vnd einen verstand vberkome/wie alle ding in grund gelegt/ vnd auffgezogen sollen werden/wie dann die kunstlichen Steinmetzen in teglichem geprauch habenn/dann on das wirdet er mein vnderrichtung nit volkommenlich vernemen möge/ Sich soll auch nymand abweysen lassenn/ob er nit alßpald alle ding versteet/dann was gantz leicht ist/kan nit seer künstlich sein/wa aber künstlich ist/das wil fleyß/müe vnnd arbeit haben/piß das vberkommen vnd gelernet mag werden/ ist ye ein vergebne arbeit/ wo vil müe vnnd fleyß auff ein falsch ding gelegt wirdet/ So es aber sein rechte maß hat/kan das von nymand getadelt werdenn/ob es auch gantz schlecht gemacht ist. Ich wil auch mit diser meiner vnderricht allein von den eusseren linien der form vnd pilder/ vnd wie die von punckt zů punckt gezogen sollen werden/schreibenn/ aber von den innerlichen dingen gar nit. Wie alt nun dise kunst sey/wer sy erstlich erfunden hab/in was ansehen vnd wirden sy etwan pey den Kriechen vnnd Römern gewest sey/ wie auch ein gutter maler oder werckman geschickt soll sein/dauon ist yetz on not zu schreiben/ wer aber des wissen zuhaben begert/der lese Plinium vnd Vitruuium/ so wirdet er derhalb gnugsame vnderricht empfahen. Damit aber dise meine pücher einen beschirmer vor nachred vberkomen möchten/ich auch meinen geneigten willen/so ich zů ewr herrschafft trag/vmb mancherley lieb freuntschafft vnd gutheit willen/so ir mir lange zeyt vnd in vil weg bewisen habt/mit dem gemůt so ich mit dem werck nit kan/erzeigen möcht/hab ich die ewr herrligkeit zugeschriben/mit pit/ir wöllet/diß mein fürnemen im besten versteen/ vñ wie ir allweg gethon habt/ mein Gönstiger herr vnd förderer sein/Des wil ich mich gentzlich vertrösten/ vnd wie ich kan zuuerdienen geflissen sein.

Kolophon

WElcher sich nun vndersteen vnd diser meiner vnderweyssung nach komen/den bilden erstlich ein rechte proportion durch die maß geben/sie als dann ordenlich stellen/vnnd piegen in den grund legen/als dann auffziehen vnd in die perspectiu pringen/vnd also fürt künstlich in das gemel oder werck ziehen / der wirdet bald gewar was nutz perckeyt jme darauß erfolgen mög/vnnd an zweyffel gar vil mer finden/ dann hie angezeygt oder gemeldet ist/ vnangesehen das dise mein vnderweysung an etlichen orten für schwer geacht mag werden/so ist doch war was schwer zu versteen ist/das wil auch nit an müe vnnd fleyß gelernt werden / Vnd damit wil ich günstiger herr auff diß mal meinem schreyben ein endt machen/vnnd so es Got gibt zu seiner zeyt was ferner zu dem malen gehört/weyter schreyben damit solsche kunst nit allein auff dem prauch rue / sonder auch mit der zeyt auß rechtem vnd ordenlichen grund gelernt / vnd verstanden mög werden Got zu lob vnd allen kunstliebenden zu nutz vnd gefallen.

WIewol der frum̃ vnnd kunstreych Albrecht Dürer dise vier pucher geschrybenn / so hat er doch nur das erst wider vbersehen vnd corrigiert/dann ee er an die anderen drey komen ist/ hat jne die schnelheyt des todes vbereylt / das er die nit wider vbersehen hat mögen / ist wol müglich/ wo er zeyt gehabt/er möcht etlich ding geendert/ gemeret/oder gemindert haben/ nichtz destminder haben sein gut freund für nutzer angesehen / das die andern drey bücher auch vncorrigiert außgeend/dañ dz sie vndergedruckt solte beleyben / vnangesehē/ob auch was (darfür sie es doch nit achten) darinn zu besseren sein solt/wo jme auch Got sein leben lenger gefrist het / würd er noch gar vil wunderlichs seltzams vnd künstlichs dings an tag gebracht vnd geben haben/zu for der kunst des malens landschafft/farben vnd der gleychen dienstlich / hat auch in sonders forgehabt ein lengere vñ klerere perspectiu dann er for gethan hat zu beschreyben vnd außgeen lassen/Aber Got der alle ding zum besten verordnet hat solchs nit an vrsach vnderkomen/sein namen sey gelobt vnd geert ewiglich.

Gedruckt zu Nürenberg durch Jeronymum Formschneyder
auff verlegung Albrecht Dürers verlassen witib im jar von
Christi gepurt. 1 5 2 8. am letzten tag Octobris.

REGISTER

Personen und Autoren

(Vgl. auch das Literatur- und Quellenverzeichnis. Die Ziffern nach dem Doppelpunkt verweisen auf die Anmerkung)

Schlagworte

Nachwort zur Taschenbuchausgabe 1998

Die Grenzen der Buchkultur und die Chancen der Informationsgesellschaft

Als ich vor acht Jahren dieses Buch abschloß, beschrieben nur einige Spezialisten unsere Kultur als ›*Informationsgesellschaft*‹. Seit 1994 hat sich dieses Konzept zur Leitidee für das wirtschaftliche, politische und kulturelle Handeln in der europäischen Union und andernorts entwickelt. Es ist von der Idee einzelner Personen und Gruppen zu einer gesellschaftlichen Kraft geworden, die Finanzströme reguliert und die es vermag, über nationale Grenzen hinweg neue Identitäten zu stiften. Die Botschaft der Aktionspläne ›*Europas Weg zur Informationsgesellschaft*‹ (1994) und ›*Europa als Wegbereiter der globalen Informationsgesellschaft*‹ (1996) und der zahlreichen anderen Programmschriften lautet im Kern: Wir müssen unser Zusammenleben verstärkt unter dem Gesichtspunkt der gemeinsamen Gewinnung, Speicherung, Verarbeitung und Anwendung von Informationen betrachten und gestalten lernen. Die elektronischen Informations- und Kommunikationstechnologien sind zu einem Katalysator der Veränderung aller Bereiche unseres Zusammenlebens geworden. Sie haben nicht nur die Dynamik des Arbeitsmarktes dramatisch beeinflußt sondern auch unseren kulturellen und ästhetischen Bedürfnissen eine andere Richtung gegeben. Sie können, wie es die politischen Programmschriften ausdrücken, ›eine zweite Renaissance‹ einleiten, wenn es uns denn gelingt, die Chancen, die uns diese Medien für eine alternative Gestaltung unserer sozialen Vernetzung und unserer Beziehung zur Natur – und zu den alten Techniken – eröffnen, zu nutzen.

Dazu müssen wir auch die Möglichkeiten ausschöpfen, die uns die neuen Technologien für alternative Deutungen unserer Umwelt in die Hand geben. Sie sind Erkenntnismedien. Und in dieser Weise nutze ich sie zum Verständnis der Kulturgeschichte. Dieses Buch, wie auch die kurze Zeit später erschienene und in diesem Jahr neu aufgelegte Veröffentlichung ›*Sinnenwandel,*

Sprachwandel, Kulturwandel‹ entwickeln Kategorien für eine informationstheoretische Betrachtung sozialer, technischer, mentaler, sprachlicher und anderer Vorgänge und erproben sie am historischen Material.

Wie die Rezeption des Buches gezeigt hat, haben viele Personen und Gruppen die vorgeschlagenen Perspektiven übernehmen und die gewonnenen Erkenntnisse in den verschiedensten Bereichen nutzen können. Gerade bei jenen, die tagtäglich mit den sozialen Folgen der Einführung der neuen Informationstechnologien konfrontiert werden, haben die beiden Veröffentlichungen breite Aufmerksamkeit gefunden und sind vielfach Anlaß gewesen, das Gespräch mit mir zu suchen. Gewerkschaftler, die sich mit Rationalisierungsfragen befassen; das Kultusministerium, das den Geschichts- und Sachkundeunterricht auf die neuen Medien ausrichten will; Designer, die mehr über die Differenzen zwischen der traditionellen typographischen und der postmodernen Gestaltung wissen wollen; die Kirche, die den Anschluß an die junge Generation und die neuen Medien sucht; Politiker, die Rat für medienpolitische Entscheidungen und für die Perspektiven einer globalen Kulturpolitik brauchen – für sie alle ist *›Der Buchdruck in der frühen Neuzeit‹* nicht bloß Beschäftigung mit Vergangenem, sondern eine aktuelle Orientierungshilfe.

Es zeigte sich in den Diskussionen aber auch, daß die Klärung der Programme einer interaktionsfreien Parallelverarbeitung von Informationen in der Buchdruckära noch keine ausreichenden Perspektiven für die Gestaltung der Informationsgesellschaft liefert. Von der monosensuellen – visuellen – Erkenntnistheorie, den monomedialen Kommunikationstheorien, den auf Sprache und Bewußtsein fixierten Vorstellungen von Informationsverarbeitung, die die typographische Kultur des Industriezeitalters bevorzugt hat, muß sich die Informationsgesellschaft abgrenzen. Sie kann ihre Identität aber nicht nur aus der Negation des Vorhandenen beziehen. Das Informationszeitalter wird wieder mehr von der Komplexität unserer im Prinzip ja multimedialen Kultur zulassen können, als dies in den vergangenen Jahrhunderten möglich war: Kulturen, die auf multimediale Kommunikation fixiert waren, haben keine Industrienationen gebildet. Heute sind die Normen und Werte der Buchkultur in vielen Bereichen in

Europa und andernorts zu Fesseln geworden, die es verhindern, daß wir die Potentiale der Menschen und auch jene der neuen Medien ausschöpfen können. Was wir benötigen, sind multimediale Erkenntnis- und Kommunikationstheorien sowie neue Formen sozialer, auch globaler Arbeitsteilung bei der Informationsgewinnung und -nutzung. Viel mehr Aufmerksamkeit als dies das Zeitalter der Aufklärung für nötig hielt, werden wir auch der Rolle impliziten Wissens, nicht-sprachlicher und kaum bewußtseinsfähiger Information widmen müssen.

Um dies zu erreichen, empfiehlt sich m. E. eine ganz andere, gerade nicht auf den Buchdruck oder eine andere technisierte Form der Informationsverarbeitung ausgerichtete Perspektive. Zukunftsvisionen können wir entwickeln, indem wir uns auf die Verständigung von Angesicht zu Angesicht zwischen mehreren Menschen bei gemeinsamer Kooperation als dem komplexesten Fall multimedialer Kommunikation orientieren. Die paradigmatische Kommunikationssituation des typographischen Zeitalters – interaktionsfreie Verständigung zwischen Autor und Leser mit Hilfe sprachlicher Texte – taugt jedenfalls nicht als Basis für die Entwicklung eines Konzepts multimedialer Informationsverarbeitung und ihrer Verbreitung im Internet. Überhaupt sehe ich in der gegenwärtig in den Sozial- und Medienwissenschaften vorherrschenden Konzentration auf die Untersuchung und Modellierung *technischer* Medien eine Hauptursache für die Stagnation der Medien- und Kommunikationstheorien. Ich habe mich auch aus diesem Grund schon seit Jahren parallel zu der Auseinandersetzung mit dem Buchdruck mit der Untersuchung von face-to-face Kommunikationen beschäftigt. (Vgl. M. Giesecke/Rappe-Giesecke: *Supervision als Medium kommunikativer Sozialforschung. Die Integration von Selbsterfahrung und distanzierter Betrachtung in Beratung und Wissenschaft.* Frankfurt 1997.) Daß es, wenn es um die Gestaltung des Zusammenwirkens verschiedener Medien und um eine Verbesserung der Rückkopplungen geht, sinnvoller ist, an nicht-technisierte Kommunikationsformen anzuschließen, habe ich in dem vorliegenden Buch nicht deutlich ausgedrückt

Feedback auf das Feedback

Mittlerweile liegen mir ca. 40 Besprechungen in Tages- und Fachzeitschriften sowie im Rundfunk vor. Auf die dort und darüber hinaus in Briefen, bei Gesprächen und nunmehr auch im Internet geäußerten Fragen, Einwände und Vorschläge möchte ich auf folgende unterschiedliche Weisen reagieren:

1. Druckfehler, einige wenige Irrtümer bei Jahreszahlen, Werkzuschreibungen, biographischen Angaben u. ä., auf die ich aufmerksam gemacht wurde, sind in dieser Auflage so korrigiert, daß der Umbruch erhalten bleibt.
2. Dem Grundmangel dieses Buches, eben nur die *Leistungen* der typographischen Medien, nicht aber ihre Grenzen und ihre Abhängigkeit von anderen Kommunikationssystemen aufzuweisen, versuche ich in dem Nachfolgewerk *›Von den Mythen der Buchkultur zu den Visionen der Informationsgesellschaft – Die Dynamik des Wechsels zwischen Epochen sozialer Informationsverarbeitung‹*, das im Verlauf des nächsten Jahres in diesem Verlag erscheinen wird, abzuhelfen. Dort führe ich auch die theoretische Diskussion fort und entwickle Perspektiven einer zeitgemäßen Gestaltung kultureller Prozesse als multimediale Informationsverarbeitung.
3. Um weiteres Feedback zu meinen Arbeiten und überhaupt zu den Perspektiven einer Informations- und kommunikationstheoretischen Modellierung kultureller Prozesse zu erleichtern, sollten wir das Internet nutzen. Sie können über meine Homepage *http://www.ifgb.uni-hannover.de/extern/kommunikationslehre/giesecke.htm* Näheres erfahren.
4. Zu einigen häufiger wiederholten Fragen und kritischen Hinweisen nehme ich in diesem Nachwort Stellung.

Die Schwierigkeiten der Geisteswissenschaften mit der informationstheoretischen Perspektive

Die in meinen Büchern dargestellten Modelle und Methoden sollen eine eigenständige Perspektive auf alltägliche und wissenschaftliche Analysen kultureller Prozesse ermöglichen. Sie reihen sich damit in gleichartige Bemühungen der Wissenssoziologie, von Kommunikations- und Medienwissenschaftlern, allen voran von M. McLuhan, und von Vertretern anderer Disziplinen ein. Gleichzeitig grenzen sie sich von strukturalistischen und monokausalen Modellvorstellungen und den traditionellen Leitfragen z. B. der Soziologie (Wie ist soziale Ordnung möglich?), der Sprachwissenschaft (Wie läßt sich Sprache als ein Zeichensystem beschreiben?), der Buchwissenschaft (Wie werden Bücher produziert, verbreitet, und wie schließen sie aneinander an?) usf. ab. Wen die Fragen ›Wie hat die Industriegesellschaft *soziale* Informationsverarbeitung ermöglicht?‹ und ›Wie lassen sich natürliche, technische, soziale u. a. Vorgänge als kommunikative Rückkopplungsprozesse verstehen?‹ nicht interessieren, der kann dieses Buch (nur) als Informationssteinbruch für einen begrenzten Bereich der Kulturgeschichte in den deutschsprachigen Ländern zwischen ca. 1440 und 1550 ausbeuten. Von einem solchen Steinbruch sollte man nicht zuviel Struktur erwarten. Wer keinen Steinbruch sondern ein Kommunikationsmedium sucht, sollte zeitweise die von mir vorgegebenen Standpunkte und Perspektiven übernehmen.

Er braucht dabei seine gewohnten Maßstäbe durchaus nicht aufzugeben. Ich halte die informationstheoretische Betrachtung im Gegensatz zu den Befürchtungen vieler Rezensenten durchaus nicht für zureichend und schon gar nicht für die einzig mögliche. Als Anhänger des Sowohl-Als-auch-Denkens empfinde ich das Nebeneinander verschiedener Konzepte grundsätzlich als eine Bereicherung. Wenn ich also vorschlage, die Geistesgeschichte als Informationsgeschichte zu beschreiben, so meine ich tatsächlich nicht, nur eine solche Beschreibung sei möglich und richtig. Wo immer das Entweder-Oder-Denken angebracht ist, beim Versuch, Kultur zu verstehen, gewiß nicht. Hier dürfte es kaum eine Erscheinung geben, die nur eine einzige Ursache besitzt und deshalb reicht auch eine einzelne Erklärung nicht aus. Aus diesem Grunde nutze ich selbst in dem Buch gelegentlich auch andere Modelle.

Die alternativen Deutungen mancher Zusammenhänge, die vielen Lesern aufgefallen sind und hoffentlich weiter auffallen werden, bestätigen gerade die Überdeterminiertheit sozialer Prozesse. Wenn trotzdem einige Kollegen aus der Sprach- und Buchwissenschaft sowie aus der Mediävistik, die in ihren aspektreichen Werken die Kultur ansonsten keineswegs als eine triviale Maschine behandeln, die informationstheoretische Perspektive als gründlich ungeeignet für kulturelle Prozesse hinstellen und das damit begründen, daß sich von ihrem anderen Standpunkt aus andere Beschreibungen ergeben als jene, die ich hier präsentiere, dann muß dies (auch) Ursachen haben, die jenseits des wissenschaftlichen Diskurses liegen. Meine Darstellungsweise mag eine sein. Aber im Kern liegen die Verständigungsschwierigkeiten woanders. Es geht darum, ob der Verlust der zentralen Perspektive und der auf sie aufbauenden und sie stützenden Mythen, Werte, Darstellungsweisen, usf. akzeptiert und mit gehöriger Trauer verarbeitet wird, oder ob man sie unkritisch verteidigt und weiterhin zur Richtschnur für die Gestaltung unserer Kultur nehmen will. Die Schrift- und Buchgelehrten, deren Schicksal besonders eng an die typographische Kultur gebunden ist, müssen ihre Rolle in der Informationsgesellschaft neu bestimmen. Die engen Schubladen der Disziplinen scheinen zum Speichern gesellschaftlicher Erkenntnis nicht mehr erforderlich. Ein Deutungsmonopol werden die Fachdisziplinen weder in bezug auf die Sprache, die Kommunikation, noch auf die Literatur aufrechterhalten können.

Der Sinn der »Computermetaphorik«

Im Gegensatz zu dem traditionellen Vorgehen, bei der Beschreibung von Informationsverarbeitung zunächst psychische Vorgänge – Sehen, Hören usf., Gedächtnis, Denken, Sprechen, Handeln – als Vergleichsmaßstab (Metaphern) heranzuziehen, habe ich mich am technischen Modell elektronischer Datenverarbeitung orientiert.

Dies hatte mehrere Ursachen: Zum einen wollte ich einer Psychologisierung sozialer Prozesse entgegenarbeiten. Die typographische Produktion von Büchern und ihrer Verteilung ist – im Unterschied zum Schreiben – von vornherein und unaufhebbar ein gesellschaftlicher Vorgang, der sich nicht auf die (psychischen) Aktivitäten der beteiligten Personen reduzieren läßt. Zweitens sollte auch die Technik des Buchdrucks als Informationsaustausch und nicht wie herkömmlich als zweckrationaler Werkzeugeinsatz beschrieben werden. Auch hierzu brauche ich eine allgemeine Terminologie. Drittens sollte die aktuelle Kunstsprache die tatsächliche Ferne, die zwischen mir und der frühen Neuzeit besteht, unmißverständlich deutlich machen. Viele Worte sind über die Jahrhunderte in ihrer graphischen Gestalt gleich geblieben und dies verführt auch ausgebildete Historiker immer wieder zu der Annahme, daß die Bedeutung, die wir diesen Zeichen heute zuschreiben, dieselbe sei, wie jene, die ihnen die Menschen vor 600 Jahren zuschrieben. Das ›Lesen‹ beschreibt im 15. Jahrhundert aber andere Prozesse als das ›Lesen‹ 1990. Wir vergleichen deshalb Äpfel mit Birnen, wenn wir beispielsweise die Alphabetisierungsraten in der frühen Neuzeit mit jener heute vergleichen. Meine Verwendung der Computersprache dürfte hinreichend klar machen, daß und wie ich projiziere. Da die meisten Einwände gegen meine ›moderne Terminologie‹ von der m. E. unwahrscheinlichen Annahme ausgehen, unsere Alltagssprache oder deren Verkleidung mit quellensprachlichen Ausdrücken sei weniger ›anachronistisch‹, d. h. eher im Einklang mit der damaligen Wahrnehmung und dem historischen Sprachgebrauch, fühle ich mich in meinem ›verfremdenden‹ Vorgehen bestärkt. Auch den Vorwurf, dies sei nicht neu, sondern entspreche einer dramaturgischen Idee von B. Brecht, nähme ich gerne in Kauf.

Viertens wollte ich durch die Verwendung der Sprache der Computerkultur einen Vergleich zwischen den aktuellen Innovationsprozessen und jenen in der frühen Neuzeit erleichtern. Dieses Buch und der Band *›Sinnenwandel, Sprachwandel, Kulturwandel‹* sind als ›Studien zur Vorgeschichte der Informationsgesellschaft‹ angelegt. Sie beschreiben, was mir aufgefallen ist, als ich innovative kulturelle Prozesse im 15. und 16. Jahrhundert als soziale, durch technische Medien verstärkte Informationsverarbeitung betrachtet habe. Sie wollen einen Beitrag zu einem besseren Verständnis der technischen und sozialen Voraussetzungen derjenigen Formen von Wissensproduktion leisten, die wir im Augenblick auf sehr vielen Feldern gründlich umbauen. Man wird den aktuellen Wertewandel in unserer Gesellschaft und die Perspektiven der Entwicklung der elektronischen Medien und Netze nicht verstehen, wenn man nur die vergangenen 20 Jahre ins Auge faßt und bloß die postmodernen Werte und Medien selbst einer Analyse unterzieht. Dies ist, als wolle man aus den Herztönen des Ungeborenen im Bauch einer Schwangeren auf dessen berufliche Zukunft schließen. Eine Kritik der Fernsehkultur und sozialwissenschaftliche Analysen der Einführung von Computern sind notwendig, aber sie zielen zu kurz.

Wirklich tiefgreifender sozialer Wandel läßt sich nur aus einer Makroperspektive begreifen. Wenn tatsächlich an der Wende zum dritten Jahrtausend epochale Veränderungen anstehen, dann dürfte selbst ein Rückblick auf die letzten 100 Jahre und die Einführung der elektronischen Medien nicht ausreichen. So wie die Renaissance bis in die Antike zurückblickte, um sich ihrer neuen Identität bewußt zu werden, so wird auch die Informationsgesellschaft ihr eigenes Profil nur im Vergleich zur Industriegesellschaft, wie sie sich seit der frühen Neuzeit entwickelt hat, gewinnen.

Daß wir uns erst seit wenigen Jahren als ›kognitive‹ oder ›wissensbasierte‹ Gesellschaft beschreiben, bedeutet keineswegs, daß unser Alltag vorher nicht auch schon durch Prozesse der Informationsgewinnung und -verarbeitung und durch Kommunikation geprägt gewesen ist. Die elektronischen Medien haben es uns lediglich erleichtert, das zu erkennen, was wir – als Individuum, als Gruppe und als Gesellschaft – immer schon gewesen sind: informationsverarbeitende Systeme. Ich sehe aus diesem Grunde auch keinen Anachronismus darin, die frühe Neuzeit als ein Informationssystem zu beschreiben.

Gibt es ein Metamodell der Informationsverarbeitung?

Die Aufforderung, die alten Medien in der Sprache der neuen Medien zu beschreiben, hat noch aus anderen Gründen zu Mißverständnissen geführt. Georg Jäger sieht in ihrer Befolgung in der wohl gründlichsten Auseinandersetzung mit meinen theoretischen

Grundannahmen eine ›unzulässige Einnahme eines Metastandpunktes‹. (›*Die theoretische Grundlegung in Gieseckes ›Der Buchdruck in der frühen Neuzeit‹*‹ in: Intern. Archiv f. Sozialgesch. d. dt. Lit., Bd. 18, H. 1, 1993: 179–196, hier 191). Unzulässig, weil damit im Gegensatz zu meinem erklärten Ziel eines multiperspektivischen Herangehens eine Prämierung der elektronischen Kommunikationssysteme vorgenommen wird, die im übrigen ganz der Mystifizierung der typographischen Informationsverarbeitung im Industriezeitalter entspricht. Unzulässig auch, weil ›die Subsumtion unterschiedlicher Sachverhalte unter wenige, nicht weiter differenzierte Begriffe aus dem Wörterbuch der Datenverarbeitung zu einer Entdifferenzierung und Metaphorisierung führt‹. (188)

In der Tat steht hinter allem meine Voraussetzung einer ›strukturellen Homologie organischer, neuronaler und technischer Prozesse‹. (189) Diese Prozesse lassen sich m. E. genau dann als funktional und strukturell ähnlich beschreiben, wenn sie als Informationsverarbeitungs- und/oder Spiegelungsvorgänge begriffen werden! Weil sie unter dieser Perspektive gleich sind, fallen

a) Differenzierungen der Objektbereiche, die andere Disziplinen für wichtig halten, fort und ist es
b) gleichgültig, welche der verschiedenen Typen von Informationssystemen als Modell zur Erklärung der anderen verwendet werden.
c) Daneben sollte es auch möglich sein, sich auf Dauer auf einige wenige sehr abstrakte Kategorien für Strukturen und Prozesse zu einigen, die in allen Systemen in freilich unterschiedlicher Ausprägung beobachtbar sind.

Die Suche nach einem sinnvollen Spezifitätsniveau für die informationstheoretischen Grundbegriffe bleibt eine gemeinsame Aufgabe. Der Informationsbegriff der Computerkultur ist natürlich ein historischer Spezialfall, ähnlich dem typographischen Wissensbegriff, der den Anforderungen einer zukünftigen multimedialen Kultur ohnedies nicht gewachsen ist. Offenbar habe ich in diesem Buch die Computerterminologie für viele Leser zu extensiv genutzt. Nicht jeder kann sich an den Verfremdungseffekten erfreuen. Die Übertreibung macht aber das Prinzip nicht hinfällig: Um die Wahl eines Bezugssystems – psychische, soziale, biogene, technische usw. Informationssysteme – kommen wir nicht herum.

Einen Standpunkt jenseits des Kosmos können wir nicht einnehmen.
Als Ausweg bleibt m. E. nur, in einem geordneten Wechsel verschiedene Kommunikations- und Informationsmodelle als Vergleichsmaßstab anzulegen. In diesem Buch verwende ich vorzugsweise das physikalische Spiegelungsmodell und die technischen Informationssysteme. In den Kapiteln 6–9 des Buches *›Sinnenwandel, Sprachwandel, Kulturwandel‹* nutze ich das menschliche psychische System und in den letzten Kapiteln der Arbeit *›Von den Mythen der Buchkultur zu den Visionen der Informationsgesellschaft‹* nehme ich das Gruppengespräch als Paradigma sozialer und technischer Informationsverarbeitung und Vernetzung. Jeder Ansatz hat seine Vor- und Nachteile – und er zieht typischerweise verschiedene Lesergruppen an.

Handschrift und Druck: Wechsel des Emergenzniveaus menschlicher Informationsverarbeitung

Einen weiteren häufigen Diskussionspunkt bot das Verhältnis zwischen mittelalterlichen und neuzeitlichen Informationstechniken. Ich sehe in der typographischen Buchproduktion den Beginn und das Vorbild aller weiteren industriellen Warenproduktion. Die typographische Wissensproduktion ist, wie die übrige neuzeitliche Produktion auch, auf den Markt als Vernetzungsmechanismus angewiesen und kann (auch) deshalb nur als ein *gesellschaftlicher* Prozeß erfaßt werden. Die Normierung der Wahrnehmung, des Denkens und Beschreibens, der Sprache sowie die Professionalisierung der Nutzung von Buchinformationen usf. sind Beiträge zur Lösung des Problems interaktionsfreier *Massen*kommunikation. Das typographische Kommunikationssystem der industrialisierten Nationalstaaten ist durch unabzählbar viele Teilnehmer und Vernetzungsmöglichkeiten gekennzeichnet, die Autoren und Medien müssen sich auf ein disperses Publikum einstellen. Man mag die Manuskriptproduktion verstehen, indem man sich Werkstätten, Auditorien, Tradierungsketten und damit sehr kleine soziale Gruppen anschaut. Das Schreiben und die Schrift sind Leistungen psychischer Systeme – die typographische Fabrikation von Erkenntnis kann man weder mit Bezug auf das einzelne Individuum noch auf überschaubare Menschengruppen erklären. Die Register, die Abbildungen und die Paginierung, das neue Layout usf. vieler hochmittelalterlicher Handschriften sollten weder eine gesellschaftliche Informationsverarbeitung ermöglichen – noch hatten sie defacto ein solches Ergebnis. Sie waren psychologisch, bestenfalls gruppenpsychologisch motiviert.

Wer also den Unterschied zwischen individueller Informationsverarbeitung und bestenfalls noch der einfachen Addition ihrer Produkte einerseits und der arbeitsteiligen gesellschaftlichen Informationsproduktion andererseits nicht kennt, der wird meine Unterscheidung zwischen Handschrift und Druck nicht verstehen – und er wird auch Schwierigkeiten haben, die neuen Strukturen der Informationsgesellschaft zu erkennen. Die skriptographischen Medien erweitern die Ressourcen der psychischen Informationsverarbeitung des einzelnen Menschen, der Druck ermöglicht die Parallelverarbeitung von Informationen im nationalen Maßstab und die Neuen Medien werden globale Kommunikationssysteme schaffen.

An diesen Chancen sind die Informationstechnologien zu messen – nicht an ihrer empirisch natürlich in vielen Fällen nachweisbaren restriktiven Nutzung.

Solange diese grundlegenden Unterschiede nicht ausreichend gewürdigt werden, sehe ich kaum Sinn in der Suche nach einer Kontinuität zwischen Handschrift und Buchdruck, die mir von vielen Seiten empfohlen wurde. Sind die Systemreferenzen deutlich, so stellt sich die Frage des Übergangs anders – aber sie sollte natürlich auch beantwortet werden. Dies geschieht in diesem Buch an vielen empirischen Beispielen. So zeige ich, wie traditionelle Ziele – Gutenbergs Idee, ein harmonisches, schönes Buch zu verfertigen, perspektivisch korrekte Zeichnungen zu erstellen, dem städtischen Nutz mit Büchern zu dienen usf. – dadurch, daß sie mit neuen Medien verfolgt werden, einen anderen Sinn erhalten und auch ganz andere Effekte zeitigen. In dem nun abgeschlossenen Manuskript (*Von den Mythen der Buchkultur zu den Visionen der Informationsgesellschaft*) systematisiere ich solche Beobachtungen nach dem Muster des gruppendynamischen Entwicklungsmodells ›Abhängigkeit, Gegenabhängigkeit, Autonomie‹ und wende sie auf die aktuelle Medienrevolution an. Es wäre in der Tat lohnend, auch den frühneuzeitlichen Umbruch noch einmal nach einem solchen sozialpsychologischen – oder einem anderen – Transformationsmodell zu beschreiben.

Ebensosehr würde ich es begrüßen und unterstützen, wenn jemand Jan Dirk Müllers Vorschlag, die ›Auswirkungen des Drucks in traditionell den Geisteswissenschaften zugerechneten Disziplinen‹ genauer zu verfolgen, aufgriffe (Internat. Archiv f. Sozialgesch. d. dt. Lit., Bd 18, H. 1, 1993: 168–178). Neben vielen Korrekturhinweisen, die ich dankbar genutzt habe, gab er mir auch den Rat, den Abschnitt über ›Die Technisierung der Unterhaltungskunst‹ (298ff) neu zu gestalten. (Ebd. S. 176) Dies sind Themen, die nochmals ein großes Quellenstudium erfordern und sicherlich in einem voluminösen Buch enden werden.

Zuletzt möchte ich dem Leser noch eine Warnung von Michael Schmolke aus seiner Besprechung in *›Communicatio socialis‹* weiterreichen: Er ›muß ambivalent belastbar sein‹! (H. 3, 1994: 312–314, hier 314) Daß die Welt multidimensional, polyzentrisch und ohne Hierarchie vernetzt ist und daß deshalb viele Standpunkte und Perspektiven zu ihrer Beschreibung erforderlich sind, für die es keine natürliche Rangfolge gibt, gehört mittlerweile zum Credo postmodernen Denkens. In die kommunikative Welt mit ihren Spiegelungsprozessen sollte man überhaupt nur einsteigen, wenn man Freude an Ambivalenzen, Paradoxien und individueller und sozialer Selbstreflexion hat. Es ist kein Zufall, daß ›Kommunikation‹ und vor allem das Reden über Kommunikation erst von dem Augenblick an seinen gewaltigen Bedeutungszuwachs erfahren hat, in dem sich unser ganzes Denken und Wirtschaften von linearen, logischen und monokausalen Idealen wegbewegt. Ein Konzept von *Kommunikation* ist nur in Theorien und Weltbildern erforderlich, die von der Unaufhebbarkeit verschiedener Standpunkte und Perspektiven ausgehen – und die deren Gleichartigkeit in jeder Kommunikation doch immer wieder voraussetzen. Jeder Hörer wird nur zum Hörer, weil er zugleich auch Sprecher ist, schweigt und doch bedeutet, daß er zuhört und zur Erwiderung bereit ist. Jeder Sensor und jeder Effektor ist sowohl das eine als auch das andere. Wer das eine ohne das andere haben will, sollte auf die traditionellen (linearen) Handlungs- oder Wahrnehmungstheorien zurückgreifen. Aber genau vor dieser Komplexität ist auch die Buchkultur zurückgeschreckt. Sie hat das Kommunikationsproblem tayloristisch vereinfacht, die Rückkopplung verlangsamt und gedehnt. Die Informationsgesellschaft wird ihr eigenes, den neuen Medien angemessenes Kommunikationsideal entwickeln müssen. Sie scheint dabei gerade erst im Begriff, die Phase der ›Abhängigkeit‹ von den Mythen der Buchkultur zu verlassen.

Bordenau, im Januar 1998

Suhrkamp Verlag GmbH
Torstraße 44, 10119 Berlin
info@suhrkamp.de
www.suhrkamp.de